·智慧城市系列丛书·

SHIJING SANWEI YINGYONG YU FAZHAN

实景三维
应用与发展

中国测绘学会智慧城市工作委员会　组编

上册

中国电力出版社
CHINA ELECTRIC POWER PRESS

图书在版编目（CIP）数据

实景三维应用与发展：全 3 册 / 中国测绘学会智慧城市工作委员会组编. —北京：中国电力出版社，2023.3（2024.3重印）
（智慧城市系列丛书）
ISBN 978-7-5198-7323-3

Ⅰ. ①实… Ⅱ. ①中… Ⅲ. ①现代化城市–城市建设–研究 Ⅳ. ①C912.81

中国版本图书馆 CIP 数据核字（2022）第 239657 号

出版发行：中国电力出版社
地 址：北京市东城区北京站西街 19 号（邮政编码 100005）
网 址：http://www.cepp.sgcc.com.cn
责任编辑：王晓蕾 杨云杉
责任校对：黄 蓓 郝军燕 马 宁 李 楠
装帧设计：张俊霞
责任印制：杨晓东

印 刷：北京锦鸿盛世印刷科技有限公司
版 次：2023 年 3 月第一版
印 次：2024 年 3 月北京第二次印刷
开 本：787 毫米×1092 毫米 16 开本
印 张：57.75
字 数：1221 千字
定 价：298.00 元（全 3 册）

《实景三维应用与发展》编委会

《实景三维应用与发展》编写组

主　　编　周成虎

执行主编　陈向东

副 主 编　马志勇　马照亭　杨必胜　陶迎春　薛梅　王海银　陆锋　张恒才　李洁　李萍

编写组成员（按姓氏拼音首字母排序）

安连武　陈广亮　陈静　陈立波　陈平　陈奇志　陈瑞波　陈涛
陈韬　陈卫光　陈鑫　陈泽峰　程涛　储征伟　董怡兵　董震
杜鹏　杜红涛　方驰宇　费佳宁　傅俏燕　高奋生　高洁　龚磊
顾建祥　郭阳阳　何佳　何文武　何婷婷　何宇东　何原荣　胡春霞
胡建国　胡海滨　扈光　华梦圆　黄惠　黄慕雄　霍敬宇　姬美祯
姜琦　姜欣飞　金鑫　赖学强　郎永刚　李健平　李军吉　李玉敏
廖佳　廖明　林坤　林雄波　刘俊伟　刘坡　刘禹麒　卢航
马红旺　梅树红　孟浩东　庞玉良　彭进双　沈雨　石伟伟　史合印
宋彬　宋彩虹　宋永飞　孙为晨　孙华　唐莉萍　陶文旷　汪旻琦
王丹　王定　王安迪　王履华　王群　王荣宝　王帅　王婷京
王心怡　王莹　王宇帆　魏子婷　魏子雄　吴献文　吴敦　吴探诗
吴玮　吴弦骏　吴小东　吴长彬　奚燕　向胜锋　肖康　谢运广
谢志高　徐沫　徐勇　许晨斌　许文强　许潇杰　闫宁　杨萍
杨龙　杨文雪　叶冬梅　于菲菲　俞蔚　张鹏程　张峰　张华
张立波　张旻　张荣　张伟　张鑫鑫　张秀英　张耘逸　钟瑛
曾伟　曾艳艳　周红红　周燚　朱长青　朱家兵　朱顺痣　朱旭平
朱烨　诸敏秋

《实景三维应用与发展》编写单位

主编单位（按各章顺序排序）

中国测绘学会智慧城市工作委员会

中国测绘科学研究院

武汉大学测绘遥感信息工程国家重点实验室

北京市测绘设计研究院

青岛市勘察测绘研究院

重庆市勘测院

中国科学院地理科学与资源研究所

广联达科技股份有限公司

参编单位（按拼音首字母排序）

奥格科技股份有限公司

宝略科技（浙江）有限公司

北京超图软件股份有限公司

北京飞渡科技股份有限公司

北京四维图新科技股份有限公司

北京国文琰文化遗产保护中心有限公司

长沙市规划信息服务中心

长三角（嘉兴）城乡建设设计集团有限公司

广西壮族自治区自然资源遥感院

广东工贸职业技术学院

广州市城市规划勘测设计研究院

广州蓝图地理信息技术有限公司

湖北省规划设计研究总院有限责任公司

浪潮软件科技有限公司
辽宁省基础测绘院
洛阳鸿业迪普信息技术有限公司
南京师范大学
南京市测绘勘察研究院股份有限公司
南京国图信息产业有限公司
南京市城市地下管线数字化管理中心
宁波市测绘和遥感技术研究院
宁夏回族自治区国土资源调查监测院
人工智能与数字经济广东省实验室（深圳）
厦门理工学院
山东省国土空间数据和遥感技术研究院
上海市测绘院
上海数慧系统技术有限公司
绍兴市勘察测绘院
深圳大学
泰瑞数创科技（北京）股份有限公司
天津市测绘院有限公司
武汉天际航信息科技股份有限公司
易智瑞信息技术有限公司
浙江中控信息产业股份有限公司
浙江科澜信息技术有限公司
浙江中测新图地理信息技术有限公司
中国四维测绘技术有限公司
中国电建集团昆明勘测设计研究院有限公司

序　一

2022 年，自然资源部办公厅印发通知，全面推进实景三维中国建设，引发业界高度关注和积极响应。实景三维是对人类赖以生存、生产和生活的自然物理空间进行真实、立体、时序化反映和表达的数字虚拟空间，是国家新型基础设施建设的重要组成部分，为经济社会发展和各部门信息化与智能化提供统一的空间基底，是落实习近平总书记建设数字中国、智慧社会指示的技术支撑。

随着我国经济社会快速发展，对空间信息的需求从空间粒度、内容粒度和时间粒度上都提出了新的要求，国家的发展需要空间信息从二维走向三维，从室外走向室内，从地上走向地下和海洋。改革开放四十多年来，我国城市已经从原来的低矮平房变成为现在高密度城市，城市在纵向立体空间的发展导致原有以二维为基础的空间信息数据体系跟不上需求，就需要把城市三维化，并且按照高度分解成每一个楼层、地上地下空间等实体和单元，将城市地理信息系统（GIS）和建筑信息模型（BIM）技术融合，才能实现城市精细化管理。另外，社会万物互联高动态发展对数字孪生提出更多需要。社会高动态发展需要时序化的统一空间底座作为载体，连接人车物和水电气等物联感知数据，这就把物理空间延伸到物理空间与网络空间一体化，进入新的万物互联时代，也就是数字孪生时代。实景三维不仅是数字孪生时代的数字底座，更为新基建提供完整性好、现势性强、精准度高的时空数据，与信息基础设施、融合基础设施和创新基础设施同时发力，共同推进数字产业化、产业数字化及数字经济的发展。

实景三维中国建设是测绘与地理信息的重大变革。首先，测绘技术体系和生产体系要发生新变革，这包括重新建设从二维到三维的数据标准、数据采集加工体系、数据管理体系、应用体系、数据传输服务与数据安全体系等。其次，测绘与地理信息行业原有从业人员的专业知识体系的变革，需要从大学教育、职业教育上进行相应调整，增加面向实景三维数据生产、数字孪生技术与应用等知识体系的构建。同时，实景三维带来相应的技术变革，对测绘与地理信息行业的科研体系和科研人才建设也提出了相应的要求——要面向实景三维要求的高精度、高智能化、高动态化的时空信息，形成一系列系统性、完整性的自主创新核心技术。

《实景三维应用与发展》的编写恰逢其时，由中国测绘学会智慧城市工作委员会联合武汉大学测绘遥感信息工程国家重点实验室、中科院地理科学与资源研究所、中国测绘科学研究院、北京市测绘设计研究院、青岛市勘察测绘研究院、重庆市勘测院等 40 余家单位共同编写，为实景三维中国建设提供了重要的技术参考和应用案例，将带动测绘地理信息事业的转型发展，支撑经济社会发展、服务各行业需求，支撑自然资源管理、服务生态文明建设，不断提升测绘地理信息工作能力和水平。

实景三维，大有可为！

中国科学院院士
中国工程院院士

序　二

实景三维中国建设是落实数字中国、平安中国、数字经济战略的重要举措，是落实国家新型基础设施建设的具体部署，是服务生态文明建设和经济社会发展的基础支撑。自然资源部发布《关于全面推进实景三维中国建设的通知》文件，全面推进实景三维中国建设，强调坚持系统观念，强化顶层设计，构建技术体系、创新管理机制，形成统一设计和分级建设相结合、国家和省市县协同实施的“全国一盘棋”格局，在国家、省区、市县三级自然资源主管部门“统筹规划、分级投入、分步实施”的支撑下，共同推进全国范围的建设工作。

自然资源部自 2017 年以来，先后批复了上海、武汉、宁夏、西安、北京、山东、嘉兴、徐州、株洲、贵阳、广西等 11 个省区市开展新型基础测绘试点建设。各试点省区市纷纷开展了以实景三维标准化产品为代表的产品体系建设工作，在关键技术体系、生产组织体系、标准规范体系和应用服务体系等方面开展了积极探索。截至 2022 年 11 月，已经先后有上海、武汉、宁夏等地根据自然资源部的批复要求，完成了规定的任务，通过了国家验收。除新型基础测绘建设试点省区市外，青岛、深圳、南京等地也结合数字/智慧城市建设，开展了本地的实景三维建设工作，也得到了业内的普遍关注。

随着城市管理、公共安防、交通规划、水利管理等工作对精细化、真实性的要求越来越高。人们对全面、准确、实时的地理信息数据，特别是基于地理实体的全空间、全要素、高精度的二三维一体的地理信息需求越来越旺盛。实景三维数据区别于传统三维模型，具备语义化、结构化、实体化等特性，能够非尺度、全要素表达空间关系及属性信息。实景三维数据不但有高仿真可视化效果，而且同时承载二维与三维、空间与非空间的属性信息，为计算机自动识别、分析计算奠定基础，可以说是“高颜值、有内涵”。实景三维数据底座建设不单单是地形、倾斜摄影模型等数据的采集，而数据采集后的结构化、语义化等处理工作，更是保障实景三维数据能否真正支撑分析决策的关键。

《实景三维应用与发展》由中国测绘学会智慧城市工作委员会联合中国科学院地理科学与资源研究所、武汉大学测绘遥感信息工程国家重点实验室共同牵头组织编写，组织参编单位 40 余家，编写成员上百位，参与编写单位和行业专家作为实景三维建设的倡导者和践行者，通过他们的调查研究及经验总结，本书梳理了实景三维中国建设的发展现状，指出了现阶段实景三维建设发展中的主要问题，总结了实景三维建设的关键技术，提出了未来实景三维的发展趋势与方向；此外，本书详细介绍了实景三维的政府应用和行业应用，列举了不同行业的建设成果案例，分析了应用于各个案例的关键技术与社会价值等，期待本书可以为行业的发展贡献一份力量。

中国测绘学会理事长

目　　录

序一
序二

上　册

第 1 章　实景三维概述 …… 1
1.1　社会经济发展需求 …… 1
1.1.1　三维空间数据方面的需求 …… 1
1.1.2　统一空间基底方面的需求 …… 1
1.2　实景三维的概念与内涵 …… 2
1.2.1　实景三维的概念 …… 2
1.2.2　与实景三维相关的概念 …… 2
1.2.3　实景三维的主要特征 …… 4
1.3　实景三维中国建设 …… 4
1.3.1　建设内容 …… 4
1.3.2　建设原则 …… 5
1.3.3　建设进展 …… 6
1.3.4　建设意义 …… 8
1.4　实景三维相关政策与标准 …… 9
1.4.1　政策趋势 …… 9
1.4.2　技术大纲 …… 10
1.4.3　标准和指导性技术文件 …… 11
1.5　实景三维技术框架 …… 17
1.5.1　技术框架 …… 17
1.5.2　多源数据获取与预处理 …… 17
1.5.3　数据产品生产 …… 17

1.5.4 数据融合 ··· 19
1.5.5 质量控制 ··· 19
1.5.6 数据建库与服务 ··· 19
1.6 实景三维建设与应用调研分析 ··· 20
1.6.1 调研背景 ··· 20
1.6.2 主要调研结论 ··· 20
参考文献 ··· 27

第 2 章 实景三维支撑技术 ··· 29

2.1 概述 ··· 29
2.2 实景三维数据获取 ··· 29
2.2.1 数据采集装备 ··· 29
2.2.2 影像采集技术 ··· 33
2.2.3 激光点云采集技术 ··· 40
2.3 实景三维数据处理 ··· 47
2.3.1 遥感卫星影像处理技术 ··· 47
2.3.2 航空摄影相片数据处理技术 ··· 51
2.3.3 激光扫描数据处理技术 ··· 54
2.3.4 BIM 模型处理 ··· 57
2.3.5 多源数据融合与优化 ··· 59
2.4 实景三维数据质检 ··· 64
2.4.1 实景三维数据质检指标体系 ··· 64
2.4.2 实景三维数据检核方法 ··· 67
2.4.3 实景三维数据质量评定 ··· 71
2.5 实景三维建模与管理 ··· 74
2.5.1 三维目标模型表现形式 ··· 74
2.5.2 三维建模方法 ··· 81
2.5.3 实景三维数据更新与管理 ··· 86
2.5.4 模型数据压缩 ··· 89
2.6 实景三维可视化 ··· 94
2.6.1 标准成果可视化 ··· 94
2.6.2 行业应用可视化 ··· 96
2.6.3 公众应用可视化 ··· 100
2.6.4 实景三维数据可视化实现技术 ··· 104
2.7 实景三维数据服务 ··· 107
2.7.1 三维数据分析服务 ··· 107

2.7.2 实景三维服务的组织与发布 …… 114
2.7.3 实景三维服务的管理与维护 …… 120
2.7.4 倾斜摄影模型轻量化技术 …… 122
2.8 实景三维数据安全 …… 125
2.8.1 实景三维数据数字水印技术 …… 126
2.8.2 实景三维数据安全控制技术 …… 130
2.8.3 实景三维数据保密处理技术 …… 136
参考文献 …… 141
第3章 实景三维平台 …… 145
3.1 概述 …… 145
3.2 系统模型 …… 145
3.2.1 需求分析模型 …… 146
3.2.2 架构体系 …… 147
3.2.3 数据模型 …… 148
3.2.4 业务模型 …… 151
3.2.5 主要功能 …… 152
3.2.6 应用模型框架 …… 155
3.3 超图实景三维平台 …… 155
3.3.1 平台需求分析 …… 156
3.3.2 平台架构体系 …… 156
3.3.3 平台数据资源 …… 158
3.3.4 平台业务模型 …… 159
3.3.5 平台主要功能 …… 160
3.3.6 平台应用框架 …… 167
3.3.7 平台亮点 …… 169
3.4 易智瑞实景三维平台 …… 171
3.4.1 平台需求分析 …… 171
3.4.2 架构体系 …… 172
3.4.3 平台数据资源 …… 173
3.4.4 平台业务模型 …… 174
3.4.5 平台主要功能 …… 175
3.4.6 平台应用框架 …… 186
3.4.7 平台亮点 …… 186
3.5 奥格实景三维平台 …… 187
3.5.1 平台需求分析 …… 188

3.5.2 平台架构体系 …… 188
3.5.3 平台数据资源 …… 189
3.5.4 平台业务模型 …… 194
3.5.5 平台主要功能 …… 194
3.5.6 平台应用框架 …… 202
3.5.7 平台亮点 …… 205
3.6 国地科技实景三维平台 …… 205
3.6.1 平台需求分析 …… 206
3.6.2 平台架构体系 …… 206
3.6.3 平台数据资源 …… 207
3.6.4 平台业务模型 …… 209
3.6.5 平台主要功能 …… 211
3.6.6 平台应用框架 …… 221
3.6.7 平台亮点 …… 223
3.7 SmartEarth 实景三维平台 …… 223
3.7.1 平台需求分析 …… 223
3.7.2 平台架构体系 …… 224
3.7.3 平台数据资源 …… 225
3.7.4 平台业务模型 …… 229
3.7.5 平台主要功能 …… 230
3.7.6 平台应用框架 …… 238
3.7.7 平台亮点 …… 240
3.8 科澜 CooGlobe 实景三维平台 …… 241
3.8.1 平台需求分析 …… 242
3.8.2 平台架构体系 …… 242
3.8.3 平台数据资源 …… 243
3.8.4 平台业务模型 …… 246
3.8.5 平台主要功能 …… 251
3.8.6 平台应用框架 …… 259
3.8.7 平台亮点 …… 260
3.9 广联达实景三维平台 …… 262
3.9.1 平台需求分析 …… 262
3.9.2 平台架构体系 …… 262
3.9.3 平台数据资源 …… 263
3.9.4 平台业务模型 …… 264

3.9.5 平台主要功能 …… 264
3.9.6 平台应用框架 …… 271
3.9.7 平台亮点 …… 274
3.10 飞渡科技 DTS 实景三维平台 …… 275
3.10.1 平台需求分析 …… 275
3.10.2 平台架构体系 …… 276
3.10.3 平台数据资源 …… 277
3.10.4 平台业务模型 …… 279
3.10.5 平台主要功能 …… 279
3.10.6 平台应用框架 …… 284
3.10.7 平台亮点 …… 287
3.11 长沙市规划信息服务中心实景三维平台 …… 288
3.11.1 平台需求分析 …… 288
3.11.2 平台架构体系 …… 288
3.11.3 平台数据资源 …… 290
3.11.4 平台业务模型 …… 292
3.11.5 平台主要功能 …… 293
3.11.6 平台应用框架 …… 302
3.11.7 平台亮点 …… 304
3.12 CE 实景三维平台 …… 306
3.12.1 平台需求分析 …… 306
3.12.2 平台架构体系 …… 307
3.12.3 平台数据资源 …… 308
3.12.4 平台业务模型 …… 310
3.12.5 平台主要功能 …… 312
3.12.6 平台应用框架 …… 319
3.12.7 平台亮点 …… 321

中　册

第 4 章　实景三维赋能数字政府 …… 323
4.1 实景三维赋能数字政府概述 …… 323
4.2 自然资源管理 …… 323
4.2.1 应用概述 …… 323

4.2.2 需求分析 …… 324
4.2.3 技术路线 …… 326
4.2.4 应用场景 …… 329
4.2.5 应用成效 …… 334
4.3 国土空间规划 …… 334
4.3.1 应用概述 …… 334
4.3.2 需求分析 …… 335
4.3.3 技术路线 …… 335
4.3.4 应用场景 …… 337
4.3.5 应用成效 …… 344
4.4 国土空间用途管制 …… 345
4.4.1 应用概述 …… 345
4.4.2 需求分析 …… 347
4.4.3 技术路线 …… 347
4.4.4 应用场景 …… 352
4.4.5 应用成效 …… 355
4.5 土地全周期管理 …… 357
4.5.1 应用概述 …… 357
4.5.2 需求分析 …… 357
4.5.3 技术路线 …… 358
4.5.4 应用场景 …… 359
4.5.5 应用成效 …… 368
4.6 不动产登记 …… 368
4.6.1 应用概述 …… 368
4.6.2 需求分析 …… 369
4.6.3 技术路线 …… 369
4.6.4 应用场景 …… 373
4.6.5 应用成效 …… 381
4.7 智慧公安 …… 382
4.7.1 应用概述 …… 382
4.7.2 需求分析 …… 383
4.7.3 技术路线 …… 384
4.7.4 应用场景 …… 386
4.7.5 应用成效 …… 395
4.8 应急防控 …… 396
4.8.1 应用概述 …… 396

4.8.2 需求分析 …………………………………………………………397
4.8.3 技术路线 …………………………………………………………398
4.8.4 应用场景 …………………………………………………………402
4.8.5 应用成效 …………………………………………………………408
4.9 城市综合治理 ……………………………………………………409
4.9.1 应用概述 …………………………………………………………409
4.9.2 需求分析 …………………………………………………………410
4.9.3 技术路线 …………………………………………………………410
4.9.4 应用场景 …………………………………………………………412
4.9.5 应用成效 …………………………………………………………421
4.10 智慧住建 …………………………………………………………422
4.10.1 应用概述 ………………………………………………………422
4.10.2 需求分析 ………………………………………………………422
4.10.3 技术路线 ………………………………………………………423
4.10.4 应用场景 ………………………………………………………426
4.10.5 应用成效 ………………………………………………………434
4.11 历史文化保护 ……………………………………………………435
4.11.1 应用概述 ………………………………………………………435
4.11.2 需求分析 ………………………………………………………435
4.11.3 技术路线 ………………………………………………………436
4.11.4 应用场景 ………………………………………………………441
4.11.5 应用成效 ………………………………………………………448
4.12 总结和展望 ………………………………………………………449
参考文献 ………………………………………………………………450
第 5 章 实景三维赋能行业部门 ………………………………………451
5.1 实景三维赋能行业部门概述 ……………………………………451
5.2 智能交通 …………………………………………………………451
5.2.1 行业现状及主要需求 ……………………………………………451
5.2.2 技术架构 …………………………………………………………453
5.2.3 应用场景 …………………………………………………………460
5.2.4 主要成效 …………………………………………………………464
5.3 智能建筑 …………………………………………………………466
5.3.1 行业现状及主要需求 ……………………………………………466
5.3.2 技术架构 …………………………………………………………467

5.3.3 应用场景…………………………………………………… 468
5.3.4 主要成效…………………………………………………… 477
5.4 未来社区…………………………………………………… 478
5.4.1 行业现状及主要需求………………………………………… 478
5.4.2 技术架构…………………………………………………… 479
5.4.3 应用场景…………………………………………………… 484
5.4.4 主要成效…………………………………………………… 486
5.5 智慧园区…………………………………………………… 487
5.5.1 行业现状及主要需求………………………………………… 487
5.5.2 技术架构…………………………………………………… 490
5.5.3 应用场景…………………………………………………… 491
5.5.4 应用成效…………………………………………………… 500
5.6 智慧港口…………………………………………………… 500
5.6.1 行业现状及主要需求………………………………………… 500
5.6.2 技术架构…………………………………………………… 502
5.6.3 应用场景…………………………………………………… 510
5.6.4 主要成效…………………………………………………… 512
5.7 地下管线…………………………………………………… 513
5.7.1 行业现状及主要需求………………………………………… 513
5.7.2 技术架构…………………………………………………… 515
5.7.3 应用场景…………………………………………………… 520
5.7.4 主要成效…………………………………………………… 523
5.8 工程建设…………………………………………………… 524
5.8.1 行业现状及主要需求………………………………………… 524
5.8.2 技术架构…………………………………………………… 526
5.8.3 应用场景…………………………………………………… 527
5.8.4 主要成效…………………………………………………… 534
5.9 电力设备…………………………………………………… 535
5.9.1 行业现状及主要需求………………………………………… 535
5.9.2 技术架构…………………………………………………… 537
5.9.3 应用场景…………………………………………………… 538
5.9.4 主要成效…………………………………………………… 549
5.10 水利水务 ………………………………………………… 550
5.10.1 行业现状及主要需求 ……………………………………… 550
5.10.2 技术架构 ………………………………………………… 552

5.10.3 应用场景 ······554
5.10.4 主要成效 ······563
5.11 乡村振兴 ······564
5.11.1 行业现状及主要需求 ······564
5.11.2 技术架构 ······565
5.11.3 应用场景 ······571
5.11.4 主要成效 ······573
5.12 人文旅游 ······575
5.12.1 行业现状及主要需求 ······575
5.12.2 技术框架 ······576
5.12.3 应用场景 ······577
5.12.4 主要成效 ······584
5.13 智慧矿山 ······586
5.13.1 行业现状及主要需求 ······586
5.13.2 技术架构 ······587
5.13.3 应用场景 ······589
5.13.4 主要成效 ······599
5.14 数字工厂 ······600
5.14.1 行业现状及主要需求 ······600
5.14.2 技术架构 ······602
5.14.3 应用场景 ······604
5.14.4 应用成效 ······610

第 6 章 实景三维发展趋势 ······612

6.1 重塑测绘地理信息学科发展 ······612
6.2 提升人类探空探地探海能力 ······614
6.3 助力可持续发展问题解决 ······615
6.4 构筑中国未来新型基础设施 ······616
6.4.1 城市数字化治理 ······617
6.4.2 自然资源立体化监管 ······617
6.4.3 重大基础设施安全运维 ······618
6.4.4 PNT 体系建设 ······618
6.5 促进专业成果的普适应用延伸 ······619
参考文献 ······620

下　册

实景三维山东平台建设及应用 …… 621
实景三维城市规划辅助决策系统 …… 628
花木街道数字孪生社区管理系统 …… 636
以三维地籍为核心的土地立体化管理关键技术研究及应用 …… 643
天安门地区三维立体实景信息管理系统 …… 651
基于数字孪生的高速公路智慧建造平台 …… 658
实景三维西安智慧社区信息管理平台 …… 668
基于实景三维的智慧机场建设与应用 …… 678
湖州市德清县体育中心智慧场馆 …… 690
福清市二三维一体化平台暨应用场景 …… 699
森林防火实景三维立体一张图平台 …… 707
实景三维在天津疫情防控中的应用 …… 714
国土空间规划实景三维智能可视化分析平台 …… 723
杭州市青山水库管理新模式——数字孪生 + 水利 …… 732
绍兴古城保护利用信息管理系统 …… 740
基于实景三维平台贵州省遥感影像统筹项目 …… 752
基于实景三维底座的智慧变电站全景管控平台建设 …… 759
山东省自然资源统一确权信息管理系统建设 …… 769
西部（重庆）科学城实景三维平台 …… 777
芜湖市湾沚区实景三维国土空间基础信息平台 …… 784
广州智慧排水信息系统 …… 792
基于实景三维的古建筑数据融合与信息提取 …… 801
基于实景三维的露天矿智慧监管系统构建与应用 …… 811
南京市实景三维平台建设及应用 …… 822
长沙市实景三维风貌管控系统建设与应用 …… 831
宁波市鄞州区实景三维平台 …… 840
红安智慧高新技术园区实景三维平台 …… 847
城市更新背景下基于实景三维的 BIM + IoT 关键技术应用示范 …… 853
全国重点文物保护单位古月桥保护修缮工程数字化测绘与监测控制 …… 863

第1章 实 景 三 维 概 述

1.1 社会经济发展需求

1.1.1 三维空间数据方面的需求

自然资源部门多项管理职能需要实景三维数据的支撑。2019 年 5 月，中共中央、国务院印发了《关于建立国土空间规划体系并监督实施的若干意见》，明确指出建立国土空间规划体系，将主体功能区规划、土地利用规划、城乡规划等空间规划融合为统一的国土空间规划。这里的国土空间规划是三维的，而不是传统的二维平面规划。因此，无论是国土空间规划，还是三维自然资源登记系统，以及生态修复等其他自然资源管理职能，都必须有一套统一、权威、真实、详细的实景三维模型作为数据基础。

在自然资源行业外，各行各业对现实世界虚拟重现的需求越来越多。如在警用方面，二维地图只能提供平面位置信息，不能提供细致的真实环境，无法满足公安在刑侦、安保、应急指挥等深层次应用上的需求。数字城管、文物保护、地下空间管理等领域也在越来越多地寻求三维解决方案。三维实景具有既有“表皮”又有“骨架”的鲜活结构，地面上的高低起伏、建筑形态等皆为真实、立体，为旅游景点展示、城市形象宣传、招商引资等提供了一张鲜活的名片。

1.1.2 统一空间基底方面的需求

随着建筑信息模型（building information model，BIM）、人工智能、大数据等技术的发展，城市管理、公共安防、交通规划、水利管理等工作对精细化、真实性的要求越来越高。虽然这些行业对实景三维数据需求强烈，但却往往不具备生产、管理这些数据的能力。另外，若由需求方自行组织数据获取，不仅会极大增加项目成本，而且不同行业间也容易重复投资，造成资源浪费。

因此，为了服务经济社会发展，满足各行各业对三维空间公共基底的需求，促进资源集约节约利用，需要从全国层面统筹协调，采用统一的三维空间基准，建立一套基础、权威、公共的三维空间基底数据。实景三维中国也为数字中国提供了统一空间定位框架和分析基础，是数字政府、数字经济重要的战略性数据资源和生产要素。

1.2 实景三维的概念与内涵

1.2.1 实景三维的概念

在 2021 年自然资源部发布的《新型基础测绘与实景三维中国建设技术文件－1 名词解释》中，首次对实景三维作为专用名词术语进行了科学定义，即“实景三维是对一定范围内人类生产、生活和生态空间进行真实、立体、时序化反映和表达的数字空间，是新型基础测绘的标准化产品，是国家重要的新型基础设施，为经济社会发展和各部门信息化提供统一的空间基底”。实景三维属于新型基础测绘标准化产品的主要形式，是新型基础测绘的数据成果之一，新型基础测绘是实景三维数据生产的能力基础。

自自然资源部发布《实景三维中国建设技术大纲（2021 版）》以来，实景三维中国建设已经成为全社会关注的焦点之一。先期启动试点建设的上海、武汉、青岛等城市已经取得了初步成果，为实景三维中国建设提供了实践案例。

1.2.2 与实景三维相关的概念

1. 三维地理信息系统（3DGIS）

实景三维来源于三维地理信息系统（three-demension geographic information system，3DGIS）。早在 20 世纪 80 年代，国内外学者（如李清泉、李德仁等）围绕三维自动化建模、海量数据管理、可视化、共享和互操作等开展了大量的研究工作。自 1998 年的美国副总统艾伯特·戈尔提出数字地球概念以来，3DGIS 的发展迅速走向了快车道。特别是 2005 年 Google Earth 的发布，全球范围更是掀起了一股前所未有的三维虚拟地球热潮，三维虚拟地球软件在测绘、规划、气象、水利、电力、军事、城市管理、灾害应急等领域得到了广泛应用。

早期三维模型主要是人工建模生成，巨大的建设成本限制了其应用。近年来，随着倾斜摄影测量、激光扫描测量以及自动化建模等新型测绘技术的进步，快速获取和构建大规模三维模型成为可能。三维数据获取门槛和建模成本显著降低，更新频率和现势性得到显著提高。与此同时，随着物联网（internet of things，IoT）、信息与通信技术（information and communication technology，ICT）和人工智能等新兴技术的蓬勃发展，这些新兴技术与测绘技术深度融合，基于数字技术对现实世界进行真实、实时描述和数字化管理成为可能，实景三维的理论与应用也逐渐引起大家的重视，3DGIS 向着实景三维方向进一步发展。

2. 建筑信息模型

BIM 技术是一种应用于工程设计、建造、管理的数据化工具，通过对建筑的数据化、信息化模型整合，在项目策划、运行和维护的全生命周期过程中进行共享和传递，使工程技术人员、设计团队以及包括建筑、运营单位在内的各方建设主体提供协同工作的基础，在提高生产效率、节约成本和缩短工期方面发挥重要作用。以三维实体形式表达的建筑模型是 BIM 的基础、核心和工作对象。从本质上来看，作为实体的建筑信息模型是存储了项目集成化信息的数据库，并以数据库为核心实现多种不同程度的应用。BIM 将设计和建设的信息融入单体建筑或市政的三维部件之中，且这些信息与施工和运营中的财务、进度、专业协同、维修等密切相关，成为智能建筑或智能设施的基石。

实景三维通过接入 BIM 等数据，实现室内微观细节的表达。BIM 已经广泛应用于建筑物生命周期内的设计、采购、制造和管理活动，高精度的 BIM 数据，推动了三维 GIS 从宏观走向微观，从室外走向室内，BIM 也是部件级实景三维建设的主要数据来源之一。

3. 物联网

物联网是指通过信息传感设备，按约定的协议，将任何物体与网络相连接，物体通过信息传播媒介进行信息交换和通信，以实现智能化识别、定位、跟踪、监管等功能。物联网是一个动态的全球网络基础设施，它具有基于标准和互操作通信协议的自组织能力，其中物理的和虚拟的“物”具有身份标识、物理属性、虚拟的特性和智能的接口，并与信息网络无缝整合。今后，物联网将与媒体互联网、服务互联网和企业互联网一起构成未来互联网。

物联感知数据的接入与融合能力建设是实景三维中国建设的重要内容之一，物联感知数据主要包括传感器数据、空间位置服务数据、互联网数据、社会经济数据等类型。物联感知数据接入与融合能力建设构成了实景三维对现实世界的在线感知的现实基础。基于感知设备本身的空间位置或者地名地址的匹配方法将物联感知数据进行空间化，并进行坐标和时间一致性处理，实现其与基础地理实体数据的时空关联处理。

4. 城市信息模型

当前对城市信息模型（city information model，CIM）的主流定义为：以城市信息数据为基数，以 BIM、地理信息系统（geographic information system，GIS）、IoT 等技术为基础，整合城市地上地下、室内室外、历史现状未来多维多尺度信息模型数据和城市感知数据，构建起三维数字空间的城市信息有机综合体。

吴志强院士 2011 年提出了对城市信息模型的另一种解释，即城市智能模型（city intelligent model）。他认为 CIM 中间的“I”是“智能”（intelligent），“不仅包括对城市数据的收集、储存和处理，更应强调基于多维模型主动地解决城市发展过程中的问题”。

对比城市信息模型，实景三维更强调为数字化映射提供通用的、标准化的三维数据产品，是时空信息底座，城市信息模型更强调对建筑或城市的全生命周期管理，通过融合多源数据实现多维空间信息整合、空间数据分析与应用、数据融合共享、综合集成管理等。由此可见，实景三维可以作为 CIM 的重要数据源。

5. 数字孪生

数字孪生（digital twins）是充分利用物理模型、传感器更新、运行历史等数据，集成多学科、多物理量、多尺度、多概率的仿真过程，在虚拟空间中完成映射，从而反映相对应的实体装备的全生命周期过程。数字孪生是一种超越现实的概念，可以被视为一个或多个重要的、彼此依赖的装备系统的数字映射系统。数字孪生城市通过物理城市与数字孪生城市的精准映射、虚实融合、软件定义、智能反馈，促进城市生产更加高效安全、生活服务更加便捷、生态环境更加低碳可持续。如今，我国城市治理现代化迈入了智能社会治理阶段，核心是使用人工智能技术，构建以数字孪生城市为全息底座的社会有机体。

实景三维是数字孪生城市的基础核心，基于实景三维数据底座，可以连接人口、房屋、住户水电燃气信息、安防警务数据、交通信息、旅游资源信息、公共医疗等众多城市公共系统的信息资源，实现跨系统应用集成、跨部门信息共享，支撑数字孪生城市的决策分析。数字孪生城市是数字城市的高级阶段，也是智慧城市的新高度，数字孪生城市是融合统一数据标准、城市信息模型、城市运行数据、共性支撑平台、数字孪生应用等多个单元的复杂系统。实景三维将物理城市的实体模型构建为数字孪生体，实景三维建设是构建数字孪生城市最重要的环节之一。

1.2.3 实景三维的主要特征

与传统的测绘地理信息产品比较，实景三维的主要特征包括以下 6 个方面的转变。

（1）从“抽象”到“真实”：实景三维是对现实世界的真实描述，将原有受测绘技术手段约束只能对现实世界进行抽象描述，转变为采用新技术对现实世界真实直观刻画。

（2）从“平面”到“立体”：由现有以“点、线、面”要素为核心的 4D 产品对现实世界的二维平面抽象表达，扩展至以“体”要素为核心的新产品对现实世界的三维形象表达。

（3）从“静态”到“时序”：实景三维是对现实世界的时序化描述，不仅能够反映现实世界的某一时点当前的状态，还可反映多个连续时点的状态，时序、动态展示现实世界的发展与变化。

（4）从“按要素、分尺度”到“按实体、分精度”：实景三维突破现有基础地理信息要素对现实世界分尺度表达的概念，达到“一个实体只需要高精度施测一次”，切实提高对现实世界的描述准确性。

（5）从“人理解”到“人机兼容理解”：与以前对现实世界的“一张皮”表达相比，实景三维不仅包含几何结构和纹理信息，还蕴含丰富的空间关系、社会经济等信息，通过结构化语义化处理，支持机器自动解译与识别，真正实现了“机器难懂”到“机器易懂”的转变。

（6）从“陆地表层”到“全空间”，现有地理信息产品更侧重陆地表层空间的描述，实景三维实现“地上下、室内外、水上下”全空间的一体化描述。

1.3 实景三维中国建设

1.3.1 建设内容

根据自然资源部印发的《实景三维中国建设技术大纲（2021 版）》，实景三维通过在三维地理场景上承载结构化、语义化、支持人机兼容理解的地理实体进行构建，通过融合物联感知实时信息，动态地展示现实世界的发展与变化。其中，地理场景是指一定时空范围内的各种自然要素、人文要素相互联系、相互作用所构成的具有特定结构和功能的地域综合体；地理实体是现实世界中具有空间位置、共同属性的地理对象，由作为统一定位框架及空间分析基础的基础地理实体和根据行业应用需求扩展定义的专题地理实体构成。

按照表达内容和层级不同，实景三维建设通常分为地形级、城市级和部件级，三个层级实景三维数据所描述的适用范围、现实对象、颗粒度、属性、功能、主要用途以及主流表达形式等内容见表 1-1。实景三维的三个层次不是孤立或割裂的，是互相联系，并且能够在一个城市实现有机的统一。比如，城市级实景三维是地形级实景三维的细化表达，部件级实景三维对城市级实景三维的分解和细化表达，通过接入 BIM 等数据，实现室内微观细节的表达；一个城市在不同区域范围既建设了地形级、城市级的实景三维，还可以根据应用的需要，构建重点场所的部件级实景三维。

表 1-1　　实景三维的建设内容

层级划分	地形级	城市级	部件级
适用范围	宏观尺度（全国）	中观尺度（区域）	微观尺度（重点对象）
现实对象	地形	地表（含建/构筑物等）	部件要素
颗粒度	米	厘米	从厘米到毫米
属性	公益性	公益性	商业化
功能	三维可视化表达和空间量算	精细化表达和统计分析	精准表达和按需定制
主要用途	宏观规划	精细化管理	专业和个性化应用
主流表达形式	数字高程模型； 数字正射影像叠加； 数字高程模型； 实时感知数据	倾斜摄影模型/点云模型与纹理叠加、 单体化模型数据； 实时感知数据	室内精细部件、BIM 等 实时感知数据

1.3.2　建设原则

实景三维中国在建设过程中，应以需求为导向、以高质量发展为主题，坚持守正创新，优化测绘地理信息供给侧保障，支撑经济社会发展，支撑自然资源管理，不断提升测绘地理信息工作的能力和水平。具体的建设原则如下：

（1）需求牵引。满足国土空间规划、自然资源调查监测、自然资源政务服务等自然资源管理，以及经济社会发展各领域对实景三维数据的需求。

（2）创新驱动。坚持科技创新、制度创新“双轮驱动”。通过科技创新实现关键技术安全、自主、可控，通过制度创新营造良好环境，激发参与主体积极性、主动性和创造性。

（3）统一设计。开展顶层设计，实现全国一盘棋，形成多级别协同生产、多类型产品供给、多领域技术融合、全链条规范有序的实景三维中国建设体系。

（4）协同实施。构建国家、省区、城市协作机制，加强应用共享，避免重复建设。加强建设内容、相关技术、标准规范以及政策机制等的接续贯通，协同推进建设工作。

（5）边建边用。坚持边建设、边应用，将建设成果及时应用于自然资源管理及经济社会发展，及时推出实景三维典型应用模式，不断优化产品形式、技术标准、政策机制等。

1.3.3 建设进展

按照《全国基础测绘中长期规划纲要（2015—2030 年）》统一的工作部署，自 2017 年以来，自然资源部先后批复了上海、武汉、宁夏、西安、北京、山东、嘉兴、徐州、株洲、贵阳、广西等 11 个省区市开展新型基础测绘试点建设。五年多以来，各试点省区市纷纷开展了以实景三维标准化产品为代表的产品体系建设工作，在关键技术体系、生产组织体系、标准规范体系和应用服务体系等方面开展了积极探索。截至 2022 年 11 月，已经先后有上海、武汉、宁夏等地根据自然资源部的批复要求，完成了规定的任务，通过了国家验收。除新型基础测绘建设试点省区市外，青岛、深圳、南京等地也结合数字/智慧城市建设，开展了本地的实景三维建设工作，也得到了业内的普遍关注。

1. 上海

上海新型基础测绘建设试点于 2017 年 11 月批复、2020 年 8 月通过验收。上海试点围绕规划和自然资源管理、城市治理能力现代化、新型基础设施建设等应用需求，开展了基于地理实体的全息地理时空数据获取、处理、建库、管理和服务等研究，创新性地建立了基于地理实体的“智能化全息测绘”技术体系，探索了新型基础测绘成果体系、采集与建库技术、动态更新机制和应用服务体系。试点先行先试建成了“1+5+*N*”模式的全息数据成果体系，涵盖全要素地形数据、高精度数字高程模型（digital elevation model，DEM）、静态高清地图、可量测实景影像和全要素实景模型，实现了“一库多能、按需组装”的服务模式，既能提供传统多尺度基础测绘成果服务，还可提供在线地理实体服务、个性化行业专题地理信息服务及面向管理驱动的动态地理信息服务等多种地理信息特色服务，通过发布矢量切片服务，对点云、全要素实景模型、实景三维模型等提供在线服务，方便用户在线调用的需求。上海试点的全息数据成果在上海政务服务“一网通办”、城市治理“一网统管”等相关应用中得到了初步印证。

2. 武汉

武汉新型基础测绘建设试点于 2019 年 1 月批复，2022 年 9 月通过验收。武汉试点是自然资源部组建以来批复的首个国家新型基础测绘试点，着重探索地理实体产品体系和具备“一库多能、按需组装”的定制化服务能力。试点突破了信息智能提取、地理实体生产建库、无级缩放编制图等关键技术，构建了融合大数据、云计算、人工智能、移动测量等技术的新型基础测绘技术体系，构建了以生产 2 类基础数据（地理场景、地理实体）、派生 6 种标准产品、按需组装 *N* 种应用产品的产品体系，提出了倾斜三维、仿真三维、视频三维构成的实景三维分类结构，创新研发了视频流全景地图，完成了全市域 8569km^2 地形级、1500km^2 城市级和 100km^2 部件级实景三维建设。基于试点成果，武汉还开展了新型基础测绘社会化应用的探索和实践，对 25 条重点线路和 6 大亮点片区开展倾斜三维和视频三维同步采集，融合形成了统一的实景三维时空底座，提供共享式的数据和信息服务，提升了城市管理水平；利用地形级和城市级实景三维，动态模拟城市淹没状况，进行渍水分析，制定防涝应急预案，2020 年连续暴雨和洪峰压力下，武汉城市防涝信息化防控取得显著成效。

3. 西安

西安新型基础测绘建设试点于 2020 年 11 月批复，2020 年 12 月通过设计方案评审，目前已基本完成项目建设任务。西安试点的核心在于构建地理实体产品体系以及不同区域、不同类型地理实体的生产技术，探索众源协同生产体系和知识服务应用体系。西安试点遵照《新型基础测绘建设试点技术大纲》和《实景三维中国建设技术大纲（2021 版）》要求，同时立足西安本地特色，探索建立了“一个新型基础测绘数据库”，搭建了“一个‘实景三维西安’服务平台”，形成了“一套政策标准”，开展了“三个示范应用和六类知识服务”，构建“1+1+1+3+6”的试点项目成果体系。同时，通过扩展产品应用模式，延伸基础测绘产品链、完善服务应用链、提升价值链，在产品模式、数据生产、数据建库和应用服务等方面开展了有益的探索，形成了新型基础测绘的西安经验。

4. 北京

北京新型基础测绘建设试点于 2021 年 6 月批复，2022 年 6 月通过设计方案评审，目前正在加速建设的过程中。北京试点将新型基础测绘的“基础地理实体”与智慧城市“一张图”、规划自然资源“现状图”充分结合，形成“三位一体”的工作机制。试点围绕新时期测绘地理信息工作“两支撑、一提升”的定位，结合首都高质量发展对基础测绘的需求，有针对性地选择首都功能核心区、城市副中心、怀柔科学城及周边、丽泽商务区及全市 5 个试点范围，确定了产品体系构建、关键技术研发、系列技术标准研究、数据库及管理系统建设、产品定制及服务、生产体系构建及示范应用等主要任务。北京新型基础测绘试点的目标是形成一套完整的产品体系、五方面技术创新突破、双管齐下的生产组织、四方合作的政策机制、试点区域实景三维北京建设、赋能首都高质量发展的示范应用，持续优化完善新型基础测绘体系建设，探索北京模式，为国家新型基础测绘体系建立提供可复制、可推广的经验。

5. 嘉兴

嘉兴新型基础测绘建设试点于 2021 年 10 月批复，2022 年 3 月通过设计方案评审，目前已基本完成全部建设内容。嘉兴立足中小城市“两支撑”需求，设置了“一个基底”“三个机制”“四个体系”以及“两方面服务”的建设任务。试点明确了地理实体分类、编码和生产工艺，凝练形成了基础地理实体数据技术规定、自然资源实体数据规定以及自然资源实体数据生产和建库技术规范；完成了市本级和嘉善县全域基底数据建设，包括 150 余万个公共地理实体、110 余万个自然资源现状类实体和管理实体，近 85 万个影像实体和 23 期历史影像库；围绕新型基础测绘生产组织模式，完成生产、管理、赋码、影像智能识别等工具软件研发并进行试用。同时，通过“一码串联”实现自然资源管理业务属性与地理实体关联，探索了多个服务于自然资源和规划全生命周期管理应用场景。嘉兴试点是在省、市、县三维统筹协调的管理办法，与自然资源语义、分类表表达协调一致的自然资源实体，“一测多用、测调合一”的组织生产模式和一个基座全面支撑空间。

6. 青岛

2020 年 7 月，青岛市提出“构建三维空间基准，建设实景三维模型底图，推进实景三维青岛建设”的目标。实景三维青岛作为青岛市“城市云脑”四大支撑平台之一于 2021 年 3 月建设正式启动，于 2022 年 3 月通过了验收。实景三维青岛建成了全市域地形实景三维底图、重点区域高精度实景三维底图、全市域二维底图、重点山林激光雷达点云数据四大底图和一个多维地理信息服务平台等成果，首次实现了青岛全市陆域和 7 个有居民海岛高精度、多类型、多尺度的陆海实景三维立体全覆盖，建立了陆海统筹、二三维一体化时空信息平台。在此基础上，青岛市基于实景三维开拓更多的深度与精细化的应用，基于实景三维实现了“地—楼—房—人”的精细化管理，开展了防火设施规划合理性评价分析，有效地辅助了森林防火基础设施规划部署及火灾风险管控分级，为各区市森林防火应急演练提供三维辅助决策服务。

1.3.4 建设意义

实景三维中国建设是落实数字中国、平安中国、数字经济战略的重要举措，是落实国家新型基础设施建设的具体部署，是服务生态文明建设和经济社会发展的基础支撑。实景三维中国建设已经纳入国家“十四五”自然资源保护和利用规划，自然资源部计划在国家、省区、市县三级自然资源主管部门“统筹规划、分级投入、分步实施”的支撑下，共同推进全国范围的建设工作。

1. 实景三维是国家重要的新型基础设施

2021 年 9 月 16 日，国家主席习近平向首届北斗规模应用国际峰会致贺信指出，当前，全球数字化发展日益加快，时空信息、定位导航服务成为重要的新型基础设施。《“十四五”数字经济发展规划》提出要加强数字基础设施建设，不断做强做优做大我国数字经济，为构建数字中国提供有力支撑。实景三维作为真实、立体、时序化反映人类生产、生活和生态空间的时空信息，是最为基础的、带有时间标签的空间数据，是数字经济重要的战略性数据资源和生产要素，是国家重要的新型基础设施。实景三维中国建设是落实党中央提出的新型基础设施建设的重要举措，符合“以技术创新为驱动，以新型网络为基础，面向高质量发展需求，提供数字转型、智能升级、融合创新”的特征和要求。建设实景三维，构建具有国际领先水平的新型空间基础设施，将有力支撑经济社会各领域数字化转型，为城市规划设计、应急管理、精细化管理、疫情防控提供全空间信息底座支撑，为实现高质量发展提供强劲动能。

2. 实景三维是自然资源管理的现实需要

实景三维通过“人机兼容、物联感知、泛在服务”实现数字空间与自然环境与现实场景的实时关联互通，为自然资源管理、生态文明建设提供统一的数字空间底座，通过集成自然资源管理领域的知识和模型，支撑环境和社会认知。实景三维中国建设前期工作成果包括正射影像图、10 米格网地形三维模型等已在第三次全国国土调查（简称“三调”）、监督执法等自然资源业务管理中广泛应用，有力地支撑了“三调”工作。将来，国土变更调查等自然资源各项业务管理工作长期需要各类实景三维数据作为基础支撑，同时对数据精细程度、时效性提出了更高的要求，迫切需要现势性更好、更新频率更高的实景三维数据。

3. 实景三维是新型基础测绘的标准化产品

实景三维中国建设是面向新时期测绘地理信息事业服务经济社会发展和生态文明建设新定位、新需求，对传统基础测绘业务的转型升级，是测绘地理信息服务的发展方向和基本模式。2015 年 6 月，国务院批复同意的《全国基础测绘中长期规划纲要（2015—2030 年）》明确指出要加快推进新型基础测绘体系建设，不断提升基础测绘保障服务能力和水平。实景三维是新型基础测绘的主要任务和成果形式，能够实现对现实世界从抽象到真实、从平面到立体、从某时点到时序化、从按要素分尺度到按实体分精度、从人理解到人机兼容理解、从陆地表面到全空间覆盖的描述和表达。全面推进实景三维中国建设，是落实国家政策规划部署的要求，是顺应科技革命新趋势的战略选择，是高质量供给创造新需求的重要措施，是提高我国空间信息领域自主创新能力的抓手，是巩固壮大国际竞争新优势的基础工作，是满足人民对美好生活新向往的坚实保障。

1.4 实景三维相关政策与标准

1.4.1 政策趋势

《全国基础测绘中长期规划纲要（2015—2030 年）》明确指出要加快推进新型基础测绘体系建设，不断提升基础测绘保障服务能力和水平。2019 年印发的《新型基础测绘体系数据库建设试点技术指南》（自然资办函〔2019〕1578 号），要求推新型基础测绘以产品体系创新为突破，带动技术体系、生产组织体系和政策标准体系的全面创新，实现基础测绘高质量发展。2019 年印发的《自然资源部信息化建设总体方案》（自然资发〔2019〕170 号）中首次提出了“推进三维实景数据库建设”“建立二三维一体化的自然资源和国土空间三维实景数据库，加强地上地下一体化管理，实现客观世界的大场景三维动态可视化管理”。

2020 年全国国土测绘工作会议上，自然资源部提出了新时期测绘工作“两服务、两支撑”的根本定位，明确要求大力推动新型基础测绘体系建设，加快构建实景三维中国。2021 年印发的《新型基础测绘体系建设试点技术大纲》（自然资办函〔2021〕28 号）进一步明确新型基础测绘是以“地理实体”为视角和对象、按“空间精度和实体粒度”开展测绘、构建“基础地理实体数据库”为目标、按需组装“4E 标准化产品”（组合聚合实体集、无级化地图表达、地形级实景三维、城市级实景三维）的基础性、公益性测绘行为。2021 年全国自然资源工作电视电话会议要求“加快建设实景三维中国、自然资源一张底图”。

2022 年 2 月，自然资源部印发《关于全面推进实景三维中国建设的通知》（自然资办发〔2022〕7 号）（以下简称《通知》），对全面推进实景三维中国建设提出了明确要求。在建设目标方面，《通知》明确，到 2025 年，5 米格网的地形级实景三维实现对全国陆地及主要岛屿覆盖，5 厘米分辨率的城市级实景三维初步实现对地级以上城市覆盖，国家和省市县多级实景三维在线与离线相结合的服务系统初步建成，地级以上城市初步形成数字空间与现实空间实时关联互通能力，为数字中国、数字政府和数字经济提供三维空间定位框架和分析基础，50%以上的政府决策、生产调度和生活规划可通过线上实景三维空间完成。到 2035 年，优于 2 米格网的地形级实景三维实现对全国陆地及主要岛屿必要覆盖，优于 5 厘米分辨率的城市级实景三维实现对地级以上城市和有条件的县级城市覆盖，国家和省市县多级实景三维在线系统实现泛在服务，地级以上城市和有条件的县级城市实现数字空间与现实空间实时关联互通，服务数字中国、数字政府和数字经济的能力进一步增强，80%以上的政府决策、生产调度和生活规划可通过线上实景三维空间完成。在建设任务方面，《通知》规定了地形级实景三维、城市级实景三维、部件级实景三维、物联感知数据接入与融合以及在线系统与支撑环境等建设工作。在建设分工方面，《通知》要求形成统一设计和分级建设相结合、国家和省市县协同实施的“全国一盘棋”格局；坚持“只测一次，多级复用”的原则，在高精度实景三维数据覆盖区域，只基于已有成果整合、不重复生产，在非覆盖区域进行新测生产。此外，《通知》还就各地如何组织开展实景三维建设工作提出了经费保障、标准规范、协同实施、科技创新、多方参与、数据安全与成果应用等要求与措施。

《通知》印发后，山东、黑龙江、海南、广西等地自然资源主管部门均印发了全面推进本地区实景三维建设的通知，进一步明确了本地区实景三维建设的近期和远期目标、建设任务，将地形级、城市级和部件级实景三维数据的生产以及物联感知数据接入与融合能力建设、实景三维数据库系统与支撑环境等列入实景三维建设的重要内容。未来，各地将按照《通知》要求，提供公众版、政务版实景三维数据，为智慧城市时空大数据平台、地理信息公共服务平台、国土空间基础信息平台等提供实景三维数据支撑，并为数字孪生、城市信息模型等应用提供统一的数字空间底座，实现实景三维的泛在服务。

1.4.2 技术大纲

为切实做好实景三维中国建设，明确建设任务和技术路线，规范指导国家和地方有序开展工作，2021 年 8 月，自然资源部印发《实景三维中国建设技术大纲（2021 版）》（自然资办发〔2021〕56 号）[以下简称《大纲（2021 版）》]。《大纲（2021 版）》重点明确了实景三维的定义与构成、目标与内容、主要技术路线和任务分工等。在构成方面，《大纲（2021 版）》明确实景三维中国由空间数据体、物联感知数据和支撑环境三部分构成，其中空间数据体包括地理场景和地理实体。在建设内容方面，《大纲（2021 版）》明确开展地形级实景三维建设、城市级实景三维建设和部件级实景三维建设，并规定了地形级、城市级、部件级实景三维的建设内容、主要用途与服务场景。《大纲（2021 版）》还重点阐述了实景三维数据获取与处理、建库与服务的技术路线，并规定了实景三维数据库管理系统功能架构、实景三维数据服务接口。

《大纲（2021 版）》作为我国开展实景三维中国建设工作印发的第一个指导文件，在制定过程中，实景三维中国建设的工作尚处于起步阶段，对于相关的概念定义、技术路线、应用服务等思考还不太成熟。随着各地实景三维建设工作的推进以及相关政策、标准和学理研究的出台与深入开展，全国各地对实景三维的认识更加深入，也有部分应用单位通过不同渠道反映了《大纲（2021 版）》中存在构成不够合理、建设指标不太明确、应用指导性不强等问题。

为切实做好实景三维中国建设，落实《通知》的工作要求，进一步明确建设内容和技术路线，规范指导国家和地方有序开展工作，中国测绘科学研究院在自然资源部国土测绘司的指导下，组织全国优势技术力量，正在围绕实景三维中国建设面临的共性技术问题，结合《通知》、正在制定的实施方案、核验方案、技术文件以及各地开展试点取得的先进经验，进一步从技术角度明确为什么、是什么、怎么做、如何用等不同层面对《大纲(2021 版)》开展修订与完善工作，有望尽快形成《实景三维中国建设技术大纲(2022 版)》，为实景三维中国建设与应用提供更加科学的技术指导。

1.4.3 标准和指导性技术文件

1. 现行相关标准

实景三维建设与应用涉及地理场景及地理实体采集、处理、建库管理、平台服务、质量控制等技术。国内与实景三维相关的现行标准主要见表 1–2。

表 1–2　国内与实景三维相关的现行标准

方向	名　称	分类	时间
总体设计类	《基础地理信息数据产品元数据》(CH/T 1007—2001)	行业标准	2001
	《地理空间数据交换格式》(GB/T 17798—2007)	国家标准	2007
	《信息技术　地下管线数据交换技术要求》(GB/T 29806—2013)	国家标准	2013
	《基础地理信息数字成果元数据》(GB/T 39608—2020)	国家标准	2020
采集处理类	《国家大地测量基本技术规定》(GB 22021—2008)	国家标准	2008
	《城市三维建模技术规范》(CJJ/T 157—2010)	行业标准	2010
	《数字表面模型航空摄影测量生产技术规程》(CH/T 3012—2014)	行业标准	2014
	《数字表面模型　航天摄影测量生产技术规范》(CH/T 3013—2014)	行业标准	2014
	《数字表面模型　机载激光雷达测量技术规程》(CH/T 3014—2014)	行业标准	2014
	《管线测绘技术规程》(CH/T 6002—2015)	行业标准	2015

续表

方向	名　　称	分类	时间
采集处理类	《地下管线数据获取规程》（GB/T 35644—2017）	国家标准	2017
	《倾斜数字航空摄影技术规程》（CH/T 3021—2018）	行业标准	2018
	《数字航空摄影测量空中三角测量规范》（GB/T 23236—2009）	国家标准	2019
	《倾斜摄影测量实景三维建模技术规程》（Q/430000DSZH001—2020）	企业标准	2020
	《倾斜数字航空摄影技术规程》（GB/T 39610—2020）	国家标准	2020
	《机载激光雷达水下地形测量技术规范》（GB/T 39624—2020）	国家标准	2020
	《管线信息系统建设技术规范》（CH/T 1037—2015）	行业标准	2015
	《基础地理信息数据库建设规范》（GBT 33453—2016）	国家标准	2016
	城市不动产二维空间要素表达（GB/T 40771—2021）	国家标准	2021
	室内三维测图数据获取与处理技术规程（GB/T 9031—2021）	行业标准	2021
	三维地质模型数据交换格式（Geo3DML）（CH/Z 9031）	行业标准	2015
质量检查	《数字测绘成果质量要求》（GB/T 17941—2008）	国家标准	2008
	《数字测绘成果质量检查与验收》（GB/T 18316—2008）	国家标准	2008
	《测绘成果质量检查与验收》（GB/T 24356—2009）	国家标准	2009
	《数字高程模型质量检验技术规程》（CH/T 1026—2012）	行业标准	2012
	《数字正射影像图质量检验技术规程》（CH/T 1027—2012）	行业标准	2012
	《管线测量成果质量检验技术规程》（CH/T 1033—2014）	行业标准	2014
	《机载激光雷达点云数据质量评价指标及计算方法》（GB/T 36100—2018）	国家标准	2018
	《数字表面模型质量检验技术规程》（CH/T 1052—2022）	行业标准	2022

2. 重要的指导文件

面向新型基础测绘建设的核心内容和实景三维建设的技术需求，在前期广泛征求产学研用等各方面意见的基础上，经多次讨论与凝练，自然资源部确定了涵盖总体设计类、采集处理类、建库管理类、平台服务类、质量控制类五部分内容的《新型基础测绘和实景三维中国建设标准体系》总体框架，如图 1－1 所示。《新型基础测绘和实景三维中国建设标准体系》包括 31 项，其中，总体设计类包含 11 项、采集处理类包含 8 项、建库管理类包含 8 项、平台服务类包含 3 项、质量控制类包含 1 项。考虑到标准从立项到正式发布的时间周期较长，为增加标准的时效性，自然资源部先以技术文件形式予以印发，并在应用中不断修订完善，最终形成国家标准或行业标准。当前，已有 7 项技术文件（图 1－1 中绿色标注部分）正式印发，其他技术文件正在编制、印发过程中。

《新型基础测绘和实景三维中国建设标准体系》内容包括：

（1）《名词解释》。为统一认识与理解，本标准对新型基础测绘和实景三维中国建设中涉及的新型基础测绘、实景三维、基础地理实体、语义化、结构化等 17 个常用名词进行解释定义。

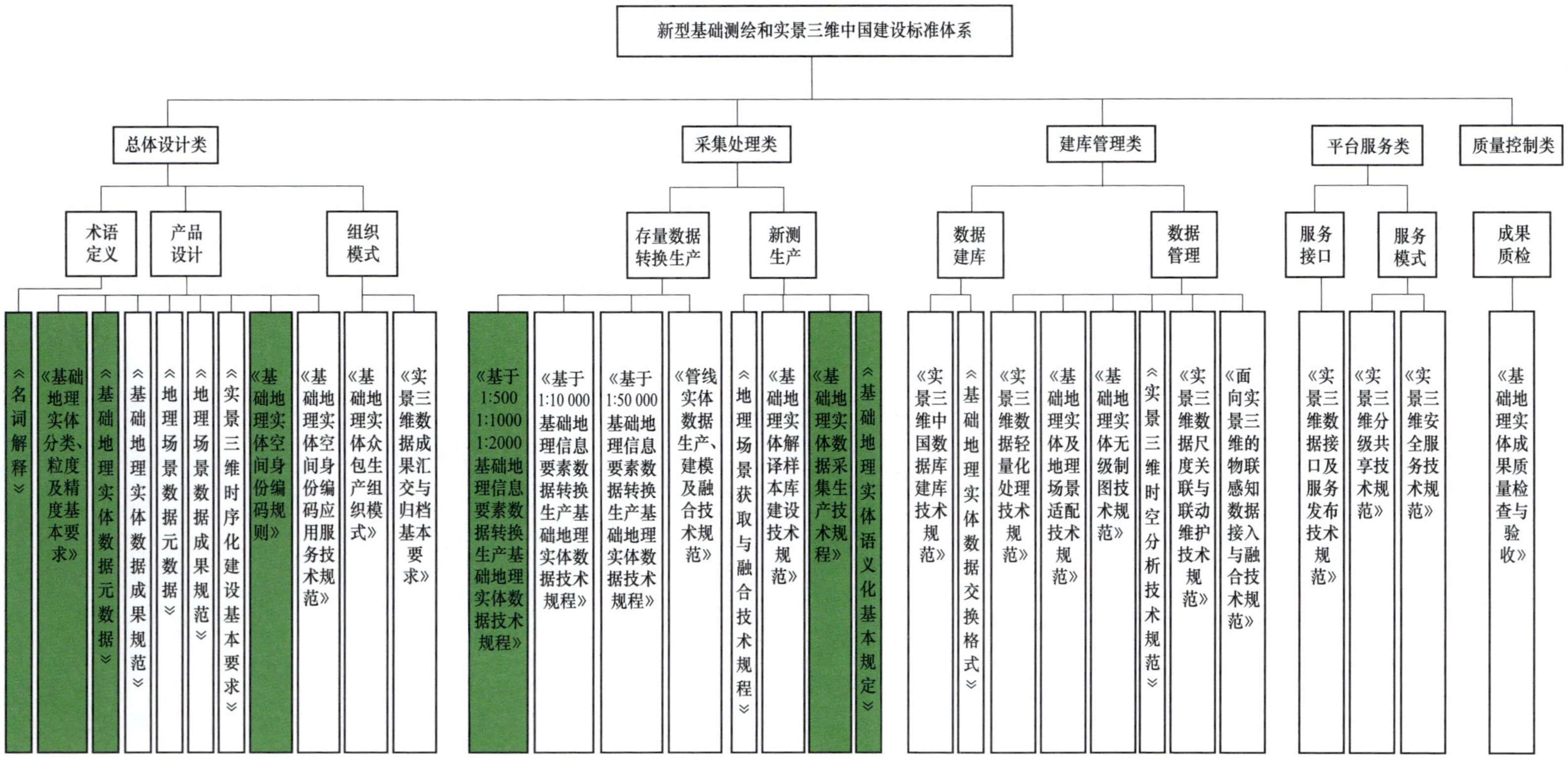

图 1-1 《新型基础测绘和实景三维中国建设标准体系》框架

（2）《基础地理实体分类、精度和粒度基本要求》。基础地理实体是新型基础测绘产品体系的核心内容，也是实景三维建设与应用的关键所在。按照“实体化、时序化、人机兼容理解”等要求，在充分考虑原有成果利用基础上，本标准结合对地观测技术的最新发展及基础地理实体自身特点，规定了基础地理实体的分类、粒度和精度。

（3）《基础地理实体空间身份编码规则》。为实现基础地理实体全球专有标识、唯一标识以及信息关联共享，提高基础地理实体管理和应用效率，本技术文件规定了基础地理实体的编码原则和编码结构等。在采用的“专有标识域+标准域+扩展域”编码结构中，“专有标识域”由 2 位根标识符码、4 位基础地理实体专用码组成，用以基于 MA 国际标识体系进行基础地理实体的专有标识；“标准域”由 26 位（二维）或 44 位（三维）位置码、6 位分类代码、4 位顺序码组成，用以实现对于基础地理实体的唯一标识；“扩展域”为不定长码，用于与其他编码进行交互关联或记录基础地理实体相关信息，满足空间身份编码的“一码多态”使用需求。

（4）《基础地理实体数据成果规范》。围绕基础地理实体对象化、语义化、三维化等特点，本技术文件规定了基础地理实体数据成果的组成结构、表达形式及成果要求等。其中，基础地理实体数据成果由实体几何数据、实体属性数据、实体关系数据和元数据构成；同一基础地理实体可通过二维（点、线、面）和三维（基础三维模型或建筑白模、仿真模型、单体化模型等）不同的几何要素及其组合来表达；基础地理实体数据成果要求以实体唯一标识信息（即空间身份编码）为核心，对基础地理实体自身及关联的各类信息进行描述。

（5）《基础地理实体数据元数据》。为实现基础地理实体数据的规范化管理和使用，本技术文件规定了基础地理实体数据元数据内容，包含数据的标识信息、空间参考信息、生产信息、时序信息、精度信息、粒度信息、质量信息、分发信息等。其中，空间参考信息、质量信息、分发信息与《基础地理信息数字成果元数据》（GB/T 39608—2020）保持一致，其他信息在《基础地理信息数字成果元数据》基础上，针对基础地理实体数据特点，进行了删减或扩展。

（6）《地理场景数据成果规范》。围绕实景三维地理场景建设目标，本技术文件规定了地理场景数据成果的组成结构、表达形式及成果要求等。其中，地理场景数据宜以三维形式反映现实世界地理空间位置和形态。地理场景数据通常可由地形模型、倾斜摄影三维模型［网格（Mesh）三维模型］、激光点云、全景影像、可量测实景影像、视频流全景地图等根据需要组合而成，也可由原始数据通过模型化处理直接获得，或由其他方法获得。地理场景数据主要为用户提供生动形象的可视化效果，能供用户全视角查看、可量测。

（7）《地理场景数据元数据》。围绕地形级实景三维、城市级实景三维、部件级实景三维对地理场景建设的需求，本技术文件分类定义了地理场景元数据的基本要求和元数据内容，如数据的标识信息、空间参考信息、生产更新信息、分发信息、质量信息等。

（8）《实景三维时序化建设基本要求》。围绕实景三维中国建设内容及任务，本技术文件对实景三维的时序化建设要求进行了规定，同时根据地理场景及地理实体具备的时间特征，提出数据关联分析及全生命周期管理方式及要求。主要分为时序化建设周期要求、数据库版本管理、实体全生命周期管理、时序数据封装、时序关联分析能力构建五个方面内容。

（9）《基础地理实体数据交换格式》。针对地理实体数据具有的典型多源异构特性，本技术文件研究形成开放、标准、通用的基础地理实体数据交换格式，内容涵盖地理实体数据的几何格式交换、数学基础交换、属性信息交换等，以确保地理实体数据在不同终端平台的共享与互操作。

（10）《基于 1:500　1:1000　1:2000 基础地理信息要素数据转换生产基础地理实体数据技术规程》。通过属性映射、几何重构等方式对存量基础地理信息要素进行转换，并经语义化处理，是现阶段高效获取基础地理实体的一条重要途径。本技术文件规定了基于 1:500、1:1000、1:2000 基础地理信息要素数据转换生产基础地理实体数据的基本要求、作业流程、质量控制、成果归档等。

（11）《基于 1:5000　1:10 000 基础地理信息要素数据转换生产基础地理实体数据技术规程》。本技术文件规定基于 1:5000、1:10 000 基础地理信息要素数据转换基础地理实体数据的基本要求、作业流程、质量控制、成果归档等，解决获取实体数据所需的几何及属性映射、语义化处理等问题。

（12）《基于 1:50 000 基础地理信息要素数据转换生产基础地理实体数据技术规程》。本技术文件规定基于 1:50 000 基础地理信息要素数据转换基础地理实体数据的基本要求、作业流程、质量控制、成果归档等，解决获取实体数据所需的几何及属性映射、语义化处理等问题。

（13）《基础地理实体数据采集生产技术规程》。基于多源遥感数据，利用新技术、新手段进行数据采集，是获取基础地理实体数据发展趋势。为规范基础地理实体数据采集生产技术方法与生产流程，提高基础地理实体数据生产效率，编制本标准，本技术文件规定基础地理实体数据采集生产的基本要求、作业流程、质量控制、成果归档等。

（14）《基础地理实体语义化基本规定》。基础地理实体的语义化对于丰富基础地理实体数据内涵、实现基础地理实体人机兼容理解、提高基础地理实体数据应用价值具有重要意义。本技术文件规定了基础地理实体语义化内容、语义化内容获取、语义化内容表达及语义化成果质量检查等。

（15）《地理场景获取与融合技术规程》。地理场景是新型基础测绘产品体系中的核心成果之一，主要作为“底图”使用。地理场景数据获取来源不同，精度也不同，针对数据获取和融合编制相应的技术规程，可以有效实现地理场景获取和融合的规范化、标准化，切实为各种应用提供更好用、更便捷的测绘地理信息服务。为此，本技术文件充分利用航天卫星摄影、航空摄影、地面激光扫描、监控视频以及志愿者手机拍摄等数据获取手段，构建天－空－地－人数据立体获取技术体系，研究多源（元）数据融合和智能化处理技术。

（16）《基础地理实体解译样本库建设技术规范》。针对不同类别、不同区域的地理实体特点，本技术文件规定建立涵盖不同数据类型、不同波段的地理实体识别解译样本，同时建立地理实体识别解译样本以及样本标准化存储、索引与管理规则，形成开源共享的语义化地理实体识别解译样本库，为实现地理实体的自动化、智能化提取奠定基础。

（17）《基础地理实体及地理场景适配技术规范》。本技术文件探索面向某一主题功能、权属对象、专题类型以及空间范围下，不同粒度、精度、模态的基础地理实体之间以及基础地理实体与地理场景之间的空间关系冲突处理技术，实现组合聚合实体集、实景三维等标准化产品的自动关联与组装。

（18）《基础地理实体无级制图技术规范》。本技术文件规定依托基础地理实体数据库，面向应用需求，自动生成任意范围、任意尺度、任意类型的无级化地图表达产品的流程。

（19）《实景三维时空分析技术规范》。本技术文件规定依托基础地理实体，提出面向“两服务、两支撑”的典型二维、三维时空分析技术体系，规范其数据内容、空间精度、时间精度、属性内容和计算模型方法等。

（20）《面向实景三维的物联感知数据接入与融合技术规范》。本技术文件明确面向实景三维的物联感知体系构成，提出建设的基本原则，划分物联感知数据类型，并针对不同的数据类型，提出数据接入、融合及应用方案。

（21）《管线实体数据生产、建模及融合技术规范》。本技术文件梳理并细化管线实体数据生产作业要求，面向分析及应用需求，建立基于最小粒度管线实体的进行组装服务的概念模型，同时提出管线实体与地理场景、其他地理实体融合的技术流程。

（22）《实景三维数据尺度关联与联动维护技术规范》。本技术文件研究多尺度下同一基础地理实体数据的自动关联技术，建立实景三维数据涵盖的地理实体、地理场景等数据联动维护方法及流程。

（23）《实景三维数据接口及服务发布技术规范》。面向大规模、多层次、多类型、高精度的实景三维产品，本技术文件提出了建立标准化的服务发布技术，提供实景三维数据产品的通用数据服务、接口服务、功能服务，支撑多类型实景三维数据的统一呈现，实现实景三维数据的高效共享服务和可视化。

（24）《实景三维数据轻量化处理技术规范》。通过模型化简、模型压缩和金字塔构建等方法对实景三维地理场景和地理实体数据进行处理，本技术文件规定不同类型数据的轻量化处理的基本要求、处理流程、质量控制等，提高大规模实景三维数据的渲染效果和性能，满足多终端、多场景的实景三维数据应用。

（25）《基础地理实体空间身份编码应用服务技术规范》。本技术文件规定基础地理实体空间身份编码在分级建设、实体关联、实体管理、实体维护等方面的使用规则，提出空间身份编码支持下的基础地理实体数据与其他时空数据的关联方法及流程，利用编码的唯一性、关联性、交互性建立完善的基础地理实体应用服务体系。

（26）《实景三维安全服务处理技术规范》。本技术文件规定综合利用国家认定的保密处理、国产商用密码以及区块链等技术对高精度、多粒度实景三维数据进行成果安全防护，推动实景三维数据在政务网及公众网的应用。

（27）《实景三维分级共享技术规范》。基于国家、省、市分级开展、协调组织的实景三维建设原则，本技术文件规定建立实景三维分级共享标准框架，明确分级目录、权限控制、申请流转、数据共享基本要求及技术流程。

（28）《实景三维数据库建库技术规范》。本技术文件规定以地理实体及其空间身份编码为中心，集成各类地理场景等多样化数据，开发海量异构数据资源分布式数据库及管理系统，实现多源异构地理实体及场景的“分布存储、逻辑集中”。

（29）《基础地理实体成果质量检查与验收》。围绕基础地理实体数据的新特征，本技术文件规定研究基础地理实体成果质量检查与验收基本要求、抽样检验程序、质量评定方法和质量评定指标，保障基础地理实体数据质量可控。

（30）《基础地理实体众包生产组织模式》。本技术文件探索构建专业队伍测绘为主、充分利用互联网、行业部分共享等资源进行测绘的基础地理实体生产模式。

（31）《实景三维数据成果汇交与归档基本要求》。本技术文件规定国省市（县）实景三维分级建设的成果汇交方式，明确汇交成果内容及形式，并建立完善的归档管理机制。

1.5 实景三维技术框架

1.5.1 技术框架

实景三维中国建设按照《新型基础测绘和实景三维中国建设标准体系》中的标准规范开展数据获取与处理、建库与服务。按照“只测一次，多级复用”的原则，充分利用存量数据，分级按需开展地理场景和地理实体数据的时序化采集和生产、物联感知数据接入和融合能力建设，完成地理场景、地理实体和物联感知数据的融合，以及不同层级生产的地理实体的关联。基于统一的时空基准、数据库模型、系统架构和服务接口，分级分节点建立分布存储、逻辑集中、互联互通、动态更新的实景三维数据库、基础地理实体空间身份编码注册与解析节点和应用服务系统，支持国省市县协同共享，支撑实景三维中国的广泛应用。实景三维中国建设的技术框架如图 1–2 所示。

1.5.2 多源数据获取与预处理

利用航空航天、地面采集、船载测量等各种手段获取数据，并收集整理基础测绘、自然资源调查监测、空间规划、不动产登记以及仿真模型、Mesh 三维模型和激光点云等数据成果。

1.5.3 数据产品生产

按照各类数据产品的精度指标生产地理场景数据、基础地理实体数据以及部件级地理实体数据。

1. 地理场景数据

包括 DEM、数字表面模型（digital surface model，DSM）、数字正射模型（digital orthophoto model，DOM）、真数字正射模型（true digital orthophoto map，TDOM）、Mesh

三维模型、单体化三维模型等数据产品的生产，按相关标准及现行方式生产。

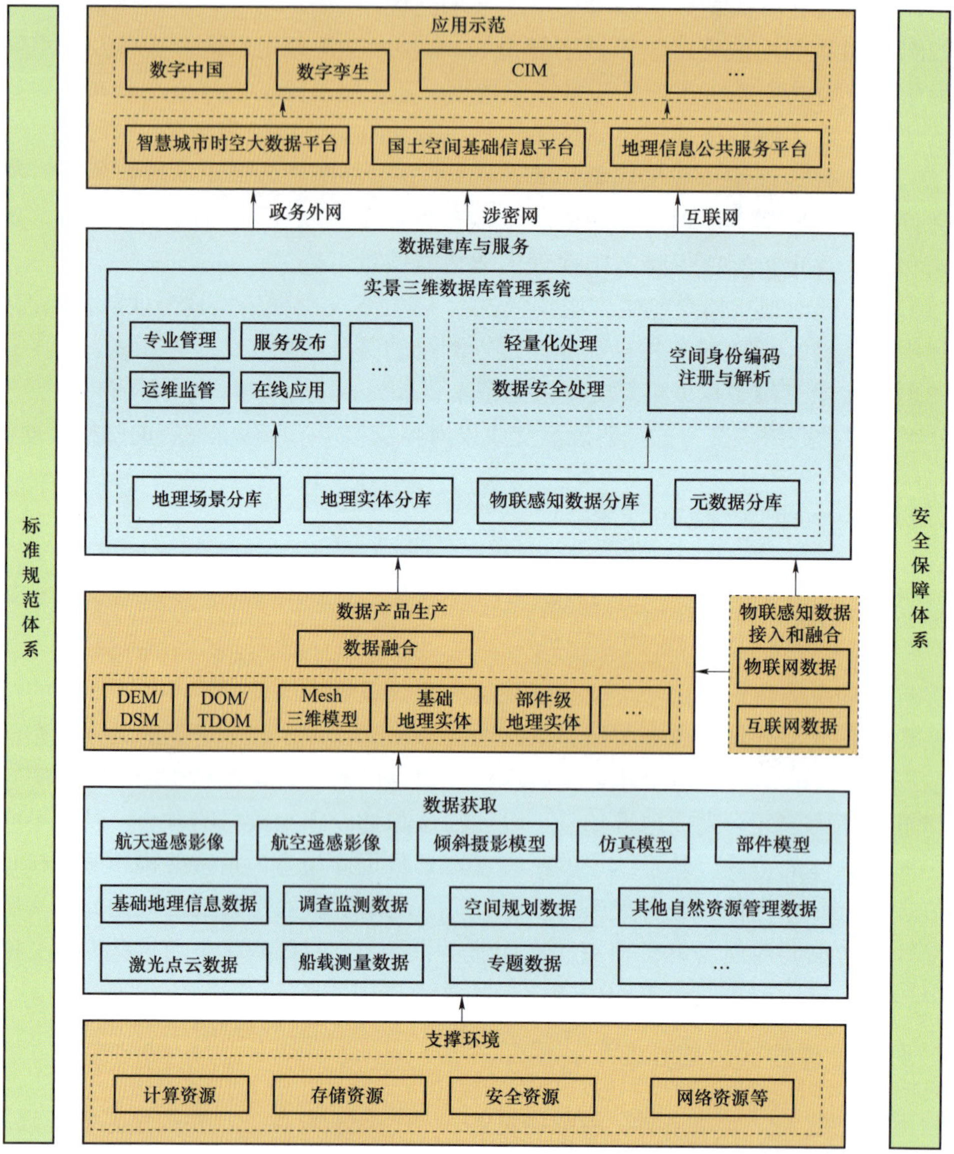

图 1-2　实景三维中国建设的技术框架

2. 基础地理实体数据

通过存量数据转换、基于地理场景生成、基于高精度基础地理实体生成等方式生产二维形式表达的基础地理实体数据；通过存量数据转换、基于地理场景生成等方式生产三维形式表达的基础地理实体数据。基础地理信息要素数据应转尽转，不能转换生成的基础地理实体数据，按需采集生产或者综合生成。

3. 部件级地理实体数据

部件级地理实体按相关标准及现行方式生产。

1.5.4 数据融合

在地理场景数据之间、地理实体数据之间，以及地理场景和地理实体数据之间进行融合；对物联感知数据与地理场景、地理实体数据进行融合；对融合过程中存在的冲突进行检测及处理。

1.5.5 质量控制

实景三维中国建设成果质量检查与验收执行“两级检查、一级验收、质量核查”制度，依次通过生产单位作业部门的过程检查、生产单位质量管理部门的最终检查、生产委托方的验收检验和同级或高一级质量检验机构的质量核查。重点加强基础地理实体成果的逻辑一致性、属性精度、语义精度、完整性和时间精度，地理实体与场景数据位置匹配性、一致性等内容的质量检查。

1.5.6 数据建库与服务

1. 数据库设计

实景三维数据库包括地理场景分库、地理实体分库、物联感知数据分库和相应元数据分库等，各分库根据数据内容细化为不同子库，各子库根据数据内容分为若干图层。

其中，地理场景分库由 DEM 子库、DSM 子库、DOM 子库、Mesh 三维模型子库等构成，DEM 子库存储不同格网尺寸的 DEM 数据，DSM 子库存储不同格网尺寸的 DSM 数据，DOM 子库存储不同分辨率的 DOM/TDOM 数据；地理实体分库由基础地理实体子库、专题地理实体子库等构成，基础地理实体子库存储自然地理实体数据、人工地理实体数据和管理地理实体数据等，专题地理实体子库存储部件级地理实体；物联感知数据分库存储传感器数据、空间位置服务数据、互联网数据和社会经济数据等；元数据分库由各类数据成果的相应元数据信息构成。

2. 数据组织

地理场景按照分层/分块存储，以二维形式表达的地理实体按照分层存储、以三维形式表达的地理实体按照分块/单体存储，物联感知数据分记录存储。

对于基础地理实体数据，采用关系型与非关系型数据库相结合的一体化数据建库。其中，关系型数据库用于管理基础地理实体数据的几何和纹理数据、空间位置、基本属性等结构化信息；非关系型数据库用于管理基础地理实体数据的语义关系等非结构化信息，在数据库之间通过空间身份编码建立关联关系。二维形式的基础地理实体数据采用矢量瓦片方式发布标准服务，提供给管理系统调用集成。

3. 数据建库与管理

实景三维中国数据库分为国家层面、省区层面和城市层面实景三维数据库，分别存储全国、省区、城市范围内的实景三维数据以及元数据，国家层面数据库通过数据服务调用方式集成地方层面数据库。实景三维数据库主要包括数据库体和管理系统两大部分，管理系统主要由服务发布、专业管理、在线应用、运维监管系统等功能构成，实现对实景三维数据的一体化管理、数据服务发布、数据在线应用、系统运维监管等。

4. 空间身份编码注册与解析

为基础地理实体赋予全球唯一、权威的空间身份编码是贯通现实与数字空间、构建实景三维数字底座的基础，对空间身份编码的注册与解析是实现基础地理实体“一码多态”的关键。通过构建国家、省区和城市层面基础地理实体空间身份编码注册与解析节点，能够实现基础地理实体的在线流转，满足诸多部门专题信息与基础地理实体时空关联、全网共享的应用需求。

5. 轻量化处理

通过模型化简、压缩、多细节层次结构（levels of detail，LOD）构建等方法对实景三维地理场景和基础地理实体数据进行处理，提高大规模实景三维数据的渲染效果和性能，满足多端多屏轻量化应用需求。

6. 数据安全处理

实景三维数据实行分版管理，提供涉密、内部和公开三个级别的实景三维数据。涉密数据仅限在涉密环境中存储、分发、服务与使用；内部数据可存储、运行于非涉密环境中，并采用国产商用密码技术对数据存储、网络传输、应用服务和成果分发开展安全防护，确保数据成果可管可控。

7. 应用服务

依托涉密网、政务网和互联网等不同的网络环境，为国土空间基础信息平台、智慧城市时空大数据平台以及地理信息公共服务平台提供实景三维数据支撑，从而为数字孪生、城市信息模型等应用提供数字空间底座，实现实景三维中国的广泛应用。

1.6 实景三维建设与应用调研分析

1.6.1 调研背景

为了全面、客观地反映实景三维中国建设及应用现状，我们面向全国政府机关、企事业单位开展了实景三维中国建设及应用现状线上调研。通过微信公众号及微信端一对一推送等方式进行了问卷回收，共收到来自行业应用与服务单位 340 份有效问卷。本次调研内容主要为实景三维中国行业推广情况、实景三维中国建设与应用、实景三维建设的主要业务、存在的问题等，通过征求受访者观点力求反应目前实景三维中国建设与应用情况。尽管本次调研样本不能完全反映出目前实景三维的应用情况，但是调研数据足够揭示目前实景三维中国建设及应用的一部分趋势。

1.6.2 主要调研结论

1. 实景三维进入项目落地的快速发展期

当前，全国各地纷纷开展实景三维建设与应用的业务，并开展相关的技术储备与技术研究工作，实景三维进入项目落地的快速发展期，其中项目推动与政府政策推动已经成为实景三维业务的主因。

（1）实景三维技术呈现项目落地应用态势。本次调研显示，高达53%的受访者表示已开展过实景三维相关的建设和应用，并取得一定的成果；28%的受访者正在筹划实景三维相关的工作，10%的受访者是正在第一次开展实景三维相关的工作，只有 9%的受访者表示还未开展，这表明目前实景三维在行业正在从概念转向项目落地实践。受访者开展实景三维建设及应用现状如图 1-3 所示。

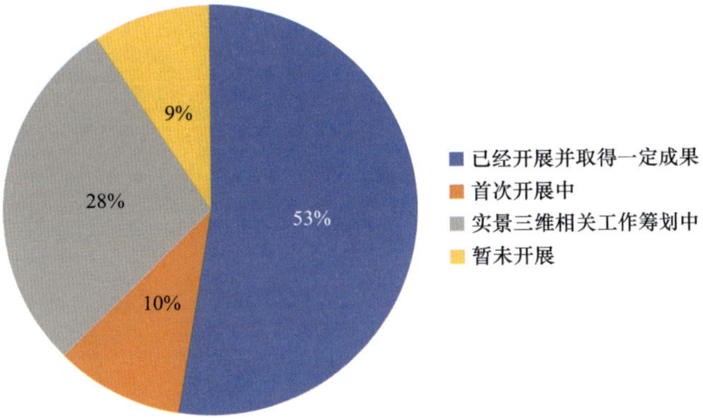

图 1-3　受访者开展实景三维建设及应用现状

（2）实景三维与各个单位的业务密切相关。35%的受访单位 70%以上的工作/业务与实景三维内容相关，38.82%的受访单位 40%～70%以上的工作/业务与实景三维内容相关。进一步的调研发现，受访单位关注的实景三维的工作，主要集中于数据获取与处理、平台建设、应用开发等，分别占 85%、74%和 72%。鉴于大范围、高精度实景三维属于国家秘密数据，40%的受访单位也比较关注实景三维的信息安全应用问题。受访者关注的实景三维内容如图 1-4 所示。

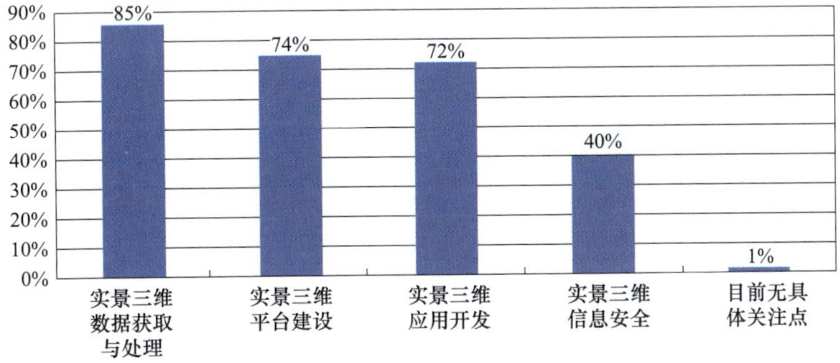

图 1-4　受访者关注的实景三维内容

（3）项目推动、政策推动和社会服务需求成为开展建设“实景三维”业务的主因。从受访对象所在单位开展实景三维业务的原因来看，项目推动占比最高，达 70%；政府政策推动次之，占 64%；社会服务需求推动占 60%。受访单位开展“实景三维”业务的主因如图 1-5 所示。

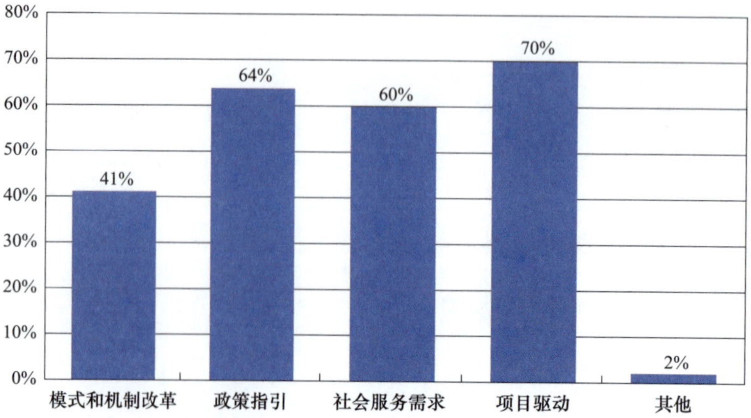

图 1-5　受访单位开展“实景三维”业务的主因

2. 实景三维建设与应用以城市级为主

调研统计数据表明，目前实景三维建设与应用的空间范围以城市级为主，对接各行业平台、融合海量数据与多样化的终端为政府及公众提供便利服务，实景三维中国建设将会对政府及社会相关行业应用产生积极的影响。

从受访对象所在单位实景三维项目建设的空间范围来看，城市级实景三维建设占比最多，达 61%；区/县级次之，占 55%；园区级占 41%；省级占 37%，如图 1-6 所示。这就表明，我国实景三维的发展及建设主要集中在城市级实景三维。

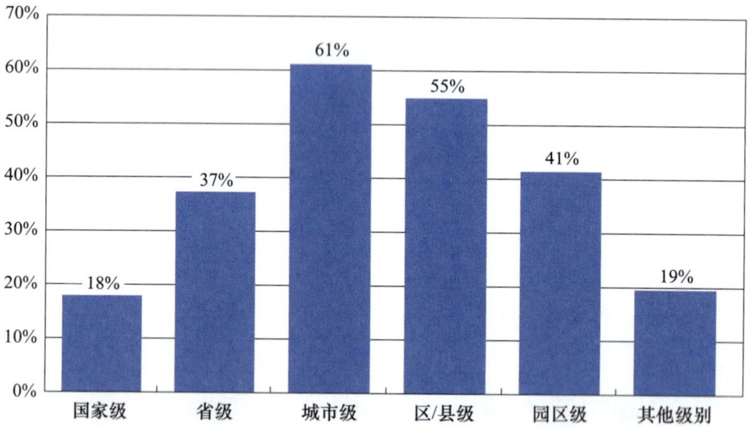

图 1-6　受访对象单位实景三维项目建设空间范围占比

各地开展的实景三维技术研究调查结果显示，绝大多数受访单位都在积极开展实景三维相关的技术研究，如图 1-7 所示，主要集中于数据获取、数据处理、实景三维建模、平台建设和三维单体化等方面，分别占 76%、71%、70%、54%和 45%。此外，受访者所在单位也在开展物联网感知数据接入和融合、实景三维语义化、实景三维信息安全等方面的工作。进一步的调查显示，70%的受访者认为倾斜模型和三维形式表达地理实体数据会对实景三维建设及应用发挥重要作用。

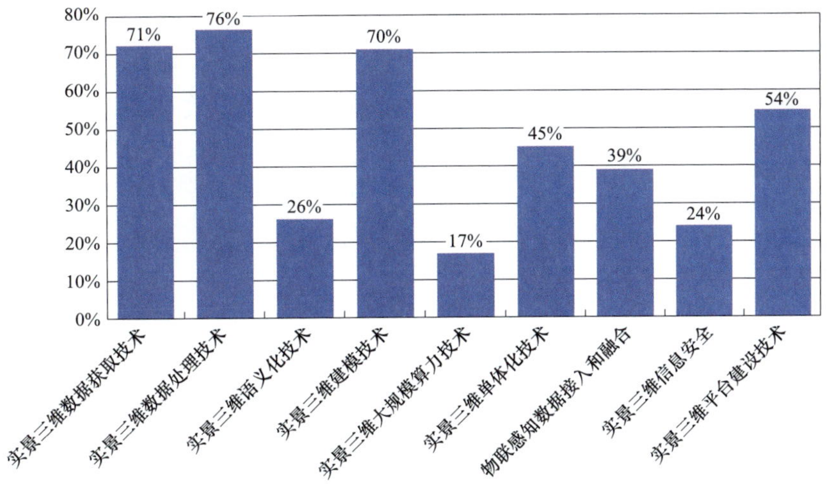

图 1-7　受访单位开展技术研究的情况

实景三维对各个行业产生积极的影响。96.47%的受访对象单位都认为实景三维中国建设对政府及社会相关行业应用有影响且产生积极影响，如图 1-8 所示，受访单位认为在以下方面发挥作用：

（1）服务数字中国，提供统一时空基座，占 91%；

（2）服务政府治理，提升决策服务水平，占 85%；

（3）服务自然资源“两统一”，助力履职尽责，占 79%；

（4）服务相关行业部门，促进高质量发展，占 76%；

（5）服务人民群众，提升美好生活幸福感，占 57%。

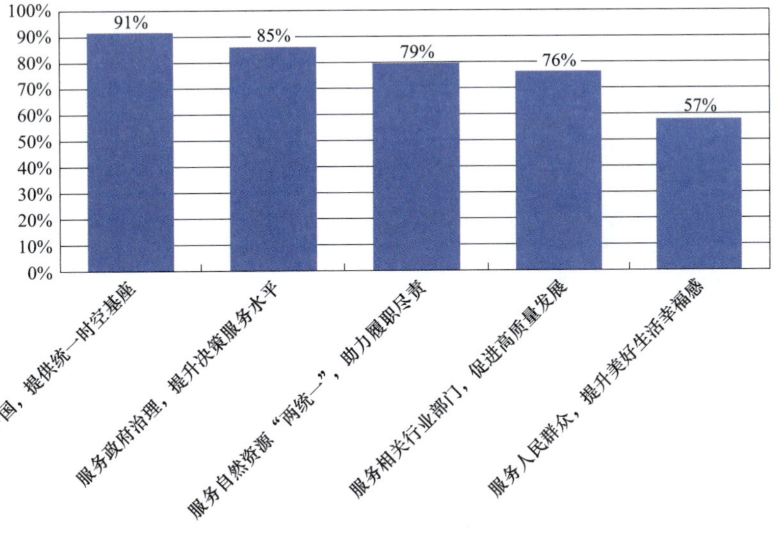

图 1-8　实景三维发挥的主要作用

3. 实景三维的业务集中于数据获取和处理

为了对实景三维建设与应用的主要业务进行分析，本次调研对受访者开展的实景三维业务、实景三维的数据类型和实景三维的主要应用进行了调研。调研显示，目前实景三维的建设业务主要集中于数据采集和处理阶段，应用则以可视化和空间分析为主。

（1）各地都在积极开展实景三维业务。调查结果显示，受访者所在单位开展的实景三维业务，主要集中于数据处理、数据获取、建模管理等方面，分别占 75%、71% 和 62%，如图 1－9 所示。进一步的调查显示，受访单位的业务主要在集中在智慧城市、国土空间规划、数字乡村和自然资源调查监测等领域，分别占 59%、42%、41%、34%，如图 1－10 所示。

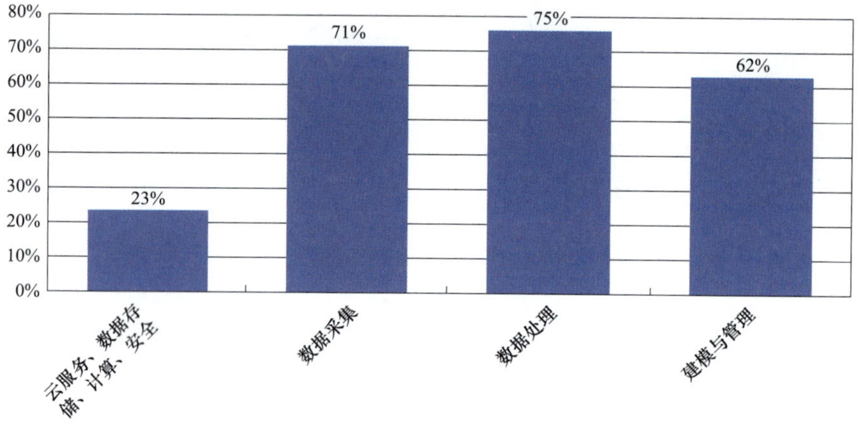

图 1－9　受访者所在单位开展的实景三维业务

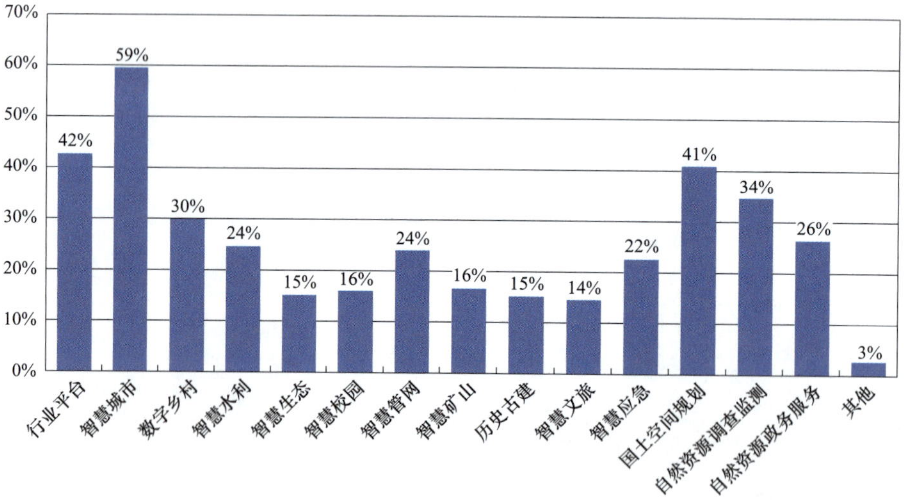

图 1－10　受访单位的业务集中领域

（2）倾斜摄影数据排首位。受访单位对实景三维业务所涵盖的数据类型调研结果如图 1－11 所示，79%的受访单位涉及倾斜摄影三维模型，65%的受访单位涉及三维形式表达地理实体数据，56%的受访单位涉及激光点云，56.18%的受访单位涉及 DEM，43.24%的受访单位涉及 BIM，34%的受访单位涉及物联感知数据，这表明目前行业实景三维建设的关注点集中在倾斜摄影“模型描述”层次和实时数据“感知”层次。

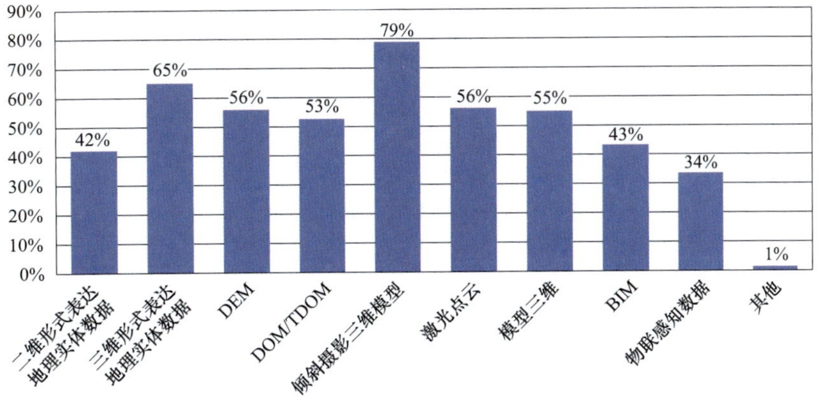

图 1-11　受访单位对实景三维业务所涵盖的数据类型

（3）可视化是首要目标，空间分析次之，物联感知技术储备趋势明显。如图 1-12 所示，目前开展的实景三维相关应用中，可视化应用占 90%，空间分析占 70%，数据计算占 54%。如图 1-13 所示，受访者所在单位已经接入物联感知数据且应用较多的占 21%，正在接入感知数据并有项目需求的占 19%，进行技术储备，尚未有相关项目占 35%，表示各个单位积极开展技术储备。

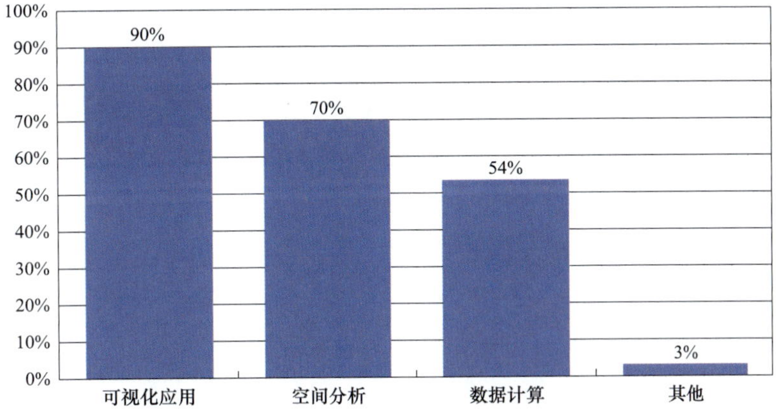

图 1-12　实景三维数据的用途

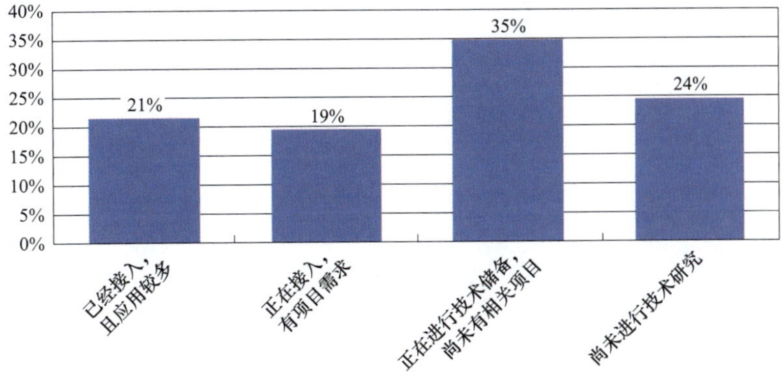

图 1-13　受访单位接入感知数据和应用

4. 实景三维建设与应用面临的主要问题

实景三维建设与应用涉及城市管理的各个环节，本次针对实景三维建设与应用中遇到的问题和难点进行调研的结果表明，我国实景三维的相关标准规范和关键技术攻关是行业关注的首要问题。尽管在国家层面，自然资源部近期正在密集出台实景三维中国建设相关的系列指导文件，但是实景三维标准建设的进程仍需加快，同时应加强实景三维自主可控关键技术的攻关工作。

（1）实景三维建设和应用需要加快标准体系的研制、需要加大资金的投入。实景三维建设与应用需要以制度化和标准化管理为保障，构筑信息化管理的牢固基石。如图 1－14 所示，本次调研的受访者认为的实景三维发展面临的主要问题，选择数据产品标准体系和标准规范不完善的均占 66%，选择资金投入不到位的占 51%。同时，由于实景三维相关的技术门槛比较高，有 48%的单位认为专业人才缺失也是影响实景三维建设与应用的一个重要因素。

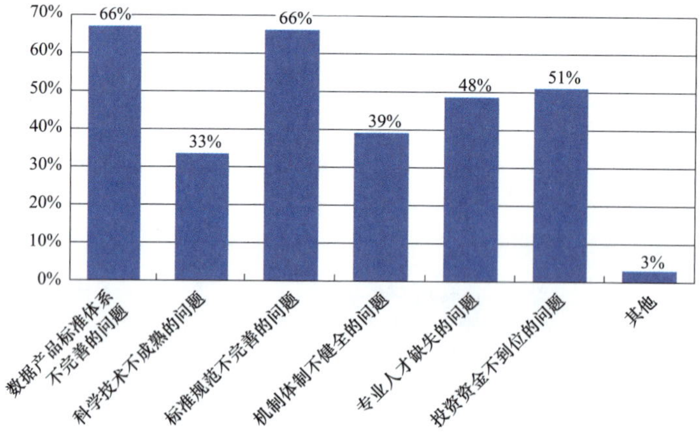

图 1－14　受访单位认为当前主要面临的问题

（2）实景三维建设与应用中需要加强技术攻关。国家相关部门应加强实景三维建设关键技术的集中攻关工作。实景三维建设与应用中存在的最大难点如图 1－15 所示，未

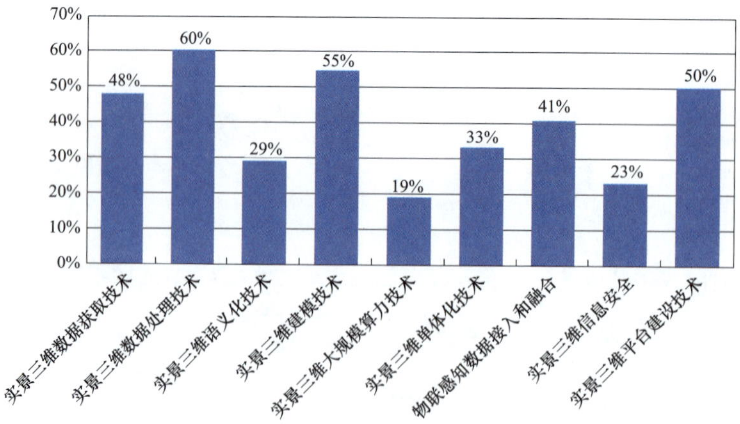

图 1－15　实景三维建设与应用中存在的最大难点

来打算深入研究的实景三维技术的调研受访者所在单位中，计划开展实景三维数据处理技术研究的占 60%，计划开展实景三维建模技术研究的占 55%，计划开展实景三维平台建设技术研究的占 50%，计划开展实景三维数据获取技术研究的占 48%，计划开展物联感知数据接入和融合技术研究的占 41%，计划开展实景三维单体化技术研究的占 33.24%，计划开展实景三维语义化技术研究的占 29%，计划开展信息安全技术研究的占 23%。

参 考 文 献

［1］国务院关于全国基础测绘中长期规划纲要（2015—2030 年）的批复［J］. 中华人民共和国国务院公报，2015（17）：10.

［2］耿丹，李丹彤. 2017 智慧城市背景下城市信息模型相关技术发展综述［J］. 中国建设信息化，（15）：72－73.

［3］刘燕，金珊珊. 2020. BIM＋GIS 一体化助力 CIM 发展［J］. 中国建设信息化，（10）：58－59.

［4］孙园园. 2019. 从 BIM 到 CIM—探索智慧城市建设新模式［J］. 价值工程，38（35）：30－31.

［5］李德仁. 2020. 数字孪生城市－智慧城市建设的新高度［J］. 中国勘察设计，（10）：13－14.

［6］李清泉，李德仁. 1998. 三维空间数据模型集成的概念框架研究［J］. 测绘学报，27（04）：46－51.

［7］刘晓伦. 2020. CIM 与数字孪生城市的关系［J］. 中国测绘，（11）：82－84.

［8］孙其博，刘杰，黎羴，等. 物联网：概念、架构与关键技术研究综述［J］. 北京邮电大学学报，2010，33（03）：1－9.

［9］刘陈，景兴红，董钢. 2011. 浅谈物联网的技术特点及其广泛应用［J］. 科学咨询，（9）：86－86.

［10］吕鹏. 数字孪生城市：智能社会治理的全息底座［J/OL］. 国家治理：1－5［2022－10－29］. DOI：10.16619/j.cnki.cn10－1264/d.20221026.001.

［11］王广斌，张雷，谭丹，等. 我国建筑信息模型应用及政府政策研究［J］. 中国科技论坛，2012（08）：38－43. DOI：10.13580/j.cnki.fstc.2012.08.008.

［12］吴志强，甘惟，臧伟，等. 2021. 城市智能模型（CIM）的概念及发展［J］. 城市规划，45（04）：106－113＋118.

［13］于勇，范胜廷，彭关伟，等. 数字孪生模型在产品构型管理中应用探讨［J］. 航空制造技术，2017（07）：41－45. DOI：10.16080/j.issn1671－833x.2017.07.041.

［14］杨滔，杨保军，鲍巧玲，等. 2021. 数字孪生城市与城市信息模型（CIM）思辨—以雄安新区规划建设 BIM 管理平台项目为例［J］. 城乡建设，（02）：34－37.

［15］自然资源部办公厅. 自然资源部办公厅关于印发新型基础测绘与实景三维中国建设技术文件（5－7）的通知自然资办函［N］. 2021－12－27.

［16］自然资源部办公厅．自然资源部办公厅关于印发《实景三维中国建设技术大纲（2021版）》的通知［N］．2021－8－16.

［17］朱庆，张利国，丁雨淋，等．2022．从实景三维建模到数字孪生建模．测绘学报，0（0），1－13.

［18］GORE A. The digital earth：understanding our planet in the 21st century［J］. Australian surveyor，1998，43（2）：89－91.

［19］MA，Z.，REN，Y. 2017. Integrated Application of BIM and GIS：An Overview. Procedia Engineering，196（0），1072－1079.

［20］LIU，P.，GONG，J.，YU，M.2014. Graphics processing unit-based dynamic volume rendering for typhoons on a virtual globe. International Journal of Digital Earth，8（6），431－450.

［21］ZHU J，WU P. Towards Effective BIM/GIS Data Integration for Smart City by Integrating Computer Graphics Technique［J］. Remote Sensing，2021，13（10）：1889.

第2章 实景三维支撑技术

2.1 概述

实景三维是对一定空间范围内人类生产、生活、生态空间进行真实、立体、时序化表达的数字空间，是新型基础测绘的标准化产品和重要的国家新型基础设施，为经济社会发展和各部门信息化提供统一的空间基底。实景三维的构建依赖于实景三维数据获取、实景三维数据处理、实景三维数据质检、实景三维建模与管理、实景三维可视化、实景三维数据服务、实景三维数据安全等核心支撑技术。本章将针对实景三维支撑技术进行总结与介绍。

2.2 实景三维数据获取

2.2.1 数据采集装备

实景三维数据采集装备按采集目的、对象和技术特点可分为卫星遥感平台、航空遥感平台与地面平台，联合组成了多层次、立体化的实景三维数据采集体系，获取空天地多源、多模态数据，满足地形级、城市级与部件级实景三维建设的需要。

卫星遥感平台主要用于大范围数据采集，能够获取地形地貌等数据，具有范围广、更新快、可重复观测等数据采集优势。近年来，随着卫星遥感数据的时间、空间和光谱分辨率逐步提升，卫星遥感平台在地形级实景三维场景制作中发挥越来越重要的作用。

航空遥感平台主要包括大型有人机和小型无人机平台，并根据数据需求的不同搭载多类型的采集设备。其中，大型有人机主要用于大范围区域数据采集，小型无人机主要用于小区域和飞行困难区域数据采集，或作为有人机数据采集的补充，两者各有优劣。

地面平台主要通过车载、背包、手持等方式，集激光雷达、光学相机、定姿定位系统等于一体，利用移动测量技术，获取建筑、交通、地下管线等对象的高精度实景三维数据。

1. 卫星遥感平台与数据采集装备

卫星遥感平台是指在一定高度的对地观测人造地球卫星上安装各种遥感仪器，即数据采集装备，主要有全色、多光谱、高光谱相机、合成孔径雷达（synthetic aperture radar，SAR），以及一些具备立体测绘能力的相机等。

不同卫星根据设计及用途搭载不同的传感器，主要包括光学遥感卫星、SAR 卫星以及一些具有立体测绘模式的卫星等，这些卫星的传感器参数见表 2-1。

表 2-1　光学、SAR、立体测绘卫星的传感器参数

卫星类型	卫星名称	主要载荷	载荷参数
光学遥感卫星	高分一号	PMS 高分相机	全色分辨率 2m，多光谱分辨率 8m，幅宽 60km
		WFV 宽幅相机	多光谱分辨率 16m，幅宽 800km
	高分二号	全色多光谱相机	全色分辨率 1m（星下点 0.8m），多光谱分辨率 4m，幅宽 45km
	GeoEye-1	全色多光谱相机	全色分辨率 0.41m，多光谱分辨率 1.65m
	WorldView-3	全色多光谱相机	全色分辨率 0.31m，多光谱分辨率 1.24m
SAR 卫星	高分三号	C 频段多极化 SAR	1m 分辨率
	海丝一号	C 频段单极化 SAR	1m 分辨率
	齐鲁一号	Ku 频段 SAR	0.5m 分辨率
立体测绘卫星	高分七号	双线阵相机	全色分辨率 0.8m，多光谱分辨率 3.2m

光学遥感卫星主要有高分系列、GeoEye-1、WorldView-3 等卫星。在实景三维数据采集中，光学遥感卫星影像利用已有 DEM 数据，消除地形投影误差后制作成 DOM 产品，联合构建成大范围的地形级实景三维场景，搭建实景三维时空底座。同时，随着光学遥感卫星影像空间分辨率的不断提高，在城市级实景三维模型重建中也将发挥重要作用。

SAR 卫星主要有高分三号、海丝一号、齐鲁一号等。SAR 具备全天时、全天候、全球覆盖的观测特性以及一定的穿透能力，结合合成孔径雷达干涉测量（interferometric synthetic aperture radar，InSAR）技术，能够获取地球表面精确高程信息，主要用于生产高精度 DEM、DSM，满足地形级实景三维构建需求。

立体测绘卫星主要有高分七号、高景一号、资源三号 02 等，采用双线阵或三线阵测绘方式，由具有一定交会角的前视、正视和后视相机通过对同一地面不同视角的观测，形成立体影像，可以用于 DEM、DSM 和 DOM 制作。另外，立体测绘卫星能够获取地形、地貌以及城市建筑的多视角影像数据，在纹理映射中可以作为三维模型的立面纹理，制作更加精细的三维模型。

目前，我国卫星遥感平台形成高轨到低轨全面覆盖、大卫星与小卫星相互协同态势，组成系列卫星星座，通过搭载不同类型传感器，提供不同分辨率、不同角度、全方位、全天候的对地观测数据，进一步支撑大范围地形实景三维数据的获取。

2. 航空遥感平台与数据采集设备

航空遥感平台一般是指高度在 80km 以下的遥感平台，根据飞机载人与否，可以将航空遥感平台分为有人机航空遥感与无人机航空遥感，这两种航空遥感平台各有优劣，根据航空遥感平台不同，搭载的数据采集装备也有所区别，图 2-1 为几种典型的航空遥感平台及数据采集设备。

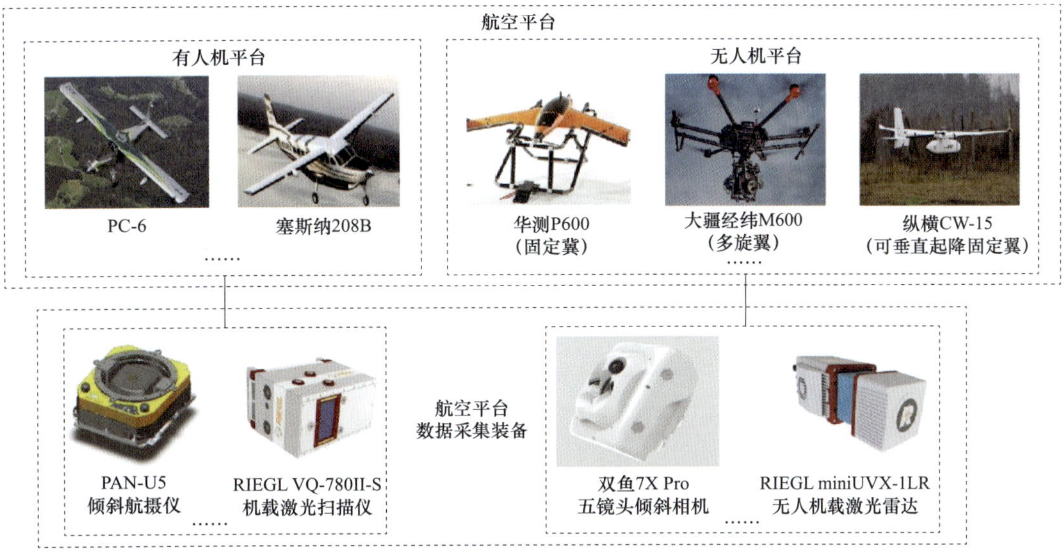

图 2-1　典型的航空遥感平台及数据采集设备

有人机航空遥感一般采用大飞机搭载大型量测相机或激光雷达的方式进行数据采集，能够执行较高航高的长时间飞行。其承载能力较强，可以搭载例如 PAN-U5、SWDC-5 等倾斜航摄仪、RIEGL VQ-780II-S 机载激光扫描仪等大型设备，从而获取大画幅、高精度的影像或激光点云数据，在大面积区域的数据获取具有较大优势。同时，由于其成果畸变小、画幅大，实景三维建模难度较低、模型精度较高。其不足之处在于，成本相对高昂，航高较高，数据获取效率易受雾霾、云层等天气的影响。常见用于航空遥感的有人机有塞斯纳 208B、PC-6 等载人飞机。

无人机航空遥感一般搭载小型轻量级的倾斜相机或激光雷达进行实景三维数据采集。由于无人机小巧、轻便，在小面积区域工作有较大优势，成本相对低廉；由于相幅小，在大面积区域，获取的影像数量较多，对处理技术有较大的挑战；另外，由于飞行航高较低，在城市的密集高楼区域难以开展一般航飞，需要设计航线考虑避免更多危险因素。无人机主要分为三大类，一是固定翼无人机，其飞行原理与飞机相似，具备飞行速度快、运载能力强、续航时间长、飞行稳定等优点，起飞降落通常需要跑道辅助；二是多旋翼无人机，具备操作简单、轻便、垂直起降、可悬停的优点，但飞行时间较短且运载能力较弱，常见的有大疆经纬 M300、飞马 D2000 等；三是可垂直起降的固定翼无人机，结合了上述两类无人机的优势，例如成都纵横 CW-15、飞马 V-10 等。

3. 地面数据采集设备

针对城市中复杂场景、室内、地下管线等卫星遥感以及航空摄影手段难以获取数据的对象，可在地面进行数据采集，如图 2–2 所示。实景三维地面数据采集主要有车载、背包、手持等方式，通过将激光扫描仪、影像采集设备、定位定姿设备、同步控制器等多传感器集成于一体，并根据采集需求将设备搭载在测量车上，对建筑、道路进行高精度实景三维数据采集，或通过背包、手持的方式对室内室外、地下管线进行数据采集。

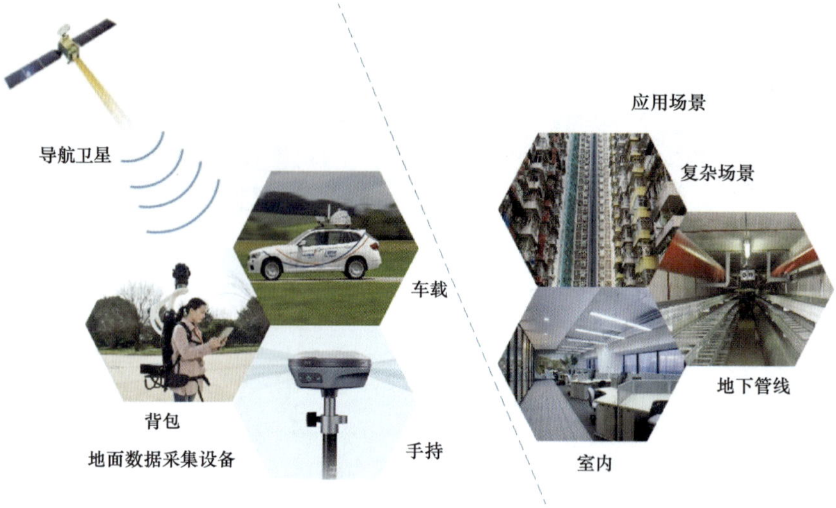

图 2–2　地面数据收集

我国地面数据采集设备近年取得较大突破，满足各项工作需求。例如立得空间设计的三维全景激光背包侠将多线激光雷达、全景相机、惯导设备、同步控制器等集成于一体，以移动测量技术系统为基础，能够针对室内、室外或地下场景进行三维激光全景数据的采集，同时采用 3D–SLAM 技术解决室内定位的问题。该设备具有采集效率高、速度快、操作简便等特点，作业过程不受阶梯、路面起伏的影响，可广泛应用于商场、变电站、地铁、隧道、矿洞等各类场景的数据获取；中海达的 iRTK–10 机身轻巧，方便快速测量，搜索解算卫星高达 50 余颗，同时支持单北斗解算，信号接收灵敏且抗干扰能力强，采用新型惯导设备，内置全国连续运行卫星定位服务系统（continuously operating reference stations，CORS）服务，将实时差分定位（real-time kinematic，RTK）技术与近景摄影测量技术相结合，能够在地面采集影像同时获取相机位置、姿态信息，在地面拍摄的位置、角度与航测视角天然互补，用于“空天地”一体化影像数据采集，可以有效补充建筑物局部细节、纹理等信息，外业操作简便、工作效率较高，相比激光扫描的方式成本更低。

地面采集的方式消耗大量人力，成本较高，但可以解决无人机等航空遥感平台由于视角有限或飞行困难，导致的房檐下以及被遮挡物体等区域建模后扭曲、空洞、纹理缺失等问题。采用三维激光扫描技术或地面影像 RTK 技术与航空摄影结合的方式，形成的实景三维数据具有较高的精细度和还原度，可以构建高精度部件级三维模型。

2.2.2 影像采集技术

影像是实景三维建设的重要基础数据，对于不同等级、不同应用场景的实景三维建设，需要通过不同的影像采集技术来获取影像。

卫星遥感影像采集通过在卫星平台搭载光学相机、SAR、激光雷达等传感器，能够短时间对大范围地区进行对地观测，主要用于大规模数据采集。

航空遥感影像采集通过在大飞机上搭载大型量测相机，主要用于大范围城市区域等实景三维数据采集。

无人机影像采集通过在无人机平台上搭载小型倾斜相机、激光雷达等传感器，主要应用于小面积区域的数据采集，并作为航空遥感影像的补充。

地面影像采集通过车载、背包、手持的方式，基于移动测量和室内定位技术，应用于建筑、道路、室内以及地下空间高精度实景三维数据采集。

近年来，随着无人机技术的发展加快与复杂场景高精度建模的需求增加，影像采集方面也发展出贴近摄影测量、优视摄影测量等新技术，高效解决复杂场景、高精度三维模型需求的问题。

1. 卫星遥感影像采集技术

卫星遥感影像采集通过搭载在人造地球卫星上的光学相机、SAR 等多传感器对地球表面进行观测，具备数据采集范围广、更新周期短、可重复观测、无国界限制、成本低廉的特点，主要适用于大范围实景三维模型的建设。

采用卫星遥感影像技术进行数据采集时，需要根据实际需求选择合适的遥感卫星获取影像数据。主要需要考虑卫星的空间分辨率、全色/多光谱/高光谱影像获取能力、重访周期、立体测绘能力等因素。

卫星遥感影像主要应用于地形、地貌、地质等大规模数据采集，服务于大范围地形级实景三维建设，同时由于卫星具备全球观测、无国界限制的特点，在军事领域上取得很好的应用。另外，卫星影像在城市级实景三维模型建设中也发挥着作用。目前民用卫星遥感影像分辨率达到了 0.3m，获取的地物纹理信息也越来越丰富，结合卫星变轨或相机侧摆等方式，同一地区的卫星重访周期也进一步缩短，能够获得多视角的卫星影像数据，通过多角度纹理映射，解决传统的 DEM 或 DSM 与 DOM 直接叠加构成的三维模型中建筑物立面纹理信息缺失的问题，能够为实景三维建设提供更便捷、更精确、更具时效性的数据支撑。

2. 航空影像采集技术

航空影像采集通过搭载在航空器上的航摄仪，从空中对地面物体进行摄影采集数据。根据影像采集的角度不同，可以分为垂直摄影与倾斜摄影。按照摄影的实施方式可以分为单片摄影、航线摄影与面积摄影。航空影像采集技术成果具备影像幅宽相对较大、后处理难度较低、建模精度高的特点。

航空影像采集的技术路线包括资料准备、技术设计、航空拍摄、数据处理、质量检查等步骤。其中资料准备需要对摄区的地形、地势、地貌，气候条件，社会资源，有无军事禁飞区，有无机场，有无大的干扰等情况进行了解和调研；技术设计需要结合资料收集情况，认真研究项目要求，把握要点和难点，有针对性地做好项目的技术设计；在航飞阶段要按照航飞技术设计方案，选择有利的飞行天气，规划好航线，设置好设备参数，获取地面影像数据；最后对数据成果进行质量检查与完善，符合技术要求后，交付应用。

航空影像主要应用于城市建筑、交通工程等较大规模的数据采集，服务于地形级、城市级实景三维建设。采用垂直摄影技术获取的影像可以制作高精度 DOM 或 TDOM，与 DEM 等高程数据融合形成地形三维模型；采用倾斜摄影技术从多个视角采集地物影像，可以获取地物多角度、高精度的纹理信息，直接制作倾斜摄影三维模型。其制约之处在于：一是相机与飞机租赁或购买价格高昂，应用于小范围的数据采集时成本较高，需要考虑大范围一次性采集以控制单价；二是飞机航高相对较高，成像质量易受雾霾等天气因素的影响，数据采集通用便利性受到一定限制。

3. 无人机影像采集技术

无人机影像采集一般通过在无人机上搭载五镜头倾斜相机、采用单镜头架构航线、双镜头摇摆拍摄方式或者采用多镜头混合拍摄等方式，从近低空对地物进行摄影。此采集技术具备便捷性高、适用性广，成本相对低廉的特点。

无人机影像采集与大飞机航空影像采集技术路线上非常相似，主要区别在于无人机飞行时间较短、飞行高度较低，并且本身承载能力限制了大型专业航摄仪的使用，测区面积较大时需要对测区分块测量。同时，无人机影像采集规划时要根据实际需求选择合适的镜头以及重叠度，镜头数量会影响相机整体重量，从而影响无人机的负载和飞行时间；影像重叠度越高，获取影像总数量越多，建模效果也就越好，但会增加飞行时间以及内业处理的负担。

无人机影像主要应用于小规模区域的数据采集，或者作为大范围城市级实景三维数据采集的补充数据。在小面积区域，无人机影像处理方便，而在大面积区域则需要分块处理，由于影像幅宽较小，获取的影像数量较多，处理难度较大。另外，无人机飞行航高较低，在城市密集高楼区域飞行较为困难。无人机影像采集成本优势显著，随着其续航能力的进一步提高，将在实景三维数据获取工作发挥越来越重要的作用。

4. 贴近摄影测量

（1）贴近摄影测量的产生。贴近摄影测量是针对目标场景精细化测量的需求而衍生的一种全新摄影测量技术，由张祖勋院士团队率先提出，是精细化对地观测需求与旋翼无人机发展结合的必然产物，旨在解决传统无人机航摄无法获取目标物体超高分辨率影像而导致无法对目标进行精细化三维构建的问题。

贴近摄影测量是面向对象的摄影测量，以物体的“面”为摄影对象，通过贴近摄影获取超高分辨率影像，进行精细化地理信息提取。贴近摄影测量技术最先被应用于滑坡、高位危岩的地质调查与监测预警等场景，初步应用试验取得良好效果，由于其高度还原目标对象三维精细结构的成果特点，也被城市精细重建、古建筑重建、水利工程监测等更多领域所采用。

（2）贴近摄影测量的应用。贴近摄影测量要求拍摄设备贴近物体表面进行影像采集，影像分辨率需达到亚厘米级、重叠率优于 80%，尤其是针对建筑，空地联合影像采集是必备步骤。

1）采用无人机对建筑顶部进行贴近环绕航飞，保证对象无视觉死角。

2）利用地面影像采集设备，如新型的影像 RTK 系统，如图 2-3 所示，对建筑底部进行补拍，输出带有精准坐标的建筑底部影像。

图 2-3 新型的影像 RTK 系统

3）将空、地影像进行联合处理，如图 2-4、图 2-5 所示，进而生成高精细实景三维模型。

图 2-4 联合平差计算

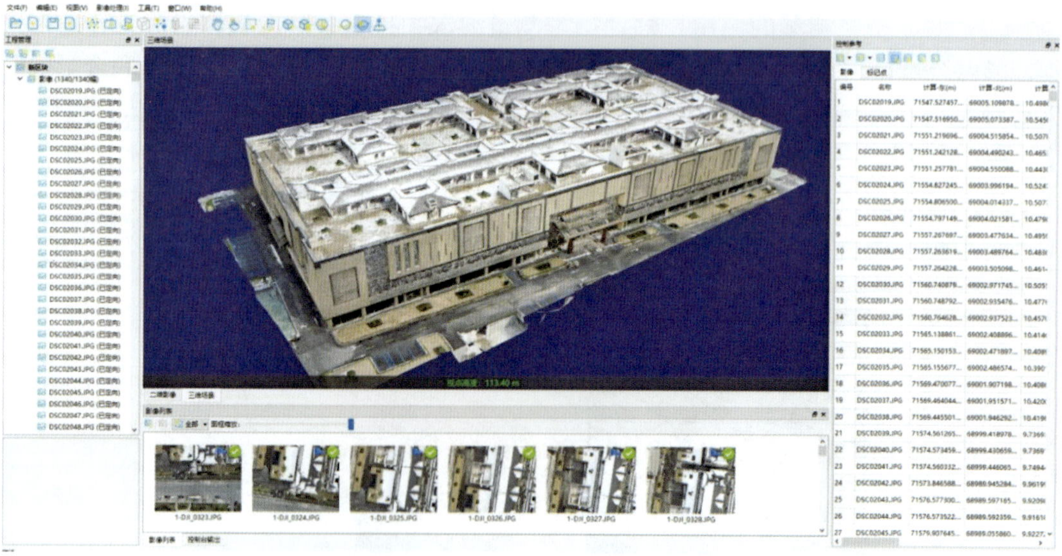

图 2–5　自动化建模

利用贴近摄影测量技术获得实景三维模型成果，建筑纹理更精细、状态更真实，可以达到古建筑保护级别的数据成果要求。同时，贴近摄影测量的模型成果也具备高精度的特点，作业人员可采用 DP–Modeler 建模软件（见图 2–6、图 2–7），直接基于模型进行建筑立面、平面等图形绘制，成图精度也可以达到相关行业的需求标准。

图 2–6　历史建筑立面图

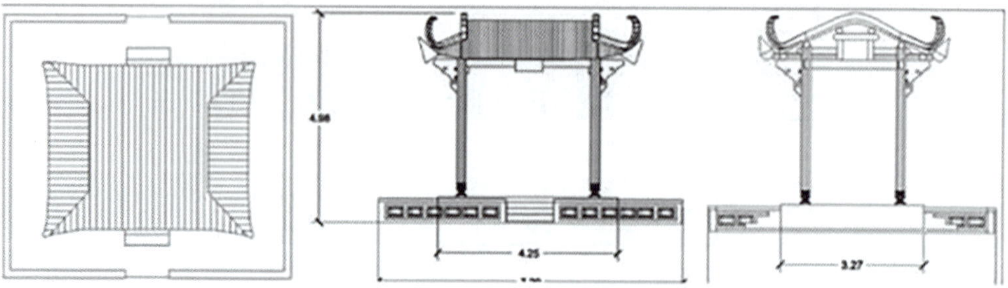

图 2–7　历史建筑平面、立面、剖面成果图

5. 优视摄影测量

优视摄影测量技术以三维概略模型为数据基础，以无人机为载体，通过智能分析规划，进而自适应调整和优化采集视角，并全自动生成采集航线，最终形成高保真精细化三维空间数据的采集重建闭环。

该技术通过计算机图形学、三维视觉、人工智能、地理信息等学科的交叉创新，实现了面向复杂场景和复杂三维目标的全自动贴合式三维重建数据采集，将现有面向场景的厘米级三维数据采集方式提升为面向对象的毫米级三维数据采集。通过本技术的智能感知和自主决策精细规划，一方面使得无人机可以精准把控与被测对象的相对距离和相对方向，结合不同的光学传感器，可以实现最高 0.1mm 分辨率重建图像采集，为各类高精细度的行业应用提供了高保真和高质量的数据基础；另一方面可以将原有城市级三维空间数据采集的“集中规划、统一采集”的模式，升级为“分散规划、众包采集”模式，大幅降低城市数据采集的技术难度和政策实施难度，可将原有的采集周期缩短 2 倍以上。

优视摄影测量技术中的“优视”二字，表示三维重建数据采集视角的智能优化选取。航空摄影测量多采用高空平面俯视和侧视，以一定重叠度的规则航线覆盖方式进行数据获取，该模式主要用于一般性大规模场景的简略采集，具有外业操作、航线规划简单等特点。然而，在复杂场景下的高精细度数据采集，必然要求航线规划和数据采集更有针对性，需要通过贴合被采集对象达到更高的分辨率和重建效果。基于此，优视摄影测量技术结合了计算机空间几何分析的算力优势和无人机的机动性优势，建立了采集分析规划和三维重建结果之间的深度耦合，通过路径规划和重建评估的相互反馈，为无人机提供了在复杂空间进行精准、高效、多角度、贴合式采集的航飞功能，赋予了无人机设备更高级的图形感知能力，通过规划和重建的不断迭代优化，提升三维采集重建质量。图 2－8 为优视摄影测量技术示意图。

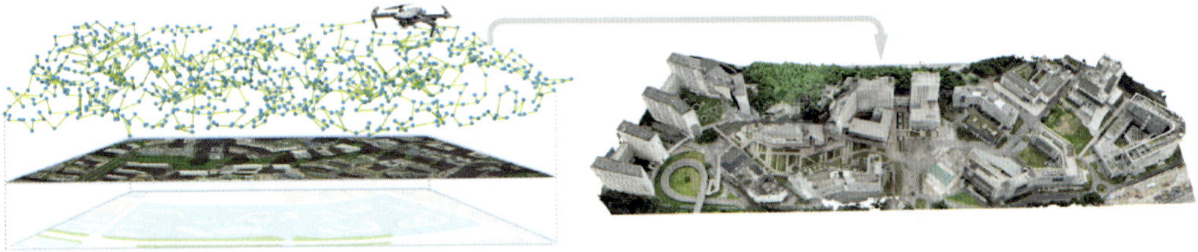

图 2－8　优视摄影测量技术示意图

具体而言，为了实现路径规划和重建评估的相互反馈和耦合互动，优视摄影测量技术秉持了最优化重建质量并最小化采集成本的算法设计理念，通过数据驱动的多模态数据学习分析方法预测安全飞行区域、重建性度量、场景不确定性，从而建立了视角集合分布与多目立体视觉的智能关系。同时通过深度学习方法对场景目标、重建信息进行重新编码和图形再表达，实现语义目标与表面模型的深层智能理解，再采用全局优化算法进行多尺度路径优化。通过上述技术方法的迭代运算，实现了可重建性的量化评估预测和采集视角位姿的精细化控制，达到了使用最少采集数据实现最佳重建质量的技术目标。图 2－9 为优视摄影测量技术流程。

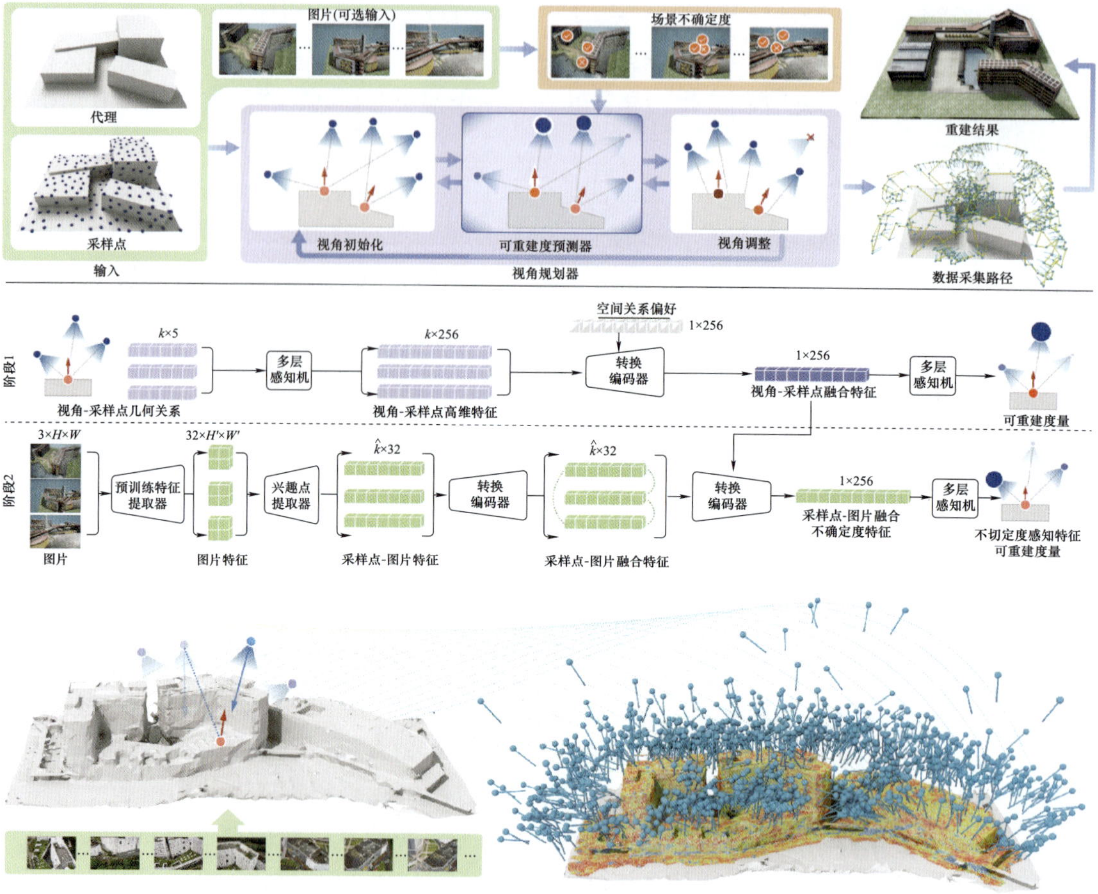

图 2-9　优视摄影测量技术流程

得益于优视摄影测量技术的航点生成和优化，优视摄影测量技术还进一步计算了飞行区间、飞行开销代价等指标，实现了大面积区域多机协同作业的航线智能规划。并且，以优视摄影测量技术为依托，还设计了用户友好的系统界面和人机交互方式，构建了一套围绕无人机智能采集的规划系统软件。该系统可以通过标准的数据交换格式，融通各类无人机平台系统，控制无人机飞行位姿进行高效精准的数据采集。另外，由于优视摄影测量系统基于可重建性预测的量化指标进行分析，可以严格控制采集交汇角、像素分辨率，视角基线差等指标，为实景三维后处理软件进行从运动中恢复（structure from motion，SFM）和多视图几何（multi view system，MVS）运算提供了高质量的数据输入，大幅增强了三维重建运算成功率和照片匹配度，有效减少了采集数据无法匹配、局部质量不达标等情况的发生。其同时还提升了三维采集和重建的整体效率，使得实景三维数据生产在全链条自动化作业实施的趋势上有了实质性跃升。图 2-10 为优视摄影测量的结果。

优视摄影测量系统应用示范：大规模协同众包采集重建、古建筑三维高清数字化保护、大型基础设施表观病害检测等。图 2-11 为优视摄影测量技术的应用。

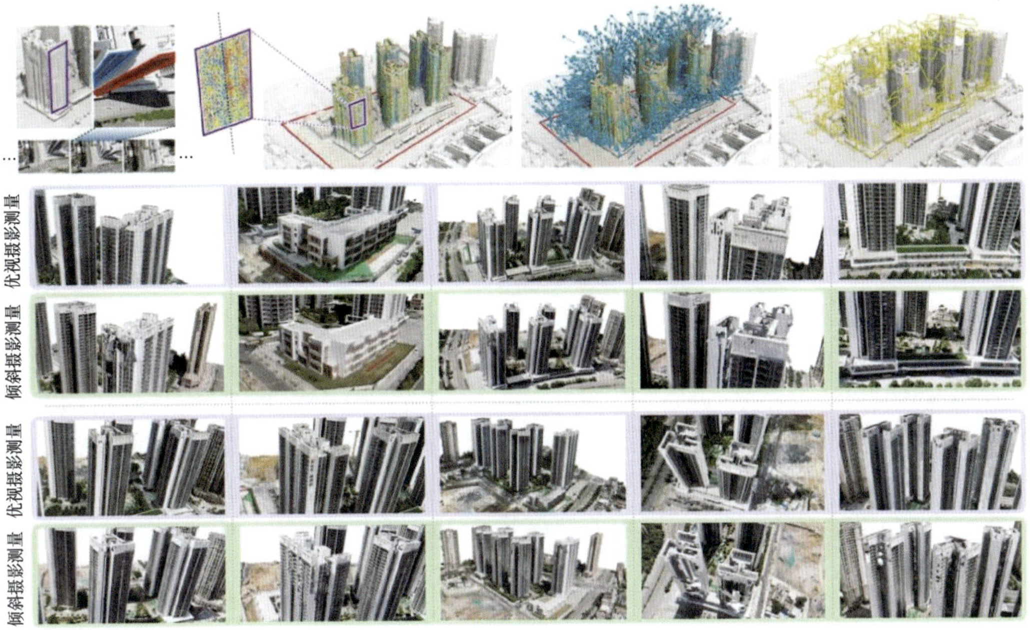

图 2-10　优视摄影测量的结果

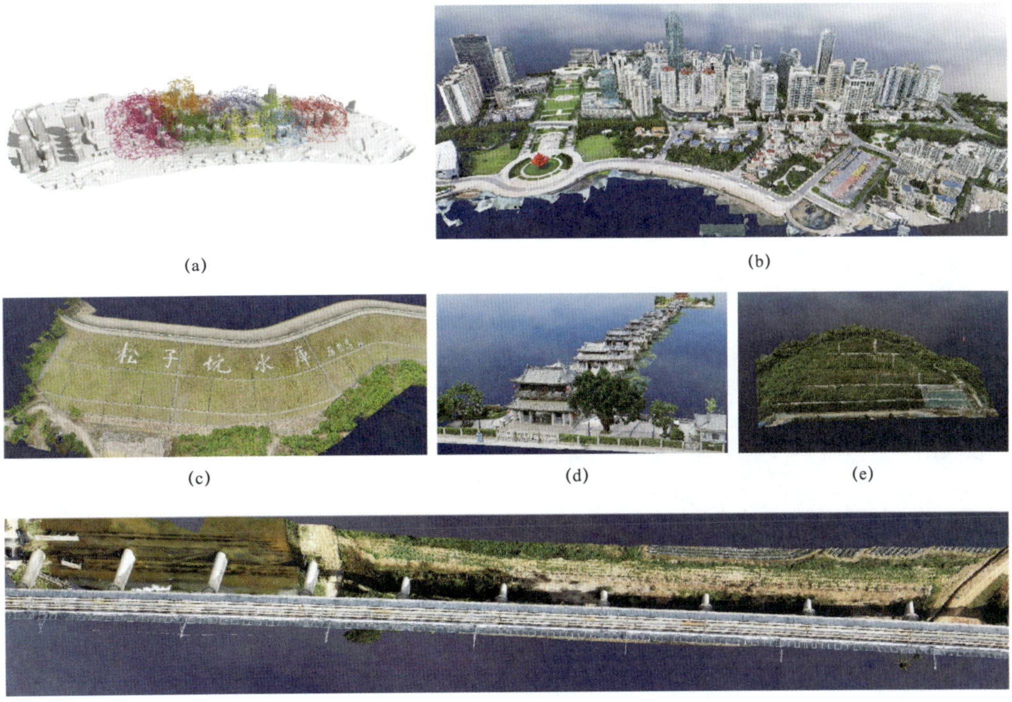

图 2-11　优视摄影测量技术的应用

（a）青岛城区优视摄影航线示意图；（b）青岛核心城区优视摄影三维重建效果图；（c）松子坑水库优视摄影毫米级表观病害检测应用示意图；（d）潮州广济古桥优视摄影三维重建效果图；（e）深圳陶柏丽边坡优视摄影检测周期性沉降检测三维重建示意图；（f）光明铁路桥优视摄影进行毫米级表观病害检测示意图

6. 地面影像采集技术

地面影像采集技术通过将光学相机、定姿定位系统、同步控制器等多传感器集成于一体，以测量车作为载体，或者采用手持、背包等方式对建筑物、道路、室内场景、地下管线等进行拍摄获取成果数据。

影像 RTK 技术是实景三维地面影像采集的关键技术，将 RTK 技术与近景摄影测量技术相结合，可以在不固定测站、不设置控制点的情况下有效解决摄影测量依赖控制点的问题。在相机拍摄的同时，利用 RTK 获取每张影像对应的高精度位置、姿态信息，相比传统地面测量方式具有更高作业效率。

地面采集到的影像可以用于地面激光扫描点云形成的三维模型表面的纹理贴图；同时，地面影像也可以与无人机航空影像结合，作为建筑物等模型立面纹理信息的补充，将倾斜空中三角测量和地面空中三角测量的结果添加同名点连接，得到空地融合的实景三维模型，具备高精细度、高还原度的优点。地面影像采集技术在高精度部件级实景三维建设，以及室内、地下环境等对象的数据获取中有着重要作用，其主要不足之处在于采集过程要依靠人力，周期化采集的成本较高。

2.2.3 激光点云采集技术

1. 机载激光点云采集技术

机载激光扫描系统由激光扫描仪、全球导航卫星系统（global navigation satellite system，GNSS）、惯性测量装置（inertial measurement unit，IMU）以及高分辨率数码相机等部件组成（见图 2－12）。机载激光扫描系统以各类低、中、高空飞行器（如航空飞机、直升机、无人旋翼机、汽艇等）为平台获取观测区域的三维空间信息。按照搭载平台的不同，机载激光扫描系统又可以分为有人机载激光扫描系统和无人机载激光扫描系统。当前，有人机载激光扫描系统主要有：加拿大 Optech 公司的 Eclipse、Galaxy，瑞士 Leica 公司的 ALS 系列、SPL 系列，以及奥地利 Riegl 公司的 LMS－Q 系列（见图 2－13）；无人机载移动激光扫描系统具有机动灵活、可控性强、成本低、受外界环境影响小等传统测绘手段无可比拟的优势。目前主流的无人机载移动激光扫描系统主要包括：武汉大学测绘遥感信息工程国家重点实验室研制的 Heli－mapper 低空 LiDAR 系统；Wallace 利用八旋翼无人机系统搭载轻小型激光扫描仪构建的 TerraLuma UAV－LiDAR 系统；Riegl 公司推出的无人机搭载平台 VUX－SYS 和 miniVUX；武汉大学研制的无人机激光扫描系统麒麟云；东京大学在雅马哈 RPH2 无人机平台开发的模块化多传感器集成移动测量系

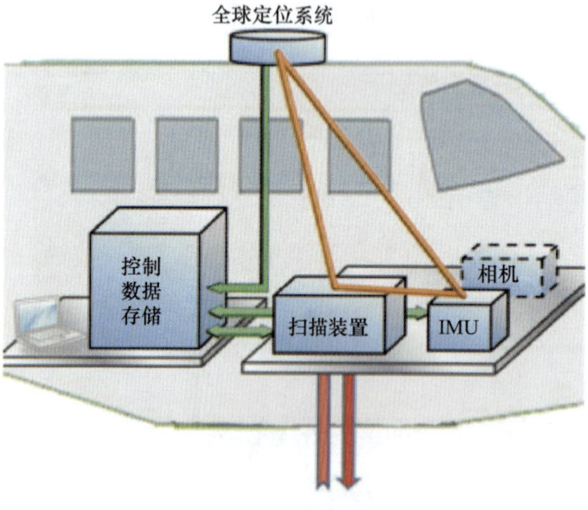

图 2－12　机载激光扫描系统

统。由机载激光扫描系统获取得到的点云如图 2－14 所示。

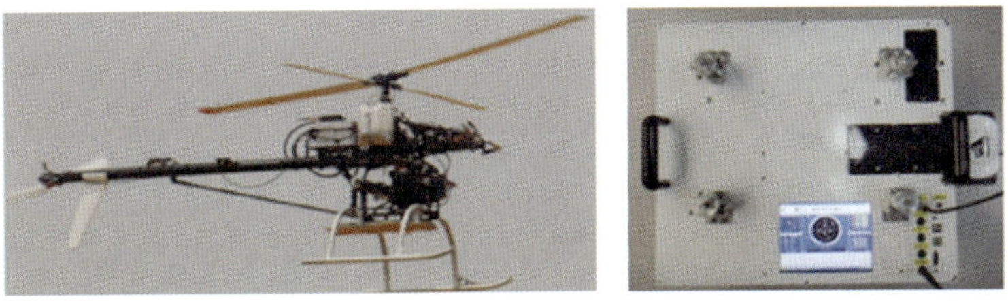

(a)

(b)

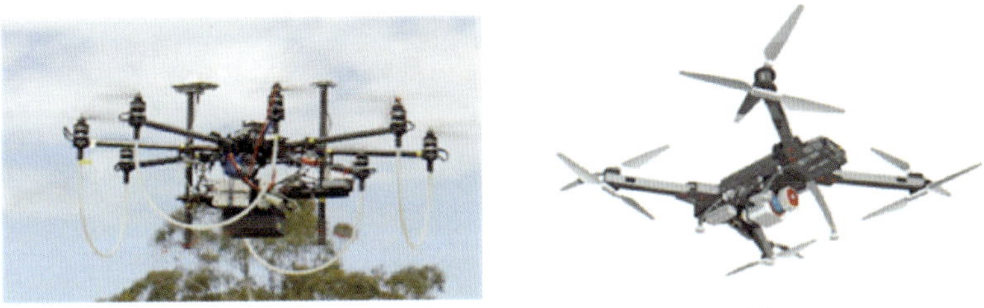

(c) (d)

(e1) (e2)

图 2－13　轻小型低空无人机载移动激光扫描系统

（a）武汉大学 Heli-mapper 低空无人机 LiDAR 系统；（b）东京大学研制的搭载 LiDAR、多光谱相机的无人机遥感系统；（c）TerraLuma UAV-LiDAR 系统；（d）Riegl VUX-SYS 无人机 LiDAR 系统；（e1）武汉大学麒麟云低空无人机 LiDAR 系统；（e2）武汉大学麒麟云低空无人机 LiDAR 系统

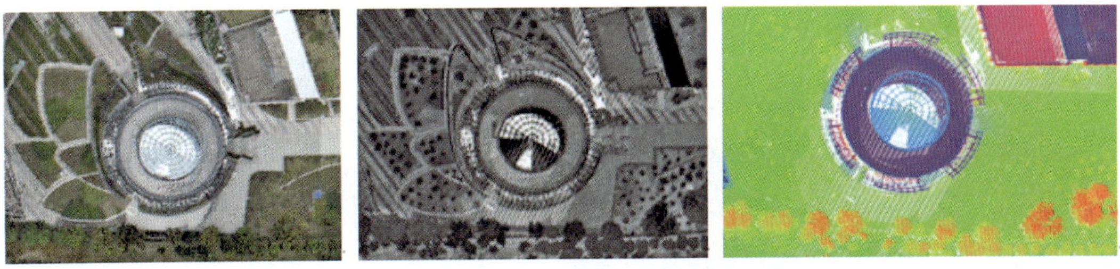

图 2－14　机载激光扫描系统获取得到的点云

机载激光扫描系统通常需要在观测区域内架设一定数量的全球定位系统（global positioning system，GPS）基准站与飞行器上 GPS 进行实时差分，来提高飞行器定位的精度。此外，为了获取观测目标更真实的纹理信息，弥补激光数据对目标物理特性表达的不足，在飞行器上可以搭载光学成像设备，如 CCD 相机等。当前，机载激光扫描仪设备主要有多回波 LiDAR 和全波形 LiDAR 两大类（见图 2–15）。多回波 LiDAR 采用简单的回波探测方法，如恒比鉴相器实时检测回波，得到目标相对观测中心的距离。全波形 LiDAR 在激光束发射后以很小时间间隔（如 1ns）不断记录后向散射信号，通过各种波形分解方法，如高斯分解、去卷积方法等，可获取观测目标表面的几何信息和物理特性。

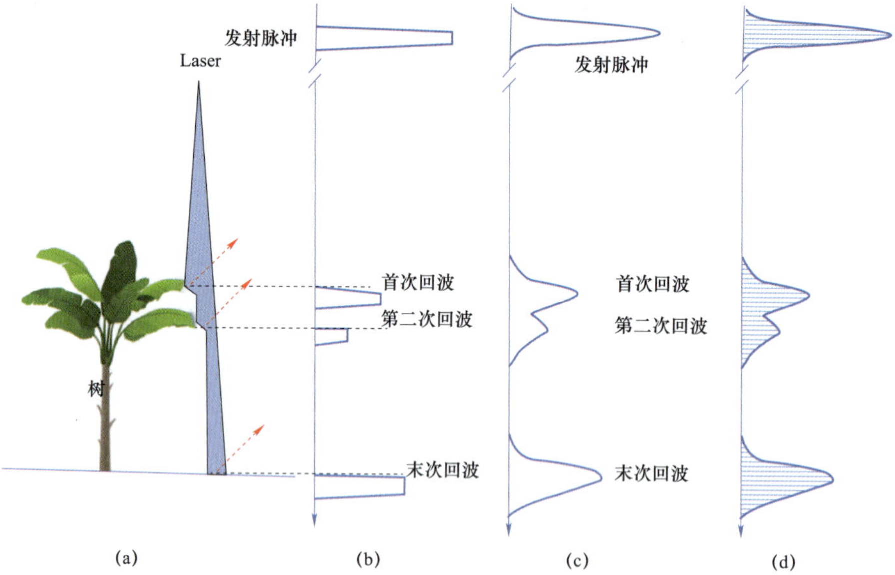

图 2–15　多回波和全波形 LiDAR 系统距离探测原理示意图

（a）激光束传播模拟；（b）多回波系统回波模拟；（c）全波形系统连续波模拟；（d）全波形系统信号离散采样

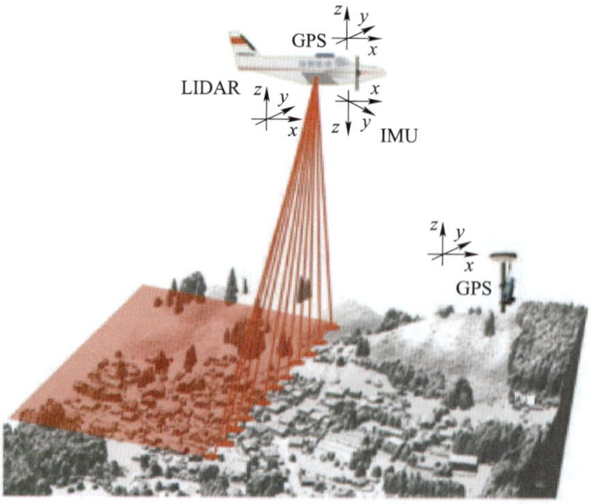

图 2–16　机载 LiDAR 系统观测目标三维坐标原理

机载 LiDAR 系统观测目标三维坐标原理如图 2–16 所示。其中，动态差分 GPS 测定 GPS 天线相位中心的坐标，IMU 确定飞行器的姿态（俯仰角、航偏角和侧滚角），激光扫描仪测量激光扫描中心与观测点之间的距离并记录扫描镜的方位信息，以此计算观测点在 WGS–84 坐标系下的三维坐标。由于各观测单元（GPS、IMU、激光扫描仪）测量的数据均在各自独立的坐标系下，且参考中心和坐标轴方向都不同，需要严格的坐标系转换处理。在坐标系转换过程中涉及6个坐标系之间的5步转换。6个坐标系分别是瞬时激光束坐标系、激光扫描坐标系、惯性平台参考坐标系、当地水平参考坐标系、当地垂直参考坐标系以及WGS-84坐标系。对于坐标系转换的平移和旋转参数，可以通过飞行作业前系统检校结果（如：各参考中心平移参数、安置角误差等）、相关传感器相互关系测定数据等来确定。

2. 车载激光点云采集技术

车载激光雷达优势在于突破了传统的单点测量法，具备穿透地表覆盖的森林植被的能力，更好地获取地形信息。将激光雷达搭载在机动车上，通过对道路及其两侧的扫描来记录目标的位置和反射强度等信息，可以快速、高密度、低成本、高精度、高自动化地完成道路及其沿线设施的三维信息采集，大大减少了外业采集的工作量，工作便捷，信息采集高效，精细化程度高。

随着惯性测量器件IMU性能和GPS和INS组合定位技术等不断提升，加之CCD数字传感器、激光扫描仪等在测量精度、抗干扰、轻便、易操作等性能的提高，国内外的研究机构和公司相继研发了各种车载移动测量系统，其中有美国JECA公司研制的主要用来测量道路的TruckMap系统、德国慕尼黑联邦大学的KiSS车载系统、日本东京大学空间信息科学研究中心研制的VLSM系统等。国内有1999年武汉大学研制的WUMMS系统、武汉立得空间信息技术发展有限公司的LD2000-RM系统、山东科技大学和武汉大学联合研制的车载式近景目标三维数据采集系统ZOYON-RTM系统、南京师范大学与武汉大学研制的3DRMS系统、华东师范大学研制的“GPS/北斗双星制导高维实景采集系统”（ECNC-VLS）系统以及2011年由中国测绘科学研究院、首都师范大学等共同研制我国首台车载激光扫描系统SSW-MMTS，该系统采用国产全方向激光扫描仪RA-360o型。

在外业数据采集前，进行实地踏勘，确认采集范围内的道路交通状况，并在地图上做好标记，以便在外业线路规划中可以进行合理安排。提前规划基站位置、行驶线路，尽量保证沿卫星信号良好的路段行驶。数据采集过程中，车速应尽量稳定，保证各个区域的点云密度大致相同。在路口地段，应该保证数据具有一定的重叠度，方便后续数据处理。

图2-17、图2-18分别为车载激光扫描系统和车载激光扫描系统获取的点云。

3. 基于SLAM的激光点云采集技术

同步定位与建图（simultaneous localization and mapping，SLAM）是指移动机器人利用自身搭载的传感器构建环境地图，同时利用环境信息进行自主定位。SLAM技术因具有较好的自主性和精度而广泛应用于各类移动平台中。移动机器人在未知环境中运动时，可以通过SLAM系统构建环境地图，同时利用构建的地图进行自主定位，SLAM原理如图2-19所示。

图 2－17　车载激光扫描系统

图 2－18　车载激光扫描系统获取的点云

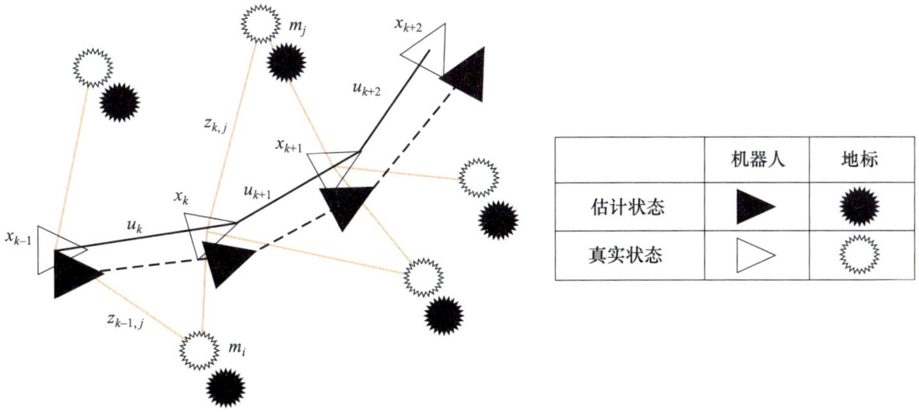

图 2-19　SLAM 原理示意图

设 SLAM 问题中待估计的机器人运动参数为 $\boldsymbol{X}_{0:\mathrm{k}}=\{x_0, x_1, \cdots, x_k\}$，其中，$x_k$ 表示 k 时刻载体的位姿参数；设 SLAM 构建的地图可表示为一组地标的集合 $\boldsymbol{M}=\{m_1, m_2, \cdots, m_{\mathrm{n}}\}$，其中，$m_{\mathrm{n}}$ 表示第 n 个地标在地图中的位置。机器人在移动过程中可以通过传感器对地标进行观测，这些观测的集合表示为 $\boldsymbol{Z}_{0:k}=\{z_0, z_1, \cdots, z_{\mathrm{k}}\}$；而驱使机器人从 x_{k-1} 到 x_k 转移的控制量为 u_k，在移动过程中所有控制量的集合表示为 $\boldsymbol{U}_{0:k}=\{u_0, u_1, \cdots, u_k\}$。SLAM 就是根据观测 $\boldsymbol{Z}_{0:k}$ 和控制输入 $\boldsymbol{U}_{0:k}$，估计运动轨迹 $X_{0:k}$ 和地标位置 M 的过程。在 SLAM 算法框架中，对观测 $\boldsymbol{Z}_{0:k}$ 的提取部分通常被称为 SLAM 的前端（front-end）；而利用 $\boldsymbol{Z}_{0:k}$ 和 $\boldsymbol{U}_{0:k}$ 对运动轨迹和地标位置进行估计的部分被称为 SLAM 的后端（back-end）。

前端算法一方面要从每一帧的传感器数据中提取出地标观测信息，另一方面利用数据关联方法判断新一帧数据中的观测地标是首次观测到的新地标还是某一已经被观测到的旧地标。在激光雷达 SLAM 中，通常直接采用三维点云描述环境。建立帧间观测的关联也是前端算法的重要组成部分，数据关联算法与地标描述方法紧密联系。

激光 SLAM 系统在搭载激光雷达的同时，还会搭载 IMU、相机等传感器，形成多传感器融合的数据采集处理框架。

基于 SLAM 的激光点云采集技术在数据采集的过程中，不断进行对点云坐标的优化，输出即成图，也体现了实时这个概念。若测区较大，要求后续的离线高精度建图，可以保存每一帧数据，采集完成后进行离线解算。

图 2-20 为激光视觉惯性测量系统数据处理原理。

主流的商用背包式激光扫描系统主要有：瑞士 Leica 公司的 Pegasus，英国 GeoSLAM 公司的 ZEB Discovery，国内数字绿土公司的 LiBackpack 系列，国内立得空间公司的背包侠，以及国内欧思徕公司的 3D SLAM 激光全景背负式机器人等。主流的商用手持式激光扫描系统有瑞士 Leica 公司的 BLK 系列，美国 KAARTA 公司的 STENCIL 系列，英国 GeoSLAM 公司的 ZEB Horizon，ZEB REVO 等。主流的商用背包式激光扫描系统如图 2-21 所示，背包式激光扫描系统在不同场景下获取的点云数据如图 2-22 所示。

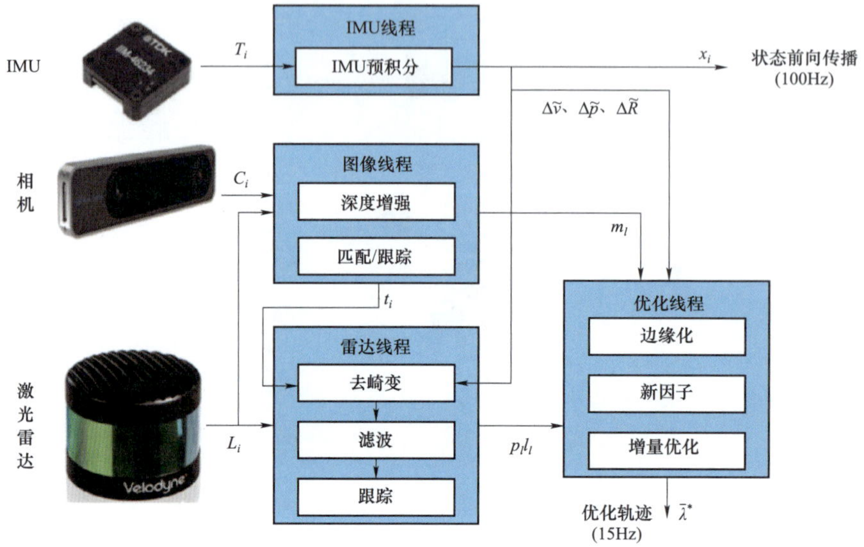

图 2-20 激光视觉惯性测量系统数据处理原理

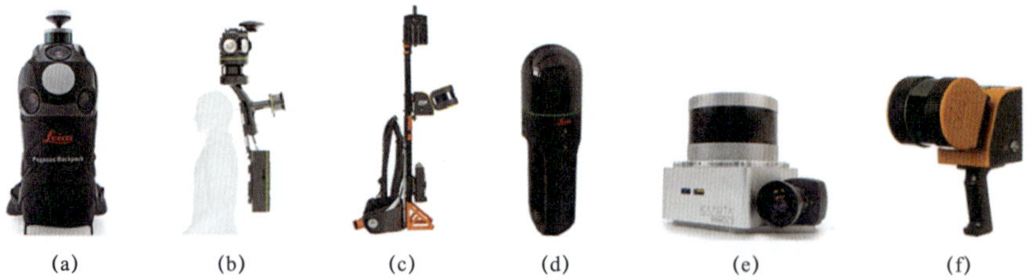

图 2-21 主流的商用背包式激光扫描系统

（a）Leica 公司的 Pegasus；（b）欧思徕公司的 SR-DLP6-Lite；（c）GeoSLAM 公司的 ZEB Discovery；（d）Leica 公司的 BLK2GO；（e）KAARTA 公司的 STENCIL2-16；（f）GeoSLAM 公司的 ZEB HORIZON

图 2-22 背包式激光扫描系统在不同场景下获取的点云数据

（a）建筑物；（b）地下停车场；（c）电力环境；（d）林区

2.3 实景三维数据处理

2.3.1 遥感卫星影像处理技术

遥感影像中记录着丰富的地物信息，是地形级地理场景和地形级地理实体等数据采集和生产的重要数据源。但在成像过程中，由于遥感平台、传感器、大气、地形等多因素的影响，遥感影像往往存在一定的辐射畸变和几何畸变，较大的畸变将影响影像信息进一步的提取和利用，因此需要采用遥感卫星影像处理技术，以提高影像辐射质量、几何质量和视觉效果等。遥感卫星影像处理主要是指利用计算机图像处理系统对遥感影像中的像素进行一系列操作的过程，处理的主要目的为：① 消除影像存在的辐射畸变和几何畸变，使处理后的图像恢复或接近目标物的真实情况；② 利用影像增强技术突出地物的某些特征，使之易于区分和判读。

1. 图像预处理

（1）辐射校正。辐射校正的目的是消除或修正因辐射误差而引起的辐射畸变。辐射误差主要来源于遥感传感器本身特性、大气作用以及地物光照条件（如地形起伏和太阳高度角变化）等对传感器接收地面目标物电磁波辐射能量时的影响，致使传感器的探测值与地物实际的光谱辐射值不一致。

辐射校正需要先对传感器进行校正，即辐射定标；在消除传感器本身产生的误差的基础上，再进行大气校正，去除大气的影响。对于地形起伏变化较大的地区，则还需要采用地形辐射校正做进一步处理。辐射校正、辐射定标和大气校正的关系如图 2–23 所示。

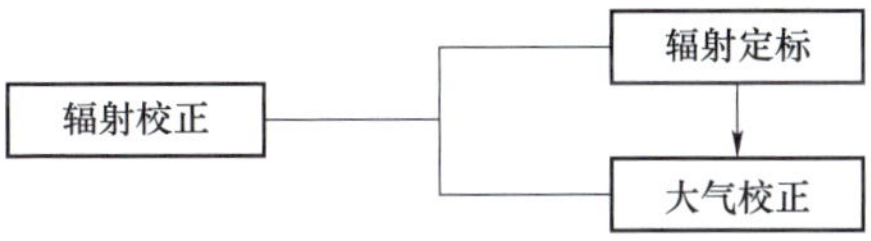

图 2–23 辐射校正、辐射定标和大气校正的关系

（2）辐射定标。常见影像的像元大多是经过量化的、无量纲的数值（digital number，DN）而进行遥感定量化分析时，常用到辐射亮度值、反射率值等物理量。所以，传感器辐射定标就是获得这些物理量的过程。

传感器辐射定标分为三个方面的内容：发射前的实验室定标、基于星载定标器的星上定标、发射后的定标。在遥感卫星影像处理阶段，主要进行的是发射后定标。场地定标是常用的发射定标方法之一，即通过在场地开展定标试验以获取定标系数的过程。其原理是在遥感器飞越辐射定标场地上空时，在定标场地选择若干个像元区，测量成像光谱仪对应的地物的各波段光谱反射率和大气光谱等参量，并利用大气辐射传输模型等手段给出成像光谱仪入瞳处各光谱带的辐射亮度，最后确定它与成像光谱仪对应输出的数字量化值的数量关系，求解定标系数，并估算定标不确定性。场地定标可以实现全孔径、全视场、全动态范围的定标，并考虑到了大气传输和环境的影响，不仅可以完成对遥感器运行状态下与获取地面图像完全相同条件的绝对定标，还可以完成整个寿命期间的定标，进而完成对遥感器的真实性检验和对一些模型的正确性检验。

（3）大气校正。大气校正是将大气顶层的辐射亮度值转换为地表反射的太阳辐射亮度值，主要是为了消除大气中水蒸气、氧气、二氧化碳、甲烷和臭氧等物质对地物反射的影响，以及消除大气分子和气溶胶散射的影响。对于某些遥感反演产品而言，大气校正不是必需的，因此，是否进行大气校正，取决于传感器和应用目标。在实景三维中国应用中，基于遥感卫星影像采集的地形级地理场景数据主要用于山川河流等地形地貌，城市形态和村镇分布等大区域实景三维模型的展示，由大气因素造成的影像辐射误差对地理场景数据使用影响较小，可不必进行大气校正。基于遥感卫星影像采集的地形级地理实体，例如居民地、建（构）筑物、场地设施以及街道、乡村路及附属设施等，大气校正与否对实体分类精度具有一定的影响，甚至是重要的影响，此时建议对影像进行严格的大气校正。

大气校正的方法很多，按照大气校正后的结果可以将大气校正分为绝对大气校正和相对大气校正。绝对大气校正是将遥感图像的 DN 转换为地表反射率或地表辐射亮度，常见的绝对大气校正方法有基于辐射传输模型的 Mortran 模型、Lowtran 模型、ATCOR 模型、6S 模型，基于简化辐射传输模型的黑暗像元法，基于统计学模型的反射率反演等。相对大气校正并不得到地物的实际反射率或反射辐射亮度，仅用 DN 来表示地物反射率或反射亮度的相对大小，相对大气校正方法有基于统计的不变目标法、直方图匹配法等。

2. 图像增强与转换

（1）图像配准。图像配准的主要目的是将不同时间、不同波段、不同传感器系统所获得的同一地区的影像，经几何变换使同名像点在位置和方位上完全叠合。图像配准与几何校正的原理是完全相同的，即都涉及空间位置变换和像元灰度值的重新计算两个过程。二者的区别主要在于其侧重点不相同，几何校正注重的是数据本身的处理，目的是对数据的一种真实性还原；而图像配准注重的是图和图之间的一种几何关系，其目的是和参考数据达成一致，而不考虑参考数据的坐标是否标准、是否正确。

图像自动配准可以看作是特征空间、搜索空间、搜索策略和相似性度量这 4 个要素的不同选择组合，首先需要确定特征空间和待匹配特征之间的相似性，其次要对基准图像特征进行图像变换得到搜索空间，最后根据搜索空间确定策略以完成图像匹配，图像自动配准流程及方法如图 2-24 所示。

（2）遥感图像增强。遥感图像增强与变换是为了改善图像数据质量及图像的视觉效果，主要包括图像去噪、图像增强、图像融合。

1）图像去噪。图像去噪声是减少或改善数字图像中噪声的过程，其目的是改善图像数据质量。图像噪声是造成图像失真、质量下降的图像信号，在图像上表现为孤立的像原点或像元块。图像去噪声既可以在空间域处理，也可以在变换域处理。空间域处理的原理是借助像元与其邻近像元之间的关系来判断并去除噪声，变换域处理则是在图像的某个变换域内去除或者压缩噪声的变换域系数，保留原始信号的变换域系数，然后反变换到空间域以达到图像去噪声的目的。常用的图像去噪声方法如图 2-25 所示。

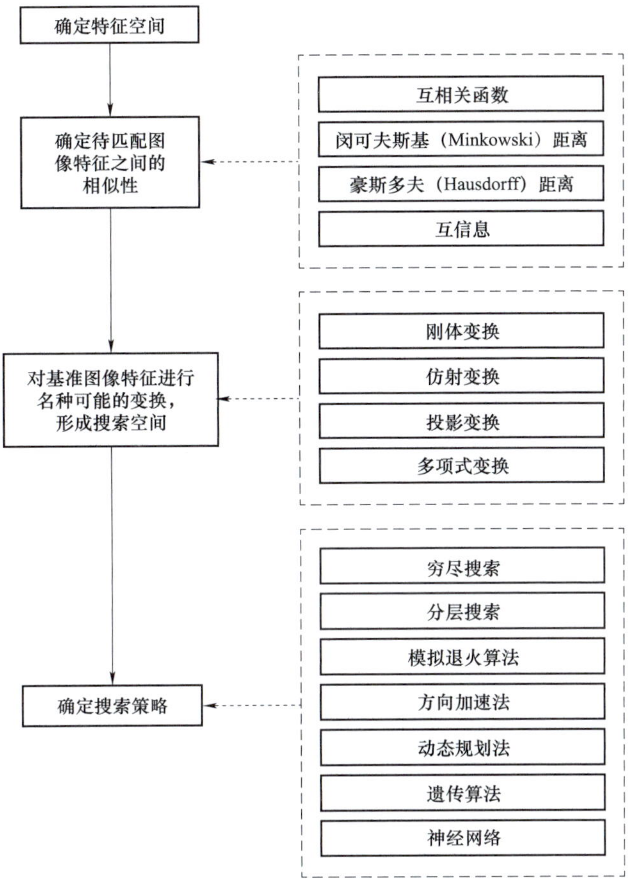

图 2-24　图像自动配准流程及方法

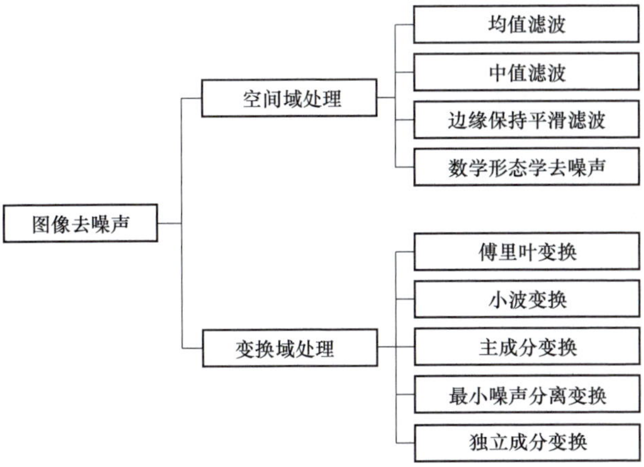

图 2-25　常用的图像去噪声方法

2）图像增强。图像增强是通过一定手段对原图像进行变换或附加一些信息，有选择地突出图像中感兴趣的特征或者抑制图像中某些不需要的特征，从而加强图像目视判读和识别效果，以满足某些特殊分析的需要。从处理过程来看图像增强方法一般可以分为两大类：空间域图像增强和变换域图像增强。空间域图像增强是直接对图像的灰度值做运算；变换域图像增强则是在图像的某个变换域内对图像的变换系数进行某种修改，然后再反变换到空间域以达到图像增强的目的。常用的图像增强方法如图 2–26 所示。

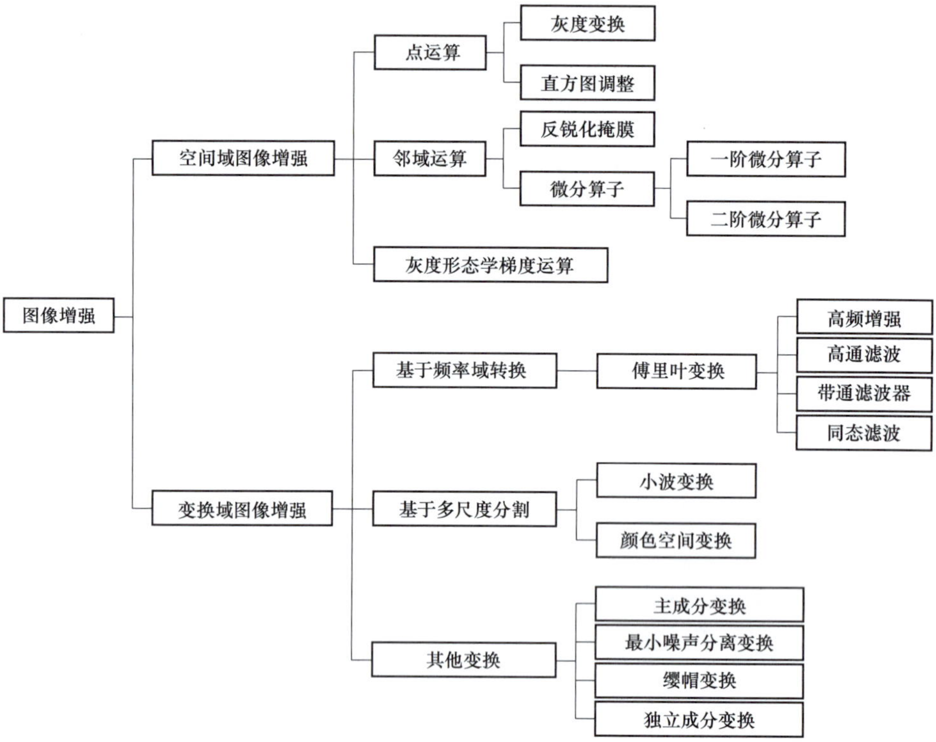

图 2–26　常用的图像增强方法

3）图像融合。图像融合着重于把在时间或空间中存在互补的多源数据按照一定的法则进行运算，从而获得比任何单一数据都更为精确、信息更为丰富的合成图像。图像融合根据数据的抽象程度自下而上可以在三个不同的层次上进行，分别为数据级融合、特征级融合和决策级融合。数据级融合，也称像元级融合，是指直接在采集的原始数据层上进行融合，是对不同图像信息在像元基础上的综合，在融合之前必须对图像数据进行相互间的几何配准；特征级融合是指应用不同的算法，先对各种数据源进行目标识别以提取其图像特征（如边缘、形状、纹理等），然后再对这些特征进行综合分析与融合处理；决策级融合是指在图像理解和图像识别的基础上进行的融合。

在图像增强方面，图像融合主要是在像元级上进行处理，常见的应用是把高空间分辨率的全色灰度图像与低空间分辨率的多光谱彩色图像进行融合，从而得到一幅高空间分辨率的彩色合成图像。像元级融合既可以在图像的空间域中进行，也可以在图像的变换域中进行。图像融合的常用方法如图 2–27 所示。

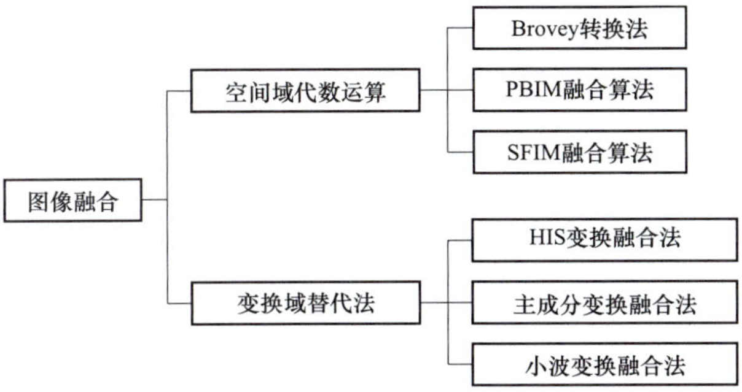

图 2－27　图像融合的常用方法

2.3.2　航空摄影相片数据处理技术

1. 航片预处理

由于倾斜摄影测量技术多角度拍摄的特点，无人机在临近测区边界飞行时，垂直镜头拍摄的是测区边界部分，而有些倾斜镜头拍摄的则是测区外的地物，因此多镜头倾斜摄影测量技术通常存在大量冗余照片，这些冗余照片会导致后期的空中三角测量解算及实景三维建模效率大大降低，因此删除冗余照片十分必要，可以在很大程度上提高空中三角测量解算和实景三维建模的效率。常用的冗余影像剔除的方法有面向建模环节剔除和针对扩展航线剔除等。

（1）面向建模环节剔除冗余影像。面向建模环节的影像筛选是基于空中三角测量过程得到的稀疏点云构建的初始模型，通过选取一定数量的影像使得初始模型中有效三角面片的有效面积最大化。该方法减少了参与模型重建的影像数量，节省了建模所需时间，提高了建模效率，但只面向建模环节，不能提高空中三角测量的效率。具体筛选流程如图 2－28 所示。

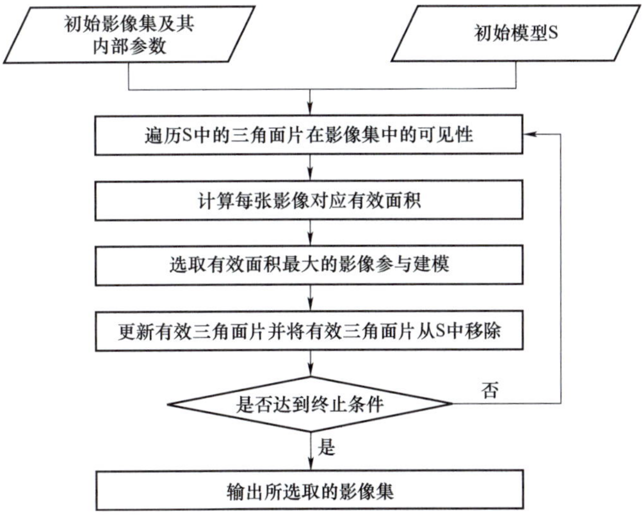

图 2－28　面向建模环节的影像筛选流程

（2）针对扩展航线剔除冗余影像。剔除扩展航线上的大量冗余影像，首先需要筛选出扩展航线上的影像，再通过计算影像的摄影方向判断摄影方向是否朝向测区，剔除朝向测区外的影像，完成冗余影像的剔除。在筛选测区范围内航线上的照片时，要判断每张照片的摄影中心在地面的投影坐标是否在测区多边形内，采用摄影测量学中的共线方程式和数字微分纠正正解法方程计算出每张影像摄影中心位置的平面坐标值。根据测区成图范围，在地图软件上绘制多边形确定测区范围。采用面向拓扑的地理空间数据自动处理技术判断每张影像的摄影中心在地面的投影坐标是否在测区多边形范围内，并筛选出测区范围内航线上影像数据。在筛选测区范围外拓展航线上的照片时，主要通过构建空间几何模型、旋转矩阵运算等方法，计算扩展航线上每张照片在摄影瞬间的朝向，保留摄影方向朝向测区的影像。具体剔除流程如图 2－29 所示。

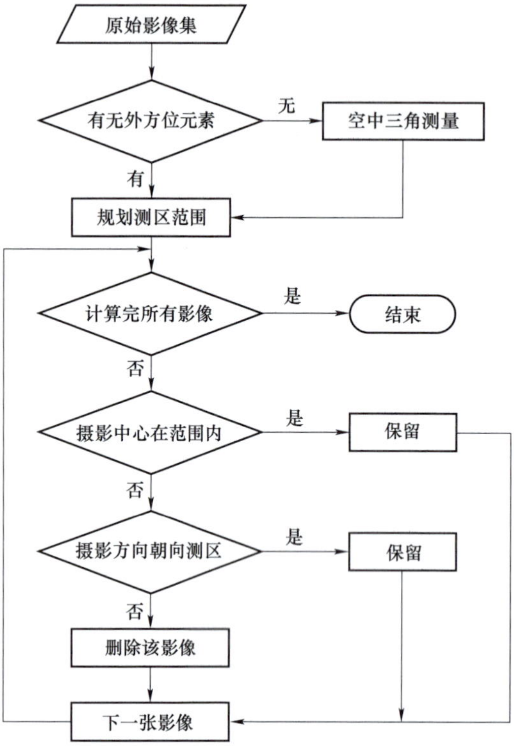

图 2－29　基于扩展航线的影像剔除流程

在实际航测中，由航片倾斜和地形起伏，产生像点位移，使影像的构形产生位移和变形及比例尺不一致。因此，需要进行航片纠正，即将竖直摄影的航摄相片通过投影变换，获得相当于航摄相机物镜主光轴在铅垂位置摄影的水平相片，并将影像归化为成图比例尺，常用方法如图 2－30 所示。

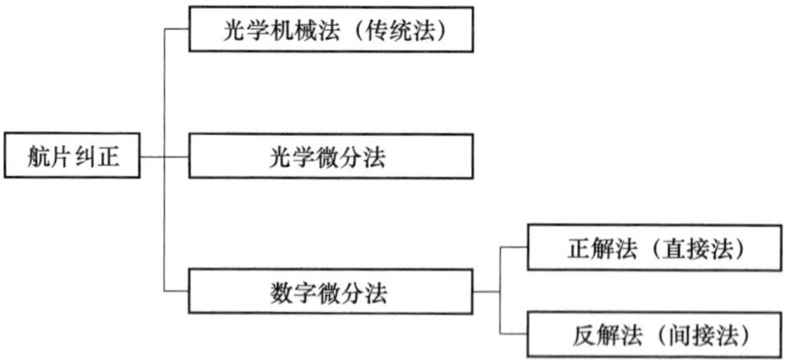

图 2－30　航片纠正方法

面对大场景实景三维建模中动辄上千张的大序列无人机影像，利用传统的畸变改正预处理方法将十分耗时。因此，针对大序列无人机影像，采用基于中央处理器（central processing unit，CPU）并行计算的方法，通过 CPU 调度形成任务流，对于每一张影像则调度图形处理单元（graphics processing unit，GPU）从畸变改正后影像出发，根据相机检校参数通过畸变模型逐像素解算其在原始影像中对应像素的位置，用内插赋值的方式将像点改正到其正确位置，从而消除畸变误差和像主点偏移。大序列无人机影像畸变差快速修正流程如图 2-31 所示。

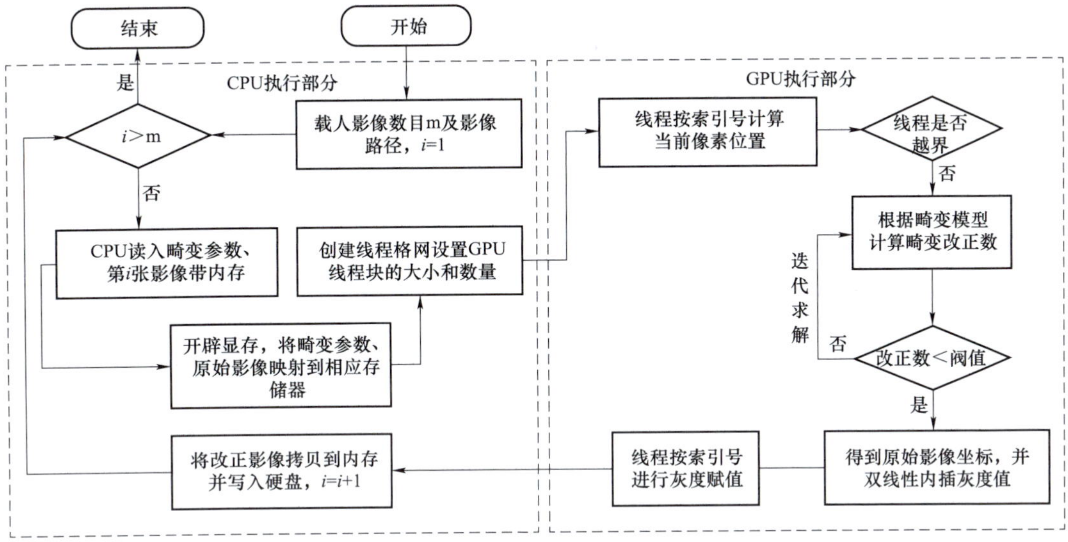

图 2-31　大序列无人机影像畸变差快速修正流程

2. 位姿数据预处理

无人机机载差分 GPS 航空摄影测量技术作为一种新型摄影测量手段，其基本任务仍然是根据立体像对左右影像的内外方位元素和同名像点的影像坐标量测值来确定对应地物点的物方空间坐标。其中内方位元素通过航摄相机检校得到，外方位元素则由机载动态差分 GPS 获得，将外方位元素视为带权观测值与影像数据及少量地面相片控制点进行联合光束法区域网平差，在保证加密精度的同时就可以尽量减免外业像控测量任务。因此外方位元素数据获取质量及事后处理精度，对于空中三角测量加密精度起着至关重要的作用。

机载波相位差分技术是无人机常用的外方位元素数据获取技术，其主要分为实时差分定位技术 RTK（Real Time Kinematic）和后处理差分定位 PPK（Post-Processing Kinematic）两种模式。RTK 是一种利用 GPS 载波相位观测值进行实时动态相对定位的技术，该技术需要电台或者网络将基准站的差分数据实时传输给流动站，从而实现测站点实时三维定位的目的。基于 RTK 定位模式采集的无人机影像一般都自带完整的坐标信息或文件，定位精度能达厘米级，可直接用于实景三维模型建模。但针对大面积农村、山林地区的无人机三维建模项目而言，RTK 作业半径易受到通信电台的制约，作业距离一般不超过 10 km，同时，如果在大树等障碍物的附近进行 RTK 作业时，常常会遇到卫星失锁无法正常作业的问题。在这种情况下，可以采用 PPK 技术，它不需要数据通信，在 RTK 受限的区域也能利用 GPS 进行超大范围的动态测量。PPK 是一种利用载波相位观测值进行事后处理的动态相对定位技术。相比 RTK，PPK 最大的好处就是可以事后处理，逆向滤波，这样就可以解决一部分卫星失锁的问题，通过融合解提高定位精度，大范围的作业比传统 RTK 测量效率提高很多，在实景三维建设具有广阔的发展前景。PPK 通过软件解算获取无人机飞行轨迹的固定解信息基本技术流程如下：

（1）明确测量工程对应的坐标系统中参考椭球、基准转换模型、似大地水准面模型、投影参数等相关参数值；

（2）获取流动站接收机和基准站接收机的观测数据，采用后处理软件进行坐标系统转换，将其坐标转换为测量工程对应的坐标系统；

（3）将基准站数据作为固定基准，进行基线向量解算，求解两个同步观测的测站之间的基线向量坐标差，得出各个流动站观测点的空间三维坐标。

3. 影像增强及匀光匀色

无人机航测过程中受不同拍摄环境、地形起伏、相机自身特性等因素的影响，所拍摄的影像之间及影像内部容易出现色彩不均匀、明暗不一致、色调不统一等问题，此时需要对影像进行匀光匀色及影像增强等处理，使影像图清晰、反差适中、信息丰富、色彩真实、色调统一。按照处理思想主要分为三类：基于直方图的匀光匀色算法，基于统计方法的匀光匀色算法和基于全局的匀光匀色算法。匀光匀色算法见表 2–2。

表 2–2　　匀光匀色算法介绍

匀光匀色算法	算法原理	缺点
基于直方图的匀光匀色算法	校正影像的直方图分布，将源影像和模板影像直方图进行均衡化处理，再将均衡化影像按照映射关系进行校正	当两幅影像差异较大时，直方图匹配结果会出现偏色现象
基于统计方法的匀光匀色算法	是一种数学变换，先统计源影像和模板影像的相关参数，再通过数学变换把源影像的参数校正为模板影像的参数	线性传递会出现累积误差，在纯色区域容易出现不均匀的斑点
基于全局的匀光匀色算法	以影像在相同地理位置有相同颜色为先验证知识，在整个测区内利用最小二乘平差使得全局色彩差异最小	不能保证匹配特征的数量和分布合理性

2.3.3　激光扫描数据处理技术

1. 点云解算

激光雷达数据采集会受到随机误差以及系统本身误差的影像，随机误差主要取决于外部环境；而系统误差则主要分为系统集成误差、测角误差、测距误差、GPS 定位误差、设备同步误差以及数据处理误差。系统集成误差中由安装工艺造成的 GPS/惯性导航系统（inertial navigation system，INS）与激光扫描仪坐标轴不平行所产生的系统性角度偏差即视准轴误差是影像激光点云精度的主要因素之一，会导致点云数据两侧出现一边高一边低、平面位置向前或向后错位及平面扫描先产生倾斜，使得被扫描物体的平面位置沿扫描方向产生偏移的现象。测角误差分为 IMU/GPS 组合测定姿态误差以及扫描角误差，属于激光雷达测量系统硬件自身的误差，一般为固定值。测距误差主要是激光扫描测距仪器误差、大气折射误差和与反射面有关的误差。对于由激光扫描仪中测距仪所产生的误差，可根据每次飞行得到实际数据，通过固定的解算方式，得到最合适的参数。

GPS 定位误差主要是由 GPS 接收机的精度引起的。在实际项目中由于 GPS 天线安置、地形、天气等因素，会影响 GPS 信号的接收，从而影响 GPS 的解算精度。为了提高 GPS 定位精度，减少 GPS 定位误差的影响，采用的方法是在测区内沿航线范围建立多个分布较均匀的基准站，确保 GPS 动态定位解算时离基准站不会太远。且在飞行前要做好仪器安置，测区天气、地貌等资料搜集工作，保证飞行时 GPS 信号的良好接收。

因此，在有效利用激光扫描数据前需要对这些误差进行校正，常用的系统误差处理手段主要建立误差改正模型、仪器检校和航带平差。其中，利用误差改正模型可消除部分误差，仪器检校则主要处理的是系统集成误差，航带平差则是通过求解航带重叠区域点云间变换关系式来统一消除各种混叠的误差。

激光点云解算是将激光扫描坐标系下的测距值经激光扫描坐标系、惯性导航坐标系、导航投影坐标系、地心坐标系转换后，求出每个激光脚点精确的三维空间坐标系，从而完成激光点云解算。点云解算算法处理流程如图 2－32 所示。

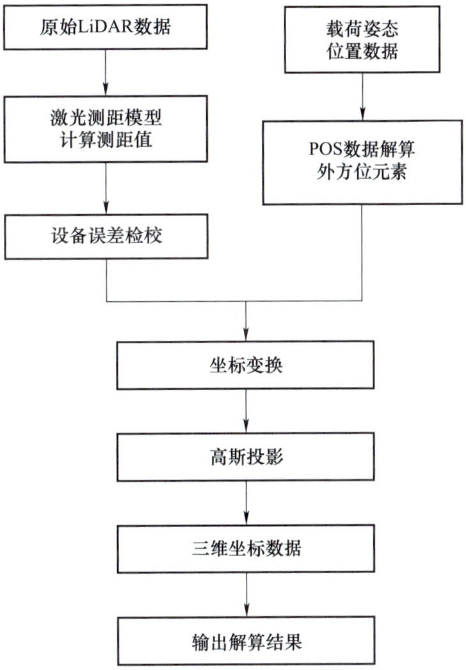

图 2－32　点云解算算法处理流程图

2. 航带拼接

由于目标物的复杂性，需要从不同方位扫描多个测站，才能把目标物扫描完整，每一测站扫描数据都有自己的坐标系统，为了得到完整的目标物信息，需要将不同测站的扫描数据纠正到统一坐标系下。航带拼接通常包括标靶拼接、特征点云拼接和控制点拼接。

（1）标靶拼接。数据采集完成后，对相邻测站 3 个或 3 个以上的公用标靶进行拼接，将多站扫描数据拼接到同一坐标系下。球形标靶是目前三维激光扫描仪不同测站间常用的拼接方法，基于球形标靶的点云拼接原理主要包括球形标靶的球心拟合和空间直角坐标边缘两部分。

（2）特征点云拼接。特征点是三维拼接技术中非常重要的标识点，基于点云的拼接方法要求在扫描目标对象时要有一定的区域重叠度，而且需要目标对象的特征点要明显，否则无法完成点云数据的拼接。

（3）控制点拼接。为了提高拼接精度，三维激光扫描系统可以与全站仪或 GPS 技术联合使用。通过全站仪或者 GPS 确定公共控制点的大地坐标，然后用三维激光扫描仪对所有公共控制点进行精确扫描。再以控制点为基站直接将扫描的多测站的点云数据与其拼接。

3. 点云分类

三维点云的精细分类是从杂乱无序的点云中识别与提取人工与自然地物要素的过

程，是数字地面模型生成及复杂场景三维重建等后续应用的基础。然而，不同平台激光点云分类关注的主题有所不同。机载激光点云分类主要关注大范围地面、建筑物顶面、植被、道路等目标，车载激光点云分类关注道路及两侧道路设施、植被、建筑物立面等目标，而地面站激光点云分类侧重特定目标区域的精细化解译。但是，点云场景存在目标多样、形态结构复杂、目标遮挡和重叠以及空间密度差别迥异等现象，是三维点云自动精细分类的共同难题。如：基于特征的逐点分类方法或分割聚类分类方法对点云标识，并且对目标进行提取。但是由于特征描述能力不足，分类和目标提取质量无法满足应用需求，极大地限制了三维地理信息数据的使用价值。目前，深度学习方法突破了传统分类方法中过度依赖人工定义特征的困难，已在二维场景分类解译方面表现出极大潜力，但是在三维场景的语义和实例分割方面，还面临许多难题有待解决：

（1）研究包括建筑、街道、植被、树木等全要素时空场景的语义内涵、分类体系及编码方法，建立城市空间语义模型及语义分类体系；

（2）研究城市复杂场景基元结构特征的局部自适应描述和表达，实现多尺度、多层次以及位置无关的时空特征表达；

（3）研究众包分布式数据标注任务规划技术，通过多粒度分布式网络系统融合众源标注信息，实现多类型目标千万级多源异构数据基准库的高效构建，如图 2－33 所示；

图 2－33　全类型地物要素样本库构建

（4）研究基于深度学习、强化学习、迁移学习等人工智能手段的全要素地理实体结构与语义信息自动化提取方法，提高点云场景理解的智能化水平。

2.3.4 BIM 模型处理

BIM 模型依托项目可研、设计、施工、竣工不同阶段的开展，采用 BIM 设计软件，多专业设计师协同设计，逐步深化建模所得。本书的 BIM 模型处理成果主要服务于后期实景三维场景的建设，故本处理流程主要包含 BIM 模型数据转换及数据融合前的预处理环节，BIM 模型构建、属性赋值、数据应用等内容此小节不作叙述。

1. 模型转换

（1）建筑信息模型（Revit Project file，RVT）模型转换。

1）RVT 数据简介。RVT 格式是 Autodesk 公司下 Revit 系列软件通用的数据格式，主要包括建筑、结构、机电三个系列。RVT 格式需由 Autodesk 公司提供的基于 C#、VB.NET、Managed C++等开发工具的 SDK，来实现对 RVT 文件的读写、修改以及转换等操作。Revit 数据库对象分类如图 2-34 所示。

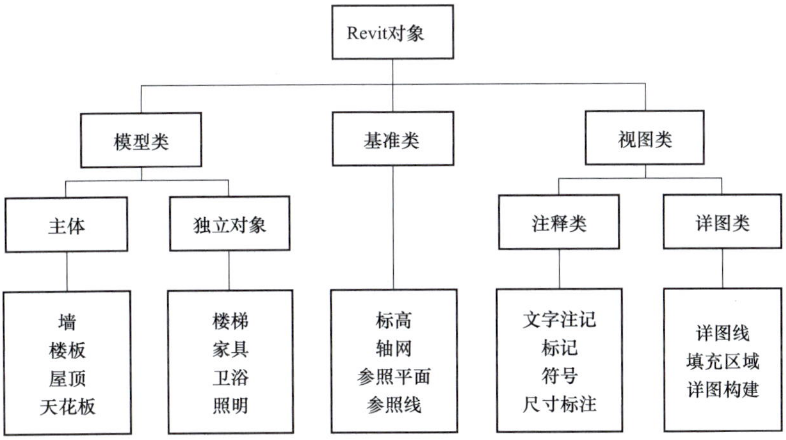

图 2-34 Revit 数据库对象分类

2）RVT 数据转换。在 Revit 中所有能保存在文档中的对象都是从对象派生而来。其中，族类型是构件的定义，族实例是构件的显示。可载入实例是指依附于其他主体对象的对象，如门、窗、家具等。主体对象是所有能包含其他对象的面状对象的基类，例如墙类型中可以包含门和窗等。通过遍历对象，可以得到对象的几何信息、材质信息和属性信息，数据转换的具体流程如图 2-35 所示。

（2）通用模型转换。为实现 BIM 在实景三维场景中集成的效果，基于当前常用的 Autodesk、Bently、Catia 三大 BIM 设计平台，总结了通用的 BIM 模型转换流程，如图 2-36 所示。

该流程将模型属性信息和几何材质信息分开提取，属性信息基于各格式自身的 SDK 调用属性参数类接口实现属性信息的提取并构建属性数据库；基于各类 BIM 模型均可导出 FBX 格式，从而导入 Autodesk 3dsMax 中进行编辑处理并对材质及纹理进行优化，得到优化后是模型；从而形成最终的转换模型及属性数据。基于当前的各大 GIS 平台均可导出为OBJ格式的三维模型并有较好的还原度，本流程将转换后的模型统一导出为OBJ模型。

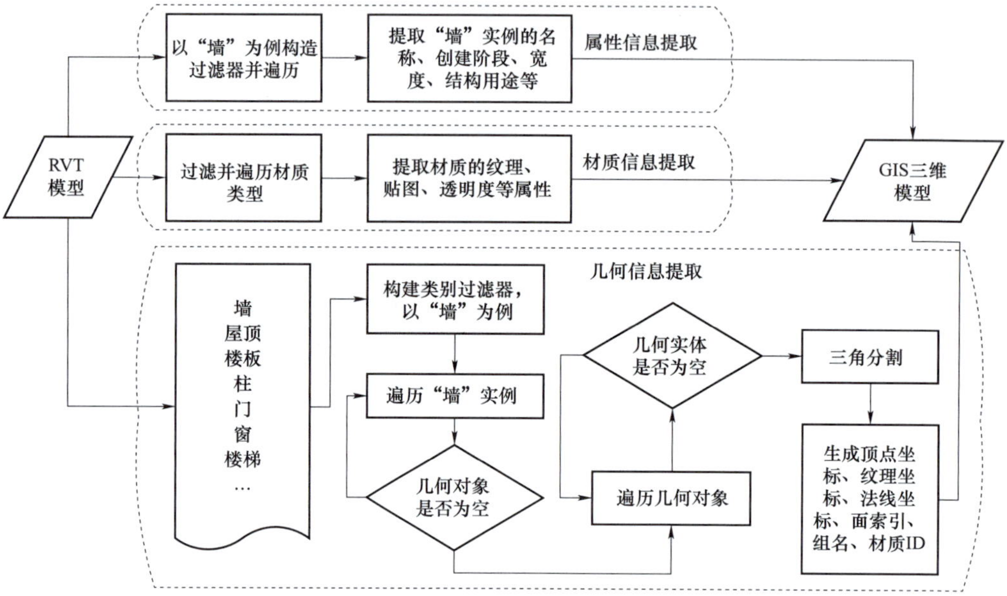

图2-35　RVT数据转换流程图

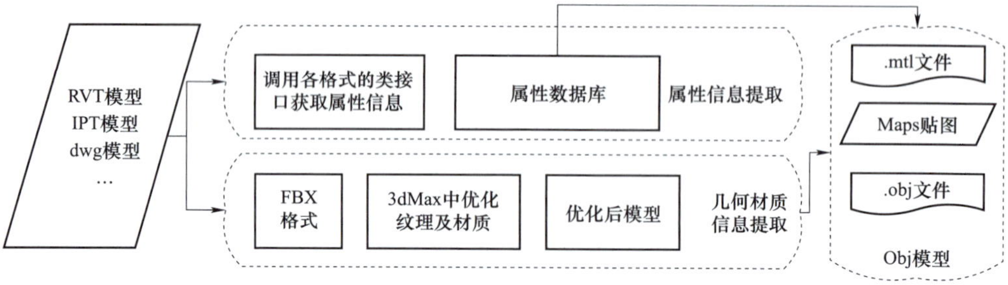

图2-36　通用模型转换流程图

2. BIM模型融合预处理

（1）坐标定位。

1）自带坐标信息数据。针对自带坐标信息的模型，比如RVT模型，可在设计时同步设计好项目基点信息从而实现BIM模型在场景中的定位。具体实施方法为：获取目标服务坐标系的项目设计总平图，从总平图上找到RVT模型项目基点的准确地理坐标、标高，以及图纸北方向与BIM模型空间北方向的夹角度数，在Revit软件中对项目单位及项目基点进行设置。

2）不带坐标信息数据。针对不带坐标信息的模型，比如OBJ模型、3DS模型等，可在集成平台中采用两种方式进行坐标定位。一是将模型手动置入到目标区域附近，采取旋转、缩放、平移的操作对模型位置进行调整；二是已知模型在目标坐标中正确定向以及BIM模型相对于实际位置的坐标偏移量，可直接通过偏移量参数进行模型定位。

（2）地形处理。针对实景三维场景的地形数据与三维设计后的地形不一致，模型与地形或场景的关系不正确的现象，需对 BIM 模型与地形相接处进行处理，即对地形进行编辑，主要包括地形整平及地形开挖两种方式。

1）地形整平。地形整平是处理独立地物模型的一个折中的方式，通过使用模型的外接立方盒的底面表示模型与地形的交线并通过这个交线来修改交线范围内的 DEM 高程数据从而完成地形整平功能，最终完成模型与 DEM 的无缝贴合。图 2－37 为地形整平效果示意图。

图 2－37　地形整平效果示意图

2）地形开挖。地形开挖是一种精确的模型与地形的融合功能。通过一定的算法处理获取模型在二维平面上的精确投影边界，利用该边界首先对地形进行开挖处理，即让该范围内的地形高程值变为无效，然后把模型直接与开挖后的地形进行叠加。图 2－38 为地形开挖效果示意图。

图 2－38　地形开挖效果示意图

2.3.5　多源数据融合与优化

随着数据采集手段的发展与丰富，多源数据的产生及不同应用的需求对多源数据融合技术带来了新的挑战。实景三维多源数据如图 2－39 所示，主要包括空间数据体和物联感知数据两大类，根据具体业务开展可细分为更多小类。多源数据的融合与优化对提高多源数据利用效率、降低实景三维建设成本、丰富实景三维表现形式有很大作用。

实景三维多源数据融合主要有四个方面：一是三维模型数据融合，目的是将各类模型数据融为一体，形成三维场景进行展现；二是三维模型与物联空间数据融合，将三维模型与物联设备进行空间关联与数据关联，实现基于实景三维的物联数据调度与可视化应用；三是三维模型与视频融合，通过将三维模型与视频数据关联，实现对三维场景的动态浏览；四是三维模型与地球模型精确融合，目的是三维模型与地球模型的自动精确配准融合，从而使大范围实景三维模型数据加载到球形坐标系统平台上并进行可视化展现，实现更大范围的应用赋能。

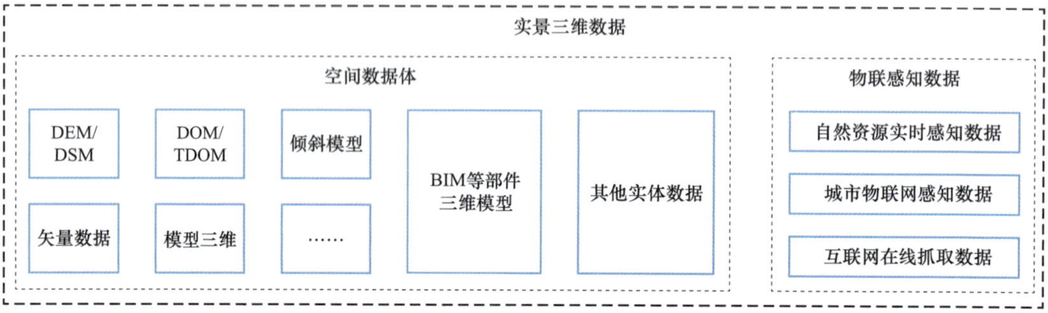

图 2-39　实景三维多源数据

海量多源数据的高效融合，对于提高不同空间数据的使用效率、发掘实景三维的应用潜力具有现实意义。

1. 三维模型数据融合

三维模型融合场景如图 2-40 所示，三维模型将不同采集、处理技术生成的数字高程模型、数字表面模型、数字正射影像、倾斜摄影模型、激光点云、基础地理实体、部件三维模型等空间数据体进行一体化融合，形成三维场景进行展现。

图 2-40　三维模型融合场景

三维模型数据融合路线如图 2-41 所示。三维地理空间数据是建设实景三维中国的基础性数据，统一数据标准，实现融合，有助于实现开放共享，以消除不同单位、不同系统、不同行业之间的数据壁垒，充分利用已有数据资源，减少数据重复采集带来的浪费。针对各种数据格式的三维模型，数据融合的一个重要步骤就是统一格式，从而加快融合效率，其核心是识别不同格式数据所表达的相同实体，将与该实体相关的信息关联到实体上。实景三维数据格式标准主要有 OSGB、I3S、S3M、3D Tile 等。

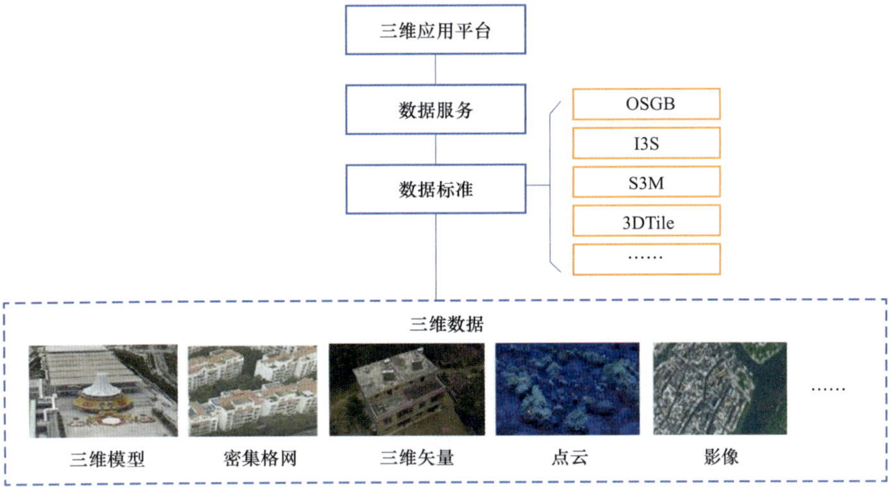

图 2-41　三维模型数据融合路线

OSGB 是主流的倾斜摄影模型格式标准，采用二进制格式进行存储，带有嵌入式链接纹理的数据格式。OSGB 格式的模型 LOD 数据，浏览时能够在不同层级模型间流畅切换。同时根据平台和使用环境的不同，也会使用 S3M、I3S、3DTile 等其他数据格式。

在国际上，开放地理空间联盟（Open Geospatial Consortium，OGC）宣布 Esri 发起的 I3S 标准规范将作为 OGC 新的国际三维标准。I3S 能够支持大数据集的传输与存储，支持多种类型的三维数据，包括离散的三维模型、密集格网、三维矢量、点云等数据，具有专为三维数据设计、专为 Web、移动和云设计、属于开放通用标准的特点。

在国内，由自然资源部信息中心牵头编制的测绘行业标准《空间三维模型数据格式》，定义了一种开放式可扩展的空间三维数据格式标准（S3M），涵盖的数据类型包括人工建模的传统三维模型数据、倾斜摄影模型和激光点云数据、BIM 数据、矢量数据等，适用于空间三维数据的共享，对于推动三维模型数据融合有着重要意义。

2. 三维模型与物联空间数据融合

三维模型与物联空间数据融合，主要通过将模型与承载物联空间数据的设备进行空间及数据关联，实现对物联感知数据的动态调度，提升实景三维可视化应用能力。

物联感知数据主要包括自然资源实时感知数据、城市物联网感知数据、互联网在线抓取数据等。自然资源实时感知数据包括通过自然资源管理业务所获取的视频、图像、自动化监测设备的实时数据。城市物联网感知数据包括城市监控、车载、手机等产生的实时视频与图像数据。互联网在线抓取数据包括一些地理位置、文本表格等数据。

按照《实景三维中国建设技术大纲》的要求，在对三维模型与物联空间数据进行关联前，还需要对物联感知数据进行预处理，包括数据抽取、清洗、压缩与信息解译等步骤。

抽取主要的步骤为：收集并获取物联感知设备的接口，并分析其特征、规律从而构造抽取规则，随后建立语料库，基于语料库总结频繁使用的模式并构造规则以形成抽取的正则表达式，最终生成描述文件，并通过描述文件将数据接口的内容存入数据库。

清洗需要在感知节点、整个或局部网络进行，首先需要去除“脏数据”得到有效信息，并对缺失数据进行补全，最后采用概率统计、近邻分析、分类识别等方法对数据进行清洗。

压缩基于排序、历史数据压缩技术进行，并从原始感知数据选择少量数据或提取高层语义信息进行传输，减少数据量。

信息解译通过视频关键帧提取、时序数据变换检测等技术，对物联感知数据的关键信息进行解译，提取隐藏其中的信息。

三维模型与信息化会议室物联空间数据融合如图 2－42 所示，通过关联会议室三维模型与显示屏设备，提升信息化会议室可视化表现能力。

图 2－42　三维模型与信息化会议室物联空间数据融合

3. 三维模型与视频融合

三维模型与视频融合通过将一个或多个视频与三维场景加以匹配与融合，将静态三维场景与实时、动态的视频数据相结合，生成一个动态虚拟场景或模型，这种融合不会随着三维模型移动、旋转而产生畸变和错位，能够还原出一个真实的场景。

三维模型与视频融合有两个步骤，首先基于实景三维平台，结合城市实景三维模型，接入海量的视频数据，针对视频的覆盖范围，采用全景视频拼接技术将多个摄像头在同一场景下的视频逐帧拼接，从而将多个视角的视频数据拼接成全景视频；随后，根据视频的画面内容，将全景视频的场景与三维城市场景进行精确匹配融合，实现实景三维平台下，视频与三维场景的同步展现。三维模型与视频融合情况如图 2－43 所示，红色虚线范围为三维模型对应当地监控视频镜头的内容。

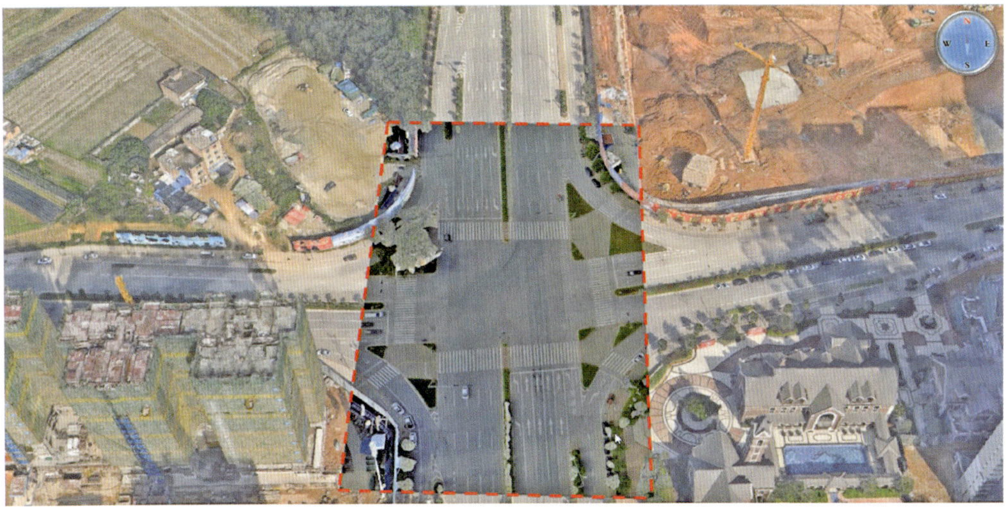

图 2-43　三维模型与视频融合情况

三维模型与视频融合在安防监控领域有很大的应用。随着技术的发展，城市中监控摄像头数量越来越多、分辨率也不断提高，产生了大量实时监控数据。城市中大小道路基本都被摄像头无缝覆盖，而工作人员浏览时只能逐个去观看监控视频，或者将多个摄像头的视频简单地排列在一起去观看，大大降低了工作效率，对海量视频数据的利用也较为有限。另外，单个视频只有一个视角的影像，需要工作人员根据多个视角的视频分析后才能得到整个场景的情况。同时，三维模型能够提供全方位的信息，但三维模型往往是静态的，缺乏动态信息。将三维模型与视频融合，能够充分发挥实景三维模型与视频数据两者优势，实现动静结合，得到一个实时动态的三维场景。

4. 三维模型与地球模型精确融合

三维模型与地球模型精确配准融合技术旨在将实景三维模型数据坐标从投影坐标系下的中心归零局部坐标系转换为地心坐标系下的中心归零局部坐标系，从而将大范围实景三维模型精确地加载到球形坐标系统平台上，实现三维模型在地球模型上可视化展现的目的。三维模型与地球模型的融合有三个层次：一是坐标系统的转换，将三维模型与地球模型统一到一个坐标系下；二是消除坐标转换带来的投影误差和地球曲率影响带来的畸变，使三维模型与地球模型表面精准贴合；三是通过实景三维平台，将三维模型与地球模型融为一体进行可视化展现。

通过以下四个步骤实现三维模型与地球模型的精确融合：一是实景三维数据加载管理及空间数据集信息获取；二是以模型参考原点在地心直角坐标系下的坐标为新的原点构建一个局部空间直角坐标系作为数据成果坐标系；三是将实景三维模型的全部模型顶点坐标转换到成果数据坐标系；四是将模型的包围体中心坐标转换到成果数据坐标系下，更新并输出成果模型数据。

传统的实景三维模型加载到地球模型的方法仅对模型坐标原点进行坐标变换，即平面数据刚性变换到球体的方式，由于模型边缘存在投影变换误差和地球曲率的影响，对于小范围场景数据误差不大，而在城市级三维模型加载到地球模型上时就会产生较大的误差。采用新的融合技术能将大范围实景三维模型投影坐标精确地转换到地球模型球形坐标系下，实现三维模型与地球模型的精确配准融合，在地球模型上对三维模型进行可视化展现。

2.4 实景三维数据质检

虽然我国已组织开展了大量的实景三维试点建设项目，但对实景三维的质检尚未形成统一标准。由于实景三维数据生产涉及的环节和成果产品较多，其质量影响因素一般是在某个独立环节上，如数学精度主要取决于采集和自动建模阶段，模型的表现精度主要取决于模型修饰和单体化阶段，实景三维数据库质量因素主要取决于逻辑和属性等语义化处理环节。因此，针对实景三维数据生产质量把控的过程检查应该在不同阶段设置不同的质量控制要点，通过多环节对不同质量元素进行质检实现对整体质量的完整把控。本小节主要对实景三维数据生产质量控制进行介绍，不涉及验收检验部分。

2.4.1 实景三维数据质检指标体系

与传统基础测绘相比，实景三维数据在组织方式、管理模式、技术体系、成果形式、服务方式上都发生了深刻变化。为此，实景三维数据质检的标准规范、成果分类和质量元素等质检体系需要与新型基础测绘发展要求相适应，在传统三维地理信息数据质检体系的基础上，需要进一步结合新型基础测绘的需求，构建与实景三维中国建设任务需求相适应的数据质检体系。

1. 标准规范

随着应用场景和规模建设的开展，自然资源部相继出台了实景三维建设［《实景三维中国技术大纲》（2021 版）］、地理实体生产的相关规范［《新型基础测绘与实景三维中国建设技术文件》（1–4）、《新型基础测绘与实景三维中国建设技术文件》（5–7）］，但尚未形成和出台有关实景三维数据质检的相关规范。现行三维地理信息数据产品的质检标准（见表 2–3）对产品的单位成果定义、质量元素的选取、检查方法的确定和抽样是基于传统测绘成果质检模式的一次适应性设计，但对实景三维数据“实体化、三维化、语义化、结构化、人机兼容理解”以及“高自动化、低人工干预、高精度”的新特性没有很好地适应，难以满足新时期实景三维数据成果质检的需求。

表 2–3　现行三维地理信息数据产品的质检标准

序号	标准名称
1	《三维地理信息模型数据产品质量检查与验收》（CH/T 9024—2014）
2	《数字高程模型（DEM）质量检验技术规程》（CH/T 1026—2012）
3	《数字正射影像图质量检验技术规程》（CH/T 1027—2012）
4	《数字线划图（DLG）质量检验技术规程》（CH/T 1025—2011）

续表

序号	标准名称
5	《基础地理位置数字成果 1:500　1:1000　1:2000 数字线划图》（CH/T 9008.1—2010）
6	《1:5000　1:10 000 1:25 000　1:50 000　1:100 000 地形图质量检验技术规程》（CH/T 1023—2011）
7	《1:500　1:1 000　1:2000 地形图质量检验技术规程》（CH/T 1020—2010）
8	《管线测量成果质量检验技术规程》（CH/T 1033—2014）
9	《测绘成果质量监督抽查与数据认定规定》（CH/T 1018—2009）
10	《数字测绘成果质量检查与验收》（GB/T 18316—2008）
11	《基础测绘成果检查验收技术规程》（DB11T 998—2013）
12	《测绘成果质量检查与验收》（GB/T 24356—2009）
13	《数字测绘成果质量检查与验收》（GB/T 18316—2008）
14	《基础地理信息数据库测试规程》（CH/T 9007—2010）
15	《基础地理信息数据库建设规范》（GB/T 33453—2016）
16	《基础地理信息城市数据库建设规范》（GB/T 21740—2008）
17	《基础地理信息数据库基本规定》（GB/T 30319—2013）
18	《三维地理信息模型数据库规范》（CH/T 9017—2012）

新时期的实景三维在质检内容上应覆盖地理实体、地理场景、实景三维数据库等空间数据体的检核需要，在应用范围上能够支持从陆地向海洋、从地上到地下的发展需求，在能力水平上能够满足新型基础测绘新任务实施和新技术应用的要求，在质检抽样、成果质量评价和判定、质检信息共享方式上也需要创新。同时，针对实景三维建设生产数据量大、自动化程度高、产品形式多样、产出快等特点，需要探索形成新型数据过程质检技术方法和标准规范。

2. 成果种类

根据相关文件对实景三维数据成果的定义和描述，实景三维数据成果应包含地理场景、地理实体、实景三维数据库 3 种基本数据类型（见表 2-4）。其中，地理场景是一定区域范围内连续成片、反映现实世界地理空间位置和形态的地理信息数据，主要包括 DEM、DSM、DOM、TDOM、倾斜摄影三维模型、激光点云等；地理实体是现实世界中占据一定且连续空间位置、单独具有同一属性或完整功能的地理对象，包括基础地理实体、部件三维模型以及其他实体；实景三维数据库是基于“一体多态”进行数据和信息融合关联所形成的统一数据库，包括地理场景分库、地物实体分库、地理单元分库、物联感知数据分库和元数据分库等。

表 2-4　　实景三维成果种类统计表

序号	基本类型	成果种类	总数
1	地理场景	DOM/TDOM、DEM/DSM、倾斜摄影三维模型、激光点云	4
2	地理实体	基础地理实体、部件三维模型、其他实体	3
3	实景三维数据库	地理场景库、地理实体库、地理单元库、物联感知库、元数据库	5

地理场景、地理实体、实景三维数据库作为传统的 Mesh 三维模型、4D 产品、基础地理信息数据库等数据类型的延续，但又不等同于传统数据形式，新的数据质检体系应严格依照实景三维产品成果定义、特点和建设要求进行修订和设计，以提升实景三维质检技术水平和保障服务能力。

3. 质量元素

参考行业现行标准，三维地理信息数据产品质检的质量元素包括空间参考系、位置精度、表达精细度、逻辑一致性、属性精度、时间精度、场景效果、附件质量等 8 项内容。这些质量元素在传统三维地理信息数据产品的质检上有良好的应用，但应用于实景三维的质检工作，存在明显的不足之处，尤其是对于地理实体的质检方面缺乏考虑，因此，面对以地理实体为核心的实景三维数据质检内容和方法迫切需要设计相应的质量元素的补充完善。

根据开展的实景三维试点建设项目的相关项目需求和工作研究总结，实景三维数据通用质量元素整体上可以继承已有传统的地理信息数据产品质量元素指标，但在质量子元素和检查项上需要面向实景三维建设需求进行扩充和调整，重点添加基础地理实体、BIM、物联感知数据以及实景三维数据库等数据内容的质检项目。例如，将侧重于 Mesh 三维模型和 4D 产品的表达精细度检查调整为侧重于地形级、城市级、部件级 3 种不同空间粒度表达的表达精细度检查；逻辑一致性检查拓展补充地理实体的空间拓扑关系、属性结构完整性和正确性、编码的唯一性和合规性等方面的检查。基于传统的三维地理数据产品质检的质量元素《三维地理信息模型数据产品质量检查与验收》（CH/T 9024—2014），基于传统三维地理数据产品质检内容说明见表 2–5。

表 2–5　基于传统三维地理数据产品质检内容说明

传统三维地理数据产品质检元素			实景三维数据质检元素
质量元素	质量子元素	检查项	扩充和调整建议
空间参考系	大地基准	检查采用的大地基准符合情况	增加基础地理实体、BIM 的空间参考系质检内容
	高程基准	检查采用的高程基准符合情况	
	地图投影	检查采用的地图投影参数符合情况	
位置精度	平面位置精度	检查平面坐标值与真值的接近程度	同传统一致
	高度精度	检查高度值与真值的接近程度	同传统一致
	模型间相对位置	检查场景中模型相对位置关系的正确程度	增加基础地理实体、BIM 间相对位置质检
	模型自身相对位置	检查单个复杂模型各部分相对位置关系的正确程度	增加地理实体、BIM 模型自身相对位置质检
表达精细度	地形精度	检查地形精度的正确程度	调整划分为地形级、城市级、部件级 3 种空间粒度表达的精度检查
	DOM 精度和 TDOM 精度	检查 DOM 精度和 TDOM 精度的正确程度	调整划分为地形级、城市级、部件级 3 种空间粒度表达的精度检查
	模型精细度	检查模型精细度的正确程度	扩充基础地理实体、BIM 的精细度检查
	纹理精细度	检查纹理精细度的正确程度	扩充基础地理实体、BIM 的纹理精细度检查

续表

传统三维地理数据产品质检元素			实景三维数据质检元素
质量元素	质量子元素	检查项	扩充和调整建议
逻辑一致性	概念一致性	检查三维模型对概念模式规则的遵循程度	扩充基础地理实体的概念模式检查
	格式一致性	检查三维模型物理存储结构、格式及其他要求的符合程度	扩充基础地理实体的格式检查
	属性一致性	检查三维模型对属性值域规则的遵循程度	扩充基础地理实体的属性检查
	拓扑一致性	检查三维模型对拓扑关系反映的准确程度	扩充基础地理实体的空间拓扑关系准确程度检查
	表现一致性	检查三维模型对表现及取舍规则的遵循程度	扩充基础地理实体、BIM的表现及取舍规则检查
属性精度	分类正确性	检查三维模型分类编码的正确程度	调整为基础地理实体编码的唯一性、合规性检查
	属性项	检查三维模型属性项的正确程度	扩充基础地理实体属性结构完整性、正确性检查
	属性值	检查三维模型属性值的正确程度	扩充基础地理实体、BIM的属性值检查
时间精度	原始资料现势性	检查资料的现势性	同传统一致
	产品现势性	检查资料的现势性	同传统一致
场景效果	场景完整性	检查场景中包含各类模型的完整程度	同传统一致
	场景协调性	检查场景中相对关系协调的程度	同传统一致
附件质量	元数据	检查元数据的完整性和正确性	同传统一致
	附属文档	检查各类附属文档的完整性	同传统一致

2.4.2 实景三维数据检核方法

实景三维数据检核工作流程包括检验前准备、抽样、成果质量检验、质量评定、报告编制和资料整理等。检验前应收集项目设计、相关技术文件及标准，核查上一级检查完成情况，明确检验内容及方法，准备所需仪器和软件；抽样检查程序按《数字测绘成果质量检查与验收》（GB/T 18316）的规定执行，包括组成批成果、确定样本量、抽取样本、检验、质量评定、编制报告；对单位成果质量实施检验；对单位成果进行质量评定，判定批成果质量；按照相关规定编制检验报告；汇总检验记录，整理检查数据和资料，按档案管理要求归档。

1. 单位成果确定和抽样

单位成果以幅、生产单元、行政区划单元等为单位划分，检验批通常以同一技术设计书指导且生产时间相近的同规格单位产品组成，生产批量较大时，可根据批成果的作业区域、生产时间、作业方式等因素不同分批实施检验。被检成果包含不同规格成果时，应按不同规格成果分别组成检验批。

采用分层按比例随机抽样的方法从批成果中抽取样本，可根据生产单位、生产方式、生产时间、困难类别等因素分层。实景三维模型将批成果按不同获取方式、不同场景复杂度、不同重要程度进行分层。批量和样本量的确定按《数字测绘成果质量检查与验收》（GB/T 18316）的相关规定执行。样本量确定见表 2–6。

表 2–6　　样本量确定

批量	样本量
≤20	3
21～40	5
41～60	7
61～80	9
81～100	10
101～120	11
121～140	12
141～160	13
161～180	14
181～200	15
≥201	分批次提交，批次数应最小，各批次的批量应均匀

注　当批量小于或等于 3 时，样本量等于批量，为全数检查。

实景三维数据中像控点、激光点云、DEM、DOM 等产品以“幅”“点”“景”等作为单位成果定义，Mesh 三维模型、地理实体等按场景模式、重要程度面向实体的连续空间抽样，样本以“区块”“平方千米”等模型计量单位从检验批中简单随机抽取，均匀分布。根据样本量，在各层内分别按各层在批成果中所占比例确定各层中应抽取单位的单位成果数量，并使用简单随机抽样法抽取样本。样本应尽量分布均匀，并考虑单位成果接边、跨投影带等因素。

2. 质量检查方法

数字测绘产品的质量检查方法按照人工参与程度可以分为三种，计算机自动检查、计算机辅助检查、人工检查。按照检查采取的具体措施，检查方法也可分为三种，比对分析、核查分析、实地检查。在实景三维数据中，针对不同层级的地理场景特点、数据生产流程及质量指标，遵循“效率第一、质量并重”的原则，采用多种检查方法配合灵活应用，对各类质量元素进行检验。

（1）按照人工参与程度分类。

1）计算机自动检查。利用软件或插件的功能，高效、实时自动完成一些检查项的检查。如逻辑一致性检查，或空间位置关系、位置与属性之间的关系、属性之间的关系等，利用计算机自动实现是非常高效的方式。根据实景三维数据特点及相关规范要求，在自动化、智能化质检系统中，可自动获取和实时更新质检数据，进行实时化质检，对存在问题的原始数据和过程成果不允许流入下一道工序。

2）计算机辅助检查。计算机辅助检查即人机交互检查，由人工和计算机相互结合完成的检查。例如效果一致性的检查。在软件系统环境下，通过数据浏览、分析，人工判断其完整性、模型纹理的协调性、场景表现效果、属性的准确性与完整性、数据存储格式和空间位置的一致性等。以计算机辅助质检为基础，配合人机交互方式对各类数据协同巡检、动态质量评价，进行质量监测、质量统计分析、质量跟踪与溯源，形成网络化的在线质检报告。

3）人工检查。对于计算机不能自动检查，或基于质量等因素考虑必须依靠人工进行的检查，如完整性的检查，或表达质量要素模型的检查、附件质量检查，都需要人工进行评定。

（2）按照采取的具体措施分类。

1）比对分析。采用更可靠的数据与待查数据进行比较，分析它们的差异，以评定其质量。如对位置精度，对表达质量、模型精细度、结构表现一致性的检查可采用比对分析的方法进行检查。

2）核查分析。根据检查内容逐项或依次进行检查，如逻辑一致性、空间关系一致性、模型是否有重复现象可逐个检查，或针对附件质量、文档资料、资料及其内容是否齐全可采用通篇逐阅读的方法进行检查。如表达质量、场景效果、三维模型景观场景效果是否合格可在场景内针对模型色调、色彩等进行核查分析。

3）实地检查。场景模型样本的整体外业核查，建筑物高度检查，模型要素的完整性，检查模型精细度和纹理的准确性、协调性，检查场景效果的符合性、现实性等涉及野外检查的质量元素通过外业实地抽样巡查的方法检查。

3. 质量元素的检验

实景三维数据的质量元素包括空间参考系、位置精度、表达精细度、逻辑一致性、属性精度、时间精度、场景效果、附件质量，质量检查根据单位成果的质量元素及相应的检查项，按项目技术要求逐一检查样本内的单位成果，根据需要对样本外单位成果的重要检查项或重要因素及普遍性、倾向性问题进行检查。

（1）空间参考系。核查分析地理场景和地理实体数据成果的大地基准、高程基准、地图投影、瓦片尺寸设定是否符合技术设计要求。

（2）位置精度。以人机交互式检查结合实地检查的方法进，检查实景三维平面和地形精度的准确性，具体情况可以依据各等级场景及类型成果质量标准进行，根据项目特点、成果生产方式、资料、仪器设备、软件、自然条件等情况，在满足测图精度的前提下，选择最适宜的方法。

使用高精度或同精度地形图比较的方法，对坐标系矢量数据成果与点云数据、道路轨迹数据成果进行比对分析，检查数学基础。通过场景中建筑物比对底边主要角点与所参考的地形图中建筑物的主角点匹配程度，比对相关同名地物点坐标检查道路轨迹精度，同时人工判读轨迹点的分布密度与技术设计的符合性。检查点也可利用不低于加密点精度的已知点作为控制点，采用空中三角测量加密方法，按加密点的精度要求选取、观测、平差计算得到，或利用被检项目的加密成果，恢复或重建立体模型，在立体模型上采集检测点坐标。

野外实测法采集检测点，可采用 GNSS 测量法或极坐标法。当采用 GNSS 测量法观测时，应进行测前、测后与已知点坐标进行核验；当采用极坐标法时应进行后视坐标和高程检核。用手持测距仪或全站仪免棱镜量等外业测量手段取地物高度，对建筑物高度进行套合检测，检查模型高度与实际建筑物的匹配度是否符合要求。检测高度量视地物复杂程度、比例尺等情况确定，应分布均匀，选择明显地物高度。

平面检测点位置应分布均匀，选在明显地物点上，主要包括独立地物点、线状地物交叉点、地物明显的角点与拐点等。高程检测点位置应均匀分布，避免选择高程急剧变化处、桥面等非自然地表处。利用采集的检测点与成果中同名点位置比较，计算出地物点平面绝对位置中误差。精度统计按以下要求执行：

1）精度统计按单位成果进行。

2）高精度检测时，在允许中误差 2 倍以内（含 2 倍）的误差值均应参与精度统计，超过允许中误差 2 倍的误差视为粗差；同精度检测时，在允许中误差 $2\sqrt{2}$ 倍以内（含 $2\sqrt{2}$ 倍）的误差值均应参与精度统计，超过允许中误差 $2\sqrt{2}$ 倍的误差视为粗差。

3）高精度检测时，中误差计算按式（2-1）执行：

$$M=\pm\sqrt{\frac{\sum_{n-1}^{n}\Delta_i^2}{n}} \tag{2-1}$$

式中 M——成果中误差；

n——检测点数量；

Δ_i——较差。

4）同精度检测时，中误差计算按式（2-2）执行：

$$M=\pm\sqrt{\frac{\sum_{n-1}^{n}\Delta_i^2}{2n}} \tag{2-2}$$

式中 M——成果中误差；

n——检测点数量；

Δ_i——较差。

（3）表达精细度。检查 DEM、DSM、DOM、点云、Mesh 三维模型、地理实体、地下空间数据等是否到达地形级实景、城市级实景、部件级实景等不同等级模型的表达要求。利用程序自动检查或调用数据核查分析模型数据细节层次和纹理质量，检查模型是否存在平整度差、漏洞、扭曲变形、纹理映射错乱、拼接错位等情况。对调用数据不能反映技术标准所要求的细节的模型，可适当结合外业实地核查分析成果数据与真实地理世界的吻合性。

（4）逻辑一致性。利用程序自动检查或调用数据核查分析数据文件存储、组织的符合性，数据文件格式、文件命名的正确性，数据文件有无缺失、多余，数据是否可读。

检查地理场景中各类模型的完整以及地理实体的空间拓扑关系和逻辑关系。采用人机交互式检查与编写相应的检查工具自动检查进行计算机检查相结合方式进行。

（5）属性精度。使用实景三维系统质量检查软件进行批量质检，对属性编码值域的自动检查、属性组合正确性的自动检查。主要检查要素属性描述的正确性，信息内容及分类、数值精度、属性与要素对象关联是否正确等。对于软件不能自动检查的部分，把属性数据可视化，以人机交互的方法检查它的正确性。

（6）时间精度。对比分析生产中使用的各种资料是否符合现势性要求，核查分析成果是否符合现势性要求。

（7）场景效果。在系统环境中，以人机交互的方式整体浏览法对场景质量进行整体评定。检查模型底部与地面模型之间是否衔接良好，有无漏缝、穿插、悬浮、下沉等不良现象。场景整体色彩、光照效果的协调性、一致性；建（构）筑物高度、形状、位置、相互关系、质感、色彩明暗对比的真实反映；交通设施高度、形状、位置、相互关系、质感、色彩、明暗对比的真实反映；管线类型、走向及空间位置的真实反映；植被及绿化景观的位置、高度、分布、样式、质感及色彩的真实反映；水系形状、质感、位置、相互关系、明暗对比的真实反映等。利用程序自动检查或调用相邻瓦片比对分析重叠区域处同名点的高程较差是否符合限差要求，结合人工浏览，核查分析瓦片接边质量。

（8）附件质量。在室内采用人工检查的方式，依据项目合同、技术设计书，按照资料移交清单检查技术文档的齐全性、完整性；检查元数据填写是否完整、正确；检查各项数据、记录文件、过程计算资料、最终成果的规整性和存储介质及包装的符合性；检查各类电子文档资料的文档格式、存储组织、介质及包装样式的符合性。

2.4.3 实景三维数据质量评定

1. 成果质量等级

根据《测绘成果质量检查与验收》（GB/T 24356—2009），实景三维数据成果质量等级与传统测绘划分等级一致，即样本及单位成果质量采用优、良、合格和不合格四级评定。单位产品质量等级评定标准见表 2-7。

表 2-7　单位产品质量等级评定标准

质量等级	质量得分（分）
优	S≥90
良	75≤S<90
合格	60≤S<75
不合格	S<60

2. 成果质量得分

质量评分基于实景三维数据质检的质量元素内容，采用错漏扣分法结合权值计算法进行质量得分计算。

（1）质量元素错漏扣分。错漏是指检查项的检查结果与要求存在的差异，依据实景三维数据检查质量元素的重要程度、错漏的严重程度与成果差异的程度，将其分为A、B、C三类。A类表示严重的错漏；B类表示次严重的错漏；C类表示一般的错漏。严重的错漏（A类）主要指重要数据的精度、表达、属性等存在错误或与设计要求不一致，或次重要、一般、其他数据的系统性错误或与设计要求不一致；次严重的错漏（B类）主要指次重要数据的表达、属性等存在错误或与设计要求不一致，或一般、其他数据的错误或与设计要求不一致的数量超过一定的限额；一般的错漏（C类）指一般或其他数据的错误或与设计要求不一致。

成果数据重要程度划定：地理场景、地理实体及基于二者构建生成的实景三维数据库，是新型基础测绘的标准化产品，应列为成果质检的重要数据。地理实体中的BIM、物联感知数据主要面向如定制化服务的应用产品，依据技术设计、产品用途，可列为次重要数据或一般、其他数据。

实景三维数据检查的质量元素错漏分类整体依照已有三维地理数据产品质检标准，即《三维地理信息模型数据产品质量检查与验收》（CH/T 9024—2014），同时需要结合实景三维数据特点、规则进行补充和修订，具体实景三维成果质量错漏分类说明见表2-8。

表2-8　实景三维成果质量错漏分类说明

质量元素	A类	B类	C类
空间参考系	各类数据出现坐标系统、高程基准、地图投影参数错误等均列为该类错误	—	—
位置精度	各类数据绝对位置精度超过限差或粗差率占比超过一定数值；重要数据的相对位置错误等均列为该类错误	次重要数据相对位置错误；重要数据或次重要数据存在或多处存在自身相对错误；一般、其他数据自身相对位置偏移过大；其他次严重的错漏等均列为该类错误	一般、其他数据相对位置错误或错漏；一般、其他数据自身相对位置多处存在错误；其他一般的错漏等均列为该类错误
表达精细度	地理场景数据采用的格网尺寸或精度不符合技术要求；重要数据或次重要数据存在或多处存在严重存在结构比例失调、不符合逻辑关系；重要数据纹理错误、变形等均列为该类错误	地理场景地面特征不符合技术要求；重要数据或次重要数据的精细度存在或多处存在不符合技术要求；一般、其他数据的结构比例严重失调或严重不符合逻辑关系；次重要数据错误、变形，尺寸严重超过技术要求；其他次严重的错漏等均列为该类错误	一般、其他数据的精细度不符合技术要求；一般、其他数据纹理错误、变形；纹理不清晰；相同细节层次纹理分辨率不一致；纹理数据拼接有缝隙；其他一般的错漏等均列为该类错误
逻辑一致性	—	文件命名、数据格式整体不符合设计规定；同一种类数据属性值域规则不一致；重要数据或次重要数据存在或多处存在拓扑不一致；同一区域同种类数据纹理处理规则不一致；同一区域同一种类数据取舍规则不一致；其他次严重的错漏等均列为该类错误	文件命名、数据格式局部存在错误；一般、其他数据拓扑不一致等均列为该类错误
属性精度	地理实体数据编码唯一性、合规性错误；属性项有误或遗漏；属性字段的定义、类型、命名、顺序不符合设计要求等均列为该类错误	重要数据或次重要数据分类编码值、属性值存在或多处存在错漏错列为该类错误	一般、其他数据模型的分类编码值、属性值错误列为该类错误

续表

质量元素	A 类	B 类	C 类
时间精度	—	采用的地理信息数据和照片现势性差；数据产品与生产资料现势性不一致均列为该类错	—
场景效果	重要数据种类缺失、丢漏；因点、线、而堆积而造成不必要的数据冗余，并造成严重的性能损耗；重要数据之间的数据融合存在较大穿插、漏缝、悬浮、重叠；其他严重错漏等均列为该类错误	次重要数据种类缺失、丢漏；因点、线、而堆积而造成不必要的数据冗余，并造成严重的性能损耗；重要数据之间的数据融合存在较大穿插、漏缝、悬浮、重叠；其他严重错漏等均列为该类错误	一般、其他数据种类缺失、丢漏；因点、线、面堆积而造成不必要的数据冗余，并造成严重的性能损耗；重要数据之间的数据融合存在较大穿插、漏缝、悬浮、重叠；其他严重错漏等均列为该类错误
附件质量	缺少技术设计、技术总结等重要文档等均列为该类错误	元数据项错漏或内容错漏；技术设计未明确重要技术指标；技术总结缺少技术指标变化情况说明；其他次严重的错漏等均列为该类错误	一般元数据项内容错漏；附属文档一般内容错漏；附属文档引用文件不一致；其他一般的错漏等均列为该类错误

根据成果质量错漏分类结果对实景三维数据质量错漏进行扣分计算，错漏类型为 A 类的，扣分值为 42 分；错漏类型为 B 类的，扣分值为 $8/t$ 分；错漏类型为 C 类的，扣分值为 $1/t$ 分。一般情况下错漏取 $t=1$；需要进行调整时，按区域内成果的复杂度进行调整（平均困难类别 $t=1$）。

（2）质量元素权值确定。权重是一个相对概念，是针对某一质量元素而言。某一质量元素的权重是指该元素在整体评价中的相对重要程度。实景三维数据检查的质量元素权值之和应为 1，各质量元素的权重应依据其对数据的可靠性、可用性等的影响程度进行划分。一般来说，空间位置信息是地理信息数据行业应用的重要基础信息，实景三维数据检查的空间参考系、位置精度应当作为重要检查项进行质检，二者质量元素权重均可设置为 1/10。表达精细度和场景精度是实景三维成果空间粒度、表达精度、效果等的重要元素，其囊括成果质量评定的多个必须检查项，质量元素权重可分别设置为 3/10 和 2/10。实景三维数据质检的各质量元素权值划分见表 2-9。

表 2-9　　实景三维数据质检的各质量元素权值划分

质量元素	权值
空间参考系	0.10
位置精度	0.10
表达精细度	0.30
逻辑一致性	0.10
属性精度	0.10
时间精度	0.05
场景效果	0.20
附件质量	0.05

质量元素下的各质量子元素应根据其在该质量元素下占据的重要程度进行进一步定权。上述已基于传统三维地理信息数据产品质检的质量元素及其子元素，给出了实景三维数据产品质检的质量元素的扩充和调整建议，尚未给出质量子元素的具体指标，该指标将在后续的实景三维中国建设顶层设计阶段由国家指定部门给出，故此处未对实景三维数据检查的质量子元素的权值进行明确。

（3）单位成果质量得分计算。单位成果质量得分计算规则：首先将经质量元素错漏分类表核定过的成果进行错漏扣分计算，然后采用加权平均法分别计算各质量元素评分和单位成果质量得分。

质量元素评分计算公式如下：

$$S_1 = \sum_{i=1}^{n}(S_{2i} \times p_i) \tag{2-3}$$

式中 S_1、S_{2i}——质量元素、相应质量子元素得分；

p_i——相应质量子元素的权；

n——质量元素中包含的质量子元素个数。

单位成果质量评分计算公式如下：

$$S = \sum_{i=1}^{n}(S_{1i} \times p_i) \tag{2-4}$$

式中 S、S_{1i}——单位成果质量、质量元素得分；

p_i——相应质量元素的权；

n——单位成果中包含的质量元素个数。

3. 成果质量评定

（1）质量评定规定。当单位产品出现以下情况之一时，即判定为不合格：

1）单位产品中出现 A 类错漏；

2）单位产品高度精度检测、平面位置精度检测，任一项粗差比例超过 5%；

3）质量子元素质量得分小于 60 分。

（2）检验批质量判定。对检验批按规定比例抽取样本的详查，若样本中全部为合格以上产品，则判定该检验批详查合格；若样本中有部分不合格产品，则判定该检验批详查不合格。

2.5 实景三维建模与管理

2.5.1 三维目标模型表现形式

1. 地形模型

地形模型是地形级实景三维的主要模型表现形式，主要应用于省、市级等大区域范围的实景三维建设。地形模型通过将采集的 DEM、DSM 与 DOM/TDOM 进行融合，依据 DEM/DSM 构建地形三角网，以 DOM/TDOM 作为地面纹理，采用金字塔结构分层构建地形模型，生成带有精确地理位置的、逼真的地形模型。图 2－44 为地形模型表征三维场景示意图。

图 2－44　地形模型表征三维场景示意图

地形模型可直接利用已有 4D［DOM、DEM、数字线划图（digital line graph，DLG）、数字栅格图（digital raster graphic，DRG）］产品成果生成，数据获取、构建成本低，可以很好地展现山川河流等地形地貌以及城市、村镇分布与形态。但对于高于地面的地物如房屋、桥梁等地物展示效果不佳，表 2－10 为地形模型数据源精度指标。

表 2－10　地形模型数据源精度指标

分级建设内容	地形级		城市级	部件级
DOM/TDOM	最高分辨率 1m，最高平面精度 5～7.5m	分辨率优于 1m，平面精度优于 5～7.5m	—	—
DEM/DSM	最高分辨率 5m，最高平面精度 1～10m	分辨率优于 5m，平面精度优于 0.1～10m	—	—

2. 倾斜摄影模型

倾斜摄影数据获取周期短、覆盖范围广，近年来成为三维建模的重要发展领域。其建模方式是通过在同一测量载体上搭载多台不同朝向的摄影传感器同步采集影像，同时记录航高、旁向重叠度、GPS 坐标数据等。采集倾斜影像数据后，根据摄影测量和多视图建模理论，对大重叠度倾斜影像进行数据预处理、空中三角测量加密、联合平差、密集匹配、表面模型重建、纹理映射等处理，无须人工干预，即能输出高分辨率的带有真实纹理的三角网格模型，生成的三维网格模型能够准确精细地表现出建模主体的真实色泽、几何形态及细节构成，从而完成倾斜摄影数据到倾斜摄影三维模型制作的过程。

基于倾斜影像技术进行三维重建的优势包括：

（1）自动化程度高：倾斜影像后期处理，从几何构建到纹理贴图均可实现无人工干预的全自动化；

（2）模型真实感强：相比于交互式图形学建模渲染出的三维场景，通过倾斜摄影生成的三维模型具有真实纹理，且符合人类真实认知；

（3）地理信息丰富：倾斜摄影构建的三维模型包含了高精度，且具有量测性的地理空间信息；

（4）建模周期短：航空摄影技术，尤其是近年来低空无人机技术发展，使得倾斜摄影的数据获取更为便捷，极大缩短实景三维模型的建模周期。通过倾斜摄影方式构建的城市三维模型在智慧城市建设、自然资源监管、城市规划设计、应急管理、工程建设、房产房屋地籍管理等领域具有十分广阔的应用前景。图 2－45 为倾斜摄影测量模型的示意图。

图 2－45　倾斜摄影测量模型示意图

相比于地形模型，倾斜摄影模型能真实展现物理世界，尤其建筑物、植被、桥梁等地物，获取了多角度的纹理信息，补充地物的侧面细节。倾斜摄影模型数据也存在一些问题，如采集对天气要求高，无法拍摄到密集植被下的地形；真三维建模效果不佳，水面、植被等破洞、拉花、不平整等现象。随着实景三维应用的发展，对倾斜摄影建模提出了更高的要求，包括三维语义分割、模型自动单体化和实体化管理、模型智能化精修和简化等，这些都是在建模和后续数据处理融合中需要解决的问题。表 2－11 所示为倾斜摄影模型精度指标。

表 2－11　　倾斜摄影模型精度指标

建设内容	分级		
	地形级	城市级	部件级
倾斜摄影三维模型	—	分辨率不低于 0.2m，建成区及其他重点区域分辨率不低于 0.05m	分辨率不低于 0.03m

3. 手工模型

手工模型是城市规划、建设、管理和信息化的基础数据，是城市空间数据框架的重要内容。根据《城市三维建模技术规范》（CJJ/T 157—2010）的规定，城市三维模型根据其细节表现标准分为 LOD1、LOD2、LOD3、LOD4 四个细节层次，应根据实际应用需求，建立 LOD 模型（地下、水下）。手工模型构建方法分为传统三维建模和基于倾斜摄影单体模型构建。

其中，传统三维建模根据地形、建筑物、植被等地物的空间三维几何数据（通常为数字线划图 DLG）和表面纹理数据，借助计算机辅助设计软件，如 3dsMax、SketchUp、Maya 等三维建模工具，人工构建地物的三维模型，整合成大范围的场景。其优点是对三维模型的几何和纹理信息调整较为灵活，可根据需要方便地进行替换和更改，因此，它符合在城市设计、建筑设计等方面的需求。但其精度较低、主观性较强、纹理与实际效果偏差较大，并且需要大量人工参与，数据制作周期较长。对于需要快速构建、快速更新、高真实感还原的大规模城市三维模型应用需求而言，传统交互式方式难以满足。但对于需要精细刻画某些对象的局部细节，或者对贴图、光效、材质等具有特殊要求的应用场景，手工模型因具有较强的灵活性仍然是一种重要的三维表达形式。图 2－46 为传统三维建模的示意图。

基于倾斜摄影单体模型构建是基于畸变矫正后的倾斜摄影影像数据、影像内外方位元素以及构建好的倾斜摄影模型，进行二三维交互式联动建模，通过交互式方式构建白模后根据倾斜摄影算法自动为白模选取最佳影像数据进行贴图，并对自动贴图效果不佳之处进行人工编辑，如图 2－47 和图 2－48 所示。基于倾斜摄影单体模型构建方法可以综合传统手工模型和倾斜摄影成果的优点，模型纹理真实、效果精美，在一定程度上提高了数据生产效率。并且依照倾斜摄影模型和影像数据进行建模，直观、高效、可达到测绘级建模精度。表 2－12 为 LOD 模型分类分级。

图 2-46　传统三维建模的示意图

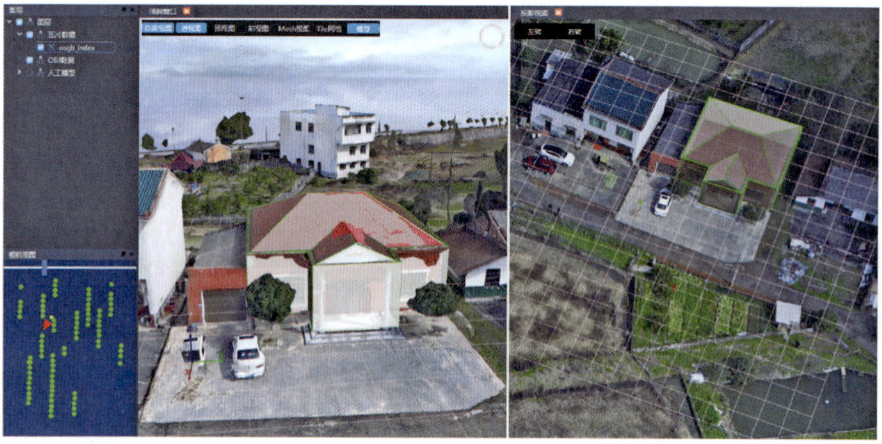

图 2-47　基于倾斜摄影单体模型构建过程

图 2-48　基于倾斜摄影进行单体化构建的模型

表 2-12　　LOD 模型分类分级

模型类型	LOD1	LOD2	LOD3	LOD4
建筑模型	体块模型	基础模型	标准模型	精细模型
交通设施模型	道路中心线	道路面	道路面+附属设施	精细模型
管线模型	管线中心线	管线体	管线体+附属设施	精细模型
植被模型	通用符号	基础模型	标准模型	精细模型
其他模型	通用符号	基础模型	标准模型	精细模型

4. BIM 模型

BIM 模型（见图 2-49）是部件级实景三维的数据建设内容，其形式是虚拟的建筑工程三维模型，包含了与实际情况一致的建筑工程信息库。该信息库不仅包含描述建筑物构件的几何信息、纹理信息、专业属性及状态信息，还包含了非构件对象（如空间、运动行为）的状态信息，极大提高了建筑工程的信息集成化程度，从而为建筑工程项目的相关利益方提供了信息交换的媒介。实景三维 BIM 模型可采用激光扫描仪、无人机近景影像等方式，实现建筑物结构部件、建筑室内部件、道路设施部件、地下空间部件等室内外超精细三维模型构建。表 2-13 为部件实景三维建设内容。

图 2-49　BIM 模型

表 2-13　　部件实景三维建设内容

分级建设内容	地形级	城市级	部件级
部件实景三维	—	—	建（构）筑物结构部件、建筑室内部件、道路设施部件、地下空间部件等。更新时点：动态更新

5. 多源数据融合

地形模型、倾斜摄影模型等地理场景建模技术的发展降低了数据获取门槛和采集成本，提升了数据更新效率。手工建模、BIM 等地理实体构建技术为实景三维提供了更为精细化的三维模型。针对实际应用中多样化、精细化、个性化的需求，将海量、多源数据进行坐标转换、数据配准、冲突检测与融合表达，对提高实际三维数据的使用效率、最大化发挥实际三维数据价值具有重要的现实意义。

针对省域、市域等大区域的地形级实景三维应用，可采用地形模型与倾斜摄影模型结合构建地理场景；针对城市级实景三维应用可采用倾斜摄影模型与手工模型融合，大尺度场景使用地形模型或倾斜摄影模型，建模高效、效果真实，重点区域如沿街建筑使用手工模型，纹理清晰、结构精细、效果美观；同时，根据部件级实景三维应用需要引入 BIM 模型，从而实现室外—室内、宏观—微观的互通，深入发掘数据的使用广度，产生了 1+1>2 的融合效应。图 2-50～图 2-52 为多源数据融合的示意图。

图 2-50　地形模型与倾斜摄影模型融合展示

图 2-51　倾斜摄影模型和手工模型融合展示

图 2-52　倾斜摄影模型与 BIM 融合展示

2.5.2　三维建模方法

1. 地形模型构建方法

地形三维模型是在三维线框模型基础上，通过增加有关的面、表面特征、边的连接方向等信息，实现对三维表面的以面为基础的定义和描述，从而满足面面求交、线面消除、明暗色彩图等应用的需求。三维地形模型主要由 DEM 数字高程模型与遥感影像生成，通过在地形表面叠加场景模型，并与环境、光照及特情特效相互整合，最终形成统一的地形级三维模型。

由于地形采样数据具有获取真实地表信息和覆盖全球范围的优势，三维地形可以使用真实地形采样数据来构建。三维地形构建流程如图 2-53 所示，首先通过地形采样数据预处理优化原始 DEM 和遥感影像，然后使用优化后的采样数据建立三维地形用于组织管理，最终可视化系统通过调度 DEM 和遥感影像对应的地形网格及纹理，生成多尺度全球三维地形。

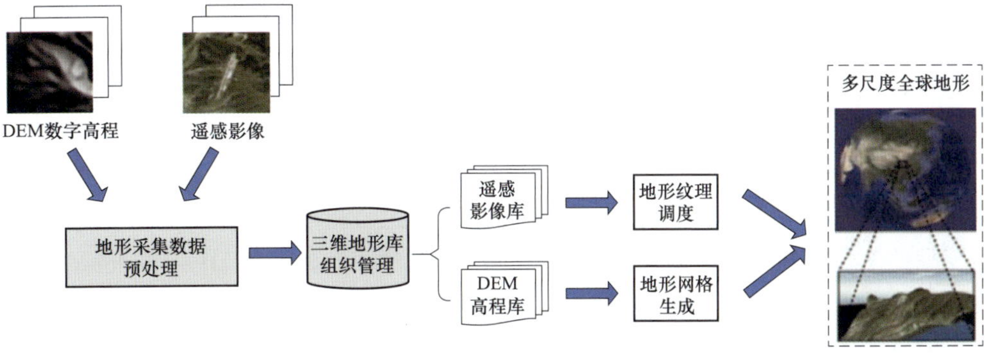

图 2-53　三维地形构建流程图

在地形采样数据中，DEM 用于生成地形网格，决定了地形的形状及起伏趋势等几何特征，遥感影像作为地形纹理则决定了地貌属性及颜色特征。地形采样数据是构建三维地形的基础，其数据质量会对三维地形产生直接且不可改变的影响，因此，地形采样数据预处理通过对原始 DEM 和遥感影像进行校正和增强等优化处理，提高数据准确性和真实性，对构建高真实感三维地形具有非常重要的意义。

2. 倾斜摄影三维模型构建方法

倾斜摄影技术的兴起，改变了以往航空摄影测量只能使用单一相机从垂直角度拍摄地物的局限，通过在同一飞行平台上搭载多台传感器，同时从垂直、侧视和前后视等不同角度采集影像。倾斜影像不仅能真实反映地物情况，还通过采用先进的定位技术，嵌入精确的地理信息、丰富的影像信息，给用户呈现出一个高精度、高真实的三维世界。

基于倾斜摄影获取的影像数据，利用摄影测量和计算机视觉相关算法的软件，如国产自主的自动化建模软件 DP－Smart，可实现对倾斜影像的空中三角测量、多视密集匹配、三角网构建、自动赋予纹理等步骤，进而生成基于影像纹理的高分辨率倾斜摄影三维模型，具体流程如图 2－54 所示。

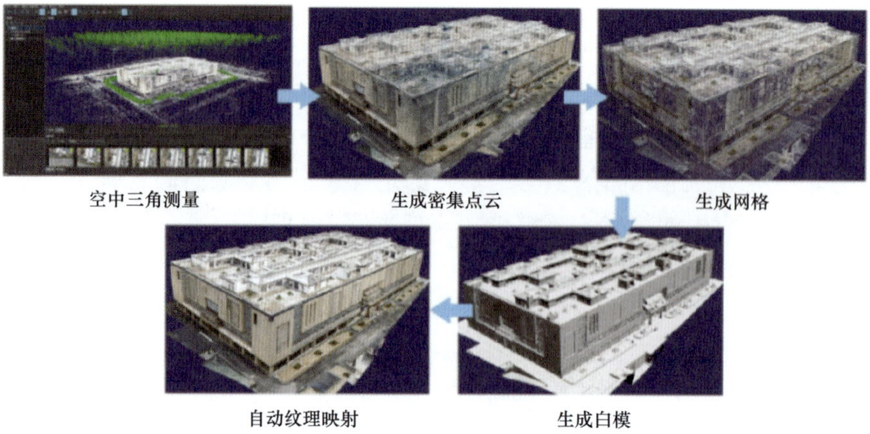

图 2－54　倾斜摄影三维建模流程

倾斜摄影三维模型，通过自动化的数据处理手段大大加快了大场景精细三维模型的生成速度，在算力的叠加下，使得城市级实景三维模型构建成为可能。同时，倾斜摄影三维模型可真实、立体、时序化反映地表物体的局部细节和整体层次，也被城市管理、工程建设、电力巡检、应急防控等众多领域所广泛运用。

3. 手工模型构建方法

自动化构建的倾斜模型通常是近似格网分割的“表皮”模型，多为连续的三角面构成的表面模型，且模型生产过程中由于航拍、空中三角测量 pos 参数等因素的影像，会存在模型的空洞、扭曲、纹理拉花等问题。精细化建模软件，如 DP－Modeler，采用人工交互的模式，可针对自动化模型成果，进行单体化构建，有效区分出建筑、小品、道路、植被等地物信息，以进行后续的数据分类、属性挂接、对象分析等复杂的三维地理信息分析，更可实现对模型和场景的修饰，有效提升模型的后续利用价值。

人工交互的精细化建模方法，以高分辨率倾斜影像数据为基础，通过倾斜影像处理系统生成三维实景，在此基础上，利用人工方式对建筑物的平面、高度和细节进行采集，以获取建筑物的结构信息，进而构建单体化建筑白模。在为模型进行纹理贴图阶段，除了手工贴图方式，以 DP－Firefly 为代表的智能化贴图软件，可实现对大范围建筑模型自动化、智能化贴图，有效提升工作效率，让精细化建模人工省心又省力。手工模型构建流程如图 2－55 所示。

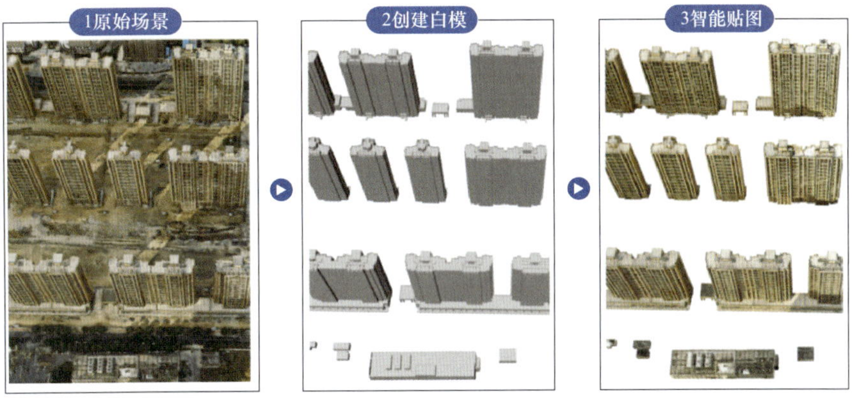

图 2－55　手工模型构建流程

4. BIM 模型构建方法

（1）BIM 模型构建。BIM 是一种应用于工程设计、建造、管理的数据化工具，通过建立虚拟的建筑工程三维模型，利用数字化技术，为模型提供完整的、与实际情况一致的建筑工程信息库，可大大提高建筑工程的信息集成化程度，在提高生产效率、节约成本和缩短工期方面发挥重要作用。图 2－56 为 BIM 模型构建的示意图。

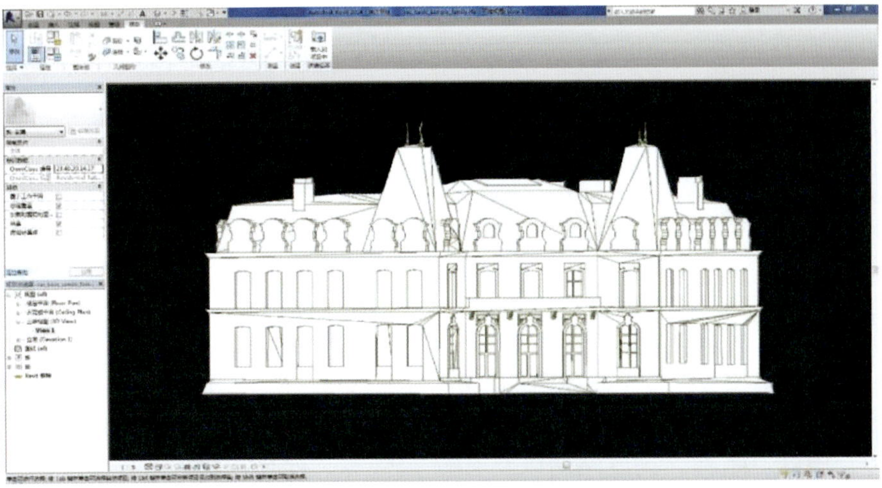

图 2－56　BIM 模型构建示意图

BIM 模型构建一般依赖专业化工具完成，构建方法有如下几种：

1）线框建模。实体由边界边组成的骨架所支撑，由边界边组成的封闭区域即为简单实体的外表面，线框模型就是这些边界边的空间集合，即通常所说的“白膜”。

2）实体建模实体建模能够定义三维物体的内部结构形状，能完整地描述物体的所有几何信息和拓扑信息，包括物体的体、面、边和顶点的信息。

3）面片建模。面片建模是一种曲面建模方式，即现有的三维对象转换成一组独立的 Bezier 面片，然后对面片对象的顶点、边、面片、元素或控制柄子层级对象进行编辑，从而得到需要的模型。

4）参数化建模。参数化建模是用专业知识和规则来确定参数和约束的一套建模方法。参数化建模是一种基于过程的技术，会保留构建模型所需要的步骤，而不仅仅是最终的几何结果。参数化定义了构造步骤之前的依赖关系和约束关系，从最初的点线面体、到材质参数、属性信息、约束关系等数据一并通过建模软件的文件格式被保留下来，形成了最终的 BIM 模型。

（2）BIM 与 GIS 融合。BIM 与 GIS 信息的高精度融合，是在工程类项目中深入应用 BIM+GIS 技术的重要基础。从两者所含信息来看，GIS 侧重于大尺度宏观环境，BIM 侧重于建筑物内部微观信息，两者存在互补关系；从 BIM、GIS 的定义及实际内容来看，BIM 与 GIS 融合的重要途径是在 GIS 环境中融合 BIM 模型，即 BIM 模型转换成与 GIS 数据标准兼容的格式，在一个统一场景中显示 BIM 和 GIS 信息。图 2-57 为 BIM 与 GIS 数据融合的流程。

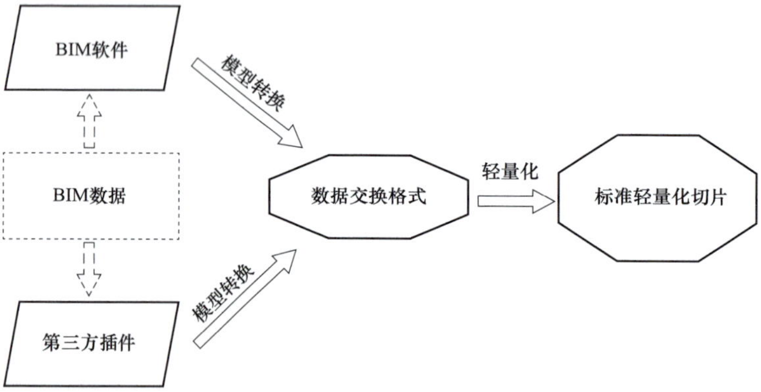

图 2-57 BIM 与 GIS 数据融合的流程

1）在 GIS 中融合 BIM 模型，关键是将 BIM 数据转换成 GIS 系统兼容的数据模型，主要分为模型转换和轻量化两个步骤：

2）IM 模型转换。针对不同格式的 BIM 模型数据，如.rvt 格式，.dgn 格式等，可采用二次开发插件方式，在 BIM 软件中运行插件读取 BIM 数据，包括 BIM 模型场景树、BIM 构件、BIM 几何体、材质贴图以及 BIM 属性等，保存为数据交换中间格式文件；

3）数据轻量化。轻量化是将中间数据交换格式转换为标准的三维模型切片的过程，三维模型切片标准格式可以是 3Dtiles、I3S 或 S3M。其主要过程包括金字塔细节层次（hierarchical level of detail，HLOD）构建、模型切片映射填充（包括模型顶点、批次、法向量、颜色、纹理、索引、材质等）、三角顶点压缩（如 Draco 压缩算法）、纹理压缩（crn 压缩）等。

5. 基础地理实体构建方法

基础地理实体是通过基础测绘采集和表达的地理实体，是其他地理实体和相关信息的定位框架与承载基础。新型基础测绘将以“地理实体”为视角和对象，以“基础地理实体”为核心的成果模式创新为切入点，带动技术体系、生产组织体系和政策标准体系的全面创新，从而实现基础测绘高质量发展。

基础地理实体构建包括两种主要方法：规则化实体自动构建、智能语义化构建。规则化实体自动构建流程包括：构建规则定义、规则化关联处理；智能语义化构建流程包括：实体图元和语义特征自动提取、自动语义关联。

（1）规则化实体动构建。规则化实体自动构建，适用于实体构建规则明确，按特定空间或属性特征即可完成自动实体构建的场景，以及传统要素数据向实体数据转换的过程。图 2－58 为实体要素提取的流程。

图 2－58　实体要素提取的流程

生产数据库中存储着传统要素数据，传统要素数据具有统一的构建规范，因此可以使用 ETL（Extract-Transform-Load）工具对传统要素的构建规则进行解析。ETL 工具可实现将 ID 关联、空间关联、语义关联、实体唯一编码等生成标准流程进行串接拼装，形成完整的数据处理流程，完成实体的规则化自动构建。图 2－59 为规则化实体构建的流程。

图 2－59　规则化实体构建的流程

（2）智能语义化实体构建。基础地理实体的构建，智能语义化实体构建方法主要步骤包含：

1）实例化的场景数据语义分割。面向场景数据，包括点云、影像、Mesh 实景三维模型、BIM/CIM 等，进行智能化、实例化的几何对象分割和提取，生成独立几何图元，并自动为成果赋予规范化的语义信息，包括地物类型，空间特征等。

2）特征语义的规范化处理。根据初步的语义特征，结合地物分类分级编码规范以及其他语义约束条件，生成可进行语义计算的规则化的语义数据结构，并与图元信息和相关外部属性进行关联。

3）空间语义特征的提取。根据几何图元的基本语义属性和几何特征，进行空间语义的提取和计算。空间语义特征可在实体构造过程中进行实时提取，包括邻接关系，聚集关系，方位关系，包含关系等，实体构建完成后，空间语义关系需在实体内部进行记录，并可据此进行实体间复杂空间语义关系的进一步提取和计算。图 2－60 为语义分割结果的示意图。

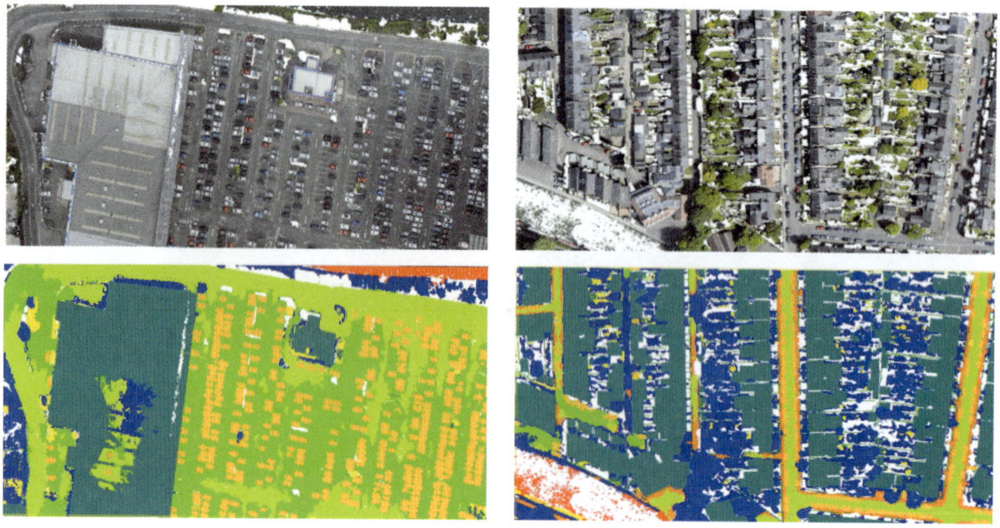

图 2－60　语义分割结果的示意图

4）实体构建。基于特征语义的约束或过滤，可根据实体构建的特定空间语义条件进行图元和属性数据的关联，或者对已有实体数据进行筛选，构造符合语义关联特征的地理实体。

实体的自动构建过程既可以仅根据特征语义、空间语义特征进行构建，也可以通过混合方式进行实体生成。通常情况下，对已有地理实体根据属性特征进行关联构建的复杂实体一般为聚合实体，而根据空间关联特征构建的复杂实体一般为组合实体。

2.5.3　实景三维数据更新与管理

1. 变化检测技术

（1）二维变化检测。根据数据源的不同，二维变化检测方法可分为基于影像的变化检测、基于互联网数据的变化检测和基于工程建设项目测绘成果的变化检测三类。

1）基于影像的变化检测。基于影像的变化检测，如遥感影像、TDOM/DOM影像，根据方法流程可分为矢量分类后检测变化和变化矢量分析两类。

变化矢量分析方法，通过对影像重新进行波段选择和组合或投影变换，挖掘数据的内部特征，用更具代表性的特征信息来提高检测的精度和效率，代表方法有主成分分析法（principal component analysis，PCA）、多元变化检测（multivariate alteration detection，MAD）和慢特征分析（slow feature analysis，SFA）等；通过对多时相影像对应波段进行代数计算得到地物光谱变化强度，实现提取变化信息的目的，这类方法主要包括影像差值法（image difference）、影像比值法（image ratio）、影像回归法（image regression）和变化向量分析（change vector analysis，CVA）。

矢量分类后检测变化的方法是通过对两幅影像分别进行样本选取和地物分类，再通过对比分类图，得到地物详细的变化信息，两种代表性的方法分别为分类后比较（post-classification comparison，PCC）和联合分类变化检测（compound classification）；基于深度学习的变化检测模型，深度模型提取具有代表性的深层次特征，通过提取多时相影像中的目标物高级变化特征，然后进行比较得到变化差异图，从而高效地提取影像中变化区域，大致可以分为非监督深度学习模型、预检测学习模型和监督学习模型，在变化检测中常用的一些非监督的深度学习模型有自编码器（auto-encoder，AE）、受限玻尔兹曼机以及两种网络的变体，如堆叠自编码器（stacked auto-encoder，SAE）、稀疏自编码器（sparse auto-encoder）、降噪自编码器（denoising auto-encoder）和深度信念网络（deep belief network，DBN）等。

2）基于互联网数据的变化检测。随着互联网技术的发展与普及，使无处不在的互联网用户能够通过计算机或移动终端分享海量的多媒体信息（如视频、音频、图像和文字），实时记录和呈现发生在身边的各类事件。同时网络电子地图、移动导航、地理信息公共服务平台等地理产业的蓬勃发展，人们可以迅速采集到地理空间的相关信息，通过网站或者平台提供的多种方式下载和获取免费矢量地图数据与含有位置信息的文本。基于互联网数据的变化检测分为数据采集和空间数据变化发现两个环节。

在数据采集环节，网站或者平台下载和获取的免费数据，数据模型和数据格式各有不同，需要对所获得的数据进行数据预处理，包括数据格式、投影和坐标系统及语义一致性方面的转化，尽可能地消除其与专业测绘数据之间的差异性。

在空间数据变化发现环节，将预处理过的数据和专业测绘数据在语义、几何和空间关系等方面进行同名要素的匹配，以专业测绘数据作为匹配数据，互联网数据作为参考数据，发现两者数据之间的变化。并针对互联网数据具有数据分化的特点，根据匹配数据的语义提取语义层次，对处于最高级语义层次的同名要素进行匹配，获取初始蔓延匹配单元，基于此单元和其与其他要素之间的空间关系，递次获得第 n 层匹配单元，直至匹配结束，识别出未匹配数据，即增量数据。

3）基于工程建设项目测绘成果的变化检测。工程建设项目测量工作中的条件符合性核实测量，主要包括建筑的面积测量、地形测量、建筑高度、绿地率、车位、配套设施等核实类测量工作。不动产测量主要是针对不动产产权进行的测量工作，主要包括房屋的分层分户面积、各类面积统计、宗地面积测量计算、共有建筑面积计算、分摊情况计算、界址点测量等。人防工程测量主要是对人防设施（包括建筑立面、建筑剖面、地下室结构、地下各层）的高度、面积、使用面积和结构特征等进行的测量工作。

在工程建设项目联合验收和产权登记阶段，建设范围内的数据必定发生了变化，可获取测绘成果中面积、界址点等二维变化信息，对变化数据进行相应的生产和更新。

（2）三维变化检测。根据数据源的不同，三维变化检测方法可分为基于三维数据的变化检测、基于影像或二维地图与点云数据的变化检测和基于工程建设项目测绘成果的变化检测三类。

1）基于三维数据的变化检测。两个时相都采用 3D 数据，如点云、数字高程模型 DSM、三维模型，可基于两期 DSM 差分结果进行人工解译、直方图统计、连通性分析等确定发生变化的地物；或分别对两期点云的 DSM 通过边界拟合、高度与平整度分析后聚类等方法提取地物后，再差分进行变化检测。

2）基于影像或二维地图与点云数据的变化检测。某一时相是点云、另一时相是影像或二维地图，可通过提取点云中的非地面点，利用影像与分类树提取地物后，与现有地理数据库对比确定变化的地物；或通过影像数字制图产品与 LIDAR 点云经过支持向量机（support vector machine，SVM）提取地物后对比确定变化的地物；或使用航空影像密集图像匹配点云与 LIDAR 点云建立差分 DSM 提取变化信息，再使用点云法线方向方差的方法确定变化的地物。

3）基于工程建设项目测绘成果的变化检测。在工程建设项目联合验收和产权登记阶段，建设范围内的数据必定发生了变化，可获取测绘成果中地形、高度、结构特征等三维变化信息，对变化数据进行相应的生产和更新。

2. 实景三维数据管理

（1）建库管理技术。

1）基于实景三维数据结构的数据库构建技术。按照实景三维数据结构构建数据库，比如将数据库分为地理场景分库、地物实体分库、地理单元分库、物联感知数据分库和元数据分库等，各分库根据数据内容细化为不同子库，各子库根据数据内容分为若干图层，数据库分为国家层面、省区层面和城市层面。实景三维数据内容丰富多样，且实体关系复杂，数据库可采用 PostGIS、MangoDB 数据库、图数据库等多种数据库，结合文件组织、镶嵌数据集、空间数据引擎（spatial data engine，SDE）共同实现数据的集成管理。

基于实景三维数据结构建库的技术模式，通过地理实体的唯一空间身份编码，实现不同地理实体、地理场景，以及视频、文本等各种模态数据的集成管理，空间表达、属性表达及关系数据的松散耦合。

2）多形态、多时态数据表达与融合技术。基于语义和空间的最小粒度进行建库，表达方式从人和机器都可以理解的角度，以地理实体数据为核心，通过空间身份编码，将实体的不同形态、不同时态数据进行关联，在开展应用产品建设时，可以对不同颗粒度需求、不同应用场景的实体按需提取进行组装。地理实体更新时，组装的产品内容联动更新，部门行业信息基于实体的空间身份编码进行挂接。利用图数据库，按图数据结构存储地理实体关系信息，可以用图谱化实现实体关系管理，构建地理实体归属、附属、关联、途经等空间及语义关系，计算各实体对象之间的相互关系，实现实体对象关系图谱的直观展示。

（2）数据更新技术。

1）全面更新。对影像、自然实体等变化周期短、粒度尺度小、采集成本低、自动化处理程度高的实景三维数据类型，一般采用定期全面更新的方式进行更新，并采用时序管理方式进行管理。

2）局部更新。对高精度倾斜模型等局部变化大、采集成本高、自动化处理程度高的实景三维数据类型，一般采用局部全面更新的方式进行更新，并采用增量管理方式进行管理。

3）定向更新。对建筑模型、管线数据等对象化变化为主、采集成本高、自动化处理程度低的实景三维数据类型，一般采用适时局部更新的技术方法进行更新，并采用生命周期管理方式进行管理。

（3）成果服务技术。

1）数据按需组装与提供分发技术。将实景三维分类数据作为应用场景的“零部件”，提取不同粒度、不同精度、不同模态的数据及其对应的地理场景进行适配组装和融合。

2）在线信息服务与知识服务技术。基于语义化的实景三维数据，通过语义关系，构建实景三维与业务数据的知识网络。

3）高精度地理信息安全服务技术。以“数据安全可控，实时分级服务”为目标，实现保密处理后地理信息数据的存储、交换、传输保护，同时实现安全接入认证、用户身份鉴别及访问控制等安全保障。

2.5.4 模型数据压缩

随着数据采集和制作技术的不断发展，实景三维模型的精细度变得越来越高，同时模型的覆盖范围也越来越大。精美逼真的仿真模型提升了用户的视觉体验，但也带来了数据量不断膨胀、数据的网络传输时间变长、数据展示不流畅等问题，不利于数据的存储、管理和应用。为了在尽量不影响实景三维场景渲染真实感的前提下实现数据的轻量化处理，减少模型数据量、加快模型的网络传输速度、提高模型渲染的流畅度，对实景三维模型进行数据压缩和轻量化处理显得尤为重要。

数据压缩方式按照其使用范围分为通用压缩方式和专用压缩方式。通用压缩方式是指针对倾斜摄影模型数据、人工精模数据和 BIM 数据都适用的压缩方式，主要包括模型化简、顶点压缩、纹理压缩和数模分离等方式；专用压缩方式主要是针对具有较高精度的 BIM 模型数据的压缩方式，主要包括 BIM 外壳提取、对象实例化、模型参数化和删减子对象等方式。

1. 模型化简

在计算机图形应用中，为了尽可能真实呈现虚拟物体，往往需要高精度的三维模型。

然而，模型的复杂性直接关系到它的计算成本，而高精度的模型在某些渲染场景和几何运算时并不是必需的，一个相对简化的三维模型足以达到相同的效果，并且对计算机资源的消耗更少。

模型化简是通过合并或删除模型网格中的顶点、边等几何要素达到简化模型的目的。这个过程包含两个层面的要求，一是要减少表达模型的网格面片数，二是要尽可能保留模型的整体形状和边界。常用的化简算法包括顶点聚类、区域合并和几何元素删除等方法。顶点聚类的算法思路是用一个包围盒包住整个模型，然后把包围盒分成若干小立方体区域，落在同一个区域的顶点将会被合并；区域合并算法则是将近似在一个平面上的面合并成同一个面，再对合并生成的面进行三角化；几何元素删除法是通过删除模型中多余的点或边达到减少三角面的目的。

在模型中存在比较复杂的构件时，比如曲形地面、管线等，这类构件包含的三角面数据非常多，但是对模型显示的贡献率却不太高，所以可以通过对这类构件进行模型化简来解决这一矛盾。除了对单个构件进行化简，更多的应用场景是对整个模型进行化简。通常在三维场景中需要加载大量的模型数据，一次性加载这些精细的模型，除了耗时之外，还会造成内存占用的迅速飙升。这个时候，在模型的初始加载阶段，先加载简化的模型数据，能够提高数据的加载速度，让场景的加载变得更加流畅，提升用户的浏览体验。图 2-61 为模型化简前后的示意图。

图 2-61　模型化简前后的示意图

2. 顶点压缩

随着数据采集技术的进步，三维场景数据呈现爆炸式增长。计算机内存的不断扩大在一定程度上突破了数据量大导致的数据加载瓶颈，但是从 CPU 向 GPU 传递海量的几何数据耗费巨大的带宽等问题仍然存在。因此，针对传输过程中几何数据量大的问题，通过对几何顶点进行压缩处理变得十分重要。

顶点压缩和普通的文件压缩类似，其目的是减少数据的内存占用。顶点压缩需要压缩几何数据顶点位置、法线、纹理坐标以及其他顶点属性。在众多顶点压缩技术中，

Google 的 Draco 库是业界广泛使用的技术之一，Draco 的压缩比例接近 10%。从压缩的顶点数据在解压时的时间消耗方面看，通过 Draco 压缩的数据在 Web 端解压的速度约为 100M/s，这部分开销相对于几何数据压缩带来的传输速度的提升完全是可以接受的。因此，顶点压缩技术是数据压缩时实用价值非常高的方法。

3. 纹理压缩

为了让模型表现得更加逼真，通常模型会引用较高分辨率的纹理贴图，以满足用户对模型“好看”的需求。传统的纹理都是以文件的方式存储，这种存储方式容易造成不同模型引用的相同纹理被重复存储。而对于一个模型而言，其纹理贴图的数据量一般占到整个模型数据量的 40%～70%。因此，对纹理进行压缩并采用数据库进行纹理存储管理是一种针对纹理数据量大问题的常用方式。

纹理压缩是针对纹理的 RGBA 像素值进行的压缩，通常需要考虑压缩是有损压缩还是无损压缩、压缩比以及压缩和解压的速度等因素综合选择压缩算法。常见的纹理压缩算法包括 DXTC（directx texture compression）、ETC（ericsson texture compression）和 PVRT（powervr texture compression）等。DXTC 算法基于 4x4 的块进行，每个块内记录两个 16 比特的颜色作为基准颜色，然后解压时再使用两个基准色调制出另外两个颜色作为块内 4 个压缩颜色；ETC 压缩算法采用将图像中的色彩和亮度分开存储，在解码时使用亮度对色彩进行调制进而重现原始图像信息；PVRT 压缩算法先从原始图像生成两张缩略图，然后使用 1 张与原始图像大小相同的调制图进行线性混合，通过几种不同的调制方式还原出近似的原始像素值。可以根据压缩算法的特点和应用需求选择合适的算法实现对模型纹理进行压缩。纹理压缩之后以二进制流的方式存储在数据库中。这种方式不仅大幅减少纹理存储的数据量，也方便对纹理数据进行统一管理。

4. 数模分离

三维场景中加载的模型数据一般包含两部分，即表示模型结构的几何数据和表示模型属性的非几何数据。在实际应用场景中，有时候只需要使用几何数据进行可视化展示，有时候又侧重于对属性数据的查询与表达。两种应用场景中，未被使用的那一类数据无疑成了一种数据负担。

因此，在进行模型存储管理时，可以将几何数据和非几何数据进行拆分。将附着在几何数据一起的属性数据提取出来使用数据库进行管理，同时记录属性数据与几何数据之间的映射关系。在数据应用时，可以单独使用其中的一种数据，也可以根据需要加载两类数据。由于数据库中记录了两类数据之间的映射关系，所以可以方便地进行相互检索。通过数模分离处理，不仅减少了几何模型的数据量，也方便对几何模型数据和属性数据的精准管理。

5. BIM 外壳提取

BIM 数据不仅包含建筑的外部结构，对建筑内部的细节也表现得非常详细。通常，当 BIM 模型距离场景视点较远时，用户是看不到这些建筑内部细节的。如果在渲染时不加区分地对整个 BIM 模型进行展示，势必造成渲染资源的浪费。一种可行的方式是将 BIM 数据的外壳和内部构建分离，在渲染时按需加载使用。图 2－62 为建筑外壳的示意图。

图 2－62　建筑外壳的示意图

对 BIM 模型进行外壳提取，首先需要将 BIM 模型的所有构件分别标记为外壳结构和内部结构，然后将标记的两类结构导出为两个模型，即外壳模型和内部构件模型。将 BIM 模型的外壳和内部构建分离后，可以配合 WEB 端实现对加载数据内容的精准控制，按需加载。这种方式在进行 BIM 模型渲染时，通过减少渲染对象的数据量，能够有效提升 BIM 模型的渲染流畅度。同时由于场景距离视点较远时模型本身的细节不易被观察到，渲染时舍弃加载其内部构建并不影响 BIM 模型的渲染效果。图 2－63 为建筑内部构件的示意图。

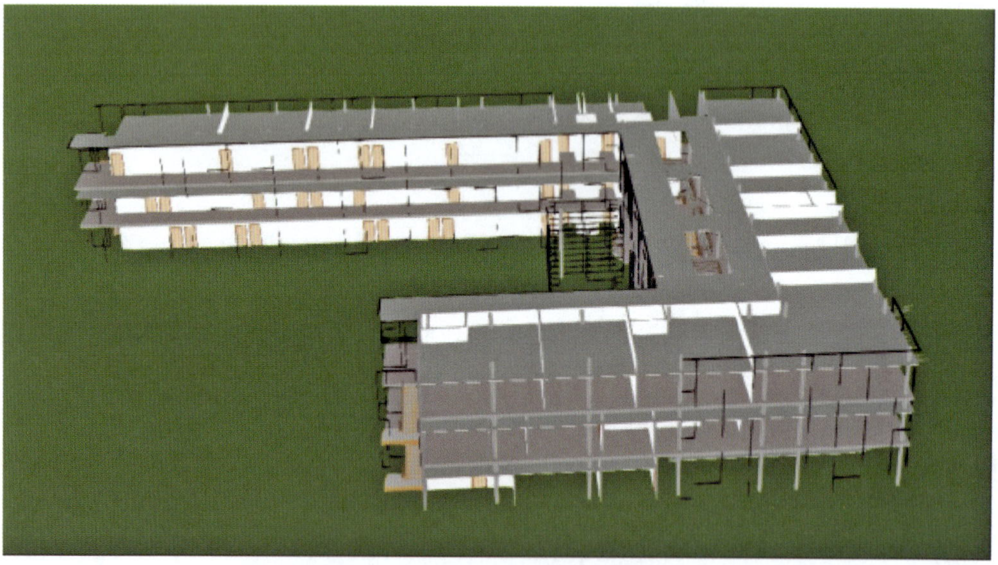

图 2－63　建筑内部构件的示意图

6. BIM 模型对象实例化

对于一栋建筑或者一个小区的建筑，其门、窗等建筑构建和一些附属设施通常都是外观相同的模型，这就导致相同的构建、附属设施结构被重复存储，势必造成数据量的大幅增加，既浪费了计算机硬盘的存储空间，也不利于数据的网络传输。

针对上述问题，可以采用对象实例化的方式进行优化：即一个重复的对象在硬盘中只存储一次，在重复使用时只需要实例化该模型并改变其位置和旋转缩放状态即可，这样能够显著减少具有较多重复结构的模型数据量。例如，一幢房屋中存在大量相同的“门”对象，利用实例化渲染技术，只保存绘制一个对象，降低了显卡、内存等的压力，提高了三维场景性能。图 2–64 为实例化结果的示意图。

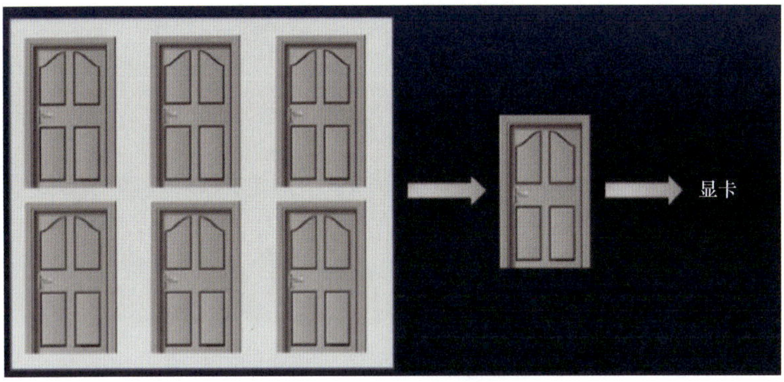

图 2–64　实例化结果的示意图

7. 模型参数化

对于网格简单或者规则的模型转换为参数化方式表达是数据存储管理时的常用方式。对于一些方便用参数描述的面或体，比如长方形、圆形、长方体、圆柱体、球体等，参数化表达能大大减少数据量。

对于 BIM 建筑而言，由于模型非常精细，导致单栋建筑模型的数据量很大。而其中的墙体、窗户、楼板等大多数构件都可以用长方体参数化表达，8 个顶点、12 个面的数据可以简化为三条边长和一个中心点表示。而对于管道、圆柱体立柱等构建，使用参数化方式表达能更显著地减少数据量。所以，针对具有大量规则面、体的 BIM 模型，使用参数化方式表达模型能显著减少模型几何数据的数据量，该方法同样适用于处理人工精模数据。

8. 删减 BIM 子对象

BIM 模型因为具有精细的模型结构而被广泛使用，但是高精度的模型往往意味着占用更大的存储空间，尤其是对于建筑模型中一些精细而又细小的构件，其包含了较多的点和面，增加了数据存储的负担。

对于 BIM 模型，通过删除没有用的子对象，可以达到减少数据量的目的，不仅便于数据的存储与管理，还能提高三维场景的渲染性能。例如一个 BIM 模型中的单个“门”对象，包含顶点 1080 个、三角面 976 个，其中锁芯和门把手就占据了数据量的 80%～90%。可想而知，对于一栋楼、一个园区，这些数据量极大但是实际应用价值低的子对象对数据管理和渲染而言是多么沉重的负担。因此，删除这些子对象能在较大程度上缩减数据量，达到轻量化的目的。图 2–65 为删减 BIM 模型子对象的示意图。

图 2-65 删减 BIM 模型子对象的示意图

2.6 实景三维可视化

实景三维可视化是利用计算机图形学技术，将实景三维建设过程中积累的地理场景数据、地理实体数据及关联的单体模型、结构化语义和实体关系等各类成果在一个虚拟数字空间中还原出所记录真实物理世界的过程。通过地理场景和实体的三维可视化，使实景三维数据更加直观、灵活、逼真；通过“人机兼容、物联感知、泛在服务”，使数字空间与现实空间的互联互通，具有实时交互和时序演化能力。实景三维作为国家重要的新型基础设施，其建设目标和定位是为数字中国提供统一的空间定位框架，从实景三维可视化应用需求角度看，既要满足其本身标准化数据产品的可视化需求、还需支撑行业应用结合的可视化需求以及面向公众的轻量化、普适化、多终端的应用可视化需求。

2.6.1 标准成果可视化

实景三维的数据成果包括地形级、城市级和部件级的三类成果，从成果内容上，根据 2022 年 7 月自然资源部评审通过的《实景三维中国建设总体实施方案（2022—2025 年）》中规定，实景三维的主要数据成果包括覆盖全国陆地及主要岛屿的 DEM、DSM、DOM 数据、近岸海域的 DEM 数据、地形级基础地理实体数据、城市级基础地理实体数据，数据成果呈现形式是建立的地理场景数据库和基础地理实体数据库。因此实景三维数据的可视化对象从广义上的地形级、城市级、部件级细化落脚到地理场景、地理实体的可视化。

1. 可视化对象

地理场景可视化是将一定区域内连续成片、反映现实世界地理空间位置和形态的地理信息数据空间化、图形化，直观地表现出地表覆盖、地形特征、地下空间等内容，可以全视角地进行浏览、查看、交互、漫游，同时还能根据场景需要设置地理场景的光照强度、角度、天气等背景，整体构建出一个高度还原、效果逼真的孪生数字空间。

地理场景可视化表达的内容对象有地形高程、地表覆盖、海域地形、地下空间等。地形高程表达地形表面的高程、海拔，可反映地表的起伏变化特征，可视化为DEM成果数据。地表覆盖除了展示地形的起伏特征外，还要表现地表的覆盖物的特征，可视化的对象为DSM、DOM数据，或DEM+DOM、DSM+DOM的组合形式。近岸海域地形要展现的是海域水底的地形特征，可视化的对象DEM数据。地下空间的可视化可用来展示地质体、岩层或者地下建筑的空间。

地理实体是实景三维核心数据成果之一，包括基础地理实体、部件三维模型以及其他实体，基础地理实体又分为自然地理实体、人工地理实体、管理地理实体三大类，自然地理实体重在表示自然生成或生长的地理实体，人工地理实体重在表示人类建造或改造的地理实体，管理地理实体重在表示重要管理需求所对应的地理实体。自然地理实体和人工地理实体可作为各实体的空间定位框架和分析基础，管理地理实体所蕴含的内容可同时作为自然地理实体和人工地理实体的属性。地理实体的可视化因地理实体的类型、数据格式、应用场景不同而有所差异。

2. 可视化要求

（1）场景展现。针对实景三维的可视化，首先要为其构建基础地理空间框架，提供空间参考基准，确保具有空间参考信息的数据都能在数字空间场景中确定其分布位置、高度，明确DEM/DSM、DOM以及倾斜摄影等地理场景数据所代表的区域分布。地理场景数据作为数字空间的表现对象，其可视化要求具备以下特点：

1）真实性，地理场景除满足其准确的位置分布外，须提供高度逼真还原的视觉呈现，如DOM数据真实反映地面的正射影像，倾斜摄影模型直观表达地表、地物和方位等；

2）个性化，针对人眼不可直接观察的地理场景成果数据，如DEM、DSM、点云等，可根据行业专题、业务特点、应用风格等进行个性化的渲染；

3）场景修饰，基于地理场景构建的数字空间可以通过光照渲染模型、大气物理渲染模型、天气仿真渲染等技术，实现不同风格的场景修饰渲染，如写实渲染、科技渲染、游戏渲染等，满足不同业务和应用场景的需求。

（2）实体表达。地理实体是一个具有外观和内涵的对象。实体的表达依托地理场景构建的数字空间，实体模型可由手工建模、倾斜模型单体化、点云单体化或者BIM部件组合等多种方式构成，但本质上还是由几何形态、纹理贴图、语义信息构成。只具备几何特征没有真实纹理贴图的表现是三维白膜实体，能直观地反映地理实体的外观结构特征和建筑细节；具备贴图纹理的三维实体模型可反映地理实体在真实世界的形象特征。地理实体的可视化表达可以直接展现单体化建模的成果，保持与模型生产一致性的视觉体验，还可以根据采集的语义信息和子图元信息，展示其实体部件组合关系，也可以根据业务属性来修改纹理、着色渲染效果，达到高亮、突出效果。

（3）专题渲染。完整构建的地理场景支持面向特定专题和业务应用的专题渲染能力。如针对连续空间区域突出渲染，可通过区域地形拔高或者边界立体围栏效果突出目标区域；专题渲染的主要定制化对象是场景内管理或监测的地理实体对象，地理实体对象可根据业务管理需求，以属性字段、空间关系、建筑结构等为依据进行模型渲染的自动化调整，包括纹理异化、高亮渲染、模型动画等多种方式达到实体区别化的可视化表达效果。

（4）人机交互。实景三维场景需具备可视化的人机交互能力，可通过鼠标或其他输入设备进行地理场景的操纵。常见的三维场景操作包括 360° 全景视角、视距放大缩小、三维空间漫游、鸟瞰、飞行、地上地下穿透、室内外穿透、模型选择、地面开挖、距离量算、高度量算、面积量算等。

（5）多源数据融合。地理场景和地理实体构建数字空间既要实现空间静态数据的可视化，还要集成融合各类物联感知数据并进行可视化，包括城市物联网感知数据、互联网在线位置服务数据、专题感知数据等，将这类实时获取的视频、图形图像、位置信息数据及自动化监测设备的实时信息有机无缝地融合到实景三维场景中。如集成实时车辆位置信息实现三维空间场景中车辆模型的实时运动，如将摄像头视频数据融合到实景三维场景中，实现虚拟场景与实时视频的虚实融合，既能看到每个视频在空间中的实际位置，还可以通过旋转三维场景从不同角度进行视频查看；将地理实体关联的传感器设备或者业务监测信息加入触发实体模型动态渲染的条件，实现多源数据融合可视化。

2.6.2 行业应用可视化

实景三维数据可视化在行业应用中具有显著的空间决策支持属性，其应用包括表达可视化、分析可视化、过程可视化、设计可视化和决策可视化这五种属性。实景三维数据在行业应用的可视化中通常是多种属性组合的形式，很少是某个可视化属性。加持了实景三维的可视化能力的行业应用可以更加真实、直观和形象地进行现象分析、模型抽象、实体重头、科学计算、过程再现、知识发现、成果表达、评价决策和工程设计，广泛应用于空间规划、自然资源审计、设施管理、工程建设、运营监管等。

1. 表达可视化

表达可视化泛指原始数据与计算成果以图形或图像的形式在屏幕或其他介质上的显示，表达可视化是行业应用可视化的基础，贯穿于其他各类可视化之中。从行业应用的角度看，以实景三维的标准成果可视化为基础，集成融合行业专题数据、管理单元数据、专业实体模型等，实现管理区域、研究区域或者项目区域的全要素内容地直观呈现。更进一步，表达可视化不仅指静态数据和成果的可视化，而包括物联感知设备、实时接入数据的表达，表达可视化还原出来的是一个即使没有人为干预、人机交互也能自行运转良好的数字孪生空间。

接下来以水利行业的海绵城市建设为例，为大家介绍表达可视化的应用。海绵城市是新一代城市雨洪管理概念，是指城市在适应环境变化和应对雨水带来的自然灾害等方面具有良好的“弹性”。针对传统手段管理海绵城市建设存在的缺乏直观展示、信息断层、多方工作难以协调等问题，海绵城市规划建设可基于实景三维平台建设集项目管理、监测检测、效果评估等功能于一体的海绵城市管理系统，直观展示城市区位、地形地貌、地质特征、城市建筑、排水设施相关的建构筑物等，同时接入在线水质、水量等的实时监测，通过监测数据科学评价海绵建设成效。

建设管理海绵城市主要包括对海绵城市的建设过程进行管理，对建设项目的建设进度实施监控，对海绵城市建设的绩效考核指标进行监测，构建专业模型模拟评估海绵城市建设效果，向公众宣传海绵城市建设情况并获取公众反馈意见。平台以实景三维地形级和城市级可视化成果为基础，集成包含气象水文、河湖水系、排水分区、建设项目多种类型监测点位的数据来构建以海绵城市为主题的城市数字空间，实现地上地下一体的可视化表达。图 2-66 为表达可视化示意图。

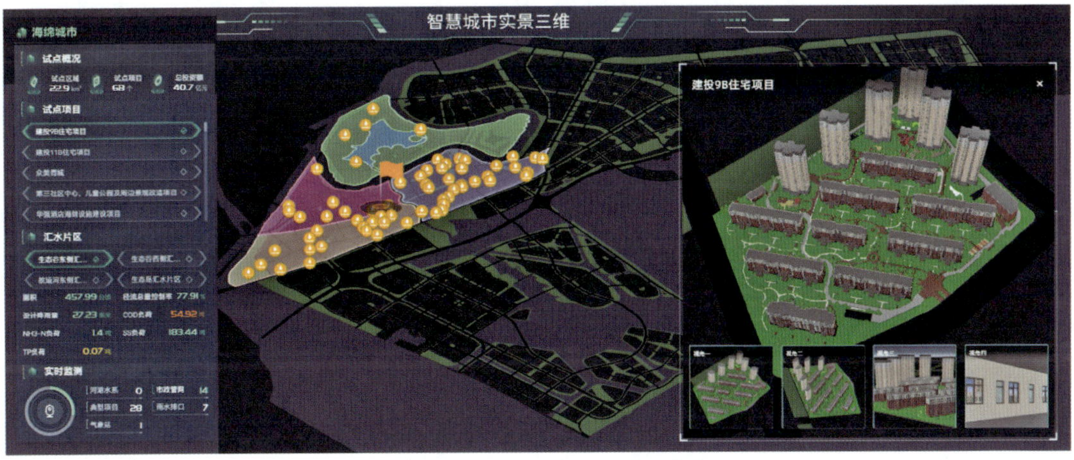

图 2-66　表达可视化示意图

2. 分析可视化

分析可视化指在三维可视化环境中进行各种空间分析，如二三维的空间统计分析、叠加分析、网络分析、缓冲分析、几何量算、矢量裁剪以及集成了行业分析模型的专题分析功能等。分析可视化是行业应用可视化的核心，需要通过表达可视化支持来实现，侧重在分析过程的可视化与空间代入感。

综合管廊的分析可视化是一个重要的应用场景。地下综合管廊是城市现代化建设的一项重要基础设施，能够有效改善城市地下空间管线敷设排布，降低增容、运维和管理难度。当下的城市地下综合管廊信息化建设，可以与实景三维平台中的物联网、云计算、大数据、三维建模、地理信息、移动通信等科技前沿技术及手段结合，对综合管廊进行智能化管理与安全自动预警，以实现综合管廊勘察设计、施工、运营维护各阶段的可视化、精细化和智能化目的。

实景三维支撑的智慧管廊系统可以实现日常管廊业务管理，基于地下管廊业务需求，提供包括工单管理、报警管理、系统管理、配置管理、子系统集成等功能，为上层系统和赋能应用提供支撑。在实现业务与空间信息的融合、构建管廊全方位态势感知能力基础上，能充分利用空间分析的能力和三维空间可视化交互操作对发生问题、出现报警的管廊部位和部件快速定位、上游溯源和下游追踪。图 2－67 为分析可视化结果图。

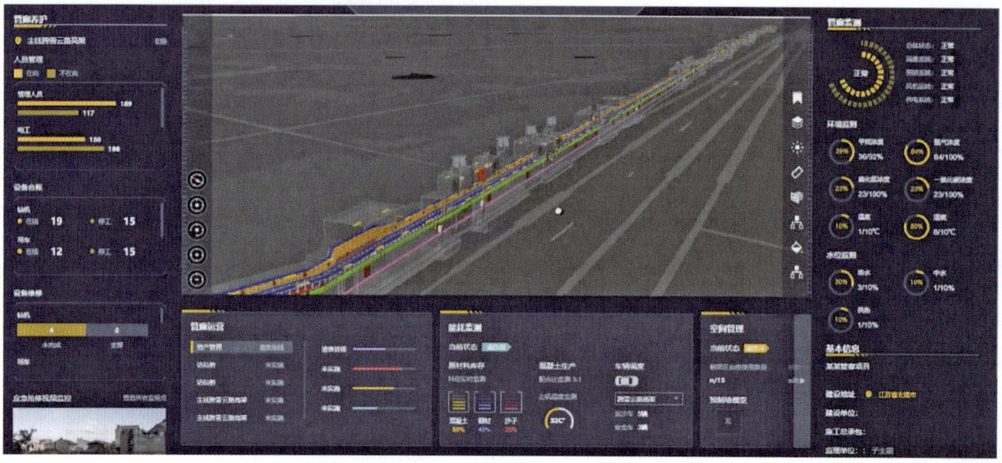

图 2－67　分析可视化结果图

3. 过程可视化

过程可视化是指在实景三维场景中开展各种可视化过程的模拟，是一种动态模拟的可视化。过程可视化可以是某一个分析过程的可视化，也可以是某个地物实体运动的模拟可视化，也可以是反映某个地物影响、作用的动态可视化表达，或者某些特定场景和建筑物的历史演变、预测变化的过程，强调其动态变化的可视化重建和再现。

智慧工地是过程可视化的一个应用场景。智慧工地以实景三维数字空间可视化底座为基础，通过汇聚采集的各类业务数据，以及各个工程建设项目施工现场的智能化物联网设备，构建智能监控和防范体系，实现对人、机、料、法、环的全方位实时监控。形成一套向导型、智慧化包含人员管理、安全管理、工地监管、人员服务的业务体系，及时发现和解决有关工程质量安全问题，分析质量安全隐患并预警潜在的质量安全风险，同时对各相关质量安全责任主体质量安全行为做出综合评判。通过人员管理、项目管理、企业管理、巡检执法管理、大型机械设备和危大工程的基础信息采集，以及工地外场物联网检测设备的动态监测数据采集等等多维度综合应用，为工程质量安全监督管理部门提供一个高效的、信息化的工作工具。具体业务包括人员实名制管理、视频监控管理、环境监测、信用评价、数据分析预警、工地情况综合展示、智慧工地移动端等。图 2－68 为过程可视化分析示意图。

4. 设计可视化

设计可视化指在实景三维地理场景下进行各类规划设计、建筑设计、工程设计等的可视化，设计可视化可以对各类设计工作提供辅助支持，通过交互式、可视化地设计，所见即所得地看到设计的效果，快速验证、快速修改，能直观地呈现多种设计方案。

图 2－68　过程可视化分析示意图

建筑设计是设计可视化的重要应用领域，自从我国提出了碳达峰、碳中和的目标之后，各个行业领域都开始执行节能减排，建筑设计也从单纯的施工设计发展成绿色设计、节能设计。绿色建筑能耗监测系统是“双碳”目标下建筑业可持续发展的必然选择，通过对绿色建筑及建筑群运营阶段的设备能耗实时监测与数据采集，利用信息化、智能化技术实现对绿色建筑能耗的监测与控制，应建立绿色建筑运营能耗指标体系，提升绿色建筑的设计水平；从绿色建筑全寿命周期的角度出发，依据城市发展目标和绿色建筑的设计指标，优化系统运行参数和控制方法，通过绿色建筑设备综合系统调试技术，提升绿色建筑的运营效率和水平；分析建筑运行控制方式如何与系统设计相匹配，实现系统设计智能化检测、控制与诊断功能，更加有效地实施能耗监测及建筑用能管理，通过能耗监测和合理控制，较快地发现建筑运行过程中出现的问题，并采取负荷预测和专家系统，从而改善耗能系统运行状况。图 2－69 为设计可视化分析示意图。

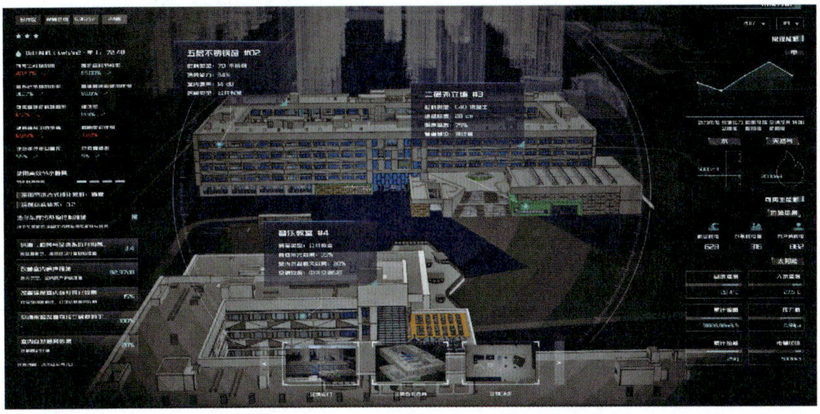

图 2－69　设计可视化分析示意图

5. 决策可视化

决策可视化指在三维可视化环境中进行监管决策、辅助审批、应急指挥、综合调度等。在三维可视化场景下，决策者可以直观、形象地了解决策过程、依据、各方面信息和建议，进而做出自己的判断和决定，甚至直接进行现场应急指挥。

以自然资源审计为例，其审计的自然资源资产涉及土地资源资产、水资源资产、森林资源资产、矿产资源资产、环境资源资产以及其他资源资产等，支撑平台包括审计大数据中心、大数据审计平台、审计外业核查取证系统以及审计决策系统等，最终完成自然资源的审计决策。整个决策体系构建在实景三维基础支撑的数据空间底座上，融合集成自政府各委办局的“山水林田湖草沙冰”等多源多格式多维度的自然资源资产数据，通过大数据中心建设、大数据挖掘技术、人工智能 GeoAI 等信息技术手段，实现自然资源资产的统一管理，自然资产审计模型构建，自然资产审计离线审计、在线审计、外业核查等，实现在三维可视化空间内反映自然资源资产实物量和生态环境质量状况的变化情况，揭示自然资源资产管理开发利用和生态环境保护中存在的突出问题，展示影响自然资源资产和生态环境安全的风险隐患，在线进行会商、决策和部署。图 2－70 为决策可视化分析示意图。

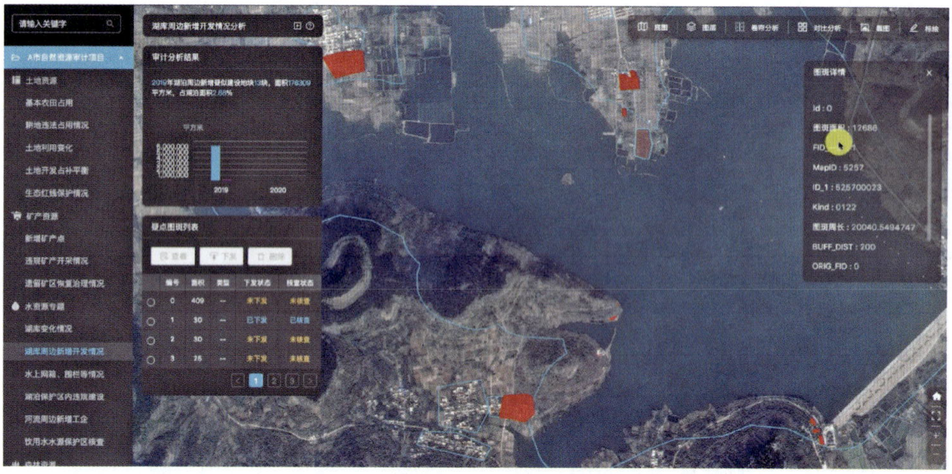

图 2－70　决策可视化分析示意图

2.6.3　公众应用可视化

实景三维数据除满足政府决策、行业应用、服务支撑外，社会公众也是不可或缺的使用群体，推广、挖掘、激活实景三维成果在社会公众日常生活中的应用是践行数字中国的重要内容之一。面向公众的实景三维成果将作为一种公共服务资源进入社会生活的方方面面，公众应用对实景三维可视化的需求与行业应用在应用终端、应用方式、应用场景上都存在较大的差异，公众应用比较火热的应用领域，如虚拟现实、增强现实、室内导航、游戏引擎、自动驾驶高精度地图导航等都可融入实景三维的可视化应用。

1. 游戏引擎

柏拉图认为游戏是一切动物和人的生活和能力需要而产生的有意识的模拟活动。游戏可以让我们体验不同的世界。许多游戏都是凭空构建出一个多彩的平行世界。游戏与实景三维的连接就在于游戏世界的构建。传统的游戏地图是人为虚构设计出来的，虽然可以描述出地域位置、实体信息和相对空间位置，但不具备真实的地理环境和地理坐标，需要进行数据分析时，游戏地图无法提供真实的辅助参考信息。但是游戏引擎的高渲染效率、丰富的渲染效果，可以让实景三维数据可视化更符合真实世界的渲染效果，改善用户体验，为用户带来身临其境，更具交互性、真实感、沉浸感的三维体验。

游戏引擎是一套包含多个子系统构成的复杂系统，包含二维图像渲染引擎、三维图像渲染引擎、物理引擎、碰撞检测系统、音效、脚本引擎、电脑动画、人工智能、网络引擎以及场景管理等各个方面的内容，实景三维数据在游戏引擎中的可视化主要体现在以下几个方面：

（1）光影效果。游戏引擎中的光源不是真实时刻的太阳光，可以有点光源、平行光源、漫射光源等，光源对场景中的物体的影像效果即为光影效果。游戏引擎控制光影效果，包括折射、反射等基本的光学原理及动态光源、彩色光源等高级效果。

（2）动画系统。游戏所采用的动画系统可以分为两种：一是骨骼动画系统，二是模型动画系统，前者用内置的骨骼带动物体产生运动，比较常见，后者则是在模型的基础上直接进行变形。引擎把这两种动画系统预先植入游戏，方便动画师为角色设计丰富的动作造型。

（3）物理系统。使物体的运动遵循固定的规律，例如，当实体进行空间运动时，其受到的重力值、下落的速度，或者飞机模型的飞行轨迹、车辆的转向、颠簸方式也都是由物理系统决定的。物理系统设置质量、速度、摩擦力和空气阻力等变量。游戏引擎可以用高效、逼真、生动的方式复原和模拟真实世界中的物理效果，碰撞探测是物理系统的核心部分，可以探测场景中各物体的物理边缘。当两个地理实体撞在一起的时候，确保不会互相穿透而过；碰撞探测还可以根据地物实体之间的特性确定两者的空间相对位置和相互作用关系等。

（4）模型渲染。模型渲染是游戏引擎最重要的功能之一，首先会按照不同的方向和几何面把材质贴图赋予三维实体模型，相当于为骨骼蒙上皮肤；其次通过渲染引擎把模型、动画、光影、特效等所有效果实时计算出来并展示在屏幕上。渲染引擎在游戏引擎的所有部件当中是最复杂的，它的强大与否直接决定着最终的输出质量。

（5）交互互动。游戏引擎一个重要的职责就是负责用户与电脑之间的互动，处理来自键盘、鼠标、摇杆和其他外设的信号，实现游戏场景的即时交互。

实景三维数据可为游戏引擎的地形构建提供数据支撑，游戏引擎通过将具有真实地理坐标的地理场景，地物实体，室内、室外的实景三维数据成果，实时数据融合到游戏引擎中，实现城市大场景、超真实感渲染，利用游戏级的可视化特性，大幅提升三维可视化效果。实景三维的游戏引擎可视化可以给公众带来沉浸式、全息式的数字地图空间，可用于景区旅游介绍、招商引资的大屏展览、渲染效果要求高的电子沙盘及规划展览等。

2. 虚拟/增强现实

虚拟现实提供封闭独立的完全虚拟空间沉浸式的体验，通过传感器和计算机平台，利用眼镜、头盔、耳机、手套等设备，提供交互性、沉浸式的虚拟三维动态视景空间，典型应用场景包括景观动画、三维漫游、三维游戏、全景视频等。

增强现实是一种将现实世界信息和虚拟世界信息叠加集成的新技术，是把原本在现实世界的一定时间、空间范围内很难体验到的实体信息，通过电脑等科学技术模拟仿真后再叠加，将虚拟的信息应用到现实世界。将计算机生成的虚拟物体或信息叠加到真实场景中，从而提供一种虚实交互的新体验，为用户展示更丰富有效的信息。两者的区别在于，虚拟现实强调虚拟世界的沉浸感，而增强现实强调在真实场景中融入计算机生成的虚拟信息，不隔断观察者与真实世界之间的联系。

图 2-71 实景模式示意图

实景三维数据与虚拟现实或增强现实融合的可视化是建立在与其引擎的对接上，可以将实景三维成果固定格式的数据导入增强现实场景中，可以提供三种虚拟增强模式：

（1）实景模式。这种模式下三维场景和现实物理世界 1:1 精确匹配，可以应用于管线巡检、实景导航等。图 2-71 为实景模式示意图。

（2）漫游模式。这种模式类似于传统的虚拟现实体验，用户可以手持移动设备在走动过程中，不需要手指触控操作，即可自动调整场景视角，实现快速全景漫游，应用场景如 AR 旅游等。图 2-72 为漫游模式示意图。

图 2-72 漫游模式示意图

（3）桌面模式。这种模式可以把虚拟实景三维数据场景投放在真实的平面上，从而实现虚实结合，应用场景如数字沙盘、规划项目汇报等。图 2－73 为桌面模式示意图。

图 2－73　桌面模式示意图

3. 室内导航

室内导航可以帮助置身于商场、医院、会议中心、机场等大型室内场所的人，快速到达需要前往的具体目的地。实现室内导航的技术比较多，包括 Wi－Fi 定位、惯性导航、蓝牙定位、红外定位、超声波定位、超宽带定位、LED 可见光定位等，但是所有的导航技术都需要依赖于高精度的室内地图来提供空间位置参考。

实景三维的部件级成果与建筑信息模型可以为室内导航地图提供基础数据可视化支撑，提供详细、全面的建筑物信息，包括不同尺度的园区、建筑物、楼层、功能区等场景。

实景三维可以为室内导航地图提供路网数据模型、路标等信息来构建室内导航的三维路网模型，用户可以实现跨楼层的最短路径分析、也可以设置必经点的路线规划等。

实景三维可以集成实时数据、历史地理信息数据等动态数据，为室内导航场景提供实时的有效信息或历史信息来进行位置检索和定位，比如通过能集成实时事件，如会展信息、不同功能区正在开展的活动等可以快速指导用户进行基于事件的位置导航。

实景三维在室内导航领域可视化可以广泛应用在公共服务领域，在机场、停车场、交通枢纽等场所为用户供给导航和线路规划，科学引导分流车辆、人群，保证运营安全、运营效率。医院、养老院内可建立对需要特别护理的病患实时定位监控体系，避免意外产生；同时，可与物联网技术相结合，对医疗设备进行定位，方便办理及快速调配。在救灾方面，通过修建物内定位信息，合理安排救援道路，提升救援效率。

4. 自动驾驶高精度地图

自动驾驶是目前比较火热的研究领域，影响到未来人们的出行方式，并对道路、停车设施和公共交通服务的需求有着巨大影响，是关系未来民生、经济的重要领域。自动驾驶整个技术框架可以分为感知、分析、应用三大层面。其中感知层用来代替人的眼睛，通过传感器，如激光雷达、摄像头、毫米波雷达、高精地图等来采集驾驶员行驶过程中涉及的驾驶环境信息；分析层用来代替人的大脑，通过获取到的信息进行计算，制定相应控制策略；应用层则是代替人的手脚，将接收到的控制策略进行执行，其中包括加减速、转向等。实景三维在自动驾驶中的应用主要感知层的结合上，在通往自动驾驶的道路上，激光雷达、高精地图和定位技术是感知层面必须面对和解决的问题，实景三维的成果可以有效地支撑和应用到自动驾驶中去。

自动驾驶需要使用高精地图，与日常使用的地图导航的区别在于，这里的高精度地图使用者是汽车的自动驾驶系统，也就是说高精度数据要对电脑/机器可读、可识别、可理解，这也是实景三维建设成果“语义化”的核心技术，将“人使用数据”转变为“机器使用数据”，从而实现数据赋能、智能化深度应用。语义化的地理实体数据，将其位置特征、几何特征、关系特征、各类约束条件和专题属性信息，采用计算机能理解的表达方式和结构进行存储，这些信息可以直接参与数学计算、模型分析和知识构建挖掘中。

高精度地图具有高精度、高动态、多维度的特点，精度要达到厘米级别，如车道线的宽度大概是十几厘米，只有达到这个精度才能避免最基本的侧面碰撞；高动态是指高精地图数据的实时性要好，其数据更新频率远快于普通导航地图；多维度则是指高精地图中不仅包含普通导航地图的道路级别的数据，还包含车道属性相关如车道线类型、车道宽度、车道限高、道路拥堵指数等的数据。实景三维地理实体库中科针对高精度地图主题进行快速的专题实体库的提取和生成，支撑自动驾驶高精地图的使用。

2.6.4 实景三维数据可视化实现技术

实景三维数据在标准成果、行业应用、公众应用方面对可视化有不同的表现需求、应用场景、形式特点，支撑这些可视化应用的背后的技术有哪些技术路线和关键技术，具体是如何实现的呢？本节将对实景三维数据可视化背后的技术进行介绍。

1. 实景三维可视化的关键技术

合理组织三维数据组织结构。实景三维可视化的基础是数据，合理的数据组织结构有助于实景三维数据在网络上快速传输，在浏览器端高效解析、加载和渲染，是实现海量大规模模型数据和大场景可视化的基石。实景三维数据组织结构的需要满足几个特点：

1）支持多源的地理空间框架，包括全球三维场景、局部三维场景，各类地理坐标系、投影坐标系以及自定义坐标系；

2）支持丰富多样的实景三维数据成果类型，能高效存储和组织各类成果数据，如倾斜模型、点云模型、精细模型、部件模型、体元模型等；

3）对 Web、移动和云友好，能高性能、可伸缩地流式传输大型三维数据成果；

4）符合 Web 标准，使 Web、移动端端易于处理、解析和呈现；

5）数据结构开放且被广大用户和企业支持认可；

6）所有实景三维参与者皆可免费使用。

实景三维数据组织结构主要的设计原则是分级分节点。分级指的是细节层次，包括应用于整个场景的细节级别，类似于图像金字塔或者栅格和矢量瓦片的模式，细节级别可用于拆分大型场景、单体模型或者复杂地理实体来获得更好的视觉效果；分节点指将三维场景数据的空间范围分割成不同节点区域，空间分区规则的方法有多种，包括四叉树、八叉树、R 树等，在分区规则下分区结果是将三维空间按层次划分为由节点表示的区域，节点按着外包围体树层次组织，节点的外包围体有外包围盒、外包围球等类型，每个节点唯一标识，节点中存储索引信息和模型数据信息，包括几何、纹理、属性及要素信息等。节点的文件格式、纹理的表达、几何和属性的存储有多种实现方式和优化思路，具体体现在各企业和软件平台间的功能和性能差异。另外，节点间需要建立一定的索引模型和机制存储关系、结构，来进行快速节点定位和信息获取。

可视化引擎技术。可视化引擎是将渲染实景三维数据渲染的技术框架，使用面最广的是基于 WebGL 技术的可视化引擎，基本成熟具备完整架构的基于 WebGL 的三维可视化引擎有很多。可视化引擎要具备的能力包括：

1）接入、解析和呈现实景三维数据服务，将实景三维的各类数据成果在 Web 端进行图形和场景的表达；

2）场景修饰和模型渲染的能力，可以定义场景天气效果、地面效果、水面特征等，数据驱动的模型实体渲染，如根据建构筑物结构特征、属性特征进行专题渲染和快速识别等；

3）多源异构数据融合的能力，可以集成融合专题数据、视频数据、物联感知数据等无缝嵌入地理场景中；

4）提供交互式的三维分析能力，满足多样化的分析需求，如视线分析、剖切分析、量测分析、通视分析以及专业模型分析过程模拟等。

目前比较成熟完善的 WebGL 可视化引擎框架包括 GeoScene API for Javascript、Three.js、Cesium、Babylon.js、Mapbox-gl、Maptalks、Loaders.gl、deck.gl 等，每个可视化框架都有自己的特点和优势，不同区域规模、不同业务场景和功能需求的应用可以进行可视化引擎框架的自由选择。GeoScene API、Loaders.gl、deck.gl 等支持 OGC I3S 服务规范，Cesuim 支持 3D Tiles 三维数据规范，Three.js 支持 gLTF 的三维模型格式，也有其他一些开放框架。

海量数据高效渲染和缓存技术。这是一种综合性的优化技术，包括从数据到前端整个环节。为了实现和提升海量数据的高效加载，需要在数据存储上进行压缩处理，如针对几何数据的 Draco 压缩算法等，贴图使用 DXT、KTX2 等压缩可使数据量更小，能有效地降低数据在从服务器端到客户端的请求时间；另外，数据在调用时通过节点页的模式能够更加高效检索当前页面需要加载的数据节点；同时，为提升前端数据的加载效率，采用多种前端技术提升前端数据的渲染效率，引入 IndexedDB 存储大量数据并支持异步调用，可极大地提升了前端三维数据加载的效率。在前端数据加载过程中，可以设计多种数据加载方案，如流方式加载，从人眼视觉习惯出发，从视觉的前部往后加载数据；逐步加载，优先加载低精度的模型，并逐步细化模型。数据压缩、层次优化、数据缓存、异步调用、加载策略，这些环节的处理目标都是为了在浏览器端能快速高效地加载显示海量实景三维数据。

2. 实景三维的可视化的实现手段

实景三维的可视化实现技术依赖于计算机图形学可视化技术，从底层依赖的实现技术来说，实景三维数据可视化有多种技术路线。不同技术路线的差异决定了可视化研究方向的不同，每一种技术路线都有其特定的优势、定位和适用场景，如专注桌面三维可视化与 Web3D 可视化实现会采用迥然不同的技术路线。下面就实景三维数据可视化领域主要的几类技术路线进行简单介绍。

（1）基于 OpenGL 等图形 API 三维可视化。OpenGL 是一开放性图形 API，用于渲染 2D、3D 矢量图形的跨语言、跨平台的应用程序编程接口，由近 350 个不同的函数组成，主要优势在于图形质量高、性能好，可移植性和可靠性高、可扩展可伸缩、高效性实用性，能够实现个人计算机、工作站、超级计算机以及各种工控机等硬件设备上实现高性能、对于视觉要求极高的高视觉图形处理软件的开发。基于 OpenGL 等图形 API 开发实现的本地应用程序可以加载、解析实景三维数据，并进行可视化的呈现，常见于三维数据处理、三维建模、专业应用软件。基于客户–服务器结构（client/server，C/S），实景三维数据在本地加载可视化，不通过网络进行加载数据。这种技术路线适合专业级桌面软件或游戏引擎类软件，可以高效、逼真地实现实景三维数据的可视化，其局限性主要在于需要在客户端进行安装才能使用，且对基于网络的实景三维数据服务使用和支持较弱，二次开发和应用定制开发门槛较高，受众群体适合专业人员。

（2）基于 WebGL 的三维可视化。WebGL 是一个跨平台、开放、免费的 Web 图形 API，实现了 JavaScript 和 OpenGL ES 的结合，通过增加 OpenGL ES 的 JavaScript 绑定，使得 WebGL 可以为 HTML5 Canvas 提供硬件 3D 加速渲染，浏览器可以借助系统显卡资源来在浏览器里更流畅地展示三维场景和模型，创建复杂的数据视觉效果。得益于浏览器天然具备的易分享、跨平台的优势，WebGL 的三维可视化技术是在浏览器端实现实景三维可视化的主要技术路线，商业或开源的 WebGIS 3D 引擎采用该技术构建了丰富多样的开发接口和框架，但其受限于三维场景的数据量，当场景和模型数据量超大时需要做模型和数据的轻量化、LOD 层级优化处理等方法来提升客户端的显示和加载效率。

（3）基于 WebAssembly 的三维可视化。WebAssembly 是一种新的编码方式，可以在现代的网络浏览器中运行。采用一种低级的类汇编语言，具有紧凑的二进制格式，可以接近原生的性能运行，为诸如 C 语言、C++ 等语言提供一个编译目标，以便它们可以在 Web 上运行。WebAssembly 最大的优势在于提供了一个途径，以使得以各种语言编写的代码可以以接近原生的速度在 Web 中运行，以前无法以此方式运行的客户端软件都可以运行在 Web 中。此外，WebAssembly 还可以和 Javascript 协同工作，通过使用 WebAssembly 的 JavaScript API，可以把 WebAssembly 加载到一个 JavaScript 应用中并且在两者之间共享功能，这意味着可以同时享受到 WebAssembly 的性能和 Javascript 的灵活性。但是 WebAssembly 也存在一定的局限性，浏览器的兼容性不太好，技术生态工具尚未成熟，还处在发展阶段。

（4）基于云渲染的三维可视化。云渲染模式（cloudrender）的模式与常规的云计算类似，是将 3D 应用程序放在远程的高性能服务器中渲染，用户端通过 Web 或本地程序借助互联网访问资源，服务器端根据客户端指令执行对应的渲染任务，通过 WebRTC 推流到客户端，实现了在各种终端和上可以高效无缝地访问高质量的三维场景，场景的交互与数据量无关，数据存在于服务器端，能有效保障数据的安全性和，同时客户端获得一致的访问体验。云渲染的应用局限的地方在于需要配置高性能的服务器，云原生的开发的门槛以及多用户并发时后端服务器的扩容等，应用开发的软硬件成本和技术门槛相对较高。

（5）基于 WebGPU 的三维可视化。WebGPU 是一套基于浏览器的图形 API，在浏览器端封装了现代计算机图形能力，包括微软公司的 Direct3D、苹果公司的 Metal、科纳斯组织的 Vulkan，在 GPU 层面实现渲染和计算操作，为 Web 开放了更多的 GPU 硬件的功能，不仅能实现高质量的渲染效果，还可在浏览器中实现桌面级的渲染效果，支持超大复杂场景的三维可视化场景。WebGPU 的目标与 WebGL 类似，但是 WebGPU 可以使用 GPU 更高级的功能特性，WebGPU 不是 WebGL 的升级和延续，是下一代全新的基于 Web 的图形 API，目前还在发展的初期阶段，其技术生态有待进一步发展，但可以作为实景三维应用下一代技术的研究方向之一。

2.7 实景三维数据服务

2.7.1 三维数据分析服务

在三维场景构建的前提下，GIS 的空间分析能力是数据应用价值的体现，三维 GIS 从可视化工具走向实用，需要具备强大的分析能力。实景三维平台提供的三维数据分析服务需要包含三维空间运算、三维空间关系判断、三维空间分析、三维网络分析和三维量算等。

1. 三维空间运算

基于三维模型数据的分析计算可以对三维模型数据进行空间查询、空间运算（交、并、差）等操作，三维体对象进行空间运算后的结果仍然是三维体；对模型进行截面、投影等操作可以获取二维数据，达到降维效果；对二维数据进行拉伸、放样、直骨架等操作获取模型数据。图 2－74 为三维几何体运算（差运算）的示意图。

此技术适用场景例如：在修建穿山隧道时，利用截面放样等技术构建凸包，利用凸包构建隧道体，将隧道体与山体进行布尔运算（交），获得三维体同时删除该体对象，实现在山体模型中挖出贯通的隧道的过程。图 2－75 为隧道构建的示意图。

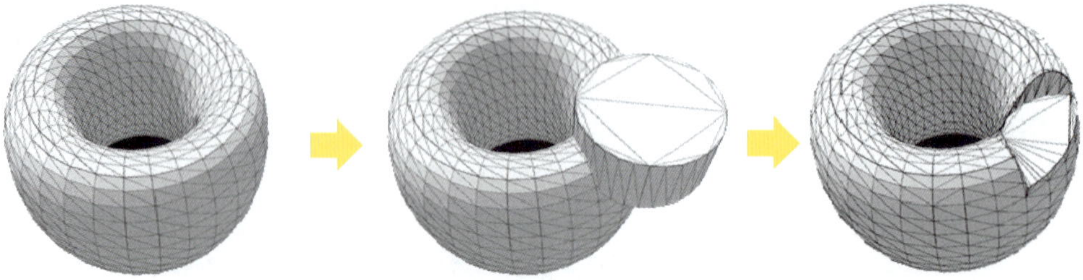

图 2-74　三维几何运算（差运算）的示意图

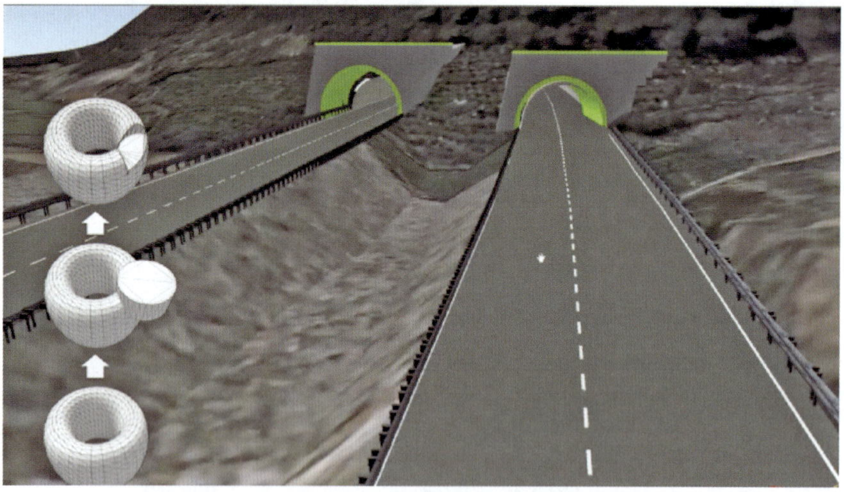

图 2-75　隧道构建的示意图

2. 三维空间关系判断

三维空间关系判断主要是指通过对三维体模型间的相互关系判断，包括：包含、相交、相离等，来进行三维体模型间的查询检索。图 2-76 为三维场景的缓冲区分析示意图。

图 2-76　三维场景中的缓冲区分析示意图

在图 2－76 中，通过对道路进行三维缓冲区分析，获得道路缓冲体对象，之后利用三维关系查询，可以获得道路在该缓冲区范围内不符合要求的建筑。此分析适用场景例如：对沿街建筑进行退线检测，可判定沿街建筑如阳台、飘窗、楼梯的设计是否符合要求（是否占用道路空间），能够在设计阶段及时发现问题并改正，避免造成损失。

3. 三维空间分析

随着三维 GIS 技术的不断发展，三维空间分析服务也不断拓展丰富。实景三维平台提供的三维空间分析服务需要包括通视分析、可视域分析、阴影分析、阴影率统计分析、天际线分析、开敞度分析、日照分析、剖面线分析、等值线分析、坡度坡向分析、碰撞分析、淹没分析等服务。

（1）通视分析。用于判断城市中观察点与目标点之间是否可见，通过显示不同颜色区别观察点到目标点是否被障碍物阻挡，使得用户的分析更加直观。广泛应用于建筑物视线遮挡判断，监控覆盖率、通信信号覆盖、军事设施布设、军事火力覆盖等多方面，可以用来评估城市景观的通视性，模拟太阳的照射以及阴影投射的情况。图 2－77 为通视分析示意图。

图 2－77　通视分析示意图

（2）可视域分析。可视域分析是基于给定的观察点和观察范围，分析在观察范围内的被观察物体是否可见。它通过设置观察角度、观察距离，以及水平、垂直方向的观察范围，实时分析一个或多个被观察物体（见图 2－78 中的多个建筑物）在观察范围内是否可见；也可根据指定行进路径，实时动态展示可视域分析效果。三维可视域在安保、监控、森林防火瞭望塔布设、航海导航、航空以及军事布防方面有重要的应用价值。如在城市规划中，可以通过可视域分析确定摄像头安装位置是否合适，以及为实现对整个区域的全面监控，最优摄像头的数量及位置提供参考。图 2－78 为可视域分析及导出的可视域体示意图。

（3）阴影分析。阴影分析是太阳光源产生的阴影范围分析。将光源在三维空间中产生的阴影范围，用三维实体数据模型表达，定义为阴影体。通过判断空间目标对象和阴影体的空间关系，分析空间目标对象是否在阴影范围内。可广泛应用于城市规划设计中的建筑物采光分析等方向。图 2－79 为阴影分析示意图。

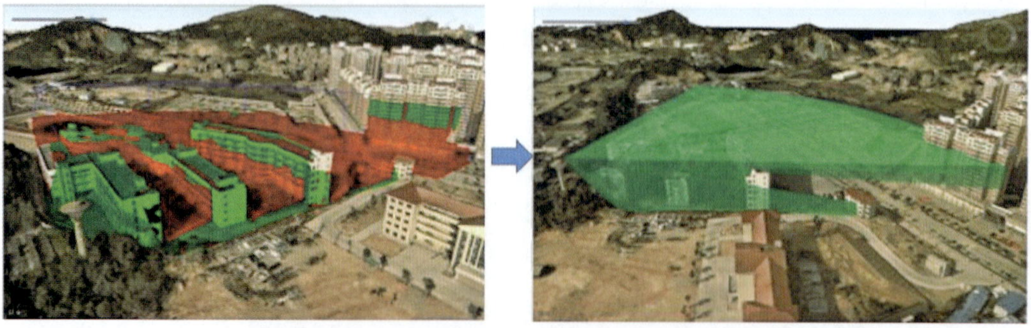

图 2－78　可视域分析及导出的可视域体示意图

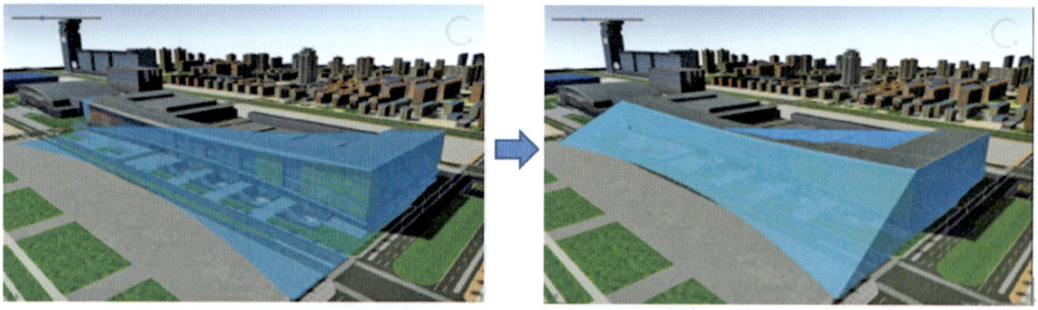

图 2－79　阴影分析示意图

（4）阴影率统计分析。阴影率统计分析是指在特定时间段内统计指定物体被阴影覆盖的时长所占比例。阴影率统计分析示意图如图 2－80 所示，可在三维场景中指定某个区域，根据设置间隔可自动计算每个点在指定时间段的阴影率，通过分层设色策略显示与分析该区域内的阴影率。基于阴影率分析可输出三维点集，并支持阴影率的查询和统计。阴影率统计分析可广泛应用在城市规划、景观分析等方面。

图 2－80　阴影率统计分析示意图

（5）天际线分析。城市天际线是城市设计中的一个重要因素，高层建筑和超高层建筑已经成为影响城市天际线的决定性因素。在建筑开始施工之前，进行天际线分析，检测是否对整体城市天际线产生影响，根据天际线轮廓对规划建筑的位置和高度进行调整，避免施工后拆建，节省大量人力物力。图 2－81 为天际线分析示意图。

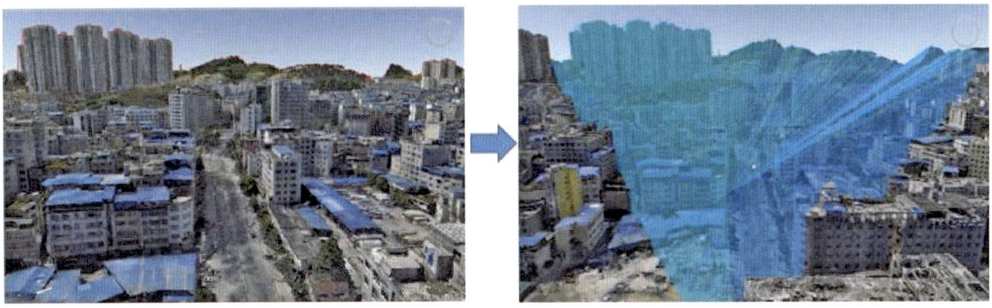

图 2－81　天际线分析示意图

（6）开敞度分析。开敞度分析是在场景中，相对于指定的观测点，基于一定的观测半径，构造出一个“视域半球体”，分析该区域内开敞度情况，模拟特点观测点周围空间的视域范围。应用场景多针对城市公园、城市广场、城市步行街、城市滨水区域等居民生活相关活动场地进行空间分析，直观地展现与分析空间开敞程度，评估设计方案对日常生活的影响。图 2－82 为开敞度分析示意图。

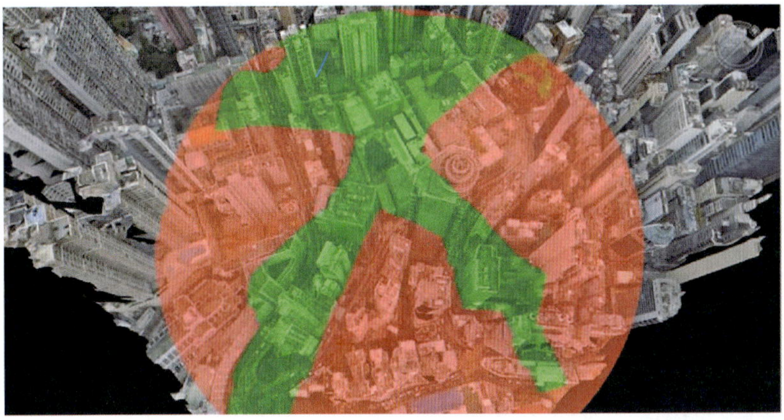

图 2－82　开敞度分析示意图

（7）日照分析。日照分析是指在某一日期进行模拟计算某一建筑群、某一层建筑、某建筑部分的日照影响情况或日照时数情况，可以为房屋选择、销售定价提供一定的参考。图 2－83 为日照分析示意图。

（8）剖面线分析剖面表示表面高程沿某条线（截面）的变化，三维剖面线分析可以针对三维场景中的任意物体（包括建筑物、地下管道等），在任意方向上画出一条切线，自动生成剖面线图，并且支持在剖面线图上进行量算、位置查询等，广泛应用于土地利用规划、工程选线、设施选址、管道布设、煤矿开采等方面。图 2－84 为剖面线分析示意图。

图 2－83　日照分析示意图

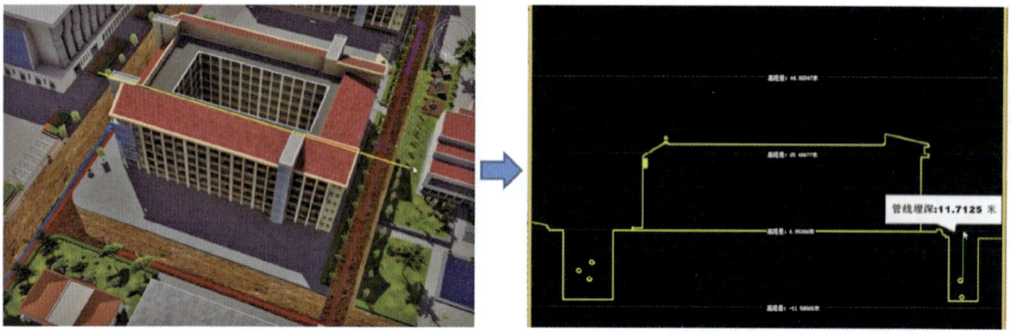

图 2－84　剖面线分析示意图

（9）等值线分析。等值线指的是制图对象某一数量指标值相等的相邻各点所连成的闭合曲线，在水系水文特征、气候特征、地形概况与区位选址等方面有重要的应用价值。通过等值线分析服务，用户可在任意指定某一范围，自动获取并通过分层设色策略实时绘制此范围内的等值线，并根据显示需求，自定义设置等值线的显示模式、线颜色、纹理颜色表、透明度、最小高程、最大高程、等值距等属性。图 2－85 为等高线分析示意图。

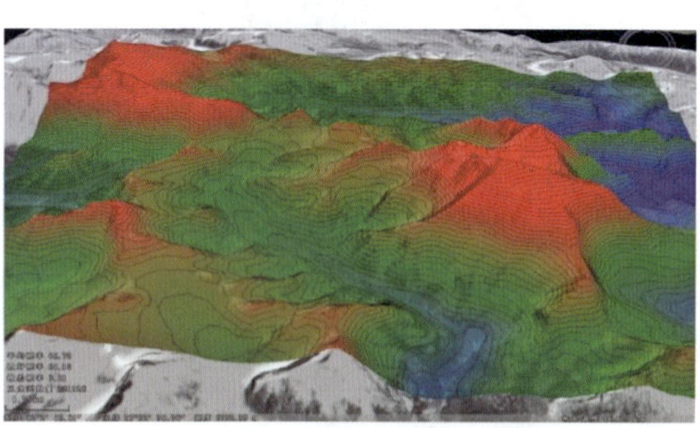

图 2－85　等高线分析示意图

（10）坡度坡向分析。坡度和坡向是两个重要的地形特征因子，其中，坡度表示地球面某一位置的高度变化率的量度；而坡度变化的方向称为坡向，表示地表面某一位置斜坡方向变化的量度。通过坡度坡向分析服务，用户可在地形上指定任意范围，自动获取并通过分层设色策略和绘制指示箭头生成坡度坡向图，可根据颜色和箭头指向直观地查看地形起伏方向和起伏大小；并且支持设置最大、最小可见坡度、颜色表，以及查询单点的坡度坡向数值。坡度坡向分析在土地利用、植被分析、环境评价、景观分析等领域有重要的应用价值。图 2－86 为坡度坡向分析示意图。

（11）碰撞分析。在三维场景中，被检测模型按照指定路线动态移动，通过碰撞检测分析服务能够实时确定、动态显示被检测模型与环境模型彼此之间是否发生接触、接触区域大小的碰撞情况。虚拟环境中的碰撞分析能够指导现实生产工作，如在一个高度还原了现实空间环境的点云管线场景中，大型设备在安装、拆卸时，通过碰撞分析可准确模拟设备搬运移动过程中会与哪些管线设备发生接触、碰撞，避免现实中人力、财产的损失。图 2－87 为碰撞分析示意图。

图 2－86　坡度坡向分析示意图

图 2－87　碰撞分析示意图

（12）淹没分析。淹没分析是指根据指定的最大、最小高程值及淹没速度，动态模拟某区域水位由最小高程涨到最大高程的淹没过程。淹没分析结果可为河流区域的水利工程或建筑地选址提供依据，为防洪救灾提供参考。图 2－88 为淹没分析示意图。

图 2－88　淹没分析示意图

4. 三维网络分析

三维网络为真实世界中的常见网络和基础设施提供了建模方法，如市政水网、输电线、天然气管道网络等，这些设施本质都是资源有向流动的网络结构，可利用设施网络来进行建模和分析。

三维网络分析需构建网络数据集，将管网对象抽象成点和线的数据集，利用网络数据模型赋予点和线一定的拓扑关系，配合流向字段，模拟现实世界中常见网络和公共基础设施的网络结构。此分析适用场景如：爆管分析，即若管网中某处发生爆裂，可快速查询出需要关闭的上游阀门以及影响的下游管线。图 2-89 为三维爆管分析示意图。

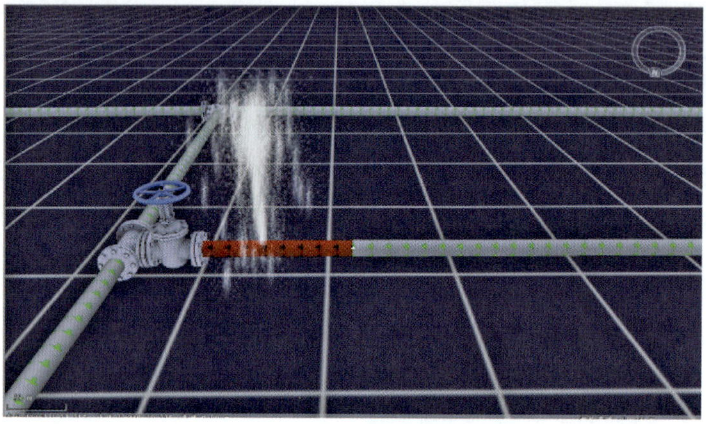

图 2-89 三维爆管分析示意图

5. 三维量算

实景三维平台需提供多种基础的三维量算服务，例如空间距离量算、贴地距离量算、水平距离量算、空间距离量算、空间面积量算、贴地表面积量算、高程量算等。这些服务和三维空间分析及三维网络分析一起构成三维数据分析服务的核心。

2.7.2 实景三维服务的组织与发布

实景三维数据服务是将各类实景三维数据获取、处理、建模后的成果进行组织、编排，并最终以服务形式进行应用与共享。

1. 实景三维服务的数据内容

按照数据内容及组成划分，实景三维服务包括地理场景服务和地理实体服务两方面。

（1）地理场景。地理场景是指一定区域范围内连续成片、反映现实世界地理空间位置和形态的地理信息数据。实景三维中地理场景的主要数据来源包括 DEM、DSM、倾斜摄影数据、激光点云数据、精细模型数据等。

（2）地理实体。地理实体是指现实世界中占据一定空间位置、具有同一属性或完整功能的地理对象，包括基础地理实体、部件三维模型以及其他实体，如 BIM 模型等。

2. 实景三维服务的基本原理

（1）索引模型和树结构。实景三维数据的空间范围被分割成称为节点的区域。每个节点的数量大致相等，并被组织成一个分层的、可导航的数据结构。节点索引允许客户端快速确定所需的数据，并允许服务器快速定位任何客户端请求的数据。节点创建是容量驱动的，节点容量越小，通常空间范围越小。

每个节点都有一个地址，节点可以被认为等同于瓦片。节点的 ID 在图层中是唯一的。支持两种类型的节点 ID 格式：基于字符串的树索引或基于节点固定线性化的整数。其中，树索引格式松散地建立在二进制搜索树上。索引指示给定节点的级别和同级关联。索引还直接指示节点在树中的位置，允许对单个维度上的所有资源进行排序。

每个节点上包括节点索引文件、要素数据、几何体、属性、纹理和共享内容等资源，所有资源共同表示给定节点的一组要素或数据元素，并且总是附加到节点上。可以将要素数据、几何、纹理和属性资源分成不同的包，以实现最佳的网络传输和客户端性能。

每个节点上的要素数据和几何资源的数量总是相等的。每个集合都包含相应的数据元素，以便能够呈现完整的要素。可以直接从二进制几何获得对几何数据所有必需属性（包括要素到几何映射）的最佳访问。所有的顶点属性，包括位置、法线、纹理坐标和颜色，顶点和要素计数以及网格分割信息也很容易从几何资源中访问。

（2）几何模型和存储。

1）几何模型。所有实景三维数据都使用相同的基本几何类型集：点、线和三角形。要素逐顶点布局（例如位置、法线和纹理坐标）。这将对顶点位置、法线和纹理坐标进行排序，以确保场景图层上的图案相同。

实景三维数据中可以通过三角形几何类型来支持存储三角面；也可以使用三角形几何体类型来存储三角形网格，该三角形网格具有按要素分割的网格的简化详细程度表示，如上文所述，可在内部节点中使用。

2）纹理。纹理存储为与节点关联的二进制资源。节点的纹理资源包含用作存储在节点中的要素的纹理的图像。还可以使用纹理编码声明提供额外的纹理格式。

支持以多种格式对同一纹理资源进行编码，以满足不同平台上的带宽、内存消耗和最佳性能考虑；支持最常用的图像格式，如 JPEG、PNG，以及渲染优化的压缩纹理格式，如 S3TC。在所有情况下，该标准都提供了很高的灵活性，允许通过使用 MIME 类型的纹理编码声明提供额外的纹理格式。

3）场景图层包。场景图层包允许将完整的图层和所有资源作为单个文件进行传输或交换。场景图层包可以被应用程序直接使用。

允许使用子树分区的扩展文件夹模式，以避免过大的场景图层包可能出现的问题。在最上层是一个节点文件夹，其中包括：包含所有节点资源的子文件夹、描述场景图层包内容的文件、定义场景图层的文件。

具有基本文件夹布局的场景图层包在顶层具有包含所有节点资源的节点子文件夹、描述场景图层包内容的文件和定义场景图层的文件。

场景图层包可以按照以下方法使用。

a. 作为一种交换格式：文档压缩类型为 DEFLATE64；资源压缩类型为 NONE。

b. 作为一种服务格式：文档压缩类型为 STORE；资源压缩类型为 GZIP。

c. 实景三维服务数据组织。

4）点场景图层。点场景图层包含点要素及其属性，通常用于可视化大量的三维数据，如树或建筑物。大多数可以由三维符号可视化的现象可以用点场景图层显示。点场景图层被构造成一个包含多个 JSON 文件的树。除了以 JSON 格式存储信息外，还提供了一些二进制缓冲区。点场景图层可用于创建场景图层包或服务。

图层结构示例如下：

```
.\<host\>/SceneServer/layers
   +--0 // scene layer document
   +-- nodes
   | +--root
   | | +-- attributes
   | | | +--f\_2
   | | | +--f\_4
   | | | +--(...)
   | | +-- features
   | | | +-- 0
   | +-- (...)
   +--statistics
   | +-- f\_2
   | | +--0
   | +-- f\_4
   | | +--0
   | +-- (...)
   +--resources
      +-- styles
            | +-- root
            | +-- web
```

5）倾斜摄影场景图层。倾斜摄影场景图层通常是为城市三维映射创建的。倾斜摄影场景图层是一个整体的表面，无法重新设置样式。三维网格数据通常由自动处理（例如无人机）捕获，用于从大量重叠图像中构建三维对象。结果将原始输入图像信息集成为纹理网格，其中包括三维对象（如建筑物和树）和高程信息。

倾斜摄影场景图层被构造成一个包含多个 JSON 文件的树。可以表示为场景图层包或服务。

图层结构示例如下：

```
.<host>/SceneServer/layers
     +--0 // scene layer document
     +-- nodes
     |  +--0
     |  |  +-- geometries
     |  |  |   +-- 0
```

```
|   |   |   +-- 1
|   |   |   +--(...)
|   |  +-- textures
|   |   |   +-- 0
|   |   |   +-- 1
|   |   |   +--(...)
|   |  +-- shared
    |  +-- (...)
```

6）三维对象场景图层。三维对象场景图层用于表现三维模型，三维对象场景图层通常由带有属性的 GIS 数据在三维中建模创建。这些属性可以用于基于属性查询的符号化和其他功能，而不需要单独为每个构件单独设置参数。使用三维对象场景图层都可以高效地创建并分享几栋建筑物或者整个城市。

三维对象场景图层为多个 JSON 文件的树形结构。一个三维对象场景图层可以由一个场景图层包文件或者服务来表示。

图层结构示例如下：

```
.<host>/SceneServer/layers
     +--0 // scene layer document
     +-- nodePages
     |  +-- 0
     |  +-- (...)
     +-- nodes
     |  +--0
     |  |  +-- attributes
     |  |  |  +--f_2
     |  |  |  +--f_4
     |  |  |  +--(...)
     |  |  +-- geometries
     |  |  |  +-- 0
     |  |  |  +-- 1
     |  |  |  +--(...)
     |  |  +-- textures
     |  |  |  +-- 0
     |  |  |  +-- 0_0_1
     |  |  |  +--(...)
     |  |  +-- 3dNodeIndexDocument*
     |  |  +-- shared*
     |  |  +-- features^
```

```
|  |  |  +-- 0
|  |  (...)
+--statistics
|  +-- f_2
|  +-- f_4
|  +-- (...)
```

7）点云场景图层。点云场景图层可以快速显示大量符号化和已过滤的点云数据，并针对显示和共享各种传感器数据进行了优化。

点云场景图层是可扩展的，可以对指定区域以优化过的点分辨率渲染，因此在处理大型数据集时可以提高效率。

点云场景图层还支持缓存属性，如 RGB、强度、标志、类代码、返回、用户数据、点源 ID、GPS 时间、扫描角度和近红外。这允许客户端更新符号系统以及查询点信息。

点场景图层被构造成多个 JSON 文件的树。除了以 JSON 格式存储信息外，还有一些还作为二进制缓冲区提供。点场景图层可用于创建场景图层包或服务。

图层结构示例如下：

```
.<host>/SceneServer/layers
        +--0 // layer description (named 3dSceneLayer.json in SLPK)
        +-- nodepages
        |  +-- 0
        |  +-- 1
        |  +-- 2
        |  +-- (...)
        |  +-- 4
        +-- nodes
        |  +--0
        |  |  +-- attributes
        |  |  |  +--2
        |  |  |  +--4
        |  |  |  +--8
        |  |  |  +--(...)
        |  |  +-- geometries
        |  |  |  +-- 0
        |  +--1
        |  |  (...) //same structure for all nodes
        |  +--...
        |  +-- 259
        |  | (...) //same structure for all nodes
```

```
+--statistics
|  +-- 2
|  +-- 4
|  +-- 8
|  +-- (...)
```

8）BIM 场景图层。BIM 是优化设计和建造过程的最佳实践。BIM 可以生成通常用于建造、设计、评估的真实世界资产的三维虚拟模型。BIM 已经得到了农业、建筑、能源、基础设施、交通等多个领域内的应用。BIM 场景图层可以表示基于 BIM 结构的三维模型，例如建筑、结构等，或者窗户、墙等分类。

图层结构示例如下：

```
.<host>/SceneServer/layers
 +--0 // scene layer document
 |  +-- statistics
 |  |   +-- summary.json
 |  +-- sublayers
 |  |  +--0 // sublayer document
 |  |  |  +-- nodePages
 |  |  |  |  +-- 0
 |  |  |  |  +-- (...)
 |  |  |  +--nodes
 |  |  |  |  +--0
 |  |  |  |  |  +-- attributes
 |  |  |  |  |  |  +--f_2
 |  |  |  |  |  |  +--f_4
 |  |  |  |  |  |  +--(...)
 |  |  |  |  |  +-- geometries
 |  |  |  |  |  |  +-- 0
 |  |  |  |  |  +-- textures
 |  |  |  |  |  |  +-- 0
 |  |  |  |  |  |  +-- 0_0_1
 |  |  |  |  |  |  +--(...)
 |  |  |  |  |  +-- 3dNodeIndexDocument*
 |  |  |  |  |  +-- shared*
 |  |  |  |  (...)
 |  |  |  +--statistics
 |  |  |  | +-- f_2
 |  |  |  |  |  | +--0
```

```
|  |  |  |  +-- f_4
|  |  |  |  |  | +--0
|  |  |  |  +-- (...)
```

3. 实景三维服务发布

针对实景三维数据的服务发布包括数据服务和场景服务两方面。

（1）数据服务发布。基于各类商业平台或通用平台，按照服务发布的规则及流程可以实现各类三维数据服务的发布，并可以通过 URL 的形式把个体实景三维数据服务共享给不同的群组和用户，实现在桌面端、Web 端和移动端上使用，同时支持 JavaScript API 直接调用，并能通过 GameEngine SDK 支持在游戏引擎上直接使用已发布的实景三维服务。

（2）场景服务发布。场景服务是指把不同类型的服务，如三维数据服务、矢量切片服务、影像服务、要素服务等聚合在一起并通过一定的制图表达得到满足特定应用需求的内容集合。场景服务的发布能够减轻代码开发的工作量，提高实景三维数据应用的效率。

2.7.3 实景三维服务的管理与维护

针对各类实景三维服务提供统一管理与维护，包括服务资源管理、服务运行管理、服务安全管理、服务分发管理和服务更新维护五方面，有效提升实景三维服务的应用价值。

1. 服务资源管理

（1）服务分类编目。实景三维地理数据服务成果通过元数据信息采集编目，包括服务类型、服务名称、服务描述、服务覆盖范围、服务覆盖行政区、服务发布方、服务提供方式、服务数据内容、服务访问方式、服务访问许可、发布时间版本信息等，可按照服务发布更新时间、服务覆盖区域、服务类型、服务格式、服务权限等多种分类条件进行分类组织编目。

（2）服务目录管理。服务目录管理支持对数据资源目录的集中、统一、灵活地分类、分级管理。可按照目录信息资源粒度的不同以及数据资源类型的不同，生成不同层次和类型的数据资源目录，也可根据应用需要，按专业、主题、单位等其他使用目的进行目录自定义。

（3）服务注册。服务注册是在服务发布成功之后，将服务元数据信息注册到资源中心，并获取资源中心生成的代理服务地址，以及资源 ID 保存在本系统的服务列表中，与服务做关联。

（4）服务元数据管理。服务元数据管理支持服务资源元数据模板的编辑、元数据增加、删除、修改等功能，提供元数据的查询、比较和追溯功能，实景三维地理数据服务提供公开可查询的服务元数据信息供服务申请预览，包括服务摘要、数据内容描述、发布方信息、访问权限信息，实现实景三维服务元数据统一管理。

1）服务摘要。服务摘要包含服务的基本信息，如服务名称、编码、服务描述、服务接口地址等。

2）数据内容描述。服务元数据包含数据内容的描述信息，服务数据的参考坐标系、空间覆盖范围、中心点坐标以及服务图层数量、图层内容描述等。

3）发布方信息。服务元数据包含服务发布方的信息，包括发布单位、联系人、联系电话、邮箱等内容。

4）访问权限。服务元数据包含服务的访问权限信息，记录服务的权限类型，包括公开、私有、安全，以及访问权限要求等内容。

5）服务版本管理。通过服务元数据信息构建服务与数据之间的关联，通过数据版本构建服务版本信息，并在元数据中记录版本信息，并支持通过版本信息进行数据检索、分类等操作。

2. 服务运行管理

（1）服务运行状态管理。服务运行状态管理主要针对各类实景三维服务的运行状态进行管理，运行状态包括服务的启动状态、停止状态、注销状态，可以根据实际需要对服务状态进行设置。其中，服务启动为服务正常工作状态，短期内不用的服务可以将状态设置为停止，对于已经失效或不使用的服务，可将服务调整为注销状态。

（2）服务运行监控。服务运行监控是在服务注册时对服务地址进行监控，定时将服务访问状态写入消息通道，由消息通道推送至资源中心保存至数据库。系统监控功能的数据，系统根据各类信息统计分析服务、各项运行指标情况及时反馈监控图表信息。

（3）服务访问统计。服务访问统计主要是采用柱状图、折线图、饼状图等多种表现形式，将实景三维服务的访问数据形象化地呈现，服务访问统计包括服务访问量统计、服务并发量统计以及服务健康度统计。例如，服务访问量主要是根据用户名称以及时间范围，星期，月等，获取服务访问量；服务访问流量主要是根据用户名称以及时间范围，服务访问次数以及访问流量。

（4）服务响应统计。数据服务响应时间是指即从发出服务调用请求到获得该服务处理结果所花的时间，通过监控实景三维数据服务的响应时间，并采用柱状图、折线图、饼图等多种表现形式，将实景三维服务的响应情况进行准确表达。

3. 服务安全管理

（1）服务申请。针对检索到的服务，可以提交资源申请请求；该申请会发送给后台运维管理员，申请通过后可获得相应服务的使用权。

（2）服务审核。运维管理员在平台管理系统中对资源申请进行审批，设定资源使用的期限（三个月、六个月、一年、两年以及无限期），填写审核意见，并为申请的资源分配权限，获得使用权。

（3）服务授权。出于安全方面考虑，系统对服务资源执行严格的权限控制，最终用户只有取得服务授权后才能访问和使用指定的服务。针对实景三维服务进行授权管理，授权状态管理包括公开权限、授权访问、授权状态管理。其中，公开权限是将服务访问设置为所有人可访问，授权访问可根据服务使用对象、服务内容进行访问授权，可以针对某一个或某一类服务进行授权，可以针对某一单位或用户进行服务授权；并且针对可以服务授权的时间、状态进行统一管理。

（4）服务调用。针对实景三维服务提供多种服务调用方式，允许用户通过 Web services API 调用实景三维服务，支持服务访问接口，并提供用于 Web 应用开发的 REST API。

（5）服务加密传输。在数据传输过程中采用加密手段，利用国家批准的密码算法进行加密，保证数据安全。

4. 服务分发管理

（1）按数据范围进行服务分发。结合实际应用需求，根据服务涉及的数据范围，对服务进行分析提取，并将实景三维服务成果分发到指定的用户或单位，并对分发的内容、对象、时间、数据量等信息以日志形式进行记录。

（2）按使用范围进行服务分发。结合实际应用需求，根据服务涉及的数据范围，对服务进行分析提取，并将实景三维服务成果分发到指定的用户或单位，并对分发的内容、对象、时间、数据量等信息以日志形式进行记录。

5. 服务更新维护

（1）服务数据更新。根据数据更新情况，可实现对服务的动态更新，同时也支持通过命令进行更新，自动生成数据更新报告，可以实现对服务更新机制的维护。

（2）服务元数据更新。支持对服务元数据的更新和维护，更新包括批量更新和单条更新；更新内容包括服务摘要、数据内容描述、发布方信息、访问权限信息。

2.7.4 倾斜摄影模型轻量化技术

1. 倾斜摄影模型

倾斜摄影是近年发展起来的高新技术。该技术通过从一个垂直、四个倾斜、五个不同视角同步采集影像，获取到丰富的建筑物顶面及侧视的高分辨率纹理。不仅能真实地反应地物情况，还可通过先进的定位、融合、建模等技术生成真实的城市三维模型。它具有覆盖范围广、分辨率高的方式全面感知现实场景，具有真实反映建筑形状、建筑特征、现状和楼层高度等信息，模型可量测、周期短等特点，是城市三维建模的主流趋势。

在倾斜摄影获取方面，采用大飞机搭载数字航空倾斜摄影仪对地物模型进行航空摄影作业，获得倾斜摄影和垂直的厘米级高分辨率，就能获得三维实景模型更加真实的建筑物构建信息，这就在一定程度上弥补了只能获取建筑模型顶面纹理的不足，保证了数据成果的平面和高程精度。在地面影像获取方面，采用车联网系统近景摄影测量系统获取地面影像，首先使用地面高精度定位设备车联网系统连接连续运行参考站系统基站，通过差分 GPS 方式获取精确的 POS 数据，卫星信号较好的条件下精度可以达到厘米级；然后使用移动手机连接互联网，再通过蓝牙连接车联网系统设备，手机就可以拍摄到具有精确位置信息的地面倾斜摄影。由于后期空中三角测量加密的需要，拍摄时照片间需保持 80%以上的重叠度。不连续的建筑群之间进行影像分组，建筑要尽量多拍摄照片，以确保空中三角测量时获取尽可能多的同名点，保证空中三角测量成果的精度。

基于三维实景模型成果倾斜摄影模型的轮廓及高度，在国产建模软件下进行采集。

倾斜摄影可以实现单张影像的测量，特别是在垂直影像获得顶部结构，在周围倾斜影像上获得单立面的结构信息，并对其进行一定程度的推拉、调整、编辑，最后得到完整的模型。从一定程度上来说，对于重点区域的建筑可进行超高精度的单体化三维建模。高精度单体化三维建模技术结合“空天地”一体化影像与专业模型编辑软件强大的模型编辑能力，做到资源共享、功能联动，优势互补，在保持强大模型编辑功能的同时，借助“空天地”一体化多角度影像实现重点建筑、复杂异形物的重建，例如古建筑，可以结合“空天地”一体化高精度单体化三维模型和纹理贴图检索功能，解决其重建问题。

2. 国内外倾斜摄影技术软件

国内外典型的倾斜摄影测量数据处理软件见表 2-14。

表 2-14　　国内外典型的倾斜摄影测量数据处理软件

序号	国家	软　件
1	法国	Acute 3D 公司的 ContextCapture。基于图形运算单元 GPU 的快速三维场景运算软件，可运算生成基于真实影像的超高密度点云，它能无须人工干预地从简单连续影像中生成逼真的三维场景模型。国内有多家重要的数据生产单位正在使用该软件
2	法国	INFOTERRA 公司的像素工厂（Pixel Factory）StreetFactory 子系统通过对获得的倾斜影像进行几何处理、多视匹配、三角网构建，提取典型地物的纹理特征，并对该纹理进行可视化处理，最终得到三维模型
3	以色列	Skyline 旗下 PhotoMesh 倾斜摄影自动批量建模软件
4	美国	美国苹果公司收购 C3 公司所采用自动建模技术
5	美国	Pictometry 公司的 Pictometry 倾斜摄影处理软件提供了 EFSElectronic Field Study
6	中国	国内有多家企业及单位对倾斜模型也有比较深入的研究，形成自己独特的模型工艺流程，如超图 SuperMap iDesktop、武汉智觉空间 SVSDPO 等

3. 倾斜摄影模型轻量化技术

（1）技术背景。依托于倾斜摄影测量技术的迅速发展，数据采集技术已经具备从机载平台高效、高精度、低成本地获取大范围三维地表信息的能力并在实景三维建设中发挥着重要的作用。倾斜摄影技术具有模型效果逼真、地表全要素建模、模型可测量、精度高、应用领域广泛等优势。然而，倾斜摄影三维实景模型的劣势也十分明显，基于倾斜摄影生成的三维模型存在“一张皮”的表象，难以支撑地理实体的语义查询和分析，因此也需要相应的技术来进行后续处理。未处理的模型往往体量较大，且交互性差，为城市信息模型落地应用带来了极大挑战。重建出来的建筑表面由大量细小的三角面构成，需要大量的存储空间。每次重建完的模型是单一的一片模型，不利于后期拓展。模型几乎不具备交互能力和数据分析能力。随着实景三维建设深入开展，大面积、高分辨率的倾斜摄影三维建模成果越来越多，这些建模成果数据量庞大，难以在现有的三维可视化平台中直接加载显示。

倾斜摄影模型轻量化是对大数据量倾斜摄影三维建模成果数据进行再次组织优化，从而满足三维可视化应用需求的技术的统称。为此，需要一种针对倾斜摄影三维实景模型的语义化与轻量化技术，实现对模型的可交互、可计算和轻量化。

（2）技术原理。倾斜摄影模型轻量化技术主要有以下两种：

1）合并根节点技术。批量生成模型缓存中合并根节点参数，可以设置根节点合并次数，比如输入 1 即根节点进行一次合并处理，模型根节点数量减少约原始数量 1/4。这适用于当模型空间范围广、数据量大，使得模型被划分为很多个根节点的情况，读取根节点花费的时间较长会导致加载缓慢，因此需要合并根节点来提升加载效率。

基于合并根节点的倾斜摄影数据 LoD 重建方法：获取所有倾斜摄影数据块的根节点数据，根据空间位置关系或文件索引形式在 *xoy* 平面建立唯一的二维空间索引；基于所述二维空间索引后的数据块每四个块合并生成一个新的数据块，所述新数据块根据合并的数据生成高于当前层级的唯一二维空间索引；基于所述的唯一二维空间索引分别处理网格与纹理，利用软光栅化技术将所述网格数据重新生成点云，降采样、泊松重建、网格简化所述点云数据，简化所述当前数据块的等级与分辨率得到目标网格面数；基于所述目标网格面数展开所述网格数据与原始网格纹理数据，利用离线渲染、渲染到纹理技术生成新的纹理贴图，与网格数据组成最终的目标数据；重复上述步骤，依次逆向建立四叉树，直到根节点数少于 4，完成重建。

2）Remesh 算法技术。重新网格化（Remesh）就是从一个输入网格生成另一个网格，并且满足一定的要求。根据网格改动大小，可以分为保持顶点拓扑和几何信息，优化网格连接关系；保持顶点拓扑信息，同时优化顶点几何和网格连接关系；顶点重采样，优化网格连接关系。Remesh 对原网格的改动比较大，实际应用中要谨慎使用，尽量使用改动比较小的 Remesh 方法，包括 Delaunay 三角化、带约束的 Delaunay 三角化、Delaunay 网格优化、Voronoi 图、重心 Voronoi 图、重心 Voronoi 优化、Remesh。Remesh 算法技术分类见表 2－15。

表 2－15　Remesh 算法技术分类

序号	网格化 Remesh	内　容
1	Delaunay 三角化	网格中的最小角最大化、任意三角形的外接圆内不含三角形以外的顶点、三角化的网格是点云的凸包、最大化所有三角面片的内切圆的平均值
2	带约束的 Delaunay 三角化	点云包含一些线段连接约束，有些约束边并不满足 Denaulay 性质，所以，它并不能得到整体的 Delaunay 三角化结果。所以可以放开一些 Delaunay 性质约束，使其尽量地接近 Delaunay 三角化
3	Delaunay 网格优化	可以优化网格的连接关系，减少狭长三角形，保持网格顶点数目和位置不变。Delaunay 优化只改变了网格顶点的连接关系，一般是局部的 Delaunay 边翻转。由于顶点保持不变，它可以极大可能地保持住原始网格的几何信息
4	Voronoi 图	给定一群平面（或曲面）的点，其 Voronoi 图，把平面（或者曲面）分隔成一块一块的区域，每个区域包含一个点，并且这块区域到所有点的最近点为其所包含的点。这些线也是相邻两点的垂直平分线。如果是曲面上的点，点之间的距离为曲面的测地距离
5	重心 Voronoi 图	是一种特殊的 Voronoi 图，其每个区域的重心和其对应点重合
6	重心 Voronoi 优化	可以减少狭长三角形。它和 Delaunay 优化的区别是，它不仅优化网格顶点的连接关系，还要优化顶点的位置
7	重新网格化（Remesh）	主要是指顶点重新采样的类型。目标有很多种，一般是应用驱动的，不同的应用所需要的性质是有差别的，即使是同一个性质，有时候是硬约束，有时候是软约束。通常情况下，这些性质很难同时满足，有些性质是矛盾的

（3）倾斜摄影模型轻量化技术。高渲染平台的 Engine 产品，具备倾斜摄影模型轻量化技术，使倾斜摄影数据转换与轻量化效率可以提升 5 倍以上。它可将海量多源异构数据进行自动化处理，提升数据转换与轻量化效率，增强用户操作体验。该技术实现倾斜摄影三维实景模型的语义化与轻量化，将极大降低 CIM 内存占用率，提升计算机响应速度和用户体验，促进 GIS 与 BIM 的融合以及城市仿真模拟，是城市信息模型的核心关键技术之一。可以极大降低模型复杂度，减少存储空间；将模型拆分成建筑和地表，实现建筑单体化；可以实现交互和拓展，极大降低了 CIM 可视化负荷。

4. 倾斜摄影模型轻量化技术应用

倾斜摄影模型轻量化技术在空间信息服务和实景三维空间中的地位尤为重要。倾斜影像既能反映真实的地物模型情况，又能通过先进的定位技术，嵌入丰富的影像信息、精确的地理信息、高级的用户体验，很大程度上扩展了遥感影像的应用范围。可以实现以非接触式，远程、在线作业模式，全面提升信息采集的效率和精度，广泛应用于竣工测量、城市三维建模、桥隧道路检测、施工监测、交通应急等行业。同时，倾斜摄影模型轻量化技术也将降低当前实景三维城市建设的成本问题。因为传统城市信息模型平台需要大量的人工来参与建模，这种形式不仅人为工作烦琐，而且人力成本较高，信息模型更新也较为困难。所以该轻量化技术为用户提供了更加丰富的地理信息、更友好的用户体验以及少量人工参与、更新迅速，所构建为真实场景。

倾斜摄影模型轻量化技术基于倾斜摄影三维实景模型为输入，实现城市场景主要构筑物的语义化与轻量化，包括地形、建筑、植被等等。技术综合采用深度学习、计算机图形学等理论和方法，提取倾斜摄影三维实景模型中的地形、建筑、植被和窗户等主要城市构筑物。在此基础上，使用优化技术去掉所提取的城市构筑物中冗余要素，使用最精简的点线面来拟合、表达构筑物，实现对整体模型的轻量化。所以，该技术以后将越来越多地应用于空间规划、应急指挥、国土资源管理、违法乱建查处、三维不动产等行业。

倾斜摄影模型轻量化技术一方面对倾斜摄影模型建模成果的低 LOD 级别模型通过视觉重建技术进行合并和三角面优化，构建级别更多、更合理的 LOD。另一方面通过顶点压缩、纹理压缩技术使得倾斜摄影模型的文件大小压缩为原来的 30%左右，从而大幅减轻了三维可视化软件的加载压力。配合相机动态调度数据可实现快速呈现模型。基于计算机图形算法进行大规模数据处理，处理的结果可以作为三维渲染引擎场景数据调度算法的输入，从而提高三维渲染的帧率；在基于图形算法进行处理时，通过少量的几个数值指标即可平衡数据量与模型细节层次之间的矛盾，从而实现在不同尺度上的平滑加载。

2.8 实景三维数据安全

实景三维中国建设是“十四五”基础测绘规划编制下的重点内容，是测绘地理信息服务发展的新发展方向和基本模式。实景三维数据作为建设过程采用的基础数据，具有精度高、信息丰富、效果真实等特点，其安全问题不容小觑。

随着实景三维建设的发展越来越趋于成熟化，在应用过程中暴露出许多安全问题，如数据版权保护及追溯问题、数据使用权限控制及环境安全问题、数据公开化使用及共享问题等。实景三维数据只有得到安全保护，才能得到更好地共享和应用。而数字水印技术、安全控制技术、保密处理技术都是保护实景三维数据安全的可靠和可行的手段。

数字水印技术是在数字化数据中隐蔽地嵌入版权、用户、时间等水印信息，将水印信息与数据紧密结合并隐藏其中，成为数据不可分离的一部分。水印信息的作用有两点，一是通过嵌入载体数据中从而达到保护信息的版权；二是追根溯源，明确违法用户，可以使管理者免除担心和责任。

安全控制技术是将计算机底层驱动、软件平台、实景三维数据紧密结合，利用加密技术和访问控制技术，事先对数据加密和授权，使用时动态加解密和获取权限，严格主动控制数据使用期限和权限，阻止数据非法联网，保证实景三维数据的安全使用。

保密处理技术是利用数学变换等方法对实景三维数据的平面位置精度和地物相对量测高度等进行精度降低、密级降低的处理方法，且处理结果具备相对不可逆性。实质是利用数学公式的变换对数据精度进行降低，将数据降低为可公开的密级，从而使数据得以公开使用，促进数据共享。

2.8.1 实景三维数据数字水印技术

1. 实景三维数据水印特征分析

（1）实景三维数据数字水印概述。实景三维数字水印技术是实景三维数据安全保护的重要技术手段之一，它是一种建立数字化数据与水印信息之间强关联关系的技术，将版权和用户等水印信息隐蔽地嵌入数据中，并与数据融为一体，在实景三维数据的版权保护和完整性认证领域发挥着重要的作用。

实景三维数字水印从提取流程中是否需要除密钥之外的相关信息方面，可以分为盲水印和非盲水印；从嵌入域方面，可分为空间域水印和变换域水印。空间域水印最为直接，它将水印信息嵌入数据的像素值、高程值、坐标值或者其他数据空间特征中。变换域水印可以将水印信息非显性地嵌入数据中，实现水印信息在数据中的均匀分布。

（2）实景三维数据水印的基本特性。

1）可用性。可用性是用于衡量水印嵌入过程对载体数据的影响，水印信息的嵌入不能破坏载体数据的可用性是水印算法设计的前提和基础。当载体数据为地理空间数据时，可用性表现为水印信息的嵌入不会影响地理空间数据的图形化表示和数据分析及应用。

2）不可感知性。不可感知性也被称为“保真度”和“透明性”，不仅是指在主观上无法识别水印对载体数据的改变（除可见水印），且指数字水印对载体数据产生尽可能小的影响，对载体数据的精度等各个方面几乎没有改变。

3）鲁棒性。鲁棒性是指当含水印数据遭受攻击后仍能从中正确检测和提取出水印信息的能力，即水印算法抵抗水印攻击的能力。当水印信息被用于版权保护和使用跟踪时，要求水印算法具有良好的鲁棒性，能够抵抗常规的数据处理操作和各类恶意攻击。

4）水印容量。水印容量是指载体数据中容纳水印的能力，载体在不发生形变的前提下可嵌入水印信息的最大容量。嵌入的水印信息必须足以表示创建者或所有者的标志信息，保护数字产权合法拥有者的利益。

5）安全性。安全性是指非法用户无法判断其获得数字产品中是否包含水印信息，在水印算法未知的情况下，非法用户无法从含水印的数字产品中提取出水印信息。

6）可检测性。可检测性是指从水印载体中提取的水印信息在未受攻击的情况下基本上和原始嵌入信息是一致的。但在载体受到攻击或改变的情况下，提取和嵌入的信息不能达到完全一致，这时需要通过设定检测的阈值与检出率的比较对提取到的信息进行评价。

2. 基于混沌的实景三维数据水印算法

实景三维数据的数据量通常很庞大，如果每次水印信息嵌入和提取都进行全局运算，则嵌入和提取效率将受到影响，数据分割可以将三维数据按照某种规则分割成为若干个数据子集，对每个子集分别嵌入和提取，不仅可以实现抗裁剪和拼接的水印算法，还可以在一定程度上提高水印算法的运算效率。

对三维数据进行分割后，在水印嵌入和提取之前，首先要解决水印同步问题，采用特征点提取的方式获取水印嵌入和提取的基准点，以此为基础按照一定规律有序进行嵌入和提取，实现水印位的同步。

（1）水印信息生成。将文本信息根据字符集进行编码，生成有意义的二值序列 W_1，嵌入标识序列 W_2 作为水印提取成功与否的标识，嵌入的水印序列由 W_1 和 W_2 拼接而成，表示为 $W=\{w_f\}, f\in[1,1)$ ，1 为待嵌入序列长度。在检测过程中首先确定标识序列的存在，然后解码水印信息。

水印信息生成示例如图 2–90 所示。

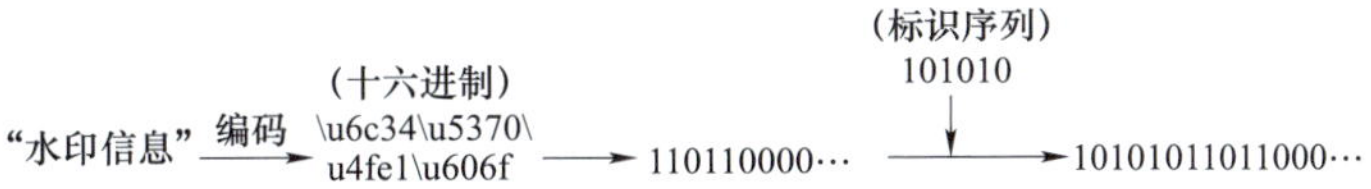

图 2–90　水印信息生成示例

（2）水印信息嵌入。记基准点为 p_0，与其相邻的1个点为 $P=\{p_j\}$，j∈[1,l]，p_0 与 p_j 的距离为 $D=\{d_j\}$。算法通过调节基准点 p 与其相邻的 1 个点的距离 $D=\{d_j\}$ 的比值进行水印嵌入，以 d_1 为基准，依次以修改 d_j 坐标值的方式进而修改 d_j 与 d_{j-1} 的比值 λ_j 的小数点后第 x 位，使其携带水印信息。据此，距离的最大改变量为 $\Delta=d_1\times10^{-x}$ 。调整奇偶的方式分为两种，分别是增大和减小两种。为了在嵌入水印信息后特征点可以被精确提取，选择有利于降低特征点提取过程中的 δ 值的方向进行修改，即嵌入水印后 $\delta'\leqslant\delta$ 。嵌入规则如下：

1）计算 d_j 与 d_{j-1} 的比值，记作 λ_j，此时 $j\in[2,1]$ 如下：

$$\lambda_j = d_j / d_{j-1}$$

2）根据奇偶原则计算嵌入水印后的比值 λ'_j，其中奇数代表二值序列中的“1”，偶数代表“0”：

$$\begin{cases} \lambda'_j = \lambda_j & [\lambda_j \times 10^{-x}]\%2 = w_{j-1} \\ \lambda'_j = \lambda_j \pm 10^{-x} & [\lambda_j \times 10^{-x}]\%2 \neq w_{j-1} \end{cases}$$

3）根据含水印信息的比值 λ'_j 计算新的距离 d'_j：

$$d'_j = d_1 \lambda'_j$$

4）计算距离改变量，为最终修改坐标嵌入水印做准备：

$$\Delta d_j = \| d'_j - d_j \|$$

5）调整坐标值，根据距离改变量调整顶点坐标值。

6）重复上述步骤对所有数据子集进行水印的嵌入，利用新的数据子集更新原三维数据，完成在原始三维数据中嵌入水印信息。

（3）水印信息提取。水印信息提取的过程是根据水印嵌入过程的规则从水印嵌入位置中提取所嵌入的信息。由水印嵌入过程可知，嵌入时对原始数据进行了分割并提取了特征点，以此为基准将数据嵌入在周围相邻的点中。因此，在水印提取过程中需要采用同样的方式对数据进行分割、提取。水印的提取只需要检测出在一个分割后的数据子集中存在水印信息，则认为水印信息检测成功，随即停止对其他数据子集的检测。

提取的过程如下：

1）将待检测数据进行分割，获得若干数据子集；

2）对数据子集 P 进行特征点提取，提取到的特征点记作 p_0，与其最近的 1 个点为 $P=\{p_{\mathrm{j}}\}, \mathrm{j}\in[1,l]$，$p_0$ 与 p_{i} 的距离为 $D=\{d_{\mathrm{j}}\}$；

3）计算 d_{j} 与 d_1 的比值，记作 λ_{j}，如下：

$$\lambda_{\mathrm{j}} = d_{\mathrm{j}} / \mathrm{d}_1$$

4）根据嵌入时的奇偶原则依次检测 λ_{j} 的奇偶性作为提取到的水印信息 $W=\{w_{\mathrm{f}}\}$，$f\in(1,l)$，检测到的奇数代表二值序列的“1”，偶数代表“0”，如下：

$$\begin{cases} w_{\mathrm{j}} = 0[\lambda_{\mathrm{j+1}} \times 10^{-x}]\%2 = 0 \\ w_{\mathrm{j}} = 1[\lambda_{\mathrm{j+1}} \times 10^{-x}]\%2 \neq 0 \end{cases}$$

5）提取到水印信息 W 后，将其前 m 位水印信息与长度为 m 的标识序列进行匹配计算，当匹配度为 100%时表示水印检测成功，若不成功，则继续对下一个数据子集进行检测；

6）将水印信息 W 的后 $1-1-m$ 位按照字符集进行解码，得到文本水印信息。

3. 实验与评价

（1）不可感知性分析。数字水印技术的目的是隐藏信息在数据中，所以数据在嵌入水印前后不能有明显差异，即水印算法的不可感知性要好。水印算法的不可感知性主要从主观视觉分析和客观定量分析两个方面进行分析。

1）主观分析。主观分析主要是依赖人的眼睛进行辨识嵌入水印前后的数据的差异，嵌入水印前后实景三维数据的效果图如图 2–91 所示。

图 2–91　嵌入水印前后实景三维数据的效果图

从图 2–91 中嵌入水印前后的对比图可见，水印具有好的不可感知性。

2）客观定量分析。由均方误差计算公式：

$$\delta = \frac{\Delta t_1^2 + \Delta t_2^2 + \Delta t_3^2 + \cdots + \Delta t_n^2}{n}$$

其中 Δt_1 表示嵌入水印后第 i 个点与嵌入前的距离。通过计算，水印嵌入前后的均方误差为 2.26×10^{-4}，因此可以判断嵌入水印前后的数据变化很小，即水印不容易被察觉，进一步证明了水印算法具有较好的不可感知性。

（2）鲁棒性分析。验证水印算法的鲁棒性，可以对水印进行攻击实验。

1）旋转攻击。为检测算法的抗旋转能力，对含水印信息的数据进行旋转，然后检测水印信息，实验结果见表 2–16。

表 2–16　旋转攻击实验结果

旋转轴	旋转角度	提取到的水印信息
X 轴	180°	“水印信息”
Y 轴	150°	“水印信息”
Z 轴	60°	“水印信息”
X 轴、Y 轴	30°、150°	“水印信息”
Y 轴、Z 轴	30°、60°	“水印信息”

实验结果证明，对嵌入水印后的数据进行不同的旋转攻击后，水印信息仍然可以被完整地检测出，因此可以判定算法对旋转攻击具有较强的鲁棒性。

2）平移攻击。为检测算法的抗平移能力，对含水印信息的数据进行平移，然后检测水印信息，实验结果见表 2–17。

表 2-17　　平移攻击实验结果

平移方向	平移距离	提取到的水印信息
X 轴	+123.456 7	“水印信息”
Y 轴	-9876.543	“水印信息”
Z 轴	-1234.567 8	“水印信息”
X 轴、Y 轴	+12.345、-6.543	“水印信息”
Y 轴、Z 轴	-654.321、-12.345 6	“水印信息”

实验结果证明，算法可以抵抗不同方向和不同程度的平移攻击，因此可以判定算法对平移攻击具有较强的鲁棒性。

3）裁剪攻击。为检测算法的抗裁剪能力，对含水印信息的数据进行不同比例的裁剪并从中提取水印信息，实验结果见表 2-18。

表 2-18　　裁剪攻击实验结果

剩余比例	剩余区域	提取到的水印信息
70%		“水印信息”
60%		“水印信息”
50%		“水印信息”
40%		提取失败

实验结果证明，将含水印信息的三维数据裁剪 50%后，水印信息仍然检测成功，当裁剪比例大于 50%后，水印信息检测失败，因此可以判定本算法在一定程度上可以抵抗裁剪攻击。

2.8.2　实景三维数据安全控制技术

实景三维数据安全控制技术是利用访问控制技术和加密技术等，通过计算机底层驱动和应用平台，结合实景三维数据的特点，实现对数据访问时间、权限的管理与控制。与单独的访问控制模型相比，安全控制利用加密技术将数据进行加密，因此数据的受控制状态不会因为外部环境的变化而改变。安全控制技术旨在事先预防数据泄密、侵权情况的发生，增加了计算机的性能开销，对软硬件环境的要求更高。

1. 实景三维数据控制模型

实景三维数据的控制模型主要依托访问控制模型来实现。早期的数据访问控制模型主要分为自主访问控制（discretionary access control，DAC）、强制访问控制模型（mandatory access control，MAC）。随着信息技术的发展，面对不断增多的访问主体与海量、组织结构复杂的数据资源，DAC 权限过于分散的缺陷与 MAC 粗粒度特性已经无法满足实际应用需求。因此，研究者们提出了一些新的访问控制模型，如基于角色的访问控制模型（role based access control，RBAC）、基于属性的访问控制模型（attribute-based access control，ABAC）等。

（1）自主访问控制模型。DAC 是根据自主访问控制策略建立的一种模型，由客体的属主对自己的客体进行管理，由属主自己决定是否将自己的客体访问权或部分访问权授予其他主体，这种控制方式是自主的。也就是说，在自主访问控制下，用户可以按自己的意愿，有选择地与其他用户共享他的文件。自主访问控制通过访问控制列表（access control list，ACL）和访问控制矩阵（access control matrix，ACM）来实现，每一个客体都配有一个列表，这个列表记录了主体对客体进行何种操作。当系统试图访问客体时，先检查这个列表中是否有关于当前用户的访问权限。ACL 是一种面向资源的访问控制模型，它的机制是围绕资源展开的。ACM 通过矩阵形式描述主体和客体之间的权限分配关系。每个主体而言，都拥有对哪些客体的哪些访问权限；而对客体而言，又有哪些主体对他可以实施访问。

实际上，在应用过程中，由于主体的权限太大，无意间就可能泄露信息。同时，当用户数量多、管理数据量大时，ACL 就会很庞大，不易维护。

（2）强制访问控制模型。MAC 是为了弥补 DAC 权限控制过于分散的问题而诞生的。任何主体对任何对象的任何操作都将根据一组授权规则（也称策略）进行测试，决定操作是否允许。

每个用户及文件都被赋予一定的安全级别，用户不能改变自身或任何客体的安全级别，即不允许单个用户确定访问权限，只有系统管理员可以确定用户和组的访问权限。系统通过比较用户和访问的文件的安全级别来决定用户是否可以访问该文件。强制访问控制系统根据主体和客体的敏感标记来决定访问模式，模式包括：

不上读（NRU，Non-Readable Up），主体不可读安全级别高于他的数据；

不下读（NRD，Non-Readable Down），主体不可读安全级别低于他的数据；

不上写（NWU，Non-Writable Up），主体不可写安全级别高于他的数据；

不下写（NWD，Non-Writable Down），主体不可写安全级别低于他的数据。

强制访问控制对专用的或简单的系统是有效的，但由于需要管理员对数据和用户赋予安全级别，所以对于数据量大，用户组多的通用大型系统，其适用性受到一定的限制。

（3）基于角色的访问控制模型。针对 DAC 存在的问题，管理员定义一系列角色（roles）并把它们赋予主体。不同用户可能有不同的角色。设置对象为某个类型，主体具有相应的角色就可以访问它。这样就把管理员从定义每个用户的许可权限的烦琐工作中解放出来。这就是基于 RBAC，通过在用户和权限之间引入了角色的概念，从而解耦了用户和权限之间的关系。角色是权限的集合，由于角色与权限之间的变化比单独某个用户与权限间变化相对慢得多，因此减小了用户授权管理的复杂性。

基于角色的访问控制模型构架如图 2-92 所示。

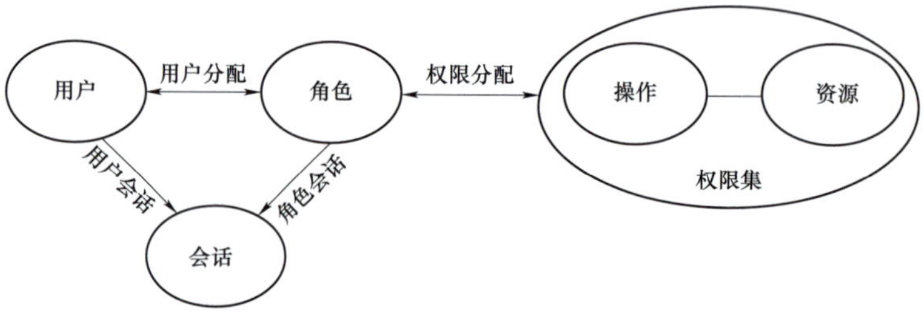

图 2-92 基于角色的访问控制模型架构

基于角色的访问控制模型，有时也称为基于规则的基于角色的访问控制（rule-based role-based access control，RB-RBAC）。它包含了根据主体的属性和策略定义的规则动态地赋予主体角色的机制。

由于 RBAC 模型没有提供操作顺序的控制机制，这一缺陷使得 RBAC 模型很难适应那些对操作次序有严格要求的系统。同时，RBAC 模型是静态授权的，不够灵活。此外，RBAC 模型不支持匿名授权，用户的隐私不能得到很好的保护。

（4）基于属性的访问控制模型。ABAC 是一种授予和管理用户对资源的访问权限的方法，用来支持需要更多上下文感知的环境，而不是简单地以用户为中心的参数。在一个访问控制模型中，主体请求在客体上执行操作被授权或拒绝仅依赖于用户被分配的属性、客体被分配的属性、环境条件和用这些属性与条件制定的一组策略。其中，属性表示主体、客体、环境的特征，属性（包括主体属性、客体属性和环境属性）、操作和策略。

ABAC 最大的优势在于可以通过将各种更丰富的属性信息进行组合形成访问控制条件，从而灵活适应各种资源访问场景。平台会依据上下文消息实时检测用户当前的属性状态，来动态计算权限。

基于属性的访问控制模型架构如图 2-93 所示。

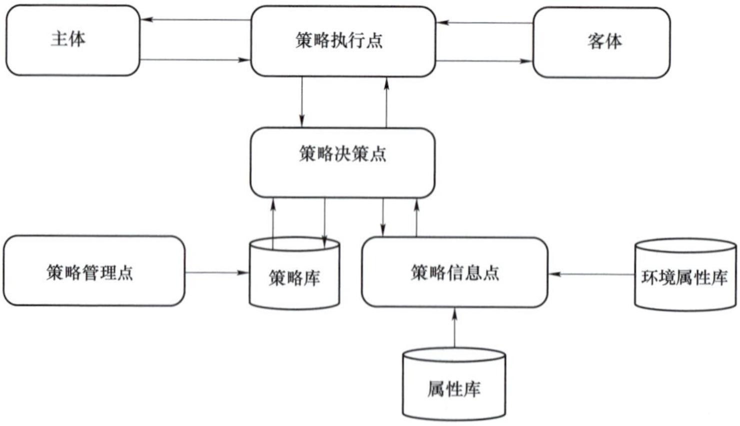

图 2-93 基于属性的访问控制模型架构

2. 实景三维数据控制策略

安全控制策略是指在某个安全区域内（通常是指属于某个组织的一系列处理和通信资源），用于所有与安全相关活动的一套规则。这些规则是由此安全区域中所设立的一个安全权力机构建立的，并由安全控制机构来描述、实施或实现的。安全策略通常建立在授权的基础之上，未经适当授权的实体，信息资源不可以给予、不允许访问、不得使用。目前，针对实景三维数据控制策略主要分为基于数据集粒度的控制策略和基于动态分级授权的控制策略。

（1）基于数据集粒度的实景三维数据控制策略。在实景三维数据粒度方面，根据数据的层次逻辑结构以及访问控制需求，提取最小数据粒度，作为制定访问控制策略的依据。基于实景三维数据数据结构、组织方式以及时空、属性等特征，诸如数据要素、范围、比例尺、分辨率、时空尺度、时空关系等，构建单一粒度或综合粒度的三维数据安全控制模型，从而实现对三维要素的精确控制。

实景三维数据的数据粒度可以分为数据库、数据集、数据层、要素、几何对象与属性以及几何元素等层级，其对应的数据粒度依次变小，其中数据库、数据集、数据层的访问控制属于粗粒度控制，要素、几何对象与属性的访问控制属于细粒度控制，几何对象中部分几何元素的访问控制属于精细粒度控制。根据不同数据类型，可以设置不同的访问控制粗细粒度，如矢量数据采用精细粒度控制，针对几何对象中几何元素进行访问控制；BIM 数据采用粗粒度与细粒度相结合的方法控制，针对 BIM 数据的数据库、数据集合进行粗粒度控制，对于 BIM 数据中的某类或某个要素进行细粒度控制。

（2）基于动态分级授权的实景三维数据控制策略。在安全控制流程中，主体的访问权限和客体的访问规则都具有时效性，若固定主体和客体的相关配置信息，则不利于及时更新用户的访问策略。因此，为了满足主客体属性复杂、用户操作复杂等应用场景下的安全控制需求，相关学者从主体和客体两个角度进行分级控制研究。主要以基于动态授权和文件标识的访问控制为主。在基于动态授权的安全控制研究中，将用户访问时刻的可信程度进行量化，动态地变更用户的访问权限以实现分级控制。通过为访问主体增加静态、动态信任级别，其中主体权限的获取，取决于其静态信任级别是否满足条件，而动态信任级别用于标明用户的可信程度，两者之间的配合平衡了分级安全控制与动态授权的关系。例如，可以通过构建一个主体、客体和平台可信度等级计算函数，用于计算访问主客体可信度，然后对可信性行为进行量化，从而实现安全控制过程中的访问主体的行为的授权的动态分配。

3. 实验与评价

（1）数据加密控制效果。截取某区域 OSGB 倾斜摄影三维模型作为实验数据，相关信息如表 2-19 所示。

表 2-19　　　　实验数据信息

数据	数据类型	数据展示	要素个数/个	数据大小
某区域	倾斜摄影三维模型		754 421	76.3MB

实验以基于角色的访问控制模型作为模型框架，以倾斜摄影三维模型数据集分级粒度作为安全控制策略。有效顾及了用户的访问控制流程，随着用户权限的变更，其可访问的数据范围也会动态变化，避免用户权限变动的同时需要重新获取一份该用户权限范围内的数据。

以上述数据为例，具体的可访问范围与权限的对应关系如表 2-20 所示。由表 2-20 可以看出，在实验数据中红色框选取区域代表当前权限下用户可访问的数据，剩余部分代表加密的空间要素，数据经过加密后不具备可用性，随着用户权限的提升，其可访问的空间要素逐渐增多，但权限外的空间要素仍处于加密状态，无法获取更多的信息。当用户的权限达到最大时，才能够完整的解密整份数据。

表 2-20　　　　分权限解密效果图

数据	加密数据	角色 1 数据	角色 2 数据	角色 3 数据
某地区倾斜摄影三维模型				

（2）访问环境控制。用户首次登录访问控制系统时，会与设备进行绑定，在登录设备的过程中会读取设备的相关信息并生成机器码，与数据库中该用户的机器码进行比对。若非授权登录或者登录时设备机器码不匹配，系统拒绝用户的登录行为。访问设备判定如图 2-94 所示。

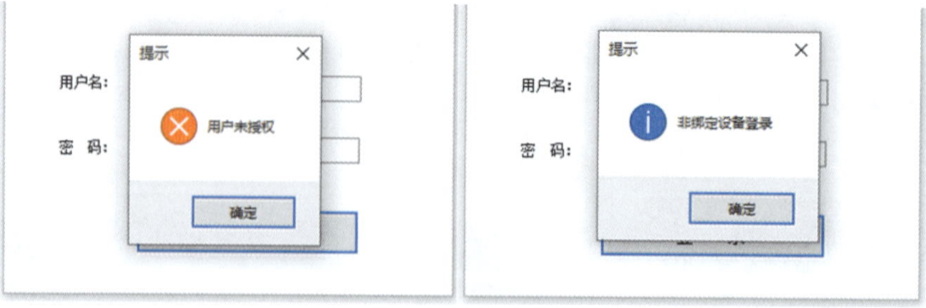

图 2-94　访问设备判定

通过给用户的角色设置有效访问时间，规避了用户在非授权时段登录访问控制系统。同时，当单个用户具备多种类型的角色时，其不同的访问时间也可作为激活不同角色的判定条件。若在非授权时段登录，系统将拒绝用户的角色激活请求。访问时间判定如图 2–95 所示。

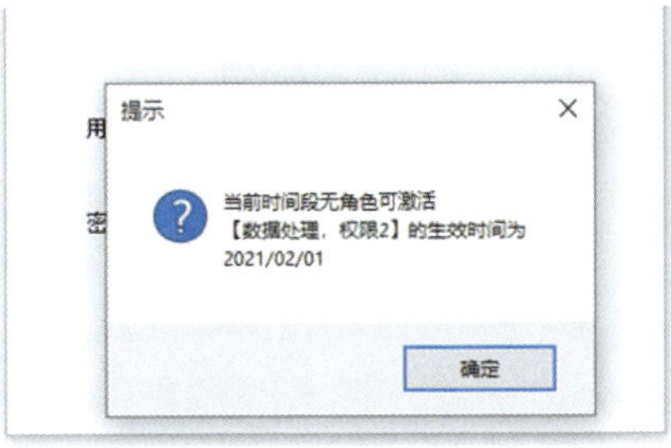

图 2–95　访问时间判定

（3）用户行为控制。用户登录访问控制系统后，可根据用户的权限从文件服务器下载经过控制端加密并上传的数据。若用户自身权限低于数据的最低访问权限，则拒绝用户的下载请求，限制了用户的数据获取行为。数据获取判定如图 2–96 所示，当用户的权限低于数据的权限，则用户无法从文件服务器进行下载操作。

用户的访问判定主要分为两个步骤。首先，是针对数据的有效期限进行判定，若访问时间超出数据的有效期限，则数据自动销毁。其次，为了保证数据在解密后只能被受信软件打开并访问，需要在访问前为数据指定访问的平台进程。若使用其他非受信进程打开受控数据，系统将拒绝用户的访问请求。数据访问判定如图 2–97 所示，将访问平台设置为 “AutoCAD”，由于“ArcMap” 平台不在访问列表，若采用“ArcMap” 平台打开受控数据，则会弹框，提示用户拒绝访问。

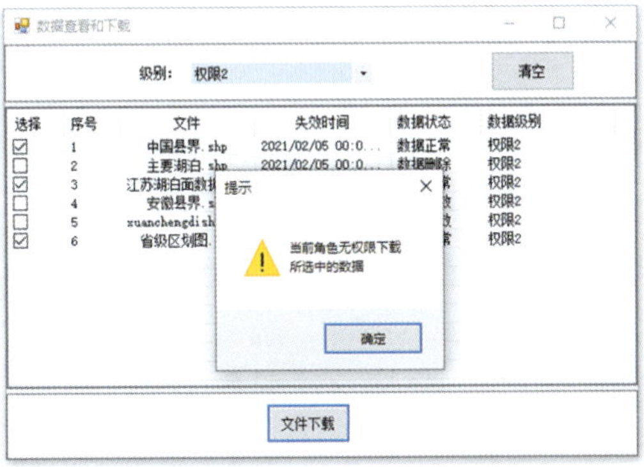

图 2–96　数据获取判定

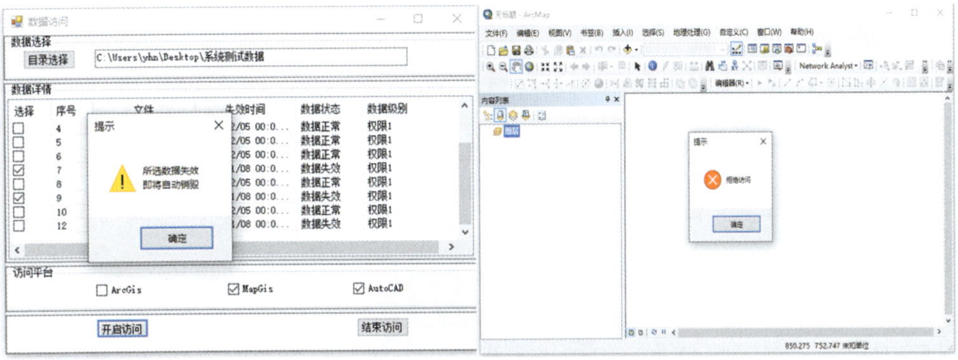

图 2–97　数据访问判定

2.8.3 实景三维数据保密处理技术

1. 实景三维数据保密规则

实景三维保密处理技术是通过数学变换等方法对数据的平面位置、地物高度相对量测、属性等进行精度降低或删除，将保密数据降低密级或处理为可以公开的数据。

（1）实景三维模型脱密需求分析。根据自然资源部于 2020 年 7 月发布的《自然资源部国家保密局关于印发〈测绘地理信息管理工作国家秘密范围的规定〉的通知》（自然资发〔2020〕95 号），其中规定军事禁区及军事禁区以外的优于 10m 或地物高度相对量测精度优于 5%的三维模型、点云、倾斜影像、实景影像、导航电子地图等实测成果分别被划定为机密与秘密两个密级并要求长期保密。

基于以上有关国家规定以及实景三维模型的自身组织结构特征，对实景三维模型的几何精度脱密提出以下需求。

1）精度可控性：依据国家发布的有关规定的要求，在规定的精度范围采用非线性的数学模型对实景三维模型进行几何精度的降低。

2）不可逆性：脱密处理过程中使用的函数为不可逆函数。

3）几何特征不变性：模型在脱密过程中应保持其原有特征，保持偏移的光滑性，不产生纹理特征的紊乱与网格特征大规模的形变。

4）安全性：几何精度脱密算法必须保密可靠且无法被恢复成未处理前的原始数据，且保密函数不能够被破解。

5）数据可用性：要求脱密后的数据变形平滑连续，满足数据正常使用需求，保证脱密后数据的可用性。

6）应用普适性：要求脱密模型与算法能够较好地满足不同数据范围、不同数据容量的脱密要求，具有较强的适用性。

（2）实景三维模型脱密变换规则与模型。实景三维模型的几何精度脱密实质就是采用一定的数学模型对数据的顶点坐标集合进行处理使之满足可公开的精度要求的过程。脱密的变换模型依据加法、乘法与映射三个主要规则，主要包含线性与非线性变换两个类别。

1）线性变换模型。线性变换是一种简单的空间变换模型，被广泛应用于数据的几何校正、图像配准等方面，大多数的 GIS 软件都集成了基于线性变换模型的几何校正功能。线性变换模型主要包括相似变换、仿射变换和射影变换等。相似变换仅对图形进行缩放、旋转和平移，而图形保持形状不变，因此相似变换又称作保形变换。但是变换方式过于简单，易被破解，所以相似变换后的安全性并不能满足需求。仿射变换在相似变换的基础上，还可对图层坐标进行倾斜，是使用最多的一种几何校正方法。

2）非线性变换。利用非线性变换模型对地理数据进行变换一般通过两种方式，一种是利用某种数学函数模型直接对地理数据的坐标进行变换，如三角函数模型、投影变换等。另一种是基于控制点的拟合模型，通常是通过拟合控制点的变换量来求解非线性变换模型的参数，然后再用该模型对数据进行变换，该类模型主要包括多项式模型、有理函数模型、共线方程、径向基函数等。

2. 实景三维数据平面位置精度降低

（1）三角函数模型。由正、余弦函数组成的在实数空间内任意阶连续可导的非线性函数模型的表达式如下：

$$f(x)=b[a\sin(\omega_1 x)+(1-a)\cos(\omega_2 x)] \tag{2-5}$$

式中 b ——函数的振幅值；

a ——控制函数的形状；

ω_1、ω_2 ——用于控制函数的周期。

在保持其他参数不变的情况下，不同形态参数 a 的函数图像如图 2-98（a）所示，不同周期参数 ω_1、ω_2 函数图像如图 2-98（b）所示。

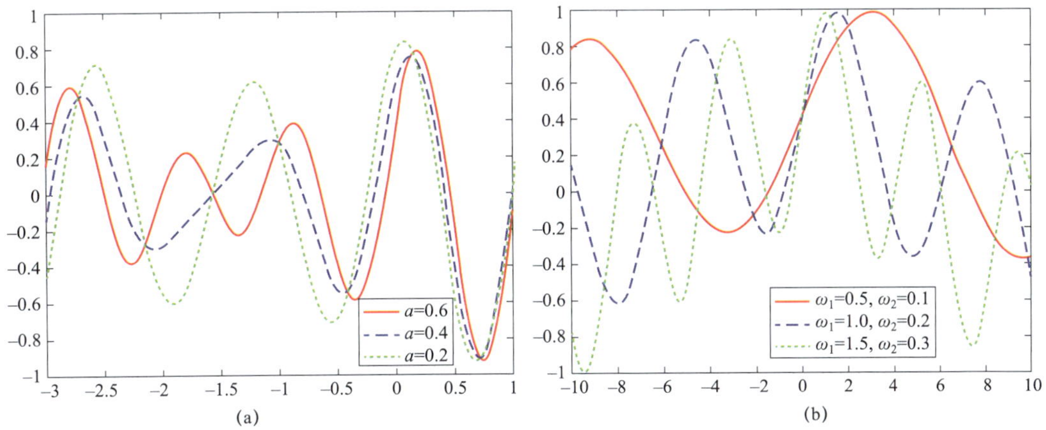

图 2-98 不同参数三角模型对比

（a）形态参数；（b）振幅参数

从图 2-98（a）中可以看出，形态参数越大模型图像抖动越剧烈，如果在模型周期较小的情况下，抖动过于剧烈会使得脱密数据变形较大，影响脱密数据的可用性。因此，需要依据脱密误差，设定适当的形态参数值。对于图 2-98（b），随着 ω_1、ω_2 的增大，模型周期变小。模型的周期 T 是由正弦函数周期和余弦函数周期两者的最小公倍数决定，周期值需要根据数据的图幅范围来恰当选取，如果相对于图幅范围周期过小，将会影响脱密数据的可用性。

式（2-5）的三角函数模型只对坐标点的 y 坐标进行变换，x 坐标没有改变。通过对 x、y 坐标进行改进来完善模型，建立基于三角函数的脱密模型如式（2-6）所示。

$$\begin{cases} x' = ba\cos(\omega_1 x) \\ y' = b(1-a)\sin(\omega_2 y) \end{cases} \tag{2-6}$$

（2）实验与分析。本节几何精度脱密算法所采用的实景三维模型分别为两种不同地区、体量各异的实景三维模型，模型基本信息及模型可视化图片见表 2–21。

表 2–21　　实验模型基本信息表

模型	节点文件数	模型坐标顶点数	模型大小	模型可视化
A	684	1 447 544	184MB	
C	19 487	17 270 353	2.75GB	

1）精度分析。将脱密尺度分别设置为 5m、10m、15m 时，采用以上三种实验实景三维模型进行平面精度脱密处理后的精度结果见表 2–22。

表 2–22　　不同脱密尺度下脱密模型精度统计表　　（m）

模型	脱密尺度	最小误差	最大误差	中误差
A	5	4.104 0	6.065 9	5.126 4
	10	8.207 9	12.131 7	10.252 8
	15	12.311 9	18.197 6	15.379 2
B	5	4.016 2	6.319 1	5.516 4
	10	8.032 3	12.638 2	11.032 8
	15	12.048 5	18.957 3	16.549 2

由表 2–22 可见，当脱密尺度不同时，脱密后模型坐标的中误差均能够达到对应要求，可表明本文的平面精度脱密算法具有较好的精度可达性。此外，当模型不同时，顶点偏移的最大、最小误差值各异，数值上具有变化性。

2）模型可用性分析。脱密后的实景三维模型应具备可用性，需要满足建筑物等地物精细化建模的需求。在脱密尺度设置为 10m 的条件下，对实验数据进行 RANSAC 平面拟合，评价结果见表 2–23。

表 2-23　模型可用性评价结果表

模型	顶点数量	原始模型		脱密模型	
		距离阈值（m）	立面点云图	距离阈值（m）	立面点云图
A	10 953	0.78	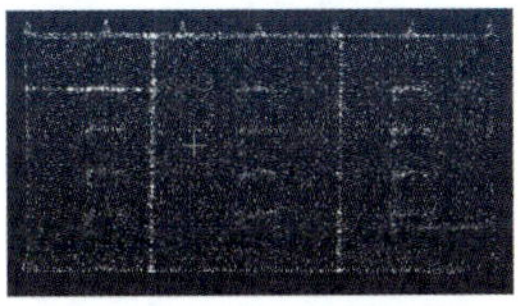	0.81	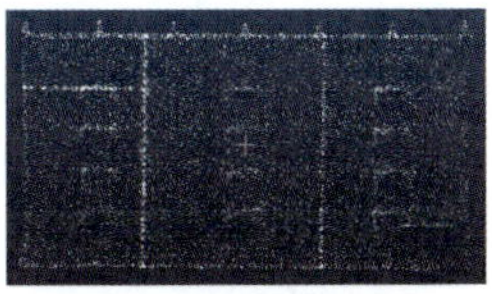
B	7035	0.63		0.63	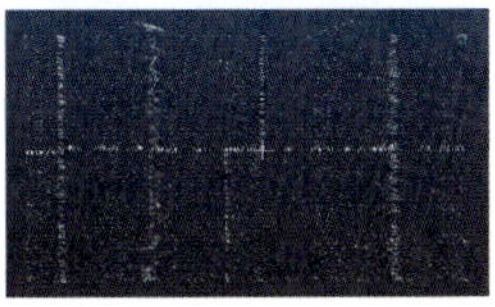

由表 2-23 可知，不同模型选取的立面拟合结果中，脱密前后的距离阈值差异极小，且随着模型场景的增大拟合的距离阈值的变化量逐渐变小，可见模型立面厚度未发生明显改变，表明本节平面精度脱密算法能够对模型保持较好的可用性。

3. 实景三维数据地物高度相对量测精度脱密

（1）基于乘法法则的正切函数模型。以正切函数作为脱密基本函数，以 $f(\alpha)=\tan(\alpha)+1$ 作为本节脱密函数示例，其函数曲线图如图 2-99 所示。

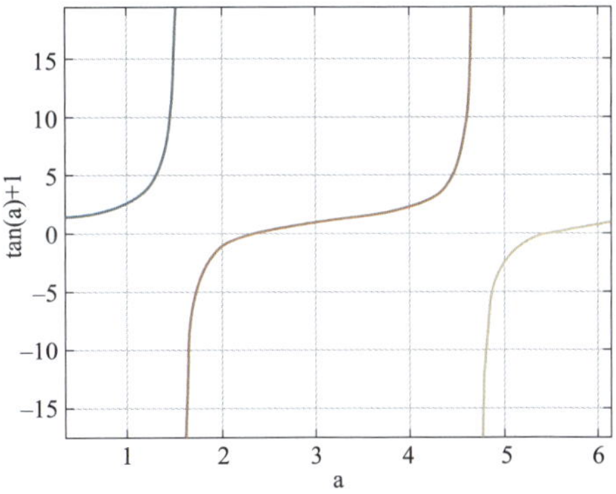

图 2-99　f(a) 曲线图

该函数在 1 附近取值，存在着正、负向不同大小的取值，且其曲线光滑连续，满足对于数据随机的取值需求。对于地物高度相对量测精度的脱密处理，实际上是利用设定的脱密函数 $f(\alpha)$，对原始的地物高度 α 进行计算得到脱密后的低精度 α'。基于函数的有界性特征采用基于乘法的精度变换形式，即 α 的脱密过程可抽象为式（2-7）。

$$\alpha'=\alpha\times f(\alpha) \tag{2-7}$$

以正切函数作为脱密基本函数，脱密算法采用的函数为 $z'=z^{*}(\tan(m(z))+1)$，该函数可保证高程值的变化集中在规定的脱密尺度范围内。假设所需脱密尺度为 v，则为使 z 的坐标在符合要求范围内，地物相对量测精度的脱密函数见式（2-8），其中 z_{max} 与 z_{min} 表示 z 坐标的最大、最小值，z_{mid} 表示 z_{max} 与 z_{min} 的均值。

$$z'=(z-z_{min})\left[\arctan(d)\times\tan\left(\frac{z-z_{mid}}{z_{max}-z_{min}}\right)+v\right]+z_{min} \tag{2-8}$$

针对实景三维模型的脱密需求，还需要使整体误差偏移具有可控性，因此对脱密函数

引入振幅变量 a，最终的实景三维模型地物高度相对量测精度脱密函数确定为式（2-9）。

$$z=(z-z_{\min})\left\{\arctan\left(\frac{d}{a}\right)\times\tan\left[\frac{2(z-z_{\mathrm{mid}})}{z_{\max}-z_{\min}}-1\right]+v\right\}+z_{\min} \tag{2-9}$$

（2）实验与分析。为验证地物相对量测精度算法的性能，以 5%作为示例尺度进行分析，其中精度与可视化分析结果如表 2-24 所示。

1）精度与可视化分析。由表 2-24 可见，经过几何精度脱密后，模型的三角网格特征没有大幅度改变，且能够达到脱密精度要求。

表 2-24　　脱密前后模型可视化表

模型	地物高度相对量测精度（%）	模型概览	模型网格细节
A（脱密前）	94.438 3		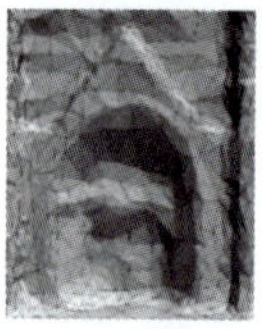
A（脱密后）			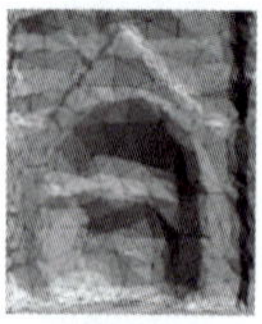
B（脱密前）	94.942 3		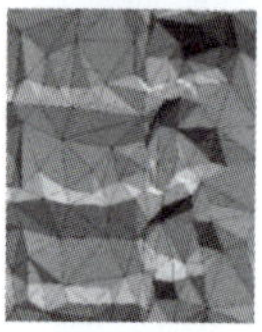
B（脱密后）			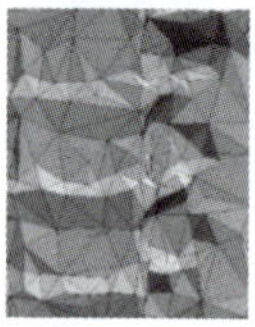

2）空间视觉分析。从空间方向一致性和空间形态相似性对脱密算法进行定量评价，评价结果如表 2-25 所示。

表 2-25　　空间视觉分析表

模型	空间方向一致性	空间形态相似性
A	0.993 0	1.003 6
B	0.983 1	1.001 4

通过评价结果可知，三种实验模型在空间方向一致性上数值均接近 1，表明该脱密算法对于原始模型在空间方向上的一致性影响较小；空间形态相似性均高于 98%，表

示该算法在脱密前后模型整体的空间形态相似性保持较好，不存在大规模的形态突变情况。

参 考 文 献

［1］Baltsavias E PA comparison between photogrammetry and laser scanning［J］. Isprs Journal of Photogrammetry & Remote Sensing，1999.54（2－3）：83－94.

［2］Chauve A，Mallet C，Bretar F，et al.Processing full-waveform LiDAR data：modelling raw signals［C］. International Archives of Photogrammetry，Remote Sensing and Spatial Information Sciences，36（Part 3/W52）. 2008：102－107.

［3］Chauve A，Vega，C，Durrieu，S，et al. Advanced full-waveform lidar data echo detection：Assessing quality of derived terrain and tree height models in an alpine coniferous forest［J］. International Journal of Remote Sensing，30（19）：5211－5228.

［4］陈驰，2016. 多视角高分辨率距离成像与可见光成像数据鲁棒融合［D］. 武汉：武汉大学.

［5］Nagai M，Tianen C，Shibasaki R，et al. 2009. UAV-Borne 3-D Mapping System byMultisensor Integration［J］. IEEE Transactions on Geoscience and Remote Sensing，47（3）：701－708.

［6］Yang B，Chen C.2015. Automatic registration of UAV-borne sequent images and LiDAR data［J］. ISPRS Journal of Photogrammetry and Remote Sensing，101：262－274.

［7］Wallace L，Lucieer A，Watson C，et al.2012.Development of a UAV-LiDAR system with application to forest inventory［J］. Remote Sensing，4（6）：1519－1543.

［8］杨必胜，李健平. 轻小型低成本无人机激光扫描系统研制与实践［J］. 武汉大学学报·信息科学版，2018，43（12）：1972－1978.

［9］Schwarz K P，Martell H E，El-Sheimy N，et al.VIASAT-A mobile highway survey system of high accuracy［C］//Proceedings of VNIS'93-Vehicle Navigation and Information Systems Conference.IEEE，1993：476－481.

［10］He G，Novak K，Tang W.The accuracy of features positioned with the GPSVan［J］. International Archives of Photogrammetry and Remote Sensing，1994，30：480－486.

［11］Reed M D，Landry C E，Werther K C.The application of air and ground based laser mapping systems to transmission line corridor surveys［C］//Position Location & Navigation Symposium.IEEE，1996.

［12］Klemm J，Caspary W，Heister H.Photogrammetric data organisation with the mobile surveying system KiSS［C］//Proceedings of the 4th Conference on Optical.1997：300－308.

［13］Manandhar D，Shibasaki R.2002.Auto-extraction of urban features from vehicle-borne laser data［J］. The International Archives of Photogrammetry，Remote Sensing and Spatial Information Sciences，34（4）：650－655.

[14] Zhao H，Shibasaki R.A novel system for tracking pedestrians using multiple single-row laser-range scanners[J]. IEEE Transactions on systems，man，and cybernetics-Part A：systems and humans，2005，35（2）：283－291.

[15] Kukko A，Andrei C O，Salminen V M，et al.2007.Road environment mapping system of the Finnish Geodetic Instituteg multiple single-row laser-range scanners [J]. IEEE Transactions on systems，man.

[16] Li，Q.，Li，J.，Chen，Q.H.，Y.L.，2001.3D mobile mapping system for road modelling. Proc. 3rd International Symposium on Mobile Mapping Technology，January 3tic

[17] 李德仁. 对空间数据不确定性研究的思考 [J]. 测绘科学技术学报（6）：391－392，295.

[18] 卢秀山，李清泉，冯文灏，等. 车载式城市信息采集与三维建模系统 [J]. 武汉大学学报（工学版），2003（03）：76–80.

[19] 梁诚. 面向 GIS 的车载空间数据采集系统研究 [D]. 南京：南京师范大学，2008.

[20] 吴宾，余柏蒗，岳文辉，等. 一种基于车载激光扫描点云数据的单株行道树信息提取方法 [J]. 华东师范大学学报（自然科学版），2013（2）：38－49.

[21] 张迪，钟若飞，李广伟，等. 车载激光扫描系统的三维数据获取及应用[J]. 地理空间信息，2012（01）：7＋32－33＋36.

[22] YANG Bisheng，HUANG Ronggang，DONG Zhen，et al.Two-Step Adaptive Extraction Method for Ground Points and Break lines from Lidar Point Clouds [J]. ISPRS Journal of Photogrammetry and Remote Sensing，2016（119）：373－389.

[23] Yang B，Dong Z，Liu Y，et al.Computing multiple aggregation levels and contextual features for road facilities recognition using mobile laser scanning data[J]. ISPRS Journal of Photogrammetry and Remote Sensing，2017a，126：180－194.

[24] FANG L，YANG B，CHEN C，et al.Extraction 3D road boundaries from mobile laser scanning point clouds [C] //ICSDM 2015－Proceedings 2015 2nd IEEE International Conference on Spatial Data Mining and Geographical Knowledge Services.2015：162–165.

[25] YANG Bisheng，HUANG Ronggang，LI Jianping，et al.Automated Reconstruction of Building LoDs from Airborne LiDAR Point Clouds Using an Improved Morphological Scale Space [J]. Remote Sensing，2017b，9（1）：14.

[26] YANG Bisheng，XU Wenxue，YAO Wei.Extracting Buildings from Airborne Laser Scanning Point Clouds Using A Marked Point Process [J]. GIScience & Remote Sensing. 2014，51（5）：555－574.

[27] Hu H，Ding Y，Zhu Q，et al.An adaptive surface filter for airborne laser scanning point clouds by means of regularization and bending energy [J]. ISPRS Journal of Photogrammetry and Remote Sensing，2014（92）：98－111.

[28] 隋立春，张熠斌，张硕，等.基于渐进三角网的机载 LiDAR 点云数据滤波[J]. 武

汉大学学报（信息科学版），2011，36（10）：1159－1163.

［29］Yang B，Dong Z.A shape-based segmentation method for mobile laser scanning point clouds［J］. ISPRS Journal of Photogrammetry and Remote Sensing，2013（81）：19－30.

［30］Yu Yongtao，Li Jonathan，Guan Haiyan，et al.Automated Extraction of Urban Road Facilities Using Mobile Laser Scanning Data［J］. IEEE Transactions on Intelligent Transportation Systems，2015，16（4）：2167－2181.

［31］Li Z，Zhang L，Tong X，et al.A Three-Step Approach for TLS Point Cloud Classification［J］. IEEE Transactions on Geoscience and Remote Sensing，2016，54（9）：5412－5424.

［32］Gu Y，Wang Q，Xie B.Multiple Kernel Sparse Representation for Airborne LiDAR Data Classification［J］. IEEE Transactions on Geoscience and Remote Sensing，2017，52（2）：1085－1105.

［33］Guo Bo，Huang Xianfeng，Zhang Fan，et al.Classification of airborne laser scanning data using JointBoost［J］. ISPRS Journal of Photogrammetry and Remote Sensing，2015（100）：71－83.

［34］朱文泉，林文鹏. 遥感数字图像处理——原理与方法［M］. 北京：高等教育出版社，2015.

［35］王敏，周树道，何明元，等. 国内外卫星遥感器辐射定标场地特性比较分析［J］. 测绘与空间地理信息，2015，38（07）：24－27.

［36］张明磊，张云生，邹峥嵘. 一种面向倾斜影像三维建模的影像筛选方法［J］. 测绘工程，2018，27（03）：68－71＋80. DOI：10.19349/j.cnki.issn1006－7949.2018.03.014.

［37］王坚，徐昀鹏，陈润华. 倾斜摄影测量扩展航线中冗余影像的剔除方法［J］. 智能城市，2021，7（19）：50－52.DOI：10.19301/j.cnki.zncs.2021.19.024.

［38］周丽娟，王静. 大序列无人机影像畸变差快速修正方法［J］. 城市空间信息，2020，18（08）：10－13＋6.

［39］杨海成，李茂森，伦更永，等. 基于改进 Wallis 滤波器算法的无人机影像匀光匀色方法［J］. 北京测绘，2022，36（06）：686－691.

［40］向润梓. 无人机激光雷达数据预处理技术研究［D］. 哈尔滨工业大学，2020.DOI：10.27061/d.cnki.ghgdu.2020.003249.

［41］何锐斌，李子扬，贺文静，等. 激光点云解算的软硬件协同设计与实现［J］. 电子技术应用，2019，45（03）：100－103.

［42］CH/T 9024，2019《三维地理信息模型数据产品质量检查与验收》解读［J］. 测绘标准化，2015，31（04）：31.

［43］张天巧. 机载倾斜摄影三维模型质量检查方法研究［J］. 西部资源，2021（06）：116－118.DOI：10.16631/j.cnki.cn15－1331/p.2021.06.041.

［44］孙涛，张正明. 三维数字城市模型质量检验方法的研究［J］. 现代测绘，2015，38（05）：18－20.

［45］汤圣君，朱庆，赵君峤. BIM 与 GIS 数据集成：IFC 与 CityGML 建筑几何语义信息互操作技术［J］. 土木建筑工程信息技术，2014，6（4）：11－17.

［46］周成虎，陈向东，等. CIM 应用与发展（上册）［M］. 北京：中国电力出版社，2021.

［47］Yilin Liu，Liqiang Lin，Hui Huang，et al. Learning reconstructability for drone aerial path planning.ACM Trans.on Graphics（Proc.SIGGRAPH ASIA）. 41（6）：1－17，2022.

［48］Yilin Liu，Ruiqi Cui，Ke Xie，Minglun Gong，Hui Huang. Aerial path planning for online real-time exploration and offline high-quality reconstruction of large-scale urban scenes.ACM Trans.on Graphics（Proc.SIGGRAPH ASIA）. 40（6）：226：1－226：16，2021.

［49］Han Zhang，Yucong Yao，Ke Xie，Hui Huang，et al. Continuous aerial path planning for 3D urban scene reconstruction.ACM Trans.on Graphics（Proc.SIGGRAPH ASIA）. 40（6）：225：1－225：15，2021.

［50］Xiaohui Zhou，Ke Xie，Kai Huang，et al. Offsite aerial path planning for efficient urban scene reconstruction.ACM Trans.on Graphics（Proc.SIGGRAPH ASIA）. 39（6）：192：1－192：16，2020.

［51］Ke Xie，Hao Yang，Hui Huang，et al. Creating and chaining camera moves for quadrotor videography.ACM Trans.on Graphics（Proc.SIGGRAPH）. 37（4）：88：1－88：13，2018.

第3章 实景三维平台

3.1 概述

随着立体卫片、倾斜摄影、地面扫描等三维数据获取手段的丰富，随着云计算、物联网、大数据、ICT 和 AI 等相关技术的发展，为满足政府部门、企事业单位、社会公众等对时空基础数据的迫切需求，需要结合数字中国、智慧城市对时空信息基础设施的要求，整合多源异构的数据资源，实现多源异构数据之间的空间统一、关联和融合，形成地上、地下，二维、三维统一的时空基底。实景三维的建设依托卫星遥感、激光雷达、倾斜摄影等测绘手段，融合云计算、物联网、人工智能、机器学习等计算机前沿技术，关联融合自然资源管理以及人口经济、城市管理、交通设施、民政服务等各行业专题业务数据，实现数字空间与现实空间的实时关联互通，为经济社会发展和自然资源管理提供统一的空间定位框架和分析基础。

实景三维平台基于空间大数据技术、二三维一体化技术、时空地理编码技术、关系图谱构建技术、数据轻量化技术、数据保密技术等，实现了二三维地理实体数据、地理场景数据和物联感知数据的集成，形成内涵丰富的空间数据底座，为自然资源调查、国土空间规划、智慧城市建设等应用提供基础的数据和服务，实现统一空间基底的平台支撑，打造真实、立体、动态的多领域、多维度的数字化平台，服务经济社会发展和生态文明建设。

3.2 系统模型

实景三维平台应具有以下特征：

（1）实体对象。实景三维平台与其他三维平台的核心区别在于以地理实体为对象来管理空间数据，对地理实体进行唯一空间身份编码，建立实体与图元、实体与实体之间的关系，通过建立语义关系实现数据的互联互通，提供实体级信息查询统计、实体间关系查询分析等服务，全面掌握地理实体多方面信息。

（2）三维立体。从表现形式上，实景三维平台必然具备三维展示能力；同时，实景三维平台也需要容纳二维数据。但是，实景三维平台不单单将传统的二维平台和三维平台进行了结合，而是通过二三维一体化、实体场景一体化、按需数据产品自由组装等，依托立体时空分析和多维度统计分析等功能，满足各行业用户对三维数据浏览、管理、应用和分析研判的需求。

（3）动态更新。随着无人机、立体卫片、人工智能等技术发展，以及与互联网数据、社会企业数据、物联感知等数据的融合，实景三维模型的全量和局部更新成为可能，相关数据更新频率愈来愈高。实景三维平台必须具有比以往平台更强大的处理实景三维模型局部更新与融合的能力，必须具有接入物联网设备的能力，实现动态的更新，满足各行业对最新现实三维空间的查看需求，以及对时态分析和实时数据查询统计的需求。

（4）按需服务。实景三维平台关键在用。实景三维平台要为用户提供统一的实景三维数据服务以及多种多样的三维空间分析功能服务，既发挥空间数据底座的作用，又满足各行业对数据种类、分析功能的需求，实现用户与“现实世界”的真实互动，实现基于实景三维数据的分析研判。

3.2.1 需求分析模型

1. 政策需求

实景三维中国建设是面向新时期测绘地理信息事业服务经济社会发展和生态文明建设新定位、新需求，对传统测绘业务的转型升级，是测绘地理信息服务的发展方向和基本模式，已经纳入“十四五”自然资源保护和利用规划。自然资源部 2022 年发布的《自然资源部办公厅关于全面推进实景三维中国建设的通知》《实景三维中国建设总体实施方案（2022—2025 年）》等文件，都对实景三维平台相关建设内容提出了具体要求。

自然资源部 2019 年印发《自然资源部信息化建设总体方案》，提出建立三维立体自然资源“一张图”，并提出要推进三维实景数据库建设，要建立二三维一体化的自然资源和国土空间三维实景数据库，加强地上地下一体化管理，实现客观世界的大场景三维动态可视化管理，并努力实现动态实时实景可视化；2021 年印发《自然资源三维立体时空数据库建设总体方案》，要求围绕七类自然资源调查监测数据成果构建国家级自然资源三维立体时空数据库。

中央网络安全和信息化委员会 2021 年印发的《“十四五”国家信息化规划》中指出，要按照“统一底图、统一标准、统一规划、统一平台”的要求，推进自然资源三维立体“一张图”和国土空间基础信息平台建设。

2. 业务需求

构建数字中国、智慧城市需要实景三维平台作为时空信息基础设施。实景三维平台要依托涉密网、政务网和互联网等不同的网络环境，为国土空间基础信息平台、智慧城市时空大数据平台以及地理信息公共服务平台提供实景三维数据支撑，从而为数字孪生、CIM 等应用提供数字空间底座，实现实景三维中国泛在服务，辅助政府科学决策，推进数字产业化、产业数字化，促进数字经济发展。

提升自然资源管理效能需要实景三维平台作为技术平台支撑。在自然资源管理中，面向不动产确权登记、自然资源清查、国土空间规划实施监督等多个领域，均需要在三维空间规划、审批、确权、监管等方面提供高精度、三维立体、可量测、信息丰富的实景三维信息服务，需要覆盖全面、现势性好、三维可视的数据场景支撑工作开展，更好支撑自然资源部门履行“两统一”职能。

实现测绘地理信息转型发展需要实景三维平台作为改革落地抓手。传统基础测绘成果的数据表达方式一定程度上还是纸质版地形图数据的延续，其表达方式是对现实世界进行分要素、分尺度、割裂式地抽象表达，尽管人眼可识别，但机器难理解，空间分析与决策局限性较大，数据更新慢，时效性低，难以满足各行业对时空基础数据的迫切需求。基础测绘转向新型基础测绘、实现供给侧结构性改革，迫切需要实景三维平台及其所提供的实景三维数据、实景三维服务。

3. 功能需求

实景三维平台需实现从数据处理、汇集、建库、更新、管理、应用和服务的全流程工作模式，确保实景三维数据实时汇集、实时更新、实时应用、实时服务，保证实景三维数据的现势性和准确性。

实景三维平台需能按需完成通用和专题产品的组装制作，实现基础和专题的分析功能，发布二维和三维空间分析服务，接入物联感知数据，满足应用需求。

实景三维平台作为数字孪生的时空基础，需实现数字国土的三维立体空间化映射，并通过数据共享，建立不同数据安全等级机制，实现不同版本的产品形式和服务机制，从而让政府、企业、社会大众等不同用户使用实景三维数据成果。

3.2.2 架构体系

以打造统一的空间基底的目的出发，依托云计算、物联网、大数据、人工智能等技术，在相关标准规则下，通过存量数据转换、图元采集、语义转换、物联接入、数据清洗等方式，实现地理场景和地理实体之间的融合、地理实体与物联感知数据之间的互联，最终形成二三维数据的汇聚融合，建立实景三维数据库。依托数据库管理分析、按需产品组装及应用与服务技术，支撑多样性的平台应用，满足自然资源管理、国土空间规划、城市综合治理等应用需求。

实景三维平台架构包括基础设施层、数据层、业务支撑层、功能服务层、应用层，如图 3-1 所示。

（1）基础设施层。基础设施层是实景三维平台搭建的软硬件及网络环境基础，包括：政务内外网环境，路由器、交换机、防火墙等网络硬件设施，以及数据存储管理和服务发布相应的服务器和存储设备等。

（2）数据层。数据层是实景三维平台的数据基础，通过汇集遥感影像数据、激光点云数据、物联网数据、基础地理信息数据、调查监测数据、经济人口等其他各类数据源，采用数据清洗、数据转换、图形编辑、空间身份编码等技术手段，完成地理实体、地理场景等数据的生产，实现数据空间统一、互联互通，为实景三维平台的搭建提供数据底座。

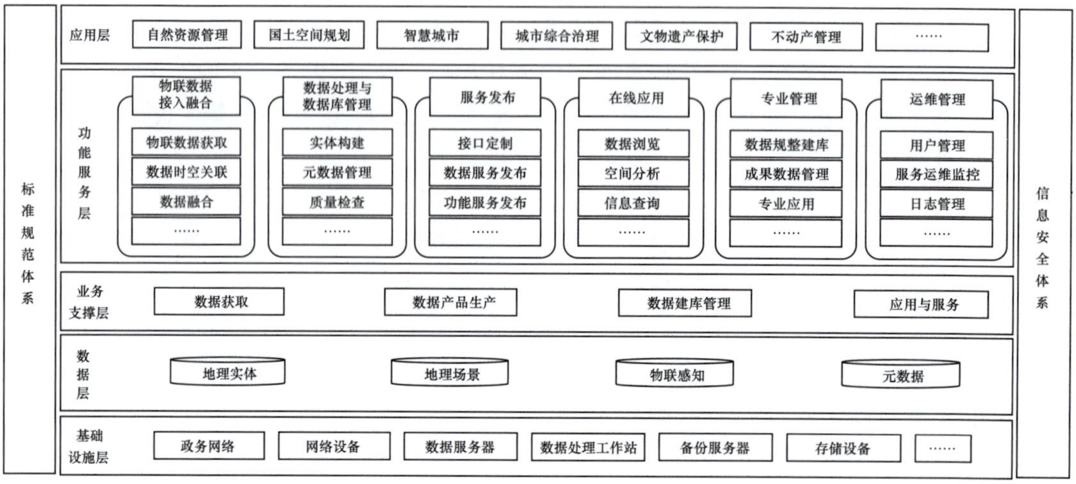

图 3－1　实景三维平台架构

（3）业务支撑层。业务支撑层是实景三维平台提供应用服务的基础支撑。平台提供数据服务接入、标准化产品及自定义产品组装、数据库管理及应用与服务发布的技术支撑，保证实景三维平台的正常运行。

（4）功能服务层。功能服务层是实景三维平台面向应用的通用和专用功能接口。通过物联数据接入融合、数据处理、数据库管理、数据服务发布、在线服务应用、专业数据管理、运维管理等功能，满足各行业专题的不同应用需求，使平台在集合各类空间大数据的基础上，发挥最大的服务保障作用。

（5）应用层。应用层是实景三维平台最终面向用户的窗口。实景三维平台的建设能够支撑的应用领域包括自然资源管理、国土空间规划、智慧城市建设、城市综合治理、文物遗产保护、疫情防控等等。

3.2.3　数据模型

自然资源部发布的《实景三维中国建设技术大纲（2021 版）》《实景三维中国建设总体实施方案（2022—2025 年）》，指出实景三维为真实、立体、时序化反映人类生产、生活和生态空间的时空信息。通过空间统一、质量控制、分类分级、空间身份编码等技术手段，完成数据关联融合，实现数字空间与现实空间的实时关联互通。实景三维数据类型主要包括地理实体数据、地理场景数据以及物联感知数据等。

1. 地理实体数据

地理实体是现实世界中占据一定且连续的空间位置、单独具有同一属性或完整功能的地理对象。地理实体包含基础地理实体和专题地理实体，基础地理实体是通过基础测绘采集和表达的地理实体，是专题地理实体的定位框架与承载基础。

基础地理实体可分为自然地理实体、人工地理实体和管理地理实体三大类。自然地理实体包括山体、水系、冰雪、海洋、农林用地与土质等，人工地理实体包括水利、交通、建（构）筑物及场地设施、管线、院落、人工地貌等，管理地理实体包括行政区划单元、地名地址、国土空间规划单元、其他管理单元等。基础地理实体数据分类见表 3-1。数据成果由实体图元数据、实体属性数据、实体关系数据和元数据构成。根据现实世界中表达对象类型的不同，按照不同表现形式划分，可分为二维形式表达的基础地理实体、三维形式表达的基础地理实体。

表 3-1　基础地理实体数据分类

基础地理实体	自然地理实体	山体
		农林土质
		水系
		……
	人工地理实体	水利
		交通
		建（构）筑物及场地设施
		管线
		院落
		人工地貌
		……
	管理地理实体	行政区划
		地名地址
		国土空间
		其他
		……

专题地理实体数据是城市建设运行中各行业专题业务工作开展的数据资源，包括房屋管理专题数据、市政设施专题数据、水务专题数据、城市管理专题数据、国土空间规划专题数据、经济人文专题数据等。专题地理实体数据是对基础地理实体数据的补充，也是基础地理实体数据发挥其基础性保障和作用的催化剂。正是通过基础地理实体数据和专题地理实体数据的有效融合，才使得实景三维平台在城市建设运行和发展中发挥应有的作用。

2. 地理场景数据

地理场景数据是指利用航空、航天、地面等数据采集方法形成的一定区域范围内连续成片地反映现实世界地理空间位置、形态和相对关系等信息的产品。

地理场景数据是对现实世界的非结构化表达，地理场景数据的产品体系包括二维、2.5 维、三维地理场景。二维地理场景主要由 DOM、TDOM 组成，2.5 维地理场景由 DEM、DSM、机载激光雷达扫描数据、地面激光雷达扫描数据、全景影像、街景影像和视频流构成，三维地理场景由倾斜摄影三维模型（Mesh）、立体卫星三维模型、激光点云（LiDAR）。地理场景数据资源见表 3-2。

表 3-2　　地理场景数据资源

地理场景	二维地理场景	数字正射影像（DOM）
		数字真正射影像（TDOM）
	2.5 维地理场景	数字高程模型（DEM）
		数字表面模型（DSM）
		航摄全景影像
		车载街景影像
		全景视频流
	三维地理场景	倾斜实景三维模型（Mesh）
		立体卫星三维模型
		激光点云（LIDAR）

3. 物联感知数据

物联感知数据主要包括传感器数据、空间位置数据、互联网数据、社会经济数据等。物联感知数据内容见表 3-3。

表 3-3　　物联感知数据内容

数据类型	数据内容
传感器数据	水质监测数据
	地质监测数据
	空气质量监测数据
	路面震动监测数据
	降雨监测数据
	降雪监测数据
	监控视频数据
	……
空间位置服务数据	手机信令
	车辆轨迹
	签到打卡
	交通刷卡
	……
互联网数据	社交媒体网络数据
	网上消费数据
	……
社会经济数据	人口数据
	企业经营数据
	……

4. 数据建库

实景三维数据建库应打破比例尺的概念，避免数据重复采集建库。同时，还要突破现有基础地理信息数据库的内容，在自然属性的基础上，不断丰富和完善社会、经济、人文属性，以满足城市规划建设和发展所需的信息分析与服务。

数据建库内容包括二三维形式表达的基础地理实体、DEM、DSM、DOM、TDOM、倾斜摄影三维模型、全景影像、全景视频流和激光点云等，以及文本、照片、音频视频等多媒体数据资料。其中，地理实体数据库要取消传统的按比例尺分级建库，建立涵盖交通、水系、房屋建筑、界线、基础设施等基础地理信息数据库。

实景三维数据库总体上可分为基础地理实体数据库、地理场景数据库、物联感知库以及元数据库，如图 3－2 所示。其中，元数据库由各类数据成果的相应元数据信息构成。

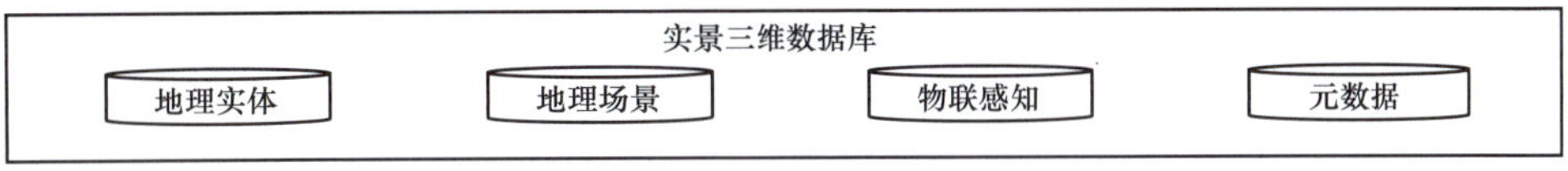

图 3－2　实景三维数据库

3.2.4　业务模型

实景三维平台业务覆盖实景三维数据从数据接入产品生产、建库管理、应用服务全过程。通过接入地理实体数据、地理场景数据，同时接入物联感知数据，经过数据解析、数据清洗，地址匹配等完成数据之间的融合匹配，完成多类型、多时相、多粒度的实景三维数据成果，形成实景三维数据库。通过实景三维平台，实现按需产品定制，实现实景三维数据成果的服务发布共享及各类功能应用。实景三维平台业务架构体系如图 3－3 所示。

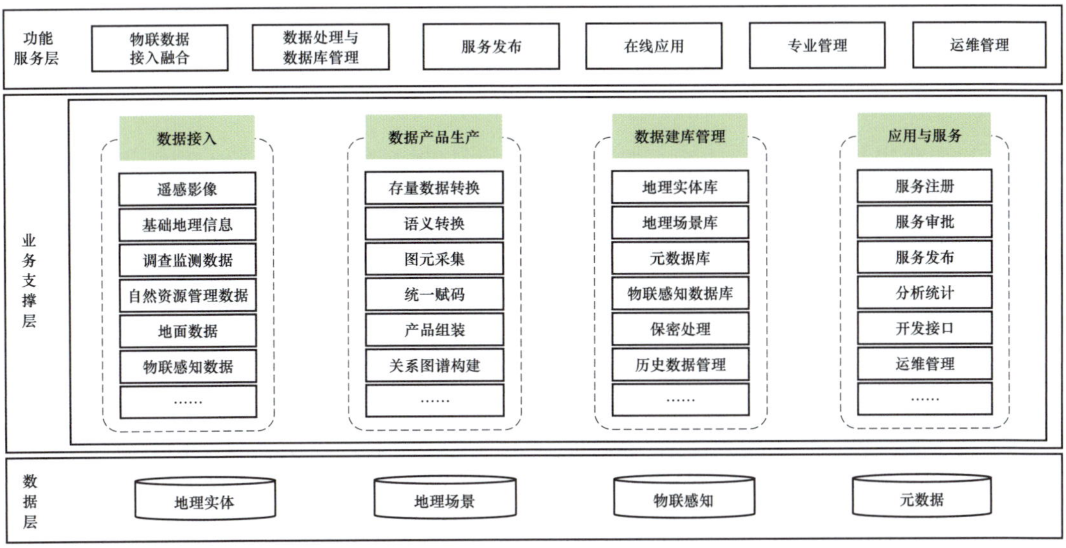

图 3－3　实景三维平台业务架构体系

（1）数据接入。包括接入遥感影像、基础地理信息、调查监测数据、自然资源管理数据、地面数据、物联感知数据等。

（2）数据产品生产。通过采用存量数据转换、语义转换、图元采集等方法实现数据产品制作，依据地理空间赋码规则对地理实体数据赋予身份编码，进行标准化产品或其他自定义产品组装，并实现关系图谱的构建等。

（3）数据建库管理。包括地理实体建库管理、地理场景建库管理、物联感知建库管理、元数据建库管理，并对数据进行保密处理和历史数据管理等。

（4）应用与服务。包括服务注册，审批和发布。分析统计、运维管理及对二次开发和接口定制的支持等。

3.2.5 主要功能

1. 物联数据接入与融合

通过物联数据接入与融合功能实现实景三维平台接入物联数据，并与平台内已有数据进行关联和融合。

（1）物联数据获取。提供多样性的数据接入方式，并对获取的不同类型数据进行解析。能够提供数据清洗规则，制定清洗方案，实现数据监测、问题数据定位，数据修正及结果验证。

（2）物联数据与基础地理实体数据时空关联。通过匹配等技术手段，赋予物联感知数据对应的空间信息和时间信息，确保与实景三维平台其他数据保持一致性，并基于其属性信息建立与基础地理实体数据之间的关联关系。

（3）物联数据与基础地理实体数据融合。支持视频及图像裁剪和拼接，并能通过调整旋转角度、位置、朝向等参数，完成与底图和实体的匹配融合，支持空间检索、定位查询，以及空间量测。

2. 数据处理与数据库管理

该功能可实现实体数据编辑、元数据管理，查询统计与数据产品定制等，具体功能如下：

（1）平台提供各类基础功能，如基本工具：图层管理、实体浏览、视图管理等；数据导入：矢量、影像/地形、三维数据导入；数据导出：支持多类型格式的数据导出。

（2）平台提供实体构建功能，如基于规则创建实体、图元导入并编码、实体间关系构建与编辑。

（3）平台提供实体编辑功能，支持图元编辑、属性编辑、实体关系编辑等。

（4）平台提供数据挂接与编辑功能，支持实体数据与专题数据或者是非空间数据进行挂接，并能够对挂接的关联关系进行编辑。

（5）平台提供元数据管理功能，支持元数据入库、编辑、查询检索等功能。

（6）平台提供质量检查功能，支持数据完整性检查、图形检查、属性检查和实体关系检查等，并可对质检方案进行配置。

（7）平台提供目录与标准化管理功能，支持标准的新建和编辑，支持添加、删除和修改目录，同时支持按照标准进行初始化创建目录。

（8）平台提供实体查询统计功能，支持对入库的实体数据进行统计，支持实体按照特定的筛选条件进行查询统计。

（9）平台提供数据更新功能，支持实体数据更新和历史数据管理，场景数据可按对象或倾斜数据等按区域进行更新。

（10）平台提供数据及产品定制功能，支持按绘制范围、自定义范围或者按照属性筛选等多种方式导出数据，支持数据产品定制、专题产品定制及地图定制。

3. 服务发布

平台提供功能接口定制、地理场景数据接口定制、地理实体数据接口定制及数据服务发布等相关功能。

（1）功能接口定制，可以通过功能接口，定制系统功能。

（2）场景数据接口定制，提供栅格数据，包括 DEM、DOM、DSM 等数据的查询接口。

（3）实体数据接口定制，支持定制实景三维数据在线服务接口，获取实景三维数据的图元数据、实体属性数据和实体关系数据，包括二三维数据。

（4）实体数据服务发布，支持实体服务发布，通过服务可以获取实体的栅格数据、二三维图元数据、实体属性和实体关系数据。

（5）场景数据服务发布，支持地理场景数据，包括倾斜摄影、DEM、DOM、DSM 等服务发布。

（6）功能服务发布，支持将系统的功能发布为服务。

4. 在线应用

提供基础工具，支持三维数据浏览功能，支持关系图谱展示，支持三维分析和空间分析，提供专题应用功能，满足不同行业数据查询浏览需求。

（1）提供资源目录功能，展示数据的服务，可添加到视图区，支持快速定位。

（2）提供基础工具，包括快速检索、量测、场景快照、坐标查询、场景定位、平移、缩放、中心点旋转、天气模拟、二三维标注、地理实体属性查询等。

（3）提供三维数据浏览功能，支持大规模的三维精细模型、倾斜摄影测量模型、地形成果（DEM/DSM+DOM）、激光点云等实景三维数据的快速加载与浏览以及通过飞行路径进行场景漫游。

（4）提供三维信息查询功能，支持三维数据查询与量算，其中包括三维属性查询，倾斜及三维精细模型属性查询。

（5）提供关联关系展示功能，支持实体二三维图元切换展示、实体关联关系、实体社会属性以及实体关联的非空间数据的展示。

（6）提供三维数据统计功能，支持三维数据按区域、按实体类别等多种方式进行统计，统计结果以统计图或表格等多种方式呈现。

（7）提供三维场景管理功能，包括场景合并和工程打包。场景合并支持将多个三维场景合并成一个三维场景，合并对象包含三维模型，矢量数据，点云数据，标签注记，演示工具，漫游路径以及兴趣点等对象。工程打包支持将整个三维场景进行打包操作，即将加载到三维场景中的分散的所有本地数据通过打包操作自动拷贝到一个文件夹中，并且工程中的数据自动转换为相对路径。

（8）提供三维分析功能，支持通视分析、可视域分析、光照分析、压平分析、天际线分析、地表开挖、剖面分析、开敞度分析、淹没分析、地质分析等。

（9）提供空间分析功能，支持路径分析、叠加分析、坡度分析、等高线分析、限高分析、缓冲区分析。

（10）提供专题定制应用功能，支持将专题数据服务接入系统并进行展示与查询。

5. 专业管理

通过数据质量检查、数据入库和导出、数据编辑更新、历史数据管理等功能实现对实景三维数据的综合管理，实现对数据的多样性的查询和统计的需求。

（1）平台支持数据汇聚功能，支持多源地理数据、多格式类型三维模型数据、三维白模数据、多格式视频数据以及视频流。

（2）平台支持入库检查功能，支持对实景三维数据成果进行几何检查、拓扑检查、属性域检查、字段项等进行入库检查。

（3）平台支持实体数据、实体关系、场景数据、专题数据等多种数据入库。

（4）平台支持建库管理功能，包括规范化处理、时空索引构建、实体数据集成等。

（5）平台支持数据集成查询功能，包括地名地址查询、空间查询、关键字查询、模糊查询、组合条件查询、模型查询、模型元素查询、关联信息查询以及多维度多指标统计等，对数据查询结果进行统计和图文展示，导出结果支持 Word、Excel 等格式。

（6）平台支持地理实体图元关系管理功能，实现地理实体图元组成及图元关联图谱可视化。

（7）平台支持数据组装分发功能，包括按绘制的范围、自定义范围的空间信息，或者按照行业专题或者主题的属性信息等多种方式筛选地理实体数据，并与指定范围的地理场景数据进行组装，将组装后的数据按需导出。

（8）平台支持专业数据处理功能，主要包括社会数据、法人数据、人口数据、一标三实数据、房屋编码数据、兴趣点数据、地名地址数据等，也可拷贝入库或接入在线服务。

（9）平台支持复杂数据处理功能，包括最短路径分析，室内平面图自动生成，管线连通性分析，BIM 智能审查等分析功能。

6. 运维管理

能够展示实景三维平台的总体运维情况，提供资源管理、服务异常管理等功能，可对实体目录进行管理维护，通过用户管理实现用户、角色、模块等功能的分配和统筹，并对平台进行日志记录，实现平台的稳定和安全。

（1）平台支持系统运维监管，包括硬件资源监控、软件运行监控、网络链路监控及系统安全监控等。

（2）平台支持服务运维监控，包括服务资源管理、服务状态监控、服务访问统计、服务异常预警等。

（3）平台支持目录管理，包括对资源目录增删改查，按照行政区划管理、按照专题目录管理和按照行业目录管理等。

（4）平台支持用户管理，通过平台安全认证后实现部门管理、用户管理、角色管理、模块管理、日志管理等。

3.2.6 应用模型框架

实景三维平台作为统一空间信息支撑底座，全面服务数字中国、智慧城市建设。作为真实、立体、动态的数字化平台，将为自然资源管理、国土空间调查、不动产管理、城市更新、城市规划、城市风貌管控、道路养护、防灾减灾、市政设施普查、地下管网普查、耕地评价、生态保护、疫情防控等多领域、多维度的各类应用提供空间服务、数据服务和业务应用服务。实景三维平台应用如图 3–4 所示。

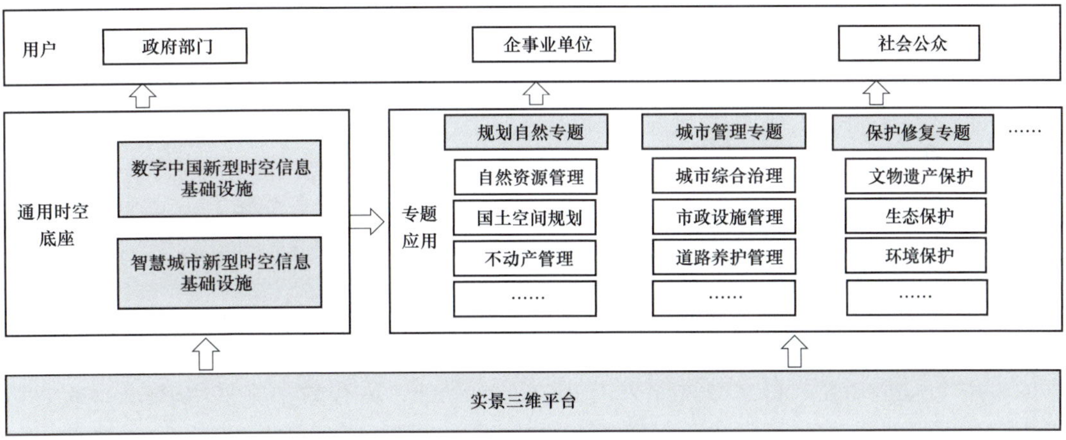

图 3–4 实景三维平台应用

实景三维平台通过平台业务支撑技术和应用功能服务，实现数据之间的相互融合，集成基础地理数据、社会经济数据、公共专题数据、自然资源数据以及其他行业数据，满足不同应用领域的使用需求，既可服务政府部门政策制定、社会管理和城市建设，又可服务企事业单位生产，还可为公众提供数据服务。

3.3 超图实景三维平台

超图实景三维平台立足新型基础测绘与实景三维中国建设工作，基于自主可控的 SuperMap GIS 平台，扩展地理实体数据模型，通过构建时空一体、联动更新、按需服务、开放共享的实景三维数据体系、实景三维数据处理软件、实景三维数据管理系统、实景三维数据服务平台、实景三维数字沙盘系统等，实现对地理实体数据从处理、建库、更新、管理到应用服务的全流程管理。同时，以地理实体为核心，创新基础测绘服务模式，真正达到“一库多能、按需组装、定制服务”，推动新型基础测绘实现“两支撑、一提升”的定位。

3.3.1 平台需求分析

数字中国的建设离不开实景三维中国的建设，实景三维作为国家重要的新型基础设施，能够为数字中国提供统一的空间定位框架和分析基础。实景三维的建设，一部分是实景三维数据的生产，另一部分则是平台的建设。实景三维平台是实景三维各类数据汇聚与展示的媒介，同时还是实景三维建成体系为各方用户提供服务以及进行各类应用需求对接的平台。通过集成数据处理与管理、可视化、分析、模拟等功能，分别构建出适用于自然资源管理或适用于各行业应用的实景三维平台，继而打造出服务于数字中国的实景三维空间基底。

3.3.2 平台架构体系

该平台总体上采用基于云原生的微服务架构构建，平台架构设计上主要是从基础设施层、平台软件层、数据服务层、平台服务层、应用服务层、平台接入层六个层次进行架构设计。具体的架构如图 3－5 所示。

在基础设施层，系统可部署到政务内网、政务外网、政务专网和互联网四个网络。基础设施层为平台提供路由器、交换机、防火墙等网络设备，保障系统同用户之间的互联互通，同时提供数据库服务器、GIS 服务器、应用服务器、数据处理工作站、备份服务器、存储设备等服务器和存储设备，为系统提供完备的部署环境。

平台软件层位于基础设施层之上，操作系统采用 Linux 和 Windows Server、关系数据库采用 PostgreSQL，日志数据库采用 ELASticsearch，内存数据库采用 Redis、缓存数据库采用 MongoDB，Web 中间件采用 Apache Tomcat，GIS 平台采用 SuperMap GIS 平台。

在数据服务层，超图实景三维数据处理软件衔接外部数据源，可将基础测绘数据通过存量数据转换的方式转换为地理实体，测绘成果数据可自动生成或者更新地理实体数据库，物联感知数据和专题数据等作为补充，丰富地理实体数据库。也可基于地理场景数据，通过全新数据采集的方式，生产地理实体数据。

地理实体数据库和地理场景数据库“按需组装”生成 4E 标准化产品、专题数据产品等定制产品。地理实体数据库、地理场景数据库以及按需组装后的定制产品，经轻量化等处理后，存储到发布库，进而进行服务发布后提供在线服务。

超图实景三维数据管理系统提供数据目录管理、数据入库、查询统计、产品定制、元数据管理和系统管理等模块，支持对实体数据、场景数据、按需组装的 4E 标准化产品进行管理。

平台服务层位于数据服务层之上，由服务引擎、服务资源池以及超图实景三维数据服务平台构成。服务引擎包括时空大数据计算引擎、二三维 GIS 服务引擎、地理编码服务引擎、地理实体数据产品定制分发引擎、时空服务总线等服务引擎等；服务资源池由地图服务、地理实体数据服务、地理实体管理服务、地理实体分析服务、地址匹配服务、地图定制服务、安全认证服务、运维管理服务构成，提供平台门户、综合应用、开发中

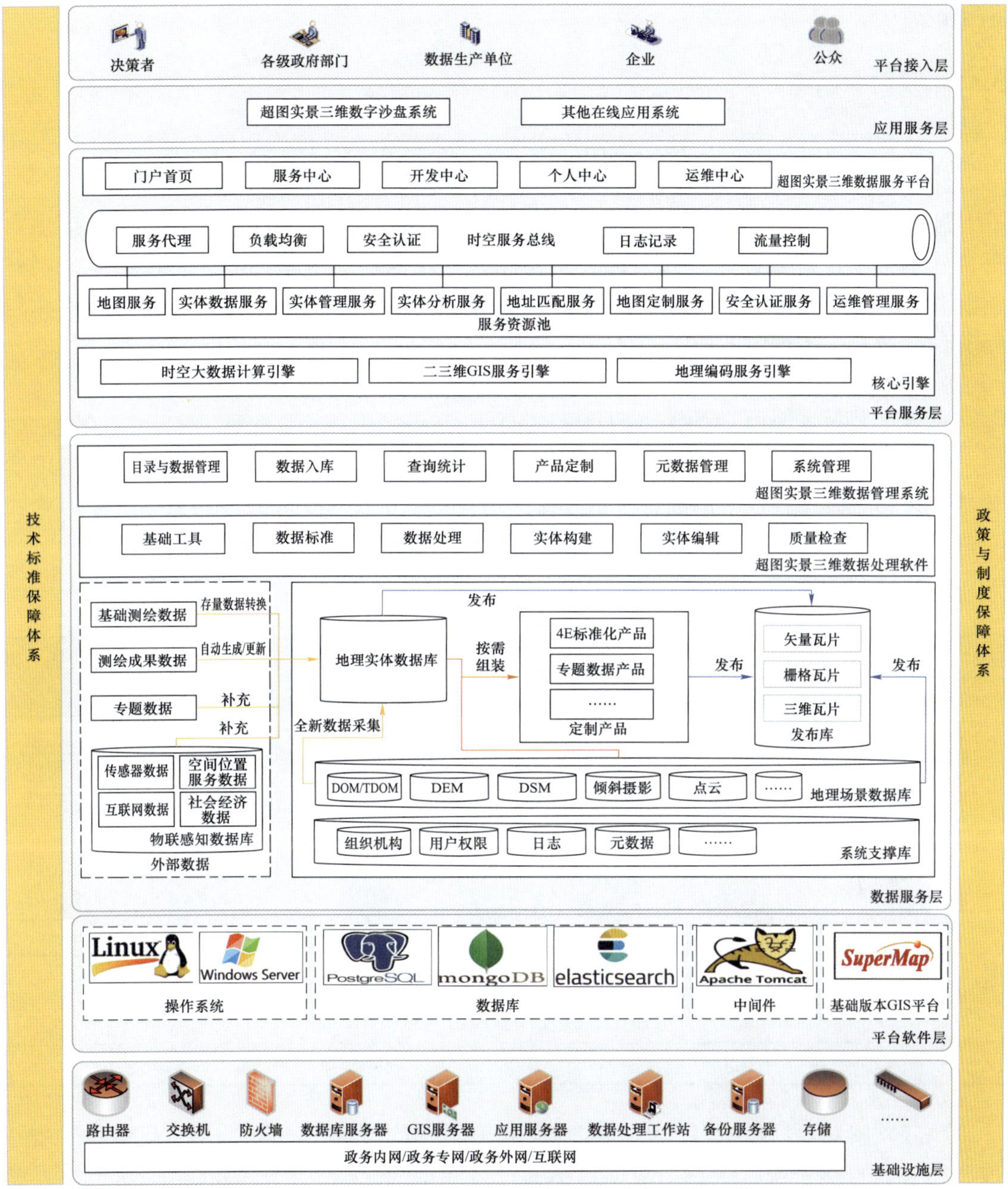

图 3－5　平台架构

心、服务中心、运维管理等门户系统，供不同用户使用。

应用服务层主要是提供超图实景三维数字沙盘系统和其他在线应用系统。系统主要功能包括常用工具、分析工具、资源目录、地理实体、地理场景、专题应用等功能模块。系统基于实景三维数据产品，提供数据的查询、展示、统计、分析能力，更充分的发挥实景三维数据价值。

平台接入层主要支持各级决策者用户、各级政府部门、数据生产单位以及公众企业类用户的接入。

3.3.3 平台数据资源

平台数据资源主要包括地理实体数据库、地理场景数据库和系统支撑库。

1. 地理实体数据库

地理实体库包括基础地理实体库、部件三维模型库以及其他实体库等。基础地理实体库包括自然地理实体库、人工地理实体库和管理地理实体库。部件三维模型包括建（构）筑物结构部件、建筑室内部件、道路设施部件、地下空间部件等。其他实体库包括其他行业部门生产的专业类实体。

2. 地理场景数据库

地理场景包括 DEM、DSM、DOM、TDOM、倾斜摄影、三维模型、激光点云等数据。

场景类实体成果库包含影像、DEM、DSM、点云数据、倾斜三维等，通过地理实体综合管理工具进行成果库的管理。具体的场景数据的类型、成果库格式、发布库格式见表 3–4。三维数据采用 S3M 数据格式。

表 3–4　场景数据格式

数据类型	成果库格式	发布库格式
DEM	TIFF	Terrain
DSM	TIFF	Terrain
影像	TIFF	JPG/PNG
三维精模	图元文件（MAX）； 纹理文件（JPG、TGA）； 光照文件（TGA）； 数据库文件（OBJ、MTL）； 转换文件（OSG、DDS）； 坐标文件（TXT）	S3M
倾斜三维	单体化的成果文件（MAX）； 纹理文件（JPG、TGA）； 修饰后的成果文件（OSGB、OBJ）	S3M
点云数据	LAS	S3M

物联网感知数据包括自然资源实时感知数据、城市物联网感知数据、互联网在线抓取数据等。自然资源实时感知数据包括通过自然资源管理业务获得的实时视频、图形图像，以及自动化监测设备实时信息等。城市物联网感知数据包括城市监控视频，车载导航、移动基站、手机信令等实时视频及图像等。互联网在线抓取数据包括在线获取的地理位置、文本表格等。

3. 系统支撑库

系统支撑数据库是系统运行的保障性内容，包括数据元数据、地图元数据、组织机构与权限、服务元数据、系统日志等部分，分别用于系统中不同功能下数据的存储与应用。

数据元数据包含数据源表、数据集表、字段表、数据源目录表等数据源管理相关的数据表，通过该数据库，系统能够按照统一规范管理与维护系统中不同类型的数据，基于该数据库实现地理实体综合管理系统以及相关服务，为用户提供更加方便快捷的数据管理与应用机制。

地图元数据包括地图、图层、图层目录、地图目录、地图模板、地图书签等数据库表，主要实现系统中地图制图、地图发布相关的功能与应用。

组织机构与权限包含组织机构表、用户表、系统模块表、权限实例表等与系统权限管理相关的数据表，通过该数据表中存储的相关数据，能够方便地建立系统功能、系统服务与用户、组织机构之间的关联关系，并通过系统反映出不同用户所具有的权限信息。

服务元数据中包含服务元数据表、区划目录表、专题目录表、部门专题目录表等与系统所管理服务相关的元数据表，通过该数据库中的数据表，能够完整地记录服务的详细元数据信息，并能够基于区划目录、专题目录等数据目录结构，自定义展示服务目录，帮助用户更加便捷地使用平台服务。

系统日志数据库采用的 NoSQL 数据库存储，包含有系统日志以及服务日志两类日志数据。其中，系统日志中包含有原始访问日志表、系统访问小时报、系统访问日报等多种数据表，用于实现系统访问时产生的原始日志存储，以及经过对原始日志分析后形成的多种维度的报表数据存储；服务日志中同样包含原始访问日志表、服务访问小时报、服务访问日报等多种数据表，用于实现用户访问服务时产生的原始日志存储，以及经过对原始日志分析后形成的多种维度的报表数据存储。系统日志表就该设计机制，在上层实现了异步日志处理模式，在高并发写入日志的同时，保障日志读取的效率，提高系统的稳定性。

3.3.4 平台业务模型

平台总体业务涵盖数据生产、数据汇聚与交换、数据质量检查、数据编辑处理、数据更新入库、数据管理、定制服务、数据发布、数据应用 9 方面，如图 3-6 所示。

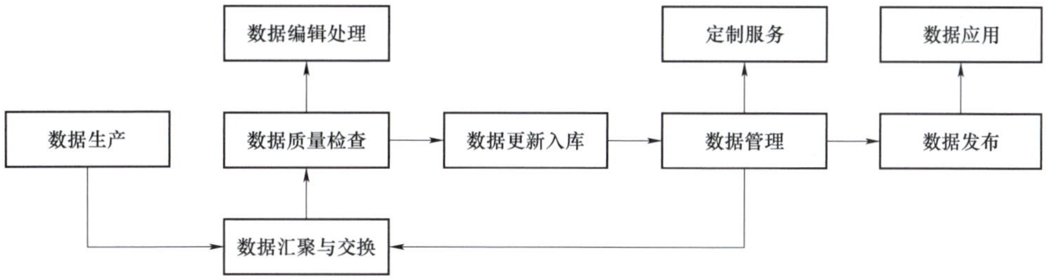

图 3-6　平台业务模型

（1）数据生产：主要包括地理实体数据和地理场景数据的生产。

（2）数据汇聚与交换：汇聚生产软件生产的各类实体数据、场景数据。

（3）数据质量检查：汇聚过来的实体数据需要进行数据质检，系统提供地理实体数据质检工具，对地理实体的数据完整性、关联性、规范性等方面进行质量检查，并支持质检报告的生成。

（4）数据编辑处理：对于质检不符合要求、需要进行大量处理的数据，需要退回给生产单位进行修改；对于需要微调的数据，由相关负责人在平台中进行数据处理后再质检。

（5）数据更新入库：对于质检通过的数据，进行数据更新入库，将数据存储到实体成果库中，并支持数据历史版本管理。建库内容包括地理实体数据库、地理场景数据库。地理实体数据、模型数据更新方式包括全量更新和增量更新，地理场景数据更新方式包括全量更新和局部更新。

（6）数据管理：数据建库后，可通过数据管理模块对成果库中的数据进行管理，包括成果目录管理、元数据管理、地图和缓存管理等。

（7）定制服务：提供地理实体服务、地理场景服务，基于基础地理实体数据库实现数据定制、地图定制、服务接口定制和应用定制等功能。

（8）数据发布：实景三维数据种类多样，数据量和数据特点差别较大，为更好地支撑各行业应用并保障服务性能要求，需要对实体成果库中的数据进行数据发布，由成果库分发到发布库中，地理实体数据发布的瓦片数据发布存储到 MongoDB 中；对于大规模影像、模型三维、倾斜三维、点云、地质体等生成的二三维瓦片数据统一存储到 MongoDB 数据库中。

（9）数据应用：基于实体成果库，可以进行数据产品定制和地图产品定制。数据产品定制，可进行多尺度数据产品定制、多形式数据产品定制、多应用环境数据产品定制、专题数据产品定制和自定义数据产品定制。地图产品定制，可基于地图模板进行地图定制，也可在线交互地图定制。基于实体发布库，可以进行地理实体典型应用的开发并进行展示，应用展示支持二维三维、空间属性社会属性的一体化展示。

3.3.5 平台主要功能

超图实景三维平台主要包含超图实景三维数据处理软件、超图实景三维数据管理系统、超图实景三维数据服务平台及超图实景三维数字沙盘系统四个模块。

1. 超图实景三维数据处理软件

超图实景三维数据处理软件面向数据处理人员，实现对实景三维数据进行质量检查、编辑处理、实体入库、实体更新等功能，且支持物联感知数据的获取及其与基础地理实体的关联与融合。总体技术路线是首先将获取到的实景三维数据汇聚入库，按照标准进行实体构建，然后进行质量检查，对检查出的问题进行数据编辑处理，同时也可以进行倾斜数据、模型数据、实体数据的更新，满足数据入库前的基本处理需求。包含的主要功能有数据标准管理、数据质检、数据处理、实体构建、实体编辑等功能。

（1）基础功能。基础功能模块主要提供实景三维数据处理的通用工具，主要包括工作空间、数据源、图层管理、图层风格设置；同时支持实体数据的浏览，支持对数据进行导入、导出以及数据的投影转换。

（2）标准管理。实景三维数据处理软件提供数据的标准管理，支持标准的导入、导出和编辑。另外也支持数据字典管理、用户管理以及系统运行环境配置管理。

（3）数据处理。软件提供大量的数据处理工具，支持对二维数据、模型数据、倾斜摄影数据、地质体、点云数据等处理。常用的工具主要包括矢量数据处理、栅格数据处理、类型转换、倾斜入库、生成缓存、模型对象合并等。

（4）实体构建。实体构建模块如图 3－7 所示，主要包含新建实体工程、图元关联、实体编码、实体关系构建和编辑、社会属性挂接、提取编码到模型、分层分户编码等功能。

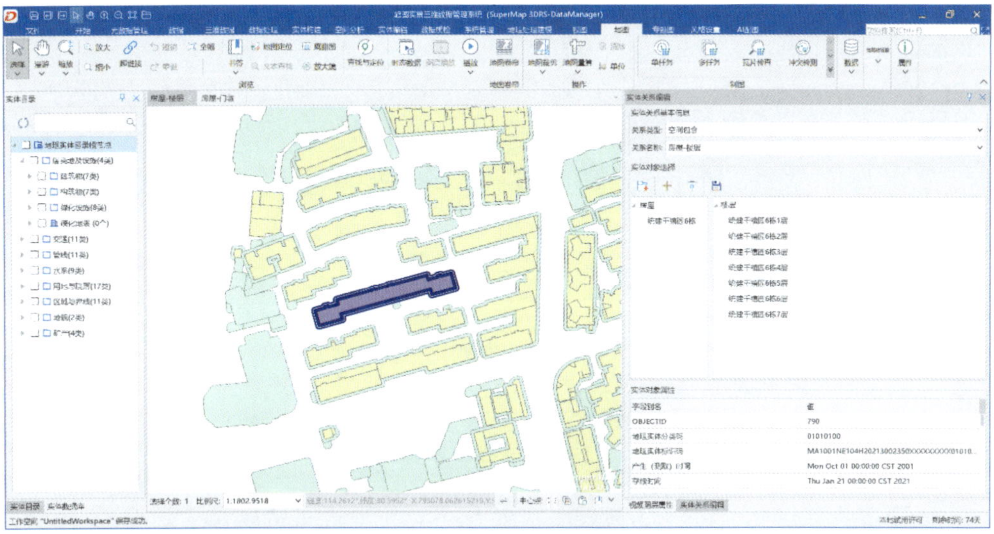

图 3－7　实体构建模块

（5）实体编辑。实体编辑模块提供点采集、线采集、面采集、节点编辑、面合并（见图 3－8）、线打断等大量编辑工具，支持对实体的图元、属性和关系进行编辑。

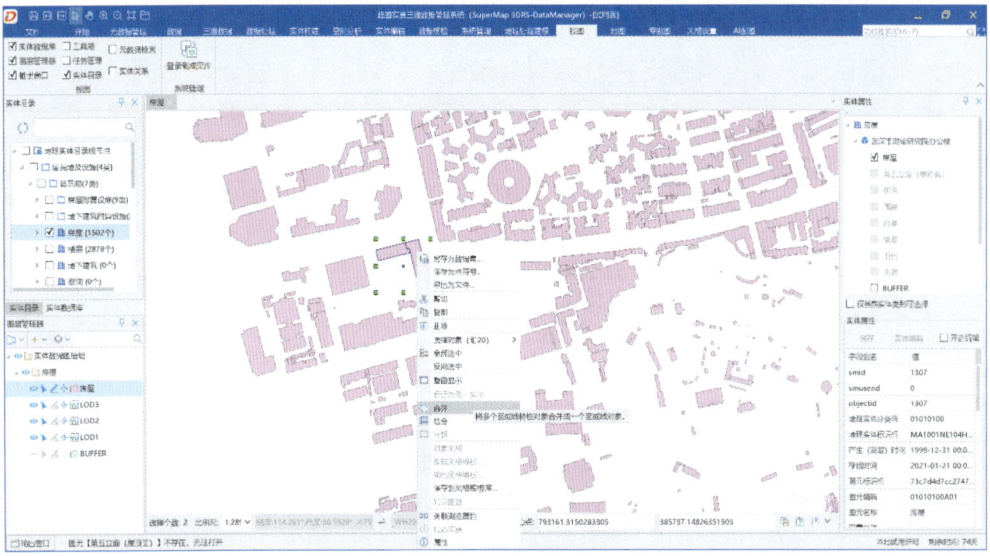

图 3－8　面合并

（6）质检管理。超图实景三维数据处理软件提供检查方案管理、检查规则管理、数据质检、质检结果管理（见图 3-9）。软件支持对数据进行基本检查、图形检查、属性检查、实体关系检查等，满足对数据过程检查以及成果数据的批量检查。

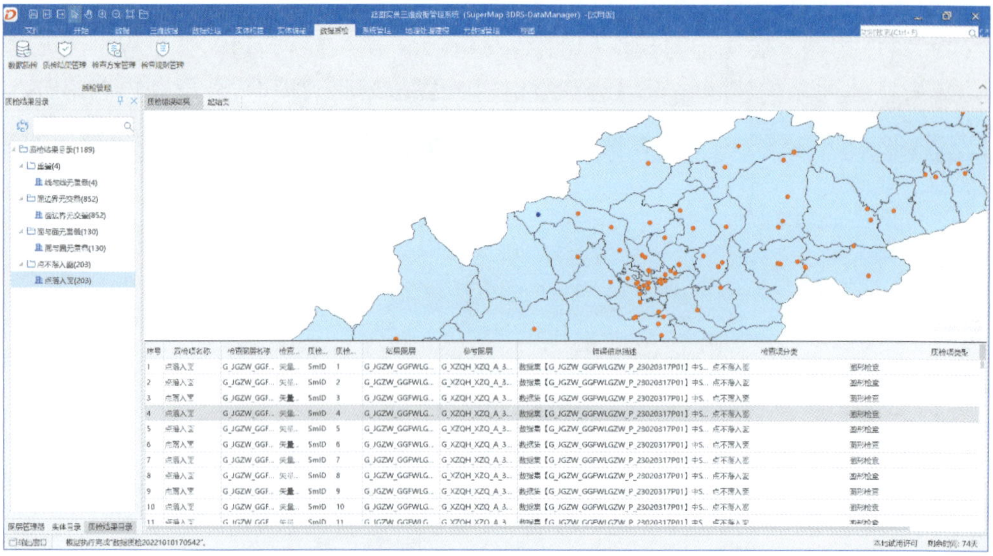

图 3-9　质检结果管理

2. 超图实景三维数据管理系统

超图实景三维数据管理系统扩充了 GIS 数据模型地理实体数据集，支持地理实体属性、二三维图元、地理实体关系三大要素的一体化组织和管理。针对实景三维数据，提供数据目录管理、数据汇聚、处理、质检、入库、更新、查询统计、服务发布、非实体数据挂接与编辑、产品定制、元数据管理等工具，满足地理实体和地理场景数据的更新、管理、服务发布等相关工作需要。

（1）数据目录管理。系统支持对数据目录进行管理，基于初始化后的目录，对地理实体、地理场景、实体关系等成果数据进行入库。对于入库的数据，支持追加更新和替换更新。系统除了提供数据目录管理和入库的能力外，也支持对数据进行按需导出，提供选择对象导出、绘制范围导出及上传范围导出等工具进行数据的导出。

（2）查询统计。系统提供查询和统计工具，如支持对入库的数据进行全库统计。同时，也支持基于某一实体类型，按指定的条件进行统计。另外，系统也提供 SQL 查询和空间查询，满足用户实际业务查询的需求。

（3）产品定制。系统基于入库的数据进行产品定制，通过配置的定制方案进行 DLG 产品的定制；能够基于专题数据和实体数据，进行专题产品定制。对于定制好的数据，基于预先配置的地图模板，进行快速制图，实现地图定制。

（4）元数据管理。系统提供元数据管理模块，支持对元数据的标准进行管理，能够对元数据进行导入和导出。

（5）系统管理。系统提供标准管理，支持对标准进行导入、导出和编辑。同时，系统支持对用户和运行环境进行配置管理，支持配置各类数据库以及 GIS 服务器等。

3. 超图实景三维数据服务平台

超图实景三维数据服务平台是基于中台的架构，采用云原生、三维 GIS、大数据、自主可控等关键技术，结合新型基础测绘与实景三维应用需求，建设集数据汇聚、共享、应用挖掘、监控监管于一体的实景三维数据服务平台。系统提供门户首页、服务中心、开发中心和运维管理等模块。

（1）门户首页。门户首页提供统一的服务门户实现海量数据服务的集成展示，如图 3－10 所示。门户首页是实景三维数据服务平台对外服务的窗口，也是使用实景三维数字沙盘系统的入口。首页通过统一的身份认证，确保系统的安全。通过系统相关资讯、热门资源的展示、典型应用等，支持用户快速获取相关信息。

门户首页主要功能模块包括系统登录、新闻中心、数据资源、功能导航、专题应用；方便使用者快速获取信息和导览。

图 3－10　门户首页

（2）服务中心。服务中心为资源服务检索中心，可以查看浏览平台已有的服务资源，同时还可以对服务资源进行评分，如图 3－11 所示。服务中心具体包括资源分类目录树、服务浏览、服务详情、服务审核、服务申请等功能。

（3）开发中心。开发中心作为系统对外提供开发服务的应用窗口，面向系统的二次开发人员，提供新型基础测绘成果服务应用程序编程接口（application programming interface，API），并提供服务 API 的在线帮助、示例代码等内容，支持海量数据在线分析挖掘与综合应用。主要功能包括服务 API 在线帮助、示例 Demo、SDK 下载等。

（4）个人中心。个人中心主要是提供个人消息以及个人工作管理的平台，主要包含的内容包括我的资料、我的消息、我的反馈、待办事项、个人工作台、我的应用、我的目录等。

图 3-11　服务中心

（5）运维管理。运维管理模块是将一期的运维管理系统集成到本系统中，可便于运维人员及数据管理人员进行用户管理、角色管理、权限管理、系统监控等。运维人员及数据管理人员可通过该系统快速掌握基础地理信息系统中各类实体数据的数量、动态、质量情况。系统对数据统计情况、数据变动情况、数据异常信息以及数据质检情况进行一体化监控。

运维管理主要功能包括数据服务管理、日志管理、目录管理、权限管理、应用定制、平台配置等，如图 3-12 所示。

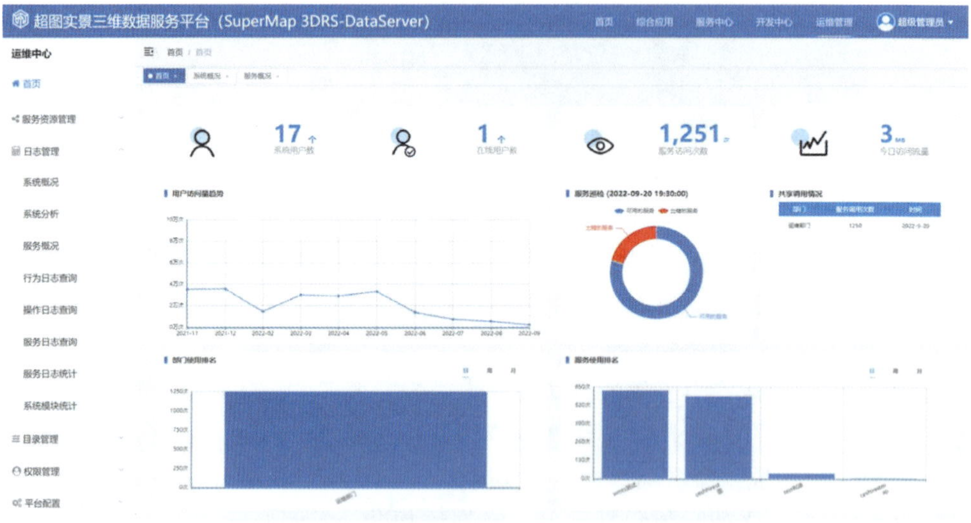

图 3-12　运维管理

4. 超图实景三维数字沙盘系统

实景三维数字沙盘系统支持在信息域上的二三维、时空间、空间属性一体化表达，以及在空间域上的地上下、室内外、水陆域一体化表达方式展示新型基础测绘数据成果。在此基础上，支持地理实体时空信息的查询统计、三维分析及空间分析，并扩展应用，落实“两服务、两支撑”，满足各部门、各单位和社会公众等用户对地理实体深层次的应用需求。系统提供基础工具、分析工具、资源目录、地理实体、地理场景、专题应用等模块。

（1）基础工具。实景三维数字沙盘系统提供常用的基础工具，工具包括测量工具、场景快照、场景故事、坐标、平移缩放、实时天气（见图 3－13）、点光源、视频投放、飞行浏览、颜色校正、地图打印等。

图 3－13　实时天气

（2）三维分析工具。三维空间分析包含实景三维数据通用的三维空间分析功能，例如：地质展示、地表透明、地表开挖、通视分析、可视域分析、光照分析、剖面分析、天际线分析（见图 3－14）、开敞度分析、淹没分析等。

图 3－14　天际线分析

（3）资源目录。超图实景三维数字沙盘系统资源目录模块主要展示平台发布的资源目录（见图 3－15），供用户查询浏览。包括倾斜三维、精细模型、点云等地理场景数据服务以及居民地及设施、交通、管线、水系、用地与院落、区域与界线、地貌、矿产等地理实体服务。主要包含的功能模块是资源检索、资源显示、场景定位、属性查询。

图 3－15　资源目录

（4）地理实体。超图实景三维数字沙盘系统的地理实体模块主要支持实体相关的查询、分析、统计等内容。系统能够对实体数据进行查询，展示实体属性、关联实体、关联社会属性以及附近统计，可以对实体进行时态分析和生活圈分析（见图 3－16）。主要包含的功能模块是实体时态分析、生活圈分析、实体查询、实体统计等。

图 3－16　生活圈分析

（5）地理场景。超图实景三维数字沙盘系统的地理场景模块主要是支持接入倾斜数据、模型数据、地图和视频流数据，并对其进行查询展示，如图 3－17 所示。支持在上述场景进行实体的查询、展示和三维分析。

图 3－17　查询展示

（6）专题应用。超图实景三维数字沙盘系统的专题应用模块主对要是支持接入各类专题数据产品，支持对接入的专题应用图进行查询展示，显示对应的专题图例，查询其专题信息。

3.3.6　平台应用框架

随着实景三维建设的全面开展，也带来了各种应用层面的范围与功能扩展。目前主要的应用集中在自然资源、城市管理、应急安全、新基建、智慧文旅等行业领域，并将陆续在智慧园区、乡村振兴等多个领域逐渐发挥作用。应用框架如图 3－18 所示。

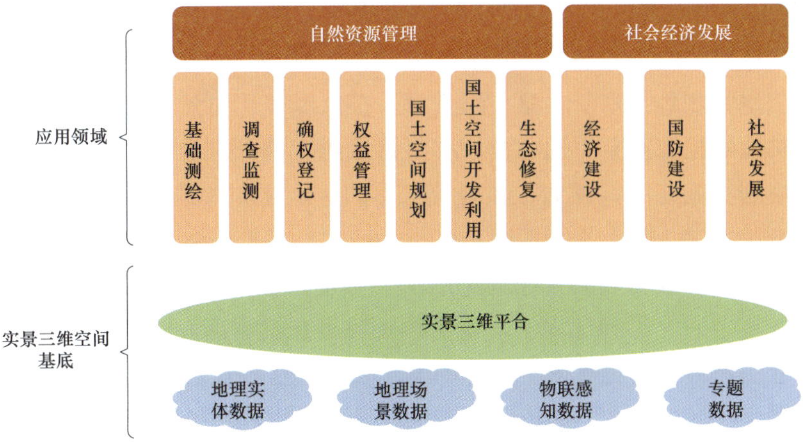

图 3－18　实景三维应用框架

1. 自然资源管理应用

以实景三维为数字空间基底，可实现基础测绘、调查监测、确权登记、权益管理、国土空间规划、国土空间开发利用、国土空间生态修复等方面的功能应用。实景三维服务于自然资源管理的情况如图 3－19 所示。

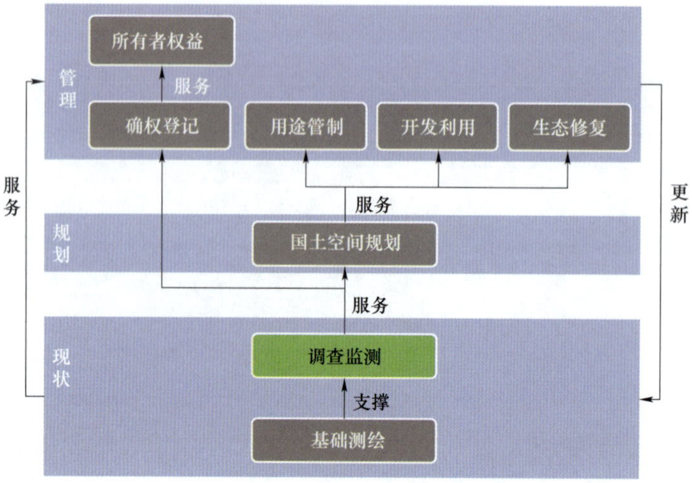

图 3-19　实景三维服务于自然资源管理的情况

（1）自然资源调查监测：基于实景三维建设的数据采集与更新机制，能够及时更新与补充自然资源调查成果，从而辅助自然资源基础调查、变更调查、动态监测和统计分析评价等工作的开展。

（2）自然资源和不动产确权登记：实景三维数据能够全面、真实、立体呈现自然资源和不动产立体空间分布特性与状况。同时，二三维一体化技术能够从根本上解决自然资源确权登记在二维空间下存在的不足，从地上、地表、地下的垂直空间方向上对不动产确权登记业务应用管理。

（3）自然资源权益登记：类同于自然资源和不动产确权登记，实景三维数据的立体化展示，能够对自然资源空间分布特征给出明确的边界与形态，助力自然资源资产管理、统计、评估、核算的精准计算。

（4）国土空间规划：基于实景三维数据，在直观表达自然资源全貌的同时，能够基于基础地理实体数据，融会贯通各类社会经济数据，提升国土空间规划、专项规划、适宜性评价、规划实施监测、评估、预警等工作的智能化和智慧化程度。

2. 经济社会发展应用

实景三维在经济社会发展方面的作用主要体现在经济建设、国防建设、社会发展方面。以社会发展中的城市管理为例，说明实景三维在其中所发挥的积极作用。

实景三维的建设，也是对现实世界的孪生再造，它可以通过可视化平台接收信息并辅助政府决策，在城市规划、城市管理方面应用颇多；同时，随着技术与全球形势的变化，在防疫管控与城市大脑等方面也开始崭露头角。

（1）防疫管控：构建重点场所、重点人员的实景三维疫情管理系统，并实现重点事项的可视化展示、追踪以及管控预测。综合防疫信息一张图如图 3-20 所示。

（2）城市大脑：基于超图实景三维数字空间基底，接入物联感知数据与技术，打造智慧化城市大脑。

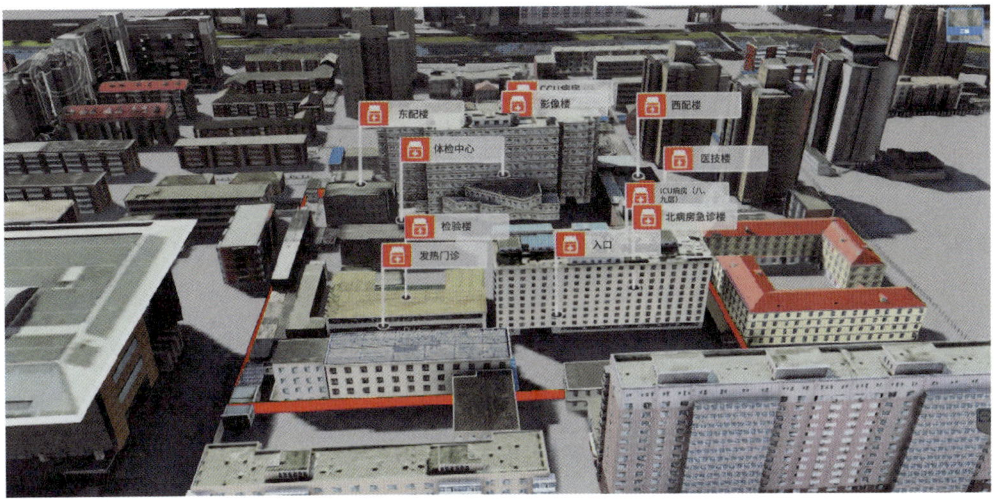

图 3－20　综合防疫信息一张图

3.3.7　平台亮点

（1）从数据管理到数据治理，数据处理自动化赋能数据孤岛联通。以地理实体数据为核心的实景三维数据建设，为数据的治理提供了核心骨架。从对要素层数据的管理到对地理实体数据的管理，同业务类型数据之间的关联关系有了明确清晰的表达，同时，不同业务类型间也可通过实体码与业务码之间建立关联关系，在实现一码互联的基础上，对各类数据进行深度的数据治理，形成共融共通、有机结合的实景三维空间基底，并基于此提供深层次的数据挖掘服务，从而消除数据孤岛效应。贯穿规建管全过程的“一码管地”如图 3－21 所示。

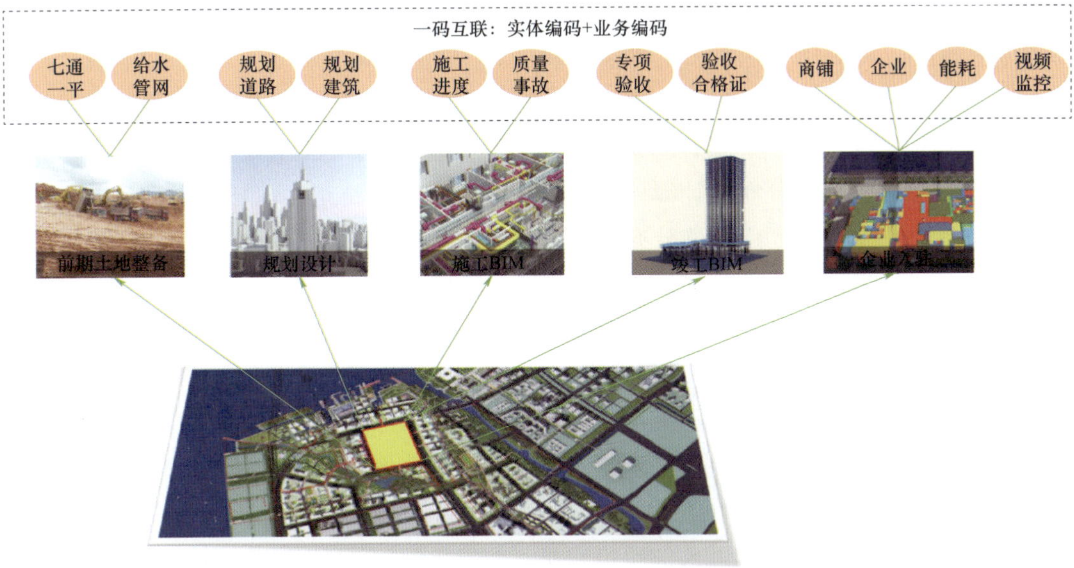

图 3－21　贯穿规建管全过程的“一码管地”

（2）从数据服务到知识服务，人工智能助力 GIS 智能化成长。实景三维数据，最直观提供的是数据服务，但由于实景三维数据的专业性与普及程度限制，在数据的实际使用中，对数据使用人员的技术要求有一定的门槛，要实现实景三维数据的进一步泛化性的应用，需实现从数据到信息，再到知识，再到智慧的一系列转化，从而才能为自然资源管理与经济社会发展提供必要的知识与智慧支撑。基于数据、信息、知识、智慧（data、information、knowledge、wisdom，DIKW）的城市动态认知与决策体系如图 3-22 所示。

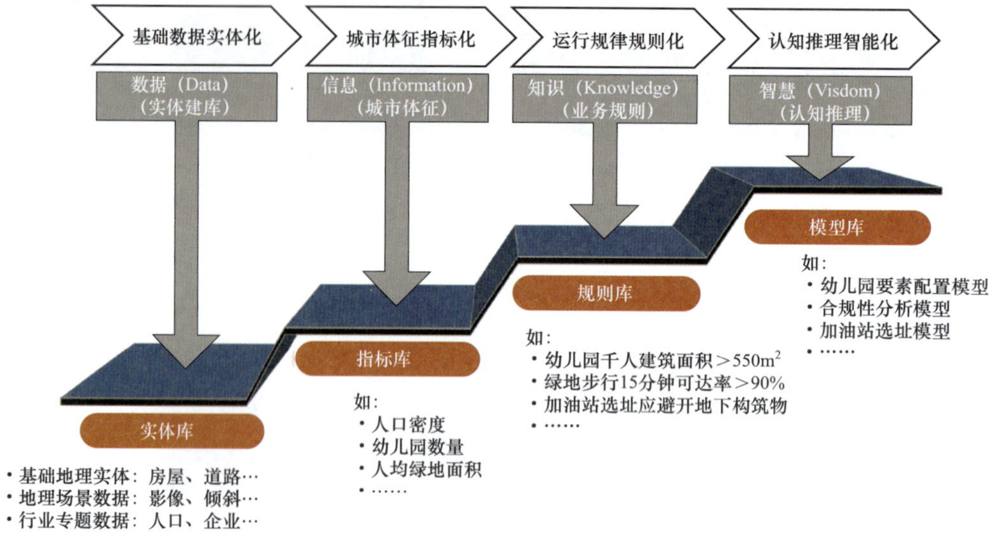

图 3-22　基于 DIKW 的城市动态认知与决策体系

在从数据到智慧的一系列转化中，人工智能技术的助力不可或缺，在提供进一步知识服务的同时，提高智能化水平，节省成本。如对遥感影像数据而言，可采用 AI+遥感的方式，从影像上提取感兴趣的目标，如建筑、操场等，同时，还可针对多期影像对比，实现对变化地物的提取，人工智能助力遥感影像信息提取如图 3-23 所示。

（3）从单机计算到分布式计算，支撑大规模时空数据稳定存储与计算。Spark 是目前大数据技术中使用最为广泛的分布式计算框架，为了能够真正实现空间大数据分布式计算的能力，需要实景三维平台从内部和外围与 Spark 技术进行全方位的深度融合。首先 Spark 本身并不支持空间数据，这就需要 Spark 的基础数据模型实现空间数据的模型扩展，同时还需要扩展对空间索引的支持以提高性能优化能力；然后对 GIS 已有的空间查询和空间分析进行算法重构，使其具备分布式计算的能力；另外 Spark 原生支持了比较优秀的任务调度技术架构，所以针对多集群式并发处理需要结合 Spark 的任务调度模式与 GIS 空间数据的任务拆分、任务分配、任务调度等进行深度匹配和集成。

分布式技术通过结合分布式存储和分布式计算框架，重构了经典 GIS 的空间数据处理和空间分析方法，实现了经典空间数据处理与分析性能的数量级提升。

图 3-23　人工智能助力遥感影像信息提取

3.4　易智瑞实景三维平台

易智瑞实景三维平台是基于 GeoScene 平台，立足实景三维中国建设任务和要求、针对各类用户群体、面向多行业通用需求研发的一款基础服务平台。易智瑞实景三维平台提供丰富、强大的地理实体数据提取、治理、建库、融合等专业处理工具，支持实景三维数据的服务发布与管理、全域全空间全要素可视化、综合三维分析、实体知识图谱构建、地理场景多源数据融合等，实现对实景三维从数据到服务、从管理到应用、从人眼可见到机器可读、从数字模拟到智能分析的全方位支撑能力。平台融合各类前沿 IT 技术、通信技术等，支持 OGC 三维数据标准规范，支持 LOD 和高可伸缩、流式数据传输等特性，实现海量三维数据的高效高保真渲染；支持 BIM、倾斜、点云、传统手工建模、体元三维模型等多类型的实景三维成果；支持在 Web 端快速构建和组装专题地理场景，既可跨组织（部门）进行成果分发和使用，又可跨桌面端、浏览器端和移动端等多终端体验无差别的实景三维应用效果。

3.4.1　平台需求分析

实景三维建设是国家现代化治理体系和治理能力建设的重要基础，2020 年全国国土测绘工作会议提出新时期测绘工作“两服务、两支撑”的根本定位，明确要求大力推动新型基础测绘体系建设，构建实景三维中国。2021 年全国自然资源工作电视电话会议要求“加快建设实景三维中国、自然资源一张底图”，这为实景三维建设提供了明确的要求和方向。在高质量发展过程中，规划建设、城市更新、综合应急、生态环境保护、自然资源管理以及智慧城市建设等方面也对实景三维建设提出了新的需求。

易智瑞实景三维平台以国家战略为指引，以市场需求为导向，推动信息技术应用创新，通过搭建实景三维数字底板，融合多源异构三维数据，利用数据标准化、数据清洗、数据治理等手段，建立了安全、可靠、全面的实景三维地理实体数据库，实现了实景三维数据服务发布与共享，赋能行业应用与发展。

3.4.2 架构体系

易智瑞实景三维平台主要由地理实体提取与构建、实景三维数据治理与融合、地理实体数据建库、服务体系、平台应用五个层次组成（见图 3－24）。

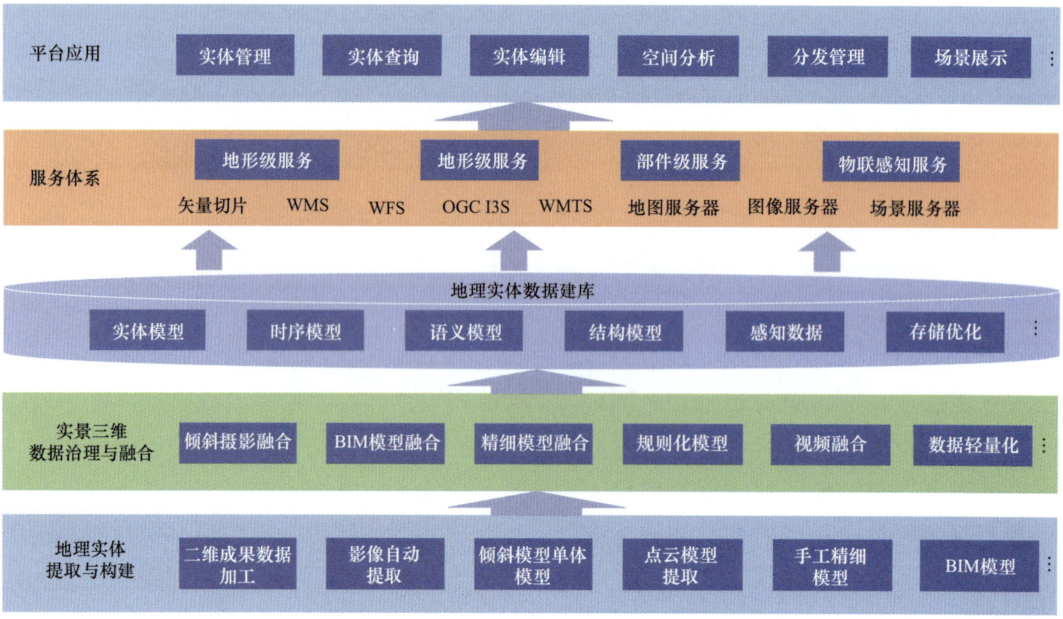

图 3－24　易智瑞实景三维平台架构体系

（1）地理实体提取与构建：提供多种地理实体获取方式，如二维成果数据加工、影像自动提取、倾斜模型单体模型、点云模型提取等，获取实景三维基础服务平台所需的地理实体数据，为数据治理及入库提供数据支撑。

（2）实景三维数据治理与融合：实景三维数据治理与融合是地理实体数据建库的基础。通过倾斜摄影融合、BIM 模型融合、精细模型融合、规则化融合、视频融合、轻量化融合等数据融合方法将不同类型三维数据融合到一起，为地理数据建库提供更多数据类型。

（3）地理实体数据建库：利用实体模型、时序模型、语义模型、结构模型、感知数据、存储优化等构建地理实体数据库。

（4）共享体系：实景三维数据可发布地形级服务、城市级服务、部件级服务和物联感知服务。可共享的数据类型有矢量切片、网络地图服务（web map service，WMS）、网络要素服务（web feature service，WFS）、地图瓦片服务（web map title service，WMTS）、索引 3D 场景图层服务（indexed 3D scene layer service，I3S）等。

（5）应用平台：基于实景三维基础服务平台，形成实体管理、实体查询、实体编辑、空间分析、分发管理、场景展示等应用。

3.4.3 平台数据资源

1. 标准实景三维数据

（1）地形级三维实景数据。地形级实景三维数据包括 5m 和优于 2m 格网 DEM、DSM，2m、优于 1m 和优于 0.5m 分辨率 DOM，基于已有数据的基础地理实体数据以及近岸海域 10m 以浅 DEM。

（2）城市级实景三维数据。包括全国基础地理实体数据、覆盖地级以上城市的城镇开发边界范围、基础三维模型的优化处理、纹理构建和属性补充数据、优于 0.05m 分辨率的倾斜摄影影像、激光点云数据、生产基础地理实体数据、基于基础地理信息要素数据转换生产基础的地理实体数据。

（3）部件级实景三维数据。部件级实景三维数据包括建筑物结构部件、道路交通设施部件、水利设施部件、电力设施部件、通信设施部件、地下设施部件等部件级实景三维数据。

2. 专题实景三维数据

专题实景三维数据是针对某一区域或者某一个工程、项目，对数据进行筛选提取、时间信息添加、数据重组等获得，各委办局都有各自领域的专题数据，这些专题数据种类繁多、维度不一、格式多样，需要进一步进行数据空间化、规范化。

3. 行业管理数据

（1）资源调查数据。国土调查、地质调查、耕地资源、水资源，以及房屋建筑普查数据和市政设施普查数据。其中，国土调查、地质调查、耕地资源、水资源数据主要以矢量数据为主，基于要素类或要素数据集，采用空间数据库存储。

房屋普查数据和市政设施普查数据，在矢量数据的基础上增加电子文档或图片数据，需要针对数据进行图属一体化统一管理。

（2）规划管控数据。

1）三条控制线：生态保护红线、永久基本农田、城镇开发边界等。

2）规划成果：规划成果数据内容包括城市总体规划数据、土地利用总体规划数据、国土空间规划数据、中心城区城市规划数据、中心城区控制性详细规划数据、土地整治规划数据、生态保护线、基本农田线、绿地规划数据、矿产资源规划数据、三水规划数据、铁路专项规划数据、燃气专项规划数据、消防专项规划数据、综合交通规划数据、热力专项规划数据、环卫专项规划数据等多项综合规划数据和专项规划数据。

4. 物联感知数据

物联感知数据是指通过各种信息采集设备、各类传感器、监控摄影机等实现对城市范围内的基础设施、交通、大气环境、公共安全等各方面信息采集、识别与检测的数据。物联网感知的实时数据内容至少包括采用空、天、地一体化对地观测传感网实时获取的基础地理信息数据和依托专业传感器感知的可共享的行业专题实时数据，以及其元数据。其中，实时获取的基础地理信息数据包括实时位置信息、影像和视频，行业专题实时数据。

（1）自然资源实时感知数据。包括国家级重点区域、重大自然资源管理工程涉及的自然资源实时感知数据，省级重点区域、重大自然资源管理工程涉及的自然资源实时感知数据。

（2）城市物联网感知数据。包括城市经济社会建设涉及的自然资源实时感知数据。

（3）互联网在线抓取数据。

3.4.4 平台业务模型

易智瑞实景三维平台是对当前实景三维中国的赋能升维，多维视角的立体化应用，将有效带动相关产业提质增效，带来新的应用和发展机遇。易智瑞实景三维平台的业务模型可以从以下几方面体现。

1. 地理实体提取与建库

地理实体数据主要是在基础地理数据成果的基础上整合加工而成，地理实体数据的提取是基于已有的地理实体数据利用二维地理实体转换、影像解译、深度学习等方法提取对应数据，经过规范化处理、编码转换、对象化处理以及质量检查，将检查合格的数据存储到地理实体数据库中。

2. 实景三维数据融合治理

在地理实体数据建库的基础上，对多源异构三维数据融合如倾斜摄影数据融合、BIM 数据融合、点云数据融合、视频数据融合、实时感知数据融合等，通过多源数据的融合，改善实景三维建模中存在的质量问题，丰富数据信息，拓宽应用领域。

3. 实景三维服务发布与管理

实景三维服务发布使用 OGC I3S 标准，作为开放的标准可用于流式传输具有大数据量、多种类型地理数据集的三维内容。三维内容可包含离散的三维模型、密集格网（倾斜摄影测量建模成果，3D Mesh）、三维矢量点、点云以及其他内容。

I3S 支持非常大的数据集的存储和传输，可包含数百万个具有属性对象的离散三维模型或覆盖数千平方公里的倾斜摄影测量建模成果。对于已发布的实景三维服务提供空间分析如阴影分析、3D 插值、建筑生长等，并提供跨部门、跨组织协作共享的能力，解决了组织内部各部门之间，以及多个组织机构之间的协作共享，实现跨部门、跨组织、跨领域的业务协作。

4. 实景三维赋能行业应用

易智瑞实景三维平台提供了三维数据的制作、编辑、存储管理的能力，另外提供了众多二维分析工具满足应用的需求。这些数据、分析能力能够以服务的形式通过 JavaScript API、GeoScene Runtime SDKs 进行调用与定制开发，可以应用到各行各业，如自然资源、交通、规划、环保、水利、气象、石油等。

3.4.5 平台主要功能

易智瑞实景三维平台包括地理实体提取与建库、实景三维数据治理、物联数据接入与融合、实景三维数据服务发布、实景三维在线应用、运维管理中心等模块，涵盖了实景三维实体构建、三维模型生产、实景三维数据治理、物联数据接入、服务发布与共享等功能。

1. 地理实体提取与建库

（1）二维地理实体转换。基于现有的 DLG、DOM、地名地址、自然保护区、地形地貌、地理国情等数据，进行几何信息补偿、语义信息转换、重构与整合，得到地理实体数据，并对地理实体数据进行实体数据入库，二维地理实体转换如图 3－25 所示。

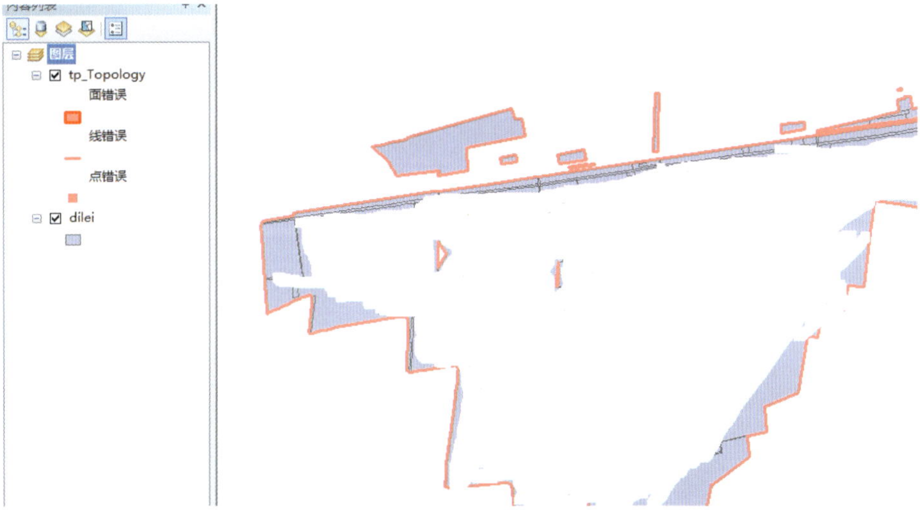

图 3－25 二维地理实体转换

（2）地理实体提取。地理实体的提取有多种方式，一是通过影像解译的方法可以实现二维地理实体提取，对基础地理实体标注并建立训练样集、经影像解译得到二维形式表达的基础地理实体；二是通过深度学习提取地理实体，如目标检测、语义分割、对象分类、实例分割、点云分类、视频检测等，地理实体提取如图 3－26 所示。

（3）三维实体构建。可以通过规则化、倾斜摄影、激光点云和体元进行构建，支持基于标准快速创建实体工程；支持二维、三维图元以及批量导入图元；支持对实体的二三维图元按照技术文件进行实体编码；支持实体间多类型语义化关系构建，包括包含、相交、距离等关系的构建以及编辑。

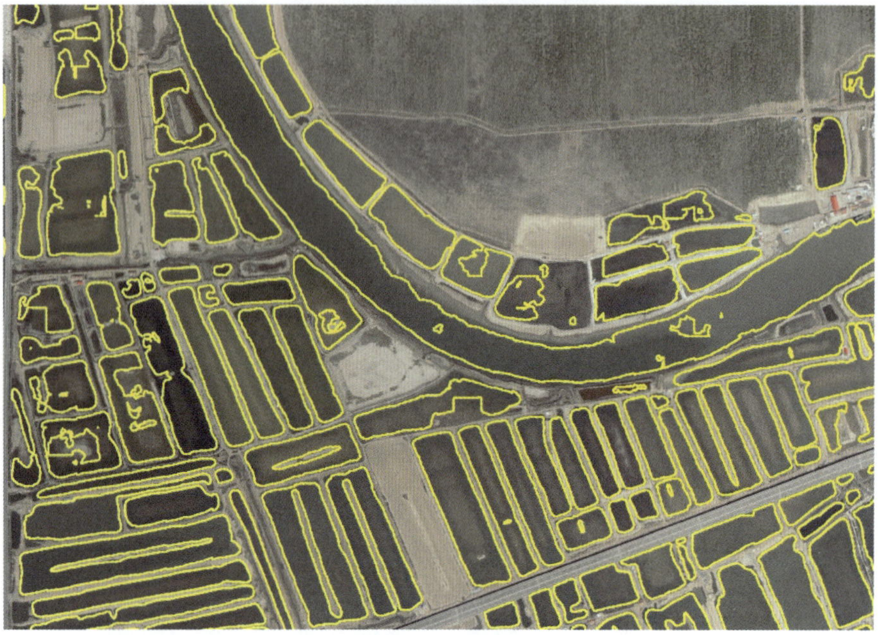

图 3-26　地理实体提取

1）规则化三维实体构建。规则化三维实体构建以要素和属性为基底数据，并以此作为建模基础进行空间位置和精度的一致性属性挂接，通过规则自动化、批量化、参数化驱动创造三维模型，动态地进行参数调整、联动编辑与三维实体模型布局，规则化三维实体构建如图 3-27 所示。

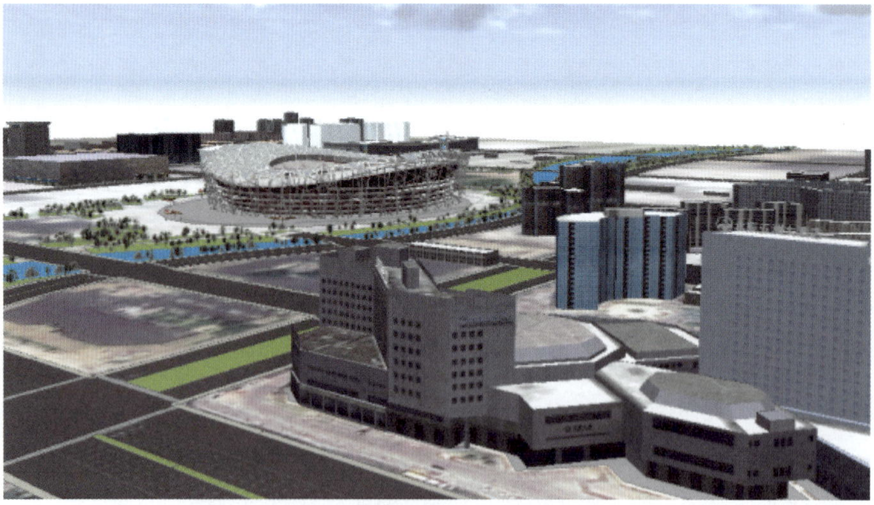

图 3-27　规则化三维实体构建

2）单体化模型构建。单体化模型构建支持通用 OSGB 格式的数据转换，支持主流倾斜数据生产软件和 I3S 的生成，可直接从 SLPK（SceneLayer Package）文件提取单体网格文件，并对其编辑几何与纹理得到单体化实景三维模型（见图 3-28）。

图 3-28　单体化实景三维模型

3）激光点云三维模型生产。激光点云三维模型生产提供已分类与未分类点云数据不同的处理方案，根据不同类型点云数据将栅格基底转为矢量，并对矢量数据进行规范化清理，应用规则包批量生成三维模型（见图 3-29）。

图 3-29　激光点云三维模型

4）体元地理单元实体构建。体元栅格模型最小单元是规则的立方体，可存储一个或多个属性变量。通过体元对象的规则排列所创建的数据结构，可视为由时空立方图格组成的一个三维（甚至四维）立方体，主要用于地质地下模型、时空立方体的剖面、切面、截面等多维可视化展示。可支持接入体元栅格的数据类型，可将多维空间和时间现象进行三维体积可视化，体元地理单元实体构建如图 3-30 所示。

图 3-30　体元地理单元实体构建

2. 实景三维数据治理

（1）多源异构三维数据抽取转换和加载。易智瑞实景三维平台提供点云数据、倾斜摄影数据、全要素地形图、高精度 DEM、MAX、BIM、精模、无人机、流视频等数据的抽取转换与加载。

（2）实景三维数据治理工具。实景三维数据综合治理提供相关功能包括结构轻量化、纹理轻量化、存储优化、索引优化、渲染优化、局部更新、模型合并等（见图 3-31）。

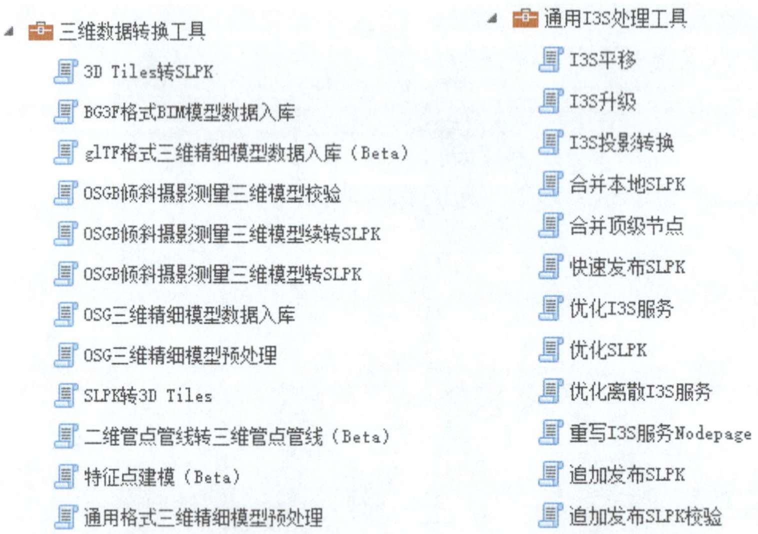

图 3-31　实景三维数据治理工具

（3）实景三维数据组织规范与一般性检查。提供基于规则的数据组织规范与一般性检查功能，包括数据是否可以第三方加载、考虑超过一定数量的数据切片分批生产、规范存储目录及切片文件夹和文件名称对应等。

（4）离线数据处理。

1）基础功能。提供系统地图基本操作、图层管理、图层风格设置、实体浏览、视图管理；支持矢量、影像/地形、三维数据导入；支持矢量数据导出为 shp、gdb 等格式，支持影像/地形、三维数据导出。

2）非实体数据挂接与编辑。具有实体数据与专题数据或者是非空间数据进行挂接，并对挂接的关联关系进行编辑的操作。

3）元数据管理与质量检查。易智瑞实景三维平台具备元数据入库与编辑的功能且提供基本的完整性检查、图形检查、属性检查和实体关系检查，支持实体质检方案配置、数据质检、质检结果查看。

（5）数据成果管理。

1）数据成果支持能力。易智瑞实景三维平台支持地形级数据和城市级数据，城市级场景如图 3-32 所示。

图 3-32　城市级场景

2）目录与标准管理。目录能够使得用户更加直观地查看数据情况，易智瑞实景三维平台支持目录的增删改查，同时支持按照标准进行初始化创建目录。

3）数据更新。数据更新包括两方面的内容，一是实体数据的更新，即对已有实体数据地理环境要素进行更新；二是场景数据更新，将对象和倾斜数据按区域快速更新。

4）数据及产品定制。主要包括四方面内容：可以将数据实体按照绘制的范围、自定义范围、筛选的属性等方式进行导出；同时支持实体数据与场景数据的组装；实体数据与专题数据的融合导出也是产品定制的一部分，专题数据有互联网抓取数据、实时感知数据、物联数据等，也可以是由各管理部分针对特定地物进行提取得到的数据；地图定制即根据模板对数据进行快速配图，数据产品定制如图 3-33 所示。

3. 物联数据接入与融合

（1）物联数据获取。

1）物联数据接入。易智瑞实景三维平台支持多种数据接入，可以使用 HTTP 从供应商接收数据或轮询外部网站的事件数据；监视系统文件夹中包含 CSV 和 JSON 格式数据的文件；管理和可视化写入时空大数据存储的大量事件数据；订阅 GeoRSS 内容提供程序，从发布的提要接收事件数据；集成消息协议适配器，如 NMEA，RAP，TAIP；为 MongoDB 和 Hadoop 等大数据提供商开发连接器。

图 3－33　数据产品定制

2）数据解析。当在易智瑞实景三维平台中接入物联感知数据时，可通过配置其连接参数对输入数据进行解析。

3）数据清洗。输入数据之后，输入的数据需要进行清洗得到有效数据，易智瑞实景三维平台提供属性和空间实时过滤，满足过滤条件的数据进行下一个过滤或处理或输出流程，不满足过滤条件的数据将被丢弃，数据清洗如图 3－34 所示。

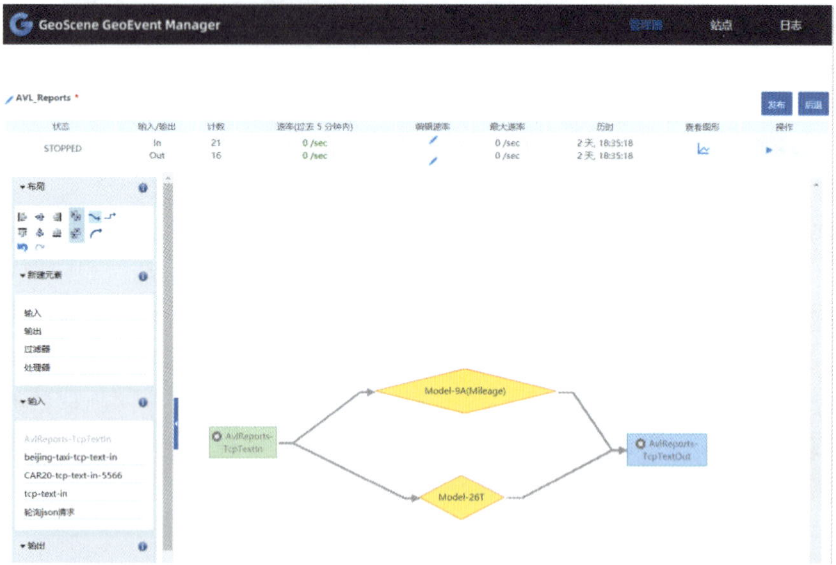

图 3－34　数据清洗

（2）物联数据与基础地理实体数据时空关联。根据物联感知数据采集地点或提取的地名及地址信息，通过匹配技术，赋予物联感知数据对应的空间信息（坐标位置），通过空间信息、时间信息、属性信息等综合信息判断，建立物联感知数据与基础地理实体之间的关联关系。城市运行物联感知如图 3－35 所示。

图 3－35　城市运行物联感知

（3）物联数据与基础地理实体的融合。基于视频相机的空间位置，将视频图像与底图的同名点进行配准，将画面像素的坐标逐个从本地坐标系转变到视锥体裁剪坐标系中。选择视频中的不同点位，即可将控制点内视频数据与基础地理实体进行融合（见图 3－36）。

图 3－36　物联数据与基础地理实体融合

4. 实景三维数据服务发布

实景三维数据服务包括高程地形服务、建筑信息模型数据服务、倾斜摄影模型数据服务、激光点云数据模型服务、精细模型数据服务、体元模型数据服务、地理实体数据服务、三维切片数据服务、物联感知数据服务等，数据服务发布如图 3－37 所示。

图 3-37　数据服务发布

（1）高程地形数据服务。高程地形服务以服务的方式提供高程表面数据，以描述真实的地形起伏。高程地形服务支持多种类型的高程表面数据如 DEM、DSM 等。高程地形服务为构建地理场景提供高程图层，作为底图中的一部分。

（2）建筑信息模型数据服务。BIM 是一种独特的三维体数据模型，由多个三维体部件组合而成，可集成工程建设信息，如建设时间阶段、楼层信息等。建筑信息模型数据服务以服务形式提供建筑信息模型数据，支持展示建筑模型中全部构件以及对模型中构建的属性进行查询，具备工程建造阶段信息的建筑模型数据在服务端同样支持对数据按建造阶段和按层级展示等多种方式进行筛选展示。

（3）倾斜摄影模型数据服务。倾斜摄影模型服务以服务形式提供倾斜摄影模型数据。倾斜摄影模型服务支持浏览、查询、编辑和数据提取的能力。通过倾斜摄影模型服务，可以进行准确的表面模型量测和全方位多角度倾斜摄影表面模型数据可视化。

（4）激光点云数据模型。点云数据以三维点数据集和强度值描述一个实体对象的三维形态，通常由激光雷达传感器获得。点云服务可提供大量符号化和已过滤点云数据的快速显示。点云服务常用于跨平台共享 3D 点云内容，支持包括激光雷达在内的多种传感器生成的点云数据，在自然资源和智慧城市领域等具有广泛的用途。

（5）精细模型数据服务。精细三维模型通常由手工建模创建，在三维体状数据外部使用纹理贴图，外观精细美观。精细模型服务以服务的形式提供精细三维模型数据。精细模型服务支持对.obj、.dae、.wrl、.3ds 等多种精细模型数据格式的服务发布，提供精细模型服务的浏览和查询能力。纹理贴图方面，支持 jpg/png/tif 的贴图格式以及.webp、.dds、.ktx（.ktx2）等压缩纹理格式。

（6）体元模型数据服务。体元模型数据以服务的形式提供三维体元数据，常见于大气或海洋数据、地下地质模型等。体元数据中常把某一属性表达为第四维度，以呈现该属性在三维立体空间中的连续变化。体元模型服务支持在服务端将多维数据进行可视化，可对其内部空间单元进行剖分，创建等值面或截面，以展示体元数据的内部结构。

（7）地理实体数据服务。地理实体描述现实世界中的地理对象，是实景三维建设成果的重要组成部分。地理实体服务以 Web 服务形式提供地理实体相关数据，支持对地理实体的属性和关系的查询、检索、统计与分析等操作。

（8）三维切片数据服务。三维切片数据服务提供针对体元模型、三维矢量模型或多层 DEM 等真三维模型进行水平、垂直、倾斜切片的数据服务，通常用来表达真三维模型的内部非均匀数据场分布，对气象、海洋、地质领域应用尤其重要。

（9）物联感知数据服务。物联感知数据包含自然资源实时感知数据、城市物联网感知数据、互联网在线抓取数据等。物联感知数据服务以服务形式提供对实景三维地理数据的实时描述，包含实时位置信息、影像、视频、监测数值等。物联感知数据服务在含交通、环保、水利、气象等领域有丰富的应用场景。

5. 实景三维在线应用

（1）多源数据融合能力。提供倾斜摄影数据融合（见图 3－38）、BIM 数据融合、点云数据融合（见图 3－39）等多源数据融合功能。

图 3－38　倾斜摄影数据融合

图 3－39　点云数据融合

（2）在线分析能力。

1）三维分析。支持穹顶分析、通视分析（见图 3－40）、剖切分析、阴影分析、量测分析、三维聚类分析、热力图分析、可视域分析、剖面图分析、光照分析（见图 3－41）、压平分析、天际线分析、地表开挖、剖面分析、开敞度分析、淹没分析、地质分析。

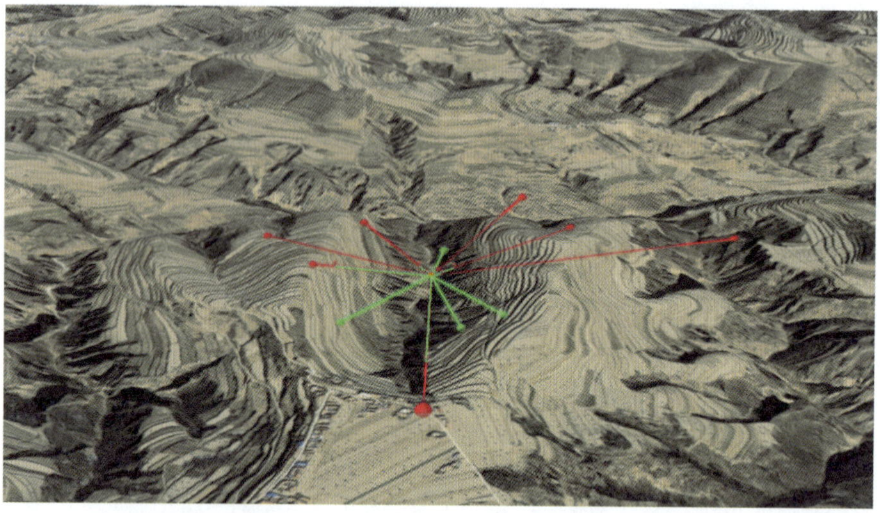

图 3－40　通视分析

图 3－41　光照分析

2）空间分析。支持多种分析功能，如坡度分析、等高线分析等。

3）专题定制应用。将专题数据服务接入系统并进行展示和查询。森林火灾应用如图 3－42 所示。

（3）三维可视化能力。提供底面拉伸、建筑效果、渐变边界线、道路 ODLine、点标注、光圈、半球、粒子火焰、日光效果、动态水效果、分类着色、多属性渲染、线符号化、天气可视化（见图 3－43）、虚拟光、定点环视等功能。

图 3-42　森林火灾应用

图 3-43　天气可视化

（4）扩展开发定制能力。支持二三维切换、二三维联动、坐标拾取、书签、火星、云图数据历史回放、沿线漫游、自定义地球场景背景、场景导出为PDF、场景导出为Image等扩展开发能力。

6. 运维管理中心

易智瑞实景三维平台运维管理中心是为平台系统管理人员提供的窗口，提供服务运维监控、目录管理、用户管理等功能（见图 3-44）。

服务运维监控提供服务资源管理、服务状态管理、服务访问统计、服务异常预警等功能。支持服务检索、服务申请、服务元数据查看、服务目录管理、服务启停、服务审核、服务授权、服务监控；对被访问的服务资源进行实时监控，可设置监控刷新时间；基于用户的访问统计访问次数、流量、响应时间最快、响应时间最慢的状态；系统基于访问统计输出统计图；服务异常调用监控配置设置服务监控用户、服务名称、异常允许时间、访问时间段、最大调用次数；用户调用服务超出配置的次数时，即为异常调用，系统自动将对应配置的用户、服务列入黑名单。

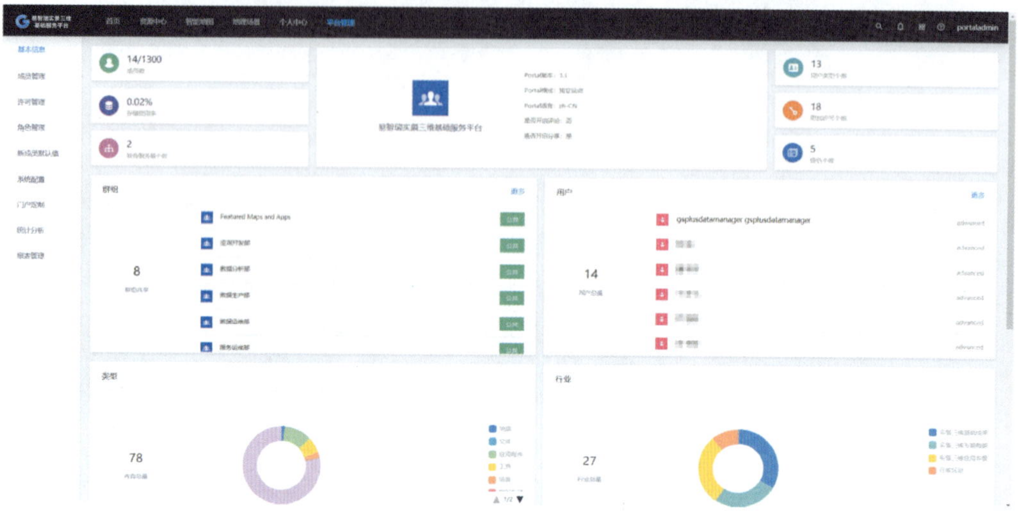

图 3-44　运维管理功能

目录管理提供目录定义、行政区划管理、专题目录管理、行业目录管理功能。

用户管理提供部门管理、用户管理、角色管理、模块管理、统一认证和日志管理功能。

3.4.6　平台应用框架

易智瑞实景三维平台，通过对标准实景三维数据、专题实景三维数据、行业管理数据、物联感知数据等汇集处理与分析，以图、表等方式，按照区域、行业、部门、时间等多个维度，直观地展示城市资产、人口分布、土地利用、经济社会发展等全要素流动情况。

平台旨在帮助用户更好地构建数据可视化应用，展现数据可视化魅力，通过可视化展示发掘数据背后隐藏的业务价值，结合用户的业务应用场景，如国土空间规划管控、国土空间用途管制、智慧城市、智慧旅游、生态环境保护等，便于相关领导和业务部门及时掌握行业相关情况，为有效监管、及时分析、科学决策提供参考，进而提升自然资源管理与智慧城市发展水平（易智瑞实景三维平台应用框架如图 3-45 所示）。

3.4.7　平台亮点

1. 地理实体知识图谱

易智瑞实景三维平台允许用户基于图数据库，探索和分析空间、非空间、结构化和非结构化数据，提高数据查询与决策制定速度。分析人员可以通过地图、链接图表、直方图和实体卡片等多种视角将知识图谱中的信息可视化，来解决空间和非空间问题。

2. 基于规则的快速批量建模技术

易智瑞实景三维平台提供了用户基于行业规范自定义规则文件的接口，这些规则文

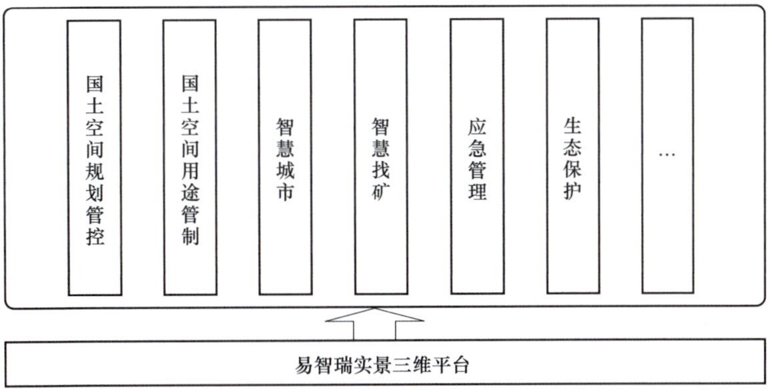

图 3－45　易智瑞实景三维平台应用框架

件可直接做用于 GIS 数据，并能够基于 GIS 数据的属性信息调整模型的外在形态如颜色、贴图、引用的形状（几何模型）等。用户可在平台中直接拖动规则文件到指定数据层中，实现快速批量的三维模型构建。

3. 高效的前端渲染和缓存技术

为提升前端数据的加载效率，采用了多种前端技术提升前端数据的渲染效果。

（1）引入 IndexedDB：IndexedDB 适合存储大量数据并支持异步调用，极大地提升了前端三维数据加载的效率。

（2）流方式加载：从人眼视觉习惯出发，从视觉的前部往后加载数据。

（3）逐步加载：优先加载低精度的模型，并逐步细化模型。

4. 智能三维制图

提供强大的 Web 端三维智能制图技术，可通过改变二、三维数据的颜色、形状（模型符号）和大小等手段直观地展现数据的业务属性。三维智能制图适用于点数据、建筑物或点云数据的可视化，内置了多种渲染模版，基于数据驱动，根据数据性质自动适配不同的模板，快速轻松制作漂亮的三维场景。

5. 物联感知

对接物联网 IoT，集成主流物联网云平台 Amazon IoT、Azure IoT 等；采用全新的集群架构、内置 Kafka，提升实时大数据接入功能，提升数据的分布式存储能力和高效查询效率，以及时空历史大数据挖掘；支持实时报警和监控，可通过短信、邮件、微信、仪表盘等多种方式进行报警提醒；提供专业和形象的可视化效果，生动显示实时二三维要素，如实时动态聚合；零代码快速创建实时 GIS 应用。

3.5　奥格实景三维平台

奥格实景三维平台是在奥格自主研发、安全可控的实体语义驱动三维图形引擎基础上，以实景三维中国建设需求为导向形成的定制化产品，是一款集成 GIS、BIM、IoT 和 AI 等技术，面向实景三维数据建库、数据治理、数据展示的一体化平台，可实现实景三维数据采集与处理、建库与管理、服务与计算、应用与赋能，为经济社会发展和各部门信息化提供统一的空间基底，支撑自然资源管理、国土空间规划、数字孪生流域、社会综合治理等业务。

3.5.1 平台需求分析

实景三维是现实世界的真实映射，是时空信息最直接、最有效的载体，是数字化管理的重要组成部分，已应用到社会生产生活的每一个角落。为实现实景三维数据采集汇聚处理、质量检查与入库、数据更新及管理、共享与发布、在线应用，特别是基础地理实体数据组织、存量数据转换基础地理实体数据、全息数据生产基础地理实体数据等需求，构建了奥格实景三维平台，支撑实景三维中国建设，促进自然资源管理和治理能力现代化，推动经济社会高质量发展。

（1）针对数据采集汇聚处理与质量检查入库需求，需具备数据处理、数据质检、数据规整、建库管理等功能，如实体构建、数据编辑、数据挂接、数据质检、数据展示、空间身份编码、数据规范化处理、数据索引构建、数据入库等功能。

（2）针对数据更新及管理需求，需具备数据仓储管理、数据目录管理、物联数据管理、元数据管理、数据更新等功能。

（3）针对共享与发布需求，需具备数据服务发布、数据服务接口查询、功能接口定制、功能服务发布、数据服务运维监控等功能。

（4）针对在线应用需求，需具备数据浏览、场景管理、关联数据展示、信息查询、三维分析、空间分析以及专题定制等应用功能。

同时，根据实景三维建设内容，平台需具备运行相关的软硬件监控、网络监控、安全监控、用户管理等功能。平台在性能上需支持海量多源异构数据汇聚、融合，更应支持地形级实景三维建设、城市级实景三维建设、部件级实景三维建设。

3.5.2 平台架构体系

平台以实现“融合数据全、加载速度快、渲染效果好、服务效率高、支撑应用强”的目标进行架构，规划设计了 Studio、DataStore、Server、Explorer 等十个组件来实现实景三维数据的采集、处理、存储、管理、共享、展示、应用等，平台架构如图 3－46 所示。

平台分为数据层、治理层、云服务层、边和端。

（1）在数据层，支持接入实景三维空间数据体，包含地物实体数据、地理单元数据、地理场景数据和物联感知数据。支持实景三维数据发布二、三维数据服务，包括 OGC 标准的 WFS、WMS 等服务，及面向三维的 S3M、3D Tiles、I3S 数据服务，对地理实体也提供对象查询和空间索引的表述性状态传递（Representational State Transfer，REST）数据服务。

（2）在治理层，数据处理建库管理工具（Ag3DRS Studio）可实现实景三维数据采

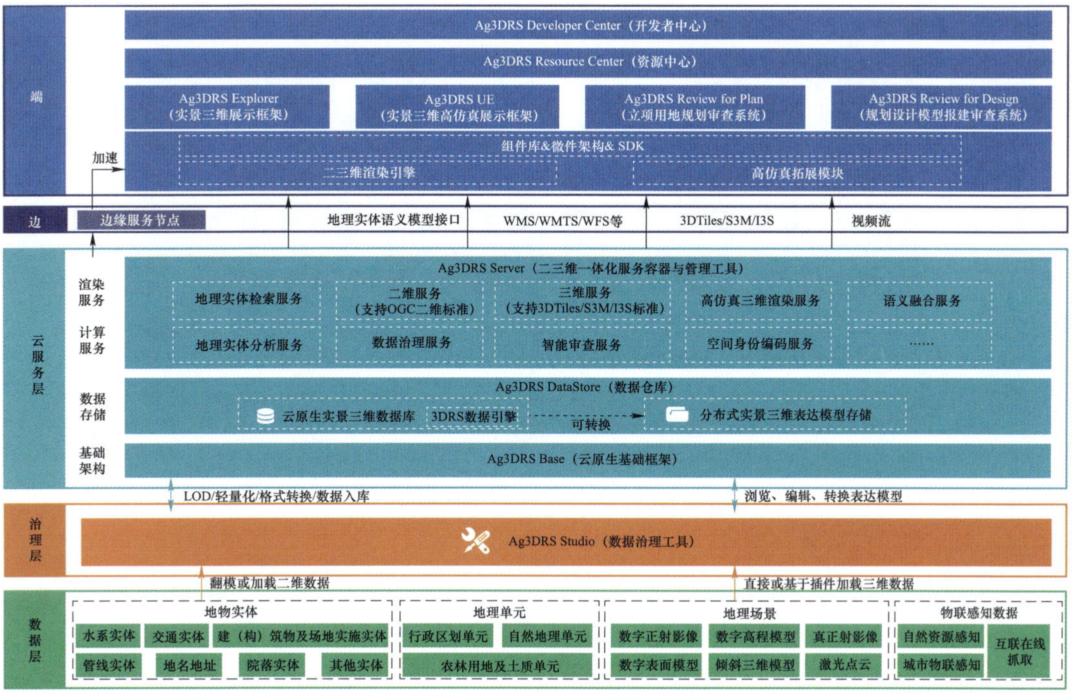

图 3-46 平台架构图

集与处理、地理实体融合构建、数据建库与管理，支持实景三维数据的处理、质检、入库、轻量化、规整建库、成果管理等。

（3）在服务层，采用云原生技术架构，通过云的方式提供数据仓库管理（Ag3DRS DataStore）和服务容器与管理工具（Ag3DRS Server）产品，在实现实景三维数据储存、管理基础上，提供信息模型检索、二三维服务、高逼真渲染服务、智能审查服务等，并提供服务发布、服务管理、服务聚合等功能。在三维服务方面，支持 3DTiles/S3M/I3S 标准。

（4）在端这一侧，Ag3DRS Explorer 创新应用混合图形渲染引擎可实现海量信息模型的高效调用、快速表达、模拟计算与高逼真渲染，支持 I3S、3DTiles、S3M 等主流三维数据标准，支持多种坐标系二三维服务，最大化利用城市已有的二三维空间数据资产。通过资源中心，实现空间数据资源的共享与应用。并通过开发者中心为智慧城市的业务应用提供支撑，为合作伙伴赋能。

此外，我们通过云边端协同技术，为端侧用户提供高性能的渲染表达，良好的用户体验。

3.5.3 平台数据资源

1. 平台数据架构

平台数据架构如图 3-47 所示，平台从数据汇聚层、数据接入层、数据存储层、数据服务层、业务应用层，进行实景三维数据架构。

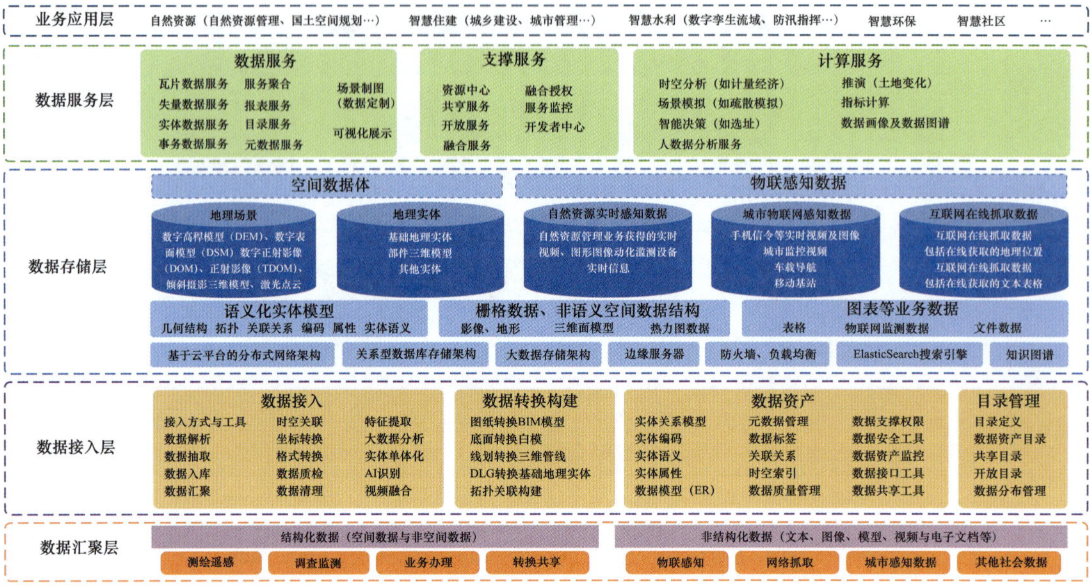

图 3－47　平台数据架构图

（1）数据汇聚层：根据实景三维建设需要，实现源数据采集与汇聚。

（2）数据接入层：分为数据接入、数据转换构建、数据资产、目录管理。

（3）数据存储层：按照空间数据体、物联感知数据分地理场景库、地理实体库、自然资源实时感知数据库、城市物联网感知数据库、互联网在线抓取数据库进行数据存储。

（4）数据服务层：分为数据服务、支撑服务、计算服务，实现平台数据资源、平台能力对外共享、应用。

（5）业务应用层：可以支撑自然资源、智慧住建、城市建设、城市管理、智慧水利、智慧环保、智慧社区等业务应用。

2. 平台数据资源体系

平台可支撑接入地理场景数据、地理实体数据、城市物联网感知数据、业务数据等实景三维源数据，Ag3DRS 平台数据资源体系见表 3－5。

表 3－5　　Ag3DRS 平台数据资源体系

组成	类型	细分	门类
地理场景	全市 DEM	—	—
	片区 DEM	—	—
	片区 DSM	—	—
	全市 DOM	—	—
	全市 DOM	—	—
	片区倾斜影像（Mesh）	—	—
	建筑激光点云数（LAS）	—	—

续表

组成	类型	细分	门类
地理实体	基础地理实体	地物实体	全市河流矢量数据
			全市湖泊矢量数据
			片区道路模型数据
			片区桥梁模型数据
			片区建筑倾斜摄影
			全市建筑白模
			全市建筑底面
			建筑 BIM 模型
			建筑精模数据
			场地数据
			片区景观设施数据
			片区宗教类设施数据
			片区给水管线
			片区给水管井
			片区通信管线
			片区通信管井
			片区排水管线
			片区排水管井
			片区燃气管线
			片区燃气管井
			片区电力管线
			片区电力管井
			片区用地与院落实体数据
			片区树木实体数据
			片区自然地貌实体数据
		地理单元	市区行政区划矢量数据
			农林用地数据
			片区地质数据
	部件三维模型	建（构）筑物结构部件	建筑结构专业 BIM 模型
			建筑外立面 BIM 模型

续表

组成	类型	细分	门类
地理实体	部件三维模型	建筑室内部件	建筑室内机电专业 BIM 模型
		道路设施部件	路灯模型
			指示牌模型
		地下空间部件	地铁站地下空间模型及其部件
			地下停车场模型及其部件
城市物联网感知数据	交通监控视频	—	—
	水位计	—	—
	倾角仪	—	—
	气象站	—	—
	雨量计	—	—
	位移栈	—	—
	互联网在线抓取气象数据	—	—
业务数据	标准地址数据	—	—
	实有房屋数据		
	实有单位数据		
	实有人口数据		
	宏观经济数据	—	—
	不动产登记数据	—	—
	资源调查管理数据	—	—
	工程建设项目审批数据	—	—
	住建业务数据	—	—
	其他业务数据	—	—

3. 平台数据资源关系构建

实体数据关系构建如图 3－48 所示，地理实体基本表存储基础地理实体基本属性，包含基础地理实体标识码等字段信息；图元表存储图元的基本属性和几何信息，其中图元标识码存储图元的唯一标识码；关系表是基础地理实体之间关联的纽带，主要用于地理实体数据库关联关系设计，包括基础地理实体与图元关联设计、基础地理实体与基础地理实体关联设计，基础地理实体与业务数据关联设计、基础地理实体与物联感知数据关联设计。

地理实体层级关系通过地理实体数据库体现，应用父实体地理编码、子实体地理编码体现层级关系。通过图元数据的图元编码，关联该实体的父实体、子实体的地理实体编码。在此，以房屋数据为例，说明房屋实体数据关系构建，如图 3－49 所示。

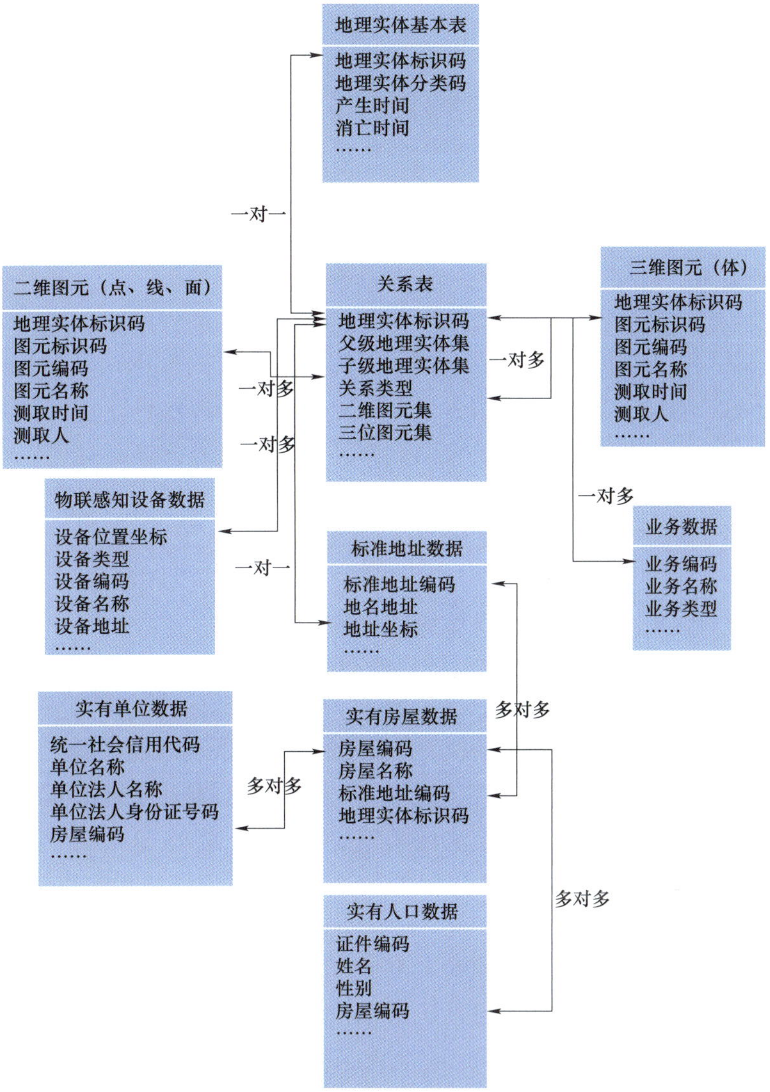

图 3-48　实体数据关系构建

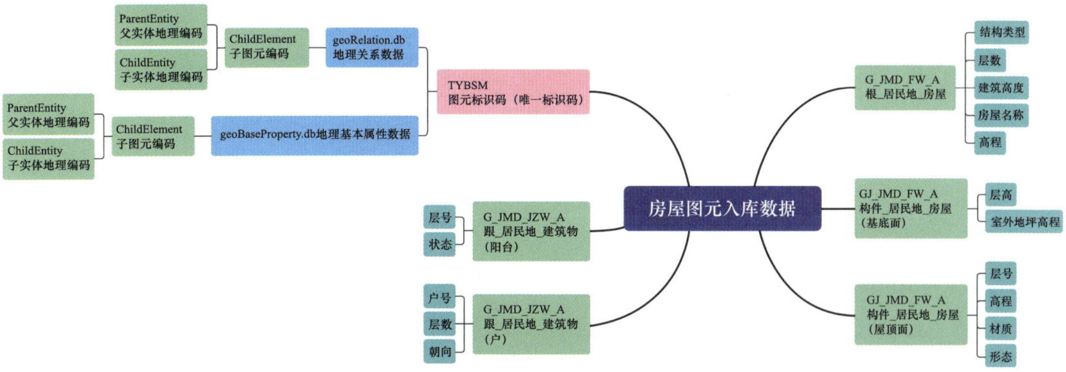

图 3-49　房屋实体数据关系构建

3.5.4 平台业务模型

（1）自然资源管理：实景三维深度融合应用于自然资源领域中的资源调查监测、国土空间规划、空间用途管制、生态修复、地质灾害预警等方面，基于新型基础测绘技术高效采集测定山、水、林、田、湖、草、沙及房屋等资源的自然状况、权属状况、空间位置、资源数量以及利用状况等信息，基于实景三维平台进行可视化分析与管理，大大提升自然资源调查、登记、管理的自动化和智慧化水平。

（2）智慧住建：在实景三维平台基础上，按照“统一运行网络、统一基础设施、统一数据资源、统一服务平台、统一安全策略，统一标准规范”开展住建大数据智能化建设，将一切计算、存储、网络、数据、平台、安全、标准等信息化资源按照“一切资源化、全局标准化、资源目录化、目录全局化”的顶层设计思路进行处理，构建住建数据资源体系，加强住建数据大脑建设，支撑技术融合、业务融合、数据融合，和跨层级、跨地域、跨系统、跨部门、跨业务的协同管理和服务能力，实现住建“一网统管”。推进住房和城乡建设信息系统整合，实现与工程建设项目监管与审批管理系统、城市排水防范、市政基础设施管理系统、城市体检系统等互联互通，支撑城乡建设管理、建筑业管理、城市运行管理、房地产管理等业务协同与共治，整体构建智慧住建基础信息平台。

（3）智慧水利：依托实景三维底板汇聚水利建设三维模型、地形地质、河网水系水库等资源，将水利相关业务信息挂接到对应模型上，实现物联感知数据、公共专题数据、资源调查数据和业务数据等信息与三维模型的关联绑定，助力水利业务的统一监控与集成管理。实景三维可以支撑数字孪生流域数据底板建设，对物理流域全要素和水利治理管理活动全过程的数字化映射、智能化模拟，实现与物理流域同步仿真运行、虚实交互、迭代优化。

（4）智慧社区：基于实景三维底板，利用互联网、物联网、云计算等技术，整合社区内的土地、环境、人口、设施、事件、组织、房屋等信息，统筹公共管理、公共设施和公共服务等资源，为社区居民提供一个安全、舒适、便利的现代化、智慧化生活环境，从而形成基于信息化、智能化社会管理与服务是一种新的管理形态的社区。

（5）城市规划建设管理：以实景三维平台为支撑，为城市规划、建设、管理全过程提供服务，打通规划、建设、管理的数据壁垒，改变传统模式下各阶段管理脱节的状况，支持城市管理需求在规划、建设的落实，积累城市数据资产并指导反馈规划建设，实现科学规划、高效建设和优质运营的智慧城市。

3.5.5 平台主要功能

奥格实景三维平台主要包含 Ag3DRS Studio、云原生基础架构（Ag3DRS Base）、Ag3DRS DataStore、Ag3DRS Server、二三维应用中心（Ag3DRS Explorer）、资源中心（Ag3DRS Resource Center）、开发者中心（Ag3DRS Developer Center）等子产品。

1. 二三维应用中心（Ag3DRS Explorer）

二三维应用中心（Ag3DRS Explorer）创新应用混合图形渲染引擎，可实现实景三维数据的高效调用、快速表达、模拟计算与高逼真渲染，支持主流二三维数据标准，支持多种坐标系二三维服务，可实现实景单体与地理实体的链接、地理实体与各类数据融合应用。

（1）多源数据融合展示。如图 3－50 所示，平台支持 I3S、3DTiles、S3M 等三维服务标准，支持三种标准服务在同一场景下融合展示，也支持 OGC 标准的二维地图服务。

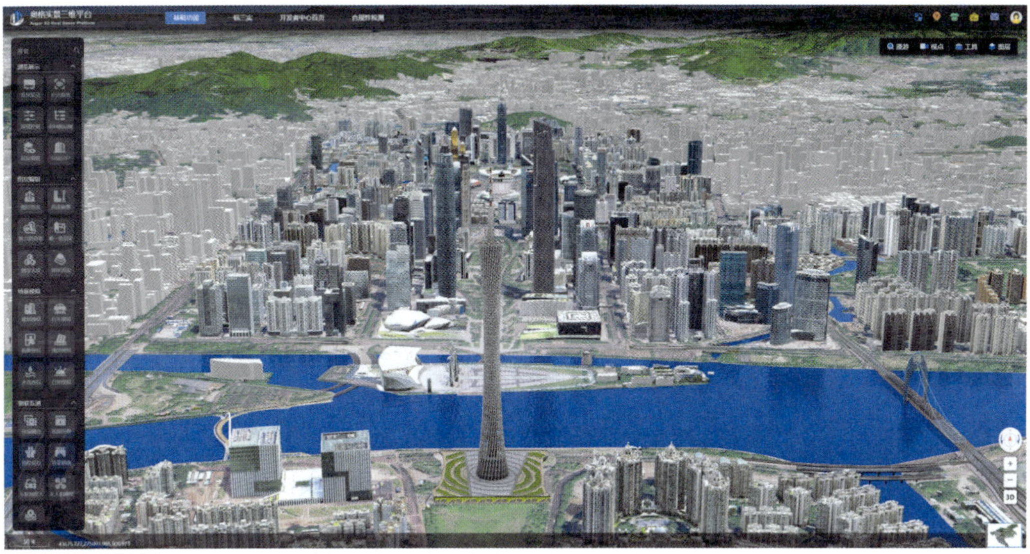

图 3－50　多源数据融合展示

（2）地理实体属性查询及关联信息查询。对地理实体和地理单元进行展示与应用。支持地理实体分类列表、父子关系列表与地图场景中的图元进行相互联动，联动地图中的二三维实体，并展示实体关联的属性信息或业务信息，如图 3－51 所示。

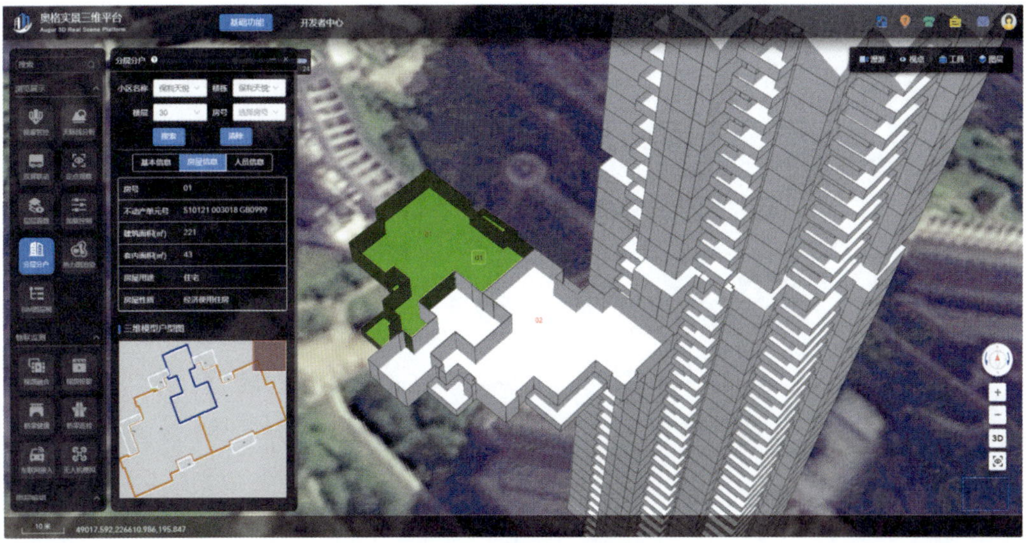

图 3－51　地理实体属性查询

（3）物联数据与基础地理实体的融合。将实时视频画面投影到三维地理场景中，实现监控视频与周边三维场景的“动静结合”，便于在平台“实地式、实时式”查看现实世界的监控画面，支持 RTMP、RTSP、HLS 的.m3u8、.flv 等视频流格式。提供可视化绘制和视锥体投影两种方式，支持室内室外、地上地下地理场景的视频投影，如图 3－52 所示。

图 3－52　视频投影

（4）物联网监测。在物联感知数据与地理实体关联基础上，采用时空统计、时空分析等分析方法，实现按区域范围、按地理实体对象进行物联感知设备的统计与分析，并且可以根据物联设备监测数值，在场景中进行可视化模拟，如图 3－53 所示。

图 3－53　物联网监测

（5）地质分析。以可视化方式对地下土质进行分析，如图 3－54 所示。通过绘制范围、设置采样间隔、埋深等，实现在视图区域展示地下岩土分层情况，并以表格形式展示绘制范围及取样钻孔的各层岩土图例、岩土名称、岩层特征。

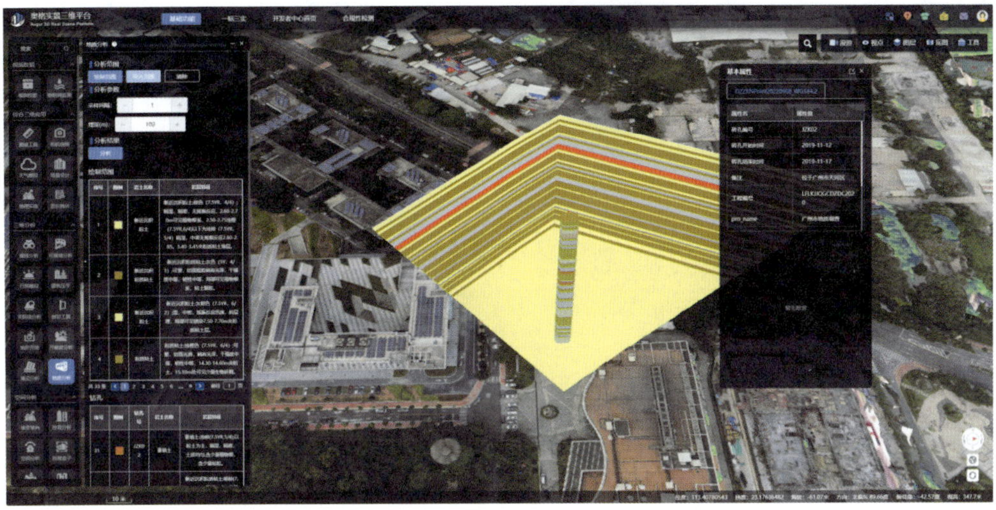

图 3－54　地质分析

（6）室内导航。对已入库的 BIM 模型，自动生成每层的平面图，实现二维平面图与三维 BIM 模型联动，基于最短路径算法，根据起点和终点的位置及区域可达性计算最短路径，同时也支持自定义绘制路线，实现基于 BIM 模型的室内导航漫游，如图 3－55 所示。

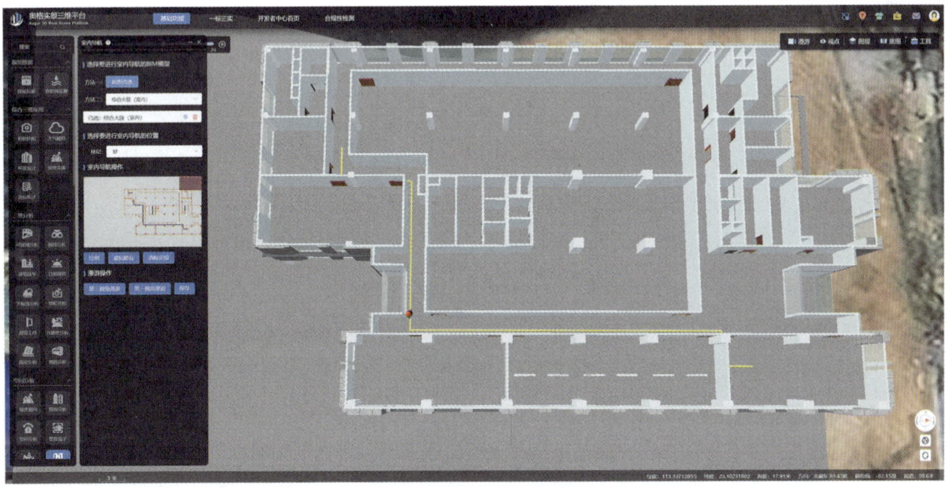

图 3－55　室内导航

（7）按区域统计 BIM 构件属性。对已入库的 BIM 模型按构件、空间、结构分类展示 BIM 模型，并可按区域统计该区域内所有 BIM 构件属性，例如可以通过手绘多边形、长方形、圆形等形状或者导入项目红线范围来统计区域范围内的所有 BIM 模型所有构件的造价，并以图形或表格的形式进行直观呈现，如图 3－56 所示。可以实现构件统计、定位、隔离等操作。

图 3－56　按区域统计 BIM 构件属性

（8）日照计算。基于 BIM 的日照分析，能够精确到每一个房间。依据《城市居住区规划设计规范》等标准规范，综合考虑建筑气候区划、日照标准日、城市的地理纬度等因子，对住宅任意房间的日照情况进行分析，可计算出住宅每个房间日照时长，并判断是否满足日照时长最低 3h 的要求，不符合标准的用红色，符合标准的用绿色和橙色表示，如图 3－57 所示。

图 3－57　日照计算

（9）智能审查。可以实现对建筑 BIM 模型的自动审查，可以定位查看不符合条文要求的构件，可以查看问题构件的详细属性，并可以通过平台实现问题构件的协同修改处理，如图 3-58 所示。

图 3-58　智能审查

2. 数据处理建库管理工具（Ag3DRS Studio）

数据处理建库管理工具（Ag3DRS Studio）是一款面向实景三维数据采集与处理、地理实体融合构建、数据建库与管理的桌面端软件。支持实景三维数据的处理、质检、入库、轻量化、规整建库、成果管理等。

（1）地理实体融合构建。如图 3-59 所示，可基于标准进行实体工程的快速构建，支持二三维图元、影像地形数据及元数据的入库及导出操作，对于入库的数据可在地图界面进行在线浏览。

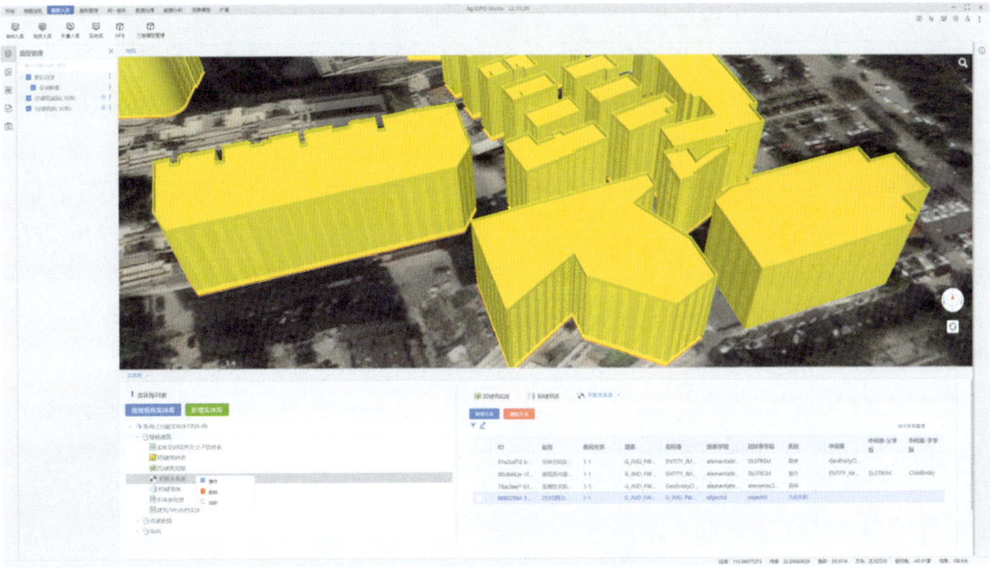

图 3-59　地理实体融合构建

（2）非实体数据挂接与编辑。如图 3－60 所示，支持实体数据与专题数据或非空间数据进行挂接，并可对实体数据所挂接的非空间属性数据进行查看，同时支持对挂接的关联关系进行编辑。

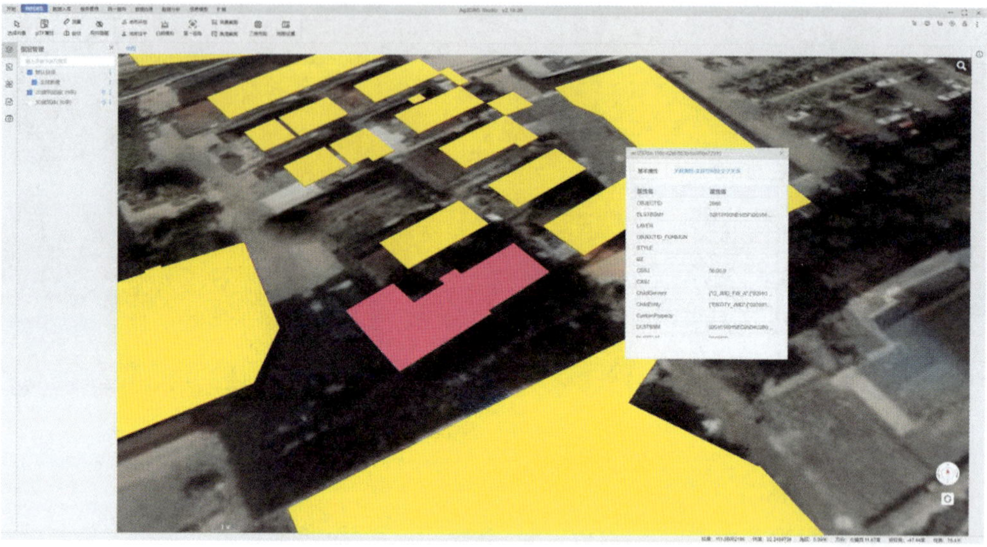

图 3－60 非实体数据挂接与编辑

（3）数据质检。提供基本的完整性检查、图形检查、属性检查和实体关系检查算子等，并支持实体质检方案配置、质检结果的查看。

3. 数据仓库管理（Ag3DRS DataStore）

Ag3DRS DataStore 是一款以实景三维数据为核心的分布式存储系统，支持多种来源、多种类型、多个时序数据管理，具备标准自适应的资源目录管理能力，可快速适应不同标准的数据管理要求，具备按资源目录进行分级分类授权能力，满足不同机构、不同用户、不同系统对数据共享的需求，可实现实景三维数据的高效存储和快速检索，并提供高并发模型渲染 I/O 能力。

（1）数据管理。支持多种来源、多种类型、多个时序实景三维数据接入与管理。支持本地上传、链接第三方数据库、文件导入、对接第三方系统等多种来源的空间数据体、物联感知数据入库和管理，物联感知数据支持 SOCKET、WebServices、URL 等多种接入方式；支持矢量、地形影像、BIM、倾斜摄影、精模、粗模、点云、属性表、文件等九种类型数据的入库和管理；支持不同时间段和不同版本的数据管理。

具备标准自适应的资源目录管理能力，可快速适应不同标准的数据管理要求，可按资源目录对数据进行分级分类授权。

（2）物联数据与基础地理实体数据时空关联。通过地理实体关联应用技术，将地理实体数据作为关联其他数据的基础数据，建立地理实体的纽带作用，实现与物联感知数据、政务数据等各类数据融合应用。

4. 服务容器与管理工具（Ag3DRS Server）

Ag3DRS Server 是一款分布式、云边端协同的二三维一体化服务容器与管理工具，提供服务发布、服务管理、服务聚合、空间计算、接口定制等功能，支持服务站点动态扩容、实时监控与高并发接入，为实景三维应用提供高并发支撑与流畅用户体验。

（1）一站式多模态服务发布。可实现多种二三维服务发布，包括 WFS、WMS、WMTS、矢量瓦片等十几种二维数据服务和 I3S、3DTiles、S3M 等多种三维数据服务。完全满足《实景三维中国建设技术大纲（2021 版）》的实景三维数据服务接口要求。

（2）多源异构数据服务集成管理。Ag3DRS Server 提供多源异构二三维数据服务的统一管理。用户可以根据自身需求对服务进行启停，预览，下载，共享等操作。

（3）微服务化多节点，按需动态扩容。可将 Ag3DRS Server 按功能职责拆分成多个微服务化的轻量级 Server，用户通过站点管理自定义添加站点实例，实现动态的水平扩容，最大限度地满足用户的扩容需求。

5. 资源中心（Ag3DRS Resource Center）

Ag3DRS Resource Center 是以实景三维相关资源为基础，集资源目录管理、资源注册、资源可视化、资源申请与审批、资源配置管理等功能为一体的资源汇聚交换中心，可实现属性文件、测绘数据、二三维服务、地理实体等实景三维相关资源的汇聚、管理与共享，实现资源的安全高效准确调取，对资源的访问和时效实现灵活控制，实现实景三维相关资源的纵向、横向交换共享。

（1）服务申请。服务申请提供单个服务申请和批量服务申请两种方式，用户可对尚未拥有的服务进行申请操作。

（2）服务审核。支持具有审核权限的用户查看自身注册的服务对应的申请信息，并进行资源审核。

（3）服务聚合。支持将多个服务器类型一致、坐标系一致的服务聚合成一个服务，同时支持对聚合后的服务进行注册与预览，用户还可以新增、修改、删除、查看聚合服务。

（4）服务状态监控。展示授权出去的服务被调用的情况，包括服务访问次数、IP 访问个数、访问流量以及服务的运行状态、监控状态，支持查询、筛选和查看详情。

6. 云原生基础架构（Ag3DRS Base）

Ag3DRS Base 采用云原生架构，贯穿建模、开发、测试、部署、运维等软件过程，提供涵盖统一认证中心、统一门户中心、统一用户中心、统一流程中心、统一表单中心、统一地图中心、统一容器管理中心、统一网关中心、统一数据总线中心、统一监控中心等多技术领域的支撑云平台。

（1）硬件资源监控。支持监控系统中各基础设施的硬件资源，包括 CPU、网络 I/O、磁盘、内存等实时使用情况，如图 3－61 所示。

（2）可视化定制。提供了多套行业系统大屏案例，方便用户根据实际业务需求快速配出精美大屏，如图 3－62 所示。

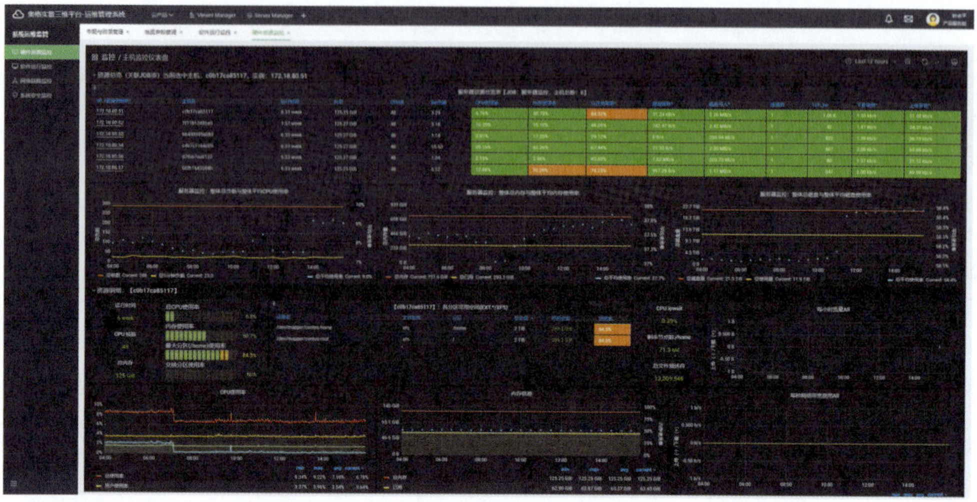

图 3-61　硬件资源监控

图 3-62　可视化定制

3.5.6　平台应用框架

奥格实景三维平台可按需组装构建实景三维典型应用系统，如实景三维在自然资源、住房和城乡建设、水利、应急等行业的应用案例，应用框架如图 3-63 所示。主要包括国土空间规划一张图、防汛指挥和智慧社区等。

1. 国土空间规划一张图

融合国土空间的全方位、多维度的多源异构数据，基于奥格实景三维平台的各类数据及功能，提供了数据资源浏览、辅助审批、辅助决策、三维分析、地图故事、成果共享等功能，为国土空间规划编制、审批、修改和实施监督全周期管理提供国土空间规划一张图应用，国土空间规划一张图实施监督系统如图 3-64 所示。以自然资源环境和国土空间开发利用现状数据为基础，利用相关算法、模型开展分析评价和评估。针对编制单位提供的资源环境承载能力综合评价成果、国土空间开发适宜性综合评价成果，将评价说明、评价标准、评价算法及模型流程图、评价结果进行可视化的成果展示，并基于双评价结果开展相关的空间分析、对比分析，辅助规划编制人员进行客观地分析和评价。针对编制单位提供的国土空间规划实施评估和风险识别评估成果，通过数量、布局和趋势等方面对评估指标进行可视化的成果应用，并生成评估报告，支撑国土空间规划实施评估和风险识别评估。

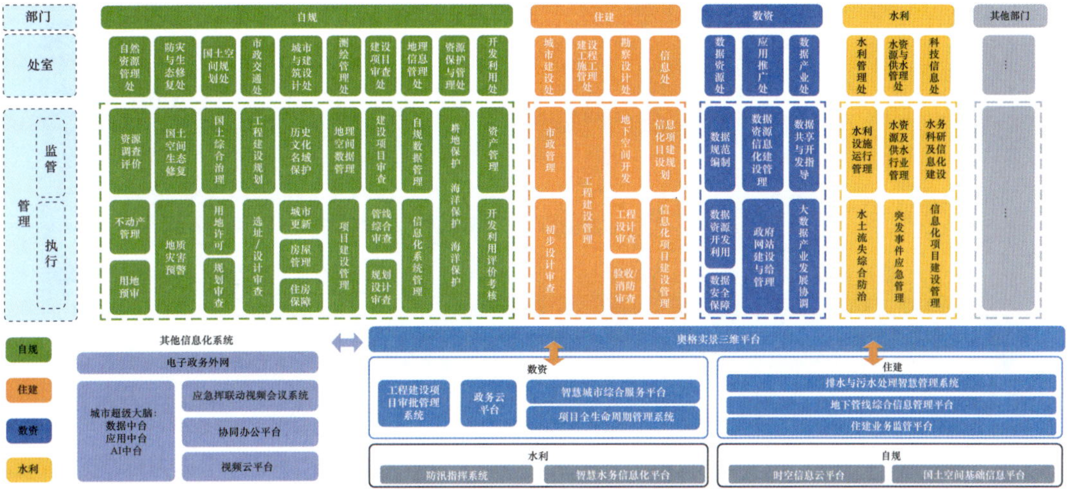

图 3-63　奥格实景三维应用框架

图 3-64　国土空间规划一张图实施监督系统

2. 防汛指挥

基于奥格实景三维平台按照数字孪生流域和智慧水利应用需求定制防汛指挥系统（见图 3-65），融合河湖水系和水利工程数据，实现水雨情监测预警，包括雨情监测、河道水情监测、水库水情监测、防洪闸水情监测、泵站水情监测、窨井水情监测、防洪闸工情监测、泵站工情监测、交通闸工情监测、穿堤管工情监测及各个点位的实时视频监测，通过洪水预演和雨洪情景模拟形成险情预案和调度方案，实现责任人和抢险队伍的精细管理和快速响应，构建洪水防御保障和防汛指挥管理系统。

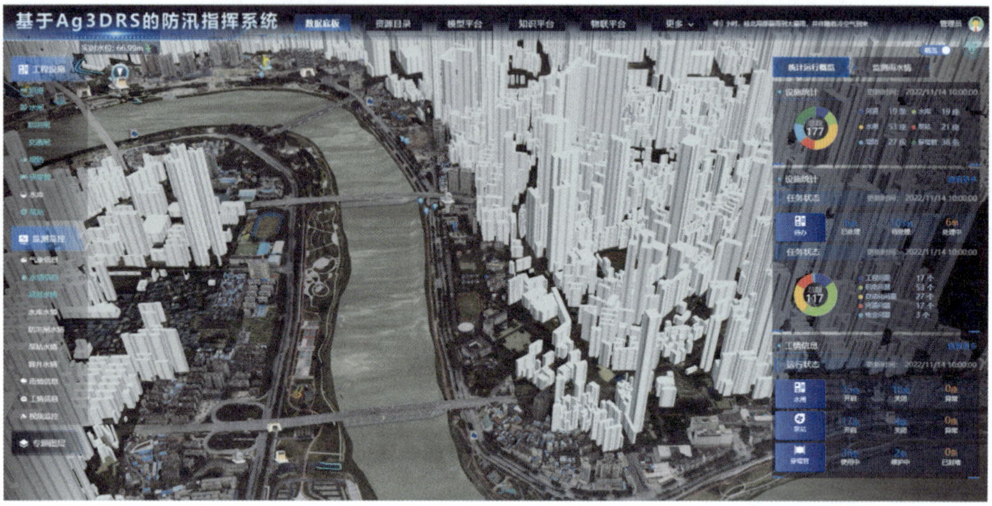

图 3－65　防汛指挥系统

3. 智慧社区

抽取社区三维精细模型及其他社区数据实现按需组装，汇集社区基础运营数据，包括社区住宅、人口、车辆、单位等基础数据，以及社区人员、车辆进出情况、公共基础设备运行状况、突发事件预警情况等信息，同时可实时获取和查看社区综合动态信息进行统计分析展示。智慧社区管理系统如图 3－66 所示，通过后台运维和移动端填报获取社区疫情防控信息数据，对数据进行展示和统计分析，支撑社区实现智慧化、精准化的

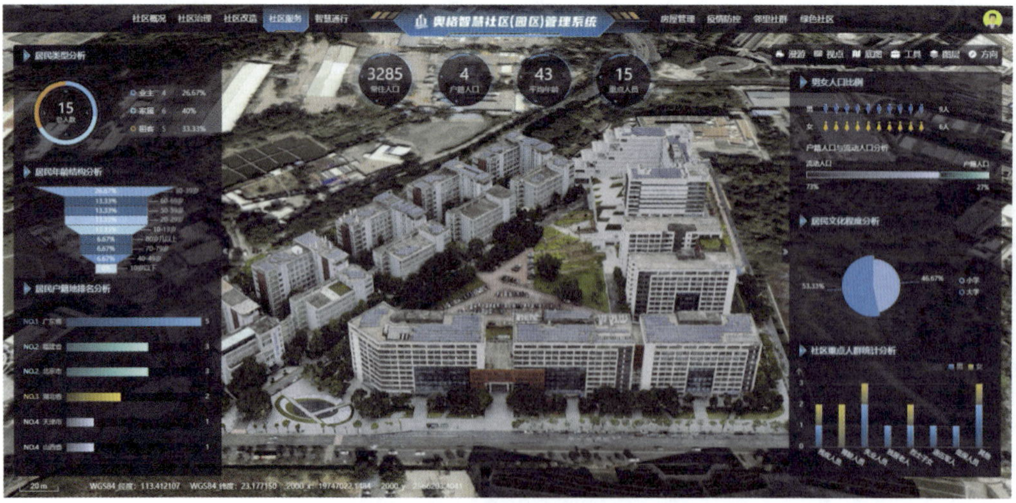

图 3－66　智慧社区管理系统

人员、物资和运行状态管理。

3.5.7 平台亮点

1. 多源异构数据融合

平台支持空间数据体包含地理场景数据如 DEM、DSM、DOM、物联感知数据、倾斜模型三维模型、激光点云，地理实体数据如基础地理实体、部件三维模型以及其他实体数据，物联感知数据如自然资源实时感知数据、城市物联网感知数据、互联网在线抓取数据等数据的融合展示浏览，同时平台支持将 I3S、3DTiles、S3M 等标准三维服务接入在同一地理场景下叠加显示。

2. BIM 还原能力强

平台通过自主研发的实体语义驱动三维图形引擎实现通常只有在 BIM 建模软件或者专业分析软件中才具备的功能，例如：日照分析、通风分析、疏散模拟、三维点捕捉精准测量、BIM 设计、BIM 智能审查等，从而实现从宏观到中观再到微观的 GIM（GIS）+BIM 应用。

3. 三维融合实时视频

平台支持接入城市交通、治安、工地等摄像头的实时视频，并实现多路实时视频图像与三维地理场景的融合，形成一张虚实融合的三维地图。支持 RTMP、RTSP、HLS 的.m3u8、.flv 等视频流格式，同时支持视频的空间检索、定位查询及基于视频的空间量测。

4. 一数发布多种服务

平台可实现将一种二三维数据源按需发布成多种标准的二三维服务，包括 WFS、WMS、WMTS、矢量瓦片等十几种二维数据服务和 I3S、3DTiles、S3M 等多种三维数据服务。完全满足《实景三维中国建设技术大纲（2021 版）》的实景三维数据服务接口要求。

5. DLG 转换基础地理实体技术

平台通过 DLG 转换基础地理实体技术，可以综合利用“三调”成果、宗地和自然幢、规划条件核实等数据成果，结合数据转换规则引擎实现将 DLG 原始数据进行抽取，调整完善相关属性，按照地理实体库标准进行输出院落与建筑物等实体数据，从而实现存量测绘成果数据到地理实体的高效转换。

6. 基础地理实体变化监测及动态更新技术

平台基于卫星遥感变化检测和基于物联网在线抓取等感知技术，实现了基础地理实体变化监测与动态更新，并以地理实体编码为索引，联动更新与该地理实体关联的其他各类信息。

3.6 国地科技实景三维平台

国地科技实景三维平台是集“全息采集、三维建库、业务融合、智慧应用”于一体，全面、真实、立体反映人类生产、生活和生态空间的三维可视化信息平台。平台集成

AI+遥感智能引擎（GuoDi Earth 2.0），突破知识图谱构建及分析，结合深度学习和规则化处理的自动单体化等多项技术，汇聚多类型、多尺度、高精度的全空间实景三维数据，支撑现实世界的全要素数字表达、全信息融合集成、多场景可视分析、多维度模拟仿真。面向不同行业应用需求构建地理场景、地理实体并派生组装成相应的实景三维产品，为城市协同治理、自然资源精细化管理提供统一的空间定位框架和分析基础。

3.6.1 平台需求分析

实景三维中国建设是加快建设数字中国的重要举措，是落实国家新型基础设施建设的具体部署，是服务生态文明建设和经济社会发展的基础支撑。传统的二维管理模式已经难以完全满足新时代自然资源管理应用的需求，在精细化、智能化空间管理需求驱动下，空间治理正从三维可视化向三维可量化转变。

实景三维平台立足于实景三维中国的建设要求，为服务自然资源管理以及国土空间规划的实际需要，以“空天地一体化”为主要手段，建立了地形级、城市级、部件级多源空间数据体系，采用游戏引擎和三维 GIS 自主研发的 GD-City Twins Engine 可视化引擎，搭建了面向不同行业需求的智慧应用场景，服务经济社会发展。平台既可满足调查监测、确权登记、耕地监测、生态修复、矿产管理、矿山治理等地形级自然资源管理业务需求，也可满足国土空间规划编制、辅助审查、立体管控、实施监督等空间规划设计管理需求，推动空间治理领域向数字化、网络化、智能化加速跃升，加快促进空间治理体系与治理能力现代化。

3.6.2 平台架构体系

平台架构体系（见图 3-67）包括五大层次和两大体系，包括设施层、数据层、功能层、服务层和应用层，以及标准规范体系、安全运维体系。

（1）设施层：由网络及基础软硬件设施组成，为系统提供计算、存储等方面的能力，保障系统正常运行。

（2）数据层：包括地理场景数据、地理实体数据、物联感知数据等实景三维数据。

（3）功能层：提供物联数据接入与融合、数据处理及数据库管理功能。

（4）服务层：提供数据服务和发布接口、运维管理等通用服务，开发在线应用系统提供三维相关应用，搭建专业管理系统提供数据成果管理等，全面支撑实景三维平台业务。

（5）应用层：面向国土空间治理，为自然资源管理、国土空间规划、空间治理协同提供三维智慧应用。

（6）标准规范体系：按照国家和行业数据标准与技术规范建立统一的标准规范，指导实景三维平台的建设和管理。

（7）安全运维体系：建立运行、维护、更新与安全保障体系，保障实景三维平台的网络、数据、应用及服务的稳定运行。

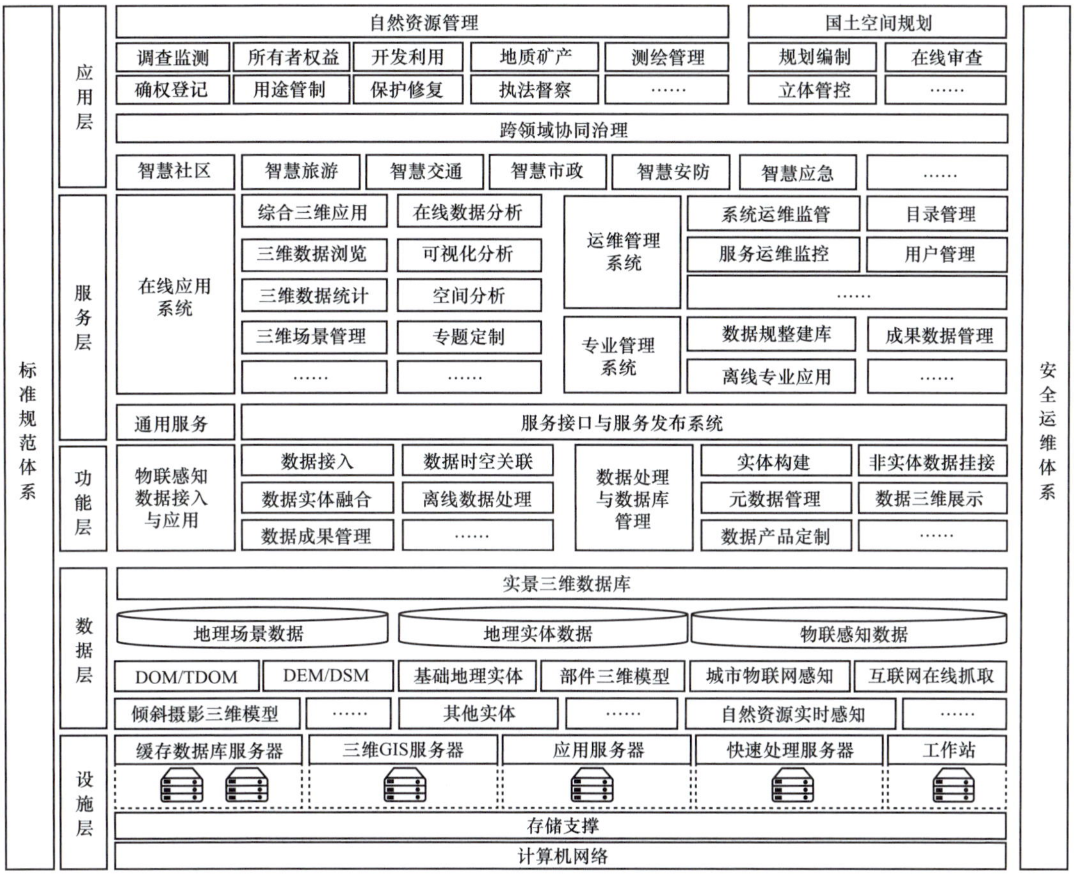

图 3－67　平台架构体系

3.6.3　平台数据资源

数据资源是平台建设的基础。参照《实景三维中国建设技术大纲（2021 版）》数据建设要求，实景三维平台数据由地理场景数据、地理实体数据、物联感知数据三部分组成，按照表述内容划分为地形级、城市级和部件级三级。地理场景数据是地理实体数据的承载体，二者同为空间数据，地理场景数据进行处理后也可以生成地理实体数据。物联感知数据是实时反映地理场景和地理实体变化的数据，依靠物联感知数据实现对自然资源要素、城市运行态势等重点指标监测数据的读取与统计，实现运行状态监控和预警提醒。

平台数据资源应符合《基础地理信息数据质量要求与评定》（GB/T 41149—2021）、《数字测绘成果质量检查与验收》（GB/T 18316—2008）、《三维地理信息模型生产规范》（CH/T 9016—2012）。其中，地理场景数据生产可通过卫星遥感、航空遥感、激光雷达点云和物联感知视频等方式。卫星遥感获取高分辨率卫星遥感影像，用于地理实体空间信息采集及地形场景构建。航空遥感影像数据生产以有人机（无人机）等为飞行平台，搭载多个倾斜摄影系统（数码相机）获取多角度、多重叠度的地面多视影像，以及地面像控点三维坐标、相片位置姿态数据等。地理实体数据应符合《地理实体空间数据规范》（GB/T 37118—2018），地理实体数据分为二维形式和三维形式表达。其中，二维形式表达的地理实体数据可以通过已有数据转换、基于地理场景生成、基于高精度基础地理实体生成等方式生产；三维形式表达的地理实体数据可以通过基于倾斜摄影三维模型生成、基于激光点云生成、基于其他方式生成等方式生产。物联感知数据利用通信服务器、Web Service、URL、网络爬虫、PRC 远程过程调用、FTP 服务器共享等多种方式的物联数据接入，数据经过平台解析和清洗后，与基础地理时空数据融合，形成反映地理场景和地理实体的实时数据。

平台数据资源体系详见表 3–6。

表 3–6　　平台数据资源体系

<table>
<tr><th colspan="4">数据分类</th><th colspan="4">数据分级</th></tr>
<tr><th>一级类</th><th>二级类</th><th>三级类</th><th>四级类</th><th colspan="2">地形级</th><th>城市级</th><th>部件级</th></tr>
<tr><td rowspan="3">地理场景</td><td>DOM/TDOM</td><td>—</td><td>—</td><td>最高分辨率 1m，最高平面精度 5～7.5m</td><td>分辨率优于 1m，平面精度优于 5～7.5m</td><td>—</td><td>—</td></tr>
<tr><td>DEM/DSM</td><td>—</td><td>—</td><td>最高格网尺寸 5m，最高高程精度 1～10m</td><td>格网尺寸优于 5m，高程精度不低于 0.5～10m</td><td>—</td><td>—</td></tr>
<tr><td>倾斜摄影三维模型</td><td>—</td><td>—</td><td colspan="2">—</td><td>分辨率不低于 0.2m，城市建成区及其重要区域分辨率不低于 0.05m</td><td>分辨率不低于 0.03m</td></tr>
<tr><td rowspan="6">地理实体</td><td rowspan="6">基础地理实体</td><td rowspan="6">地物实体</td><td>水系</td><td colspan="2">重要河流、湖泊、海域</td><td>江、河、湖、海、渠、水库等水域及其附属设施</td><td>—</td></tr>
<tr><td>交通</td><td colspan="2">国道、省道、乡镇道、铁路</td><td>国道、省道、乡镇道，铁路、城际公路、城市道路、城市辅路、乡村道路、内部道路</td><td>—</td></tr>
<tr><td>建（构）筑物及场地设施</td><td colspan="2">工程建筑、公共场地及附属设施</td><td>建筑物（地上建筑、地下空间设施）、附属设施（如通廊、亭等）、公共绿地、公共场地（如广场、体育场等）、设施小品（如公用健身器、充电桩等）</td><td>—</td></tr>
<tr><td>管线</td><td colspan="2">传输天然气、水、电力、石油等物质的管线及附属设施</td><td>传输管线及附属设施，各类型检修井、电塔电杆、线路、附属设施（如变电所、消防栓、检修所等）</td><td>—</td></tr>
<tr><td>地名地址</td><td colspan="2">各实体地名地址</td><td>各实体地名地址</td><td>—</td></tr>
<tr><td>院落</td><td colspan="2">由垣栅、围墙或建筑物等围成的区域</td><td>机关、企事业单位、居住小区、农村居住院落</td><td>—</td></tr>
</table>

续表

<table>
<tr><th colspan="4">数据分类</th><th colspan="4">数据分级</th></tr>
<tr><th>一级类</th><th>二级类</th><th>三级类</th><th>四级类</th><th colspan="2">地形级</th><th>城市级</th><th>部件级</th></tr>
<tr><td rowspan="5">地理实体</td><td rowspan="3">基础地理实体</td><td rowspan="3">地理单元</td><td>行政区划单元</td><td colspan="2">国家级、省级、市级区划单元</td><td>县级行政区（县级市、特区）、乡（镇、街道）范围、行政村（社区）范围</td><td>—</td></tr>
<tr><td>自然自理单元</td><td colspan="2">山脉、高原、丘陵、平原、盆地、沙漠、冰川等自然地形地貌，国家公园、自然保护区和自然公园等自然保护地</td><td>—</td><td>—</td></tr>
<tr><td>农林用地单元及土质单元</td><td colspan="2">各类农林用地、各类土质属性单元</td><td>耕地、园地、林地、草地等农林用地，盐碱地、沙地、裸土地、裸岩石砾地等土质单元</td><td>—</td></tr>
<tr><td>部件三维模型</td><td>—</td><td>—</td><td colspan="2">—</td><td>—</td><td>道路设施部件、建（构）筑物结构部件、地下空间部件、建筑室内部件等</td></tr>
<tr><td>其他实体</td><td>—</td><td colspan="5">共享其他行业部门生产的专业类实体</td></tr>
<tr><td rowspan="3">物联感知数据</td><td>自然资源实时感知数据</td><td>—</td><td>—</td><td>国家级重点区域或重大自然资源管理工程涉及的自然资源实时感知数据</td><td>省级重点区域或重大自然资源管理工程涉及的自然资源实时感知数据</td><td>通过自然资源管理业务获得的实时视频、图形图像以及自动化监测设备实时信息</td><td rowspan="3">部件管理涉及的室内或部件物联感知数据</td></tr>
<tr><td>城市物联网感知数据</td><td>—</td><td>—</td><td>—</td><td>—</td><td>城市监控视频、车载导航、移动基站、手机信令等实时视频及图像</td></tr>
<tr><td>互联网在线抓取数据</td><td>—</td><td>—</td><td>—</td><td>—</td><td>在线获取的地理位置、文本表格</td></tr>
</table>

3.6.4 平台业务模型

实景三维平台围绕自然资源管理业务需求，通过提供统一的三维可视化空间信息平台，开发面向不同行业应用的业务模型，为各项业务的开展提供全流程、智慧化、高效化的治理体系。平台业务模型如图 3－68 所示。

1. 自然资源三维管理及应用

实景三维平台以自然资源管理对象为切入点，围绕自然资源“双统一”职责，以二三维和数据可视化为手段，全面真实地反映自然资源现实状况和自然地理格局，支撑自然资源的调查监测、确权登记、所有者权益、开发利用以及保护修复等工作，为自然资源主管部门等提供多尺度、多层级、全域覆盖的数据支撑。

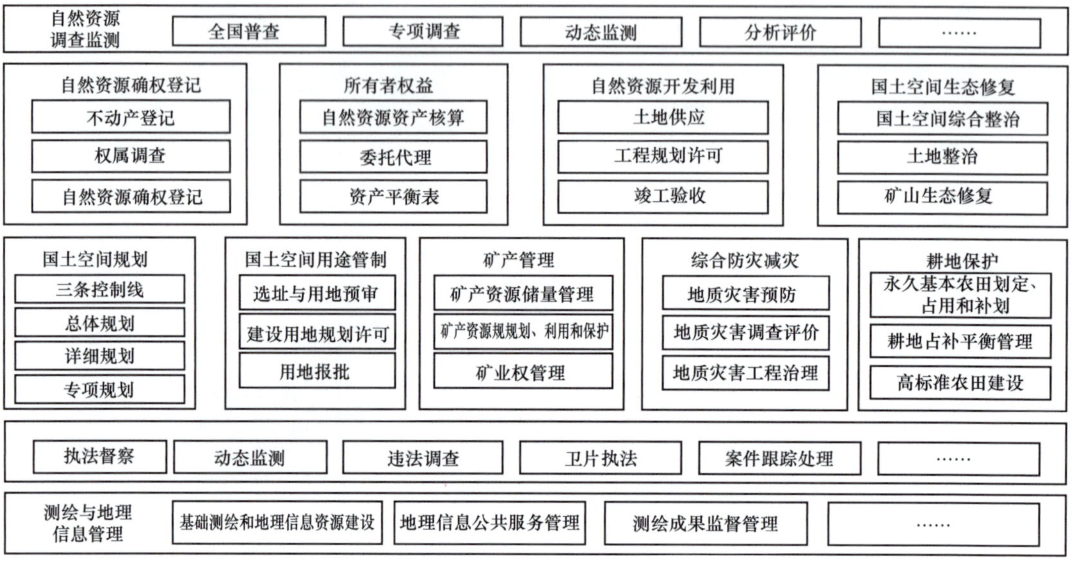

图 3-68　平台业务模型

（1）调查监测。基于时序调查监测数据，对历年成果进行分层管理与立体时空呈现，动态监测山水林田湖草沙等自然资源数量、质量、范围、变化趋势，辅助自然资源分析评价。

（2）确权登记。围绕自然资源三维立体复合开发管理目标，构建以三维技术为核心的立体化管理模式，从自然资源展示、权籍调查信息立体管理等方面探索，实现确权登记管理由二维向二三维联动的优化与升级。

（3）所有者权益。立体呈现自然资源资产权益情况，全面反映经济发展的资源环境代价和生态效益，为环境与发展综合决策、政府政绩评估考核环境补偿等提供依据。

（4）开发利用。通过立体展示项目区域位置、设施分布情况，配合地质环境、土方工程、地下管线与文物保护要求等基础条件，多维度辅助建设项目选址。通过预选址范围与地质灾害数据、地下矿产资源、文物数据的叠加分析，进一步论证立体空间的合规性。

（5）生态修复。基于自然资源三维时空数据，通过三维展示方式汇总生态资源状况、识别生态修复项目潜能。借助三维展示和空间分析服务，实现矿山矿坑填埋土方量分析、剖面图分析等设计功能，辅助生态整治修复方案设计。

2. 国土空间规划三维应用

实景三维平台面向国土空间总体规划、详细规划、专项规划以及城市设计需要，通过现状基础数据的三维化还原，提供基础分析三维底座。依托大数据在线建模工具，进行复杂指标的智能化计算，并结合三维场景进行分析结果的升维展示，为国土空间规划提供科学的决策依据。

（1）国土空间总体规划。依托大数据在线建模工具，进行公服设施分布、人口流动、产业集聚等复杂指标的智能化计算，量化总体规划的基础指标，为规划编制提供基础数据支撑。结合三维场景进行分析结果的升维展示，真实反映自然地理格局和自然资源状况，更精准科学划定控制线，做到边界优化、碎小图斑的优化。

（2）国土空间详细规划。根据总体规划确定的范围边界、约束性指标、设施配建标准和其他空间布局要求提取管控要素，基于空间三维场景及相关大数据分析模型结果，辅助开展底线约束、用地布局、产业发展、设施建设、居民点建设等规划详细内容的编制。

（3）国土空间专项规划。以三维立体图景支撑综合交通、历史文化资源、生态环境治理等特定领域复杂的专项规划，通过三维地上、地下空间规划以及各级规划的管控要素传导，为专项规划提出更合理、更具操作性的方案。

（4）城市设计。通过参数化建模与三维场景实时渲染，充分表达项目的设计理念，直观展示设计成果亮点及其与周边环境融入情况。面向城市大尺度景观环境，提供天际线、视廊、可视域分析、建筑形态分析等工具，分析景观分布合理性和风貌协调性，并可对景观周边建筑高度管控提供辅助决策依据。

3.6.5 平台主要功能

实景三维平台主要包括物联数据接入与融合、数据处理与数据库管理、服务发布、在线应用、专业管理、运维管理等基础功能，以及知识图谱、AI 智能解译等特色功能。

1. 物联数据接入与融合

物联数据的接入和融合功能保障了实景三维平台的运行数据基础，具体功能如下：

（1）物联数据获取。

1）数据接入：支持多种数据接入方式，如 SOCKET 通信服务器方式、WebService、URL、网络爬虫、PRC 远程过程调用、FTP 服务器共享方式。用户可基于数据源提供方式、数据格式、数据时效性约束、数据采集频率等因素选择合适的数据接入方式。

2）数据解析：支持多种格式的数据解析，包括 JSOM 格式、XML 格式、库表格式、文本格式、视频格式及图像格式等。

3）数据清洗：支持问题数据的检测与定位，根据检测结果制定数据清洗方案并修正数据，最后对清洗结果进行验证以保障数据清洗成效。

（2）物联数据与地理实体关联。

1）时空化处理：根据物联感知数据采集地点或提取的地名及地址信息，通过匹配技术，赋予物联感知数据对应的空间信息（坐标位置），根据采集时间、采样频率、抓取时间、统计时间等确定数据的时间信息，赋予物联感知数据对应的时间信息。

2）一致性处理：将物联感知数据中的时空信息统一到相同的参照系下，其中空间信息统一转换为 CGCS2000 坐标系，时间信息统一转换为北京时间作为标准时间。

3）时空关联：将物联感知数据与地理实体数据进行关联，结果如图 3-69 所示。

（3）物联数据与地理实体融合。

1）针对视频数据支持视频图像与底图匹配（见图 3-70）、视频图像与实体融合（见图 3-71）、视频及图像拼接（见图 3-72）、视频定位测量（见图 3-73）。

图 3-69　物联数据结果

图 3-70　视频图像与底图匹配

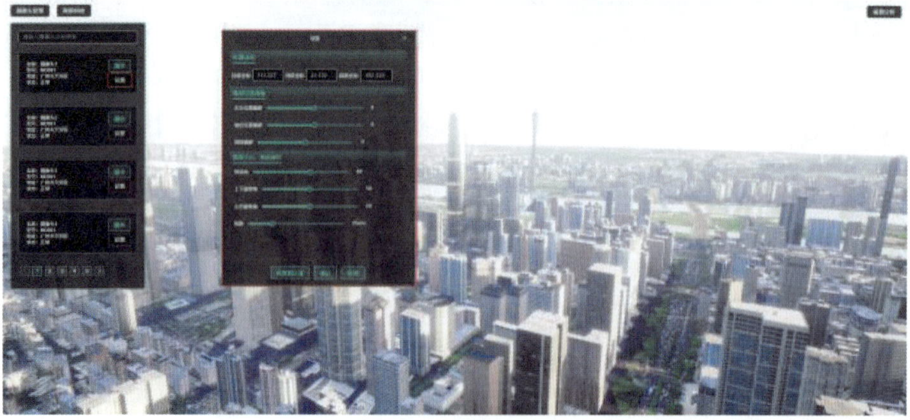

图 3-71　视频图像与实体融合

图 3-72 视频图像拼接

图 3-73 视频定位测量

2）针对其他物联数据，采用时空统计、时空分析等分法，将相关物联感知数据关联到基础地理实体上，支持空间计算、分析、模拟与可视化。

2. 数据处理与数据库管理系统

数据处理与数据管理系统由离线数据处理和数据成果管理组成，为数据的规范化提供保障，具体功能如下：

（1）离线数据处理。

1）支持实体基本的浏览查询、导入导出等功能。

2）实体构建（见图 3-74）：支持基于标准，快速创建实体工程；支持二维、三维图元以及批量导入图元；支持对实体的二三维图元按照技术文件进行实体编码；支持实体间多类型语义化关系构建，包括包含、相交、距离等关系的构建以及编辑；支持同一实体的图元进行关联，包括实体的多个二维图元以及二三维图元的关联等。

3）实体编辑：支持图元编辑、属性编辑、实体关系编辑。

4）非实体数据挂接与编辑：具备以地理实体为基准，挂接相关专题数据，并对关联关系进行编辑的功能。

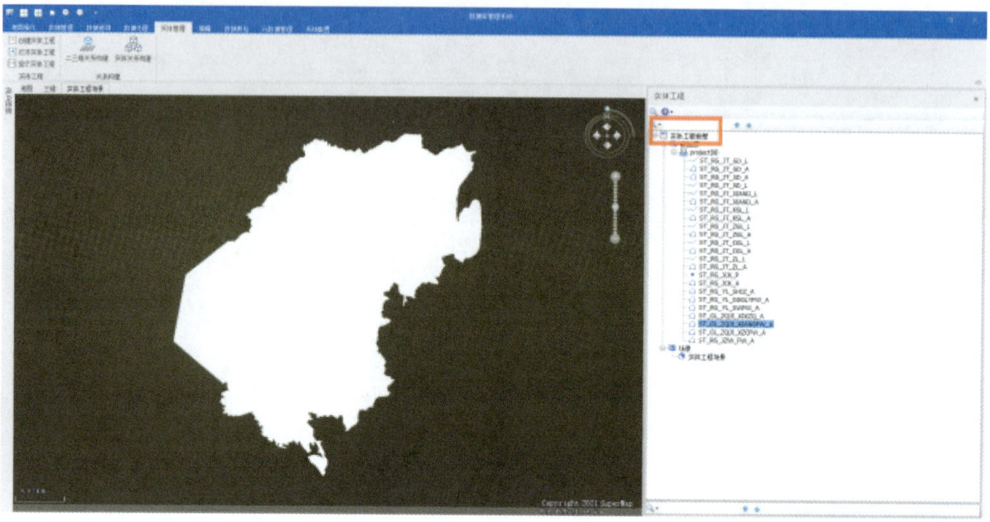

图 3-74　实体构建

5）元数据管理：具备元数据的入库、元数据编辑、查询检索等功能。

6）质量检查：提供基本的完整性检查、图形检查、属性检查和实体关系检查算子等；支持实体质检方案配置、数据质检、质检结果查看。

（2）数据成果管理。

1）数据成果支持能力：支持地形级数据、城市级数据及元数据，拥有良好的数据成果支持能力。

2）目录与标准管理：支持标准的新建和编辑等；支持添加、删除和修改目录，同时支持按照标准进行初始化创建目录。

3）实体查询统计：支持按条件查询地理实体以及对实体数据的统计等。

4）数据更新：支持数据更新和历史数据管理；支持模型数据按对象和倾斜数据按区域的快速更新。

5）数据及产品定制（见图 3-75）：支持数据按绘制的范围、自定义范围或者按照属性筛选等多种方式导出；支持数据和专题产品的定制和地图定制。

3. 服务发布系统

服务发布系统支持接口定制及服务发布，用户可结合自身应用需求定制接口、集成功能并发布服务，满足了用户的个性化定制需求。具体功能如下：

（1）接口定制。

1）功能接口定制：支持通过功能接口定制系统功能，通过实体接口及栅格数据接口定制应用功能，如通过实体接口定制查询功能、按需组装功能等。

2）栅格数据定制：提供栅格数据，包括 DEM、DOM、DSM 等数据的查询接口。

3）实体接口定制：提供实景三维数据的图元、属性以及实体关系在线服务访问接口。三种接口定制如图 3-76 所示。

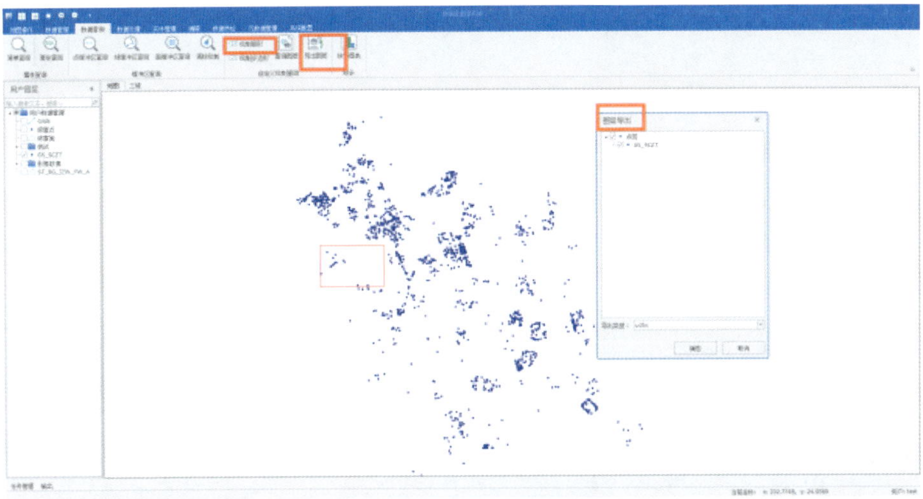

图 3-75　数据及产品定制

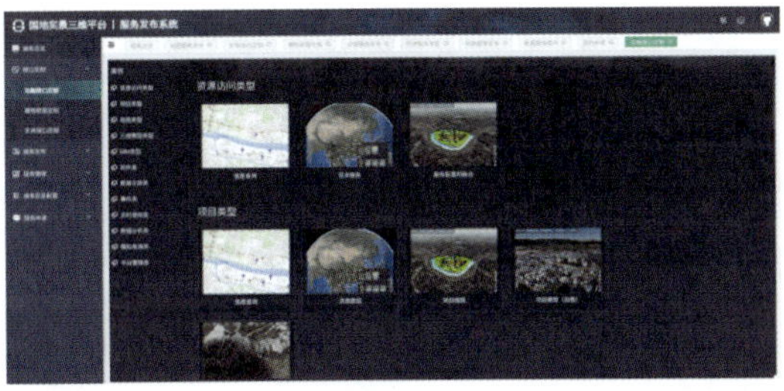

(a)

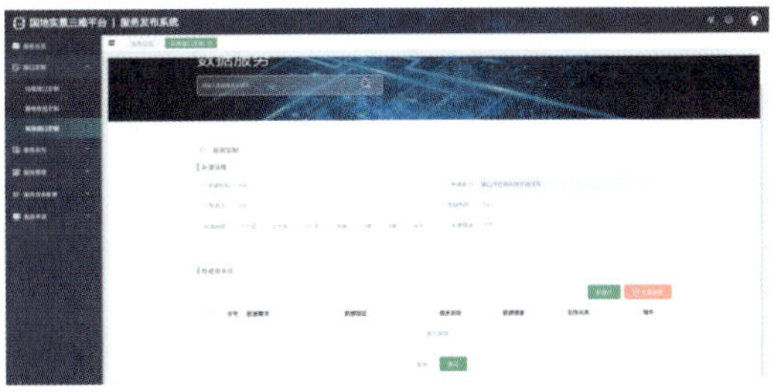

(b)

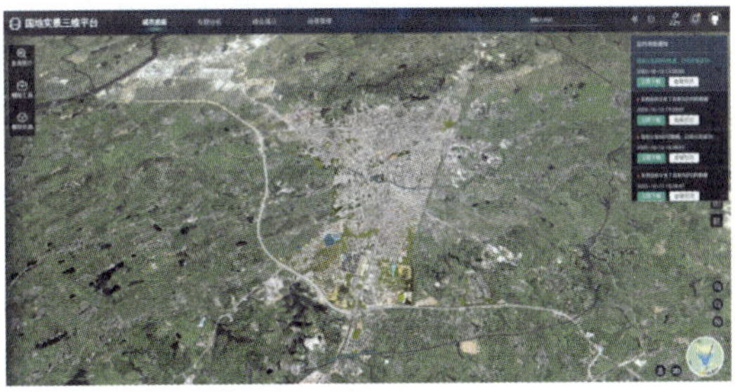

(c)

(d)

图 3-76　三种接口定制

（a）功能接口定制；（b）实体接口定制；（c）栅格数据定制（一）；（d）栅格数据定制（二）

（2）服务发布。

1）实体服务发布：支持将地理实体发布为各类数据服务以供用户使用。

2）地理场景数据服务发布：支持多种地理场景数据，包括倾斜摄影、DEM、DOM、DSM 等。

3）功能服务发布：支持将系统的功能发布为服务以供用户使用。

4. 在线应用系统（B/S）

在线应用系统（B/S）实时接入平台数据库，通过网页客户端支持数据的三维浏览、查询、分析，提供三维产品定制功能，具体如下：

（1）综合三维应用。

1）数据资源目录：以专题分类方式展示平台的在线数据资源，用户可按照需求将数据资源添加到视图区，也可进行多条件复合查询，实现所需资源快速定位和精准过滤。

2）基础操作工具：平台界面提供快速检索、量测（见图 3－77）、场景快照、坐标查询、场景定位、平移、缩放、中心点旋转、天气模拟、二三维标注、地理实体属性查询等基础操作工具。

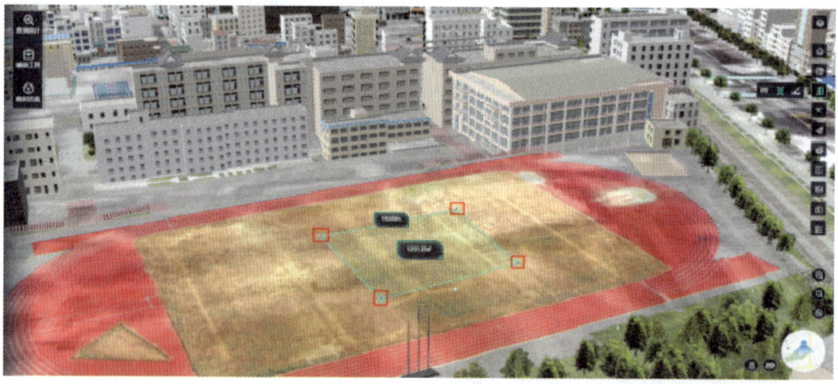

图 3－77　空间面积量测

3）三维数据浏览：在三维空间场景中，提供大规模的三维精细模型、倾斜摄影测量模型、地形成果（DEM/DSM＋DOM）、激光点云等实景三维数据的快速加载与浏览。也可按照设定的路径轨迹，进行物体的定向移动和场景的无缝切换，实现城市街景、三维模型等三维场景的室内室外漫游。

4）三维信息查询：基于外部属性表，实现三维场景中三维数据的查询，包括地名地址查询、空间查询、属性查询、组合查询和关联实体查询。支持通过地理空间范围或交互式空间范围的查询，查询内容包括三维属性查询、倾斜及三维精细模型挂接的外部属性查询。

5）关联关系展示：以三维实体为牵引，可以向上、向下追溯到该实体相关的所有信息。可提供实体二三维图元切换、实体关联关系、实体社会属性以及实体关联的非空间数据的展示。

6）三维数据统计：支持三维数据按区域、按实体类别等多种方式进行统计，统计结果能以统计图或表格等多种方式呈现。

7）三维场景管理：支持将多个三维场景合并（见图 3－78）后进行打包操作（见图 3－79），实现三维场景的快速组织和管理。

（2）在线数据分析。

1）可视化分析（见图 3－80）：基于三维空间模型，在线提供通视分析、可视域分析、光照分析、压平分析、天际线分析、地表开挖、剖面分析、开敞度分析、淹没分析、地质分析等三维分析。

图 3-78　场景合并

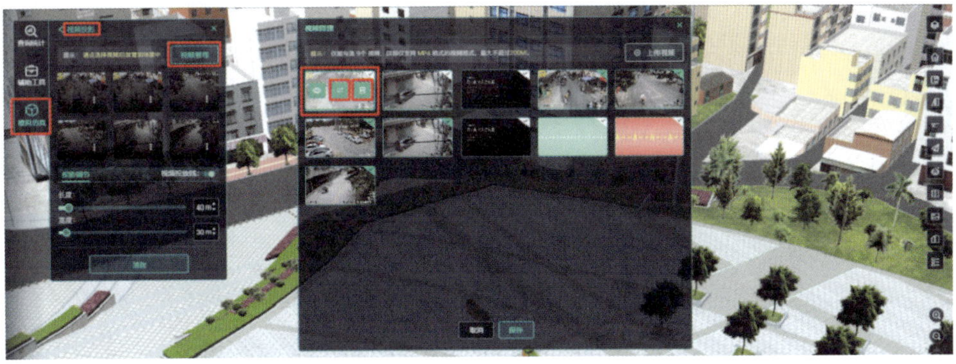

图 3-79　工程打包

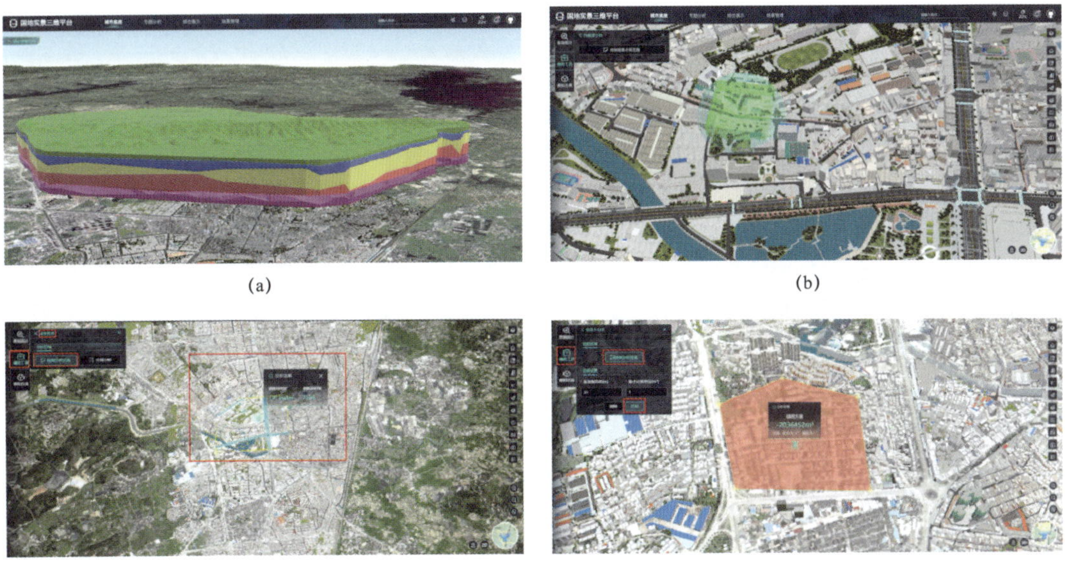

(a)　(b)

(c)　(d)

图 3-80　可视化分析（一）

（a）地质分析；（b）开敞度分析；（c）道路密度分析；（d）填挖方分析

(e)

(f)

图 3－80　可视化分析（二）

（e）人口轨迹分析；（f）机场控高分析

2）空间分析（见图 3－81）：提供路径分析、叠加分析、坡度分析、等高线分析、限高分析、缓冲区分析等地上地下一体化的三维空间分析，辅助三维城市规划和智慧自然资源管理。

等高线分析

淹没分析

图 3－81　空间分析

3）专题定制服务：基于用户需求，支持将专题数据服务接入系统并进行展示与查询，提供在线数据的三维定制分析，满足用户的特殊需求。图 3－82 所示为城市生长模拟和道路交通模拟的两个定制服务。

城市生长模拟

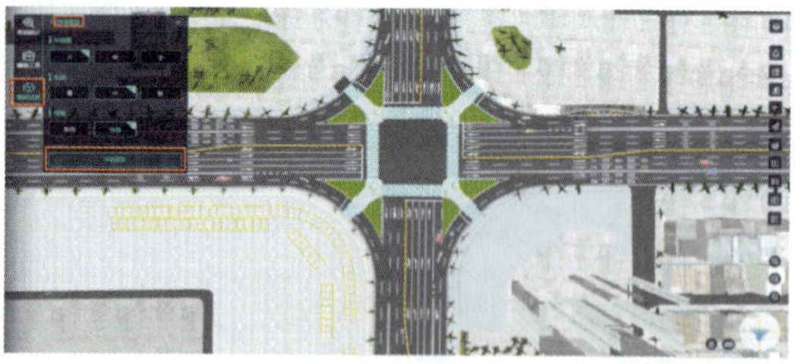
道路交通模拟

图 3－82　专题定制服务

5. 专业管理系统

专业管理系统提供覆盖全生命周期的数据管理能力，包括数据规整建库、成果数据管理和离线数据应用等功能，具体如下：

（1）数据汇聚建库。支持平台中多源地理数据、三维模型数据、三维白模数据等异构数据的汇聚，提供几何检查、拓扑检查、属性域检查、字段项等数据入库检查，也支持实体数据、实体关系、场景数据、专题数据等多种数据入库，并提供数据规范化处理、构建数据时空索引和集成实体数据等功能。

（2）成果数据管理。

1）数据查询统计：支持地名地址查询、空间查询、关键字查询、模糊查询、组合条件查询、模型查询、模型元素查询、关联信息查询以及多维度多指标统计，可对数据查询结果进行统计和图文展示，也可导出 Word、Excel 等格式的查询统计结果，实现数据的快速精准检索。

2）地理实体图元关系管理：支持二维图元和三维图元采集生成，结合实体关系和属性，并组成基础地理实体，构建图元关联图谱。

3）数据集成分发：基于用户需求，可支持按照空间信息、属性信息等多种方式筛选地理实体数据，并与指定范围的地理场景数据进行组装，将组装后的数据按需导出，满足用户定制需求。

（3）离线数据应用。

1）专业数据处理：支持社会数据、法人数据、人口数据、一标三实数据、房屋编码数据、兴趣点数据、地名地址数据等体量大、不具备实时性的离线数据处理，也可拷贝入库或接入在线服务。

2）复杂数据分析：支持离线数据的最短路径分析、管线连通性分析、室内平面图自动生成、BIM 智能审查等复杂数据分析功能。

6. 运维管理系统

运维管理系统实现平台后台的服务管理和运维监控，提供系统运维监管、服务运维监控、目录管理和用户管理等功能，具体如下：

（1）系统运维监管。实现系统全方位的运行监管，通过可视化方式展示运维监管结果，便于及时发现系统问题并定位，为平台运行提供基础保障。系统运维监管如图 3－83 所示，支持硬件资源监控、软件运行监控、网络链路监控和系统安全监控等功能。

（2）服务运维监控。对平台服务进行跟踪监测，为常态化的平台服务提供评估依据。支持对服务资源管理、服务状态监控、服务访问统计、服务异常预警情况的实时监控和多维分析，为平台高效运行提供决策辅助。

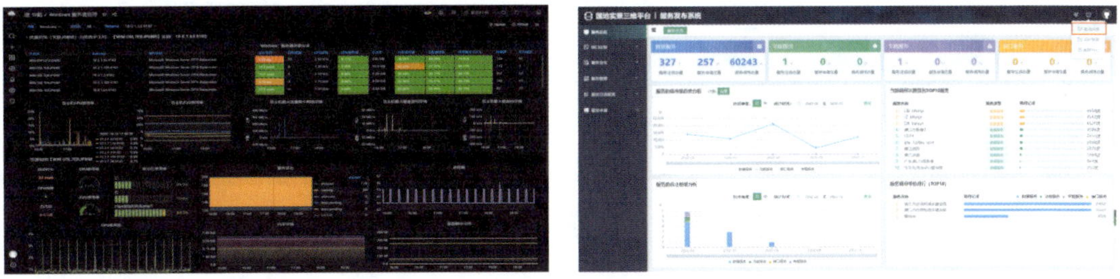

(a)　　　　(b)

图 3－83　系统运维监管（一）

（a）硬件运行监控；（b）软件运行监控

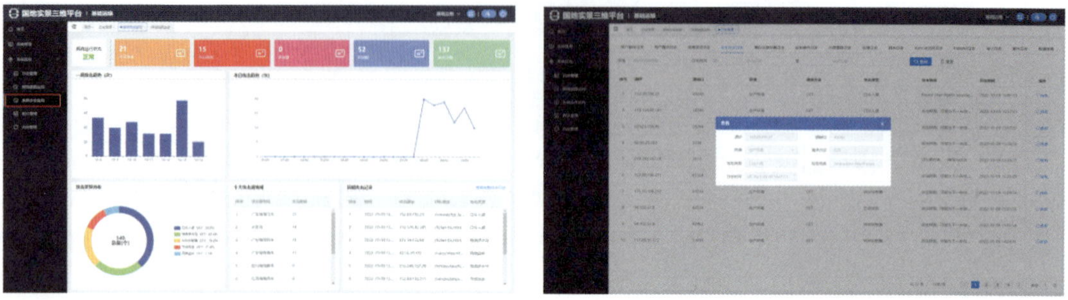

(c)　　　　(d)

图 3-83　系统运维监管（二）

（c）系统安全监控（d）监控日志

（3）目录管理。对资源展示目录进行统一管理，包括行政区划、专题目录、行业目录的增删改查。

（4）用户管理。为部门、用户、角色等提供统一的单点登录、数据授权、服务授权、门户服务，支持统一的日志管理，可查询导出日志清单。

7. 特色功能

（1）知识图谱。知识图谱展示如图 3-84 所示，以地理实体数据作为基础建立知识图谱，可以查看各数据的详细信息以及数据之间的关联情况，针对其中某个数据异常可以查看上下游之间的数据变化情况。

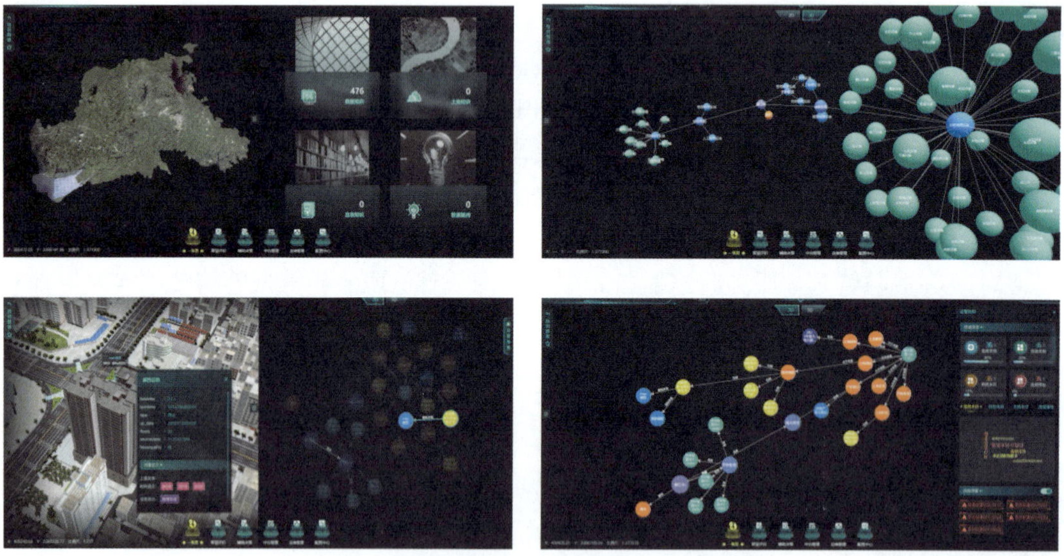

图 3-84　知识图谱展示

（2）AI 智能解译。AI 智能解译如图 3-85 所示，基于视频/图像识别、深度学习等人工智能算法，构建 AI 智能引导的遥感影像人机协同解译技术，提供建筑、水体、路面的遥感影像的目标识别。

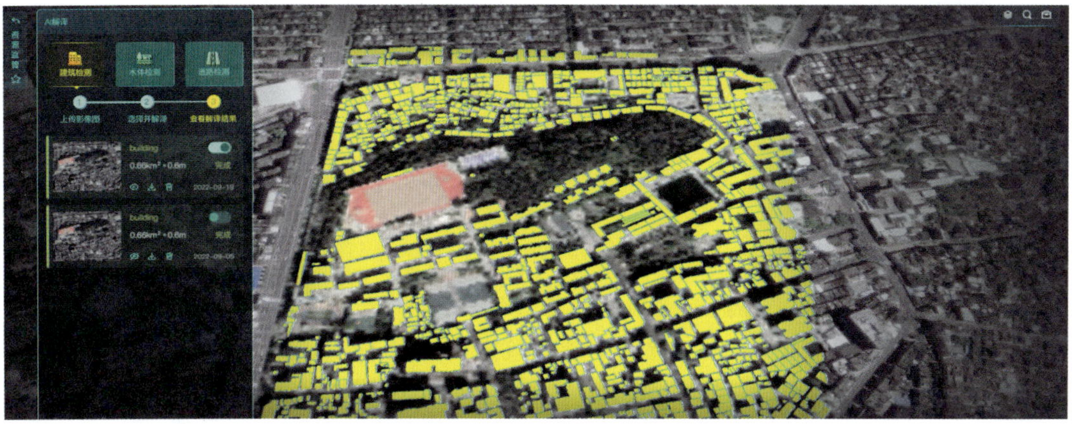

图 3-85　AI 智能解译

3.6.6　平台应用框架

实景三维平台主要应用于自然资源管理、国土空间规划等方面，平台应用框架如图 3-86 所示。

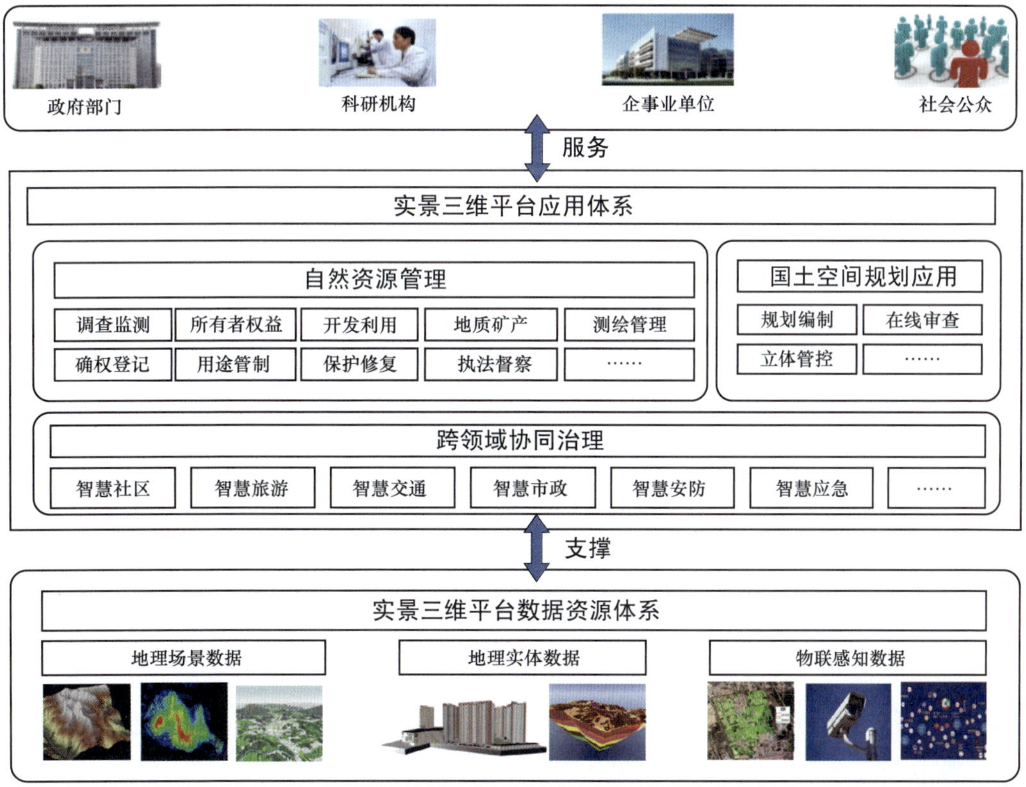

图 3-86　平台应用框架

1. 自然资源管理

新时期规划自然资源业务开展，需进一步以实景三维平台为基础，推进地上地下三维实景数据的管理与应用。传统的二维手段在数据的直观展现、利用、共享、服务等方面已存在无法逾越的瓶颈和障碍，多元、海量数据的融合亟须二维向三维的升维，由单一管控向多元管控，由平台支持向多维度融合，由抽象表达向三维实景表达的自然资源创新管理转变过程，三维立体已是必然的趋势和必需的手段。基于实景三维平台在数字化表达、数据融合、可视化呈现、三维空间分析、模拟仿真推演等的优势和能力，充分结合自然资源业务应用需求，构建自然资源管理应用的统一空间数字底板。面向自然资源管理及应用，提供统一管理、调度不同的数据资源服务，以及算法（模型）、工具和应用等服务资源，实现实时化、网络化、智能化自然资源调查监测，形成自然资源健康体征、运行态势三维高仿真监管监控体系。

2. 国土空间规划

面向国土空间规划，搭建二三维实时展示和集成融合场景，打造全方位、多元化、动态化的辅助决策应用体系。在辅助规划编制方面，以三维立体图景支撑地形复杂地区、城市地下空间的规划编制，以大数据建模分析辅助规划指标的确定，为城镇开发边界精准划定、建设用地合理选择、道路交通组织、竖向设计、市政管线布局等提出更科学合理、更具操作性的方案。在规划审查方面，将二维开发强度指标，扩展为三维立体数字化管控要素体系，健全规划实施传导机制，在审批环节植入智能审查算法模型，基于三维场景服务，实现从二维带图审批到三维智能审查的跨越。在实施监督方面，通过构建针对重要控制线和重点区域的监测预警模型以及规划实施和专项评估模型，利用实时物联数据，实现国土空间立体化、智能化的动态监测、及时预警、定期评估，从而支撑责任部门落实监督预警的责任主体，辅助管理者进行国土空间立体管控。

3. 跨领域空间治理协同

实景三维平台应用于智慧园区、智慧交通、智慧环保、智慧应急及疫情防控等方面，助力城市的空间协同治理。基于实景三维平台可实现安防综合监管、楼宇及产业综合管理，为园区的管理注入智能化力量。针对城市交通问题，以三维立体一张图为载体，汇聚互联网交通事件及调查信息，结合空间定位技术，实现交通运行状况的实时感知与呈现，对于路线诱导、停车诱导、常发拥堵诱导、突发事故诱导等不同诱导场景，通过智能算法优化交通动态分配、规划行驶路线。针对城市污染防治问题，以三维方式直观展示所有监测站点的点位分布及污染程度，动态呈现污染源分布情况，通过地面环境监测站、视频监控、环境监管 App 对污染源、污染轨迹进行定位、溯源分析，并基于污染成因预判结果预测污染事故可能涉及范围。面向单体建筑火灾应急需求，基于三维精细模型，根据人群数量估计与建筑构件参数，模拟人群应急疏散通道、计算撤离时间，辅助具体消防措施执行，提升精细化智能应急能力。面向疫情防控需求，基于空间信息底座，汇聚卫健委疫情信息、医疗物资信息、社区人口信息，实现不同空间尺度上的防疫、人员和空间位置信息的统一管理和展示。

3.6.7 平台亮点

实景三维平台以空间数据为基础、地理实体为核心、业务融合为抓手、智慧应用为目的，探索自然资源管理和国土空间规划新模式。平台的特色与亮点主要体现在以下方面：

1. 从数据集成到情景耦合

以"空天地一体化"为主要手段，利用卫星遥感技术、航空摄影技术和激光扫描等技术，并结合大数据和调查获取各地理实体的自然、社会、经济属性，集成地上下、室内外一体的全空间、全要素数据资源体系，构建地形级、城市级、部件级的地理场景。利用满足业务对不同场景精细程度的需求，为自然资源管理和国土空间规划提供三维基础场景。

2. 从静态感知到动态认知

以自然资源、城市运行、互联网抓取等实时物联感知数据的接入为支撑，运用自动投影、校准、畸变矫正等摄像测量学算法，把视频画面精确融合显示在三维模型对应的空间真实地理坐标位置，将相邻摄像头传输的视频画面进行无缝拼接与融合，充分发挥出三维场景的实时直观特点，利用大数据算法监控各项设备，构建监测预警体系，对重点区域整体现场进行全景、实时、多角度监控，实现从静态的空间分析走向动态监测预警。

3. 从定性可视到定量推演

集成 AI+遥感智能引擎（GuoDi Earth 2.0），突破知识图谱构建及分析，以 AI 助力自然资源要素的结构化识别提取，集成对土地、森林、耕地、湿地、水资源等各类地表要素的精准分类识别、边界提取和动态变化监测，实现自然资源全天候督察和精细化管理。通过量化演变趋势，运用在线大数据监测分析，提供自然资源全要素、全周期的数据建模、态势模拟、分析研判，模拟推演自然资源变化态势，揭示自然资源发展规律。

3.7 SmartEarth 实景三维平台

SmartEarth 实景三维平台是泰瑞数创科技（北京）股份有限公司自主研发的实景三维管理发布和应用一体化平台。平台提供了实景三维行业从数据融合、数据处理、数据建库管理、数据发布共享、数据在线离线专业应用定制到系统运维监管全流程一站式服务。

3.7.1 平台需求分析

1. 平台定位

SmartEarth 实景三维平台是一个综合性的实景三维管理和应用平台，贯穿实景三维从数据生产到发布应用服务全过程，同时具有灵活建库、地理实体数据按需组装等特色，满足用户应用需求。

2. 功能需求

SmartEarth 实景三维平台要实现数据融合加载、数据接入和分析、数据存储管理，以及后续数据的服务发布、在线应用以及运维监管等各项功能。

3. 性能需求

海量数据加载显示流畅、不卡顿；考虑使用过程中系统硬件软件的升级问题；多核多处理器的并行计算的能力，满足快速处理数据的需求；满足数据更新以后，信息及时可用。

3.7.2 平台架构体系

SmartEarth 实景三维平台提供了实景三维数据从融合治理到数据管理，再到应用服务的全流程能力。该平台架构主要包括数据层、治理层、服务层、终端层及应用层五大主要层次，同时也具有运维监管能力。平台总体架构如图 3－87 所示。

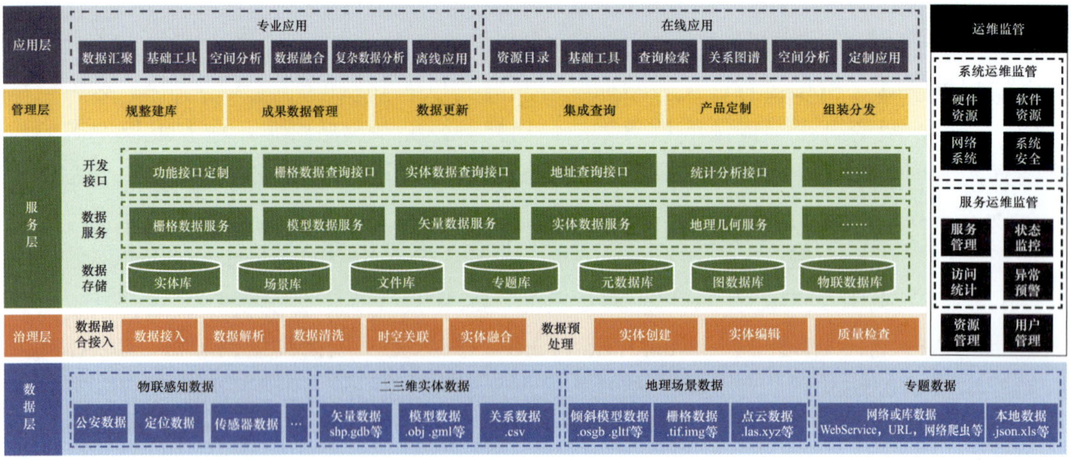

图 3－87 平台总体架构图

1. 数据层

数据层即实景三维平台可融合接入及管理的多种类型数据，为平台提供基础数据。其主要由公安数据、定位数据及传感器数据等物联感知数据，二三维实体数据中的矢量数据（.shp、.gdb 格式）、模型数据（.obj、.gml 格式）及关系数据（.csv），地理场景数据中的倾斜模型数据（.osgb、.gltf 格式）、栅格数据（.tif、.img 格式）及点云数据（.LAS、.xyz 格式）及从网络爬虫获取或相关单位提供的专题数据组成。

2. 治理层

数据治理层提供数据融合接入、实体数据处理两大能力。其中数据融合接入主要包括数据接入、数据解析、数据清洗、时空关联及实体融合。同时也可实现实体创建、编辑及质量检查等功能。

3. 服务层

服务层包括数据存储、数据服务及开发接口。在数据存储管理中包含实体库、场景库、文件库、专题库、元数据库、图数据库及物联数据库七大库。平台为管理的数据提供栅格数据服务、模型数据服务、矢量数据服务、实体数据服务、地理几何服务等多类服务。为进一步满足数据的应用需求，平台不仅提供栅格数据查询接口、实体数据查询接口、地址查询接口及统计分析接口等多种类型接口，也提供功能接口定制能力。

4. 管理层

管理层是基于服务层的数据库和服务接口能力，进一步实现对数据和服务的管理能力，提供规整建库、成果数据管理、数据更新、数据的集成查询、产品定制和数据组装分发能力。

5. 应用层

平台为适应的不同应用需求，满足不同的数据分析要求，提供离线（专业）应用（B/S端）及在线应用（C/S 端）。其中，离线（专业）应用包括数据汇聚、复杂数据分析、空间分析、查询检索等应用功能，在线应用包括空间基础操作工具、关系图谱及其他定制化应用。

6. 运维监管

运维监管主要是为实景三维平台提供平台运维管理功能，包括用户管理、权限管理、日志管理等，实现系统运维监管及服务运维监管，同时提供资源管理的功能，可提供对外部服务资源的注册和转发，扩展实景三维平台的数据融合能力。

3.7.3 平台数据资源

平台可支持：二维矢量数据、三维数据（倾斜模型、建筑单体语义模型、三维地理实体模型、BIM、分层分户、点云、DSM）、DOM、DEM、语义关系数据、元数据、非空间文本数据、物联感知数据等各类数据的导入、融合和管理能力。

1. 数据资源关系及构建简述

（1）二三维一体化。三维派生二维，由三维单体模型（.obj）生成二维基底面，作为地理实体生产环节中的一部分，解决了因实施过程中数据源不统一从而导致的二维数据与三维数据相差较大的问题。

基于矢量与点云数据生成三维单体语义模型。利用点云数据，控制建筑高程与轮廓的主要信息，根据综合、优化的点云分割和提取方法将建筑物房顶信息提取出来，对三维场景内的建筑进行特征提取及自动语义识别和分类。以 DLG/建筑轮廓矢量线来约束建筑轮廓，将点云生成的模型与建筑矢量轮廓进行套合，并进行拓扑判断，将矢量轮廓以外的数据删除舍弃，以矢量轮廓线所在位置的纵向延伸为建筑目标墙面/边界。以 DOM/TDOM 提取的特征信息为参考，DEM/DTM 获取建筑物所在的地面高程，获取精确的建筑物底和顶的高程与轮廓信息，自动生成精确的建筑三维模型，生成的三维语义数据符合 CityGML 标准。同时还可以实现其他类型的实体语义模型构建，例如桥梁、城市设施、植被、交通等。技术流程如图 3－88 所示。

基于 CAD 的分层分户语义建模流程如图 3－89 所示，利用室内 CAD 数据，通过数据预处理，采用语义处理工具，自动提取语义信息和几何信息，提取 CDA 构建墙体厚度，分户构建模型，组成分层数据，生成的分层分户三维语义数据符合 CityGML 数据标准中 LOD4 的数据描述规则，方便城市建筑三维语义数据进行统一管理。

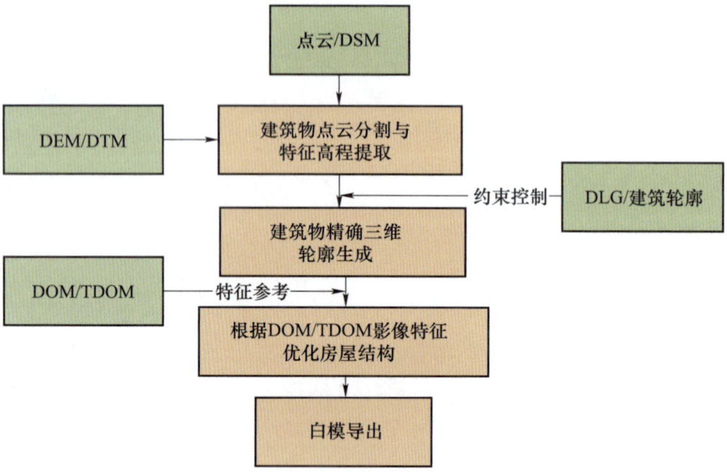

图 3-88　三维单体语义模型技术流程

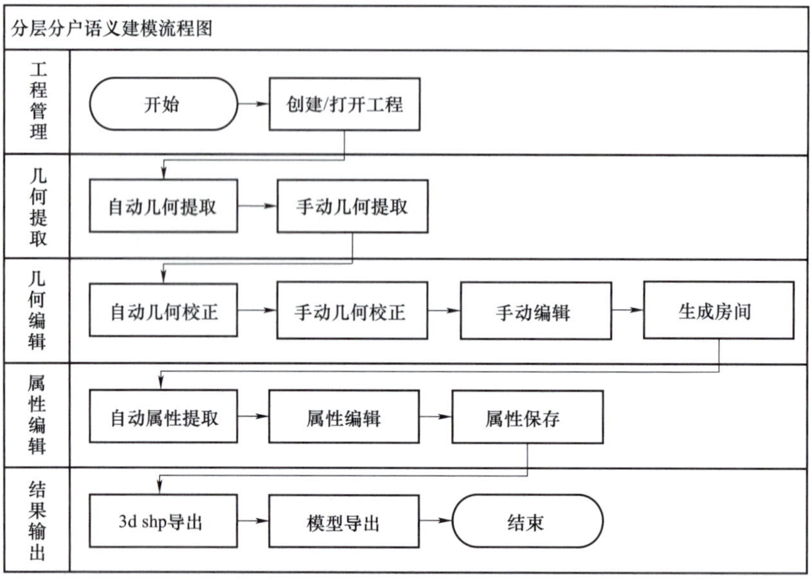

图 3-89　分层分户语义建模流程

基于管线普查数据的管线建模。流程如图 3-90 所示，原始数据保留其相关的属性名称，如管点点号、管点坐标、管点类型、管点特征、管线附属、起终点管线点号、起终点管线点高、起终点管线埋深、管线材质、埋设方式、断面尺寸等。将收集的原始管线普查数据进行分析整理，采用 SmartEarth 的产品软件内的管线生成工具进行数据自动生产，输出成果。

（2）语义关系数据。实体之间通过空间计算，获得关系属性，由关系属性导出储存实体关系的三元组关系表。关系表在数据库中以图谱组织的形式表示，知识图谱的建立可实现实体智能检索，即据实体的分类、属性和关系的描述，可以直接对实体进行更精

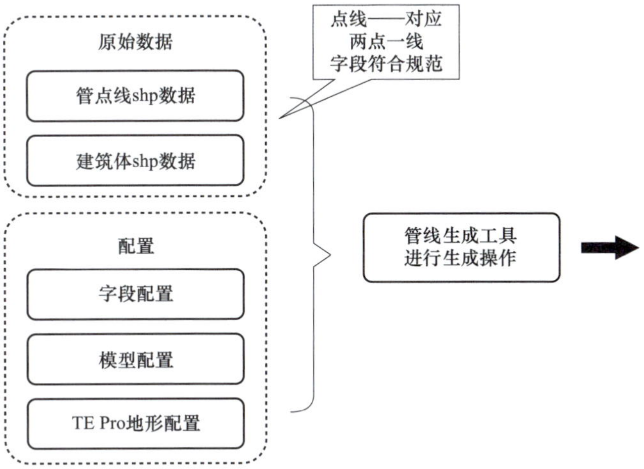

图 3-90　管线数据生产流程

准的语义搜索。并且可支持跨领域知识检索。通过分析检索量来判定常用搜索数据内容，在检索时提供知识推荐。基于知识图谱中实体的关联信息和推理，从大量异构信息的地理实体数据集中挖掘隐式信息，满足时空大数据分析需要。知识图谱示意图如图 3-91 所示。

图 3-91　知识图谱示意图

（3）实体数据属性挂接。实体挂接物联感知数据、元数据与非空间文本数据的属性，以唯一的 ID 值进行关联，实体数据挂接了业务属性后，通过图谱的数据构网能力，能够进行数据统计及业务分析等应用，语义融合如图 3-92 所示。

（4）地形场景构建。三维地形数据集是利用数字高程模型、数字正射影像数据通过地理空间配准，影像融合等处理后，建立 LOD 金字塔层级，形成的能够真实准确反映地形场景的地形数据集，包括水下三维地形、城市三维地形等。地形场景构建如图 3-93 所示。

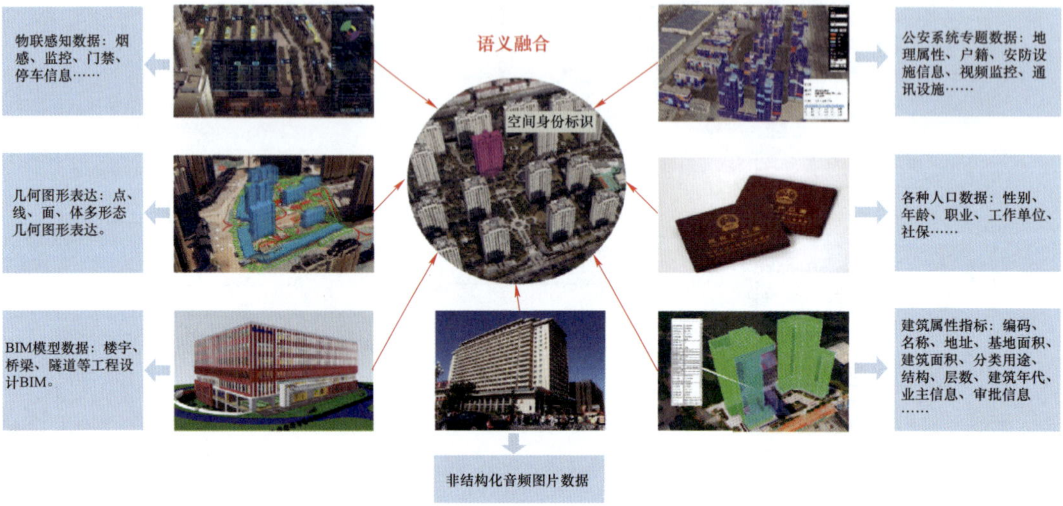

图 3-92　语义融合

图 3-93　地形场景构建图

2. 平台数据资源体系表

平台数据资源分项及描述见表 3-7。

表 3-7　平台数据资源分项及描述

数据	描述
二维矢量数据	基本比例尺地形图作为二维地理实体生产的基础数据，主要用于提取定位基础、水系、交通、建（构）筑物、公共绿地、公共场地设施小品等地理实体的几何轮廓和属性信息数据。按照最小粒度的地理实体构建原则，选用 1:500 地形图数据作为基础数据。地形图数据基本满足二维地理实体制作，对于属性现势性不足的情况采用其他相关数据作为补充
倾斜摄影成果数据（倾斜模型、点云、DSM、TDOM）	倾斜摄影成果数据作为三维地理实体生产的基础数据，主要用于语义数据生产，且能够作为补充数据用于其他现势性不足数据的补充采集，也可作为三维实体中地理信息要素（如屋顶结构）的补充，同时也是地理实体精度检核的主要参考数据
建筑语义白模	语义白模包含约 23 种语义信息参数，成果格式为 GML 和 SHP，符合国际 OGC 标准。可将提前预置的分类矢量数据中的属性信息自动附加到语义模型的数据文件内容中，通过数据库管理与发布的形式实现属性的增删改查，同时能够与业务数据 ID 一一匹配，挂接业务属性，实现查询统计等功能

续表

数据	描述
分层分户数据	根据 CAD 数据，能够反映门、窗、墙体实际结构的室内语义模型，对于无门、窗及墙体结构的原始数据，在分层分户模型成果中无须表达门窗结构，墙体厚度采用虚拟值。分层分户模型具备语义数据的基本属性及可编辑性，数据成果为 3DML 格式
地下空间模型	根据普查管网数据生成的地下空间的管线模型
三维地理实体模型	包含地形模型（院落、建筑地面、广场、空地、操场、园区等），交通模型（信号灯、指示牌、公交站牌等），水系模型（河流等），市政设施模型（灯杆、井盖、雕塑等），绿化（行道树、小区绿化）等内容。手工模型可与语义模型和单体模型在同一平台下进行融合展示，并能够实现在线发布管理。数据经过了预处理、实体数据编码、数据组织重构和实体化处理
地形数据	DEM 数据主要用于制作三维地理实体的地形实体
语义关系数据	格式为 csv 的三元组关系表
元数据	存储数据的基本信息
非空间文本数据	工程建设项目测绘成果、互联网等获取到的文本数据
物联感知数据	含自然资源实时感知数据、城市物联网感知数据、互联网在线抓取数据等

3.7.4 平台业务模型

平台业务模型如图 3－94 所示。将物联感知数据接入“数据接入与融合子系统当中”，地理实体数据导入“数据预处理子系统”进行处理。将物联感知数据与实体数据融合，形成实景三维成果数据，导入“专业管理子系统”进行入库管理。根据实际业务需求，

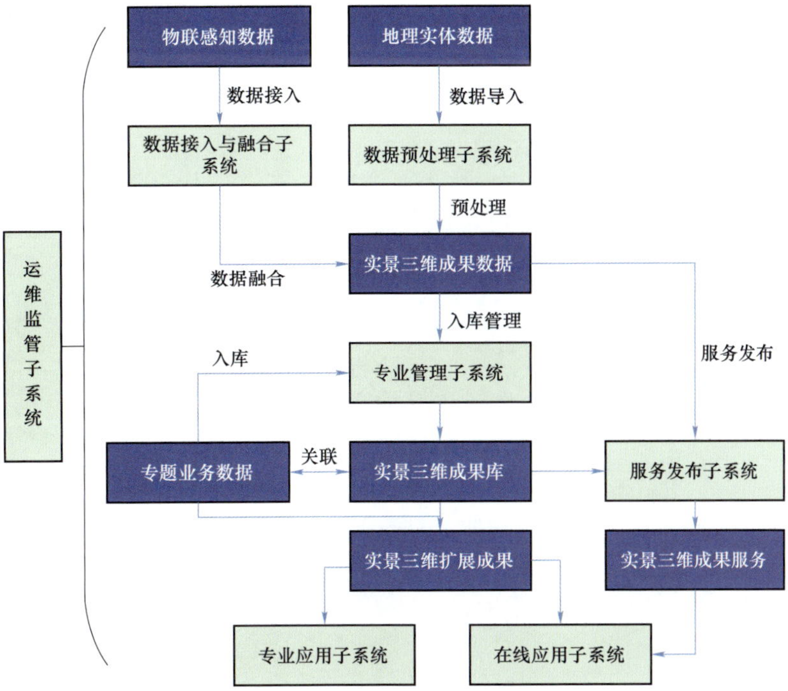

图 3－94 平台业务模型示意图

将专题业务数据与实景三维成果相互关联，形成扩展后的业务成果。通过服务发布子系统形成实景三维成果服务，最终可对接到相关的“在线应用子系统”及“专业应用子系统”中，实现查询、检索、分析等功能应用。

3.7.5 平台主要功能

SmartEarth 实景三维平台由数据预处理系统、数据接入与融合系统、专业管理系统、运维监管系统、在线应用系统、服务发布系统等功能模块构成。

1. 数据预处理系统

SmartEarth实景三维平台的数据预处理系统是泰瑞数创自主研发的全产业链实景三维整体解决方案中的重要组成部分。支持工程的创建，支持视图管理、图层管理和系统地图基本操作，可导入导出矢量、影像/地形和三维数据，能实现实体数据的编码、关系构建、图形编辑、属性挂接等操作，具备完备的数据处理工具箱，能满足实体数据处理的大量需求，支持数据的几何、拓扑和属性质检，实现了数据导入、处理、质检、导出的全流程数据预处理操作。

（1）工程。

1）新建工程：基于用户要求快速创建实体工程；

2）打开工程：打开已保存的工程；

3）保存工程：对创建的工程进行保存；

4）关闭工程：关闭当前工程；

5）生产配置：配置二维地理实体根据规则表进行数据重组的方案；

6）数据抽取：根据配置的方案，对二维数据进行实体化重构；

7）数据导入：导入二维、影像/地形和三维数据，如图 3－95 所示；

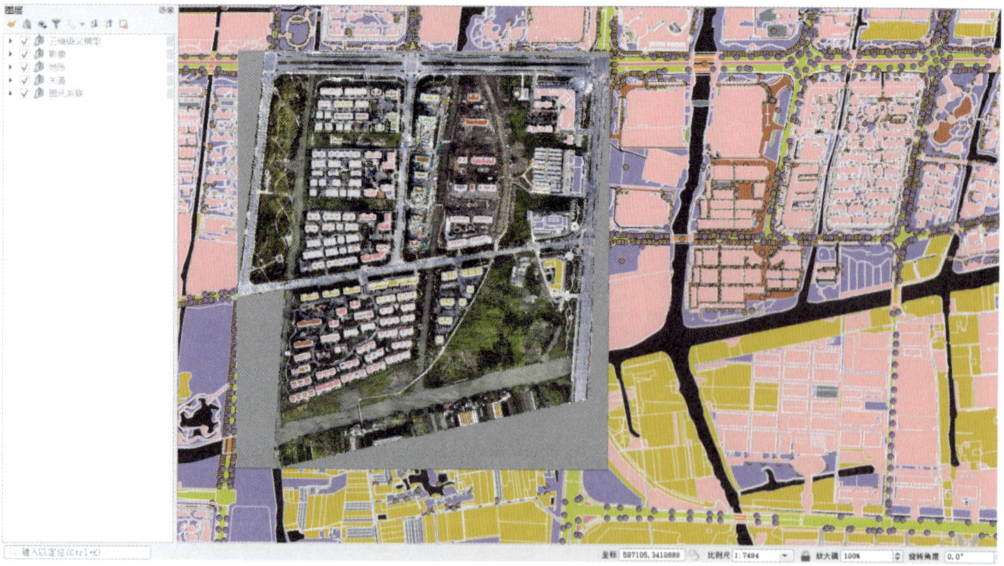

图 3－95　数据导入示意图

8）数据导出：导出二维、影像/地形和三维数据。

（2）编辑。

1）编辑工具栏：提供多种数据编辑的工具；

2）撤销：编辑操作进行撤回；

3）重做：图层数据回到未编辑状态。

（3）视图。

1）放大、缩小：放大和缩小视图；

2）识别要素：在视图中选中要素，面板中对应出现该要素的属性信息，如图 3－96 所示。

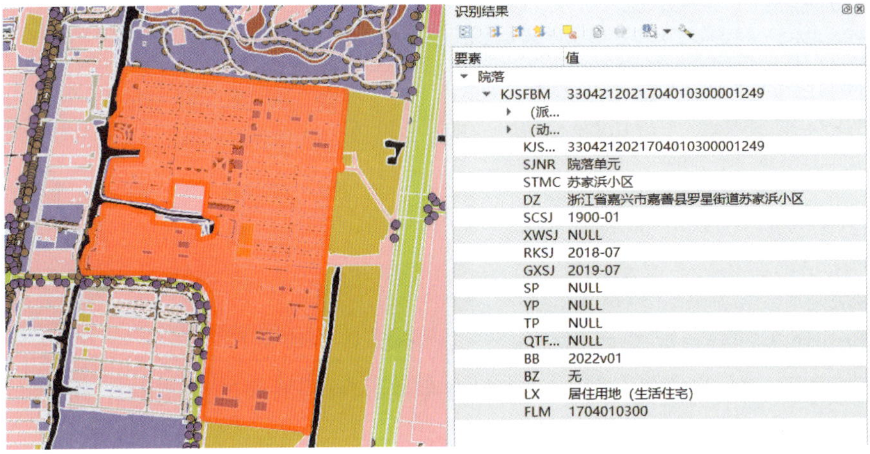

图 3－96　识别要素

3）面板：设置视图面板的显隐；

4）工具集：设置视图工具集的显隐。

（4）图层。

1）图层面板：新建组、移除图层、设置图层样式、图层显隐、图层展开与折叠；

2）图层管理：包括缩放至图层、显示要素数量、显示标注、复制图层、重命名图层、创建图层副本、移到顶层、移到底层等操作，打开属性表可编辑属性，添加字段、删除字段、修改属性，按表达式选择要素，字段计算器计算属性，图层属性可查看图层常规信息，设置图层的编码类型及坐标系、图层的可视化渲染效果、图层的标注信息，并且可连接非空间数据属性。

（5）质检。

1）几何图形检查：检查图形是否有自相交、自接触、重复结点、多边形是否有空穴、线是否有悬挂等；

2）拓扑检查：可以通面板检查图层内和图层间的拓扑错误；

3）属性检查：可进行规范性检查、完整性检查、必填字段是否为空检查。

（6）处理。

1）格式转换：可实现 obj 数据转 gml、osdb、shp、bim 转 3dtiles、3dtiles 转 i3s；

2）数据派生：可实现三维派生二维、中心线派生和交叉口切割；

3）工具箱：可实现矢量、栅格、三维数据多样地处理和分析需求，能实现语义关系构建、实体编码和图元关联等操作，如图 3-97 所示。

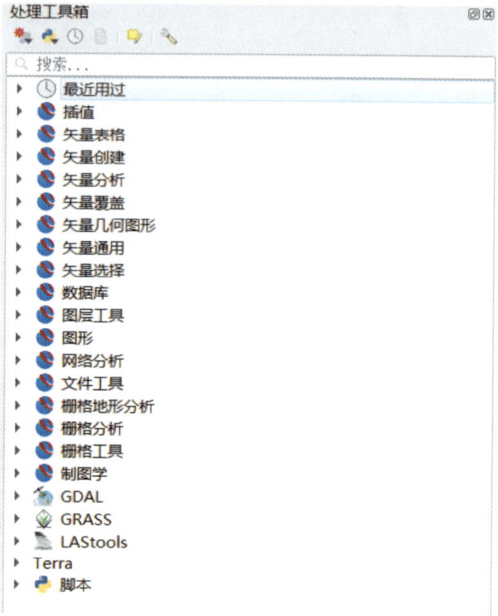

图 3-97 工具箱

2. 数据接入与融合系统

系统功能总述：SmartEarth 实景三维平台——数据接入与融合系统提供各种结构化、非结构化、半结构化数据的整合功能，经过流程化处理后数据，可以纳入统一的地理实体库。

（1）数据接入与解析。各类数据的接入与清洗解析功能模块，包括数据接入、解析、输出、清洗。

1）数据接入：结合实际应用需求，为数据提供合适的接入方式，支持如 SOCKET 通信服务器方式、WebService、URL、网络爬虫、PRC 远程过程调用、FTP 服务器共享方式。

2）数据解析：支持 JSON 格式及 XML 格式的数据解析、数据库表的数据解析、报表类数据解析、以文本内容为主的数据解析、视频及图像数据的解析。

3）数据输出：支持各类格式数据的输出。

4）数据清洗：数据清洗是指发现并纠正数据文件中可识别的错误，检查数据一致性，处理无效值和缺失值等。

5）视频数据接入：接入视频及图像等数据。

（2）数据关联。

1）时空化处理：根据物联感知数据采集地点或提取的地名及地址信息，通过匹配技术，赋予物联感知数据对应的空间信息（坐标位置），根据采集时间、采样频率、抓取时间、统计时间等确定数据的时间信息，赋予物联感知数据对应的时间信息。

2）一致性处理：将物联感知数据中的时空信息统一到相同的参照系下。

3）时空关联：将物联感知数据通过空间、时间及属性信息与地理实体数据进行关联。

（3）数据融合。

1）数据融合采用时空统计、时空分析等方法，将不同来源的物联感知数据关联到基础地理实体上，支持空间计算、分析、模拟与可视化。

2）视频图像与底图匹配：基于视频相机的空间位置，将视频图像与底图的同名点进行配准。

3）视频图像与实体融合：将视频帧图像以投影纹理的方式与基础地理实体进行融合。

4）视频及图像拼接：将多路视频或图像、且具有一定重叠区域的视频或图像，生成连续的宽视角视频或图像。

5）视频定位与测量：将相关物联感知数据关联到基础地理实体上，支持空间计算、分析、模拟与可视化。

（4）数据存储。

1）地理实体库：平台定义了一套地理实体编码标准，对二三维地理实体的属性、类型制定了统一的分类标准和体系，满足地理实体数据入库前标准化处理要求。

2）数据转换工具：支持不同数据的地理数据转换，完成转换后的地理数据可进行入库操作。

3）数据输入输出：提供模型及属性的导入导出功能，依据需求导出不同格式、不同精度级别的三维模型数据。

4）数据编辑与更新：提供地理实体属性值编辑处理功能，支持各类地理实体子库数据的编辑更新功能，提供单体实体替换更新及版本更新两种方式。

3. 专业管理系统

专业管理系统可将采集、处理过的地理实体数据通过其唯一身份编码关联、入库、管理，提供多样化的数据管理服务和数据功能服务。主要包括数据库建库、数据库管理、数据产品定制及数据库安全和系统管理四大模块。

（1）数据库建库。包括文件库、实体库及专题库库体的增删改，建库标准导入建库以及数据入库检查。

1）数据库库体构建：数据库库体构建支持文件库、实体库及专题库库体的添加、删除和修改。

2）库体编辑：支持文件库、专题库修改库名称，支持通过文件夹关联及数据拷贝的方式将数据关联至文件库。支持通过数据拷贝或在线接入的方式将数据关联至专题库。

3）建库标准导入：支持通过导入标准化格式的建库标准创建库体。

4）数据入库及检查：支持规定数据格式的数据上传或关联入库，其中三维实体入库格式为.gml+.csv 格式，二维实体入库格式为.shp。支持数据入库检查，文件库的数据入库检查项为数据是否符合文件库规定的数据格式，实体数据入库检查包括：必填属性项检查、分类编码规范性检查、属性域检查、字段项检查及数据重复性检查。

（2）数据库管理。包括元数据管理、成果数据管理、历史数据管理、图谱关系管理。

1）元数据管理：支持元数据导入、元数据列表查看、元数据信息查看、元数据信息编辑及删除。

2）成果数据管理：成果数据管理包括地物实体库、地理单元库、地理场景库、数据更新、上传历史、统计分析及空间分析。

a. 地物实体库支持地物实体列表管理、实体模糊查询检索、元数据查看、实体模型查看、属性查看与编辑、单条实体数据更新与删除；

b. 地理单元库支持地理单元实体列表管理、实体模糊查询检索、元数据查看、属性查看与编辑、单条实体数据删除；

c. 地理场景库支持地理场景数据列表管理、模糊查询检索、元数据查看、属性查看与编辑、数据删除；

d. 成果数据管理还支持二三维实体数据、文件库数据的批量更新上传；

e. 上传历史支持上传数据的列表管理、上传结果查看、上传数据关联元数据、上传数据删除；

f. 统计分析模块支持按照按范围查询、按类型查询及按条件查询多种查询方式组合查询后，将查询结果进行求个数、求平均、求和等；

g. 空间分析支持直线测量、面积测量及可视域分析。

3）历史数据管理：历史数据管理分为地物实体历史库及地理单元历史库。其中，地物实体历史库支持地物实体历史数据列表查看、实体模型查看、属性查看、按版本查询检索、版本修改、数据删除；地理单元历史库支持地理单元历史数据列表查看、实体查看、属性查看、按版本查询检索、版本修改、数据删除。

4）图谱关系管理：支持图谱关系导入、图谱关系提取、知识图谱查看及节点设置、图谱节点基本属性查看、图谱查询检索及图谱与二三维实体联动查看。

（3）数据产品定制。包括高级查询、分组管理、发布服务、发布历史、导出历史及首页场景等。

1）高级查询：支持组合查询、专题查询及聚合查询，其中，组合查询支持输入关键字、选择实体分类、选择实体功能组合查询，专题查询支持加入多条筛选条件完成查询，聚合查询支持输入关键字、选择数据所属范围查询。高级查询的查询结果支持加入已有分组。

2）分组管理：支持分组列表管理、分组名称修改、分组删除；支持分组发布、预览、导出、删除，同时支持分组内数据列表管理、分组内数据移除、批量导出、实体预览查看、实体属性查看。

3）发布服务：支持服务列表管理、新建服务、预览服务、启/停用服务。

4）发布历史：支持发布历史列表管理。

5）导出历史：支持导出历史列表管理。

6）首页场景：首页场景支持实景三维数据展示，支持实体数据二三维切换、场景切换，支持放大、缩小、重置及开启地下模式预览等基础操作，支持数据模糊查询及高级查询，支持实体数据图谱展示及加入分组。

（4）数据库安全和系统管理。包括用户管理、权限管理、日志管理及系统配置等模块。

1）用户管理：支持用户列表管理、新建账号、账号启/停用、账号删除、角色修改。

2）权限管理：支持角色列表管理、新建角色、角色权限查看、角色修改。

3）日志管理：支持系统操作记录日志列表管理，支持按照时间或者关键字查询日志。

4）系统配置：支持首页场景配置，支持属性字典表、元数据字典查看。

4. 运维监管系统

系统功能总述：SmartEarth 实景三维平台——运维监管系统提供平台运维管理功能，它包括用户管理、权限管理、日志管理，并提供系统成果数据的维护更新等功能。

（1）运维监控。运维监控平台界面如图 3–98 所示。

图 3–98　运维监控平台界面

1）硬件资源监控：主要对服务器状态情况进行统计和展示，实时反馈服务资源数量、服务资源使用量。

2）软件运行监控：可以查看、搜索用户的登录日志、操作日志、Tomcat 访问日志、事件日志、黑/白名单拦截日志、数据抽取日志。

3）网络链路监控：可对当前的网络链路实时监控。

4）系统安全监控：对系统安全实时监控。

5）服务资源管理：支持服务发布、服务审核、申请批复及目录管理，还可以对服务的状态进行监控，统计服务访问。

6）用户管理：包括部门、用户、角色、模块及日志管理。

（2）资源服务。资源服务门户包括资源推荐、定向推送、资源类型统计、资源目录统计、我的申请、我的收藏夹、最新资源等七个主要功能项。通过资源目录可以进行浏览、查看资源相关信息。

5. 在线应用系统

（1）资源目录。支持资源目录管理功能，实现用户自主创建目录及添加、编辑、管理图层，并且可以创建兴趣点；支持添加数据库中的在线数据的服务，并支持添加到视图区；支持对场景中的图层或对象控制显示（隐藏）、叠放次序等，可以快速定位。

（2）多源数据集成加载显示。支持大规模的地形成果（DEM/DSM+DOM）、倾斜摄影测量模型、激光点云、三维精细模型等实景三维数据的快速加载与浏览，支持在线专题数据服务接入以及物联数据接入融合显示；支持全方位二三维一体化显示，提供飞行路径进行场景漫游功能。

（3）场景浏览。提供二、三维地图的放大、缩小、漫游等各种交互操作功能，对三维场景支持调整正北方向、观测俯仰视角等；支持三维场景室内模式、地下模式、全球网格、夜晚切换、鹰眼、HDR 多种辅助浏览功能；支持路径动画、演示动画、征拆迁演示进行场景漫游；支持场景显示效果设置。

（4）基础工具。支持快速检索、属性查询、坐标查询等多种查询工具；提供对水平距离、空间距离、海拔高度、垂直高度、表面面积、平面面积、体积、角度的多种图面测量工具；支持天空纹理、雨、雪、雾等天气特效切换显示；支持场景定位、中心旋转、场景快照、快照预览功能协助场景浏览操作。

（5）实体数据库连接及对应功能。支持地理实体库服务登录连接，进入地理实体库管理界面，可以浏览实体库全部数据，按分类筛选等，并支持实体的二三维图元切换展示、查看（编辑）实体属性。

通过关键字查询、高级查询功能对实体库进行查询检索，获得相应的查询结果。支持图谱查询功能，查看/搜索实体关联关系，场景数据和图谱数据相关联，点击任意节点与场景实体联动。

支持实体统计功能对当前连接的实体库按分类进行数量统计以及对查询结果实体统计。

（6）二三维标注。具备全面的二三维标注显示功能、出众的显示效果、简便易用的标绘编辑，全面实现二三维标注一体化。提供标签对象，如文字、图片；提供 2D 对象，如折线、矩形、圆形、多边形、扇形；提供 3D 对象，如基本三维图形（立方体、圆柱、圆锥、球、多边体）、含有多种模型数据的模型仓库；支持二维军标图元，如粗直箭头、燕尾直箭头、钳击箭头、集结地、圆角矩形、攻击箭头、贝塞尔曲线、贝塞尔箭头等；支持三维军标图元，如粗直箭头、燕尾直箭头、钳击箭头、集结地、攻击箭头、导弹模型等。

支持标注对象样式信息、属性信息编辑，包括边线、填充颜色、文本、注释等的修改。三维标号还支持多种三维特有显示属性，如线面标号的拉伸高度，点标号的整体高度等。

支持标注对象集成在资源目录下进行统一管理。

（7）专题定制。支持人口迁徙、卫星轨迹、温度热力图、雷达反射率一系列专题定制化工具的可视化显示。人口迁徙可视化的专题定制界面如图 3－99 所示。

（8）数据分析。支持三维分析，提供可视域、日照分析、模型压平、天际线、地表开挖、剖面分析、淹没分析、通视分析等。支持空间分析，提供路径分析、等高线、坡度图、缓冲区等。

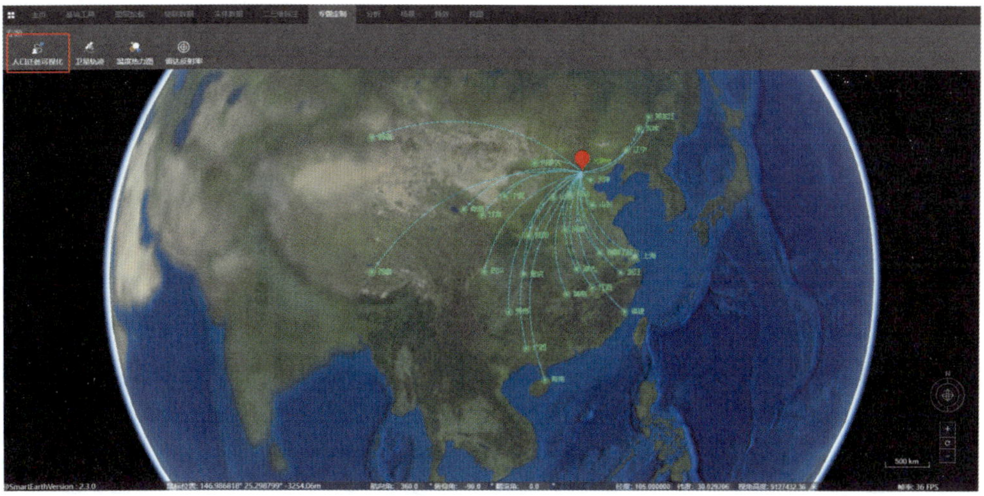

图 3-99　专题定制界面

（9）特效。支持粒子特效，如烟、火、喷泉、烟花、流场、风场特效；支持流动特效，如流动线、流动墙；也支持其他特效如圆形扩散、扇形扩散、扩散源、风险扩散等。

6. 专业应用系统

（1）对象。可以添加 2D、3D 或动态对象至工程，支持用户可以在三维窗口或工程树选择单个或多个对象并对其属性进行编辑；支持数据素材库，提供多种不同类型的数据素材，如图像标签、三维模型、建筑物纹理、文本标签背景框等，供用户使用；支持在线 Sketchup3D 模型库，可以将所需要的模型对象下载并加载到工程中。

（2）三维导航。在三维场景中有以下几种导航方式：

1）在三维窗口中可以使用鼠标、键盘、功能命令、导航控制、操控杆进行导航浏览。使用工程树（兴趣点、对象、演示工具）进行导航浏览。

2）在三维场景中使用导航图跳转或浏览兴趣点。使用开发接口开发自定义导航工具。

（3）特效。SmartEarth 专业应用系统提供三种类型的可视化效果，增强三维可视化的逼真效果。即天气特效——模拟气象现象云、风、天空、太阳、雨、雪、雾；动画特效——模拟自然现象如火、烟、爆炸、烟火；水特效——模拟自然或人为的流水如河流、海洋、瀑布、水池。

（4）导航图。导航地图实现对整个地形方便快速导航，支持在导航图窗口中添加本地或服务器发布的栅格地图，也可以显示摄像机的位置和方向。二维导航图可以同三维场景进行联动。

（5）分析工具。提供以下工具：查询、空间距离量测、水平距离量测、垂直距离量测、地形面积量测、三维面积量测，量测结果可以动态显示，也可以作为对象保存在工程树中。

（6）工具。SmartEarth 专业应用系统提供了系列工具，使用 SmartEarth API 交互并且为用户提供系列拓展功能的外部工具。包括快照、最佳路径、室内平面图自动生成、连通性分析、BIM 智能审查、一键发布工具。

（7）特征图层。特征图层可以对地理数据进行可视化表达，采用点、线、面来表示地理数据集，并且可以通过属性设置表达效果。

7. 服务发布系统

服务发布系统主要提供空间数据管理、实体数据服务、栅格服务发布等功能。

（1）服务发布：支持实体服务发布、地理场景数据服务发布、功能服务发布。其中，功能服务发布支持功能服务列表管理及新增服务。

（2）管理服务：服务管理模块支持对地图服务进行管理，支持 “服务启动”“服务停止”“服务编辑” 和 “服务删除”。支持地理编码服务，提供地名检索位置信息、位置信息反向检索地名等功能服务。支持导入 ShapeFile 或 excel 文件创建地址库。

（3）接口定制：支持功能接口定制、栅格数据定制，同时，实体接口定制包括：数据导入接口、数据导出接口、材质编辑接口、对象查询接口等。

3.7.6 平台应用框架

结合实景三维平台功能特征，可实现数据的处理、管理，为规划、地下管网、自然资源相关应用提供数据基础；结合专业应用系统，实现各类业务系统的二次开发及定制，满足自然资源、住建管理、城市大数据、公共安全、应急管理、城市交通、水利水务、智慧旅游等应用需求。平台应用框架如图 3－100 所示。

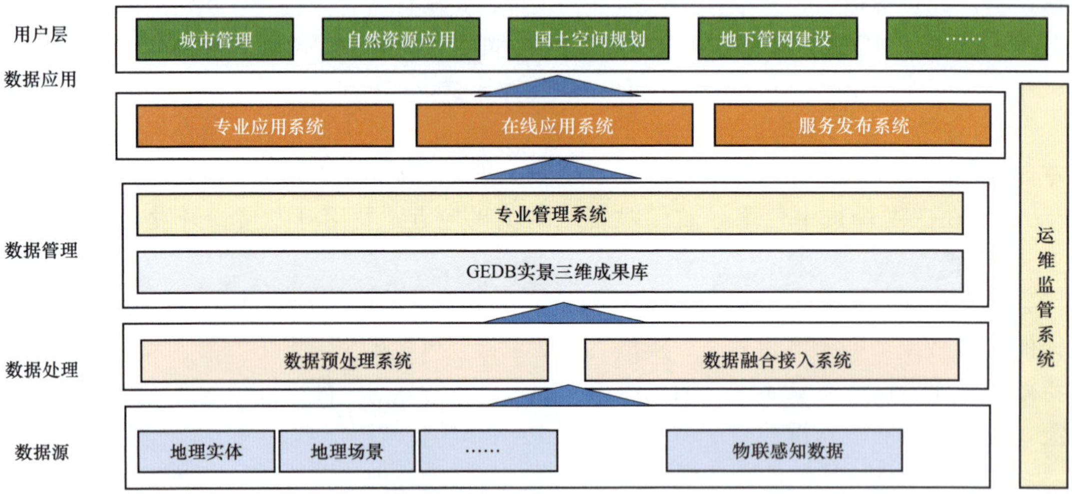

图 3－100　平台应用框架

1. 自然资源应用

实景三维平台可为自然资源领域提供重要的数据底座和平台能力，如自然资源调查监测、国土空间规划、国土空间生态修复、自然资源开发利用及不动产确权等级等。

如在自然资源调查方面，通过充分融合汇聚地理实体数据、自然资源监测数据、物联网感知数据等，形成实景三维数据库，可将自然资源调查监测数据情况、数据变化情况以及未来演变趋势进行多维度多尺度三维全景可视化；同时，对耕地、林业、矿产、城市要素等常规资源以及生态红线、重点流域等专题资源进行动态变化监测，对自然资源耕地非农/粮化、建设图斑、林草图斑、水域丰枯范围及矿山复绿等分析研判及指标评价。此外，通过对接物联网数据、无人机视频等，能够洪水淹没、森林火灾、泥石流等自然灾害进行应急监测及指挥调度。自然资源与不动产登记信息管理基础平台（见图 3－101）中就有这方面的应用。

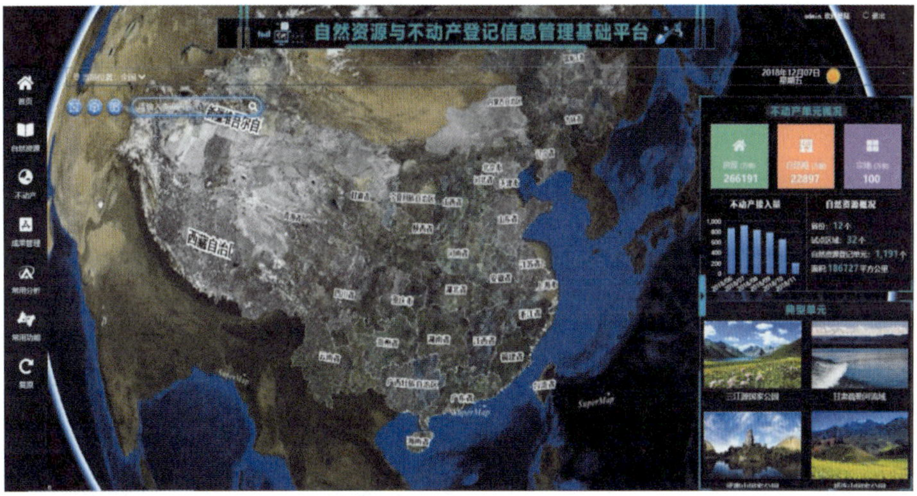

图 3－101　自然资源应用

2. 公安应急应用

基于实景三维平台，通过融合警用数据构建智能警务时空数据底座，提供公安综合实体时空数据，提供综合业务服务载体数据应用：可用于分析、风险洞察、精准警务、智能联动等公安应用。第十四届全国运动会安保指挥系统（见图 3－102）就是公安应急的一个应用示例。

图 3－102　公安应急应用

3. 住建管理应用

在住建管理领域，基于实景三维数据，结合精细 BIM 模型以及物联网数据，构建城市级 CIM 建筑实体信息模型，基于实景三维平台为智能报建和建筑监测等提供支撑。基于实景三维平台的按需组装能力可将抽象二维为基底的人工管理审批模式变为实景三维智能报建审批，按需提取目标区域三维数据来辅助审批工作。基于国土空间规划的要求，与城市各类基础设施、公共设施配套协调，调取数据库中各类条文和指标进行比对，满足环保、通信、能源、安全、综合防灾的要求。通过规建管一体化功能，采集物联网及现场智能监测设备等技术手段，与工程现场实施互联，实现对建筑工程项目从设计图纸审查、建造过程监督和竣工交付的全生命智慧监管，全面提升工程项目的监管效能。住建管理应用如图 3-103 所示。

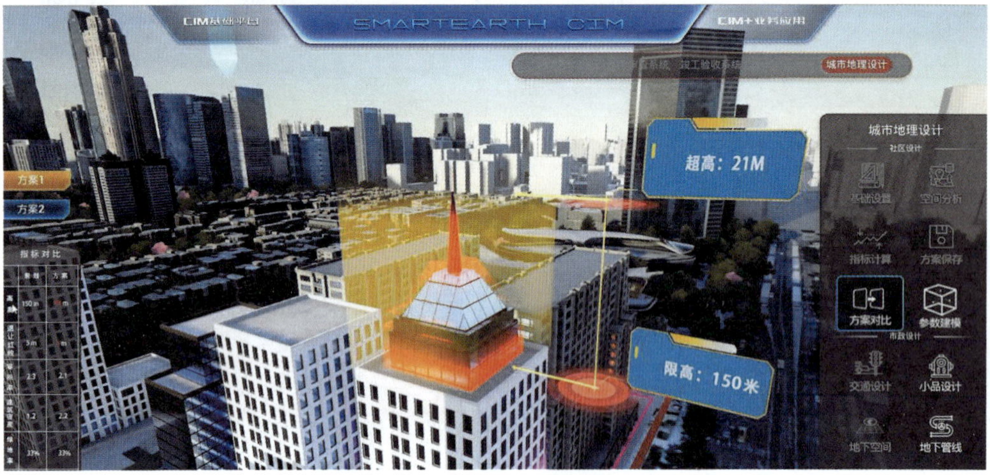

图 3-103 住建管理应用

4. 水利水务应用

在水利水务方面，实景三维平台以三维大场景快速渲染展示流域全貌，一键定位事件区域；根据淹没分析对流域受灾范围进行动态模拟，评估风险；依据事件应急响应级别原则，评估并划分灾情风险等级；针对应急预案进行数字化分解，实现灾情任务紧急调度；复盘、追踪与汇总灾害事件上报时间、防汛级别响应时间、受灾面积、物资消耗等。渭南智慧水务信息化管理平台就是水利水务方面的一个应用示例，如图 3-104 所示。

3.7.7 平台亮点

SmartEarth 实景三维平台具有以下亮点：

（1）全流程一站式服务。提供了从数据融合、数据处理、数据建库管理、数据发布共享、数据专业应用定制到系统运维监管的全流程一站式服务。支持灵活建库，用户可自定义创建多类型的实景三维数据分库，以满足用户需求。

（2）二三维一体化管理。系统可对二维实体数据，三维实体数据，实体关系数据一体化入库，更新和管理。

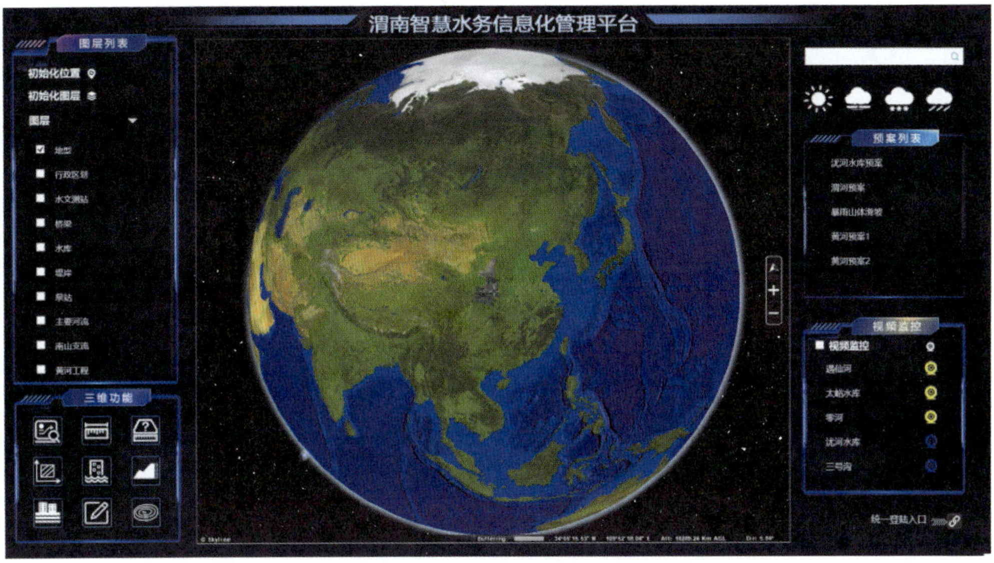

图 3－104　水利水务应用

（3）构建时空知识图谱。系统提供地理实体时空知识图谱功能，可实现城市地理实体数据的组合聚合预览、查询、分析等功能。

（4）强大的查询检索，按需组装。基于基础地理实体成果数据库，提供模糊搜索、坐标查询、属性查询、空间查询等多种查询检索方式，按照条件提取数据，实现实景三维数据成果按需组装。

（5）完善的数据分析功能。为用户提供距离、高度、面积、体积、角度等多种测量工具；具备可视域、日照分析、模型压平、天际线、地表开挖、剖面分析、淹没分析、通视分析、路径分析、等高线、坡度图、缓冲区等多种分析功能；支持专题如人口迁徙可视化、卫星轨迹、温度热力图等定制化工具的使用。

（6）场景可视化敏捷浏览。支持室内模式、地下模式、路径动画、场景定位等漫游模式辅助场景的可视化浏览，提供雨、雪、雾、粒子特效等多种特效增加场景漫游过程中的真实体验感；提供文字、图像、二三维图形、模型库进行二三维标注功能，为预案类应用提供基础能力。

3.8　科澜 CooGlobe 实景三维平台

科澜 CooGlobe 实景三维平台是新一代国产自主研发的数字孪生平台产品，产品由 CooEngine、CooBuilder、CooCloud、CooOnline 等系统组成。平台支持包括地形影像、三维模型、倾斜摄影、BIM 等数据的融合、轻量化处理、发布与管理。支持物联数据的接入，及实体关系的关联。同时提供了二三维多源数据加载管理、场景漫游、空间分析工具、分层分户快速建模、态势标绘、建设方案管理、视频监控融合、三维场景特效等功能。具备承载与驱动多源异构的全球空间大数据能力。

3.8.1 平台需求分析

科澜 CooGlobe 实景三维平台对各类城市时空信息化数据进行“多渠道”采集、“全领域”汇聚，通过对城市数据进行直观地展示、模拟、管控和分析，平台支持包括地形影像、三维模型、倾斜摄影、BIM 等数据的融合、轻量化处理、发布与管理，具备承载与驱动多源异构的全球空间大数据能力，支持大场景、高精度、强 GIS 分析，云渲染与 WebGL 多引擎架构可轻松实现一屏多端（桌面端、Web 端、移动端、大屏端）的实景世界刻画与还原；通过数据与场景组装编辑工具为二次开发者提供，最开放、最先进的实时 3D GIS 编辑平台；聚焦空间服务与行业算法无缝集成、对接物联网平台赋能行业应用开发。为实景三维业务系统提供开发支撑和衔接，掌控城市全局信息和空间运行态势，为城市规划、公共管理、公共服务、城市治理、公共安全、应急指挥、交通运输和智慧城市运行提供支撑，推动城市“规、设、建、管”全流程决策信息化、智能化、数字化和科学化，辅助城市智慧化治理和科学化决策。

从需求层面看，实景三维成为数字“孪生”城市建设和智慧管理的新需求。数字孪生推动城市精准表达和映射，赋予城市生活“智慧”，塑造智能化治理的城市协同实景三维平台，对接城市管理、生态治理、交通治理、市场监管、应急管理、公共安全等需要。重大事件和特殊场景需求日益严峻，坚持数字城市与实现城市同步规划、同步建设，适度超前布局智能基础设施，推动全域智能化应用服务实时可控，建立健全大数据资产管理体系，打造具有深度学习能力、全球领先的数字城市成为新的需求。

同时实景三维作为构建“数字孪生城市”的基础支撑，既要满足自身空间场景管理和服务提供，又要能够预留方便进行三方服务的对接，进行服务扩充，同时能够提供方便的运维管理工具，并向第三方提供丰富的服务接口及定制开发。整个平台体系核心需要包含实景三维服务平台、数据编辑工具、系统运维管理、物联感知对接融合、二次开发工具包等系统性功能模块。

3.8.2 平台架构体系

科澜 CooGlobe 实景三维平台作为构建“实景三维应用”的基础支撑，整体平台体系核心包含：感知物联数据接入与融合、实景三维数据处理与管理、数字孪生云服务发布、数据与场景编辑工具、系统运行与维护管理、二次开发包，同时能够扩展三方服务的接入。平台整体架构体系采用虚拟化、弹性化、服务化的思路，按照“五层次”云架构和“三大体系”的总体思路下展开的架构设计。

“五层次”为基础设施即服务层（infrastructure as a service，IaaS）、数据库即服务层（database as a service，DaaS）、平台即服务层（platform as a service，PaaS）、软件即服务层（software as a service，SaaS）、用户层，如图 3－105 所示。

（1）基础设施即服务层：包括信息技术设施和物联网感知设备，云资源实现按需分配，应提供一套云资源后台管理系统。

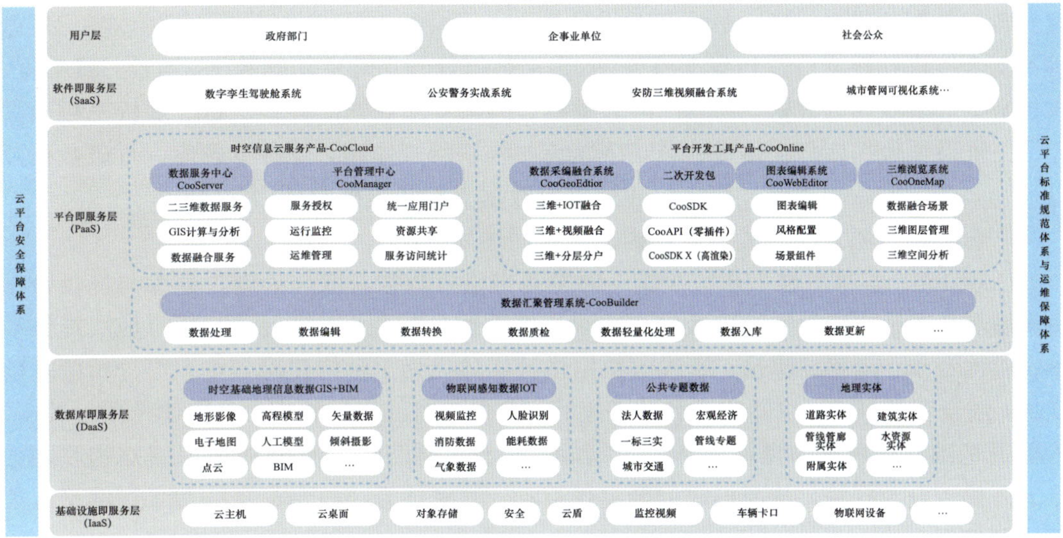

图 3－105　科澜 CooGlobe 实景三维平台架构

（2）数据库即服务层：数据中心的建设，从类型上可分为结构化数据、非结构化数据，实现各类数据接入和治理，形成标准化数据资源池，为开展应用提供数据支撑。包括建立时空基础库、实景三维数据库、实体数据库、城市现状库、物联网感知库和公共专题库的建设。

（3）平台即服务层：平台运用分布式并行计算、微服务、大数据、数字孪生等多种技术搭建广泛的城市信息集成和可视化平台，为实现各种实景三维应用提供技术保障。主要包含：① 数据汇聚管理；② 数据采集编辑融合；③ 数据服务；④ 运行维护管理；⑤ 数据共享及二次开发；⑥ 三维展示模拟。

（4）软件即服务层：基于 CooGlobe 实景三维平台可扩展开发各种智慧应用，包括智慧城市数字孪生驾驶舱系统、智慧公安警务实战系统、安防三维视频融合系统、城市生命线安全监测系统、城市管网可视化系统等智慧应用的底座技术支持或集成。

（5）用户层：政府部门、企事业单位、社会公众可在各种终端访问平台和应用。

"三大体系"为标准规范体系、信息安全体系、运维保障体系。

（1）标准规范体系：建立统一的实景三维数据标准规范，按照实景三维中国平台核心需求与实施逻辑，建立数据资源目录体系，与国家和行业数据标准与技术规范衔接。

（2）信息安全体系：按照国家网络安全等级保护相关政策和标准要求建立信息安全保障体系。

（3）运维保障体系：建立安全保障体系，保障实景三维平台的稳定可靠运行，并进行维护。

3.8.3　平台数据资源

平台数据资源总述：数据资源层是平台建设的核心组成部分，数据资源体系建设以国家行业标准体系和安全保障体系为基准，进行实景三维数据资源体系的统一规划，实现对各类数据的集中管理。数据资源设计为六大类，并支持按时间、空间、业务、专题等不同维度进行数据分发和数据服务。六大类数据分别为时空基础数据、实景三维数据、实体数据、资源调查数据、物联网感知数据、公共专题数据，构建了 GIS 底板基础数据库、三维模型数据库、实体库、城市现状库、物联网实体库、业务专题库，打破数据孤岛，为实景三维中国建设、数字化转型提供数据支撑和数据驱动力。

平台数据资源之间的关系以及构建过程简述如下：

CooGlobe 实景三维平台按照统一时空基准进行数据获取与处理、建库与提供数据资源服务，通过构建时空基础数据与实景三维数据，为实景三维展示与模拟应用提供基础；将水资源、道路、建筑、管线等数据进行实体化为平台构建可查询、可分析的基础支撑；结合资源调查、空间监测和业务运行，获取丰富的资源调查、工程建设项目数据，为促进基础地理数据的良性循环奠定基础；依托上述三类数据叠加城市感知物联网数据、公共专题数据等，从而形成一套良性互动、紧密结合、内容丰富的实景三维平台数据资源体系。

资源体系之间的构建关系，首先对多源时空基础数据与实景三维数据通过新建和共享方式获取，进行坐标格式转换、语义化、结构化预处理，再通过服务或采集形式获取物联感知和公共专题数据进行抽取、清洗、压缩；通过实体构建软件对基础时空基础数据、物联网感知数据、公共专题数据进行实体生产，二维数据按照分层分块存储、三维数据以地理实体分层/单体存储、物联感知数据分记录建库存储。并开发实景三维平台数据汇聚管理系统，用于实景三维数据的统一存储管理、数据编辑和查询统计等。以实景三维平台为依托构建应用服务系统。

平台数据资源体系表见表 3-8。

表 3-8　　平台数据资源体系表

序号	大类	种类	小类
1	时空基础数据	电子地图	电子地图数据
2		遥感测绘	遥感影像数据、激光点云数据
3		地形数据	基础地形数据
4		行政区划	国家区划、省区划、市区划、县区划数据
5		管理单元	开发区范围数据
6		功能分区	功能分区数据
7		基础矢量	路网、兴趣点、水系、建筑基底面、绿化
8	实景三维数据	数字高程模型	数字高程模型数据
9		人工三维模型	人工三维模型数据
10		倾斜摄影模型	倾斜摄影三维模型数据
11		激光点云	激光点云数据
12		BIM	BIM 模型数据
13		三维专题	管线、管廊、井盖、路灯、垃圾桶等数据

续表

序号	大类	种类	小类
14	实体数据	水资源实体	河渠、水库、湖泊/池塘、泉、井、池、岸、堤、坝、闸等
15		道路实体	支线及以上街道、轨道交通、铁路、村道及以上等级道路、主要乡村路、内部道路、人行道、路口及附属设施数据
16		附属实体	建（构）筑物及其附属设施、城市绿地、公共场地、其他附属设施数据
17		建筑实体	建（构）筑物包括地下空间，可细化至不动产登记单元数据
18		管线管廊实体	各类管线、综合管廊及其附属设施数据
19		实体地名地址	各实体地名地址数据
20		区域实体	行政区划、自然地理单元和农林用地及土质单元，农林用地细化至自然资源登记和不动产登记单元数据
21	资源调查数据	国土调查	国土调查数据
22			历年土地利用现状数据
23		耕地资源	永久基本农田数据
24		城市部件	公共设施类数据
25			道路交通类数据
26			市容环境类数据
27			园林绿化类数据
28		水资源	水系水文、水利工程、防汛抗旱数据
29	物联网感知数据	自然资源实时感知数据	国土资源监测（视频监测、设备运行数据）
30			生态环境监测（地质、水质、土壤数据）
31			水资源监测（水系水文、水利工程、防汛抗旱数据）
32		城市物联网感知数据	交通监测（视频监控、电子监控数据）
33			城市管理（视频监控、突发事件数据）
34			气象监测（雨量、气温、湿度数据）
35			建筑监测（设备运行、能耗监测数据）
36	公共专题数据	法人数据	事业单位、机关、企业数据
37		宏观经济	宏观经济数据
38		人口数据	人口基本信息、人口结构数据
39		城市交通	公共交通数据
40		一标三实	标准地址、实有单位、实有人口、实有房屋
41		社会数据	GPS、移动终端等大数据
42			水、电、气等城市运行大数据

1. 时空基础数据

时空基础数据作为统一的空间定位框架和空间分析基础，反映和描述了地形地貌、行政区划、交通路线、植被、地名地址等有关自然和社会要素的位置，分为电子地图数据、遥感影像数据、地形数据、行政区划、管理单元、功能分区、基础矢量数据七类。

2. 三维数据

城市三维数据在二维数据的基础上扩展了空间数据的维度，极大地丰富了数据内容，是直观展现城市面貌的有效途径；同时基于三维数据的空间分析将为城市建设、规划、管理、运营提供强有力的辅助支持，分为数字高程数据、倾斜摄影数据、手工模型、BIM 数据、激光点云数据、三维专题模型数据六类。

3. 实体数据

按照表达对象类型分为地物实体和地理单元，分为建筑实体、道路实体、附属实体、水资源实体、管线管廊实体、实体地面地址和区域实体七大类，为用于实景三维数据编辑、查询统计、分析应用提供支撑。

4. 资源调查数据

资源调查数据通过各级各类资源调查，反映了多专题资源调查数据采集特征与应用需求，为促进基础地理数据的良性循环奠定基础，分为国土调查数据、耕地资源数据、城市部件、水资源数据施普查数据四类。

5. 物联网感知数据

城市运行数据整合国土资源监测（视频监测、设备运行数据）、生态环境监测（地质、水质、土壤数据）、水资源监测（水系水文、水利工程、防汛抗旱数据）、交通监测（视频监控、电子监控数据）、城市管理（视频监控、突发事件数据）、气象监测（雨量、气温、湿度数据）、建筑监测（设备运行、能耗监测数据）等动态信息，反映自然资源实时变化和城市生产生活实时运行情况，分为自然资源实时感知数据、城市物联网感知数据两大类。

6. 公共专题数据

公共专题数据整合事业单位、机关、企业数据、宏观经济数据、人口基本信息、人口结构数据、公共交通数据、地名地址数据，GPS、移动终端、水、电、气、城市运行大数据反映城市与社会经济发展的相关信息，分为法人数据、宏观经济、人口数据、城市交通、一标三实、社会数据六类。

3.8.4 平台业务模型

平台业务模型概述：从城市全生命周期管理业务展开，可以划分为“规、设、建、管”几大业务领域，总体上形成业务闭环。基于科澜 CooGlobe 实景三维平台业务架构的规划审批业务模型、开发建设、运营管理决策业务模型如下：

1. 自然资源和规划审批业务模型

自然资源和规划领域的审批业务是指法定的行政许可与审批管理，在规划和自然资源领域主要包括：

（1）规划管理类，包括规划编制、规划实施监督、选址意见书、用地规划许可、工程规划许可、规划监测评估预警等。

（2）测绘管理类，包括测绘资质审核、地图审核、测绘单位备案等。

2. 开发建设业务模型

开发建设业务模型是基于资源和规划设计成果实现城市开发建设全周期管理落地的过程。

（1）住建部门的开发建设业务概述。推动工程建设项目审批制度改革，将工程建设项目划分为立项用地规划许可、工程建设许可、施工许可、竣工验收几个阶段，构建统一的审批流程，搭建统一的审批平台实现对工程建设项目的全周期管理。

（2）以 BIM 审查报建为抓手，以工程建设项目为核心，汇聚城市开发建设的建筑信息模型。

以某区云上民生项目为例，以科澜 CooGlobe 实景三维平台为支撑，结合视频平台，利用先进的数字孪生技术、视频 AI 技术、大数据等技术，构建在建项目全生命周期可视化管理平台，实现立体化项目建设过程可视、可知、可管、可控的系统，帮助提高城市全生命周期管理的建设管控效能。

（1）一张分布图：将各个项目按照五种类型、颜色、名称等条件进行区分，主要在一张图上展示了全部项目的总体分布情况，可以通过点击触发项目定位与信息展示，主要解决的问题为让人知道项目在哪里，如图 3－106 所示。

图 3－106　基于科澜 CooGlobe 实景三维平台的一张分布图

（2）一步审方案（帮决策）：项目事前可一键导入由规划部门设计的三维方案模型，基于三维化真实地达项目各项指标，并可叠加通视、视域、控高、断面等分析，为项目科学决策提供依据，供领导决策项目参考。

（3）一眼知进度（知进度）：通过一条时间轴代表项目整体进度及进度过程中的各个节点，可独立控制每个节点的进度填报与进度审核。根据填报内容自动判定当前节点的项目状态与项目进度。绿色代表当前节点进度正常，红色代表当前节点进度滞后，白色横杠代表项目的当前进度。时间轴上每个节点的填报过程，就是各个部门之间的交办、督办过程，如图 3－107 所示。

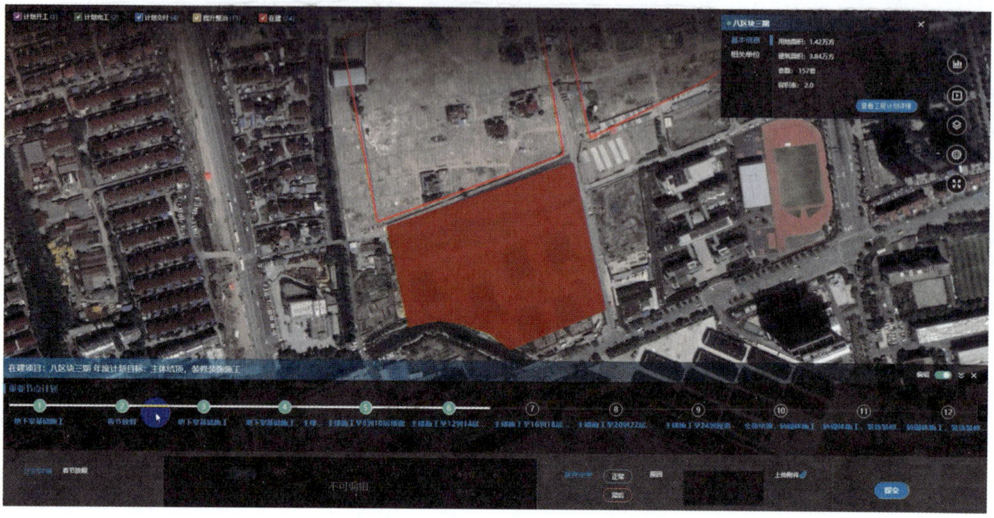

图 3－107 基于科澜 CooGlobe 实景三维平台的一眼知进度

（4）一个统计表（会汇总）：根据每个项目时间轴上的进度，自动统计出五个分类以及总体项目的进度分布与比例，同时关联出对应的项目清单，点击清单可触发项目定位与项目进度详情的展示，供使用人员进行项目具体情况的查看。

（5）一键达现场（看现场）：通过点击项目周边的摄像头图标，触发项目实时监控的立体投影与视频播放。立体投影可叠加动态和静态的场景供使用人员进行项目参照确认，视频播放窗口可进行全屏与云台操作，供领导进行项目现场的精细化查看与现场周边情况的查看，如图 3－108 所示。

图 3－108 基于科澜 CooGlobe 实景三维平台的一键达现场

3. 城市运营管理决策业务模型

运营管理决策业务模型涉及多个政府管理部门，比规划设计和开发建设阶段更需要企业和公众的参与。领域上分为行业主管部门监管决策和宏观决策业务模型。层级上分为城市级、区县级、社区级、楼宇级的运营和管理。

行业主管部门监管决策业务模型。行业主管部门监管决策业务是指非法定、非行政许可类的管理业务，在实际中主要体现为各类智慧应用解决方案，包括智慧公安、智慧政法、智慧安保、智慧城管、智慧应急、智慧机场、智慧水务等。科澜 CooGlobe 实景三维平台提供全空间、多尺度、高精度的数字孪生底座服务平台和空间分析技术，结合物联网平台和数据中台，为智慧应用提供服务。

以某区智慧公安为例，以科澜 CooGlobe 实景三维平台为支撑，结合视频平台，利用先进的数字孪生技术、视频 AI 技术、大数据等技术，构建警务数字孪生立体防控平台，支撑公安的指挥调度、基础治安管控、突发事件应急处置等工作。

针对公安人口管理等实际业务需求，三维人房系统结合一标三实数据，实现常住（流动）人口“人到户、户到房、房落地”、重点人口“以人查房、以房查人”、实时联动“楼栋感知、协同联防”。支持地图房屋多色图（一色一类型）管理及图例展示，并提供楼层掀顶、分层分户查看房屋内部结构，以及人员、房屋专题统计。为用户提供精准化、立体化、动态化的人房关联系统，实现业务协同（管理者——一线工作人员）对人口进行精准化管理做到日常可预警、战时可管控，如图 3-109 所示。

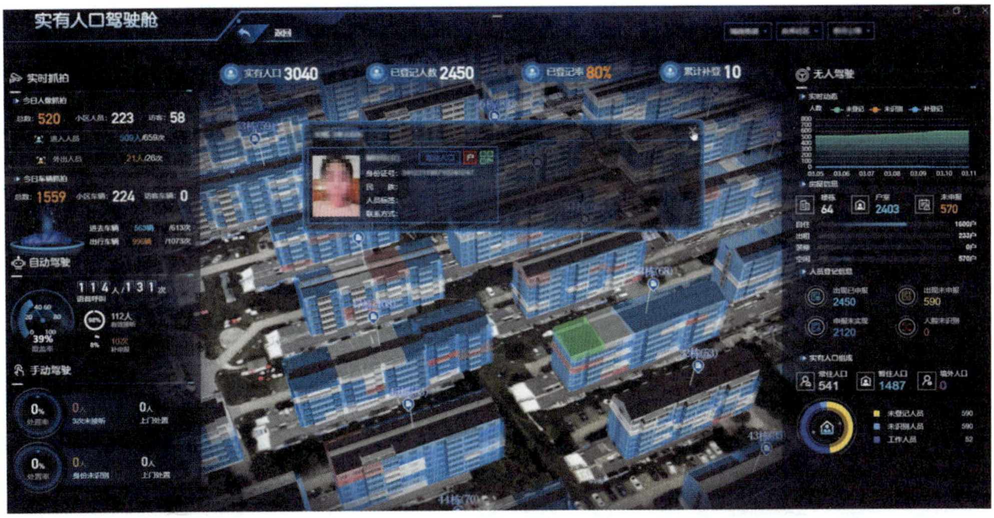

图 3-109　基于科澜 CooGlobe 实景三维平台的人房关联

针对安防监控等实际业务需求，实现一种基于三维场景的监控视频融合方法（见图 3-110），实现了从单一、平面的二维视频平台提升至全方位三维立体空间，解决了视频播放连续性、空间化的问题。主要为公安业务的以下三个方面赋能：

1）通过视频融合系统为局领导提供更加宏观全面的视频应急实战能力；

2）大大提高图侦民警取证、侦察、破案效率；

3）对城市实时监控视频的三维可视化，实现监测、预警、重点人员管控、安保指挥等系列功能，能够在人流密集较大的展馆、场所提供疏散路线的三维可视化预演，依托三维视频融合进一步实现人流管控与疏导，增强警力布控、提升应急指挥能力同时，也为安防监控等实际工作开展提供了一种新的有效工具。

图 3-110　基于科澜 CooGlobe 实景三维平台的三维视频融合

针对应急指挥预案等实际业务需求，三维预案系统能够实现用户自定义编制预案（包含人、事、地、物）在三维地图上直观展示及模拟，支持预案部署、预案推演功能（见图 3-111），可增加不同的方案，方案包含不同类型人员、车辆等点位的布置以及运动路线设计，通过简单的模型动画实现直观的预案展示效果，最终实现事前“模拟演练”、事中“预案调度”、事后“复盘分析”。为用户提供超越时间、空间与部门分隔的限制，对特殊、突发、应急、抓逃、布控、侦察警戒和重要火灾等事件做出有序、快速而高效的反应，为用户提供多尺度、高精度、全空间的三维应急预案管理系统。

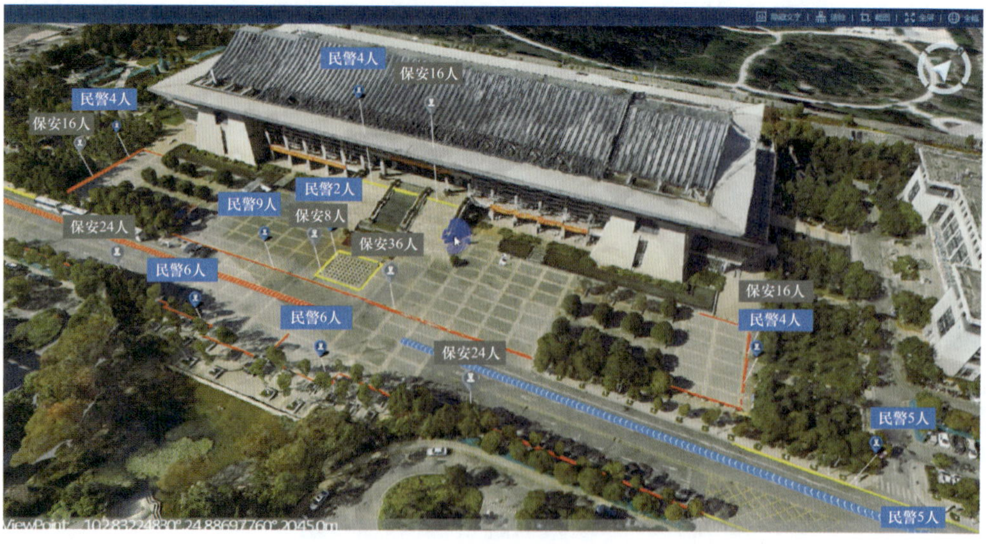

图 3-111　基于科澜 CooGlobe 实景三维平台的应急预案推演

4. 宏观决策业务模型

宏观决策业务是指指导性的与城市运营相关的管理业务，智慧城市是典型的宏观决策业务之一，包括智慧城市数字孪生底座、城市全生命周期管理、公共安全与城市综合治理、城市宣传与招商管理及领域管理（政治领域、社会领域、经济领域、文化领域）等。

以某区为例打造二三维一体化的空间三维地理信息平台，推动该区空间地理信息与技术共建共享模式落地。该区是国家重点打造的高新技术产业开发区，注重数字化，彰显“产业+数字化”内涵，成为人文、智慧、科技融为一体的高端人才聚集地。在此背景下，基于科澜 CooGlobe 实景三维平台技术，充分整合政府已有的二三维地理信息数据，快速构建政府数据化、可视化的地表模型，结合数据中台向政府指挥大厅、工作门户提供服务。

3.8.5 平台主要功能

1. 数据汇聚管理系统

数据汇聚管理系统是集数据汇聚、数据治理、数据优化、数据处理与管理的时空三维数据管理软件，支持手工模型、倾斜摄影、BIM、点云、地形、影像数据的监理、预览、编辑、处理、存储、发布，满足多源 3DGIS 数据从源数据到数字孪生平台表现数据的生产处理流程，同时提供了数据场景构建、编辑交互等功能。

2. 数据采集编辑融合系统

数据采编融合管理功能包括：

（1）三维模型+IoT 空间数据融合：在大尺度空间体系三维场景中将 IoT 物联设备与模型坐标进行关联，实现物联数据与基础地理实体数据时空关联；基于本地坐标体系三维模型坐标将 IoT 物联设备进行空间关联和数据关联，以实现基于空间的传感数据的调取和可视化应用。

（2）三维模型+视频融合：为提高工作人员能高效、便捷地接入已有视频数据与地图进行视频融合，平台提供了基于图像 AI 识别定位（三点匹配定位）算法工具，实现视频可视化融合，提高视频与三维场景标定融合效率，主要功能包含：监控查找与定位、相机标定、场景编辑、投影幕布生成、视频接入场景效果查看等能力，为各种类型的监控数据接入平台提供后台编辑服务。

1）三维模型+AI 多点标定工具，可实现基本监控视频的标定融合。在三维场景中根据视频画面选取对应三维场景，支持分屏展示地图与视频，通过地图与视频点对点匹配的方式实现视频画面在三维场景中的标定。当四点标定好后，可实现视频快速标定融合，提高融合效率。

2）三维模型+高空视频融合，为了达到应急指挥最佳可视化效果，平台提供了高空视角视频融合技术，通过点击融合类别可自动定位到视频的最佳观察位置。

3）三维模型+低空视频融合，为了达到可视化最佳效果，平台支持平视角度视频融合，路面平视角视频与仿真三维和倾斜摄影场景进行完全融合，显示视频监控区域，双击该区域，自动定位视频的最佳观察位置，视频自动播放转换角度当变形过大，或距离过远时，视频融合支持暂时停止播放。

4）三维模型+多路视频融合，将一个或多个视频与三维模型场景融合展现，实现从单一、平面的二维视频平台提升至全方位三维立体空间，解决了视频播放连续性、空间化的问题。

（3）三维模型+分层分户数据融合：基于三维场景将建筑模型+单体化（含分层分户）进行空间与实体的关联，实现三维建筑模型的“人事物到户、户到房、房落地”。

（4）三维模型+业务数据融合：基于地理坐标系将三维模型按空间属性和业务属性进行多数据集的再组织过程。

3. 数据服务系统

数据服务是平台的数据中心，提供时空数据服务、时空功能服务、地图融合服务、服务目录管理、数据共享服务，为时空三维应用系统使用的所有空间数据（包括地形数据、影像数据、矢量数据、3D 模型数据等）及业务属性等提供存储、发布和传输服务。用户通过平台服务将 GIS、BIM、IoT 等专题图层数据上传到云服务器，然后根据需要发布给客户端（包括桌面端、Web 端、移动端）程序使用。

服务目录：可以实现用户注册，注册后能够登录系统服务目录以专题分类的方式展现平台的在线服务资源，用户可以按照目录方式检索所需的服务，也可进行多条件的复合查询，在结果列表中，用户可以对服务进行在线预览、查看详细元数据信息、查阅该类服务的使用方法；如果有权限，还可以进行服务的修改和删除；如果服务的访问和使用需要权限认证，用户可以进行申请或索取。

（1）服务注册：用户可以将自己已经发布好的服务注册到平台共享交换中心，并可对元数据内容和使用权限进行设定，以便与平台其他用户共享服务资源。

（2）服务发布：通过平台的服务代理功能，数据托管到平台中，平台会先将其发布为在线服务，然后注册到共享交换中心。

（3）服务代理：通过代理技术对空间和非空间服务进行反向代理访问，对访问进行转发，以对服务的访问进行监控，并控制服务资源的权限，增强安全性。

（4）二三维服务管理：地图服务管理包含三维服务模型、二维服务模型、服务批次、矢量配图、分层分户五大功能。基于地图服务管理，可以充分整合已有的二三维地理信息数据、公共建筑专题数据，快速构建数据化、可视化的地表模型在线访问服务，并自动加入数据服务资源池。

1）三维服务模型：即三维服务资源库，支持对入库的服务进行管理，含对三维服务的新增（逐条新增或批量导入）、搜索、开启及关闭、单项及批量删除、修改、查看、刷新功能以及对三维服务图层属性的查看；新增三维服务。

2）二维服务模型：即二维服务资源库，支持对入库的矢量服务（WFS、WMS、WMTS）进行管理，含对二维服务的新增（逐条新增或批量导入）、搜索、开启及关闭、单项及批量删除、修改、查看、刷新功能。列表可显示当前用户所属机构下所有人员新增的服务和上级授权给当前机构管理员的服务。

3）服务批次：支持对三维服务按批次批量上传，并自动解析数据目录，形成专题资源树，同时，在三维服务资源池中将解析后服务逐条展示，支持对服务批次进行管理，含对服务批次的新增、启动（停用）、刷新、查看功能，新增成功后，在三维服务模型列表中显示该服务批次下的服务，同时该服务批次作为专题组织显示在专题组织列表中。服务批次列表中显示当前用户所在机构下所有人员新增的批次服务。

4）分层分户：支持对公共建筑专题数据按小区上传，并自动解析数据，形成建筑结构配色面板，可以通过配色面板对建筑进行业务化的配色。列表中显示当前用户所属机构下所有人员新增的分层分户配色服务，可进行搜索、配色和删除操作。

（5）服务组织管理：服务组织管理包含专题组织、专题类别模块，专题组织基于数据服务资源池中的多源异构数据服务，进行按业务自定义组织配置，形成专题业务数据树。

（6）项目方案管理：方案管理由方案服务与接入服务节点管理两部分组成，为用户提供导入的规划方案及模型数据的管理，以及第三方方案数据同步的管理。实现城市可持续发展，弥补二维规划辅助决策系统的不足，建立三维规划辅助决策系统。

（7）数据共享：数据共享包含数据交换和数据接收，通过构建数据交换中心，将多级服务节点的数据进行共享、交换，实现数据间的互通共享，通过统一的数据交换标准，最终完成数据的汇聚。在单节点多级结构下，数据如何共享与上下级节点也是需要考虑的问题，提供了数据交换模块与数据接收模块，主要用于将当前节点的数据服务上传上级、分发下级，构建多级数据共享的模式。

（8）数据服务接口：提供各类数据的访问服务接口，包括以下内容。

1）地理场景数据服务发布：支持地理场景数据倾斜摄影、DEM、DOM、DSM、3DTiles、C3S 等服务发布。

2）场景图层数据查询：支持图层 ID 获取图层服务信息；支持范围获取范围内图层服务信息；支持用户 ID 获取已授权的图层服务信息；支持根据区域编码获取该区域下图层服务信息等查询。

3）专题接口：物联网 IoT 数据服务（视频、广播、消防设施、卡口点位、其他设备数据）。

（9）功能服务接口：支持网络分析（最佳路径、最近服务设施等）、空间分析、缓冲区分析、支持不规则面空间查询、支持最短最快路径规划等分析查询。

1）管线专题分析：爆管分析、覆土分析、剖挖分析、碰撞分析、施工分析、横断面分析、纵断面分析。

2）专题分析扩展：人口密度分析、城市部件分析、危险源分析等专题分析。

4. 运行维护管理系统

运行维护管理是平台的运维管理中心，主要包含系统管理、应用菜单管理、服务发布、服务授权、运行监控、运维监管、系统设置等模块，支持资源管理、资源共享、在线审批授权、多源服务统一权限控制等功能，实现对平台数据及服务的统一管理。

（1）系统管理：系统管理由机构管理、角色管理、用户管理、字段管理几部分组成。主要用于机构、角色、用户的新增、修改、删除和权限分配管理。

1）组织机构管理：具有组织机构的新建、删除、编辑、查询功能。支持为不同级别的机构分别设置系统可操作的功能模块，含对父机构的新增、修改、搜索功能以及对子机构的新增、修改、搜索、删除功能。

2）用户管理：具有用户的新建、删除、编辑、查询功能。实现用户的查询、添加、修改、重置密码、删除、分配角色等功能。用户列表显示当前机构的所有用户和当前机构所有下级（包含下级的子级等）的用户。

3）角色管理：具有角色的新建、删除、编辑、查询功能。支持为不同角色分别设置系统的功能操作权限，含对角色的新增、搜索、修改、删除、分配权限功能。

4）统一认证：用户登录统一身份认证服务后，即可使用所有支持统一身份认证服务的管理应用系统。

5）日志管理：具有日志管理功能，可以按照人员姓名、日志类型进行查询，支持查询日志的导出。

6）字典管理：对字典集与字典项进行管理维护，包含了字典集、字典项的新增、删除、修改、查询等操作。

7）权限管理：权限管理为用户在系统中一系列可执行的操作或责任的实体，用于限定用户在软件系统中能做什么、不能做什么。用户账号往往与角色相关联，内容包含数据资源、用户资源、角色资源、服务资源等，全面保护服务器数据的安全。

（2）应用菜单管理：资源管理由菜单管理和接口管理两部分组成；菜单管理，主要是用于对系统中的菜单和对接的子系统中的菜单进行新增、修改、删除、编辑功能等操作；接口管理，主要用于对接口进行新增、修改、删除操作，接口列表默认显示系统对外提供的接口信息。

（3）服务授权：服务授权由服务授权、接口授权两部分组成。支持将专题服务数据或者基础服务数据授权给不同的角色，主要用于对角色进行二维服务、三维服务、接口的授权。

1）服务授权：为当前机构的所有角色和下一级机构的机构管理员角色，进行二维服务或三维服务资源访问的授权。

2）接口授权：为下一级机构的机构管理员角色进行接口访问的授权。

（4）运行监控：由负载均衡能力、运维监控、硬件资源监控、服务异常预警、服务器监控、软件运行监控、安全监控组成，实现对平台软硬一体化安全运维监测管理。

1）负载均衡能力：支持通过 HTTP 负载均衡器、网络路由器、或第三方负载均衡软件实现负载均衡能力。

2）系统运维监控：支持监控系统中各类资源和基础设施的运行状态，包括基础设施、服务器、数据库、服务、应用和系统日志，起到预防效果，保障系统的正常使用。

3）硬件资源监控：支持监控系统中各基础设施的硬件监控，包括 CPU、网络 I/O、磁盘、内存等实时使用情况。

4）服务异常预警：服务异常调用监控配置设置服务监控用户、服务名称、异常允许时间、访问时间段、最大调用次数；用户调用服务超出配置的次数时，即为异常调用，系统自动将对应配置的用户、服务列入黑名单。

5）服务器监控：支持显示当前监控的多个服务器，支持从多个项目服务中筛选出要查看的服务器情况，包括站点节点数、服务总数量、服务总访问量、处理事务总时间、事务总数、处理事务平均时间。

6）软件运行监控：支持针对多种日志进行实时查询分析。

7）系统安全监控：支持针对所有日志做初步感知统计分析，包括攻击数、攻击类型分布、攻击日志、攻击 URL、攻击趋势、攻击地域排行等信息。

（5）系统设置：系统设置由系统日志、系统设置、图标文件管理三部分组成。

1）系统日志：具有记录系统中硬件、软件和系统问题信息的功能，同时还可以监视系统中发生的事件。用户可以通过它来检查错误发生的原因，或者寻找受到攻击时攻击者留下的痕迹。

2）系统设置：主要由子系统管理、系统 Root 权限设置、权限开关、客户端授权、引擎授权管理、资源监控几部分组成，为用户提供子系统管理、授权管理以及资源管理等。

3）图标管理：同时为平台子系统提供各种应用图标管理功能，此功能能够自定义分类，并将每个应用按照类型分放到各自的类别中，以便管理所有的应用图标。

5. 二次开发服务与应用门户

在线开发服务，是集 3D GIS 数据资源、共享、应用整合和管理为一体的云平台在线门户产品，支持零代码个性可视化编辑定制、数据采集管理等能力，提供丰富的 SDK、API 组件进行三维可视化、空间管理、大屏展示应用开发，作为云边端一体化平台的在线服务中心，可快速构建时空信息云平台门户站点。

（1）统一应用门户：通过统一认证，实现用户登录，扫码即可登录系统。在平台首页，支持数据资源、数据更新、数据治理等内容的展示。支持以图标、文字描述方式的窗口链接，提供对平台现有成果数量的展示。

（2）资源共享中心：支持用户在线申请服务资源的访问授权。提供服务代理功能，提供统一的代理服务地址。支持资源服务应用功能，平台提供统一的代理服务地址，各局办部门在该服务地址上面进行应用，应用后各个单位再将应用进行更新返回平台。

（3）服务访问统计：支持按照服务访问量统计、地图访问量统计。

（4）数据接口服务：平台面向应用部门提供开放共享的数据服务接口。

1）数据服务接口：是对平台发布的空间数据服务进行访问的唯一接口。数据服务包括实体服务、地理场景数据服务、场景图层、IoT 数据服务等。使用数据服务接口，可为系统或者网页上的地图容器提供数据。使用数据服务接口，用户不需要关心数据的管理、维护和更新问题，只需调用接口即可获取空间数据服务。不同的应用根据其具体的应用需求，选取相应的数据服务进行调用。

2）功能服务接口：主要是与三维操作密切相关的功能接口，如网络分析（最佳路径、最佳服务设施等）、空间分析、缓冲区分析、管线专题分析、专题分析扩展服务等。将常用的三维空间查询、空间分析等采用统一的接口标准封装成服务，对外提供接口以供用户调用。用户不需要了解其复杂的实现过程只需要调用接口即可获取相应的功能。不同的应用根据其具体的应用需求，选取相应的功能服务进行调用。

3）二次开发接口：提供二次开发 API，方便获取平台的数据和功能。可通过平台SDK 和 API 组件，轻松地完成三维地图的构建工作，将平台 SDK/API 无缝嵌入到自己的应用程序之中；包括：资源访问类、项目类、地图类、三维模型类、控件类、事件类、标注类、粒子类、特效类、数据分析类、模拟推演类等。

a. CooSDK 产品为支持多语言（C++、C#、JS）的二次开发工具，能够让用户快速创建所需的时空三维应用系统，CooSDK 采用标准的 COM 组件技术封装，包括 COM 控件及接口组件等系列接口集合，实现了图像渲染引擎、地理信息引擎及三维交互的功能封装，提供了多源数据加载、三维场景漫游、空间分析、空间测量、场景绘制、场景特效、辅助工具等接口，支持 IE、Chrome 浏览器应用开发。

b. CooAPI 是基于 WebGL 技术封装的轻量化 3D GIS 开发包，为开发者提供丰富的场景渲染、漫游浏览、地图标绘、图层要素等接口，支持快速构建时空三维系统的多源数据（地形影像、倾斜摄影、手工模型、BIM、地下管线、地质体等）及空间分析、空间测量、粒子特效、渲染特效、天气系统等三维场景组件，够让用户快速创建所需三维人机交互的应用系统。

4）开发指南：针对每一个接口提供详细的在线开发指南供二次开发人员参考，二次开发接口使用依赖系统接口。

5）示例 DEMO：针对每一个接口提供开发示例 demo，开发人员直接复制代码就可以正常使用该接口。

6. 三维展示模拟系统

用户可通过资源展示、时空大数据分析等功能直接使用平台资源，无须做任何工作，实现地图漫游、空间检索、视点可视域、图层管理、标注标绘等基本功能。支持按照不同用户角色浏览不同数据资源，在线数据加载、多套底图切换、多坐标切换等功能，满足基本的地图分析应用，可基于智能地图实现数据资源的空间分析应用。

（1）场景浏览：场景浏览功能主要实现三维场景的浏览模式控制，包括场景绘制方式控制、场景元素控制、天气模拟控制及场景输出。场景绘制方式提供线框模式、灰度模式和纹理模式等三种场景渲染绘制方式；天气模拟控制提供了场景中天气环境的模拟功能，包括时间控制和天气等操作；场景输出即场景截图输出。

（2）漫游控制：漫游控制主要实现操作模式、智能比例尺、导航和动画漫游等四个部分的控制。操作模式提供了调整场景漫游方式的功能，包括自由模式、步行模式和鸟瞰模式三种漫游方式；智能比例尺提供了调整场景显示的比例尺大小的功能，包括房屋、街道、城市、国家和地球五个等级；导航控制提供了调整场景的导航方式的功能，包括指北和环视两种方式。

（3）资源目录：展示数据的服务，并支持添加到视图区，且可以快速定位。系统支持场景数据的分图层管理，将场景地图分为地形、影像、路网、三维模型、白模、自定义模型图层等，用户可以根据需求操作图层的开启和隐藏。

（4）基础工具：场景操作涵盖场景基础操作、图层控制面板、场景工具整合、图文档综合浏览。支持快速检索、量测、场景快照、坐标查询、场景定位、平移、缩放、中心点旋转、天气模拟、二三维标注、地理实体属性查询等。

（5）空间测量：可在三维场景中对物体进行空间距离、贴地距离、水平面积、体积、方位角等不同类型的测量，同时将测量结果展示在场景中。

（6）空间查询（见图 3－112）：支持三维数据查询与空间查询，其中包括三维属性查询、倾斜及三维精细模型属性查询、地名地址查询、空间查询、缓冲区查询。

图 3－112　空间查询

（7）关联关系展示（见图 3－113）：支持实体二三维图元切换展示、实体关联关系、实体社会属性以及实体关联的非空间数据的展示。

图 3－113　关联关系展示

（8）三维数据统计（见图 3－114）：支持三维数据按区域、按实体类别等多种方式进行统计，统计结果能以统计图或表格等多种方式呈现。

图 3-114　三维数据统计

（9）三维空间分析（见图 3-115）：空间分析提供了丰富的空间分析工具，包括剖面分析、通视分析、可视域分析、日照分析、淹没分析、模型压平、模型剖切、限高分析、模型拆解，可满足多种空间分析需求。

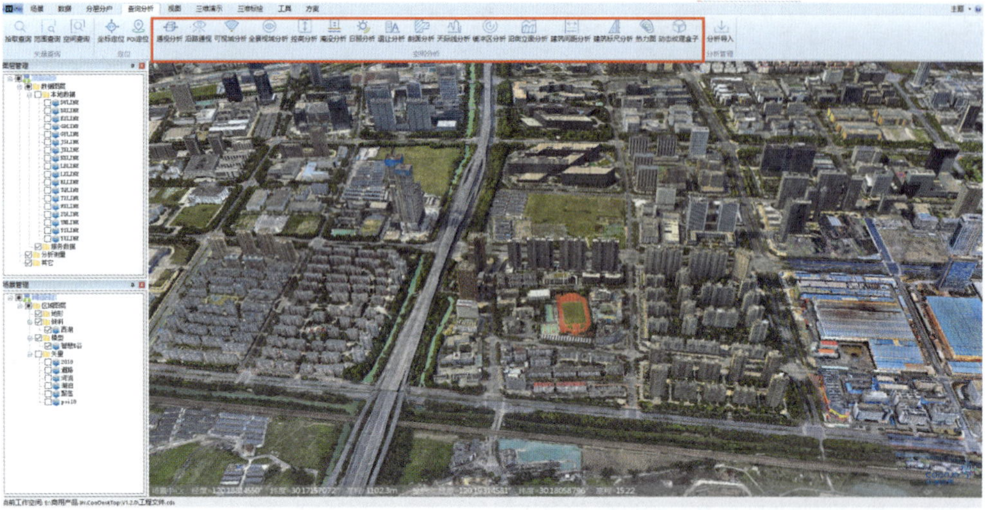

图 3-115　三维空间分析

（10）坐标定位：通过输入经纬度可快速定位到目标位置；同时支持图上拾取坐标，在场景中点选想要查看坐标信息的点，即可在面板中显示点的纵坐标、横坐标、高度值信息。

（11）分屏卷帘：将屏幕分成左右两部分，可以直观对比同一场景不同效果：点击分屏对比/卷帘对比即可进入对比界面，可分别设置左侧屏幕和右侧屏幕的图层类型。

（12）地图标绘：在三维场景中添加点标注、线面标绘，并保存为标签，用以后续再次定位查看。标绘分为点、二维平面类和调度指挥标绘三种类型，用户可根据需求选择使用。

（13）专题定制应用：支持将专题数据服务（基础地理信息、感知物联网专题、业务专题）接入系统并进行展示与查询。

3.8.6 平台应用框架

平台应用框架总述：为政府建设实景三维平台，对时空成果实现共建共享，通过政务网纵向实现市、区县、委办局三个层级之间的数据交互共享，横向涉及各区县、各个委办局之间的数据交互共享。基于科澜 CooGlobe 实景三维平台应用框架（智慧城市）如图 3－116 所示。

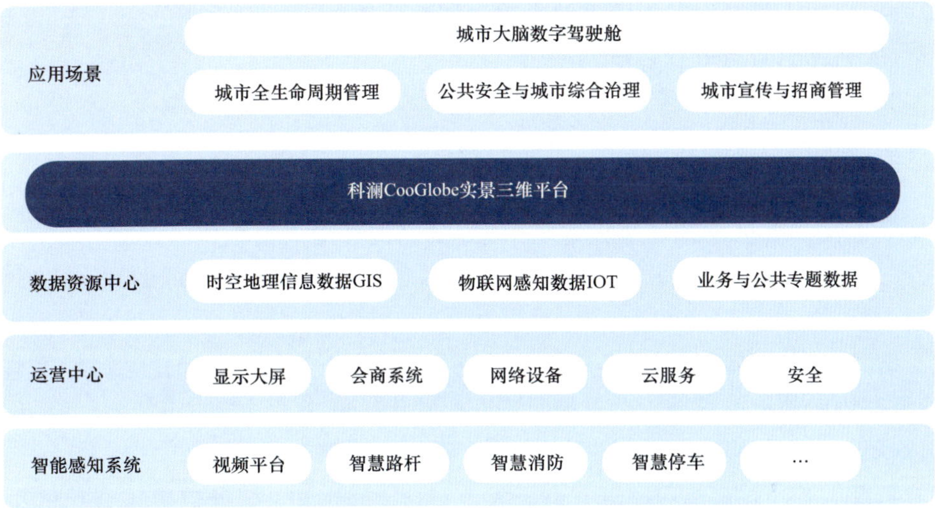

图 3－116 基于科澜 CooGlobe 实景三维平台应用框架

（1）数字驾驶舱。基于平台技术和空间资源、空间表达能力与可视化能力，打造了“城市大脑数字驾驶舱”，为政府在产业发展、经济决策、未来规划、社会治理、生态自治、区域管控上提供精确、直观、内容丰富的“二三维空间一张图”服务。同时实现城市全生命周期管理、公共安全与城市综合治理、城市宣传与招商三大抓手的建设，为城市管理者奠定了从宏观到微观的数据基础。打通与各委办局信息系统，融入各类城市业务数据之后，打造出一个让管理者能够瞬间把握城市动态的领导驾驶舱。同时将城市各个领域主体数据融合成一个有机整体，汇聚综合监管、精细化管理、综合执法、市政公用、公共安全、便民生活等管理和服务体系，实现横向贯通、纵向比较、在线监控和智能预警，构建全新的城市管理工作格局，实现“一张图”“一盘棋”服务的 360° 全景城市管理工作新模式。

（2）全生命周期管理。基于平台接入城市管理数据，实现“规、设、管、用”全生命周期管理。

1）规：即城市空间规划，基于城市基础数据形成宏观空间规划态势图，融合平面矢量与空间体块，将平面规划提升至全方位的空间规划，完成对规划详细的属性信息、关键指标数据、城市规划条件数据的三维表达。

2）设：即城市设计，通过构建城市二三维现状一张图、城市设计一张图的城市空间管控，针对景观廊道、视线通廊、天际线分析、高度分区等要素进行空间设计，提升城市设计与城市管理效率。

3）管：即城市建设管理，不仅可以通过三维规划方案对比、方案展示的方式，全面直观地开展方案评审，还可以在建设过程管理与督导层面，将重要设施、重点项目的建设过程进行一张图管理。

4）用：即城市资产精细化管理，对智慧园区、未来社区进行精细化管理，展示重点区域、产业规划、设计指标等要素，通过大数据三维可视化的手段解决了传统现场看地、多部门协作困难、招商人员素质不统一问题。

（3）公共安全与城市综合治理。

1）智慧公安：基于时空信息云平台打造智慧公安警务可视化系统，对城市三维模型与 PGIS 数据进行空间化融合，一标三实数据与三维地图关联，实现常住人口“人到户、户到房、房落地”、流动人口“人到户、户落地”、重点人口“以人查房、以房查人”、实时联动“社区感知、协同联防”。为公安民警提供精准化、立体化、动态化的人房关联系统，实现业务协同（指挥－民警）对人口进行精准化管理做到日常预警、战时管控。

2）智慧交通：综合运用交通科学、系统方法、人工智能、知识挖掘等理论与工具，深度挖掘交通运输相关数据，实现行业资源配置优化能力、公共决策能力、行业管理能力、公众服务能力的提升。

3）智慧城管：综合运用移动互联、大数据、物联感知、云计算等现代化信息技术，全面实施智慧化城市管理体系，提高城市管理精细化水平和快速反应能力。

4）应急指挥：为指挥管理者提供预、看、战、调、评为一体的应急管理指挥平台，实现对全市应急灾害风险的有效监测、精准分析预判和实时预报。

（4）城市宣传与招商管理。

1）党群服务：打造网格党建一张图，做好群众宣传、教育群众、关心群众、服务群众的“最后一公里”。

2）城市宣传：利用数字孪生技术，宣传城市好山好水好风光。

3）数字招商：基于时空信息平台技术完成走得出去、带得进来的“数字招商”。招商数字沙盘系统如图 3－117 所示。

3.8.7 平台亮点

科澜 CooGlobe 实景三维平台对各类城市时空信息化数据进行“多渠道”采集、“全领域”汇聚，建立全域全要素数字孪生体，形成全空间覆盖、全周期管控、全业务协同的三维数字底盘，为智慧城市、智慧公安、自然资源、智慧园区、智慧公安、数字乡村等不同应用场景提供支撑。平台特色亮点如下：

图 3－117　基于科澜 CooGlobe 实景三维平台的招商数字沙盘系统

1. 数字孪生“可视化”能力

以空间地理信息和数字孪生技术为基础，打造高精度、强 GIS、大场景的数字孪生引擎，可接入倾斜摄影建模数据、激光点云数据、地形影像数据等来表达大规模场景，也可以接入高精度微观模型数据构建高逼真场景，从而支持城市、园区、社区、楼宇不同级别应用的全场景三维可视化，同时保证性能最优。

2. 应用开发“编辑组装”能力

通过数据与场景组装编辑工具为二次开发者提供最开放、最先进的实时 3D GIS 编辑平台，让用户快速基于平台组装构建各类场景应用。

3. 三维“实体化”能力

以地理信息数据为基础，通过三维采集编辑融合工具建设实体库，如建筑、道路、城市部件、水资源、管线管廊、各类专题数据等形成基础数字底板。同时，在三维场景中将 IoT 物联设备与模型坐标进行关联构建物联设备实体库，实现实时状态获取和动态数据更新，从而反映鲜活的城市状态。结合各类专题数据库如人口、法人、土地治安等构建基于实体的数字孪生时空知识图谱。

4. 业务数据融合能力

允许用户采集、编辑和管理自己的应用空间数据。能够满足在项目实施运行过程中对 IoT、GIS、城市部件、业务数据，如点（如视频，兴趣点）、线（如巡更线路）、面（如防控圈，建筑基底面）等要素进行采集和编辑的数据治理需求，包括提供数据图层目录浏览、提供行业业务数据的采集及管理，支持批量录入及导出和专题图层的制作，以及数据云端托管。

5. 开放、共享能力

提供开放的地理空间数据服务，通过数据服务引擎 API 支持对实体元数据的定义（包括矢量数据、3D 模型数据、物联感知、公共专题数据），实现对地理空间数据的属性编辑发布。提供二次开发 API 和示例，方便获取平台的数据和功能。可通过平台 SDK

和 API 组件，轻松地完成三维地图的构建工作，为行业深度赋能。

6. 运行与维护能力

以中心化集约资源，提升信息化共享、应用、管理效率，构建一套具备云端软硬件服务资源管理及监控，强运维能力的孪生工厂云平台。

7. 时空数据"融合交互"能力

建立多源信息传递的孪生神经系统与现实物体环境获取的实时监测信息融合交互在一起，实现基于 CooGlobe 实景三维平台对现实世界所见即所得、全方位感知和监测监控。

3.9 广联达实景三维平台

广联达实景三维平台，是完全自主研发的技术体系，能够实现地形级、城市级、部件级数据的无缝融合；实现地理场景与地理实体一体化、宏观规划与精细管理一体化、抽象与真实一体化；平台向下兼容城市调查监测、空间规划、确权登记、资产管理、生态修复、地质矿产、防灾减灾各类业务数据；向上支撑城市建设、公共管理、公共服务、城市治理、公共安全、应急指挥各种业务应用，为领导决策提供科学、翔实、关键的三维地理信息数据及技术支撑。

3.9.1 平台需求分析

实景三维建设是国家现代化治理体系和治理能力建设的重要基础，在高质量发展过程中，规划建设、城市更新、综合应急、环境保护、自然资源管理、智慧城市建设等方面，均需要三维的基座和底板支撑。随着空天地一体化采集、云计算、人工智能、大数据、物联网等技术的成熟发展，以及软硬件设备算力的不断攀升、算子的不断丰富，驱动了实景三维建设能力的不断提升。因此，加快推进实景三维平台建设，统一坐标体系，统一空间编码，构建具备法定性、唯一性、权威性特征的时空基底，以此提升社会精细化治理水平，保障城市公共安全势在必行。

3.9.2 平台架构体系

广联达实景三维平台总体架构应包括五个层次和两大体系（见图 3－118）。横向层次的上层对其下层具有依赖关系，纵向体系对于相关层次具有约束关系。

（1）数据层：数据库包括地理场景分库、地物实体分库、地理单元分库、物联感知数据分库和元数据分库等，各分库根据数据内容细化为不同子库，各子库根据数据内容分为若干图层。

（2）数据处理与管理层：包含数据汇聚与治理、数据管理、运行与服务等功能。

（3）服务层：包含查询与可视化、分析与模拟、开发者中心、数据共享与交换等平台服务功能。

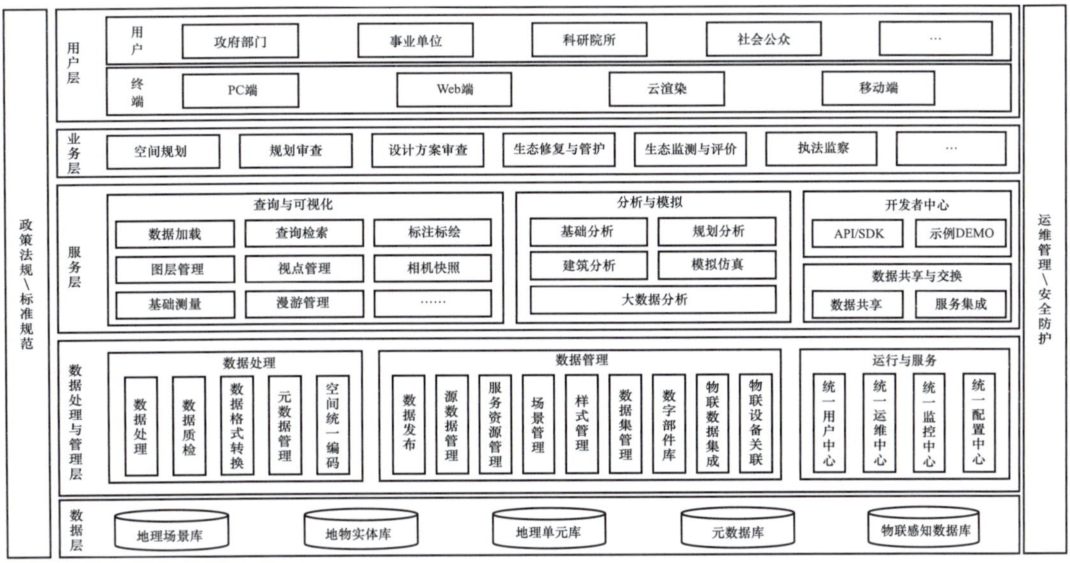

图 3-118　总体架构图

（4）业务层：基于平台扩展开发各种业务应用，包括空间规划、规划审查、设计方案审查、生态修复与管护、生态监测与评价等系统的开发技术支持或集成。

（5）用户层：政府部门、事业单位、科研院所、社会公众等可在各种终端访问平台和应用。

（6）政策法规和标准规范体系：依据相关政策法规建立统一的标准规范，指导实景三维平台的建设和管理，与国家、行业数据标准与技术规范衔接。

（7）运维管理和安全防护体系：按照国家网络安全等级保护相关政策和标准要求，基于信息系统的运行、维护、更新建立运维管理和安全防护体系，保障平台网络、数据、应用及服务的稳定运行。

3.9.3　平台数据资源

平台数据主要包括宏观的 GIS 数据和工程项目的 BIM 数据，同时包括物联感知数据和各类业务数据。

在空间数据层面，具体包括地理场景和地理实体（地物实体和地理单元），并通过元数据进行描述。

（1）地理场景：包括 DEM、DSM、DOM、TDOM、倾斜摄影三维模型、激光点云等，该类数据主要通过切片和 LOD 方式进行处理，支持典型的 tiff、OSGB、LAS 等格式；

（2）地物实体：包括水系、交通、建（构）筑物及场地设施、管线、地名地址、院落等，该类数据可来源于各类建模软件，包括 Revit、SketchUp、3DMax、MicroStation、Catia 等，平台通过模型解析、模型轻量化等方式进行处理，支持典型的 rvt、skp、dgn、max 等格式；

（3）地理单元：包括行政区划单元、自然地理单元、农林用地及土质单元等，该类数据主要通过 GIS 软件进行生产和处理，形成点、线、面、体的矢量数据，支持典型的 shp、dwg 等格式；

（4）在非空间数据层面，具体包括物联感知数据和业务数据：

1）物联感知数据：平台主要通过接入物联网平台以及设备直连的方式，获取 IoT 设备信息、数据信息等；

2）业务数据：平台主要通过接入政务大数据和业务系统数据的方式进行集成，包括公共专题数据（社会数据、宏观经济数据、法人和人口数据、兴趣点、地址等）和工程建设项目数据（立项用地规划、建设工程规划、施工、竣工验收、运行维护、改造或拆除、设计方案 BIM、施工图 BIM、竣工验收 BIM 等）。

3.9.4 平台业务模型

1. 城市业务模型

从国土自然资源和城市发展的全生命周期角度，业务可以划分为空间规划、规划审查、设计方案审查、工程项目建设、运营管理。城市业务模型如图 3－119 所示。

通过多规合一的规划集成，实现总体规划、控制性规划、详细规划、用地规划等数据的汇聚，并结合设计影像、地形、倾斜等地理场景数据，以及手工模型、BIM 设计模型等地物实体数据，形成规划一张图和辅助决策；

通过施工过程监管、智慧工地、重大项目管理等建设阶段的业务应用，实现项目建设一张网；

通过市政设施管理、运维管理、城市综合管理、城市应急等管理阶段的业务，实现城市管理一盘棋。

2. 生态业务架构

围绕自然生态和城市生态，涵盖生态资产、生态监测、生态养护、生态评价的全流程，实现生态空间数据、物联数据、业务数据的统一管理、融合、调度、分发，提供基础功能服务，为智慧生态应用提供赋能和支撑。生态业务架构如图 3－120 所示。

（1）通过数字档案库，形成生态资产数字化、资产一张图等管理基础；

（2）通过生态监测系统，形成对水土气生的监测数据集成，基于一张图的监测、统计和分析；

（3）智慧生态健康评估系统，结合指标体系，通过物联感知的数据，动态计算生态健康指数；

（4）智慧生态综合管理系统，水系、林草、农田等多生态要素一体化、网格化生态管护系统。

3.9.5 平台主要功能

广联达实景三维平台的主要功能包括：数据处理、数据管理、查询与可视化、分析与模拟、二次开发能力、运行与服务管理功能等。

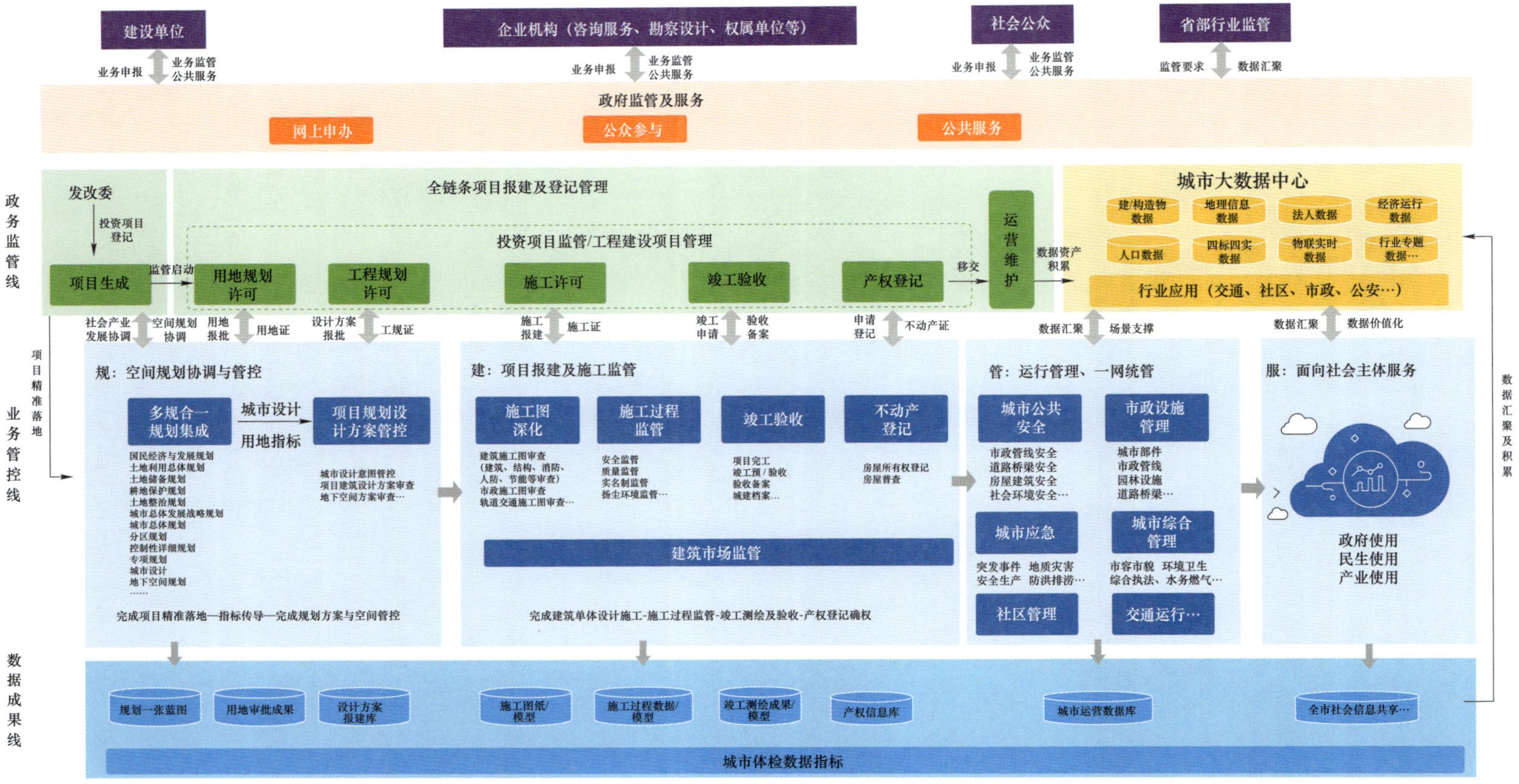

图 3-119　城市业务模型

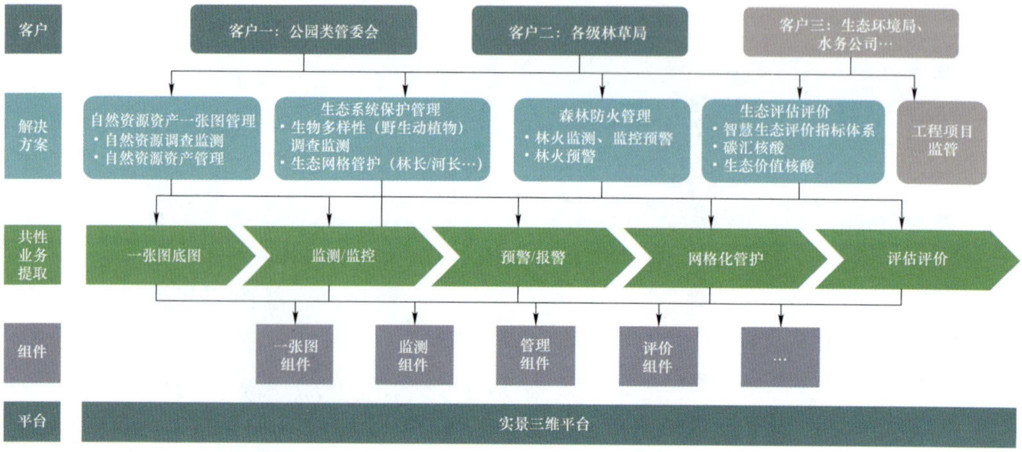

图 3-120 生态业务架构

1. 数据处理功能

数据处理功能提供一系列的原始数据处理工具，对来源不一、格式不一的数据进行预处理、检查、入库，处理成满足实景三维数据库要求的成果数据。

（1）数据预处理。对数据进行收集、整理，并在入库之前对数据进行坐标转换、数据格式转换、属性项对接、时间配准、统一编码、空间融合等处理。

（2）数据检查。对数据进行几何图形和属性数据一致性、几何精度坐标系、拓扑关系等维度的检查。

（3）数据入库。对符合入库要求的数据成果，按产品类型，分批次进行入库，并进行入库后检查。

2. 数据管理功能

实现对空间数据的汇聚与管理，支持多源异构数据的质量检查、标准化入库、轻量化转换、数据管理和空间数据融合治理。

（1）源数据管理。源数据管理主要对上传后的数据进行分层分类管理，支持原始数据和成果数据两种形式的数据管理，原始数据是指数据采集加工后的数据，成果数据是指数据轻量化后的切片数据（如二三维切片）。

实景三维平台提供多种管理能力，支持对多源空间数据的分层分类动态管理，支持与业务关系的强绑定，方便用户更加直观清晰地管理数据；此外，实景三维平台提供一系列工具，便于用户快速检索定位相应的数据，包括：检索、共享等。

（2）数据处理转换。提供对多源异构二三维空间数据的处理转换能力，面向不同的空间数据格式，通过文件格式解析，提供多种数据轻量化处理转换模式，输出标准切片成果。包括矢量数据转换服务、影像数据转换服务、地形数据转换服务、精细三维模型数据转换服务、BIM 模型数据转换服务、倾斜摄影数据转换服务、点云数据转换服务。

（3）数据自动化发布。支持源数据和成果数据的上传和发布能力，其中源数据包括：矢量数据、影像数据、地形数据、精细三维模型数据、BIM 模型数据、倾斜摄影数据等；成果数据是指已经处理转换过的各类源数据以及切片成果文件，实现对各类数据的上传和发布，同时具备批量上传和发布能力。

（4）服务资源管理。实景三维平台服务资源管理模块是集中管理所有的实景三维信息数据的地方，能够实现对服务资源的启动、停止、删除、浏览、共享以及服务运行状态的管理，同时提供一系列的查询方法，实现指定服务资源的快速检索。

（5）场景管理。应用场景管理是专门为基础空间数据服务在业务上的深度应用而配套的可视化产品，能够方便快速地实现对地理空间信息的展示和分析，使数据更直观化。其中场景管理支持可视化应用场景数据服务的配置、视角配置、工具条配置的实时保存。提供图层树、比例尺、指北针、鹰眼图、漫游、编辑（见图 3－121）、量测、分析、特效渲染等常用控件。对已存在的应用，可以进行应用的预览、参数配置、编辑、删除、共享等操作。

图 3－121　场景编辑

（6）样式管理。实景三维平台支持数据服务的样式管理，提供各种丰富的样式模板，如根据不同业务属性对点、线、面、专题图以及特效可视化的模板，用户可选择相应的模板后进行创建和编辑，同时可修改后样式和内容后进行直观的效果预览，满足多种业务不同的视觉表达。此外，平台同样支持新样式的创建，用户可以根据自身业务的实际需求进行样式的编制，满足业务信息需求。

（7）部件库管理。收集城市各类构筑物部件，包括建筑信息模型、城市设计模型、城市基础设施、防控设施、环境设施等模型数据，建立数字部件库，部件通过拖放的方式放入场景中进行城市规划设计、城市更新模拟和场景模拟。

3. 查询与可视化功能

基于可视化引擎，实现海量空间数据的加载和渲染，实现二维三维、地上地下、室内室外、历史现状未来的融合表达。

（1）数据加载。可视化引擎支持多源异构数据的加载，如图 3－122 所示，主要包括：矢量数据、影像数据、地形数据、倾斜摄影数据、点云数据、精细三维模型数据、BIM 模型。

图 3－122　数据加载

（2）基础量测。平台提供多种测量工具，便于用户使用，如图 3－123 所示，主要包括：长度测量、面积量测、三角测量、坡度测量、角度量测、体积测量、坐标拾取等。

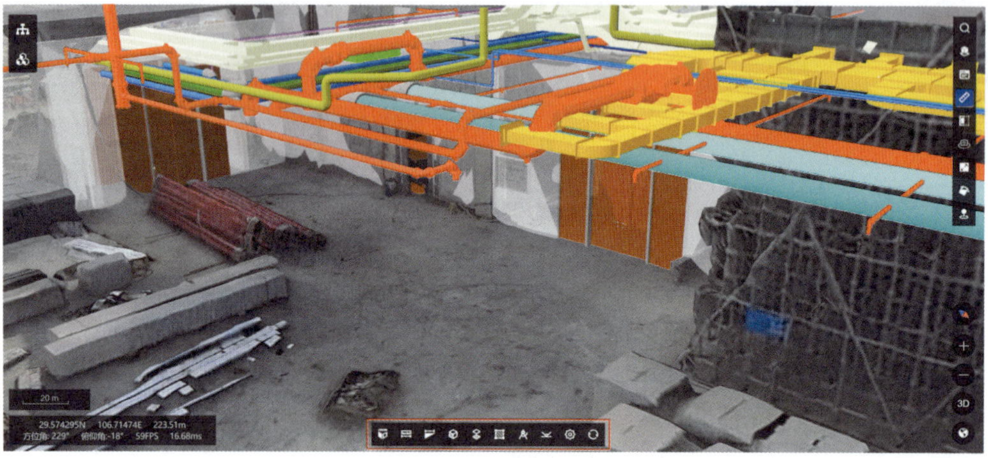

图 3－123　基础量测

（3）查询检索。提供对空间数据分析查询能力，实现地名地址数据查询能力；支持用户输入具体的经纬度坐标，快速定位到指定区域。条件查询如图 3－124 所示。

（4）视点管理。支持用户添加观察角度的视点，并捕捉当前镜头状态（姿态信息、相机视高），以及当前视域图片，备注视点标签名称，方便后期查看检索。提供视点编辑管理功能，便于已有视点的编辑修改。

（5）漫游管理。提供路径漫游、自由漫游、视图漫游，满足不同场景浏览的需求。

（6）标注管理。提供点、文本、图标等多种形式进行标注，支持对标注的编辑、删除等。

图 3－124　条件查询

（7）标绘管理。标绘管理功能支持在场景放置标绘模型，包括在场景中绘制二维图元或放置三维模型，并对绘制的图元或模型进行管理。

4. 分析与模拟功能

基于实景三维模型提供基础分析、规划分析、模拟仿真，从建筑单体到园区和城市级的多维多尺度分析能力。

（1）基础分析。提供二三维 GIS 的基础分析能力，如剖切分析、缓冲分析、聚类分析、叠加分析、网络分析、相交分析、卷帘分析（见图 3－125）、地形分析、坡度坡向分析（见图 3－126）等。

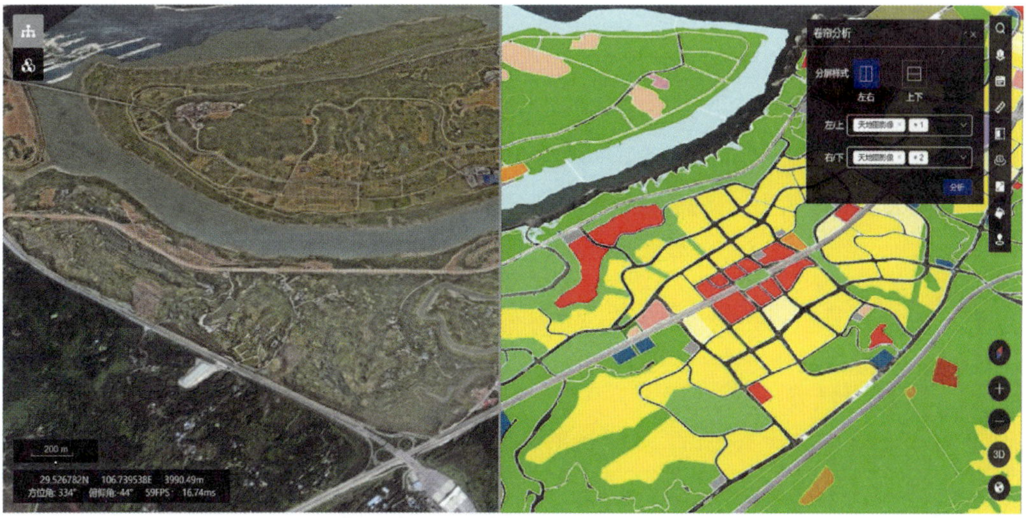

图 3－125　卷帘分析

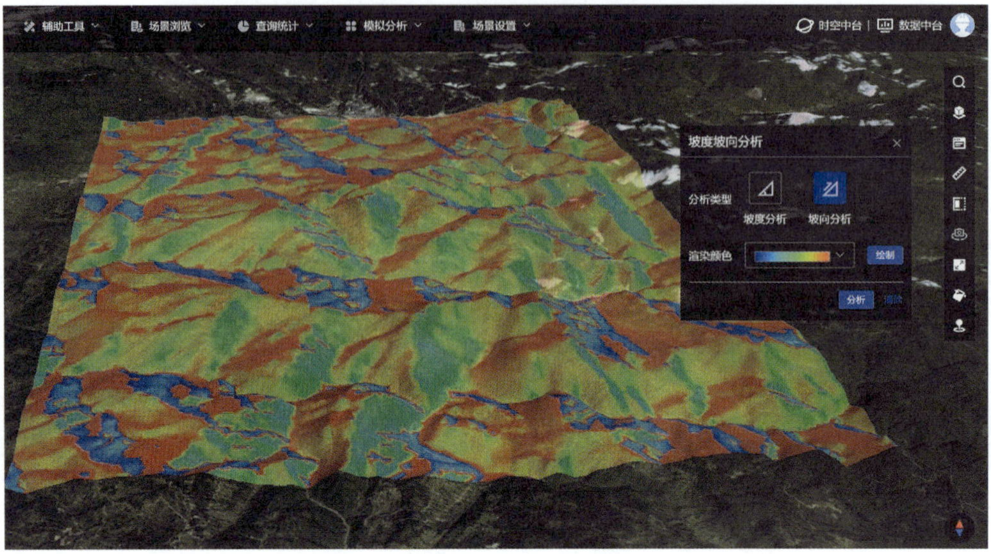

图 3-126　坡度坡向分析

（2）规划分析。规划分析包含天际线分析、限高分析、视廊分析、视线分析、视域分析等通视分析以及控高分析、用地平衡分析、绿地率分析和建筑密度分析（见图 3-127）。

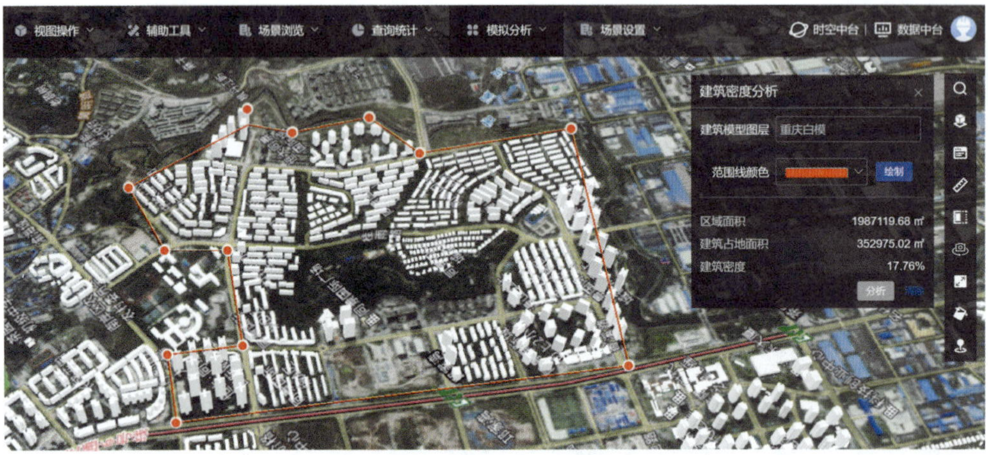

图 3-127　建筑密度分析

（3）模拟仿真。仿真模拟包含日照模拟、项目全生命周期模拟（见图 3-128）、视频投放、全息模型、方案模拟等。

5. 二次开发能力

提供丰富的二次开发接口，基于 API 接口，各业务系统可以根据业务特点开发应用系统。

6. 运行与服务管理功能

实现平台的统一运维、统一用户中心、统一监控中心、统一安全中心等运行与服务

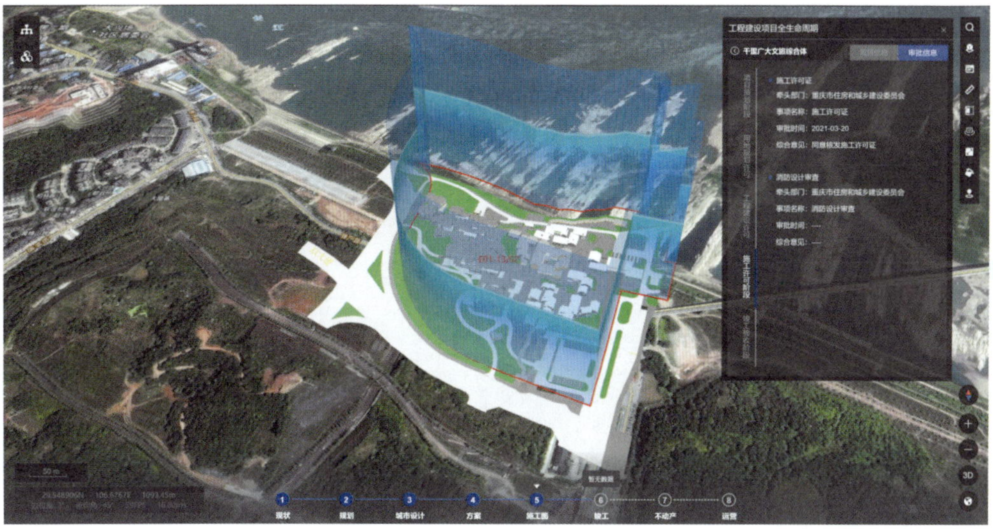

图 3－128　项目全生命周期模拟

管理。

（1）运维中心。运维中心主要包括系统日志、应用程序日志和安全日志。系统提供对日志的记录、查询、统计、审查等工作，是系统监控、安全审查的证据和依据，方便系统的维护与管理。

（2）用户中心。用户中心实现平台的统一认证和服务授权，完成系统之间的集成对接，保障不同用户或组织对服务的需求。

（3）监控中心。监控中心，通过监控服务获取的系统软硬件的运行监控，对一些简单异常问题，自动化处理，提升效率。监控中心包括：设备监控、应用和服务监控、监控数据可视化、监控提示。

（4）安全中心。提供安全防范控制台、输入过滤、SQL 注入、跨站脚本、非法文件上传、越权访问、其他安全问题。

Web 应用程序层可对安全进行防范和控制，对 SQL 注入、跨站脚本、非法文件上传、越权访问等主要的威胁网站安全的问题进行处理。

3.9.6　平台应用框架

实景三维平台作为二三维地理空间支撑底座，提供了海量城市空间实景数据调度，高性能实时渲染、3D 空间分析、多源数据融合等功能，成为城市 CIM 平台的基础平台中的重要一环，为智慧规划、智慧市政、智慧园区、智慧工地、智慧建造、智慧生态、智慧物业、智慧文旅等领域的各类应用提供基础的数据服务、三维实景渲染和空间分析等服务。

实景三维平台也提供包括标准体系、信息安全、运维保障，以及服务于数据融合、算法实践、网络通信、物联感知、数据存取等的技术支撑能力，可以支撑城市管理精细化、产业体系现代化、基础设施智能化、公共服务便捷化、生态环境宜居化的业务类型，不仅可以服务于政府部门，进行政策的制定、监控和调整，还可以服务于企事业单位的管理、生产和发展，还可以为社会大众提供快速便捷的服务及安全舒适的生活环境，促进科技、生态、资源等协同发展，城市业务架构如图3－129所示。

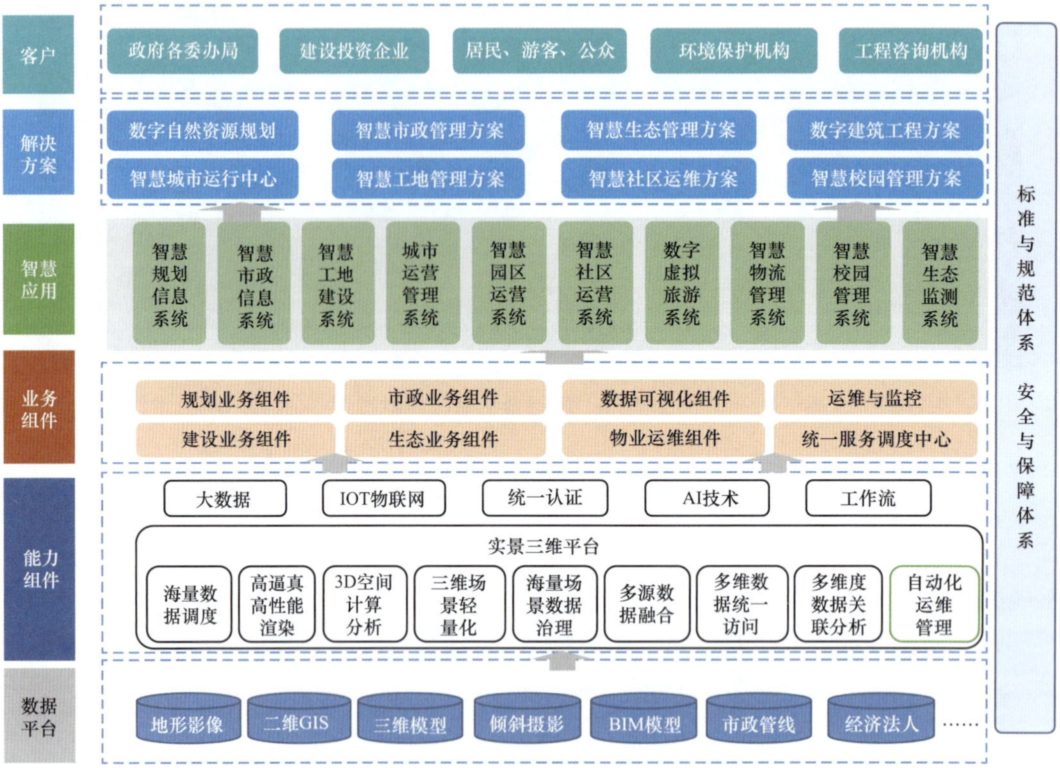

图3－129　基于实景三维的城市业务架构

1. 智慧规划应用

智慧规划信息系统（见图3－130）基于BIM+GIS的二三维城市海量数据，通过实

图3－130　智慧规划信息系统

景三维平台提供的强大的三维实景渲染能力，快速加载、显示城市级三维场景，为城市漫游体验、城市风景风貌视觉审查提供了真实的场景体验。通过实景三维平台融合二三维场景数据，通过规划全景一张图展示城市规划成果，从宏观上把控建筑物的空间位置，从微观上核查建筑物的属性信息，通过实景三维平台提供的日照分析、通视分析、水淹分析等一系列的三维空间分析功能，通过定量的科学计算的方式为规划方案评审提供直观、生动、全面地辅助决策支持信息服务，提高规划建设的管理水平和科学性。

2. 智慧市政管线应用

智慧市政管线信息系统（见图 3－131）基于二三维实景数据以及市政管道模型数据等，通过实景三维平台提供的市政管线生成工具，自动快速地从原始的二维矢量管道数据生成三维管道模型，通过实景三维平台融合地上地下二三维场景数据，以地理空间坐标进行空间匹配，提供地上地下三维场景切换、无缝过渡显示。提供通过模型信息自带或数据关联的方式，随时查询、显示市政管网材料、施工等属性信息，同时三维实景平台提供的管道分析等专业分析功能。实景三维平台将原本看不到摸不着的地下管线与实际三维场景可视化结合，为城市市政管线资产管理、市政管线故障分析、市政工程规划等提供了直观、生动、全面、科学的支撑服务。

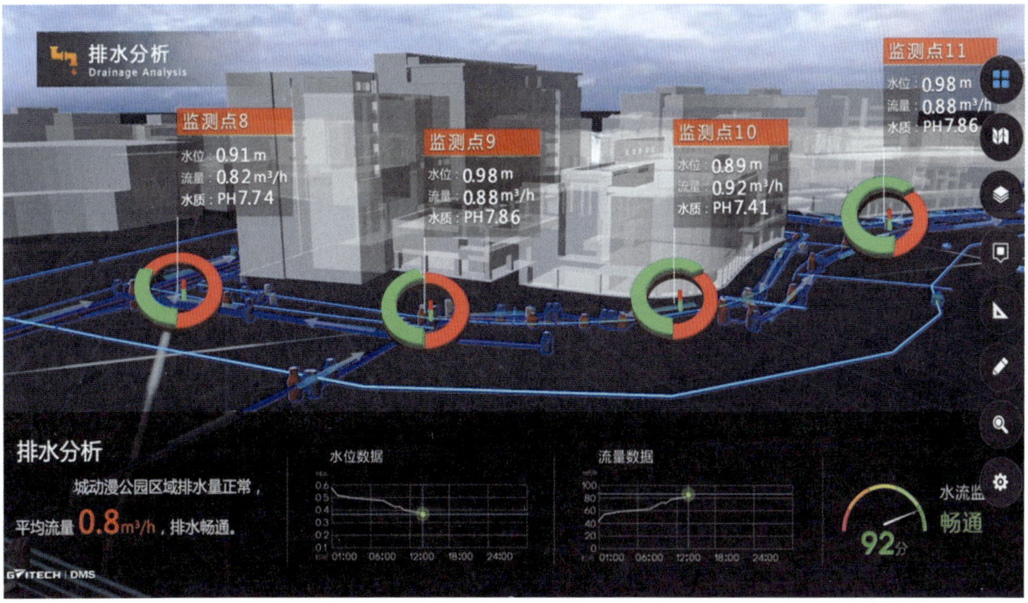

图 3－131　智慧市政管线信息系统

3. 智慧物业运维应用

智慧物业运维信息系统（见图 3－132）基于三维 BIM 数据、IOT 物联传感数据、物业运维数据等，通过实景三维平台，融合地上、地下，室内室外的三维场景数据，通过实景三维平台提供 BIM 模型信息数据查看，能随时查询、显示建筑结构、材料、水电、暖通等各专业信息，通过数据关联，可以在三维场景中实时查看 IOT 物联传感数据信息以及视频监控信息等信息，可以通过巡检轨迹回放，电子围墙报警等功能，对物业安全管理提供数字化服务。为物业管理从物业的物理运维管理向物业数字化的运维管理转变赋能。使广大业主更安全、更节能、更便利。

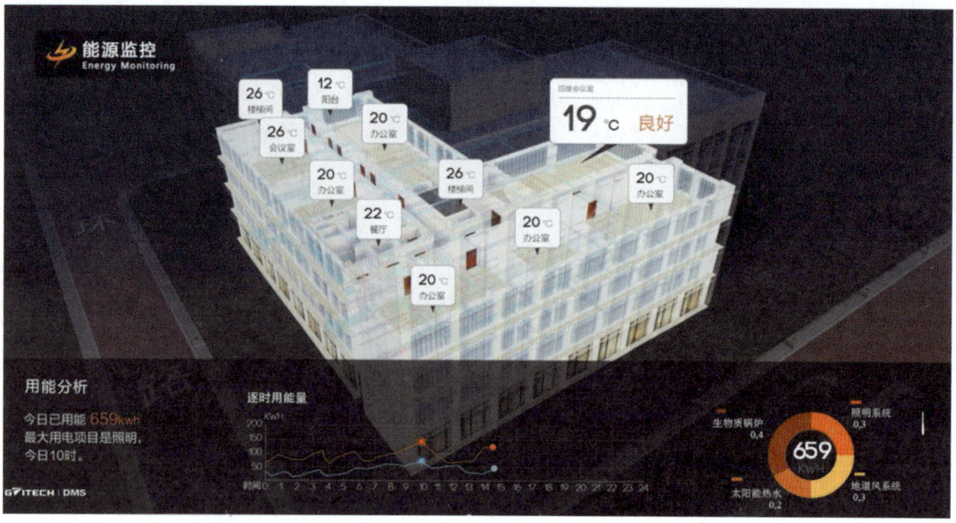

图 3-132　智慧物业运维信息系统

3.9.7　平台亮点

广联达实景三维平台汇聚融合多源异构数据，形成综合的地形级、城市级、部件级的一体化实景三维平台，支撑各类型的业务应用。具体平台特色与亮点体现在三个方面：

1. 空间模型的全流程在线及自动化处理

针对地理场景、地理实体、地理单元的各类数据，平台通过分布式任务引擎实现任务的创建、发布、管理、编排、执行、监控的全方位管理，支持模型质检和处理（影像和高程的瓦片切分、倾斜摄影重建、模型检查、模型轻量化等）、模型应用（模型对比、模型集成等）、多层次轻量化场景数据优化（顶层重建、数据更新等）等各类型的任务，同时提供虚拟机、容器的节点管理，通过集群管理支持进程执行、流式计算、函数计算等多种形式，满足各类任务的差异化执行，有效支撑平台的数据汇聚与管理。

2. 多源海量异构数据的融合

平台主要针对时空数据之间融合、IoT与空间数据融合以及非空间数据与空间数据的融合三个方面。融合的直接目的是能够在一个统一的空间基准框架基础上，以空间要素为入口，实现业务数据的一体化查询和时空关联。平台对业务数据进行抽象，针对不同特点的数据类型划分为空间域、结构化数据域以及NOSQL域，在不同的域以及这些数据之上设计数据融合的机制来实现有序管理。

3. 复杂场景的模拟仿真与智能化

平台基于时空基础数据、IoT数据和业务数据，同时结合各类空间智能部件，形成虚实融合的数字孪生场景，通过构建智能模型集成框架，形成基础活动模型、基础场模型、生态模型等，实现自然生态和城市生态的模拟仿真。

3.10 飞渡科技 DTS 实景三维平台

飞渡科技 DTS 实景三维平台，拥有空间数据治理、可视化交互、空间分析和二次开发等核心能力，在能力和应用方面具有示范性和可持续性。DTS 提供了从原始数据到最终三维呈现的完整解决方案。能够降低数字孪生门槛，深度挖掘三维数据价值，让用户只需专注业务，把烦琐的工作统统交给 DTS 来完成。

3.10.1 平台需求分析

1. 平台定位

飞渡科技 DTS 实景三维平台的定位是让用户专注业务，把烦琐的工作交给 DTS。

（1）平台数据种类多：具有多源异构数据融合能力、海量数据承载能力、复杂数据处理能力，行业覆盖广，案例多。

（2）平台处理速度快：数据处理快、加载速度快、渲染性能快。

（3）平台呈现效果好：照片级真实渲染、酷炫科技风、用户体验好、API 接口丰富、功能齐全。

（4）平台省时、省力、省心：产品快速上手、二次开发门槛低、挖掘客户数据价值、拒绝重复建设、性价比高。

2. 功能需求

（1）空间数据治理功能。

1）数据融合：支持所有通用空间数据格式；

2）数据管理：动态更新、信息库和表现库自动同步；

3）数据优化：性能跟数据复杂度无关、几何、材质、属性信息完好保留；

4）语义化：AI 理解模型，让机器读懂；

5）异构：支持多种标准（3DTiles、I3S、S3M），不绑架用户。

（2）可视化交互功能。

1）酷炫的效果：照片级真实感，多种酷炫科技风；

2）极致的性能：秒级加载，流畅漫游；

3）友好的交互方式：多种交互方式；

4）多终端：桌面端、移动端、大屏，支持 WebGL 和云渲染。

（3）空间分析功能。

1）全要素查询：二三维一体化，时空属性全要素；

2）强大的空间分析：满足各种实景三维/GIS/BIM 应用。

（4）二次开发功能。

1）灵活定制：功能全、粒度细、可定制；

2）一套 API：C/S 和 B/S，WebGL 和云渲染。

3. 性能需求

（1）稳定性和先进性。系统运行稳定、可靠，并能够充分理解和把握信息技术的发展趋势，采用先进的三维技术，在同一可见场景内，飞渡科技 DTS 实景三维平台支持6000万以上三角面模型的高效浏览，支持1000万以上构件数量的BIM模型的高效浏览，三维技术采用先进的调度技术，如LOD技术、动态加载技术等，具备调度的高性能。

（2）数据的标准化。系统具有统一的技术标准，原生具备 GIS 与 BIM 无缝融合的可视化能力，为不同空间尺度从逻辑上定义了层级：map、campus、building、floor、room、thing，支持层级之间平滑下钻和交互定义，支持 ifc、stp、rvt、catia、dgn、tekla 和 skp 主流 BIM 数据格式加载，支持主流 BIM（rvt、dgn、catia、ifc）数据以及通用三维模型（fbx、osg）数据转换为通用数据格式 3dtiles、osgb、i3s 的能力，具备大团队协同工作特性，使后期工作具备持续性与扩展性。

（3）逼真画效。飞渡科技 DTS 实景三维平台提供的三维场景达到画面真实，光影丰富的效果，支持实时渲染，包括基于物理的渲染（physically－based rendering，PBR）材质、漫反射材质（mesh lambert material）、基础网格材质（mesh basic material）、镜面反射材质（mesh phong material）。支持基于物理特性的渲染，真实还原 BIM 模型材质效果；支持对真实世界光照和天气的模拟；支持任何日期和时间的光照效果。可以模拟全天候不同天气的效果，如晴天、多云、阴天、雾、雨、雪，从而实现跟物理世界时间天气实时同步的数字孪生，支持夜景模拟；支持烘焙材质和多层纹理，能够真实地反映规划和建筑设计方案，并能支持实时生成的动态水、骨骼动画、物体运动、雨雪雾等多种画面特效。

（4）支持海量数据动态调度。飞渡科技 DTS 实景三维平台支持城市级三维场景仿真数据的快速加载和高速运行，加载超大规模带室内结构的 3D 园区场景，50 栋建筑、1000 个房间，加载用时≤5s；海量数据的瓦片化和动态调度技术，完全不受数据规模和数据复杂度的限制；支持超大体量的 BIM 模型的应用，平台支持十亿级以上的三角面、千万级以上 BIM 构件流畅加载和调用；在面积大于 $100km^2$ 的三维数据状况时能快速漫游浏览，无明显停滞感。具备服务器群集系统解决方案，且对主流硬件兼容性好。

3.10.2 平台架构体系

1. 平台架构总述

飞渡科技 DTS 实景三维平台包含孪生体数据治理引擎（Engine）、三维场景构建工具（Explorer）、云服务产品（Cloud）、大屏集群产品（Cluster）及面向开发者的 SDK 工具包五个软件产品。这些产品构成了一个完整的数字孪生平台，能够在数据处理、场景整合、云服务发布、数据共享、二三维可视化、编辑、跨平台二次开发、行业应用等方面，为用户提供从原始数据到最终三维呈现的无插件、跨平台、跨浏览器的完整解决方案，在性能、效果和易用性等方面拥有优异的用户体验。

2. 平台技术架构图

飞渡科技 DTS 实景三维平台技术架构如图 3－133 所示。

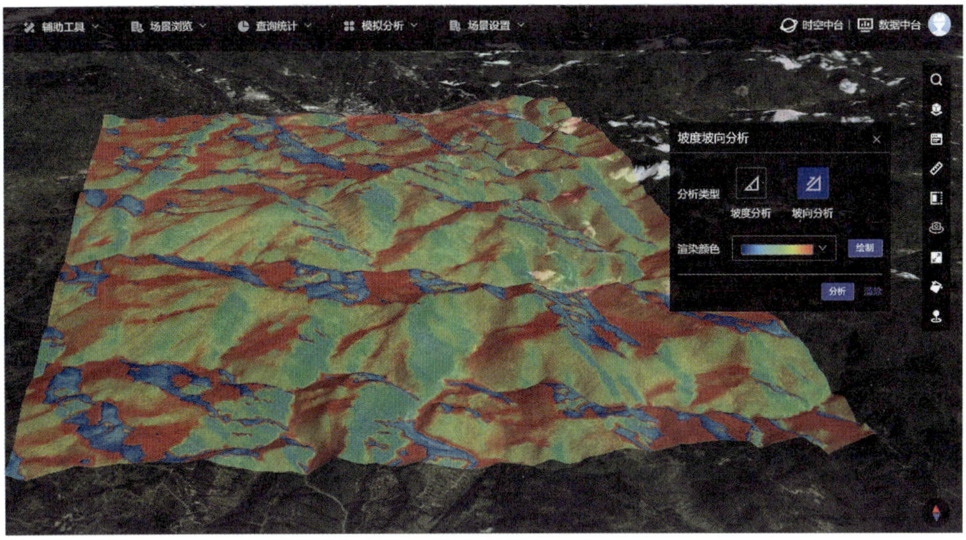

图 3-133　飞渡科技 DTS 实景三维平台技术架构

3. 平台技术架构分述

飞渡科技 DTS 实景三维平台技术框架包括数据层、服务层和应用层。在数据层面，包括二维数据和三维数据。在服务层面，这些数据通过 DTS Engine 发布成 3DT，DTS Explorer 把 3DT 组织成一个 ACP 工程、DTS Cloud 把组织好的 ACP 工程发布成云渲染服务；在应用层面，DTS SDK 基于 Cloud 或 Explorer 进行开发应用到各行各业、DTS Cluster 支持各种沉浸式展示形式。DTS Cloud 转换成 Holo3D、高逼真云渲染和第三方软件，3DT 文件转换成高逼真桌面端和高逼真集群。

3.10.3　平台数据资源

1. 平台数据资源总述

实景三维数据资源建设内容根据地形级、城市级和部件级实景三维作用的不同，结合建设区域已有数据基础和实际应用需求进行合理选择。建设指标主要包括空间精度、时间精度和属性精度，其中，地理场景数据的空间精度可通过 DOM/TDOM 影像分辨率和平面精度、DEM/DSM 格网尺寸和高程精度、倾斜影像分辨率等指标衡量，基础地理实体数据的空间精度可通过平面精度和模型精度等指标衡量，其中平面和高程精度以中误差来衡量；时间精度主要表现为基础地理实体的更新时点；属性精度可通过属性信息内容确定。

2. 平台数据资源之间的关系以及构建过程

飞渡科技 DTS 实景三维平台具有强大的数据资源库，重新定义了三维地理实体。以让机器“能读懂、能计算、能模拟”为目标场景，充分考虑现有主流各专业数据源的主流标准和主流精度。

（1）基础地理实体分类。地物实体包括水系、交通、建（构）筑物及场地设施、管线、地名地址、院落等。地物实体的粒度和精度应兼顾实体所属区域特点和实体类别特点进行设置。

水系指自然或人工形成的江、河、湖、渠、水库等水域及其附属设施，包括自然河流、人工沟渠、海域海岛（含海岸线、岛礁、水面）、湖泊水库、水系交叉口、港口码头、附属设施（如堤、闸、坝等）。

交通指提供运载工具和行人通行的道路及其附属设施，包括封闭道路（含铁路、铁路封闭范围、高速公路、高速公路封闭范围）、未封闭道路（含城际公路、城市道路、城市辅路、乡村道路、内部道路等）、道路交叉口、桥梁隧道、附属设施（如收费站、加油站等）。

建（构）筑物及场地设施指提供人类生活、生产及其他活动的工程建筑、公共场地及附属设施，包括建筑物（地上建筑、地下空间设施）、附属设施（如通廊、亭等）、公共绿地、公共场地（如广场、体育场等）、设施小品（如公用健身器、充电桩等）。

管线指传输天然气、水、电力、石油等物质的管线及附属设施，包括检修井、电塔电杆、线路、附属设施（如变电所、消防栓、检修所等）。

地名地址指基础地理实体的地名和空间位置的结构化描述。

院落指由垣栅、围墙或建筑物等围成的区域，如机关、企事业单位、居住小区、农村居住院落等。

（2）地理单元。地理单元包括行政区划单元、自然地理单元、农林用地及土质单元等。地理单元的粒度和精度应兼顾所属区域特点和实体类别特点进行设置。

1）行政区划单元指不同级别行政管辖范围，包括国家行政区、省级行政区、市级行政区、县级行政区（县级市、特区）、乡（镇、街道）范围、行政村（社区）范围等。

2）自然地理单元指各类自然地形地貌单元及各类自然保护地。自然地形地貌单元包括山脉、高原、丘陵、平原、盆地、沙漠、冰川等，自然保护地包括国家公园、自然保护区和自然公园等。

3）农林用地及土质单元指不同农林用地和土质属性等的覆盖范围。农林用地包括耕地、园地、林地、草地等，土质单元包括盐碱地、沙地、裸土地、裸岩石砾地等。

（3）基础地理实体数据属性。基础地理实体数据的属性内容由两部分构成，一是结构化属性，包括基础地理实体的空间身份编码、名称、时间等，其通常来源于已有资料或补充调查；二是非结构化属性，包括能够反映实体历史和当前状态的视频、音频、照片等，其通常来源于物联感知系统获取的各类感知数据。

3. 平台数据资源种类

卫星遥感、数字高程、地形图、基础地理实体、专题图、城市三维手工模型、数字线画图、倾斜摄影建模、激光倾斜摄影结合建模、激光影像室内建模、立体像对室内建模、BIM（LOD100）、CAD 等、BIM（LOD200－LOD300）、BIM（LOD350－LOD400）、BIM（LOD500）等。

4. 平台数据资源分述

（1）栅格数据：PB 级的地形影像栅格数据，影像精度超过 0.1m，支持常见的栅格数据格式，譬如 IMG、TIFF。

（2）倾斜摄影：TB 级的倾斜摄影数据，纹理精度超过 3cm，支持带金字塔结构的

OSGB 格式倾斜摄影数据。

（3）手工模型：精细手工单体化模型数据，支持 3ds Max 数据，同时任何优化处理都不能降低原始模型和贴图精度。

（4）BIM：支持建筑面积十万平方米，构件数量千万级的 BIM 模型（如大型商业综合体、体育场馆、交通枢纽等），能同时显示上万栋建筑的 BIM 模型，支持 Revit，IFC 等软件格式。

（5）点云：支持 TB 级点云数据，支持 LAS 格式，支持带颜色点云。

3.10.4 平台业务模型

三维数据信息是实现城市数字化的基础，空间和地理信息技术已发展多年，涉及空间和 GIS 相关的数据标准、格式和应用软件多种多样，数据汇聚系统可以对各种空间数据以及需要和空间关联上的所有数据进行再组织、再关联，将城市数字化过程中会产生海量的多源异构三维数据、不同的设计软件产生的不同标准、不同格式的数据文件转换为统一的数据模型，为上层应用提供更好的支撑。

1. 多源数据上传下载管理

针对空间模型和视频数据，提供 Web 端和设计端插件软件对文件的上传下载操作，支持断点续传、分类管理、下载、增删改查功能。

2. 空间数据模型

将城市数字化过程中产生海量的多源异构三维数据、不同标准不同格式的数据文件，转换为统一的数据模型。功能包括模型数据校验和数据转换。

空间数据校验，Web 端在上传后，客户端和插件端在上传前对模型进行坐标系、属性标准等数据校验工作。校验数据工作包括：数据及文件版本一致性、空间坐标系一致性、属性有效性校验、业务属性标准性校验。

3. IOT 数据模型

提供可视化采集配置界面，支持对不同厂家、不同型号的设备数据进行解析，支持通过 UDP、TCP、COAP、MQTT、HTTP 等多种协议与感知单元进行通信，提高设备的快速适配和接入，系统适配市面上硬件设备的主流的数据传输协议及网络传输协议。平台可对接各委办局的物联网数据，对接的方式分为设备对接、端系统对接和平台对接方式。

4. 互联网数据汇聚

针对互联网数据提供多层次接口进行数据的对接，主要形式有 RestAPI 数据接口等。

5. 主题业务数据模型

针对主题业务数据提供多层次接口进行数据的对接，主要形式有 API 数据接口、数据库接入等。

3.10.5 平台主要功能

1. 孪生体数据治理工具

当前全空间三维地理信息空间数据来源复杂，种类多样。飞渡科技 DTS 实景三维平台针对数字孪生体场景的特点和需求，独创的专属的标准数字孪生数据库——3D Twins Scenes Database（简称为3DT）。

DTS Engine 将全空间、全要素、全过程、多尺度的海量多源数据存储为3DT。3DT 可以实现数据的优化和加速，增强用户在飞渡科技 DTS 实景三维平台中的操作体验。无论是涵盖空天地、地上地下、室内室外的全空间数据范围，栅格、矢量、倾斜摄影、手工模型、BIM、点云等众多数据类型，TB 乃至 PB 级别的海量大数据；无论是设计、汇报、运维等阶段，还是毫米级激光点云、厘米级倾斜摄影等高精度数据，DTS Engine 都可以简单、快速地进行自动化处理。处理后的数据不但不会进行有损压缩，还会根据数据的原本特性或材质进行优化。DTS Engine 处理后的效果如图 3－134 所示。

图 3－134 DTS Engine 处理后的效果

Engine 主要是面向全空间的地理模型、BIM、工业模型、地质模型、游戏影视、视频及照片等图形图像转换接入、海量（大体量）三维模型数据的轻量化、三维空间数据管理等的产品。

主要功能包括：

（1）数据转换功能：提供地理模型、工程模型（BIM）、工业模型、地质模型、游戏影视、数据无损转换功能，支持的主要格式有：支持*.3ds、*.obj、*.max、*.dae、*.stl、*.fbx、*.dxf，*.skp；支持 BIM 模型的 IFC、Revit、Bentley、CATIA、AutoDesk CIVIL 3D、AutoDesk AUTOCAD（DWG）、SketchUp、Tekla、PKPM 软件；支持*.osgb、*.LAS、*.gltf、*.dae、*.obj、*.ifc、*.3ds、*.dxf、*.fbx、*.X、*.flt；支持 3D－Tiles、I3S、S3M、GLTF、OGC 等服务协议；支持*.img、*.tiff、*.jpeg、*.png 等栅格数据；支持主流协议的视频数据接入。

（2）数据轻量化功能：支持倾斜摄影模型、BIM 模型、Max 模型、点云模型的自动轻量化，主要包括数据检查、轻量化参数配置、轻量化处理、轻量化格式输出等功能；

可实现将这些海量、大体量模型的运行效率提升 10～100 倍，满足“秒级体验”的需求；

（3）数据管理：数据入库、数据属性编辑、数据更新等功能。

2. 三维场景配置工具 Explorer

Explorer 是数字孪生基础引擎产品飞渡科技 DTS 实景三维平台中直接面向最终用户的一款桌面端产品，三维可视化的利器，数据汇集平台。

主要功能包括：快速整合多源、海量的空间数据，并进行高质量、高性能的绘制。拥有丰富的场景特效。

用户可以在全空间、全要素、全过程、多尺度、可计算的全真世界——数字孪生中流畅的漫游，并进行各种三维空间分析、矢量数据符号可视化、环境配置等操作。配合 DTS Cloud，可快速地、自动化地将场景发布为高渲染云服务，也可以通过 DTS SDK 进行二次开发，开发自定义的拓展功能。Explorer 的主要特点见表 3－9。

表 3－9　Explorer 的主要特点

序号	特点	种类	内容
1	照片级画面	真实光照	支持室外室内的实时光照和阴影效果。支持 24h 实时光照计算，模拟太阳光，月光，天光，大气效果。可以调节太阳的大小、亮度、太阳光晕的强度，太阳光的色温，照射强度、天光环境光亮度。可以通过设置经纬度和日期时间来自动计算太阳方位，并真实反映对应时刻的太阳光影效果。可以调节月亮的大小、亮度、照射强度和月相。室内场景支持 PBR，包括金属度、粗糙度、高光强度、自发光、法向等物理参数都可以真实反映 BIM 模型里的材质，特别是 BIM 模型要能真实反映所有材质的物理特性，做到跟 BIM 中的材质效果所见所得。支持室内光源的实时光照，可以模拟室内灯的动态开关；支持自定义灯光；支持夜景效果，可以模拟建筑灯光秀和车流的灯光效果；支持实时全局光照
		动态水和动态海水	支持动态水：要有实时反射，可以调节水的颜色、波浪的速度和大小。支持动态海水模拟：海水也要有实时反射，要有真实的海浪和浪花，海浪大小可调，且靠近岸边海浪要自动衰减，同时海水可以根据海岸线自动裁切，防止海水和陆地冲突
		真实的云	支持动态体积云，可以调节云的移动速度、密度、亮度和透明度，相机可以飞到云层之上。支持玻璃反射效果：带玻璃幕墙的建筑要支持实时反射和投射。支持对车辆车流的交通模拟
		动态三维景观	支持各种三维树，树叶要能产生真实的阴影，可以随风摆动。地面的花、草和各种灌木也要能随风摆动。支持各种天气效果，如晴天、多云、阴天、雾、雨、雪。雨要真实模拟雨滴，雨滴落在地面产生涟漪和地面积水的效果，积水的区域会产生反射，能模拟不同雨量的变化效果。雪也要能真实模拟雪花和地面屋顶积雪效果，能模拟不同雪量的变化效果
		多种后期特效	支持屏幕空间环境光遮蔽设置；支持调节整个画面的对比度、饱和度和色彩优化设置；支持反走样设置；支持设置屏幕百分比来提高画面质量
		切换支持渐变效果	传统 GIS 平台在 LOD 切换的时候都是比较生硬的跳变，可以明显感觉到不同 LOD 模型之间的切换。支持渐变可以极大提升用户体验，让 LOD 的切换更加顺畅和自然
2	流畅的体验		城市级数据瞬时加载，流畅不卡顿
3	承载海量数据		承载海量数据
4	多源数据融合		具有全空间全要素数字化能力。可以接入融合空间地理数据（GIS 数据）、工程数据（BIM 数据）、工业数据、地质数据、视频图像数据、游戏关卡、IoT 专题数据等多种数据格式

续表

序号	特点	种类	内容
5	快速场景整合		具有快速整合多源、海量的数据的能力
6	丰富的工具		剖切：可以进行坐标、直线、水平、高度以及面的量算。支持面剖切和体剖切，可以针对图层设置是否参与剖切。 X 射线透视模式：可以透视建筑内部和地下管线。 热力图：可以将各种二维三维热力图叠加到三维空间。视频投影：可以将摄像头的视频画面投射到三维模型上，支持实时视频流或者视频文件。 材质编辑系统：要支持对材质的实时编辑，系统材质库里要包含大理石、木纹、水、玻璃、瓷砖、石材、金属等常见的材质类型。可以直接通过鼠标拖拽的方式对模型的材质进行编辑。 植物系统：要支持常见的三维树模型，植物系统里的树种不少于 100 种，可以通过笔刷的方式来种树，也可以单独选择一棵树进行编辑。对象创建：可以实时创建各种对象类型，包括动态水、运动车辆、光源、光流线、辐射圈、标签。支持直接加载点、线、面类型的 shape file 文件。支持直接接入矢量切片服务作为二维底图，既可以跟三维数据叠加显示，也可以当作导航图使用。支持各种视图模式，包括透视投影和正交投影，正交投影包括顶视图、前后左右视图。支持多视口布局模式，可以将整个画面分割成几个视口
7	BIM 数据支持		BIM 的几何、材质和属性信息完整保留，如图 3－135 所示，保持原始的构件颗粒度，材质效果所见所得，几何精度不降低。构件的 ID 和属性信息都保留，可以对构件进行点选，查询 BIM 属性。并且可以二次开发扩展定制
8	二三维融合		二三维一体化，无须切换。支持多种显示样式，支持多种地图源及显示风格，支持点、线段和面矢量数据符号化设置

BIM 数据支持保持构件颗粒度如图 3－135 所示、二三维的融合实时风格样式切换如图 3－136 所示。

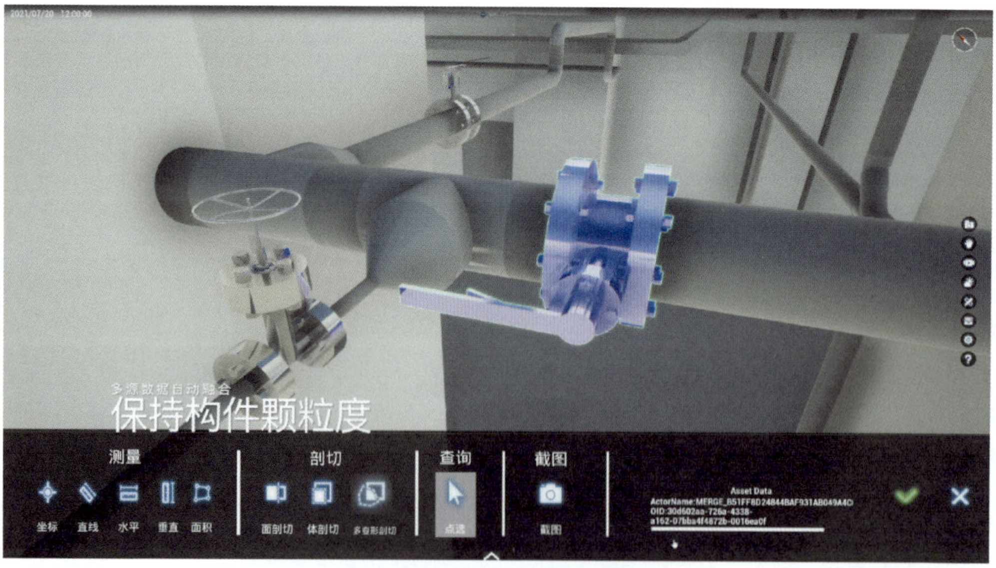

图 3－135　BIM 数据支持保持构件颗粒度

图 3-136　二三维的融合实时风格样式切换

3. 高渲染云服务工具 Cloud

在服务器的云端进行实时渲染，将渲染画面通过视频串流的方式实时传输到终端，供用户使用。用户在终端的操作同时也可实时反馈给云端，达到无插件、跨平台、跨浏览器的浏览和操作的一致体验。

主要功能包括：支持多 GPU 支持二次开发、多终端多浏览器分布式部署，多屏协同、秒级打开、自适应分辨率 8K 高清。

4. 二次开发引擎 SDK

飞渡科技 DTS 实景三维平台系统具有灵活方便的应用开发接口，以便拓展行业应用的广度和深度，使城市信息数据可应用到数字城市的各相关行业。

主要功能包括：超大的接口数量以及 API 接口数量（接口数量 35 个；API 接口达 800 余个，样例集锦 34 个）。

提供开放的地理空间数据库数据引擎，通过数据引擎 API 可实现对数据库表结构的定义、实现对地理空间数据的属性编辑和几何编辑。包含了三维地理实体应用系统所需的相机控制、三维交互漫游、空间分析、环境配置、要素绘制等接口。提供完备的 SDK 中文帮助文档及应用开发示例代码。通过 DTS SDK，开发用户可以快速开发出独立的三维应用系统。

5. 大屏集群版 Cluster

Cluster 是飞渡科技 DTS 实景三维平台中，由超级图形计算机集群构建的多信道大屏幕系统软件。

依托多通道融合变形、扫描线级多屏同步等先进的技术作为支撑，Cluster 支持各种沉浸式环境，例如：L 屏、CAVE、环幕、球幕、异形幕等多种展示形式。

基于 DTS SDK 的众多 API 接口，Cluster 支持二次开发，可以便捷地拓展行业应用的广度和深度，使数字孪生应用到智慧城市、智慧园区、水利、管网、应急等各相关行业。

主要功能包括：多信道大屏幕系统，多通道融合变形扫描线级多屏同步。

集群主控的基本功能：通过与集群节点网络通信，实现对集群系统的管理和控制。实现集群系统应用程序的配置，可以向系统添加和删除这些应用程序，在启动时可以选择要使用的应用程序。集群系统要使用的配置文件的配置，可以向系统添加和删除配置文件，在启动时选择要使用的配置文件。启动集群系统，启动配置的集群系统中的所有节点机上的应用程序。关闭当前正在运行的集群系统中节点机上的应用程序。重新启动节点机。输出集群系统的日志信息。支持用户添加自定义的启动参数，方便对节点机应用程序的启动设置。

集群节点的基本功能：通过与集群主控进行网络通信，实现集群主控对节点机以及节点机上的应用程序的控制。接收主控的消息，实现应用程序的启动、关闭操作。接收主控的消息，实现节点机的重启操作。输出节点机的日志信息。

3.10.6 平台应用框架

1. 平台主要功能总述

飞渡科技 DTS 实景三维平台是从多源三维空间的接入、汇聚、治理、管理、服务、展示及空间计算的完整解决方案。它是三维可视化利器，给客户提供从原始数据到最终三维呈现的完整解决方案。

2. 平台应用框架总述

飞渡科技自主研发的 DTS 实景三维平台已广泛应用于实景三维/GIS/BIM/数字孪生基础软件领域。平台应用框架如图 3－137 所示。

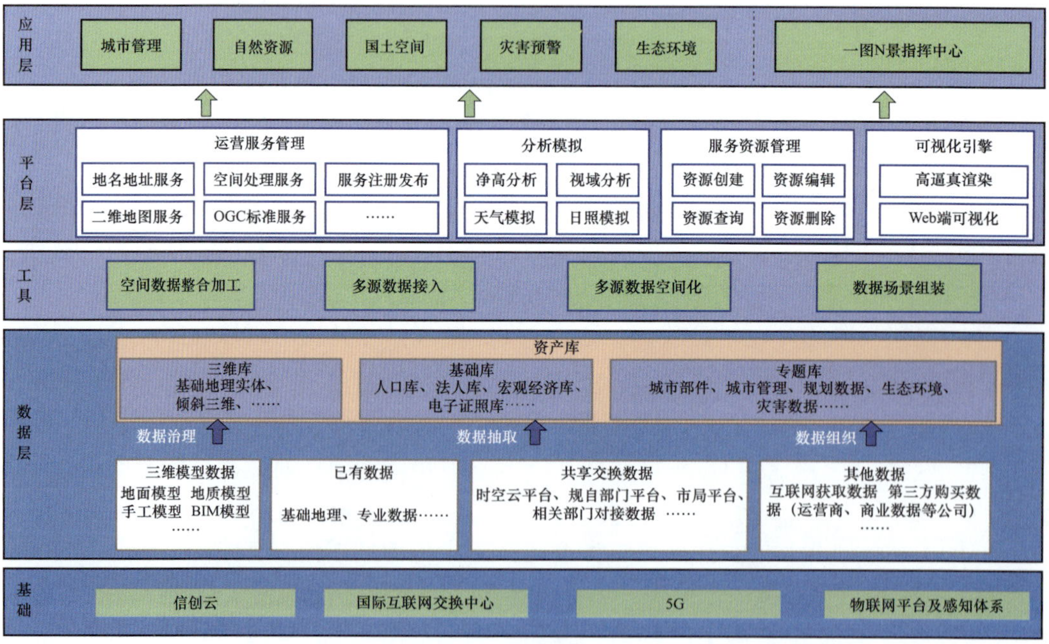

图 3－137 平台应用框架

DTS 实景三维平台基础平台数据治理、平台建设的过程中所需的数据治理工具集、数据融合工具、高逼真渲染、场景驱动及仿真计算。

（1）多源数据接入。多源数据接入是指将基础地理数据、城市运行数据等接入到基础平台，通过数据治理与融合，形成城市规划、建设和管理的数据底板。

（2）基础地理空间数据管理。数据管理实现对以离线拷贝方式接入的时空信息数据进行入库、管理及更新维护等，并形成时序化版本。在原有的数字框架数据库管理系统能力基础上，增强了数据处理功能，完善了元数据管理、历史数据管理等功能，同时增加了空间分析、时空数据接入等功能。

（3）三维空间数据融合治理。平台具备多源数据融合能力，可以实现模型整体融合、模型层次融合、模型业务融合功能，实现不同模型之间、同一模型不同楼层不同房间以及模型与业务数据之间的融合。

（4）资源目录管理。资源目录管理用户对时空大数据中心中数据资源目录与服务资源目录结构进行管理。

（5）基础地理空间数据服务。数据中心提供了数据的检索、导入、注册和服务发布等功能。

服务中心支持用户注册服务及对服务管理主要功能包括服务资源的查询、浏览和注册等功能。

（6）数据场景组装及发布。平台提供三维模型数据的应用场景组装，按照创建场景、数据配置、功能配置、页面配置和服务发布五个步骤建立新的场景，用户可快速搭建三维场景，方便各部门自主使用。

可以在不编写代码的情况下，依托组装的业务对象、微服务、应用场景，通过简单的菜单树和挂接模块操作按需快速组装出个性化的应用系统。菜单关联后服务建模及组装系统即会进行全域运算，将应用所需的菜单、模块、服务、数据等资源打包整理，自动生成源代码，编译成一个完整的应用系统部署包。

可以图形化地查看整个应用系统的结构，也可以导出 Excel 格式的设计文档查看应用系统设计细节，还可以通过扩展服务建模及组装系统生成的源代码定制应用门户、风格等应用级组件。

（7）一张图可视化。一张图可视化基于平台的数据和分析资源，依托于场景组装模块，快速搭建适合于大屏、桌面及移动端终端展示场景，并在此基础上，通过地图、场景、柱形图、环形图、预警雷达等各种图表形象标识城市规划、建设和运营的总体态势和关键绩效指标（key performance index，KPI），通过特定专题方式实现对具体领域的深化分析，直观地呈现城市管理和运行情况，并可以对异常关键指标进行预测预警。展现全空间数据、全要素构建数据、公共专题数据、实时感知数据等，主要提供全息数据多维展示与关联搜索。

（8）开发者中心。通过接入多源异构数据服务和开发 API 接口管理实现平台数据的集成与扩展，提供地图服务和功能服务以及实景三维软件生产的模型和模型交付标准的导入导出服务，完成模型服务交换。

（9）运营中心。平台实现对用户统一单点登录与安全认证，提供组织机构及人员管理，系统数据权限、功能权限管理等功能，管理员用户可进行用户审核、修改、删除等操作，可对用户所拥有的数据权限和功能权限进行管理，赋予和取消用户对数据和功能的访问权限。同时提供平台运行监控功能，以可视化方式展示运维监控结果，便于及时发现系统问题并定位。

3. 平台应用系统和用户

在智慧城市与园区方面，飞渡科技与中国城市规划设计研究院合作完成了的“BIM软件与 CIM 平台集成开发公共服务平台”项目，与中设数字技术股份有限公司合作完成了“南京市运用建筑信息模型系统进行工程建设项目审查审批和城市信息模型平台建设试点项目 – BIM 系统（V1.0）”，与腾讯云计算（北京）有限责任公司合作完成了深超总片区开发建设信息化统筹平台（C 塔模块）工程服务项目；在水利水务方面，飞渡科技与水利部信息中心合作完成了“淮河、永定河等局部试点区域三维数据处理服务”；在工程智能建造方面，与腾讯云计算（北京）有限责任公司合作完成了“重庆东站站前开发片区智慧城市建设一期工程项目”等。

4. 平台应用举例

深超总片区开发建设信息化统筹平台，聚焦于 C 塔项目规划设计可视化、现场实景模型与信息汇集，全面展现项目规划风貌及工程推进状态，注重决策统筹可视化辅助能力。基于互联网与物联网深度结合，3D、GIS 可视化技术，构建先进软件架构的数字化开发建设可视化管理系统。项目探索以数字化的预建、预判、预防与信息化管理支撑项目高质量建设的统筹管理模式，实现了业务的强关联，项目的统筹规划管理，进一步成为支撑全生命周期的展现多维城市空间的片区数字化管理示范系统。深超总片区项目实时光照和阴影效果如图 3 – 138 所示，深超总片区项目 PBR 如图 3 – 139 所示。

图 3 – 138　深超总片区项目实时光照和阴影效果

图 3－139　深超总片区项目 PBR

3.10.7　平台亮点

飞渡科技 DTS 实景三维平台为自主研发的创新产品，有以下几个亮点：

（1）针对多专业、多格式、多源三维空间数据无损解析、转换，突破了对 GIS 主流三维格式、BIM 多专业格式的兼容能力，并且保障几何、属性、材质的相无损度。

（2）针对海量、大体量三维模型的数据轻量化方面，突破了 GIS/BIM 大数据量智能解析和轻量化技术，保障语义实现分布式架构的三维模型自动简化重构，提高三维数据的加载与运行效率，达到 Web 端、移动端、大屏端正常帧率的浏览体验。

（3）支持云端一体化应用模式的混合渲染引擎集成。突破了过去单一三维渲染技术带来的应用场景、使用终端限制，通过实现将高逼真的云渲染与端渲染技术进行底层集成研发，形成统一产品，实现针对同一套数据，提供统一 API、统一数据处理工艺，从而保障根据不同应用场景、数据场景需求，随时灵活调度不同的渲染技术来满足应用交互及终端的需求。飞渡科技 DTS 实景三维平台扬长避短，发挥 WebGL 和云渲染各自的特性。真正地做到一个平台，集成 WebGL（Web Graphics Library）和云渲染的两种应用。满足自然资源行业的多场景应用需求。多源数据通过 DTS Engine 处理后不但可以应用在 WebGL，也可以应用在云渲染当中。处理后的数据通过 DTS Cloud 进行发布三维切片服务和视频流，基于 DTS API 的二次开发，最终应用到 WebGL 和云渲染。飞渡科技统一了所有的 API 开发接口。使得用户无须针对 WebGL 或高渲染进行差异化开发，开发工作量极大地缩减。最终的成果可以根据业务需求，在 WebGL 和高渲染之间自由切换。

3.11 长沙市规划信息服务中心实景三维平台

长沙市规划信息服务中心实景三维平台采用自主研发 Web 技术体系，具备海量多源异构信息模型的汇聚、治理、存储、检索、计算与表达，具有从建筑单体到社区、城市级别的实体关系构建、二三维一体化、二三维空间分析、模拟仿真能力。

3.11.1 平台需求分析

构建实景三维平台旨在将以往 4D 数据产品提升为实体信息产品，突出真实世界数字化表达的立体化、真实化、实体化三大基本特征。需要按照客观存在性、可相互区分性等要求，将现实世界的要素、事物或现象划分成具有不同类型和粒度的地理空间实体，赋予唯一的标识，对其空间分布、属性、相互关系、生命周期等进行数字化描述与表达；需要描述和反映地理空间实体的立体形态、各类实体的地上、地下、室内、室外等三维结构及时空关系；需要通过“空天地”感知等技术手段，获取地理空间实体的表观纹理、物理材质等，确保实景三维信息产品与现实世界保持一致，形成高度逼真的场景。需要将国土空间范畴内的有关地理空间实体数字化，研发多尺度、时序化、关联化的实景三维信息产品，构建实景三维数字空间，实现“人机兼容、物联感知、泛在服务”。

平台建设需要构建三维数据清洗、二三维一体化管理、服务分发、资源共享、运维管理和综合展示分析功能，实现数据治理、入库、关联、共享和展示的全流程管理。平台需支持地形级 DEM、DOM、DSM 和 TDOM 快速加载，保障城市级倾斜摄影三维模型和人工精细模型的场景流畅切换，支持部件级 BIM 数据高精度渲染及构件信息查看，支持 IoT 实时数据接入与展示，并根据实体关系实现数据切换。

3.11.2 平台架构体系

1. 总体架构

平台总体架构包括五个层次和三大体系，即设施层、数据层、服务层、应用层、用户层，标准规范体系、信息安全体系、运维保障体系。总体架构如图 3－140 所示。

2. 技术架构

平台技术框架分为展示层、服务层和数据层，平台架构如图 3－141 所示。

（1）展示层。根据不同展示页面需求，基于 H5/CSS3＋TS/ES6 语言环境，同时搭配 VUE＋Element UI 等前端组件框架，搭建基础前端框架。空间数据渲染引擎选择自研的 Boom Engine WebGL。

（2）服务层。根据不同展示页面需求，通过微服务架构，网关统一入口鉴权和 Nginx 负载均衡，保障平台性能，提升用户体验。

（3）数据层。通过采用 HDFS、MySQL、Redis、MQ 消息集群、ELK 集群等相关技术提供数据交换框架支撑。

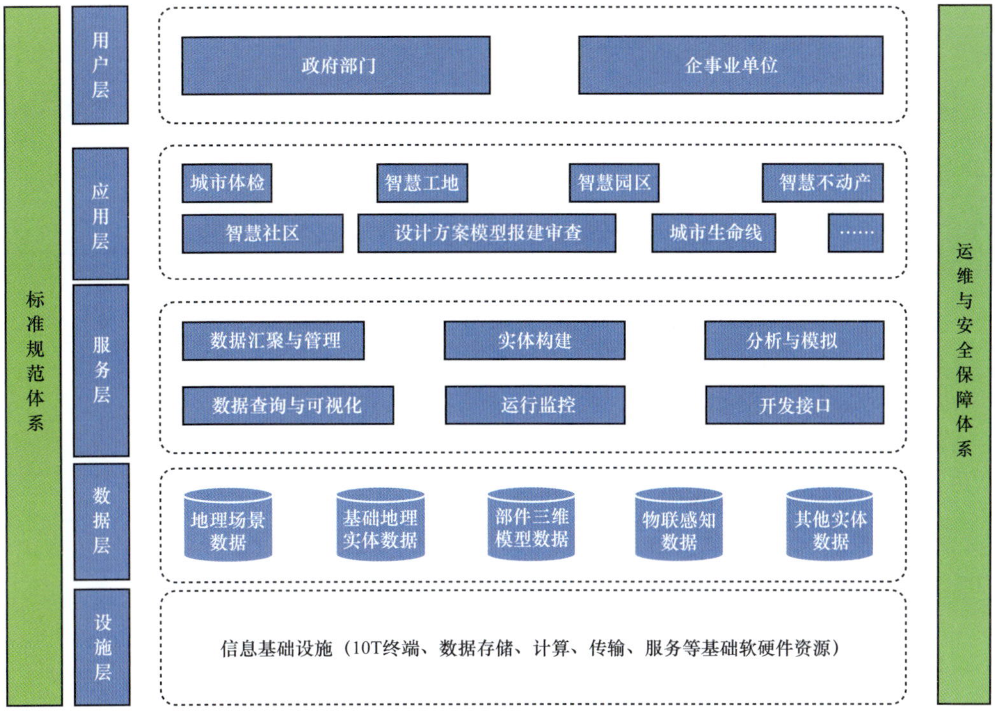

图 3－140　平台总体架构

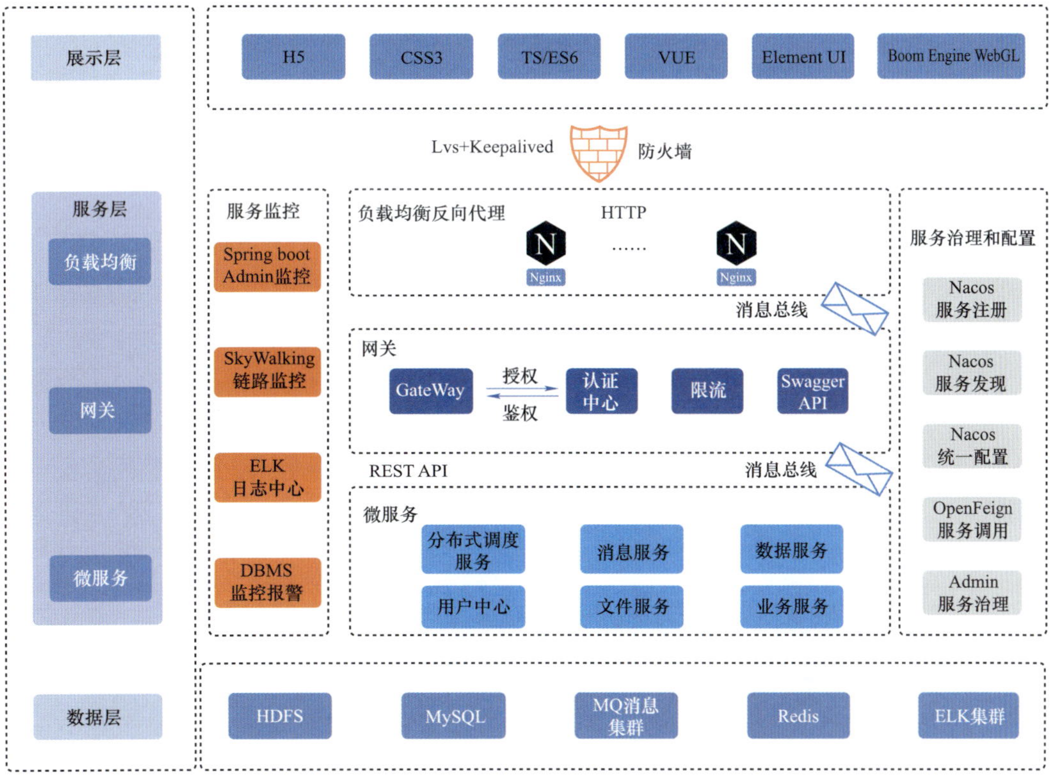

图 3－141　平台技术架构

3.11.3 平台数据资源

平台数据资源包括地理场景、地理实体和物联感知三大类数据，数据资源构成见表 3－10。

表 3－10　　平台数据资源构成

一级分类	二级分类	三级分类	四级分类	五级分类
地理场景	数字高程模型	—	—	—
	数字表面模型	—	—	—
	数字正射影像	—	—	—
	真正射影像	—	—	—
	倾斜摄影三维模型	—	—	—
地理实体	基础地理实体	地物实体	水系	自然河流
				人工沟渠
				海域海岛
				湖泊水库
				水系交叉口
				港口码头
				附属设施
				其他
			交通	封闭道路
				未封闭道路
				道路交叉口
				桥梁隧道
				附属设施
			建（构）筑物及场地设施	建筑物
				附属设施
				公共绿地
				公共场地
				设施小品
			管线	天然气
				水
				电力
				石油
				附属设施
				其他

续表

一级分类	二级分类	三级分类	四级分类	五级分类
地理实体	基础地理实体	地物实体	地名地址	—
			院落	—
			其他	—
		地理单元	行政区划单元	国家行政区
				省级行政区
				市级行政区
				县级行政区
				乡级行政区
				村级行政区
			自然地理单元	自然地形地貌单元
				自然保护地
			农林用地	耕地
				园地
				林地
				草地
				其他
			土质单元	盐碱地
				沙地
				裸土地
				裸岩石砾地
				其他
	部件三维模型	—	建（构）筑物结构部件	—
		—	建筑室内部件	—
		—	道路设施部件	—
		—	地下空间部件	—
	其他实体	—	其他行业部门生产的专业类实体	—
物联感知数据	自然资源实时感知数据	—	实时视频	—
		—	图形图像	—
		—	自动化监测设备实时信息	—
	城市物联网感知数据	—	城市监控视频	—
		—	车载导航	—
		—	移动基站	—
		—	手机信令	—
	互联网在线抓取数据	—	地理位置	—
			文本表格	—

3.11.4 平台业务模型

平台以融合新型基础测绘成果、物联网和城市大数据的数据成果为底座，通过数据服务、应用服务和运维管理等能力支撑，打造面向自然资源、住房和城乡建设、智慧园区等多领域的应用体系。该平台以服务于城市“规、建、管、运”的全生命周期治理，服务于园区的土地管理、规划管理、项目管理、运行管理、产业管理和招商管理等“全息管控”为业务切入点，同时构建“实景三维+”的应用业务体系，提升城乡精细化、智能化管理水平，推进实现政府治理体系和治理能力现代化。

1. 面向“全息管控”的城市和园区智能化服务

（1）以城市管控为主线。在面向城市为对象的治理和管控服务方面，以实景三维地图为基础，面向城市规划设计、建设管理和运营管理三大核心阶段打造有机融合和关联的集成化应用。以城市管控为主线的业务模型如图 3-142 所示，其中，面向规划设计，可以基于实景三维构建宣传展示、城市设计、风貌管控、方案审查等应用；面向建设管理，可以构建智慧工地、不动产管理、施工图审查、竣工验收等应用；面向城市运营管理，可以构建城市管理、城市更新、违建整治等应用。同时，这些应用均以地理实体对象为单元，实现应用融合和全周期、全息信息关联。

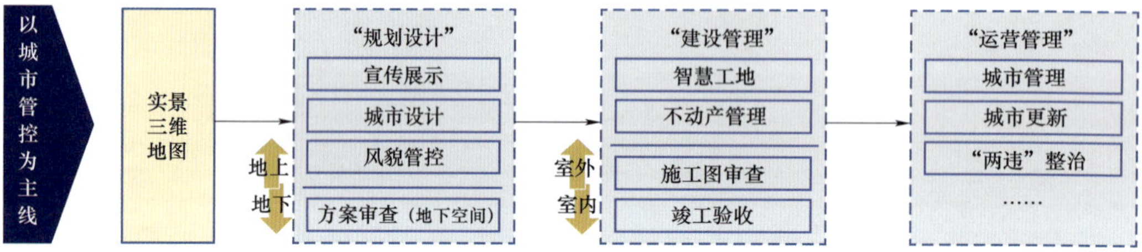

图 3-142　以城市管控为主线的业务模型

通过打造相关应用模型，实现城市现状及特色展示、城市规划和设计要素可量化管控、城市空间科学评估、建设方案可视化审查、城市建设管理实时感知可控等。

（2）以园区管控为主线。在园区管控方面，面向土地、规划、项目、产业等核心管理要素，基于实景三维底座，将园区视为有机生命体，打造全方位、全周期的应用，包括土地全周期管理，实现土地情况全盘统筹，做到土地一张图、管理一本账、指标一键查；科学规划园区项目建设，建立规划后评估管理的闭环支撑；通过实景三维项目一张图统筹全区范围内建设项目，及时了解动态信息；通过实景三维地图，直观查看各楼宇能耗、设备运行情况等，强化监控等。以园区管控为主线的业务模型如图 3-143 所示。

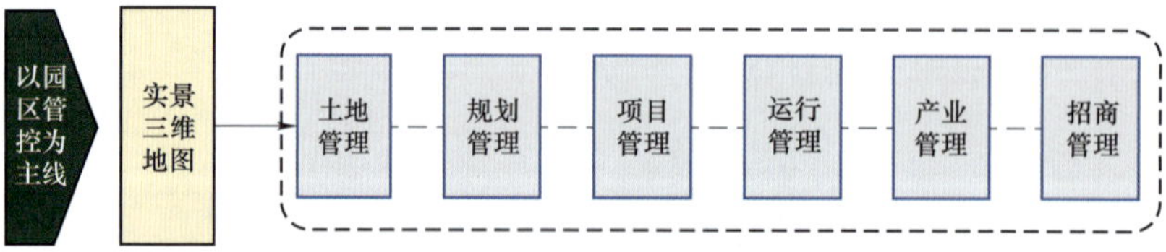

图 3-143　以园区管控为主线的业务模型

2. 其他实景三维+应用体系

平台通过对多维数据进行连通，横向对接其他行业基础平台数据，如 CIM 基础平台、国土空间基础平台和时空云信息平台。纵向对接政府各委办局相关共享数据，形成数据汇聚、管理、共享和监测的全流程业务协调，实景三维+业务模型图如图 3－144 所示。

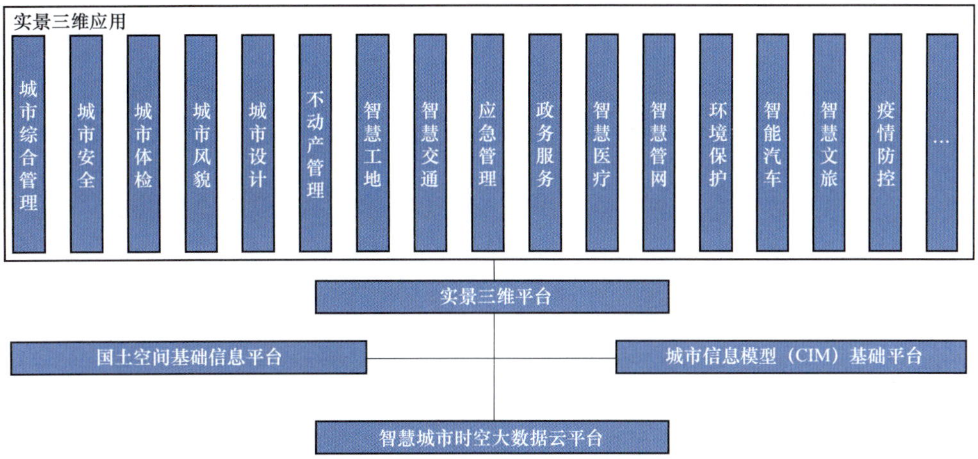

图 3－144　实景三维+业务模型图

3. 资源服务与资源监控业务

（1）资源申请审批业务。数据使用方均采用网上资源申请审批、统一网上入口、统一网上申报、统一办理流程的方式，目的在于规范审批程序、简化审批手段、优化审批流程。平台所有资源申请必须和应用建立强绑定，即资源申请必须填写应用名称。应用需要通过管理员批准才能接入平台，随后用于资源申请。这样便形成了资源、应用和用户的权限验证链码，对外简化资源申请流程，对内便于资源使用追踪。

（2）资源监控业务。平台采用微服务架构，对各类资源进行多维度监控与统计分析，形成平台全资源监控一张图。监控内容包括资源访问监控、资源安全监控、资源进攻监控、资源心跳监控。通过监控信息实时掌控资源运行情况，并对异常资源进行预警，将相应信息推送给资源运维人员和资源使用方，以免遭受更大损失。统计分析层面采用分类数据统计、自定义数据统计和数据挖掘等相关技术，最大程度利用现有资源资产，深度挖掘数据价值。

3.11.5　平台主要功能

平台根据功能职责分为建模大师、数据工厂和能力中心三个部分。建模大师实现倾斜摄影等三维数据的精修、单体化和语义化分类等；数据工厂具备数据汇聚、清洗和实体关系构建等核心功能；能力中心提供服务汇聚、管理、共享和展示等核心功能。

1. 建模大师

建模大师主要功能包括模型精修、精细化单体建模、倾斜自动单体、倾斜语义分类以及 4D 产品生产，功能组织结构如图 3－145 所示，效果如图 3－146 所示。

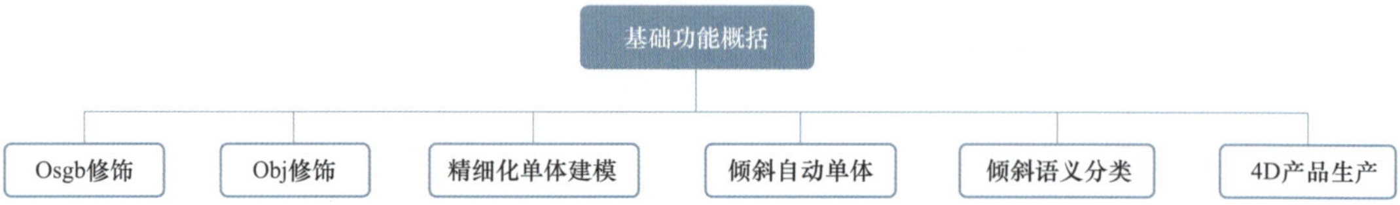

图 3－145　建模大师功能组织结构图

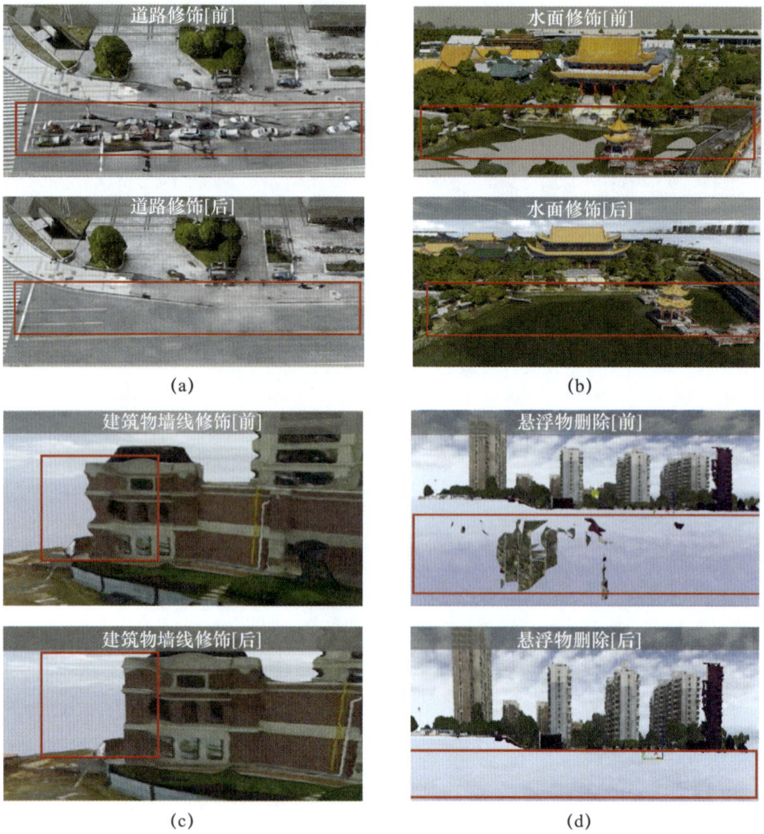

图 3－146　模型精修前后对比

（a）道路修饰（b）水面修饰；（c）建筑修饰（d）悬浮物删除

（1）模型精修（OSGB/OBJ 修饰）。模型精修提供针对 OSGB、OBJ 格式的倾斜摄影三维模型修饰工具集，含网格修补、平整、切割以及纹理修饰等工具，高效修复倾斜三维模型中破洞、表面变形、建筑粘连、纹理重影、拉花等问题，功能见表 3－11。

表 3－11　模型精修主要功能

模块	功能	优劣	共同点
OSGB 修饰	立体选择、还原、几何编辑工具（压平、悬浮物删除、水面修饰）、纹理修改	优点：直接、快捷 缺点：修饰场景较为局限	可对路面、水面、悬浮物以及整个场景的纹理进行处理

续表

模块	功能	优劣	共同点
OBJ 修饰	显示模式（边面模式、纹理模式）、瓦片操作（瓦片选择、瓦片切换）、三角面选择工具（拉框选择、多边形选择、套索选择、选择未贴图面）、编辑工具（补洞、平滑、网格简化、网格切割、三角细分、墙线拉直、拟合到平面、悬浮物选取、桥接）、纹理工具（纹理重映射、纹理修饰、清除 UV）、回退、前进	优势：工具丰富灵活、可修饰大部分问题场景。 缺点：编辑后需要转换回 OSGB	可对路面、水面、悬浮物以及整个场景的纹理进行处理

（2）精细化单体建模。精细化单体建模是采用联动倾斜摄影三维模型和航测影像的建模模式，并提供多种工具进行建模和纹理贴图，无须其他建模软件，即可快速构建高精度的人工精模，复杂模型也支持与专业建模软件 3Ds Max 进行联动建模，主要功能见表 3－12，“空天地”一体联动建模功能如图 3－147 所示，与 3ds Max 联动建模如图 3－148 所示。

表 3－12　　精细化单体建模主要功能

工具集	功能
公共工具	基准面、顶视图、透视图、裁剪面、倾斜显隐
选择工具	选择要素、选择未贴图面、捕捉设置
操作记录	历史记录
规则设置	新建命名规则
显示工具	显示模式、调节透明度
几何创建工具	线、多边形、矩形、球体、圆、挤出柱体、补面、自动构面
几何编辑工具	内偏移外扩、翻转法线、镜像、自动焊接、合并共边面、删除错面、屋脊工具、面切割、平面切片、平移、旋转、缩放、插入点
贴图工具	自动贴图、手动贴图、UV 编辑、快速贴图、材质库贴图
后台工具	Max 同步
辅助工具	新建模型、拆分要素、合并要素、显示、隐藏、孤立、取消孤立

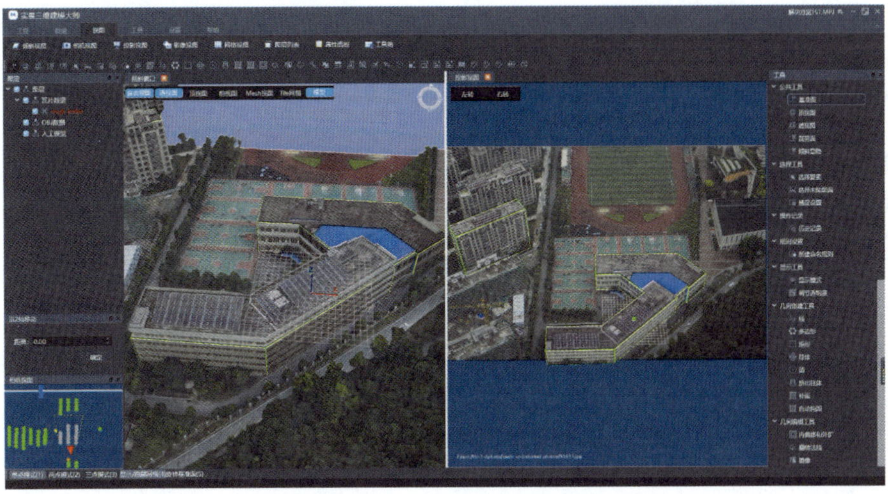

图 3－147　空地一体联动建模

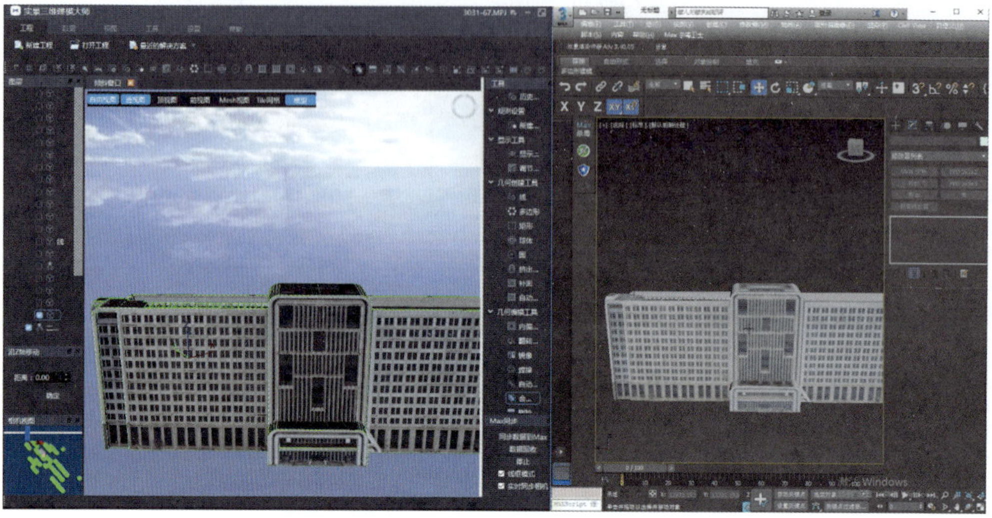

图 3－148　与 3ds Max 联动建模

（3）倾斜自动单体。倾斜自动单体采用自研算法，研发自动和人机交互的方式提取场景中建筑轮廓，并提供轮廓线绘制和编辑工具。通过自动和人机交互提取方式可成功提取 80%以上的建筑物轮廓，提取轮廓支持同时导出矢量数据、物理切割生成单体的建筑模型。

（4）倾斜语义分类。倾斜语义分类采用了深度学习的方法，自动将倾斜模型数据分类为建筑、植被、地面和其他类别，并根据分类结果输出倾斜模型，从而实现数据的分层分类管理，如图 3－149 所示。

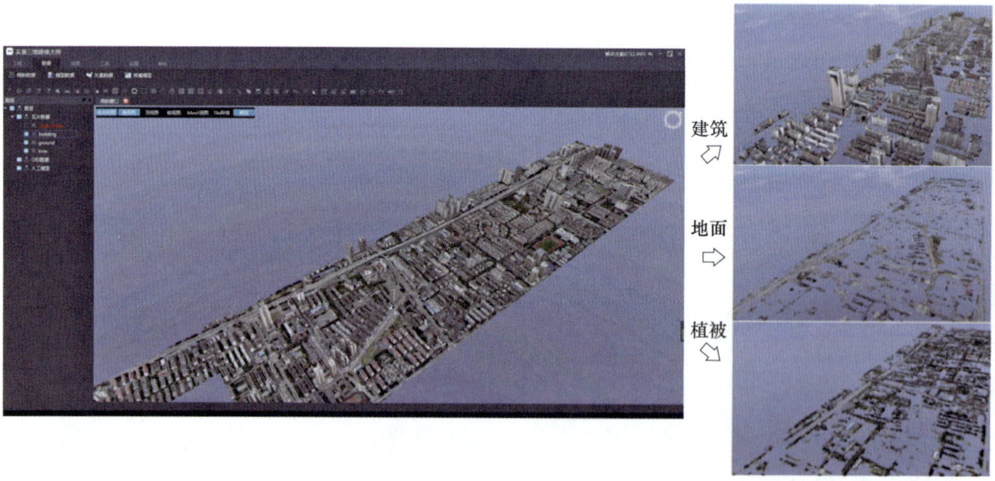

图 3－149　倾斜语义分类

（5）4D 产品生产。平台支持 4D 产品生产，包括 DOM、DEM、DRG 和 DLG。以 DEM 为例，模块主要功能是 DEM 的辅助生成，DEM 辅助生成采用了先进的点云滤波算法自动提取倾斜场景的地面高程点，提供地面点编辑工具，支持将结果导出成 tiff、 img 格式的 DEM 数据。

2. 数据工厂

数据工厂主要功能包括基础功能、二三维\IoT 数据汇聚、实体构建及数据集成，功能组织结构如图 3－150 所示。

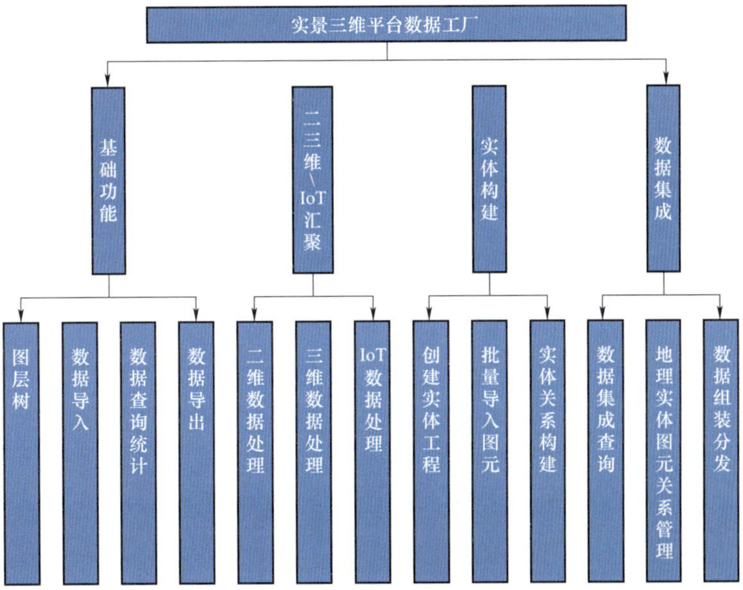

图 3－150　数据工厂功能组织结构图

（1）基础功能。基础功能包括图层树、数据查询统计、数据导入和数据导出等功能。

（2）二三维、IoT 数据汇聚。

1）二三数据汇聚。二三维数据汇聚支持对各类地形级栅格影像数据，城市级基础地理实体数据以及部件级 BIM 数据进行汇聚管理。地形级数据包括数字正射影像、数字高程模型、数字表面模型、真正射影像。城市级数据包括倾斜摄影模型、基础地理实体、部件三维模型及其他实体模型。数据汇聚需要对数据进行相应预处理，二维数据处理包括投影转换、类型转换、数据互转、拓扑检查和影像处理等，三维数据处理包括规则建模、模型处理（见图 3－151，如生成缓存、模型拆分、模型合并、模型裁剪等）。

(a)　(b)　(c)　(d)　(e)

图 3－151　模型处理

（a）模型平移；（b）模型旋转；（c）模型缩放；（d）模型拆分；（e）模型合并

2）IoT 数据汇聚。IoT 数据汇聚支持通用协议数据，视频数据，传感器数据及第三方物联网平台数据。通用数据协议包括：Http、TCP、WebSocket、UDP 等常用标准协议。视频数据协议支持支持 RTSP 协议。传感器数据协议支持 MQTT 和 CoAP 主流标准协议。物联网平台支持汇聚各物联网平台采集的数据，如阿里、华为等物联网平台，并能够在地图中融合多个 IoT 平台中的实时动态感知数据。

（3）实体构建。支持二维、三维图元以及批量导入图元；支持对实体的二三维图元按照技术文件进行实体编码；支持实体间多类型语义化关系构建，包括包含、相交、距离等关系的构建以及编辑；支持同一实体的图元进行关联，包括实体的多个二维图元以及二三维图元的关联等。实体关系构建如图 3－152 所示。

图 3－152　实体关系构建

（4）数据集成。数据集成支持数据集成查询、地理实体图元关系管理、数据组装分发等功能。数据集成查询支持地名地址查询（见图 3－153）、空间查询、关键字查询、

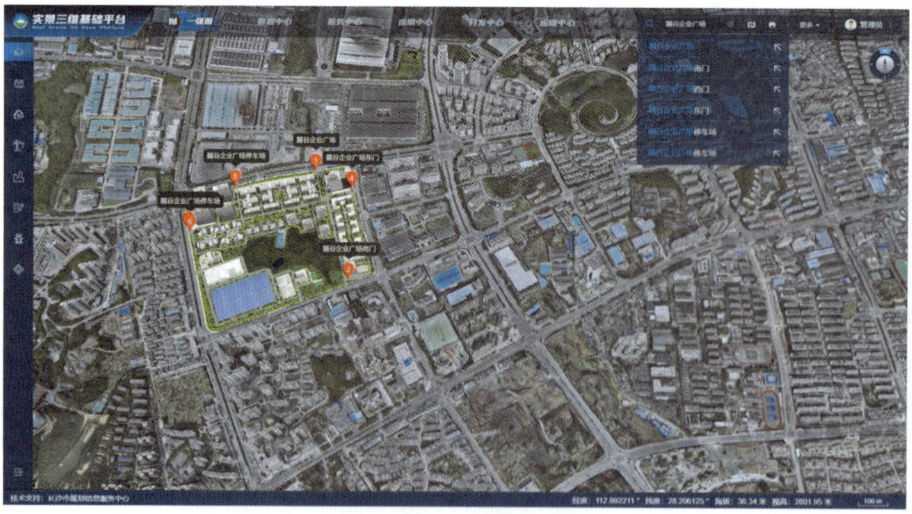

图 3－153　地名地址检索

模糊查询、组合条件查询、模型查询、模型元素查询、关联信息查询、多维度多指标统计，对数据查询结果进行统计和图文展示，导出结果支持 Word、Excel 等格式。地理实体图元关系管理支持地理实体图元组成及图元关联图谱。数据组装分发支持按范围、按主体等将数据进行组装和按需输出。

3. 能力中心

能力中心主要功能包括一张图、数据中心、服务中心、应用中心、运维中心、开发中心和个人中心 7 大功能模块，功能架构如图 3－154 所示。

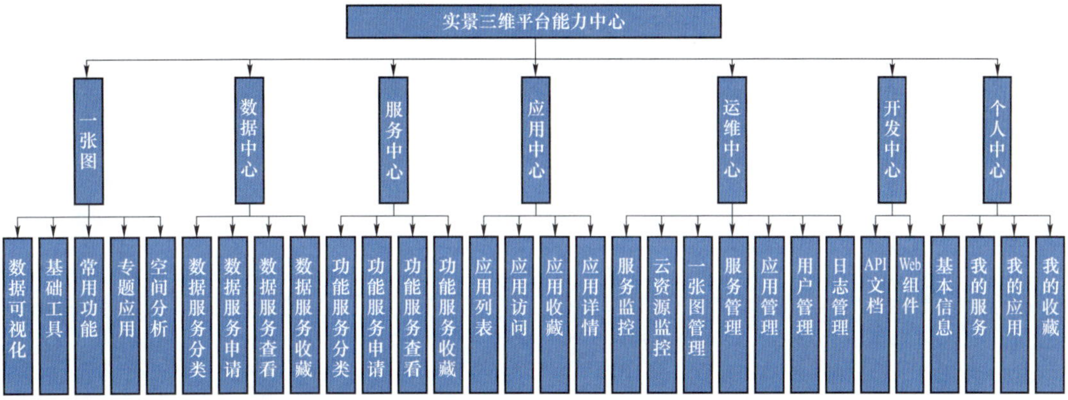

图 3－154　能力中心功能架构图

（1）一张图。一张图支持多源异构数据可视化、场景交互和空间分析三大核心能力，负责数据融合展示、应用专题展示和平台基础能力支撑展示。具体如下：

1）数据可视化。数据可视化支持 BIM、倾斜摄影、手工模型、矢量和栅格等二三维数据融合展示，如图 3－155 所示。

(a)　(b)　(c)

图 3－155　数据可视化

（a）手工模型；（b）倾斜摄影模型；（c）BIM 数据

2）场景交互。场景交互包括场景平移、旋转、放大、缩小和定位等交互功能。

3）空间分析。空间分析包括通视分析、可视域分析、天际线分析、日照分析、开挖分析和淹没分析，如图 3－156 所示。

（2）数据中心。数据中心负责数据服务的汇聚、管理和共享，功能包括数据服务查询、数据服务收藏和数据服务申请三大功能。数据类型地理场景数据、地理实体数据和

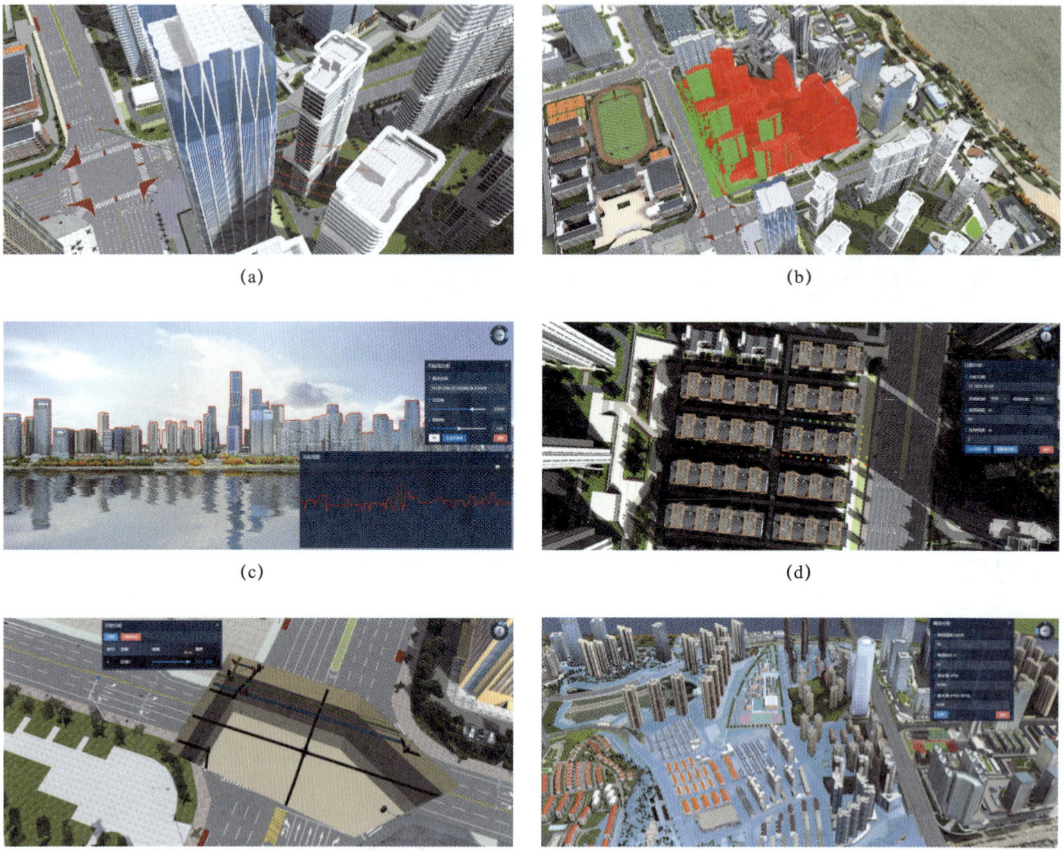

(a) (b) (c) (d) (e) (f)

图 3-156 空间分析

(a) 通视分析；(b) 可视域分析；(c) 天际线分析；(d) 日照分析；(e) 开挖分析；(f) 淹没分析

物联感知数据。地理场景数据包括用于地形级的 DOM、DEM、DSM、TDOM 等栅格数据，用于城市和部件级的倾斜三维模型。地理实体包括城市级别基础地理实体、部件级三维模型和其他模型。

1）数据收藏。支持用户对感兴趣的数据进行收藏标识，便于用户快速查看服务和系统统计服务热度。

2）数据申请。数据申请支持用户对某一服务提出申请，并填写申请人信息、应用平台和申请原因，服务端会根据以上信息生成数据服务调用验证信息，用于数据服务调用鉴权，否则将无权调用数据服务。

（3）服务中心。服务中心汇聚各类功能服务，为实景三维应用提供运算、工具和接口等内容的功能支撑。工具服务如压平分析、坐标转换、开挖分析等。算法服务如地名地址正向查询、地名地址逆向查询、高分遥感影像分割算法等。功能包括服务查询、服务收藏和服务申请，其功能与数据服务类似。

（4）应用中心。应用中心统一管理实景三维所有接入的应用案例，并根据相应的分类标签进行分类。应用为接入申请审批通过的应用，用于服务调用申请。

（5）运维中心。运维中心（见图 3－157）保障平台正常运行、平台数据更新和用户管理等维护性工作。功能包括服务监控、云资源监控、一张图管理、服务管理、应用管理、用户管理和日志管理。

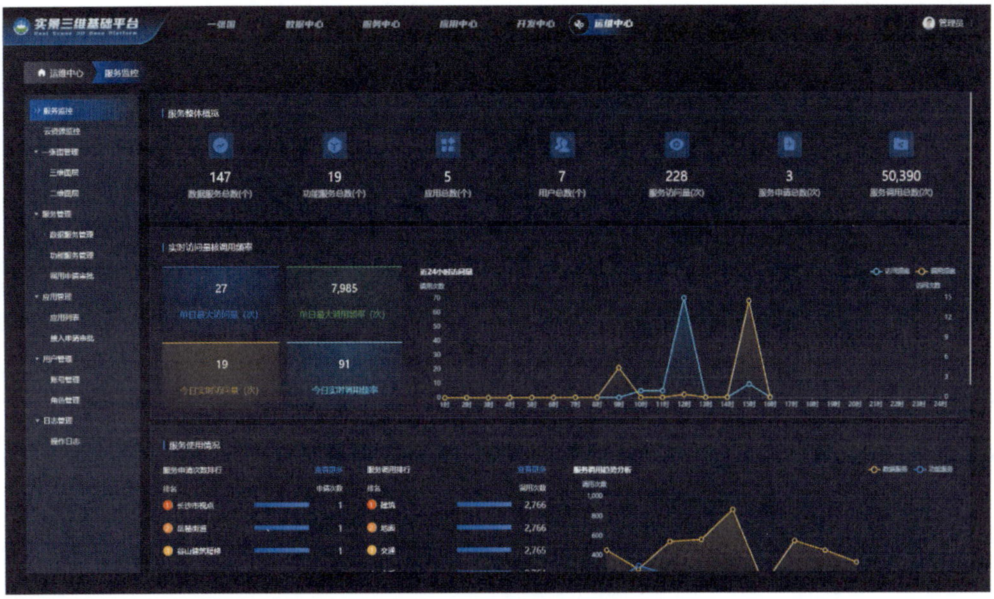

图 3－157　运维中心

1）服务监控。服务监控负责平台所有服务资源监控和统计。内容包括整体概览、实时访问调用频率、服务使用情况和服务运行监控。整体概览包括数据服务总数、功能服务总数、应用个数、用户总数、服务访问量、服务申请总数和服务调用总数。

2）云资源监控。云资源监控负责平台所有云服务器硬件监控，监控内容包括 CPU、硬盘存储、内存和网络 I/O。

3）一张图管理。一张图数据管理支持用户，对任意节点进行服务挂接处理，处理内容包括是否启用（显示），是否作为节点单独显示，是否作为专题图，是否启用三维渲染等，通过实现数据的灵活配置与挂载，实现一张图数据活性。

4）服务管理。服务管理包括数据服务管理、功能服务管理和调用申请审批。支持对数据服务和功能服务以及两者的目录结构进行增、删、改操作，实现了平台服务目录的灵活更新及服务的动态组合。服务新增包括服务发布和服务注册，服务注册用于接入第三方服务，保障了平台服务的兼容性。服务新增用于发布本地数据，数据服务包括地理场景数据、地理实体数据、物联感知数据及其他数据。功能服务包括工具服务和算法服务。调用申请审批负责对用户申请的数据服务和功能服务进行统一管理，包括申请批准与驳回。

5）应用管理。应用管理用于应用案例的统一管理，功能包括应用台账和接入申请审批。应用台账支持应用案例的增删改，接入申请审批应用于管理员对其他用户申请接入的应用案例进行审批，包括批准与驳回。

6）用户管理。用户管理功能包括账号和角色管理。支持对用户、组织机构和角色进行新增、修改、查询和删除。

7）日志管理。日志管理负责系统运行所有日志记录，包括数据操作日志、服务审计日志、用户登录日志等。日志管理支持模糊查询和分类查询。

（6）开发中心。帮助开发者实现实景三维应用二次开发，内容包括 API 文档和 Web 组件。

（7）个人中心。负责个人信息、服务和应用等相关信息维护和查看。内容包括个人基本信息设置、我的服务、我的应用和我的收藏。

3.11.6 平台应用框架

平台从城市级到部件级，对接数字经济、数字社会、数字政府重要应用领域，智能化地将服务、系统与用户进行无缝衔接，构建丰富多彩的应用场景，如以城市管控为例，构建城市规划设计、城市建设管理和城市运营管理相关应用。平台应用架构如图 3－158 所示。

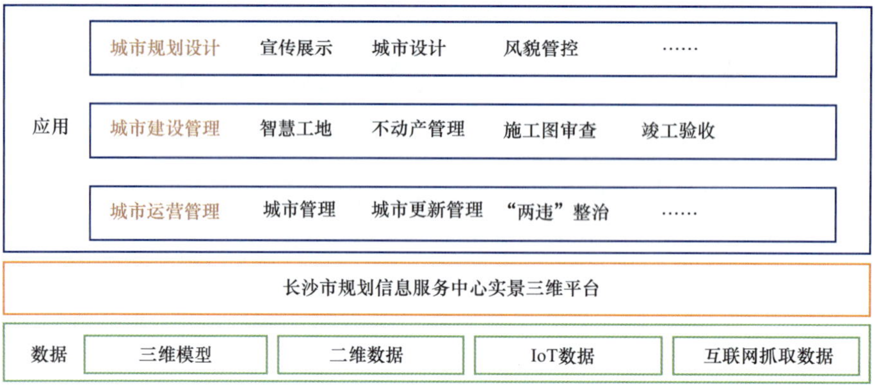

图 3－158 平台应用架构

1. 城市设计

将城市设计成果、管控要素和设计要点融入实景三维地图，并通过“一张图”实现对设计要点的上下级传达一致，并强化要点在空间上的表达，便于落实。城市设计如图 3－159 所示。

2. 风貌管控

结合三维分析技术方法，对城市视域、公共空间、慢行系统、建筑空间形态等提供更精确的量算手段，辅助科学评估城市景观风貌。风貌管控如图 3－160 所示。

3. 方案审查

在实景三维地图中拓展精准地下空间关系，将地上三维与地下三维进行融合，以方案审查为场景，对地上地下方案的空间关系、潜在风险等做机器审查并形成问题清单。方案审查如图 3－161 所示。

图 3-159　城市设计

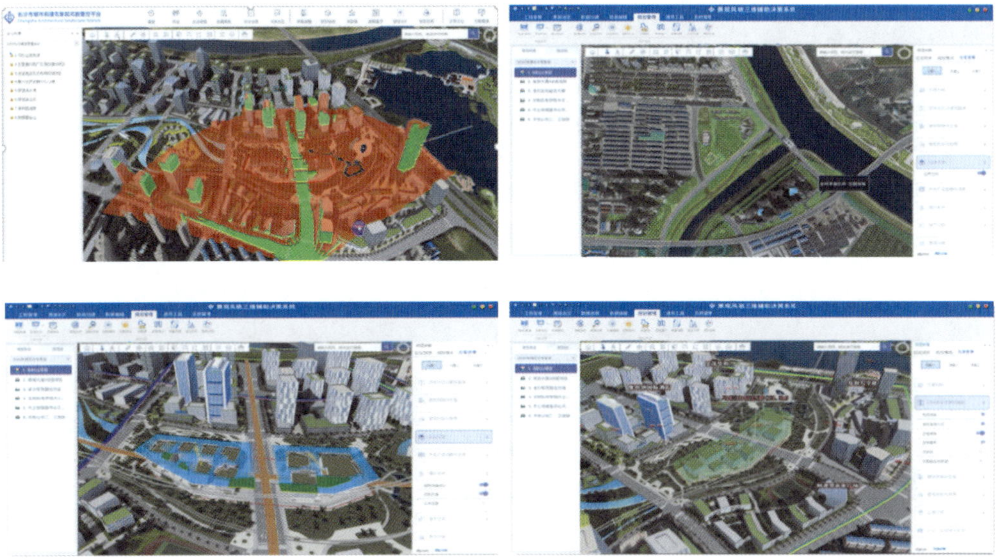

图 3-160　风貌管控

4. 智慧工地

在实景三维地图中融合工地现场 IoT 监管数据，一方面可通过三维场景了解项目基础情况；另一方面可结合现场动态监控数据，及时掌握施工现场动态，强化“两场联动”。智慧工地如图 3-162 所示。

5. 竣工验收

针对重点项目，可在实景三维地图中融入 BIM 方案成果，竣工验收环节可结合项目三维图纸与现场情况做精准比对，尤其针对内部构件、隐蔽工程等。竣工验收如图 3-163 所示。

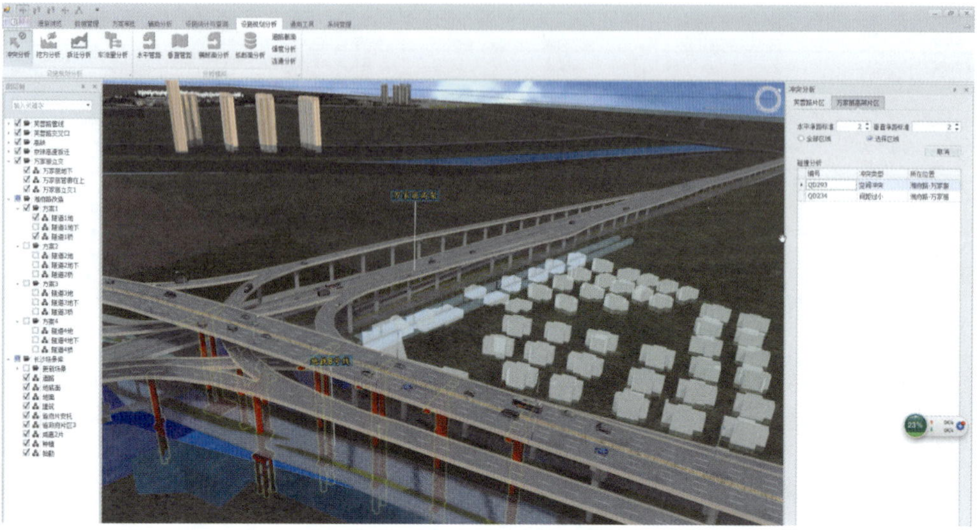

图 3－161　方案审查

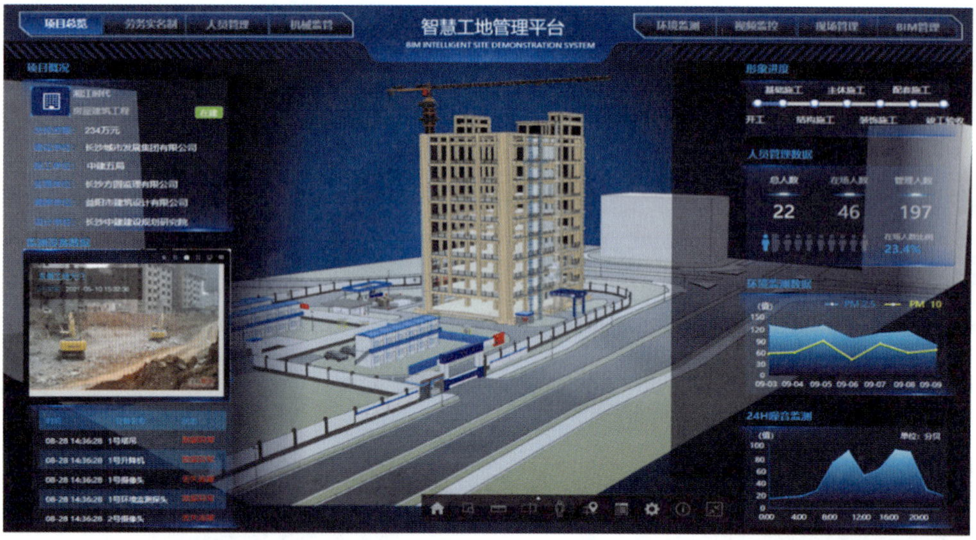

图 3－162　智慧工地

6. 不动产管理

将不动产登记的成果数据与实景三维数据进行融合，为不动产登记管理提供更加全面、准确和便捷查询的数据支撑，同时可应用到更多城市管控场景中强化监管。不动产管理如图 3－164 所示。

3.11.7　平台亮点

1. AI 驱动的场景分割与智能化三维模型重构

针对倾斜摄影三维模型中真三维建模效果差、仅能用于查看、缺乏语义信息等问题，平台采用先进的深度学习、点云滤波算法以及多种自研算法，提供了倾斜摄影模型问题

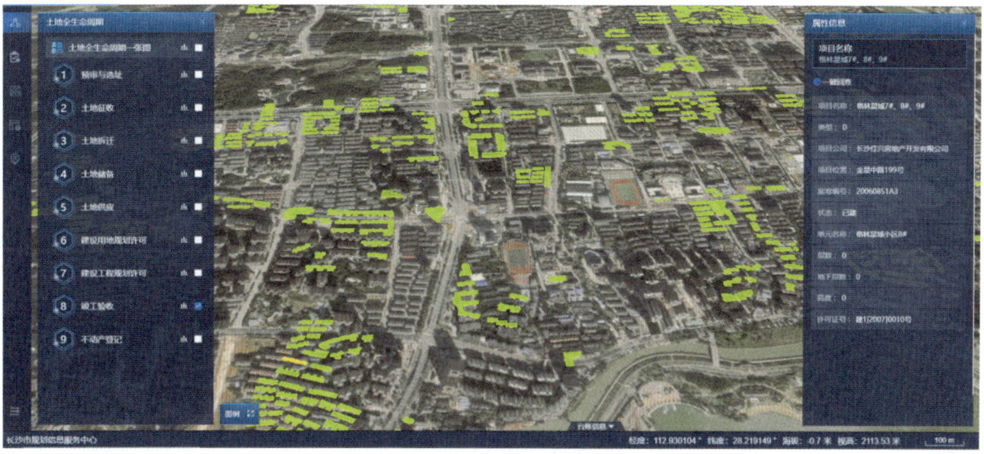

图 3-163　竣工验收

图 3-164　不动产管理

修复、单体管理以及分层分类管理等解决方案，以促进倾斜摄影三维模型更加广泛地应用，同时平台实现了与专业修图软件 photoshop 和建模软件 3ds Max 的实时联动，实现产品间优势互补。

2. 二三维一体化的多源异构数据实体化构建与融合

支持对多源异构数据进行实体化构建，具备从建筑单体到社区、城市级别的实体关系构建，实现 BIM、GIS、物联、社会经济数据、多媒体等各类数据关联展示及二三维一体化融合。

3. 多主流图形引擎融合的大规模三维场景高效渲染

平台基于自研 Web 可视化引擎与游戏引擎的“双引擎”，利用自研 Web 可视化引擎的强大的空间分析、二三维一体化、地理空间信息支持较好等优点，同时结合游戏引擎擅长于三维数据可视化表达及特效渲染，特别是城市夜景渲染方面，实现双引擎优势互补。再通过 L1–L4 多尺度、多层次实时渲染复杂三维场景，从宏观的城市场景到微观细节结合实景三维各类应用场景，支持地形级和城市级大规模海量数据高效渲染。

4. 基于微服务架构的数据服务资源统筹管理与分发

平台基于微服务架构，利用其复杂度可控、可独立部署、技术选型灵活、易于扩展和易于容错等特点，同时结合分布式存储技术，实现数据服务发布、接入、监控与监管全流程作业。数据发布支持智能识别地理实体关系，进行实体关联关系构建，并支持实体关系可视化展示。数据监控支持数据服务实时访问量、心跳和攻击等维度，保障数据服务可以安全、健康地运行。服务监管负责服务调用权限，服务调用必须已接入的实景三维应用为基点，脱离应用则无法调用服务。

5. 面向城市规建管全周期管控治理的业务应用模型

平台面向城市规划设计、建设管理和运营管理三大核心阶段打造全周期集成化应用。在规划设计阶段平台为城市宣传设计、城市设计、城市风貌管控及方案审查等方面提供数据和业务服务。在建设管理阶段平台为智慧工地、不动产管理、施工图审查和竣工验收等方面赋能。在运营管理阶段平台为城市管理、城市更新和“两违”整治等方面提供数据支撑。

3.12 CE 实景三维平台

实景三维是数字孪生、CIM 等应用的统一数字空间底座，是智慧城市建设发展的重要基础支撑。为全面推进实景三维中国建设，《自然资源部办公厅关于全面推进实景三维中国建设的通知》明确了实景三维是测绘地理信息服务的发展方向和基本模式，并从目标、任务、分工和要求四大方面做出具体安排。

湖北省规划设计研究总院有限责任公司以湖北省全域为对象，红安高新技术园区、京山温泉新区、丹江口右岸新区等为试点，推进 CE 实景三维平台建设。平台可完整覆盖城市乡村、地上地下、室内室外、水上水下，立体化展现“山水林田湖草”，为优化自然资源治理体系，提升国土空间治理能力提供坚实的新型基础设施保障。基于平台建设的实景三维专题应用，可有力支撑自然资源管理，服务生态文明建设；支撑住建、城管、应急、交通、农业等各行业需要，服务经济社会各领域高质量发展。

3.12.1 平台需求分析

1. 平台定位

CE 实景三维平台建设旨在整合汇聚海量实景三维数据资源，实现实景三维数据的浏览展示、查询分析与共享服务等。能够满足对各类数据成果的预处理、编辑、可视化查看、输入输出等操作；需要具备运行维护能力，保证数据安全、系统稳定；能够支持承载高精度实景三维模型数据及主流通用的三维数据模型；支持二三维一体化数据浏览显示；支持通用的基础空间分析等。在具体业务方面，能够将实景三维数据与功能实现服务化，支持自然资源、生态环境、公共安全、城市管理等各行业服务调用和应用二次开发，为政府部门、企业单位、社会公众等提供精细化的实景三维应用服务。

2. 性能需求

（1）在硬件条件符合设计要求的前提下，系统支持多人并发。系统的登录时间在标准配置下应运行流畅、稳定。

（2）具有大数据量的处理能力，能满足海量信息处理需要。

（3）采用结构化、面向服务的设计，可做到灵活扩展。

（4）系统具备高可靠性和稳定性，支持 7×24h 在线服务。

3.12.2 平台架构体系

CE 实景三维平台采用层次化设计模式，依据面向服务的体系架构（service－oriented architecture，SOA）的理念和技术进行搭建，展现不同层次间的独立性，保障系统的高度稳定性、实用性和可扩展性。在安全保障体系和标准规范体系的支撑下，平台架构主要由五层结构组成，分别是基础设施层、数据资源层、平台服务层、专题应用层和用户接入层，如图 3－165 所示。

1. 基础设施层

基础设施层通过虚拟化等技术将资源有效整合，以实现资源的按需分配和快速部署。利用政务云为整个平台提供所需的计算、存储等资源和最基础的服务，支撑数据资源层、平台服务层、专题应用层和用户接入层。

2. 数据资源层

通过空、天、地一体化数据采集与生产，汇聚整合各类数据，包含 DEM、DOM、倾斜摄影、点云数据、实体数据、物联感知数据等，形成地理实体数据库、地理场景数据库、地理单元数据库、物联感知数据库等。通过实景三维数据库管理系统进行数据处理、编辑、管理和更新。

3. 平台服务层

平台服务层是信息化应用的软件实现及表现层，与实景三维中国建设要求和自然资源部门具体应用需求相结合，开发并集成各类应用服务功能，为领导和工作人员提供人性化的应用界面。

4. 专题应用层

面向自然资源和其他行业领域，提供自然资源管理、生态修复治理、灾害预警防治、智慧招商、智慧工地、智慧社区、地下空间管理、城市更新、智慧园区等专题应用。支持按需灵活拓展各类其他应用。

5. 用户接入层

针对不同用户，构建专业版、政务版、公众版平台版本，满足各类用户应用需求。

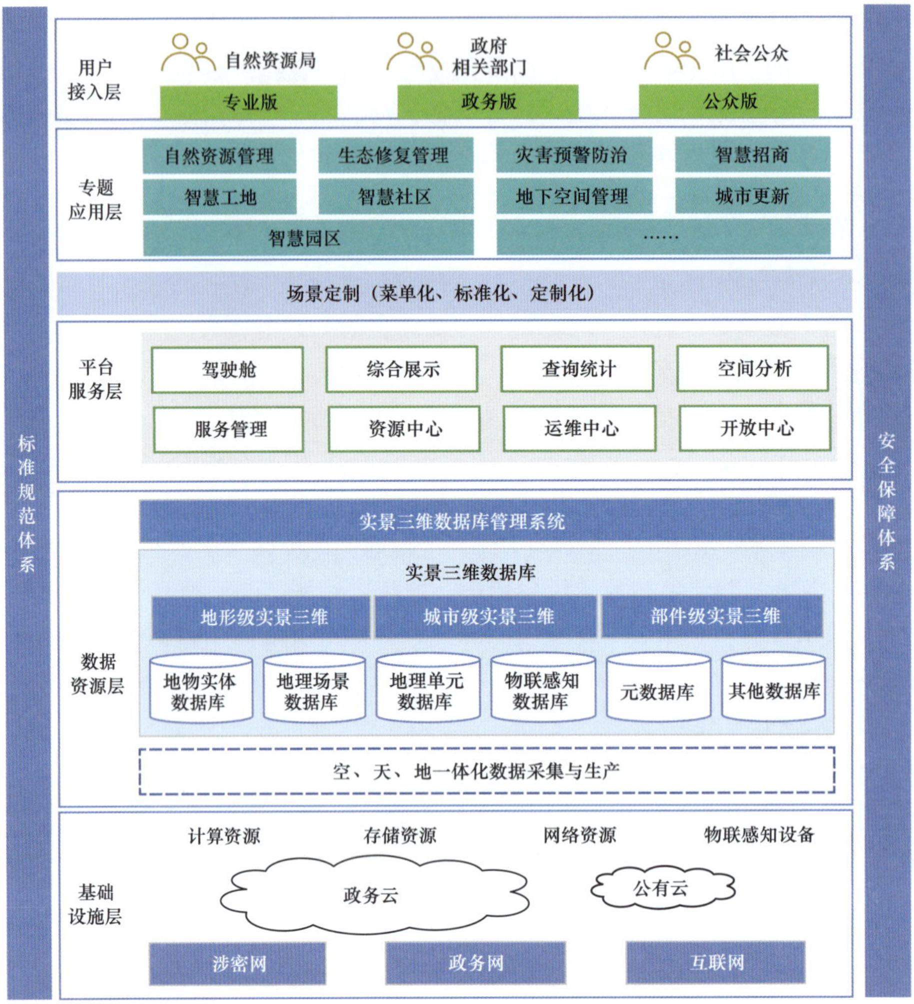

图 3－165　平台总体架构图

3.12.3　平台数据资源

根据新时期测绘工作“两服务、两支撑”根本定位，建立覆盖全域、多层级的实景三维产品。通过构建星载、机载、车载和地面“空天地”一体化数据采集体系，获取高精度影像、倾斜影像、激光点云等多源实景三维数据。整合处理多源实景三维数据，基于高精度 DEM、DOM 数据，构建覆盖全域的多时相地形级实景三维；基于倾斜三维模型、激光点云等数据，构建城市级实景三维；基于 BIM 模型等数据，按需构建部件级精细实景三维。

1. 数据总体架构

按照“全息要素、应采尽采，集约共享、统一服务”的原则，通过与其他系统共享接入、数据生产、网络抓取等多种方式，获取各类空间数据体和物联感知数据。对各类数据资源进行结构化、语义化、标准化处理，形成地形级、城市级、部件级实景三维数据产品，并通过服务的方式接入实景三维平台，加强数据的全面汇聚、融合、联通，促进信息互通共享，构建自然资源实景三维数据体系，统一支撑自然资源管理和对外服务。数据总体架构如图 3－166 所示。

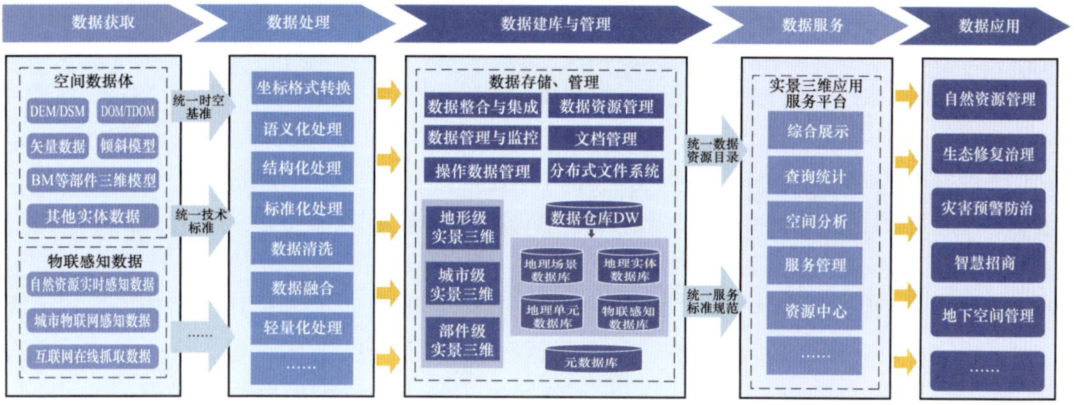

图 3－166　数据总体架构图

2. 标准规范建设

依据国家、行业和技术相关标准，制定各类数据的标准规范，包括元数据标准、数据生产标准、数据库标准、数据建库规范、数据质检标准、数据共享交换规范、涉密数据管理规范、数据更新规范等内容，为实景三维数据的生产、整合与管理提供明确的标准参考。

3. 数据体系建设

（1）地理场景数据生产。地理场景数据生产包括高精度地形三维建模和多源异构数据整合，重点在于高精度地形三维模型制作。结合需求及数据情况，不同区域分别采用不同的技术手段，建成覆盖全域的地形级实景三维模型。

1）航空摄影三维建模。针对新采集的高精度航空影像，利用大重叠度航摄影像构建地形级三维模型；

2）DOM 叠加 DEM 三维建模。针对非新采集区域，将 DOM 融合叠加 DEM，生成地形级三维模型。

（2）地理实体数据生产。地理实体数据生产包括二维、三维基础地理实体生产。二维基础地理实体生产是以二维形式表达的基础地理实体通过已有数据转换、基于地理场景生成、基于高精度基础地理实体生成等方式生产；三维基础地理实体生产是完成全域范围建（构）筑物、交通、水系等三维基础地理实体数据的生产，生产方式包含基于倾斜摄影三维模型生成、基于激光点云生成和其他方式生产。

（3）物联感知数据。通过物联网智能感知的具有时间标识的数据，其内容包括采用“空天地”一体化对地观测传感网获取的自然资源实时感知数据，依托城市专业传感器感知的数据，以及互联网在线抓取数据等。

（4）实景三维融合。实景三维由多种数据构成，包括地形、影像、二维矢量数据、三维模型、实时感知等数据，这些数据基于统一的空间参考在立体空间中进行集成。平台支持多源异构三维数据抽取转换，在地理场景之间、地理实体之间，以及地理场景和地理实体之间进行有机融合；建立物联感知数据与地理实体的关联关系；对融合过程中存在的冲突进行检测及处理。通过海量数据叠加融合，形成地形级、城市级、部件级实景三维数据。

1）地形级实景三维融合。面向宏观尺度，根据获取的不同时相、不同分辨率的DEM成果，进行人工检查，排查逻辑错误及噪声信息，将原始的DEM数据进行数据镶嵌处理，拼接为整块，对全域DEM数据进行切片处理，并与全域陆域高分辨率航空影像、航天影像进行融合处理，制作形成地形级地理场景并发布成服务，提供在线调用。

2）城市级实景三维融合。面向中观尺度，基于倾斜摄影、激光点云三维模型或其他真实三维模型，叠加二维形式或三维形式表达的基础地理实体和其他实体，生成城市级实景三维产品，用于精细化表达与空间统计分析，服务精细化管理。按照行政区、业务导向及个性化需求，提供不同权限、不同尺度的城市级三维模型数据服务，满足不同用户需求。

3）部件级实景三维融合。根据城市个性化应用需求开展部件级三维数据生产，通过离线化物理集中方式实现数据共享应用。将收集的部件级三维数据统一到一个坐标系，然后进行属性信息融合；将部件级三维数据与城市级、地形数据进行融合，部件级三维数据提供微观的数据信息，城市级、地形级数据提供周边环境宏观展现。通过多源信息的融合，为用户提供更加真实、准确的可视化体验，以及三维空间分析数据支撑。

4. 数据建库

按照统一的数据标准体系、技术规范体系和数据安全体系，对各类数据进行接入、清洗、融合和标准化入库，形成实景三维数据中心，满足新时期测绘地理信息事业服务经济社会发展和生态文明建设的新需求，实现数据信息的共建共享。实景三维数据中心的框架设计如图3－167所示。

3.12.4 平台业务模型

基于统一的实景三维数字空间底座，平台提供强大的数据交互、数据挖掘分析能力，支持自然资源、交通、住房和城乡建设、环保、应急等部门根据实际业务需求，按需调用数据资源，搭建业务应用，实现泛在服务。

针对自然资源管理领域，建立国土空间规划业务模型。为规划编制、规划审查、规划公示和规划实施各阶段提供应用服务，为摸清家底、认知规律和科学管控提供基础支撑，助力构建高质量发展的国土空间布局。

1. 国土空间规划编制

在规划编制阶段，将实景三维数据与规划成果（总规、控规、专项、城市设计、限建要素等）、现状数据（人口、土地、房屋、交通、产业等）、地下空间数据（地下空间、管廊等）、城市设计研究成果等结合，构建统一的规划底板，进行精确的三维分析，辅助规划编制。支持运用丰富的三维场景渲染手段，更直观地进行时空分析与规划成果展

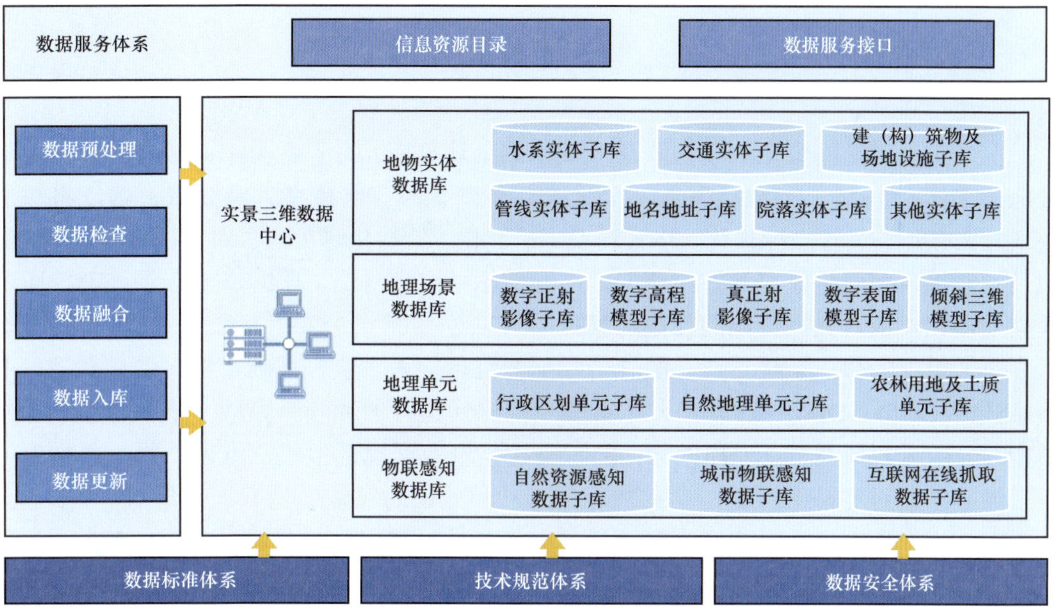

图 3-167　实景三维数据中心框架设计

示，提高规划成果可视化的多维细节呈现程度。

2. 国土空间规划审查

在规划审查阶段，基于国土空间规划编制成果，将容积率、建筑密度、绿地率等二维开发强度指标，扩展为三维立体数字化管控要素体系，在项目方案审查环节植入智能审查算法模型，在图形审批端接入三维服务，实现计算机对三维设计方案的全方位快速审查，审查内容包括建筑间距、建筑退让、日照情况、建筑立面、设施配套、公共空间等方面，实现从二维带图审批到三维智能审查的跨越，提高审批决策效率，落实精准实施。

3. 国土空间规划公示

在规划公示阶段，在原有文字、图片、表格等公示材料的基础上，创新增加规划三维效果图和视频成果，方便公众通过互联网直观地了解规划前后对比；规划建筑与周边已有建筑的关系和对周边环境的影响，获取社会公众反馈意见，提高规划编制质量。

4. 国土空间规划实施

在规划实施阶段，基于实景三维国土空间，结合卫星遥感、无人机、视频监控、电子围栏等感知设备和技术，打造“空天地”一体化的三维立体监测网，实现对规划实施的多维度实时监测。例如，结合 AI 技术，对遥感影像、视频图像进行分析，对耕地“非农化、非粮化”、违法违规建筑、闲置用地、矿山复绿等情况进行智能识别和预警；对地质灾害风险区在汛期进行实景三维监测，对泥石流和山体滑坡的潜在风险进行研判预警；依托三维影像数据，对产业园区的开发建设情况进行识别，对已批未建、未批已建等情况进行监管，推动土地节约集约利用。

3.12.5 平台主要功能

1. 数据处理入库

主要实现对空间数据体和物联感知数据的处理入库。对于各类空间数据体，包含基础地理实体、DEM、DSM、DOM、TDOM、倾斜摄影三维模型、激光点云等，将通过共享方式获取，进行坐标转化、格式转换、语义化、结构化等处理。对于物联感知数据，通过共享接入和网络抓取等方式获取，进行数据抽取、清洗、压缩、融合等处理。通过数据处理，实现对数据资源的收集与整理。

（1）数据汇聚：系统支持多源异构数据的汇聚接入，包含基础数据（矢量数据、栅格格式的 DOM、DEM 数据等）、三维模型数据（支持加载倾斜模型、单体模型、BIM 模型、分层分户模型、点云模型等；同时支持矢量数据批量生成三维建筑物，并且支持对三维建筑物进行贴图操作；支持加载带有动画效果的三维模型）、三维白模数据（支持加载三维白模数据，即带有高度属性的矢量数据）、视频融合数据（支持加载 avi 和 wmv 等格式的视频数据以及视频流，支持视频与三维场景进行融合）。

（2）实体构建：支持基于标准，快速创建实体工程；支持二维、三维图元以及批量导入图元；支持对实体的二三维图元按照技术文件进行实体编码；支持实体间多类型语义化关系构建，包括包含、相交、距离等关系的构建以及编辑；支持同一实体的图元进行关联，包括实体的多个二维图元以及二三维图元的关联等。

（3）数据编辑：为满足数据多样化的处理需要，系统提供数据编辑功能，支持对二维矢量数据的图形编辑；支持对三维模型数据模型替换、模型空间位置修改、纹理编辑、属性编辑、元数据编辑等。

（4）非实体数据挂接与编辑：支持将地理实体数据与其他类型的数据，如表格、图片甚至文件等数据进行挂接。

（5）二维数据处理：提供丰富的地理坐标系和投影坐标系，可对数据进行相应设置；支持坐标转换、矢量要素的快速处理（面要素转点、面要素转线、要素简化）等。

（6）三维数据处理：支持倾斜摄影、三维模型、点云等三维地理数据的快速处理，优化数据显示效率和效果。

（7）物联感知数据处理：提供物联数据获取（包含数据接入、数据解析、数据清洗）、物联数据与基础地理实体数据时空关联（包含时空化处理、一致性处理、时空关联）、物联数据与基础地理实体的融合（包含视频图像与底图匹配、视频图像与实体融合、视频及图像拼接、视频定位与测量）功能。

（8）数据检查：对实景三维数据成果进行几何检查、拓扑检查、属性域检查、字段项等进行入库检查。

（9）数据入库：支持实体数据、场景数据、专题数据、物联感知数据等的入库。

2. 数据库管理

（1）数据输入输出：数据输入支持对各类二三维数据以通用格式导入、检查、添加和确认；数据输出支持输出指定范围的图形数据、属性数据、模型数据以及其他格式数据；支持按照产品类型、数据时相或用户需求所进行的产品制作、内容提取、导出和分发。

（2）目录与标准管理：系统支持标准的新建和编辑等；支持添加、删除和修改目录，同时支持按照标准进行初始化创建目录。

（3）数据可视化：系统支持对各类数据的可视化查看，支持放大、缩小、漫游、前视图、后视图等浏览功能；支持三维模型数据的显示，具有拖动、飞行等三维漫游功能；支持多视角浏览，包括平视、仰视、俯视角度；支持将多时相数据在三维上叠加、符号化显示等。

（4）数据量测：系统具备对二三维数据的距离和面积量测功能。可在地图上测量两点或多点之间的距离，以及三角形或多边形之间的面积。

（5）查询统计：支持定期盘点数据库中的数据资源，掌握数据资源的分布和组成。建立资源目录与数据地图，提供数据资源可视化管理工具，实现数据资源的快速检索。支持全面统计数据资源，宏观掌握数据资产情况，具体可以看到数据的全量情况、数据标签、每日增量、使用情况、数据模型等多种信息。

（6）空间身份编码：编码能力包括对各层级空间单元的管理，编码的批量新增、编码与空间图层要素关联、单元拆分合并、单元统一编码规则管理、单元编码更新管理以及单元信息的关联。有效提高基础地理实体数据的组织、处理、分析、传递和运用效率，实现基础地理实体的规范化、标准化管理，切实为各种应用提供更好用、更便捷的测绘地理信息服务。

（7）数据组装：可按选定的范围、自行绘制的范围、按专题、按属性等选择地理实体数据，并按需组装。

（8）数据定制：包含数据产品定制（支持实体数据与场景数据组装）、专题产品定制（支持实体数据和专题数据建立关联关系，并导出关联的实体数据）、地图定制（根据模板对数据进行快速配图）。

（9）数据更新：基于地理空间的各类实体数据不断更新这一实际情况，系统支持设置各类数据的日常更新计划，实现对海量数据的更新和维护，保证实景三维数据的现势性。支持数据索引的实时修正；支持数据按范围、按时间、按类型以及整体的更新；支持三维模型属性的更新和局部区域模型的整体更新；支持对倾斜摄影的局部更新；支持对地图瓦片数据及三维缓存数据的整体更新和局部更新。

（10）物联感知数据管理：系统将物联感知数据分为不同类型，根据上传的设备类型选择对应的类别进行设备空间数据的汇聚与管理，支持物联感知数据与空间数据的有机融合，实现物联感知数据的空间化处理。

（11）元数据管理：针对数据的标识信息、空间参考信息、生产信息、时序信息、精度信息、粒度信息、质量信息、分发信息等内容进行管理。系统支持数据资源元数据的编辑、增加、删除和修改，也可以对元数据进行查询、统计、分析和输出。同时，为更好地实现对元数据的管理，系统支持对元数据的查询和追溯，并通过建立数据间的关联，实现数据的同步更新。

（12）历史数据管理：系统提供基于时间轴的历史数据管理功能，支持用户按照时间轴顺序存储空间成果数据。当成果数据产生更新时，系统将更新的数据内容进行存储，并以更新时间记录版本。对于历史数据，系统提供历史数据的存储、查看、对比等功能，方便用户快速、准确对各个时间节点的数据进行回溯，实现数据的连续管理，满足多样化的数据管理需求。

（13）安全管理：安全管理具有权限管理、日志管理、数据库备份与恢复功能。数据备份可采用全备份或增量备份方式，定期检查备份的可用性。

（14）运行维护：运行维护具有集群管理与监控、负载均衡和多节点协同功能，保障数据库系统的稳定、高效运行。

3. 驾驶舱

面向各层级领导决策人员，以汇集的各类实景三维成果数据和业务数据为基础，平台可根据不同需求进行汇总统计，对统计结果进行梳理，并以柱形图、饼状图等图表形式进行展示。驾驶舱如图 3－168 所示，包含区域概况、数据概览、城市态势、城市规划、城市经济等，帮助领导掌握区域总体概况，及时发现存在的问题，协助全域监督管控工作地顺利开展。驾驶舱功能可根据用户需求进行个性化定制。

图 3－168　驾驶舱

4. 综合展示

数据综合展示提供二三维数据的可视化展示能力，包含二维地理实体、地形级实景三维、城市级实景三维、部件级实景三维、地下空间、水下空间等各类数据，实现对“地上下、室内外、水上下”全空间的一体化展示。为了提高数据浏览展示的灵活性，支持分级缩放、平移、旋转等基础操作，提供飞行、定位、批注、几何量算、体块比对、卷帘比对、多屏比对、透明度设置、模型细度设置等功能，全面满足用户的数据浏览展示需求。

（1）资源目录：展示数据的服务，并支持添加到视图区，且可以快速定位，如图 3－169 所示。

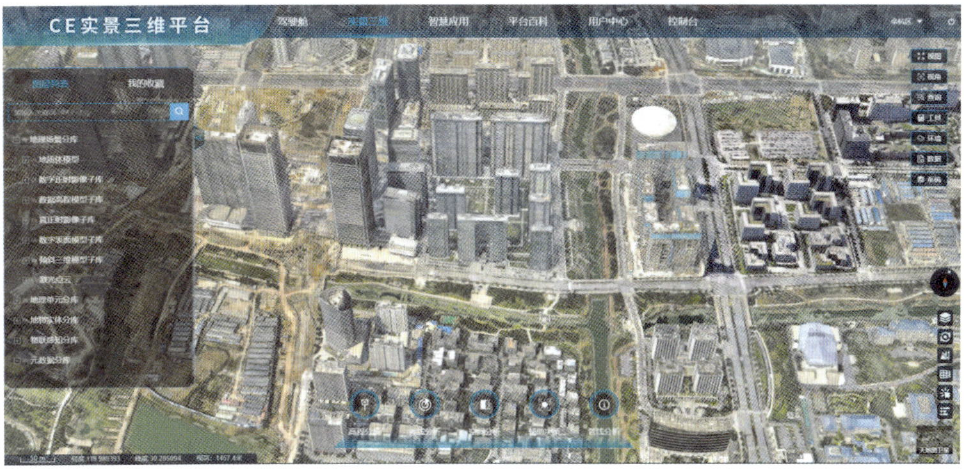

图 3－169 数据资源目录

（2）基础工具：快速检索、量测、场景快照、坐标查询、场景定位、平移、缩放、中心点旋转、天气模拟、二三维标注、地理实体属性查询等。

（3）三维数据浏览：支持大规模三维 Mesh 浏览、大规模三维精细模型浏览等。

（4）三维场景管理：支持将多个三维场景合并成一个三维场景，合并对象包含三维模型、矢量数据、点云数据、标签注记、演示工具、漫游路径以及兴趣点等对象；支持将整个三维场景进行打包操作，即将加载到三维场景中的分散的所有本地数据通过打包操作自动拷贝到一个文件夹中，并且工程中的数据自动转换为相对路径。

5. 查询统计

（1）数据查询：平台提供地理实体查询、地理单元查询、图属联动查询、部件查询、关键字查询、地名地址查询、空间查询、组合条件查询、多维度多指标统计、结果输出等功能，有效解决数据量多、区域范围大、查找不便利的问题，提高实景三维数据资源的查找效率。数据查询如图 3－170 所示。

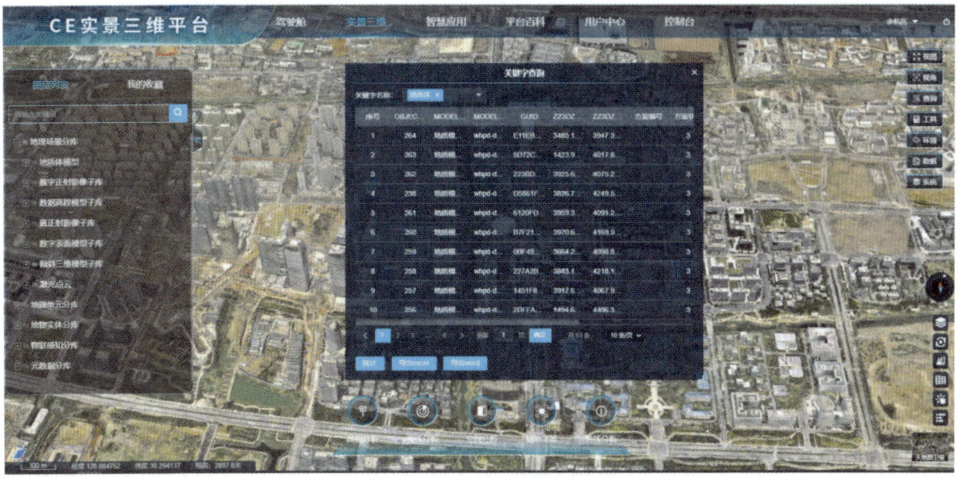

图 3－170 数据查询

（2）数据统计：基于地理实体建库成果，从地理实体类型、数量、面积、构成、空间分布、时序变化等维度开展定量化的指标统计，统计结果以表格、饼状图、柱状图等形式进行展示，从不同维度呈现地理实体数据内容的运行态势。

6. 空间分析

平台基于实景三维数据，建立分析模型，对地理实体、地理单元开展通用的三维立体分析，包含高程分析、辅助决策、视线分析、规划辅助分析等，实现多种场景下的可交互时空分析，助力多业务场景的辅助决策。同时，提供基于可视化的复杂模型定制能力，帮助用户在不同的应用场景挖掘知识。

（1）高程分析：高程分析提供地表开挖、地表透明、方量分析、淹没分析、等高线、坡度坡向、地表抬升等分析服务，满足用户基础性分析需求。

（2）辅助决策：针对城市建筑与工程建设项目，提供日照分析、拆迁分析、容积率分析、建筑密度分析、建筑限高、色彩分析、体量分析等功能，实现在三维大场景中对城市建筑和工程建设项目的多视角、全方位量化分析，辅助评估城市建筑设计和工程项目建设的合理性，促进科学决策。

（3）视线分析：为加强城市设计，提升城市环境景观风貌，提供可视域分析、通视分析、阴影分析、缓冲分析、天际线分析、模型裁剪、剖面分析等功能，为城市规划设计提供丰富直观的辅助决策工具，助力建立长远的城市可视形象，提高城市的可识别性，增强城市环境的整体美。

（4）规划辅助分析：针对城市规划管理工作需要，提供冲突检测（见图 3－171 所示）、叠加分析、二三维缓冲区分析、辅助选址、对比分析、拓扑分析等空间分析功能。

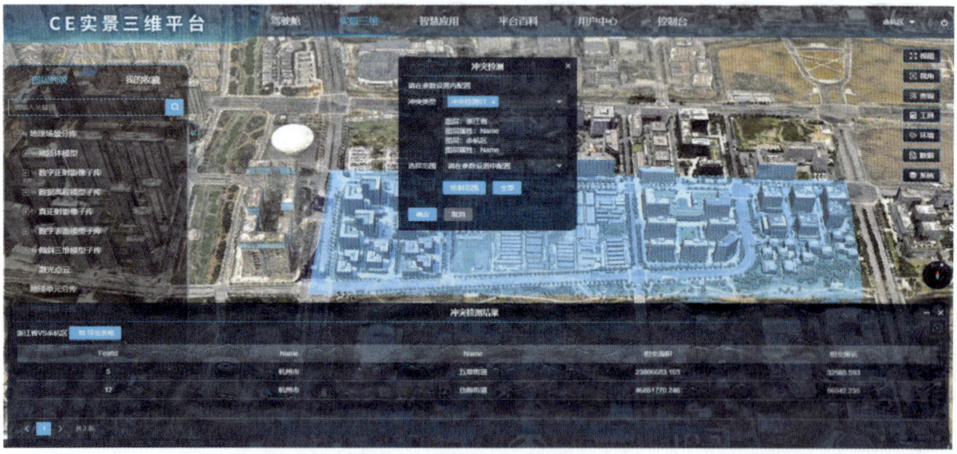

图 3－171　冲突检测

7. 服务管理

服务管理提供服务目录、服务配置、服务注册、服务发布、服务查找、服务运行等功能，实现对服务的便捷管理。各类用户可根据权限与需求进行服务浏览、服务查询、服务订阅等操作。支持多类格式数据的在线查看、预览和查询；支持面向个性化需求提供下载服务。

（1）服务目录：以专题分类的方式展现平台的服务资源，用户可以按照目录方式检索所需的服务，也可进行多条件的复合查询，在结果列表中，用户可以对服务进行在线申请，对于无须申请的服务，可在线预览、查看详细元数据信息等。

（2）服务配置：该模块提供服务引擎、平台以及各类数据库服务发布时需要的服务器 IP、端口等配置信息，便于用户查看服务发布所需要的配置信息，为用户进行服务发布提供信息参考。

（3）服务注册：平台提供各类服务的统一注册管理。注册服务需填写服务地址、服务类型、数据分类、行政区划、数据权限、标签、描述、可用状态等信息。为实现注册服务的灵活管理，系统支持对已注册服务进行编辑、修改。

（4）服务共享：平台可实现单个服务共享和服务的批量共享，并支持用户查看服务的共享情况，包括服务名称、服务的共享信息、发布状态、更新时间等。同时，用户也可对共享的服务进行取消。

（5）服务查找：已发布的服务，平台支持按发布日期、共享类型等进行快速查找，以列表形式对查询结果进行展示，并附带资源缩略图。基于查询结果，用户可查看已发布的相关服务，并对其进行管理。

（6）服务发布：服务发布提供实体服务发布（通过服务可以获取实体的栅格数据、二三维图元数据、实体属性和实体关系数据）、地理场景数据服务发布（包括倾斜摄影、DEM、DOM、DSM 等服务发布）、功能服务发布等功能。

（7）服务运行；服务发布过程中，由于某些特殊问题和要求，需要对发布完成的服务进行中止操作。用户可选择中止（恢复）、删除（批量删除），对发布的服务进行控制。已经中止（删除）的服务，相关用户则无法调用相关数据。

（8）服务监控：系统提供服务状态监管功能，能够对服务进行实时巡检，监控服务运行中的异常级别与处理措施、当前访问连接数、总运行时间、总请求数、当前访问的客户地址、访问持续时间以及其总的请求次数等，并能将服务状态以短信、邮件及系统内部通知等方式及时通知管理员。

8. 资源中心

资源中心主要实现平台相关专题应用资源的查找、查看、收藏和申请。用户可按发布日期、共享类型、应用分类等对平台中的专题应用资源进行查找。基于查询结果，平台支持用户查看、收藏相关应用资源，在线编辑和提交应用资源申请。

（1）数据源管理：支持连接 oracle、postgresql、highgo、sqlite、mysql 数据源，支持创建数据集。

（2）服务数据：支持注册多种类型的服务数据，如 WMS、WMTS、注册服务时可以设置服务的查看权限，支持对注册成功的服务进行预览、编辑、查看、删除。

（3）文件管理：支持上传文件数据。

（4）监测数据：支持连接物联设备数据。

（5）微件管理：平台支持创建地图微件和分析微件。用户可自定义微件图标、微件名称、微件标识、微件描述等内容，配置好的微件可为用户的地图操作和空间分析等提供功能支撑。

9. 运维中心

为了更好地管理和维护平台的运行，系统支持按部门职责进行平台用户、角色和权限的对应关系配置，实现各类用户按权限浏览数据资源、功能模块。主要包括基础运维、平台监控等管理功能。

（1）基础运维：基础运维提供菜单管理、行政区管理、服务器管理、数据库管理、数据审核、审批流程、权限控制、日志管理和统一认证等功能，为平台的正常使用提供可靠、持续、稳定的运维服务支撑。

（2）平台监控：平台监控基于管理功能实现对平台数据库、服务器、系统应用情况、系统服务情况、系统安全情况、系统日志等的全面、实时监控，及时发现并定位平台中出现的异常情况，为平台运行提供基础保障。平台监控如图 3－172 所示。

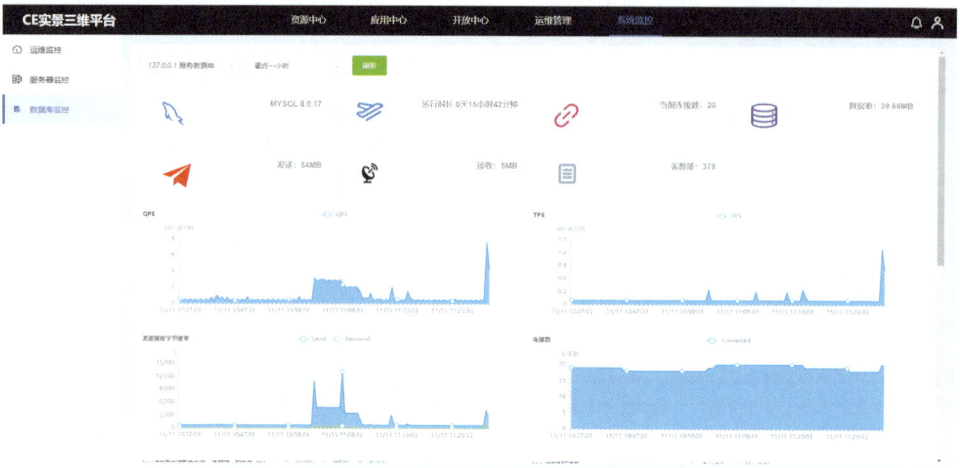

图 3－172　平台监控

10. 开放中心

开放中心为开发者提供场景定制、大屏定制、开放接口和合作方管理功能，支持自定义场景，并可将定制的场景发布、共享给第三方机构使用。提供 JavaScript、Android、Web 服务等多种应用程序接口，通过调用 API 和 SDK 能够大大减少二次开发工作量，帮助开发者快速构建功能丰富、交互性强的 GIS 应用。

（1）场景定制：支持添加三维场景、对场景进行编辑、预览、查看、复制、删除等操作。其中场景编辑支持选择场景主题、地图、微件等操作。

（2）大屏定制：支持添加大屏，对大屏进行编辑、预览、查看、复制、删除等操作。其中大屏编辑支持多种表格、图形控件，支持动态/静态数据、支持修改控件的样式、颜色、标题、提示语等。

（3）开放接口：支持对接口进行管理。可按资源目录添加到不同的接口分类。对已添加的接口支持编辑、查看及删除。

（4）合作方管理：支持对合作方进行查看及管理。支持添加、编辑、查看、服务、接口及应用的授权管理。

11. 平台应用版本

《自然资源部办公厅关于全面推进实景三维中国建设的通知》提出，在严格维护测绘地理信息安全的前提下，积极面向专题应用、社会公众的多元化需求开发适用的数据版本和服务模式。根据系统服务对象，打造专业版、政务和公众版应用。

（1）专业版：通过对实景三维应用服务平台进行封装，构建专业版平台。专业版平台运行在自然资源部门的涉密网，服务于实景三维数据生产及管理部门，对规划编制、行政审批、资源监管、政府决策等方面业务进行支撑。

（2）政务版：通过对实景三维应用服务平台进行封装，构建政务版平台。政务版平台运行在电子政务外网，服务于城市政府及各委办部门，为住建、环保、应急、交通等多行业专项业务工作提供支撑。

（3）公众版：通过对实景三维应用服务平台进行封装，构建公众版平台。公众版平台运行在互联网，服务于社会公众，提供地理信息浏览查询和服务接口调用等功能，主要是为公众提供公益性服务。

3.12.6 平台应用框架

基于实景三维的统一空间数据底座，不仅支持构建面向自然资源和规划领域各类应用，还支持生态环境、交通、应急、城管、农业等其他各领域的拓展应用，促进用好实景三维建设成果，提升实景三维建设效益。平台应用架构如图 3-173 所示。

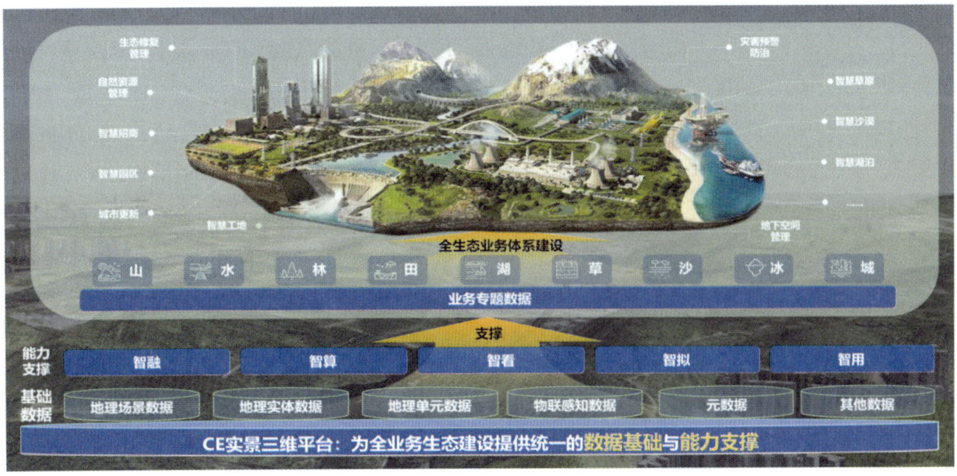

图 3-173　平台应用架构

1. 自然资源管理

在自然资源管理方面，基于实景三维，拓展城市设计、选址评估、方案审查、专业会商和城市景观风貌管控等应用，优化城市规划设计，辅助工程建设项目科学选址、高效审查，助力提升自然资源管理能效。

2. 生态修复治理

在生态修复治理方面，通过实景三维更直观地展示自然资源生态空间的真实情况，并结合三维 GIS、AI、AR、VR 等技术助力国土空间生态修复从二维平面监管向三维立体监管转型，借助电子沙盘、态势感知、遥感监测、模拟推演等手段，有力支撑国土空间生态修复项目实施精细化、监测监管高效化、修复效果直观化。

3. 灾害预警防治

在服务灾害预警防治方面，基于实景三维，可实现立体化时空分析决策和实时物联感知，为灾害预警及重大灾难事故的快速应急提供科学依据。包含地质灾害防治、火灾预警防治、洪涝灾害预警防治等应用。

4. 智慧招商

面向潜在投资人建设智慧招商应用，基于规划建设应用的相关数据及自然资源三维，通过三维立体和图文报表方式对全域基本概况、产业纵览、基础设施等信息进行可视化展示，通过云供地、云项目，实现 24h 全球云招商。

5. 智慧工地

基于实景三维平台实现全域在建房屋工程、市政基础设施工程的智慧化监管，对施工现场的起重机械、深基坑、高支模等重大危险源远程监控，对扬尘、噪声等环境指标实时监测，对工地现场进行视频监控、远程连线等多方式巡检。通过可视化方式，清晰直观地展现全域范围内所有在建工地的整体情况，并将项目端收集来的各类数据汇总分析，以看板的形式进行动态展示，为政府开展工作、制定决策提供有力的数据支持。系统包含可视化监管看板、实名制管理、安全监管、设备监管、质量监管、验收监管、企业管理和移动 App 等模块。

6. 智慧社区

基于实景三维，融入社区空间、感知、机构和专题数据，形成数字社区。针对传统社区管理流程复杂、设备维护不及时、服务效率不高等问题，通过现实和虚拟世界的交互协作，为社区居民和商户提供更简单、精准、高效的服务，使其充分享受科技发展带来的福利。通过对社区“人、事、地、物、情、组织”的精准管控，形成街道办、居委会和物业公司多方联合的立体化管理与防控体系，为居民营造更加安全舒适的生活环境，实现社区服务便民化、管理精细化，提升社区治理水平。

7. 地下空间管理

基于实景三维平台，汇聚城市的地铁、管廊、各类管线和设施信息，搭建涵盖数据管理子系统、二三维一体化应用子系统、一张图子系统、在线监测子系统、隐患管理子系统、档案管理子系统、信息共享服务子系统、设施建设管理子系统、设施运维养护监管子系统、智慧管理 App 的城市地下基础设施综合信息平台，切实提高城市地下市政基础设施管理效率，及时洞悉市政基础设施运行状态，减少安全隐患及事故，提升城市安全韧性。

8. 城市更新

基于实景三维模型，融合城市更新基础数据中的现状建筑基底面积、建筑规模、人口、户数、配套设施等数据，为片区策划、更新改造成本核算、更新方案设计与审查等提供参考。提供全域城市更新项目的指标完成情况等成效分析，为城市存量管理及资源协调提供更科学、精细化的决策支持。

9. 智慧园区

基于实景三维平台，结合 BIM 技术，融入园区布局、管网、建筑、设备设施等数据形成空间信息模型，并与园区专属手机 App 和物联传感组成的感知网络一起，建成具有互动特征的时空信息有机体，形成园区的三维空间加上时间维度环境模式，实现对各类园区的科学管理。

10. 智慧经济

从“创新、协调、绿色、开放、共享”等维度，以实景三维地图宏观视角可视化展现全域各类经济指标信息，可分类展示排名靠前、居中、靠后、严重靠后指标。通过经济数据指标大数据看板，动态掌握经济运行情况，发现经济发展短板，持续监测城市经济运行态势，为领导决策提供更实时、准确的辅助决策依据。

3.12.7 平台亮点

1. 形成数字孪生空间的空间基底和统一的定位框架与分析基础

通过现实城市实体和各类要素的数字化与实时感知，在网络空间中建立一个与现实城市一一对应的虚拟城市，利用实景三维模型与实时数据结合用以描述物理世界的实际情况，形成数字孪生城市的空间基底（见图 3－174），实现地上—地表—地下全空间、过去—现在—未来全时间的复杂时空过程的精细模拟、实时诊断以及事件预测等智能化服务，突破数据用以描述性分析的局限性，通过分析模型和应用功能，实现高层次诊断性、预测性和决策性分析。

图 3－174　数字孪生空间基底

2. 静态数据为底座动态数据为驱动的基础平台构架

基础平台以城市用地、建筑、基础设施等相对“静态”的数据为底座，以在城市中的“人流”“物流”“交通流”等动态的数据为驱动，实现整个平台的动态运行、监测和分析功能，不断强大平台的数据存储、数据融合，长期来看，将会不断增强城市治理能力。平台数据来源如图 3－175 所示。

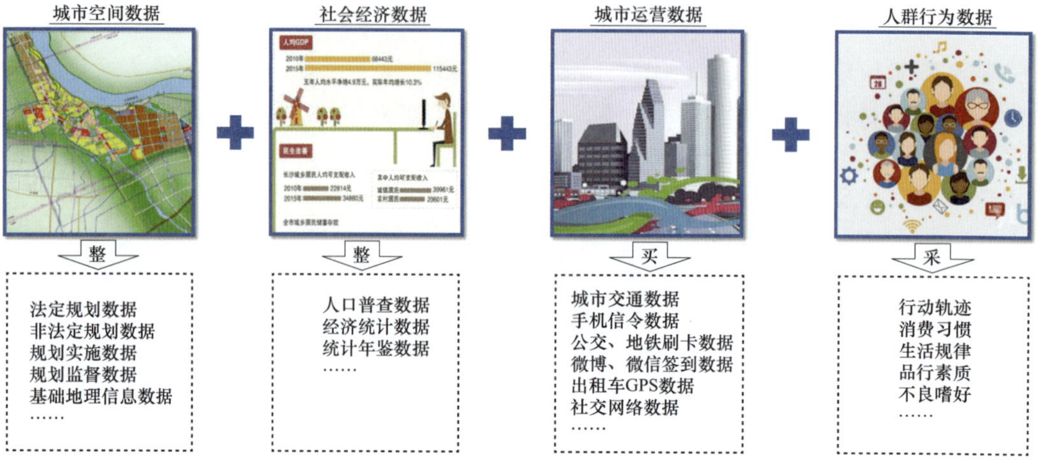

图 3-175　平台数据来源

3. 自然资源与住建两套标准相融合的数据体系

平台的数据体系融合自然资源系统的《实景三维中国建设技术大纲》和住建系统的《城市信息模型（CIM）基础平台技术导则》相关要求，应用体系的适用度将更广阔，对部门的数据协同和业务协同有促进作用。

4. 可批量复用的“乐高”式智慧应用快速生产能力

建立一套库容强大、类别丰富、分类清晰、统一适用、即插即用的“乐高”式模型仓库，形成一套标准化“套路”、傻瓜式“玩法”，实现“模型—功能—应用”的快速生成能力，形成可批量复用的实景三维应用建设模式，业主只需要通过选择，便可迅速精准打包拥有所需智慧应用，实现使用功能快速上手，从而减少成本及工期投入，大大提高建设效率。平台智慧应用组装模式如图 3-176 所示。

图 3-176　平台智慧应用组装模式

5. 自主可控的部件级实景三维建模工具

自主研发的实景三维建模工具是在大量的人类几何制图仿生研究基础上，独创了雕塑式建模技术，可在快速建模的同时保证模型体量与其属性指标始终动态一致。具有强大、简明、易用、高效等特点，为部件级实景三维数据的快速创建提供支持。

· 智慧城市系列丛书 ·

SHIJING SANWEI YINGYONG YU FAZHAN

实景三维应用与发展

中国测绘学会智慧城市工作委员会　组编

中册

中国电力出版社
CHINA ELECTRIC POWER PRESS

图书在版编目（CIP）数据

实景三维应用与发展：全 3 册 / 中国测绘学会智慧城市工作委员会组编. —北京：中国电力出版社，2023.3（2024.3重印）
（智慧城市系列丛书）
ISBN 978-7-5198-7323-3

Ⅰ. ①实… Ⅱ. ①中… Ⅲ. ①现代化城市–城市建设–研究 Ⅳ. ①C912.81

中国版本图书馆 CIP 数据核字（2022）第 239657 号

出版发行：中国电力出版社
地　　址：北京市东城区北京站西街 19 号（邮政编码 100005）
网　　址：http://www.cepp.sgcc.com.cn
责任编辑：王晓蕾　杨云杉
责任校对：黄　蓓　郝军燕　马　宁　李　楠
装帧设计：张俊霞
责任印制：杨晓东

印　　刷：北京锦鸿盛世印刷科技有限公司
版　　次：2023 年 3 月第一版
印　　次：2024 年 3 月北京第二次印刷
开　　本：787 毫米×1092 毫米　16 开本
印　　张：57.75
字　　数：1221 千字
定　　价：298.00 元（全 3 册）

目　　录

序一
序二

上　册

第 1 章　实景三维概述 ······ 1
1.1　社会经济发展需求 ······ 1
1.1.1　三维空间数据方面的需求 ······ 1
1.1.2　统一空间基底方面的需求 ······ 1
1.2　实景三维的概念与内涵 ······ 2
1.2.1　实景三维的概念 ······ 2
1.2.2　与实景三维相关的概念 ······ 2
1.2.3　实景三维的主要特征 ······ 4
1.3　实景三维中国建设 ······ 4
1.3.1　建设内容 ······ 4
1.3.2　建设原则 ······ 5
1.3.3　建设进展 ······ 6
1.3.4　建设意义 ······ 8
1.4　实景三维相关政策与标准 ······ 9
1.4.1　政策趋势 ······ 9
1.4.2　技术大纲 ······ 10
1.4.3　标准和指导性技术文件 ······ 11
1.5　实景三维技术框架 ······ 17
1.5.1　技术框架 ······ 17
1.5.2　多源数据获取与预处理 ······ 17
1.5.3　数据产品生产 ······ 17

1.5.4 数据融合……19
1.5.5 质量控制……19
1.5.6 数据建库与服务……19
1.6 实景三维建设与应用调研分析……20
1.6.1 调研背景……20
1.6.2 主要调研结论……20
参考文献……27

第 2 章 实景三维支撑技术……29

2.1 概述……29
2.2 实景三维数据获取……29
2.2.1 数据采集装备……29
2.2.2 影像采集技术……33
2.2.3 激光点云采集技术……40
2.3 实景三维数据处理……47
2.3.1 遥感卫星影像处理技术……47
2.3.2 航空摄影相片数据处理技术……51
2.3.3 激光扫描数据处理技术……54
2.3.4 BIM 模型处理……57
2.3.5 多源数据融合与优化……59
2.4 实景三维数据质检……64
2.4.1 实景三维数据质检指标体系……64
2.4.2 实景三维数据检核方法……67
2.4.3 实景三维数据质量评定……71
2.5 实景三维建模与管理……74
2.5.1 三维目标模型表现形式……74
2.5.2 三维建模方法……81
2.5.3 实景三维数据更新与管理……86
2.5.4 模型数据压缩……89
2.6 实景三维可视化……94
2.6.1 标准成果可视化……94
2.6.2 行业应用可视化……96
2.6.3 公众应用可视化……100
2.6.4 实景三维数据可视化实现技术……104
2.7 实景三维数据服务……107
2.7.1 三维数据分析服务……107

2.7.2 实景三维服务的组织与发布 …… 114
2.7.3 实景三维服务的管理与维护 …… 120
2.7.4 倾斜摄影模型轻量化技术 …… 122
2.8 实景三维数据安全 …… 125
2.8.1 实景三维数据数字水印技术 …… 126
2.8.2 实景三维数据安全控制技术 …… 130
2.8.3 实景三维数据保密处理技术 …… 136
参考文献 …… 141

第 3 章 实景三维平台 …… 145

3.1 概述 …… 145
3.2 系统模型 …… 145
3.2.1 需求分析模型 …… 146
3.2.2 架构体系 …… 147
3.2.3 数据模型 …… 148
3.2.4 业务模型 …… 151
3.2.5 主要功能 …… 152
3.2.6 应用模型框架 …… 155
3.3 超图实景三维平台 …… 155
3.3.1 平台需求分析 …… 156
3.3.2 平台架构体系 …… 156
3.3.3 平台数据资源 …… 158
3.3.4 平台业务模型 …… 159
3.3.5 平台主要功能 …… 160
3.3.6 平台应用框架 …… 167
3.3.7 平台亮点 …… 169
3.4 易智瑞实景三维平台 …… 171
3.4.1 平台需求分析 …… 171
3.4.2 架构体系 …… 172
3.4.3 平台数据资源 …… 173
3.4.4 平台业务模型 …… 174
3.4.5 平台主要功能 …… 175
3.4.6 平台应用框架 …… 186
3.4.7 平台亮点 …… 186
3.5 奥格实景三维平台 …… 187
3.5.1 平台需求分析 …… 188

3.5.2 平台架构体系 …… 188
3.5.3 平台数据资源 …… 189
3.5.4 平台业务模型 …… 194
3.5.5 平台主要功能 …… 194
3.5.6 平台应用框架 …… 202
3.5.7 平台亮点 …… 205
3.6 国地科技实景三维平台 …… 205
3.6.1 平台需求分析 …… 206
3.6.2 平台架构体系 …… 206
3.6.3 平台数据资源 …… 207
3.6.4 平台业务模型 …… 209
3.6.5 平台主要功能 …… 211
3.6.6 平台应用框架 …… 221
3.6.7 平台亮点 …… 223
3.7 SmartEarth 实景三维平台 …… 223
3.7.1 平台需求分析 …… 223
3.7.2 平台架构体系 …… 224
3.7.3 平台数据资源 …… 225
3.7.4 平台业务模型 …… 229
3.7.5 平台主要功能 …… 230
3.7.6 平台应用框架 …… 238
3.7.7 平台亮点 …… 240
3.8 科澜 CooGlobe 实景三维平台 …… 241
3.8.1 平台需求分析 …… 242
3.8.2 平台架构体系 …… 242
3.8.3 平台数据资源 …… 243
3.8.4 平台业务模型 …… 246
3.8.5 平台主要功能 …… 251
3.8.6 平台应用框架 …… 259
3.8.7 平台亮点 …… 260
3.9 广联达实景三维平台 …… 262
3.9.1 平台需求分析 …… 262
3.9.2 平台架构体系 …… 262
3.9.3 平台数据资源 …… 263
3.9.4 平台业务模型 …… 264

3.9.5 平台主要功能 …… 264
3.9.6 平台应用框架 …… 271
3.9.7 平台亮点 …… 274
3.10 飞渡科技 DTS 实景三维平台 …… 275
3.10.1 平台需求分析 …… 275
3.10.2 平台架构体系 …… 276
3.10.3 平台数据资源 …… 277
3.10.4 平台业务模型 …… 279
3.10.5 平台主要功能 …… 279
3.10.6 平台应用框架 …… 284
3.10.7 平台亮点 …… 287
3.11 长沙市规划信息服务中心实景三维平台 …… 288
3.11.1 平台需求分析 …… 288
3.11.2 平台架构体系 …… 288
3.11.3 平台数据资源 …… 290
3.11.4 平台业务模型 …… 292
3.11.5 平台主要功能 …… 293
3.11.6 平台应用框架 …… 302
3.11.7 平台亮点 …… 304
3.12 CE 实景三维平台 …… 306
3.12.1 平台需求分析 …… 306
3.12.2 平台架构体系 …… 307
3.12.3 平台数据资源 …… 308
3.12.4 平台业务模型 …… 310
3.12.5 平台主要功能 …… 312
3.12.6 平台应用框架 …… 319
3.12.7 平台亮点 …… 321

中　册

第 4 章　实景三维赋能数字政府 …… 323
4.1 实景三维赋能数字政府概述 …… 323
4.2 自然资源管理 …… 323
4.2.1 应用概述 …… 323

4.2.2 需求分析 324
4.2.3 技术路线 326
4.2.4 应用场景 329
4.2.5 应用成效 334
4.3 国土空间规划 334
4.3.1 应用概述 334
4.3.2 需求分析 335
4.3.3 技术路线 335
4.3.4 应用场景 337
4.3.5 应用成效 344
4.4 国土空间用途管制 345
4.4.1 应用概述 345
4.4.2 需求分析 347
4.4.3 技术路线 347
4.4.4 应用场景 352
4.4.5 应用成效 355
4.5 土地全周期管理 357
4.5.1 应用概述 357
4.5.2 需求分析 357
4.5.3 技术路线 358
4.5.4 应用场景 359
4.5.5 应用成效 368
4.6 不动产登记 368
4.6.1 应用概述 368
4.6.2 需求分析 369
4.6.3 技术路线 369
4.6.4 应用场景 373
4.6.5 应用成效 381
4.7 智慧公安 382
4.7.1 应用概述 382
4.7.2 需求分析 383
4.7.3 技术路线 384
4.7.4 应用场景 386
4.7.5 应用成效 395
4.8 应急防控 396
4.8.1 应用概述 396

4.8.2 需求分析 ……397
4.8.3 技术路线 ……398
4.8.4 应用场景 ……402
4.8.5 应用成效 ……408
4.9 城市综合治理 ……409
4.9.1 应用概述 ……409
4.9.2 需求分析 ……410
4.9.3 技术路线 ……410
4.9.4 应用场景 ……412
4.9.5 应用成效 ……421
4.10 智慧住建 ……422
4.10.1 应用概述 ……422
4.10.2 需求分析 ……422
4.10.3 技术路线 ……423
4.10.4 应用场景 ……426
4.10.5 应用成效 ……434
4.11 历史文化保护 ……435
4.11.1 应用概述 ……435
4.11.2 需求分析 ……435
4.11.3 技术路线 ……436
4.11.4 应用场景 ……441
4.11.5 应用成效 ……448
4.12 总结和展望 ……449
参考文献 ……450

第 5 章 实景三维赋能行业部门 ……451

5.1 实景三维赋能行业部门概述 ……451
5.2 智能交通 ……451
5.2.1 行业现状及主要需求 ……451
5.2.2 技术架构 ……453
5.2.3 应用场景 ……460
5.2.4 主要成效 ……464
5.3 智能建筑 ……466
5.3.1 行业现状及主要需求 ……466
5.3.2 技术架构 ……467

5.3.3 应用场景 …… 468
5.3.4 主要成效 …… 477
5.4 未来社区 …… 478
5.4.1 行业现状及主要需求 …… 478
5.4.2 技术架构 …… 479
5.4.3 应用场景 …… 484
5.4.4 主要成效 …… 486
5.5 智慧园区 …… 487
5.5.1 行业现状及主要需求 …… 487
5.5.2 技术架构 …… 490
5.5.3 应用场景 …… 491
5.5.4 应用成效 …… 500
5.6 智慧港口 …… 500
5.6.1 行业现状及主要需求 …… 500
5.6.2 技术架构 …… 502
5.6.3 应用场景 …… 510
5.6.4 主要成效 …… 512
5.7 地下管线 …… 513
5.7.1 行业现状及主要需求 …… 513
5.7.2 技术架构 …… 515
5.7.3 应用场景 …… 520
5.7.4 主要成效 …… 523
5.8 工程建设 …… 524
5.8.1 行业现状及主要需求 …… 524
5.8.2 技术架构 …… 526
5.8.3 应用场景 …… 527
5.8.4 主要成效 …… 534
5.9 电力设备 …… 535
5.9.1 行业现状及主要需求 …… 535
5.9.2 技术架构 …… 537
5.9.3 应用场景 …… 538
5.9.4 主要成效 …… 549
5.10 水利水务 …… 550
5.10.1 行业现状及主要需求 …… 550
5.10.2 技术架构 …… 552

5.10.3 应用场景 ······554
5.10.4 主要成效 ······563
5.11 乡村振兴 ······564
5.11.1 行业现状及主要需求 ······564
5.11.2 技术架构 ······565
5.11.3 应用场景 ······571
5.11.4 主要成效 ······573
5.12 人文旅游 ······575
5.12.1 行业现状及主要需求 ······575
5.12.2 技术框架 ······576
5.12.3 应用场景 ······577
5.12.4 主要成效 ······584
5.13 智慧矿山 ······586
5.13.1 行业现状及主要需求 ······586
5.13.2 技术架构 ······587
5.13.3 应用场景 ······589
5.13.4 主要成效 ······599
5.14 数字工厂 ······600
5.14.1 行业现状及主要需求 ······600
5.14.2 技术架构 ······602
5.14.3 应用场景 ······604
5.14.4 应用成效 ······610

第 6 章 实景三维发展趋势 ······612

6.1 重塑测绘地理信息学科发展 ······612
6.2 提升人类探空探地探海能力 ······614
6.3 助力可持续发展问题解决 ······615
6.4 构筑中国未来新型基础设施 ······616
6.4.1 城市数字化治理 ······617
6.4.2 自然资源立体化监管 ······617
6.4.3 重大基础设施安全运维 ······618
6.4.4 PNT 体系建设 ······618
6.5 促进专业成果的普适应用延伸 ······619
参考文献 ······620

下 册

实景三维山东平台建设及应用 …… 621
实景三维城市规划辅助决策系统 …… 628
花木街道数字孪生社区管理系统 …… 636
以三维地籍为核心的土地立体化管理关键技术研究及应用 …… 643
天安门地区三维立体实景信息管理系统 …… 651
基于数字孪生的高速公路智慧建造平台 …… 658
实景三维西安智慧社区信息管理平台 …… 668
基于实景三维的智慧机场建设与应用 …… 678
湖州市德清县体育中心智慧场馆 …… 690
福清市二三维一体化平台暨应用场景 …… 699
森林防火实景三维立体一张图平台 …… 707
实景三维在天津疫情防控中的应用 …… 714
国土空间规划实景三维智能可视化分析平台 …… 723
杭州市青山水库管理新模式——数字孪生 + 水利 …… 732
绍兴古城保护利用信息管理系统 …… 740
基于实景三维平台贵州省遥感影像统筹项目 …… 752
基于实景三维底座的智慧变电站全景管控平台建设 …… 759
山东省自然资源统一确权信息管理系统建设 …… 769
西部（重庆）科学城实景三维平台 …… 777
芜湖市湾沚区实景三维国土空间基础信息平台 …… 784
广州智慧排水信息系统 …… 792
基于实景三维的古建筑数据融合与信息提取 …… 801
基于实景三维的露天矿智慧监管系统构建与应用 …… 811
南京市实景三维平台建设及应用 …… 822
长沙市实景三维风貌管控系统建设与应用 …… 831
宁波市鄞州区实景三维平台 …… 840
红安智慧高新技术园区实景三维平台 …… 847
城市更新背景下基于实景三维的 **BIM + IoT** 关键技术应用示范 …… 853
全国重点文物保护单位古月桥保护修缮工程数字化测绘与监测控制 …… 863

第 4 章　实景三维赋能数字政府

4.1　实景三维赋能数字政府概述

2022 年 6 月，国务院印发《关于加强数字政府建设的指导意见》（国发〔2022〕14 号），提出加强数字政府建设，要求“坚持数据赋能。建立健全数据治理制度和标准体系，加强数据汇聚融合、共享开放和开发利用，促进数据依法有序流动，充分发挥数据的基础资源作用和创新引擎作用，提高政府决策科学化水平和管理服务效率，催生经济社会发展新动能。”自然资源部办公厅《关于全面推进实景三维中国建设的通知》（自然资办发〔2022〕7 号）提出，实景三维是国家重要的新型基础设施，为数字中国提供统一的空间定位框架和分析基础，是数字政府、数字经济重要的战略性数据资源和生产要素。

近几年，随着国内实景三维建设工作的加快推进，建设成果的不断落地，实景三维应用技术不断深入。在政府管理工作中，实景三维凭借真实、立体、时序化的优势，基于多源数据融合、海量数据管理发布、大数据分析、云计算、人工智能、物联感知接入等技术，整合各部门业务数据，搭建基于二三维一体地理空间框架的业务体系，实现政府管理信息化由平面向立体的跨越升级，在自然资源管理、国土空间规划、智慧公安、应急防控、城市综合治理、智慧住建、历史文化保护等领域逐步形成成熟的解决方案，为数字政府建设提供全空间、全过程、全周期的数据与技术赋能。

4.2　自然资源管理

4.2.1　应用概述

当前，中国正处于数字化转型助力高质量发展的关键时期，自然资源作为社会建设的空间基底，其高质量发展对科技创新提出了前所未有的更高要求，也对时空信息技术创新提出了新的诉求。

在自然资源管理工作中，二维技术越来越不适应社会发展的要求，传统的平面图视角单一，难以表达地理实体的高度、纹理和地表起伏等空间信息。自然资源信息化需求重心从客户端转向了服务端，从二维平面扩展到三维全空间，从室外扩展到室内，从宏观拓展到微观。地球空间信息的三维可视化以其开放性、可量测性和可挖掘性，成为信息化服务的基本要求，三维地图也成为人们进行空间信息交互的基本方式和各种门户网站信息服务的基本内容。

为了适应新形势下自然资源信息化的新要求，《自然资源部信息化建设总体方案》提出推进实景三维数据库建设，在已有基础上整合完善，建立三维立体自然资源“一张图”。自然资源部《实景三维中国建设技术大纲（2021 版）》对实景三维的建设目标、建设内容等进行了细化。实景三维技术较传统二维测绘技术、三维建模技术在高效率、高精度、高真实感等方面具有突出优势，实景三维建设将为自然资源领域的三维应用提供本底基础，在响应自然资源精细化管理、提升特大城市国土空间品质等新需求方面有较高价值潜力。

4.2.2 需求分析

随着自然资源管理的精细化程度越来越高，人们对自然资源的认知维度也越来越丰富，不仅要从宏观上掌握资源的数量、分布信息，还需要对资源的质量、精准位置、内部结构进行多维度管理，实现自然资源的空间统一管理、三维立体管理和实景三维呈现。

1. 机构改革后迫切需要二维到三维的自然资源综合管理

2018 年，以行使“两统一”为主要职责的自然资源部成立，标志着自然资源管理从“小国土时代”进入“大自然资源时代”，土地、矿藏、水流、森林、山岭、草原、荒地、滩涂等重要的自然资源分布在地上、地表和地下不同空间维度上，要实现自然资源的综合一体化管理，需要在原有二维空间管理基础上扩充三维数字空间环境，实现多种空间的自然资源精细化管理。

在自然资源调查监测方面，自然资源分布在地上、地表和地下，原有的基于遥感影像等二维手段辅助调查监测无法区分地上和被地上遮盖的地表自然资源，同时无法表示地下的矿产等自然资源类别，必须借助三维地形、倾斜摄影、LiDAR 点云和地下三维探测等手段获取地上、地表和地下三维环境，基于该实景三维环境才能够实现全空间分布的自然资源调查、监测和管理。

在自然资源和不动产确权登记方面，城市建设快速发展，建筑、道路、管线、地下空间等城市设施建设日益增多，不动产的产权管理日益复杂，土地在空间方向上的利用日渐多元化，致使传统的二维空间的管理模式已无法管理地上、地下空间中交叉、重叠的三维产权管理问题，且二维环境下的土地落宗不直观，二维楼表形式简陋，异形结构无法刻画，无法进行不动产信息的空间分析，因此需要实景三维环境支撑自然资源与不动产确权登记。

在国土空间规划方面，基于二维图形的规划很难将实际空间环境与规划成果有机结合，而在三维虚拟环境中开展规划编制、实施、评估预警等业务，不仅可直观展现规划现状，改善规划质量，丰富多种国土空间优化的探究视角，同时在三维环境下为大众展示国土空间规划情况，可大幅提升社会服务质量。

在自然资源监管方面，原来的自然资源监管是在二维平面实现独立类别的自然资源概略性管理；而在三维环境下开展自然资源监管，不仅能够实现地上、地表和地下的全方位管理，同时，相比原有只能统计分析投影面积的二维环境，三维环境能够精细化统计各类自然资源的表面积和体积等，为自然资源资产管理提供精准数据。通过对如公园保护区等自然资源建立实景三维环境，为后期的生态修复提供精准的数据参考，为现有重点自然资源生态修复制定更加精细的修复方案。多数自然资源的变化表现为高程的变化，通过在多时相内获取自然资源的倾斜实景模型和 LiDAR 点云数据等能够自动、精准、快速监测自然资源变化，同时为自然资源执法监察提供重要手段。

因此，在今后的自然资源综合调查监测、确权登记、国土空间规划、监管执法等业务中，基于二维环境的自然资源管理已无法充分满足管理需求，迫切需要三维环境来辅助精准管理。

2. 新一代三维技术能够有力支撑自然资源实景三维应用

近年来空间三维数据获取技术有了重大进步。测绘卫星、无人机航测、激光雷达、倾斜摄影、移动测量系统和自动化采集汽车等“空天地”三维数字采集方法已经成熟，传感器的精度与速度都有了明显的提高。随着三维空间信息获取技术的发展，新型三维数据（倾斜摄影、BIM、激光点云）与传统数据（影像、矢量、地形数据、精细模型、地下管线）融合，大规模、高精度、低成本数据的获取成为现实，大幅降低了三维数据建设成本。

海量三维数据可视化与应用服务条件逐渐成熟。随着计算机软硬件的飞速发展，云计算等技术的逐渐成熟，使得海量地理信息为大众服务不再可望而不可及。目前主流的三维 GIS 软件通过采用图像绘制加速技术，多层次模型以及动态加载技术，实现对大范围、多尺度的多源海量三维数据的快速浏览和处理，使得人们在普通个人计算机上就能轻松实现对海量三维模型和影像的各项漫游操作。基于 WebGL 技术的 Web 三维，为构建 B/S 架构的三维 GIS 应用提供可行性，同时在跨平台 GIS 技术的基础上，发展出 Web 端的三维空间分析能力。

新一代三维技术整合增强现实（augmented reality，AR）和 BIM 等应用，为自然资源精细化管理奠定了技术基础。利用 BIM、三维实体数据模型，实现从物体表面与形状的表达到内部结构的表达；通过将倾斜摄影模型展示的宏观地理空间和 BIM 模型展示的微观室内空间，将宏观与微观数据完美结合；通过三维与 AR 相结合，将规划成果放到实际自然资源场景中，直观体验各种规划和决策将带来的实际效果，提升了自然资源管理的科学性。

随着相关技术的发展，三维 GIS 应用将很快摘下原有的“高成本、轻管理”的帽子，二三维一体化管理是实现完全三维应用的必经之路，其将给自然资源统一管理带来新风貌。

3. 实景三维服务于自然资源部门的“两统一”“七个关键环节”

建立自然资源三维综合管理及应用模式，在确立数据标准的前提下，需首先从业务出发，分析自然资源管理对于三维的业务方面需求。根据自然资源部信息化顶层设计，自然资源信息化业务需求框架如图 4-1 所示。

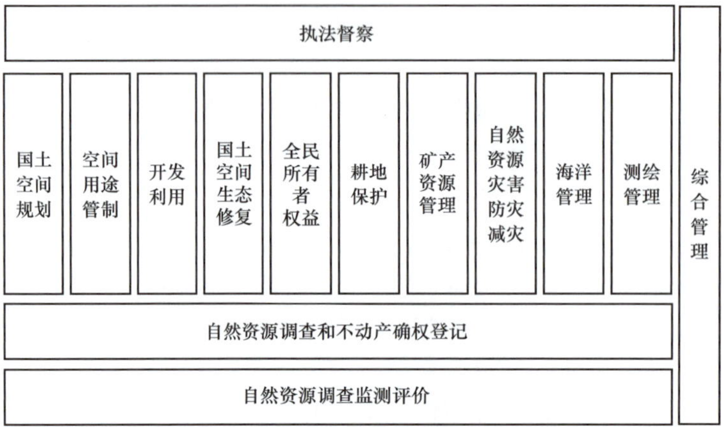

图 4－1　自然资源信息化业务需求框架图

实景三维可用于除综合管理业务外的其他所有自然资源业务，从业务环节上覆盖自然资源部门的“两统一”“七个关键环节”。从管理对象上，覆盖“山水林田湖草”自然资源环境要素和“车路地房”等人造环境要素；从管理空间上，包含地上、地表、地下、室内、室外；从功能角度上，需要基于三维的查询、浏览、分析、设计和仿真模拟等，辅助自然资源综合管理、分析决策和共享服务。

实景三维能够为自然资源各个业务带来丰富的业务价值。自然资源调查监测需要三维数据作为支撑，从而实现地上、地表和地下自然资源的全面精细调查和管理；自然资源与不动产确权登记在三维环境下运行能够直观地提供管理和查询，同时便于后期的空间分析决策；在三维环境下建立国土空间规划仿真应用，能够更加准确、科学地规划编制、实施和监测预警；自然资源的变化往往表现为高程的变化，通过不同时相三维数据能够从平面和高程两个方面反映自然资源变化，从而准确地实现国土空间用途管制和自然资源执法监察；以三维数据作为支撑对自然资源资产进行地上、地表和地下自然资源综合管理，并能实现体积、表面积等精细化统计，实现更准确的自然资源资产管理。

4.2.3　技术路线

1. 建设思路

自然资源三维管理模式，其实质是对二维世界的升维，即突破原有的二维管理模式，以数据为基础、以技术为手段、以平台为支撑、以应用为目的，结合三维空间技术，实现自然资源的信息化管理。因此，要实现自然资源信息管理二三维一体化，数据、技术和软件平台缺一不可。

数据层面，汇聚多种建模方式获取的三维数据资源，形成完整的三维基础空间数据资源体系。梳理各类自然资源能够三维化的专题数据，形成全面支撑应用的三维专题空间数据资源体系。建设由宏观到微观、从概略到翔实的全空间三维自然资源数据资源体系。建设空天一体化、地上地下一体化、室内室外一体化、陆海一体化的三维实景数据资源体系，为自然资源管理提供更直观、更精准的应用。

平台层面，基于国土空间基础信息平台拓展三维数据服务与三维功能服务；借助二三维一体化软件技术，实现信息化管理和数据、功能服务的升维。

应用层面，基于三维地理空间数据模型（如：传统三维模型数据、倾斜摄影测量模型数据、BIM 数据、矿体模型数据、三维楼盘表模型数据等），与国土空间基础信息平台拓展的三维数据和分析服务，建设多个自然资源实景三维专题应用，解决原有二维环境下自然资源综合管理的多种问题，实现全空间、全要素、高精度和高真实度的自然资源综合信息化应用。

2. 关键技术

（1）全空间表达的三维数据模型技术。在点、线、面、栅格、不规则三角网（triangulated irregular network，TIN）、网络等传统 GIS 二三维数据模型的基础上，扩展和定义三维体数据模型、不规则四面体网格（etrahedralized irregular mesh，TIM）和体元栅格等场模型，推动三维 GIS 实现空天/地表/地下一体化表达，赋能全空间的三维 GIS 应用。

在二三维一体化数据模型基础上，提出三维体数据模型，解决对离散、匀质的三维实体空间的表达与分析的问题；提出三维场数据模型（TIM 和体元栅格），解决了对连续、非匀质的三维空间的表达与分析的难题。从 GIS 基础平台软件内核层面实现空间数据模型从二维到三维全面升维：从点、线、面升维到三维体；从网络升维到三维网络；从 TIN 升维到 TIM；从栅格升维到体元栅格。形成涵盖离散对象、连续空间的完整的空间数据模型体系，实现对现实世界的全空间表达。完善三维 GIS 理论体系，推动三维 GIS 向更深层次、更加实用的方向发展，扩展三维 GIS 的内涵及外延。

（2）虚拟动态单体化技术。在可视化层面，采用阴影体绘制技术将矢量底面附着绘制在倾斜摄影建模、激光点云数据表面，在不切割数据的情况下，实现倾斜摄影建模、激光点云数据的单体化表达；在数据层面，实现矢量底面数据与倾斜摄影建模、激光点云数据的动态关联，不仅便于数据更新，而且可以借助于矢量底面的属性查询和空间查询能力，实现倾斜摄影建模、激光点云数据与业务数据相关联，解决倾斜摄影建模、激光点云数据在 GIS 中应用的难题，有效推动倾斜摄影建模、激光点云数据在测绘、规划、智慧城市等行业的广泛应用。

（3）符号化三维建模技术。通过三维符号化技术，实现点、线、面要素在三维场景中的快速构建与可视化表达，解决海量点、线、面要素在三维场景中真实再现的问题，有效提高基础测绘数据资产的利用率，降低三维数据的建模成本。

（4）多源数据融合技术。提供倾斜摄影数据的全流程解决方案，提供倾斜摄影建模数据的虚拟动态单体化技术，解决倾斜摄影建模数据无法直接对象化查询和管理的难题；突破 TB 级倾斜摄影建模数据在三维 GIS 平台原生加载、动态坐标转换、实时渲染等关键技术。

实现高精度激光点云数据的快速加载与流畅显示，同时支持点云模型的单体化查询、量测及设置颜色表等功能，满足广大用户的应用需求。

能够与常用的 BIM 软件 Revit、Bentley、CATIA 无缝对接，同时支持 Civil 3D、PKPM 和 BIM 交换格式 IFC 等数据格式的接入，支持 BIM 与 GIS 数据厘米级精准匹配、百万级以上 BIM 模型的实时绘制、BIM 模型的空间分析等关键技术。提供完善的 BIM+GIS

能力支持助力城市设计和 CIM 建设。

（5）高性能三维 GIS 技术。解决全球尺度的多分辨率表达，以及空间数据在数字地球上的管理调度等关键问题的三维地球引擎。提供若干提高渲染性能的技术，主要包括：渲染引擎技术、LOD 技术、批量渲染技术、纹理压缩技术。提供基于 GPU 加速的相对视点的渲染技术，解决大规模场景渲染精度不足的难题。

提供具备实时分析、即时完成、导出结果的三维空间分析能力，在三维场景中实时展示三维空间分析可视化效果，并支持导出三维空间分析结果进行二次空间分析。

3. 总体框架

将自然资源“一张图”数据资源体系中已有的基础测绘、遥感、土地、地质、矿产资源、地质环境、自然资源与不动产确权登记等各类专题信息数据实现升维服务，有条件采集或扩充三维实景模型数据，建立二三维一体化的自然资源三维实景数据库。基于国土空间基础信息平台，在统一的标准规范、统一的数据基准、统一的服务接入的基础上，面向国土空间规划、国土空间用途管制、自然资源确权登记、国土空间生态修复、耕地保护、地质矿产、海洋等领域扩展三维数据和应用服务能力。实现与国家发展和改革委员会、生态环境部、住房和城乡建设部、水利部、农业农村部等部门的信息共享，搭建部门联动、开放共享、安全可靠的三维技术服务体系，并向企事业单位、科研机构、社会公众提供三维数据共享和开放、信息公开等服务。自然资源管理总体框架如图 4-2 所示。

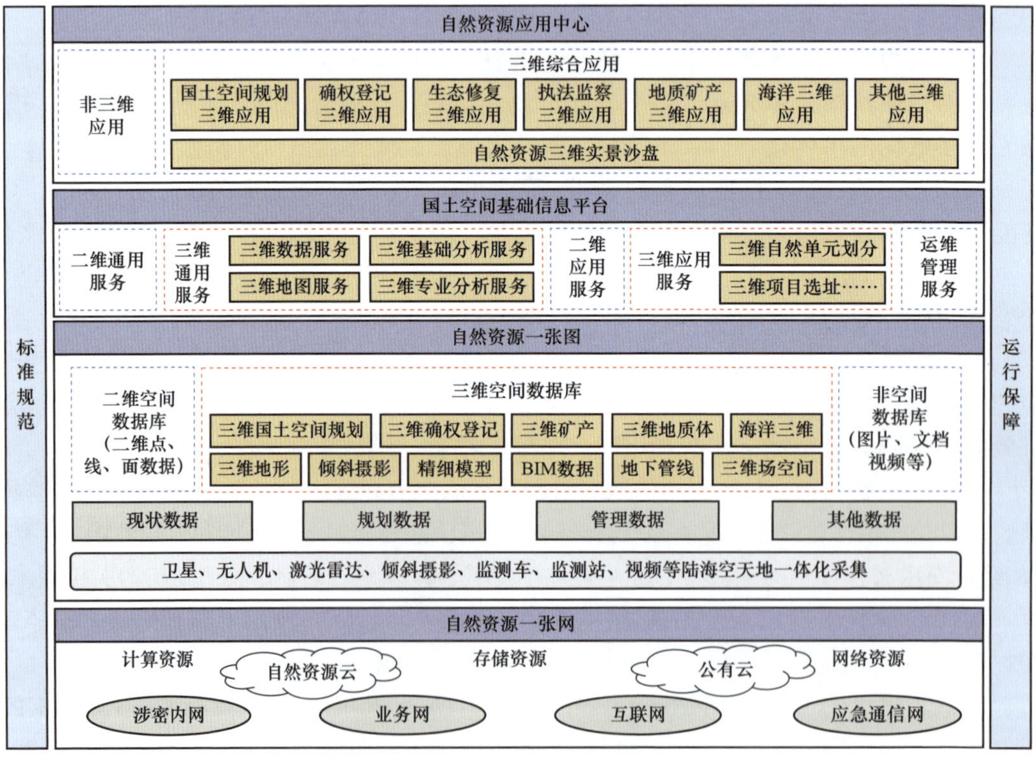

图 4-2　自然资源管理总体框架图

4.2.4 应用场景

实景三维支撑自然资源立体化管理，在自然资源管理领域，可在实景三维中叠加国土调查现状数据及耕地保护线、生态红线、自然保护区界线、水源地保护线等规划保护界线，更真实地掌握“山水林田湖草”生态空间体量和变化趋势，实现国土空间和自然资源的立体监管。

1. 自然资源调查监测应用

在自然资源调查监测方面，实景三维可以赋能自然资源调查和确权更加科学、高效。在统一的实景三维产品基础上，将三维地形、专题地图层和精细三维模型数据进行整合，可以构建全要素三维可视化场景，真实展示该区域的山、水、林、田、湖、草、沙等风貌，实现自然资源多源数据集成到全要素三维可视化管理。

（1）调查可视化。在国土资源调查、违章建筑监测方面，实景三维可以赋能自然资源调查和确权更加科学、高效。在土地调研方面，利用实景三维可测量、直观、逼真的特点，对行业内部进行逐一验证，提高行业信息准确性，无须大量的外业调查和举证，减少外业举证量；对于真正需要实地验证的地图点，可以更方便地确定验证路径和三维场景中位置角度，从而缩短工作时间，保障成果质量。在城镇违章建筑监测方面，实景三维技术可以快捷、科学地获取构（建）筑物加层、扩建等违法情况，大大减少执法人员现场取证的工作量，提高执法效率。三维可视化场景如图 4－3 所示。

图 4－3　三维可视化场景

（2）自然资源动态监测。实景三维产品可以更为直观地对河流、森林、草原、湿地、滩涂等所有自然生态空间进行清晰界定，为严守耕地红线、实施自然资源调查、日常监测及土地整治提供支撑，便于进行立体计算和监测分析。结合多时相的 DSM 数据，可实现自动化的对比分析，第一时间发现地表的高程变化，辅助自然资源动态监测，解决各类自然资源在平面空间上存在重叠的问题，如矿产资源与其他自然资源的重叠、乱采乱挖、批而未建设用地调查、城镇违章建筑监测等。滩涂资源概况如图 4－4 所示。

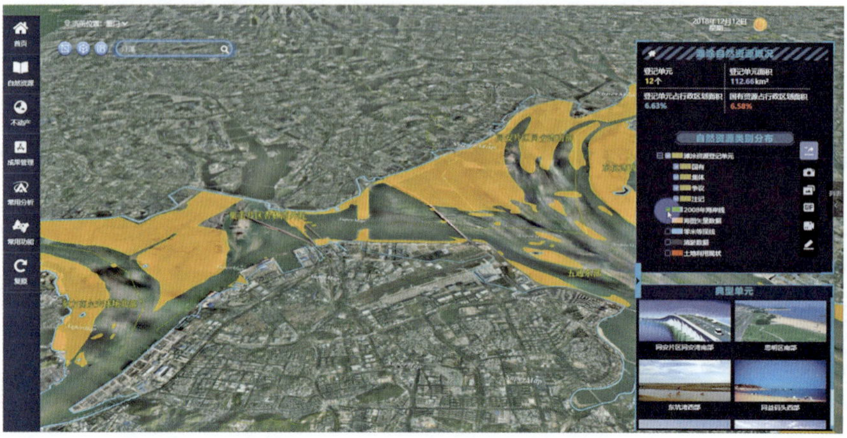

图 4-4　滩涂资源概况

（3）耕地资源调查监测。我国幅员辽阔、地形地貌多样性是我国土地资源的基本特点之一，利用实景三维技术，可以直观地分析和测量各种自然资源坡度。例如，将耕地数据叠加到三维数据上，直接读取耕地坡度信息，为耕地分类定级提供依据。其次，将耕地和定级数据用三维数据进行叠加后，如果耕地坡度与定级数据不一致，可以找出差异范围，从而辅助耕地定级调查，还可根据坡度对退耕还林、还草等项目进行辅助，这在耕地调查、耕地等级评价方面有非常重要的参考价值。对大部分耕地以山坡旱地为主的地区，存在一定的广种薄收、倒山种地的自然经济方式，宜农地资源不足是其本质特征。可在三维地形建模成果中叠加自然资源数据，并对其中的宜农地资源进行坡度分析，检查现有和新调入的基本农田是否符合国家对基本农田用地地形坡度不大于 25° 或土面坡度不大于 15° 的要求。还可以对退耕还林的土地进行监管，避免部分地区以退耕还林为名违反土地利用总体规划，将基本农田纳入退耕范围。坡度坡向分析实现宜农资源分级如图 4-5 所示。

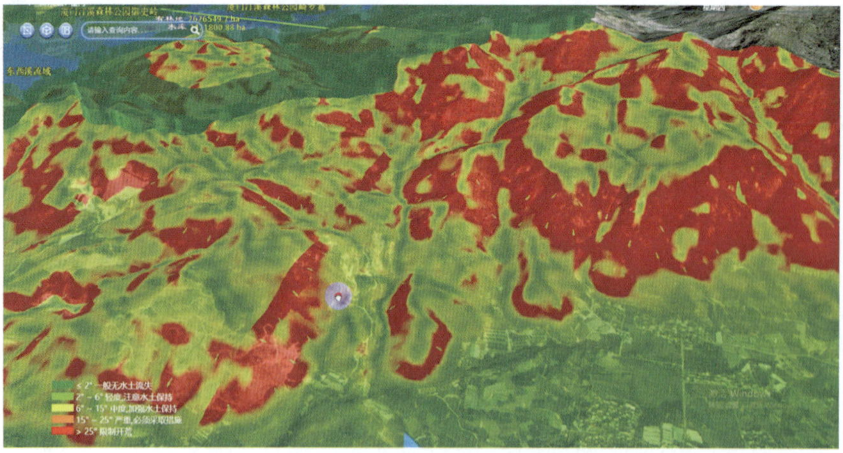

图 4-5　坡度坡向分析实现宜农资源分级

（4）林业资源调查监测。借助倾斜摄影、激光雷达等多种方式，从空中和地面多维度、多层次获取林草信息，既是利用现代科技手段提升数据获取能力的尝试，也是对卫星遥感数据的重要补充，可以极大地改善传统外业调查精度低、时效性差等问题。通过建设林业三维，全景式真实展现自然资源在地理空间的分布，直观、立体、清晰地展示出特定范围的地形地貌、立地条件、地类、树种分布以及生长状况等基础信息，实现山、林要素的三维空间一体化，为有效解决“在哪造”“造什么”“怎么造”“怎么管”等管理决策提供精细化、数字化支撑，从技术层面助力森林防火、湿地保护、动植物保护等森林资源的管理维度升级，为科学国土绿化的规划设计、工程实施及后期效果评估提供精准的基础资料，也将为森林病虫害监测、松材线虫疫木识别和林草湿综合监测评价提供有力的技术支撑，为运用数字技术推动林草信息化建设做出有益探索，有效提升县域治理、生态保护等领域的治理能力和管理水平。林业资源概况如图 4–6 所示。

图 4–6　林业资源概况

2. 国土空间保护与合理利用

立足生态系统的完整性，统筹考虑各类国土空间要素的合理利用及保护需求，实现国土空间用途管制范围、要素和类型全覆盖。

以流域用途管制为例，在三维环境中可以利用分布式共享存储器数据直接显示出流域范围、表面积、方位等。通过多时相 DSM，反映出流域周围植被、建筑等信息变化，然后与土地利用状况数据进行叠加，为流域空间治理提供依据。流域概况如图 4–7 所示。

3. 矿产资源管理应用

以监控矿山开发利用活动和治理恢复情况为目标，用三维手段进一步提高矿产资源勘查、开发与保护监管的水平。三维矿体模型构建如图 4–8 所示。

（1）定期开展无人机航拍，采集矿山正射影像及倾斜摄影数据，建立地上地下一体化的三维矿产仿真环境。通过三维模型判断矿产资源分布情况、矿山开采方式、采矿区地形形变、矿山工作区地表覆盖类型、矿山治理恢复情况、矿山周边情况等。通过两期倾斜摄影数据计算周期内矿石开采量，动态监测矿产资源的变化。

图 4-7　流域概况

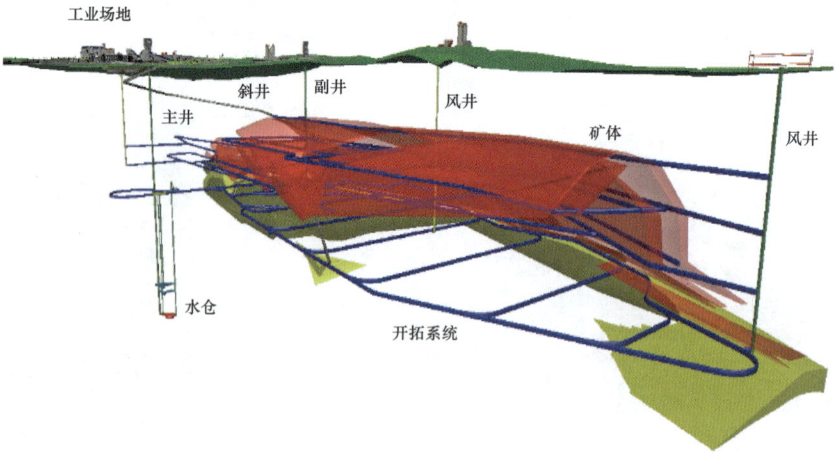

图 4-8　三维矿体模型构建

（2）矿山开发利用地下动态监测，使用激光雷达扫描技术，对地下开采矿山定期进行三维数据收集，获取地下矿山点云数据，构建地下矿山三维模型，摸清地下开采矿山巷道、掘进面、采空区等情况，监测地下开采范围及开采量变化。

（3）监控设备数据与矿山三维模型的集成，根据要求在露天开采矿山矿区范围内、地下开采矿山掘进面、开采面、巷道关键位置、地磅等处安装可控的高清摄像仪，将视频信号动态接入三维平台，实现在三维平台上实时查看矿山生产情况。

（4）矿山三维模型与实时监控视频流数据的视图融合，将矿山动态监控视频与三维场景融合在一起，例如将实时矿车、传送带等监控视频在倾斜摄影对应的位置中贴地显示，使视频展示的效果更加真实，并运用视频识别技术识别物体并打上地理标签，有效还原矿山开发利用现场的真实情况。

4. 地质环境与防灾减灾应用

利用钻孔资料、地质图、地形图、剖面图等多元信息进行多源数据整合三维建模，实现三维地灾管理、分析与监测。在构建三维地质灾害数据库基础上，任意切割制作地质剖面图、平面图等，并对地质灾害体局部或者全部的面积和体积进行计算，为地质灾害的发生、演变提供决策依据。

在三维场景中建立地质灾害监测分析模型，实现地质灾害事前、事中、事后的闭环式处理，事前可以进行地质灾害风险的评估预测，事中可以实现地质灾害的精准救援，事后可以进行地质灾害灾损评估和事故复盘。如根据滑坡泥石流等监测数据与遥感影像、坡度数据、视频监控、救灾物资及力量、导航数据、地形等分析数据源，在三维场景中分析并展现地质灾害受灾区域范围、重点防治对象、受灾房屋、受灾人员、撤离路线、救援力量调配等信息，实现立体化时空分析决策和实时物联感知，为灾害预警及重大灾难事故的快速应急提供科学依据。地质体剖面分析如图 4–9 所示。

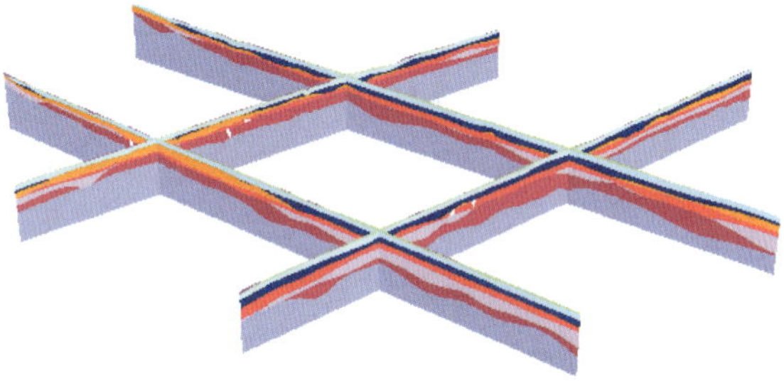

图 4–9　地质体剖面分析

5. 自然资源执法监察应用

通过调用国土空间基础信息平台三维数据和功能服务，多角度统计分析各区域自然资源违法行为数量、面积、类型等，基于不同时相的倾斜摄影模型、三维地形数据和三维点云数据等进行比较，提供将规划和界线数据套合三维环境，通过查看指标比对，准确确定自然资源违法占用情况。通过自然资源执法监察三维应用与设定的巡查计划对比，判定是否按照计划实施巡查；跟踪巡查及其他渠道发现的各类自然资源违法行为后续处置情况。自然资源执法监察系统如图 4–10 所示。

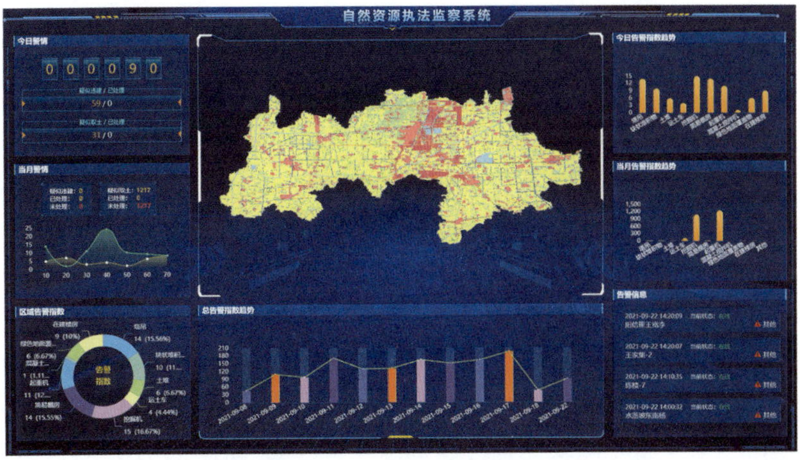

图 4–10　自然资源执法监察

4.2.5 应用成效

面向自然资源管理层面，推动实景三维数据真正融入自然资源各部门的信息化管理，能够在长期运营工作中，让实景三维数据真正发挥空间基底的作用，持续丰富管理功能，提升管理水平，惠及民生和产业发展。

实景三维技术在自然资源调查和矿产资源管理方面都有了较深入的应用，并且取得了不错的应用成效。

在自然资源调查方面，第三次全国国土调查、农村宅基地确权登记、农村房地一体测绘等项目已经大面积使用倾斜摄影获取实景三维数据，进行自然资源调查和房地确权工作，利用实景三维技术取代传统测绘的模式，可以大幅度减少野外测绘工作量，降低项目实施成本，提高作业效率。

在矿产资源管理方面，实景三维技术已经在矿产资源监管和矿产资源开发利用方面被使用，尤其在露天矿监管方面。实景三维建模技术可以高效地获取矿产资源的开发边界、开采量和矿产治理情况，为矿产资源管理和监管提供高效的监管手段。

不久的将来，随着实景三维中国的全面建设，以及公众认知的不断深入和技术的不断提升，实景三维数据无疑将全面融入自然资源管理的各个领域和全过程，为改善自然资源保障能力、优化自然资源开发空间格局、生态用地保障、城乡建设用地优化开发等工作提供更直观、更准确的基础测绘与地理信息数据，通过融合物联网、人工智能、混合现实等技术助力自然资源行业的智慧化发展、智能化管控和便捷化服务，真正体现“地理信息让生活更美好”，成为带动行业发展的一股新动力。

4.3 国土空间规划

4.3.1 应用概述

国土空间规划是对一定区域国土空间开发保护在空间和时间上作出的安排，包括总体规划、详细规划和相关专项规划。国土空间规划是国家空间发展的指南、可持续发展的空间蓝图，是各类开发保护建设活动的基本依据。因此，国土空间规划的编制在战略性、科学性、协调性和操作性上有其自身的要求。2019 年，中共中央、国务院发布《关于建立国土空间规划体系并监督实施的若干意见》(2019〔18〕号)，提出要从更深层次、更科学的角度解决空间问题，逐步形成全国国土空间规划“一张图”，构建新时代的空间治理体系，推进政府部门之间的数据共享以及政府与社会之间的信息交互。实景三维中国的建设可为国土空间的统一规划、用途管制、保护修复三个环节提供更深入的服务。2022 年国务院印发的《国务院关于加强数字政府建设的指导意见》(国发〔2022〕14 号)指出，要构建精准感知、智慧管控的协同治理体系，完善自然资源三维立体“一张图”和国土空间基础信息平台，持续提升自然资源开发利用、国土空间规划实施、海洋资源保护利用、水资源管理调配水平。

实景三维是三维空间的构架和底座，而国土空间规划是用地管控和实施监督的基础。面向国土空间规划的业务需求和应用现状，构建具有立体化、可视化、智慧化能力的国土空间规划决策分析和监管体系，逐步夯实和完善国土空间基础信息平台，提升国土空间规划实施水平，实景三维技术将成为国土空间规划和治理的重要手段。

4.3.2 需求分析

当前，各级各类空间规划在支撑城镇化快速发展、促进国土空间合理利用和有效保护方面发挥了积极作用，同时也出现规划类型过多、内容重叠冲突，审批流程复杂、周期过长等问题。国土空间规划编制、审查与实施大体还是停留在二维平面上。在规划过程中，基于传统二维的分析技术与规划方法在规划过程中存在一定的局限性。在规划数据方面，二维规划的空间立体信息与指标数据直观性不强、数据不完整或冗余、层次不分明；在规划编制与实施方面，基于传统二维平面分析的规划方式较少考虑三维的流动要素，且大多数二维评价体系的验证环节滞后，分析结果的可视化程度不高；在空间监管方面，二维平面监管不能及时对时空数据进行实时交汇，实施监督主要以人工巡查方式为主，较难满足当前实施监督需求，动态监测能力有待提升；在规划公众参与方面，规划表达专业、抽象，公众较难直观真实感知、参与、评价规划的内容和成果，参与规划的门槛较高。《关于建立国土空间规划体系并监督实施的若干意见》则提出建立全国统一、责权清晰、科学高效的国土空间规划体系，整体谋划新时代国土空间开发保护格局。面对立体的国土空间，基于传统二维的分析技术与规划方法难满足新时代下国土空间规划的需求，国土空间治理能力和治理水平的现代化成为发展的必然趋势。面对国土空间规划编制审批和实施管理工作新要求，亟须转化规划设计理念。

全国国土空间规划“一张图”“实景三维中国建设”的提出，自然资源三维立体“一张图”和国土空间基础信息平台的建设，顺应了国土空间治理能力和治理水平的现代化发展。实景三维技术的介入，将二维的平面规划拓展为三维的空间设计，充分利用实景三维空间感知力与实景可视化的优势，使得规划数据得以真实还原，提高规划整体过程可视化程度，可应用于不同类型规划场景或规划全流程链条中，具有直观性、科学性、智能化、多样化的特征，提升国土空间规划智慧化水平，符合国土空间规划的发展要求。

4.3.3 技术路线

根据国土空间规划具体相关功能需求和总体框架设计，按照设施层、数据层、平台层、应用层、用户层组织技术架构，筑牢基础设施与数据资源基础，充分发挥实景三维技术与数据优势，建设实景三维赋能国土空间规划的时空大数据平台，满足管理部门、设计单位、公众在国土空间规划编制、审查、实施监督环节的应用需求。实景三维赋能国土空间规划技术架构如图 4－11 所示。

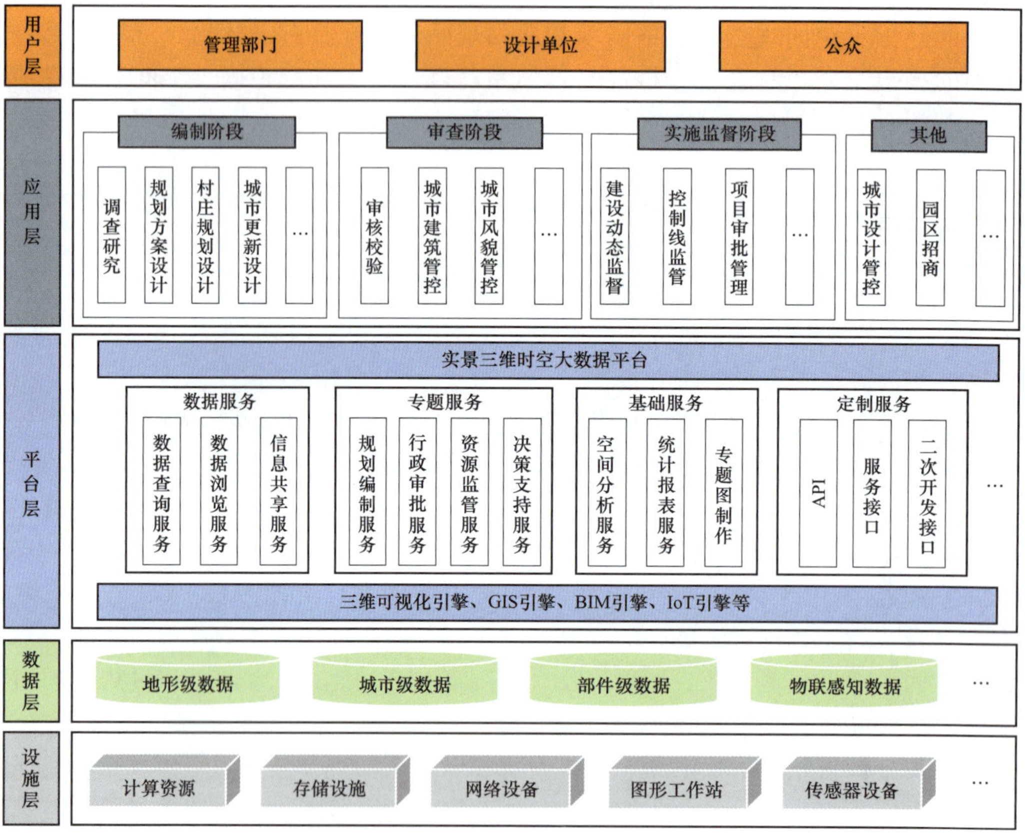

图 4-11　国土空间规划技术架构图

1. 设施层

为实景三维的应用提供网络环境和服务器计算资源、存储资源、安全保障设施等基础支撑环境，以及各类传感器设施，获取实时动态的物联感知数据。

2. 数据层

以城市多源、多类型数据为基础，以城市时空数据为主要索引，以社会数据为补充的全空间、全要素、全过程、一体化的时空数据体系，实现高质量的数据归集，优化归集方案，实现由粗到细、从宏观到微观，形成全空间一体化并且相互关联的城市数据底板，形成统一的实景三维空间数据基底。

3. 平台层

提供包括数据服务、专题服务、基础服务以及定制服务的能力，实现对三维数据的汇聚管理与展示。基于层次化设计思想，实现不同层次间的相互独立性，满足实景三维分析、模拟，云计算和智能识别等功能，保障应用层的高度稳定性、实用性和可扩展性。

4. 应用层

为提高平台的可扩展性和易维护性，基于平台层开发定制化的系统以应用于各类规划工作，支撑国土空间规划编制、实施与监督。

5. 用户层

面向政府及自然资源、交通、住建、城管、公安等各个业务管理部门，设计单位，公众的用户，基于实景三维基础信息平台，为各领域的信息化建设赋能，助力提升各类智慧城市应用系统建设水平。

4.3.4 应用场景

基于实景三维数据与技术，全流程辅助国土空间规划编制与监督实施，提高规划编制的精准性与可视化水平，提升国土空间规划智能决策能力，构建立体的人与自然和谐共生的国土空间开发保护格局。

1. 国土空间规划编制阶段

（1）调查研究。调查研究是国土空间规划必要的前期工作，扎实的调查研究工作是对规划目标地区从感性认识上升到理性认识的必要过程，调查研究所获得的基础资料是国土空间规划定性、定量分析的主要依据。国土空间规划所需资料数量大、范围广、变化多，实景三维数据管理整合了模型三维、倾斜三维、全景等各类数据成果，将三维数据赋予实体化、单体化、语义化与结构化等特性，形成非尺度、全要素表达空间关系及属性信息的数据集。基于实景三维对客观世界的真实表达与国土空间规划专题数据的时空挂接，实现对规划区域地形、地貌、地物实际信息的高度还原，可为空间规划与分析、城市信息管理等上层应用提供基础数据服务，辅助国土空间规划编制的前期调查研究工作，获得对规划区的直观认识，更好地掌握规划区的宏观情况，节省实地踏勘时间和成本。实景三维平台赋能调查研究如图 4-12 所示。

图 4-12 实景三维平台赋能调查研究

（2）规划方案设计。在实景三维技术支持下，依据生态宜居、生活圈等多项规划理念，基于实景三维数据时空特性与高逼真的模拟、分析优势，叠加多源信息数据，可对设施布局、指标统计、底线分析、景观视廊、配套设计等方面进行多时序、多角度、多维度的规划分析，辅助规划决策，直观呈现规划分析与方案设计结果，使规划编制更精准、合理、智能，实现以人为本的国土空间规划编制。如生活圈分析辅助公共服务设施精准配置中，运用遥感影像、三维数据、兴趣点（point of interest，POI）、基数转换成果等多维数据构成的数据底图，构建以真实步行路径为导向的设施服务圈层，结合社区人口分析设施承载能力，寻找设施服务盲区，能为规划公共服务精准配置提供决策支撑，引导社区生活圈设施合理布局，生活圈设施配置分析如图 4－13 所示。大型工程配套设计中，以实景三维数据为时空基底平台，实现规划限制条件时空挂接，对大型工程项目开展弃土场潜力区查找、分析，直观可视化地展示堆填土后的场景等，大型工程配套设计分析如图 4－14 所示。

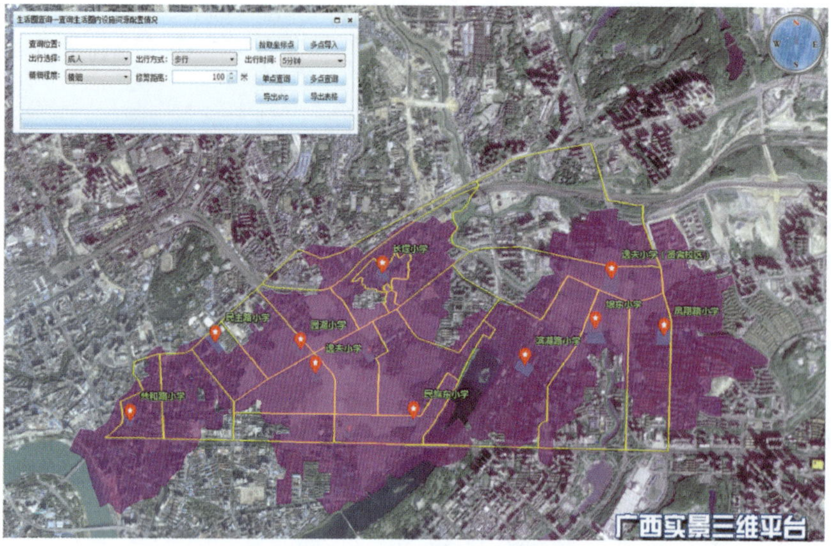

图 4－13　生活圈设施配置分析

（3）村庄规划设计。利用高精度实景三维高度还原真实场景，在此基础上可获取地块面积、容积率、楼层数等重要信息，通过集成实景三维以及规划其他相关数据，挂接不动产登记等相关数据，更好地辅助规划师开展规划工作，在村庄规划中发挥重要作用。实景三维赋能村庄规划，丰富展示基本情况分析与统计形式，村庄规划如图 4－15 所示。

（4）城市更新。城市更新是当前城市国土空间规划面临的热点和焦点，普遍存在周边各类型基础设施密布、边界条件复杂等情况，在最小扰动的基础上完成城市更新改造是规划核心技术难点，财务平衡是项目落地核心焦点，政府、社会资本如何快速高效地研判目标地块改造的可行性是当前面临的主要问题和痛点。针对城市更新规划设计中的难点，基于城市更新过程中的典型应用场景和实景三维技术，结合 BIM、IoT、云计算、大数据、移动互联网、5G 等新一代信息技术，可以实现城市更新背景下的城市限高分析、数字化城市更新改造、房地一体化调查登记等规划、设计功能，对三维空间分析做到“实时分析、即时完成、导出结果”，实现分析结果可视化、三维实体数据模型化，提升城市更新规划设计精细化、智能化水平。实景三维信息化平台通过图层控制服务城市更新智能规划设计，如图 4－16 所示。

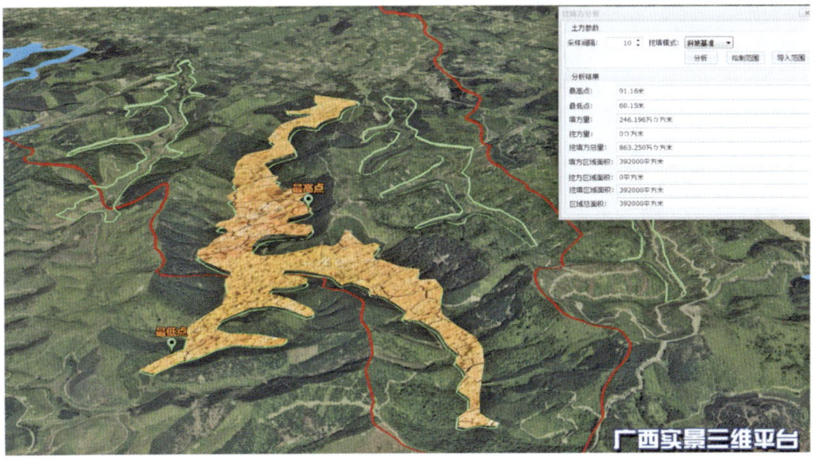

图 4－14　大型工程配套设计分析

图 4－15　村庄规划

图 4－16　城市更新智能规划设计

（5）城市设计三维辅助管控。随着城市不断发展，在城市规划工作基础上，合理实施城市设计管控，运用实景三维技术深入表达城市设计管控要素，实现多层次、多维度全面规划建设情况展示，对规范引导和精细管理城市建设具有重要意义。

基于城市设计和实景三维建设成果，在实景三维基础平台上，以现有二三维空间信息资源为基础，依托实景三维技术，建设基于城市设计管控要求的评估体系。通过海量数据管理，将多源时空数据梳理形成城市设计核心管控要素库，将数据单地块化，有序组织城市设计整体空间要素。通过实景三维空间交互式量化分析技术对地块进行量化分析，创新城市设计空间形象，从审批前可视化要点下达、审批中可量化景观分析、审批后精细化规范管理的全过程把控，对设计成果、管控要素、项目与设计工作任务进行统一管理与可视化展示，解决城市设计在城市管理过程中的使用效率低下、可用性差等不良情况，如图 4－17、图 4－18 所示。为实现城市设计从系统、整体，以及宏观、中观、微观多层面地反映城市空间景观格局夯实了基础，有效提升城市规划空间形态和建设项目管控的工作效率。

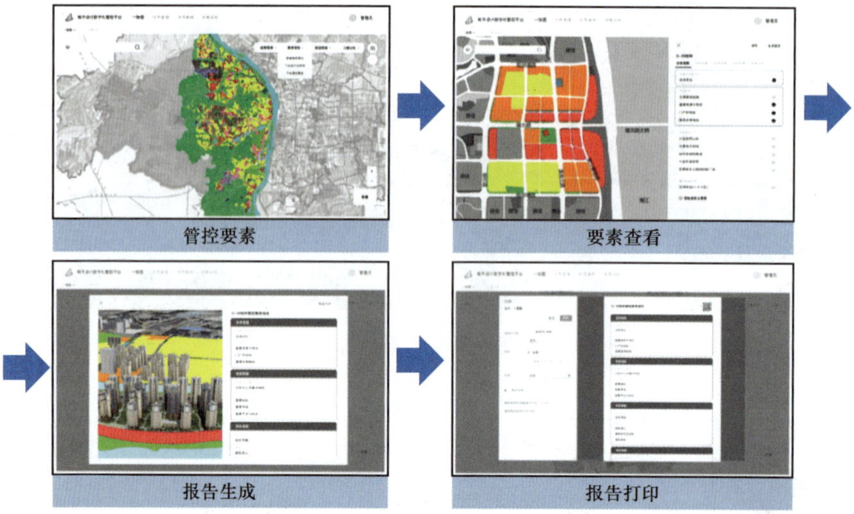

图 4－17　城市设计三维辅助管控要素可视化展示

2. 国土空间规划审查阶段

（1）实景三维审查校核。基于实景三维的数据优势，结合实景三维可视化技术，运用强大的三维地理空间展现能力与数据融合叠加能力，将规划编制成果进行三维立体直观呈现，对安全底线、设施配置、绿地与开敞空间分布等要素进行空间化逼真模拟，明确审查重点与要求，对规划编制成果进行校核，并将校核结果矢量化，实现规划审查智慧化、信息化，为规划审查提供基础技术支撑，提升审查的科学性与合理性。实景三维信息化平台通过淹没分析功能，赋能城市洪涝灾害时期安全底线校核如图 4－19 所示；叠加规划要素，赋能绿地与开敞空间校核，如图 4－20 所示。

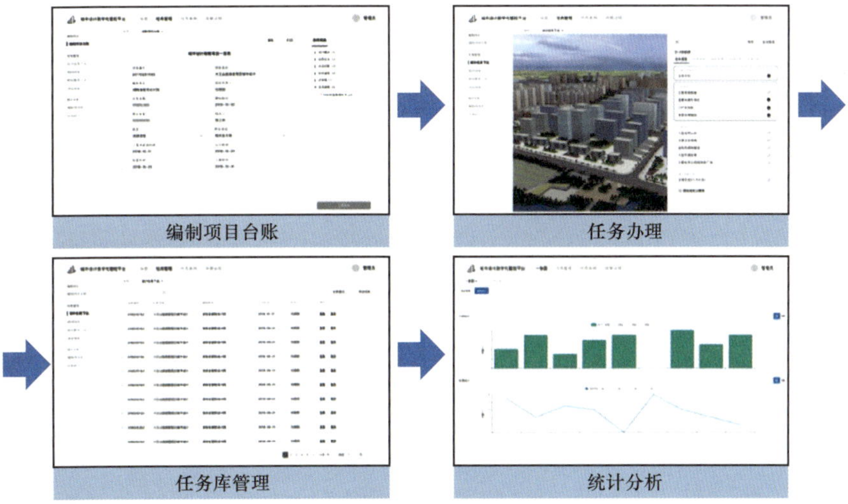

图 4-18　城市设计三维辅助任务管理

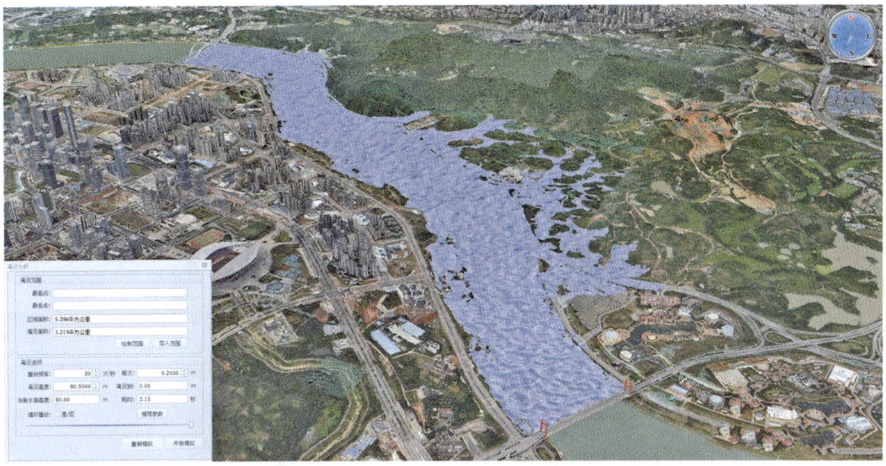

图 4-19　安全底线校核

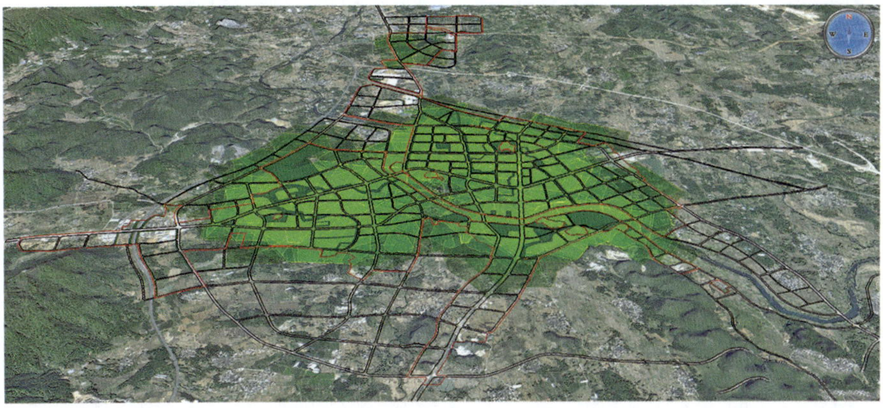

图 4-20　绿地与开敞空间校核

（2）城市建筑与景观风貌管控。基于实景三维数据服务平台，围绕城市建筑与景观风貌管控的模拟，涵盖漫游浏览、规划分析、数据管理等模块功能，整合总规、控规、历史文化名城保护规划、专项规划等各类规划编制成果，将其中涉及城市风貌管控相关的限高、视廊、视点、景观界面等要素进行空间化、矢量化，形成多类型规划协同管控的网状管控要素集合，为城市风貌管控提供基础技术支撑，可以实现项目审批系统功能。基于此，建立市级政府审查及各级自然资源和规划部门审查的分级审查模式，明确审查要求、审查程序、审查资料、上会流程等，有效推进各类建设项目的规划设计和管理，实现城市外部空间管控的精细化，提高办理效率和准确性。具体应用场景中，一是实现对城市建筑规划多方案的三维场景切换对比，直观查看建设效果及与周边环境的协调情况，比较不同方案对城市景观和周围建筑的影响，可对单个或多个项目三维模型进行实时调整并记录方案变更信息，计算相应的指标参数，展示调整后的效果，满足城市建筑风貌管控要求，如图 4－21 所示；二是实现对视域、天际线、控规指标、色彩的分析管控，分析某处的视域范围并以不同颜色区分显示可视、不可视分析结果，在三维场景中自动生成天际线分析图以辅助规划方案评审、城市设计、沿街（河、江、海岸线）景观控制，对范围内的建设项目三维仿真模型进行控规指标的匹配性分析并高亮标注不符合控规要求的建筑模型，对指定三维模型进行建筑外表颜色的色彩分析并显示 RGB 数值，如图 4－22 所示。

图 4－21　规划方案调整

3. 实施监督阶段

（1）产业园区建设动态监督。产业园区用地的集约高效利用是国土空间规划的重要内容，对现状生产空间用地情况的摸查是集约高效利用土地的前提。基于实景三维时空基底、时空挂接、时空分析优势，采用智能模型识别为主、人工校核为辅的方法，实现产业园区从开工到建成全生命周期的建设用地范围识别，科学快速直观地获得园区历年开发建设情况与用地演变情况，为产业园区规划提供科学的数据，提升规划实施监督的效率与准确性。实景三维平台基于对比分析、智能识别功能监督产业园区建设动态，如图 4－23 所示。

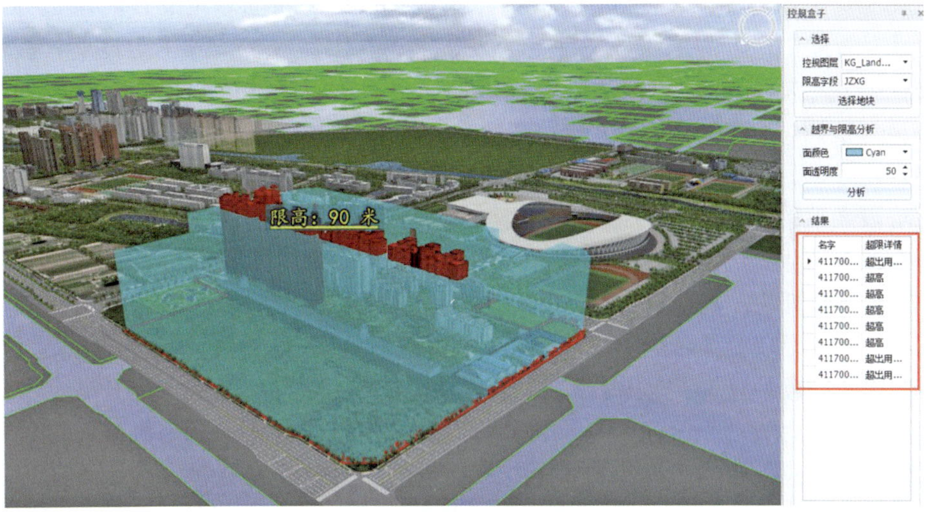

图 4－22　分析管控（控规盒子）

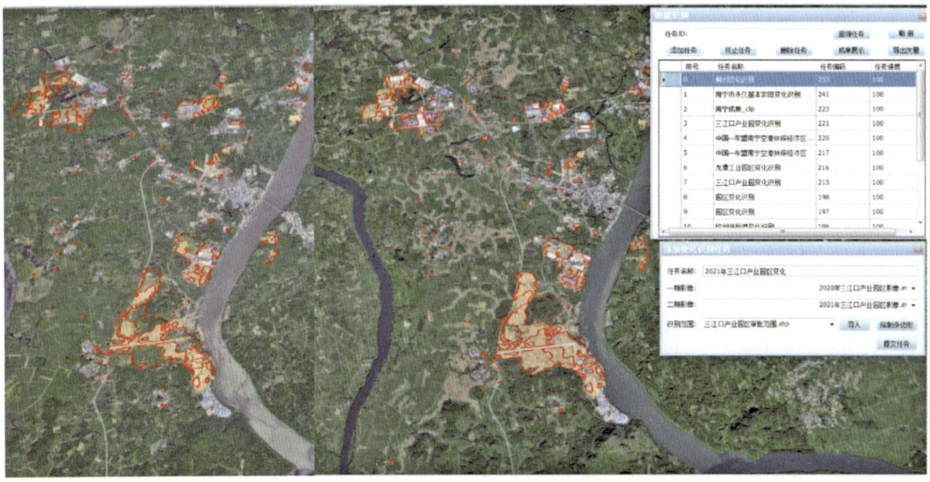

图 4－23　建设动态监督

（2）国土空间规划三条控制线监管。生态保护红线、永久基本农田、城镇开发边界作为调整区域经济结构、规划产业发展、推进城镇化不可逾越的三条控制线，监测其区域内变化情况，对三条控制线的划定、保护、落地具有重要意义。依靠人工目视解译的方法提取变化图斑，监测区域较广、工作量大、过程反复，可能存在进度较慢、错误率较高情况，人工巡查方式无法满足当前国土空间规划实施监督需求。

以实景三维数据为基底，融合多时序遥感影像，实现目标范围变化信息智能识别，提取三条控制线中的变化图斑，分析判别生态保护红线内是否存在连片现状城镇村建设用地、耕地、推土开采建设区域、采伐林地与采矿用地等矛盾图斑，永久基本农田内是否存在连片现状城镇村建设用地与存在推土开采建设等矛盾图斑，城镇潜力空间内存在连片现状耕地、江河湖等水域与连片坑塘等矛盾图斑。实现在实景三维模型环境中，自动快速发现变化图斑的位置，做到“定位”智能化；自动精准划定变化图斑边界线，做到“定界”智能化；准确识别典型地物类型、土地利用性质，做到“定性”智能化。实现违法行为“早发现”，为三线管控提供数据支撑，从而高效辅助国土空间规划控制线动态监测与管控。

（3）建设项目审批管理。建设项目审批管理是指建设项目在项目选址立项之后，规划报批阶段之前的总图方案的第一轮审查，由规划职能部门组织专家和相关职能部门共同对项目的总图设计方案进行评价审批。基于实景三维技术可以通过审批的背景基础数据、待审批项目的基础数据以及待审批项目与周边生态环境的融合效果模拟等基础资料开展三维仿真演示汇报，涵盖会议评审材料管理、项目评审、方案审查、方案推演等功能，以城市空间管控辅助规划审批为目标，构建统一的信息化系统，提升城市空间管控工作效能，实现建设项目全生命周期监管。具体应用场景如下：一是会议评审材料管理中，可根据城市风貌管控专题审查的要求，对需要上会的建设项目进行统一的管理并查看；二是项目评审中，以二三维一体化展示的方式对项目区位现状、规划情况、设计方案进行全面展示，实景三维挂接 720° 全景，整体、有序地反映项目现状和规划信息，满足项目评审需求，如图 4－24 所示；三是方案审查中，根据梳理的管控要素要求，对项目方案进行可视化审查；四是方案推演中，以“项目现状—城市设计—方案审查—竣工验收”的建设时序为主线，分别对建设项目每个阶段成果进行查询和展示。

图 4－24　建设项目审批管理系统

4.3.5　应用成效

实景三维作为真实、立体、时序化反映人类生产、生活和生态空间的时空信息，为国土空间规划提供统一的空间定位框架和分析基础，系统、整体、宏观地反映空间景观格局，实现国土空间规划全生命周期服务，为国土空间规划由二维向三维转变升级提供了数据与技术支撑，有助于落实新发展理念，促进高质量发展，提高空间治理体系和治理能力现代化，成为国土空间治理现代化的重要突破点。其应用成效表现在以下几方面：

1. 为国土空间规划建设提供新思路

基于真实、立体、可视、可识、可量、可分析、可统计的实景三维成果，构建信息化、智能化、可视化的系统平台，形成数据升维、智能识别、系统合一、精准配置、动态监测、实景模拟能力，提高了规划的科学性和前瞻性，为“可感知、能学习、善治理、自适应”的国土空间规划信息化建设提供了新思路。

2. 为城市空间精细管理提供新方法

基于实景三维技术优势，通过整合城市现状、规划及三维仿真数据成果等多元数据，梳理城市空间管控要素，强化二三维数据联动应用，构建统一的信息化应用平台，有效推动城市空间管控要素的集中管理与融合共享，提升城市空间管控工作效能，增强城市管理决策能力，促进城市管理创新，实现城市和建筑风貌管控工作从粗放式向精细化管理转型，全面提高城市规划管理与决策水平。

3. 为城市空间动态管控提供新技术

基于实景三维技术，打通城市二维规划管控与三维空间管控的壁垒，对现有城市空间管控流程进行梳理与优化，实现各类规划要素的无缝融合和快速查询，保障城市和建筑景观的风貌管控，满足建设项目审批阶段城市空间管控指标的可视化展示和可量化分析，极大提升项目方案审批效率，有序引导城市外部公共空间环境建设与管理的动态管控。

4. 为相关行业规划提供新手段

面向各行业对空间规划的多层次需求，利用实景三维技术和数据资源，创新应用模式，挖掘、培育与发展乡村振兴、文化旅游、交通运输等相关规划工作的应用服务，促进国土空间规划实景三维工作机制和管理程序向大众化、产业化、商业化发展。

随着实景三维中国、新型基础测绘、自然资源三维立体时空数据库建设等重大项目推进，实景三维技术不断提升，其在国土空间规划的应用深度和广度将更上一台阶，为优化社会公共资源有效配置，提高土地集约建设水平，提升城市空间治理能力等各项工作提供科学高效技术支撑。

4.4 国土空间用途管制

4.4.1 应用概述

国土空间是人类赖以生存和发展的物质基础和空间载体。开展国土空间用途管制，实现国土空间资源的合理利用和优化配置，是推动构建国土空间高质量发展新格局的重要抓手，在生态文明建设和自然资源管理工作中具有非常重要的地位和作用。在当前的国土空间治理体系中，对照自然资源“两统一、七大关键环节”业务关系，国土空间用途管制处于核心枢纽位置，发挥承上启下的作用。从国土空间用途管制的对象特征来看，具有非常典型的空间–属性–行为三位一体特性，其中，空间是载体、属性是表现、行为是本质。因此，利用实景三维数据管理与应用分析手段，实现三维立体化、管控精细化的国土空间用途管制，更加真实全面地展现各类要素的状态和变化，更加立体精细地进行多尺度多情景的分析和监管决策，提升国土空间用途管制的系统性、科学性、精准性，是新时期国土空间用途管制工作的关键特征之一。

为推进实景三维在国土空间用途管制工作中的应用，自然资源部先后颁发了一系列的政策文件，主要有以下几个方面的内容：2019 年，自然资源部印发的《自然资源部信息化建设总体方案》明确提出要建立三维立体自然资源“一张图”，要求“逐步推进地上地下三维实景数据的管理与应用，为自然资源管理和国土空间用途管制提供更直观、更精准的应用”，并强调要“提供国土空间开发利用状况、国土空间管控条件、规划符合性分析、国土空间发展认知等方面通用的‘即时分析、实时展现’三维大场景分析展示功能”。2021 年，自然资源部发布《国土空间用途管制数据规范（试行）》，并在 9 省 11 市开展建设示范，对乡村规划建设许可、建设用地规划许可、建设工程规划许可、土地核验与规划核实阶段的材料提交，要求有条件的地区附加三维模型或 BIM。同年，自然资源部发布了行业标准《国土空间规划城市设计指南》（TD/T 1065—2021），明确“通过三维形态模拟等方式，进一步统筹优化片区的功能布局和空间结构，明确景观风貌、公共空间、建筑形态等方面的设计要求”。《国土空间规划城市设计指南》中强调要将城市设计要求纳入规划建设管理全过程，在选址预审、规划许可环节加强对空间形态、风貌协调性等城市设计管控内容的考虑。2022 年，自然资源部办公厅下发了《全国国土空间用途管制监管系统建设方案》，提出要解决三维电子报建、二三维空间数据一体化等关键技术问题，并完善用途管制各项管制规则，统一业务核验，提高审查效率。

随着我国社会经济发展和生态文明建设的深入，构建高质量发展的新格局，原有以二维空间为基础的空间信息表达和分析难以满足全域全要素统筹的精细化、智能化管制要求，需要以更广的内容粒度和时空精度作为空间基座。采用实体化、语义化的实景三维空间信息表达方式，建立基于三维立体空间的国土空间用途管制技术手段，实现全域全要素全过程在实景三维场景中的可感知、可量测、可计算、可模拟。总体而言，以实景三维为基础，支撑全域全要素全过程的国土空间用途管制，其作用主要体现在以下两个方面；一是构建实景三维空间基座，即将国土空间的全域全要素和用途管制的全业务周期都以三维立体的视角去呈现，提供真实立体可感、动态变化可见的统一用户视图；二是实现三维空间智能管控，即对国土空间用途管制的业务逻辑和空间规则进行实景三维建模，针对不同业务阶段构建相应的三维空间智能管控的规则体系和分析决策模型，在三维可见、可感的基础上，实现三维可算、可管，以更立体全面的管制要求实现更科学精准的管控。

4.4.2 需求分析

1. 构建实景三维空间基座的需求

为支撑全域全要素的国土空间用途管制，需要掌握整个三维国土空间，从天上到地面再到地下的各类空间要素的现状情况和变化信息。传统二维平面地图难以表达、承载三维空间层面的海量信息，难以对三维国土空间中的各要素进行精准管制。因此，需要借助新型基础测绘、二三维一体化、物联网等技术，汇集遥感影像、三维地形、数字水深模型、倾斜摄影模型、矿山模型、建设工程三维报建模型、铁塔监控视频等多源异构大数据，结合国土“三调”、年度变更调查成果、国土空间规划成果等数据，对国土空间进行全方位三维建模，形成统一、动态更新的自然资源三维立体“一张图”，为国土空间用途管制提供标准的、现势性强的、准确的数据底板和统一的三维工作空间，从而实现国土空间用途管制从“平面管理”向“立体管控”的转变。

2. 构建三维空间管控规则体系的需求

过去用途管制侧重以土地要素为核心的二维平面空间管控，不论是选址预审环节关注的用地性质、用地面积、规划符合性等内容，还是工程许可阶段关注的建筑密度、绿地率、出入口等管控要素，大部分停留于二维空间层面的考察，而对三维空间层面的立体管控考虑较弱。目前地方上普遍缺乏明确的、体系化的三维空间层面的用途管制细则，阻碍了用途管制工作的深入推进。因此，需要全面梳理国土空间用途管制每个环节涉及的三维管控规则，并对耕地、森林、草原、水域、湿地、岸线等各类自然资源要素涉及的三维空间管控规则进行分别梳理。例如，对耕地来说，重点关注地形因素的影响，需要识别出坐落在大于 25° 坡地上的不适宜耕作的耕地，支撑三区三线的划定与调整工作；在海洋管控方面，需要考虑海岸建筑退缩线、透水构筑物、海岸线遮挡率等三维管控要素，加强海岸带保护和有效利用。

以国土空间规划为法定依据，建立健全用途管制分类、分级、立体管控机制，梳理、整合形成统一、明确的三维空间用途管制规则体系，明确各审批环节的具体审查指标、审查规则，并结合计算机自动分析、数字化审查技术，辅助人工审核，提高业务核验的准确性和高效性，实现从“经验型判断”向“立体精准分析”，“模糊型管控”向“精细型保护”的转变。

4.4.3 技术路线

1. 总体架构

按照自然资源部对于实景三维中国建设和国土空间用途管制工作的总体要求和部署，结合地方用途管制工作中的需求和实践经验，全面融合三维的国土空间用途管制监管系统总体采用“1+1+*N*”的总体框架，即“1 个用途管制数仓”“1 个智能中枢”“*N* 个业务应用场景”。国土空间用途管制监管系统总体架构如图 4–25 所示。

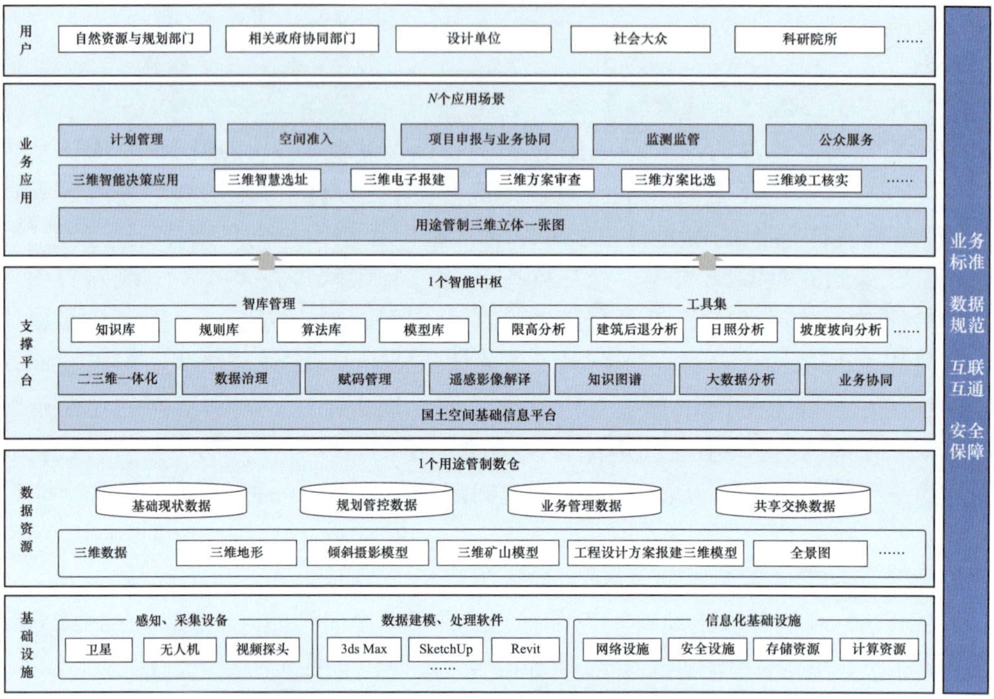

图 4－25　国土空间用途管制监管系统总体架构

具体包括以下内容：

（1）基础设施层。包括数据感知与采集设备、数据建模与处理软件、信息化基础设施。

（2）数据资源层。搭建“1 个用途管制数仓”。汇集多源异构的空间与非空间数据资源，包括基础现状、规划管控、业务管理、共享交换四大类数据，并重点建设三维数据库，实现各类二三维数据一体化融合管理，为国土空间用途管制提供统一、立体、动态更新的数据底板。

（3）支撑平台层。做强“1 个智能中枢”。以国土空间基础信息平台为基础支撑，提供二三维一体化、数据治理、赋码管理、遥感影像解译、知识图谱、大数据分析、业务协同等核心能力，以及面向用途管制规则的智库管理应用和三维空间分析工具集，为“三维＋用途管制”场景应用建设提供数据融合、空间关联、可视化效果、智能分析计算等方面的基础支撑。

（4）业务应用层。构建“*N* 个业务应用场景”。以用途管制三维立体“一张图”为依托，在选址预审到竣工验收全环节无缝嵌入三维智慧选址、三维电子报建、三维方案审查等三维智能决策应用，为建设项目全周期管控提“智”增效，提高审批决策效率，保障规划精准落地、要素精准配置。同时，提供计划管理、空间准入、项目申报与业务协同、监测监管和公众服务等应用，实现用途管制全周期业务协同。

（5）用户层。包括各级自然资源与规划部门、相关政府协同部门、设计单位、社会大众等主体。

（6）支撑保障体系。包括业务标准、数据规范、互联互通机制、安全保障体系。

2. 系统设计

建设国土空间用途管制监管系统，主要包括建立“1 个用途管制数仓”“1 个智能中枢”和“*N* 个应用场景”。按照“理的清楚、看的明白、管的精细、用的便捷”的策略，通过归集数据资源、理清业务关系、数化空间规则、构建算法模型等方式，紧密贴合国土空间用途管制的实际业务场景，充分发挥实景三维优势，构建并深化“三维+用途管制”典型应用场景，提高用途管制质量和效率。

（1）1 个用途管制数仓。用途管制数仓旨在汇集多源异构的各类空间与非空间数据资源，并重点建设三维数据库，通过二三维一体化数据引擎，实现各类二三维数据一体化融合管理。同时，配套数据标准规范、数据治理工具，以保障数据生产质量，满足数据共享和动态更新管理的需求。

1）数据标准规范制定。用途管制业务数据规范：以《国土空间用途管制数据规范》的数据字段为基准，结合地方相关标准规范，扩展细化省级、市级、县级的用途管制数据规范，支撑数据归集、数据管理和数据共享工作。其中，重点针对工程规划许可环节，对于工程设计方案报建三维模型数据，制定三维报建的制图和提交规范，以规范工程规划报建数据，提高项目报建的效率和质量，支撑设计方案精细审查与方案比选等应用。

三维基础地理数据规范：针对三维基础地理数据，比如三维地形、倾斜摄影模型等，制定数据标准规范，确保三维基础数据空间吻合、质量一致。同时，通过三维数据更新管理工具，对三维数据按需进行整版或局部更新，维护动态更新的三维立体一张底图。

2）二三维数据资源建设。用途管制数仓包括基础现状数据、规划管控数据、业务管理数据、共享交换数据四大类数据内容。其中，基础现状数据主要包括遥感影像、行政区划、国土调查等数据，规划管控数据主要包括三区三线、规划基本分区、规划用途分类和详细规划等数据，业务管理数据包含计划指标数据、审批过程数据、批文结果数据和项目空间数据等，共享交换数据即是各个政府协同部门产生的数据，如国家发展和改革委员会、自然资源部、住房和城乡建设部等部门的数据。

在这些不同类型、不同来源的数据中，以实景三维中国建设为指导，面向用途管制业务场景，重点开展三维数据资源建设，包括三维地形、倾斜摄影模型、三维矿山模型、工程设计方案报建三维模型、全景图等，推动自然资源三维立体“一张图”数据库建设，为国土空间用途管制提供立体化的基础数据底板，为科学分析、高效审批奠定基础。

（2）1 个智能中枢。智能中枢以国土空间基础信息平台为底座，提供二三维一体化、数据治理、赋码管理、知识图谱、大数据分析等核心能力，以及用途管制智库管理应用和三维空间分析工具集，形成多元技术融合的能力中枢，为用途管制应用场景提供能力核、能力源和能力集。

1）能力核：多元技术融合。

a. 数据融合：基于二三维一体化技术，对各类用途管制相关数据资源进行汇集、整合，通过二三维一体化数据引擎，支撑海量、多源、异构二三维数据的统一存储和管理，以支撑多源数据的集成浏览展示、查询、分析等应用需求。二三维数据融合如图 4–26 所示。

图 4－26　二三维数据融合展示

b. 数据治理：基于全套数据治理工艺方法、配套工具和标准规范，采用“空间码＋项目谱”的数据治理新模式，对规划管控数据、业务管理数据等开展数据治理工程。建立用途管制数据“一本账”，形成数据资产化管理，构建相互关联、持续作用的用途管制数据体系，全面挖掘和提升数据价值，以数据治理推动业务治理。统筹用途管制空间数据要素、业务管理要素，实现数据共享、支撑业务协同，从而进行数据治理完整体系的重构，破解一数一源、数据闭环管理等难题。

c. 赋码管理：针对业务办理全过程中编号多、信息关联难、前后不衔接、地块拆分难追溯等管理难题，在不动产单元号的基础上，采用“静态序列＋动态序列”相结合的“资源码”，按照地块全链条的业务时序，建立时间与空间的关联关系，理清地块变化的“前世今生”，推进“资源码”在用途管制全流程业务中的智慧应用、数据关联、信息共享及业务协同，实现一码“可办”“可查”“可督”“可治”。

d. 遥感影像解译：采用基于人工智能（artificial intelligence，AI）的遥感影像智能解译技术，全面提升要素精准识别、智能监测监管、动态推演模拟能力，高效辅助三线监测监管、耕地“两非”问题识别与监管、用地违法监督、地质灾害风险预警等管理需求。遥感影像地物要素识别如图 4－27 所示。

e. 知识图谱：通过构建知识图谱，对用途管制各业务环节的数据进行关联，并基于人工智能和机器学习，进行知识的深度挖掘和推理，快速精准地提取出各类数据在时间、空间、业务等各个维度的关联关系，为决策提供全方位的信息支撑，提升用途管制应用价值。例如，构建以地块为核心的知识图谱，追溯地块批、供、用、补、查、登全生命周期的全息信息，精准定位用地变更、报批转用、土地供应情况，快速发现前后环节用地性质冲突、多部门信息冲突和数据权威性问题。

2）能力源：四大智库管理。

a. 知识库管理：根据国土空间用途管制业务办理涉及的相关知识内容，分类梳理典型案例、法律法规、办理要求等知识要点，不断沉淀、迭代，形成用途管制业务知识库，面向用地审批、业务审查等具体应用，做到知识可推送、可检索。

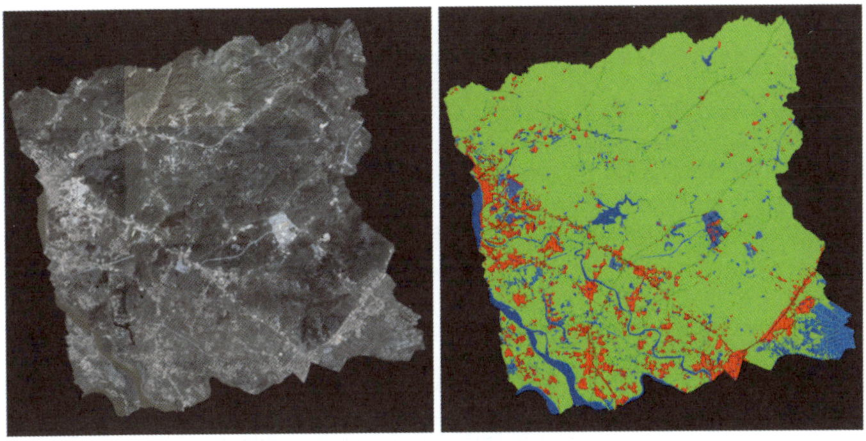

图 4－27 遥感影像地物要素识别

b. 规则库管理：对用途管制业务规则进行体系化梳理，构建用途管制指标及规则体系，并对规则进行标准化规整。结合用途管制各业务环节的实际诉求，分类建设业务审批规则库、空间管控规则库、监测监管规则库等规则库，并通过规则管理引擎对规则进行统一管理，最终实现业务规则化、规则数字化，为下一步算法模型的构建奠定基础。管控规则数字化转译如图 4－28 所示。

c. 算法库管理：基于用途管制规则体系，进而从计算的角度，对需要计算机自动审查的管控规则进行算法抽取，包括建筑间距算法、建筑后退算法、双向链表算法、图像识别算法等，形成一系列常用算法，支持装配到不同的业务模型中。

d. 模型库管理：建立用途管制模型库，通过关联数据源、组合算法，对模型进行可视化配置，实现规则模型的自动计算。面向选址预审、工程规划许可等环节，构建选址评估模型、工程设计方案审查模型等，辅助业务人员审批决策，提高审批的精准性、高效性、智能性。

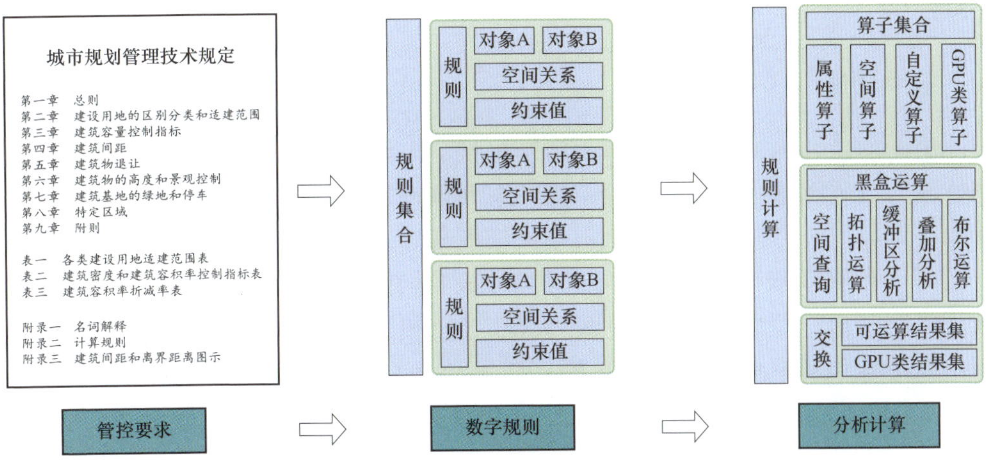

图 4－28 管控规则数字化转译

3）能力集：三维工具集合。三维空间分析工具集提供丰富的常用三维分析工具，例如限高分析、建筑后退分析、日照分析、天际线分析、通视分析、坡度坡向分析等，以辅助业务人员开展分析、决策。例如，借助坡度坡向分析工具，智能识别永久基本农田“上山下河”问题；通过通视分析、限高分析、错落度分析、填挖方分析等工具，支撑建筑设计方案审查，辅助业务人员对三维空间的视线遮挡情况、建筑布局合理性、建筑形态协调性、工程平地施工量等进行分析决策。三维空间形态管控与风貌指引如图4-29所示。

图 4-29　三维空间形态管控与风貌指引

（3）*N*个应用场景。面向国土空间用途管制业务，构建用途管制三维立体“一张图”，提供统一的数据底板和基础工作空间；基于用途管制数字规则，结合三维空间分析工具，搭建面向选址预审、用地许可、工程许可等各个关键环节的三维智能决策应用；并通过业务流程优化，实现用途管制从计划管理到监测监管的业务全周期协同管理。

4.4.4　应用场景

以建设项目为例，在选址预审、用地报批、土地供应、规划许可、竣工验收全环节无缝嵌入三维智慧选址、合规性审查、规划条件智能核提、设计方案精细审查等三维智能决策应用，实现建设项目全周期管控智能化，保障规划精准落地、要素精准配置，提高审批决策效率。同时，为实时掌握项目建设执行依法情况，对违法建设情况进行“空天地”一体化动态巡查，支撑责任部门监督落实主体责任，实现有序建设，全面落实用途管制要求。贯穿用途管制全周期的三维智能决策应用如图4-30所示。

1. 三维智慧选址

面向选址预审阶段，针对重大建设项目，依据国土空间规划、城市设计中的管控要求，使用智能分析检测辅助空间准入，通过叠加专项规划、用地性质等图层，梳理建设项目选址影响因子。同时，从三维空间管控的层面，对选址方案进一步开展合理性分析。例如，基于地形、倾斜摄影模型、地下矿山模型等三维数据，分析选址场地的地形情况，计算填挖方工程量，分析场地与周边的日照情况，以及分析是否存在占用重大矿产资源的情况。从而实现全域范围可用地的快速筛选、精准定位、自动推送，实现“先计算后选择”的智慧选址，提升政府部门的决策能力，减少因选址不合理而导致项目无法落地的问题，更好地服务项目招商。三维智慧选址如图 4–31 所示。

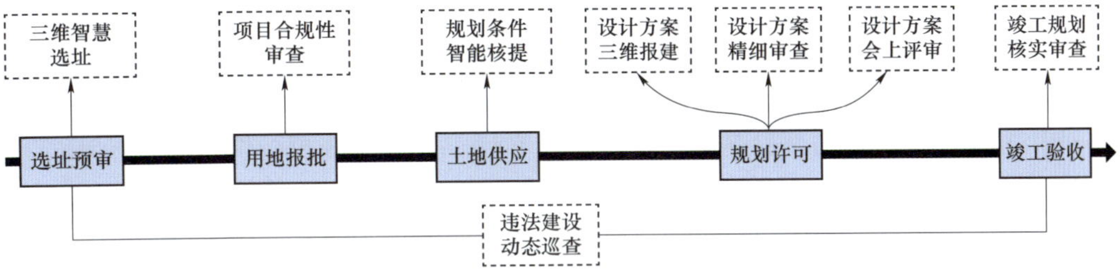

图 4–30　贯穿用途管制全周期的三维智能决策应用（以建设项目为例）

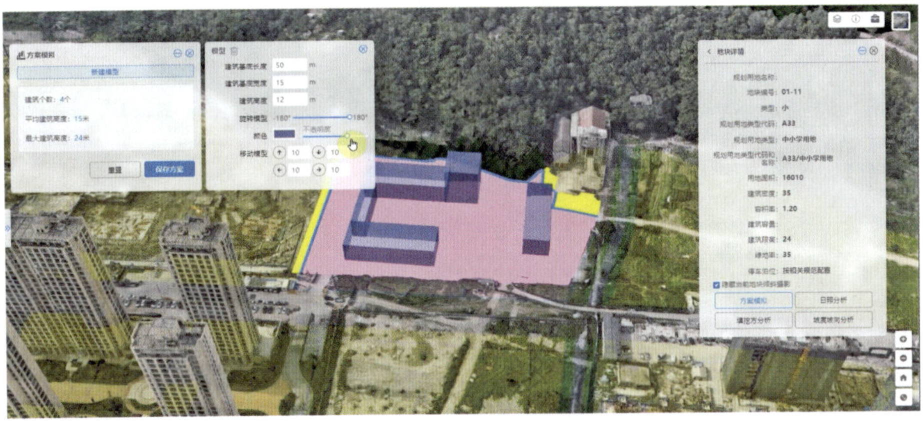

图 4–31　三维智慧选址

2. 项目合规性审查

面向用地报批阶段，在建设项目正式审批前，需要审查建设项目是否符合国土空间规划管控要求，是否符合其他专项规划的相关要求。基于统一的用途管制三维立体“一张图”，对建设项目选址意向进行包括空间符合性、指标符合性、选址合理性、方案比选等在内的自动审查论证，智能判读项目用地范围的合规情况，保障项目后续顺利落地。

3. 规划条件智能核提

面向土地供应阶段，通过对详细规划、城市设计、城市规划建设管理技术规定等有效管控信息的集成与综合，实现一键生成规划设计条件，并关联规划条件业务办理流程，提高规划条件编制的工作效率，确保规划管控要求在规划实施过程中的全面贯通。

4. 设计方案三维报建

面向规划许可阶段，针对即将上报申请建设项目用地预审与选址意见书、建设用地规划许可的项目进行规划报建，支持文件结构检查、数据质量检查、数据转换检查等检测，保证设计单位上报的设计方案符合相关数据标准和提交规范，使设计方案能够顺利融合到全域三维数字化空间中，为后续的三维设计方案审查提供基础支撑，整体提高报建审批的效率和质量。

5. 设计方案精细审查

在建设工程规划许可审批过程中，以建筑设计方案为例，支持方案在三维全息场景中的精准落位，充分展示方案效果；结合详细规划、城市设计、地方规划建设管理技术规定等核心管控要求，梳理三维空间管控规则体系，对于定量空间管控规则引入计算机自动审查，辅助人工决策判断；提供天际线分析、限高分析、日照分析、填挖方分析、三维漫游等工具，辅助对设计方案进行多维度分析决策；最终自动生成审查报告，作为建筑设计方案修改的依据，提高方案审查的科学性、高效性和智能性。建筑设计方案三维精细审查如图 4–32 所示。

图 4–32　建筑设计方案三维精细审查

6. 设计方案会上评审

面向局业务会、规委会主任会以及规委会专委会等会议应用场景，针对重大建设项目有多个设计方案需要进行比选的情况，提供方案在线模拟、多方案智能比对等场景，对建设项目地面建筑设计、地下空间设计进行全方位对比分析，辅助方案联审，为参会领导、专家决策提供科学精准的决策依据。

7. 竣工规划核实审查

在竣工规划核验环节，在报送材料基础上，结合建设工程项目竣工三维模型进行审查。对于建筑间距、建筑退让、建筑高度、建筑密度、绿地率等定量指标，通过计算机自动审查的形式，核实建设情况是否符合规划条件、建设工程规划许可证及其附件和附图中所确定的各项内容，辅助经办人员审核，并出具审查意见报告。通过规划核实审查的建设项目，可以将建设项目的竣工三维模型更新到城市三维模型现状数据库，实现城市三维建筑模型的动态更新。

8. 违法建设动态巡查

通过比对多期高分辨率卫星遥感影像以及上级部门下发的图斑，结合 AI 遥感影像智能解译技术，识别出用地变化图斑。将用地变化图斑与国土空间规划成果、审批数据等进行自动比对、核查，筛选出疑似违法违规图斑。业务人员通过 PC 端指派巡查任务，乡镇巡查人员通过移动端录入巡查信息，上传举证照片、录音和视频，让业务人员及时了解巡查情况。同时，结合无人机视频、铁塔监控视频、电子围栏等，及时获取违法监测信息。由此构建“空天地”一体化的用途管制监管体系，保障用途管制要求精准实施落实。

4.4.5 应用成效

将实景三维应用在国土空间用途管制的业务全周期过程，可以全方位、精准化地反映空间要素的细节特征与立体状态，从而可以更全面、更科学地统筹全域全要素，并将二三维空间融合的立体化规则体系植入国土空间用途管制全流程全业务周期的工作场景中，在建设项目规划选址与用地预审、农用地转用与土地征收、建设用地规划许可、建设工程规划许可、土地核验与规划核实阶段进行三维立体分析管控和监管决策，为构建高质量的国土空间开发保护一体化格局奠定坚实工作基础，同时也成为实景三维赋能国土空间和自然资源治理的重要组成。

实景三维赋能国土空间用途管制的预期应用成效，通过逼真可视、智能可算的全域全要素、全流程全周期管制手段，更加科学精细地服务国土空间用途管制工作，推动构建一个全周期闭环管理、全过程立体管控、全环节智能决策、全方位高效协同和全要素动态监管的管制模式，在降低管理成本、增强空间治理效益、提升管制效能方面具有积极的促进作用。综合成效的体现可以概括为以下几个具体方面：

（1）构建三维立体“一张图”，支撑全周期闭环管理。构建三维立体自然资源“一张图”，融合用途管制的二三维一体化信息，形成国土空间用途管制的统一底板底图底线，集成二三维一体化的空间管制规则和算法模型，形成统一支撑。在此基础上，搭建从计划指标到空间准入、用途转用、许可审批、监测评估的全周期闭环管理的场景应用，在逼真可视、智能可算的三维时空基座上，实现国土空间用途管制的计划管理“一本账”、空间准入“一道线”、实施管理“一条链”、监测评估“一张网”。

（2）融合多元三维数据，实现全过程多维管控。将底板数据从二维平面空间升级成实景三维立体空间，汇集现状、规划、项目全过程审批等二维空间数据，同时接入 DEM、倾斜摄影、建筑模型等各类三维模型数据，并在用途管制五阶段接入对应支撑的三维模型数据，实现全过程多维管控。如在方案审查和规划核实时，接入建筑 BIM 数据，利用三维服务开展三维方案审查和多方案比选，核实三维建筑方案与实际建设的差异，实现从二维 GIS 到三维 BIM/CIM 智能审查转变。

（3）集成三维智控规则，实现全环节智能审查。基于国土空间用途管制全环节的三维空间规则管控体系，构建数字化的三维智控规则和算法模型并统一集成到业务系统中。对接国土空间用途管制审批流程，为项目选址预审、农转用报批、许可审批等不同审批环节，提供对应的合规性审查、自动核验、主动预警、准入检测、强制管控等数字化工具，实现用途管制全环节的智能化审查。

（4）运用立体感知监测，实现全方位动态监管。以自然资源立体感知监测体系为依托，利用卫片执法检查、航测遥感识别、移动巡查监管等监测手段，以三维国土空间为基座，对国土空间用途管制进行立体全方位的动态实施监测，以国土空间规划为依据对国土空间各类要素的用途管控、转换畅通、总量控制和系统平衡进行动态跟踪和对比分析，提升国土空间用途管制的合法性。

在各地自然资源部门的现有实践中，比较典型的有山东省威海市建构了面向规划传导管控创新模式应用的三维空间智能管控平台，在建立国土空间全域三维信息化底板的基础上，以覆盖规划实施管控全过程的指标体系和规则模型库为支撑，形成规划设计要素管控全过程的立体智能化服务体系，提供包含空间体系智能管理、上位规划条件数字化核提、方案精细审查、多方案比选等面向规划实施全环节的智能化应用，实现了相关用途管制的要素全覆盖、指标可落实、规则可计算、分层分级可管理，把威海的国土空间治理水平和服务能力上升到新的台阶，并获得了业界的高度肯定。威海三维空间智能管控平台如图 4－33 所示。

图 4－33　威海三维空间智能管控平台

此外，浙江省瑞安市在国土空间数字化治理平台建设中，建设二三维一体的全域数字空间，提供统一的具有可视性、分析性、智能性的分级全量三维信息视图；同时，重点围绕国土空间用途管制中的建设项目全过程，为项目预选址、选址和用地预审论证、规划设计条件出具、三维建筑设计方案技术审查、重大项目方案比选等工作提供实景三维场景应用，全面落实指标、空间、三维形态等二三维管控要求，保障建设项目高质量落地。未来，随着实景三维技术的发展和深入应用，以及各地具体实践的持续深入，国土空间用途管制将在数字孪生空间的信息聚合、规则聚合上进一步发力，并结合自然资源大脑建设，进一步完善各阶段的多场景模拟推演能力，实现从管制程序业务处理到管制决策方案优化的升级。

4.5 土地全周期管理

4.5.1 应用概述

自然资源部在《关于全面推进实景三维中国建设的通知》中提到，实景三维中国建设已经纳入“十四五”自然资源保护和利用规划。传统的技术手段，包括采集方式、数据呈现形式、数据更新频率，已不能很好地满足需求。实景三维的出现，为自然资源数字化转型升级提供了新的解决方案的可能性。

相关政策的出台，正在推动以平面 CAD、GIS 为主的传统土地管理向以实景三维 GIS、IoT、AI、VR 技术融合为支撑的“全景式”国土空间管理转型。实景三维作为真实、立体、时序化反映人类生产、生活和生态空间的时空信息，是国家重要的新型基础设施，可以突破二维信息表现的束缚，实现土地各要素从静态到动态的直观展示，全方位、立体化呈现各类自然资源要素现状和空间分布情况，可高清、立体、可视化精准反应地形空间分布、地表纹理细节、地物形态特征，实现自然资源与数字空间的关联互动，还能通过全景分析、智能审查、动态感知、趣味互动等形式，为推动清理土地家底数据、土地精细化管理、项目精准实施、土地全程监管提供有效支撑，实现土地全周期精细化、智慧化管理。

4.5.2 需求分析

2021 年，自然资源部发布《自然资源三维立体时空数据库建设总体方案》，指出在全面推进土地资源信息化的背景下，实现土地资源数据的综合集成管理是土地管理工作中亟待解决的问题。当前，土地管理工作主要面临如下几个方面的问题和挑战：

（1）多维度精细化管理不足。现有的 GIS 技术在土地管理中大多以二维地图模式为主，表达不够直观、明确，无法给人提供三维真实感受，难以满足土地管理愈发精细化的需求，所以急需一种立体化、多角度和多比例尺的全数字化三维可视管理手段，从而提升土地审批效率和管理水平。

（2）选址因子单一，选址落地难。在项目策划生成阶段，为有意向的项目进行初步选址时，经常面临“大海捞针”式的翻文本、翻图纸来找地块，非常费时费力。另外，仅通过用地性质、用地面积等二维基本条件找出的地块，缺乏更多维度的辅助分析与决策，导致选址不合理、项目无法落地的情况时有发生。

（3）建筑方案难以精准实施。过去建筑方案审查局限于静态的设计文本和效果图，缺乏对三维空间层面的审查，导致许多项目在落地后才暴露设计问题，而通过三维建筑方案审查应用，可以由计算机对三维设计方案进行全方位快速审查，审查内容包括建筑间距、建筑退让、日照情况、建筑立面、设施配套、公共空间等方面，从而提高审批决策效率，落实精准实施。

（4）土地监管难，时效性低。过去对于土地开发利用、城市建设运行情况的监测，主要以卫片图斑、违法举报、人工巡查等方式进行，时效性较低，且耗费大量人力。监管视角应从平面向立体的转变，扩大监管范围，缩短管控距离，业务范畴从单一向综合转变、执法机制从后置向前置转变，改变以往管理靠人工查找、决策靠对照图表的粗放管理模式，有效破解土地违法“发现难、制止难、查处难”。

针对上述土地管理当前的问题与需求。在实景三维的支撑下，应进一步强化土地全周期管理，提升空间治理能力。首先，应建立国土资源利用全生命周期管理工作新模式，通过实景三维倾斜摄影、视频影像等技术准确记录国土资源利用发展演变的全过程；其次，应理清各类业务数据的逻辑关系，做好数据治理，打通业务关联，实现国土资源全周期业务的全应用。最后，需要运用监管系统智能分析手段，对土地利用现状和绩效、耕地保护目标任务、经济发展现状、年度土地利用现状等进行统计分析。

4.5.3 技术路线

基于实景三维的土地全生命周期管理，在技术架构上可包括基础设施层、数据资源层、平台支撑层，以及应用服务层，搭建纵横互联且具有安全防护能力的自然资源“一张网”，按照统一的标准规范，以实景三维基础数据为底座，集成土地全周期“批、拆、储、供、用、登、监、查”管理数据、物联感知等数据。以实景三维平台为基础，提供土地全周期管理数据可视化浏览和查询、智能审查、智能选址、集约节约土地监管、耕地保护、违法土地监管等功能，健全土地全生命周期管理业务链，实现“调查登记、用地审批、土地拆迁、土地储备、土地供应、开发利用、保护修复、监测监管、执法督察”等八大核心业务土地全生命周期业务集中管理。

整个架构（见图 4－34）包括四个层次、两大体系，具体如下：

第一层是基础设施层，将计算资源、存储资源、网络资源等物理资源进行整合，按照云服务模式和云架构建立共享资源池，形成可按需动态扩展的高性能计算环境、大容量存储环境，满足土地全周期实景三维数据的存储、大范围空间数据分析和信息共享查询。

第二层是数据资源层，它是整个架构的信息资源核心，不仅包含国土调查等现状类数据和规划类数据，还以三维土地全周期管理业务需求为导向，探索地形级、城市级，部件级实景三维数据融合管理，为三维土地全周期管理的实际应用提供丰富的数据支撑。其中，地形级三维土地全周期管理数据包括地形、影像等数据，为土地全周期管理提供数据基底；城市级三维土地全周期管理数据包括倾斜摄影、激光点云、白模等数据，不仅可以展示大场景下的土地管理“批、拆、储、供、用、登、监、查”的土地和项目分布，也可关联不动产属性数据并实现对地、楼、房的多层级管理；部件级三维土地全周期管理数据包括产权体、建筑实体等颗粒度更细的数据，能够展示墙体、窗户、阳台等建筑物语义信息、实现三维不动产物理空间和产权空间的一体化表达与管理。

第三层是平台支撑层，它是土地全周期管理的运行能力保障，它主要包括数据管理和数据共享两部分。数据管理部分对数据资源层的分布式、多比例尺、异构、海量的现状、规划、管理等空间地理信息进行整合与综合管理，实现空间信息的统一组织、无缝衔接、统一服务、高效应用。数据共享部分对土地全周期管理应用提供数据共享服务，采用服务接口的方式，为土地全周期管理提供数据浏览、数据可视化等应用，满足土地全周期管理各业务之间互联互通和数据成果共享的建设要求。

第四层是应用服务层，该层面向土地全周期管理需求，在实景三维平台基础上，实现土地全周期管理数据可视化浏览和查询、智能审查、智能选址、集约节约土地监管、耕地保护、违法土地监管等应用。

标准规范体系是要建立统一的技术标准、管理规范，指导整个工程的开发建设和运行管理。

安全管理体系，是按照国家相关安全等级保护的要求进行安全保障体系的建设，确保系统运行过程中的物理安全、网络安全、数据安全、应用安全、访问安全。

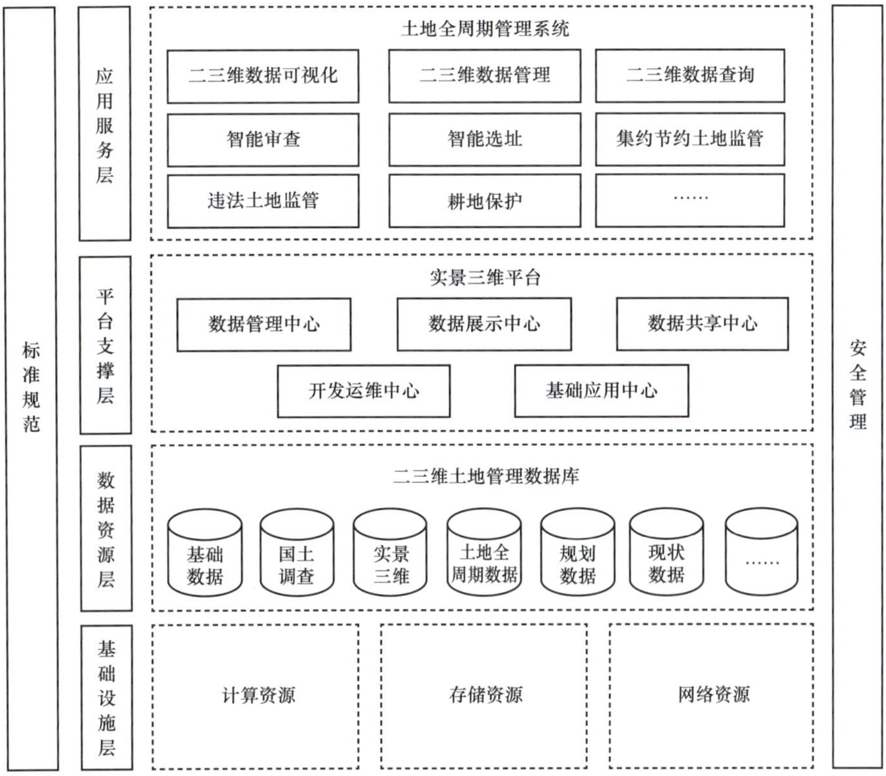

图 4－34　整体架构

4.5.4　应用场景

以实景三维为数据底座，可实现自然资源土地全周期管理、项目智能审查、项目辅助选址、执法监督等功能应用。

1. 土地全周期数据管理

围绕“山、水、林、田、湖、草、沙”等一级用地分类，基于实景三维成果和基础地理实体数据（库），从实景三维基础信息平台调取现状林地、现状湖泊、现状地质灾害隐患点等自然资源要素，集成土地调查和土地“批、拆、储、供、用、登、监、查”全周期管理数据，将二维土地资源图层信息、各类土地资源属性信息与三维模型准确套合，实现重点土地资源要素实体建模、可视化及管理、地下空间精细化管理等。自然资源管理部门可清楚掌握相关区域内自然资源的数量、类别、性质、空间分布情况等，为摸清家底、认知规律和科学管控提供支撑服务。

同时，在土地审批管理“批、拆、储、供、用、登、监、查”的业务中，通过对“山、水、林、田、湖、草、沙”土地资源要素三维可视化显示，实现土地资源的快速加载与浏览，对土地资源二维数据与三维数据的联动展示与多种空间分析操作。在此基础上，借助时空数据关联模型，建立时间、空间、属性及相关数据的无缝关联，实现数据的深度融合。时空数据关联模型的核心是使用唯一编码或空间位置，将土地全生命周期各环节业务数据，与地块、项目之间建立关联，形成有机融合、动态更新的数据链。

土地审批管理业务具体如下：

（1）批。在项目预审、补偿征收、规划报建等土地批复的业务中，基于实景三维底图，加载现状、规划、管理、社会经济等数据，直观反映自然地理格局和自然资源状况，为自然资源主管部门业务审批提供重要支撑。土地审批数据如图 4－35 所示。

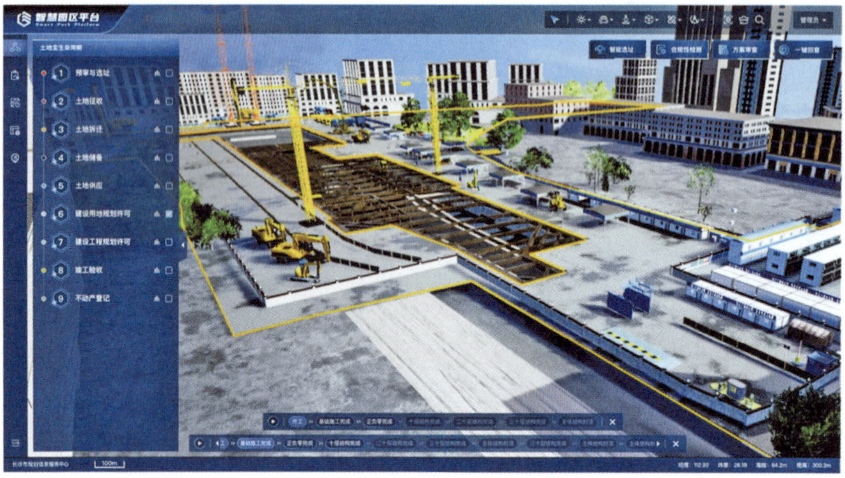

图 4－35　土地审批数据

（2）拆。随着社会经济的不断发展，开发建设、征地拆迁项目不断增多，规模不断扩大。征地补偿安置作为事关民生福祉的重点工作，涉及面广、政策性强，关乎人民群众切身利益，关乎社会稳定，一直受到全社会高度关注。在实际工作中，征地、拆迁工作量巨大，包括前期土地现状调查、协议签订，后期的征地补偿等工作，其间产生的文档只是纸质管理，存在查询检索不便、资料缺损遗失等诸多问题。

随着近几年征地制度及政策的深化改革，在土地权属管理工作中需要实现以图查地、以证管地等应用模式，该模式迫切需要利用直观、便利的信息化手段将纸质资料与三维地图结合起来，在三维地图上直观了解整个征地拆迁的过程。具体应用思路如下：

一是在掌握土地拆迁现状方面，可依托实景三维底图，多视角、二三维直观展示项目范围内现状地理要素，锁定项目周期内地表附着物，防止抢栽、抢种、抢建；二是在拆迁审批和评估方面，可依托调查地类图斑、农用地综合评价、多时相影像数据资源，结合外业调查情况进行补偿评价、核实，确保补偿有据可依；三是在土地拆迁监管方面，可依托平台三维展示土地征收、林木征迁、房屋征迁信息，征收情况一目了然，通过数据平台进行指挥，综合调度，加强决策管理，便于对项目的分析和把控。土地拆迁数据如图 4－36 所示。

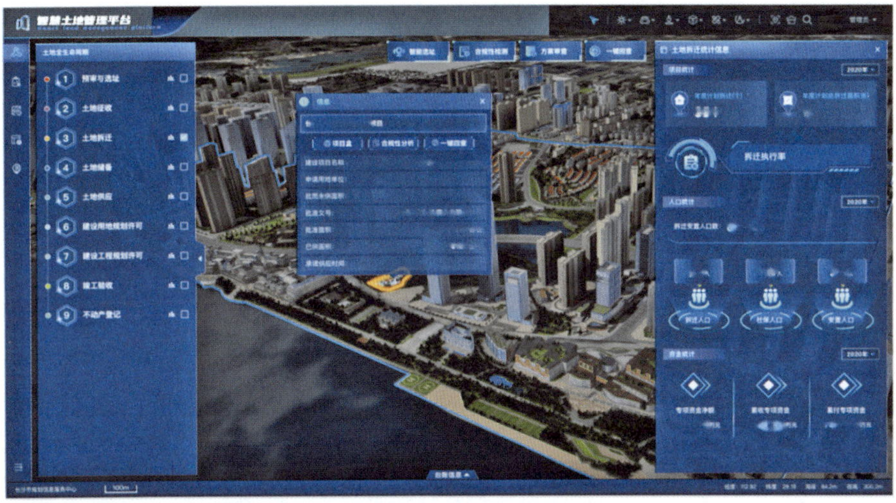

图 4－36　土地拆迁数据

（3）储。土地收储是由政府相关土地储备机构依照法定程序、运用市场机制、按照土地利用总体规划和城市总体规划，通过收购、回购、置换和征用等方式取得土地，进行前期开发利用和存储后，按照年度土地供应计划，以公开招标、拍卖、划拨等出让方式供应土地。传统的台账和管理信息系统等管理手段已经难以满足城市快速发展对土地收储动态化和精细化管理要求，城市土地储备管理相关要素的底数和变化情况不能及时准确掌握，而运用实景三维技术可以实现对城市空间的立体感知和全面管理。

以实景三维为底图，整合多时相遥感影像、地形图基础地理数据和收储专题数据，可以掌握土地储备管理相关要素的底数和变化情况，实现收储业务全周期的图形、属性、档案查询管理、数据资源“一张图”展示、项目全周期管理。同时，通过 GIS 空间分析实现收储专题空间数据和各种规划数据叠置分析，从而有助于政府部门综合研判和科学决策。土地储备数据如图 4－37 所示。

（4）供。在土地供应中土地的立体化开发不可避免地会带来权属空间复杂等布局管理问题，如垂直方向上产权主体的多元化，即地表、地上、地下空间分层开发并分属不同权利人，就容易引发土地空间权属纠纷。因此需构建适用于立体空间的三维审批与监管模式，在明晰三维思维下土地空间资源权属、规划、供应管理制度的基础上，从土地供应升级为空间供应。可以实景三维为底图，供应范围界址点的描述从二维转向三维，增加相应的纵向维度的坐标信息；另外，在土地供应方案和供应合同中，对拟供应土地立体空间的详细位置、水平投影坐标和竖向高程、规划设计条件等做出详细规定。土地供应数据如图 4-38 所示。

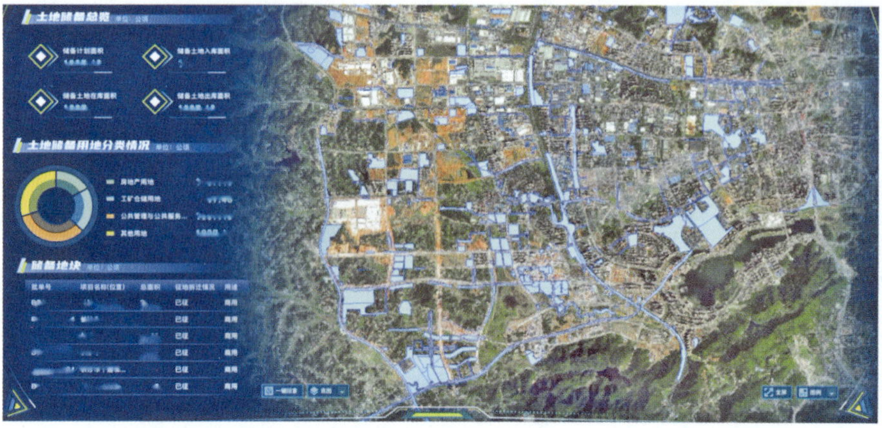

图 4-37　土地储备数据

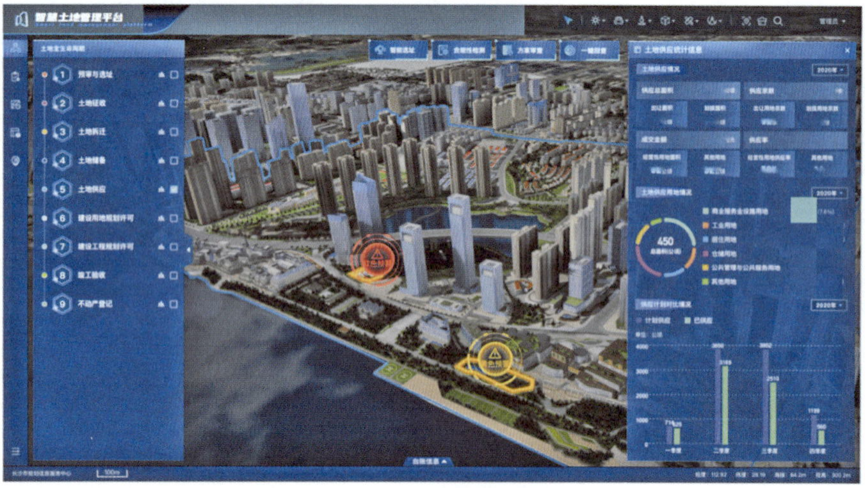

图 4-38　土地供应数据

同时，在土地规划条件、增减挂钩、土地招拍挂等业务中，可分图层显示相关的用地指标和供应土地的规划条件，通过对比批地图层和供地图层，对比分析出土地“已批已供”和“批而未供”情况，从被动监管变主动监管。

（5）用。土地按照不同的用途，涉及永久基本农田划定验收、农用地转建、划拨与出让等业务。在项目方案设计和审查环节，凭借直观、立体、可量测、可分析的显著优势，实景三维正在为城市规划设计和方案论证决策带来一场变革，可将现实三维场景与规划方案融合，直观展示方案与现状的融合效果。同时，对规划方案进行现场评审和动态交互式调整，帮助决策者和评审专家科学选定合适的规划设计方案，规避风险，提高城市规划的科学性和前瞻性。实景三维让规划工作者的想象力有了落脚点，是验证设计方案最好的试验场。方案比选如图 4-39 所示。

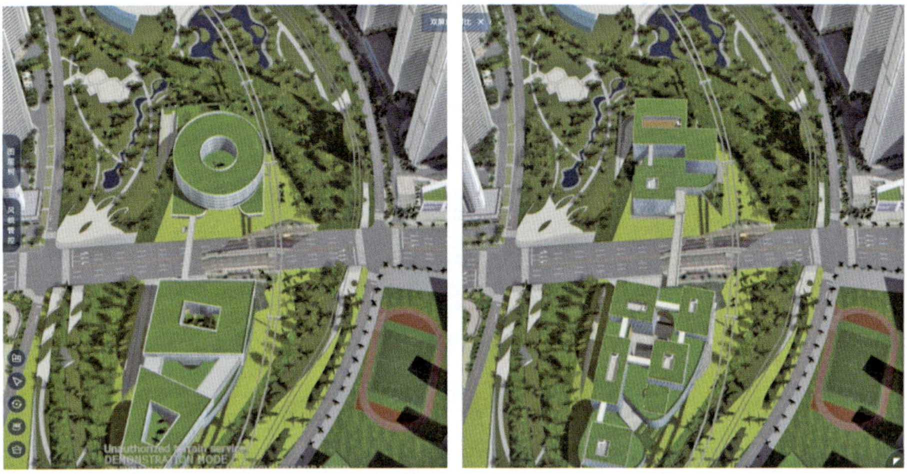

图 4-39　方案比选

在项目施工阶段，基于实景三维，结合施工进度计划，对项目里程碑节点进行监管，模拟工程项目建设进度，再对比多时相的遥感影像，政府主管部门可以直观了解项目的真实建设状态和进度，可及时发现“供而未建土地”、闲置土地等现象。建设项目进度推演如图 4-40 所示。

图 4-40　建设项目进度推演

（6）登。在不动产登记、林草地登记、确权颁证的审批中，对建筑（楼—层—户）、道路等典型地理对象进行三维实体化表达，房屋产权单体化表达，真实、全面地反映不动产立体空间分布特性和自然状况，通过实景三维技术的融合应用，可以解决二维空间下自然资源权籍调查以及确权登记存在的不足，实现不动产登记业务的有效衔接及地上、地表、地下空间的三维应用管理。

借助三维 GIS 的优势，构建全空间管理模式，实现不动产地上地下、室内室外一体化浏览展示与高效管理，直观展示和表达不动产登记状态，实现三维不动产房屋网格化管理。用户可以快速定位三维不动产单元位置，直观查询楼幢周边空间位置状况，追溯不动产变化历史，实现“身临其境”般的业务管理模式，辅助业务办理。不动产（楼）如图 4-41 所示。

图 4-41　不动产（楼）

利用分层分户处理技术，构建分层分户三维模型，同时通过三维透视特效，清晰展示楼盘空间结构，直观表达不动产登记数据中各幢、层、户分布情况，助力不动产登记工作，满足不动产信息的立体管理需求。不动产（层）如图 4-42 所示。

图 4-42　不动产（层）

同时，套合实景三维数据和二维矢量数据，实现二维、三维不动产单元数据的联动查询定位、属性挂接，可查看房屋面积、用途，户主信息，是否存在抵押、查封，以及地籍图等不动产登记信息。不动产（户）如图 4-43 所示。

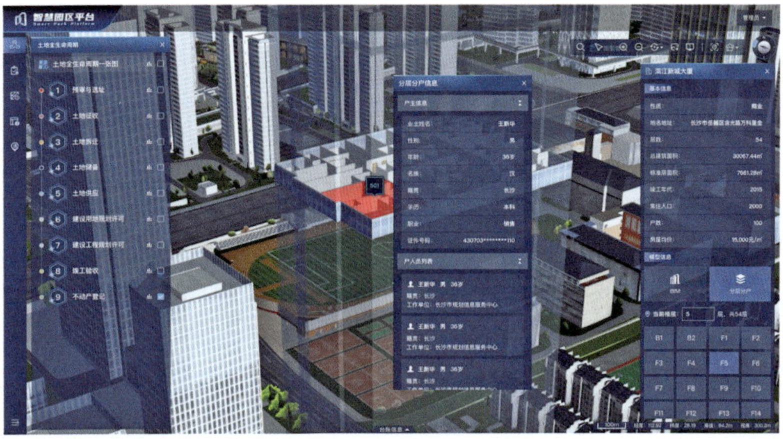

图 4－43　不动产（户）

（7）监。不少地区在建设用地管理过程中存在着“重土地审批、轻批后监管”的现象。虽然近年来，从中央到地方相继出台了一些法规和政策性文件，采取了一定措施，取得了一些成效。然而，在具体的土地管理工作中，仍然存在用地单位违法用地、擅自改变土地用途，批而未用、产生闲置地，少批多占、囤地或炒地皮等现象。在新的政策要求下，需要对城镇建设用地、集体建设用地、耕地等土地要素进行全程一体化管理，切实解决土地管理业务割裂、监测预警能力不足、“三地两矿”监管被动滞后等问题。

面向土地全周期的监管，可以实景三维为基底，打造“空天地”一体化的三维立体监测网，将卫片执法图斑、历史异地红线、城市开发边界、永久基本农田、生态保护红线等土地审批业务图层叠加，并结合 AI 技术，对遥感影像、视频图像进行分析，对闲置用地、违法违规建筑、耕地“非农化、非粮化”、矿山复绿等情况进行智能识别和预警，实现更多维度的实时监测。土地监管如图 4－44 所示。

图 4－44　土地监管

（8）查。以调查登记地块为单元，对城镇建设用地“批、拆、储、供、用、登、监”，集体建设用地“批、用、建、登”以及耕地“划、占、补、验、监”全程各业务环节数据进行集成和融通，形成“土地资源信息盒”，通过三维形式进行展示，可直观、便捷、清晰的查询土地全周期管理数据。在点击某一地块时，系统可自动叠加土地全生命周期所有图层，根据图形压覆分析结果自动形成关联，并提取征收、供应等关键信息展示该地块的“前世今生”，辅助管理人员快速掌握宗地全生命周期重点环节核心信息。土地全周期数据管理如图 4-45 所示。

图 4-45　土地全周期数据管理

2. 集约节约土地监管

国土资源部（现自然资源部）印发的《关于推进土地节约集约利用的指导意见》，对节约集约用地的目标、任务、标准和要求等进行了进一步明确。土地利用管理方式也应向着精细化、智能化、动态化转变。面向集约节约土地监管，可基于实景三维打造可共享、可复用的感知体系，以自然资源监管和保护多跨场景应用为切入口，充分利用天（卫星）、空（无人机）、地（视频、雷达等）等多方位的感知手段，结合实景三维基础地理实体数据（库）、土地变更调查、第三次国土调查、土地审批、土地供应、土地建设等最新成果，借助人工智能分析，构建人防、技防相辅相成，全域、全要素、全时段、全过程覆盖的自然资源监管智治“天罗地网”，“定点、定位、定时、定量”发现及打击批而未供、供而未建、闲置土地等集约节约土地。集约节约土地监测监管如图 4-46 所示。

推进土地集约节约的监管，可从以下三个方面开展。

（1）聚焦前端动态感知，实现精准发现。通过“空天地”一体化实时监测，实现监管手段由单一向综合、平面向立体、人工向智能转变。一方面实现集约节约土地上级下发任务的线上巡查，工作人员足不出户就可核实现场情况，减少外业巡查工作量；另一方面实现集约节约土地问题图斑智能识别，集成违法占地、未供即用等相关算法模型，对每一宗土地限期供地、净地出让、如期动工等土地利用情况实行“网上管、地上看、天上查”立体式全过程监管，实现对违法行为“早发现、早提醒、早制止、早处理”。通过前后影像和实时视频对比、并与建设用地审批数据信息叠加比对等，将疑似违法图斑列入管控清单，进一步提升了监管的针对性、精准度和实效性。

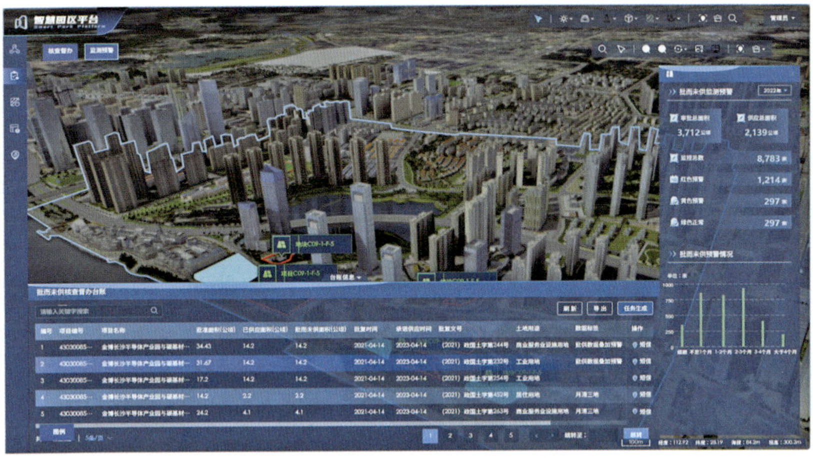

图 4-46　集约节约土地监测监管

（2）聚焦中端智能预警，形成闭环管理。该项目通过数字技术支撑，对违法线索进行实时化预警、网格化处置，切实提高执法效率。一方面强化内外互通，在执法场景中，内业人员可通过移动端 App，向外业人员提供图斑信息，并运用导航定位、取证传回等功能，辅助现场核查工作，外业人员可实现“无纸化”办公，做到一条线索一次查清；另一方面强化前后衔接，变化图斑被确定为违法用地后，系统自动推送到执法部门，并与执法系统对接，督促及时整改到位，并自动生成执法资料记录存档，形成全链条、可追溯的闭环管理机制。

（3）聚焦后端多方联动，推进多元共治。该项目通过数据汇集、算法共享、业务协同，打造跨部门、跨领域、跨层级的多方融合的管控体系。一方面，构建高效协同场景，结合卫星遥感、视频监控等数据，大大提升监管准确性；另一方面，构建共治工作机制。通过场景共建共用，打破部门之间的管理壁垒，实现“智能预警、综合研判、在线指挥”，形成“打、防、管、控”的长效工作机制，为土地集约节约，土地高效利用发展护航。集约节约土地核查督办如图 4-47 所示。

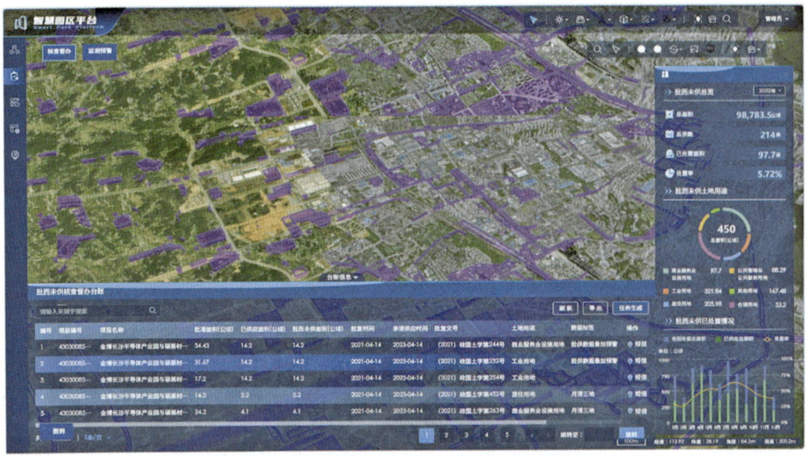

图 4-47　集约节约土地核查督办

4.5.5 应用成效

在全面推进实景三维中国建设的背景下，融合土地全周期管理数据和实景三维数据，依托实景三维技术，有效支撑土地家底数据清理、土地精细化管理、项目精准实施、土地全程监管，实现土地全周期精细化、智慧化管理，其价值主要表现在以下几个方面。

1. 三维数据融合，实现土地管理立体化

以实景三维数据为基底，突破二维信息表现的束缚，实现土地各要素从静态到动态的直观展示，全方位、立体化呈现土地现状和空间分布情况，围绕空间规划、土地审批、项目设计、工程开发、审批监管等管理需求，全面摸清土地资源家底，集中管理土地全周期管理数据。

2. 三维智能审查，提升审批决策能力

利用实景三维技术，以实景三维数据为基底，在土地审批以及项目落地全周期过程中无缝嵌入三维智能审查、三维智能选址、控规调整论证、三维建筑设计方案精细审查等数字化工具，为土地全周期管控提“智”增效，提高审批决策效率，进一步健全土地管理全过程、标准化、透明化的运行监督机制，全面构建高效运行的土地大监管格局。

3. 三维动态感知，支撑土地全程监管

基于实景三维平台，结合卫星遥感、无人机、视频监控、电子围栏等感知设备和技术，实时在线监控，在减少巡查次数、降低成本的同时，也实现了执法工作管理手段现代化、执法对象空间可视化、监督管理常态化、违法处置程序化，有效提高了执法监管水平。

随着实景三维应用的不断深入发展，面向土地全周期的监管，以实景三维为基底，打造“空天地”一体化的三维立体监测网，实现全空间生态浏览、全周期精细管理、全视角智能感知、全方位动态监管、全业务模拟预演、全要素精准巡查，是新时期下构建高质量土地监管的重要手段。

4.6 不动产登记

4.6.1 应用概述

随着场景多元、灵活高效的数字政府建设步入新阶段，不动产相关业务逐步增多，业务范围包括集体土地所有权，房屋等建筑、构筑物所有权，森林、林木所有权，耕地、林地、草地等土地承包经营权，建设用地使用权，宅基地使用权，地役权、抵押权，以及法律规定需要登记的其他不动产的登记。不动产登记制度的合理运行，有助于相关部门实现对不动产权属状况的掌控，以及对不动产交易市场的把控。

为解决不动产登记遗留问题耗时、牵涉广、成因相对复杂等痛点，各级政府需要协同做好不动产登记电子数据和纸质档案数据移交工作，抓紧完善“归属清晰、权责明确、保护严格、流转顺畅”的不动产登记与管理系统，通过数字化手段对不动产进行全过程管理，使群众能够明晰产权、放活经营权、落实处置权、保障收益权，为监管不动产登记信息动态、产权变动情况、交易情况和有关价格数据提供信息支持。

实景三维模型集成无人机遥感、倾斜摄影测量技术、地理信息、三维可视化展示、虚拟仿真、人工智能等前沿技术，融合多尺度、多分辨率、多源空间数据和城市时空大数据，构筑一个全方位、高精度的数字孪生底座，为不动产登记的标准化、数字化和可视化提供有力支撑。通过融入实景三维数据，构建场景更真实、展现更立体、边界更清晰、权属更明确的新型三维立体登记模式，建设不动产三维数据资源、强化三维可视化分析应用、实现不动产权属信息立体化表达、赋能不动产全域全空间精细化管理。

将三维产权体模型、三维实体模型以及多源实景三维模型有机融合，形成集物理空间、产权空间和实景三维特征于一体的真实的三维不动产模型。同时利用分层分户空间技术和单体化技术，实现倾斜摄影模型不同维度的单体化，以此来解决复杂建筑物权籍信息展示不清和登记权利状态展示不明的问题，进一步升级三维不动产立体化管理和应用，深化三维不动产管理的多场景应用，推动不动产三维立体登记管理新模式。

4.6.2 需求分析

随着物质文明生活的不断提升，人们对个人资产的保护意识越来越强，而通过不动产登记的方式，可以有效避免不动产物权不明确等情况的发生，减少纠纷。由国务院颁布并于 2015 年 3 月 1 日正式实施的《不动产登记暂行条例》规定，国务院国土资源主管部门应当会同有关部门建立统一的不动产登记信息管理基础平台。实景三维赋能不动产登记，确定条块结合、资源整合、信息共享、业务协同的建设思路，最大化地优化用户体验，建立较为完整的一站式信息化、三维可视化的管理平台，充分利用现有资源，完成多源空间数据与业务数据的整合。

通过利用无人机低空遥感、SLAM 等智能化技术构建基础实景三维、室内实景等数字孪生数据底座。通过完善核心数据库，加强土地管理信息化建设，加强对土地管理数据的深入挖掘和分析，使业务数据与地理空间无缝隙对接，加强统计分析与空间地理分析有机性融合，提升了数据自身的业务价值。“实景三维+不动产登记”同时可以把二维房屋面图层数据叠加到三维场景当中，按土地证、产权性质、总户数、用途、合法性、历年房屋结构变化等条件，对房屋及住户数据进行统计分析，并通过图表与图层叠加相结合的方式表达统计结果。可以随意切换影像年份，且多份不同年份的影像图通过多屏或双屏的方式进行比对。可以展现房屋的室外结构设施、室内硬装修设施、室内装修材质以及与产权相关的空间分布等信息，平台中可对需要尺寸进行量测。通过程序智能分析，自动提取图片中包含的相关信息。使用一户一档模式，通过界面进行每户档案包括土地房屋信息、住户信息、产权信息等信息的整合。解决了原本纸质登记手续烦琐易遗失、补偿纠纷易出现等痛点，保障对不动产进行及时有效的全过程动态管理。

4.6.3 技术路线

基于人地证联动监管数据，将权属登记、不动产规划、不动产交易、土地征拆迁、住房保障、政策补贴等相关信息有机整合，并以城市地理信息和实景三维作为分析展示底座，形成不动产登记信息数据管理、不动产业务管理、不动产三维可视化管理的技术路线。

不动产管理系统总体架构如图 4－48 所示。

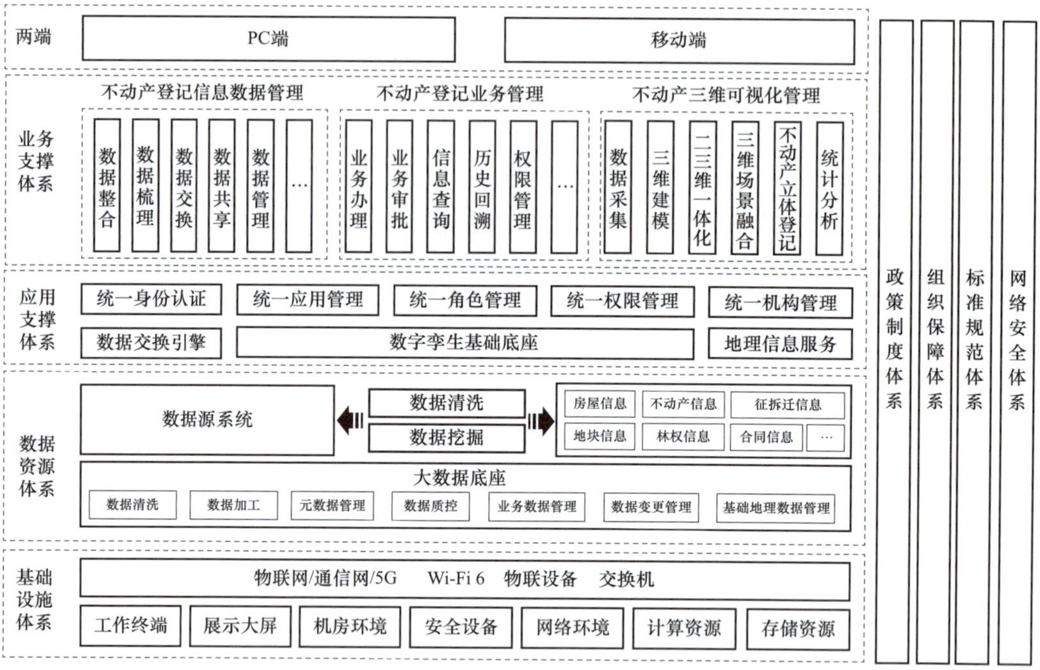

图 4－48　不动产管理系统总体架构

1. 不动产登记信息数据管理

遵循《不动产登记数据库标准（试行）》《不动产登记数据整合建库技术规范（试行）》以及现行各类不动产登记相关标准与规范，对数据进行标准分类编码。同时运用新型测绘技术，根据实际情况，对现有格式不一、标准不同的不动产权数据进行梳理、规范、整合，对新纳入不动产登记数据库的更新信息进行分布式存储、管理、分发、汇总、编辑、发布，最终建设成为统一的登记数据库。

（1）数据整合。整合历史与现势数据，消除数据之间的冲突与矛盾，建立统一的不动产登记数据库、空间数据库以及档案数据库。

（2）数据梳理。建立产权清晰、数据齐全的不动产登记数据基础，对城镇地籍、农村确权、房产信息、承包经营权、耕地领域、林地领域、草原领域、海域领域等不动产登记数据进行特色专题数据库建设，为不动产登记信息基础平台的安全、稳定运行提供保障。通过数据清理、图形补建、档案整理移交核对及数字化补充等方式，实现图形、属性、档案一体化，提升不动产登记效率，优化不动产登记便民利民服务，降低不动产登记风险。

（3）数据交换。通过提供各类系统的数据接口或者发布符合 OGC 标准的数据服务等方式，将对应的房屋登记、地籍登记、林权登记、承包经营权确权登记、海域登记等领域数据成果，返回给房产管理局、自然资源局、林业局、农业局、海洋局等各业务管理局调用，实现数据共享。

2. 不动产登记业务管理

不动产登记业务管理系统为不动产登记、受理、审核、登簿、归档、查询等提供服务，实现各级不动产登记日常业务的网络化、信息化管理，通过业务管理系统对不动产登记信息数据库实时更新，保障数据库的完整性和现势性，同时具有各类登记业务流程定制、工作流管理、权限管理、系统维护等功能。

（1）业务办理。围绕各级不动产登记部门的内部办公、管理、协调、监督、决策等业务，按照“标准统一、功能完善、分级联动、业务协同”的原则，实现信息采集标准化和登记业务规范化、流程化，覆盖首次登记、转移登记、变更登记、注销登记、更正登记、异议登记、预告登记等登记全流程业务。在登记过程中系统可输出满足不动产登记相关国家法律法规所要求的不动产登记簿、不动产权证书、不动产登记证明、不动产登记申请审批表等文件。

（2）业务审批。管理人员在办理登记审批业务案件过程中，可实时查看涉及的房地属性、业务状态、权利信息、办理记录，及时处理待办事宜。同时管理人员可在管理页面自行设定不同条件来进行查询，包括不动产单元查询、不动产权属证书信息查询、不动产登记证明查询、不动产登记簿查询、楼盘查询等，确保审批工作更加高效、准确地进行。

（3）信息查询。根据用户情况不同，不动产登记业务管理系统提供不同的不动产登记信息查询功能，用户可在业务页面根据自身需求进行相关信息查询，包括办理进度查询、登记信息查询、综合查询、地籍查询、结果查询、购房资格查询、以图查房等。

（4）登记历史回溯。根据系统记录的详细信息，可以追溯不动产单元的变化过程，因此不动产登记业务办理可实现回溯功能。

3. 不动产三维可视化管理

不动产三维可视化管理系统通过集成无人机遥感、地理信息、三维可视化展示、虚拟仿真、人工智能等前沿技术，融合多尺度、多分辨率、多源空间数据和城市时空大数据，从宏观微观、地上地下、室内室外构筑一个高精度、多耦合的不动产数字孪生底座。

（1）不动产三维数据采集及建模。运用新型基础测绘技术和 BIM 技术，通过无人机和三维激光扫描仪，采用航测遥感、地理信息、大数据可视化等技术，进行实景三维数据采集与模型建设，可真实反映不动产的地物特征和结构，实现不动产数字孪生场景从宏观到微观的全方位可视化展示与浏览。

运用分层分户技术，根据区域、楼层、面积、方位、布局、内部设施等要素对不动产进行建模，将信息记录在相应的分层分户三维模型中，解决同一栋建筑中多个权属信息和拓扑关系的数据混乱问题，保证较高的准确性。对具有典型代表的物业资产开展室内 720° 全景数据采集，全方位展示室内的所有景致，从各个方向观看真实场景，给用户以三维立体的空间感。

通过与不动产登记业务管理系统关联，实现不动产登记全数字孪生场景管理和高精度物理表象静态数据、动态更新数据、业务管理数据的动态关联表示，形成涵盖分宗、分幢、分层、分户单体化模型和地上地下实体等内容的高精度三维不动产模型。通过实景三维技术实现对宗地数据、房屋数据、楼幢数据、户室数据、登记簿数据等不动产登记核心数据的实时查询统计，并在三维场景上以图、表等多种形式进行展示。

（2）二三维一体化。基于 PopCity 大数据可视化引擎，结合无人机三维不动产建模数据，实现不动产二三维一体化，既支持天地图注记、区域范围、规划布局等矢量图层的加载服务和三维实景倾斜模型叠加加载服务，也支持矢量地图与实景地图实现统一坐标系下的位置关联，从而实现二三维地图的联动和关联。通过关联不动产登记业务数据和三维地籍数据，实现二三维电子证照、三维确权登记等应用场景，进一步深化不动产管理在实景三维中的多场景应用，二三维一体化如图 4－49 所示。

图 4－49　二三维一体化

（3）三维场景融合。将地表、地下三维场景通过数据格式转换、人工配准等手段进行场景融合，得到一个完整的三维地籍图，从而为三维产权体的设立提供基础依据。通过实景三维地图展示不动产登记数据库中土地、房屋、林地、草地等多源信息，全面反映不动产权利状况的分布、登记、流转情况。

在导入不动产数据的基础上，支持对不动产的名称、类型、权属、面积等各类属性进行过滤筛选与查询，从而帮助用户快速定位目标房屋面，帮助用户快速掌握区域房屋面详情档案，展现房屋面详细内容。

（4）不动产立体登记。采用“空天地”立体调查的技术手段，实现不动产登记业务的有效衔接及地上、地表、地下空间的三维应用管理。基于实景三维等多源数据，重塑“构建责任体系、再造办理流程、创新调查技术、建立新型平台”的一体化流程，打造标准化、信息化的全过程，形成不动产立体登记工作新模式。

基于三维场景精准定位到单个户、整幢户、宗地、构筑物、地下空间等对应的三维不动产登记单元，可发起对应的不动产登记业务流程。在不动产登记业务办理过程中融入三维立体场景，通过将不动产登记业务办理过程与三维不动产地图信息关联，办理人员能够快速检索定位宗地及不动产楼幢，直观查询不动产单元周边空间状况、楼盘、单元空间位置及权属信息，追溯不动产前世今生演变过程，全面辅助不动产登记业务高效开展，满足产权信息的立体管理需求。基于电子地图展示的不动产空间数据，可以任意查询数据，了解登记进展情况，而不动产立体登记生成的三维地理实体和产权体等成果也有助于实景三维建设的补充和完善。

（5）统计分析。通过对数据进行定向统计分析，进而获取对应的不动产有关信息，主要分为面积统计分析、不动产类型统计分析、不动产建设年份统计分析、装修程度统计分析、AI 多种检索方式等。

1）面积统计分析。针对不动产面积进行统计分析，利用数据可视化效果呈现统计结果，帮助用户掌握区域内不同面积的不动产分布情况。

2）不动产类型统计分析。对区域范围内不动产类型进行统计分析，根据用户不同需求，如按照住宅、商铺、公共设施、企业等多个维度进行统计，利用可视化效果表达统计结果，帮助用户掌握区域内各个类型的不动产分布情况。

3）房屋建设年份统计分析。对房屋建筑年份进行统计分析，利用可视化效果呈现统计结果，方便用户了解区域内各种不同建设年份建筑的分布情况。

4）装修程度统计分析。对房屋装修程度进行统计分析，利用可视化效果呈现统计结果，帮助用户更好地了解区域内所有房屋的整体装修情况。

5）AI 多种检索方式对数据进行分析。通过关键字检索，提取需要的比对数据模型（或报表），进行区块热点分析、数据分类归纳、智能判断（某户类似情况政策变化影响面分析），模糊智能检索分析。

4.6.4 应用场景

以实景三维模型作为空间支撑，利用不动产分层分户图重构不动产单元三维实体，不动产三维实体与实景三维无缝集成与融合，实现数据共享与协同服务，进而实现不动产登记的全生命周期管理。

1. 不动产交易管理

通过大数据分析研判和可视化渲染，实时掌握租约履行、运营管理、资产经营等一系列业务状况，为业务部门和企业管理提供动态基础数据和决策依据，实现租控可视化、招商数字化。

（1）分层分户数据建设。根据楼宇分层分户矢量数据，建设楼宇标准层内部结构，立体呈现楼宇内部户型结构、房间分布等情况。标注每一楼层房间编号，精准匹配，自动建立企业与楼宇分层分户矢量数据绑定关系，建设重点建筑分层分户数据库，实现对重点楼宇的精细化管理和结果共享，分层分户示意图如图 4－50 所示。

（2）资源同步。对三维实景模型、楼宇及楼宇分层分户矢量数据进行配置，数据来源可分为线上接口与本地数据，并提供接口地址维护功能。确定资源同步方式后，系统将自动更新数据来源，同时工具中基础数据将发生变化，操作箱示意图如图 4－51 所示。

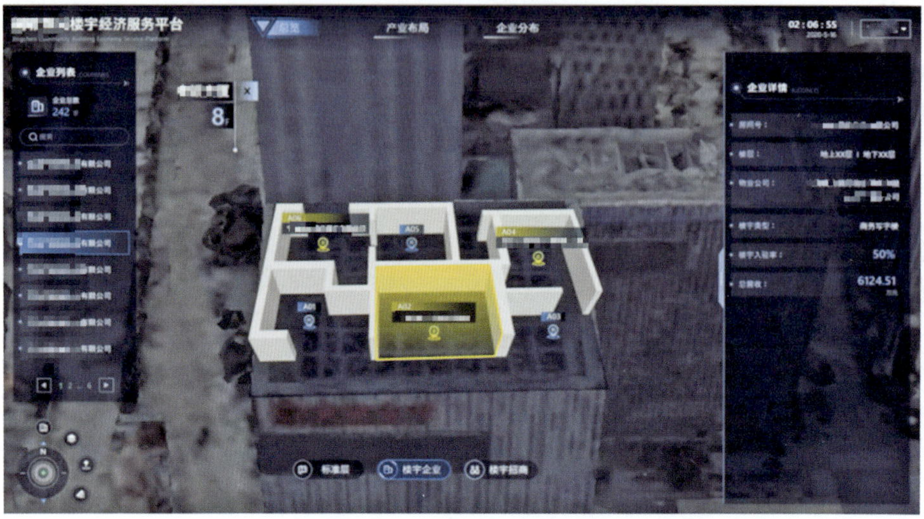

图 4 – 50　分层分户示意图

图 4 – 51　操作箱示意图

（3）招租招商。招租招商功能模块旨在维护楼宇房源，帮助实现楼宇资产的有效管理以及楼宇资产的对外招租招商。其中主要包括楼宇管理、房源管理，实现楼宇房源等内容的增删改查，支持办公楼宇、住宅、商户店面等多种类型楼宇的分类管理，招租招商界面如图 4 – 52 所示。

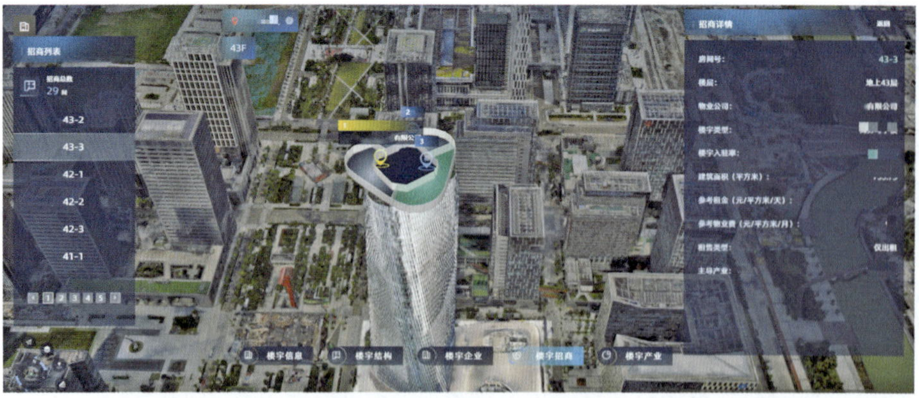

图 4 – 52　招租招商界面

1）招租招商管理，包括合同签约、变更、续签、迁出等业务操作，及时更新招商企业台账，掌握实体注册企业、虚拟注册企业数以及企业纳税等详细情况。

2）合同管理，关联招商客户和合同信息，是入驻企业信息来源的重要管理模块。

3）招租招商分析报表，根据财政部门每年所反馈的企业纳税情况表和相关招商引资政策，对楼宇资产管理、招租招商管理、招租招商合同管理三个内容的数据进行沉淀分析，并作为月度资产及招商报表产出的重要依据。

（4）电子合同管理。基于运营管理相关的所有合同提供合同信息录入、登记造册等功能。

（5）资产销售。对开发企业统计、销售目标达成率统计、楼宇空置面积、楼宇销售趋势等进行分析研判，帮助管理销售人员全方位了解当前销售楼宇资产利用情况。

（6）资产安全管理。主要包括现场管理、疫情防控、应急管理等三大业务功能。

（7）客户服务维护管理。主要包括运营维护、客户服务等两大业务功能。

（8）财务管理。用户可按月、季度、年度等不同周期进行费用数据统计，实现对入驻企业的房租、保证金等资金的管理，同时生成楼宇资产报表、财务管理报表、协同情况概览等内容，财务系统功能架构图如图 4－53 所示。

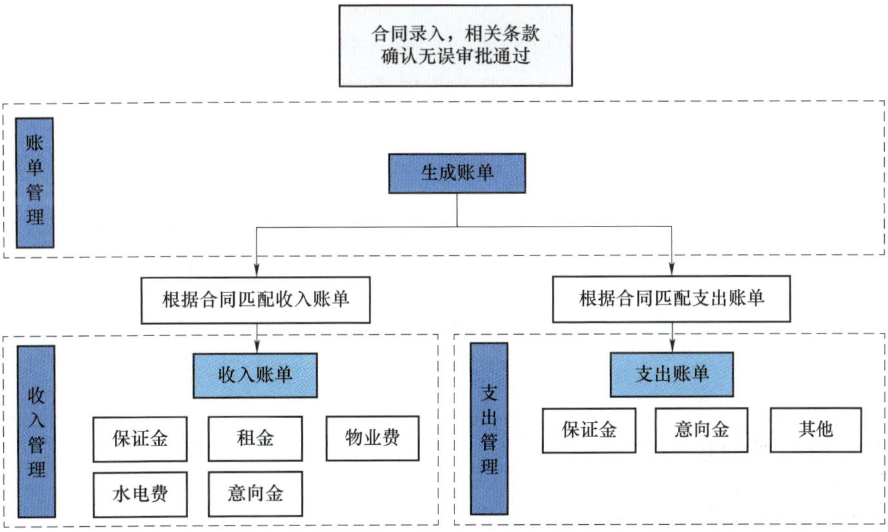

图 4－53　财务系统功能架构图

2. 不动产征迁管理

使用无人机倾斜摄影测量技术，构建覆盖征迁范围的高精度三维模型，搭建不动产征迁数字化管理平台，以征收拆迁大数据为核心，将征收拆迁中所涉及的征收管理、房源管理、统计数据等都包含其中，实现征迁项目档案、被征迁户、征迁协议等相关内容的基本信息管理，实现征拆迁管理数字化建设，土地征拆迁一张图如图 4－54 所示。

图 4-54 土地征拆迁一张图

（1）不动产图层叠加。把二维不动产图层数据叠加到三维场景当中，根据用户需求，按照不动产类别对不同条件进行统计分析，如房屋征迁类型、土地证、房产权、总户数、国有、集体、住宅、非住宅、商业、工业、商住、合法、违章、历年房屋结构变化等条件。对房屋及住户数据进行统计分析，如工业用地征迁类型，按不动产权证编号、属地、街道、所属行业、所属类型等条件，对厂房、企业及权利人数据进行统计分析，并通过图表与图层叠加相结合的方式表达统计结果，图层叠加效果图如图 4-55 所示。

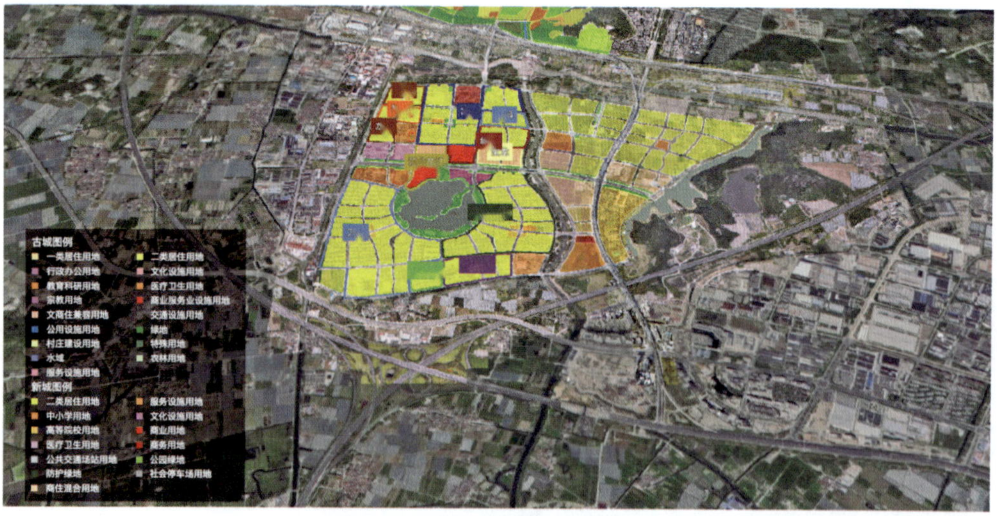

图 4-55 图层叠加效果图

以房屋征迁类为例，住户详情档案示意图如图 4-56 所示。

1）住户定位查询。绑定房屋面与住户关系，对住户名、住户编号进行筛选查询，实现目标住户快速定位。

2）住户详情档案。帮助掌握区域每个住户详情档案，展现住户基本信息。

3）通过住户查询房屋数据。通过住户与房屋数据的关联，可查询每户所拥有的房产信息。

图 4－56　住户详情档案示意图

（2）数据挖掘。可根据历史影像挖掘不动产的建成年份，通过分层分户技术对不同楼层进行区分，解决某些房屋从外立面无法辨别具体楼层的问题。通过程序智能分析，自动识别房产证等不动产相关证件，提取图片中包含的相关信息进行管理存档。

（3）影像年份切换多屏对比。可以随意切换影像年份，且多份不同年份的影像图通过多屏或双屏的方式进行比对，方便用户对征迁前后情况进行比对，双屏对比如图 4－57 所示。

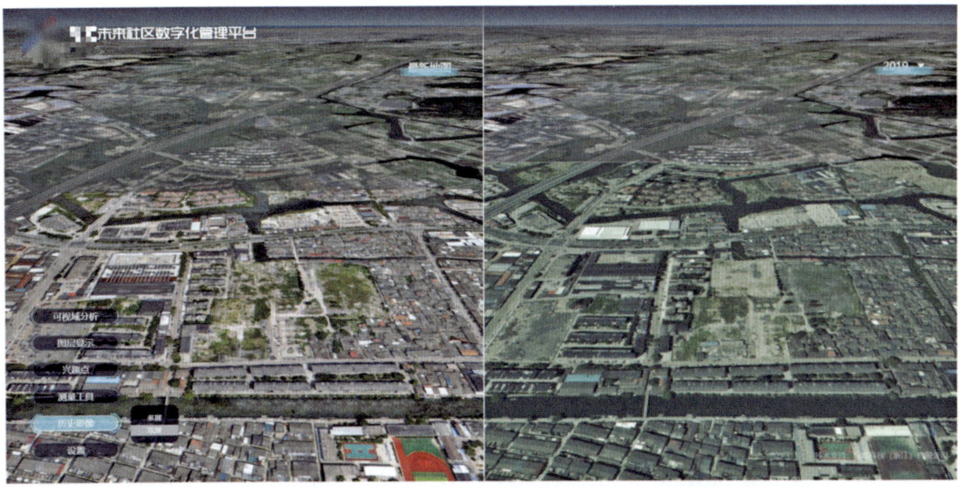

图 4－57　双屏对比

（4）统计分析。针对征迁数据进行统计分析，可以表格、图像等数据可视化效果呈现统计结果，对征拆迁不动产类型进行统计分析，按照不同维度进行直观对比，能让工作人员快速抓住征迁工作中的突出点与问题，并以此为依据，优化征迁方案，征迁系统统计分析如图 4－58 所示。

图 4－58　征迁系统统计分析

（5）过程管理。使用一户一档模式，通过对每户档案包括征拆迁土地信息、权利人信息、产权信息等进行整合，认定摸底数据权属性质，对征拆迁土地进行确权确户，录入装饰装修附属物明细及价值报告依据等信息。通过已设定的补偿标准，系统自动计算装修及测绘补偿费用。

（6）补偿管理。对项目补偿标准进行统一录入，方便系统对补偿金额自动计算。根据被征收户的摸底调查数据、被征收户的签订协议时间以及被征收户的安置情况，自动计算被征收户需要发放的过渡费明细，实现一户一策，并结合外业调查情况进行补偿评价、核实，确保补偿有据可依，辅助征收工作。

（7）项目管理模块。对征地拆迁项目进行统一管理，对项目资料统一归档保存，方便项目资料查询。针对项目进度情况，确认项目计划节点和实际完成节点的比对，并进行总结分析。

（8）安置管理。通过将安置房源信息导入系统，实现房源可视化管理、房源数据及时更新汇总，便于了解。根据被征收户的摸底调查数据及家庭成员人口信息，自动生成被征收户的安置协议（合同）文件。

（9）征迁资金管理。通过对项目施工资金和安置赔偿资金的使用、下发情况进行管理查看，可以了解资金使用去向，掌握项目补偿款历史数据，对资金与成本进行估算，从项目征收开始之前做出合理规划。

3. 轨道交通不动产管理

采用 BIM+GIS 技术构建一体化的不动产管理系统，以轨道交通集团公司不动产全过程管理为主线，通过移动端 App 可视化实时掌握整体不动产地理位置范围及其租赁信息，核心聚焦不动产管理、不动产经营、不动产维护，通过数据智能驱动不动产价值新增长，依据电子化手段对不动产进行全过程管理，保障集团公司对不动产进行及时有效的动态管理，轨道交通不动产管理系统架构如图 4-59 所示。

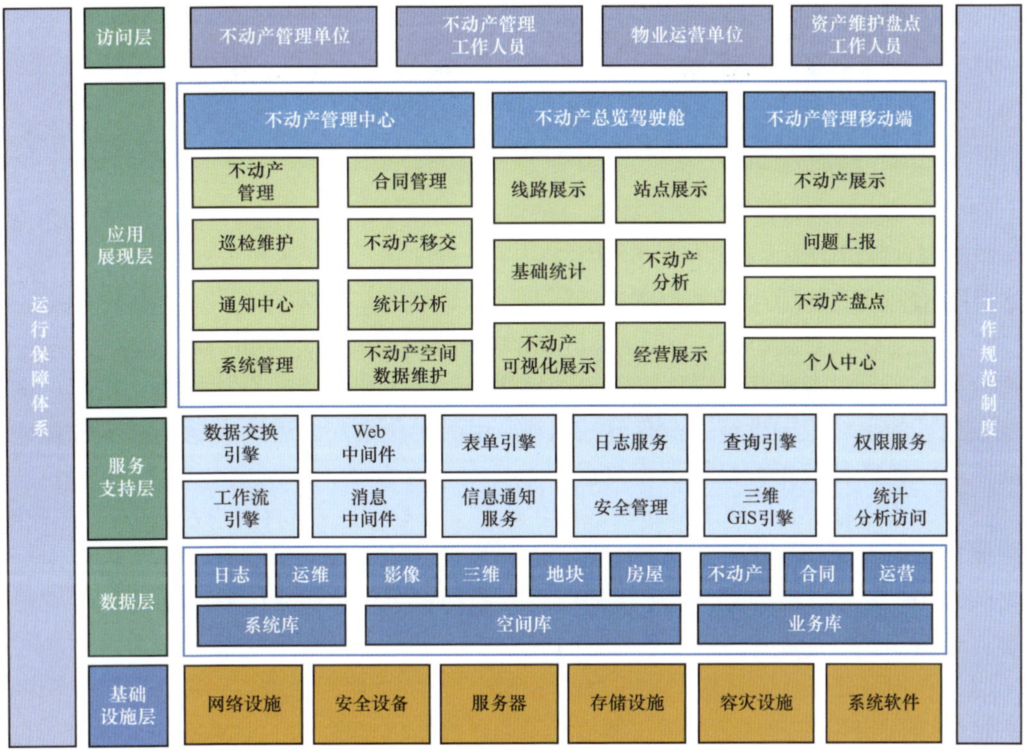

图 4-59 轨道交通不动产管理系统架构

（1）数据标准制定。通过梳理轨道交通现有的不动产台账、合同台账、管理台账，建立不动产信息导入标准。

（2）总览驾驶舱。通过地图可视化展示轨道交通的不动产情况，以轨道交通一张图的形式展示不动产基本信息和经营情况，宏观层面展示轨道交通线路周边的不动产分布情况和基础统计，中观层面展示以轨道站点或站点区间为中心点，展示归属于对应站点的周边的不动产分布和统计，微观层面展示某个不动产的详细信息，包括不动产空间结构、基本信息、合同信息、经营信息、运维信息等，轨道交通不动产总览驾驶舱如图 4-60 所示。

（3）轨道交通不动产管理。平台集成了不动产信息管理、合同管理、巡检维护管理、通知推送管理、统计分析等功能，能够全方位掌握轨道交通不动产的信息。

图 4－60 轨道交通不动产总览驾驶舱

4. 林权类不动产管理

利用倾斜摄影测量技术，初步建成自然资源三维立体时空数据库，为编制面向未来的国土空间规划提供了依据和基础。利用实景三维、激光雷达、无人机、5G 远程会签等新型技术手段，辅助解决现场指界的历史遗留问题，实现林权登记工作信息化、规范化、标准化。

（1）建立林权籍数据库。按照不动产权籍调查规程规范，收集森林资源二类调查、影像数据、三维实景数据及原林权登记档案资料，最大化利用现有林权登记资料，按照林权登记证的地块范围进行内业落界。以村、组为单位逐户、逐地块地调查承包林地的权属信息，完成林权相关权籍调查数据库。

（2）室内宗地界址。基于最新获取的三维模型，整合原有的林权数据、高清影像图、地形图、林权宗地图、基本农田划定、生态红线图、第三次土地调查成果、村庄规划图等多源多类型数据，申请人、相邻宗地权利人和调查人员等在室内就能准确地了解宗地界址。

（3）自然资源立体化。建立统一的自然资源三维立体时空数据库，用于自然资源的全面感知与精细管理。三维实景数据与林权类不动产数据相关联，从立体和场景的角度对自然资源进行管理，实现自然资源的“三维登记”，林权类数据统计如图 4－61 所示。通过呈现

图 4－61 林权类数据统计

自然资源组成的三生（生产、生活、生态）空间，对自然资源、用途管制、生态保护红线、永久基本农田、村庄和城镇边界等进行对比分析，为自然资源的保护利用提供科学依据。

4.6.5 应用成效

随着城市的高速发展，出现了越来越多的高层、超高层建筑以及建筑物综合体，群众的生产活动的空间立体化、复杂化趋势越来越明显。“实景三维+不动产登记”联动模式通过先进信息化技术的综合应用，将不动产登记相关信息的表达从抽象二维转变为真实三维，准确直观地呈现了三维环境下的不动产信息，场景中的建筑、山脉、河谷等内容的真实纹理与色彩一览无余，节约了人力成本，也提高了不动产统一登记管理的质量和效率。

（1）有效提高了不动产确权登记效率。将实景三维数据与不动产登记工作结合，以三维地理信息系统为基础，实现不动产立体登记新模式，解决了不动产登记工作中的权籍调查、确权登记、空间使用等问题，以及传统二维登记系统中一栋建筑只能登记一条权属信息的问题。基于高精度实景三维的各类应用模型，能够支持自然资源管理局对不动产登记的高效管理，可以为不动产登记管理提供数据支撑和空间决策支持，让群众更直观地看到成果，提高权属调查成果的准确性和民众认可度及便利性。

（2）有效增强了不动产审核业务能力。通过融合国土调查成果、城乡规划等自然资源大数据，将汇总的数据信息直接批量录入系统进行统计处理，有效辅助有关部门实现智能审核监管，解决了海量不动产调查成果审核工作的急切需求，让不动产审核精准快速。

（3）有效提高了不动产登记成果利用率。将不动产确权登记工作过程中涉及的海量影像、精细化实景三维模型数据等过程及最终成果“反哺”给城市实景三维建设，为空间规划、执法监测、基础测绘等其他自然资源工作提供三维大数据的信息支撑保障，推动数字中国、实景三维中国、智慧城市等实景三维建设。

通过进一步完善有关功能，推动三维不动产立体登记全面发展、遍地开花，比如将三维不动产立体登记和管理应用到农业、水利等更广泛的领域，实现多领域的业务数据三维化、立体化，以此来引导和带动三维时空信息场景应用，从而推进实景三维在赋能不动产登记中持续发挥更加积极的作用。

1）登记管理立体化。以实景三维不动产地籍模型为核心的不动产立体化管理模式将通过实践，继续深入探索涉及的技术、标准、政策等，继续进行全方位的改革挑战。三维业务信息也将持续探索创新，通过积极引入区块链、人工智能、大数据等新一代信息技术，提供面向各级用户的与时俱进、全面贯通、切实可行的全流程解决方案。

2）建设标准统一化。基于实景三维的不动产综合管理体系建设决定了不动产管理一体化发展，决定了不同区域、不同方式间的资源共享、业务协同、一体化运行。通过条块结合、资源整合、信息共享、业务协同，以及分期实施小步走、快步走的建设思路，对系统进行实时调整优化，在达到系统的建设目标时，最大化优化用户体验。

3）空间规划合理化。通过不动产登记成果真实地反映规划范围内的资源面貌，助力国土空间规划全周期管理。基于地形级、城市级和部件级的多精度三维城市规划设计，最大限度满足精细化管理要求，进而辅助规划精准、合理实施。

实景三维赋能不动产登记，提升了城市信息化建设水平，改善了政府部门数据管理混乱的情况，丰富了系统核心数据库，有利于提高政府治理效率和水平，大大减少政府行政成本，提高政府的公信力，方便了企业和群众，减轻当事人的负担。

4.7 智慧公安

4.7.1 应用概述

在公安信息化深化应用和综合管理水平不断提高的过程中，地理信息系统为治安管理、警力部署、安全警卫等公安业务提供了行之有效的管理手段。GIS 技术已在公安领域得到广泛应用，各省已建立起完备的警用地理信息基础平台（简称 PGIS 平台）。然而，目前的应用主要是二维 GIS，这种形式的系统虽满足了公安部门的日常管理工作需要，但由于二维 GIS 是将真实的空间对象及位置信息映射为二维的平面信息，不可避免地在表现方法上过于抽象，不符合人们的真实视觉习惯。二维 GIS 公安系统在三维定位及信息展现的直观性方面存在着局限性，而这在公安部门的一些工作中是至关重要的。

在实景三维理念推广、实景三维技术发展以及国家对建设实景三维中国高度重视的大背景之下，利用实景三维成果作为新型智慧公安应用的数据及空间底座成为新的趋势。

基于实景三维模型的警用地理信息系统，借助倾斜摄影技术，在大规模三维模型场景的基础上，对重点区域开展精细化三维建模，结合遥感影像、多媒体、三维仿真和虚拟现实等信息可视化技术，可以将各种动态的、静态的、历史的、现实的警务信息，反映实时警情发展变化状态的警务态势等，进行多样化的可视化展示。基于实景三维的警用地理信息系统，可以根据警务信息中对地址的描述，进行地理编码，将各类警务业务信息在三维地图上直观定位展示，民警可以根据所查询到的目标，在三维地图上的空间定位，迅速找到其实际位置，并通过地址信息，关联到其他公安业务系统当中，方便警务管理和指挥决策，提高工作效率。

构建面向公安机关管理部门的实景三维综合性决策支撑平台。平台具有开放体系结构，集成监测预警、应急指挥调度、仿真推演、分析研判等于一身，支持从警力警情分布、视频监控、卡口分布、辖区人口、重点场所等多个维度进行日常监测与协调管理；支持突发事件下的可视化接处警、警情监控、警情查询、辖区定位、警情态势分析、应急指挥调度管理，以满足常态下警力警情的监测监管、应急态下协同处置指挥调度的需要，满足公安行业平急结合的应用需求。

实现促进区域经济的持续、快速发展，减少因治安问题带来的直接及间接经济损失。提高精确打击和快速反应能力，可在一定程度上缓解警力严重不足的现状，从而节约相关经费。将使原来较为分散的资源整合为一体，提高了公安指挥调度效率，节约管理成本。

4.7.2 需求分析

2015 年 1 月，公安部制定了《关于进一步加强公安机关视频图像信息应用工作的意见》。意见指出，要加强视频监控系统与有线、无线、卫星通信等公安信息通信系统的融合，突出“一体化展示、可视化指挥、扁平化调度”能力，为开展扁平化、跨层级的指挥处置工作提供直接、可靠、快速的视频图像信息支撑。建立健全大型活动安保和应急突发事件处置视频监控调用工作机制，按照“平时按层级指挥、战时跨层级扁平化指挥”的工作要求，明确各层级视频监控调用权限，畅通视频监控调用通道，强化对重点时段、重点部位视频监控的管理，提高应急处突和现场控制能力。

2019 年 5 月，全国公安工作会议，明确要把大数据作为推动公安工作创新发展的大引擎、培育战斗力生成新的增长点，全面助推公安工作质量变革、效率变革、动力变革。

2020 年 1 月，全国公安厅局长会议，明确要积极推进公安大数据智能化建设应用，加快数据融合，深化实战应用，强化安全管理，力争基本建成集强大计算能力、海量数据资源、高度信息共享、智能应用服务、严密安全保障、警务运行支撑于一体的大数据智能化应用新生态，着力提升公安机关的核心战斗力。

从国家政策背景发展需求来看，科技强警是整个公安行业信息化发展的重大方向和不可阻挡的历史趋势。基于实景三维的警用三维地理信息应用只是行业发展道路中的一部分，许多行业应用随着维度的提升、信息的全面会逐步完善与发展。三维地理信息平台在公安行业中的推广会对广大指战人员的工作提供非常大的帮助。

其主要作用与需求主要体现在以下几方面：

（1）多源异构数据载体、数据互联纽带。

多维的空间数据载体是丰富和完善警用信息融合的基础，也是与高度发展的各行业信息化数据互联互通的技术纽带。针对公安行业的三维技术应用向简单、深化的多三维系统结合的发展模式是必然的行业趋势，在深化行业应用的同时提高业务的运行效率。

通过运用三维语义化、实景可视化、人脸识别、车牌识别、行为分析等新一代信息技术，构建城市公安数字孪生信息化体系，整体形成城市公安区域辖区范围内数据动态更新，预警及时提醒；下级基层指挥部掌控场馆详细状态，发现问题及时落地处置，边界清晰，任务明确。实现“人、车、地、事、物”全面监测，提高城市公安信息化管理水平，协助公安机关做到事前预警、事中指挥调度、事后分析研判。

（2）二维地理信息系统表现方法抽象，空间信息展示不够直观。

传统二维 GIS 技术缺乏空间表现力、不够直观，已不能满足新时代公安业务需求。用二维的图形界面展示空间信息是非常抽象的，只有专业的人士才懂得使用，对于渴求空间地理信息辅助工作的广大民警来说不能够将抽象难懂的空间信息可视化和直观化，快速辅助日常工作。

（3）二维地理信息系统在多维度空间分析功能上存在不足。

空间信息的分析过程，往往是复杂、动态和抽象的，在数量繁多、关系复杂的空间信息面前，二维 GIS 的空间分析功能常具有一定的局限性，如淹没分析、地质分析、日照分析、空间扩散分析、通视性分析等高级空间分析功能，二维 GIS 是无法实现的。

传统二维地图无法满足城市公安立体化防控的应用。通过将视频、模型、地图三者进行集成，从而达到融合地图场景、视频场景、模型场景的目的，实现场景要素全面的可知、可测、可控。

（4）实景三维静态数据与公安动态数据相结合提高公安信息化能力。

实现动态监控视频流信息与静态的三维模型相互映射，采用视频标签实现现场实景信息与虚拟三维数据的融合应用，利用视频分析能力获取人员行动轨迹，辅助城市目标抓捕，使视频具有空间定位、检索和分析能力，让空间实景指挥平台实时“动”起来。

接入多业务数据、视频、GIS 数据、三维模型等数据，建立基于实景三维的全面的二三维一体化立体监控平台，针对辖区管控的具体场景、视频资源、人脸数据、卡口数据、警情数据、安检数据、验证数据、定位数据、“一标三实”信息、重点人车信息、交通数据、票务数据、地下管控数据、场馆侧数据、无人机数据、活动方相关数据、倾斜摄影数据等多维度信息，实现城市公安资源分析管控、多种感知设备集成与综合分析、突发事件应急处置，实现基于数字孪生体系的公安信息立体化、可视化的指挥与调度，提升公安工作的智能化管控水平。

主要围绕切实提高态势感知、预测预警、精确打击、动态管控、扁平指挥等核心战斗力，充分利用现有先进和成熟的技术，建设先进而贴近业务实战的应用平台。

4.7.3 技术路线

基于实景三维数据构建智能警务时空数据底座，提供公安综合实体时空数据，提供综合业务服务载体数据应用：可用于分析、风险洞察、精准警务、智能联动。

系统以实景三维数据为空间基础数据底座，以公安地理时空信息引擎、语义服务引擎、可视化引擎为基础服务平台，融合公安部门的警用业务模块，实现公安业务基于三维图形化、可视化和直观化状态下的信息管理和业务展示等，技术架构图如图 4－62 所示。

集成数据库技术、空间数据引擎技术、Web 技术、WebGIS 技术、三维可视化技术、多媒体技术、系统集成技术等，采取功能控制流和数据流交叉组织的方式，实现对公安信息的管理、预警等功能。系统整体划分为五个层次，包括基础设施层、数据资源层、应用支撑层、应用系统层、门户层。基础设施层主要指相关的计算存储资源，比如通过网络相互连接的服务器和存储设备等，为了最大限度提高系统性能，将资源集中化与分散化，以实现资源的按需分配和快速部署。数据资源层将符合标准的业务数据接入数据库，主要有公安业务数据、实景三维数据及服务总线；应用支撑层通过信息汇聚平台和异构的应用对信息资源进行资源的汇聚和整合，再通过统一的访问入口，实现各种应用系统跨数据库、跨系统平台的无缝接入和集成，最终达到个性化业务应用的高效开发、集成、部署与管理；应用系统层通过支撑层的基础能力服务构建基于公安业务的各项专题应用；门户层对用户群进行统一分类。通过建立时空语义数据库，搭建数字孪生平台，构建基于实景三维的智慧公安信息化体系。

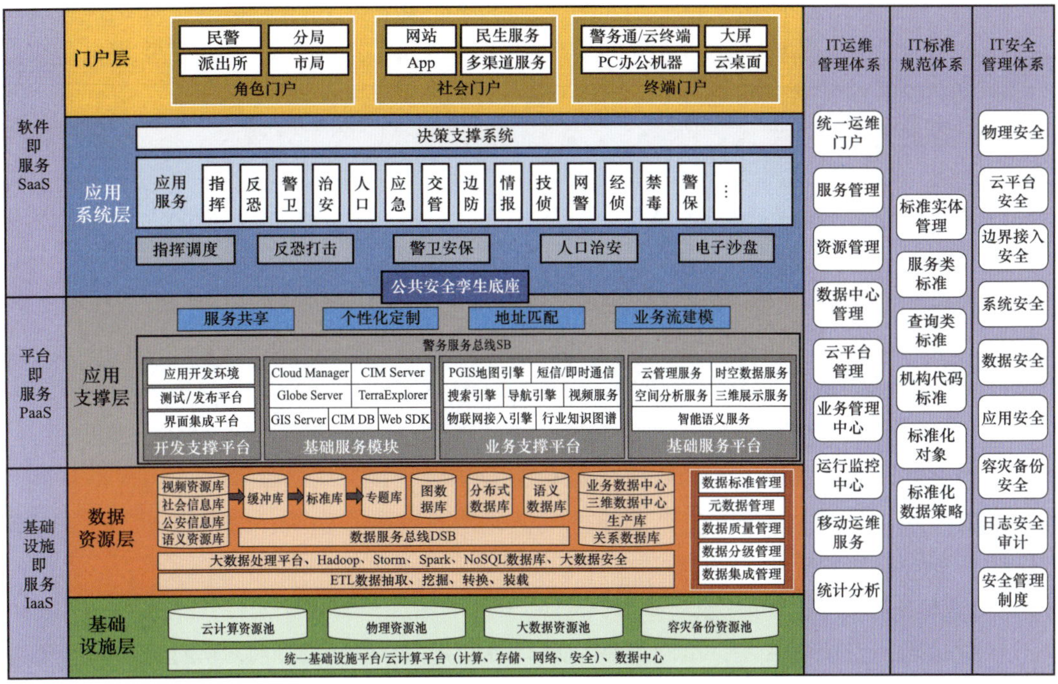

图 4－62　技术架构图

1. 实景三维公安时空语义数据库

（1）地理实体统一赋码。对城市公安地理实体目标进行统一赋码，保证城市地理实体对象编码的合理性和唯一性，并能与各种城市综合体信息、城市“一标三实”信息进行动态数据融合，快速形成多种城市公安目标实体对象。拟通过以下研究内容实现：

1）准备地理实体分类数据，按照分类分层组织地理实体数据；

2）设置位置码、分类码、时间码和顺序码的编码规则；

3）地理实体赋码，系统自动检测编码冲突的对象，对编码错误的实体对象进行检查和修改。

（2）“一标 *N* 实”标准地址库构建。构建数据空间库，空间库中存储的标准地址包含基础地址属性，同时将标准地址对应的坐标存储在空间库中，构建空间索引。为标准地址增加时空属性（时间），支持未来以时间线的维度展示区域内标准地址的变迁，构建地址元素信息的层次关系及结构信息模型。

（3）公安实体语义化。将城市公安管理对象目标的几何属性、业务属性、权属信息、物联信息及涉及人、事、地、物、情等与城市公安相关的业务信息属性数据、业务描述数据及几何拓扑数据快速地与城市实体数据进行融合形成用于公安相关分析、运算、仿真、模拟的城市公安语义数据。拟通过以下研究内容实现：

1）基于标识信息的语义关联。依据实体名称、编码等唯一标识信息，关联现有地理信息数据，获取空间位置语义属性。通过实体的空间坐标可以计算实体间的空间距离及位置关系。

2）基于空间信息的语义关联。采用空间转换计算等方式，获取多源基础地理实体数据的空间信息。利用基础地理实体间位置数值对空间关系进行定量描述并规定定量描述与定性描述间的转换映射规则，从而构建空间关系结构。

（4）类属关系语义关联。构建语义关系规则，结合地理实体基本信息及专题属性，以地理实体空间身份编码为索引构建语义关系规则；依据实际需要制定语义提取条件，如抽取建筑物实体与院落实体“等级关系”语义，通过识别建筑物实体“所属院落”信息进行抽取；关系建立，采用抽取获得的语义信息建立实体与实体、实体与属性的关联关系。

（5）物联感知数据语义关联。基于物联网接入等技术实现物联感知数据的抽取、清洗等，获得完整数据。获取物联网感知设备 API 并分析出规律特征，构造抽取规则、建立抽取语料库，基于语料库总结频繁使用的模式并构造规则、形成抽取的正则表达式，建立描述文件；根据感知数据的变化规律和时空相关性，采用概率统计、近邻分析和分类识别等方法，在感知节点、整个网络或局部网络实现数据清洗；解译关键信息，获得蕴含在感知数据中的信息、知识。

2. 城市公安数字孪生平台

针对不同公安任务目的，不同作战目标，可制定基于城市空间服务的分级分权数据管理系统及场景定制系统，使各分局单位可根据自身特点及关注内容对目标及场景进行定制化处理。

包括对城市公安信息化对象提供多模态、多时态、多源异构数据更新维护监管能力。将公安资源数据、城市对象运行数据、城市对象几何数据、城市对象监测数据进行统筹监管及更新维护。

城市公安数字孪生平台应在平台层面提供多源异构时空数据存储、治理、融合能力，形成城市公安时空语义数据库，提供公安“一标 N 实”数据与空间管理实体的动态融合能力实现一人一档、一车一档、一房一档的数据管理服务体系。同时提供时空信息服务平台、语义数据服务平台和可视化平台三大地理信息服务中台，实现从基础资源利旧角度的历史资源及平台对接、新型测绘及实体数据的服务及管理以及针对不同需求的定制化开发能力。同时实现与城市物联网平台、城市视频综合管理平台、城市 AI 服务平台的接口对接工作。同时实现与公安内部即时通信、导航引擎、搜索引擎、云管引擎、安全引擎等多个能力引擎的融合。

4.7.4 应用场景

系统以实景三维地图为基础，以信息共享和综合利用为目标，可实现公安基础信息基于空间电子地图的可视化查询和分析，提高在指挥决策、快速反应、反恐等方面的综合能力，为治安管理、警力部署、巡逻布控、安全警卫等公安业务提供行之有效的管理手段，实景三维合成指挥作战系统如图 4-63 所示。

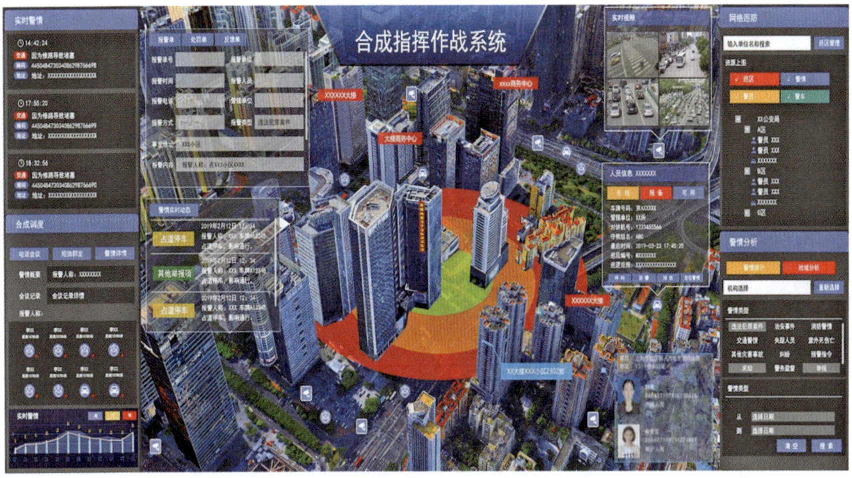

图 4-63　实景三维合成指挥作战系统

1. 情报态势综合显示

系统支持整合公安现有信息系统的数据资源，覆盖公安各业务领域，凭借先进的人机交互方式，实现情报融合、情报显示、情报分析、情报监测、情报指挥等多种功能，可广泛应用于监测指挥、分析研判、展示汇报等场景，适用于治安管理、活动安保、出入境管理、人口管理、网络安全管理、监所管理、消防管理、交通管理、楼宇安防等领域。

（1）警务警综警情三维分析。

1）实有人口。运用三维地图管理人口信息：将人口的信息进行全面管理，建立一人一档管理模式，包括人员的出生年月、学历、联系电话、家庭状况、家庭财产等信息一并注入地图的信息栏中，同时在此模块中可进行人口信息检索、关联查询、人物轨迹分析等功能，为后期的综合研判提供基础和依据。

2）实有单位。运用三维地图对各地区实有单位进行管理，实有单位包括单位名称、楼层信息、单位大厦名称、单位地址、公司法人、公司类型、公司电话等，一切详细信息都写入单位信息栏，便于查找。单位查询可以输入单位信息查询，也可以根据单位地址进行查询。

3）实有房屋。运用三维地图对各地区的实有房屋进行管理，实有房屋包括房屋名称、楼层信息、建筑类型、建筑结构、是否配置电梯、产权年限等一切详细信息都写入房屋信息栏，便于查找，建立一房一档，做到以房管人，以人找房，人房关联。

4）实有力量。集成公安监控、部分社会监控、单兵、车载、无人机等无线图传等海量资源。遇到突发事件和重大安保活动时，现场图像能进行实时多角度传输，并具有图像智能搜索功能，可根据关键词快速调阅所需图像。系统接入警力（警员）数据，结合三维地图进行地图撒点，定位全区的实有警力情况。通过点击图标，以最直接、快捷的方式查看警力信息。还以列表形式展示全区所有的警力，以最直观的方式展示警力情况。实有警力警种含治安、特警、交警、辅警、武警，并可以不同图标显示在地图上。

5）实有安防设施。系统可接入所管辖区内市政设施设备、公共配套服务设施设备、景观设施设备、安保设施设备数据，实现以上设施设备在三维地图上的直观查看和地理位置显示，提供多种方式查询各类设施设备和保养维护情况，并结合实有单位和实有房屋，进行综合数据分析。

6）实有警情。系统接入所辖区域现有的警情数据，结合三维地图实景再现的优势，警情撒点定位，实时展示数据，增强指挥人员的现场感，在发生紧急状况时，通过实时调度指挥，增强办事效率。实景三维实有警务信息如图 4-64 所示。

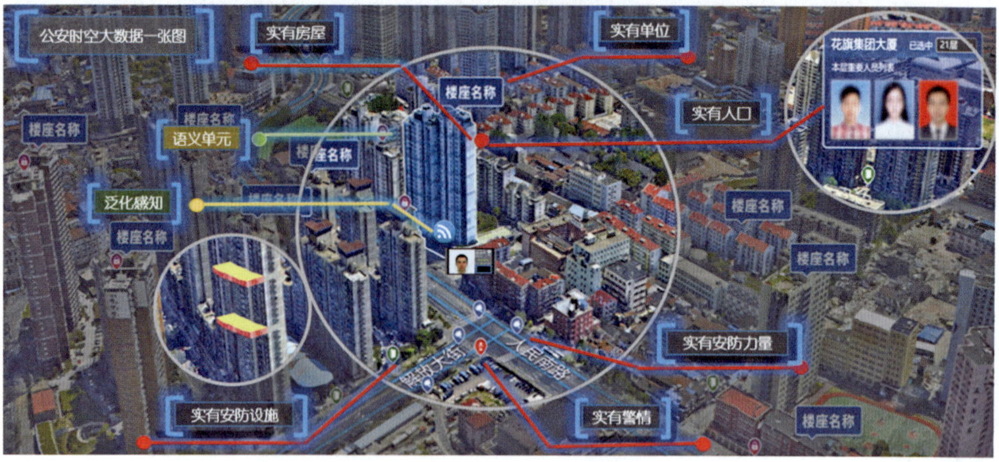

图 4-64　实景三维实有警务信息

（2）公安常态监测。

1）勤务管理可视化：基于地理信息系统，可以实时查看警力在岗状态、警力分布、警情案件分布、应急资源等内容。支持快速定位警员、车辆的位置，查看警力详细信息，调取监控视频画面；支持警情查询；支持一键直呼，进行单方调度或多方协同调度。

2）辖区人口监控：系统可实现对常住人口、暂住人口、治安重点人口等，按照地区分布情况、人员类型、活动情况等要素进行实时监控。

3）重点场所监控：系统支持对指定界域内的房屋、公共场所、监所、特种场所等重点场所进行全局态势监控，增强公安部门对重点场所的治安管理和查控能力。

4）视频监控：系统支持视频地理空间数据的显示及管理，可在地图上进行点选、框选操作，支持监控视频的实时调用、回放，秒级检索，实现对视频资源的灵活调用和统一管理。公安常态化监测系统如图 4-65 所示。

（3）预案预警可视化。

1）警情预警：针对各类焦点警情建立预警告警机制，基于历史典型案例的演变链、事件链中提炼重大事件的风控模型，为监测预警提供可靠的阈值与依据，自动监控各类焦点事件的发展状态，进行自动预警告警。

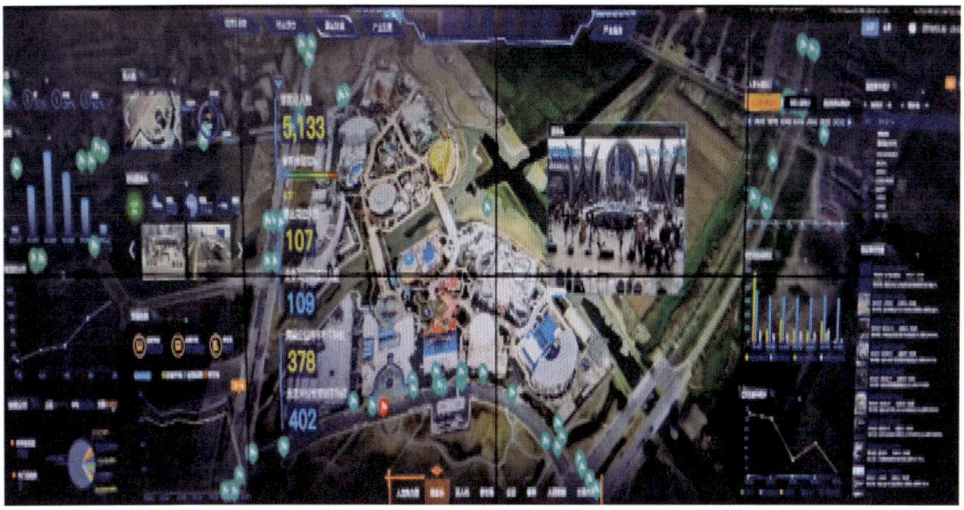

图 4-65　公安常态化监测系统

2）预案部署可视：系统支持将预案的相关要素及指挥过程进行多种方式的可视化呈现与部署，支持对警力部署、资源分布、行动路线、重点目标等进行展现和动态推演，提高交通指挥、公安人员对预案的熟悉程度，增强处置突发事件的能力和水平。

3）应急资源管理可视：通过整合公安监管和应急保障所需的相关资源，实现应急指挥相关资源的信息化管理，便于应急状态下指挥人员对相关人员、物资、技术、装备的指挥调用，统一协调各联动单位开展突发事件的事先防范和处置工作。公安预案预警可视化如图 4-66 所示。

图 4-66　公安预案预警可视化

（4）公安“一屏”观城市。

1）全三维城市态势。基于三维地理信息，系统利用三维视图结合虚拟现实技术，将包括城市街区、地标点、建筑物、机动目标、管线设施等在内的城市全景进行完整、鲜活的呈现。

2）多样化的二维电子地图。系统支持多样化的二维电子地图，能够加载矢量数据和栅格数据，进行地图的放大、缩小、漫游、距离量算、区域覆盖计算、标绘以及图层控制，支持移动目标的显示控制。

3）二三维态势联动。拥有二三维地理信息系统联动功能，二维的平面地理视图便于操作交互，三维视图便于直观形象化呈现，适用于大屏、多屏环境下的地理信息可视化。

4）全时空态势呈现。将数据按照时间和空间两个维度进行同步呈现，全面掌控数据变化态势。支持空间数据的实时监控、历史回放、模拟推演，让规律清晰可见，让决策有数可依、更加高效。

5）性能超群。系统支持十亿级接入数据吞吐量，具有超大分辨率以支撑海量动态目标同屏显示。

移动可视化指挥平台特有的演示汇报模式系统具有屏幕布局编辑功能、脚本编辑功能及视角编辑功能，可根据客户演示汇报所需要的场景进行布局组合，对演示脚本进行预先编辑，并通过不同的视角观看演示主体，对演示场景进行不同的呈现和诠释。内置播放控制功能，播放内容可以按需进行播放、暂停、加速等。公安实景监管一张图如图 4－67 所示。

图 4－67　公安实景监管一张图

2. 警务资源监测预警

（1）综合态势监测。基于地理信息系统，可将城市街道、地标点、建筑物、机动目标、视频数据等要素信息进行详细展现，对辖区警力资源分布、实时警情信息、接处警情况、重点人员活动情况、舆情信息等治安要素进行可视化监测，支持点选查看具体警力、警情、监控视频等信息，实现管辖区域内“人、车、地、事、物”的全面监控，辅助公安部门综合掌控大范围城市治安态势。

（2）治安态势监测。支持对当日接警情况、处警情况、警力资源分布、实时警情事件等治安要素进行可视化监测，支持对警情数据从时间、空间、类型等多维度上进行可视化分析，辅助公安部门掌握辖区治安态势。

（3）重点场所监测。支持对重点场所周边环境、建筑外观和内部详细结构进行三维显示；并可集成视频监控、周界报警、电子巡更、移动执法终端等系统数据，对场所重点部位、人员、车辆、警力资源、告警事件等治安要素的实时状态进行可视化监测，辅助用户精确掌控微观治安态势。

（4）重点人员监测。支持对管辖区域内各类治安重点人员和敏感人群进行多维度可视化监测，包括各类重点人员的数量、敏感事件、流向、地域分布、运行轨迹、流入流出方式等信息，实现“行知去向，动知轨迹”，增强公安部门主动预防和打击犯罪的能力。支持接入人工智能模型算法，对重点人员视频识别结果进行实时可视化分析，实现重点人员位置、运行轨迹、人员档案等信息的关联显示，为公安部门进行重点人员管控提供智能化决策支持。

（5）重点车辆监测。支持集成各个治安卡口系统实时采集的图像信息，对重点车辆进行自动告警、轨迹追踪，并关联显示该车辆的视频监控画面及其详细档案信息，支持对重点车辆的来向、去向、车辆类型、涉事类型、所属地区等多种维度进行统计分析，提升车辆稽查布控的效率和力度。

（6）重大活动保障。支持对辖区警力、车辆、物资、联动资源的部署情况以及车流量、人流量等态势进行实时监测，支持保障范围可视化、保障路线可视化、保障流程可视化，有效提升重大活动安全保障效能，增强指挥作战人员处置突发事件的能力和水平。

（7）设备状态监测。支持对摄像头、警车、警用设备等警务资源的空间位置分布与实时状态进行监测和可视化管理，支持警务装备详细信息查询，支持对未正常工作的设备进行告警，加强对设备状态的监测与感知。

（8）人口管理可视化。支持整合人口系统、标准地址库等信息数据资源，对辖区常住人口、暂住人口、计划人口、特殊人群等的数据信息进行栅格化动态监测，包括人口数量、空间分布、性别、年龄范围、文化程度等，为城市人口管控提供科学的决策依据。

（9）警情案件统计。支持对公安部门既有海量警情案件数据，基于栅格、聚簇、热图、活动规律等多种可视化分析手段，对警情案件数据从案发时间、案发地点、案件类型、案件高发场所等多个维度进行可视化分析研判，助力用户挖掘数据价值，提高决策的能力和效率。

（10）出入境管理。支持整合出入境管理部门的数据，对出入境人口流动态势进行可视化监测分析，辅助出入境管理部门对常住境外人员、临时居留境外人员、治安重点人员、涉外单位、涉外事件等进行全面监控，帮助管理人员大力提升监管力度和行政效率。

（11）交通态势监测。支持接入实时交通路况数据，对辖区拥堵路段、交通事件、监控视频等信息进行监测，并结合专业的模型算法，对辖区交通态势进行科学评估，为交通管理指挥提供决策支持。

（12）监所管理可视化。面向监狱、看守所、拘留所、强戒所等单位指挥监控中心大屏环境，支持整合监所现有信息系统的数据资源，实现监所三维全景可视化、监区建筑运维可视化、监区警力警情可视化、关押人员监测等功能用以提升用户日常监管、指挥决策的效率。

公安实景资源一张图如图4－68所示。

图4－68　公安实景资源一张图

3. 警情分析辅助研判

（1）警情分析功能。

1）警情态势分析。系统支持对案件进行多角度、多层面的剖析与观察，基于视频监控、地理信息、统计信息等要素，实时监控各类警情的趋势和异常变化，辅助办案人员对警情进行合理评估，为合理调整警力部署提供决策依据。

2）历史案件分析。对各类型案事件、接警数量、接处有效警情数等处理数据进行多维度地分析汇总整合、专题化分析，为实战中的预警研判、常规研判、专题研判提供有力数据支撑，辅助公安部门洞察和把握社会治安发展态势。

3）情报分析。通过直观的可视、交互手段，辅助情报调查和分析人员挖掘事物之间的关联线索。针对多源异构的海量数据，通过数据处理、存储管理、数据筛选、可视化交互分析等技术，帮助分析人员快速实现多维筛选，聚焦关键线索，实现高效信息发掘，将数据对象之间的相关性以图形化的方式进行描述和展现，同时从宏观和微观层面对线索和情报进行研判，实现图形化情报信息查询、可视化关联分析、证据链和情报线索发掘等功能。

4）重点人员室内外排查。为了解决室内和室外割裂、模型和数据割裂的问题，通过语义化技术实现室内外一体化，通过一个标准地址，集成N个实有信息集成。支持对公安标准地址库的语义模型扩展，通过标准地址连接业务数据对业务数据进行空间定位和三维可视化。

5）警情监控。实现对报警案件的加载、快速定位，并标示报警内容。同时可查看周边监控视频和警力资源，方便指挥人员对触警位置和周边情况的判定和分析，对报警事件进行前期的处理及分配。

6）智能分析。提供各种警务数据空间分析功能包括人口分布分析，人员在住情况分析，警力部署分析，人员疏散路线分析等。弥补了传统分析空间结构化数据不参与分析的不足，加大了分析结果的三维表现力度。

7）智能查询。警务专题数据任意查，警务实时数据实时查，室内室外任意查，封闭空间任意查，警务图层展示、警务资源按需查看；并提供警情一张图、案件一张图、警务资源一张图、重点人员一张图等专题一张图展示。

公安实景警情分析如图 4－69 所示。

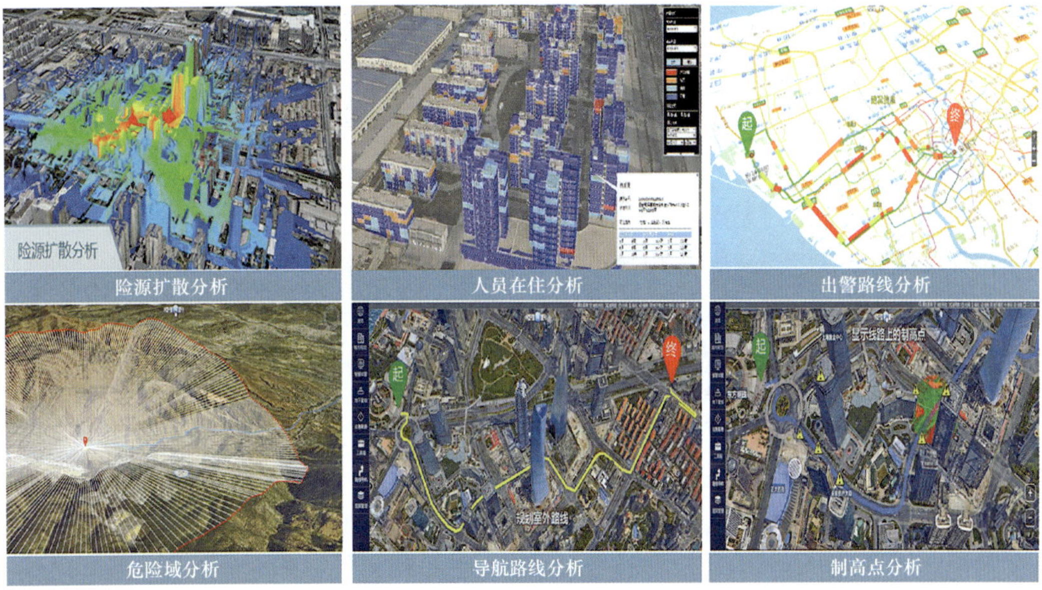

图 4－69　公安实景警情分析

（2）智能分析引擎。

1）分析算法模块。系统内置分析算法，还可支持分析算法模块扩充。并支持嵌入各种仿真计算模型，为更加复杂的行业应用提供支持。

2）多维并列分析。针对海量数据繁多的指标与维度，按主题成体系地进行多维度的实时交互分析，提供上卷、下钻、切片、切块、旋转等数据观察方式，呈现复杂数据背后的联系。

3）可交互联动分析。将多个视图整合，展示同一数据在不同维度下呈现的数据背后的规律，帮助用户从不同角度分析数据、缩小答案的范围、展示数据的不同影响。

4）多屏环境支持。为监控中心量身打造大屏解决方案，超高像素全屏点对点输出，可达视网膜级分辨率，显示画面清晰、细腻、惊艳。支持多屏拼控，显示内容自由布局组合。并可通过手持设备作为控制终端来实现对大屏的交互控制。系统内置对矩阵、拼控设备的控制支持，实现软件根据投放内容需要自动切换大屏幕布局场景，大幅度降低使用过程中的交互复杂程度。支持台位、触控屏、电子沙盘等触控交互产品，为多屏协同、超大面积触控等场景提供便捷交互体验。

4. 应急决策指挥调度

（1）立体化勤务指挥。立体化勤务指挥平台以二三维地理信息系统为基础，集视频、信息通信为一体，构建预案化、程式化、图像化、合成化为核心的指挥调度模式，实现对现场及周边场景的立体化展现，现场动态监控、实时调度警力、准确传递信息、科学指导作战。

实现对重点单位、场馆、路线等基础建筑的三维展示，支持对楼体内外部结构、周边道路交通、出入口、停车场、监控、消防设施等信息的真实还原，为勤务指挥工作提供逼真、实时的现场数据重现，为分析研判提供有力的双手。

（2）现场联动与指挥集成。

1）现场联动：实时视频与空间数据联动、告警信息联动、位置与地图联动、警情与警力资源联动、指挥人员与警力联动；达到动静数据结合、实时人员管控，图上指挥调度。

2）指挥调度支持：系统支持集成视频会议、远程监控、图像传输等应用功能，具备即时、交互的调度模式，强化指挥中心扁平化指挥调度能力，提升指挥中心处置突发事件力度。多类型数据融合，综合管控——支持集成包括地理信息、GPS 数据、建筑物三维数据、统计数据、摄像头采集画面等多类型数据，用于综合管理监控城区治安态势，为公安指挥决策提供综合管理平台。多部门数据融合，协同管理——系统支持整合刑警、技侦、治安、网警、信通、交警等多部门现有系统资源，实现多部门数据的协同管理，辅助公安部门全方位掌握城市治安状况。

3）智能卡口分析。通过整合卡口系统，对道路运行车辆进行自动记录，实现对事后车辆图像信息查询、检索、研判、串并分析和关联比对等实战功能应用，增强公安情报、指挥、刑侦等实战部门对违法行为的稽查布控能力。

4）车辆稽查监控。系统支持集成稽查布控、过车监控、违法识别等功应用功能，实现对嫌疑车辆、布控车辆、涉案车辆、重点车辆等黑名单车辆的查询、实时监控告警和轨迹回放等功能，提高公安侦查缉捕效率。

5）出警记录回放。移动可视化指挥平台系统支持任一时间段的警车、警员历史轨迹回放、监控视频回放，并可对全系统数据进行时刻跳转、事件跳转、倍速变更等交互操作，有助于决策者了解全局数据变化趋势。

6）模拟演练。警备武装演练、救援演练、节约警备资源，能够根据时间、需求、警情变化等多种警务参数进行数字化警务演练；支持将预案的相关要素及指挥过程进行多种方式的可视化呈现与部署，支持对应急管理资源部署，资源分布、行动路线、重点目标等进行展现和动态推演，提高指挥效率、人员对预案的熟悉程度、增强处置突发事件的能力和水平。

（3）应急辅助决策。

1）情报监测告警。支持整合公安情报数据资源，基于时间、空间、数据等多个维度为各类警情建立阈值告警触发规则，并支持集成电子围栏、门禁报警、电子巡更等监测系统，自动监控各类焦点事件的发展状态，进行可视化自动告警。

2）突发事件监测。支持接入视频监控数据，对突发事件信息进行可视化监测分析，并基于地理信息系统，进行态势显示、快速定位、标示交通事件内容。同时可智能化筛选查看周边监控视频和交通资源，方便指挥人员对突发事件周边情况进行判定和分析，为事件处置提供决策支持，最大限度降低突发事件对路网运行带来的影响，提高警务人员对突发事件处理效率。

3）重点区域监测。支持基于地理信息系统，对第一现场、重要路段、重大社会活动等重点区域进行实时可视化监测，并可对重点区域的位置、状态、关键指标等信息进行联动分析并标注显示，对重点区域实时态势进行综合监测，辅助管理者精确掌控重点区域状态，提升监测指挥力度。

4）应急资源监测。支持整合应急指挥所需各类资源及交通、公安、医疗等多部门数据，可实时监测应急队伍、车辆、物资、设备等应急保障资源的部署情况，为突发情况下指挥人员进行大规模应急资源管理和调配提供支持。

5）可视化通信指挥。系统支持集成视频会议、远程监控、图像传输等应用系统或功能接口，可实现一键直呼、协同调度多方警力资源，强化公安管理部门扁平化指挥调度的能力，提升处置突发事件的效率。

4.7.5 应用成效

将人脸识别、车牌识别等数据与实景三维数据融合应用，围绕提高态势感知、预测预警、精确打击、动态管控、扁平指挥、“互联网+”社会服务等核心战斗力，充分利用现有先进和成熟的技术，减轻工作负担，建设先进而贴近公安业务实战的应用平台。

（1）情指一体，接入大公安资源。依据公安指挥业务应用逻辑，利用地理运算、数据分析、数据抽取等数据加工技术和数据渲染技术进行大数据可视化处理，将数据实时展示，呈现出全面、动态的公安指挥调度过程。

对所有社会公安资源的接入、共享，为安保资源的大数据分析提供基础，通过对警情、警力、重点人员等情报资源的综合分析，挖掘更多情报信息，为情指联动一体提供支撑。

（2）信息整合，公安态势一张图。融合实景技术和地理信息技术的二三维一体化地图，以一种完全真实的方式来展现空间信息，建成满足城市公安社会面业务需要的全要素、全纹理、富信息、可视化的警用超级“地图”，有强烈的立体感和沉浸感，给人以身临其境的感觉。

与公安相关的信息均以“地理信息”为核心关联上图，实现了警力、警情、监控、卡口、场馆、驻地、路线、停车场等所有相关信息的集中呈现，指挥人员基于“一张图”就可以快速获得所需信息，改变在多个系统中分别查找的低效状态，多维信息的集中、累积、碰撞，为指挥辅助决策创造了新方法、打开了新思路。

（3）动态推演，提升预案品质。预案能够实现结构化、流程化导入，从活动场所、活动驻地、安全区域、控制区域、警卫路线、疏散路线等，到警力、视频、制高点、堵控点、执勤点、管制路段、消防设备等的部署进行详细编制。

（4）资源联动，任务管控精细化。将一个公安安保任务拆分为多个子节点，每个子任务节点与其相关联的资源信息（人员预警、背景审核、重点警情、制高点、场馆、驻地等）保持动态联动。在指挥过程中，可以对每个任务节点自由控制和切换，同时关联的任务信息也会自动变化，确保细分的任务情境转换顺畅。

（5）统一指挥，合成作战效率高。结合交警、治安、指挥中心、消防、警卫等多警种协作决策指挥，明确各警种任务并统一分工，依托于后勤保障、场馆、路线、消防、外来人员数据维护等功能，各部门协同合作，接受统一指挥，实现安保联勤联动。

（6）灵活搭建，平台实战能力强。平台功能模块可按照不同的公安任务进行前台灵活配置，克服模块功能静止、延时、僵化的弊端。针对不同的任务，可设定不同的系统门户、指挥体系框架、专项活动、场馆驻地、视频预案、线路绘制、警力部署、车队定位等。

形成“全方位、全时空、全天候”的动态防控体系，通过强化治安管理、基础工作，以增加对可疑情况、可疑人员的发现力，为预防与处置治安事件提供了前所未有的可能。

4.8 应急防控

4.8.1 应用概述

社会安全是当代国家安全的基本内容之一，也是人类生存和社会发展的最重要、最基本的需求。应急管理是指对突发性的公共事件的全过程动态管理，在事前预防、事发应对、事中处置和善后管理四个阶段中采取一系列必要措施，保障公众的生命财产安全。应急场景分为自然灾害、事故灾害、社会安全和公共卫生四个类型。

实景三维作为真实、立体、时序化反映人类生产、生活和生态空间的时空信息，是国家重要的新型基础设施，通过“人机兼容、物联感知、泛在服务”实现数字空间与现实空间的实时关联互通，为数字中国提供统一的空间定位框架和分析基础。

实景三维智能应急管理将传统二维地图与三维实景地图结合，将单一视角以多种视角进行扩展，对一定空间范围内人类生产、生活和生态空间进行真实、立体的还原，用主动感知的多维度应急管理大数据，颠覆以往被动的单一维度事后追溯方式，实现了新的主动预警机制，为国内智能应急管理的升级提供了新的技术支撑。

面对应急防控中遇到的常态化防控队伍构建缺乏依据、应急调度指挥不掌握现状等问题，通过实景三维技术手段，结合基层治理机制体制建设，构建数据采集、智能分析、调度指挥的闭环，支撑社会治理、疫情防控、城市防汛等应急场景，为常态化应急队伍构建和应急指挥工作提供科学依据。

4.8.2 需求分析

随着社会经济与文化的不断发展，公共服务与安全愈发成为政府与有关部门的重要工作，如何提高政府管理工作的效率，如何提高有关部门的应急能力，成为一个急迫的课题。我国地域辽阔，人口众多，应急管理工作需要防范和化解的风险点众多，传统应急管理存在管理层面、感知层面和执行方面的问题。因此，通过实景三维来建立一个资源互通、科学决策的平台尤为重要。

1. 管理层面

“分类管理、分级负责、条块结合、属地为主”是现有应急管理应对突发事件时的基本原则，因应急管理部门间专业责任和权限差异较大，存在队伍力量落实不到位、责任落实不到位、交叉权限较多、常态化机制体制不健全等问题，导致工作协调难度大。同时，部分基层部门工作意识薄弱，责任意识和危机意识不强，对于应急工作的积极性与创新性不高，应急建设能力较为滞后。

疫情防控等基层管理工作对政府精细化治理能力也提出了新的挑战，需要在网格基础上进一步划分微网格立体空间单元，然而绘制的网格常常出现没有区分农村房和商品房、没有区分高层和低层、没有合理划分河流道路等与实际状况不匹配的问题，致使基层力量分配不到位，从而导致精细化治理目标难以落到实处。

2. 感知层面

现有应急管理体系智能化水平低，数据整合度和自动化程度低，无法有序做到事前预警、事中快速处理、事后高效排查。

（1）应急指挥调度需要更精准的地理信息获取手段来辅助决策。传统地理信息主要以 4D 形式，即 DLG、DEM、DOM 和 DRG 来表现，这些数据在表现形式上比较抽象，多以点、线、面等方式来描述物体的信息和环境概貌，很难表现人文、环境、资源等信息，对使用者来讲也缺乏临场感，无法完全满足消防应急处理、现场勘查等业务应用。三维全景技术是从微观上获取更丰富地理信息，协助应急指挥调度段来提高辅助决策能力。

（2）事前预警缺乏空间感知手段和预警模型支撑。沿海地区城市强降雨和连续性降水频繁发生，城市局部管网负荷过重，河湖水位倒灌致使汛期容易产生积水内涝的现象。传统的应急管理工作缺乏灾害的事前预警，往往只能事后治理，但公众和社会公共资源的财产损失已经产生。可见，传统应急工作普遍存在“重救轻防”的弊端，也由此可见通过空间感知手段建立预警模型的必要性与急迫性。

社区作为城市细胞，是体现基层精细化治理能力，满足人民美好生活需求的重要载体。为保证居民的人身安全与财产安全，需要优化社区地下空间结构布局，全面管控内涝风险隐患。

（3）疾病控制部门流调溯源、精细化数据聚合的迫切需要。在疫情暴发的初期，随着病例数不断快速地增加，有关部门迫切地需要将病例点尽快地上图，还要根据各级疫情防控指挥部的公告进行“封管防”三区图的更新制作，辅助疾病控制部门人员流调溯源。然而疫情暴发时往往会涉及多个病例，这些多病例又涉及多个轨迹，而且病例之间很可能存在关联，因此，对多病例、多轨迹进行流调分析十分必要。但在疾病控制部门以往的流调报告中，病例的活动轨迹是以文字的方式进行表述，无法从多方向多维度对病例的活动轨迹进行分析，因此，应急部门需要快速地从文字材料中将病例的位置信息空间化，依托三公信息（即公安、公共卫生、公共通信）实现人员轨迹碰撞，迫切地需要用平台将空间信息进行管理，结合实景三维、电子地图等二三维数据生动、形象、直观地展示，辅助流调溯源。同时，疫情防控需要收集汇总隔离点、病例数、封管防三区、定点医院、发热门诊等疫情多方面的信息，相关资料以及信息数据分布在不同的管理部门，譬如隔离点数据来自市文化和旅游局，病例数据来自市疾病控制中心，病例踪迹来自公安部门等。各部门数字化程度差别较大，相关信息格式不一，还存在部分数据信息缺失、重复、相互矛盾、错误的情况，迫切地需要将多部门、多数据经过规范的数据整理、整合，精细化管理起来，实现多部门、多资源、多信息的监管。

3. 执行层面

信息可视化程度较低、表达不直观，决策通常依靠经验和直觉来进行，应急处置与救援活动具有较大的盲目性。

当遇到疫情突然严重的紧急情况下，可能存在涉疫人员复杂、基层不掌握数据、流调采集难、信息共享难等问题，往往会因为在没有掌握疫区实际的情况下，做出一些错误的指挥或造成资源调度不匹配的情况。在设定封控区、管控区、防范区的时候，由于缺乏对现场的勘察，可能会出现小门、连廊等遗漏以及疫区隔离人员“偷渡”未能及时管控的情况。

因此，需要建立统一指挥、资源共享、准确预测、科学决策、快速反应的应急处置平台，从全场景智能感知、智能分析、智能处理三方面解决应急管理中遇到的问题。

4.8.3 技术路线

随着实景三维技术的发展，可利用倾斜摄影立体空间数据采集和建模技术构建统一的实景三维空间底板。在传统测绘的基础上结合激光点云等立体空间数据，通过物联感知融合、时序融合、多源数据融合以及二三维融合，构建起二三维一体的、感知融合的、时序化的立体时空库。在实景三维的基础上，利用大数据、人工智能等技术，构建包含图形识别、模式分析、预警模型、预测模型在内的智能化分析建模能力，同时，在传统可视化分析基础上，基于二三维一体可视化、感知可视化、场景模拟、时序模拟等技术，构建立体的、动态的可视化分析模拟能力，最终实现基于实景三维的立体时空智能化。在场景应用上，基于上述提供的建模分析能力，为消防、应急、人防、气象、水利等部门，社区、网格、物业、公众等力量提供包含应急救援、现场指挥、抢险模拟、疏散模拟、预警分析、实时监控分析等应用场景支持。应急防控总体框架如图 4-70 所示。

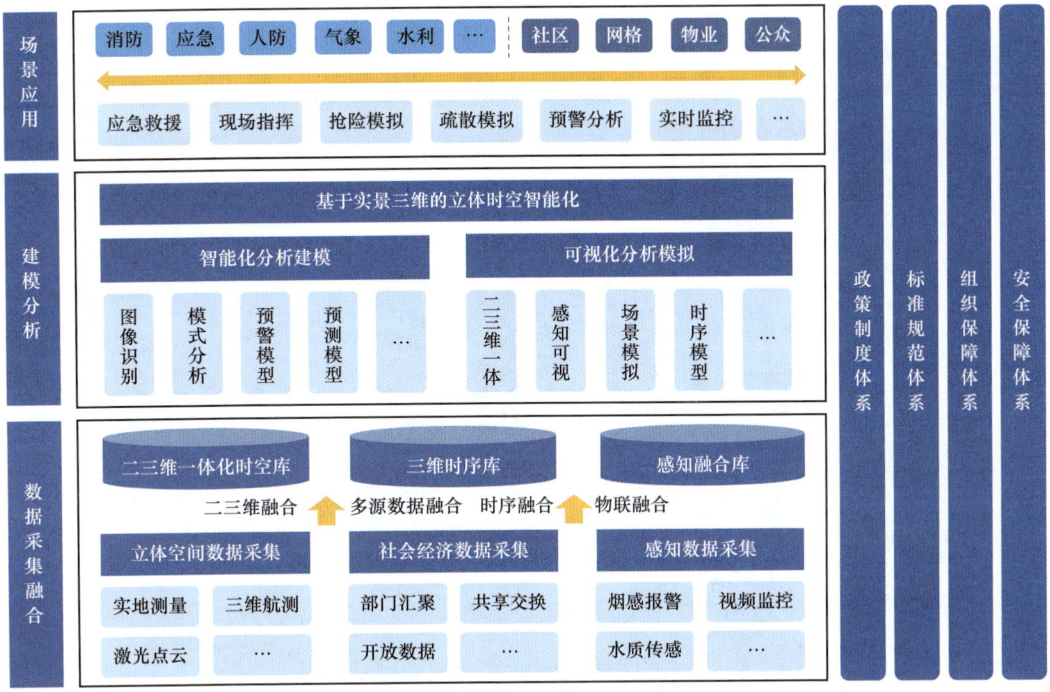

图 4-70　应急防控总体框架

1. 基于立体空间的数据采集

传统的数据采集以平面坐标为主，无法准确表达垂直空间上的关系。在提供了更为精细的实景信息基础之上，实景三维也精确地表达了各类要素在立体空间中的关系。基于立体空间的数据采集保留了数据的三维特征，解决了垂直空间方位不明确、垂直空间关系无法计算等一系列问题。以往基于二维地形采集的数据都被限定在平面之内，依托实景三维可以进一步采集河道、河岸高度，建筑物实际高度及小区低洼位置，在基础数据层面支持了立体空间的数据采集，为立体空间提供了统一的数据基底。由此，管理的维度也由二维空间跃升至三维空间，管理更加立体化、精细化。向下可以表达地质空间，预防地质开挖风险；向上可以精确掌握应急设备设施位置，协助应急救援；向内可以精准定位室内空间，协助制定应急方案；向外可以分析地形地势，预防地质灾害。立体化建筑信息采集如图 4-71 所示。

2. 实景三维时序库

以往通过历史影像对比时空变化，场景上局限于二维空间，应急防控中急需的三维时序信息缺失。实景三维时序库能够按照时间组织和存储实景三维数据，因此其能够真实地记录地表空间的三维时空变化，可进一步在三维场景中直观反映对各阶段、各时点地表空间的变化；同时，依托实景三维的及时性特征，可以直观反映并了解真实的地表情况。实景三维时序库的时序特征和及时性有效地解决了三维上过去和现在的差别问题以及三维场景实时性的问题。在防洪救灾过程中可以通过时序库精准确定受淹深度，在消防救援中可以根据实景信息提前分析着火楼层高度并依据立体空间确定救援方案。实景三维时序化对比如图 4–72 所示。

图 4–71　立体化建筑信息采集

图 4–72　实景三维时序化对比

3. 实景三维可视化技术

随着复杂应用场景的不断涌现，单纯的二维数据可视化不再满足孪生世界的构建，基于实景三维的三维时空信息可视化技术具备真实感、实时性、动态交互等诸多优势。

实景三维可视化技术将真实的空间以立体的形式进行表达，反映了最真实的三维场景；同时，依托三维可视化技术可进一步将模拟数据、实时数据融合至实景三维场景中，丰富场景的模拟和表达能力。利用实景三维时序库和可视化技术可以重建历史场景，做到场景再现，帮助回溯问题；借助分析计算模型和三维模拟可视化技术可以模拟未来场景，做到场景预测，帮助预测预警；融合动态感知数据的三维可视化技术可以实时感知真实世界，映射真实场景，帮助获取第一手的现场资料和追踪事件发展状况。地上地下一体的三维可视化如图 4－73 所示。

图 4－73　地上地下一体的三维可视化

4. 实景三维分析建模技术

实景三维分析建模技术大大缩短了三维时空的重建速度，提高了建模的效率，同时助推了三维时空分析技术的发展。在实景三维的立体空间中三维空间分析技术可以更好地得以应用，例如，可以基于高度分析视点和目标要素之间是否可视，可以分析城市重点区域的天际线效果，可以分析模拟洪水淹没效果计算淹没范围。通过倾斜摄影、全景摄影等建模技术可以快速构建城市实景和室内实景，解决了手工建模时间长、建模效率低的问题，满足了应急防控场景对时效性的要求；在实景三维模型和地形数据的基础上，将管道、排水等基础数据三维化，建立内涝淹没模型，可以有效发现内涝隐患，为应急响应方案编制提供依据；结合实景三维真实的三维空间，可对视野、可视性建立分析模型，帮助在应急任务中布设合理的观测点。可视分析如图 4－74 所示。

图 4-74 可视分析

5. 实景三维与物联感知融合技术

物联感知数据是城市真实状态的反映，是实时的、动态的数据，具有及时性高和现势性强的特点。将实时获取的物联感知数据（如视频监控、环境动态监测、液位状态等），通过信息位置解译、空间标定、实体语义挂接等技术手段，将城市的运行状态映射至数字空间之中，实现与实景三维数据的融合。将物联控制与实景三维融合，更进一步地实现了数字孪生对现实世界的模拟和指挥。通过视频监控和实景三维的融合，在视频设备主动捕捉问题后可快速定位问题场所，还原实时场景；通过实景三维同预警感知设备、指挥调度设备的融合，可快速确定事件位置，调动周边应急力量，提高应急响应速度和指挥效率；通过将水利闸站感知和控制设备同实景三维融合，可以实现在云端对防洪调度的指挥和落实。

4.8.4 应用场景

1. 社会治理

城市高楼密集、人口稠密，社会治安工作任务繁重，建立治安管理应用场景，对于区域潜在事件风险进行动态推演与规划，合理分配安保力量、警用装备，通过应急预案演练与模拟决策结果，科学制定安保措施，可以极大提升城市安防的效率和稳定性。通过实景三维仿真技术在三维实景中设计预案和指挥调度，从出警路线规划，到人员的调度、现场的控制、突发状况的实时更新、进入建筑的最佳路径、安全路径分析以及撤离路线分析和危险源规避等，支撑安防预案方案的设计和安防调度指挥过程。

（1）预案编制子系统。基于实景三维，实现应急预案的编辑制作和虚拟演练。支持根据不同的事故进行多方案、多时间模式的预案编辑，包括力量部署框架、应急出口及周围可用应急资源分布等。应急演练将传统基于文本的纸质预案经过数字化抽象，结合事故后果模拟分析、GIS 信息、相关应急救援等，在重大危险源调查、数据录入的基础上，通过制定一类事故类型预案和具体危险源的个性预案，达到制定一类预案，解决同类事故救援的目的，实现事故救援预案的网上查询，指导性的共性预案和具体危险源的个性预案在内容上相互补充。

通过实景三维的支撑，可实现对预案可行性的推演评估和三维空间下的预案优化。推演内容包括模拟卡口位置的警力部署、模拟巡逻警车、警员的巡查路线，模拟与分析起火、爆炸等事故发生时的处置效率计算、救援路线可达性分析，结合重点场所内部的 BIM 模型，可以实现室内室外的一体化作战模拟推演，为制定最优预案提供全方位支撑。

（2）应急指挥子系统。在安防调度应急工作中，结合警务、消防等应急人员、车辆 GPS 位置，通过实景三维下的架空电线、高架桥、楼宇屋顶结构、楼宇外立面等具备立体空间特征的信息作为辅助，可实现传统调度指挥中难以做到的车辆通达性判断、人员登高判断等功能，实现就近人员、车辆的实时、精准调度。

此外，结合重点区域及道路实时视频，将多路监控画面投影到三维场景中，实现视频监控与三维场景的无缝结合，结合人工智能技术的关键目标提取技术，在应急调度过程中可实现对突发事件的准确地点、现状的把控，结合实景三维周边空间、制高点的实时量测分析，实现应急过程中更加快速的资源调度和方案切换。

2. 疫情防控

在疫情防控服务保障工作中，结合实景三维数据、高精度地图、地名地址数据等疫情二三维数据，依托测绘地理信息技术优势提供两个方面的支持：一是辅助疾病控制部门流调溯源；二是提供精准地图服务，通过信息管理系统数字助力疫情防控。

（1）辅助疾病控制部门流调溯源。实现流调报告空间化，通过生动、形象、直观的方式表述病例轨迹。依托三公信息可以实现人员轨迹碰撞，找出时空伴随号码［指本人的电话号码与确诊号码在同一时空网格（范围为 800m×800m）共同停留超过 10min，且最近 14d 任一方号码累计停留时长超过 30h］实现传播关系图谱化。利用人工智能技术，充分分析事件来源和历史处置方式，基于自主研发的深度学习框架体系、多年基层社会治理项目的凝结，实现疫情处置智能分类输出。通过深度学习体系，实现持续改进，辅助疾病控制部门流调溯源。

（2）基于立体空间的治理单元划分，构建信息在立体空间上的基层数据采集、管理、更新、应用反馈闭环。在实景三维地图基础上构建立体空间治理单元，科学划定网格和立体到户的微网格单元，实现治理力量在三维空间上的一图掌控，保证基层力量科学分布，确保群众反映的事情、基层突发状况能得到及时解决，提升基层智治水平。

（3）基层治理人员使用人、房信息采集工具，通过扫码采集人、房信息。信息汇入数据大屏后，结合健康码信息库，实时监测市域范围内人员健康码状态。楼幢根据住户健康码状态进行空间化着色落图，疫情信息精确到户室，一图掌控全市域楼幢防疫信息。协助基层治理工作人员开展“无疫单元”创建，提供区、镇（街道）、村（社区）、网格、微网格、楼幢、户的 7 级精细化感知与预警。精细化网格治理应用如图 4-75 所示。

图 4–75　精细化网格治理应用

配合“网格化+大数据”方式，采用专题图、时间动画、实景三维平台、地理信息系统等多种手段，为疫情分布、社区管控范围动态调整、疫情信息管理、网格化管理、人员轨迹分析、流调分析、辅助警力布控进行交通管制等疫情防控的各个环节提供技术支撑。根据用途将地图分为以下四类：指挥研判类、流调分析类、统计分析类和工作进展类。

（1）指挥研判类。主要是根据市疾病控制中心、区疾病控制中心发布的公告绘制疫情管控三维地图，如图 4–76 所示，辅助指挥研判。通过绘制专题地图为疫情防控综合决策提供事件可表、时空可溯、客观可见的信息支撑。

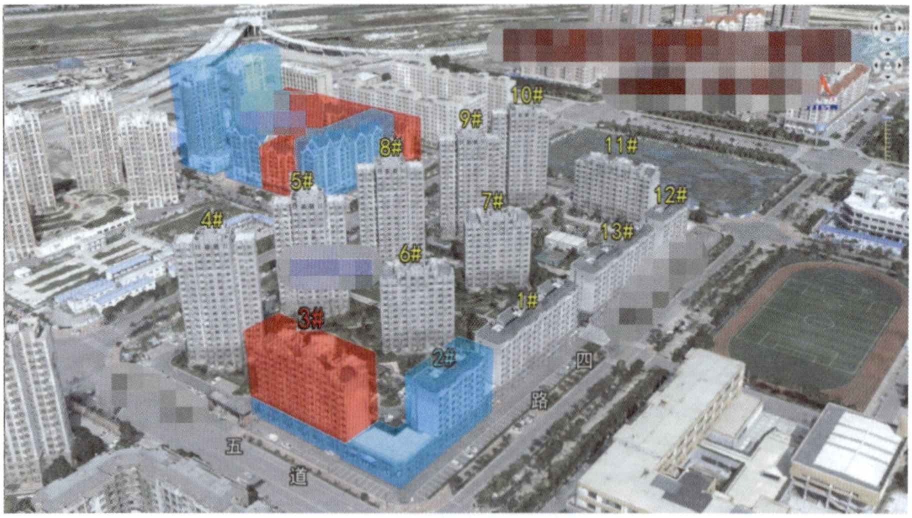

图 4–76　疫情管控三维地图

（2）流调分析类。通过第一手疫情防控数据，结合小区实景三维数据、高精度影像，发挥测绘地理信息专业优势，将新增病例分布信息快速空间化，并进行当日疫情分布图、病例分布热力图、病例分布轨迹图、社区疫情分布图、重点区域周边病例分析图等专题图的制作，配合现场的疫情流调分析组、溯源分析组进行疫情发生、传播的记录与分析，为疫情的流调分析提供技术支持。

（3）统计分析类。汇总疫情信息，制作各类统计图，反应病例的发病时间分布、年龄分布、居住区分布、职业分布等，供市疾病控制中心等使用。

（4）工作进展类。战疫期间，根据市领导、各级疫情防控指挥部工作的需要定制多种工作进展类图。根据疫情变化动态更新确诊病例小区范围、楼幢、数量，供前线指挥部各工作小组使用；每日根据最新的疫情信息提供疫情防控区域图、确诊病例分布图、新增病例分布图、隔离点信息图，同期还绘制提供了公安警力分布图、核酸采样点分布图；结合病毒消杀的现状制作社区、小区等应急消杀类工作用图，辅助疫情防控。

3. 城市防汛

（1）城市防汛（台风）应用。城市防汛（台风）应用场景主要功能包括历史时空分布、监测预警信息、重点目标巡查、应急资源分布、综合风险评估、灾情信息汇聚、现场救援进展、专题图等。

1）历史时空分布。基于 GIS 查看历史台风信息（时间、路线、登陆地点、风级等），按级别、出现时间、登录地点等维度统计展示；汇总展示沿海各市县受台风风暴潮影响频次、影响严重程度排名、造成经济损失排名、受影响人口统计排名等信息。

2）监测预警信息。对重点关注的气象、水情、雨情、台风、风情信息进行接入与综合展示，实现对灾害事件的监测与预警，并为灾害应急处置工作提供数据支撑。可展示当前或历史台风的详细信息，包括台风名、中心气压、中心风速、移动速度等；接入海洋站、浮标、雷达、验潮站等监测设备对实时水位/潮位、超警戒水位、水文气象（水深、流速、流向、浪高、风速、风向和气压等）、雨水情、城市内涝积水、船舶监测等动态数据统计，展示超阈值、超警戒站点统计信息和处置信息。

同时，通过接入各部门发布的气象和海洋预警情况，汇总展示当前生效的各类预警信息、各风险等级预警信息，基于 GIS 地图展示其影响区域分布，可在地图上叠加相应预警信息。

3）重点目标巡查。理清沿海村镇、农田、老旧房屋、沿海区域住户、渔民、危化品企业、尾矿库、外挂广告牌、人员密集场所、重点工程、海上旅游景点等台风重点关注目标，展示重点防护目标基本情况和隐患排查治理情况；针对海堤、水闸、排水等防护设施，展示重点防护设施基本情况和完好情况。

4）应急资源分布。展示应急物资（食物、药品、帐篷、饮用水等）、应急装备（船舶、车辆等）和救援力量（救援队伍、医疗队伍、专家等）等资源的统计情况，并基于 GIS 地图展示其分布情况、不同点位的类型和数量统计及该点位的相关信息。

5）综合风险评估。基于台风实时监测预测信息，可快速评估预测台风过境、沿海漫滩淹没范围内承载体分布情况，周边可调用资源分布情况，智能提醒受影响承载体可能引起次生衍生灾害及其破坏形式；基于公共安全三角形理论构建综合风险评估指标，生成综合风险评估图，直观掌握高风险分布情况，针对风险分析结果，给出包括风险隐患排查与管理等在内的风险防控建议，生成风险防控方案，为精准投放应急救援力量，充分做好应急救援准备提供支撑。

6）灾情信息汇聚。展示台风登陆地点、当前风力风速、影响范围；显示影响范围内的人口分布、区县乡镇信息、社会经济等灾情信息；同时监视降雨和海水漫滩情况，通过现场传回的灾区房屋倒塌/道路受损等图像、无人机航拍图片、灾前灾后卫星遥感影像对比图等掌握现场实况信息。

7）灾害现场实时快速三维重建。将无人机倾斜摄影测量、增强现实技术应用到测绘应急处置中，通过重建的实景三维模型真实再现灾害现场，达到快速获悉现场的地形地貌变化情况及周边建筑、道路交通损坏程度，并且根据不同期数据展示灾害区域灾情演变过程的目的。基于灾害现场实时快速三维重建应用如图 4-77 所示。

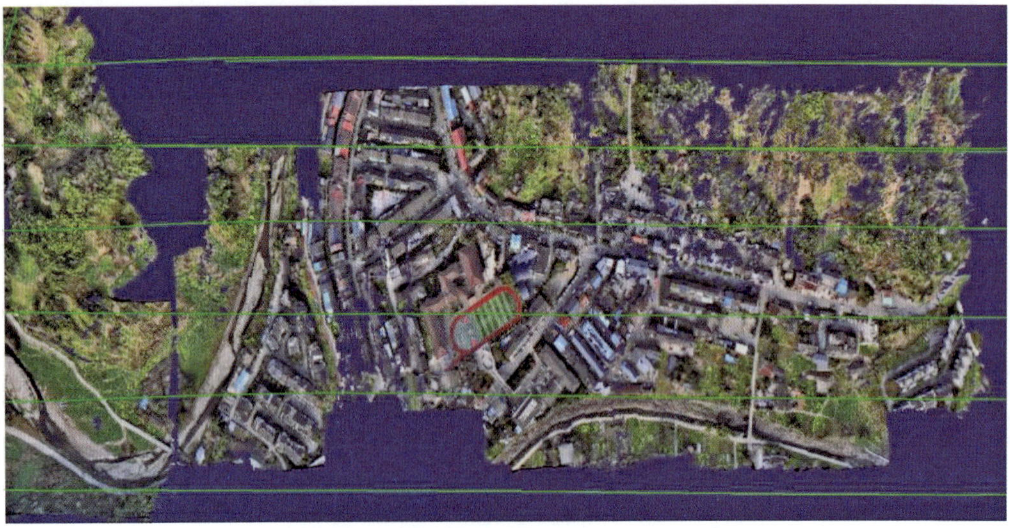

图 4-77　基于灾害现场实时快速三维重建应用

8）专题图。系统可直接制作专题图，或接入其他专业机构的专题图，如风暴潮漫滩淹没范围图、灾区交通图、周边河流水系图、影响范围内承载体分布图、应急救援资源分布图等，便于决策人随时调用查看。

（2）社区内涝防控应用。

1）构建智慧社区内涝防控模型。基于城市内涝实时模拟预报模型（NS-UFRF），以社区排水设施、高精度三维场景模型数据为基础，结合社区管网监控数据，气象雨情状况，构建社区内涝模型。

整合社区 DEM、遥感影像、三维实景、地下停车场、排水管网、泵站、闸门、雨水口等数据资源，建立社区防涝设施三维数据库，形成社区排水防涝管理一张图。直观展示社区防涝设施资产信息，方便、快捷地基于社区地上地下三维一体化孪生空间实现定位、查询。转变传统的社区管理模式，使之从静态管理转为动态管理，从平面管理转为立体管理。

2）构建社区内涝分析告警系统。运用社区地理信息实景三维成果、社区管网数据等详细信息，结合气象预报信息、社区内涝模拟预报模型，接入社区实际探测物联感知信息，应用三维化分析引擎，开展社区内涝模拟与脆弱性研究，直观展现社区内部的内涝状况。根据排水管网的运行规律，分析积水原因，可对现状管网系统进行诊断分析，生成最优的管网改进方案。

根据气象预报信息启动相应防涝应急预案，通过短信（微信）通知相关人员。一旦出现管道堵塞、流水不畅、满溢等情形，系统自动告警并信息推送物业工作人员迅速处置。实现灾前提前布防，灾中应急抢险，灾后恢复总结。

4. 化工应急

化工应急应用场景主要功能包括应急资源管理、应急资源分析、任务触发、救援任务图上分解、危化品二三维联动、图上救援力量管理、指挥电子标绘白板、视频资源调度等。化工园区应急智能管理平台中，基于三维模型提供的高仿真场景和精准位置数据，接入物联网感知识别系统，充分发挥风险场景监测预警作用，实现对化工园区重点危化品、重大危险源及周边应急救援资源数据的可视化，打造时空应急管理一张图。

（1）应急资源管理。在应急管理过程中，掌握信息完整、准确且时效性高的应急资源是配合应急部门完成救灾指挥调度的重要内容。因此，有必要通过 GIS 平台管理各类应急资源，维护应急资源的空间信息、属性信息、关联信息及附件信息。

（2）应急资源分析。基于 GIS 平台，保持对应急资源的分布及状态及时、充分的掌握，是保证应急资源在应急管理中发挥有效作用的必要前提，主要包括对应急资源进行属性、空间、时间等维度的查询检索、统计分析功能。化工应急资源分析应用如图 4–78 所示。

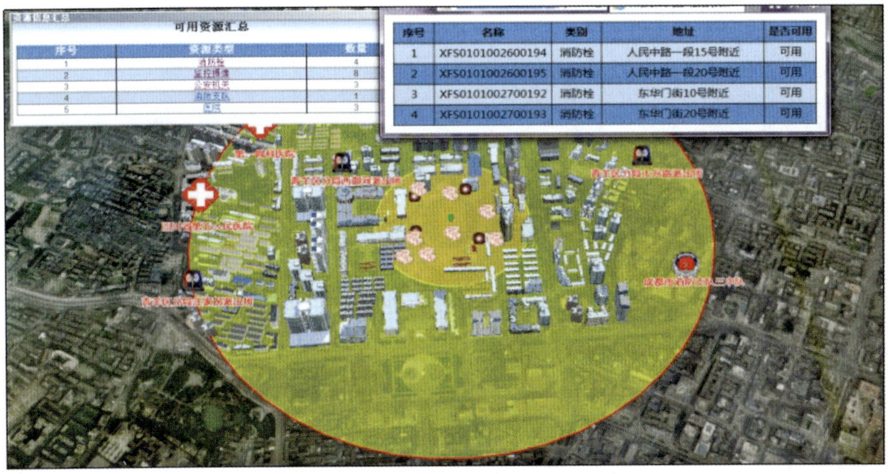

图 4–78　化工应急资源分析应用

（3）救援任务图上分解。结合危化品救援实战需求，根据危化品事故等级建立危化品救援任务图上标识库。提供救援力量部署工具，从指挥决策层面利用工具进行图上力量部署。各辅助救援单位会收到下发自指挥中心的相关地图信息，其中，对其责任区域进行进一步参勤人员具体部署绘制，对于重点区域或周围建筑密集区域等情况复杂地区，无法用二维简单地表达人员、警力警备的部署情况，此时可以切换到三维空间视图，在局部区域进行重点标绘，实现对重点交通要道、重点建筑、人口聚集区等关注对象的管控，支持使用模型、文字、图片等多种标绘图例标识，且能依附于模型、绝对高度、相对高度等方式表现。

（4）危化品二三维联动。提供二三维地图功能，基于三维地图直观、可视，能够查询周围资源的空间分布信息等特点，能够查看具体街道、楼宇的实时信息，直观地展现应急救援路线周围的资源配备。对于二维地图来说其主要作用就是信息的二维位置分布展示、统计，其优势是快速、便捷。两种模式进行互补。

（5）图上救援力量管理。包含路线缓冲区资源查询和救援力量信息检索，利用三维环境直观地展现救援力量与物资配备及其与实际环境的关系，清晰地判断救援力量与救援目标之间的空间关系。实现救援路线及救援队伍职能范围内相关人员的实时位置落图展示，包括提供路线周围的参勤人员位置信息、指定范围内参勤人员任务信息等。对于图上人员能够点击查询其相关信息，能够通过与移动端连接实时获取救援力量的状态，做到点对点精准指挥。

（6）指挥电子标绘白板。通过标绘库的建立与维护，满足应急指挥中动态实时态势标绘的功能需求。系统支持在二维和三维地图上进行分别的标绘，实时切换二三维地图，根据需要进行标绘。对救援任务的人员力量、设备力量等进行空间可视化部署。实现全流程的协同管理能力，实现跨层级、跨部门的协同标绘服务以及多用户间的标绘共享。

4.8.5 应用成效

实景三维的部署和应用可以极大程度上提升政府部门在社会治理、疫情防控、城市防汛、化工应急以及自然灾害应急指挥方面的工作效率与工作水平，从而提升公民对于政府工作的认可度，也进一步对政府的管理工作产生积极的反应与促进效果。

（1）社会治理方面。实景三维能够将二三维一体化概念应用于治安管理应用场景的建设中，能更好地满足当前城市的安全需求，全面了解城市多维度物联网数据，辅助平安城市日常业务的开展。对突发的消防、急救、重大刑事案件及时出动警察和武警部队，迅速保护城市安全的正常秩序、人民生命财产的安全和社会经济、政治生活的稳定，为广大人民群众营造一个安心、舒适的城市环境。

（2）疫情防护方面。以前我们只能通过绘制的电子地图或者影像图、纸质图来参考房屋、楼幢位置，这些图示无法精确细化房屋的功能特征（如住宅、商铺）和属性特征（如楼幢的层、户），而引入实景三维可以让工作人员更加直观地观测到发生疫情区域的空间特征，从而更加准确有效地采取有效防控措施，大大提高了疫情防控的工作效率。

（3）城市防汛方面。实景三维可以对重点关注气象进行综合展示，实现对强降雨、台风等恶劣天气的综合展示，基于 GIS 查看台风路径、风级，为灾害应急工作进行预警并提供数据支撑。通过实景三维提供的数据，有关部门可以对重点目标进行巡查，更好地分配应急资源，生成更好的应急防控方案，提高应急救援水平。

（4）化工应急方面。实景三维可以利用物联网和数字孪生技术，实现城市危化品、城市安全重大危险源的风险监测信息的动态感知和可视化展示。将全域感知对象的基本信息、常态感知信息、应急感知信息及时传送至应急管理部门及政府决策部门的信息系统，结合数字孪生直观展现辖区内安全风险的分布状态及发展趋势，实现安全风险“可视化”建设。辅助应急管理部门从宏观角度制定安全风险应急管理策略，全面提升区域安全监察能力和应急救援水平。

此外，实景三维系统不是固定不变的，它具有可共享、可扩展、可复制等优点，可以根据不同需求进行调整，并且可以在不同端口融合同步，它不仅能够为有关部门提供细化、准确的数据，也能够为政府的决策工作提供丰富可靠的参考依据。总之，实景三维技术的发展，必定能为政府治理工作提供良好的技术支撑，在推动网格化管理、数字化转型方面发挥重要作用。

4.9 城市综合治理

4.9.1 应用概述

城市治理是推进治理体系和能力现代化重要内容。随着国家治理体系和治理能力现代化建设的全面推进，中国的城市治理也迈入了新时代。新时代的城市综合治理要求始终坚持新发展理念，以人民为中心，不断强化依法治理、科学治理、多元治理、系统治理、绿色治理和可持续治理，让城市治理更美好，让人民生活更幸福。

传统的城市治理更多是基于二维平面、网格化和多元治理主体的方式对城市物理空间和社会空间的管理。随着中国城市化进程的高速发展，城市在水平扩张的同时不断向纵向空间进行立体化发展，同时也诞生了很多城市立体化管理的问题，例如二维空间无法直观表达城市地下空间、地下管道和建筑违法超高建设等，对于城市内涝、建筑违法超高建设等城市管理问题无从下手，而且民众对二维空间的可视化渐渐形成视觉疲惫，对于城市综合治理的参与意愿普遍不高，这些都无法推动城市综合治理向科学化、精细化和智能化管理的方向发展。

为此，要推进城市综合治理现代化转型，必须抓好城市治理体系和治理能力现代化，进一步推进实景三维中国建设和智慧城市建设。利用丰富的、立体的、可视化的实景三维成果为城市提供统一空间基底和分析框架，逐步实现城市空间开发利用精细化、全方位管理；通过立体化可视表达方式和实时物联感知能力，高效融合城市摄像头、监测仪、传感器等物联网设备，提升强大的全局立体态势感知能力；通过模拟仿真推演和智能分析决策能力，有效应对复杂时空表达、多维数据分析、模拟信息场景、辅助智慧决策等需求，完善自动发现问题、辅助解决问题、促进自我优化的空间治理过程，真正实现城市综合治理从数字化到智能化再到智慧化，赋予城市生活“智慧”，赋能城市综合治理，提升政府管理效率和服务水平。

4.9.2 需求分析

1. 城市空间大数据融合统一的需求

城市运行管理是一个有机整体，而数据资源是城市高效运行管理的基础支撑。这就要求城市土地和水域资源、道路、管网等城市基础设施资源、城市事件信息以及人口、经济、产业等信息和各委办局的基础信息、业务数据能够统一应用。然而目前建设表现为自然资源一张图、住房和城乡建设一张图、交通一张图等各自为政的一张图仍存在着数据建设重复、内容混乱、标准不统一等诸多问题，且“信息孤岛”的问题依然存在。要推进城市综合治理现代化转型，迫切需要建设城市空间大数据“一张图”，依托于实景三维建设提供统一的空间基底，为城市运行管理、互通协同以及辅助领导决策提供数据支持。

2. 城市运行状态实时感知的需求

城市是每天都在动态变化的，除了看得见的地面构件，还有看不见的地下空间，城市中的每个人、每个单元每天也会通过各类设备产生大量数据。需要通过实景三维建立起城市物理世界的三维数字空间，以此实现现实世界与数字城市的孪生映射，融合城市摄像头、监测仪、传感器等物联网设备，提升强大的全局立体态势感知能力，对城市管理各领域的核心指标进行态势监测与可视分析，从宏观到微观，实现城市各类数据的融会贯通与直观可视，辅助管理者从各个层面洞察城市运行态势，提升监管力度和行政效率。

3. 大数据计算与辅助决策的需求

物联网、云计算、大数据、人工智能等新一代信息技术的发展与应用为城市综合治理带来了新理念和新模式。要实现城市综合治理的科学化、精细化和智能化，需要以实景三维为基础，在实现数据汇聚与管理、数据查询与可视化、平台分析等功能的基础上，还能通过对城市现象仿真和事件态势推演，能够有效实现城市问题研判、解决预案生成和事后复盘分析，做到事前、事中、事后全过程的管理，推动智慧空间治理和城市治理手段更加数字化、网络化、智能化。

4. 智能化场景与可视化的需求

随着人工智能与可视化技术的应用，让人脸识别、图像语音识别、机器学习、三维可视化、智能定位等技术，在网格化管理、应急指挥、环境治理、交通管理智能控制等方面的综合能力和价值显著提升，能够综合调配和调控城市的公共资源并直观进行展现，推动了城市综合治理智慧应用和城市治理方式的创新，实现城市运作效率最优化。

4.9.3 技术路线

以满足城市空间大数据信息汇聚、业务协同、信息联动为基本需求，以实现城市治理手段更加数字化、网络化、智能化为目标，依托于大数据、物联网、人工智能和区块链等新一代信息技术，完善城市运行监测基础设施，依托实景三维统一的空间基底构建融合集成时空基础数据、地名地址、实景三维、物联感知、网格化管理、公共专题等数据的城市空间大数据一张图，基于实景三维数据服务能力、智能服务和决策支撑能力为城市感知运行监测、城市综合治理智慧应用以及城市治理方式的创新进行赋能。城市综合治理平台总体架构如图4－79所示。

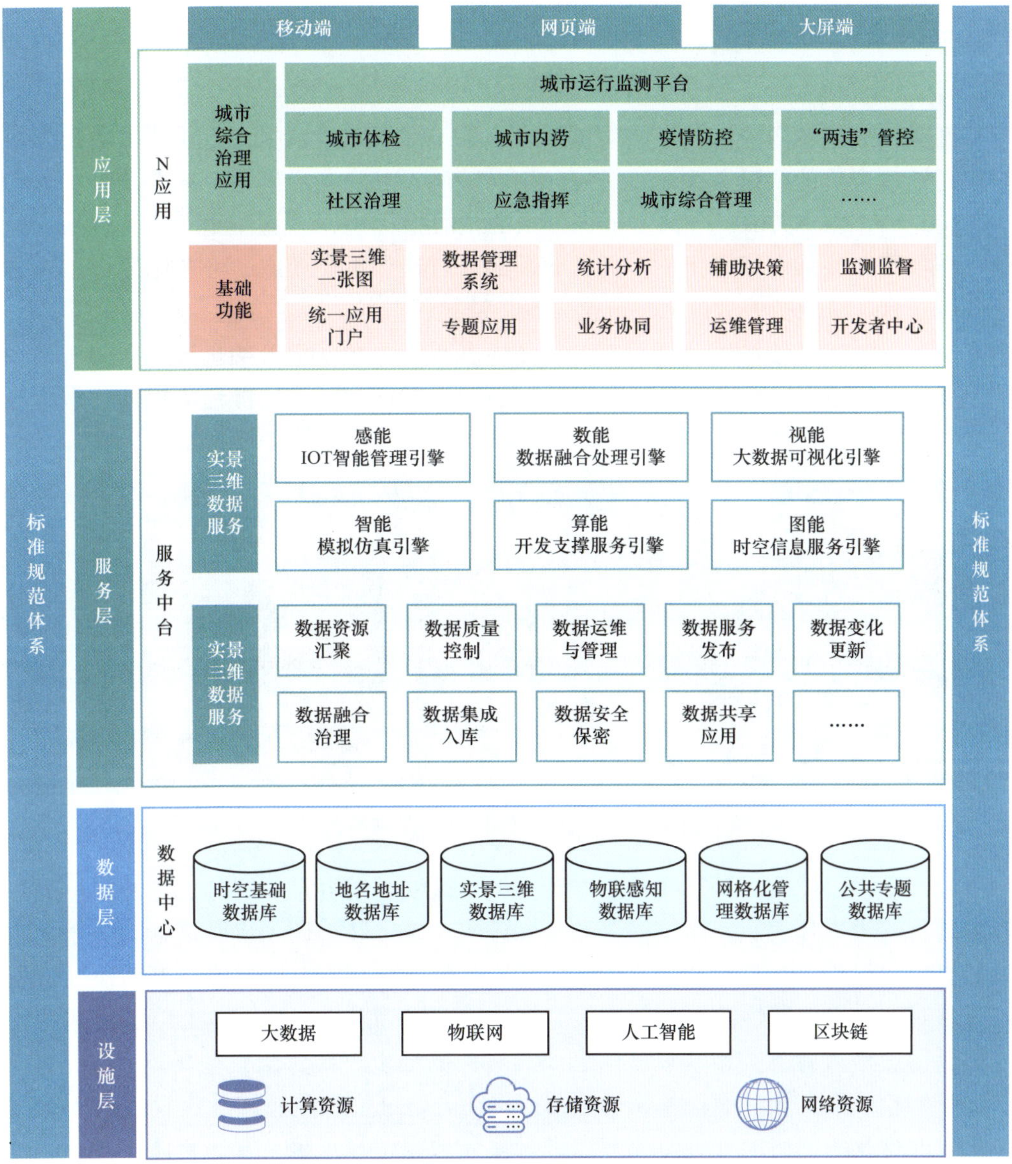

图4－79　城市综合治理平台总体架构

（1）基础设施：为平台、中台服务及应用功能提供稳定可靠的算力、存储信息安全能力。

（2）数据中心：汇集城市运行管理所需要的时空基础数据、地名地址、实景三维、物联感知、网格化管理、公共专题等数据。

（3）服务中台：建立基于实景三维以及相关的中台服务，包括实景三维数据服务、物联感知融合、大数据可视化、游戏引擎渲染、模拟推演等基础支撑能力的服务中台。

（4）N 项应用：基于城市运行各应用场景，建设平台基础功能与城市运行监测平台、城市体检、城市内涝、疫情防控、“两违”管控、社区治理、应急指挥等实现对城市整体运行状况的实时监测、管理和分析决策的 N 项应用。

4.9.4 应用场景

1. 城市运行监测

高度融合政府各职能部门现有数据资源，基于实景三维数据，建立城市治理基础要素与空间地理实体的映射关系，对资源环境、基础设施、交通运输、社会治理、人口民生、产业经济、社会舆情、公共安全等领域的核心指标进行态势监测与可视分析。利用实景三维模型和叠加在模型上的多元数据集合，打造精准、动态、可视化的城市一体化运行监测平台，借助智能大屏、城市仪表盘、领导驾驶舱、数字沙盘、立体投影等形式，可全方位展示城市各领域综合运行态势，并根据不同主题分级分类呈现，帮助城市决策者、管理者、普通用户从不同角度观察和体验城市发展现状、分析趋势规律。城市一体化运行监测平台如图 4－80 所示。

图 4－80　城市一体化运行监测平台

（1）市政设施监测。基于实景三维数据的地理实体对井盖、路灯、管网、桥梁等市政设施进行三维立体表达，通过创建唯一标识码实现一物一码、权属清晰，结合物联感知设备对市政设施进行精细化、智慧化管理。可在三维场景中浏览各类市政设施模型数据，同时对市政设施属性数据进行查询、维护、编辑等操作。利用地上地下模式的切换可以灵活便捷地查看各类市政设施信息及其对应的地上三维实景模型场景。

（2）城市安防监测。整合各类视频监控资源，通过物联网感知采集设备进行数据采集，并通过跨业务部门的视频监控节点进行多元数据信息汇聚，发挥整体效能。通过集成实现监控视频与实景三维的深度融合，对物联网前端采集信息进行定位、浏览和展示，实现证件档案、车辆档案、人员管控、人流态势等智慧安防综合应用，并可对警力部署、工作方案和应急预案进行推演，充分发挥公共安全视频监控在服务居民群众、创新社会治理、平安城市和智慧城市建设、维护国家安全和社会稳定等多方面的重要作用。

（3）生态环境监测。基于物联感知设备以及城市实景三维，通过对涉及水环境、雨情、大气环境、气象灾害等方面的生态环境监测，打造形成水、土、气生态联动的一张图可视化模块，支持基于实景三维和 GIS 空间分析对各类环境监测点以及重点关注排污企业的类型、数量、分布位置等要素进行可视化监测，助力管理者全方位监测城市资源与环境态势，基于环境预警、综合评估、精准溯源与实时监控管理、环境损害证据获取等功能实现，辅助管理者全面掌控环保态势，为管理者解决突出环境问题提供科学的决策依据，助力城市绿色发展，增强生态保护力度。

（4）人口活动监测。基于手机信令数据和位置导航 CORS 数据集成到城市实景三维模型中，提供社会治理案件、特殊监管人群、流动人口态势等相关业务数据的态势展示，包括社会治理案件的区域分布及历史趋势分析展示，特殊监管人群区域分布及分析展示，流动人口相关分布情况及统计展示。同时，通过对社会治理案件、特殊监管人群及人口态势与区域空间进行动态分析，实现相关案件高发区域或特殊监管人群的密集分布区域等态势情况展示及预警提示，为社会治理工作的管理决策提供辅助支撑能力。

2. 城市体检

城市体检通过智能分析、模拟仿真，洞悉人类不易发现的城市复杂运行规律、城市问题内在关联、自组织隐性秩序和影响机理，制定全局最优策略，解决城市各类顽疾，实现城市精细化治理，形成全局统一调度与协同治理模式。以人工智能、区块链、实景三维模型、大数据为支撑，构建城市立体监测网络，以指标监测为基础，形成宏观城市－中观地块－微观建筑一体化的全要素体检指标体系，实现城市地上、地表、地下一体化的多维度监测。根据城市体检发现的问题差异，探索构建一套“一年一体检，五年一评估”的多形式、多要素、多维度相结合的体检体系。通过分级预警，科学划定城市病症程度，量化预警层级阈值，建立多级预警机制。精确诊断“城市病”根源，制定针对性、适应性的解决方案，对症下药治疗“城市病”。城市体检评估结果为依据，构建项目实施计划，面向城市规划、建设、管理、运营等全链条存在的问题和短板，制定相应的项目实施方案。城市体检评估系统如图 4－81 所示。

图 4－81　城市体检评估系统

（1）城市要素一库汇聚。基于实景三维地理场景，集成地理信息、地下空间、城市设计等二三维数据，建立二三维空间数据联系，搭建城市体检评估信息系统。实现城市要素二三维一体化交互、展示及分析，将城市体检所需数据的一库汇聚。利用区块链分布存储、不可篡改、可溯源的特点进行数据加密，保证体检过程中数据真实性、准确性，体检成果权威可靠。

（2）周期治理一体联动。以城市问题治理为导向，构建科学、全面的城市体检评估指标体系，基于新型信息技术进行多维度信息挖掘，在采集、处理二三维多源数据的基础上，结合系统内置的机器学习、深度学习、仿真模拟等可视化、能计算的城市体检评估模型，为“城市病”精准诊断提供支撑；同时，支持用户结合业务需求自行配置算法模型，实现城市治理项目与方案智能模拟。结合城市体检评估指标体系，构建覆盖“监测、体检、预警、诊断、治疗、复查、再监测”全流程的城市体检评估全周期闭环管理，进而落实城市全方位体检诊断、全要素监测预警、全流程实施治理，实现方案可模拟、行动可调度、实施可监管、反馈可传达。

（3）城市体征一屏尽览。支撑城市体征把脉，通过二三维场景的实时展示、动态模拟和决策推演，对城市运行态势进行全方位、多维度的全息感知和监管监控。以图、文、表三种方式直观展示城市体检成果，精准把握“城市病”，辅助决策，协助规划。

通过体检平台对收集数据的模拟计算分析，并结合问卷调查、实地走访等方式，查找群众感受到的突出问题和短板，形成社会满意度调查分析图，对比国家平均标准，为未来城市精细化治理、前瞻性预见和科学化决策奠基。

（4）实施反馈一网互联。省、市、区（县）、街道、社区各层级治理措施和行动项目相互关联，各级实施措施和成果合理化共享，推动结果反馈互联互通。

3. 城市内涝

城市内涝监测管理除了基础设施建设外，还需要配合科学的分析手段，利用大数据、物联网、人工智能、3S 等新一代信息化技术实现智慧化管理。城市内涝推演模型广泛应用于城市地质灾害、宏观经济、行业趋势、人口等领域，可以基于集“事件模拟、趋势推演、智能决策”于一体的城市内涝灾害风险推演平台（以下简称内涝推演平台）对城市发展过程中各种问题进行情景再现，推演城市未来发展态势，基于实景三维模型动态逼真地展示各类场景，更加高效、科学、合理地辅助城市水务管理决策。城市内涝灾害风险推演平台如图 4-82 所示。

（1）事件模拟。基于实景三维数据把现实世界的自然环境、城市的基础设施以及城市运管服等信息以数字化的形式映射到数字空间结合地理实体进行表达，集成城市内涝灾害推演过程所需的要素和变量。实景三维场景可以更加直观地反映该区域内涝点分布位置及积水范围，便于直观地判断城市内涝情况。

（2）趋势推演。区别于传统的预警监测模式，内涝推演平台通过紧密结合推演要素进行基于数学模型的演算（即 WCA2D 耦合 SWMM 模型），由于数据量庞大且时空离散，往往需要结合高性能计算中的并行计算和分布式计算，根据推演模型和高性能计算平台得出相应的物理受灾范围。城市内涝灾害推演的大部分运算过程都集中在动力学模型元胞自动机上，内涝推演平台同时应用两种高性能计算即基于 GPU 的并行计算和分布式计算。基于实景三维数据，根据推演模型和高性能计算平台快速推演得出相应降雨量下的内涝区域、溢流节点、动态淹没过程等信息，结合推演结果与人口、行业、经济等社会数据，得出相应的物理受灾范围，快速生成社会灾害风险等级图，实现城市防涝仿真预测，辅助决策。

图 4－82　城市内涝灾害风险推演平台

（3）智能决策。灾害应对的重要决策通常体现在城市应急资源要素的调度和分配，迅速调度和准确应变能避免二次伤害和进行快速恢复，这需要城市决策者对城市灾害风险拥有全局精准的把控和通盘的考虑。内涝推演平台的应急指挥调度功能模块结合了实景三维地理场景，能够全局、立体、实时地呈现智能化终端设备、建筑结构、地形植被、监控视频、应急车辆、医疗中心、人口车流、泵站标尺、河道水位、物资库存等数据信息，结合物理受灾范围和人口、行业、经济等社会数据自动计算出城市每一寸微小网格对应的内涝灾害推演情况和风险等级，辅助决策者合理制定防汛调度、应急抢险等相应决策。为决策者在分配灾害应对的人力、设备等资源要素时提供科学的辅助依据。同时，内涝推演平台支持“设计—验证—反馈—再设计”灾害整治闭环，通过反复推导验证不同内涝灾害整治方案的预期效果，辅助城市决策者以最小的经济成本与环境成本做出更为科学、合理的决策，提升城市内涝治理水平。

近年来，伴随我国城市内涝灾害频频发生，城市内涝汛情应急决策管理已引起了社会广泛关注。以实景三维场景为基础，构建集“事件模拟、趋势推演、智能决策”于一体的城市内涝灾害推演平台，模拟推演内涝灾情态势，能够有效辅助决策者科学制定内涝灾害应对方案，提高地方政府顶层决策的科学性。

4. 疫情防控

新冠肺炎疫情，是新中国成立以来发生的传播速度最快、感染范围最广、防控难度最大的一次重大突发公共卫生事件。如何运用大数据、人工智能、云计算等数字技术，在疫情监控分析、病毒溯源、防控救治、资源调配等方面更好发挥支撑作用是值得深思的问题。建设一个以满足社区防控网格化管理需求、城市公共卫生事件监测预警需求、应急指挥需求及社会公众服务需求的公共卫生应急管理智慧平台，按照“平战结合，以平为主”的总体设计理念，基于实景三维模型构建了城市级实景三维可视化网格化公共卫生应急综合管理系统，满足各级职能部门应急值守、应急评估、应急决策和应急指挥等各项应急管理工作的需要。通过二三维一体化的数字地图，精准、详细、直观地展示城市的疫情防控情况，提高各级职能部门履行应急管理职责能力、本地区的基础应急管理能力以及应对各类突发事故的应急响应能力和应急救援科学决策水平。公共卫生应急综合管理系统如图 4–83 所示。

图 4–83　公共卫生应急综合管理系统

（1）数据汇聚。公共卫生应急综合管理系统充分利用城市级实景三维模型、大数据、人工智能、物联网等新一代信息化技术，实时汇集基础地理信息数据、规划数据、管理数据、社会大数据等，为疫情防控构建一个“数字孪生底座”，打破数据壁垒、信息孤岛，形成多维整合、多部门联动的数据熔炉，将通知公告、疫情指标统计、疫情热力分布、重点地区人流热力等信息转化为可视化的疫情数据实时呈现，提高城市应急管理的科技赋能，实现城市街道和社区的网格化管理，让城市管理更精准。

（2）智慧分析。提供疫情时空分析、总体风险评估、公共服务设施供需平衡和风险查询等功能，通过大数据挖掘筛选、专家调研访谈和历史事件回溯等方法，从疫情特征、人口流动、应急储备、舆情应对能力、复工复产等多个维度建立风险评估模型，展开全方位的分析评估。同时，梳理疫情相关信息，根据现状公共应急事件点（疫情发生点）位置、交通网络数据、手机信令人口分布数据，以街道/乡镇为单元对其进行科学的预测、分析，并按照事件的性质、严重程度、可控性和影响范围等因素进行风险评级，归纳出潜在疫情风险，实现分级分区精准防控，让风险评估更智能。除疫情风险评估外，还能重点结合区域医疗卫生设施分布、规模、床位数及区域内病人数量，分析供需状况，力图做到物资的统筹平衡。

（3）立体管理。面向管理部门，提供健康排查一览表、异常报告查询、定点测温查询、感染源追踪和信息反馈等多个功能。充分运用新一代信息技术，通过疫情实时监测、流动人口精准分析、应急物资储备等手段，综合研判多部门、多源大数据信息，构建政府统筹调度、大众资源接入的应急响应机制。实现防疫信息一目了然，有利于从源头上消除信息不公开、公开不及时等负面问题，减少谣言的产生和扩散。运用网格化的精准社区防控管理和汇聚多源时空大数据的监测预警仪表盘，通过分析疫情数据、感染源时空分布、人口流动情况、应急物资储备信息等做出快速响应，做到统一平台、统一通信、统一部署、统一指挥、统一调度，高效、及时决策部署应急防控工作，让城市应急响应更迅速。

平台面向社区防控、监测预警、应急指挥、公共服务业务管理需求，实现了疫情防控更精准、风险评估更智能、应急响应更迅速、信息公开更透明的建设目标，通过详细的思路构建和系统功能设计，实现疫情数据的实时监测，通过模型构建对疫情风险等级进行科学评估，通过统一智慧平台的建设强化公共卫生应急状态下的数据动员能力，为管理者的应急指挥提供信息化支撑，实现应急联动高效化。

5. “两违”管控

实景三维真实、立体、时序化地表达人类生存、生活和生态空间的时空信息，基于实景三维场景，结合 DSM 影像（高度信息）和 DOM 影像（光谱信息）进行建筑物信息的自动提取，将所提取的建筑物轮廓信息在三维地理信息系统中与实景三维模型进行叠加显示，实现实景三维模型的对象化查询，能准确将违法用地和违法建筑测算出来，助力“两违”管控，为违法行为监管提供技术支撑。

传统的“两违”整治工作以成立巡查组为主要手段，履行日常巡查、发现、报告及组织强制消除等一系列职责，其人力物力耗费巨大且效率低下。针对违法用地、违法建设监测不及时等问题，以倾斜摄影三维实景模型为基础，结合大数据、无人机巡查、历史数据追踪溯源等技术，借助机器识别智能算法，辅助人工巡查技术，识别和提取建筑物高度、面积的变化特征，并与空间规划目标、指标进行对比分析，通过地图标识用地边界和违法用地位置，进一步使用超像素分割方法提取违法图斑，可快速、全面地完成城镇建成区以外违法用地、违法建设动态巡查和预警。实现了低成本、高效率地获取涉嫌违法用地、违法建设的信息，达到对违法用地和违法建设行为早发现、早处理、无死角的“精确打击”效果，为加强土地资源保护提供了有力保障，为日常“两违”处置工作提供了技术支撑。

（1）基于深度学习的建筑物识别。深度学习是实现机器学习的一种技术，以深度学习为核心的人工智能在图像识别领域已取得显著成果，基于深度学习能为“两违”管控提供有力的技术保障。

为了提取影像图中的建筑物，采用深度卷积网络模型对影像进行语义分割，分割为建筑和非建筑两类。影像语义分割旨在为影像上每个像素分配一个特定的语义标签，自从全卷积网络（fully convolutional networks，FCN）被提出并开创性地用于语义分割后，FCN 已成为语义分割的基本框架。基于深度学习的语义分割模型主要有三类，分别是基于空洞卷积的 FCN 结构、编码–解码结构和多分支结构。

在训练模型之前需要先对数据预处理并将影像裁切为小块的图片样本。首先将输入数据的格式统一为 RGB 3 波段、像素深度为 8 位。根据对影像图的目视解译，标绘出典型区域内的建筑物范围，再将数据转换为二值栅格图像作为样本数据。为了提高模型的泛化能力及充分挖掘数据集的潜力，以每个建筑物为中心采用随机旋转、镜像翻转、高斯模糊等多种方法进行数据增强，并作为训练样本。选用与模型训练样本处于同一地区不同区域的影像图作为测试数据，将测试集输入训练好的模型进行识别，来验证模型的实际效果。

通过深度学习技术从遥感或航空影像中提取建筑物，结合了 GIS 技术以每栋建筑为中心裁切后再进行数据增强，有效地扩展了样本量，同时充分挖掘了样本的潜能。相比于传统建筑普查的方式，基于深度学习的建筑物识别更快速、效率更高、成本更低。同时，相对以往耗费大量人力物力和时间的违法建筑巡查，结合基于深度学习建筑物智能识别能有效实现违规建筑物的精准快速识别与预警。深度学习具有自主学习模式与特征的能力，将这种能力和城市研究进行深度融合，是智慧国土空间规划业务在智能化新技术上的有益探索。基于深度学习的建筑物识别提取如图 4–84 所示。

图 4–84　基于深度学习的建筑物识别提取

（2）基于倾斜摄影的建筑物自动提取。超像素分割与建筑形态学指数的聚类分析可以提取更精准的建筑变化边界；同时基于超像素对象的光谱特征、建筑形态特征、三维高度变化信息综合利用保证建筑变化类型的识别和三维变化信息的提取，为城市“违法建筑”自动提取提供新的技术手段。建筑变化自动识别系统如图 4–85 所示。

首先将 DSM 数据通过数学形态学变换生成归一化数字表面模型（normalized digital

surface model，nDSM），nDSM 反映了地物到其周围地面的相对高度，去除了地形因素的影响，并对 nDSM 进行高度初始分割，提取有一定高度的地物信息（如建筑物和树木）。其次采用 DOM 构建植被光谱指数，滤除树木信息；然后根据建筑物形状规则，对建筑物提取结果进行后处理，包括去除噪声、修补孔洞等，进一步优化建筑物提取结果。通过上述方法得到了较纯净的栅格建筑物结果，采用数学形态学连通分析方法，对二值图像中每个独立的建筑物前景进行标记区分，并记录每个建筑物对象最外围的轮廓坐标，得到矢量化的建筑物提取结果。此外，根据建筑物轮廓的几何结构特征，进一步对建筑物多边形轮廓进行规则化，使得建筑物的轮廓折线为直角，完成对建筑物栅格结果进行矢量化与规则化。

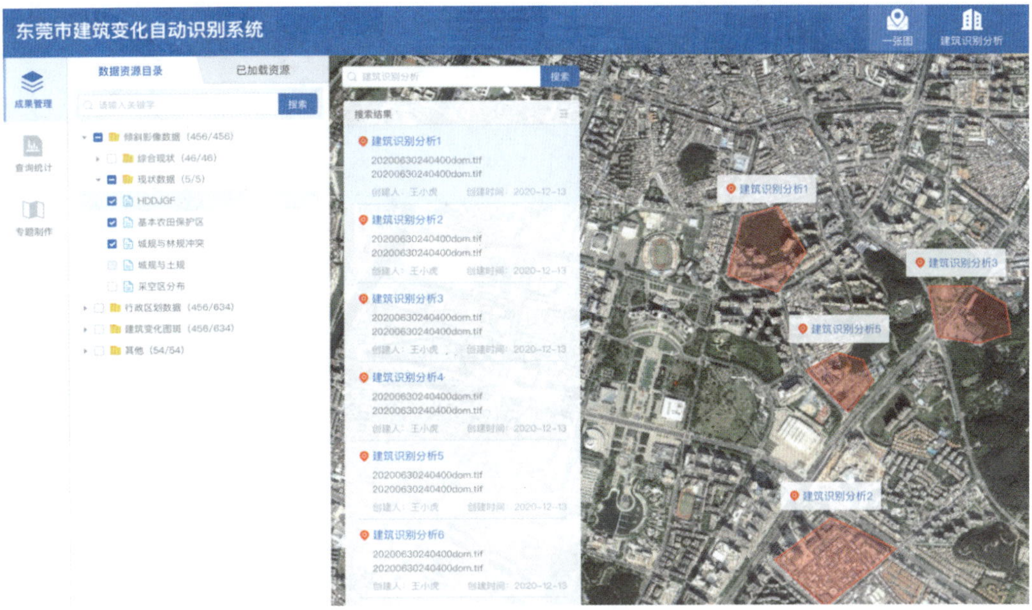

图 4－85　建筑变化自动识别系统

依托自动提取的建筑物矢量数据，结合实际应用需求，在三维 GIS 平台中，将自动提取的建筑物轮廓叠加至实景三维模型中，实现单个建筑物模型的类别拾取、属性查询与实景三维模型进行叠加显示，实现实景三维模型的对象化查询。

6. 社区治理

数字社区治理是社会治理的新范式、新工具、新模式，是应对数字社会涌现的新场景，以实景三维数据为支撑，对社会事务、社会组织和社会生活等进行协同治理的手段支撑。通过治理技术创新、治理制度变革、治理过程优化和治理体系再造等方式，促进城市治理体系与治理能力双重变革，实现城市治理的科学化、精准化、便捷性、高效能与智慧化。实景三维对人类生存、生活和生态空间进行真实、立体的表达，提供统一的空间定位框架和数字底座，在社区治理中发挥重要作用。

智慧社区作为我国城镇化发展的新战略以及社区管理与服务的创新模式，结合智慧社区建设需求情况，基于实景三维场景的“一中心、一平台、三应用”的智慧社区一体化架构，依托泛在的物联基础设施，统一社区各类数据资源建立数据中心，以数字孪生为支撑建设智慧社区综合信息服务平台，面向管理部门、服务者和社区居民各类角色，提供社区基层治理、社区服务、社区运营三大应用，解决城市精细化治理的“最后一公里”，提升社区服务能力，进而形成平安、秩序、绿色、便捷、温暖、活力的智慧社区。智慧社区一体化平台如图 4-86 所示。

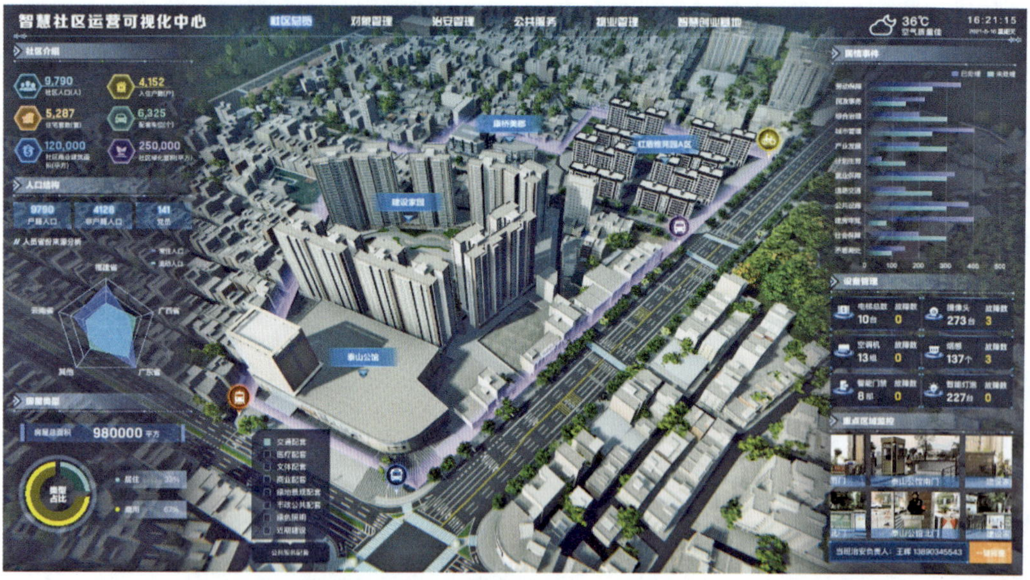

图 4-86　智慧社区一体化平台

（1）社区资源“一本账”。以城市新型基础设施建设为基础，融合关联地理信息数据、业务数据、互联网数据以及其他社会信息，结合实景三维模型，接入社区水、电、气、热、安防、消防、照明、管线等物联设施运行数据，对信息资源全面汇聚、挖掘、分析、分析和共享，建立社区数据资源体系，形成统一立体的智慧社区数据中心，不断地从多源、分散、碎片化海量数据中提取出新的价值数据，实现全域全量社区资源的集成管理和基础设施智能化管控，为智慧社区基层治理和社区高效服务夯实数据底座。

（2）综合管理“一平台”。建设智慧社区综合服务平台，通过对接实景三维模型、城市运行管理服务平台等，融合社区部件和物联感知等多源时空大数据，以“日常运行监测中心、应急指挥调度中心、辅助决策研判中心”为定位，以网格化管理为主要抓手，综合展示社区全貌、部件信息、人房信息、车辆管控、视频监控、安全隐患管理、环境管理等日常管理信息，实现社区运行状态的多尺度、高仿真、动态化、交互式的精细模拟和高效监管。

（3）智慧多元“三应用”。以大数据、物联网、融合信息技术为支撑，依托实景三维模型，以综治网格为载体，满足对社区数据采集、分析和安防应用的需求。建立掌上社区服务模式，打造社区一站式服务中心，同时辅以社会矛盾联动化解机制，快速有效地化解社区矛盾纠纷，完善社区治理。基于物联网设备和人工智能算法实现社区安全事件的及时发现，并提供安全、实时、高效的事件处置能力，实现社区治理从传统服务到智慧服务升级。

为响应社区发展新理念、创新和完善基层社会治理和强化社区服务的新要求，通过智慧社区建设，依托实景三维场景，打造“一中心、一平台、三应用”的智慧社区一体化系统。通过实时感知、深度学习等新型技术，构建社区精细治理体系，以社区管理网格化提高社区治理能力现代化水平，同时通过高效联动机制，解决传统社区管理秩序混乱、服务质量差等问题，提升服务效能和降低管理成本，为居民提供优质的一站式便民服务体验，提供长效多元的社区运营模式，实现从“传统管理型社区”向“创新服务型社区”的转变，打造成为有归属感、舒适感和未来感的新型城市功能单元。

4.9.5 应用成效

1. 城市展示全息化

基于实景三维能够建立一个与现实城市同步的数字虚拟城市，融合人工智能、大数据和三维可视仿真技术，通过平台加载显示高精度地形数据、城市三维建筑结构数据、车辆、人员、摄像头、基础设施、事件数据等要素信息，与交通流量、教育医疗、气候环境、城市能耗等动态业务数据打通，完整、详尽地对城市管理态势进行全方位复现，实现管辖区域内“人、车、地、事、物”的全面监控，以动静结合的一张图全方位展示整个城市空间和运行态势。

2. 城市感知实时化

融合城市摄像头、监测仪、传感器等物联网设备，提升强大的全局态势感知能力，可以改变以往信息割裂、数据碎片化的局面，满足城市管理日常监测监管的需求，对城市管理各领域的核心指标进行态势监测与可视分析，全面描绘城市发展现状，并可对细分领域的数据指标进行查询分析。例如，可以通过物联网获取车辆轨迹、卡口线圈、视频等交通动态数据，帮助管理者实时了解城市路网的运行状况及其变化规律，为交通管理决策提供数据支撑；基于结合城管物联网数据，采用网格化管理，逐步建立分工明确、责任到位、沟通快捷、反应快速、处置及时、运转高效的城市综合管理长效机制；通过构建生态环境保护物联网监测体系，结合二三维数据服务，实现排污企业分布展示、潜在污染源追踪、典型场景污染源解析，实现生态环境监测数据的可视化展示。从宏观到微观，实现城市各类数据的融会贯通与直观可视，辅助管理者从各个层面洞察城市运行态势，提升监管力度和行政效率。通过整合信息、事件与工作流，实现从城市日常整体态势感知到突发事件应急联动指挥的无缝对接，辅助管理人员提升安全风险管控力度和处置突发事件的效率。

3. 城市治理决策科学化

城市综合治理过程中产生的数据，如政府数据、企业数据、互联网数据、物联网数据等，能够反映出城市运行过程中的特点、规律和变化，通过整合不同部门、不同领域的数据，将数据按主题成体系地加以分析研判，可以为城市的智慧化以及精细化管理提供决策依据，还能够为智慧城市的服务系统提供新的洞察力，为城市综合治理决策提供全面、客观、科学的依据。通过融合人工智能、大数据和三维可视仿真技术等先进技术、依托城市政务大数据中心和各部门资源，通过对海量数据的整合、关联、挖掘和分析，以数据大集中推进业务大协同，为社会治理提供更科学的监测分析和预警决策能力，更高水平的智能化执行能力，更协调地跨部门、多层级和异地合作能力，推动传统城市社会治理向跨条线、跨部门协同模式转变，打造社会治理运行管理闭环，实现城市治理体系现代化和治理能力提升。

未来，随着区块链、云计算、大数据、人工智能等智能内核技术进一步发展，将不断优化自然语言处理、模式识别、深度学习、分布式计算等方面能力，推动智慧空间治理和城市综合治理手段更加数字化、网络化、智能化。同时，社会治理体制机制与信息技术手段相互融合、适配，也将使得治理架构和治理过程更加扁平化、协同化、社会化，深度助力城市综合治理和新型智慧城市建设。

4.10 智慧住建

4.10.1 应用概述

各省市住房和建设系统承担着统筹省市城乡建设事业的责任，承担年度城市建设设施综合统计、城市维护资金计划编制、重点工程规划建设和管理，以及城市基础设施建设水平评估等职责。实景三维可赋能城市基础设施的精细化管理、精准化监测，在资金审核、建设项目管理、城市体检指标评价等领域发挥其独特作用，从而促进政府职能的数字化转型。

随着城市化进程加速推进，城市公共基础设施数量增长迅猛，城市基础设施维护管理投入不断加大，如何对城市基础设施实行精细化管理与养护，进一步提升财政投放的精准性，促使财政资金发挥更大效益，成为新时代环境下城市基础设施管理养护的新挑战之一。2017 年全国两会上，习近平总书记提出了“城市管理应该像绣花一样精细”的总体要求，为我们开展城市精细化管理提供了根本遵循。近年来，在“智慧城市”建设的推动下，结合新一代信息与通信技术（information and communications technology，ICT）的广泛运用，着力打造全新的城市基础设施“智慧管养”新模式、城市建设工程“智慧监管”新模式、城建维护资金使用效果“智慧评价”新模式。

4.10.2 需求分析

为满足“对接新基建、发展新城建”的基本要求，以数据的联动带动各层级、各部门之间管理的联动，形成横向到边、纵向到底的一张网，牢固树立和贯彻落实创新、协调、绿色、开放、共享的发展理念，紧紧围绕住房和城乡建设事业发展大局，结合新形势下的工作任务和发展需求，加快推进信息化与城乡建设行业融合发展，运用大数据、云计算、人工智能等前沿技术推动住房和城乡建设管理手段、管理模式、管理理念创新，通过大数据慧治新能力、大系统共治新格局、大平台共享新设施，大幅提升城乡建设科学化、精细化、智能化治理水平，切实提高“智慧住建”能力。

1. 精准设施量掌控需求

为了进行设施量统计分析、养护资金预算、城市体检指标评估等工作，均需要基础设施详细的数据作为支撑，基于这些明细数据，建立空间数据库，从而达到掌握精准城建设施量时空分布、设施状态评价的需求。

2. 城市建设统计需求

城市建设统计是指经国家统计局正式批准的《城市建设统计报表制度》中涉及的城市市政公用设施建设统计，目的是反映城市建设与管理方面的实际情况，为城市规划、建设、管理及制定产业政策提供必要的统计资料和咨询服务。其内容包括城市道路、城市排水及污水处理、城市路灯、城市供水、城市燃气、园林绿化、环境卫生等 7 大类 400 余项指标数据。通过时空数据库支撑城建数据统计工作 “从人工到智能”的快速转变、支撑各类评价指标计算、支撑城市维护资金使用评价，可切实提升住建部门管理职能的数字化转型水平。

3. 数据共享交换需求

需要在各行业主管部门信息系统建设已有成果基础上，整合数据资源，强化综合利用，打破部门之间的业务壁垒，以数据共享实现跨部门的联通，各行业部门分工协作，共同负责基础设施数据的日常更新维护，实现数据的动态更新，从而推动城市治理数字化转型。

4.10.3 技术路线

1. 总体建设思路

（1）统一标准，保持开放。应在各层面上应遵循国家、行业及省市相关标准和技术规程，包括系统设计、软件开发、数据收集、采集、建库及维护管理、信息化管理制度等，特别是制定数据资源从采集建库到更新共享的一系列标准规范，以保证项目建设成果具有足够的开放性，既能够方便将各行业、各市（区）数据接入拟系统，实现各类城市建设数据的融合，实现数据资源的多方共享利用。

（2）智能应用，高效高质。应以城市基础设施统计分析、指标评价、维护管理等需求为导向，搭建统一门户和统计分析等子系统、信息发布子系统和数据分拨子系统，形成一个集查询、统计、评价、维护为一体的城市基础设施综合平台，从宏观与微观、定性与定量角度，有效实现城市基础设施信息的管理。全方位提高城市建设数字化、智能化水平，增强城市设施精细管控能力，促进形成“用数据说话、用数据决策、用数据管理”的城市建设模式。

（3）灵活拓展，可分可合。在技术路线设计时应进行合理规划，确保整个信息化具有统一的总体框架和门类齐全的数据资源，在设计之初尽量预留足够的灵活性和系统空间，后续可基于现有标准不断对系统内容进行拓展、深化。而在系统功能设计上，则采用组件化策略，保证每个功能模块都可拆卸、可组合，具体的模块既可单独运行，也可嵌入具体的系统中集成运行。

（4）规范机制，以用促建。应以实际业务需求为导向，充分利用信息化手段提高办公效能和管理水平。同时，将信息化管理的理念、方式融入日常工作中，通过系统简化工作量，提高业务管理的科学性。信息化建设的成功，离不开与之相配套的管理机制，包括业务体系、管理制度等，特别需要统一的维护机制和管理规范，即从数据更新、系统维护、安全保障、业务规范等方面，提供与系统运营相适应的管理机制和组织保障。

2. 技术路线

技术路线的确定以实现对各类城建基础设施信息的数据获取、安全传输、智能挖掘、高效运用和安全共享，提高基础管理的数字化、精细化和集约化水平；实现城建基础设施信息和其他行业部门（如规划与自然资源局、交通运输局、园林绿化局及水务局）网络互通、系统对接、信息共享和业务协同，实现城建基础设施信息管理及相关行业信息的深度开发和利用，面向公众、城建管理提供信息服务，支撑城建基础设施管理工作由“管理型”向“管理服务型”转变为目标，多视角地分析、描述各类城建基础设施、城市健康状况，充分利用虚拟化、云计算、数据挖掘、移动互联网、大数据分析等技术，进行系统的规划设计。智慧住建总体架构和技术路线如图 4-87 所示。

（1）平台建设。智慧住建平台建设以微服务架构 Spring Cloud 为基础，分布式部署方式，具有良好的弹性伸缩和扩容能力，能够支持模块化部署、访问与集成，通过注册中心负载均衡和心跳检测，保障某个微服务宕机时相应服务还能持续提供功能，通过微服务的熔断机制，确保系统宕机不影响核心业务，实现 99%以上无事故性系统宕机，降低系统的耦合性，全方位保障系统的稳定性可用性及稳定性。

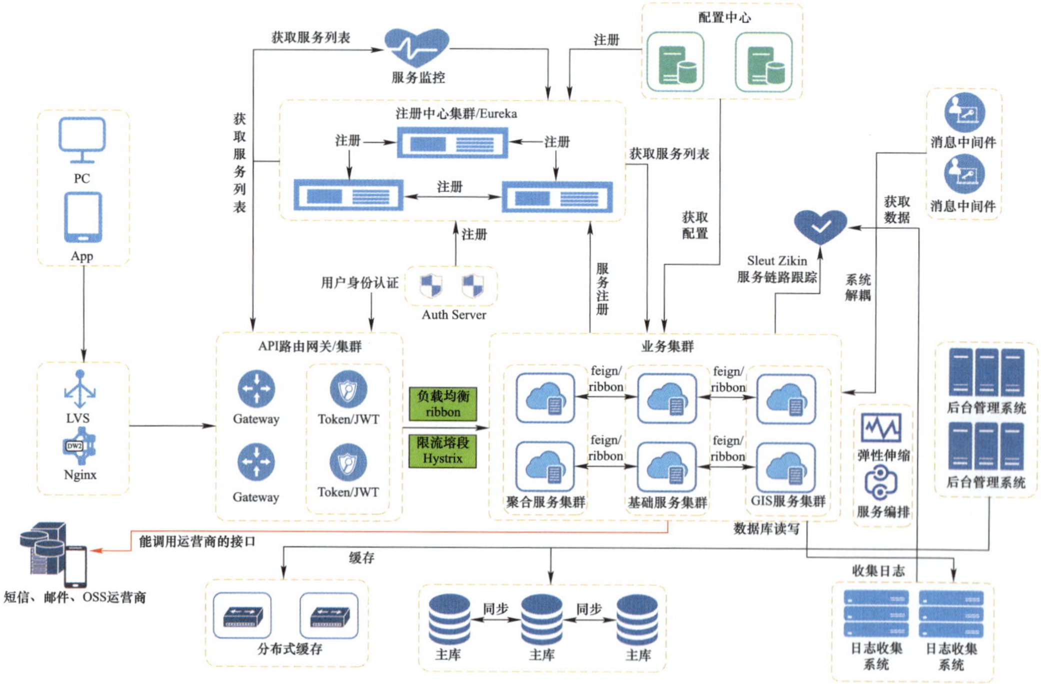

图 4-87　智慧住建总体架构和技术路线

智慧住建平台是集地理信息技术、物联网、大数据、人工智能、网络技术为一体的城市基础设施综合服务平台。基于全国产自主可控的 GIS 平台进行定制开发，基于容器和微服务架构进行平台及系统建设。系统的架构设计遵循 SOA 理念，采用“四横两纵”的架构。其中，“四横”包括支撑层、数据层、平台层和用户层，“两纵”包括规范与制度保障体系与网络与安全保障体系。

支撑层指平台建设和运行需要使用的基础设施环境，包括 IaaS 管理、虚拟机管理、负载均衡、统一运维、云计算、云存储、安全审计、终端设备、政务外网、业务专网等。

数据层明确了数据的来源，包括各类数据在数据库中的存储内容，组织方式和存储机制。数据存储选用最新的主流数据库软件；存储方式可采用文件系统与数据库软件相结合，满足基础空间数据和文件、多媒体的不同存储要求；通过与规划资源局、交通运输局、绿化园林局、水务局、生态环境局等政府部门进行数据共享交换，获取与城建基础设施相关的基础地理信息数据、交通数据、园林数据、水利数据、生态环境数据、社会经济数据、12345 数据等，在此基础上构建城建基础设施数据库、统计数据库、体检数据库和养护数据库等，从而形成一张图。

平台层包括平台提供的各类应用系统，在统一门户的基础上，构建信息管理子系统、统计分析子系统、体检评估子系统、养护资金维护预算子系统、信息服务子系统、信息发布子系统、数据分拨子系统、平台运维管理子系统和成果上报子系统等。

用户层主要是平台各类用户，包括住建部门、行业部门、区级建设局和社会公众等。

（2）数据标准体系建设。数据层原始数据来源于住建、规划国土数据、交通、园林、水务、生态等各行业主管部门和区级建设局、区级养护所、养护企业等各条线，既有空间数据、结构化数据，也有非结构化数据。标准编制是为统一城建基础设施及评价指标建库、更新的内容和模式，保证平台的运行和运营，满足数据搜集、分发、共享需求。标准制定应依据相关国家和行业标准，技术要求不得低于强制性国家标准的相关技术要求，并做到与有关标准之间的协调配套。

标准体系应以需求为导向，分析城建基础设施统计、分析、评价等应用需求，充分参考国内外、相关省市的标准，总结分析城建基础设施数据库的分类、代码、属性要求，梳理形成“城建基础设施数据库规范”“城市体检指标评价数据库规范”“数据库更新规范”等系列标准体系，各规范均应包括概述、适用范围、规范性引用文件、术语和定义、要素分类、代码和数据库设计、属性结构、元数据等内容。

（3）数据库（一张图）建设。数据采集、数据融合是智慧住建平台建设的基础性工作，主要是按照统一的数据交换、共享规则，将分散于各行业部门的基础性、统计性的数据进行分类、建库，补充采集。形成逻辑集中、分类管理、标准统一的数据中心。实现数据资源共享，形成数据间业务关联，提升住建业务科学化、精细化、智能化治理水平。

1）统一空间数据底座。空间数据全部采用统一的坐标系，统一的空间数据源，基础地理数据可采用“天地图”和实景三维模型作为数字底座，在二三维底座上叠加城市交通、园林绿化、城市排水、水资源、城市供水等业务专题数据，形成基于一张图的数据成果。

2）行业数据融合。空间数据包括基础地理数据、住建专业数据以及其他规划、交通等委办局的专业数据。技术地理数据涵盖遥感影像、街景、全景、实景三维模型等反映城市基础形态、环境、地理特征的数据；住建数据涵盖市政、环卫、园林、公用等基础设施数据；其他数据涵盖规划、园林、水利、水务、交通、环保等与基础设施相关的数据，各管理单位存量设施既有重叠部分，也有独属部分，所有数据按照数据标准进行关联、清洗、融合等数据治理工作，从空间位置一致性、属性一致性、拓扑关系、权属关系等方面进行整理，缺失信息通过基础地理数据、外业调查数据进行补充。

非结构化数据，含各业务处室已有的电子文档、图片和纸质材料等，通过数字化手段进行建档、建库，与空间数据关联，补充语义信息。

3. 实景三维应用

实景三维技术支撑了“智慧住建”从二维地理信息服务到三维时空服务的升级。从统一空间数据底座、集成物联设备、数据融合与治理等多方面赋能平台应用。地形级实景三维数据构建城市地形地貌基本形态，承载各类地理实体，综合反映城市基础设施建设时空分布及趋势；城市级实景三维数据细化了建（构）筑物、交通、水系、园林绿化等实体的建设现状，集成空气质量、水质污染、土壤墒情等物联监测数据，支撑城市生态宜居等方面指标评价分析能力；部件级实景三维数据，真实表达城市基础设施空间位置、三维形态、完好状态、权属情况、养护情况，为精细化管理和精准化监控，提供依据。

4.10.4 应用场景

“智慧住建”综合服务平台以市级住房与城乡建设局（委员会）、园林局、水务局、交通局、环保局等部门，以及区级相关管理和养护部门为主要应用对象，面向各级政府管理职能，进行设施统计、权属划分、建设水平评价、指标计算、养护资金预算、养护工作量统计、建设项目监管和移交审核等城市精细化管理工作。其应用场景可细分为“智慧园林”“智慧水务”“智慧工地”等，既可独立搭建平台，也可通过“智慧住建”的子业务、子平台接入。

1. 智慧园林

智慧园林解决方案是为园林绿化数据采集与精细化管理的迫切需求提供的一套整体解决方案，推动了移动式三维激光扫描、无人机航空摄影测量、物联网、深度学习等新科技新产品在城市园林绿化的应用，项目成果已在南京、杭州、泰州、苏州等地城市园林绿化管理中进行应用推广。

通过城市园林绿化数据建设，逐步形成城市绿化园林的一本明细账，为城市绿化园林的建设、养护、管理提供准确完整、清晰可见的数据，实现园林资产动态实时掌握，绿地类型、面积、种类实时更新。将园林管理中人为经验与管理数据结合，应对城市园林管理的新要求，加强对一线作业人员的监督，提升工作效率。针对园林应急事件，第一时间掌握现场情况，及时处理。精细化养护过程管理落实园林养护经费使用情况，实现养护财政支出有据可依。

从管理模式上，基于园林网格化管理模式，结合 GIS、IoT、BPM 等技术，实现园林基础信息资源的细分和深度整合，养护与管理数据留痕，实现问题可溯，管理有据可依。“智慧园林”精细化管理平台为城市园林管理和养护工作人员提供一个工作流程自动化、任务作业规范化、互动、高效的工作平台，根据合同管理制度及评分考核规范，实现系统自动绩效考评，减少人为主观因素影响。

从数据采集上，行道树、绿地数据采集采用车载激光扫描与无人机倾斜摄影等先进技术手段，引入树木健康无损检测技术、树种智能识别技术，保证数据采集的便捷性与准确性。

从平台开发上，采用先进且成熟的技术，如云计算、物联网、3S 技术、无线通信技术，采用国际标准体系架构，使得架构设计更加合理、先进、可扩展；在软件的开发思路上，严格按照软件工程的标准和面向对象的理论来设计，保证系统的先进性与可靠性。

（1）智慧园林“一张图”数据建设。智慧园林“一张图”建设是为统一数据底座，统一规划、现状各类城市园林要素表达方式，为查询、统计、分析、台账报表输出、养护经费核算等业务需求构建的数据库。含空间数据和非空间数据，以及静态时空数据和动态实时监测数据。实景三维数据为三维数据底座，承载了城市行道树、公园、游园以及防护绿地、生产绿地、附属绿地等公共和非公共空间的园林绿化分布、权属、养护管理等信息，实体化和语义化的表达，支撑了平台应用。智慧园林“一张图”如图 4-88 所示。

图 4-88　智慧园林“一张图”

智慧园林“一张图”涵盖内容包括：

1）规划绿线建设。按照住房和城乡建设部出台的《城市绿线管理办法》（CJJ/T 85—2017）规定，绿线内的土地只准用于绿化建设，对于园林管理部门来说，能可视化地展示绿线规划成果，与园林现状数据比对，并进行查询统计分析是十分必要的。通过技术手段将规划绿线CAD底图数据转换为GIS数据，通过线和体的方式，叠加在数据底座上，最终呈现在智慧园林系统上。

2）一绿一档和一园一档数据建设。基于多目标分析的多光谱遥感解译技术生产绿地覆盖数据，同时通过车载扫描、无人机、人工调查等方式生产现状绿地数据和公园数据库；依据《城市绿地分类标准》（CJJ/T 85—2017），分类分层存储并建立动态更新机制，现状和历史数据库以面和体的形式，叠加在数据底座上，最终呈现在智慧园林系统上。

3）一树一档和树木健康无损检测数据建设。利用车载移动激光扫描和无人机倾斜摄影技术，准确获取古树名木、行道树空间坐标、树高、冠幅、胸径、树种、铺装、分叉数量、外观照片等信息；利用深度学习技术，基于车载街景、激光雷达，自动识别树种；利用树木健康无损检测技术，为树木做断面检测，识别危树险树，建立古树名木和行道树信息数据库并进行动态更新维护，以点和部件模型的形式，叠加在数据底座上，最终呈现在智慧园林系统上。

4）智慧园林物联感知体系建设。土壤墒情监测通过土壤墒情监测设备，运用物联传感设备实现土壤墒情（土壤温湿度、土壤pH值）等园林植物生长环境数据的定期采集，实时掌握园林的旱涝情况，并支持监测自动报警，为园林养护人员进行抗旱排涝提供辅助决策。树木倾斜监测是利用树木倾斜监测设备对树木进行倾斜监测，能够及时发现树木倾斜问题，为园林养护人员对树木健康养护提供辅助决策。物联传感设备的安装位置关联在数据底座上，与绿地、树木实体数据融合。

5）轨迹监测。利用GPS定位设备实现养护车辆以及养护人员的轨迹跟踪，保存实时轨迹和历史轨迹数据，便于对管养车辆及人员的综合调度及考核监督。轨迹数据以点和线的形式，叠加在数据底座上。

（2）智慧园林一平台管理系统建设。

1）全生命周期审批管理。全过程记录园林绿化从建设工程立项、方案审查、工程招投标、工程施工质量安全监督、竣工验收、移交长效管理等阶段所产生的数据，并把各个环节的数据串联起来，从任意节点都能追溯，了解园林绿化建设的前世今生。

2）绿化规划建设管理。绿化规划建设管理系统主要包含景观总体规划、道路景观规划、滨水景观规划、绿地景观规划等。主要是统计工程、裸地、扩绿计划等信息，展示通知公告和任务状态信息。便于各科室对规划的整体把握，全面指导绿化规划的建设。

3）园林工程管理。工程管理系统模块实现对重大园林工程进度的有效跟踪，建设单位和监理单位可通过“智慧园林”App上报工程进度情况以及发现的问题，系统支持工程资料进行上传、操作，工程信息的统计分析操作。整个工程过程实时可视可控，满足工程管理信息化的需要，同时也是重大园林工程各个阶段成果的综合资料库。

4）养护考核管理。养护监督模块面向园林主管部门、养护公司、养护监理单位，从养护日报、养护监督两个方面将三者有机地串联起来。养护公司通过“智慧园林”App的养护日报上传功能以图文方式证明养护行为的真实性，监理单位通过监督上报提交养护问题并通过流程跟踪并关闭问题，园林主管部门通过该系统可以获得各类统计信息，从而确保养护工作的有效实施。

5）园林智能监测。园林智能监测系统包含养护人员轨迹、养护车辆轨迹、土壤墒情、空气质量等实时数据展现，历史数据查询及曲线图展现，历史数据趋势性分析等以及重点关注位置处视频监控。基于地图直观展现指标变化情况，可实现园林绿化环境的智能分析。

6）园林指标分析。指标统计、计算、分析模块基于绿化园林时空数据库，提供一键式的指标计算功能，同时可按照生态园林城市、城市体检等指标计算要求一键生成指标计算汇总表格、清单表格和专题图，可极大地降低申报材料编制时的数据查找和计算工作，也确保申报材料数据与同步提交的矢量数据的一致性。

智慧园林实景三维平台如图 4－89 所示。

图 4－89　智慧园林实景三维平台

2. 智慧水务

智慧水务解决方案符合住房和城乡建设部、水利部关于智慧城市、水利信息化的要求建设的信息采集监控、资源共享平台。平台数据及服务体系结构严谨、体系完整，覆盖全面，能够满足水务管理工作需求，符合经济社会发展的需要。项目成果已在南京、连云港等地城市水务管理中进行应用推广。

通过建成智慧水务“一张图”，实现水务数字资产“一图总览”；通过安装液位仪、监控探头等智能感知设备，建设物联感知一张网，实现重要水务设施“一网感知”；通过信息化系统集成，搭建智慧水务平台，实现数据管理、巡查养护、实时监控等“一屏智管”。智慧水务实景三维平台如图 4－90 所示。

通过进一步对排水信息资源进行整合，形成“户—网—站—厂—河”一体化排水数据体系；完善物联设备建设，织密物联感知一张网；深化开发智慧水务应用场景，实现水质保障、排水运营、养护监管、监控调度方面的智慧应用。聚焦水务智慧防汛建设，建立贯穿汛前、汛中、汛后全流程的业务支撑平台，提高城市防汛管理能力。

（1）智慧水务“一张图”数据建设。

1）水务设施“一张图”。对所有的雨水、污水管网等排水设施进行探测建库，构建排水设施时空数据库（一张图），为智慧水务框架打下坚实的数据基础，实现管网、泵站、截流井、水闸、排放口、净水站等水务设施的汇聚“一张图”，并对各类水务设施进行统计分析、分类展示，满足水务管理的精细化要求，提高了水务设施建设和发展过程中的管理水平。

2）物联监测“一张网”。借助窄带物联网（NB－IoT）等通信技术及卫星遥测和AI 摄像头技术，建成全面感知排水的“空天地”一体的智能感知网络体系，实现对各类水务设施的智能感知和智能预警，更好地以信息化手段感知水务基础信息及水情、雨情、工情等信息。

（2）智慧水务一平台系统建设。

1）水务资产全周期监管。智慧水务平台实现管网从检测、整改设计、施工过程、竣工完结等全周期管理。养护单位上报管网问题至智慧水务平台，设计单位根据排查情况，针对问题管线设计整改方案。施工队伍根据整改方案，进行现场施工整改。整改后通过竣工测量，更新现状管线资料，形成管理闭环。

2）大数据支撑智能调度。智慧水务平台通过水质监测、泵站运行状态、截流井液位、净水设施运行状态等数据的综合分析，建立了集中管理、统一调度、分散控制的智能应用系统，通过精细化管控及智能调度，实现防汛排涝与河道水质的统筹。

同时，智慧水务平台集成截流井、闸坝等设施的自动控制系统，实现设施的远程自动化控制，有效辅助排水调度管理。

3）智慧防汛全周期管理。基于气象、水文实时数据以及历史记录，预报险情演变情况，可视展示淹没区域，多途径发布预警和预防信息。应急响应期间联合调度水务排水设施，辅助调度抢险力量、物资，优化人员转移计划，响应结束后，利用大数据进行汛情总结，形成“事前预警—事中支持—事后总结”的防汛调度全周期管理流程。

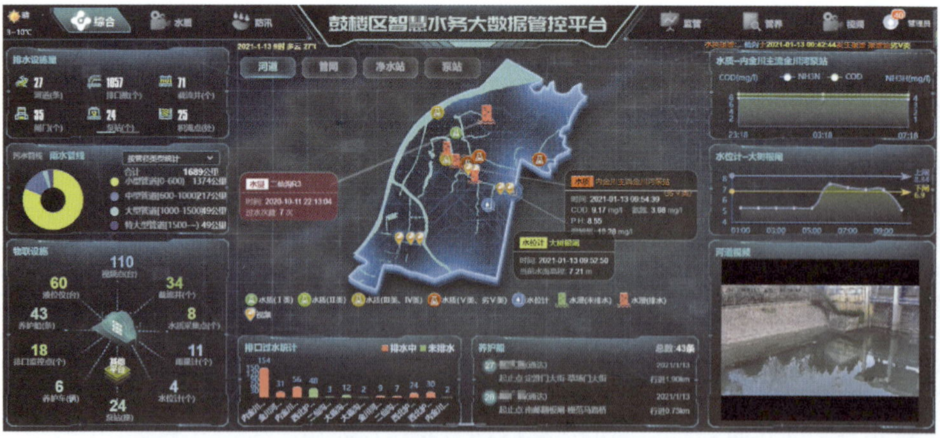

图 4－90　智慧水务实景三维平台

4）水安全和水环境一体化。作为城市排水设施的管理，水安全是其主要标准和终极目标。水务养护的要求是水生态、水安全、水景观的有机统一，水质的稳定达标，河道生境的涵养与恢复、岸水的和谐，排水保水养水的统一。智慧水务平台把这些管理目标、管理过程、管理内容体现在智慧应用中，通过物联监测与日常养护工作的有机结合，实现水安全和水环境一体化管理。

5）行业监管一体化。排水户和临排工地的排放是影响水环境治理的重要因素，是水行政主管部门监管的重点和难点。平台通过引入科技化手段，对重要的雨污工程以及排水户、临排工地等排水主体相关水质情况进行实时监管，做到第一时间处置。

6）建管养一体化。基于对内管理和设施移交两大部分的制度化建设，充分运用先行智慧水务平台，将制度化的要求在线进行管理与考核，建立了一套高效的设施移交与养护管理机制。通过无人机巡河、常态化清淤、设施智慧化改造等项目引领建设，真正实现建管养一体化。日常养护与无人机实景三维巡检如图 4–91 所示。

图 4–91　日常养护与无人机实景三维巡检

3. 智慧工地

工程施工现场涉及范围较广，总体情况复杂，工程项目管理易出现决策层看不清、管理层管不住、执行层做不好等问题，政府监管部门及建筑施工企业对工地管理信息化平台系统都有迫切的需求，希望通过工地实景三维平台的建设，将工程数据集中存储、统一管理，由二维向三维过渡，将施工现场的施工过程、安全管理、人员管理、绿色施工等重点环节，通过智能硬件进行实时采集，实现工地业务数字化和管理数字化。

（1）工地实景三维可视化。挂载倾斜摄影相机的无人机对整个现场施工局面全部拍摄覆盖，快速绘制出 3D 立体图，对建筑、地形等进行实景三维建模，得到地形、施工土方量等信息，生成高精度、可量测、可视化的引擎平台与服务，以实现目标区域的刻画、仿真模拟与计算，将工地运维管理中各类业务情景直观、清晰、精准地融合数字孪生场景中，为智慧工地的运维、管理、服务、指挥提供可视化框架。工地实景三维可视化如图 4–92 所示。

（2）工地二三维数据一体化管理。基于设计图纸和材质数据将工程项目仿真于计算机平台上，包括全景鸟瞰、景观漫游展示等内容，再利用高精细数字化三维建模的手段，将工地的实际情况进行展示，全面细致完成工地数字化还原，按照地形地貌影像、主要道路、设施部件、施工现场等按周期、分层提供三维模型展示，形成数字孪生刻画“一张图”，进行二三维一体化管理模式，可三维化浏览项目信息，更具备便捷、真实的空间分析功能，更直接地展示复杂地理信息，表达更多空间关系，无论进行数据展示、查询、分析还是将建设方案植入环境，在实景三维环境中都更具场景感。

图 4-92　工地实景三维可视化

（3）辅助施工场地布置。开工前，借助已经生产完成的实景三维模型做好施工场地的布置，实景三维模型已经把项目场地的地形、道路及周边环境等情况详细展示，便于科学规划建造相应的如搅拌站、材料堆放点、工棚、通信设施等临时设施，以及施工选线等，尽可能做到减少各种材料的运距，避免无效劳动，降低生产成本，更好地利用场地，尽量避免对周围环境的干扰和影响。实景三维辅助施工场地布置如图 4-93 所示。

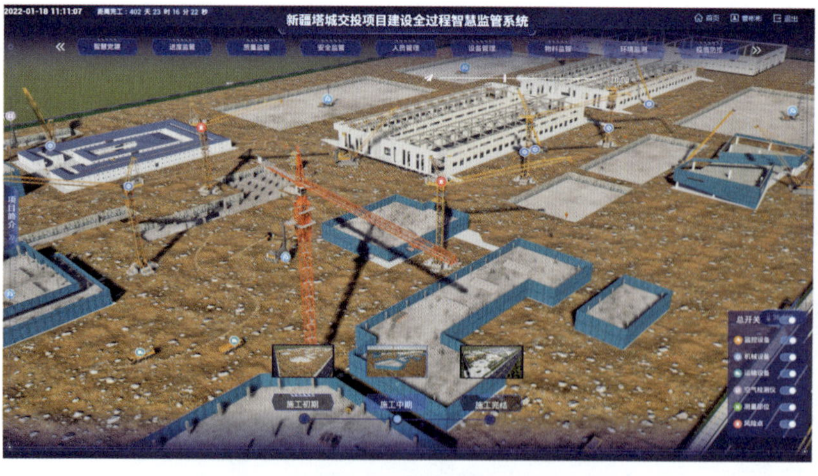

图 4-93　实景三维辅助施工场地布置

（4）施工业务数字化。将施工现场的施工过程、安全管理、人员管理、绿色施工等重点环节录入实景三维平台，无死角浏览施工区域实情，可视化浏览施工内容及施工要求，统计项目变更情况。

（5）施工管理数字化。把目标、数据以及分析成果以可视化数据的方式呈现给管理者，有效推动施工现场数字化、在线化、智能化，让工程项目在可控性、质量保证性等方面获得巨大提高。支持集成视频监控系统、电子巡更系统、报警系统、应急指挥系统等园区安全防范管理系统数据，支持对工地重点部位、人员、车辆、告警事件等要素进行实时监测和分析，支持安防报警事件快速显示、定位，实时调取事件周边监控视频，从而保障工地安全。

4. 全生命期工程建设审批管理

基于实景三维场景，将工程建设项目在全生命期中各个阶段的信息、过程和资源进行二三维数据管理，支撑工程建设项目选址与用地规划审批、规划报建与审查、施工图审查、竣工验收管理等工作。

（1）立项用地规划阶段。通过对项目用地性质、用地面积、必要因素和避让因素等条件筛选，生成选址方案以供选择，辅助工程建设项目选址工作，基于 BIM 模型，对报建技术指标进行核算，包括建筑间距、建筑容量、建筑连续面宽、土地使用性质、建筑密度、绿地率、容积率等指标。并具备设计方案比选功能，集合方案模型及多源数据，对设计方案进行多维度指标综合分析，包括现状分析、供地分析、批地分析、合规性审查、周边设施分析、交通便捷性分析、人口密度分析等，实现规划方案的优选。实景三维辅助立项用地规划如图 4－94 所示。

图 4－94　实景三维辅助立项用地规划

（2）工程建设许可阶段。运用设计方案审查功能进行三维立体展示项目设计方案，核算报建技术指标，进行总评审核、单体审核、市政复核、市政检测。支持建筑工程规划许可证的生成、核发。

（3）施工许可阶段。利用施工图审查功能，对结构施工图的总体指标及配筋信息进行合规性检查；结合公共数据标准模型文件，进行建筑、水、暖、电、人防、消防、节能等专业的规范条文的审查；基于节能专业 BIM 模型数据，对建筑的节能相关规范进行审查。同时支持项目管理与轻量化浏览功能，支持“一键审结构”“一键审防火”等自动化审查，并输出所有审查的结，也可以在规范条文列表中选择部分条文进行审查。

（4）竣工许可阶段。将项目名称关联相应工程的验收 BIM 模型，进行竣工 BIM 模型登记，对施工模型与竣工模型进行对比，比较变更部位，并出具对比结果报告，模型支持三维浏览、特定视点浏览、分层显示、构件显示等功能，辅助现场的竣工验收工作，最后将项目分部分项验收资料、竣工图纸、验收报告等相关资料进行关联并归档，上述资料支持浏览与下载。实景三维辅助竣工验收如图 4–95 所示。

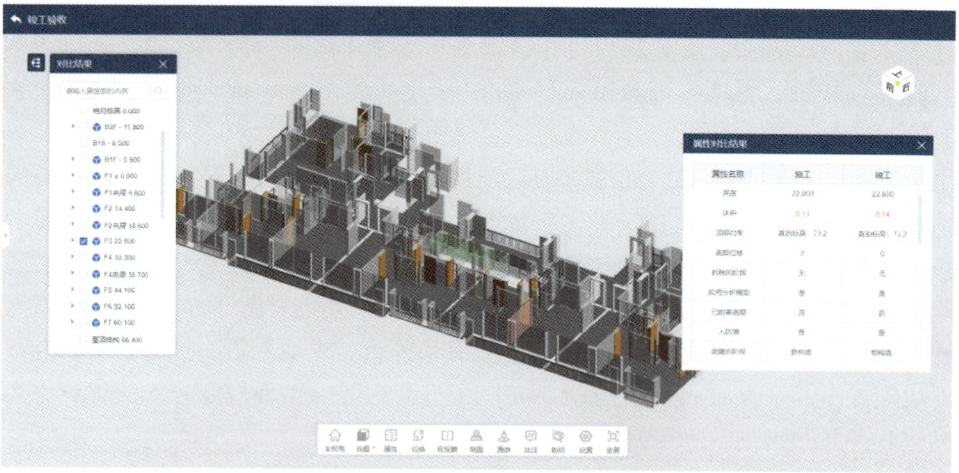

图 4–95　实景三维辅助竣工验收

4.10.5　应用成效

实景三维在以下几个方面赋能城市精细化管理和运营：

（1）标准体系的建设：覆盖设施普查、更新、维护；智能监测、风险评价、安全管理、应急处置、全生命期管理等各方面，对城市精细化管理实现标准化、流程化；业务处置实现可模拟、可追溯。

（2）“一张图”建设和“一平台”建设：摸清城市家底，量化城市精细化管理水平。

（3）日常管理：与日常设施养护、巡河、巡线、工地管理等一线城市管理业务打通，App 实时监测信息推送，无纸化办公，随时随地掌握业务动态。

（4）管理有效性：在资金使用有效性评价、养护管理水平的有效性评价、城市建设均衡性评价、城市运营管理服务水平等方面提供量化考核依据。

“智慧住建”建设可从以下方面做好深化应用：

（1）统筹规划引领，高质量做好智慧城市管理“一盘棋”。强化智慧住建的顶层设计和项目统筹，智慧住建平台建设同步市区两级服务建设需求、同步不同行业部门自主建设需求，在统筹规划下，逐步推进智慧住建管理的智慧化实践，彰显智慧住建平台功能定位、建设过程与应用服务的系统性思维。

（2）把握群众需求，以城市治理突出问题为需求导向。围绕城市内涝、黑臭水体、施工开挖等城市治理突出问题，加强基础设施、园林绿化、河湖水体、市政道路常态化管护，统筹防汛排涝与水环境多目标协同保障，努力打造人民群众满意的幸福家园。

（3）创新应用示范，适度超前地使用新产品新技术。充分应用物联网、大数据、人工智能等新技术，集成智能巡养、AI 智能识别、智能预警等应用，提升城市管理的精细化与智慧化水平。

（4）打破部门壁垒，创造公共数据的行业价值。在全力推进政府数字化改革的大趋势下，管理部门应积极与相关专业部门沟通，在地理信息、气象、行政审批等数据方面得到了垂直或横向部门的支持配合。这些数据汇聚到智慧住建平台后，有效支撑城市精细化管理，同时可为海绵城市建设、环境治理工程提供实时和分析决策数据，不断提高行业治理体系和治理能力的现代化水平。

4.11　历史文化保护

4.11.1　应用概述

2022 年 1 月 27 日，习近平总书记考察调研世界文化遗产平遥古城时指出，历史文化遗产承载着中华民族的基因和血脉，不仅属于我们这一代人，也属于子孙万代。要敬畏历史、敬畏文化、敬畏生态，全面保护好历史文化遗产，统筹好旅游发展、特色经营、古城保护，筑牢文物安全底线，守护好前人留给我们的宝贵财富。

物质文化遗产对象包括：古建筑、古遗址、古村落、石窟寺、石刻、壁画等近代现代重要史迹或代表性建筑，以及古建筑式样、分布或与环境景色结合方面具有突出价值的历史文化名城（街区、村镇）。古建筑一般构造复杂，色彩丰富，历史悠久，文化价值高，在缺乏重建数字数据的情况下，一旦损毁，不可修复。因此，保护、继承和发扬民族优秀的传统建筑文化，探索符合现代要求的科学性保护措施，是每一个历史建筑物保护者的责任和社会公民的义务。

在数字化时代的背景下，物质文化遗产的数字化工程建设，就是保护历史文化遗产的重要内容。物质文化遗产由物质形态向数字形态的转化，是其本身及其承载的文化信息走向公众参与教育和价值观建构、走向世界参与文明互鉴的基础。因此，没有实现数字化，“活起来”的基础就不存在。实景三维作为我国新型基础测绘的标准产品，是数字经济、数字政府的重要空间基底，作用巨大。以实景三维为代表的数字技术应用于物质文化遗产保护，已经成为业界共识。

4.11.2　需求分析

我国历史文化源远流长，拥有丰富的历史文化遗产，在自然因素和人为因素的双重作用下，历史文物信息面临逐渐消亡的危机。

2021 年 2 月 14 日，翁丁村老寨发生严重火灾，火灾烧毁房屋 104 间。翁丁村老寨曾是中国保存最为完整的佤族村落之一，被国家地理杂志誉为“中国最后一个原始部落”。翁丁村火灾事故的教训深刻，国家文物局高度关注，并实施重点跟踪督办，责成云南省文物局第一时间赶赴现场了解情况。2021 年 3 月 6 日下午，“翁丁古寨何去何从——翁丁重建专题研讨会”召开，此次研讨会由天津大学冯骥才文学艺术研究院中国传统村落保护与发展研究中心主办，中心主任冯骥才邀请阮仪三、苑利、方明、向云驹等学界重要专家，以及在翁丁村长期做调查工作的当地学者，共同反思和讨论火灾原因、古寨是否重建、如何重建、谁来重建等问题。

2022 年 8 月 6 日晚，全国重点文物保护单位、中国现存最长木拱廊桥——福建省宁德市屏南县的万安桥突发大火，长近百米的桥体烧毁坍塌。万安桥为五墩六孔木拱廊屋桥，原名“龙江公济桥”“彩虹桥”，始建于宋朝，经历数次的毁坏与重建，现存的桥身建筑重修于 1932 年，宽 4.7m，舟形墩，不等跨，桥屋 38 开间、立柱 156 根，桥西北有重檐桥亭，气势雄伟，端庄古朴。火灾发生第二天，国家文物局、应急管理部消防救援局即组成联合工作组，赶赴现场调查事故原因，评估火灾损失和文物损毁情况，研究后续保护工作。

此外，还有风雨廊桥被烧毁、鸡鸣寺失火等等，这些已经发生的事件都暴露出对历史文化遗产的保护工作不足，需要深刻思考总结和行动弥补。历史文物损坏后的修复保护固然重要，但让历史文化遗产保护更科学、更智慧则是防微杜渐、综合防护、持续价值开发的关键工作。

例如，作为国务院首批公布的 24 个历史文化名城之一的绍兴市，历史文化底蕴深厚、古建文物众多，担负历史文化遗存的保护与开发利用责任的相关部门工作日益繁重。传统的管理方式存在着管理效率低、信息滞后、查询检索困难等问题，许多老建筑、老文物埋没在市井中，得不到重视；不同资源管理部门间数据联通共享能力不足，甚至存在彼此不知道对方数据的情况；传统依据二维地图和纸质档案的古城保护方式缺少精细度等，桎梏重重，难以适应新形势下对古城保护工作在协调统筹和科学性方面的要求。

以实景三维为代表的数字化技术应用，可实现对历史文化物质遗产三维数字形式的记录与保存，在精度、纹理、展示分析、交互等方面具有无可比拟的优势，在文物古建的数字修复方面也具有不可替代的价值。同时，以文物古建的实景三维作为数据载体，挂接各类属性数据，建立综合服务数据库，从而支撑数据分类、检索调度、共享分发等众多现实管理需求，也是文化遗产保护行业的迫切所需。

4.11.3 技术路线

1. 技术流程

历史物质文化遗产实景三维数字化建设，从原始数据采集到最终的数字化应用，内容包括：多类型、多用途的数据采集硬件设备，高精度、高精细的实景三维模型构建软件，多源数据分类管理数据库，数据发布与可视化系统以及具体应用场景平台。历史文化遗产实景三维数字化技术在具体实施过程中，充分与大数据、人工智能、AR/MR 等新一代信息技术相结合，不断提升数据处理、管理和应用的水平，最终建成历史文化遗产保护“一张图”底座，连接全国广泛的历史文化保护资源，共同开创我国历史文化数字化保护新局面。历史文化保护应用技术路线如图4–96所示。

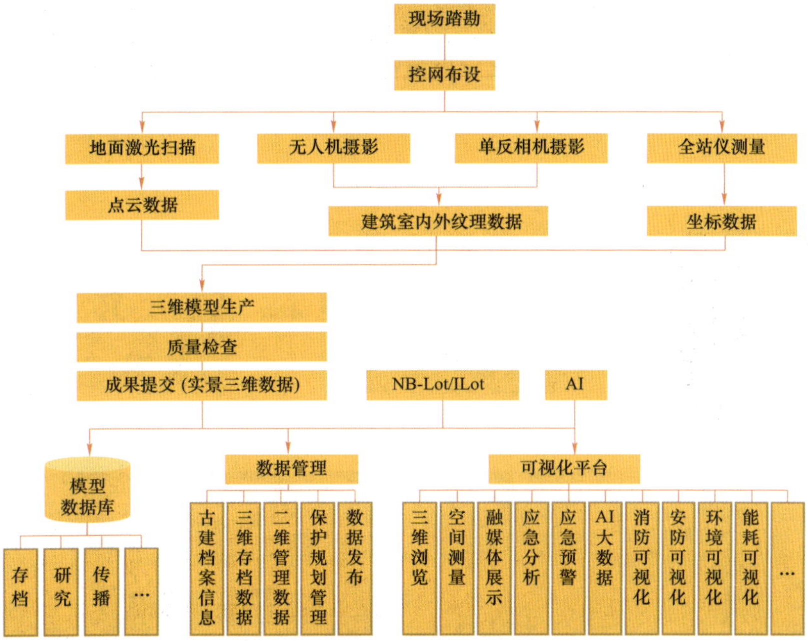

图4–96　历史文化保护应用技术路线

2. 技术特色

（1）空地一体联合实景三维重建。历史文化古建筑的保护需全方位无死角，因此，其实景三维数字化也需做到多维度立体真实还原，不放过任何细节。无人机倾斜摄影技术，可以对古建筑上半部分完成影像采集并构建整体外轮廓的三维模型，从顶部视角查看并无问题。但到了古建筑的底部和室内，在物体遮挡、影像分辨率等因素的影响下，模型的质量则大打折扣。融合近景摄影测量技术，利用地面设备，如激光扫描仪、全景相机、影像RTK等，对古建筑底部、内部进行补充采集，空地一体联合实景三维重建技术可实现航空倾斜影像、地面近景影像、室内全景影像融合配准和重建，最终形成空—地—室内多维一体的高精度实景三维模型，让历史文化古建的保护更真实全面、立体精细。实景三维空地一体自动化模型生产流程如图4–97所示。

（2）实景三维精细化修饰。自动化建模技术构建的历史文化建筑模型，通常是近似格网分割的“表皮”模型，多为连续的三角面构成的表面模型，在模型生产过程中，由于天气光线、空中三角测量的导航定位定向系统（Position and Orientation System，POS系统）等因素的影响，会存在模型的空洞、扭曲、色彩不一、纹理拉花等问题，严重影响后续工作的开展。以DP–Modeler为代表的模型和场景修饰软件，可针对市面上几乎所有的自动化建模软件的成果进行精修，可解决建筑物变形、悬浮物删除、丢失部件还原等难题，满足后续应用需求。匀光匀色如图4–98所示，纹理修复如图4–99所示，丢失部件还原如图4–100所示。

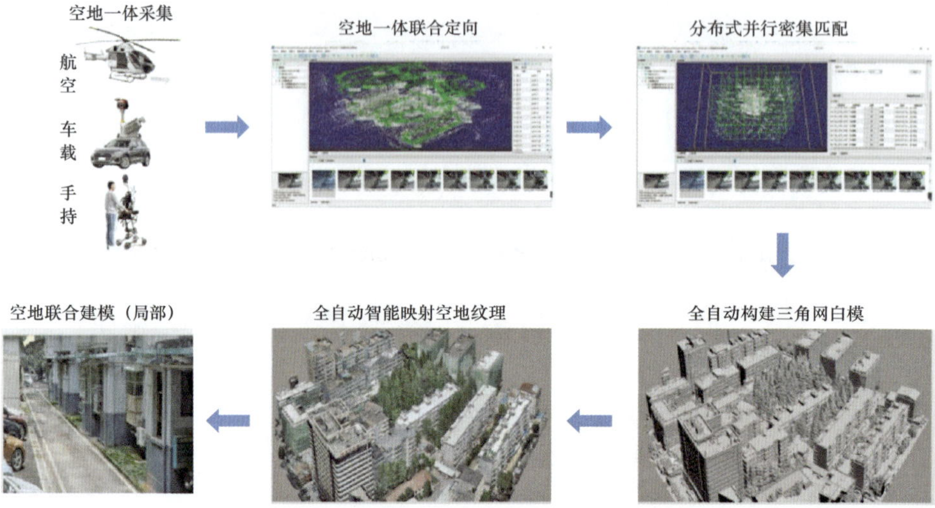

图 4-97　实景三维空地一体自动化模型生产流程

图 4-98　匀光匀色

图 4-99　纹理修复

（3）高精度测绘成图。利用实景三维模型成果，作业人员可采用 DP-Modeler 立面测量等软件，直接基于模型进行建筑立面、平面、剖面等图形绘制，成图精度亦可以达到行业的需求标准。古建筑立面图绘制样例如图 4-101 所示，古建筑平面图绘制样例如图 4-102 所示，古建筑剖面图绘制样例如图 4-103 所示。

图 4－100　丢失部件还原

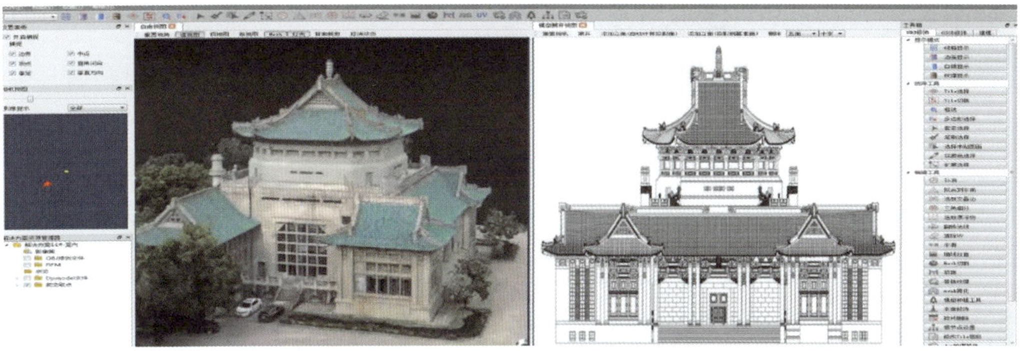

图 4－101　古建筑立面图绘制样例

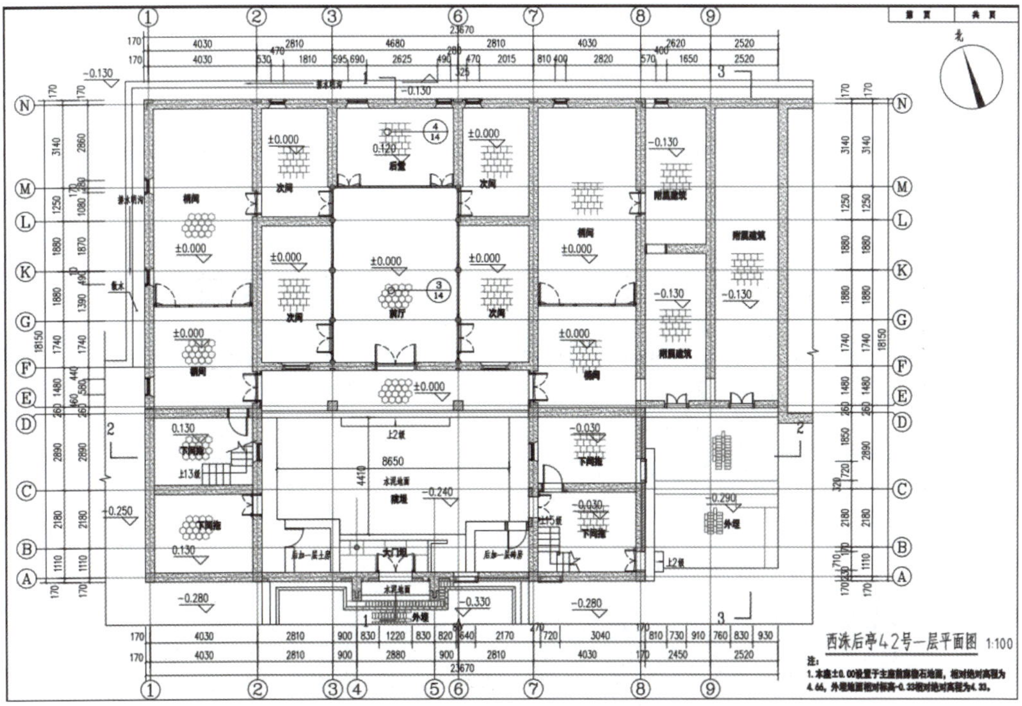

图 4－102　古建筑平面图绘制样例

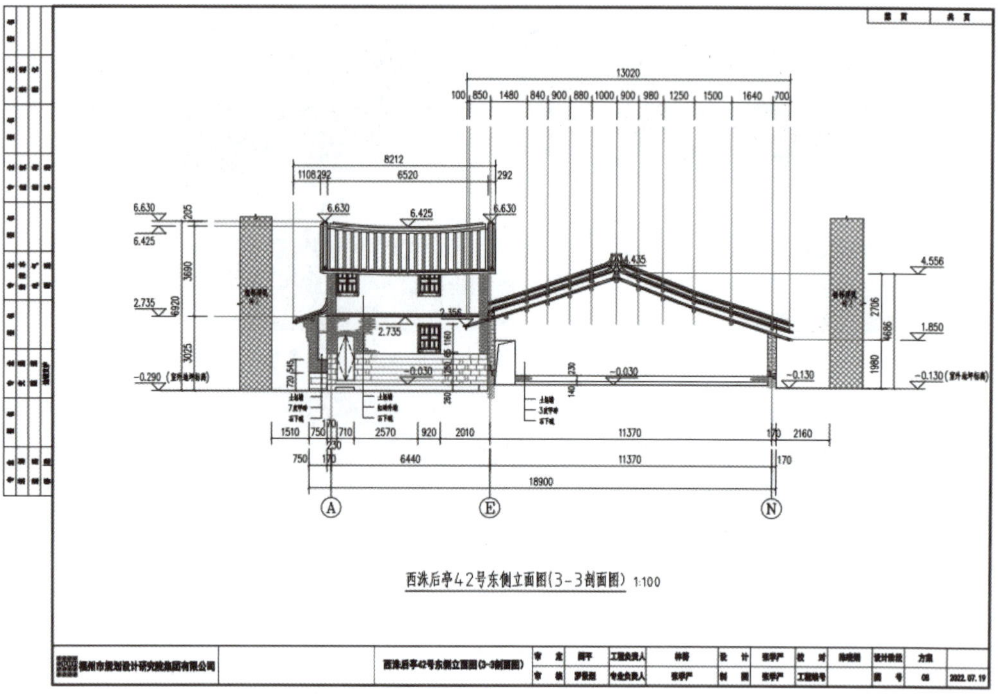

图 4-103　古建筑剖面图绘制样例

（4）多源数据融合可视化与高效渲染。历史文化物质遗产所涉及的信息数据众多，包含文字、图片、视频、音频等，如何发挥实景三维的空间基底作用，作为基础载体融合挂接多源异构数据，是历史文化保护数字化管理的关键一环。以天际航 3DVaaS 为代表的三维可视化分析与应用平台，采用 LOD、纹理压缩等相关技术，可实现 TB 级历史物质文化遗产三维模型快速加载、流畅显示，支持影像、地形、矢量、视频等多源异构数据融合显示，并具备单体化对象属性查询、空间量测等众多三维可视化分析功能，为历史物质文化遗产可视化应用提供平台框架基础。绍兴古城三维信息化平台如图 4-104 所示。

图 4-104　绍兴古城三维信息化平台

4.11.4 应用场景

历史文化保护与经济建设发展似乎是一对矛盾，一直以来都是各地政府部门所争论的焦点。正确处理历史文化保护与经济建设发展之间的关系，必须本着既有利于经济建设，也要有利于历史文化保护的原则，坚持在保护历史文化的前提下进行发展经济建设，已经是坚持可持续发展理念的必然要求。实景三维数字技术，既可完美复刻历史文化建筑的全貌和细节，为保护性修复保存高精细档案，又可以利用 VR、AR 等视觉交互技术，开发历史文化的经济价值，已经被各地政府单位广泛运用。根据行业应用现状，本文将从文物保护规划、数字化保护修复、历史名城智治及公共教育与传播四个最常用的场景展开介绍。

1. 文物保护规划

历史文物的保护规划，不能只考虑文物古建本身而忽略了其所在的周边环境，尤其是其背后的历史和人文。因此，历史文物古建筑的规划保护范围的划定也至关重要，这也事关该区域的整体发展规划的制定。我国对历史文物的保护范围划定主要分为两个层级，即保护区和建设控制地带，保护区分为重点保护区和一般保护区，建设控制地带分为一类建设控制地带和二类建设控制地带，根据实际情况还会设置第三类建设控制地带。文物保护规划图（黄河纪念公园）如图 4–105 所示。

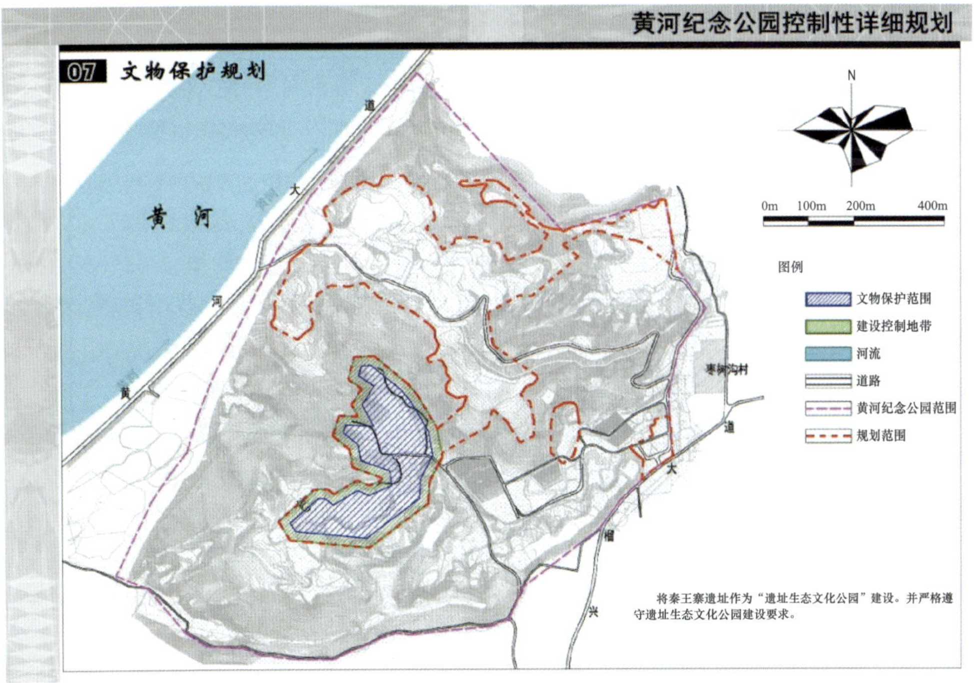

图 4–105 文物保护规划图（黄河纪念公园）

根据历史文物古建筑的安全性和完整性，不同层级的保护范围相关规划要求也不一样。重点保护区内的古建筑文物价值最高，古建筑需保持现状不改建，严重残破的古建筑应在充分考证和论证的基础上进行修复。一般保护区着重于古建筑的完整性，要求对其附属文物（石碑、石雕、砖雕、壁画、地面铺装等）完成修复和重建后，要和古建筑本体相协调；建设控制地带是为保证相关环境的完整性、和谐性而对历史文物古建筑周边环境进行划分管控，是保护区的一种延续。

文物保护规划图、考古遗址位置图等在文物保护规划中至关重要。文物保护规划图主要包含道路、水系、行政边界、文物保护单位、文物保护控制地界等几类地物矢量数据。随着信息技术、测绘技术特别是实景三维数字技术的发展和应用，文物古建、遗址保护规划图不仅可以基于全自动 DLG 技术勾画出文物保护规划图，也可使规划展示、分析、决策从二维向三维转变，更可基于三维实体挂接历史文物各类属性信息，有效提升古建筑、遗址等规划保护的效率和水平。

2. 数字化保护修复

文物是历史文化的载体，不仅诉说着过去，也影响着当下和未来。党的十九大以来，党和国家多次出台文件推动文化大数据库工程，国家文物局也明确提出要建立国家文物资源大数据管理体系，建成国家文物资源大数据中心，以推动历史文化古遗产的全面统一保护和修复，进而赋能其背后的历史文化研究。

数字化的文物保护修复是指利用实景三维作为历史文物的数字载体，挂接整合现有的文物资料，构建数字文物数据库，全方位复刻留档。同时，三维数字化技术可逆向推出文物破损的部分数据或缺失的部分数据，结合已经成熟的 3D 打印技术对历史文物进行还原，从而实现历史文物无接触式完好修复。

（1）高精度实景三维数字存档夯实文化遗产基础数据库。加强文物数字化展示利用、促进文物数据信息化发展、推进文物信息资源共享等工作越来越成为政府文物主管部门推进文物数字化发展的目标，国家到各地方政府先后完成了第三次全国文物（涉及的不可移动文物包括古遗址、古墓葬、古建筑、石窟寺、石刻、近现代重要史迹及代表性建筑等 6 大类 59 个小类）普查、重点文物保护单位“四有”档案（有保护范围、有保护标志、有记录档案、有保管机构）以及全国第一次可移动文物普查的数据库建设。基于实景三维技术体系，全面夯实国家和地方文物数据库，提升地域文物主题数据库的建设范围和应用水平，以文物保护、研究为主，适度扩展开发利用。

国家文物资源大数据库是文物国情基础数据库，与人口数据库、国土数据库同等重要。建设国家文物资源大数据库，可以实现文物本体保护、监测及修复，深入挖掘文物背后的故事，还原历史场景；可以盘点各类文物数据，了解文物国情；可以通过展览展陈、文物数据应用，服务社会群众；可以通过大数据处理与分析，提供科学决策支持；可以更好地讲好中国故事，增强文化自信。而高精度实景三维数字化技术的应用，将全面服务于文物的存档、保护、监测、修复、研究和展示的全周期中，对夯实国家和地方文物数据库，提升地域主题数据库的建设范围和应用水平，拥有重大的意义。

以武当山金殿实景三维数字化高精度建模（存档级）为例。

武当山金殿位于湖北省武当山天柱峰顶端，海拔 1612m，面积约 160m^2，始建于明永乐十四年（1416 年），是第一批全国重点文物保护单位、世界文化遗产。在 600 多年的岁月风霜中，武当山金殿的保护修复工作一直未间断，而实景三维数字化技术的运用，则为此项工作注入了新的活力。

武当山金殿现场踏勘阶段，根据天气、地形情况，在标准的文物数字化作业规范要求下，制订项目作业计划；外业采集阶段，利用无人机贴近绕飞、地面照片补拍、全站仪测控等设备对金殿进行全方位、高密集数据采集，形成影像、点云等丰富的外业数据。武当山金殿外业采集及局部照片分别如图 4－106 和图 4－107 所示。

图 4－106　武当山金殿外业采集

图 4－107　武当山金殿局部照片

内业制作阶段，采用实景三维自动化建模软件，此处以天际航 DP-Smart 为例，结合金殿点云、纹理照片、坐标等外业数据，自动生成金殿三维模型。同时，针对自动化建模成果中，金殿几何变形、纹理拉花、浮空、部件丢失，屋檐、斗栱、灵兽、榫卯等建筑部件错位模糊等问题，采用精细化模型修饰软件，此处以天际航 DP-Modeler 为例，可进行人工交互式修复。基于最终高精度实景三维模型成果，金殿的平、立面图也可高效绘制，结构线框跃然纸上。武当山金殿单体化模型建模截图及金殿结构（线框）图分别如图 4-108 和图 4-109 所示。

图 4-108　武当山金殿单体化模型建模截图

图 4-109　武当山金殿结构（线框）图

武当山金殿高精度数字化建模成果，极大地充实了当地保护单位的文物数据库，丰富、精细的数字化档案为后续的保护和修复工作提供了新的技术支撑，受到了当地保护单位的好评，这也为接下来整个武当山建筑群的实景三维数字化重建奠定了基础，高精度三维模型数据将可用于该建筑 3D 打印、研究、传播展示等方面。

（2）历史文化遗产变形监测。我国众多的历史文化遗址处在地势险要、偏远狭窄的山体之间，传统的技术监测手段，需近距离对文物本身和所在岩体进行数据采集取证，难度较大，危险系数高。

随着实景三维技术在勘察测绘领域中的深入应用，以展现遗址等建筑遗产病害现状的勘测手段逐渐兴起，这对历史文化物质遗产的保护也至关重要。历史文化遗产实景三维数字化变形监测，通过构建古建遗址相关病害库（如建筑遗产材料病害库、建筑遗产表象病害库以及建筑遗产修复保护策略库等），结合高精度的实景三维模型（点云数据、线、面、体、空间等各种带有三维坐标的数据），再现古建遗址客观真实的形态特征，在相关建筑工程的变形分析和反分析的技术支持下，实现对古建遗址进行病害甄别和预警。

贴近摄影测量、长距三维激光扫描仪等技术的普及，使高效率、高精度生成不同时期的文物三维模型数据成为可能，文物保护单位通过建立文物历史数据库，可对不同时期的文物进行对比分析、智能监测、变化提取，实时精确掌握历史文化遗产的全周期变化形态，为保护和修复工作奠定可靠基础。

（3）3D 打印技术助力文物修复。文物作为一种不可再生资源，一旦被毁掉，将再也不复存在，对文物进行修复、还原真实原貌，一直以来都是文物古迹保护者所面临的难题。随着 3D 打印技术应用范围的不断扩展，众多博物馆和文物修复工作者开始利用 3D 打印与 3D 扫描技术，使破败不堪的古文物“起死回生”，不仅修复了文物，也让古代文化得以传承。

在历史建筑的修缮工程中，工作流程主要包含记录、设计、评审、比对、信息交互、协同、决策、修缮、存档等。目前的文物保护者通常使用文物影像等资料，形成图纸或者人工构建模型以表达历史建筑与构件的位置、形状、颜色、纹理等信息，并基于此存档信息开展后续的人工修复工作。

实景三维数字化建模和 3D 打印技术的相结合，可极大提升文物修复的工作效率，现已成为一种新型技术方案被探索使用，其主要工作流程包括：

1）激光扫描+影像拍照，即采用特定型号的激光扫描设备进行激光扫描、高分辨率专业数码相机进行拍照，保证历史文物各个面、各个角度全面覆盖；

2）高精度白模构建，将采集的点云、影像数据导入建模软件进行文物模型几何结构重建，真实还原建筑与构件的几何尺寸；

3）高精细纹理贴图，基于文物原始影像，利用建模软件的自动纹理映射算法，为文物进行自动纹理贴图，并辅助手工精细修饰，让每个细微之处都还原文物原貌；

4）格式输出、3D 打印，利用三维可视化技术，浏览查看模型并进行比对分析，在确定无误后，输出标准模型格式并导入 3D 打印控制软件中，最终驱动打印设备运转工作。

3D 打印技术凭借其独有的快速成型技术，在结合实景三维数字化技术后，在文物保护方面日趋发挥重要作用。3D 打印文物技术，不再仅仅局限于小型“青铜鼎”之类的物件或者大型古迹的补色修复，而是能够真正打印出如宫殿般的巨大文物遗迹，让现代文明留住历史。

3. 历史名城智治

对于大面积的历史文化古城，实景三维数字化技术通过构建完善的数字管理体系，做到了古城的保护和开发兼顾并行，已然成为一种发展和治理的新型经济发展形式。通过构建历史名城实景三维模型，形成数字化底座，融合建筑物理属性、环境信息（温度、湿度、沉降等）、详细的测绘数据（长、宽、高等）以及基于文物本体保护、预防性保护、综合利用的日积月累的海量业务数据等，最终打造历史文化名城的综合信息管理服务平台。平台可将海量业务数据按照每一个文物不同的历史文化背景、储存环境、应用方式、背后蕴含的历史文化信息，进行资料的搜集、整理、清洗、挖掘，分别从文物保护、研究、管理和利用四大业务领域点出发，实现对文物建筑进行综合的、深度的管理和利用，全面提升古城的数字管理水平。

以绍兴古城为例，绍兴市勘察测绘院立足古城保护工作实际，在原有建设成果的基础上，建设三维赋能的古城保护体系，以数字孪生、物联网、实景三维、大数据等技术为支撑，基于“一张图”理念，构建古城数据资源中心与信息服务平台，形成绍兴古城保护“数字化大脑”。基于“数字化大脑”，绍兴古城管理者拥有了实时动态感知能力，根据实时客流量、手机短信和移动互联网位置，服务建立历史文化遗址的“动态画像”，结合物联网传感技术，进一步完善数字化保护体系；大数据分析服务能力，可实现对历史古城的产业分析、公共配套资源承载能力分析、人口结构分析等综合分析治理，赋能政府综合决策。绍兴古城信息综合数字平台及展示一张图平台如图 4－110 和图 4－111 所示。

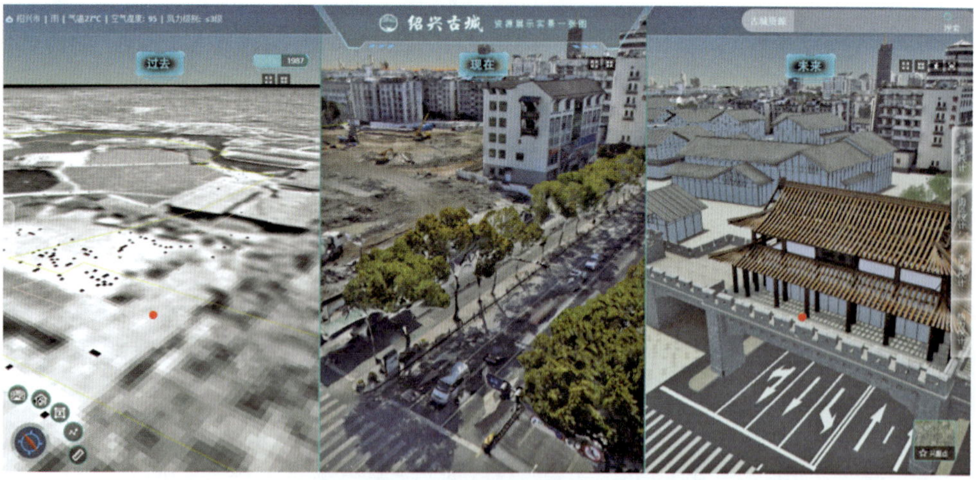

图 4－110　绍兴古城信息综合数字管理平台

图 4－111　绍兴古城展示一张图平台

绍兴古城保护综合管理一张图——数字化大脑平台，目前已录入绍兴古城内的文保资源、旅游资源、古树名木、古街古巷、地名典故等全方位古城数据，并在古城管理、保护、规划、利用及提供决策服务等方面成为“高参”，2020 年该系统展示平台入选浙江省观星台优秀应用。

4. 公共教育与传播

古建筑、古遗址、古村落、石窟寺、石刻、壁画、近代现代重要史迹或代表性建筑的三维数字化成果，在融合其物理结构、营造工艺、艺术表现手法、彩绘雕刻故事和寓意等内容后，不仅可夯实历史文化古迹的文物数据库，对其公共教育、科研、宣传传播等方面也具有重大意义。

三维虚拟技术的发展对于历史文化旅游来说，更是至关重要的一环。历史文化古迹虚拟情景的重建需依托实景三维数字化成果，借助多媒体展示、虚拟现实 VR、增强现实 AR、混合现实 MR、全息投影等视觉技术手段，可实现对历史文物进行深度挖掘和生动还原。历史文化古迹虚拟情景，能够再现历史文化古迹的建造过程、历史场景和文化故事，充分彰显文物魅力，更让人们能够在参观中体会到文物展现出的特有历史文化意义，充分活化文物背后的历史、人文价值。再者，从平面媒体到电视媒体，再到如今的互联网媒体时代，历史文化古迹的宣传方式发生了翻天覆地的变化，实景三维数字化技术＋互联网已经成为当今历史文化古迹保护和开发中最热门的营销手段，在微信、微博、QQ、抖音、快手等新媒介中产生了极大的传播效应。

（1）历史文化场景还原。2009 年，圆明园启动数字化复原工程，80 多名参与复原的研究人员来自圆明园、清华大学、北京市古代建筑研究所、北京市文物研究所、故宫博物院、承德避暑山庄等 50 多家单位。圆明园自 1707 年始建到 1860 年被毁，150 余年间改扩建频繁，许多建筑都是中国乃至世界建筑史上的孤例。大到一座建筑的形制，小到一座山的高低、一池水的宽窄、一棵树的品种，乃至一块匾的名称、字体、颜色，一景一物如何精准再现，皆是考验。

复原工作始终坚持科学性、真实性原则，每复原一个景区都有基础研究、复原设计、场景制作、维护更新 4 个步骤，共 10 多道程序，包括遗址信息精确采集、文献资料精细研读、样式房建造技术分析、残损构件虚拟拼接等。

一般建筑单体的三维模型包含 3000 至 2 万个面，已足够精致，然而，圆明园每个建筑单体的三维模型则要求包含 2 万至 15 万个面。3D 复原模型不仅包含了遗址、建筑，还包含花木、假山等。1 万余件历史档案，4000 幅复原设计图纸，2000 座数字建筑模型，67 个景区的 195 个时空单元……迄今为止，全园 108 处景区已完成数字化复原，其中约 2/3 的景区实现了精准数字复原，一些建筑复原精准率达到 95%。

跨越 300 多年时光，"万园之园"在虚拟中重现。2016 年，圆明园数字化复原项目通过科技部验收，获得高度评价——"为解决我国多达 33 万处古遗址、古墓葬类遗产的展示与利用，开辟了一条全新的途径"。如今，数字化复原成果已应用于圆明园移动导览系统，包括圆明、长春、绮春三园全部景区，共 629 项信息、520 张景区复原图和 19 段复原视频。

（2）旅游景点宣传。历史文化遗产所在景点的宣传推广，宣传片制作尤为重要。在宣传片的制作中，除了现状的景物，虚拟场景动画的演绎形式突破历史局限，还原历史文化古迹全貌，为游客带来体验式、互动式、沉浸式的优越体验。同时，借助虚拟现实、增强现实、混合现实、感映现实以及交互现实游戏，数字化复原成果可在更多的应用场景落地，帮助人们走进历史深处，感受中华文化的脉动。文化＋科技融合的方式，为游客旅游过程中带来新鲜生动的感官体验、酣畅淋漓的文化享受。

（3）文物文化综合利用。立足历史文化古迹保护的工作实际，在其实景三维存档级模型的基础上，积极推进实景三维赋能保护信息系统建设、文化旅游宣传展示、历史人文研究、人文教育发展等社会公共服务，以大数据、物联网、云计算等新一代信息技术为支撑，基于"一张图"管理理念，搭建面向古城保护、开发、业务管理及公共服务的智慧应用平台，为政府、文物保护单位统一的管理、保护和开发利用提供决策服务，全面提升历史文物的价值。

4.11.5 应用成效

《中共中央关于制定国民经济和社会发展第十四个五年规划和二〇三五年远景目标的建议》开创性地专门以一个部分的篇章对文化建设进行了深刻阐释和全面部署，首次明确提出到 2035 年建成文化强国，并强调推进社会主义文化强国建设，促进满足人民文化需求和增强人民精神力量相统一。而数字化创造的新技术手段，改变了文化遗产的保护方式，为文化遗产保护、开发与展现提供了新的发展契机，已成为提升政府治理能力的新途径。

目前，全国各地已经陆续开展历史文化实景三维数字化保护与开发工作，产生了如数字博物馆、3D 文物、智慧景区、虚拟古镇、三维数字化考古等众多典型应用，分别为历史文化遗产保护、管理、研究、教育、传播等拓展了新模式。在文化遗产保护与开发中的安全性、交流性、大众性、环保性方面，实景三维数字化也具有无可比拟的优势，不仅提升了政府部门综合管理水平，也降低了保护和开发成本。

在国家大力推进文化复兴、文化自信的当下，历史文物的保护与开发将会变得越来越重要，利用实景三维等数字化技术，加强文物价值挖掘创新，全面展示中华文明的灿烂成就、阐述中华文明对世界文明的重大贡献，将是政府部门、人民群众一起面对的永恒的课题。

4.12 总结和展望

通过以上案例可以看到，实景三维作为新型基础测绘成果，正在推动着政府部门日常信息整合、分析决策、事件处置等效能水平的提升，也为业务流程和管理方式的变革提供着支撑。基于实景三维，自然资源登记管理更加直观便捷，规划审查工作可以多方位多角度发现潜在问题，公安的警力分布、指挥调度将更加精准，城市内涝的应急推演更加科学，城市治理的城镇房屋建筑违法建设和违法违规审批专项清查整治工作（简称两违清查整治工作）工作更加高效、全面，历史建筑也可以精准复刻为数字化档案得以保留。

先进技术的使用，也在推动着现有工作方式和机制的改进，从基础软硬件、网络设施、数据标准，到业务流程、人员技能等，都需进行系统性升级，实景三维才能更好地发挥应用效能。

随着数字政府、数字城市建设的不断深入，实景三维作为统一地理空间基底，必将发挥更加重要的支撑效能，这同时也需要自身技术水平的不断迭代提升。

（1）政府统筹、统一底座。持续向政府部门推介实景三维应用效能，倡导政府主导，推动建立政府“统筹建设、统一管理、统领应用”的良好格局，为自然资源一张图、住房和城乡建设 CIM、公安 PGIS、综治网格化、应急平台等各部门信息化建设提供统一、权威的时空信息底座支撑。

（2）需求导向、丰富成果。始终以应用需求为导向，推进实景三维的建设和技术水平提升。深入研究解决在建设、更新、管理和发布中遇到的系列难题，形成“快速搭建、实时更新、高效发布、便捷共享”的实景三维建设与应用体系，并紧密结合需求不断丰富成果种类和形式。

（3）规范产业、生态共荣。实景三维数据采集装备方、处理软件研发方、科研院校、平台研发方、应用推广方等相关群体，应聚焦长远，避免追逐短期利益。在行业主管部门统筹下，各司其职，各尽其力，像汽车、电器产业一样形成规模化、标准化、定制化的产品生态链，推动实景三维技术及相关产业的长远发展与长效赋能，实现生态共荣。

（4）数字孪生、智慧底座。以实景三维推动新型基础测绘体系完善，丰富三维地理实体内涵，打造全空间全要素、时空时序实时的数字孪生家底，依托基于云原生的时空信息服务平台，实现实景三维轻量化服务、容器化部署和可插拔拓展，让实景三维走进数字城市运行管理的“千家万户”，实现地理信息元宇宙产业赋能的泛在服务。

参考文献

［1］刘建平. 谈我国不动产登记的现状及未来发展前景［J］. 山西建筑，2018，44（02）：231－232.

［2］魏芳. 不动产登记数据与数据共享研究［J］. 消费导刊，2018（06）：24－25.

［3］李军吉，朱守信，贺军. 基于3D GIS的露天矿山开采监管系统开发及应用［J］. 工程勘察，2022，50（05）：57－59.

［4］蔡振锋，彭斌，季霞，等. 地市级实景三维城市建设及应用——以实景三维临沂建设为例［J］. 测绘通报，2021（011）：115－144.

第 5 章　实景三维赋能行业部门

5.1　实景三维赋能行业部门概述

如今，以传统产业数字化转型升级为代表的“产业数字化”和以新一代信息技术产业发展为代表的“数字产业化”成为数字经济发展的主要方向，也是把握新一轮科技革命和产业变革新机遇的战略选择。

在行业产业方面，数字化转型成为必然选择，正从消费服务领域，逐步向制造业、建筑业领域推进，各业态围绕信息化主线深度协作、融合，将不断催生新的业态，也使一些传统业态走向消亡。数据，是数字经济发展的关键要素，在行业数字化转型过程中，劳动、土地、资本、管理、技术、知识等各类要素将被数字化并数据化，对提高生产效率发挥乘数倍增作用，形成新型数据生产力。

在数字经济发展大潮中，实景三维既是一类价值度高、发挥作用广泛的资源要素，又能通过推动其他数据资源要素在数字空间映射、融合，促进组织内部、组织间的信息流动，提升协作水平，催生新的服务形态，从而实现赋值和赋能。本章既梳理了实景三维在智慧建筑、社区、园区、港口、矿山、工厂等空间单元体的典型赋能场景，又选取了在水利、建设、人文旅游、电力、管线等行业数字转型背景下实景三维发挥的新型作用，充分展示了实景三维在数字经济领域广泛的赋能前景。

5.2　智能交通

5.2.1　行业现状及主要需求

交通运输行业作为国民经济的重要支柱之一，是应用新产品、新技术的主要场景；交通部门的管理对象 90%与地理位置有关，尤其在公路领域，地理数据对于公路管理具有十分重要的地位。早期的交通行业 GIS 应用一般采用传统的二维地图显示方位信息，无法清晰地显示交通相关的环境信息，如山体、边坡、桥隧复杂结构等。对于呈带状分布的下穿地表公路，其相对于依托的山脉，穿越的峡谷，以及盘山等复杂地理环境要素而言，进行三维的呈现是非常必要的，而且对于诸如水灾、泥石流、地震、雪灾等自然灾害或者地质灾害是十分重要的。一旦雪灾、地震、滑坡、水灾等自然灾害不期而至时，需要通过历史的和实时的环境信息对比为决策指挥提供依据，而这些却正是二维地图数据无法实现的。与此同时，在常规的公路管理信息系统中，使用的地理数据主要是简单的二维矢量图，所有的公路设施都是以平面投影的符号来表达的，某些情况下会导致判读的困难，例如，当一个立杆上有几个标志牌时，就只能变通方式表示，需要有一定识图经验的人才能读懂。二维地图也无法全面表示立面目标之间准确的相对关系，诸如桥梁上的标志或广告牌与桥梁之间的相对空间关系，跨线电缆与路牌之间的相对空间关系等。这样就不能通过信息系统对立面设施进行查询、观察和分析。事实上传统 GIS 的使用者常常感到困惑，分辨率越来越高的航片和卫片可以让人越来越清晰地鸟瞰地球，然而一旦到了地面，能够看到的只有抽象的二维地图或是为模拟空间绘制的虚拟 3D 仿真图，无法让人全面地了解环境。现有的行业 GIS 主要基于符号化的二维地图构造，只能实现数据的平面图形显示。

实景三维 GIS 作为一种新兴的技术，能够为交通管理提供丰富的基础地理空间的实景视频信息，通过倾斜摄影建模、激光点云建模、BIM 建模等可量测的实景三维数据，以高清晰度、高分辨率全景影像的方式来直接反映地物要素以及自然环境的原貌，它既包含了所要量测的目标地物信息，又包括了与之相关的各种自然和社会信息，而且作为一种新型地理信息数据源，可与天地图或各类地理信息共享服务平台无缝集成，为智慧城市建设各方面提供所需的实景化专题数据。

实景三维 GIS 技术在交通领域的应用，使非 GIS 专业的业务、管理、领导人员在日常管理中不再唯一地依靠抽象的图纸、枯燥的数据、孤立的图像来分析判断运营、养护、应急救援面临的各种复杂的相关矛盾或冲突，他们可以借助实景三维 GIS 平台，快速浏览事件现场的实景 GIS 视频（通常只需分秒之间），清楚地了解前后左右道路结构状态（包括构造物的实际几何数据）、相邻交通结构之间的功能关系及通行能力；通过监控系统、收费系统掌握实时的交通信息和气象信息，从而可以准确、有效地提出具体的处置对策。

1. 公路养护现状

近年来，我国公路路面养护技术得到了长足的发展，但是与国外相比，仍存在着较大的差距，主要表现为：大量的养护工作仍以人工作业为主，快速养护技术普及率非常低；已有养护管理软件人机交互性差，养护信息分散，利用和共享效率低；养护管理和决策基本属于点线状，未能将可视化管理技术和影像人工智能技术等新兴技术应用到养护管理和决策工作中，特别是核心的技术多掌握在国外企业手中。从总体上看，我国公路管理体制中的主要弊端是巡检安全性难保证、效率低下，缺乏活力和竞争机制，因此，我国公路的养护和管理需要信息化、数字化、智能化的技术和产品的新鲜血液注入。

2. 公路资产管理现状

从公路养护管理系统角度来看：

（1）传统的养护业务单位以养护决策为核心，但其公路养护管理系统则业务管理方式粗犷，决策模型有一定地域局限性。

（2）新型的养护模式搭建了养护检测数据的展示平台，平台采用 GIS 地图进行管理，目前地图均采用互联网导航电子地图，没有专业的业务数据的支撑，平台实用性不强。现有公路养护系统如图 5-1 所示。

从系统应用的角度来看：横向上，各省、市的养护业务管理标准不同、各自为政，以至于所建设、引进的养护业务系统互不相同，所采用的数据格式和表达方式也不相同，数据不能互联互通，导致难以实现养护业务的统一管理，总体养护水平难以提升。纵向上，从交通运输部、省厅、公路管理局到下级管养单位，也都有自己的信息化系统和数据要求，上下级单位使用的应用系统之间数据仍旧很难共享，出现断层，以至于多个层级的基础数据、养护统计数据与实际应用系统数据无法统一。

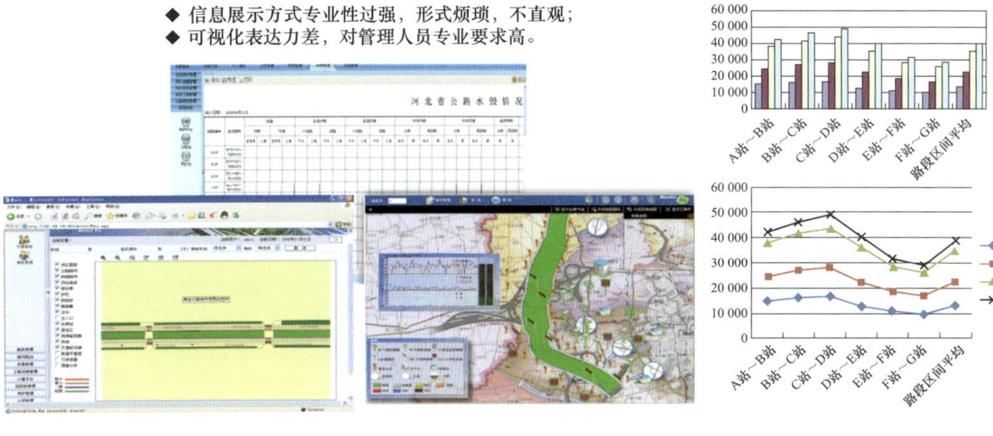

图 5-1　现有公路养护系统

单就一个公路养护作业单位而言，养护信息化的工作也是逐步深入的，随着信息化水平的不断升级，新旧养护子系统的数据共享与交换问题日益凸显，部门间的业务数据传递，也很难做到统一与规范。

5.2.2　技术架构

交通领域对实景三维数据的需求主要体现在三个方面：一是空间升维需要，即从传统的平面二维升级到三维，从而满足对交通基础设施以及周边环境的三维观测的需要；二是时间连续性观测需求，依托多年的测绘成果、数据拼接技术、时空分析技术，实现对长周期数据的立体化分析和应用；三是对公路运输的实时观测需求，结合新兴的 IoT 技术，采用实时 GNSS 数据、导航数据、摄像头数据、动态天气数据，进行多空间、多领域、多维度的数据支撑，从而有效保障交通安全，保证交通运输的畅通快捷。

实景三维 GIS 是在二维 GIS 的基础之上，增加了连续的实景三维影像，并通过开放的软件与基于 GIS 的行业应用进行无缝集成，从而给用户提供了具有丰富环境信息和立面信息的实景可视化环境，有效地支持了管理和决策等高级应用，可谓“千里路网，尽收眼底”。

基于实景三维的智能交通技术框架如图 5-2 所示。

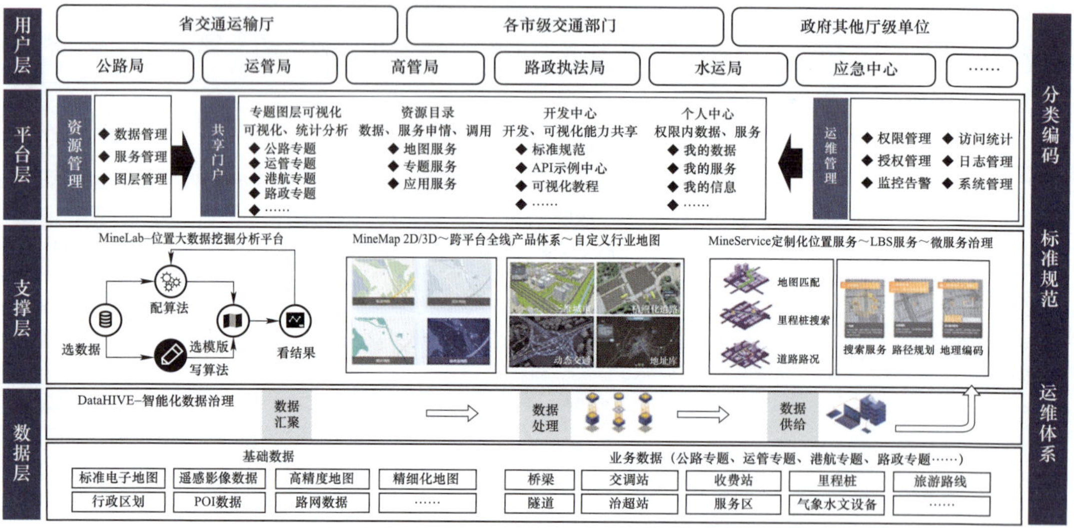

图 5-2　基于实景三维的智能交通技术框架

5.2.2.1　交通行业实景三维数据

数据来源更加多样化，其中 80%的数据都与空间位置相关。基于无所不在的非专用时空数据传感器（如智能手机）和互联网云计算技术，互联网用户将会产生大量的自发地理信息（volunteered geographic information，VGI）来丰富时空信息资源，形成人人都是空间信息采集员的新局面。但同样会带来数据的异构、噪声、歧义等问题，需加大对大数据的清洗、融合与挖掘的力度。智能交通行业所涉及的主要数据类型如图 5-3 所示。

图 5-3　智能交通行业所涉及的主要数据类型

数据获取方式更加多样化，将从空天地专用传感器扩展到物联网中上亿个无所不在的非专用传感器。如人们手中的智能手机，它就是一个具备通信、导航、定位、摄影、摄像和传输功能的时空数据传感器；又如城市中具有空间位置的上千万个视频传感器，它能提供 PB 和 EB 级连续图像；再如各种卫星实时采集全球表面分米级空间分辨率、小时级时间分辨率的影像与视频数据。通过对空间大数据的处理、分析、融合和挖掘，可以产生更多指标、更多维度的数据成果，信息含量会异常丰富，可大大提高空间认知能力，充分发掘空间信息之间的关联性。例如，利用多时相夜光遥感卫星数据可以对人类社会活动如城镇化、经济发展的规律进行空间认知。

空间大数据所面临的时空数据类型众多，需要采用多种技术对数据进行采集，包括室内地图采集技术、真三维可量测地理信息采集技术、移动终端多源定位技术、互联网蕴含的地理信息采集技术等。数据采集技术要做到空间无缝、自动化、实时性、非专业、协同交互，并发挥群体智慧。空间大数据的来源非常丰富，包括空天地的各类传感器获取的实时数据、内外业生产的各类地图数据、互联网实时产生的各类专题地理信息数据等，采集手段也在逐步完善和改进中。

1. 影像数据

智能交通中涉及的实景三维影像数据主要是通过多尺度的影像数据来实现地理大场景可视化的基本效果，在影像分辨率上要求具有不同的级别与层次。在省市尺度，使用中低分辨率遥感影像，即可满足道路信息掌握需求；在公路走廊带尺度，要求以高分辨率遥感影像为支撑，实现道路周边环境信息的清晰可辨。

2. 地形数据

与影像数据相对应，地形数据也具有多级别、多分辨率特征，在公路走廊带区域中，通常使用 1:2000 地形图进行三维地形制作，辅助线路精细设计、施工；在周边大范围场景内，可以适当降低分辨率要求，作为空间参考底座。

1:2000 地形图：在公路走廊带内，收集设计阶段所使用的 1:2000 地形图数据，利用 1:2000 地形图等高线、高程点等成果，构建高速走廊带内数字高程模型，结合影像，开展三维地形制作。

周边中低分辨率地形数据：对于高速走廊带外围，可适当降低数据等级。如：利用全球 30m 地形数据构建宏观场景地形，在全球范围内构建 90m 数字地形模型。

3. 高精度地图数据获取及处理

交通行业中采用高精度地图作为“业务一张图”已经得到了广泛的使用，高精度地图采集一般采用新型测绘中的卫星导航定位技术及 RTK 技术作为数据采集基础，在此基础上结合其他传感器，形成车载移动测量系统进行点云及图形数据采集；进入制图阶段，从点云数据绘制出实体，并参考图像数据录入属性；最后，整合各种数据，如交通规则，形成完备而准确的高精度地图。

按照国家测绘法的规定，所有对外地图都需要定位加密偏转，因此提供的最终成果交付物为加密后的数据交换格式和经过编译的可用于高精度导航引擎的车载物理格式。

应用于智慧交通行业的高精度地图数据规格，与支持自动驾驶的高精度地图数据规格不同，是自动驾驶高精度地图的子集；地图数据具有严格的拓扑关系、关联关系。高精度地图要素可根据需求和现场实际情况进行扩充和更改。智慧交通高精度地图数据规格见表 5-1。

表 5-1　　　　智慧交通高精度地图数据规格

序号	地图要素	详细描述
1	道路	道路中心线、道路等级、道路功能等级、起点终点号码、道路长度、道路宽度、通行方向、车道数、上下线分离隔离带、所属路口
2	道路连接点	道路线连接点号码，坐标
3	车道	车道中心线、车道标线（类型、宽度、颜色等）、车道类型（普通车道、路口内车道）、车道宽度、起点终点号码、车道长度、通行方向、车道数、所属路口
4	车道连接点	车道连接点号码，坐标
5	车道形状点	车道中心线，形状点坐标、坡度（纵坡）、曲率、航向
6	交通标牌	交通标牌的高度、类型、形状、限速值、可变交通标识牌等
7	交通信号灯	交通信号灯的高度、对应车道关系、交通信号灯位置、交通信号灯的类型（圆形或箭头型）
8	路面标识	能识别路面上的文字、箭头（形状、转向）、数字、符号、减速带、人行横道、停止线、停车让行线、减速让行线
9	路口	路口范围面、路口类型（指连接的道路类型）、路口形态（十字路口、环岛等）
10	路口内导向线	导向线类型、形状
11	杆	类型、位置、高度、形状
12	人行横道区域	区域的范围、形状
13	路口内自行车道	自行车道的范围、形状
14	路口内其他禁止行车区域	路口内其他禁止行车区域的范围、形状
15	路牙	形状
16	护栏	位置形状、类型
17	立交桥	Link 属性
18	天桥	投影面等
19	路面障碍物	路中或路边不易移动或变化的障碍物，如花坛等
20	限高障碍物	对高度限制的障碍物
21	填充区	形状范围
22	警告区	形状范围
23	墙	形状线，如隔音墙
24	隧道墙	形状线
25	收费站	形状面，长度，高度
26	收费亭	形状面、高度
27	闸机	形状面、高度
28	停车位	形状面、编号
29	停车场	形状面、名称/编号
30	停车场出入口	形状
31	复杂路口车道连接关系	复杂路口驶入、途经路口车道、驶出车道的连接
32	车道连通关系	车道之间的连接关系

高精度地图成图如图 5－4 所示。

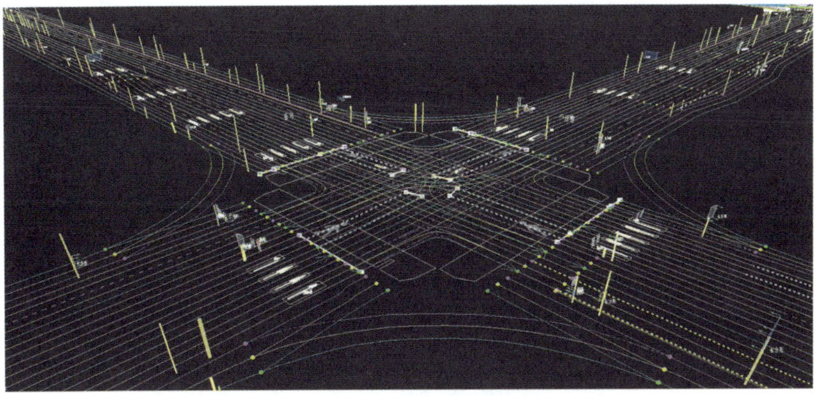

图 5－4　高精度地图成图示意图

4. IoT 数据

智慧交通中的 IoT 数据主要包括固定摄像头、来自车端的激光雷达、毫米波雷达以及 GNSS 导航轨迹数据等，这些数据需要结构化或非结构化处理，最终处理成系统平台可检索、可查询、可分析的结构化数据。在这些数据的使用过程中，存在着不同的功能。

系统需要支持多种摄像机类型，如枪式摄像机、球形摄像机；支持多种视频格式类型，如压缩编码格式、视频流、主流厂商自有协议；支持多类型、多路视频数据的同时加载与融合显示。

固定摄像头的数据主要用于对公路沿线的视频信息进行采集，采集到的数据一般会用来进行实时画面呈现，利用人工智能技术，实时解译图像，支撑交通事故分析、交通安全警示等业务；与此同时，利用实时视频识别技术，进行数据结构化，不同车辆标签化，支撑对交通违法、违章的及时发现和处理。利用计算机视觉（computer vision，CV）技术实时处理视频数据如图 5－5 所示。

图 5－5　利用 CV 技术实时处理视频数据

GNSS 导航轨迹可以用来进行交通拥堵分析，包括实时交通拥堵状态、交通拥堵成因分析以及未来交通态势预判等。基于实景三维的 GNSS 数据在城市交通中的作用如图 5-6 所示。

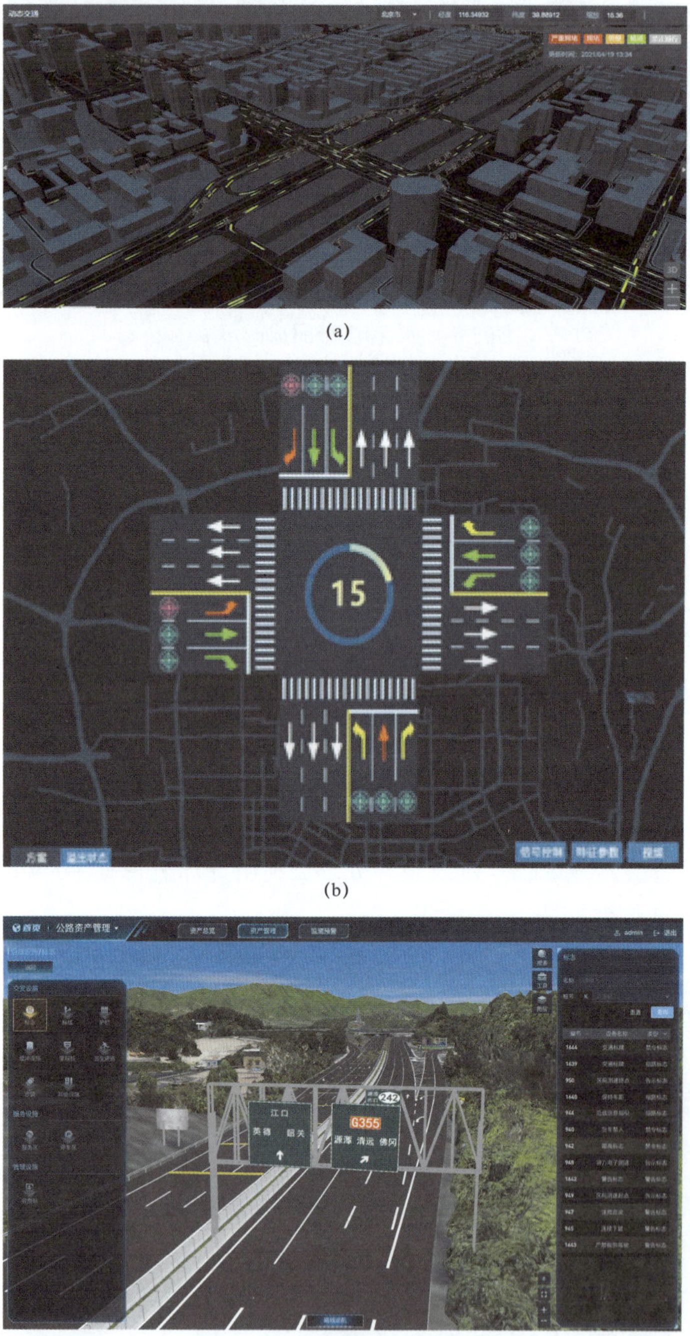

(a)

(b)

(c)

图 5-6　基于实景三维的 GNSS 数据在城市交通中的作用

（a）3D 粒子路况信息效果；（b）精细化路口；（c）车道级信息

5.2.2.2 交通实景三维应用平台

1. 交通数据与实景三维多源异构数据融合

多源主要指数据来源多样化，如二维矢量数据、三维模型数据、BIM 模型数据、遥感影像、视频监控、问卷调查、手机信令、GPS 位置数据等。

异构主要指数据结构上的差异性。

结构化数据：以交通政务类表格数据为代表，通常以人或者机构的 ID 为锚点来聚合不同的信息，如名称、职业、收入等；后续会演变出基础库、主题库、专题库等一系列组织形式。

非结构化数据：以视频、图像、语音和文本为代表，后续大多需要经过分析处理变成结构化数据才能被使用。

在地理信息数据中，多源异构数据的融合技术尤为关键，特别是多种来源的不同格式数据、多种类型的不同标准地图数据等。

2. 静态地形场景还原

利用多尺度的影像数据和 DEM 数据叠加来实现可视化效果。多尺度的影像数据在影像分辨率上具有不同的级别与层次，最高层次的影像数据，可清晰地辨别道路周边的环境信息。

对地理空间数据库中的交通特征数据建立多尺度空间数据模型，通过空间范围匹配，快速定位所有相应的栅格影像数据。以已定位的原始栅格影像作为底层，在数据库中建立多级分辨率影像金字塔，根据当前比例尺和所需要的数据范围，计算出当前最佳显示分辨率，然后提取相应尺度等级的栅格数据，实现不同尺度之间的无缝集成，同时利用 DEM 数据纠正多尺度的影像数据，并将多尺度影像数据构建多级金字塔，按照点对点的纹理映射与多等级 DEM 数据进行匹配，建立整体的场景模型，真实展现其地形地貌和自然环境。

5.2.2.3 实景三维视频融合感知态势

结合城市实景三维模型，在三维地理信息系统（3D GIS）视频融合平台中，接入海量的监控视频资源，针对视频覆盖范围，实现视频全景拼接，把单一局部独立视频还原成全局真实场景。同时，根据视频的画面内容，与三维城市场景进行精准匹配融合，实现三维立体城市场景中，视频与场景同步展现。

城市三维场景融合中，通过三维空间地理坐标体系（经度、纬度、海拔），实现视频与城市地理信息的时空统一，实现城市真实场景还原，解决视频分散、割裂、频繁手动操控等问题，便于跨越摄像机，在场景中追溯和研判，决策者一揽全局，所见即所得，辅助科学直观指挥。

三维城市地理信息视频融合场景中，实现宏观全景浏览，同时关联高速球机，获取特写画面。根据鼠标在融合实景三维的视频中选取的目标，高速球机能够自动捕捉到该目标的特写视频，以方便用户挑选最佳视角进行观察，为运动目标的连续、精确监控提供有效手段，同时也为监控人员迅速获取所需视频信息并及时做出判断和响应提供有力的技术支持。解决细节不清晰、视角有偏差等共性问题，做到看得全也看得清。实景三维视频融合感知态势如图 5–7 所示。

图 5–7　实景三维视频融合感知态势

三维城市地理信息场景，实现三维场景与二维场景的统一联动操作。在二三维场景中，可任意在二维或三维场景中操作，实现同步视角的浏览。同时支持二维场景作为整体观测画面，三维场景用于具体区域的视角跟随浏览，做到整体宏观和细节场景的协调统一态势感知，高效服务指挥调度。

5.2.3　应用场景

1. 智慧高速运营

综合运用智能感知、计算、建模等信息技术，系统的对物理空间进行描述、诊断、预测、决策，进而实现物理空间与虚拟空间的交互映射。改变传统的二维平台形态，利用实景三维数据实现对智慧高速的全域、大范围、立体化的动态感知，在此基础上，充分利用实景三维数据提供的可视化，以及数据分析的便利优势对模型进行立体优化，从而形成更优的智慧高速运营算法模型；在此基础上，通过不断地对算法进行迭代以满足实际运营需求。

利用高精度地图构建高速公路的三维数字孪生场景，收集汇聚静态资产、动态资产等高速公路基础数据资源，有效服务高速公路数字化资产管理、预警、智能控制等管理工作。智能高速运营如图 5–8 所示。

2. AI 智慧养护

AI 病害智能巡检系统应用的初衷是提高巡检养护工作的效率和安全性，落实交通强国和交通信息化、数字化政策，随着路网改造升级，养护的技术标准、质量管控、规范操作等要求越来越高，以机检辅助人工的形式，利用人工智能算法解决部分重复性和危险性工作，既提高了效率，也保证了人员安全。公路病害 AI 识别如图 5–9 所示。

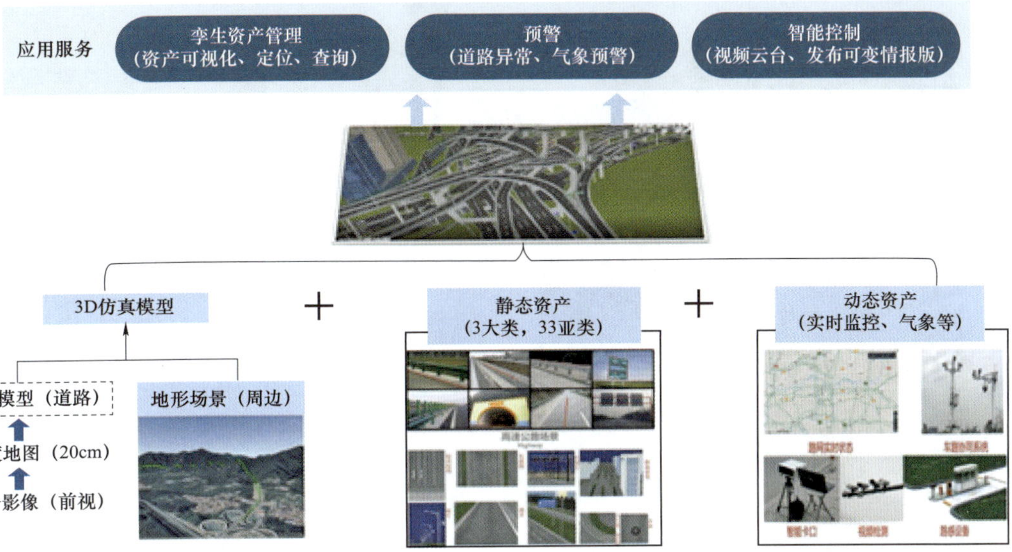

图 5-8 智能高速运营

图 5-9 公路病害 AI 识别示意图

用机器视觉分析辅助目前的人工肉眼检测，减轻一线道路职工重复冗余的工作，帮助道路的建设方、运营方、执法方实现道路病害信息化、全网可视可控。解决公路病害伤损发现难、上报难、发布难等问题，突破巡检工作完全依靠人工肉眼检测的现状，全力提供各项基于人工智能的工具化解决方案，积极参与智慧交通创新。公路病害 AI 识别路线如图 5-10 所示。

3. 数字孪生隧道

隧道是公路安全防控的重要节点，由于传统隧道信息化建设不足而导致的隐患排查难、应急效率低、交通事故频发等问题也日益凸显。面对当前的问题，数字孪生平台充分发挥实景三维高精度地图及二三维一体化 GIS 优势，利用隧道周边 DOM、DEM 等数据，对隧道本身进行 3D 建模或者进行隧道部件的单体化，实现对隧道环境的高精度、场景化还原，具备隧道视频监控、隧道交通运行监测、事件监测、环境隐患监测、设备可视化管理等能力，实现从感知、监测到决策、控制的全流程隧道安全监管，为隧道应急联动指挥、辅助决策分析及智能养护管理提供基础支撑。数字孪生隧道如图 5-11 所示，其优势见图 5-12。

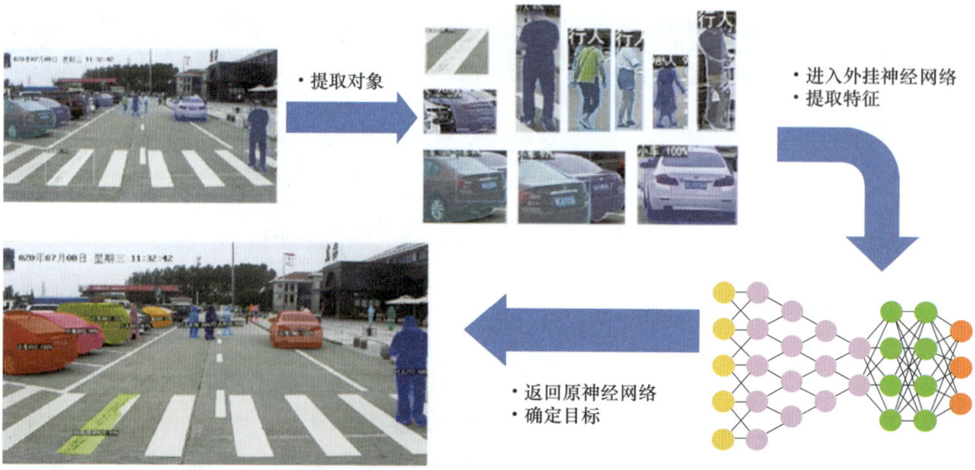

图 5-10　公路病害 AI 识别路线

图 5-11　数字孪生隧道

图 5-12　数字孪生隧道优势

4. 公路应急应用

台风、暴雨、洪水、暴雪等自然灾害，常常会引发公路及其沿线附属基础设施的损坏，导致公路无法正常运行。传统的二维 GIS 公路应急只能在现状地物条件下进行阻断、关闭等常规性的操作，而无法根据实际情况做出及时的预警和响应，基于实景三维影像构建实景三维公路应急系统能够有效地对相关情况进行及时的处理。

（1）利用航片、卫片和实景三维影像，结合地面的二维导航电子地图，进行空天地一体化的多视角观测，实现对公路及周边环境的宏观、中观、微观的不同粒度解读，通过对部分交通部件进行单体化，可以实现对地形级、公路基础设施部件级的可视化展现，展示地形地貌、路网、物资、设施、人员、危险源、风险源等的位置分布和状态，使交通管理者、公路运营单位能够快速的针对信息进行综合决策，有效提升处理应急状况的及时性和有效性；

（2）借助布设在公路设施沿线的摄像头、激光雷达、毫米波雷达等动态检测设备，充分利用公路的移动、固定通信手段将影像、传感数据实时传回指挥中心，为大数据分析决策提供有效依据；

（3）在紧急情况发生时，利用无人机、移动巡检车快速抵达灾害现场，借助移动通信设备，将现场的实时可量测影像数据传回指挥中心，支撑滑坡土石方等道路损毁情况计算、评估，及时掌握现有通行能力，辅助制定应急救灾方案。

5. 全息路口以及全息路网

全息路口是利用路口雷达＋电警/卡口摄像机两种感知手段，在保证原有正常非现场执法功能基础上，融合行业最新的传感器技术、高精度地图技术、AI 算法、大算力芯片、边缘计算技术，构建“智慧＋感知”能力，生成车辆时空、过车身份、违法抓拍、分米级车辆轨迹、信号灯状态等多种精准、高效、实时数据，为路口精细化管理奠定了完备的数据基础，减轻了中心侧计算、存储、空间以及网络的传输压力。

根据不同类型的传感器设备产生车牌、位置、车辆速度、行驶姿态、车辆属性、轨迹等多种基础数据，在交通治理平台上通过数据建模，快速合成多种业务指标，如路口溢出、排队长度、路口停车次数、路口行驶速度、各方向过车流量、交通违法事件等，全面服务城市交通治理全场景。全息路口应用如图 5－13 所示。

图 5－13　全息路口应用示意图

5.2.4 主要成效

实景三维数据的引入，解决了交通行业的很多实际问题，是交通行业从粗放式管理，到精细化管理，再到智慧交通落地的关键性技术。

1. 实景三维数据助力交通“一张图”

基于地形级、城市级的实景三维数据，整合交通运输行业各个部门的业务数据，构建省厅级交通“一张图”平台，以标准服务方式，实现资源共享，满足各层级、多业务单位、不同用户群的业务系统对交通运输地理信息的使用需求，为“大交通”综合发展奠定统一时空数据基础。实景三维数据助力交通“一张图”如图 5－14 所示。

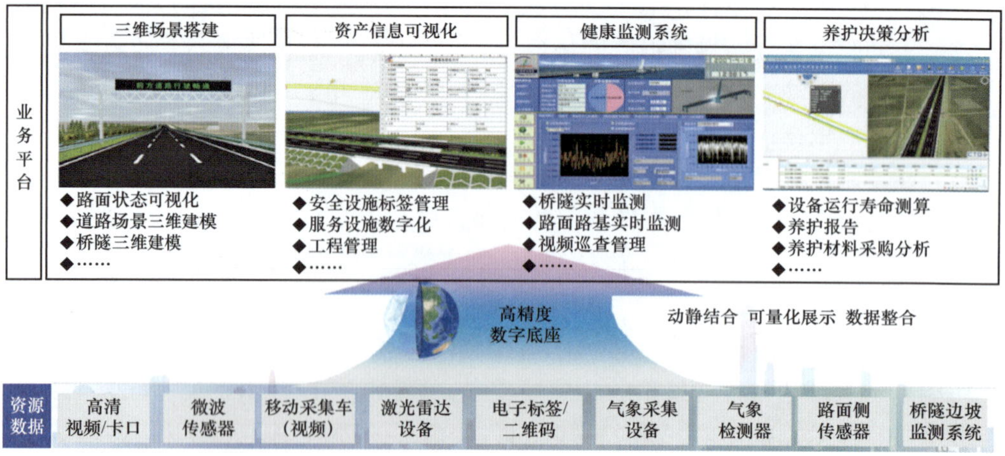

图 5－14 实景三维数据助力交通“一张图”

通过在实景三维地图上集成精细化的视频监控、雷达、气象站、车载终端等动态数据，可以打造路网“一张图”，对路网的通行状态、车流量、交通事件、气象环境等要素进行综合监控，帮助业主方实时掌握路网整体运行态势，为交通指挥提供科学决策依据。基于实景三维数据的路网“一张图”如图 5－15 所示。

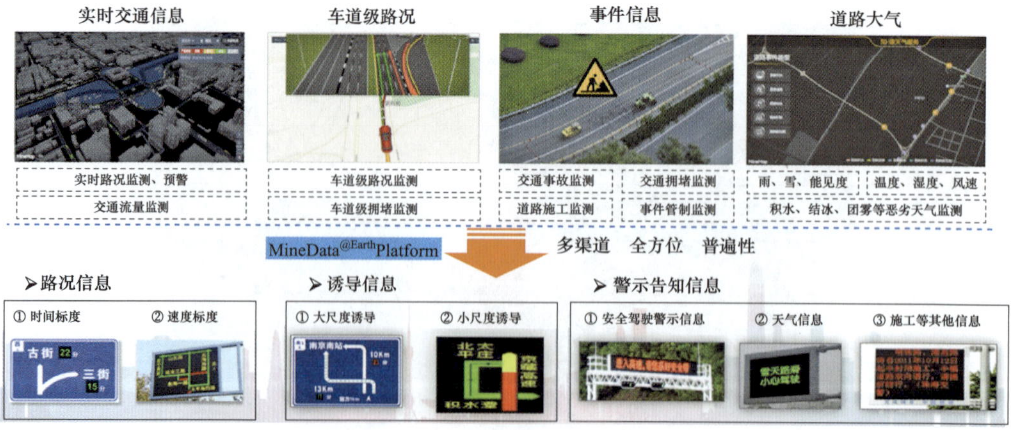

图 5－15 基于实景三维数据的路网“一张图”

2. 实景三维实现交通行业安全、高效管理

基于交通地理信息平台，融合高精度的矢量、影像、地形、三维模型以及动静态设施监控数据等，对现实世界中的人、车、路、环境等进行实时数字化重建，可以有效解决展示不直观、管理位置无法精细化表达、盲区无法检测等痛点。在出现紧急突发事件的情况下，采用实景三维等地理大数据分析手段，大大提升了解决方案生成的时间，对于调度可用资源的有效性也有了充分、翔实、合理的评估，大大增强能够综合调动本行业、协调周边自然资源、应急等能力，提升了处理事故的响应时间。基于实景三维的交通地理信息平台如图 5－16 所示。

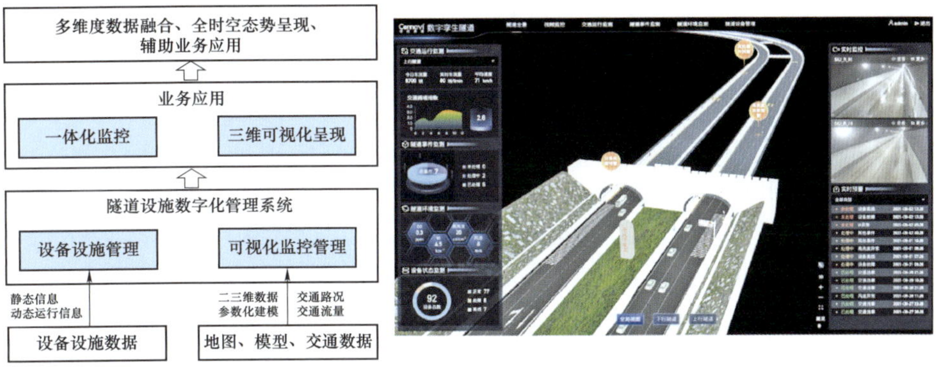

图 5－16　基于实景三维的交通地理信息平台

3. 实景三维在交通“规、建、管”中的应用

在公路规划建设阶段，大规模地采用实景三维数据，结合诸如激光雷达数据建模、仿真，可以实现公路的高效、可视化表达，并结合 BIM 等构建技术，实现对工程建设阶段的全流程监管，可以有效降低项目风险，缩短项目建设周期。与此同时，基于实景三维的周边环境分析、气象分析、地质、水文分析能够事先评估项目建设对周边环境的影响，以及基于时间序列的推演，预判未来对环境的影响，真正地实现“绿水青山，才是金山银山”的人文环境目标。实景三维在交通“规、建、管”中的应用如图 5－17 所示。

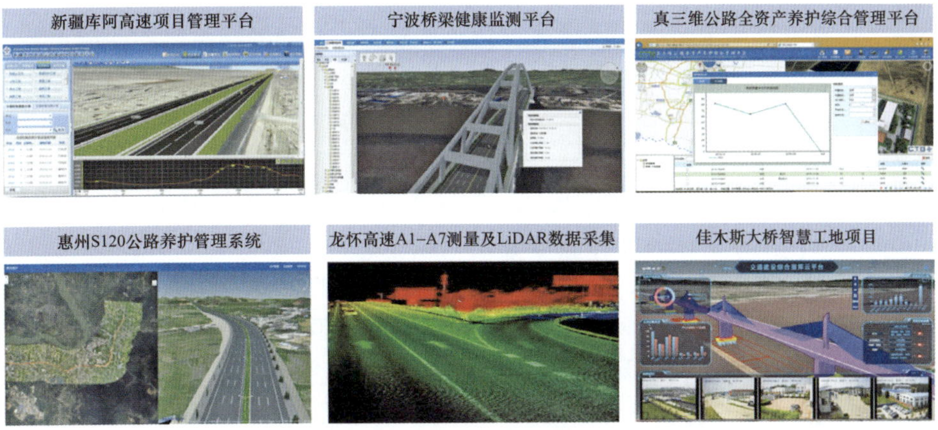

图 5－17　实景三维在交通“规、建、管”中的应用

5.3 智能建筑

5.3.1 行业现状及主要需求

1. 行业现状及需求

建筑智能化最早应用于商业办公建筑领域，直至 2000 年以后我国智能建筑进入了快速发展阶段，建筑智能化系统开始广泛应用于各类建筑中，并逐渐成为公共建筑的标准化配置，在绿色、低碳、高效、便捷等领域发挥着积极的作用。在数字化改革的浪潮下，建筑体作为社会化最小运营单元和人类生产生活承载空间单元，正在向智能化、数字化迭代迈进，5G、AI 和云计算等新一代信息技术正在推动泛建筑领域向数字化转型升级，物联网和算力的融合大力提升建筑智慧化运营能力，为社会带来更加安全、舒适、便捷和智慧的生活方式和管理方式。

至 2021 年我国既有建筑总量为 800 亿 m^2，但其中只有 3.2 亿 m^2 的建筑可称为绿色建筑，因此我国既有建筑的绿色低碳节能改造市场巨大，“2030 碳达峰，2060 碳中和”的奋斗目标未来可期。据统计，公共建筑占比约为 20%，多场景、交互性、学习和感知能力将成为物联网时代智慧建筑的显著特点，对公共建筑的服务对象、运营团队和使用群体价值任重而道远。随着城市现代化进程新建和改建，市场存量规模巨大，建筑智能化市场产值预估约为 7000 亿元。

2. 行业政策加持发展

2020 年 8 月，住房和城乡建设部等部门联合发布《关于推动智能建造与建筑工业化协同发展的指导意见》（以下简称《指导意见》），《指导意见》明确提出，要围绕建筑业高质量发展总体目标，以大力发展建筑工业化为载体，以数字化、智能化升级为动力，形成涵盖科研、设计、生产加工、施工装配、运营等全产业链融合一体的智能建造产业体系。

2021 年 4 月，住房和城乡建设部发布《关于加快发展数字家庭提高居住品质的指导意见》，国家大力发展数字经济，加快发展数字家庭，提高居民居住品质。该文件主要明确了数字家庭的三大服务功能，强化数字家庭工程设施建设，并完善数字家庭系统基础平台建设。该政策旨在帮助进行试点建设和完善数字家庭标准体系研究。楼宇智能化作为数字经济发展和数字家庭体系建设的重要一环，其系统将在数字家庭服务功能中，提升建筑的运营效率与人员体验。

3. 数字化赋能智慧建筑

物联网、数字孪生、AI 技术的迭代，为建筑与人的互联感知赋予了新的时代使命，使要素化的每一个场景都融入了呼吸和脉搏，能够和时代当下和未来同呼吸、共生长。

生活、工作、住宅、商业、研发、教育，多业态化的融合催生了衣食住行的全业态体验，也为数字化赋能创造了沃土生长的空间。如何让互通零距离，让便捷零等待，让资产零流失，让预测零误差，智能建筑发展任重道远。

“建筑”是指涵盖各类业务场景在内的建筑要素，“智能”包括以技术驱动建筑管理和服务的智能化升级，“体”是统筹物理空间与数字空间的规划并实现建筑体内部跨域协同和跨业务的协同。从业务逻辑将数字孪生、云边协同、数融聚合和 AI 赋能形成完整的闭环而串联起整个智慧建筑体。

作为一个建筑物理世界与数字世界相互映射、协同交互的融合系统，可以实现城市建筑全要素数字化、运行实时状态可视化、管理决策协同化和智能化，是未来城市建筑的新形态和发展的趋势和未来：

（1）优化公共服务体系，提升便民服务体验；

（2）强化健康医疗保障，构建数智未来医院；

（3）打造全民健身示范，推进健康中国行动；

（4）引领未来社区生活，完善一流场景服务；

（5）优化公共文化设施，延续历史文化传承；

（6）深化地下空间开发，优化城域空间布局；

（7）统筹园区产业融合，促进创新产业发展；

（8）健全市政服务治理，深化城乡风貌统筹；

（9）城市大脑，赋能新型智慧城市建设。

基于实景三维的场景，打造建筑智能体的大脑，让工作和生活的人们畅享“最多跑一次”带来的便利，让机器人替代人的工作变得更富有温度和智慧，让决策和运营在数据的赋能中变得更有智慧和精准。

5.3.2 技术架构

建筑智能体实景三维数据主要包括地面环境、建筑体结构和建筑体内部设备，通过物联网、互联网等技术将现实中的动态数据进行连接，利用三维可视化引擎对地上地下、室内室外进行场景渲染，实现距离、高度、角度、面积、体积等测量功能，步行、飞行、巡检等漫游功能，以及通视分析、控高分析等简单空间分析功能。最终用户可以通过浏览器方便地访问整个三维虚拟场景。平台能全面感知和接入智能体各种物联设备的数据，并能把这些数据有机的融合。建筑智能体实景三维平台如图 5－18 所示。

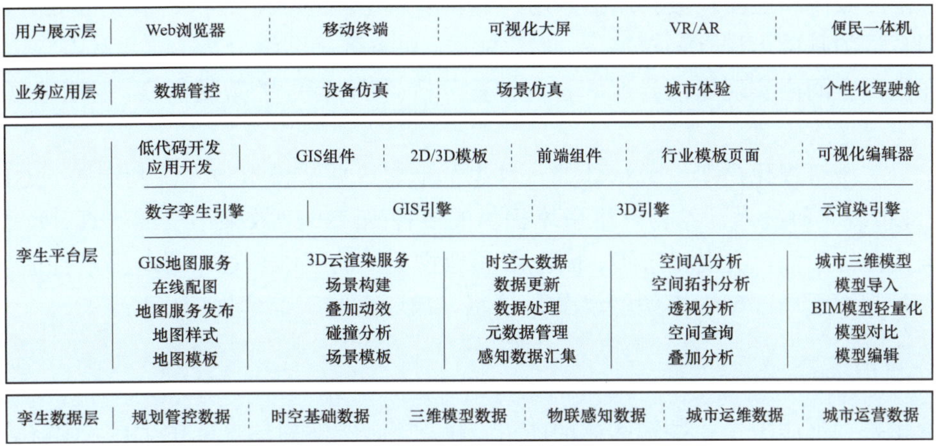

图 5－18　建筑智能体实景三维平台

其中数据层是数字孪生应用的基础，主要负责对数字孪生应用所需的数据进行规整。平台层是数字孪生应用的核心，利用二三维建模、空间 AI 分析等技术对现实对象进行数字化模拟。应用层是数字孪生的直接价值体现，通过模拟仿真得到的结果和可视化服务等，为各个业务系统提供定制化的应用场景服务。展示层是数字孪生对外展示的主要通道，可通过 Web 端、移动端和可视化大屏等多种方式进行展示。

1. 多源数据融合技术

基础设施数据是智能建筑体实景三维的底层基础，基于 GIS 数据、CAD 数据、BIM 数据、物联感知数据、公共专题数据、行业专题数据、网络公开数据等多源异构数据源，构建时空数据库，支持全要素场景衍生数据（矢量、DEM、DOM、倾斜摄影、BIM、CAD、手工模型等）、行业数据（交通、建筑、水务、管廊、机电、旅游、城市等）、物联感知数据（智能手机、可穿戴设备、传感器等）等多种数据，平台实现多源数据的统一定义、存储、检索，实现数据的多源接入、无缝交换和高效共享，为孪生场景提供三维数字底板。

2. 多尺度建模技术

智能建筑体实现根据不同的业务场景，构建数字孪生全要素场景的基础空间框架，从宏观、中观和微观不同的颗粒度构建涵盖地上地下、室内室外、二三维一体化的全景要素场景的能力。能够融合 GIS 基础数据、BIM 数据、CAD 数据、IoT 数据及其他业务数据，匹配不同尺度下与不同颗粒度的全要素数据，自定义不同层级的，多样式风格的场景专题，完成业务与地物全要素的多尺度建模，实现物理世界与数据空间的多层次映射。能够根据客户实际需求，使用 CAD、BIM、效果图等参考资料，结合现场勘测情况制作二三维数据，以及基础地理信息数据，通过参数化建模的方法实现模型的构建。也可以通过自定义层级，按照场景的需求进行模型的轻量化处理。

3. 地理空间分析技术

要实现基于实景三维智能建筑体的综合运维管理业务，必须具备一整套的地理信息空间分析扩展包，包括空间数据模型、几何和关系操作、查询和计算、距离操作、方向操作、格网操作和地图代数。能够为用户提供多种空间查询、分析、量算等服务，可以在路网数据的基础上进行最短路径、物流配送、服务区等网络分析，结合室内定位系统，能够在室内空间内实现室内导航和室内位置分析。助力行业的数据洞察，挖掘数据价值。

4. 场景渲染技术

实景三维可视化是孪生数据体的一种表征形式，并非模拟技术。利用 WebGL、3D GIS、虚拟现实等技术，结合三维引擎提供的多种酷炫渲染效果、三维仿真、动态轨迹和动画模拟等功能，实现城市级、园区级和地物单体的三维表达，帮助用户打造从宏观城市场景到微观局部精细模型的最具科技感、最逼真的三维孪生应用场景。

5.3.3 应用场景

将实景三维应用于建筑智能体的建设，建立“时空地理信息+3D GIS+BIM+5D 数据库+AIoT”平台，实现地理空间、时间、内容一体化展示，有助于提升建筑智能体现代化信息综合管理能力和服务能力。平台通过对建筑智能体多源数据的融合、治理、分析和挖掘，综合展示建筑智能体现状运行态势与未来规划愿景，提供一种所见即所得所感的体验。

同时，基于平台的强大物联感知能力和数据分析能力，提供多个核心指标的态势监测与可视分析，实现建筑智能体状态全可视、事件全可控、业务全可管。依托定位导航、路径规划、数据分析等功能组件，实现运行态势直观掌控、多维统计精准防控、移动巡查高效执法、多方联动协同监管，为用户群体、公共安全和建筑智能体综合管理提供保障。

1. 基于实景三维的应用需求

（1）面向用户群体的智慧应用需求。

1）用户平台：将建筑智能体内景观、交通、服务、商户、个人信息与运动交互等方面资源进行整合，通过设定预设程序对游览中会发生的问题进行预测，并调动资源整合数据库。基于不同的要求，抽取最符合的选项；根据设置的时间、游览要求等前提，指定出行线路，并安排好整条线路的交通、居住、用餐、休闲娱乐等事项。

2）智慧跑道步道：利用建筑智能体地上的公共绿道活动空间为载体，采用先进的传感器技术，经物联网汇聚成包含多参数多用户的大数据平台，结合现代医学、AI 技术，为全民健康提供私人定制式的健康指导。

3）建筑智能体导览：综合运用信息技术，通过智慧建筑智能体 App、微信公众号、微信小程序、微信扫一扫、AR 导览等多种导览方式，为用户群体、建筑智能体提供个性化的互动交流和信息发布、传播渠道，满足用户群体在游前、游中、游后一体化服务需求，以全面新颖的图文、音视频等多媒体展示方式对建筑智能体内建筑、网红打卡点、餐饮等内容进行呈现，使市民用户群体在观赏景物和游览漫步的过程中的体验得以延伸，同时提高景区服务质量。

4）智慧储物：采用人脸识别技术，以人脸替代传统纸条、钥匙或卡片作为开启柜子的凭证。用户群体在使用的时候，按“存”采集人脸信息注册到系统。取物时，可刷脸开启储物柜。同时智能人脸识别储物柜可在后台对用户群体存取记录进行记录和统计，便于储物柜管理员了解储物柜的使用情况。

5）智慧公厕：通过智慧公厕管理平台以及物联网技术对辖区内的公共卫生间进行资源整合，实现所有设备在线运维管理，支持设备在线报修、民众在线满意度评价等。通过物联网技术，对公厕清洁状态、工作状态数据进行实时采集，可以采集温度、湿度、照度、氨气、人员数量、卫生间使用情况等数据，从而分析保洁压力、保洁绩效等信息。

6）扫码识物：通过扫码识物，识别建筑智能体内的花草景观，展示植物的名字和故事，生成对应的图片，寓教于乐。

7）一键求助：当发生紧急情况时，用户群体可以通过 App、公众号或最近的报警柱一键求助，直接对话指挥大厅。平台调度建筑智能体内全域无死角摄像系统，利用人脸识别技术，绘制用户群体行动轨迹，定位用户群体的位置，同时调度最近的工作人员和设备物资进行协助，必要时拨打 110、120 对外求助。

8）智慧垃圾桶：对园区内垃圾桶采用微电脑控制芯片，增加红外线探测装置、机械传动装置和连杆机构，通过自动开关盖，人们可以无需接触垃圾桶的任何部位完成垃圾投放，防止交叉感染，环保卫生；使用太阳能或就近供电，有较长的使用寿命；有较好的密封性能，减少了生活中各种病菌交叉感染的概率，无垃圾异味溢出，确保四周空气清新。当垃圾装满的时候，能够将信息回传给后台，快速规划垃圾收集路径，提升回收效率、降低成本。

9）综合服务：智慧平台提供完备的综合服务，包含客服系统、用户群体中心、失物招领等内容，解决市民用户群体在游览购物中碰到的所有问题。

（2）面向公共安全的智慧应用需求。

1）智慧安防：建筑智能体智慧安防体系通过视频监控系统、安保巡更系统、入侵报警系统、门禁出入口控制系统、无线对讲系统，以及BIM+GIS可视化系统、门禁消防系统、防爆安全检查系统等，实现智慧安防和应急指挥。

2）智慧消防：通过总线控制系统监测每个角落的火灾探测器，监测火灾并发出报警信号，通知顾客即时疏散。根据起火位置设置合理的疏散路线并开启疏散指示灯，引导顾客疏散至安全位置，自动通知消防值班人员并启动消防设备进行灭火处理。

3）智慧医疗：配备医疗卫生的设施和设备，建立医疗救助体系和预案，管理医疗卫生设施和设备，以便在发生突发医疗事件的时候使用。

4）应急管理：对接安防系统、消防系统、照明系统、广播、信息发布子系统，出现异常情况，启动应急预案，联动其他系统进行应急响应，采取疏导、分流等措施，保障安全。

5）智慧广播：智慧广播系统要求采用TCP/IP网络播放器形式，主干采用万兆单模光纤与外网共用主干，管理间设备与视频监控系统共用，通过设备接入系统，实现统一管理。系统由前端吸顶喇叭、网络播放机、功率放大器及机房控制设备等组成；同时建设应急广播系统，在园区公共区域和智能建筑中布设扬声器，并与消防报警系统实现联动。

6）智慧调度：通过指挥中心、PC端、手机App等，实现指挥中心与工作人员对讲、信息共享，及时进行园区内指挥调度工作。

建设智慧调度管理平台，包括天网监控（语音调取监控视频）、语音调度安保部署、语音调取应急预案、语音查看安保事件统计、语音发送调度指令、语音电话会议等。通过实时指令下达，调取路口摄像头、安保警力分布等信息，部署调度安保力量。通过收到信息指令，联动视频监控系统，指挥调度合理调派最近的环卫人员处理垃圾、清扫任务。

7）智慧导引：建筑智能体项目服务于不同年龄段的顾客，且每个顾客的需求也各不相同，面对建筑智能体内数千米长、数十种业态不同分布、海量的商品选择，对于顾客来说是极为冗长的。通过建设一体化智能规划与导引，结合各个年龄段、消费群体的消费记录和顾客的行为、消费等数据，制定购物、消费、娱乐的规划方案并推送给顾客。根据建筑智能体内实时的人流分布信息，生成快速便捷的移动路线。同时，通过视频网络、Wi-Fi 探针、5G 智能感知等技术，对进入建筑智能体的顾客进行跨区域、跨业态不间断的身份识别、位置信息和行为数据收集，精准推送顾客感兴趣的周边商铺、商品等，实时优化调整方案。以提高顾客体验，并在一定程度上起到建筑智能体内人流导引作用，避免人群拥堵带来的安全隐患

8）人流分析：采用视频分析的方式统计人流情况，进行过载报警，数据统计和分析等。

9）智慧发布：信息发布包括大屏、广告屏、电梯内屏幕、触摸屏、园林跑道屏幕、建筑物内屏幕等所有屏幕。统一信息发布是管理园区的所有的信息终端内容，需要统一编组，按照规划发布视频、图片、文字等信息。发布信息的种类包括一般园区文化、精神、通知、行程安排、公告、宣传片、节日祝福、欢迎词、活动信息、公共信息、自制节目和电视节目。

（3）面向建筑智能体管理的智慧应用需求。

1）智慧网络：为构建稳定、安全、快速的网络环境，更好地支撑建筑智能体复杂业务的高效有序，将整个园区网络分为公共服务网、内部服务网、无线网络和语音业务网。

2）智慧资产：固定资产作为建筑智能体项目资产的重要组成部分，具有价值高、使用周期长、使用地点分散的特点，要做到账、卡、物的一一对应，便捷对实物的使用、监管、变更、置换、维护、损耗、盘点清理等工作。对其基础之上的数据报表统计、资产结构分析、资产评估以及企业上市重组等提供支撑。

3）智慧停车：建筑智能体项目规划了约上千个停车位，智慧停车管理系统需要满足对泊车、支付结算及会员系统、前端硬件设备等城市泊车涉及的数据进行统一管理。系统能提供运营统计、实时监管、人员管理、停车场管理、统计报表等功能，为管理者提供统一、多样、可视化的管理体验，让用户体验到停车无感支付的方便快捷，同时采集用户停车大数据，助力智慧城市、智慧交通建设。

4）名木管理：对建筑智能体中回迁的古木建立资料库，记录树种、历史、年份、图片、养护情况等。用户群体拿出手机拍一拍，就能获得这棵树木的身份信息、成长历史和对应的 AR 图片。

5）环境监测：建立全方位的环境传感网络，依托 BIM+GIS 的三维可视化平台和人工智能技术建立环境传感监测系统和环保监测指挥调度智慧环境应用系统，实现环境质量状况客观、准确、智能分析监测，环保资源智慧、科学、有效分配调度。

6）智能灌溉：依托物联网技术，连接灌溉系统，实现建筑智能体园区植物土壤湿度数据采集、日常监测、自动灌溉、阴雨天自动检测、故障自检、灌溉规划管理等。

7）智慧防汛：建设“积水点治理指挥系统”，智能监控水位遥测，及时高位预警。通过对防汛物资的管理调配，提高防汛工作的效率，保障人身财产安全，降低损失。

8）建筑智能体知识库：建筑智能体业态广、面积大、涉及多个子系统，对日常运营、设备维护、管理调度等内容有一定的技术要求，建筑智能体智慧平台要设置建筑智能体知识库，包含土壤、植物、设备、预案、使用等相关资料。为管理者更好地运营、

分析、管理建筑智能体提供基础保障。

9）接口建设：数据统计接口、政务数据接口、物业系统接口、商业系统接口、招商系统接口等。

2. 基于实景三维的智慧运维

基于实景三维的智慧运维涵盖了平台基础架构管理、管网空间管理、设备动态监测、业务保障运行、人流热力分析、园区导航指引、智能工单派发和辅助决策分析八大主题模块。

全面打通和汇聚建筑智能体面向用户群体、公共安全、综合管理等系统数据，向用户提供建筑智能体基础设备设施、信息设备的集中监控，协同指挥调度，运维服务，商务智能（business intelligence，BI）管理决策支撑等服务。平台同时提供集成监控、能源管理、运维服务、资产管理、综合告警、报告报表等应用功能，提供移动端应用入口。面向运维和物业服务人员提供运维服务工具，面向管理层提供聚合分析、管理报表、决策支撑和大屏可视化，面向运行调度人员提供监控和调度功能，面向泛用户群体提供服务报修等发起入口。

（1）平台基础架构管理。平台采用全 B/S 架构，遵循主流的 J2EE 技术体系，实现面向用户的全 WEB 化访问，使平台面向用户实现服务易得、维护无感、持续可用。

平台采用基于 Spring Cloud 的微服务框架，支持分布式部署及弹性扩展，按照业务完整性进行微服务切分，每个服务都被打包成可以独立部署、独立维护、支持扩展、提供完成用户价值的独立模块，服务与服务之间交互 API 采用 RESTful 方式。

先进灵活的基础架构支撑系统的实现维护简单、高并发性能、业务健壮和可扩展要求。

（2）管网空间管理。系统提供实时的全方位信息，包括地理信息、建筑内部信息、周边环境信息，使决策者能得到全面的实时信息，更加准确快速的做出决策。

将综合地下上管线的各种 BIM 模型分类管理，用户可以根据自己的需要加载相关专业模型，既加快了综合管线整体模型的加载速度，也可以综合分析不同专业模型相互之间距离和关系，实现了从局部到整体、从整体到局部的管理方式。

（3）设备动态监测。基于实景三维场景，系统从各个机电系统获取其内部系统实时数据与 BIM 模型相对应，以不同颜色、流向表示建筑中管线、设备的安全性和可靠性；以不同颜色标示建筑中末端设备（如新风空调、风机盘管）的安全性与可靠性，从而使设备工作状态一目了然，单击列表中的设备或空间可以直接定位。设备动态监测如图 5–19 所示。

在采集的实时数据超过或到达某个标准时，系统主动发送警告，以消息弹框的形式在实景三维管理系统中展示或通过短信平台发送消息给管理员，指导管理员及时处理安全隐患。

（4）业务保障运行。在设备管理方面，基于实景三维的建筑智能体通过数字孪生技术、BIM 技术与 IoT 技术相结合，在项目模型中同步获取设备设施的实时数据，精准定位设备设施的故障位置，历史库匹配故障信息和备件库存信息。与传统的逐个排查的方

图 5-19　设备动态监测

式相比，极大降低了维修过程中时间和资源的损耗，大幅提升了工作效率。设备管理如图 5-20 所示。

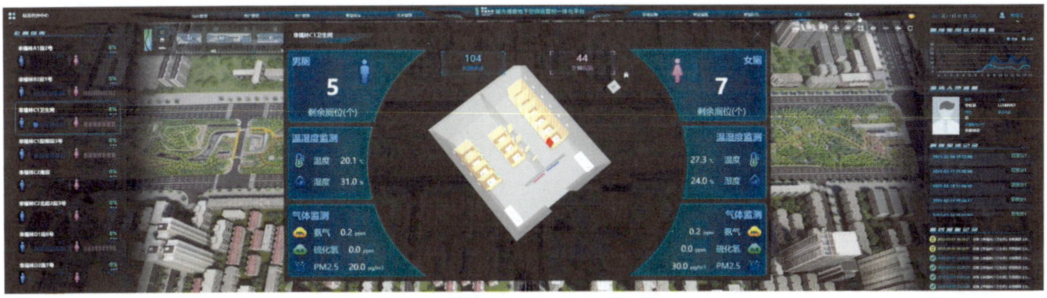

图 5-20　设备管理

在空间管理方面，对于复杂建筑物的想象力局限性可以依托实景三维的 3D 可视化效果来呈现，建筑智能体物理空间中的设备设施、管线链路、动线流转等均可在实景三维模型中进行规划设计，从管线碰撞到链路匹配，使空间管理更为高效。空间管理如图 5-21 所示。

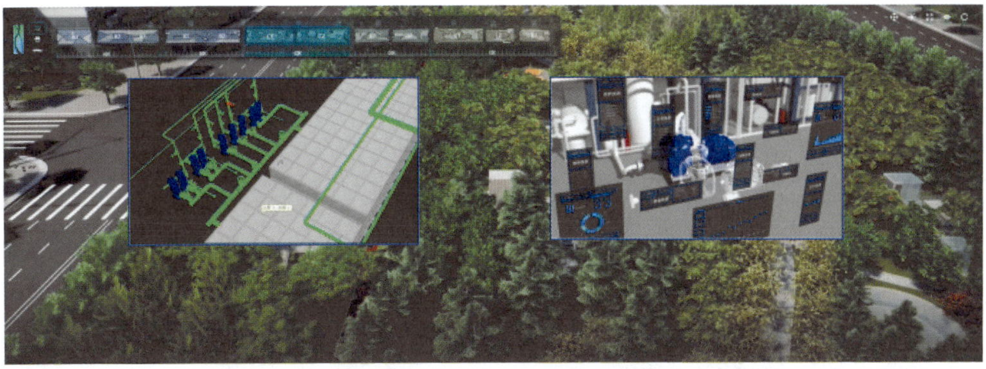

图 5-21　空间管理

在应急管理方面，对依托实景三维技术的建筑运维系统的构建可以有效应对突发事件的管理，并依托数字孪生场景化模拟应急逃生救援路线，提升应急决策效率和应急行动安全。应急管理如图 5-22 所示。

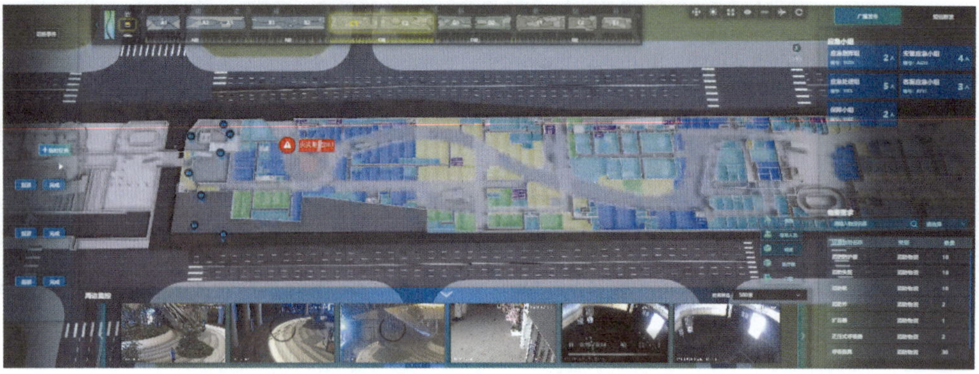

图 5－22　应急管理

在能耗管理方面，将实景三维技术与能源管理平台相融合，叠加 XR 技术可实现在线式巡检，并对空间末端能源列表进行点对点的分析。能耗管理如图 5－23 所示。

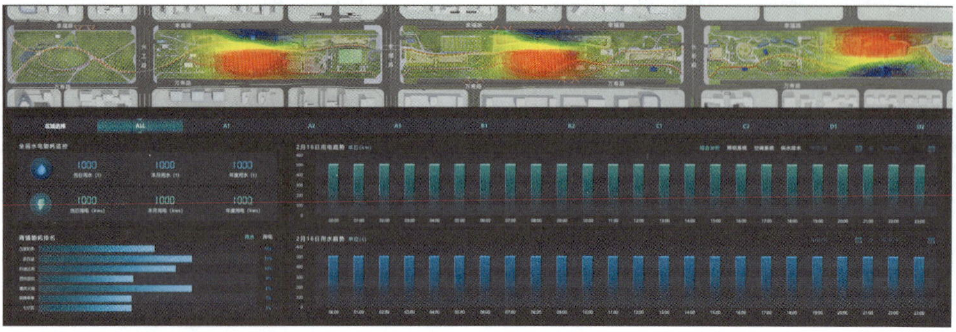

图 5－23　能耗管理

在机电管理方面，基于建筑智能体实景三维的应用底座，可以利用数字孪生＋BIM，动态反映受控设备的运行情况及运行参数，通过图形、图标、三维图像、动画、曲线图、趋势图、报表等多种方式，表示设备的开/关、手动/自动、故障等状态和温度、流量、湿度、压力、电量等参数的模拟量刻度，使用键盘或鼠标即可完成对所有设备的在线监控操作和参数设置。机电管理如图 5－24 和图 5－25 所示。

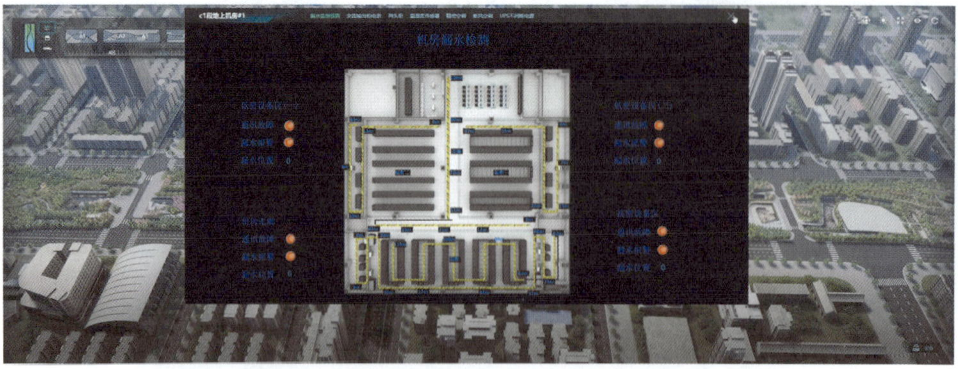

图 5－24　机电管理（机房漏水检测）

图 5-25　机电管理（参数监测）

（5）人流热力分析。基于实景三维对智能体出入口客流量进行统计和分析，当超过一定的客流容量之后可及时预警停止进入并进行适当的游客分流处置，同时为其他区域的引流提供必要的数据支撑，实现智能体人员密度分析和拥挤防范，实现客流身份比对及人员属性分析，实现人员大数据分析统计，实现依托平台算法的以图搜图。人流热力分析如图 5-26 所示。

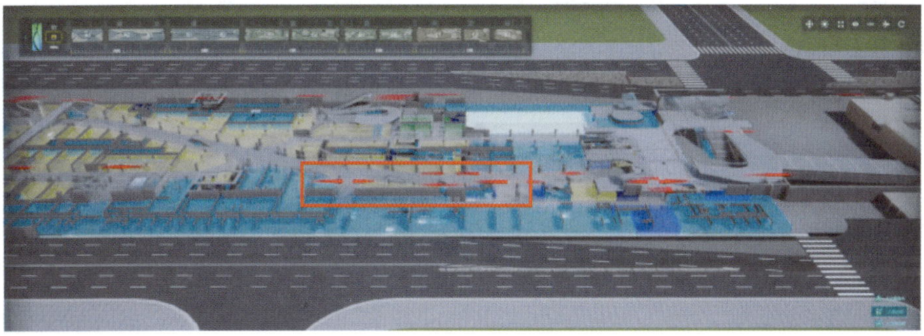

图 5-26　人流热力分析

对商业管理者而言，消费数据是商业管理的核心。通过消费数据分析得到居民收入、消费习惯和消费层次等信息，为招商定位及商家入驻提供数据支持，形成全方位消费人群热力图展示，快速准确地帮助商业运营提供策略方向，为下一步招商计划做参考。消费人群热力如图 5-27 所示。

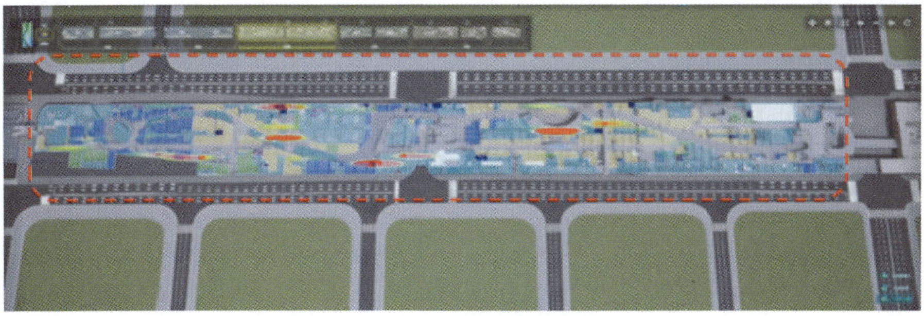

图 5-27　消费人群热力

（6）园区导航指引。基于实景三维提供地图浏览与查询、位置定位、停车导航、语音讲解、景区景点导航、厕所导航、场馆导航、周边导航、线路规划等功能。

线路规划提供智能体全域范围内的路径导航，通过搜索场馆、景点或地图点击起始位置，系统计算出最短路径并显示在地图上，打开导航窗口可以查看路径长度、花费时间等详细的导航信息。系统还列出了热门的游览线路，帮助游客快速制订游览计划。游客同时还可以在此基础上添加必游的景点、选择偏好的游览方式和爱好，并结合自身所处位置和目的地定位信息，系统重新计算出最佳游览行程规划提供给游客，提供个性化的导览服务。园区导航指引如图 5－28 所示。

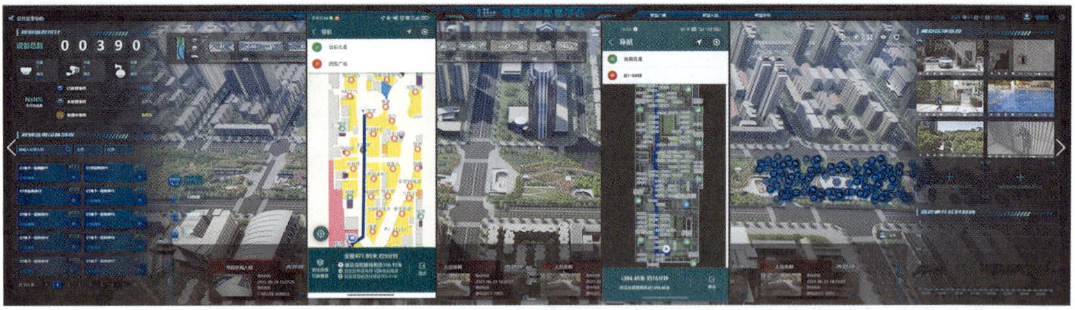

图 5－28　园区导航指引

（7）智能工单派发。基于实景三维场景，将设备运维事件与工单系统、物业人员管理系统打通，在设备运维事件发生时，在场景中自动联动派单和智能调度，精准定位区域位置，协助人员处理和快速响应，提升设备维护及时性。智能工单派发如图 5－29 所示。

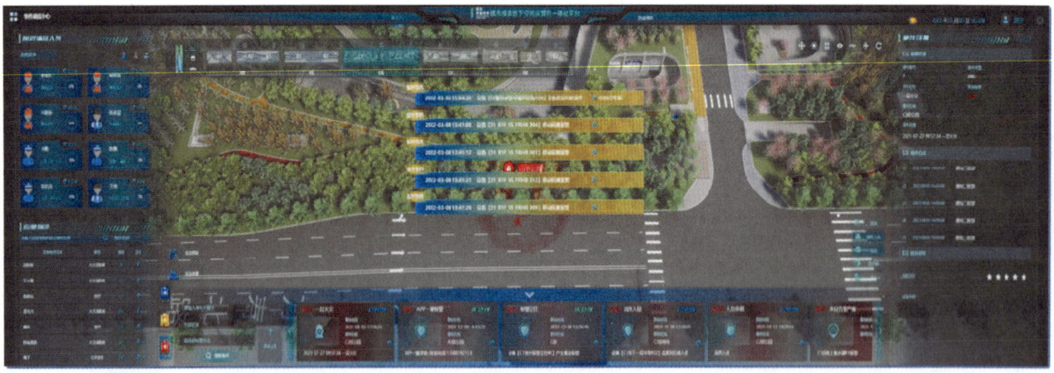

图 5－29　智能工单派发

（8）辅助决策分析。基于实景三维场景对智能体的各种经营数据进行统计分析，如积累客流数据、车流数据，对平峰和高峰期进行合理规划；积累海量设备运行数据，指导设备运维，提高设备的使用效率和延长设备的使用寿命；分析商铺出租率、出租面积、租赁类别管理信息汇聚，形成“一张图”，为后期提升服务和管理做数据支撑。辅助决策分析如图 5-30 所示。

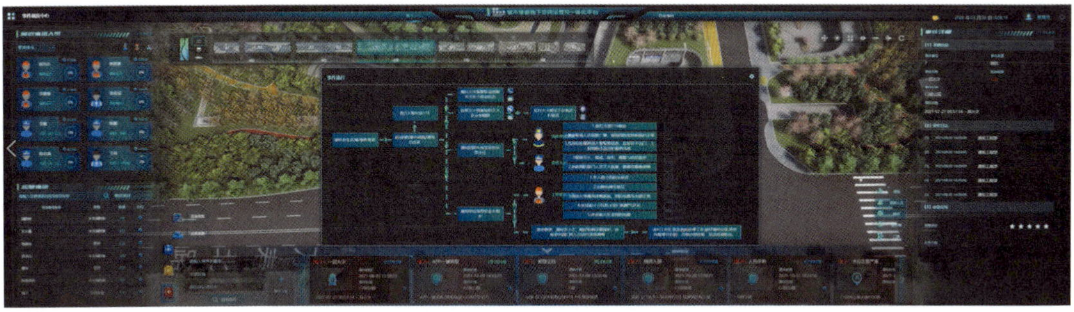

图 5-30　辅助决策分析

5.3.4　主要成效

基于实景三维体系的建筑运营管控一体化系统以全面感知、深度融合、主动服务、科学决策为目标，通过建设覆盖建筑全境、贯穿用户体验全过程的智慧化服务体系，形成公众服务能力、公共决策能力、空间管理能力、资源配置优化能力，全面打造“数字孪生可信可管、智能服务无缝覆盖、知识发现智慧运营”的“数智建筑”。

1. 三维数据提升智能建筑运维智能化

基于三维数据和数字孪生的全建筑业态场景，实现建筑内所有设备的全生命周期智能化的运维管理。基于物联网泛在感知和机器学习技术，与运维人员管理调度、设备维护检修、物资供应调配紧密结合，实现故障预测、故障检测、故障识别价值应用。基于大数据和 AI 技术，构建智能建筑数字化运营管控模型，自适应业务场景需求，打造便捷高效的运营环境，持续迭代业务运行机制，真正实现数字化赋能和降本增效的落地实施。

2. 三维数据提升智能建筑服务场景化

基于三维数据的位置信息是数字化平台的重要基础功能，基于位置信息提供的智慧化服务则是串联各功能应用的、提升科技体验的关键所在。结合大数据、智能感知和人工智能技术，在提供基于位置的智慧化服务的过程中，充分挖掘位置信息背后的丰富语义，可以帮助建筑运营者积累用户历史数据、精细刻画用户画像、形成日益丰富的数据资产，从而更好地提供场景化的服务。

3. 三维数据提升智能建筑空间运营化

智能建筑中人流、车流的业态是时空数据与运营数据相融合的重要场景，特别是对于人员和车辆密度高、单点时间段高并发、场外交通瓶颈制约场内交通秩序化的难题，数字孪生的三维场景化治理可以以一张图的形式实时呈现人流车流的动向和热力趋势分析，可以“多维度”精准分析商业价值和消费能力曲线，可以服务游客、管理人员导航导览和精准巡检，真正实现服务场景化和智慧化。

5.4 未来社区

5.4.1 行业现状及主要需求

社区是城市管理的“神经末梢”，也是居民生活的“美好家园”。当前，在我国的治理体系中，社区作为城市的最小治理单元，没有正式的管理职能却承担着大量具体的治理工作，城市建设的决策往往与社区无关，城市管理的任务最终都基本落实到了社区。因此，社区也成为矛盾爆发的“前沿阵地”，构建和谐社会的“桥头堡”。

1. 行业现状

民政部、中央政法委、中央网信办、发展改革委、工业和信息化部、公安部、财政部、住房城乡建设部、农业农村部等9部门印发《关于深入推进智慧社区建设的意见》，指出按照智慧城市和现代社区的发展要求，依托社区数字化平台和线下社区服务机构，集约建设便民惠民智慧服务圈，提供线上线下相融合的社区生活服务、社区治理及公共服务、智能小区等服务，让社区更加和谐有序、服务更有温度，不断增强居民获得感、幸福感、安全感。

在社区治理方面，智慧社区概念提出后，近年来社区智能化建设如火如荼，各种安防设施、门禁设施、物联传感设施相继上马，但是由于智能化设施的建设主体与使用主体的不一致、设施使用成效的不可见性等因素，导致大量智能化设施闲置、空转，与社区治理、物业管理脱钩，造成了资金、能源、社区管理力量上的浪费。

在社区服务方面，大量的政府投资的公建服务设施相继落地，其中不少更是紧扣智能化、无人化等先进技术方向，然而也造成了为达到各种验收考核要求，公共设施重复建设、社区服务触达性不足、投资重建设轻运营等问题，使得居民对于社区服务获得感低、认同度不高、知情权不足。

浙江省提出未来社区概念，把社区建设成以人为核心的幸福美好家园、共同富裕现代化基本单元，提出了“一统三化九场景”，依托邻里、教育、健康等九个场景的建设，打造具有归属感、舒适感和未来感的新型城市功能单元。

在未来社区的服务理念下，社区服务在空间产生、依托空间承载、运用空间增值，空间资产是未来社区建设不可分割的重要部分。依托实景三维建设社区数据化服务平台，可以真实、立体、时序化反映社区建设、运营状况，结合物联感知、政务数据实现对社区范围内生活、生态、治理空间进行真实、立体的还原，在治理上实现政府治理的精细化，在服务上实现公共服务的均等化、优质化，在运营上实现社区资源的集约化，为后续进一步改造提升和维护赋能。

2. 需求分析

传统的社区数字化服务平台有着重建设轻运营、数据互通共享困难、居民获得感低的通病，平台数据依赖大量的人工调查、输入工作，给基层造成了极大负担的同时又无法实现可持续更新，面临疫情防控等任务时捉襟见肘，与未来社区目标存在严重背离，亟须构建一种以真实实时、长效运营、闭环管控为核心的数字化服务方式。

（1）改造建设缺乏依据、不可追溯。当前，我国拥有大量的老旧楼盘，特别是在一、二线城市，用地的紧张促使以老旧小区改造提升为主要的社区改建提升手段。社区的建设多以工程建设为主导，改造的设计也多以现场勘察为主要手段，缺乏对空间全局的掌控往往导致改造成果效果不佳。此外，由于改造过程的不可追溯性，改造完成后无法直观掌握改造前后变化，导致改造投资方对改造成果存疑。实景三维技术是一种能够反馈真实状况的手段方法，从而评价社区空间改造建设成果的有效性。

（2）驾驶舱建设投入大、华而不实。社区智能服务平台建设的驾驶舱为追求可视化效果多以手工模型构建场景、以游戏引擎承载为主，这样的驾驶舱建设不但投入巨大、更新成本极高，而且无法反馈社区真实的品质情况。

（3）智能化重基建轻运营。未来社区建设中普遍存在着重基建、轻运营的情况，许多智能设备的设置是为了智能化而智能化，没有发挥设备的价值，甚至社区居民都不知道其存在。在实际社区治理环节中，缺乏对基底数据的真实掌握，使治理工作依然盲目抓瞎。

（4）社区配套超配少配、配套设施规划建设缺乏依据。教育、医疗、健康、服务等社区配套不仅仅是由社区规模决定的，还由社区附近的配套、公共资源的分布、交通状况等因素决定。为满足社区生活要求，在 5～15min 生活圈内设置不同的公共设施，然而由于生活圈定义没有通用标准，配套设施的共建共用缺乏顶层设计，由于无法掌握直观的距离、可达性情况，业主及监管单位对设施共建共用认可度不高，造成基础建设浪费、设施无人使用的情况。

（5）基层疲于奔命。任务在基层、压力在基层。基层工作每天面临着平安建设、疫情防控、教育普及、养老帮扶、社会救助、统计普查等多条线同时轰炸的情况，治理方式的落后使得基层在多项工作中往往需要多头跑、跑断腿，同一样信息需要在多个系统中不断录入，同一种资料最准确的反而是记在脑子里或者写在手写本上的，一旦岗位发生更换或基层人员发生调动，事情往往就得从头开始摸排，导致基层工作经常中断。当前疫情防控等工作又对基层响应速度、准确率方面提出了苛刻的要求，导致基层工作压力、人员缺口都达到了历史高峰。

5.4.2 技术架构

1. 构建以实景三维为基底的社区空间数据资产

构建以实景三维为基底的社区空间数据资产，实现社区内外空间状态的真实还原、历史回溯。

根据空间资产的建设、管理归属不同，空间资产可以分为公共空间资产和社区空间配套两大部分。

公共空间资产包含各级区划单元、网格等基层治理单元、行政管理服务设施、教育服务设施、养老服务设施、卫生服务设施、文化服务设施、商业服务设施、体育服务设施和城市部件等内容。建设、维护主体大多为社区的空间资产为社区空间配套，依据基础配套和未来社区场景分为居住小区、空间结构、绿化、社区邻里空间、社区教育空间、社区健康空间、社区创业空间、社区建筑、社区交通、社区低碳设施、社区服务空间和社区治理空间等内容。

构建一套包含时间序列的市域实景三维底板，在此基础上对全域公共空间资产进行了收集落图和动态更新，并下沉到不同的治理单元，为社区空间资产的治理提供一套统一的底板，为社区公共配套的科学布设提供依据，并减少社区对公共空间资料调查的成本。公共空间资产“一张图”和基于实景三维的社区空间配套空间资产如图 5－31 和图 5－32 所示。

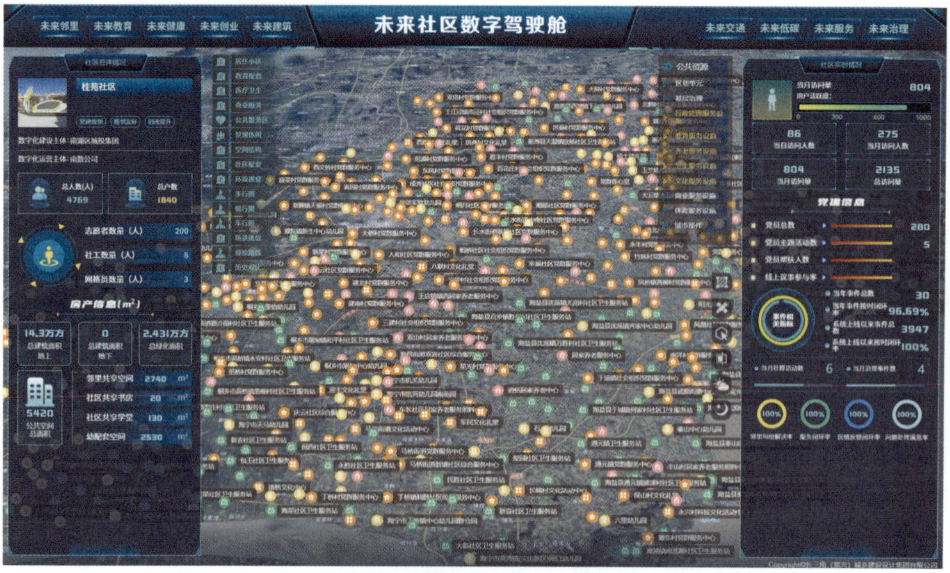

图 5－31　公共空间资产“一张图”

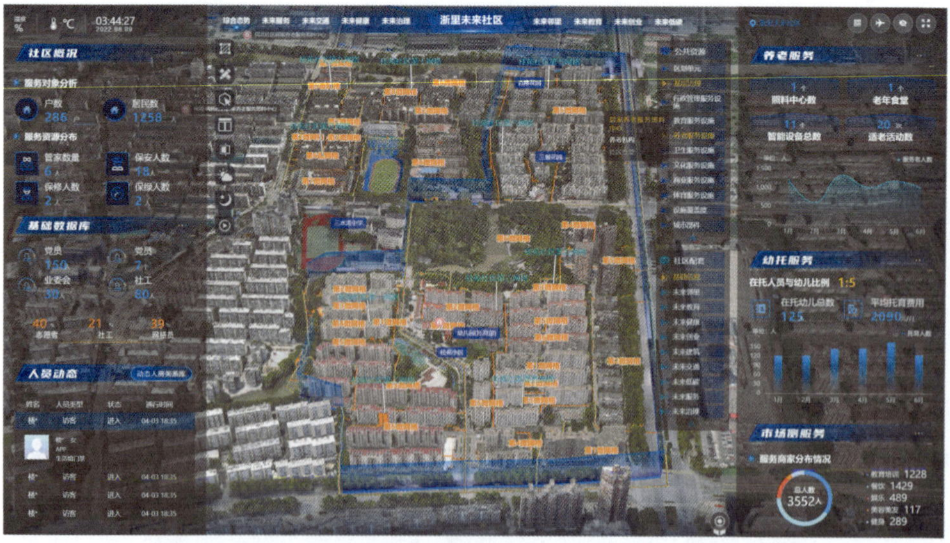

图 5－32　基于实景三维的社区空间配套空间资产

2. 基于实景三维构建驾驶舱，真实还原社区建设过程

依托实景三维数据构建驾驶舱，低本高效。结合社区空间配套数据，构建历史现状比对、量测分析、环境模拟等高逼真还原能力，通过对社区空间资产与实景三维的叠加可视，可以还原社区建设过程，把握未来社区空间建设成效，有效量化衡量空间面积。还原社区改造前后场景和真实获得居民活动空间如图 5－33 和图 5－34 所示。

图 5－33　通过时序化的实景三维还原社区改造前后场景

图 5－34　通过实景三维的真实可量算特性真实获得居民活动空间

3. 基于实景三维和路网地图，构建生活圈分析单元

将实景三维与路网地图相结合，构建更为准确的生活圈分析单元，支撑设施评估评价。

传统的生活圈评价多是以圆形、椭圆等固定形状为评价单元，在社区设施评价中缺乏对可达性的评价，使得评价结果缺乏依据。

基于实景三维的生活圈分析单元是以多边形蜂窝为基础单元，结合人工智能手段对实景三维面进行计算分析，将连续的建筑面视为相同的可达区域，构建不规则蜂窝地图网络，实现空间的单元化划分。

在设施评价方面，基于生活圈分析单元，依托高德路网服务，计算获得 5、10、15min 人行、骑行、车行的生活圈，实现公共配套设施的可达性分析，辅助论证共建共用设施的可用性，为社区配套设施增设、改造、选址提供精细化依据，如图 5-35 和图 5-36 所示。

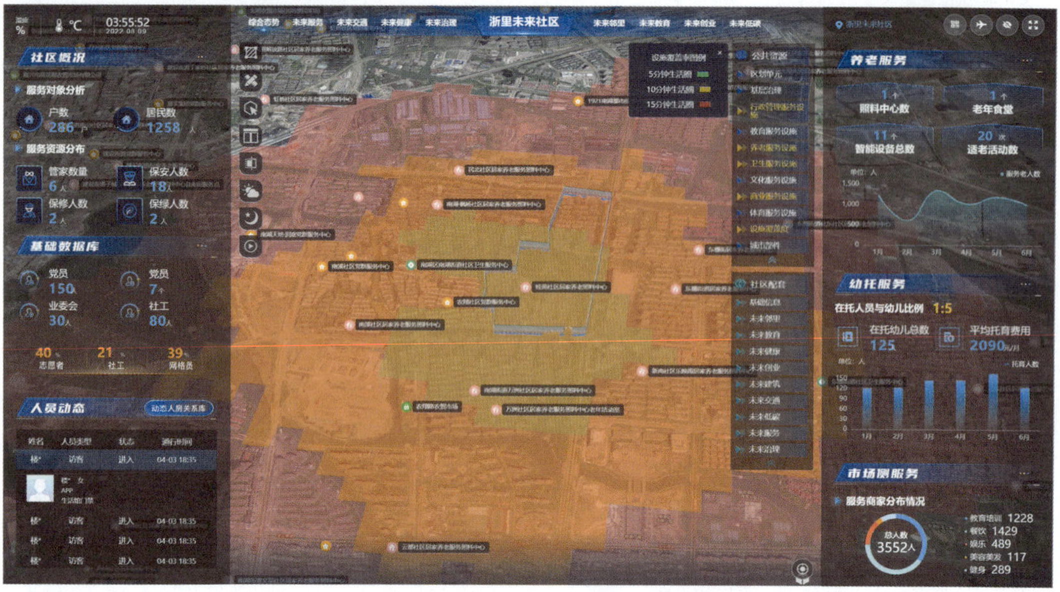

图 5-35　5、10、15min 人行、骑行、车行的生活圈

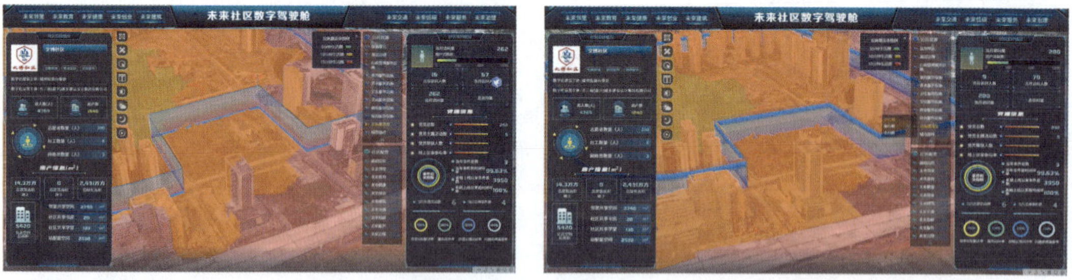

(a)　　(b)

图 5-36　公共配套设施的可达性分析

（a）仅基于路网的分析；（b）路网和三维实体联合分析

4. 基于实景三维构建人房库，提供精细治理基础

依托实景三维构建人房基础信息库，实现立体空间的治理底座，如图 5-37 所示。

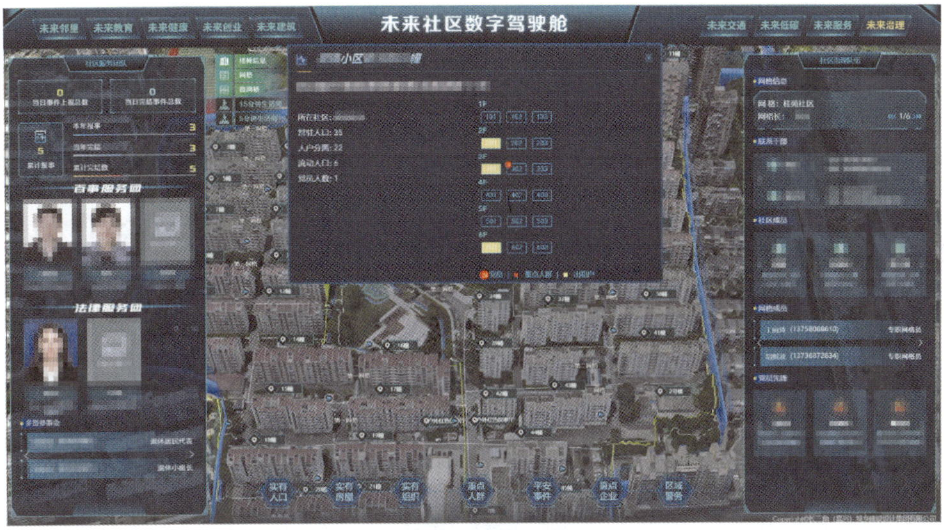

图 5-37　基于实景三维的人房精细治理

通过横向贯通政法、组织、住建、公安、民政、规资、应急、工商等地址应用部门，基于立体空间治理单元开展基层吹哨响应、流动人口摸排、疫情单元化管理、重点企业监管、出租厂房监管、不动产全周期管理等业务闭环，实现立体空间上的人、房、组织信息双向采集、管理、更新、监管闭环。

通过人房信息库的构建，可以在治理侧实现人房库的全过程闭环，数据互通、底板共用，为基层工作减负赋能。

5. 实景三维和物联融合，孪生映射真实变化

通过各类感知设备和实景三维的空间的一一对应，将社区内关键点位进行集中管理，数据集中采集、集中处理、集中预警；实现日常数据留痕，异常状态预警，当出现异常值或者数值超过警戒阈值时，快速定位警报点空间位置。此外，在对视频流实时接入的基础上，通过对视频流俯仰角、视角、焦距等参数的实时获取，对视频进行空间投影变换，实现视频流与实景三维的融合，实现对场景状态的真实还原，达到实景孪生虚实融合的目的。基于实景三维的视频融合和要素智能提取如图 5-38 所示。

图 5-38　基于实景三维的视频融合和要素智能提取

6. 基于实景三维的空间可视分析

实景三维本身包含的信息就具备很强的可分析能力，其中最直接的就有区位空间、

楼层、环境、立面的可视，基于实景三维构建空间分析能力，可以进一步实现日照、可视域、天气、水环境的模拟，从而支撑不动产交易、资产评价、应急防控等场景。基于实景三维的可视分析在建设方案选择中的应用如图 5－39 所示。

图 5－39　基于实景三维的可视分析在建设方案选择中的应用

7. 基于激光雷达的实景三维部件级采集

基于手机激光雷达，可以实现实景三维的公众采集，激光雷达的工作原理是将激光从物体上反射回来，以测量光回到传感器的时间，从而测量它们的距离。结合摄像头照相能力，可以实现毫米级的实景三维场景动态构建。激光雷达已在自动驾驶、文物保护、地灾监测、林地监管等场景中广泛应用。下一阶段，随着激光雷达设备的普及和移动端扫描建模软件和三维服务托管平台的成熟，社区居民将能够实现部件级的实景空间、物品的众包采集和上图，进一步降低实景三维的成本，提升实景数据的鲜活性。

5.4.3　应用场景

1. 社区更新和配套提升

传统的建设方案比选过程，除了专业图纸外，设计单位会同步制作三维效果图，三维效果图往往采取动画渲染方式描述方案与周边的适宜性，包括色彩、高度、区位配套等等，试图说服决策者选择该方案。然而，由于动画效果渲染的周边地区情况往往不依照比例尺、色彩风格差异大、美化工作严重、建模不全等情况造成了方案之间不具备可比性，周边仅能看到对该方案有益的信息。传统的方案效果图如图 5－40 所示。

依托实景三维数据，可以实现对社区现状的第一时间掌握，能够为社区更新、改造的设计、施工工作提供第一手准确资料，指导设计、施工的精准落地。依托实景三维构建的方案比选场景，周边可以完全保持真实场景情况，在此基础上可以直观评判建筑色彩、高度、区位配套等因素，避免设计方对方案无关信息的过度美化，结合日照分析、控高盒子、可视分析、退线分析等实景三维分析工具，能够量化、直观对方案做出评判。基于实景三维的方案比选与方案分析工具如图 5－41 所示。

图 5-40　传统的方案效果图

图 5-41　基于实景三维的方案比选与方案分析工具

在项目建设完成后，依托实景三维数据可以实现对社区改造前后的真实比对，改造方案与改造成果的真实对比，从而直观、量化评价改造成效，发现改造成果与方案间的差异，指导政府投资的准确实施，为同类项目实施提供样本。

此外，依托实景三维构建 5、10、15min 人行、骑行、车行的生活圈，可以实现对社区配套的科学评估评价，指导社区配套新建和改造决策。

2. 社区精细化治理场景

（1）疫情防控场景。基于实景三维可以开展立体空间的疫情防控，一方面实景三维可以为三区的划定提供真实的基础，真实捕捉小门等区域盲点并布置防疫力量。同时，基于实景三维构建人房信息库，可以对住户健康码状态进行空间化着色落图，疫情信息精确到户室，一图掌控全域楼幢防疫信息，开展精细化“无疫单元”创建。基于立体空间单元可以构建快速编组调度系统，就近调度人员开展防疫工作。

（2）安防部署场景。基于物联感知设备和实景三维的实时融合，可以实现事件的真实反馈、获得更为准确的摄像头覆盖程度和摄像头视角，实现对摄像头、人员的精确部署。

（3）关键人员追踪场景。在社区各个关键出入口设置人脸识别摄像头，通过 AI 识别（人体，人脸）技术自动识别关键人员（老弱病残幼等），并打上时空坐标。可查看人员的三维行动轨迹，当人员离开预设的活动区域，或靠近警戒区域（天台、湖边）平台自动告警。

（4）内涝防控场景。基于实景三维和物联感知的融合，可以构建精准的内涝防治场景，使用实景三维的高程信息可以准确识别地理上的低洼地，结合构筑物情况、地下管线输送能力、土壤透水性质等情况以及视频传感设备的设置，可以有效把握内涝积水区域的扩散范围，有效防堵内涝发生，减少居民财产损失。基于实景三维的内涝防控场景如图 5-42 所示。

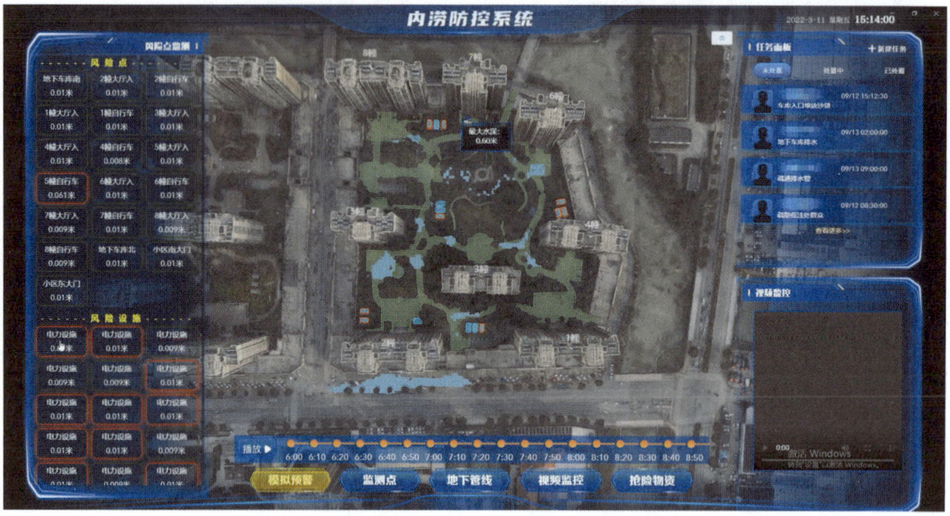

图 5-42　基于实景三维的内涝防控场景

3. 邻里交易场景

基于实景三维的空间、日照、楼层、环境可视分析，可以为不动产交易和物品置换创造公开透明环境。外部空间的实景三维可以真实反应楼层、周边布局、周边绿化、周边工厂、周边建筑、周边交通情况，为不动产购房者提供一手资料，使不动产交易更加公开透明，减少不动产交易的后续矛盾。此外，社区居民可以通过智能手机的激光雷达功能对需要进行交易的物件（桌、椅、装饰品、工艺品等）开展实景三维的扫描还原，意向购买者可以通过实景三维 360° 看到购买物品的完整度、保养情况和形态，使购买信息更加透明，减少退货情况发生。

5.4.4　主要成效

1. 所见即所得的设计建设模式

通过实景三维支撑未来社区的设计、建设过程，实现所见即所得的设计建设模式，提高投资有效性。在项目建设前期就能对建设方案的空间适宜性、设施配置合理性进行全方位分析，减少因方案设计偏离实际、同类设施重复建设导致的财政资金浪费，提高政府投资的有效性和可得性；在项目实施过程中，基于实景三维数据可以实现对社区现状的第一时间掌握，能够为社区更新、改造的设计、施工工作提供第一手准确资料，指导设计、施工的精准落地，减少改建成本，可以通过实景三维对项目实施过程进行定期监控，把控实施方向，减少实施偏离；在项目实施完成后，可以通过实景三维对项目建设成果进行评价，结合设计方案和实景三维成果，得出建设的还原度，为同类项目建设提供依据。

2. 线上线下一体化的服务模式

实景三维与线上服务、物联设施的完美融合，可以为社区居民提供线上线下一体化的社区服务，将线上服务集成至实景三维，可以有效评估智能化服务设施的有效利用率、空间利用率，通过调整设施摆放位置、增减设施等方式，支撑养老服务、健康医疗、幼托教育等服务的精准落地，增强服务半径，提升居民获得感，实现温暖小区、便民服务。通过实景三维与物联设施的融合，构建无盲区的安全覆盖网，建立人行、车行、安防设施的线上线下一体化服务，将孪生场景中的分析结果还原到真实社区环境中，通过孪生结果指导安防预案的建立，实现社区管理的降本增效。

3. 立体空间全方位的治理模式

基于实景三维构建的治理模式，可以精准的建立立体空间治理单元，如楼幢的微网格单元可以划分到层到户，从而将网格员、志愿者队伍、党员等力量合理分配至每个单元，结合居民日常生活需求建立疫情防控、老人关怀、残疾人帮扶、矛盾调解、就业帮扶等服务队伍，全面发挥党员、居民、社会组织、政府团队的参与作用，实现“贴心”“连心”服务。

此外，基于物联感知设备和实景三维的实时融合，可以实现事件的真实反馈、获得更为准确的摄像头覆盖程度和摄像头死角，为社区治理工作减负赋能，提升社区治理的现代化水平。

4. 智能可持续的运营管理模式

通过实景三维支撑社区运营工作，可以精准评估公共空间的利用率、单位空间营收、基础设施的覆盖度等指标，将公共空间改建、安防设施加装、环境整治、景观植入、智能化改造等过程在数字空间中进行模拟推演，选取最合适的方案进行实施，推动空间场景落地的有效性，实现社区运营的降本增效。

5.5 智慧园区

5.5.1 行业现状及主要需求

1. 智慧园区的概念内涵

智慧园区一般由政府或企业与政府合作牵头规划建设，通过合理布局供水、供电、供气、通信、道路、仓储及其他配套设施，结合 3D GIS、BIM、物联网、云计算、大数据、人工智能、5G 等新一代信息技术，加强各类资源的整合，创新园区组织架构，将“智慧”渗透到园区建设与运营的每个细节中，提升园区运营、服务和管理能力，为园区铸就一套超强的软实力，实现产业园区内及时、互动、整合的信息感知、传递和处理，以提高园区产业集聚能力、企业经济竞争力、园区可持续发展为目标的先进园区。

智慧园区作为智慧城市的重要表现形态，其体系结构与发展模式是智慧城市在小区域范围内的缩影，智慧园区建设成为推动园区发展模式变革、实现社会经济可持续发展的重要路径选择。智慧园区同第四代产业园区在定义上、内涵上相统一，强调经济模式、发展模式及服务模式上的内涵。

2. 智慧园区的发展现状及趋势

（1）智慧园区的发展现状。

1）烟囱式、单系统。很多智慧园区基本是孤立的烟囱式单系统建设，数据和业务不能有效融合，长期面临着服务体验差、综合安防弱、运营效率低、管理成本高、业务创新难等痛点。

2）表单式、流程化。园区信息化多是以表单格式、流程化、重交互操作的方式，多数流程需要工作人员在终端读取信息再进行相关处理，并未实现真正的“智慧”。

3）碎片场景、二维表达。智慧园区的发展还处于初级阶段，很多园区虽然已经开始建设智慧停车、智慧打卡、智慧管理、访客登记、电子巡更等服务应用，各类信息化场景尚未形成生态，园区基础设施和园区管理服务仍处于分散状态，在终端以二维化平面进行管理，对管理者而言不够直观，对决策的支持作用有限。

（2）智慧园区的发展趋势。相关数据显示，2020 年我国智慧园区市场规模已超过 2400 亿元，预计 2022 年智慧园区建设的市场规模将突破 3000 亿元。

1）高效服务是抓手。园区运营方应注重公共领域管理与服务，紧紧围绕公众需求，加快建设面向个人用户的社会信息服务网络，建立惠及人人的电子政务平台和公共服务体系，具备物业服务、能源服务、餐饮服务、酒店服务等多元化服务；借助智慧园区内智慧高效的管理工具，全方位的了解园区内设备和人员情况，实现园区一体化、信息化管理；随时了解用户习惯与需求，先于用户需求提供服务。

2）协同发展是方向。国内大部分园区现有的信息化基础工作扎实，但相对缺乏园区的顶层规划和支撑体系建设，园区运行管理过程智能化水平有待提高，或者一定程度上存在“数据鸿沟”现象，高质量的大数据分析应用和亮点呈现有待提高，因此需要突破自身，发展融合智慧产业和智慧服务。一是同园区产业发展相结合，引入一批发展潜力大、市场前景好的智慧产业，逐步形成“智慧制造”到“智慧服务”一条龙园区产业发展格局；二是同智慧城市建设相融合，使智慧园区的管理和服务职能融入智慧城市的管理和服务功能中，人才和知识聚集，达到产业规模效应，提升生产力和供应链。

3）精准招商是重点。对园区运营方来说，招商是推动产业园区发展的重点。对企业入驻方来说，更多关注的是园区是否有智慧化的办公环境、产业发展资源条件、园区公共服务、生活配套等方面，能否提前解决这些痛点是招商成功与否的关键。园区可通过智慧园区实景三维平台建设，以数字化、三维化的形式对区域产业情况、经济发展、区域优势等进行研判，让政府、园区和投资企业快速、全面、直观地了解区域产业信息及效益分析，实现精准招商，降低成本、提高效率。

3. 智慧园区发展目标及建设任务

（1）发展目标。以新一代信息技术为手段，以智慧应用为支撑，全面整合园区内外资源，推进园区基础设施智能化、公共管理精细化、公共服务便捷化、资源利用绿色化、产业发展智能化，促进园区发展向产业集聚型、生态环保型转变，实现感知覆盖、数据融合、状态可视、业务可管、事件可控，使园区服务更安全、更便捷、更高效，园区运营低成本、可持续、更卓越。

（2）建设任务。

1）数据底座建设。实现园区内二维数据、三维数据、IoT 数据、空间数据、管理数据等多源异构数据的采集、融合、入库与更新，构建统一、全面、权威、更新及时的智慧园区数据底图，支撑智慧园区实景三维平台高效运行，为园区全域空间智慧化管理提供支撑。

2）基础平台建设。搭建智慧园区实景三维平台，以多视角、多维度的方式实现“地上下、室内外、水上下”全空间一体化实景三维数据汇集、呈现，通过数据可视化的方式对园区基础信息和产业、能效、环境、资产等运营管理状态实现全域实时监测。

3）驾驶舱建设。面向园区监管与运维，整合园区各领域数据资源，对园区产业、经济、安防、能耗等管理领域的关键指标进行综合监测分析，实现园区人、事、物的统一管理，园区综合运营态势一屏掌握。

4）应用体系建设。整合园区运行核心系统的各项关键信息，建设物联感知、运营管理、园区服务智慧应用体系，对园区服务、管理以及安防等各种需求做出快速、智能响应，全面提升园区管理效率和服务质量。

基于实景三维底座的智慧产业园区通用架构如图 5-43 所示。

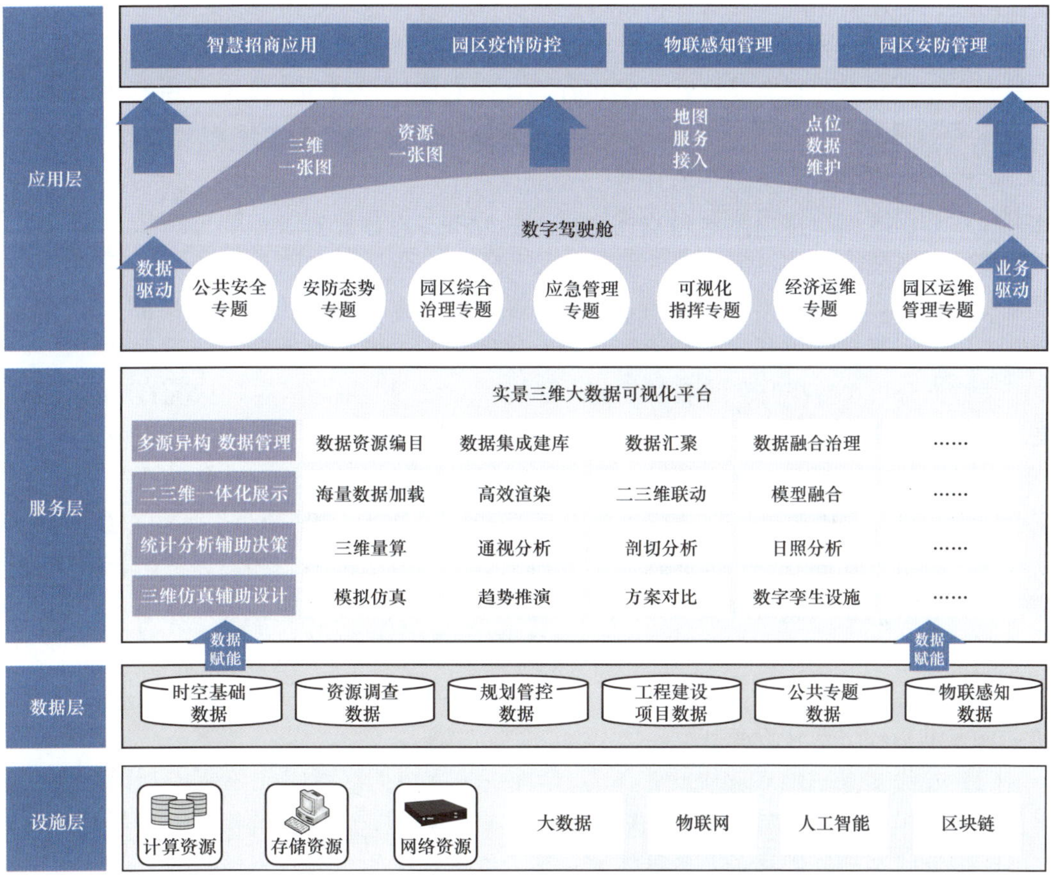

图 5-43　基于实景三维底座的智慧产业园区通用架构

5.5.2 技术架构

1. 夯实智慧应用数据底座

建立园区二三维地图采集平台，用以支持 GIS 数据管理、服务发布、空间分析。平台应支持主流 GIS 平台数据与服务的整合，支持二次开发并具备丰富的开发实例，帮助职能部门快速构建定制化的二三维 GIS 应用。平台应实现数据模型、场景构建、空间分析和软件形态的一体化，二维与三维一体化、地上与地下一体化、室内与室外一体化、宏观与微观一体化。

（1）多源数据管理展示。整合平台建设过程中收集到的各类数据，包括二维基础底图数据、遥感影像、DEM、三维精细模型、倾斜摄影数据、传感器数据、BIM、人口、风向和规划项目数据等，实现二三维数据的一体化管理、发布和展示。

（2）统计分析辅助决策。提供规划设计决策过程中需要的各种三维地理分析功能，包括三维量算、剖面分析、通视分析、可视域分析、阴影分析、天际线分析、天空可视域分析、淹没分析、坡度坡向分析等。

（3）三维仿真辅助设计。结合实景三维数据，精确模拟真实场景。结合建筑物内的智慧物联设备，实现建筑物运营状态可视化管理。结合地理信息系统，应用三维仿真技术，对园区建筑、街道、绿地区域、市政管线等园区基础设施进行全方位三维展现。结合人工智能算法对建设项目设计方案进行对比，对园区运营的发展趋势进行推演。

2. 搭建智慧园区实景三维大数据可视化平台

运用大数据、数字孪生、云计算等先进技术手段，建设智慧园区三维可视化平台，是实现智慧园区精准化运维及高效化管理的核心环节。智慧园区三维可视化平台，以三维地理信息系统为基础，覆盖园区常态监测监管、安防运维调度等多个业务领域，关联调度视频监控、门禁、车辆及人员卡口、重要设施设备、各类监测传感器的数据资源，凭借先进的人机交互方式，在三维系统中有序组织各类资源数据，实现数据融合、数据显示、数据分析、数据监测等多种功能，通过“一张图”将园区实时状况直观地显示出来，广泛应用于监测指挥、分析研判、展示汇报等场景，支撑园区的智慧化运营。

（1）围绕全空间、全要素基础信息及运营管理建设实景三维标准化基础平台。充分整合用地、建筑、基础设施等静态数据以及“人流”“物流”“交通流”等动态数据资源，以数据三维可视化的方式从园区尺度的基础信息和产业、能效、环境、资产、招商等运营管理状态实现全局实时监测，凭借人机交互方式，实现数据融合、数据显示、数据分析、数据监测等多种功能，做到宏观统筹、科学经营、合理调配，综合运营态势一屏掌握，达成三维化的可视、可管、可控，最终实现三维数字化运营，形成可复制、可推广的实景三维基础平台建设范式。

（2）建设实景三维底座“一张图”，全面细致完成园区数字化还原。利用高精细数字化三维建模的手段，对实景三维模型、三维 GIS 模型、三维建筑模型、卫星影像、地形、地下管网进行矢量显示、多层叠加，显示单栋建筑的概况、分楼层剖分展示内部结构及设施，形成数字孪生一张图，实现园区基础设施的可视化巡查浏览，并可根据设备编号名称快速定位查询设备属性信息，为城市资产管理提供支撑。

（3）建设实景三维可视化平台，实现应用情景融入数字孪生场景。建设实景三维可视化平台，基于高性能数字孪生 GIS 引擎技术，为城市建筑、道路、设备设施、地形、附属物等实体建立三维模型，生成高精度、可量测的可视化的引擎平台与服务，以实现目标区域的刻画、仿真模拟与计算；将城市管理中各类运维专题、业务情景直观、清晰、精准的融合数字孪生场景中，为智慧城市的运维、管理、服务、指挥提供可视化框架。

（4）建设数字驾驶舱，辅助管理者监测城市运维状况。数字驾驶舱（大屏），以数字化还原“一张图”为基础，叠加各类感知信息图层，完成数字驾驶舱建设。通过将收集的数据信息根据各种各样普遍的数据图表，艺术化、形象化、细致化、及时地体现实景三维平台运作的重要指标值，形象化地监测园区运维状况，供管理者了解情况，辅助管理。

（5）基础平台提供数据、服务和应用接口，支持数据共享、信息交互和业务协同功能。对接国土空间基础信息平台和时空大数据平台，通过各类数据、服务和应用接口，满足数据汇聚、业务协同和信息联动的要求，集成共享时空基础、规划管控、资源调查等相关信息资源，支撑智慧园区其他应用的建设与运行。使得实景三维基础平台贯穿各行业间的“流程壁垒”，消除各业务部门间“信息孤岛”，实现各行业智慧应用跨平台、跨应用、跨部门的互联互通和信息共享，为信息资源共享、信息交换、建设协同、应急联动等提供支持。

5.5.3 应用场景

1. 智慧园区数字驾驶舱

基于园区三维地图、区域实景、概念三维图形等打造满足不同空间尺度和空间方位的可视化场景，如三维全球、三维中国、三维园区实景、三维楼宇实景等，每个场景下可加载各种不同的园区专题数据用于展示、分析、辅助决策。

（1）公共安全专题。基于三维大数据可视化平台，整合公安、安监、消防、环境安全等领域数据，提供园区安全态势监测、警力警情监测、重点人员监测、舆情监测、应急事件指挥调度等多种功能，实现园区“人、车、地、事、物”的全面监控，辅助用户综合掌控园区公共安全态势。

（2）安防态势专题。基于三维大数据可视化平台，集成视频监控系统、电子巡更系统、卡口系统等园区安全防范管理系统数据，对园区重点区域、人员、车辆、告警事件等要素的实时状态进行可视化监测，支持安防报警事件快速显示、定位，实时调取事件周边监控视频等功能，提升园区安防响应效率。

（3）园区综治专题。结合城市管理的基本要求与规划，对接相关系统，基于三维大数据可视化平台对园区进行栅格化管理，直观展示园区内部网格区划涵盖的道路、建筑物、工地信息、井盖、摄像头的位置、状态及详细信息，支持报警信息自动显示和监控视频智能调取，并通过多种统计图表联动，对各类综治事件、公众监督举报数据等信息进行多维度可视分析，辅助解决园区民生热点、难点问题。

（4）应急管理专题。基于三维大数据可视化平台，集成地理信息系统、视频监控系统、各部门业务系统数据，对园区重点防火单位、危险化学品生产单位等重点监测对象的风险指标进行可视化研判分析，对应急资源、应急设施的分布、数量、运行状态进行监测，为园区应急管理的预防、准备、响应、恢复等阶段工作提供高效的数据支持，提升决策人员对事故、自然灾害的处置效率。智慧化工园区是应急管理专题的主要适用场景。

（5）可视化指挥专题。基于三维大数据可视化平台，集成视频会议、远程监控、图像传输等应用系统或功能接口，实现一键直呼、协同调度多方应急管理资源，强化园区管理部门扁平化指挥调度的能力，提升处置突发事件的效率。

（6）经济运维专题。

1）重点企业监管专题。基于三维大数据可视化平台对园区重点企业进行可视化监管。支持对辖区内重点企业的数量、地理空间分布、品种类列、规模等信息进行可视化监测，提供点选、圈选等多种交互查询方式，在地图上查询具体企业名称、联系人、特种设备情况等详细信息，实现“一企一档”查询。重点企业监管如图 5－44 所示。

图 5－44　重点企业监管

2）园区经济专题。以三维可视化场景为支撑，呈现园区产业增加值、固定资产投资、重大项目、企业数量、社会消费品零售总额等经济指标，洞悉园区经济运行变化趋势。通过多维数据对比，发掘区域发展潜力企业，分析产业布局特征，辅助园区发展中长期规划制定。区域经济如图 5－45 所示。

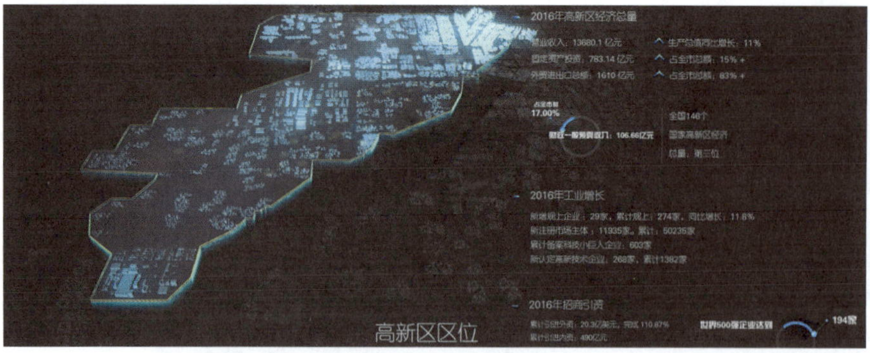

图 5－45　区域经济

3）行业经济专题。以园区三维模型为基础，按照国民经济分类，结合对园区不同行业的经济进行分析，以各行业的营业收入、利润总额、税收总额、企业数量等指标为基础，通过数据模型分析，洞悉各行业经济运行变化趋势。以热力图方式展示所属各行业的企业分布，分析行业聚集程度。同时，通过多维数据对比，发掘各行业发展潜力企业，辅助确定给予重点关注和扶持的对象。

4）企业经济专题。以园区重点企业为对象，将企业地址信息在园区三维场景中进行标注，能通过企业搜索查询定位呈现重点企业的企业基本信息、经营情况、人员情况、信用信息，同时支撑园区经济、楼宇经济等各主题的经济指标计算和展示。企业经济如图 5－46 所示。

图 5－46　企业经济

（7）园区运维管理专题。

1）园区建设成果展示。聚焦园区建设各领域，支持建立入驻企业、经济发展、基础设施建设等重要指标的数据驾驶舱，助力园区管理者宏观、全面展示园区各领域建设成就。

2）园区规划发展态势。三维大数据可视化平台可对接园区规划领域各类型数据资源，对园区历史演进、发展过程中的重要节点进行回顾，结合多种可视化手段对土地性质、园区布局、区块划分进行展现，宏观呈现园区特色、产业布局、地理优势、交通优势，帮助管理者掌控园区规划发展态势。

3）企业能耗专题。基于三维大数据可视化，对园区各企业进行可视化监管，对重点企业的数量、地理空间分布、规模等信息进行可视化监测，提供点选、圈选等多种交互查询方式，在地图上查询具体企业供水、供电、供能、能耗等详细信息。

4）环保生态专题。基于三维大数据可视化，对辖区污染源、风险源、水气站等进行可视化监测，支持集成视频监控、环境监控以及其他传感器实时上传的数据，对环境温湿度、空气质量等复杂环境因素进行实时可视化监测，提升园区环境监管的力度和效率。环保生态专题在存在高污染源的产业园区尤其适用。

2. 智慧园区数字孪生可视化管理应用

（1）三维资源“一张图”子系统。建立资源数据数字孪生“一张图”，利用 GIS 引擎实现二三维地图一体化集成发布。并以此为基础，通过汇聚园区全域的各类资源数据，将园区运行管理所需的基础信息数据与地理信息数据进行关联，实现视频监控、前端感知、设施部件等数据资源在一张图上分层可视化展现。

（2）地图服务接入。支持对二三维地理信息数据进行一体化的接入与管理机制，服务类型包括地形数据、影像数据、模型数据、POI 点位数据。通过服务聚合将不同来源及不同类型的 GIS 服务聚合，通过提供统一的服务接口供用户访问，实现资源整合。

（3）点位数据维护。点位数据维护功能可对园区日常运行管理和应急处置需要的各类资源点位信息进行集中统一管理，包括园区部件管理、应急资源等点位维护。同时支持对图层的添加、修改、删除、编辑，支持图层显隐，支持图层目录获取，支持图层树管理。

（4）资源点位上图。通过汇聚园区全域的各类资源数据，将园区运维管理所需的各类资源要素信息标记上图，包括视频监控上图、火灾监控及报警上图、前端感知上图、部件上图、物联网资源上图等，实现视频监控、前端感知、园区部件、处置力量等数据资源在一张图上分层可视化展现。

（5）高空资源“一张图”。

1）监控视频点位分布。在三维地图上真实的反应监控摄像头的点位分布情况，赋予监控摄像头空间位置信息，方便进行监控摄像头的空间查找和资源管理。

2）道路重点资源分布。根据真实场景，在三维地图中标注显示园区内重点资源分布位置信息。从三维地图高空对其分布一目了然，方便查找和定位。

（6）低空资源“一张图”。

1）视频融合展示。在低空道路路面展示视频融合，通过三维地图与视频监控信号的联动，在三维虚拟场景中叠加单个或多个拼接的视频监控画面，实现虚拟与现实结合的视频投影分析模式，对园区重要交通路段的车流进行实时的监控。

2）视频巡检展示。将实时视频监控画面投影到三维地图当中进行视频融合展示，通过事先设定路线的方式实现视频融合巡检功能。当巡检到有监控摄像头位置时，打开视频监控实时画面进行查看，提高重要路段巡检效率及安全管控效率。

（7）园区安防管理。

1）视频应用。在三维场景中进行视频点位分布查询管理，通过多种方式进行查询定位，对室内、室外视频点位分布进行三维立体空间查询，对监控杆分布情况定位显示查询。并可根据视频资源的类型如视频监控、卡口监控、人脸监控等进行查询，查询结果可通过三维图标上图展示。

2）视频播放。将视频监控信息在三维场景中进行还原，搜索查询点击打开播放器视频内容，该联动方式可增强用户空间位置的概念，从而更好地了解辖区内的视频监控分布现状，实现宏观、微观的安防事件分析及处理。在三维系统中选择需要查看的监控点位，通过点击视频监控图标可打开单路视频监控或同时打开多路视频监控，系统调取该摄像头的视频流信息在线播放视频监控的实时画面。此外，通过挂接视频监控平台可以实现历史视频调取查看。

3）列表管理。对视频资源进行分类型列表管理，即把监控视频资源按照不同的用途进行分类管理。如门禁视频、人脸抓拍机等。

4）分辖区管理。对视频资源进行分辖区列表管理，即把监控视频资源按照区域的不同进行分类管理。如大楼外视频监控、大门监控、各楼层监控等。

5）人脸应用。依托人脸识别系统，对辖区内重点卡口进行布控，并进行人脸实时抓拍。抓拍后的人脸图像将与黑白名单进行相似比对，当重点人员经过人脸识别系统时，会在三维系统中自动显示报警卡口位置并弹出重点人头像照片。

6）车辆应用。车辆管理功能主要通过可视化的管理，提供对辖区出入车辆的车牌号、时间、地点、出入状态、现场照片等多种数据的接入在三维地图上通过列表的方式展示。同时可输入查询时间，即可对查询时间范围内的车辆进行查询，点击结果列表的任意一项，即可查到进入辖区的车辆抓拍图片等信息。

7）事件报警系统管理。系统挂接园区安防管理系统，整合相关感知设备数据，当出现相关报警信号时，如人员入侵报警，可完成三维可视化展示与点击联动，提高报警管理效率。此外，系统通过视频平台获取的报警信息可同样完成可视化报警联动，提高楼宇内部管理效率。报警联动如图 5-47 所示。

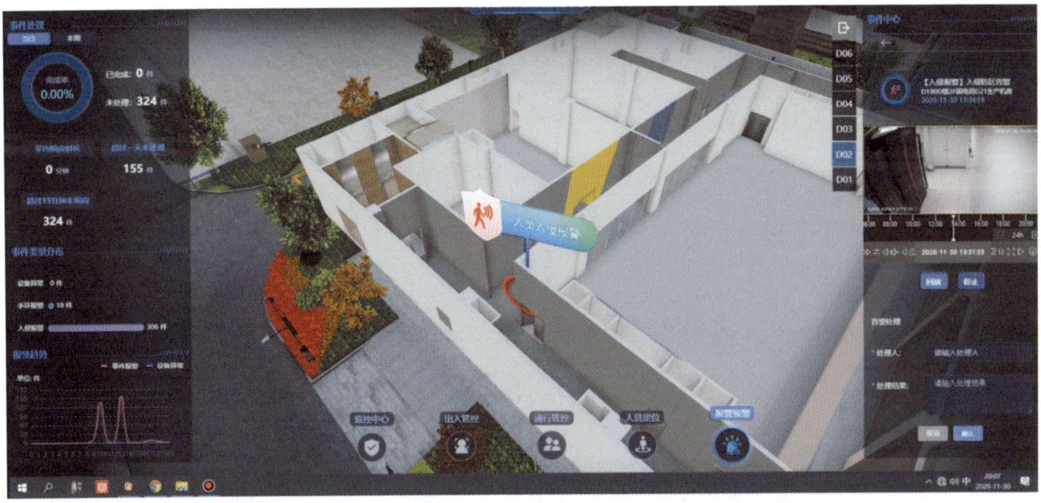

图 5-47　报警联动

8）门禁管理系统。根据园区环境，系统通过对接园区安防管理系统，支持将园区各个楼宇内的门禁进行上图管理，通过挂接门禁处的视频监控实时查看各个门禁处的基本情况。系统通过对接园区安防管理，整合门禁出入相关数据，实现进出大楼的人员信息一体化展示。通过查询相关时间，可完成历史时间范围内人员的出入情况，提高园区内部安全管理效率。在化工园区、特殊园区等场景中，门禁管理系统一般要按照封闭化管理要求建设，三维、立体的直观化展示能力十分关键。门禁管理如图 5-48 所示。

图 5-48　门禁管理

（8）园区物联感知管理。

1）电梯管理。为保证园区内各个楼宇电梯的安全运行，通过挂接园区物联管理系统，完成电梯运行状态的实时监测，包括电梯所在楼层位置，上下行状态。在电梯运行出现故障时，系统完成报警，系统实现报警信息的联动，根据报警信息调取电梯内部摄像头完成电梯内画面实时监测。通过报警信息快速传达，保证电梯得以快速维修，维护梯内人员安全。电梯管理如图 5-49 所示。

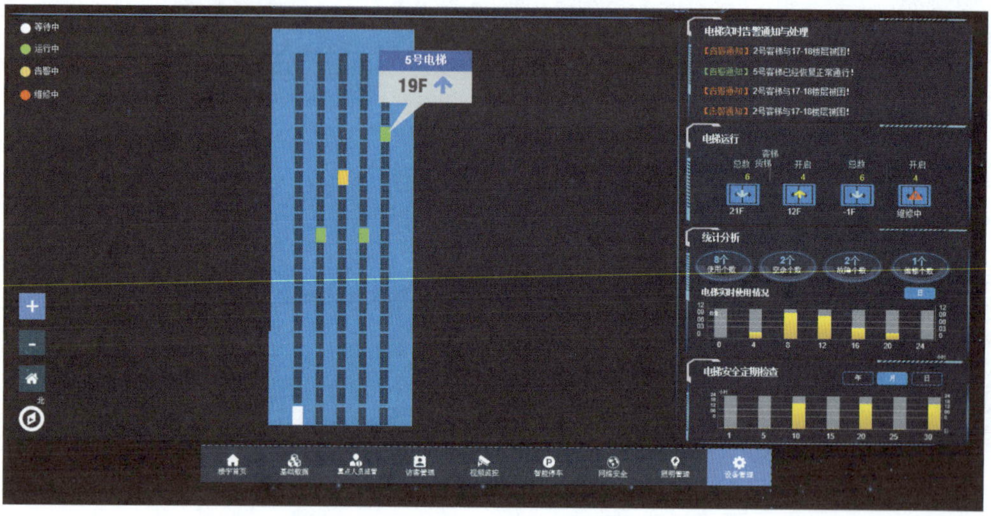

图 5-49　电梯管理

2）冷源系统对接。系统通对接园区物联管理系统，实现冷源系统参数对接与展示，以及冷源系统运行状态的展示。通过设备点位上图，可实现冷源机组、冷却泵运行状态及报警状态，当出现报警信息时，可实现三维可视化联动。此外，可实现冷源系统相关参数历史记录信息、故障信息的查询与展示，保障园区各个楼宇冷源系统运行状态。

3）空调管理系统。系统可与园区物联管理系统，实现园区内各个楼宇空调参数的监测，包括当前空调系统的参数及运行状况，根据参数形成各点位温湿度统计图，实现空调系统历史记录信息。

4）空气质量指数管理。系统可与园区物联管理系统进行挂接，完成环境可视化监测。实现园区各区域的空气干湿度，室内外温度及空气中各类元素含量指数监测及上图展示。

5）空间资产管理。系统支持与物资管理系统进行挂接，在三维场景中完成空间资产的运维管理，实现空间分布情况的基本展示，及其内部资产列表的基本展示，点击可查看资产的用途、使用年限、维护部门等相关属性，提高资产管理效率。

6）能耗监测。系统通过三维场景挂接园区物联管理系统实现园区各个楼宇各楼层办公区域能耗数据监测。通过数据整理对园区内部各能耗监测设备位置信息进行列表整理，点击可实现所选设备历史数据的加载与查看，园区管理人员可以根据园区各楼宇各个楼层近一时间段内的能耗更有针对性的制定管理计划，提高节能降耗的效率。

7）机房运维。支持基础平台与机房运维管理系统挂接，将机房基本环境进行三维数字化还原，可视化展示基本参数，包括机房内的温湿度、机房设备运行状态情况等，实现直观化监测与管控。

（9）园区智慧招商。

1）招商概览。统一展示园区概况、人口与就业、核心规划区域、土地总览信息、税收统计等信息。将园区产业情况进行统一可视化展示，包括 GDP 产业结构分析、重点企业总览、产业结构分析、固定资产分析、经济板块分析、行业经济分析等，方便决策机构直观了解园区产业情况。将各项基础设施的分布、分类以及数量进行统一展示，主要包括教育设施、医疗康养设施、体育文化设施、行政办公设施、商业与服务业设施以及交通设施等。

2）招商空间。

a. 云供地：云供地模块包括项目概况、地块列表、地块详情等信息。项目概况主要包括用地类型概况以及招商项目、周边公服配套类型等统计信息；地块列表包括地块编号、出让面积、容积率、用地性质等字段信息；项目详情包括地块名称、地块编号、地块用途、批准机关等字段信息。

b. 云项目：项目模块包括项目概况、项目列表以及项目详情等信息。项目概况主要包括用地类型概况、招商项目统计、周边公服配套类型统计等；项目列表包括项目名称、面积、地块用途、建成状态等字段信息；项目详情包括项目名称、地块编号、行政区代码、批准机关等字段信息。

c. 云政策：收集整理展示围绕用地规划和保障服务工作发布的相关政策及解读文件，主要包括当前可申请政策、政策类型以及政策列表等信息，帮助企业快速了解园区投资环境和投资政策，实时掌握投资动态。

3）云上推介。

a. 土地推介：土地推介模块能够提供地块查看、地块搜索、地块对比、周边查询、意见反馈等服务，实现全域范围内土地供应情况的总览，能够辅助用户全方位、多角度了解招商地块详细信息，帮助用户快速精准的定位意向地块。

b. 智能寻地：提供全域范围内近年来集中建设的重点功能区、工业园区、医院、历史街区、特色小镇等区域空间，投资企业可在拟投资区域内自定义选地规模，并结合选址评估、周边查询、成交搜索等模型工具，详细了解选地范围内的土地现状、建筑信息、审批进度和规划情况，快速测算土地经济效益，综合评价地块投资潜力。

c. 政策手册：主要包括政策公开、市场分析、政策查询、资料下载功能，以供公众查阅，让公众更好地了解对应的项目以及规划、招商的基本知识和相关政策。

d. 互动交流：通过在线留言方式，为每宗招商地块预留意见反馈入口，架设起投资企业和招商部门建立线上交流互动桥梁，为企业提供线上“一对一”精准服务。

4）园区经济管理。

a. 用地管理：为更好实现园区产业一张图管理，对产业地块用地性质进行可视化管理。采用二三维叠加的方式，在三维场景基础上叠加二维矢量图，不同颜色区分不同用地性质，分别展示园区内产业用地、商业用地、住宅用地、园区配套设施用地及公建设施用地的分布及占比。借用统计图的形式将园区内各个区域的用地总面积进行标注展示，将每类用地中已建和未建的比重分布显示，更为直观具体地展示产业地图。用地管理如图 5－50 所示。

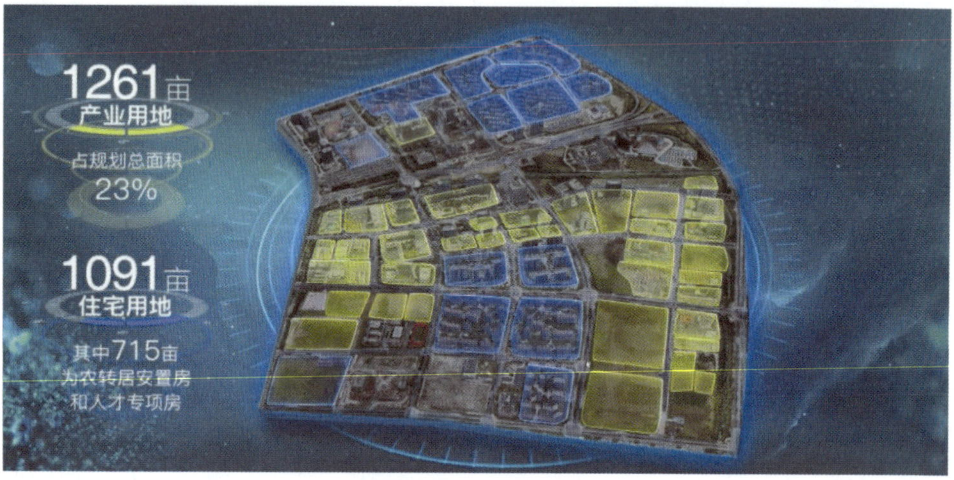

图 5－50　用地管理

b. 企业管理：将企业位置与三维场景进行挂接，实现企业信息上图显示。利用三维平台将企业位置、企业信息、企业内部环境进行展示，增强企业宣传的直观性，增强宣传力度，扩大企业乃至园区的整体影响力。如图 5－51 所示。

c. 楼宇经济管理：通过统计楼宇内各企业的营收情况，完成单个企业详细经济信息统计图表；通过分析各企业的详细经济信息，完成整幢楼宇的经济信息汇总图表。管理员用户可通过点击查看和比较园区内任一楼宇的详细企业入驻信息、年度营收信息、纳税情况、电费、水费统计信息以及各类信息排行，辅助进行园区的运维管理。楼宇经济管理如图 5－52 所示，空调管理如图 5－53 所示。

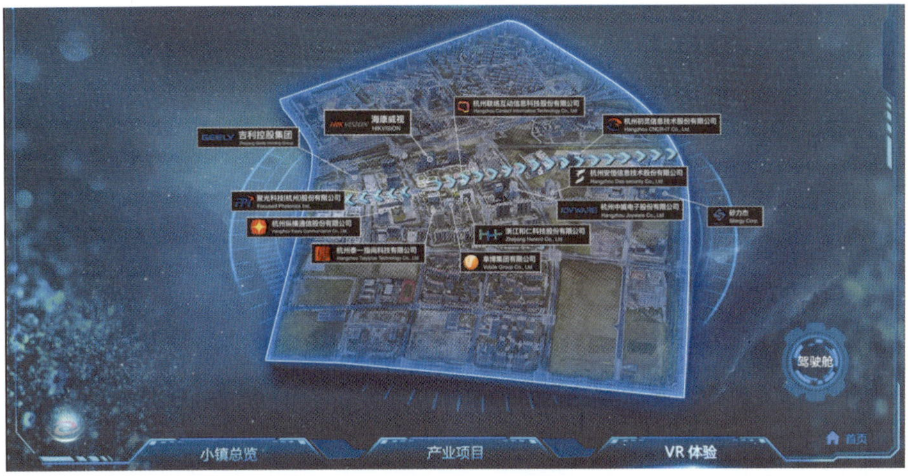

图 5-51　企业管理

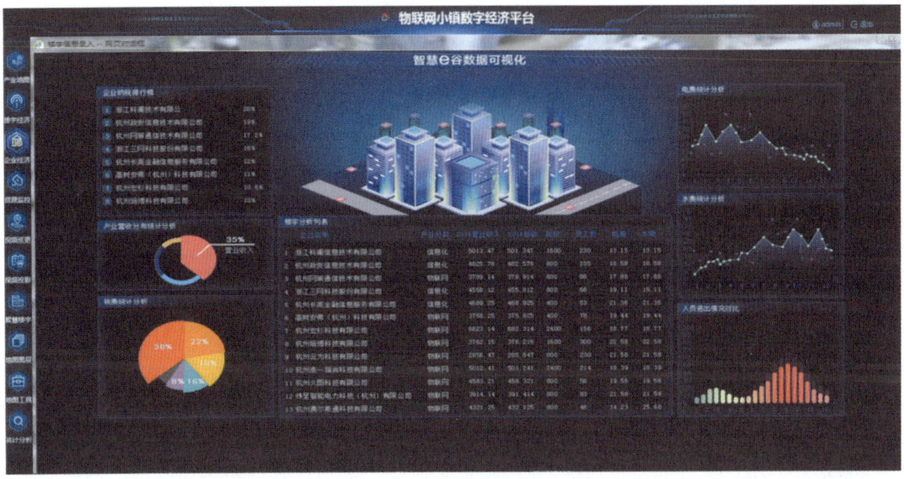

图 5-52　楼宇经济管理

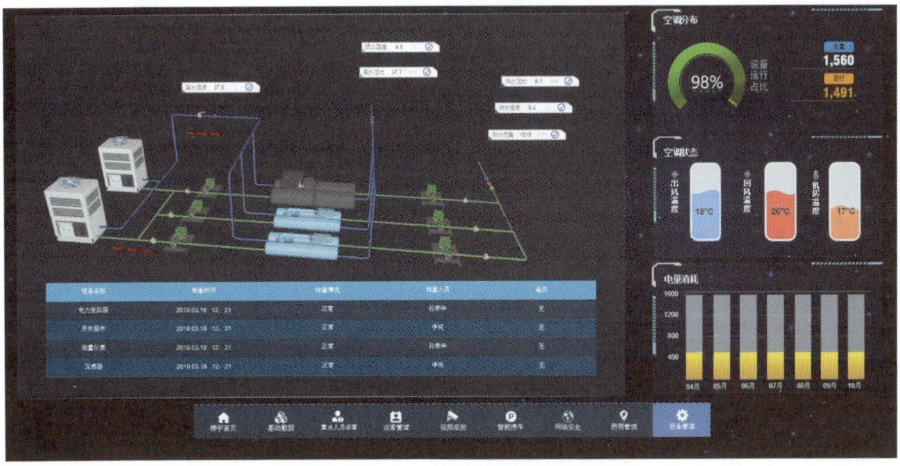

图 5-53　空调管理

5.5.4 应用成效

回顾以往的项目实施案例及对应成果，通过对现实园区场景及应用场景进行虚拟复制，将园区整体映射到实景三维数字孪生平台中进行可视化管理，园区管理者能轻松掌握园区各项指标运行情况，提升园区运行能力。

1. 提升平台一体化水平

通过引入统一的实景三维数据底座，加速了信息资源交换与融合，提高了信息集成共享程度，解决了数字化建设中存在的各自为政、平台孤岛问题，实现了平台一体化，增强了安全监测、环境保护和水土保持、应急处置等各类功能的联动。

2. 提升空间可视化能力

通过高精度三维倾斜摄影建立起覆盖园区的三维全景地图，改变了园区原有系统图形可视化程度较低的现状，实现园区管理从二维到三维的进阶。通过“3D+X”的业务融合，创新园区管理新模式，进一步提升园区精细化管理水平。

3. 提升规划决策效率

在规划决策阶段，通过在园区项目建设场景中加载三维化方案进行展示、分析，便于决策方直观、清晰地对实施方案进行比较与研判，从而实现科学、快速、准确得出最优的结论。

4. 提升安防感知效率

数字孪生三维平台在整合多套安防系统，关联实时视频监控的基础上，对园区内门禁点位、人员、权限、警报、运维进行一体化管理，实现了安防设备直观、便捷、实时、精准展现和管理，为值班、站岗、巡检、疫情防控等解决了长期以来系统运行“维护难度大、效率低、成本高、管理落后、安全性差”等问题。

5. 提升园区招商效能

汇集园区规划用地、项目建设、设施配套等信息，在保持时空大数据和社会经济数据现势性的前提下，基于实景三维空间的可视化表达，通过数据叠加分析，从而掌握土地和项目招商在物理空间、数字孪生空间同步开展，24h 全天候、全球化招商的能力，为潜在客商提供了考察成本下降、信息掌握精准、选土地选项目便捷、线上线下效果等同的有利条件，通过利他实现利己，提升招商效能。

5.6 智慧港口

5.6.1 行业现状及主要需求

当前，我国进入经济发展新常态，正处于加快传统行业转型升级、全面推进供给侧结构性改革的关键时期。我国正在努力构建以国内大循环为主体、国内国际双循环相互促进的新发展格局。而港口是水陆交通的集结点和枢纽处，是工农业产品和外贸进出口物资的集散地，也是船舶停泊、装卸货物、上下旅客、补充给养的场所，其在国家的经济发展中，在区域经济的发展中，在城市经济发展中起着举足轻重的作用。面对这样的局势，我国港口依靠昔日港口投资、能力增长来获取效益持续增长的空间已十分有限。沿海部分区域存在港口过度建设现象，导致港口功能趋同，能力过剩，同质化竞争日益激烈，港口依靠昔日大规模建设拉动吞吐量增长的发展模式已难以为继。走内涵发展道路，在已有信息化建设成果的基础上，通过智慧港口建设来全面提升港口物流服务的供给质量、供给效率，提高企业品牌效应和核心竞争力，是港口企业发展方向的明智选择，也是中国港口赶超世界先进水平，向现代化港口强国发展的必由之路。

建设高质量智慧港口意义非凡，将是未来全球港口换代升级的关键。伴随我国运输体系的发展，特别是数字化、网络化、智能化的融合发展，智慧港口建设的要求越来越高。智慧港口以现代化基础设施设备为基础，以云计算、大数据、物联网、移动互联网、智能控制等新一代信息技术与港口运输业务深度融合为核心，以港口运输组织服务创新为动力，以完善的体制机制、法律法规、标准规范、发展政策为保障，能够在更高层面上实现港口资源优化配置，在更高境界上满足多层次、敏捷化、高品质港口运输服务要求，深度感知连接计算港口生产服务的各项关键信息，使物与物、物与人、人与人，以及港口相关的资源与参与方可以更全面更深入的互联互通，形成集全面感知、智能管控、高效便捷的高度信息化、智能化的现代港，具有生产智能、管理智慧、服务柔性、保障有力等鲜明特征。

但是也要清醒地看到，建设高质量的智慧港口还面临不少困难和挑战。港口管理业务工作中具有大量基于位置信息的管理要素和对应的信息系统，如船、港、货、罐、车辆、视频监控、气象感知、安全生产等，港区的信息化实际上是一个复杂的巨系统，具有生产业务链条长、管理单元多、时空要素交会等特点，对于港口时空要素的可视化管理往往成为其管理工作中的迫切需求。但港口目前尚无完整有效的信息化管理体系，各业务系统往往分散割裂，如若不能完全掌握港口家底信息，一方面给管理使用带来诸多不便；另一方面，在遇到重大事件时，若不能及时准确获取信息资料，将给应急指挥决策带来严重障碍。因此如何发挥信息化的引领作用，建立全面感知、广泛互联、深度融合、智能应用、安全可靠和机制完善的智慧港口信息化体系，以及如何解决港区内信息数据管理分散、更新困难、难以共享等成为亟待解决的问题。

地理信息是国家重要战略信息资源，在政府管理决策、新兴产业发展、人民生活改善等方面发挥着越来越重要的作用。由于地理信息具有空间性、多维性、动态性等特点，将其与智慧港口建设相结合以解决港口信息数据管理分散、更新困难、难以共享、无法感知等问题，在提升港口信息资源共享的高效性、安全性、时效性以及港口物联感知能力等方面具有越来越重要的意义。

实景三维是综合利用遥感测绘、大数据、云计算、智能感知等新技术，真实表达地形地貌、地表覆盖、建（构）筑物、城市部件等物理世界的数字重建，具有直观、精度高、可量测、信息丰富、沉浸感强等特点；在自然资源管理、国土空间规划、城市治理、生态环保、应急救灾等诸多领域具有广阔的应用前景，是新型智慧城市建设和“新基建”推进实施的重要新型空间数据基础设施。

基于实景三维的智慧港口平台，以港口实景三维数据为本底，以港口生产业务需求为切入口，以标准服务的分发共享为外联，汇聚港口多源异构时空要素数据，实现智慧港口的全面感知、广泛互联，深度融合，支撑港口规划建设、应急决策、生产调度、环境监测等诸多应用场景。

5.6.2　技术架构

智慧港口时空信息服务平台，以港区测绘数据为本底，集成覆盖港区的高精度海陆一体电子地图、遥感影像、实景三维等基础地图服务并整合港区专题数据，形成数字港区；实现对港区的船、港、货、罐等基础数据，以及装卸效率、在港停留时间、货物吞吐量、进出港量等业务数据的有效接入与可视化展示；通过物联网融合现有的车船实施状态数据、设备工况、视频监测数据、气象数据等一系列动态数据，使管理者能够对资源信息一目了然、随时随地的访问；构建信息化对外展示窗口，通过大数据分析工具结合集团发展战略、业务需求，进行专题统计分析，知识挖掘提取，为领导决策和日常管理提供有力支撑；同时作为智慧港口数字化基础设施，使港航各企业可以通过该平台服务接口实现港区各类地图服务的调用和地图要素数据的共享；引入实时动态更新机制，给港口信息化数据注入生机与活力，确保数据的时效性与完整性，最终形成一套二三维一体、地上地下一体、陆海一体的信息化体系，为港口资产管理、规划建设、对外展示、领导决策等提供所见即所得的服务支撑。

1. 建设思路

打通陆域与海域数据的壁垒，实现陆域电子地图和标准海图的空间基准、数据标准、服务标准的统一，实现制图综合，构建陆海一体电子地图服务；建设港口精细化实景三维数据，形成智慧港口时空信息服务的一张底图。

在一张底图上，接入港区业务数据，打通港区业务全流程；整合船舶自动识别系统（automatic identification system，AIS）海量动态船舶信息、港区专题数据，实现对港区的船、港、货、罐等基础数据，以及装卸效率、在港停留时间、货物吞吐量、进出港量等业务数据的有效接入与可视化展示，形成智慧港口二三维一体、海陆一体全要素一张图。港区实景三维如图 5－54 所示。

图 5－54　港区实景三维

在此基础上，实现港口多源时空动态大数据的汇聚与一致化管理，并通过标准的 OGC 数据服务打造地理信息数据功能服务全要素共享交换机制，提供二次开发接口，为港区其他业务系统提供数据、服务及功能支撑。打破了业务系统之间的藩篱，以地图为载体，实现了对港区的船、港、货、罐等各类专题数据有效整合与可视化展示，整合了港区的各类业务系统，实现了业务流程的一站式管理。

2. 数据体系

智慧港口时空信息服务平台的数据资源体系庞大而复杂，在设计的时候既要兼顾港区日常生产业务需求，又要兼顾实现港区全方位、全要素的态势感知。其分为基础地理信息数据、港口资源数据、物联感知数据、业务专题数据四大类。

（1）基础地理信息数据。基础地理信息数据包含电子地图、遥感影像、DEM、实景三维、全景数据等，旨在构建港口全方位的感知底板。

（2）港口资源数据。港口资源数据即为港口各类时空专题要素的集合，可按照用途分为基础设施（码头、泊位、系缆桩、地磅面、闸口等）、固定设施（集装箱：桥吊、轮胎吊、轨道吊、库区等；件杂货：门机、场区、粮罐、垛位等；散货：卸船机、堆取料机、料斗、传输带等；液体化工：脱缆钩、软管吊、输油臂、装卸管廊、油罐等；管线：地上长输管线；地下管线等）、移动设施（装载机、船舶等）、应急资源（消防炮、消防手报、消防设施、消防泵房、应急物资、应急装备、应急队伍等）、环境感知（自动喷淋设施、风速仪、粉尘仪等）、资产设备（电脑、办公桌等）、土地资源（公司地块、建设用地、规划用地等）。

同时港口资源数据在实景三维场景中的表达方式可根据实际业务需求而定，可分为实体化建模表达、空间化落图表达以及位置树挂接表达。针对港口的重要大型设施，如门机、轨道吊、管线等，对其进行实体化建模和属性的挂接，根据其位置落于实景三维场景中；针对一些小型的、实体化表达意义不大的设施例如摄像头、风速仪等，可采用图标的方式将其根据实际位置落于实景三维场景中；针对一些零碎分散且没有必要可视化表达出来的设施例如大楼内的电脑、办公桌等，可根据其位置树，挂接到所属大楼上，以列表的形式展现。油罐实体化示例如图 5－55 所示。

图 5－55　油罐实体化示例

针对位置实时动态变化的移动设施例如船舶、移动机械等，可建立时空动态大数据解析机制，根据其实时位置进行场景组装，让地理信息真正的“动起来，活起来”。

（3）物联感知数据。港口存在诸多物联感知设备，例如摄像头、风速仪、粉尘监测仪、油气监测仪等，需要采用一种高效、实用的物联网实时流式数据接入和处理分析技术，构建传感器实时观测数据模型以及支持时空过程表达的实时 GIS 数据模型，生成支持时空过程模拟的模型映射方法，建立时空大数据存储机制，将这些设备的数据进行实时存储，以实现物联感知设备数据的实时表达。

（4）业务专题数据。港口的业务专题数据繁多复杂，涵盖船舶作业、堆场作业、集装箱作业、油品输运、拖轮调度等领域，需要将其与港口资源数据进行深度融合，以反映港口运行的实时动态。

3. 平台架构

智慧港口时空信息服务平台整体基于 MVVM 的设计模式，采用 B/S 框架，各功能模块相互独立，充分考虑高内聚低耦合原则，提高系统的可扩展和可维护性。

在系统设计上遵循“数据和应用分离”的基本原则，将所有数据资源集中管理、集中维护、分布使用。空间数据、非空间数据分开存储，空间数据和非空间数据之间通过相关特征进行关联和体现，实现数据间的动态互访。按照系统建设的原则，在系统的设计、开发中，采用当前比较先进的系统设计理念、方法和工具，以保证系统达到预定的目标，并确保系统的先进性、稳定性和可扩展性，使开发的成果可以与后续项目成果实现有机的集成。同时，在系统选型时也选用与 IT、GIS 的国际、国家标准一致的产品。

基于时空动态大数据中间件实现数据实时接入和处理，每秒可承载 10000 路实时数据接入，连接多种类型的 GNSS 传感器实时数据流，执行连续的处理分析，并将分析结果或原始数据发送给用户和其他系统，动态创建地理围栏来过滤和监控数据要素，使用分布式时空数据库高效存储实时数据的历史数据，高效更新的要素服务来展示监测目标的变化情况。

采用 SOA 技术来搭建系统的总体架构，各系统之间既是一个有机的整体，同时又相互独立，具备足够的弹性和可扩展性，为今后建设应用系统保留接口，保证平台规模的持续扩展和服务水平的不断提高。平台实现对基础地理信息的集成，全面支持 OGC 标准的 WFS、WMS、KML、GeoRSS 等开放标准接口，支持行业标准以及扩展的 SOAP 和 REST 协议的服务接口。

平台总体架构由基础软硬件支撑层、数据层和服务层和应用层等四部分组成，此外，标准规范制度体系和安全保障体系作为平台的支撑体系，也是平台建设必不可少的部分。平台总体架构如图 5－56 所示。

（1）软硬件基础支撑体系：基础支撑层是平台运行所依赖的基础环境，包括硬件和软件两大部分。硬件方面，平台安装部署在云环境中，按需选择云服务和云计算服务器配置和类型。基础软件包含时空数据库和专业 GIS 软件。

（2）港区数据体系：是平台的基础和核心，主要包括在基础地理信息数据、港区专题数据以及这些数据的元数据，基础地理信息数据主要是通过数据提取、扩充和重组等加工过程形成的影像数据、地图数据、兴趣点数据和倾斜三维数据等面向服务的产品数据，港区专题数据通过要素采集和业务接口接入方式构建。

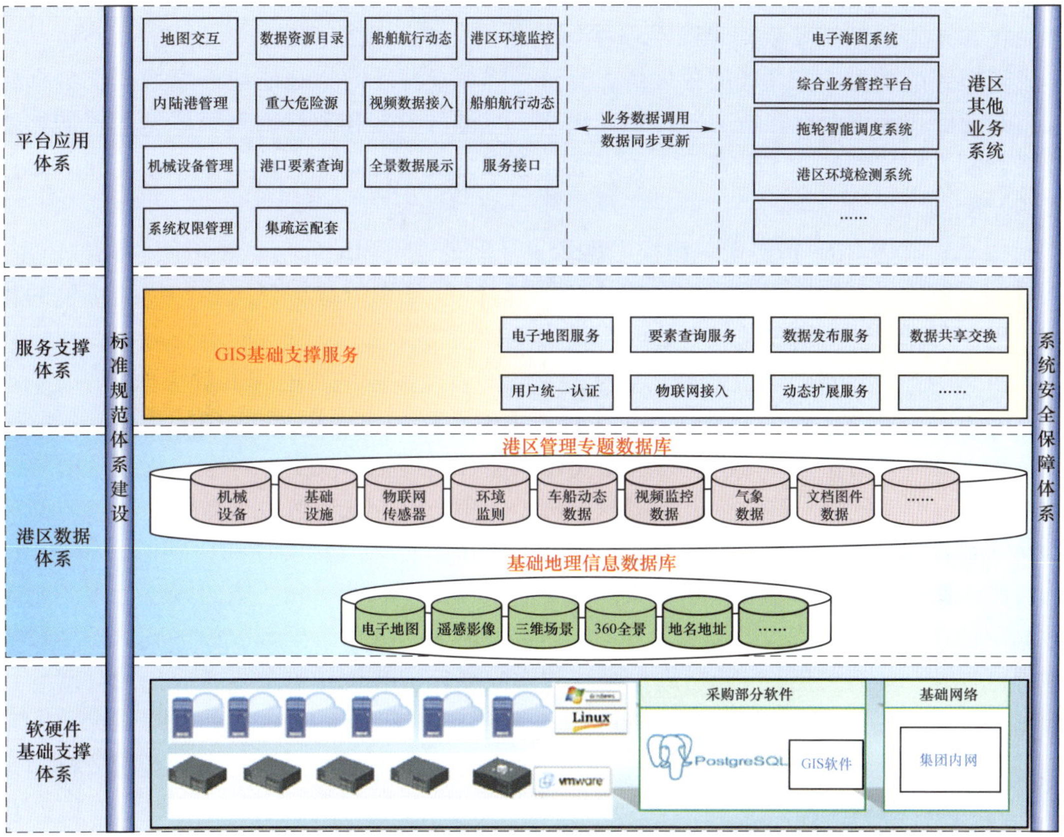

图 5-56　平台总体架构

（3）服务支撑体系：主要是解决空间信息资源“如何发布”的问题。分为平台引擎、服务接口和服务系统三部分，平台引擎支持多种底层 GIS 平台；服务接口为在平台引擎层基础上按照应用需求所封装的各类服务接口，这些服务接口是采用 Web Service 方式进行发布管理的；服务系统是承接应用层和服务接口的中间层，完成对平台访问用户的安全认证、服务请求的转发、聚合、拆分等功能。

（4）平台应用体系：是基于数据和服务接口开发的各项应用系统，实现港区数据综合展示和可视化应用分析。同时平台建成后，港区内各业务部门均可基于平台开发各类 GIS 相关的业务系统，实现平台数据和服务的快速调用。

（5）标准规范体系：建立共享标准体系，包括对地理信息共享所需各项标准的研究、制定等内容，有效保障和促进地理信息的共享，实现互联互通。

（6）安全保障体系：为平台提供安全解决方案，保障平台的安全运行。安全解决方案包括网络、硬件、操作系统、数据库、应用系统、人员管理等多个层次，是一个综合的解决方案，需要符合保密部门的相关规定，符合安全标准。

4. 关键技术

（1）高精度陆海一体电子地图融合。通过将陆域基础测绘数据、港区专题调绘数据、电子海图数据等多源陆海数据资源进行融合制图，既保留电子海图特有的制图表达，同时又包含丰富的陆域要素信息及港口区域的精细化港区设施信息，实现“多图合一”，形成较完整的陆海一张图。因分处两大行业，陆域、海洋的基础地理信息数据在数据标准、数据格式等方面存在较大差异，其语义、范围、尺度和现势性难以融合的难题，通过融合制图较好地解决了此难题，可形成一套较为完善的数据分层分级显示标准、符号表达及配图方案。

（2）建筑物 BIM 和实景三维模型融合。分别是建筑和地理信息领域两种三维模型，二者融合后的模型除了可展示建筑物自身内部细节，还可以分析建筑物与周边环境的相互作用，为智慧港口相关领域中的应用提供基础与支撑。二者融合的难点表现在建筑物几何信息融合、建筑物子组件语义信息的整合，以及空间位置的配准等方面。

（3）时空动态大数据汇聚与一致性管理技术。采用一种高效、实用的物联网实时流数据接入和处理分析技术，构建传感器实时观测数据模型以及支持时空过程表达的实时 GIS 数据模型，生成支持时空过程模拟的模型映射方法，从而可以高效快速的接入常见的流式数据源，如各种移动终端、嵌入式终端、物联网中各种类型的传感器、GNSS 设备等产生的实时流式数据，并对接入的数据进行实时处理和分析，原始或者处理的实时数据可自动存储在时空大数据存储中，原始数据流或者处理结果可以输出到前端平台并进行可视化和业务应用，以此对港口中位置实时变化或者传感信息不断变化的物联感知数据进行统一高效的管理和维护。

（4）Web 端大范围船舶实时数据动态可视化。实现大范围内船舶实时数据的符号可视化，低时延接入体量大、时效性强、位置精准的船舶定位信息，并采用地理模型及分析方法，将文本型数据转换为地理图形显示，基于矢量符号在电子海图上对船舶位置、尺寸、航向、状态等信息进行了精准表达，与传统的船舶符号瓦片表现形式相比，矢量标绘不仅可以等比例缩放实现船舶的动态符号仿真，保证不同显示级别之间船舶符号切换的连贯性，视觉效果较好，而且还可以通过鼠标对屏幕范围内船舶符号进行信息拾取，有效满足了用户对可视化交互的需求，为相关可视化分析及应用系统建设提供支撑。

5. 平台功能

（1）二三维一体多维底图。通过加载港口实景三维场景，集成港口多源全要素专题数据，形成港口陆海一体、地上地下一体、二三维一体的多维底图，实现基于三维场景的浏览，切换、缩放、漫游、飞行等操作；提供短临预报、环境监测感知、涌浪监测等港航环境信息查询服务；对港口船舶作业、堆场作业、散杂货作业等作业情况进行实时感知和可视化呈现，便于管理者实时查看港口运行情况；以所见即所得的形式让管理者摸清港口的家底，为科学高效的决策提供支撑。二三维一体多维底图如图 5－57 所示。

集成港区地上设施、地下管线、地质结构等各类资源，实现场景内地上地下的无缝切换，便于港区管理人员全方位的掌握港区现有资源情况，支撑港区的建设管理及安全生产。

（2）数据资源全时域感知。整合港区现有的和空间位置相关的各类专题数据，构建

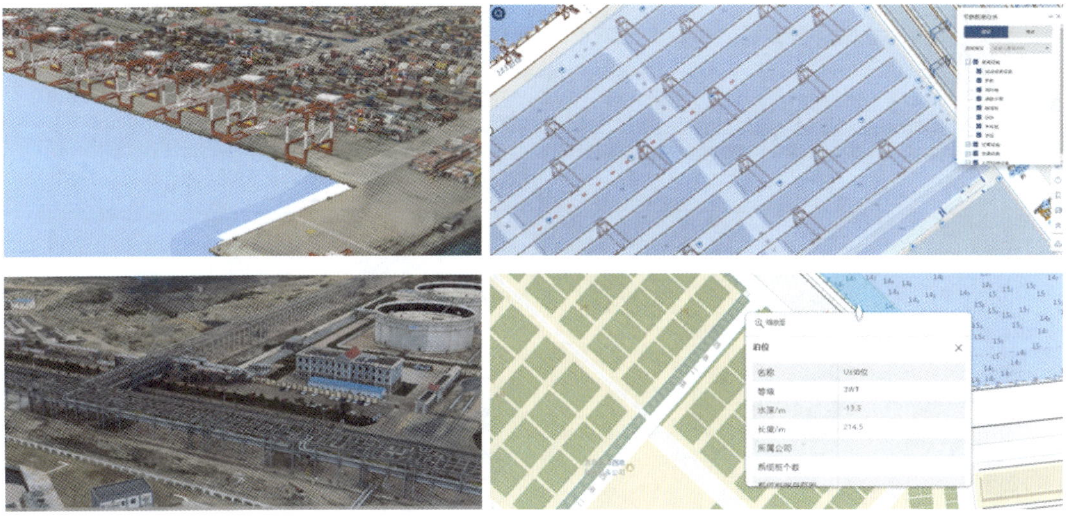

图 5－57　二三维一体多维底图

了港区专题数据目录树，基于数据目录，实现了港口全要素数据的访问和可视化展示，包括港区建筑、部件等基础设施以及用地管理，规划数据，动态传感数据，视频监控数据，船、货、罐相关业务数据，地上地下管线等。通过数据资源目录，可以直观地了解港区现有的数据资源、查看相关专题的分布情况以及属性信息，同时支持多层编辑以及数据的快速查找。港区数据资源如图 5－58 所示。

图 5－58　港区数据资源

结合 BIM 模型，可对 BIM 模型内部的各类资产设备进行实时查看，基于物联网、5G 等技术，实现资产设备的多模态信息化、一体化融合感知。BIM 资产管理如图 5－59 所示。

图 5-59　BIM 资产管理

（3）船舶动态实时展示。实现港区内各类船舶的动态展示，可实时呈现当前船舶的航向、姿态、大小、类型以及运行轨迹，同时集成在港船舶各类作业信息，以丰富的可视化图表进行直观且清晰的呈现，明确港口区域的泊位占用情况、资源流向情况、单船停时、船舶到港情况、企业任务完成情况、船舶艘次情况、锚地船舶艘次变化情况等，并通过大数据分析进行数据采集与信息整合与呈现，挖掘数据信息的巨大价值，通过数据信息为生产调度提供数据参考与决策辅助，能够更加直观与真实地了解调度信息。船舶动态实时展示如图 5-60 所示。

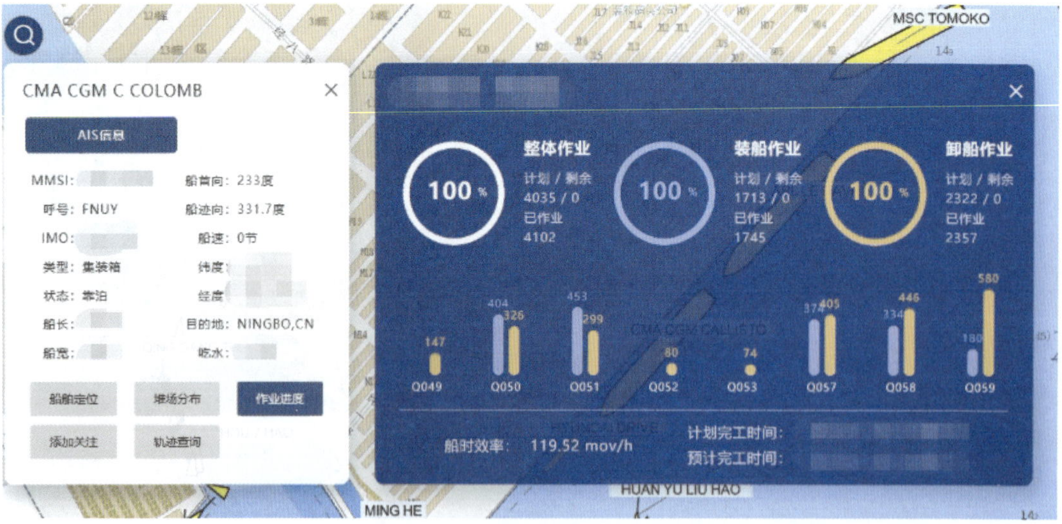

图 5-60　船舶动态实时展示

（4）辅助规划智能分析。基于实景三维一张底板，将港口规划类数据按照总体规划、控制性详细规划、专项规划、控制线等进行分类叠加，数据全面、直观、一目了然；将规划建筑模型落于实景三维场景中，结合天际线分析、视域分析、三维量算、日照分析等多种空间分析工具，辅助港口管理者进行规划决策。同时可结合工程项目建设数据，多方位、多尺度的掌握港口工程项目建设情况。

（5）物联感知深度融合。基于实景三维一张底板，融合船舶作业、油气罐存、集装箱作业、港铁联运等实时业务数据，可实时呈现港口内船舶作业进度、油罐当前罐存量、集装箱堆存量等作业信息，满足港口日常生产业务需求。

接入港口风速仪、粉尘监测仪、油气检测仪、摄像头等物联感知设备，实现港口环境全要素的实时感知，保障港口日常生产的安全。物联感知如图 5－61 所示。

图 5－61　物联感知

（6）大数据分析态势感知。综合运用大数据、云计算、深度学习等技术，融合港口多源业务时空大数据，对生产调度数据进行采集，对调度管理流程加以深入分析，形成科学合理的可视化管理模型，形成港口生产调度主题数据库，充分利用数据挖掘与数据提取等技术手段，以可视化图形的形式展示数据信息与数据调度情况。建立港口生产业务影响因子与预测模型，以直观的可视化统计图表呈现当前港口运行情况，并对未来的趋势进行预测分析。结合港口评级评价模型，对当前港口运行状况从横向和纵向编织评价体系，横向设置生产状况、配套和安全三大指标细分评价，再通过综合评级反映整体运行情况，纵向则根据年、月、周三大不同的时间颗粒度进行展示，直观呈现港口运行质量情况，辅助港口发展决策。大数据分析态势感知如图 5－62 所示。

（7）数据服务分发共享。智慧港口时空信息服务平台提供主流的 WMS、WMTS 等服务的分发共享，深度赋能港区已有业务系统，同时建立安全高效的服务共享和权限控制机制，保障港口运行的数据安全。

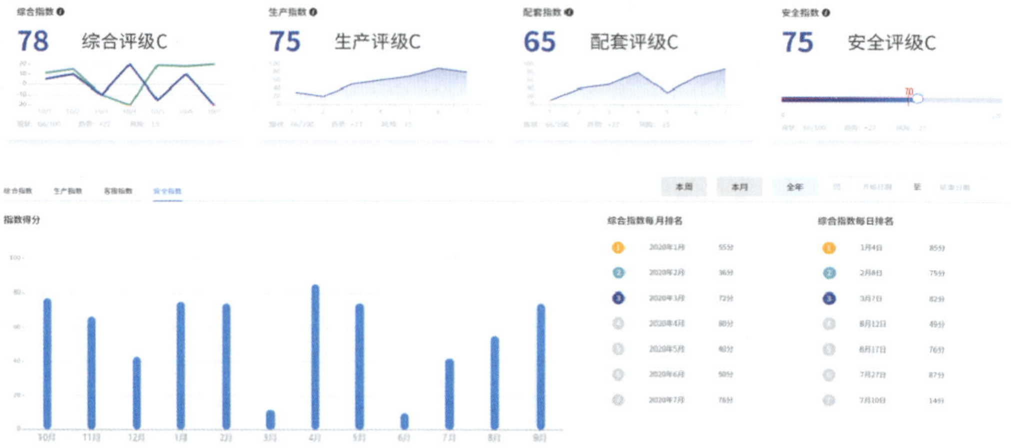

图 5-62　大数据分析态势感知

5.6.3　应用场景

1. 港口生产调度指挥

港口生产调度指挥工作是港口生产运行的核心，主要负责全港船舶进出港的调度、码头装卸生产组织以及兼顾应急救援指挥等工作。当前，国内港口业务加速发展，船舶装卸作业效率挖潜已达到极致，港口竞争开始向整体组织效率方向转变。这对港口生产调度指挥效率提升提出了迫切的需求，同时，北斗、GIS、大数据、小目标雷达等新技术的综合应用，为港口建设、升级指挥调度体系提供了基础。

基于以实景三维为核心的智慧港口时空信息服务平台的港口生产调度指挥体系，集船舶调度、生产作业感知和组织协同、通航态势感知、气象感知及预报预警、涌浪感知预警、视频监控等功能于一体，是保障调度效率的坚强支撑，能够全面提升港口指挥调度水平和效率，提升港口整体竞争力。

（1）通航动态感知。基于智慧港口时空信息服务平台集成的实景三维、电子地图等底图数据以及、小目标雷达、航道全景视频数据，感知航道交通流动态、船舶航行动态、航道碍航情况。利用全实景动态融合技术、大数据智能分析技术、图形图像增强显示技术及物联网技术，动态融合成完整域视频，通过全域全景视频监控，实现对港口泊位、航道、堆场、闸口等关键区域、重点部位的全场景、多维度动态监控；实现现场作业、安全管控的大屏可视化。为港口的生产调度指挥提供更大范围、更高质量、更强功能的全域全景视频影像服务。

基于智慧港口时空信息服务平台集成的全球 AIS 数据和全球底图数据，实现对全球船舶（业务船舶）数据的大数据分析，分析出各类船舶的轨迹特征、船舶的到港顺序、行程速度、航线分布等，形成航运大数据，通过航运大数据实现全球货物流向趋势、上下游港口运行态势分析。

（2）通航水文气象感知。基于智慧港口时空信息服务平台的多维底图，将气象数据、小目标雷达数据、风速仪感知数据、涌浪数据、环境监测数据等进行集成，通过感知当前和未来气象条件，评估气象对港口船舶安全通航、码头装卸作业的影响，合理调度港区作业，实现恶劣气象一体化防控，以重点监测和应对台风、强对流、风暴潮、大风、强降雨等恶劣天气，实现船舶进出港的安全航行，保障港口生产平安。通航水文气象感知如图 5－63 所示。

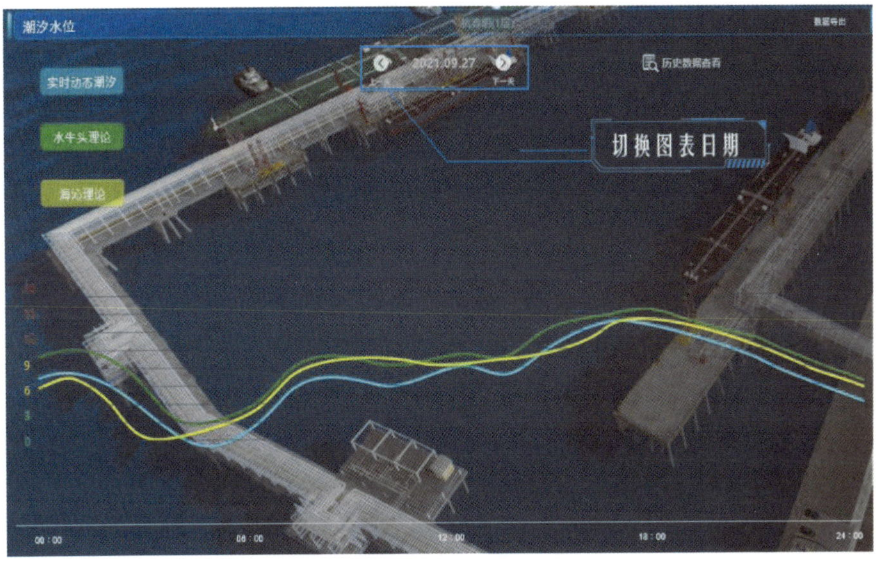

图 5－63　通航水文气象感知

（3）生产作业组织感知。基于智慧港口时空信息服务平台集成的港口资源数据和业务专题数据，在实景三维场景中可清晰、直观地查看当前移动作业机械的实时位置和作业状态，通过平台中集成的摄像头监控数据，可实时捕捉查看码头作业设备的实时动作，为码头调度作业提供支撑。

基于智慧港口时空信息服务平台集成的码头船舶实时装卸进度数据，通过智能算法预测预计完工时间，并与计划完工时间对比，对可提前完工的船舶绿色高亮提醒、延误的船舶红色高亮提醒，为船舶调度、引航调度、拖轮调度提供有力支撑。

（4）应急感知及调度。基于智慧港口时空信息服务平台集成的实景三维数据、VOC 实时监测数据、应急资源数据，对港区可燃气体进行实时在线监测，做到安全隐患尽早发现；在真实的实景三维场景中根据应急资源位置规划应急响应路线，做到安全措施及时响应，有效提升码头本质安全。

2. 港口疫情防控

港口是疫情防控的重要防线和关键部位，结合以实景三维为基础的智慧港口时空信息服务平台，综合运用地理信息、物联网、数字孪生、大数据分析等技术，赋能港口疫情的精准有效防控。具体场景如下：

（1）港口人员出入管控。在港口实景三维场景中，叠加港口出入闸口专题图层，通过 5G、物联网等技术，实现各闸口出入人员清单的可视化展示。结合 GPS、北斗等卫星定位转置，实现人员在港口内部行动轨迹的跟踪，实现在实景三维场景中清晰、直观地展示，为港口疫情防控提供有力支撑。

（2）港口防疫调度可视化管理。在港口实景三维场景中，叠加港口防疫资源专题数据，可清晰、直观地展示防疫资源的分布情况，包括防疫物资、库存、用途、位置等信息，如若发生疫情，可快速抽调人手，规划最优路线，进行物资的转运。同时在三维场景中划分封控区，设置临时闸口，开展疫情防控工作。

5.6.4 主要成效

基于实景三维的智慧港口时空信息服务平台，将与港口经营生产相关的一切活动都集中在平台中，实现对港口人员、设备和基础设施的实时管理，并通过港口数据挖掘和智能应用，达到港口运营的“智慧”状态。主要成效包括以下内容。

1. 构建智慧港口数字化基础底座

基于实景三维的智慧港口时空信息服务平台作为智慧港口数字化基础底座，可为港区多个业务系统提供准确全面的基础地图服务和专题要素服务，满足港区对海陆各类资源的高精度位置信息服务需求，直观地呈现港区内部堆场、泊位、罐区、水深等港口地理要素及信息。解决了过去港区要素定位难、查询难的问题。同时基于时空大数据基底实现多业务系统的协同，构建了“全港区一张图、一平台+多业务系统”管理体系，解决了过去多个业务系统相互剥离，需要单独搜索访问的问题，极大地提高了日常作业及管理的效率。

2. 提升港区业务全流程管理能力

通过一系列 IoT 动态大数据的汇聚，打通了港区业务全流程，从船舶入港、作业环境监测、视频实景监测、船舶作业动态、进度管理到货物流向展示等，形成了港区业务全生命周期感知和实时管理，极大方便了管理人员的日常工作。实现全球船舶动态感知，可以及时获取船舶航行和抵港动态，及时预警船舶延误情况，根据船舶抵港延误和本港泊位资源使用情况优化安排泊位资源使用情况，提高全港整体泊位利用率，尤其是集装箱泊位利用率。

3. 对远端资源有效掌控

建立强大的感知体系和监控体系，对航道、锚地等远端信息资源实现有效掌控，加强港口管理部门对港口信息的全面感知能力和迅速反应能力，为客户提供更好服务的同时降低管理成本。

4. 辅助港区管理人员日常管理和决策

平台通过大数据分析、知识挖掘提取，形成实时统计图表，使管理者能够对整个集团的资源信息不论是宏观数据还是微观要素都一目了然，实时精准的掌握装卸公司船舶作业的进度和状态，装卸公司调度可以通过系统及时掌握全集团船舶调度组织的运行状态，根据全局生产组织情况及时调整本单位生产策略为领导会议决策和日常管理提供有力的支撑。

5. 信息资源高度共享

通过港口信息资源整合，有效集成政府部门、口岸单位、港航企业的信息资源，搭建集港口管理、航海保障、安全通信、实时监控四位一体，资源高度共享、运行机制完善、维护保障有力的服务平台，实现港口服务智能化，实现港区煤炭、杂货、矿石、油品、集装箱等码头关联业务的协同，实现与船公司、铁路、公路、场站、货代、仓储等各个港口物流服务企业的无缝连接和上下联动，实现港区横向与纵向网络互联互通，实现港航时空信息服务平台与接入业务系统间信息资源共享和业务协同。

5.7 地下管线

5.7.1 行业现状及主要需求

1. 行业现状

地下管网是保障城市运行的重要基础设施，因此，它又被形象地称为城市的“生命线”。近年来，随着我国城镇化进程的不断推进，城市地下管网的数量和规模越来越大，“马路拉链”、管线挖断、管道泄漏、排泄不畅等由地下管网引起的问题日益凸显。由此，各级城市均开始重视并完善地下管网信息系统的建设，以提升城市地下管网的信息化管理水平。

（1）传统二维管线系统及数据表达的不足。传统二维管线数据及系统存在不足：不能直观地表达地下管线与管线之间的空间位置关系，如三维管线图中的一些管线交叉、碰撞、穿越等，在二维管线图中无法看出；不能表达地下管线与地上其他建（构）物之间的空间位置关系；不能直观地展示管线的断面形状与（如方管或圆管等）尺寸关系；不能直观地表达管线及其附属物（如井室与阀门等）之间的连接关系等。

（2）现有三维管线系统存在的问题。现有三维管线系统也存在如下问题：有的只关注管线表面的几何建模，没有考虑管线连接设备，及其附属设施的建模；有的只考虑圆形管的建模，没有考虑方管的建模；有的在建模中容易产生管线和附属设备之间开裂的现象，难以做到精确套合，影响可视化效果；有的难以支持海量城市管线数据模型的可视化分析与管理；有的仅支持 C/S 架构，不支持 B/S 架构的应用等。

为了加快推进新型基础测绘和实景三维中国建设，自然资源部先后印发了《新型基础测绘体系数据库建设试点技术指南》《实景三维中国建设技术大纲》，以及《新型基础测绘与实景三维中国建设技术文件》等，以地下管线实体数据为基础，开展地下管线实景三维数据建库及应用服务平台建设，具有重要意义。

2. 主要需求

实景三维是对一定范围内人类生产、生活和生态空间进行真实、立体、时序化反映和表达的数字空间，是新型基础测绘的标准化产品，是国家重要的新型基础设施，是数字政府、数字经济重要的战略性数据资源和生产要素，为经济社会发展和各部门信息化提供统一的空间基底。地下管线作为城市地下基础地理信息数据，是新型基础测绘的重要成果，是实景三维的重要组成部分，是实现地上、地下基础地理信息数据的一体化和完善数字城市、智慧城市数据体系的基础。地下管线在城市规划、建设、管理中发挥越来越重要的作用。

（1）地下管线在城市规建管中的作用。

1）地下管线是满足城市运行和市民生产生活的重要基础：地下管线担负着城市的信息传递、能源输送、排涝减灾、废物排弃的功能，是城市赖以生存和发展的物质基础，是城市基础设施的重要组成部分，是发挥城市功能、确保社会经济和城市建设健康、协调和可持续发展的重要基础和保障。城市地下管线就像人体内的“血管”和“神经”，因此，被人们称为城市的“生命线”。

2）地下管线与居民生活息息相关：随着我国城市化进程的加速，城市地下管线建设发展非常迅猛，但随之而来的地下管线管理方面的问题也越来越多：施工破坏地下管线造成的停水、停气、停电及通信中断事故频发；“拉链马路”现象已经成为城市建设的痼疾；由于排水管道排水不畅引发的道路积水和城市水涝灾害司空见惯。地下管线引发的问题已成为城市居民心中难以消除的痛。频频发生的城市地下管线事故让人们认识到，原来我们脚下坚实的大地有时其实很脆弱，地下管线的任何“风吹草动”都可能给城市带来巨大的影响，地下管线与城市运行及居民的生活原来是那么息息相关。地下管线的重要性正日益被各级政府部门和城市居民所重视。

3）地下管线是城市安全与繁荣的根基：安全是城市管理的一个永恒主题，城市燃气管道已经被列为城市的重大危险源，燃气管线的泄漏和爆炸事故会影响到城市居民的生命和财产安全；供水管线事关城市百姓的用水安全；城市排水、供水管线有可能成为传染疾病的传染通道；供水、燃气、电力和电信等管线有可能成为恐怖分子发动袭击的工具。因此，对城市地下管线的安全隐患进行监测、评估、排除和监管很有必要。

（2）城市相关部门对地下管线信息的需求。

如上所述，地下管线成果资料是城市规划、建设和管理的基础资料，具有广泛的应用前景，可广泛应用于城市建设的方方面面，能极大地减少、减轻管线灾害事故的发生与事故带来的经济损失，降低各种管线的维护费用，同时通过统一规划尽可能避免管线建设的重复投资；利用准确的空间定位数据为建设规划与管理提供辅助决策信息，提高规划管线设计水平及规划与管理的水平，缩短规划周期、提高办事效率，减少因规划决策失误而造成的经济损失；提高劳动生产率，减少重复建设、重复开挖造成的浪费；可为城市规划、管理、改造、防灾、减灾乃至战争破坏恢复重建，提供充分高效的信息和辅助决策。具体说来，城市规划、建设、管理等部门对地下管线信息的需求如下：

1）城市地下管线信息可以为城市规划设计和建设提供必要支撑：地下管线信息是进行城市地下空间规划建设的基础，城市规划管理部门在城市规划过程中，必须准确掌握地下管线的情况，才可以正确、合理地进行城市规划；同时，地下管线信息是城市建设施工过程中必不可少的信息。因此，城市地下管线信息化建设，既可减少规划失误，也可为城市建设施工提供准确、完整的地下管线信息，减少施工破坏地下管线事故。

2）城市地下管线信息可以为地下管线运行维护及城市管理提供参考依据：通过对

城市地下管线的普查，可以摸清城市地下管线的现状信息，从而为城市管线资产的管理提供数据依据。地下管线实景三维数据建库及应用服务平台的建设，使地下管线及其附属设施的空间信息和属性信息查询检索工作变得更加方便和快捷，从而提高地下管线设施运行维护工作的效率。地下管线事故轻者影响城市的交通和城市居民的生活，重者造成人身伤亡或传染病的传播，甚至会导致大量人员伤亡、建筑物坍塌、城市地下水体污染等重大事故，严重者可能会损坏国家在国际上的形象。城市地下管线信息可为城市应急指挥、抢险系统提供基础数据支撑，为应急指挥和抢险提供准确的数据依据，从而提高决策效率。

3）城市地下管线信息可以为地下管线事故应急决策提供支持应用：以地下管线信息数据库为基础的实景三维数据建库及应用服务平台，可为地下管线事故制定科学的应急抢险方案提供重要依据，满足应对突发性重大事故的需要，对保证地下管线乃至整个城市的安全运行具有重要意义。

5.7.2 技术架构

1. 管线实景三维数据构建技术与模型

根据城市地下管线实景三维数据建模的需要，可分别采用抽象化的不规则形体的管点实体模型、尺寸结构属性驱动的管点实体模型、拓扑连接关系驱动的管点实体模型以及结构化的管段实体模型进行构建，如图 5－64 所示。

（1）抽象化的不规则形体的管点实体模型：例如各种种类的阀门、水表、消防栓、配电箱、交接箱等，这类模型具有几何形态的固定性和表面纹理、材质的相似性，有着显著的形状和位置特征，构建一个三维模型便可以重复利用。这类实体模型可以利用在 3DMax 等构模软件中手工建立，形成管件模型库。在管网模型集成时，确定位置自动选型导入，再进行角度旋转、比例缩放等操作调整到位。

（2）尺寸结构属性驱动的管点实体模型：例如各种不同型号的地下井室、蓄水池等。这类模型带有明显的底面边界尺寸信息，是带有一定厚度、固定方位的规则体元，例如立方体、柱体等。这类实体模型可以采用构造实体几何法来表达，只需输入底面尺寸、高度、位置等少量参数信息即可确定。

（3）拓扑连接关系驱动的管点实体模型：例如变径、弯头、三通、四通、多通等。这类模型的规格尺寸多种多样，且具有不同的形态和方位，针对这类模型采用扫描法并结合三维体布尔运算进行构模。

（4）结构化的管段实体模型：包括圆筒形的圆管和方柱状的管块、管渠等。这类模型具有不同的空间运动轨迹，该轨迹可以用解析式来定义，同样可以采用扫描法构模，如图 5－64 所示。

2. 管线二三维一体化融合技术及实现

（1）基于管网自动耦合造型法的管线三维自动化建模技术。采用基于管网自动耦合造型技术的三维管线自动建模技术，其特点是将一条管线看作是整张连续的曲面，而不必对管线表面做拼接处理，利用二维矢量管线的拓扑关系及对应属性字段（管径、埋深、

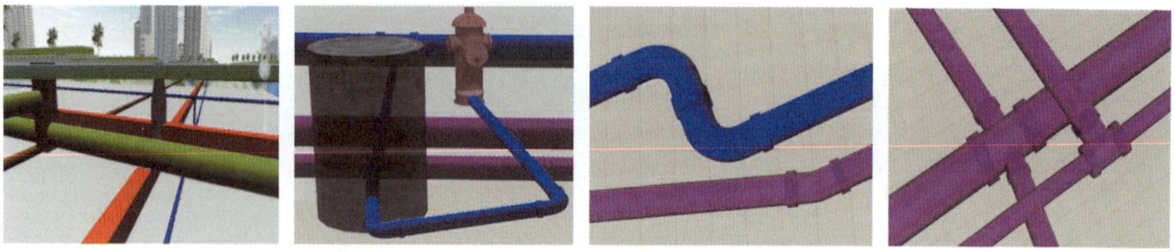

图 5－64　管线实景三维模型建模效果

特征等）自动生成细颗粒度、多层次的管网模型，从而实现管线、弯头、三通、四通等管线特征的自动化生成，生成过程不受连接管径、角度等条件限制，可满足任意连接角度、管线数量、管径大小的情况，同时通过简化模型的复杂程度，解决了通过管线特征模型库匹配时管线与弯头等特征不一致的问题，从而不仅保证模型的通用性和准确性，并可精确表达管廊/综合管沟、井脖、井室、管线间的空间关系，避免了由于手工建模造成的误差，为管线管理提供了更加直观的管理方式。

（2）基于管线碰撞检测的立体求交算法及其在管线三维表达中的应用。针对在管线数据普查和监理过程中，如何快速发现碰撞管线，精确找出管线碰撞的位置，一直是三维地下管线可视化表达的一个技术难点，针对各种类型和各种形状的管线数据，提出一种立体求交算法，并应用于碰撞管线的快速发现，同时准确找出管线碰撞位置，并精确计算管线间距，从而为外业补查布设加密点提供依据，有利于缩短普查周期，进而提升管线数据质量。

（3）基于管线空间数据库的三维模型自主式增量更新方法。采用基于管线三维模型的自主式增量更新方法，该方法将管线数据的二、三维进行一体化整合，通过统一的数据库接口对管线成果数据进行编辑，通过单体模型更新和重建拓扑技术实现三维管线模型的增量式更新，从而解决二维、三维管线两张皮，以及三维管线更新需要全部重新生成的问题，简化了三维管线的更新流程、降低三维建模的运维成本。

（4）基于 B/S 架构的三维管线模型数据实时编辑与处理技术。针对地下管线系统多采用 C/S 架构进行数据编辑与处理的现状，采用基于 B/S 架构的三维管线数据实时编辑处理技术，从而实现基于浏览器的规划管线数据的快速导入和三维化、实时编辑和导出，在此过程中可同步对其三维属性和拓扑关系进行编辑。

3. 管线实景三维自动化建模技术与工具

（1）管线实景三维自动化建模技术。根据城市地下管线数据的现状，并结合现有管线实景三维建模方法及其适用范围，在管线三维实景建模时，可以采用人工建模与自动化建模相结合、第三方建模软件和三维 GIS 软件相结合、固态化模型和参数化模型建模相结合的思路及方法，具体如下：

1）对于规则的管线段（方形管和圆形管）以及规则的管点连接设备（三通、四通、变径、弯头等），可以采用参数化模型建模，利用专业三维 GIS 软件本身内部的几何对象（长方体、圆柱体等），进行自动化的建模，如根据管线段的长 × 宽或半径来决定长方体或圆柱体的三维模型大小。

2）对于不规则的管点附属设备（阀门、消防栓、水表等），可以采用固态化模型建模，利用第三方建模软件（3ds Max 等），通过人工按照 1:1 的比例进行三维建模仿真，并将模型作为三维符号导入三维管线系统中，系统根据其与管线段的连接方向、管径、高程和坐标等自动计算模型旋转角度、缩放比例等，最终生成相应的附属设备模型。

（2）管线实景三维自动化建模工具。在管线实景三维数据构建技术与模型、管线实景三维自动化构建技术的基础上，结合城市现有地下管线的数据分类、结构等，在二维管线数据的基础上，采用 C++语言，集成开发管线实景三维自动化建模工具，工具基于同一套的二维管线数据，通过材质、编码、特征、附属物等映射设置，可以快速、高效地实现管线的三维建模。

1）分类编码映射：分类编码映射功能支持对用户现有管线数据的分类和编码进行设置，包括管线分类编码、特征编码、附属设施编码和材质编码的定制。

2）属性字段映射：工具默认提取现有二维管线数据 shp 文件中的所有属性字段，用户可根据三维管线模型实际的字段查询、统计等需求，进行自定义的配置；其中，管线段起终点的编号、管顶（底）高程、埋深、管径或断面尺寸、管线材料、埋设方式等为必选字段，而管线点必须包括 *XY* 坐标、地面高程、管顶/底高程、井深、特征、附属物等字段。

3）值域映射：该工具自动提取二维管线数据 shp 文件中材质、特征、附属物、埋设方式字段值中的内容，并将读取到的结果自动与系统标准值进行匹配，不能匹配的，支持用户手工指定。

4）纹理、设施材质映射：纹理、设施材质映射包括对管线段的纹理、附属物的材质及模型进行设置的功能。其中，附属设施模型如分线箱、上杆、阀门、消防栓、水表等属于固态化模型，需要采用人工建模的方法，利用第三方建模软件，事先按照 1:1 的比例进行三维建模仿真并导入工具中。

4. 地表实景三维与地下管线的融合

实景三维是对人类生产、生活和生态空间进行真实、立体、时序化反映和表达的数字虚拟空间。按照《实景三维中国建设技术大纲》的相关要求和规定，地表实景三维数据主要包括 DEM、DSM、DOM、TDOM、倾斜摄影三维模型、激光点云等数据。为了实现地下管线三维实景数据与地表实景三维的融合，开发地表实景三维数据的系列入库处理工具，包括：

（1）DEM/DSM 数据处理工具：该工具实现 DEM/DSM 的数据切片，支持生成 GRID、ROAM 和 TIN，支持与上层地形数据进行融合、在线追加和增量式局部更新。能对生成的 ROAM 和 TIN 数据进行开挖切割，支持按相对深度切割、按绝对高程切割、按照矢量面高程切割和相对地形下降切割等多种方式，支持复杂带洞开挖和设置是否生成侧面和地面，支持以桌面端工具软件和服务端在线服务两种方式进行数据处理。

（2）DOM/TDOM 数据处理工具：该工具实现 DOM/TOM 的数据切片，支持对已经发布好的 DOM/TDOM 进行在线追加和增量式局部更新，支持以桌面端工具软件和服务端在线服务两种方式进行数据处理。

（3）倾斜摄影三维模型数据处理工具：该工具实现倾斜摄影三维模型的根节点合并、Mesh 优化和纹理优化，支持对发布后倾斜摄影三维模型数据进行在线追加、增量式局部更新和按范围裁切，支持以桌面端工具软件和服务端在线服务两种方式进行数据处理。

（4）云数据处理工具：该工具实现激光点云（包括机载、车载、背包式、固定站等类型）数据的格式转换、坐标转换、数据优化和瓦片生成。

管线三维模型与倾斜摄影三维模型的融合如图 5－65 所示。

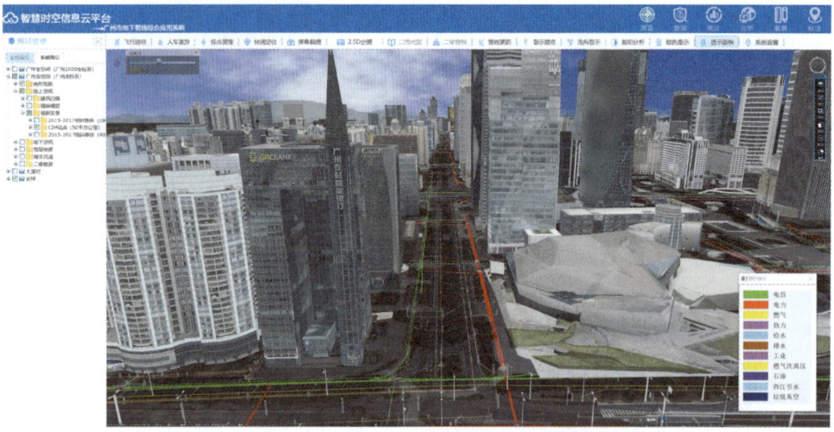

图 5－65　管线三维模型与倾斜摄影模型的融合

5. 基于实景三维的管线平台总体框架

基于实景三维的管线平台总体框架如图 5－66 所示，包括：

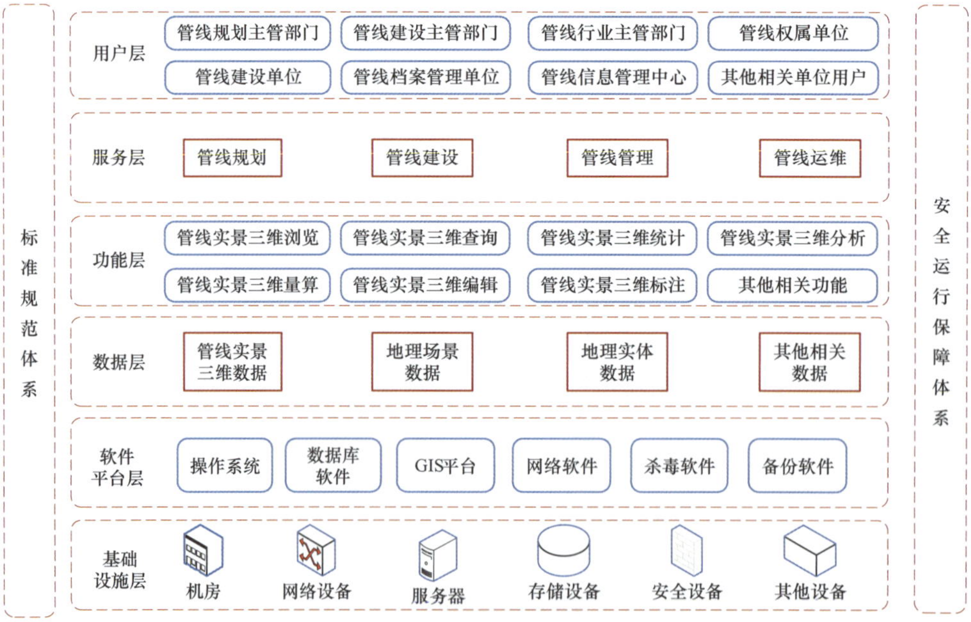

图 5－66　基于实景三维的管线平台总体框架

（1）基础设施层：主要包括网络资源、计算资源、存储资源和服务资源等软硬件方面的资源；

（2）软件平台层：主要包括操作系统、数据库软件、GIS 平台、网络软件等；

（3）平台数据层：主要包括给水、排水、燃气、电力、通信、热力、工业、石油、综合管沟等管线实景三维数据；DEM、DSM、DOM、TDOM、倾斜摄影三维模型、激光点云等地表实景三维数据；水系、交通、建（构）筑物及场地设施、管线、地名地址、院落等地理实体数据等；

（4）平台功能层：主要包括管线实景三维的浏览、查询、统计、分析、量算、编辑、标注等功能；

（5）平台服务层：主要服务于地下管线的规划、建设、管理以及安全运维等；

（6）平台用户层：主要包括管线规划主管部门、管线建设主管部门、管线行业主管部门、管线权属单位、管线建设单位、管线档案管理单位、管线信息管理中心等单位用户。

6. 平台功能

在上述地下管线实景三维数据构建技术与模型研究、管线实景三维自动化构建技术以及地下管线实景三维自动化建模工具开发的基础上，结合地形级实景三维模型、城市级实景三维模型数据，以广州市为例，建立并开发地下管线实景三维数据建库及应用服务平台，平台主要功能如下：

（1）管线实景三维浏览。管线实景三维浏览的应用场景包括浏览模式、漫游模式、显示方式、流向等浏览方式的设置等。

1）浏览模式包括地下浏览、地面透明度、视点管理、开启碰撞、快速定位等功能；

2）漫游模式包括飞行浏览、人行浏览、车行浏览等模式；

3）显示方式包括材质显示、标准色显示、自定义显示、图例显示等功能；

4）流向包括显示流向、取消流向显示等。

（2）管线实景三维查询。管线实景三维查询的主要应用场景包括：

1）通用查询：包括属性查询、空间查询、分级查询、权属查询、缓冲查询、编号查询等；

2）区域查询：包括道路查询、行政区查询、单位查询、交叉口查询、测区查询、图幅查询等；

3）快速查询：包括特征查询、附属物查询、管径查询、材质查询等；

4）字段查询：包括基础查询、复合查询、关联查询等；

5）工程查询：包括建设许可证查询、验收许可证查询、工程编号查询等。

（3）管线实景三维统计。管线实景三维统计的主要应用场景包括：

1）按管径分段统计：支持用户按照指定的管径范围对管线进行统计；

2）按埋深分段统计：支持用户按照指定的埋深范围对管线进行统计；

3）特征分类统计：支持用户对指定图层、指定范围内的管线特征点进行分类汇总；

4）按附属物分类统计：支持用户对指定图层、指定范围内的管线附属物进行分类汇总；

5）按材质分类统计：支持用户对指定图层、指定范围内的管线材质进行分类汇总；

6）按权属分类统计：支持用户对指定图层、指定范围内的管线权属单位进行分类汇总；

7）按埋设年代统计：支持用户对指定图层、指定范围内的管线埋设年代进行分类汇总；

8）按行政区统计：支持用户对指定的行政区划范围内的管线进行统计等。

（4）管线实景三维分析。管线实景三维分析的主要应用场景包括：

1）净距分析：包括水平净距分析、垂直净距分析、碰撞分析、覆土分析等功能；

2）断面分析：包括纵断面分析、横断面分析、自定义断面分析等功能；

3）区域分析：包括特征搜索分析、设施搜索分析等功能；

4）拓扑分析：包括爆管分析、追踪分析、连通分析、流向分析等功能；

5）工程分析：包括开挖分析分析、隧道分析、智能排管等功能；

6）预警分析：包括管线生命周期管理、预警分析以及一键提醒等功能。

（5）管线实景三维量算。管线实景三维量算的主要应用场景包括：

1）距离量算（水平距离、垂直距离、空间距离、地表距离、水平角度等）；

2）面积量算（水平面积）；

3）管线间距量算（管间水平距离、管间垂直距离、管间空间距离）等。

（6）管线实景三维编辑。管线实景三维编辑的主要应用场景包括：

1）地形开挖：包括沿路开挖、自定义开挖、显示/隐藏临时地形、删除临时地形等；

2）隧道创建包括创建隧道、显示/隐藏隧道、清除隧道等；

3）智能排管包括创建管道等。

（7）管线实景三维标注。管线实景三维标注的主要应用场景包括：

1）基本标注：包括标高标注、管径标注、埋深标注、坐标标注；

2）专项标注包括：坡度标注、弯头角度标注、栓点标注；

3）组合标注包括：扯旗标注、自定义标注、标注管理等。

5.7.3 应用场景

1. 管线规划设计中的应用

（1）智能化排管设计。平台可以将用户拟定的排管方案参照国家或地方标准进行测算分析，智能设计专业管线路由，布线方案确定后，设计者可根据设计管线与周边管线的可视化分析，调整方案位置至确定方案，缩小设计周期，解决设计难点。智能化排管设计如图 5-67 所示。

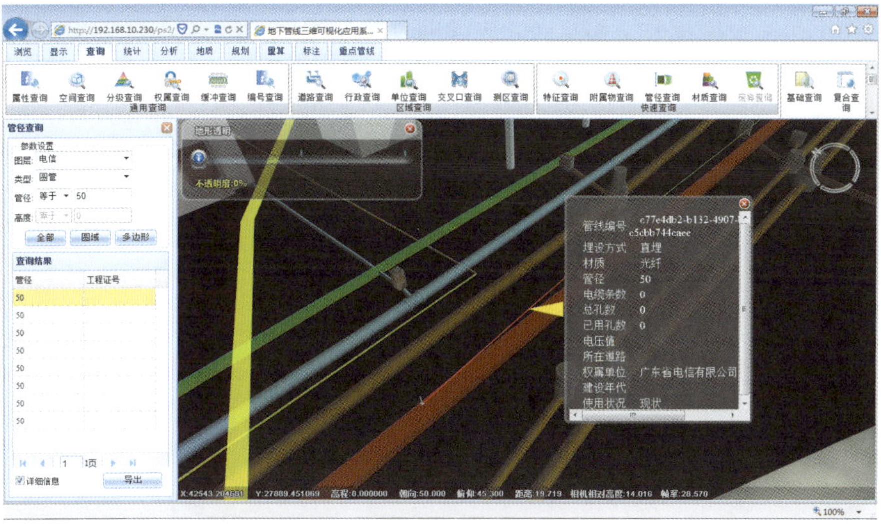

图 5－67 智能化排管设计

（2）管线规划方案的实时比对分析。平台可以将用户设计好的管线规划方案直接导入系统中，单击任意管段、管点即可查询其属性，通过双屏查看，将现状管线和规划管线进行实时对比、调整，为管线规范方案的编制提供技术支撑。

（3）地块管线承载能力评估。城市建设过程中地块的开发、地下空间的综合应用等都涉及周边市政管线的承载力评价，市政管线的承载力评价应从地块给水、排水、供电、燃气等需求入手，综合评估周边管线的配套能力，提出相关解决方案，从而保障地块或市政基础设施配套能力，依托平台的统计功能，划定/导入分析范围，可清晰了解各类管线的统计信息，包括管线的类型、管径、管线总长等，从而对地块周边供水、排水、供电、燃气等进行评估。管线特征分类统计如图 5－68 所示。

图 5－68 管线特征分类统计

（4）地下空间协同规划审批。由于土地的稀缺性和控制的严格性，城市地下空间的利用越来越重要，地下空间的开发不可避免地要影响到地下管线，由于支持地上、地表、地下空间设施的一体化存储及分析，平台可以直观地给出其他地下空间设施（如地铁等）与管线两者之间的关系，准确地统计需要迁建、移建的管线种类和数量，使得地下空间的设计既能满足功能的要求，又能保障其上下左右管线的迁建量最小，合理、科学、便捷地辅助管理者决策，从而达到协同规划的目的。

2. 管线建设中的应用

（1）城市道路智能化开挖。平台提供道路开挖全景显示、查询、统计功能，实现开挖统筹，即集中开挖、集中建设，为预防城市“拉链马路”的发生提供技术支持。以管线开挖为例，用户设置相应的缓冲范围、开挖深度等参数，平台给出该开挖范围涉及的所有管线，城市道路智能化开挖如图 5－69 所示。

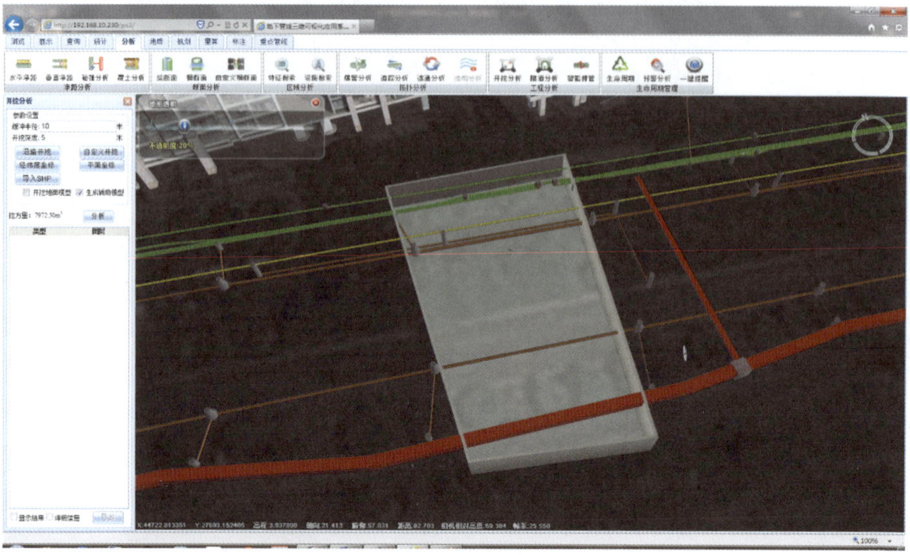

图 5－69　城市道路智能化开挖

（2）管线施工方案优选。优选施工方案时，可通过平台提供的水平净距、垂直净距、碰撞、覆土深度、建筑物间距等空间分析功能，确保管线施工方案的科学性、准确性。在实际管线施工中，施工人员不仅有施工类的管线资料，还可以直观了解所有管线的相对位置、埋深、距离、类型、管径等信息，施工过程中就可以做到有的放矢、精确施工，综合协调工程管线之间及与城市其他各项工程之间的矛盾。

（3）废弃管线管理。在城市的建设中，特别是道路的不断拓宽改造中会产生一些废弃管线，预知废弃管线的种类和位置等，可以给管线规划和施工提供重要的数据支撑。在管线系统中设置废弃管线管理功能，通过在管线数据库中设置“使用状态”字段，字段值为“在用”或“废弃”，实现对废弃管线的查询、定位和统计。

3. 管线管理中的应用

（1）管线生命周期管理。地下管线及其相关的附属设施等都有一定的使用寿命，为确保地下管线的安全健康运行，就需要对地下管线的使用时间、状况进行监测，通过平台提供的地下管线生命周期的查询和自动提醒功能，根据管线的材质、埋设日期、使用年限等属性信息，设置已经过期的管线、指定年限内即将到期的管线、未过期管线三种查询方式。例如，当查询每一类型的管线时，平台会显示管线已使用的年限，还需要多少时间进行维护或更换；为增加简易性，平台还支持对已过期管线的“一键提醒”功能，通过后台对已经过期管线的查询、统计，“一键”将结果展示在管理者面前。

（2）管线应急事件管理。通过平台提供的追踪分析、连通分析、爆管分析等功能，管线系统可支持管线应急事件的处理。

（3）管线日常巡检管理。结合实景三维建设，满足相关部门对于日常城市地下管线巡检任务的发布、管理及后续发现隐患问题的处理。不同角色的管理人员巡检任务的创建，发布，线下巡查，管线故障上报、处理；定制规划片区巡检路线。统计分析该区域内任务的数量类型，发现上报管线问题的数量类型。在线查看定位管线管点信息，定位查看任务详情，定位查看问题详情。移动巡检则主要针对片区内巡检员，通过登录手机端系统，接收安排的巡检任务，提醒待接收任务，定位导航巡检位置，实现实时打卡定位，上报巡检过程中发现的问题。浏览地图管线信息。对于非日常工作，一些突发管线故障也可上报。浏览系统推送的文章。结合 AR 功能，实时装配发现的问题及解决情况，通过移动端传输数据信息与线上专家共同讨论制定对策方法。

（4）管线实时监测预警。地下管线实景三维数据建库及应用服务平台，通过读取并解译敷设于地下管线中的压力、浓度、流速、流量、温度等各类管线传感器，并通过有线网络、无线网络等传输层，实现地下管线运行状况和健康状态等信息的实时监测，从而实现如电力管线的电流、电压、功率监测，排水管线的水压、流量、流速监测，热力管线的气压、流量、温度监测，燃气管线的压力、温度、流量、气体浓度监测，给水管线的水压、流量、流速监测，工业管线的压力、流量、温度监测等。通过地下管线传感器和物联网的融合，可解决城市管线的实时、在线的安全监控、监测预警、应急处置等；平台能实时展示监控数据以可视化形式展示，支持管线异常报警管理和多种报警方式，主要包括监控数据访问服务、报警规则设置服务、故障报警服务、警情管理服务、监测数据可视化等。管线实时监测预警如图 5－70 所示。

5.7.4 主要成效

地下管线实景三维数据建库及应用服务平台，为管线规划、管线设计、管线审批、管线管理以及安全运维等提供数据和功能支撑，全面服务于城市规划、设计、建设和管理等工作。主要成效如下：

（1）政府部门领导：地下管线实景三维数据建库及应用服务平台可为政府部门领导在城市规划、城市建设、城市管理过程中提供决策支持，从而保障城市的和谐和可持续发展。

（2）城市规划部门：完整、全面的地下管线实景三维数据建库，可为城市规划部门在城市发展规划过程中提供优化设计和科学决策服务，服务城市国土空间规划和地下管线专项规划。

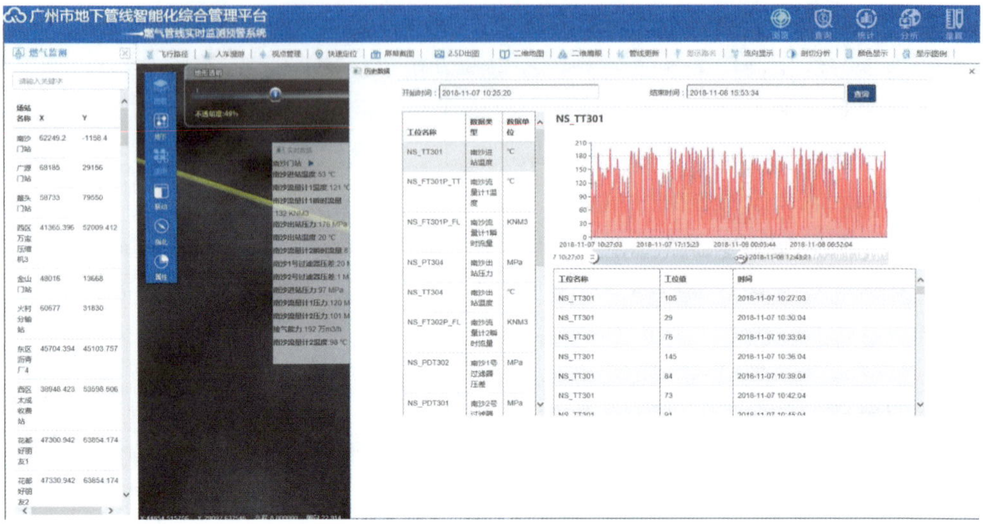

图 5－70 管线实时监测预警

（3）城市管理、质监、安监等部门：城市管理、质监、安监等部门利用地下管线实景三维数据建库及应用服务平台，可确保在地下管线审批、监管的过程中，做到心中有底、审批高效、重点突出、监管得力，促进集约、减少事故、保障安全。

（4）公安、消防、应急等部门：地下管线实景三维数据建库及应用服务平台通过逐步增加实时预警覆盖范围、事故原因与危害等级及时判断、提供专家式分析，帮助应急响应及时、指挥决策高效、应急处置得当、减少事故影响、防止灾害扩散，保障人民生命、财产安全。

（5）管线建设单位：基于地下管线实景三维数据建库及应用服务平台，管线建设单位进行统一规划、集中有序建设，可帮助管线建设单位实现集约化建设，减少建设投资；预防管线事故，减少因此带来的经营损失。

（6）施工单位：借助地下管线实景三维数据建库及应用服务平台，施工查图不需要跑多个单位，从而提高效率；施工过程中心里有底，涉及危险管线时可得到监管部门的现场提醒和指导；防止开挖导致的管线事故，保障现场人员安全，减少因事故带来的经济损失、法律责任。

（7）社会公众：借助地下管线实景三维数据建库及应用服务平台，社会公众可方便查阅相关的法律法规、办事流程，对各类管线施工享有一定的知情权、违法施工监督举报权等。

5.8 工程建设

5.8.1 行业现状及主要需求

物联网、数字孪生、AI 等各种新技术的创新应用，已深刻改变着这个时代的产业发展模式，为建筑行业赋予了新的时代使命。在以工程项目为核心业务基础上，通过信息化与工业化的深度融合，通过技术创新与管理创新，带动企业与人员能力的提升，对城市的重大建筑及基础设施的设计、建设和运营维护履行全生命周期的管理已成为工程建设发展的新需求。在项目管理过程中，存在建设体量大、工期紧、参与方众多等问题，监管工作的前提就是能够更准确地获取信息、及时传递信息、更快的反馈信息。

2021 年，中共中央发布了《中华人民共和国国民经济和社会发展第十四个五年规划和 2035 年远景目标纲要》，指出统筹推进传统基础设施和新型基础设施建设，打造系统完备、高效实用、智能绿色、安全可靠的现代化基础设施体系，中国工程建设行业高质量发展路径再次得到明确。

未来，在工程建设领域将基于实景三维建设成果，通过信息化、智能化手段，进一步对工程建设的设计施工、过程监管、风险管控、安全运维等领域，减少工程浪费，提升监管能力，实现智慧设计、智慧建造、智慧运维。

1. 保证工程设计高质经济

在工程设计阶段，充分应用结合实景三维技术，支持快速形成直观的设计方案，可以使开发建设单位和设计单位确定设计方案的时间缩短；通过基于实景三维的多专业协同工作，可以降低专业错误、优化设计，最大限度降低后期的返工，提高建筑选址专业性、经济性；依托实景三维数据，结合三维分析模拟功能，可以高效地进行各种建筑功能和性能分析及模拟，包括日照分析、能耗分析、室内外风环境分析、环境光污染分析等，优化设计结果，提高设计质量。

2. 全面提升工程监管能力

针对建筑行业监管部门，工程建设项目众多，建设管理层级多、周期长、参建单位多，管理、协调、沟通难度大，是影响项目的主要原因之一。通过实景三维场景对工程项目进行统一监管，实现组织机构统一、权限统一、流程统一、图纸文档统一等，基于同一个平台进行工作和管理，可以实现各管理层级互联互通、现场工作与监管互联互通、业务系统之间互联互通，提升项目的组织和管理效率，实现项目高效运转。

3. 加强项目风险预控水平

基础设施建设项目工期紧，建设质量要求高，对参建单位、人员、设备管理复杂，增加了项目的进度、安全、质量、人员等方面的风险。通过实景三维平台集成现场物联网、移动设备等信息技术手段，有利于打通从项目现场专业工作、总包项目部、项目公司执行层的数据链条，使信息收集、处理和分析效率更高，结果更准确，对风险进行预警和即时掌控，实现风险的事前控制，为管理部门综合决策和统筹协调提供可靠、准确、及时的综合信息保障。

4. 实现可持续化安全运维

在城市建设过程中，同步考虑运维需求，整合设计和建造阶段资源，在实景三维不断更新的数据基础之上，充分利用 BIM、物联网、云计算等新信息技术来感知、监测、分析、控制建筑或基础设施的运行。基于建设过程形成的城市信息模型和设计建设阶段预置的传感设备，实时监测城市桥梁、市政等生命线工程运行状态，敏捷掌控城市生命线安全、应急、生态环境突发事件，做到事前控制，多级协同，实现可视化智慧运维能力。将城市治理水平提升至细胞级水平，为智慧城市的应用提供数据基础。

5.8.2 技术架构

在工程建设领域应以实景三维数据为空间基础数据底座，结合多种物联感知数据和工程建设专题数据，以云计算能力、可视化能力、管理决策能力为辅助，实现工程建设规划设计、工程施工、运营管理等多种业务功能，满足基于三维图形化、可视化和直观化状态下的信息管理、业务管理、决策支持的需求。基于时空信息平台的工程建设管理平台技术架构如图 5－71 所示。

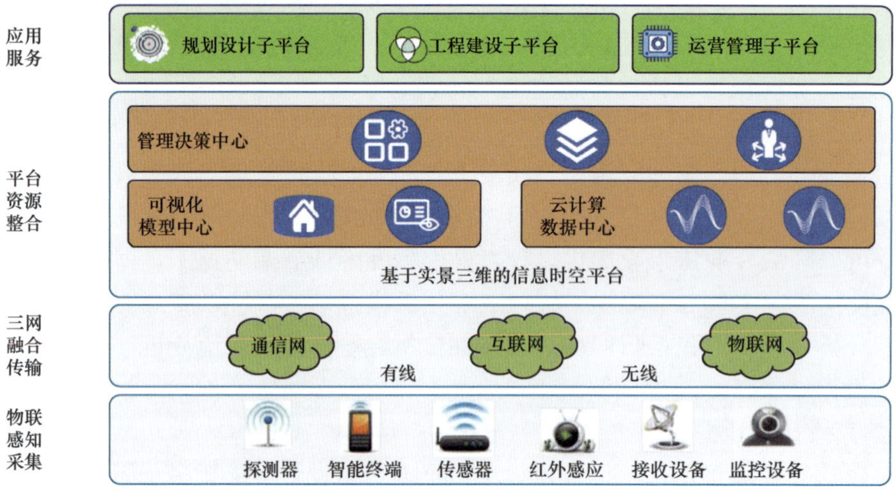

图 5－71　基于时空信息平台的工程建设管理平台技术架构

1. 基础设施层

主要由物联感知层和基础层组成。感知层主要是通过射频识别（Radio Frequency Identification，RFID）、电子标签、测量器、传感器、摄像头、智能设备为代表的物联网技术，应用于施工现场或运营设施设备上，实现施工及运营过程的实时监控、数据采集、智能感知。基础层提供网络基础设施，包括主机系统、存储系统、系统软件、安全设备等设施构成，为平台提供基础运行环境支撑。

2. 基于实景三维的信息时空平台

平台基于实景三维技术实现三维可视化的智慧管理，可基于私有云或公有云部署。平台主要包括三个内容：

（1）业务数据中心。通过统一数据标准将不同管理单元的业务数据或运行数据集成，实现数据统一管理和调度。

（2）可视化模型中心。主要是以信息时空平台为依托，对地形级、城市级、部件级实景三维模型进行多源数据集成、数据存储、数据调度、数据渲染等管理，保障海量模型数据的高效使用。

（3）管理决策中心。利用大数据技术，对工程规划、建设和运营过程中的业务数据进行分析，指导科学决策。

3. 系统应用层

各阶段主要的业务应用子系统平台，主要包括：规划阶段“规划设计管理子平台”、施工阶段“工程建设管理子平台”和运维阶段“运营管理子平台”。基于不同级别实景三维数据，为工程建设项目提供全生命周期数据和技术支撑。

5.8.3 应用场景

实景三维作为中国的新型基础设施全面展开建设，这是国家重要的发展战略，继国家进行明确部署之后，多地也相继出台“十四五”实景三维规划。通过实景三维建设也将为工程建设规划设计、施工建设、运维运营等多个场景提供助力，形成更直观、更准确、更便捷的管理模式。实景三维赋能工程建设典型场景如图 5－72 所示。

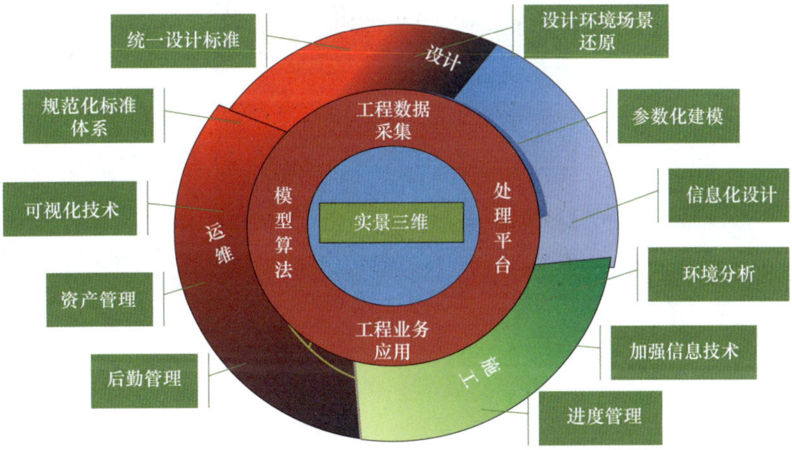

图 5－72 实景三维赋能工程建设典型场景

1. 规划设计场景

在规划设计阶段，基于实景三维成果，支持规划设计全过程三维化、可视化和参数化设计，提升设计质量，减少设计错误。

（1）统一设计标准。基于大量案例后，结合实景三维，提取出设计产品的共性特点，制定出统一、标准化的设计模式，即可有效地减少资源浪费、缩短开发周期。对于开发周期的缩短这一现状暂时无法避免，那么我们设计工作也应该做出灵活的应对举措，在不影响质量的前提下减少设计时间。标准化设计可分为建筑主体的标准化和建筑构件的标准化。针对一栋住宅建筑来讲，建筑主体的标准化设计体现在建筑平面户型、设计风格和材质；建筑构件的标准化就是对于建筑中所使用的各部件进行标准化。比如土建构造中的楼梯、栏板等，装饰中的门饰、地板、灯具等。

（2）真实设计环境场景还原。由于环境场景设计是在室外空间与土地上进行的，对生态环境会产生一定影响，因此环境场景设计在一定程度上是对生态系统的设计，利用实景三维对设计场景进行还原就显得更加重要。设计人员在进行环境场景设计时，应着重注意遵循自然发展规律，避免破坏生物多样性，导致城市脆弱的生态环境雪上加霜，应注意采用先进的技术与设备，降低园林景观养护成本，确保最大限度地减少资源浪费。同时，环境场景设计应依据自然环境走势进行，尽量保持原本地形地貌，避免大幅度破土动工而影响动植物原本的生活环境。在设计中遵循生态环境保护原则，可以保持水土平衡，创造一套兼具环保与观赏属性的园林景观，为改善城市生态环境提供有力保障。设计环境场景还原（地理环境表达）如图 5－73 所示。

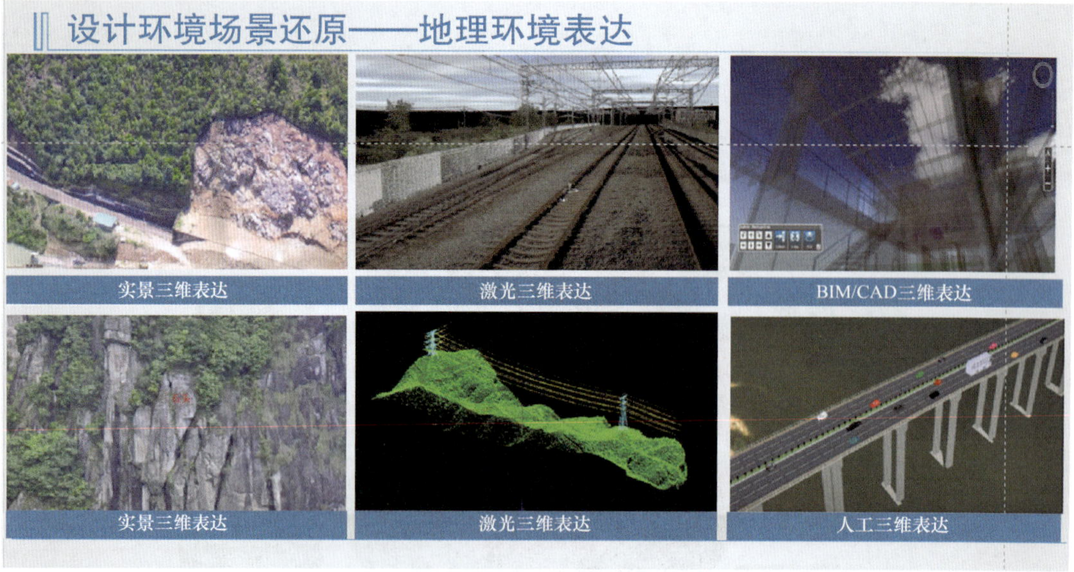

图 5－73　设计环境场景还原（地理环境表达）

（3）规划集成展示。以实景三维技术为依托，在规划阶段可以基于三维城市实景三维蓝图上进行多规合一的规划，可以将城市规划的成果通过三维虚拟漫游等多种方式，形象展示城市规划。

1）集成展示：平台通过多维城市信息表达，沉浸式虚拟现实展示，科技数据动态更新、实时互动，平板电脑、触摸屏、数字投影沙盘、互联网等多终端立体展示模式等，保证在统一的模型下实现规划、土地、建设等多业务的规划集成展示。

2）规划协同：基于统一规划模型实现沟通、协同工作。通过三维可视化的规划分析与模拟，包括城市设计意图展示、多屏幕多方案对比分析等，以及日照、视线、景观和应急方案等的模拟分析。

3）市政基础设施可视化：一键导入市政管线模型，集成展示管线规划，实现地上、地下一体，城市管线、综合管廊规划管理。

4）线上＋线下实景三维数字沙盘：线下基于实景三维数字沙盘、完美替换物理沙盘，从数字地球开场直至三维数字沙盘，每个环节均可自主把控，进行三维城市空间互动、专项规划展示、GIS 信息调取等多种互动展示。线上实现互联网三维展示功能，通过鼠标及键盘等人机交互工具自由选择互动展示内容。从不同的角度、高度、方位，进行三维城市空间互动，全面了解规划方案及信息，实现政务公开，打造互联网+服务模式。

2. 施工建设场景

在施工建设场景重点针对施工项目的协同管理和综合监管提供服务支持。

在协同管理方面侧重于对工程项目的管理，基于实景三维技术，利用城市级、部件级实景三维数据，结合 BIM 技术，对接设计阶段专业模型，通过模型为载体和核心，保证各方基于统一的模型进行协同工作，实现总体管理层面对工程设计管理、进度管理、质量管理的成本管理等重要业务。

项目综合监管侧重工程监测，通过集成工程现场智慧工地系统，或与物联网设备连接，对工程现场的质量、安全、进度、人员等实时监控，保证工程数据的准确及时，管理前置，避免了工作处理的滞后，提升管理效率。

通过“监+管”二者结合，实现对施工过程全面的管控，基于实景三维成果保证了数据的准确、可靠，结合业务管理流程，保证施工过程的高效、安全。

（1）施工环境分析。建筑工程的施工质量直接关系到项目经济效益，因此从建筑经济的角度出发，应当提高对周边环境分析的重视程度，积极开展对施工周边环境的勘测，以此促使技术和经济紧密结合。在具体实践中，项目管理人员应当结合实景三维，对施工周围环境进行充分了解，对各项环境细节进行科学勘察，形成完善的施工计划安排。同时项目管理人员应当强化与环境勘测人员的交流和沟通，基于限额设计和标准化设计，准确传达项目建设意图和目的，以此为建筑工程优质施工提供有效的数据支持，更好地达到预期效果。除此之外，环境分析也是工程投资的重要环节，由于施工质量对工程效益的影响相对较大，所以项目管理人员需要按照结合周边环境的分析开展造价管理工作，保证预算和概算在合理范围内。智慧施工（环境分析）如图 5-74 所示。

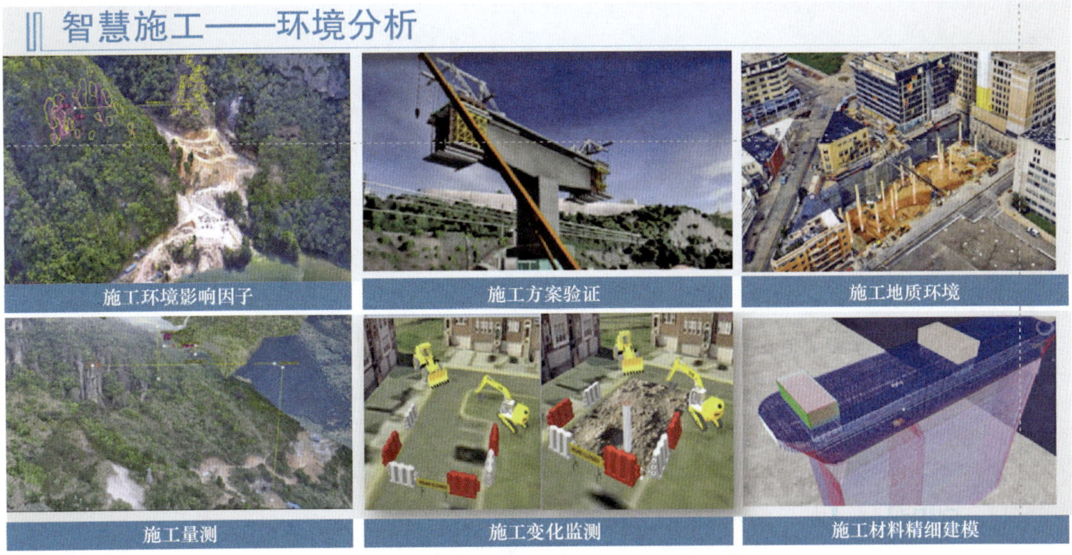

图 5-74　智慧施工（环境分析）

（2）基于实景三维的工程项目协同管理。实景三维可视化协同：以实景三维数据为基础，结合项目设计施工图纸，项目各参建方针对施工过程实景内容进行充分沟通，在实景三维模型中进行标注传达意见和问题，设定视点，详细说明并传达到具体人，让问题负责人第一时间收到信息，并快速跟进解决，加快项目业务和问题的处理，提升沟通效率。

1）文档协同：文档作为项目过程管理最常用的方式，需要进行有效的管理。文档协同主要通过建立文档分类标准，文档目录授权，文档上传下载、文档审核等方式对项目文档进行有效的管理。项目文档协同，解决了项目参与方文档存储零散、版本混乱，人员更换导致文档丢失等问题，

2）任务协同：作为项目多方工作平台，协同管理平台需要建立一种有效的工作沟通机制。任务协同是以业务过程为基础，结合实景三维可视化协同和文档协同，将工作过程和问题在平台上进行有效的处理和跟踪。提升管理效率，同时将过程留痕，便于项目复盘和跟踪。

（3）施工建设监管管理。智慧工程监管建设利用现有项目的信息系统的成果，通过统一的数据标准，将项目信息化建设的成果标准化、集成化的方式纳入统一的信息平台，对所有项目实现实施监管。以进度为主线，通过“三控、两管、一协同”，即进度、质量、安全控制，绿色施工监管、劳务监管和协同协作，提升对区域内的重大工程监管水平和能力，保障工程项目按时、高质、安全、顺利地交付，实现进度管控、人员、质量管控、安全文明施工监管和协同工作。

1）数据标准建设：为保证数据的无缝集成，管理的落地，平台建设实现三个标准化：流程标准化、信息资源标准化、制度建设标准化。流程包括业务流程和工作流程；信息资源标准化是项目分解结构、项目组织机构编码、文件编码与结构等基础性编码工作统一，同时建立一系列数据交换标准；制度标准化包括自身管理制度的标准化和信息化制度标准化。

2）劳务管理：主要是结合物联网技术，完成劳务动态数据的收集，掌控劳务数据动态实时信息，及时、准确地掌握项目劳务人员的登记在册数量、安全教育记录、进出场时间、数量等数据信息，实现对劳务人员的工种等基本信息、安全教育记录、不良记录、特殊工种、工资发放等数据信息的管理，并与劳动力需求计划做分析，分析对进度的影响程度。通过对人员的考勤记录，科学地计发人员工资，确保资金的有效使用，避免劳务纠纷的发生。

3）机械设备管理：主要提供关于各项目塔吊的安全监管等，主要包括风速报警、防碰撞报警、禁行区域报警等功能。塔吊通过驾驶室的“黑匣子”智能设备监控运行状态，由无线上网卡把数据上传到云端，平台集成运行数据，可通过平台实时了解塔吊运行状况，并实现塔机防碰撞的预警与监控功能，减少了塔机视野盲区的安全隐患。

4）现场物资管理：横向联通材料计划、采购、收发料、结算、支付全过程物资管控，实现标准化、精细化、集约化管理。通过集成项目物料管理系统，并将其与进度计划关联，及时了解当前进度情况下的物资需求情况，避免因物资不到位引起的进度延迟等。

5）进度管控：通过信息化系统帮助建设方实现对项目进度从计划编制、计划审核，到计划实施、计划考核、计划修正的全面进度管理。主要包括：项目总控计划所需的各项要素与项目现场实际各要素准备情况对比分析，做进度管理预控；责任单位按计划时间通过移动端 App 上传考核节点、形象进度照片，考核计划完成情况；项目现场检查进度，通过移动端 App 查看计划节点完成要求，监控计划完成情况；利用平台提供的现场监控关联信息，实时了解项目进度。

6）远程视频监控：是综合利用视频、物联网、互联网等先进技术，通过统一接口将各项目的视频监控图像直接打开，可以实时掌握施工现场的一切情况，并通过客户端和浏览器对所辖区域的任一摄像机进行控制，实现遥控云台的上下左右和镜头的变倍聚焦。对项目现场违反安全、文明等的问题及时发现并反馈。并在进度管理中与模型进行对比，掌握进度问题。

7）质量安全管理：通过手机 App 直接在手机端记录问题及问题的位置，可以用拍照、语音、文字备注等方式形成问题记录传至云端，相关责任人及时获取提醒，对问题进行跟踪、解决和反馈。质量管理中，也可以集成 BIM 技术，结合移动终端设备，将质量检查验收标准与 BIM 模型构件关联，检查验收人员能直观、便捷地应用检查验收标准，同时对重点部位构件预设强制检查点，预设了分部、分项、检验批、开业、移交、质保期到期等检查验收部位，自动提醒检查各方现场检查验收。同时过程中积累的项目质量管理基础数据，对隐患的位置分布、类型、概率等方面进行统计分析，制定针对性的管控措施，避免同类隐患发生，实现项目质量管理持续改进。

8）即时沟通平台：当发现问题时，项目部或企业相关职能部门可以通过智慧建造平台的视频对话系统同各项目部的负责人实时视频通话。同时平台提供移动端的沟通平台，基于实景三维场景可实现多方设计问题沟通、设计交底、图纸讨论等，并可基于模型形成标记留痕，提高设计沟通效率。

9）云文档协同管理：云文档协同支持按组织、项目生命周期等不同维度创建文档目录。支持全功能检索，快速搜索所需文档。支持在线浏览几十种专业格式文件，包括 Office 系列文件、PDF、DWG 图纸、RVT、NWD、IFC 等，支持文档版本更新与管理等。云文档协同可以帮助项目部团队实现文档、图纸、模型及信息的集中管理、安全存储、权限共享，方便指挥部、设计方、施工方、分包等项目各参与方之间的文件交流，帮助整个项目部高效地跟踪和处理工程项目中的批阅、变更、验收检查等流程任务。

3. 运维运营场景

（1）进行资产全生命周期管理。结合实景三维，将各类设施、设备资产进行统一管理。包括资产台账、运维检修、可视化管理功能。

1）资产台账：包括设备的名称、编码、型号/规格/材质、单价、供应商、制造厂、对应备件号、采购信息，如采购日期、采购单价、保修信息、专业、类型/类别等。通过从采购、入库、维修、借调、领用、分配、定位、折旧、报废、盘点，实现设备资产全生命周期管理，简化、规范日常操作，对管理范围内的设备进行评级管理、可靠性管理和统计分析，提高管理的效率和质量。基于 BIM 三维模型，跟踪设备、设施资产位置及其相关属性数据，提高资产管理的透明度。自动运维（资产管理）如图 5–75 所示。

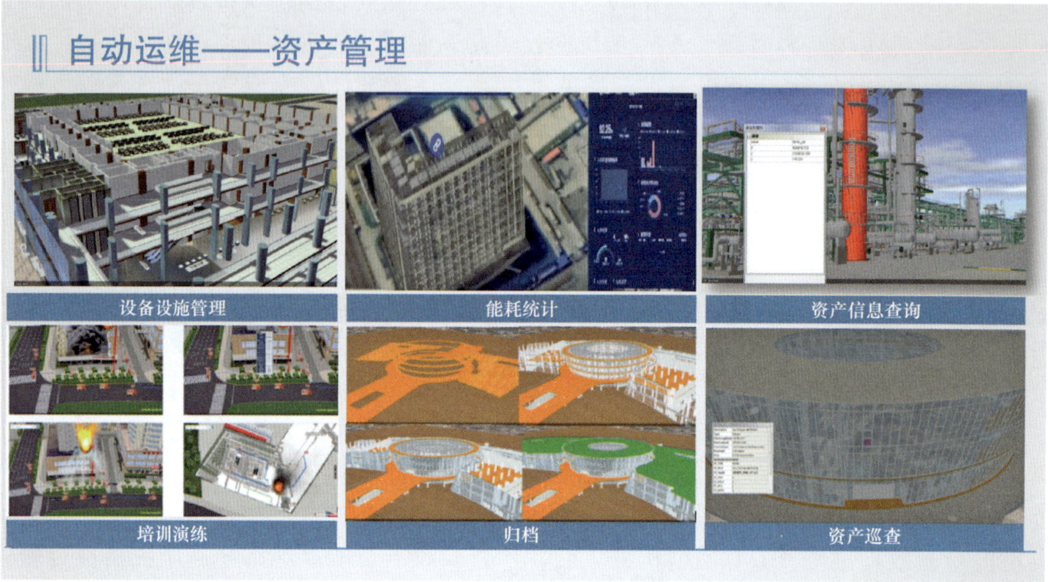

图 5–75　自动运维（资产管理）

2）运维检修：结合实景三维，提供全面的维修计划管理，编制设施设备巡检、维修维护计划，设定任务执行人或者组织，以及设定任务执行所需工具及物料、任务执行参考步骤等，准确地预测未来的维修工作需要的资源和费用，有效指挥建筑运维管理平台的跟踪巡检工作，降低维修费用，减少停机次数。支持新建应急性维修任务，能够根据潜在风险和资源情况制定安全维护计划，支持接收智能硬件或自控系统报警信息，并将问题设备在实景三维数据中快速定位并使模型高亮，使管理人员快速了解当前设备总体运行状况，辅助制订应急计划。同时，预警信息可自动发送至移动端生成应急任务。实现工单闭环流转，实现工单创建、发送、计划、排程、任务分配、工单汇报、工单分析与查询统计功能。

3）可视化管理：在平台中采用实景三维技术，集成组织机构管理与楼层空间布置信息，实现在地图中动态查询各建筑地理位置，进而查询建筑楼层各区域划分，便于使用者快速定位查找相关单位，同时，集成建筑、周边设施相关的图片和相关说明信息，便于使用者直观真实了解建筑概况。

（2）城市生命线安全监测。通过给地下管网布设传感器等监测设备实现对排水、给水、燃气、桥梁、管廊等市政基础设施运行状态参数的监测与智能分析，同步各类管网的权属业务部门等静态信息，帮助城市管理者掌握地下管网全面状态信息。及时发现问题，事前预测风险，让安全防患于未然，提高民众生活安全和幸福指数。主要包括安全监测系统和巡检系统。城市生命线安全监测如图 5–76 所示。

（3）建筑运维管理。基于实景三维技术，运用物联网、大数据、传感器、云计算等关键技术，为建筑物的空间管理、设备设施管理、能耗及环境管理、安全应急管理等技

图 5-76　城市生命线安全监测

术应用提供一个高效、可靠的管理手段，为运维管理带来更大的增值服务与社会效益。主要应用场景及价值如下：

1）基于实景三维空间管理：通过实景三维部件级模型，整合现有的空间及根据建筑平面空间、立体空间及各单位间的协作关系等条件，搭配出合理的多功能配套区域，实现布局合理、沟通便捷的应用需求。利用移动虚拟围墙技术创建空间规划管理，组合成不同应用的虚拟空间，并根据人数、通道、资产、立体空间的有效利用等条件进行计算，生成精细化空间模型及数据报表，满足建筑空间规划管理的需求。基于实景三维设备设施管理如图 5-77 所示。

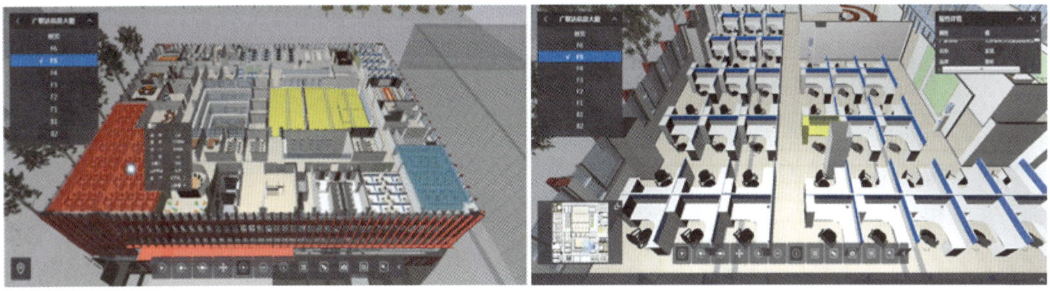

图 5-77　基于实景三维设备设施管理

2）基于实景三维设备设施管理：采用物联网集成技术，可将建筑物内相互独立的智能化系统高度集成。通过部件级实景三维数据的呈现，对建筑物内的设备运行状态进行实时监测，查阅设备的安装位置、运行状态、使用期限、维护情况等详细信息。对于寿命即将到期的设备进行预警，防止设备故障后无法及时修复的问题。除此之外，通过策略管理能够自动识别报警的类型及等级，对于与报警有关系的任何一个监测点发生异常时，系统立刻启动联动关系，如消防报警与视频监控、公共广播、门禁系统的联动，环境监测报警与暖通空调、新风系统的联动关系等。基于实景三维能耗与环境管理如图 5-78 所示。

3）基于实景三维能耗与环境管理：通过集成具有感知功能的物联网设备，实现对建筑环境及能耗数据的动态采集、统计及分析等功能的应用，配合联动策略实现智慧化的能源管理，同时还具备对异常能源数据的警告或提示功能。可按照用户管理需求，配

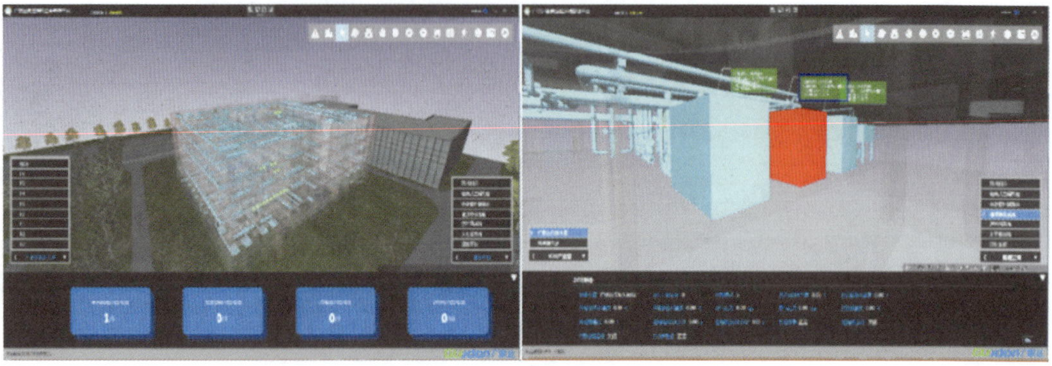

图 5-78　基于实景三维能耗与环境管理

置管理模型，实现分区域、分用户能耗统计方式；对比分析支持同比、环比、百分比分析，使管理人员能直观地了解建筑的能源消耗趋势及变化情况。通过能效管理可以直接控制用能设备，实现优化运行。

4）基于实景三维安全应急管理：应用实景安慰技术实现对火灾源的精确定位，通过联动技术调用火源周围的视频图像进行警情核实或火灾蔓延情况的查看，当真实的火灾信息确定时，系统一方面开启紧急广播系统及时通知疏散信息，另一方面通过定位系统查看人群分布的状态信息。同时，系统会自动打开消防照明系统及逃生通道，开启逃生预案，计划性疏散逃生人群，可有效避免因逃生造成的踩踏伤亡等恶性事件的发生。

（4）智慧管廊运维管理。智慧管廊涵盖管廊全生命周期，重点着眼于运营阶段，结合地下综合管廊发展现状和诉求，以实景三维、GIS、物联网技术为基础，建立物联化、数字化、可视化、智慧化的管廊运营管理系统，为管廊单位提供精准、高效、智能的管理手段，保障管廊系统安全、稳定、低碳运行。主要包含管廊的虚拟展示、管廊运行监控、管廊设施运营管理，以及管廊空间的运营管理等几个方面。

（5）智慧能耗管理。在公共建筑领域，通过建筑技术与通信技术、控制技术等现代信息技术的融合，实现对建筑和基础设施的空调与通风、变配电、照明、给排水、热源与热交换、冷源、电梯与自动扶梯等子系统进行统一的监测、控制和管理。智慧能耗管理如图 5-79 所示。

5.8.4　主要成效

开展实景三维中国建设，是空间测绘领域的重大变革，将给整个地理信息产业带来新一轮的巨大发展，同时推动测绘行业在“两服务、两支撑”新要求、新部署、新形势下，实现技术创新与应用服务升级，完成从传统基础测绘到新型测绘的转变。在实景三维中国建设的测绘过程中，也将为新型基础设施建设带来新的转变和机遇。

通过真实的实景三维建设成果，为工程建设从规划设计、施工、运维项目全生命周期的业务提供全面、真实、准确的数据支撑。同时，结合 BIM 技术，打造业务管理平台，提升了设计协同管理能力，提高项目设计质量、减少后期返工、设计更合理经济。

图 5-79　智慧能耗管理

而智慧建造管理主要针对企业和项目部两层业务展开，通过集成平台，满足企业对多项目的进度、人员、安全、质量可视化监管需求。

智慧运维管理实现城市建筑及基础设施的设备设施、空间、能耗、安防、消防、环境等的智慧化管理。

5.9　电力设备

电力设备数字化、智能化管理运维方案，围绕电力设备规划、建设、监管全生命周期需求，综合运用倾斜摄影、近景摄影测量、激光点云、人工智能等新一代数字技术，打通电力设备巡检数据及业务数据，以实景三维作为基础数据底座赋能电力设备管理，从而构建统一的电力设备智能化管理平台。

5.9.1　行业现状及主要需求

1. 行业现状

电力是我们生产生活、经济运行的基本保障。当前电力行业正面临着需求增长、能源结构变化以及日益严峻的能源安全和气候环境等问题，给电力企业的生产经营带来了严峻的挑战。近年来，以实景三维为代表的新一代数字技术正深刻影响着生产生活的方方面面，也为电力行业的高质量发展提供了新思路。

2022 年国家发展和改革委员会、国家能源局印发《“十四五”现代能源体系规划》，明确提出：要以电网为基础平台，增强电力系统资源优化配置能力，提升电网智能化水平，推动电网主动适应大规模集中式新能源和量大面广的分布式能源发展。与此同时，各大电力企业正通过各种方式和手段积极参与电力数字化、智慧化变革探索。

国家电网有限公司为了适应新时期的电力需求，加快电网能源互联网升级，确保到2025 年基本建成具有中国特色的国际领先的能源互联网企业，不断推进电网生产数字化，强化电网规划、建设、调度、运行、检修等全环节数字化管控，推动电网智能化建设。目前国家电网公司已建成八千多个数字化智能变电站，超过 90%的配电网实现自动化，大幅度提升了电网的可观测性和可控制性。

国家能源集团聚焦数字化、智能化转型升级，编制印发了《国家能源集团数字化转型战略》和《国家能源集团网络安全和信息化“十四五”总体规划》，明确了“平台化发展、数字化运营、生态化协作、产业链协同、智能化生产”的转型发展目标，坚持规划、标准、投资、建设、管理、运维“六统一”和“大集中”原则，加快构建智能生产、智慧管理、智慧运营体系，持续加大创新攻关力度，积极开展大数据应用治理，不断深化先进信息技术在集团能源生产、输送、交易、消费各环节以及企业管理各方面的创新应用。

随着自然资源部发布《关于全面推进实景三维中国建设的通知》，实景三维作为数字经济、数字政府空间基底的作用定位已经成为全社会共识，并已被广泛应用于自然资源、城市管理、应急安全、文化旅游、交通、电力等多个行业。其中，在电力行业，实景三维被应用于电力设备规划、建设、监管全生命周期管理过程。实景三维技术，将电网实物资产转化为数字资产，全方位获得电网设备的高精度空间坐标，对电力规划、建设、运维等提供部分精准的空间基准信息，将电力设备运行维护从“人工经验”向“数据驱动”转变，为进一步的数字孪生奠定了地理信息基础。

2. 主要需求

在国家大力推进数字化电力的背景下，三维智能化已成为当前电力发展的趋势。实景三维智能电力平台，综合利用三维全景、物联网、图像智能识别等成熟技术，从实际出发，旨在解决电力设备建设过程中的电网线路规划设计、电网巡检以及变电站管理等一系列问题。

（1）整体业务需求。该平台以“一套数据、一个平台”为建设思想，以标准化、智慧化管理为目标，根据电力设备从规划到运维的全生命周期管理需求，统筹开展建设工作。

数据统一建设需求。数据作为实景三维智慧电力平台建设的基础，不仅是平台运行的支撑，更是对电力设备精细化管理的基础，为了充分发挥各类数据的服务支撑作用，需按照统一的标准，综合电力设备全生命周期管理的需求，对各类相关数据进行系统、全面的梳理、整合，并构建电力设备实景三维模型数据，形成完整、准确、立体的实景三维智慧电力数据资源体系，为实景三维智慧电力平台建设提供基础的数据支撑。

系统统筹建设需求。立足电力设备立体化、智慧化管理需求，综合考虑平台的前瞻性和未来业务开展的可能性，借助新一代实景三维数字技术，统筹建设实景三维智慧电力平台，赋能电力设备规划、建设、监管全生命周期管理。

（2）系统功能需求。实景三维智慧电力平台以实景三维、大数据、云计算、物联网等技术为基础，面向电力设备全生命周期管理需求，以数据规范化、信息可视化、设计立体化、分析智能化、监管一体化、管理全面化“六化”为目标，开展实景三维智慧电力平台建设。

5.9.2 技术架构

以实景三维为空间基底的数字化管理平台，即实景三维智慧电力平台（以下简称平台），遵循相关标准和技术规范，依托无人机、激光扫描仪、电力巡检系统（DP－Electric Modeler）等硬、软件设备，融合大数据、云计算、物联网等新一代信息技术和智慧管理理念，最终实现电力设备全生命周期立体化、智慧化管理的目标。实景三维智慧电力平台，核心功能包含模型生产系统、数据管理系统、智能分析系统、动态监管系统、移动巡查 App，提供规范化数据、可视化信息、立体化设计、智能化分析、一体化监管、全面化管理等。实景三维智慧电力平台技术架构图如图 5－80 所示。

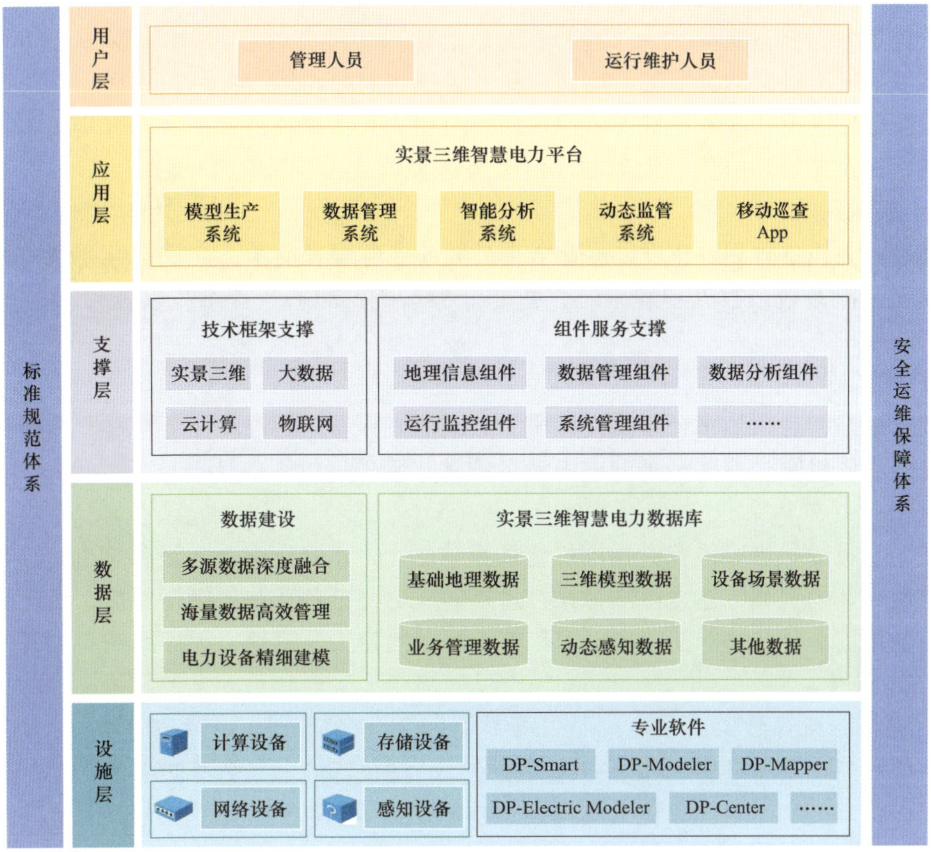

图 5－80 实景三维智慧电力平台技术架构图

1. 设施层

设施层是平台运行的基础环境，将计算设备、存储设备、网络设备、感知设备等物理资源通过技术手段进行整合，建立共享资源池，形成可按需求动态扩展的高性能计算环境、大容量存储环境，在资源池基础上配合操作系统平台、数据库平台、各类中间件服务等，满足多源数据融合、海量数据存储、高并发平台操作和信息共享查询等需要。设施层综合了卫星遥感、无人机、手机、摄像头等感知设施，通过自动建模系统、图像快速建模系统、实景三维测图系统等专业软件，建立实景三维立体模型及多方位多尺度感知通道，为上层工作开展奠定物理基础。

2. 数据层

数据层为平台运行提供数据支撑，基于分布式数据管理模式和统一的数据资源目录，通过多源数据深度融合、海量数据高效管理、电力设备精细建模，形成以基础地理数据、三维模型数据、设备场景数据、业务管理数据、动态感知数据和其他数据组织分类的实景三维智慧电力数据库，为电力设备立体化、智能化管理提供数据支撑，进而实现实景三维智慧电力数据的统一组织、统一服务和高效应用。

3. 支撑层

支撑层一方面提供技术框架支撑，采用实景三维、大数据、云计算、物联网等先进技术，提供各类服务支撑，并作为智慧管理的枢纽，负责对基础物理资源、数据资源、开发环境、通用资源、应用服务等进行统一管理、监控与调度；另一方面，基于数据层各类数据，提供组件服务支撑，以地理信息组件、数据管理组件、数据分析组件、运行监控组件、系统管理组件等为基础，快速搭建实景三维智慧电力平台。

4. 应用层

立足电力设备规划、建设、监管全生命周期业务管理需求，实景三维智慧电力平台提供模型生产系统、数据管理系统、智能分析系统、动态监管系统以及移动巡查 App 等系统应用。

5. 用户层

实景三维智慧电力平台主要面向电力公司管理人员、电力设备运行维护人员等各类用户提供不同权限、不同种类的电力设备智慧化管理运维服务。

6. 标准规范体系

在充分吸纳和借鉴现有的标准规范体系基础上，建立贯穿电力设备规划、建设、管理全生命周期的智慧化建设标准体系；建立健全电力设备智慧化管理制度，实现应用过程中的数据、平台以及标准的统一，使整个平台的建设、管理、运行维护更加开放、标准和透明。

7. 安全运维保障体系

运用智能安全态势感知与防护相关技术，严格执行信息安全等级保护、涉密信息系统分级保护制度和《中华人民共和国网络安全法》，构建自主可控的电力设备信息安全体系，提升信息安全防护能力；建立健全信息安全管理运维体系，保障数据传输、存储、应用和信息系统的安全。

5.9.3 应用场景

实景三维智慧电力平台基于实景三维技术，客观直观反映空间对象位置、关系及业务信息，实现电力设备规划、建设、监管一体化管理，并且通过空间信息与业务数据的深度融合，形成立体、直观、统一的一体化业务平台，在电力设备全生命周期管理中，为辅助电网线路规划、电网巡检、数字孪生变电站等典型场景赋能。

1. 辅助电网线路规划设计

电网线路设计包括对线路塔位、杆塔、导线等构件的设计，设计方案将直接影响线路的造价与施工、运行的方便与安全。实景三维智慧电力平台，融合了多源异构数据，通过线路场景精细化建模，真实还原电网线路全貌，高效开展线路路径初选和优化线路工作，精准呈现输电线路塔位、杆塔、导线等设计成果。

（1）线路场景建模。采用一键式快速智能创建工程的模式，融合多源异构数据，在无相机参数、无初始外方位元素、无控制点的情况下，恢复影像之间的相对位置关系，通过引入少量物方坐标参考和尺度信息完成单元模型的绝对定向。

利用 GPU 分布式并行计算技术，在完成影像绝对定向基础上采用构建 TIN 三角网，自动纹理映射等方式，通过获取的多源影像数据快速制作实景真三维模型，实现实景三维计算的多任务并行处理，真实还原电网线路廊道的空间位置、地貌形态、地物和环境，实现电网线路廊道的快速三维场景建模。基于多源异构数据的三维场景建模如图 5-81 所示。

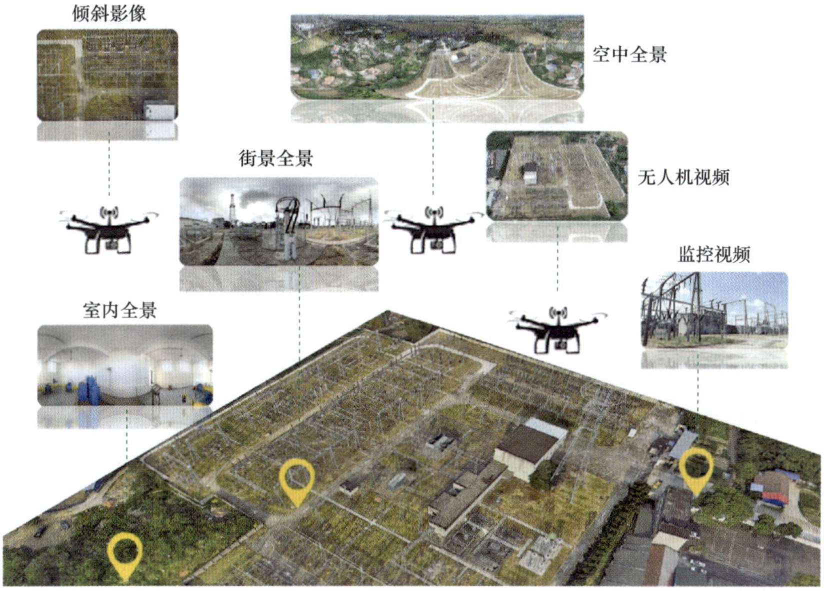

图 5-81 基于多源异构数据的三维场景建模

（2）线路初选。一条完整的电网线路往往有几十千米甚至几百千米，跨越的地区地理条件比较复杂，通常涉及居民区、公园等特殊区域，并且还会与铁路、公路和重要线路通道交叉跨越，因而电网路线的规划设计与地理空间位置密切相关，垂直方向上的层次信息对于电网线路的设计也显得尤为重要。基于三维模型数据及三维分析工具，辅助电网线路开展真实、立体的路径规划及设备规划，实现电网线路初选。

1）路径规划。基于三维精细化模型、三维场景图、专题电力数据，以及通过数据共享机制获取的国土空间现状、规划及交通规划等数据，在实景三维智慧电力平台中，将国土空间规划、居民点、矿区、风景名胜保护区等二维数据在三维模型上进行叠加展示，呈现出更真实的自然空间及变化趋势，实现二三维数据一体化浏览，为电网路线设计提供精细化数据基础。基于平台的三维量测、路径分析等基础工具，综合考虑电网线路的经济合理性、施工便捷性、运行安全性等因素，避开森林密集区、绿化区、果木园、公园、防护林、房屋等区域，快速生成多个符合设计需求的电网线路路径规划方案。电网线路路径规划如图 5－82 所示。

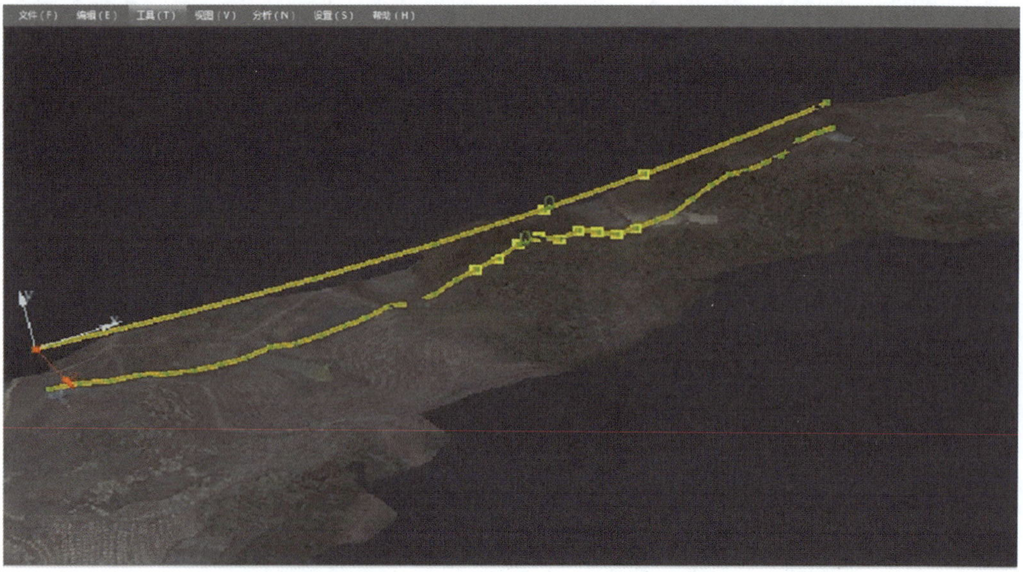

图 5－82　电网线路路径规划

2）设备规划。基于电网线路路径规划方案，获取以路径为中心，10m 范围内的三维地形地貌模型，生成沿线各点的纵断面图，为排定杆塔位置提供数据基础；平台内置从 220V 到 220kV 的数百种杆塔三维模型，杆塔的坐标、材料、塔形等参数均可灵活调整，辅助电网路线设计人员开展室内模拟布置，节省室外定位工作成本；且平台提供立体断面分析工具，通过量测电力线与地面的高度，实时查看电网设计路线的安全距离是否满足规范，让电网路线设计更加直观化、科学化。

（3）线路优化。平台基于三维模型数据，融合实时多源数据，综合考虑线路初选方案周围的实际状况，对电网线路进行优化调整；基于实景三维可视化技术，实现电网线路及走廊的真实还原，并将电网线路初选方案进行立体、真实呈现，同时结合三维量算及三维分析工具，对电网路线初选方案进行模拟校验。模拟校验内容包括杆塔垂直档距、水平档距、最大档距、转角度数等荷重条件，直线杆塔摇摆角范围、上拔力度，导线悬挂点应力、交叉跨越间距、风偏距离等，模拟校验结果采用不同的颜色进行分级展示。基于校验结果，用户可直观、可视化地对电网线路规划设计方案进行调整优化，确保电网线路规划设计的科学性及合理性。三维电网路线优化如图 5－83 所示。

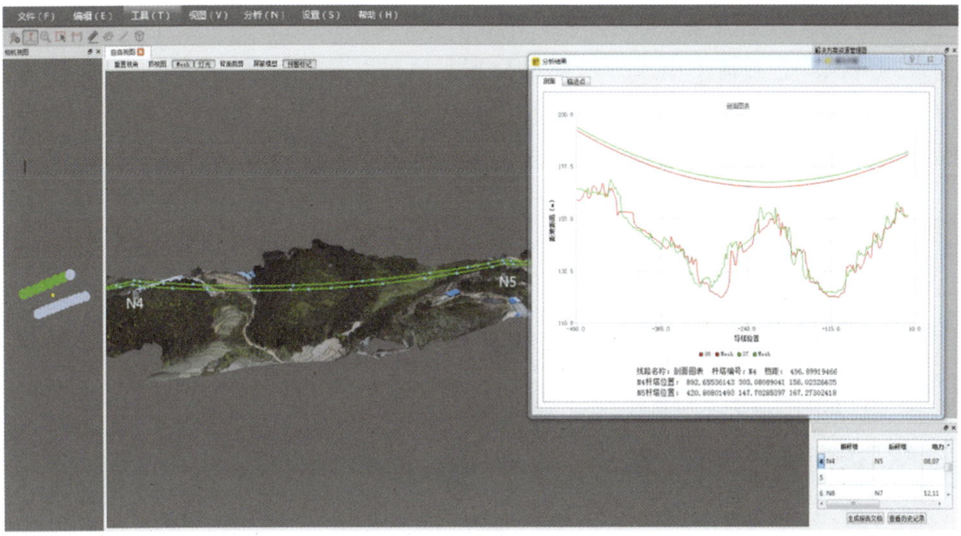

图 5-83　三维电网路线优化

2. 电网巡检

输电线路是电网的重要组成部分，线路走廊内的地形地貌状况以及地物都会对线路的布设和安全运行产生重大影响。基于电力设备实景三维模型数据及三维分析工具，平台拥有输电线路巡检、变电站巡检、巡检分析报告管理的智能化巡检的能力，并可实现巡检范围内危险点信息的风险预警及分析展示。

（1）巡检航线规划。自动调整飞行高度，航向旁向重叠等参数，在常规航线规划模板的基础上，快速生成作业所需的最佳航线，并支持实时飞行航线编辑。

（2）巡检底座构建。平台基于倾斜摄影数据及激光雷达数据，对输电路设备进行实景三维构建，1:1 真实世界的静态瞬间复刻，助力巡检及输电线路运行维护。巡检底图构建如图 5-84 所示。

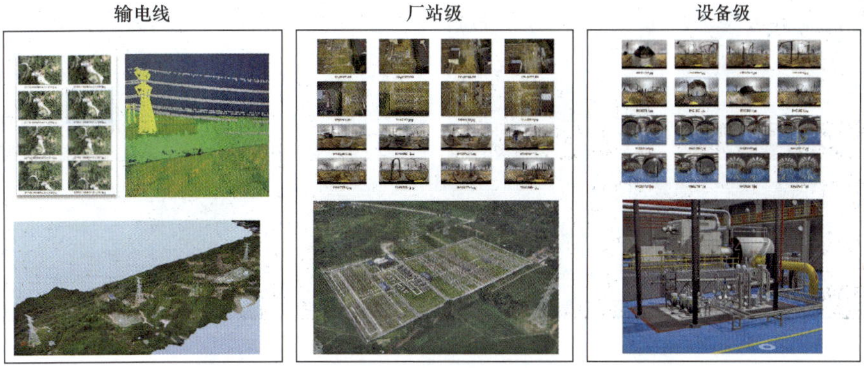

图 5-84　巡检底座构建

1）基于倾斜摄影测量数据的巡检底座构建。根据获取的多源影像数据快速制作实景三维模型，采用多任务并行处理，真实还原输电线路廊道的空间位置、地貌形态及地物环境。针对倾斜摄影测量生成的电力杆塔模型不够精细化的问题，平台还可以通过人工交互式的方法，手工制作电力杆塔精细化模型。基于参数化建模工具，根据设计数据，选择塔形、输入塔高、导线挂点等参数信息进行参数化建模。输电线路精细化建模成果如图 5-85 所示。

图 5-85　输电线路精细化建模成果

2）基于激光雷达数据的巡检底座构建。基于无人机获取的激光雷达数据，通过随机森林算法进行快速的自动分类，在少量的样本情况下即可对大量的激光点云数据进行分类，准确率较高。同时通过捕捉点云的方式，在分类后的点云上选取杆塔上输电线的少量挂点，基于悬链线拟合算法自动构建出导线矢量位置及弧垂，生成精细化的线路三维场景。基于激光雷达数据的巡检底座构建如图 5-86 所示。

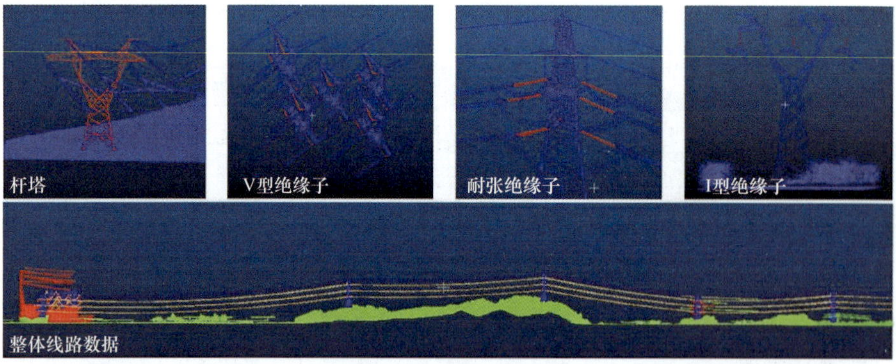

图 5-86　基于激光雷达数据的巡检底座构建

（3）输电线路巡检。针对传统树障巡检方式的一些局限性，实景三维智慧电力平台可提供一套集缺陷巡检分析、树障巡检分析、杆塔巡检分析于一体的智能化信息分析与管理能力。

1）缺陷巡检分析。随着无人机、巡检机器人、固定摄像头等图像采集设备的发展，缺陷巡检由手工模式转变到图像采集模式，通过图像采集设备采集到大量电力设备图像后，再由工程师根据经验判断是否存在缺陷，但这种方法也受工程师技术水平及工作经验影响，具有一定的局限性。平台采用红外热成像、激光雷达、巡检机器人、无人机、移动巡查 App 等方式，能够对输电线路设备缺陷进行精准巡检，精准识别缺陷，实时获取缺陷信息并及时消除缺陷。缺陷查询如图 5－87 所示。

图 5－87　缺陷查询

2）树障巡检分析。输电线路故障多是由树障隐患引起的，传统的树障隐患巡检通常是采用人眼实地察看或者用激光测距仪采集可能的树障隐患点到电力线的距离，但是较多树障隐患都是在山区植被茂盛区域，地理环境复杂，交通状况较差，车辆无法直接到达杆塔附近，需徒步行走，这使得人工树障巡检的工作量变大；同时还会因树障隐患的量测和定位具有较强的主观性，使得树障巡检没有统一的标准，出现巡检不规范等问题，严重威胁输电线路的安全。

平台采用倾斜摄影技术真实还原输电线路廊道的三维场景，根据电网统一标准，设定安全距离值，系统根据安全值不仅可以自动分析输电线路与地面点的最近距离，准确地量测树障隐患到地形地物距离及其位置，而且在三维场景平台中可以任意量测输电线路导线上任意点到地面地物地距离。对于不同时间段，同一输电线路的时序数据还可以通过分析地面植被地生长趋势，预测可能的树障隐患点。

平台同时还可以基于多期点云数据，以同一区段的线路导线挂点为多期数据比对基准点，进行点云数据自动对比，实现树障自动对比预警功能。树障隐患点智能分析如图 5－88 所示。

3）杆塔巡检分析。杆塔巡检基于三维重建、多源数据融合、深度学习技术及巡检底座，在三维实景场景中精确定位杆塔坐标、导线挂点、绝缘子连接点，可进行杆塔导线、绝缘子、防振锤、金具、避雷器等杆塔相关部件缺陷和故障的自动发现、精准定位

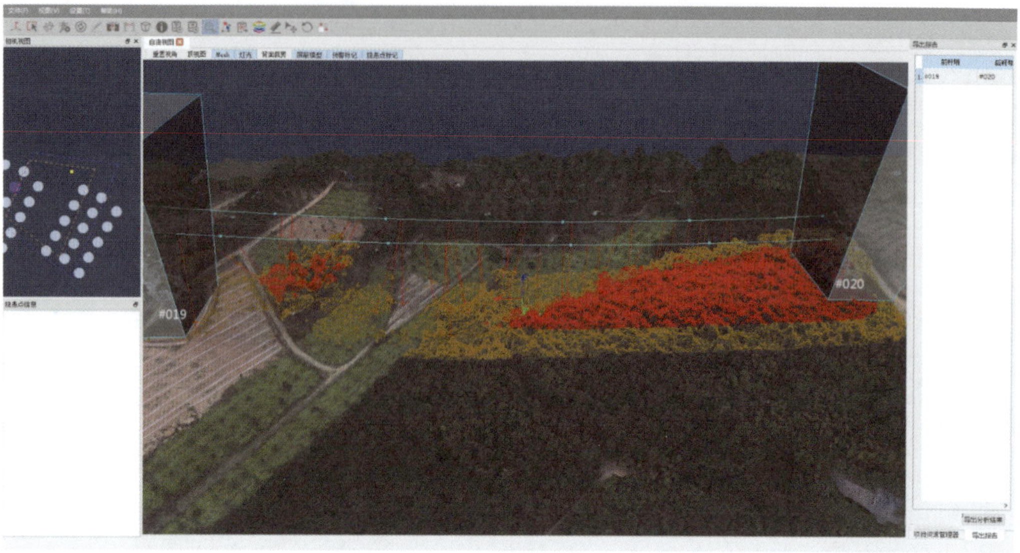

图 5-88　树障隐患点智能分析

及量测，并支持以故障名称、杆塔编号等作为关键字进行检索、查询，实现多源数据的电力杆塔三维巡检缺陷智能识别。杆塔精细化巡检技术路线如图 5-89 所示。

图 5-89　杆塔精细化巡检技术路线

（4）变电站巡检。平台基于 BIM、海量倾斜影像、红外影像、激光点云、实景三维模型等数据，通过红外热成像故障检测、激光雷达检测、巡检机器人、无人机变电巡视等方式，对变电站进行全方位智能巡检，确保变电站安全运维。多源变电站巡检数据如图 5-90 所示。

1）电子围栏。平台基于新型的传感器技术，通过设置虚拟围栏，检测并追踪记录检测区域内的人员轨迹。在实景三维场景部署与实际位置一致的雷达设备，形成设备及目标探测的 GIS 显示，并在实景三维场景中，绘制警戒区域，如有活动目标进入警戒区，系统将自动报警。同时，根据雷达目标定位信息，在场景精确定位目标闯入位置，可自

图 5-90　多源变电站巡检数据

动调出和前端探测传感器联动的摄像机画面，进一步监测管理。

2）AI 智能预警。平台深入挖掘变电站运行维护过程中出现的问题，构建丰富的 AI 智能图像识别样本库，通过图像智能识别技术，并结合 AI 算法分析，实现变电站 AI 智能预警。AI 智能预警如图 5-91 所示。

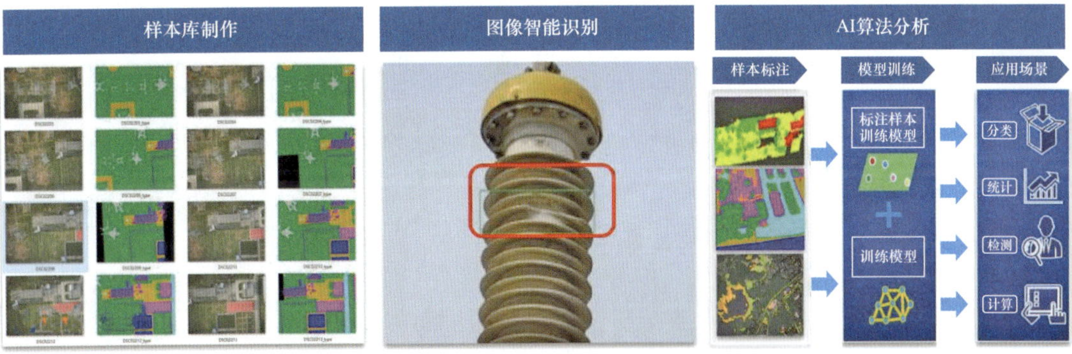

图 5-91　AI 智能预警

3）移动巡查。平台构建移动巡查 App，提供缺陷信息录入、巡查任务记录，数据信息的录入及记录支持图片、视频等多媒体资料上传，实时、详细记录相关信息，辅助电力设备运维人员开展外业工作，提升变电站巡检智能化水平。

（5）巡检结果管理。基于输电线路巡检及变电站巡检结果，通过实景三维智慧电力平台，对巡检结果数据、巡检分析报告进行统一集中规范管理。

1）巡查结果查询。平台用户可以基于巡检时间、巡检地点、巡检级别对巡检结果及巡检报告进行模糊查询，获取所有匹配信息的详细巡检记录，同时支持对巡检记录进行三维场景定位，可视化展示巡检的空间位置信息，并浏览查看巡检详细信息。

2）修复任务下派。管理人员根据巡检结果，将缺陷、树障、杆塔、变电站等修复任务指定给对应的运行维护人员及核查人员，运行维护人员根据修复任务开展现场复核及消除作业，并对现场过程及结果进行记录，记录数据可实时上传至平台，申请修复作业审核。

3）修复核查记录。审核人员接收到审核任务后，进行审核，同样将审核信息上传至平台进行归档管理，形成巡检问题消除处理记录，便于回溯历史处理记录。

4）巡检报告生成。平台支持根据时间段、作业任务或巡检问题类别对巡检信息进行查询，通过平台内置的巡检报告模板，一键快速生成缺陷巡检报告、树障巡检报告、杆塔巡检报告及变电站巡检报告。

5）巡检报告查阅。平台支持根据时间段、作业任务或巡检问题类别对预警报告进行模糊查询，输出所有匹配信息的巡检报告，实现巡检报告的精准查询。基于巡检报告查询结果，在三维场景中定位展示报告对应的巡检位置，同时浏览查看巡检报告的详细信息。巡检报告支持在线下载打印，辅助现场人员线下开展预警修复工作。巡检报告浏览如图 5-92 所示。

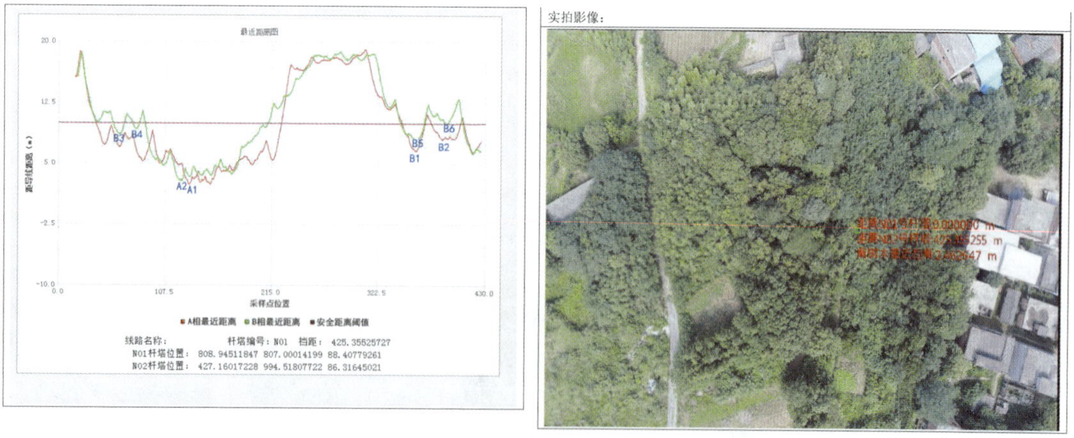

A1 #34-#35 当前工况距离 2.462647 米

线路名称：XXX	杆塔区段：N01-N02	巡检方式：无人机巡检
距小号塔距离（m）：132.46	规程最小安全距离（m）：10.00	当前工况最小距离（m）：2.46
缺陷等级：重大		
缺陷描述：#34-#35 当前工况距离 2.462647 米		
三维重建数据：		

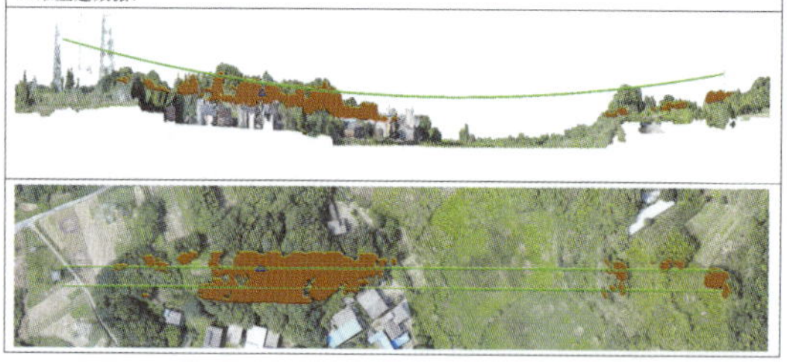

A2 #34-#35 当前工况距离 2.875895 米

线路名称：XXX	杆塔区段：N01-N02	巡检方式：无人机巡检
距小号塔距离（m）：125.02	规程最小安全距离（m）：10.00	当前工况最小距离（m）：2.88
缺陷等级：重大		
缺陷描述：#34-#35 当前工况距离 2.875895 米		
三维重建数据：		

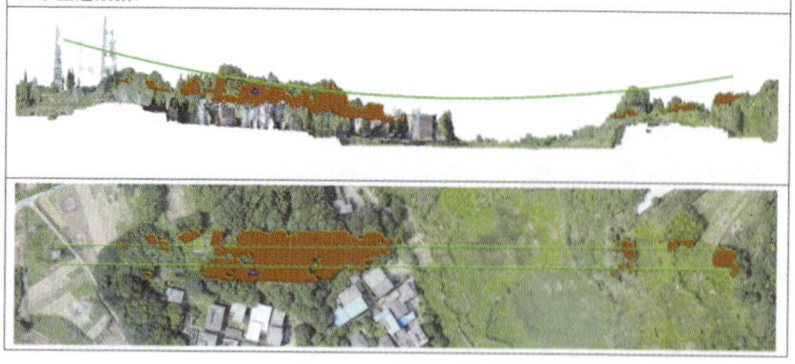

图 5-92 巡检报告浏览

3. 数字孪生变电站

变电站是组成电网的重要基础设施，通过大量的一次带电设备、二次带电设备、保护装置实现对电网运行模式的调度和管控。变电站的安全、可靠运行对保障电力系统的稳定性和保证供电的可靠性具有较大影响。平台面向变电站管理的业务需求，通过场景漫游、全局感知、智能预警，实现变电站的智能立体化管理。

（1）场景漫游。传统的变电站管理通过布设摄像头捕获变电站场景的实时画面，但由于固定方位及角度的限制，变电站管理人员及运行维护人员无法获取变电站全景画面，在对变电站进行日常监管的过程中会出现监管盲区，造成潜在的监管危害；且通过摄像头获取变电站多个场景画面，需要不断切换摄像头视角，会出现视角画面间断不连续等问题。

平台通过 1:1 数字化变电站三维场景，展示主要电气高压设备的外形、内部结构的精细化模型，模型覆盖一次设备区、室外厂区和室内区域，通过场景漫游浏览，用户可自主控制前进、后退、上升、下降以及转向，在线沉浸式了解现场情况，在减少现场巡检工作量的同时，促进相关人员更加详细地掌握现场情况，提高变电站运行维护的工作效率。场景漫游如图 5-93 所示。

图 5-93　场景漫游

平台将电力设备模型数据与监控数据、属性数据、相关文档进行关联挂接，变电站管理人员及运行维护人员在漫游过程中，通过点击想要了解查看的设备模型，即可查阅与该设备相关联的运行监控数据及设备竣工图纸、使用说明、操作文档等详细信息。

（2）全局感知。变电站中的电气设备外形庞大，高压绝缘的危险性使得工作人员无法近距离观察，更不能随意触碰，这使得变电站日常运行维护工作危险性较高，且传统的变电站运行维护工作多依靠人工巡查，但是人工巡查往往会受巡查人员的专业知识、经验积累、主观意识等因素的影响，往往会出现变电站问题不能及时、精准地被发现，以及巡查成本高、巡查效率低等问题。

平台基于变电站三维场景数据，对电力设备的外观、内部复杂机械结构等进行三维仿真显示，接入直接用于生产、输送和分配电能生产过程中电气设备的遥测、遥信、遥控、遥调“四遥”信息、视频监控、设备运行监测、环境监测以及其他传感器实时上传的监测数据，获取变电站相关的设备位置分布、设备类型、运行环境、运行状态等信息，并进行实时展示。同时通过激光雷达传感器反馈回的激光束区域大小与轮廓特征来识别可移动体；然后将识别出的目标特征区域独立标识出来，根据激光离散坐标点的信息和反射强度信息，分析移动物体距离激光雷达设备的距离，进而推算出移动物体在点云中的坐标信息。

基于获取的实时感知数据，平台通过数据挖掘获取变电站重要信息，并将变电站空间位置与属性信息、状态信息进行关联挂接，以多类型图表的形式，进行可视化大屏展示，辅助管理者及运维人员直观了解实时感知数据，及时获取变电站设备状态、运行维护等信息。

平台通过信息查询浏览功能，对变电站基本信息进行模糊查询，快速查找获取所匹配信息的变电站，并通过详细信息功能，获取查询结果的详细信息，辅助运维人员在室内也能精准掌握设备详细信息及运行状况。

（3）智能预警。变电站承担着输电线路上高压到低压转换的重要作用，随着传统变电站智能化、数字化的转型，电网建设规模逐渐扩大，对站内的各个电气设备和监测设备故障响应时间、预警准确性有了更高的要求。以实景三维技术为背景，将数字孪生技术应用于数字孪生变电站平台，可将现阶段的电力设备和后台虚拟设备进行紧密结合。故障发生前，实时感知设备运行状态，对站内实体设备进行映射，异常进行提前预警，故障发生时，通过多元数据融合算法对云端数据和边缘物联网代理装置感知数据进行特征提取及综合处理，及时上报故障设备、类型和位置信息，结合历史检修记录，第一时间给出故障判断和维修建议方案。

1）自主缺陷诊断与故障预警。基于电力设备三维精细模型和感知监测数据，构建结合模型驱动和数据驱动的设备精细化数字孪生变电站模型。依据变电站感知设备，物理实体设备对其运行状态与环境数据实时感知，实现电力设备在运维阶段的全周期实时监测，并在数据中台将设备全要素感知监测数据汇集。

数字孪生变电站中的电力设备单体化模型与物理设备同步运行，可形成设备评估和故障预测等数据，在此基础上通过物理实体数据与虚拟孪生数据深度融合，应用专家知识、智能算法等核心技术对电力设备模型进行仿真计算与数据分析，模型数据不断迭代优化，并由数字孪生模型将实时计算分析得到的数据信息和指令反馈给物理实体设备，自主驱动物理实体设备进行缺陷诊断和故障预警。站内多设备监测预警如图 5－94 所示。

2）设备集群化管理与运行状态评估。通过同类型、同地区、同场景下电网个体设备精细化数字变电站实景三维模型横向比较，对站内同类型电力设备上搭载的传感器采集的实时动态运行数据，如负荷、电流、红外监测设备等数据以及历史缺陷数据、检修记录等数据进行聚类分析，实时诊断设备的健康状态以及异常发展趋势。

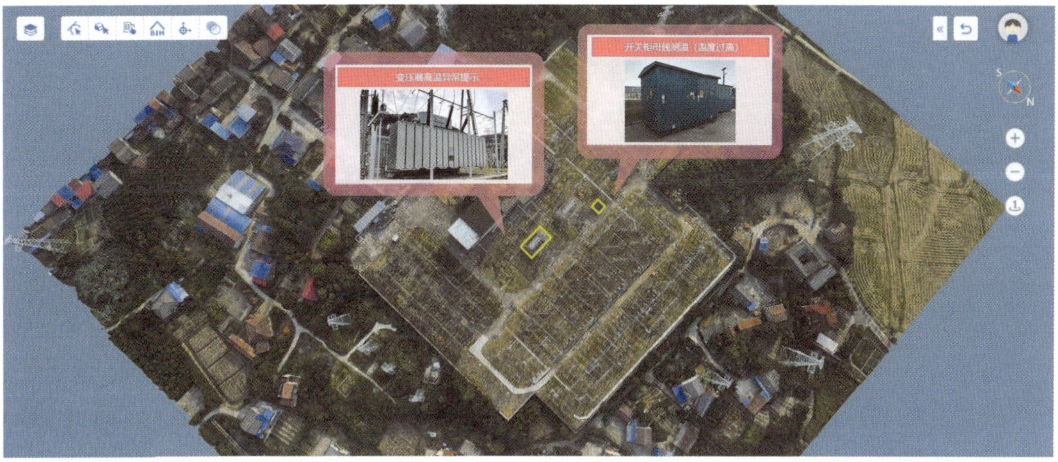

图 5－94　站内多设备监测预警

同时建立设备状态联动分析模型，关联分析在线监测、设备老旧程度和关键部件温度等信息、历史检修试验数据、变电站内环境数据等，预判电力设备健康状态，及时预警异常状态。设备运行状态实时查看如图 5－95 所示。

图 5－95　设备运行状态实时查看

5.9.4　主要成效

实景三维技术已被广泛应用于电力设备规划、建设、监管的全生命周期管理，在实景三维数字孪生底座的基础上，建构模型生产系统、数据管理系统、智能分析系统、动态监管系统以及移动巡检 App 等核心能力，对提升电力工作效率、优化电力管理模式、推动智慧电力创新方面具有明显的成效。

1. 电力设备精细化建模渲染，提升电力工作效率

电力设备实景三维技术可精准复刻电力输电廊道和场站设施实景三维空间位置、地

貌形态、地物和环境，对具备细节，如电力线杆塔、电力弧垂也可做到快速采集、提取复原、三维建模，能够实现模型与实物相关参数和各方面属性的关联和对照，大大减轻测量人员的野外劳动强度和作业时间。同时，通过算法研究和生产工艺流程设计与优化，能够更大程度提升电力设备三维模型生产、巡检的自动化程度，用户可极大节省工作时间，工作效率提高 30%～50%，作业成本降低 30%左右。

2. 多源数据一体化整理融合，优化电力管理模式

以实景三维作为电力设施管理运维的空间基底，搭建数字化智慧电力平台，优化整合电力设备空间数据和业务数据，形成数据互通共享通道，实现数据的高效组织管理。同时，通过二三维一体化融合技术，形成覆盖全域并具有统一时空基准的实景三维地理信息大数据中心及信息共享服务体系，实现地理信息专业数据与电力设备规划设计相关数据的协调共享，以数据驱动电力业务模型创新和管理效率提升，优化电力设备规划设计、施工作业和生产管理模式。

3. 电力设备智能化分析管理，推动智慧电力创新

实景三维数字化智能电力平台提供智能分析、动态监管等功能，使海量数据的跨业务、跨区域、跨层级实时应用和业务过程的智能管理成为现实。在每个电力设备之间相互通信、相互控制、相互保护、相互制约，其性能参数会根据具体工作要求、周围环境以及其他设备配合等情况，平台提升和改善电力设备性能、功能、指标、可靠性，使电力系统整体可控、平衡高效。以实景三维为空间基底的电力设备管理方案，融合了云计算、物联网、人工智能等新一代信息技术，可推动电力设备规划、管理、运维方法的创新，为我国电力行业的健康发展注入了新动能。

5.10 水利水务

5.10.1 行业现状及主要需求

1. 行业现状

随着国家经济的高速发展，人们对水资源的需求量也在不断增加，同时也给相关行业的发展带来了很大压力。如何对水环境治理、水资源利用、水生态保护、水灾害防治进行科学有效地利用和保护是水利水务信息化建设的重点任务。智慧水利与智慧水务建设也是新阶段水利水务高质量发展的重要实施路径和显著的标志之一。

在水利方面，习近平总书记提出了“节水优先、空间均衡、系统治理、两手发力”的治水思路，《中华人民共和国国民经济和社会发展第十四个五年规划和二〇三五年远景目标纲要》提出了“构建智慧水利体系，以流域为单元提升水情测报和智能调度能力”要求。智慧水利是智慧社会的重要组成部分，是新时代水利信息化发展的更高阶段，是落实水利十大业务需求分析、补短板和强监管的重要抓手，是水利业务流程优化再造的驱动引擎、水利工作模式创新的技术支撑，也是推进水利治理体系和治理能力现代化的客观要求。

在水务方面，国家不断出台新政策，促进水务行业信息化技术应用整体水平稳步提高。智慧水务作为智慧城市的重要组成部分，是体现城市管理智能化水平的重要标志之一。水务事业智慧化的发展可有效优化城市运行资源配置，提升政府职能，完善公共服务。

传统的二维信息只能对数据进行笼统、粗略、宏观的分析，在场景的表达上具备单一性和抽象性，难以满足水利行业精细化管理的需求。实景三维 GIS 能够高精度还原全流域场景，为智慧水利治理提供可视化、直观化的环境信息和空间信息，因此以实景三维为基础的智慧水利平台具有全流域场景还原更真实、智慧化数字模拟更准确、辅助 AI 风险预警更智能等优势。

具体来说，实景三维作为一项重要的数据源，既提供了地理空间场景，也为各类数据提供了空间“黏合剂”。有机、高效地运用实景三维中国建设成果，结合运用云计算、大数据、物联网、人工智能、数字孪生等新一代信息技术手段，构建具有水利水务全要素数字化映射、全息精准模拟、超前仿真推演和评估优化的数字孪生流域，建成以防洪、防台、防涝为主题，水库水源治理、流域生态治理、堤防岸线治理、内河航运治理、公共服务治理为补充的业务应用框架，赋能预报、预警、预演、预案的“四预”功能体系，实现流域保护治理状态的快速感知、流域洪涝灾害防御的智能高效、水资源调配管理的精准实时、水利基础设施网络的调度自如、水生态环境状况监控的全面覆盖，促进流域管理业务与信息技术的深度融合，从而推动中国智慧水利的发展和进步。

2. 主要需求

在水利水务信息化建设过程中，如何构建一套真实可见、准确模拟、智能预警、一体化管理、联动指挥的信息化管理平台是水利水务管理工作的重点和难点。基于实景三维的数字孪生平台采用实景三维建模技术，构建水利水务数据底板，构建一套让数据“流动”起来的机制和框架，实现系统内外部的数据汇聚，对数据进行重新组织和联接，为业务可视化、分析、决策等提供数据服务。通过地形级、城市级、部件级实景三维成果建设，可以将水利水务相关要素具象表达为：汇聚的“河”、可控的“闸”、一体化管理的“湖”和支撑应用的“泵”。

（1）全流域场景真实还原。智慧水利建设需要对大尺度全流域范围进行可视化表达，而水利流域区域分布广、地形环境复杂、地势落差较大，传统测量技术在实现流域可视化方面存在很大的困难。因此基于倾斜实景三维技术能够高效率、低成本地还原不同流域的现实全景，为智慧水利平台的建设提供高真实三维数据底板。

（2）水利工程在线仿真模拟。智慧水利建设的一项重要内容就是构建数字孪生流域平台，建设支撑水利预报、预警、预演、预案的模拟仿真体系。实景三维 GIS 能够提供高精度 DEM、DOM、DSM 等数据底座支撑，并在此基础上融合各类专业检测与对应算法，对水利流域泥石流、积水、洪涝等不同灾害进行准确的判断、模拟、推演和预测，为后续应对和完善措施做好准备。

（3）赋能风险预警更智能。智慧水利平台基于实景三维底图数据，通过监测集成数据、智能传感器传回的实时数据，并结合三维模型中的地形、层高、周边环境等全息三维信息，辅助 AI 算法，智能判断出流域全区或重点监测区正在发生及潜在风险。

（4）构建水利水务信息“一本账”。基于实景三维的水利水务电子沙盘，集成了流域、水务、河道、地下管线、监测感知、预报减灾、空间规划和气象环境等水利水务信息，打通了水利水务相关行业壁垒、平台桎梏，构建了水利水务信息应用资源池，实现水利水务信息资源可查、可看、可分析、可量算，推动了水利水务信息集成融合、共享共建和跨部门应用，为水利水务空间规划、资源监管、生态监控、通航保证提供了翔实的数据和信息支撑。

（5）完善水利水务监管“一平台”。采用先进的高仿真可视化渲染引擎，合成视觉技术、时空大数据管理模型，统一了海底环境、水体环境、地理环境、生态环境、海底管线、航行保证等业务基础、承载平台，建设了通用化业务场景和系列化展示工具，实现了海洋监管业务一平台承载、一张图展示、一体化应用和全系统共享，有力地推动了海洋监管数据协同、业务协同、运管协同和共享应用。

（6）构建联动指挥“新体系”。水利水务业务涉及水利部门、应急部门、自然资源管理等部门，通过实景三维建设，借助一本账、一平台，共享水利水务基础信息，动态引接监测监管信息，有机整合各类专题信息，生成水利水务协同指挥一张图，辅助开展应急处置预案、联合执法等任务，实现监管行动全程可视、应急方案模拟推演、应急事件随时复盘的新模式，为多部门联合执法提供了统一态势、统一基准、统一资源，开创了水利监管智能化新模式。

5.10.2 技术架构

1. 总体架构

以实景三维为底板，以水利大数据库、智能算法和水利引擎为核心，以预演为反馈、知识为驱动，实现水利水务各项治理管理行为的实时同步运行、全面精准预警、超前仿真推演和动态数字预案。智慧水利实景三维应用技术架构如图 5-96 所示。

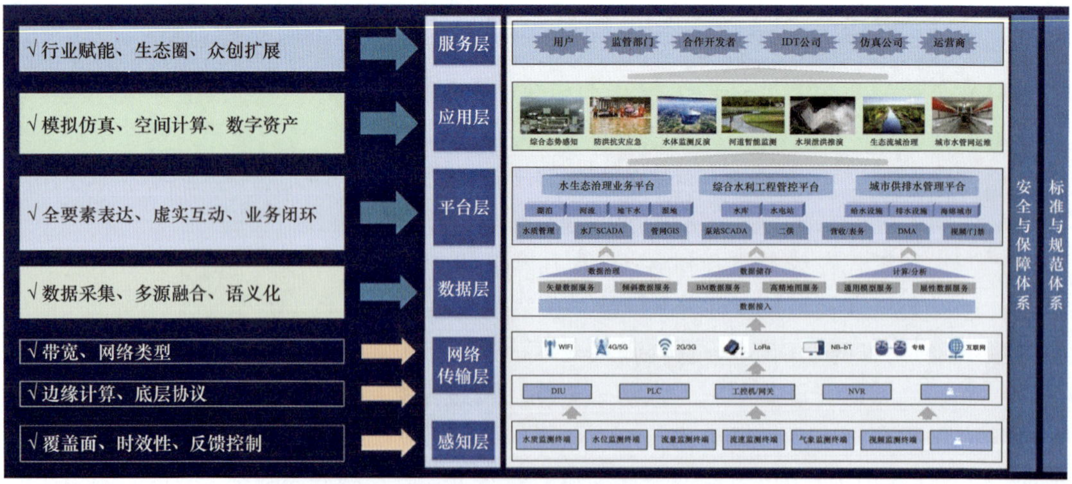

图 5-96 智慧水利实景三维应用技术架构图

（1）智能感知层。智能感知层是水利水务信息化实现其“智慧”的基本条件。感知层具有超强的环境感知能力和智能性，通过 RFID、传感器、传感网等物联网技术实现对水务设施、水量、水质、视频、泵站电机信息等的监测和控制，为个人和社会提供无处不在的、无所不能的信息服务和应用。

（2）网络传输层。网络传输层是网络传输、传输协议、边缘计算等基础资源的集合，为水利水务智慧化提供数据传输协议和通道。

（3）数据资源层。数据资源层的核心目的是让水利水务管理更加“智慧”，在未来的智慧应用中，数据是非常重要的战略性资源，因此构建智慧水利水务的数据资源层是智慧水利水务建设中非常重要的一环。数据资源层主要的目的是通过数据治理、数据关联、数据挖掘、数据活化等技术解决数据割裂、无法共享等问题。

水利水务数据资源主要包括：

1）基础地理数据：为基础地形数据、供水设施空间数据、监测点分布、相关影像数据及 DEM、三维模型数据等。

2）水利水务动态监测数据：为流量、水量、水质、视频监测信息等在线监测及手工采集检测的数据。

3）水利水务业务数据：流域分布、水利工程、水务生产、经营、服务等业务数据。

4）计算模型数据：为应用大数据分析采用的计算模型、评价模型、决策模型数据。

5）数据仓库：为不同行业应用需求对数据进行分析、挖掘后，形成支撑面向政府决策支持和水务相关行业应用的决策支持数据。

6）知识库数据：为政策法规、标准规范、评价体系、专业培训、问题方案、应急预案、技术技能、宣传、专家知识等内容。

（4）平台服务层。平台服务层是承载了系统应用软件所需要的组件和数据，并使之有效运行，为用户提供的应用支撑服务、数据服务、应用服务的集合，这些服务与平台层的基本功能相对应，是用户获得平台层能力的接口，包括水生态治理、综合水利工程管控和城市供排水管理。

（5）智慧应用层。智能应用层以水务业务管理对象为核心，是全面支撑水务业务应用、公共服务和决策调度的手段。智能业务应用包括综合态势感知、防洪抗灾应急、水体监测反演、河道智能监测、水坝泄洪推演、生态流域治理和城市管网运营。

（6）用户服务层。服务层是针对政府用户、运营单位提供基础底座服务，用户对象包括政府用户、监管部门、第三方合作开发单位、运维监测 IoT 厂家、仿真公司和运营商等。

2. 场景设计

在水利水务管理领域，实景三维技术通过构建流域级、城市级、场站水利工程级、设备设施级的实景三维场景，为水环境治理、水资源利用、水生态保护、水灾害防治提供实景三维应用场景。场景设计如图 5－97 所示。

（1）流域级场景。建设流域级实景三维全要素场景，包括地理地貌、水系拓扑、河床结构、森林植被等要素信息，在此基础上开展洪水治理、生态修复、水上交通、农

图 5－97　场景设计

业灌溉、水资源调配等业务应用。

（2）城市级场景。建设城市级水利水务实景三维全要素场景，包括交通路桥、街区建筑、地下管线、城市内河等要素信息，在此基础上开展内涝防治、管线运维、海绵城市、供水调度、资产管理等业务应用。

（3）场站/水利工程级场景。建设厂站级实景三维全要素场景，包括净/污水厂、水库电站、水闸泵站、船闸港口等要素信息，构建地理实体，在此基础上开展厂站调度、作业仿真、生产管理、能耗优化等业务应用。

（4）设备级场景。建设设备级数字孪生全要素场景，包括传感器、机电设备、自控设备、网络设备等要素信息，构建地理实体，在此基础上开展监测报警、工况模拟、远程控制等业务应用。

3. 关键技术

水利水务信息化建设需要充分利用大数据、物联网、边缘计算、数字孪生、仿真模拟等新型的技术手段进行数字化改革，构建全面感知、智能分析、可视化管理的智慧水利水务信息系统。

（1）智能算法分析技术。基于水体动力学模型、水污染扩散模型等水利水务基础算法，构建多级、多场景、多因子的水利水务专项分析模型，为水环境治理、水资源利用、水生态保护、水灾害防治提供智能分析手段，辅助水利水务工作者高效进行分析计算，让水利水务分析计算更加智能化。

（2）推演模拟仿真技术。在水利水务专项分析模型的基础上，利用实景三维数字孪生底座进行水环境治理、水资源利用、水生态保护、水灾害防治方面的实景推演和仿真模拟，为水环境治理、水资源利用等方面提供科学决策依据。

5.10.3　应用场景

基于实景三维的高精度地形数据和地理实体数据，综合运用大数据、物联网、人工智能等技术手段，通过监测集成数据、智能传感器传回的实时数据，并结合三维模型中的地形、周边环境等全息三维信息，辅助 AI 算法，智能判断出流域全区或重点监测区正在发生及潜在风险，建设支撑水利预报、预警、预演、预案的水利数字孪生平台，实现对水利管理区域全流域、全能空间、全要素“空天地”一体化智能感知的可视化呈现，为智慧水利、智慧水务平台的建设提供高度还原的三维数据底图，实现流域及周边地区数字孪生场景映射。

在此基础上融合各类专业检测与对应算法以及地下管线模型，对水利流域泥石流、积水、洪涝等不同灾害进行准确的判断、模拟、推演和预测，为后续应对和完善措施做好准备，使水利治理体系向智慧化、精细化、全局化转变。具体来说，实景三维按照表达内容分为地形级、城市级和部件级。地形级实景三维建设用于三维可视化与空间量算，服务宏观规划。城市级实景三维在国家层面整合省级行政区域基础地理实体数据形成全国基础地理实体数据，用于精细化表达与空间统计分析，服务精细化管理。部件级实景三维建设获取其他实体、物联感知数据，按需组装生成实景三维产品，用于精准表达和按需定制，服务个性化应用。

1. 实景三维污水处理场站

污水处理是水环境治理和水生态保护的重点任务，现代化污水水厂需要多维度、精准化地对污水处理场站、设备设施进行准确表达和准确定位。实景三维污水处理场站利用数字孪生技术构建 1:1 真实还原的数字化污水处理场站，为污水处理工艺流程优化、自动化生产和智慧化管理提供数据基础，主要有以下几个方面的应用：

（1）场站数字化呈现。以游戏引擎为基础，引入地理信息技术，使传统的游戏引擎具备了地理信息数据的支持能力和各种地理信息空间分析能力，再融合游戏引擎的物理效果、例子效果、动画效果等，可以实现对水厂构件级等精细打造，实现了对厂区污水处理的工艺流程的仿真模拟和运行状态管控。实景三维污水处理场站如图 5-98 所示。

图 5-98　实景三维污水处理场站

（2）工艺流程优化。平台通过 GIS 能力将厂区各类运营事件通过位置信息结合业务类型在三维场景内进行个性化表达。整合运营业务信息，在场景中实时动态展示厂区日常运营事件，联动事件定位，自动收集归整（例如日常巡查、设备运维、建设工程、管道改造等）重要关注事项，结合事件周边监控辅助管理者掌握实时运营情况。如遇突发事项，平台同步接入报警信息，联动各类监测仪器实现场景智能告警，中央控制室管理人员在线查看报警内容，智能分析出周边摄像头调取实时画面查看现场状况辅助判断，联动工单派发集中调度运维人员。

（3）设备设施全时监测。通过游戏引擎的高渲染效果实现对全厂区地形、建筑、设备进行高精细建模，采用场景动画等方式真实还原厂区处理工艺，系统通过接入各类传感器数值及实时视频，直观表达厂区各类监测信息，整合监测数值及设备运转状态展现厂区实时态势。设备运转状态展现如图 5–99 所示。

图 5–99　设备运转状态展现

（4）场站智能化管理。以三维表现方式串联各环节，包括粗格栅及进水泵房、细格栅及沉沙池、氧化沟、二沉池及污水泵房、消毒池、匀质池、脱水机房、综合楼及仓库等设备设施的精细化三维模型，污水处理流程关系一目了然，同时凸显各环节设备运行情况及监测数值，辅助管理者对全站设备运行情况进行把控，实现参数化模型动画控制。同时平台还包含日常运营、生产概况、组态监测、培训教学等功能，以高表现的三维场景为数字底座，实现厂区管理能效提升，协助降低管理成本，进而满足国家对于污染源达标排放和节水节能的要求。场站智能化管理如图 5–100 所示。

2. 数字孪生流域智能管理

数字孪生流域是利用数字孪生技术对流域地形地貌、河道湖泊、水工设施进行实景三维建模，构建全要素、全场景、智能化的“流域级电子沙盘”，为流域水环境治理、水资源调度、水生态保护、水灾害防治提供数据底板。

图 5－100　场站智能化管理

（1）数字孪生流域底座。实景三维可以为流域级水利数字沙盘提供实景化的地理数据支撑，包括采用高精度的数字高程模型数据、高分辨率的遥感影像甚至无人机影像数据、准确的河道水崖线数据、基于多波束扫描的水下地形数据等，构建流域级的“电子沙盘”，为流域内的水环境治理、水资源调度、水生态保护提供数据本底。数字孪生流域如图 5－101 所示。

图 5－101　数字孪生流域

三维电子沙盘可以真实模拟突发事件周边的地形、地貌，方便指挥人员在沙盘上进行态势推演，从而制定更为详细的处置方案，进行决策指挥。电子沙盘系统有效组织用户的专业空间数据及相关业务数据，方便地通过触摸屏以交互式的手势进行操作，将地理信息数据、高清航空影像以及高清卫星影像直接显示在桌面中，构建三维场景，在其上标绘、导航、分析、定制预案并根据需要进行发布，可以通过触摸屏手势操作，进行态势标绘。

（2）水资源科学调度。基于数字孪生的流域管理可以精确的表达流域水面、坝体、水闸、排水管、泵机、水轮等设备的实时工况，提供行政区、水系、电源分布、电网网架及输电断面等多种图层，实现集成数据的表格、过程线展示，详细展示流域水资源存量、历史同期环比情况等相关统计值，在实景三维场景中直观表达水利风险、水资源储量等指标，以省市行政区、三维电子沙盘地图为定位导航，实现水电及新能源运行感知等关键信息在电子沙盘和大屏幕的互动展示。

基于智能算法可以模拟流域水电未来态势的模拟和对过去流域过程的复现分析。通过对流域未来水情态势的时空演变过程，为电力调度、汛情下的应急调度提供超前研判以及决策支撑。通过推测流域过去水情态势的时空演变过程和水电发电运行过程，分析流域水文特性和发电运行规律，提升流域防洪度汛和防灾减灾的超前研判以及应急调度管理能力。水资源调度如图 5-102 所示。

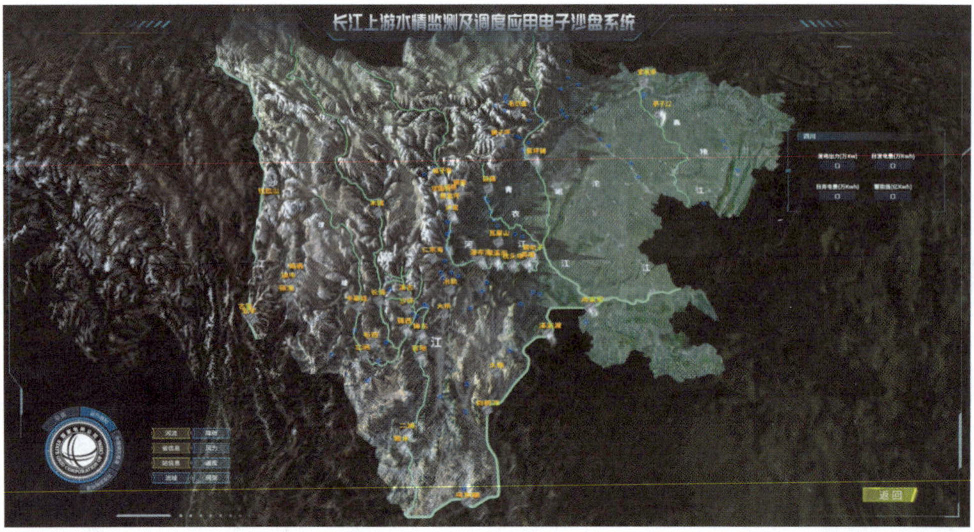

图 5-102　水资源调度

（3）水灾害防治精准预防。在数字孪生流域底座上，通过接入物联感知设备可全时获取气象、流量、水工设施的状态，在实景三维场景中进行真实模拟和自动报警，提高水灾害预防效率和准确程度。水灾害防治如图 5-103 所示。

（4）流域生态治理。采用实景三维进行流域生态治理，就是以实景三维为基准，汇聚融合流域基础地理空间数据、生态屏障及生态环境数据等多种数据，通过多维融合、关联分析等，对流域做出更精准、全面的分析判断，实现流域生态环境智慧监测、评估、预警，流域农作物生长态势、矿产资源动态、经济发展趋势监测，水土流失和生态修复监测、分析与评估等。通过构建流域高分辨率地形级实景三维模型，为流域的生态保护和高质量发展绘制了立体底图。污水排放追溯模拟如图 5-104 所示。

图 5－103　水灾害防治

图 5－104　污水排放追溯模拟

3. 城市内涝防治与仿真应用

在城市内涝防治方面，采用实景三维的地形级、城市级、部件级成果，全方位、全要素还原映射地上地下三维环境。基于城市级实景三维场景，能动态逼真地展示各类场景，实时汇聚融合各种监测信息、城市内涝点排查、模拟仿真城市内涝、实现对城市内涝防治场景赋能。

（1）内涝预警。以实景三维场景为基础，建设城市生命线 PIM 系统，融合管廊管线、阀门仪表、井室、泵站等模型数据，接入沿线传感器监测数据、GIS 基础信息数据，实现对雨污分流管网、排水防涝设施等相关要素的可视化、精细化管理。利用物联网技术实时监测水库、河道、管网、涵洞的积水深度和流量，并进行 7×24h 无间断监测预警。

（2）指挥调度。基于所构建的地上地下实景三维场景，通过汇聚融合水文监测数据、内涝测点液位数据，通过三维时空分析计算，优化水文监测站、内涝监测站的布局，增加高风险区域内的站点数量，建设出一套高效合理的监测预报体系。综合考虑闸站分布、设备负载能力及人员配备情况，针对各级排涝泵站制定联动调度规则，保障排涝调度工作的有效执行。

（3）仿真模拟。实景三维地形、城市地表建筑实景三维 Mesh、建筑地理实体、植被地理实体、管线等地理实体，可以支撑城市内涝治理模型主要包括暴雨模型、地面汇流模型、管网水力模型、淹没分析模型、排涝调度模型进行模拟仿真推演，通过相关模型的构建和仿真，完成对易涝区域的风险预警、城市淹没的仿真模拟、管线负载的压力分析，为应急预案的优化提供科学依据，为内涝的防护治理提供辅助决策支持。

（4）科学决策。模拟城市内涝和洪水演进等洪涝灾害过程，模拟水文与水动力过程，对降水汇聚产生水流的过程应用相关的水流运动的相关数学模型及相关专业的研究方法，可深入研究洪水演进过程中的演进时间、淹没范围等水力特性，得到城市易涝点分布、淹没面积及洪水演进过程等信息，并与实测数据对比验证，较准确评估城市中的内涝易发区域及淹没情况。为使显示效果更加直观，将数值模拟结果通过实景三维平台对洪涝灾害过程进行可视化展示。实现将高分辨率数值模型与实景三维技术结合，通过将数字化模拟结果在实景三维应用场景进行三维表达实现洪涝灾害三维模拟应用。城市内涝分析如图 5-105 所示。

图 5-105　城市内涝分析

4. 内河航运数字化精准治理

基于实景三维技术开展典型河段整治建筑物维护，可扩充航道整治建筑物信息化数据，建立示范化的数据管理体系和网络化的地理信息服务体系，为各级管理单位的科学决策、应急管理等提供“一站式”的综合服务，实现数据平台信息的良好交互，建立有效的运行、管理、维护、更新的政策机制，全面提升城市地理空间信息公共服务能力和水平。

（1）态势分析。采用实景三维建模，构建河道航道实景三维模型，汇聚融合航道相关基础监测信息，包括航道尺度信息（航道级别、宽度、水深、里程数、弯曲半径等）、通航环境信息（航标系统、船舶位置、内外部水位等）、水域分布信息（引航道、锚地、泊位、码头、服务区等）、气象监测信息（能见度、风速、风向等），实现模型与数据的语义融合。航道实景信息如图 5－106 所示。

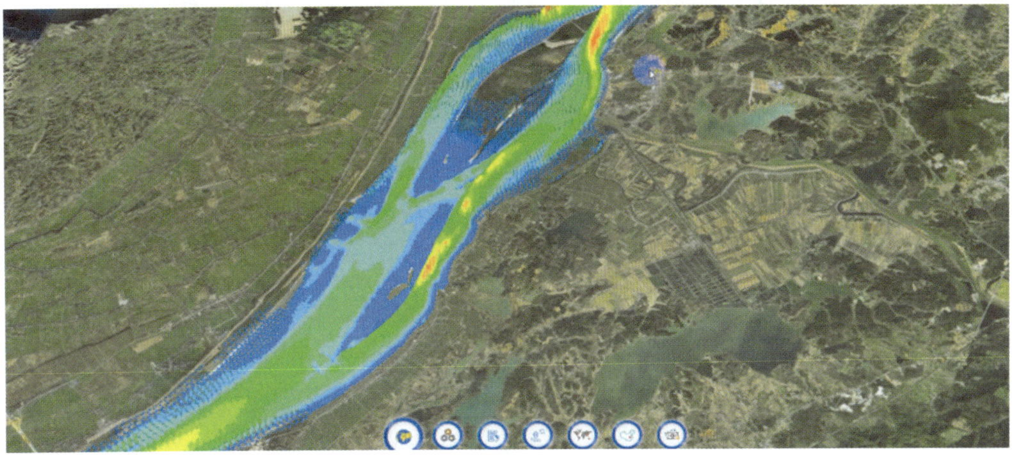

图 5－106　航道实景信息

（2）科学调度。采用地理实体，针对跨江构筑物，如道路、桥梁、线缆等基础设施，按照一码多态、按需组装、语义扩展融合接入相关监测数据，实现跨江构筑物可视化、科学化、精细化管理，为通航分析计算提供数据基础。跨江构筑物监控分析如图 5－107 所示。

图 5－107　跨江构筑物监控分析

（3）在线模拟。通过构建出船闸部件级实体数据，实现对船闸上下行流程的作业仿真，可对人字门状态、启闭机状态、泄水闸门状态、红绿灯状态、液位计状态进行模拟，通过（以 AIS 数据驱动的船舶轨迹+以 PLC 开关信号驱动的船闸机电设备状态）两者的结合，还原整个由待闸、入闸、关闸、泄水、开闸、出闸组成的作业流程。作业流程模拟如图 5-108 所示。

图 5-108　作业流程模拟

5. 堤防岸线智能化管理

数字岸线仿真通过采集构建、汇聚融合堤防沿线实景三维模型、BIM、CAD 等数据，搭建数字岸线孪生模型，针对重点堤段、沿线重点水工构筑物建设部件级地理实体，实现剖视坡体内部结构，结合预埋点数据，判断堤防健康状态，防患未然。

（1）风险监测。在堤防实景三维底板的基础上对接流场分析模型，接入流向、流量、流速等监测数据，仿真水体运动状态，并结合河床地貌结构，重点分析沿岸承压情况，及时发现薄弱堤段，指导岸线固防施工。堤坝内外部结构如图 5-109 所示。

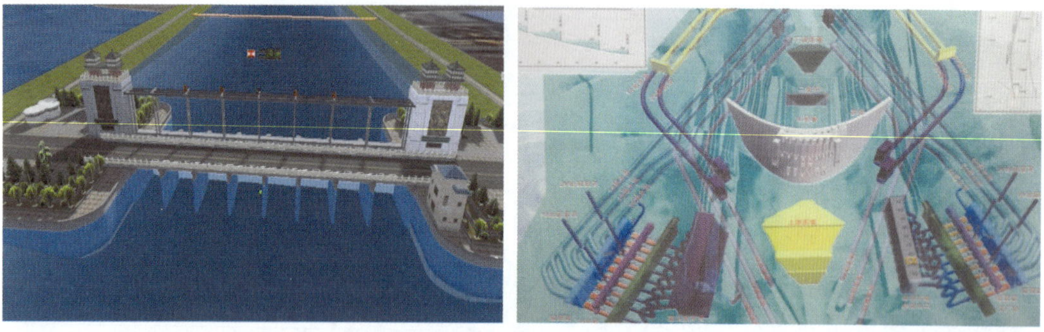

图 5-109　堤坝内外部结构

（2）远程控制。实景三维成果对接江面液位的智能测量与仿真，依托高精度 DEM、水下地形数据构建起孪生流域底座，支持接入监测点液位数据、水尺刻度监控画面，可测量江面任意一点纵深，并以实时液位数据驱动江面自动升降。实现分片区、分时段的统计分析，可对高能耗对象进行兴趣点标注与特效渲染，能够呈现出各级泵站的拓扑关系与能耗变化趋势，辅助优化自控策略与设备选型。

（3）仿真模拟。实景三维成果对接溃坝分析模型，模拟决堤溃坝场景，计算对坝体强度、洪水状态、淹没范围的连带影响，支持自定义决堤点，还原决堤溃坝过程，并对洪水影响区域进行特效渲染。泵站内部仿真如图 5-110 所示。

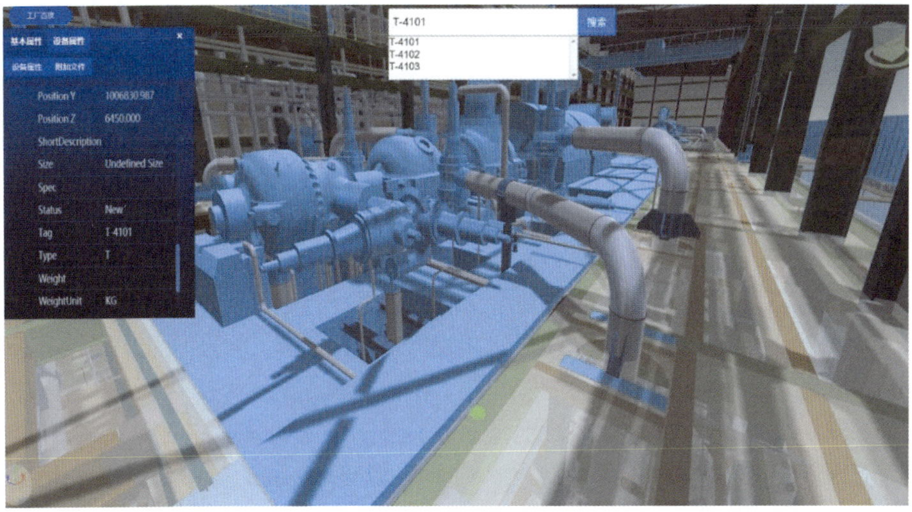

图 5-110　泵站内部仿真

（4）数字巡检。实景三维成果对接对水闸、泵站等水利设施的工况仿真，在建设完成目标孪生体的基础上，支持接入启闭机信号、阀门信号、液位计信号等自控数据，用以驱动不同工况下作业流程的运转衔接；支持接入变频器频率、设备功率、转速等电气数据，用以模拟单台设备（水泵）的运行状态；支持接入视频监控、报警记录、巡检工单等平台数据，用以支撑对各类水利设施的动态监测。

5.10.4　主要成效

1. 让水利水务场景三维可视化

采用多源、多维、多时空分辨率、不同坐标系数据，对水利相关业务场景及业务要素如地形、河流、道路、建筑、工程、模型模拟结果等多对象实景三维建模，实现多尺度、全要素、多视角下采用不同精细程度的细节来展示同一场景，数字孪生可以提高场景的显示速度，实现实时显示和交互。

2. 让水利水务管理更加智能

结构化语义化的地理实体数据，可以支撑对接水利水务相关仿真模型，进行精准计算。基于超大规模水文水动力学模拟与可视化技术，实现了洪水流向、流速、流量模拟结果动态可视化。基于高时空分辨率流域下垫面、蓄滞洪区与城区地形等遥感影像、三维模型，结合二维水动力模型，实现洪涝灾害在漫溢、决口等情景下对蓄滞洪区、城区淹没的立体动态展示。

3. 让水利工程调度更科学

针对水库、水闸、堤防、水电站、泵站进行部件级实体构建，结合仿真技术，对等进行仿真可视化，联动水利工程三维模型，展示水闸启闭及运行过程，模拟水位流量变化，实时反映水利工程现场调度情况。模型模拟结果、工程调度和场景可视化结果。

5.11 乡村振兴

5.11.1 行业现状及主要需求

1. 行业现状

数字乡村建设是实现乡村振兴的重要举措，是实现农业农村现代化的重要途径。“十四五”规划和 2035 年远景目标纲要提出，加快发展智慧农业，推进农业生产经营和管理服务数字化改造；加快推进数字乡村建设，构建面向农业农村的综合信息服务体系。2022 年 4 月 20 日，中央网信办等五部门印发《2022 数字乡村发展工作要点》，指出要充分发挥信息化对乡村振兴的驱动赋能作用，加快构建引领乡村产业振兴的数字经济体系，构建适应城乡融合发展的数字治理体系。

随着新型三维 GIS 技术和互联网技术的不断发展，数字乡村建设在各个地区加快推进，2020 年，浙江、江苏、广东、湖南等省份相继出台政策文件推进数字乡村建设，117 个县（市、区）入选国家首批数字乡村试点地区。国家乡村振兴战略框架下的数字乡村建设，重点围绕数字乡村整体规划设计、完善乡村新一代信息基础设施、探索乡村数字经济新业态、构建乡村数字治理新模式、完善“三农”信息服务体系、建立设施资源整合共享机制以及探求乡村可持续发展机制等重要内容。由此可见，在实景三维为代表的新型测绘地理信息技术被纳为国家推进数字经济、数字政府的空间基底的背景下，实景三维乡村建设将成为国家推进乡村振兴战略的重要工作内容。

然而，我国数字乡村建设尚处于早期探索阶段，整体发展水平还不高，试点经验仍在积累中，对标智慧城市建设以及欧美发达国家的农业农村数字化发展，数字乡村发展仍比较薄弱。在实际建设过程中，也存在诸多难题，如没有统一的数据标准、建设标准和评价标准；智能协调作业和数据自动收集与分析的物联设施设备较少；不同层级和不同部门没有统一的监管平台，各平台数据相对孤立；兼备农业知识和信息知识的复合型人才稀缺，已建数字化平台因无人会用，导致数字平台和智能设备难以运营维护，难以将数字乡村应用于农民农村生活中等等。

2. 主要需求

建设数字乡村，是催生乡村发展的内生动力，是推进乡村治理转型、提升乡村生活服务水平的现实需求，也是落实乡村振兴战略的重要手段。首先，在完善乡村基础网络设施的前提下，数字乡村建设单位需要以“一张图”的规划理念，建设二三维一体化的工作底图，真实地还原乡村地形、道路、建筑、耕地、林地等资源场景，进而客观、精准的反映实地地形、建筑物分布、公路、水系、田地、林地等资源配比情况，驱动乡村振兴场景升级升维。其次，利用大数据理念，以实景三维为载体，融合乡村无人机倾斜影像、点云、卫星遥感、BIM、二维矢量、视频等多源异构数据，实现乡村各类数据信息的统一管理、分类存储、综合利用，并形成高价值的时空数据资产。最后，数字乡村一张图的落地使用，需要构建可多端协同、高效共享的应用平台，服务于村庄规划编制、农业产业园区规划、农村集体土地确权调查、地形地籍测量与土地开发整理、房地一体不动产权籍调查、高标准农田建设、旅游资源开发、生态修复等众多现实场景。

5.11.2 技术架构

1. 总体架构

在乡村数字基础设施建设的基础上，整合农业农村大数据为数字乡村一张图，并运用云计算、物联网、人工智能等新一代信息技术，构建乡村智慧大脑，实现产业发展和乡村治理可视化、数字化、智能化，促进乡村生产、生态、生活“三生空间”提档升级，发展农业、服务乡村、重塑农民，驱动乡村实现根本性变革。数字乡村一张图智能化平台（以下简称平台）采用“1+1+N”的总体框架，平台总体框架如图 5–111 所示。

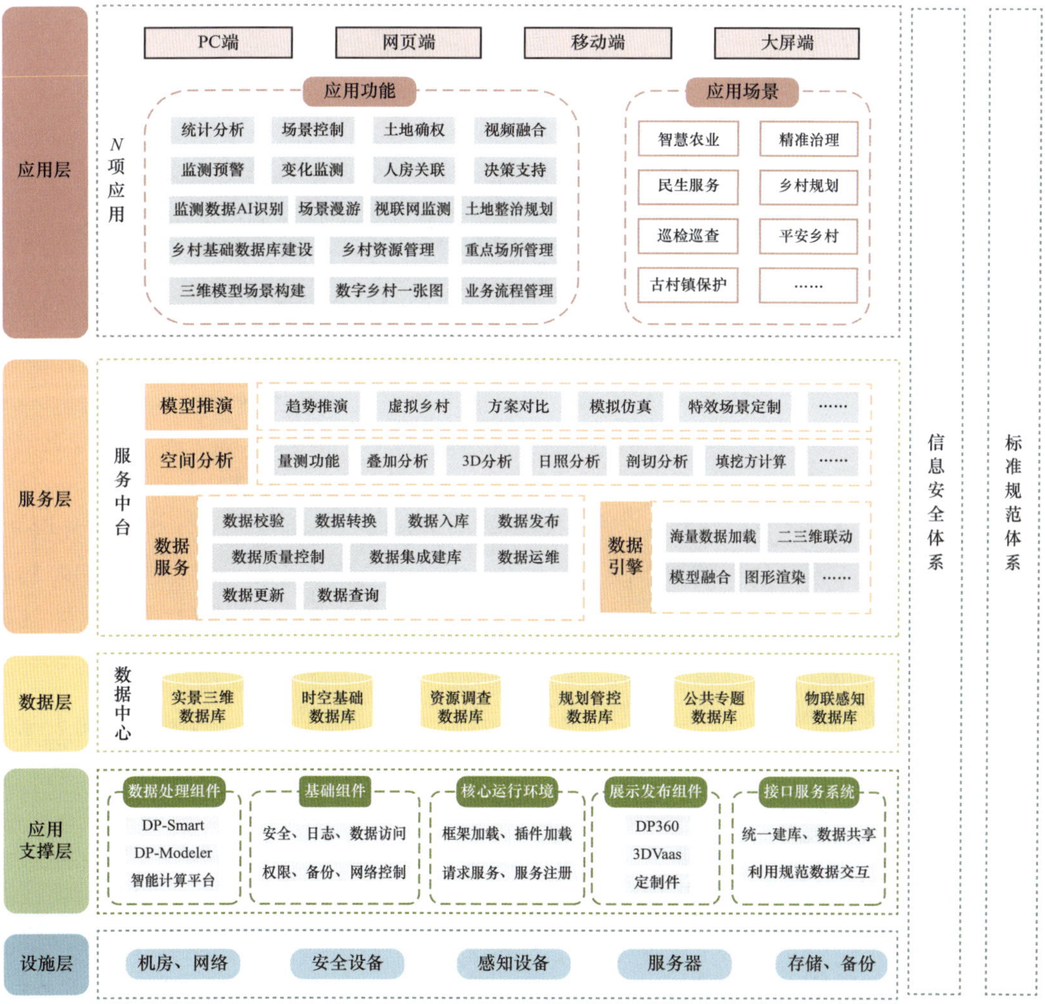

图 5–111 平台总体框架

（1）一个中心：汇聚多源海量数据，构建涵盖实景三维、时空基础、资源调查、规划管控、公共专题、物联感知六大类数据中心。

（2）一个中台：构建包括数据服务、数据引擎、模拟推演、空间分析等基础支撑能力的服务中台。

（3）应用层：功能具体实现层，包括一系列应用功能和应用场景。

（4）服务层：以服务总线为核心，为功能应用层的服务调用提供支撑。服务总线对应用层的不同服务需求提供授权调用管理，同时对服务运行状态进行监控，实现服务的进度显示与报警出错。

（5）数据层：包括无人机影像、数字正射影像、数字线划图、数字高程模型、地名地址、监控视频、无人机视频、照片、物联网数据等。可按专题分为实景三维、时空基础、资源调查、规划管控、公共专题、物联感知数据库。

（6）应用支撑层：包括数据处理组件、基础组件、核心运行环境、展示发布组件和接口服务系统部分。

（7）设施层：包含了平台的软硬件基础设施，如机房、网络、安全设备、感知设备、服务器、存储、备份等。

（8）*N*项应用：建设平台基础功能与数字乡村应用体系，支撑乡村地理数据管理、统计分析、信息查询、土地确权、监控预警、乡村规划、巡检巡查、古村镇保护、数字乡村一张图、视联网管理、重点场所管理、业务流程管理等*N*项应用。

（9）标准规范体系：建立适用于数字乡村管理平台的平台数据成果交付标准体系。

（10）安全保障体系：实现对系统日常运行的维护和监控。安全保障体系贯穿系统整体结构中的各个层次，包括系统安全、网络安全、数据安全和应用安全等。

平台总体框架具体内容如下。

（1）数据中心。按照“共建、共用、互联、共享”的原则，以GIS基础平台为支撑，建立实景三维数据、时空基础数据、资源调查数据、规划管控数据库、公共专题数据库、物联网感知数据库六大门类数据资源目录。通过对现状三维模型、二维线划数据等数据的生产和二三维空间数据的集成融合，形成以OGC标准为主的数据服务，为GIS基础平台的示范应用和各业务部门提供数据服务。

乡村各类数据获取包括以下几部分：

1）卫星遥感影像构建乡村地形级实景三维模型。基于高分辨率卫星遥感影像，采用天际航的新型航天摄影测量技术，可实现乡村大范围地形级实景三维构建。

2）无人机倾斜摄影技术建立真三维实景模型基座。基于无人机倾斜影像、采集车、全景推车、影像RTK等地面影像，采用DP-Smart全自动建模软件实现空地一体多源影像全自动空三定向及建模；利用DP-Modeler软件进行单体化和模型修饰，提高实景三维模型底图的精细度、美观度，为后续的三维GIS应用奠定基础。实景三维构建如图5-112所示。

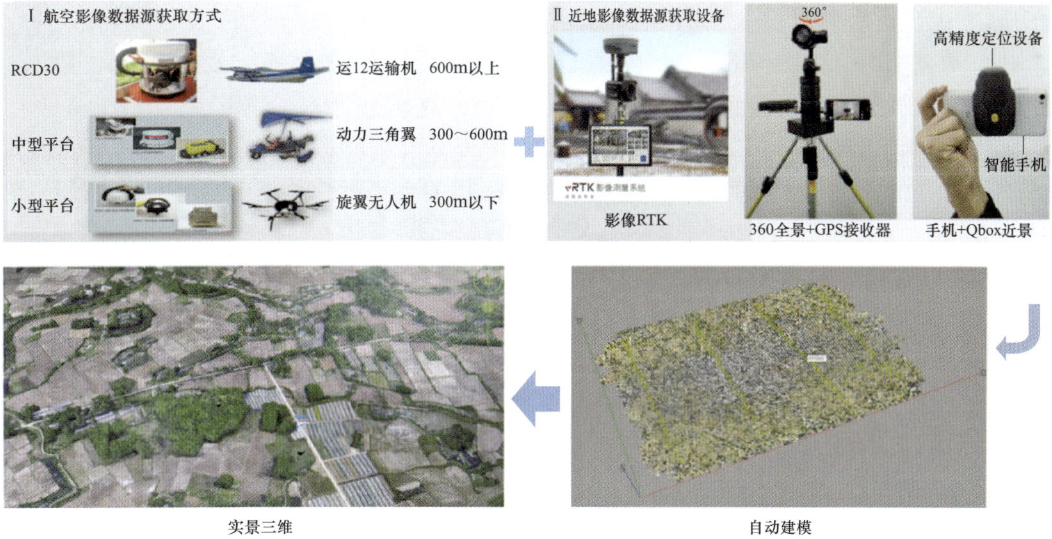

图 5－112 实景三维构建

3）二维矢量数据采集。利用 DP－Mapper 二维矢量采集软件，基于正射影像及实景三维模型直接对乡村设施中的点、线、面等二维矢量数据进行采集，将矢量数据加入三维场景中，二维数据与实景三维进行融合展示，实现二三维一体化管理。依据图式和相关技术要求对所测的地形图进行编辑，处理地物之间的相互关系，整式图廓等，最终生成项目所需的地图。二维矢量数据采集如图 5－113 所示。

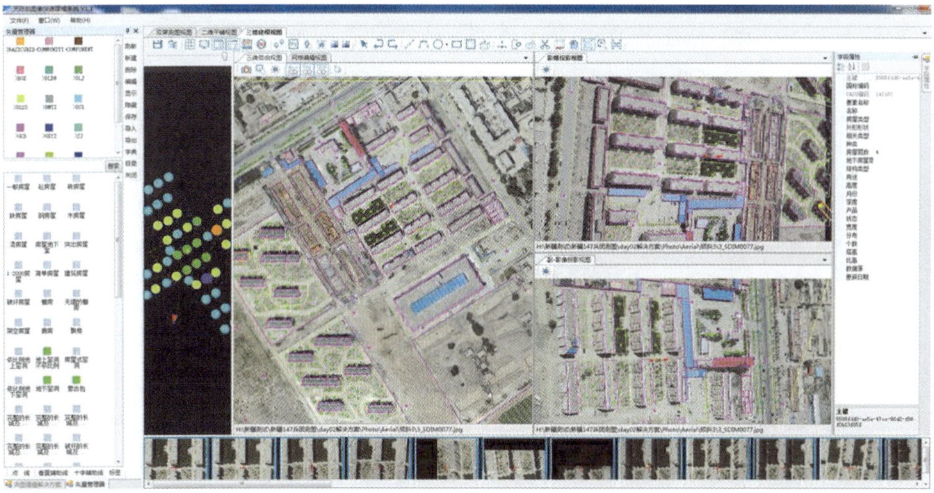

图 5－113 二维矢量数据采集

4）物联网传感器布设。通过在田间、河道等地布设物联感知设备，接入平台，实时获取土质、水质、气象等数据，感知乡村土质、水质、水位、雨量、风力、温度等信息。

（2）服务中台。构建包括数据服务、数据引擎、空间分析、模拟推演等基础支撑能力的服务中台，对外提供数据服务和功能服务。

1）数据服务。主要功能包括数据校验、数据转换、数据入库、数据发布、数据查询、数据集成建库、数据运维、数数据质量控制、数据更新等。

a. 数据校验。数据入库前进行相应检查，检查标准主要按照行业相关规范和数据库建库标准。内容包括对空间数据的位置精度、拓扑关系、属性数据的完整性和逻辑一致性等。

b. 数据转换。输入平台的空间数据来源众多，如二维地图、工程图、遥感影像、倾斜三维、监控视频数据、照片等，不同数据格式不同，要对数据进行坐标转换、数据格式转换，实现对多种数据类型的支持。

c. 数据入库。按照不同数据类型分别上传入库数据，并建立统一空间索引和属性关联，提供查询、分析的数据运用和相关数据接口。

d. 数据发布。根据不同数据，配置对应的数据服务，优化数据加载、调度方式，解决服务器访问并发、负载压力问题。

e. 数据查询。数据查询包括几何查询、简单查询、精确查询。几何查询包括点查询、线查询、面查询，点查询；简单查询即对地名点等相关信息进行模糊查询；精确查询是根据数据的属性，设置不同的查询条件框，通过“并且”“或者”“排查”等条件进行查询，并实现查询记录的点击定位。

f. 数据集成建库。把不同来源、格式、特点性质的数据在逻辑或物理上有机的集中，从而提供全面的数据共享。

g. 数据运维。包括数据库性能优化、数据备份与恢复、故障排除、预防性巡检等。

h. 数数据质量控制。在数据采集、数据传输、数据转化等不同阶段按照不同的数据质量控制方法把控数据质量，并将数据质量控制结果的显示及存储等。

i. 数据更新。按照一定周期对区域内变化数据进行及时更新和替换，保证数据的时效性。

2）数据引擎。主要功能包括海量数据加载、二三维联动、模型融合、图形渲染，实现对数据的高效加载、动态渲染、数据融合、一体联动和高质量展示。

3）空间分析。支持量测功能、叠加分析、3D 分析、日照分析、填挖方计算、剖切分析、天际线分析等基础功能服务。

4）模拟推演。包括趋势推演、虚拟乡村、方案对比模拟仿真、特效场景定制等功能，通过对自然环境、乡村环境的模拟，实现对现实环境的模拟推演，为乡村治理决策提供直观的数据支撑。

（3）*N* 项应用。

1）数据基础展示功能。

a. 图层分组：按数据类型进行分组，如地形数据分组为基础地形组，三维模型数据分为三维模型组，视频监控数据分为视频数据组。

b. 图层开关：通过开关按钮可以控制图层或组的隐藏和显示。

c. 界面操作工具：标注，坐标拾取，左右上下移动，透明度设置。

d. 分屏对比：分为横屏对比和竖屏对比。屏幕中可分屏展示实景现状与规划设计数据，对比规划合理性。可展示不同时期的建设数据，对比乡村改造进程进度。

2）三维模型构建。包含地形建模、地物建模功能，利用遥感影像内插获取 DEM，系统中运用的方法是 TIN 内插生成，由已获取的 DEM、DOM 等基础地理数据，配合三维建筑物模型、道路模型、树木模型、地下输水防渗管道数据及相关的数据库，建立三维地形模型，地物模型则运用模型纹理文件生成。

3）三维场景控制。包括场景基本操作和场景参数设置。场景基本操作提供对构建的三维模型实现基本的放大、缩小、全景、漫游等空间浏览功能，实现用户与场景交互。场景参数设置包括环境设置、显示设置、缓存设置、数据压缩 4 个部分。

4）一张图展示。依托基础测绘、卫星遥感、现状三维、BIM、地下空间、物联网、视频监控等基础数据和农林、环保、水利、公安、土地监察、应急办等各业务部门全要素数据等海量异构数据，融合形成二三维一张底图，支持对数字乡村空间及其运行状态进行可视化展示。

5）专题应用。基于地理空间的框架，依托“管理–服务”的业务主线和“动态感知–资源融合–业务协同–智能服务”的信息化主线，整合丰富的乡村信息资源，实现基于地理信息的多业务内容的分层、分类查询，分析和可视化展示，实现乡村地理信息数据的专题应用。如村庄概况一张图、耕地类型一张图、危房管理一张图、乡村规划一张图等，全方位实时展示乡村相关专题数据，开启乡村治理智治新模式。

6）视联网监测。采用三维视联网技术把单一局部独立视频还原成全局真实场景，实现视频监控数据与三维空间地理坐标体系的精准实时定位融合，实现 360° 多视角实时场景浏览。支持接入监控视频及航飞视频的播放、管理、存储、回溯等。视联网监测系统将乡村实时视频、回放视频与基础地理信息数据时空统一，使决策者一览全局，辅助科学直观指挥，为数字乡村安全管理提供便捷。

7）重点场所管理。对于乡村中重点监控区域，如村口、学校等地，实现基于深度学习技术的监测目标的 AI 视频自动识别，识别潜在危险，在监控视频上可直接实现非接触量测，获取目标的高精度几何信息。为科学化、智能化、可视化的监控预警、统计分析等业务提供数据支撑。

8）物联网监测预警。物联感知管理主要提供连接管理、接收设置、信息更新、感知展示等模块，主要对数据的连接进行监测，监测接收规则设置，并可对信息感知进行可视化展示。使用物联感知设备对田间、河道等自然环境进行监测，接入官方发布的气象数据，实时获取土质、水质、气象等数据，感知乡村土质、水质、水位、雨量、风力、温度等信息，对不同环境和气象信息设置一定的阈值，一旦超过预设范围，相关工作人员就会及时接收到报警信息，数据会以可视化的方式显示在 PC 端或手机端屏上，以供公众参考。

9）乡村用地变化监测。基于无人机影像、卫星影像等多源数据，结合智能分类算法，进行地物识别和快速变化监测。可监测土地利用过程中耕地、林地、建设用地等地类的变化量及变化趋势；监测乡村道路总长度变化及增减变化量；监测各年份自然村灭失的情况，统计各年份处于已拆迁、拆迁中及未拆迁三种状态的自然村占比情况等；监测乡村主要农作物种植面积及分布状况，摸清乡村农业产业家底。全面反映、验证、核实乡村用地变化的规模大小、分布态势和变化趋势，为合理构造现代土地利用规划提供信息化支持，为科学推进农村用地结构调整提供数据支撑，助力农村发展和农产品供给侧结构改革，助推乡村振兴发展。

10）人地管理。基于房屋单体化、二三维一体化和语义关联模型，进行实景三维土地确权，如农经权、宅基地、房屋不动产等；农村房地一体确权登记，将宅基地与房屋统一管理，方便调查住宅所有权问题，提高房权信息完整度；乡村一户一档管理，实行人房关联，以房查人，关联房屋居住人、家庭人口等信息。

11）统计分析。提供乡村发展建设、管理、改造、维护等信息的数据统计、趋势分析等功能，从时间、空间、指标等维度，以报表、图表等形式可视化展示与导出统计分析结果，为科学决策提供基础数据支撑。

2. 技术优势

（1）数据融合与挖掘。数据挖掘是一个利用各种分析方法和分析工具在大规模海量数据中建立模型和发现数据间关系的过程，这些模型和关系可以用来做出决策和预测。在实景三维赋能乡村振兴建设中有必要大力引入数据融合与挖掘技术，将农村基础时空数据、发展业务数据等按照不同领域、不同时期分类、组合，挖掘出数据背后隐藏的巨大价值，实现专项管理和综合应用评价体系的数字化，并提高数据和业务信息的应用层次。

（2）实景三维多源数据融合。随着新型基础数据采集技术的多样化发展，不同尺度、不同来源、不同分辨率空间数据的高效融合，是现阶段实景三维 GIS 平台所面临的新挑战。平台提供多变的数据组织形式、一体化的数据分发及管理、灵活的元数据定制能力、强大的系统统计分析等功能，将卫星遥感、无人机航摄、移动采集获取的多源影像，无人机视频、监控摄像头视频等多源视频，BIM 设计模型通过海量时空数据库的一体化管理。

1）支持多种格式基础地形数据；

2）支持多种类型模型的导入，并保持全部地物信息及坐标信息；

3）支持 BIM 数据格式，BIM 与 GIS 的融合，实现了 BIM 与 GIS 数据接口的跨领域无缝衔接（见图 5－114）；

4）支持航空影像、地面影像、街景数据、全景数据、手机拍摄照片、影像 RTK 等数据的高精度数据无缝配准及漫游；

5）支持无人机对地视频、监控摄像头视频与三维模型高精度无缝配准；

6）支持矢量数据，将其作为附加图层叠加在模型之上。

（3）强大的数据承载力和流畅的渲染性能。通过海量空间数据库索引、树形数据结构组织、多线程动态调度、GPU 加速、LOD 等多项内置关键技术进行多项技术优化，平台具备了海量 GIS 空间数据的数据承载力和渲染性能。

（4）多端、多平台联动。平台具有 C/S 架构，B/S 架构以及手机客户端多种版本，采用高效的数据共享机制，实现多平台数据实时更新、便捷共享浏览。

图 5－114　多角度影像与场景无缝配准

（5）基于深度学习的遥感影像解译和土地变化检测。深度学习是人工智能的重要实现方法之一，近年来，在数据挖掘、图像物体识别、自然语言处理等领域都取得了令人瞩目的成果。在计算机视觉领域，深度学习的性能和效果也逐步超越了传统方法，目前已广泛应用于行人检测、人脸识别、自然资源要素识别等领域。根据任务特性，深度学习技术应用于图像特征明显的遥感影像建筑物自动识别并进行建筑物变化检测采集疑似违建图斑具有可行性。使用深度学习自动识别遥感影像建筑物主要分为两个阶段：一是训练阶段，即学习阶段，人工标注大量建筑物作为训练样本，指导深度神经网络模型迭代学习，当模型不再改进时停止学习；二是预测阶段，即应用阶段，使用训练完成的模型自动提取影像的深度特征，并识别与训练样本中特征类似的建筑物。在乡村振兴中利用深度学习的遥感影像解译监测土地利用过程中耕地、林地、建设用地等地类的变化量及变化趋势，可极大提升工作效率、降低人工成本。基于深度学习的遥感影像解译如图 5－115 所示。

5.11.3　应用场景

1. 数字化乡村规划

乡村振兴，规划先行。以电子地图、遥感影像、三维实景地图等空间数据为基底，叠加自然资源、农业、水利、交通等部门动态数据（利用地理信息遥感技术监测山、水、林、田、湖、建筑物等变化情况），构建乡村实景三维数字化底图，直观地呈现自然风貌、村庄变迁和生产力布局等。同时，平台形成了全领域的数字化空间规划建设管控体系，在视觉上实现所见即所得，便于乡村规划、施工计划与工作进展的安排，更可介入乡村“规划、设计、建设、运营”全周期，提高规划设计的效率和科学性。乡村规划人员可依托平台，实施生态用地、农业用地、村庄建设用地、经营性建设用地等空间规划，统筹解决农村用地布局不合理、建设无序化、耕地碎片化等问题，形成全域土地综合整治吸引并激活产业、产业反哺区域发展的良性循环。数字化乡村规划如图 5－116 所示。

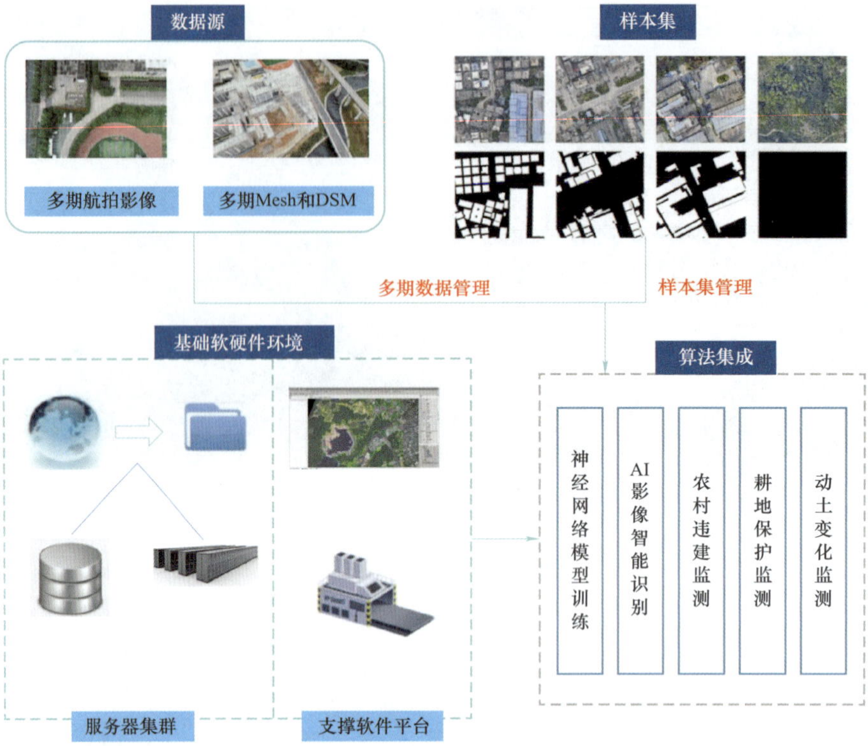

图 5－115　基于深度学习的遥感影像解译

图 5－116　数字化乡村规划

2. 农业数字化生产

农业数字化生产主要是采用数字技术催生农业新业态、新模式，具体场景包括智慧田园种植、智慧畜牧养殖、鱼塘养殖、智慧园区、线上直播等，最终目的为实现农业无人化、自动化、智能化、线上化生产经营管理，让农业转型升级加速推进。同时，农业数字化催生乡村新业态，推动休闲农业、乡村旅游、创意农业、认养农业、观光农业、都市农业等新业态，游憩休闲、健康养生、创意民宿、创业园等新产业蓬勃发展，农村一二三产业呈现融合发展新局面。

3. 乡村精准治理

平台融合了云计算、人工智能等新一代信息化技术手段，可应用于感知农村社会态势，覆盖农村资产、集体经济、社会综治、生态环境等众多领域，实现基层治理精准化、基层服务高效化，在土地承包经营权管理、国有农垦管理、房地一体化管理、“两区”划定管理系统、新型经营主体管理系统、三资监管、农村集体资金结算等众多场景，开启了乡村治理智治新模式。乡村资源三维数字管理平台如图 5－117 所示。

图 5－117　乡村资源三维数字管理平台

4. 数字化民生服务

数字乡村建设不仅有助于实现农业生产智能化，治理精准化，同时有助于实现农民生活智慧化，集中体现在政务公开、医疗教育、精准扶贫、交通网络、文化娱乐、村民信息管理、外来人口监管、重点人群监测、精准扶贫管理、村民公共服务信息化管理等农村生活的方方面面。“互联网＋政务服务”可助力群众便捷办事，实现村民办事 “网上办”“掌上办”“快捷办”，有效提升了办事效率、增强了幸福体验。

5. 数字化平安乡村

乡村实景三维数字化平台，可结合三维视联网技术，在三维底图上精确配准和连接全村域的摄像头，实现全天候、多视角监察和追踪，对乡村安全隐患问题做到早发现、早处理、早解决，助力数字化平安乡村建设。除了多路视频一体化监控，平安乡村信息平台还可实现人房关联、水、电、天然气监测预警、重点场所管理等，从而全面提升镇、村数字化安全防控水平，将群众的平安健康看在眼里、时刻记录、动态防护，筑牢乡村“平安防线”。数字乡村三维视联网如图 5－118 所示。

5.11.4　主要成效

1. 夯实乡村时空数据基础

当前，我国乡村地区基础地理信息数据存在资源匮乏、缺乏管理、现势性较低等现

图 5-118 数字乡村三维视联网

状问题，时空数据的整合应用更是难以实现。结合国家重点关注的乡村振兴问题，针对乡村发展现状，以实景三维作为数字乡村一张图的基底数据，建设乡村精细化服务信息平台，可为乡村振兴战略实施打下坚实的数据基础。平台支持多源数据的统一存储与分类管理，可存入现有并定期更新乡村高清影像、矢量、地名地址、实景三维模型数据、无人机视频、监控视频等多类型数据，从而构建多时相、多尺度、多种类、多维度的地理信息公共服务数据资源体系。基于乡村数据资源库，为乡村装上“智慧大脑”，实现一图全面感知，如让集成农业集体资产、农村宅基地、农业资源、农牧渔信息、村民服务信息等动态数据进行可视化呈现，充分挖掘乡村实景三维等大数据的价值。

2. 协调乡村发展滞后和信息化加速发展的突出矛盾

信息技术正在席卷社会各个领域，成为重塑经济发展和管理秩序的重要力量，各产业的信息化进程逐渐加快，信息化在“四化”同步发展中的支撑作用越发明显。“推动新型工业化、信息化、城镇化、农业现代化同步发展”是自十八大起就确立的发展战略，而在推进过程中，仍面临着“融合不够、互动不足、协调不力、同步水平不高、区域差异较大”的问题。全面建成小康社会以后，我国开启全面建设社会主义现代化国家新征程，农业、农村和农民等三农工作重心历史性转向全面推进乡村振兴，如果没有农业现代化，就没有农村繁荣富强，没有农民安居乐业，国家现代化是不完整、不全面、不牢固的。未来，信息化是核心引领，通过加强数字乡村建设，增强“四化”同步发展的提升力。农业现代化是载体和平台，通过推进乡村振兴和数字乡村建设，提高“四化”同步发展的承载力，以实景三维为代表的数字化、信息化技术，对提升农业信息化、现代化发展水平，又好又快地推进乡村振兴，乃至不断提升国家竞争力具有十分重要的现实意义。

3. 数字乡村三维数字孪生底座赋能管理方式转型升级

基于倾斜摄影三维实景模型和多源实景影像渲染的增强现实技术，构建多视影像的渲染环境，实现高清影像、实景三维模型、无人机视频、监控视频等数据的无缝套合及多维、多期、多数据源的综合比对，提供用户全息浏览及实景三维支持下的交互体验，增强用户体验感，实现基于 GIS 的全线宏观管理，使乡村的管理更加科学、智能、高效。积极开展实景三维数据的生产与更新，可增强乡村地区基础地理信息数据的现势性和丰富程度，全面直观了解村级现有住宅、道路、河流、池塘、耕地、林地等的分布现状。数字乡村三维孪生底座建设可充分发挥测绘地理信息成果支撑数字乡村建设的作用，为乡村布局调整、农村不动产确权登记、土地高效利用、乡村风貌管控、农村乱用耕地建房摸排、项目落地选址、新业态实景招商、实景租地、实景租房等提供了身临其境的可视化工具和坚实的数据基础。同时，平台可实现乡村管理系统化，将数据按照不同的管理维度抽提给各级管理层，实现统一数据标准，达成业务动态协同，将获取的海量数据建立数据库，进行清洗、分析，筛选出有效数据以供相关部门智慧、高效决策。

5.12 人文旅游

5.12.1 行业现状及主要需求

随着社会经济的快速发展，文旅消费者在旅游中产生的消费需求不断增加，从过去的“出去走走”到现在的“花钱买享受”，文旅消费者更加注重品质旅游。为了满足景区运营管理和未来发展的需求，同时降低景区的管理运行成本，需要改变原始的单一旅游方式，依靠科技手段实现文旅管理模式的数字化、简易化、可视化改革。

在互联网大数据时代下，新兴技术的普及为智慧文旅的发展提供了良好的孕育土壤，智慧文旅产业逐步形成，并在政策、市场等多重因素推动下进入高速发展阶段。加强“旅游+”多业融合，推动文化、旅游、技术全面结合，推动旅游业发展质量和效率，提升城市文化建设，促进当地的经济发展。

以实景三维景区为底座，以传统文化为基调，以商业为内容，以城市旅游发展为方向，涵盖旅游园区运营、文旅地图、文旅资讯、文化体验、景区招商等多个方面数据资源建设，对文物古迹和历史城镇等景点区域进行数字化改造，打造基于数字孪生的智慧景区。在景区面临旅游转型、突破发展和开展智慧建设的契机下，充分利用现代化、数字化的手段提高文旅企业的综合管理和运营能力，在服务、招商、管理等各方面做到直观、方便，抢抓机遇，深挖潜力，推动景区与周边商业圈经济高质量发展。根据景区特色的文旅资源，构建景区智慧文旅体系，创建优质的旅游生态环境，从而提升旅游的服务品质。

1. 文旅数据底座构建的需求

依托物联网、大数据、人工智能技术手段实现大数据的抓取整合、数据清洗、挖掘分析，为运营管理、科学决策提供数据支撑，实现“用数据说话、用数据决策、用数据管理、用数据创新”的景区数字化管理新模式，最终实现数据智能赋能文旅新增长。通过汇集景区范围内的各项数据，包括能耗数据、人流数据、停车数据、商户数据、报事报修数据等，构建智慧科学统一的文旅数据底座。同时，利用三维激光扫描、倾斜摄影等数字化技术，对历史建筑进行三维数据的采集和 BIM 数据建设，建设景区实景模型，通过整合、更新景区三维现状数据，构建景区三维源数据库，实现三维地理信息数据交换与共享服务，为智慧文旅平台的搭建提供了基础数据底座。

2. 文旅数字化运营管理的需求

在疫情期间，景区线下流量难以复苏，政府、景区运营工作应该更快地向数字化运营转型，为游客提供便利新奇的旅游体验。通过对景区内的能耗数据、人流数据、停车数据等进行综合分析、对比，从而提升景区的整体运营情况管理。利用实景三维高精度地图平台打造沉浸式文旅目的地，借助管理类应用的辅助功能提升对景区内商铺的整体管理效率，通过安全应用提升安全保障，努力做到“零事故、零意外”。

3. 文旅专题信息汇聚融合的需求

通过全面梳理各类文旅专题数据，加强数据采集，打破数据壁垒，通过旅游景点的开发、经营，自有房屋的租赁、物业服务，统筹文物保护、开发、经营，协调推进景区“文商旅”融合发展。因此需要全面掌握景区范围经济、基础地理、保护对象、国土空间规划、文保专题、项目管理、产业招商等全方位的数据信息汇聚融合，为开展统筹协调、保护管理和开发利用等工作打下坚实的数据基础。

5.12.2 技术框架

在疫情常态化的形式下，为了更方便地服务游客、丰富游客体验，景区建设侧重提高工作效率、减少人员暴露、降低疫情风险与安全管理等方面。实景三维是一种包括全空间、全要素信息的结构化地理数据，通过新型测绘技术手段，以科学和系统的工作思路，对景区数据进行采集、整合、及时传递与融合。实景三维景区建设是对景区自然资源的真实现状进行数字化复制，精度可达到厘米级，就像为景区做了“全身体检”，可以检查景区的健康发展状态。通过实景三维可以精确、直观地了解景区整体格局和自然资源分布情况，也能直接进行实景热力图分析、单体对象化处理等工作。

基于文旅专题信息数据，以城市地理信息和实景三维作为分析展示底座，形成景区数字孪生应用系统技术框架，具体架构如图 5－119 所示。

1. 基础设施层

基础设施层是系统能够运行的基础环境，在构建景区数字孪生应用搭建过程中，该层提供网络、服务器以及各类硬件设备等基础环境支撑。

2. 数据资源层

针对复杂的计算环境，采用管理系统对数据资源进行采集、清洗、比对和整合，并实施管理和监控。根据文旅管理部门的不同需求和使用习惯对各项数据进行处理，搭建统一的数据库，其中数据来源包括停车系统、能耗系统、客流系统、基础地理等各种文旅相关数据。

3. 应用支撑层

应用支撑层主要以实现个性化业务应用的高效开发、集成、部署为目标，通过统一身份认证、应用管理、角色管理、权限管理等基础构件，根据系统在实际环境下的应用

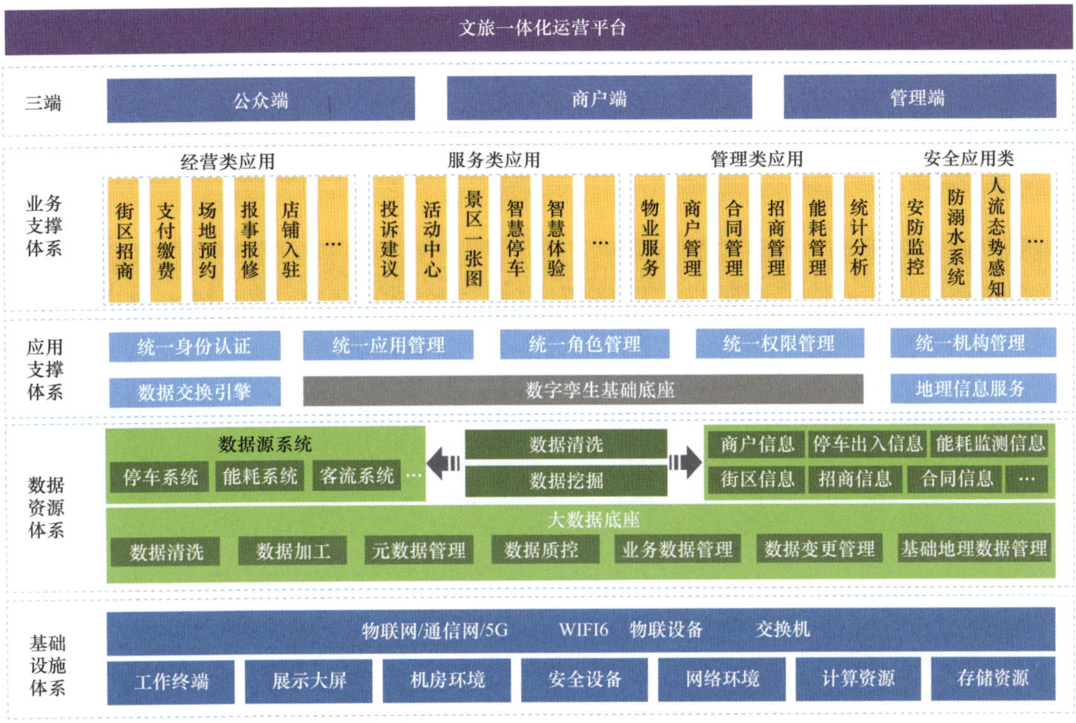

图 5－119　景区数字孪生应用系统架构图

需求，设计模型和算法，并进行灵活配置，实现景区数字孪生建设场景信息化管理，实现场景的三维漫游、图层管理、基础测量、兴趣点标注、文保建筑历史展示等基础应用功能，实现自动化智能处理、结果数据的可视化展示。

4. 业务应用层

建设景区数字孪生应用，具体包括经营类应用、服务类应用、管理类应用、安全生产应用四大应用模块，其中各模块可根据用户需求进行个性化设计。

5. 接入层

该系统将打造三大开放端口，包括公众端、商户端和管理端，其中管理端面向各级管理人员，构建“一体化”的 PC 端集成应用门户，进而打造统一的工作台和驾驶舱。

5.12.3　应用场景

通过 GIS 引擎打造景区数字孪生基础支撑底座，集成无人机遥感、地理信息、三维可视化展示、虚拟仿真、人工智能等前沿技术，融合多尺度、多分辨率、多源空间数据、城市时空大数据、城市物联感知数据，从宏观微观、地上地下、室内室外构筑一个高精度、多耦合的城市全息仿真平台，实现对实景三维模型的平移、旋转、缩放、自定义飞行漫游、空间测量、空间分析、兴趣点标注等一系列基础功能操作，辅助景区日常运营管理工作。

通过对景区实景的 1:1 还原建模，打造景区场景展示、运营管理、安防管理为一体的综合性管理模式，整合景区各项资源，融合智慧景区、智慧车场、智慧灯杆、环境监测等实时数据，为景区数字化提供全要素、全场景、全周期的智慧服务管理模式，从智慧服务、智慧管理、智慧经营三个层面满足景区管理部门在日常管理、决策分析、形象宣传等多维度的需要，实现一站式景区数字孪生应用，为管理者做出科学有效的决策提供依据。景区数字孪生驾驶舱如图 5－120 所示。

图 5－120　景区数字孪生驾驶舱

1. 景区数字孪生一张图

运用新型基础测绘技术，通过无人机和三维激光扫描仪，将房屋、街景等地物特征进行高精度、等比例的模型建设，将数字孪生基础支撑底座与实景三维模型融合，共同搭建景区数字孪生一张图。景区数字孪生如图 5－121 所示。

图 5－121　景区数字孪生

（1）景区实景三维模型建设。建设景区含周边商业圈的实景三维、激光扫描模型数据，基于数字孪生基础支撑底座流畅加载模型数据，为用户提供便捷实用的模型浏览展示及相关应用。通过真实反映景区范围内建筑、路面、水系、植被、地形地貌等地物主要的特征和结构，实现对景区数字孪生场景从宏观到微观的全方位可视化展示和浏览。

（2）景区街景、室内 SLAM 激光扫描。运用三维激光扫描技术采集激光点云和全景数据，完整记录景区原始风貌，实现景区风景和室内环境的可视化展示和浏览。

2. 智慧管理

智慧文旅管理平台如图 5－122 所示。

图 5－122 智慧文旅管理平台

（1）车场管理。对停车场进行室内实景三维建设，基于实景三维地图直观展示景区停车场布局及所有停车位。结合停车场道闸数据等，对往期车辆数的对比、车辆品牌等级、车辆进场时间段、空闲车位数量、总体周转率、车辆停车时长等景区内停车场的车辆数据进行统计分析，帮助管理人员直观掌握停车位的分布和侧面定位消费者的消费水平。基于数据分析结果可以直观反映园区内停车位整体使用情况，同时结合远程监控系统、公共智能广播系统、票务系统等进行集成对接，实现信息互联互通，方便景区管理人员对景区各停车场运营状况的全面感知和把控，以提高旅游区资源的利用效率。

（2）能耗管理。基于景区数字孪生一张图，依托能耗监测平台，通过标准的接入规范，实现对景区能耗整体数据的可视化呈现。按照园区、系统、设备、空间、分项计量模型等维度以及时间尺度进行逐层深入分析和展示，实现平衡分析、能耗告警等功能，直观展示总体能耗走势图和各商铺能耗指数。

（3）经营管理。基于景区数字孪生一张图，对景区范围内的经营数据进行统计分析和展示，对交易额、客单价、营业额数据等信息与人流数据进行对比分析，直观展示各类关键经营数据的变化和趋势。通过对数据的更新维护，辅助管理部门分析决策，提高报表效益，实现景区经营的可视化管理。

（4）合同管理。合同管理是经营管理基础工作的重要内容，对合同进行数字化管理，能够有效地防范风险、优化管理、降低成本、提高效益。运用数字化技术，拟定合同条款并线上确认。根据租约到期时间以及商户经营情况进行续租意向评估，制定相应预警模型进行预警。通过合同管理列表展示商铺及对应的合同，查看附件能够看到合同的纸质内容，而查询功能为后期的合同查找提供快速便捷的通道。

（5）招商管理。汇集景区招商资源，匹配单体景区招商实景三维模型，赋予招商资源空间坐标信息，摸清景区招商业态资源，对景区商户企业闲置情况、出租情况、内部建筑结构、适用业态、产业分布、商户评价等进行展示和管理。在景区实景三维地图中查看兴趣商铺的实景三维模型和属性信息。通过叠加景区项目建设、景区土地信息、景区文保单位等内容，对招商信息进行筛选比对，助力招商引资工作开展，推动经济运行实力。智慧文旅招商管理如图 5-123 所示。

图 5-123　智慧文旅招商管理

（6）商户管理。对招商已入驻商家、未入驻商家、招商区总体商业面积、商家总体数量进行统计展示，对亩均排名靠前的商铺进行综合评价，结合景区产业分析子系统对优质商户进行可视化展示，体现景区商户情况、基本用地情况、资源分布情况等宏观结果，用数据从宏观层面展现景区建设和发展情况。

（7）物业服务。为提高景区的物业管理水平和服务质量，对报事报修、景点介绍、车位办卡、投诉建议等工单进行管理，支持派单、派工、通知等操作，实现跟踪和管理各项物业服务的内容，帮助物业管理人员加强沟通，及时处理物业服务申请，提高客户满意率。

1）报事报修管理。管理员能够对商业用户申请的报事报修事件进行直观点击、查看与审核，审核通过后，管理员通过事件处理按键，将事件详情通知至物业维修人员手机，维修人员收到通知后进行线下维修处理。

2）景点介绍管理。景区介绍管理主要用于编辑景区简介内容并进行发布，通过景区介绍管理内的编辑器功能，实现图片上传、自定义排版，使景区简介更为美观，居民通过服务端能够更深入地了解景区的基本情况。

3）车位办卡管理。车位办卡管理用于展示已办卡车辆的信息列表，展示列表包括车主姓名、手机号、车牌号、办卡类型、开始时间、结束时间、缴款金额等信息。

4）投诉建议管理。按照权限查看已提交上来的投诉建议等内容，支持进行反馈回复，针对数量较多的同一类投诉或建议，系统会自动进行标记，提示管理员及时处理。

（8）人群大数据监测。基于景区数字孪生一张图，通过物联网技术和大数据分析手段，实现景区客群数据分析的可视化展示，展现景区区域内人流密度及分布情况，产生"人群大数据监测数据"，从而对数据进行分析处理。通过监控视频可以便捷查看人流聚集区实时情况，根据日人流量、月人流量、季人流量、年人流量等四个维度展示客群密度情况，实现对本地外地顾客、年龄段、性别等客群数据进行数据分析，支持对工作日和节假日进行人流指数对比。

1）游客画像。游客信息是旅游大数据中最有价值的信息之一，而游客画像是游客基本属性的数据分析来源，主要包括对游客的性别分析统计、年龄段分析统计、旅游出行方式分析、游客的来源地分析。

2）游客来源。对指定时间段内的游客的客源地进行直观分析与展示，对客源地来源分别按省份和城市排行对比。客源地分析数据对市场投放广告、市场推广提供较高价值的决策数据依据。

3）游客接待同期对比。按日期段分析同期接待数量及历年同期对比信息，为管理部门和企业对历年的经营情况总体趋势提供直观的数据分析结果。

4）客流监测。通过景区的当日售检票数量及累计检票数量，对具体某个景区的在园人数和游客承载量进行实时监控，通过不同时期接待游客数量、整点检票入园数量和时段入园数量、景区的近一周游客接待数量及趋势、近一周内游客通过互联网在线旅游分销商在线旅游（online travel agency，OTA）预订门票的数量及趋势、游客的客源地信息等内容分析客流量，帮助管理部门实时掌握景区的游客动态，提前做好安全预防措施及应急措施。

a. 重点区域流量。通过对景区重点区域的在园人数和游客承载量进行实时监控，帮助管理部门实时掌握景区重点区域的游客动态，针对景区不同区域提前做好相应的安全预防措施及应急措施。

b. 客流热力图。动态分析景区的游客数据，以热力图的方式实时展示和区分游客量的密集程度，管理部门可通过客流热力图，针对特殊情况及时响应各种应急措施，以确保游客安全。

c. 客流预测。根据历史游客量数据、增长率、网络预订率等内容，预测未来一段时间内的客流量数据，管理部门根据游客的预测客流量，提前做好相关的准备工作或应急管理措施。

d. 流量预警。针对防疫相关政策，设置景区内的人流密度预警阈值，在超过阈值时管理人员可启动应急事件，通过"一键激活"进入应急事件模块，展现当前可出入口的人流数、事故点位以及周边监控视频画面，同时支持一键短信或语音通知相关责任人，支持通过实时广播进行应急指挥和人群疏散。

3. 智慧服务

（1）智慧停车。用户通过停车缴费模块选择绑定车牌的车辆进行直接缴费，也支持重新自定义输入车牌进行缴费，也可以通过小程序快速查看周边停车场分布情况、停车场相关信息以及停车场内车位的剩余情况。

（2）智慧体验。利用 VR 全景、5G、实景三维技术等，以文化旅游场景实景为基础，构建出 1:1 还原超高清的线上线下漫游环境，积极推动了文化旅游、文物古迹展示，推动高性能、高科技、高体验为一体的沉浸虚拟文化旅游生态产业，提升旅游景点的互动性和观赏性，宣传和推介文化旅游，助力智慧文旅事业新发展。

1）线上 VR 游览。用户可从多角度交互观看三维全景，视野范围可以达到水平 360°，上下 180° 的效果，能观察到任何一个角度，完全地融入虚拟环境之中。建设景区含周边商业圈的实景三维、激光扫描、BIM 等模型数据，基于数字孪生基础支撑底座流畅加载大规模模型数据，为用户提供便捷实用的模型浏览展示及相关应用，同时保障景区的原真性，如遇不可抗力因素导致建筑受损，也可按原始建筑容貌进行修复。第一人称沉浸式漫游如图 5－124 所示。

图 5－124　第一人称沉浸式漫游

2）线下 VR 体验。从建筑结构和材料的角度对大场景进行 VR 复原，其中建筑材料包括陶砖，陶瓦，青石板，大阶砖等，使用激光扫描技术在重要的地点记录关键数据并进行分析处理，利用 VR 技术进行建筑结构材料细部雕花木隔、雕刻纹理，装饰图案、颜色肌理，通过几何形制等手法进行历史再现，让游客可以沉浸式进入场景游览，沉浸式体验不同时间节点的历史风貌、不同季节春夏秋冬风貌以及不同节日主题。

a. 水文再现。按照景区水文景观等级进行分级处理，根据历史水文景观的长度或者宽度定义分级数，对水文水层结构起始和终止线进行处理，最终生成景区水文专题图。引入 VR 技术可通过数字化精确模拟景区所在地水文地质特征，生成虚拟传统景区水文景观的三维模型数据，实现水文地理特色历史进程的演变过程与趋势等的 VR 化陈述。通过建立相关不同技术点的数据模型，对模型进行分析和预测，进而实现对原有土地地质地理及水系、脉渠、濠涌、地下水流和环境地质问题的虚拟表达。对景区旧日的热闹景象的还原，实现对传统景区地理水文等自然环境的历史进化过程的模拟。

b. 历史景区再现。在整合景区历年影像、地形和文字资料等数据基础上，梳理景区发展历史脉络。同时，叠加景区总体规划和规划方案等数据，以地图和实景三维为基础动态，呈现景区的发展历史变迁和城市现状风貌。文旅景区通常历史悠久、文化底蕴深厚，为了更好保护现有古建筑以及再现景区旧日风貌，可使用无人机在空中捕获数据对景区的巷道空间重整梳理，结合搭建的精准模型将巷道空间进行复原规整与梳理，通过技术恢复使得历史片区变得整体而统一。结合数字化精确复原模型的搭建将信息转化为详细的虚拟实境 VR 内容，在资料综合研究的基础上进行 VR 动态直观呈现，并将其呈现为交互式 3D 场景游历。

c. 重点特色场景故事呈现。将景区的支柱产业结合景区历史文化，用 VR 还原重点特色场景故事，帮助游客沉浸式体验生产过程。

4. 智慧安防

对景区的园区管理与治安综合治理进行网格化、精细化、数字化升级，提升工作人员的工作效率，提升便民管理的亲民力度，提升领导决策的科学依据，提升街道部门的治理政绩。

（1）视频监控。通过对接视频监控系统，实现所有监控设备点位的地图展现，支持对景区内监控摄像头进行三维落图，可以在实景三维地图中展示所有视频监控的所处位置。同时支持查看相应的监控摄像实时图像，通过平台可进行调阅、查看视频，采用录像回放方式追溯事发时的情况。使用稳定可靠的视频监控系统可以实现对景区内各个景点安全、科学、有效的管理，对旅游区现场实施全天候、全方位的 24h 监控及人员流动的记录，为旅游区安全工作做好有力保障。

（2）防溺水系统。对监控的河边区域，可以在画面中划定相应的警戒线，当游客靠近河边警戒线时，将会触发警戒线报警规则，预先设置好的语音报警提示发出报警，提醒游客不要靠近危险区域，平台接收到报警信号，及时提醒人员关注前方河边情况，并可进行远程喊话，为旅游区安全工作做好有力保障。

5. 景区产业展示一张图

结合景区数字孪生一张图、景区规划和景区现状等数据，建设景区产业展示一张图系统，展示景区资源现状、管理景区建设项目、分析景区产业。以 GIS 技术为基础，以景区实景数据为底图，实现景区各类数据资源在一张图中的可视化展示，打通景区地理、历史文化、规划设计、项目情况、保护名录、地名等信息的全业务、全要素管理。景区产业展示一张图如图 5－125 所示。

（1）景区资源展示。包括对景区历史变迁、景区传统风貌、景区保护规划、景区历史街区等专题的展示与表达，对景区山水格局、道路街巷、保护街区范围、核心保护区、建设控制区等景区风貌格局的全方位展示与管控。

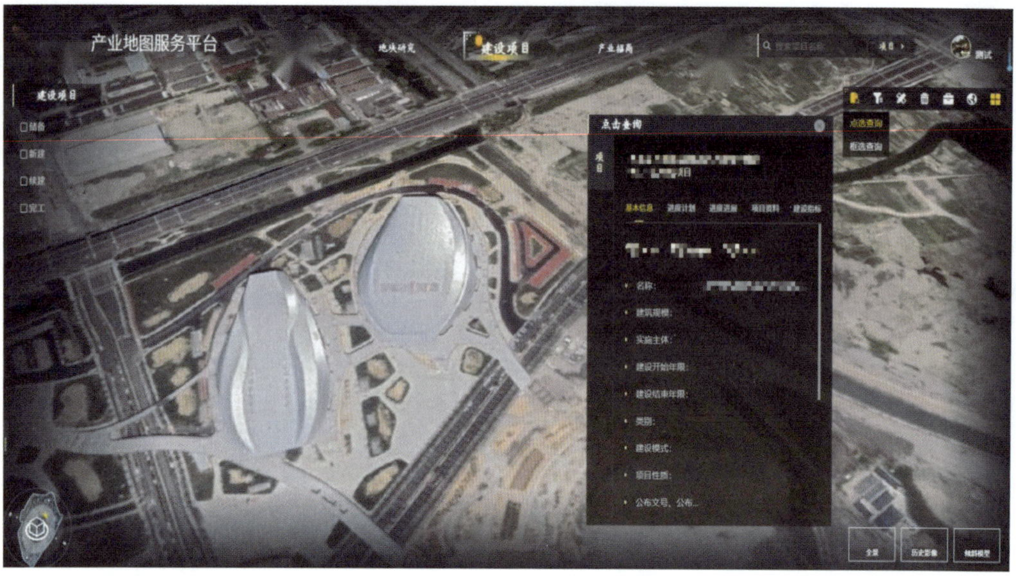

图 5－125　景区产业展示一张图

（2）景区建设项目管理。在平台中对景区内建设项目实景三维的展示数据进行叠加，对景区现有建设项目进行统一分布展示，方便景区管理者查询项目详情。通过系统直观地查看项目方案，为项目的基本情况、符合性、协调性等决策提供数据依据。

（3）景区产业分析。根据景区基本用地情况、亩均经济发展情况、优质商户排行、用地情况等宏观结果，对景区资源、项目、文保、招商、规划、生态、现状等各类专题数据进行综合分析。通过提取景区保护资源评价、社会经济发展、产业布局、项目建设等指标数据并进行可视化呈现，体现景区基本用地情况、商户情况、资源分布情况等宏观结果，用数据从宏观层面展现景区的建设和发展。对已修缮利用的古建筑进行统计分析，实现对景区修缮经营情况的统一管理，结合景区资源分布情况，实现对景区保护资源、景区现状、景区经济、景区生态环境等的综合评价。对新建项目、续建项目、储备项目、完工项目等数量进行统计分析，并进行可视化呈现，用数据从宏观层面展现城市面貌和发展潜力。

5.12.4　主要成效

实景三维智慧文旅可综合服务于旅游行业管理部门、景区管理部门及旅游相关企业，目标客户清晰，产品及服务全面，不仅能有效化解疫情对文旅产业发展产生的冲击，同时也可以解决旅游景区在文旅管理、服务、安防、产业资源及营销等方面的痛点、难点问题。

1. 有利于智慧文旅成效显现

文旅行业更关注的还是流量、管理和创收的问题。高分辨率的三维实景漫游，能够全面真实地展示各种优美的风景，给游客身临其境的感觉。同时实景三维还能够结合景区旅游地图进行导航，游客可以在各景点之间自由漫游，体验各方面的多样化虚拟互动，了解景区历史文化，这种方式既吸引到游客又宣传了景区。通过实景三维建模、基础设施升级、数字化平台建设、虚拟三维展示等方式，实现对景区的数字化运营，以当地特色文化元素核心为内在驱动，建设高质量历史文化景区。

实景三维 VR 全景漫游能够详细地展示酒店或者民宿的内部环境与周边环境，甚至可以帮助消费者了解到酒店、民宿的房间分布、设施等细节，让文旅消费者能够看到真实的场景。景区运营要根据管理运营的历史数据和实时数据进行预判，合理对文旅资源进行数据建设，帮助文旅企业做好数字化管理和数字化运营服务，方便游客更好地出行和旅游，助力企业更好地进行会员营销和内容营销。

2. 有利于实现文旅专题数据分析

通过丰富和完善时空数据资源体系，对游客流量、游客画像、客源地、游客趋势、舆情监测等进行专题分析，构建从静态到动态、二维到三维的数字孪生数据及服务，推动文旅产业线上线下一体化发展，为政府单位、文旅从业者、景区管理者以及游客提供及时、准确、可靠的数字化手段，让文旅管理部门对旅游业的发展进行全局了解和管理。

3. 有利于实现景区智能化管理、旅游智慧化服务

联合文旅行业伙伴向文旅消费者提供更全面的“数据+业务+运营”一体化平台，让数据产生价值，真正赋能文旅行业的数字化转型和数字文旅增量增收。将景区旅游资源有效整合，强化数字化改革思维，以大数据、云计算、区块链、机器学习、知识图谱、自然语言处理等新兴技术为切入点，依托文旅业的行业优势，实现政府决策科学化、监督管理多样化、企业营销精准化、文旅产业数字化、公众服务智能化，最终促进景区环境和社会经济的可持续发展，形成管理合力和规模效应。

在疫情防控期间，文旅行业如何通过 5G、人工智能、大数据、数字孪生等新一代信息技术为行业赋能，用信息化数字化手段进行自救，是当前面临的重要问题。目前我国智慧旅游、智慧景区市场巨大，在国家和地方各项扶持、鼓励政策陆续出台的大环境下，通过加强文旅数据分析、流量分析、数字化管理和运营，创造旅游运营新模式，促成游客消费新习惯，开辟旅游发展新方向，旅游行业整体信息化建设将不断发展。未来基于实景三维的应用可以从以下几个方面进行探索。

1. 贯穿游客“游前”“游中”“游后”服务闭环

随着社会的进步与发展，散客、自助游逐渐占据旅游的主导地位，游客更喜欢自主安排旅游时间，设计旅游线路，自主选择食、宿、娱等内容。围绕“吃、住、游、行、娱、购”六要素，推进人性化品质化的智慧旅游服务，满足游客一站式信息服务需求，使得旅游消费持续良性发展，从而为景区经济带来源源不断的动力。

2. 数字孪生打造元宇宙景区新服务

近年来，以虚拟现实、增强现实、数字孪生为代表的视觉沉浸技术正不断重塑旅游行业，为文旅消费者带来不一样的数字孪生视听盛宴。作为集这些技术于一体的高阶发展产物，元宇宙必将推动旅游行业进入新阶段。

3. 未来智慧文旅在实景三维上的探索与发展

文旅行业涉及的行业不仅包括文旅局和景区，还涉及文旅集团、乡村农业、历史文

化博物馆、酒店民宿等，合理运用实景三维技术，结合景区风景地貌、景点景观、动植物、交通规划、文创特色，为游客提供真实性高、便捷方便的虚拟体验，为当地文化产业的发展注入了强劲动力。同时以旅游产业为地方核心产业的旅游城市，又可以通过智慧旅游建设撬动地方城市建设，用实景三维景区建设的数据反哺到实景三维城市建设，乃至实景三维中国建设中去。

总而言之，智慧文旅发展正面临着许多挑战，但也意味着重大的发展机遇。智慧文旅市场巨大，整体环境有利于发展，只要未来能够积极克服困难，旅游行业整体信息化建设将会实现大的飞跃。

5.13 智慧矿山

5.13.1 行业现状及主要需求

2022 年 4 月 12 日，国务院安全生产委员会印发《“十四五”国家安全生产规划》（安委〔2022〕7 号）对“十四五”时期安全生产工作作出全面部署，其中明确提出针对煤矿和非煤矿山机械化、智能化的相关要求。

2022 年 8 月 15 日，应急管理部、国家矿山安全监察局印发《“十四五”矿山安全生产规划》（应急〔2022〕64 号），其中肯定了“十三五”时期在科技强安、智能化矿山建设等各项工作中取得的成效，各类统计数据均能够表明煤矿和非煤矿山“安全生产形势持续稳定向好”，特别是率先建成煤矿安全风险监测“一张网”，全国 3338 处煤矿安全监控、人员位置监测、工业视频“三大系统”实现数据联网，成为国家首批“互联网+监管”系统重点示范应用项目。全国三等以上尾矿库目前也已实现联网和在线监测。

但随着 2021 年 10 月 26 日国务院《2030 年前碳达峰行动方案》（国发〔2021〕23 号）的发布和实施，能源结构调整步伐逐步加快，煤炭消费总量、强度双控政策措施日趋严格，未来一段时间内矿山安全高质量发展将面临巨大挑战。另外，受国际形势和新冠肺炎疫情等突发事件影响，矿山企业的发展出现波动，部分企业资金紧张，采掘工程欠账多，出现安全投入不足、采掘接续失调和队伍不稳等问题，受区域供求矛盾和矿产品市场波动等因素影响，极易引发超强度、超能力开采等违法违规行为，矿山安全风险和事故隐患有可能持续增加。

在智慧矿山建设中，实景三维利用其所见即所得的特性，能够真实还原矿井、边坡、尾矿库等重点区域的现状，除为智慧矿山补充真实、准确的空间基底作用外，通过空天地一体化的监测体系获取多期实景三维数据进行对比监测，能够快速获取较为准确的开采量、形变量，一方面提升主营业务的精细化管理能力，对产能及效率进行印证；另一方面可以对大范围地表安全隐患进行监测，降低事故发生概率。针对当前煤矿和非煤矿山小、散、乱的问题尚未得到根本解决，以及机械化、自动化和信息化程度不够高的现状，在智慧矿山中结合实景三维能够因地制宜建设一批效果突出、带动性强的智能化示范工程，发挥引领作用。

根据以上现状，应在协同推进矿山自动化、智能化建设相关政策配套的基础上，分级分类推进矿山智能化建设，按照总体设计、分步实施的原则，结合矿山当前信息化面临的问题，以安全生产、节能环保、降本增效为目标，优先提出煤矿生产集中控制系统建设，为现场无人值守提供一体化的技术支撑平台，全面提升生产智能化监控能力和安全生产管理水平，促进生产管控模式的转型升级。

5.13.2 技术架构

1. 总体架构

矿山地理信息数据是其生产、安全管理、灾害分析与防治、应急救援、无人开采等应用的重要基础设施。这些数据涉及煤矿中地质、测量、采掘、设计、机电、运输、通风等各种专业业务部门，种类繁多，数据更新快，且业务部门之间数据交互频繁。地理信息数据的采集、处理、管理、表达具有特殊的行业背景。矿山中用于生产、安全管理等的图件多达几十种，具有不同的用途或适用于不同的业务，需要极高的准确度。传统上，这些图件以地质、测量图件作为底图，不同业务部门在其上添加各自业务的专题内容，而地质、测量部门则会将一些与生产密切相关的其他部门的专题内容添加到地质、测量图件中。

这个过程中的数据交换由人工完成，交换的数据既无法包括矿山地理要素的属性数据，还具有显著的滞后性。由于矿山管理涉及的业务部门多、数据类型复杂，且缺乏统一的标准和管理，使得在生产过程中各专业（业务部门）间的信息共享困难，难以保证各专业（业务部门）使用的矿山地理信息数据的一致性、共享性、现势性和完整性。

基于实景三维数据的数字孪生矿山一张图解决方案是以云计算、大数据的技术架构，充分发挥成熟的互联网基础设施，以 GIS 的图层为单位，将各类专业图形集中到实景三维一张图进行管理，将地质、测量、水文、储量（以及通风、机电、生产管理等）多部门的图件，集中、统一管理，减少数据冗余，实现数据共享和动态更新；通过多专业协同工作，数据及时、动态更新，实现各个专业基于共同的、真实的、准确的一张图，同时在线编辑各自的图形内容，实现在线协同工作；充分利用多终端数据录入、多方式维护及查询一张图数据，可以通过计算机、移动设备、Web 在线等多种方式实现一张图数据的维护、多种设备终端的随时、随地浏览及查询；系统基于统一绘图平台的矿山制图系统，统一符号库，规范的图层分层及命名标准，提高信息化系统的实用性和便利性。矿山实景三维一张图总体技术架构如图 5－126 所示。

2. 技术路线

实景三维一张图管理技术路线如下：

（1）整合与建立统一坐标系、统一数据标准、统一数据格式的地上地下实景三维空间数据库，形成“一个库”。

（2）统一标准和规范的地理信息综合处理与整合技术，支撑各部门各专业的地理信息及图形图表数据整合，形成“一套标准”。

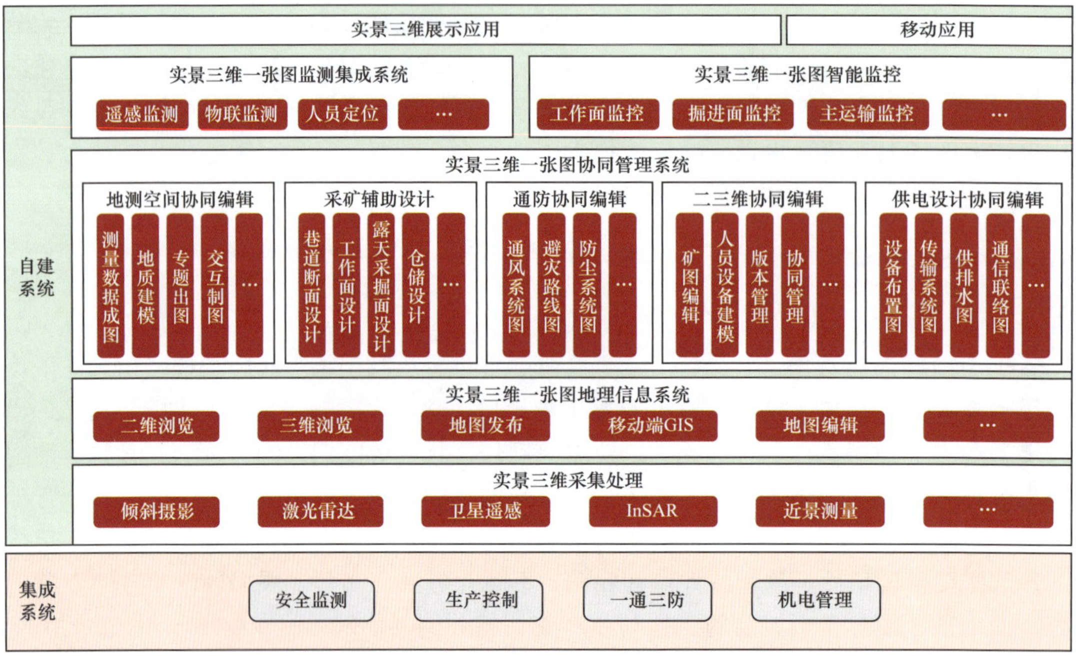

图 5-126　矿山实景三维一张图总体技术架构

（3）在统一技术标准和规范的前提下，研究数据统一管理的技术路线和流程，研究多专业数据分层的统一管理平台，形成“一个平台”。

统一平台是一个多层次的分布式体系结构，每一层以服务的形式对外提供访问接口，包括数据层、服务层和应用层。此外，还有专门用于数据处理的后台工具。

（4）在数据标准制定及数据整合处理的基础上，通过协同处理技术各类数据的动态更新机制和技术，支撑整个系统的良好运转，实现“协同化”。

（5）实景三维一张图协同 GIS 平台应具备一般矿山 GIS 系统的所有功能，如图形编辑绘制平台、地测空间管理、通风安全管理、供电计算与管理、采矿辅助设计与管理等，实现“专业化”。

3. 关键技术

（1）激光雷达技术。激光雷达是一种将激光、GPS 和 INS 三种技术集于一身的系统，用于获得点云数据并生成精确的位置信息，由于其具有的突出特点，近年也在智慧矿山领域有较多应用。

激光雷达技术具有如下特点：

1）对采集的限制较少：激光雷达属于一种主动探测设备，不依赖于环境光，能够在黑暗条件进行作业，并且激光能够穿透薄云薄雾，受环境影响相对较小，不仅可以机载，也可以用于矿山巷道内对采掘面等区域进行常态化监测。

2）快速获取 DEM、DSM：在对激光雷达获取的大量带坐标的点云数据进行分类处理后，即可快速生成数字高程模型、数字表面模型等各类测绘成果，对矿区地表形态进行快速还原。

3）精度高：由于激光雷达技术与激光测距技术的技术原理类似，理论依据及技术储备均已比较成熟，保证了技术成果的精度，目前激光雷达的绝对精度已经能够达到厘米级（航空设备）甚至毫米级（地面设备）。

4）数据处理速度快，便于自动化生产：点云数据的每个点均包含 X 坐标值、Y 坐标值、Z 坐标值、回波强度值四个信息，数据结构较为简单，易于存储及运算。

（2）大范围矿山形变监测技术。大范围的矿山形变监测如果全部利用地面传感器进行覆盖，成本将难以控制，特别是在尚需采掘的露天矿区也难以全面覆盖地面传感器。基于以上现状，引入合成孔径雷达对大范围矿区地表进行监测，已成为矿山形变监测领域极有发展潜力的新手段，也是国际上矿山形变监测方法研究的主要方向之一。

合成孔径雷达是一种工作于微波波段的主动式成像遥感系统，InSAR 则是利用同一地区不同时期雷达影像数据中的相位信息，提取地表高程信息以及形变信息的测量技术，利用其获取的形变数据即可通过广覆盖、高频次的天基数据获取手段对大范围矿山形变进行监测。

随着空间信息技术的快速发展，星载 SAR 由于其不受天气条件影响，能全天时、全天候、高分辨率、大区域对地观测，已经成为卫星对地观测的重要手段。在相关数据处理的优化与应用技术发展的推动下，InSAR 技术因其观测成本低、全天候观测、空间分辨率高、覆盖面积广、观测精度高、连续性观测等优点，除矿山沉降监测外，也已广泛应用于火山活动、地震监测、冰川运动、石油开采、工程建设等引起的地表形变监测，能够达到毫米级形变观测精度。

（3）矿山实景三维建模技术。通过实景采集，逆向建模，将各类采集平台获取的影像（如倾斜影像、立体卫星影像）、激光点云等多源异构数据进行融合，自动或半自动生成真实、完整、高精度的实景三维数据成果，从而还原矿山本身或是地貌等真实情况。相对于传统建模来说，三维实景建模具有更清晰的色彩、更清晰矿山细节或是地貌特征等。从而更真实的还原矿山本身或是地形地貌等的真实情况。通过配套软件的应用，可直接基于成果影像进行包括高度、长度、面积、角度、坡度等的量测，为矿山变形监测提供真实便捷的技术支撑。

5.13.3 应用场景

1. 矿山一张图协同管理

实景三维一张图方式管理是矿山信息化、智能化系统的基础和前提。针对矿图多专业分离的现状，实现在线协同工作的一张图管理模式，基于大数据集中存储及网络服务模式创新，完成多终端、多人在线的矿图数据录入及编辑，安全、稳定的数据提交，可以满足地质、测量、通风、机电、生产管理等专业同时在线协同编辑、多部门协同办公等应用，从而实现各专业、各部门间矿图的即时动态更新，大大提高矿图数据的更新周期，最终实现多矿井、多区域、多专业的实景三维一张图协同集中管理，矿山一张图协同管理如图 5－127 所示。

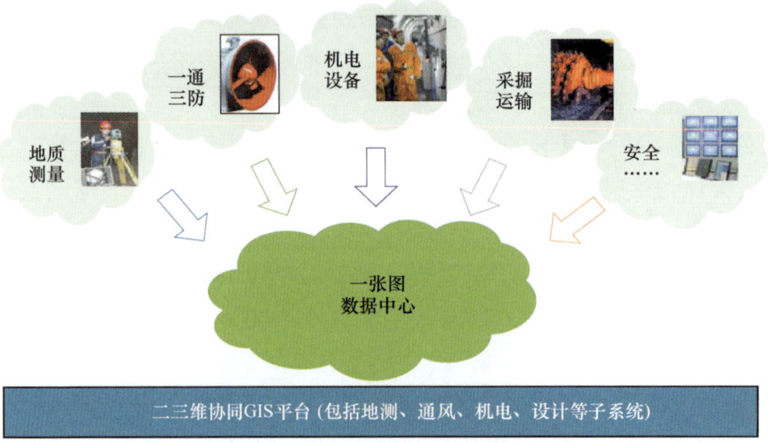

图 5-127　矿山一张图协同管理

基于统一的地理信息系统平台和统一的实景三维数据底座，对各类图形信息以及设施、设备等属性信息进行一体化管理。用户可以在一个视图下查询巷道、工作面、安全监测、通风设备设施、工业视频、人员定位、调度通信、供配电设备、运输设备、供排水设备、监测点等几乎所有与地理位置、图形图表有关的信息，也可以通过 GIS 网络协同平台分专业录入、修改、更新及输出系统里的元素信息，从而实现多方协同、实时更新矿山数据的目标。同时，本着开放性和标准化的原则支持多种格式的图形数据格式转换，所提供的 WMS 服务遵循 OGC 标准，可供外部调用作为矿山底图使用，还可以根据用户的需求提供预留数据接口，基于一张图的业务集成及应用接口如图 5-128 所示。

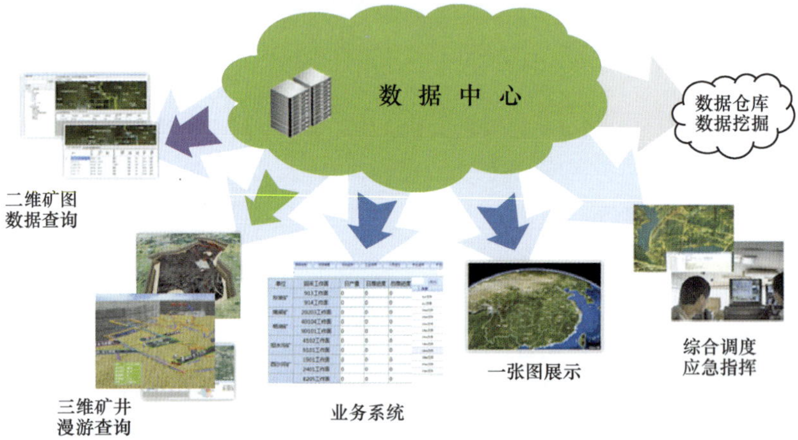

图 5-128　基于一张图的业务集成及应用接口

矿山实景三维一张图是将地质、测量、防治水、通风、机电、生产采掘等不同部门的信息进行统一处理，存储在统一的实景三维空间数据服务器中，基于“统一存储、协同工作”模式，建设的矿山管理服务平台。通过对多专业、多部门的地理信息数据统一管理整合，制定矿图编辑、图层分层的标准与规范，整合和建立地测、通风、机电、生产设计等多专业协同的空间数据库，建立统一平台的煤矿地理信息系统平台，支持协同工作的矿图生产及应用系统，支持矿图相关数据的集中管理及动态更新，实现基础矿图的集中统一管理和开发利用，构建全系统、多矿井协同化的一张图协同服务平台。

实景三维一张图协同化的新型智慧矿山安全生产业务管理模式，对于系统使用者来说，最大的区别仅是将数据管理方式从文件变为了分布式网络的服务器，各类专业应用功能和操作仍和传统的用户使用习惯及专业规范相一致，但平台模式的变化将基于实景三维数据底座的 GIS 系统提升到了集中式部署和管理、网络化多人协同工作的新层次。基于服务式架构的全新 GIS 平台可以实现矿山时空数据的即时更新和共享，将地理信息数据的更新周期从传统的“按月更新”提升到“按小时更新甚至按秒级更新”的层次，从而大大提高矿井数字化水平和效率，为安全管理提供更加强大、有效的技术支撑，如可以实现以下基本能力提升。

（1）更为真实的三维交互浏览。通过实景三维技术更为真实、准确的还原矿山地面矿区、尾矿库、地面工业场地、地面建筑及设施、地下设施设备等要素，通过鼠标、键盘、操纵杆、控制面板或者任意组合方式来控制飞行的速度、高度视角，可以灵活、便捷的在实景三维场景中浏览漫游，由于实景三维“所见即所得”的特点，三维场景与真实环境基本一致，使用户更易于辨认相对位置，做到操作简单，易于使用。例如矿山井下巷道，能够从各个不同的角度查看井下巷道的布局，可以进入巷道内部进行浏览，还可以看到巷道内部的设备、属性信息等，三维交互如图 5－129 所示。

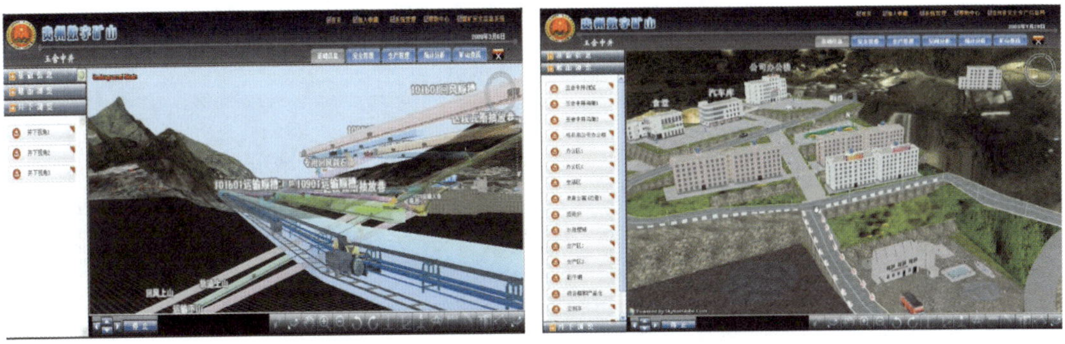

图 5－129　三维交互

（2）更为准确的空间定位和信息加载能力。实景三维技术能够较为精确地表现矿山现状，中误差能够达到厘米级，结合实地传感器、移动监测设备的实时位置信息，能够更为准确地反映空间位置，有利于事件定位、事件处理的科学决策。

系统支持坐标定位、搜索定位功能，根据用户输入的地理坐标位置，包括 X 值、Y 值和高度值，准确定位该坐标点所在的三维场景位置，或通过二维图形和三维矿山模型的属性（例如地名、道路名、建筑物名、编码等）查询的结果列表，采用飞行或跳往的方式快速定位到相应的位置，高亮显示被查设施设备。

另外，系统支持对所要查询的热点区域和目标进行快速定位的功能，采用面向对象的 SOA 设计，支持所见即所得的方式，也可实时查阅热点目标的基础信息，并提供自定义收藏夹功能，将用户所关心的热点目标进行保存和更新，可随时调阅查看。

为保证信息的全面有效和及时性，系统提供一个信息服务的共享平台，利用坐标系统统一的实景三维底座打破原有各子系统间的信息孤岛局面，系统提供多种符合标准规范的接口协议，支持用户从本机或者网络加载各种信息，如网页、二维地图、矿图、图片、Flash 动画等，所有信息均能够定位到准确的实景三维场景中进行展示和表现，为用户提供真实、全面、多方位的信息服务，同时也为矿山整体规划、安全应急救援指挥等各个业务场景提供详尽的信息和辅助决策支持。

（3）更为准确的空间分析能力。实景三维技术不同于以往的手工建模技术，规避了数据建设过程中的人为选择和判断，是对真实环境的准确、完整的还原，以其为底座进行高程测量、淹没分析等空间分析结果将更为准确、科学。

系统能够对洪水淹没进行三维可视化分析，不仅可以根据水位高度显示并测量分析淹没区域，同时能对淹没进行动态表达，以模拟灾害面积，评估准确的经济损失。淹没分析如图 5－130 所示。

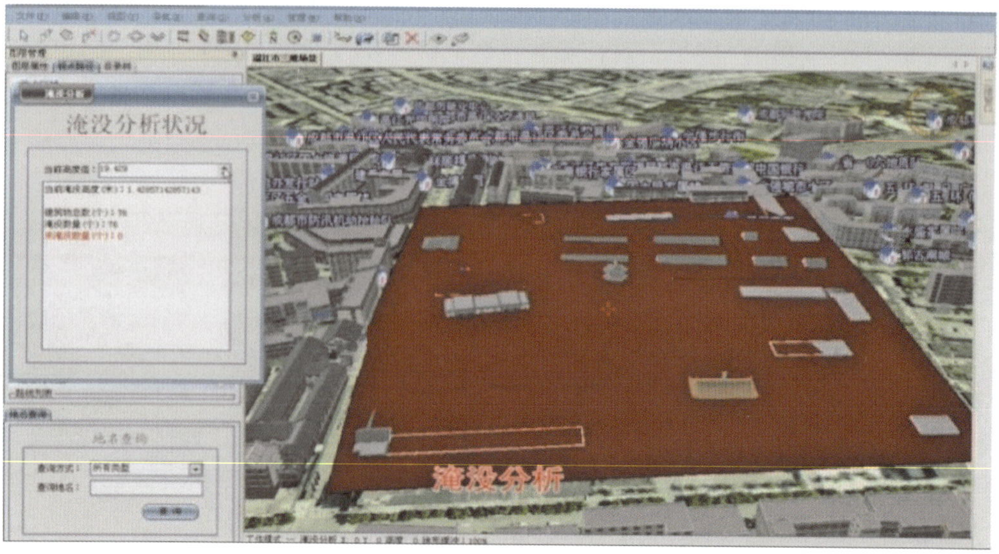

图 5－130　淹没分析

2. 地下矿山生产运行监控

通过激光扫描设备或近景摄影测量设备快速获取地下巷道工作断面的实景三维数据，通过多期数据的体积差获取挖方量，以此为依据对地下矿山生产运行进行监控。

同时系统也可以提供每个矿区通过传统方法上传的生产运行概况信息，通过查询生产概况，可以了解该矿井各个巷道的功能和它的生产情况及工作面的基础信息等，如主斜井，通过系统可以查到它的坐标、高程、长度、径断面、支护方式和用途，并且能够加载真实场景的照片、资料或视频，实时了解巷道内的设备设施情况、实际采掘情况。矿区生产管理如图 5－131 所示。

图 5-131　矿区生产管理

利用多期实景三维成果，用户可以随时回溯回采和掘进工程现场三维效果进行空间体量分析，配合查询矿井工程生产信息、采掘的具体信息，对巷道掘进情况、工作面推进情况进行对比印证，另外机电设备安装变更情况等也能够在实景三维场景中真实反映和表现。因为系统是在因特网上发布的三维信息系统，在全球各地只要有网络，都可以上网进行查询和安全生产管理，所以企业和政府利用这个平台，可以随时对矿山的生产进度、更新信息进行查询和监督，系统支持按照工作队、工程类别、工作时间等多种方式进行查阅和管理。

3. 露天矿山生产运行监控

综合倾斜摄影、机载激光雷达、可见光或雷达卫星每月、每周甚至每天对露天矿山进行遥感监测，获取矿区大范围地形级实景三维数据，利用多期对比即可准确获得矿山采掘量。目前在秘鲁阿雷帕基铜矿等露天矿山已开始基于卫星遥感技术开展相关管理工作，通过每月的 DEM 体积差值判读开采量，以及尾矿库的变化情况。矿山挖掘量及尾矿库变化情况如图 5-132 所示。

以国产高分辨率卫星遥感影像，如资源三号、高分七号、高景、高分多模、四维高景等卫星影像为主，以雷达卫星和国外高分辨率卫星遥感影像为辅，已有基于立体成像几何模型生成高精度地形级实景三维产品的制作技术和基于多机、多核 CPU/GPU 处理器并行加速处理技术，可以满足快速生成大范围 2.5m 格网分辨率地形级实景三维产品制作需求，数据精度见表 5-2。

表 5-2　　地形级实景三维数据精度

产品类别	产品内容	精度
5m 级精测 实景三维产品	5m（光学/SAR）DSM、 5m（光学/SAR）DEM 1m 光学 DOM 3mSAR DOM	无控平面精度：平地丘陵 5m，山地、高山地 7.5m； 无控高程精度：平地丘陵 5m，山地 8m，高山地 14m； 有控平面精度：平地丘陵 3m，山地、高山地 5m； 有控高程精度：平地丘陵 5m，山地 7m，高山地 12m
2.5m 级精测 实景三维产品	1/2mDSM、1/2mDEM 0.5m 光学 DOM 1mSAR DOM	无控平面精度：平地丘陵 5m，山地、高山地 7.5m； 无控高程精度：平地丘陵 3m，山地 5m，高山地 8m； 有控平面精度：平地丘陵 1m，山地、高山地 2m； 有控高程精度：平地丘陵 1.5m，山地、高山地 5m

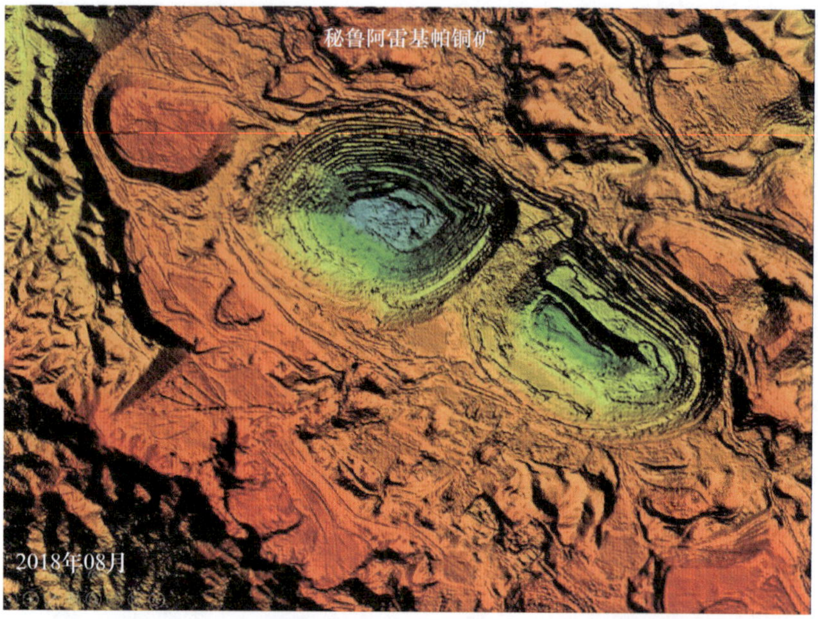

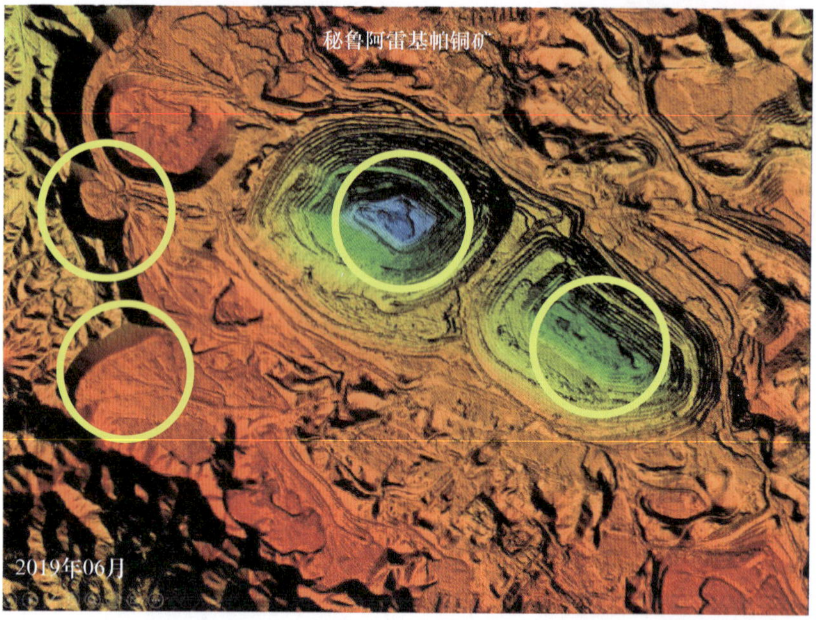

图 5－132　矿山挖掘量及尾矿库变化情况

4. 地质灾害监测预警

露天矿边坡变形、滑坡是矿山开采过程中比较普遍存在的地质灾害事故，其特点是突发性强且危害巨大。尾矿库是一个具有高势能的人造泥石流危险源，存在溃坝危险，容易造成重特大事故。矿山开采后在地面形成的沉陷盆地所造成的地面沉降有可能使农田、建筑物、道路等受到影响和破坏。这几类由矿山开采引起的损害不仅仅是安全问题，还将影响到矿区及周边城市的社会稳定与可持续发展。针对此类存在地质灾害隐患的区域可以引入基于 InSAR 技术进行大范围监测，提前发现问题并预警。

如可以采用覆盖监测区的长时间序列 SAR 卫星影像，以及精度高、算法稳定的永久散射体差分干涉测量技术（permanent scatterer InSAR，PS－InSAR），开展矿山重点区域高精度地表形变监测与分析，并结合高分辨率光学遥感数据，对监测区域形变监测结果进行分析。

PS－InSAR 是对长时间序列 SAR 影像集中的永久散射体进行时间和空间域变形量计算，以提取高精度时序变形信息的干涉测量方法。其数据处理流程主要包含数据预处理、差分干涉计算、时间及空间形变量估算、形变量计算等。

可以提供的监测内容一般包括：

（1）监测区整体形变时空特征：统计监测区范围内永久散射体（persisttent scatterer，PS）点的平均形变速率区间、平均形变速率比例分布；

（2）识别、标定形变较大的潜在风险区域：可提取其形变信息，统计重点区域形变信息及形变趋势；

（3）形变量分析。以具体案例进行分析，根据 PS－InSAR 计算结果，在重点监测区域内共提取到 118638 个 PS 点，每个 PS 点包括经纬度坐标信息、平均形变速率信息和历史形变信息，PS 点分布及其年平均形变速率情况，重点区域 InSAR 监测形变速率分布图如图 5－133 所示。

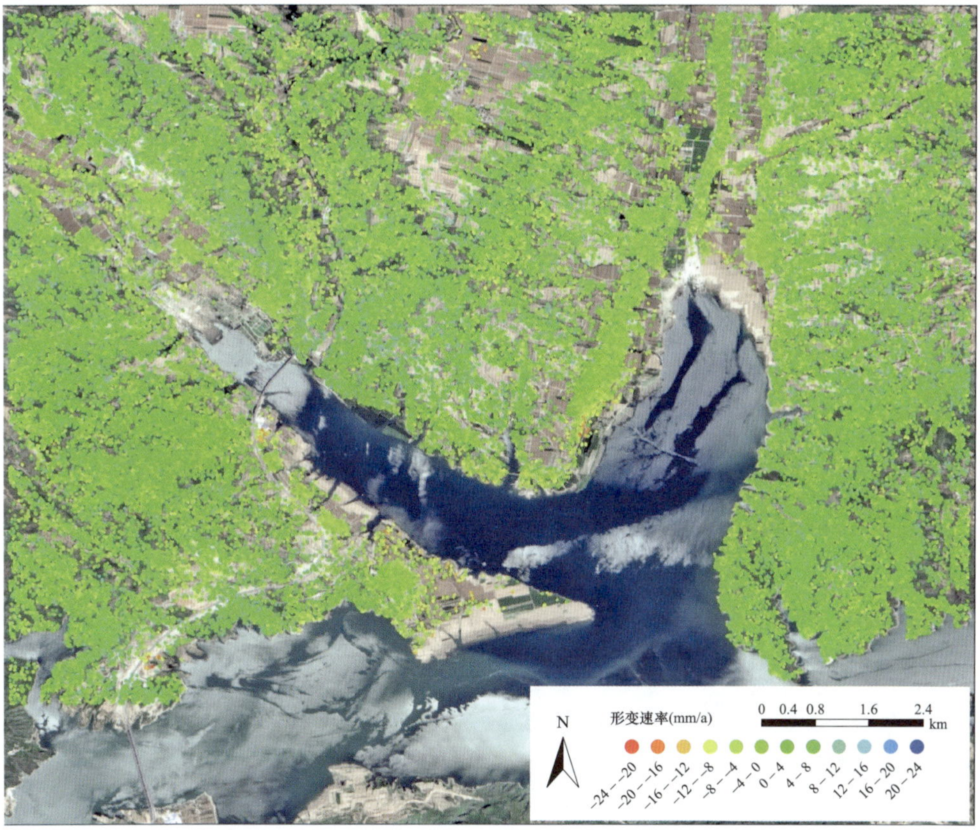

图 5－133　重点区域 InSAR 监测形变速率分布图

对监测范围内的 PS 点年平均形变速率进行统计，平均形变速率区间为［-22.86mm/a，11.91mm/a］，形变速率多集中在-6mm/a～6mm/a，占 PS 点总数的 84%，表明在监测时段内，大部分监测区处于较为稳定的状态。形变速率频数直方图如图 5-134 所示。

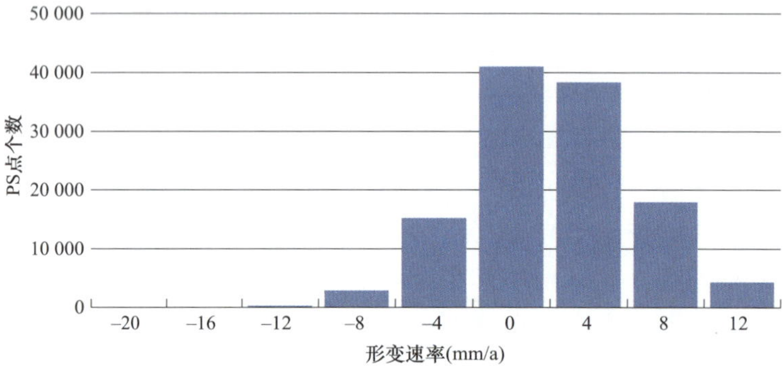

图 5-134　重点区域 InSAR 监测形变速率频数直方图

以形变速率-12mm/a 为阈值，提取形变速率小于-12mm/a 的 PS 点，超过阈值的 PS 点占总数的 0.26%，大部分超过阈值的 PS 点分布在北侧边坡处，重点区域形变速率如图 5-135 所示。

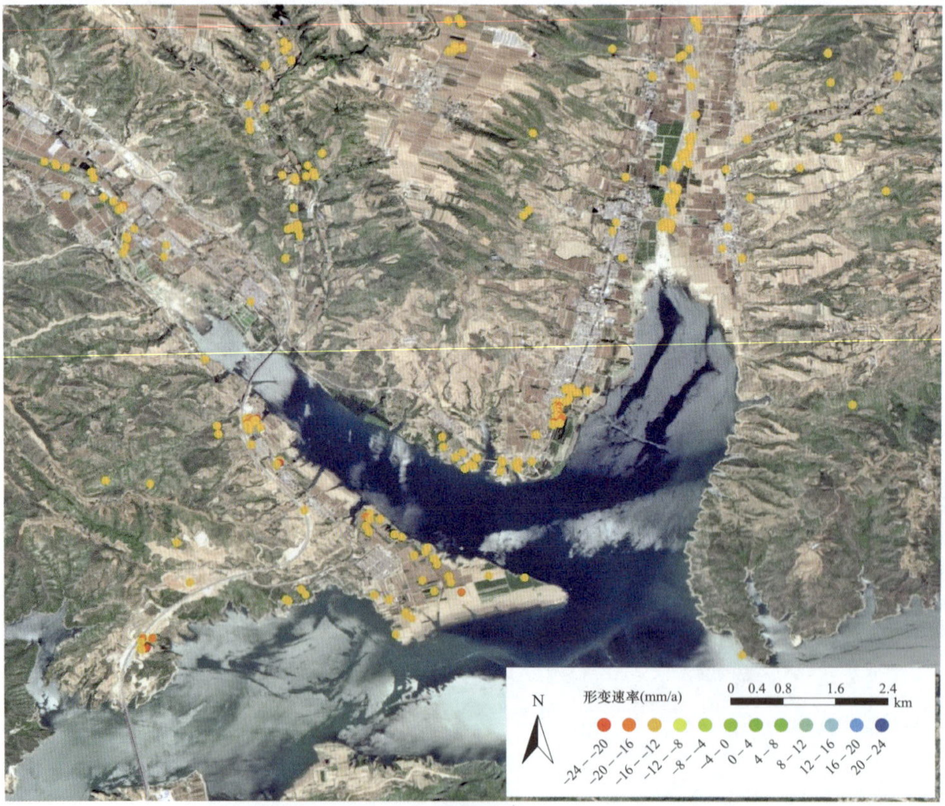

图 5-135　重点区域形变速率（形变速率小于 12mm）

通过寻找局部形变量较大且分布相对集中的变形区，圈定出4处形变较大的疑似隐患区，需要重点关注其变形发展情况并开展相关实地监测及预警措施。4处隐患点的位置分布如图5－136所示，其位置坐标、最大平均形变速率信息见表5－4。

图5－136　重点区域疑似隐患点分布

表5－4　　重点区域疑似隐患点统计分析

序号	形变速率最小值（mm/a）	监测点分布图	时序形变曲线
隐患1	－22.05	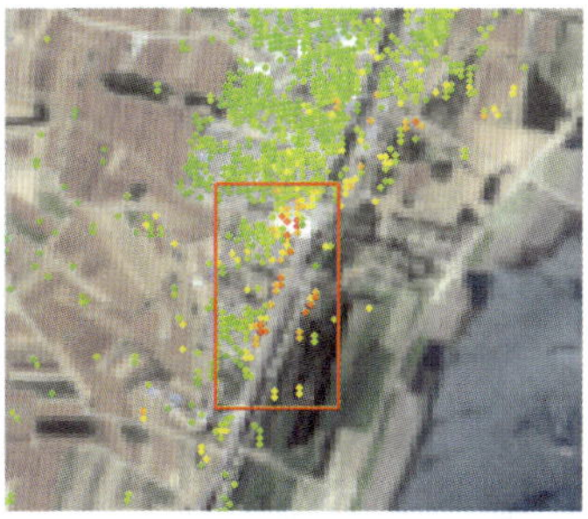	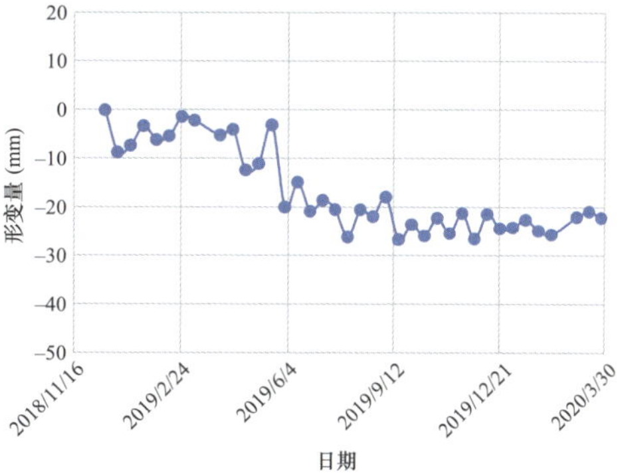

续表

<table>
<tr><th>序号</th><th>形变速率最小值（mm/a）</th><th>监测点分布图</th><th>时序形变曲线</th></tr>
<tr><td>隐患2</td><td>－22.86</td><td></td><td>
</td></tr>
<tr><td>隐患3</td><td>－16.26</td><td></td><td>
</td></tr>
<tr><td>隐患4</td><td>－20.24</td><td></td><td>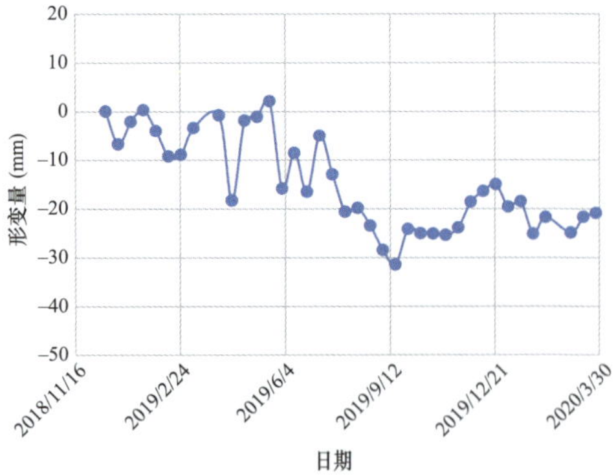
</td></tr>
</table>

5. 矿山绿色环保、生态修复

通过卫星遥感、航空摄影等手段生成矿区高分辨率实景三维数据、DSM/DEM 高程数据、DOM 影像数据，运用计算机信息技术、三维 GIS 技术建立矿山真三维场景，紧密结合矿山生态环境恢复治理业务流程，在矿区真三维场景中进行地形修改设计、护坡及台阶设计、园林和行道树的绿化设计、道路设计、人工湖及沟渠的水系设计、挡土墙设计，并可自动化计算三维化设计的土方量。对矿山生态环境恢复治理工作进行全方位，多时段、多维度、精准持续监督管理，确保治理成效。

利用实景三维作为矿区现状空间载体，即可实现矿区生态治理方案的三维化展示，具有传统二维化设计不可比拟的直观、易表达的效果优势，可为非测绘专业的用户、相关管理部门等提供易于理解的治理方案成果形式，让领导成为专家，通过技术手段辅助决策。

5.13.4 主要成效

1. 有利于推动矿山管理各部门的数据汇聚共享

地形级、城市级、部件级实景三维有能力表达从城市到零件、从地上到地下、从过去到未来的全要素地物信息，且有真实还原、精度高、更新快等优势。各类信息以实景三维空间地理信息为纽带，在标准化的空间坐标上实现信息的精确匹配和关联。各专业按照名称、计量、坐标等统一的标准交付至实景三维“一张图”平台下，即可实现多软件的格式共享、多领域的公开应用，这将大大降低部门和行业之间信息共享的技术门槛。基于实景三维、GIS、IoT 等技术的融合，汇聚各类业务数据将赋能更精细化的矿山管理应用，例如基于实景三维“一张图”平台中统一的空间地址，可实现员工、设备、事件的快速精准定位，结合周边监控系统更方便地进行指挥和管理；零构件信息、施工材料和结构信息、消防资源信息的空间匹配可便于应急消防作业快速制定救灾方案；基于实景三维“一张图”实现员工轨迹、空间位置、健康情况等信息的匹配可有效服务于疫情防控中密切接触人员的筛选等。

2. 推动矿山一体化运营发展

矿区往往位置较为独立、内部功能较为全面，是一个城市的缩影，实景三维“一张图”平台将推动矿山实现一体化发展。将探矿技术与实景三维进行结合，有利于矿山规划不走弯路、降低采矿成本；利用实景三维技术进行采量分析，有利于矿区运营客观可控、有据可依；以实景三维为底座进行仿真试错，有利于灾害应急、事故指挥。构建矿山实景三维数字实体，能够打造矿区全过程可视化、可模拟、可分析的能力，赋能计划规划、设备安装、工程建设、安全应急等业务场景，全面提升矿山运营管理数字化、智能化水平，实现精准呈现、全程可控、科学修正。

3. 实现矿山精细化治理

通过实景三维“一张图”平台建设，探索以三维环境中进行预建、预判、预防来支撑现实智慧矿山高质量发展的模式，同时建构全局敏捷联动和反馈的新机制，创新一体化迭代的管理和运营体系，满足不同人群对平台的需求，实现平台千人千面，完全镜像并赋能现实矿区的运营。如基于对地下断面、露天矿区多期实景三维的空间分析，精确获取采掘量，对盗挖盗采、超强度、超能力开采等乱象进行监督，通过技术手段对违法违规行为形成压力。

4. 保障矿山运营安全

利用部件级实景三维进行室内、地下环境相关事故灾害的预演预案，利用地形级实景三维结合 InSAR 技术进行地表大范围沉降、形变监测，综合多种技术手段构成“空天地”一体化的安全隐患监测体系，并结合数字孪生环境进行演练，针对隐患点、问题设备、错误流程等进行整改，全面保障矿山运营安全。

5. 赋予矿山智慧基因

利用实景三维所见即所得的特性，从空间和时间两个维度对矿山进行全方位、全生命周期的数字孪生表达，构建数字化运行底板，从数据底层和成长源头开始为精细化矿山治理奠定基础，并结合 5G、物联网、云计算、AI 等新兴技术，让数据充分发挥价值，让矿山管理运营更加智慧。

6. 驱动矿山数字化生长

利用实景三维成本低、更新快的优势实现矿山全生命周期信息化和全流程数字化，推动矿区各部门数据汇聚，并实现逐步的积累和成长，以信息化手段记录矿山的过去、现在与未来，实现问题可追溯、运营可掌握、规划可模拟。

5.14 数字工厂

5.14.1 行业现状及主要需求

1. 行业现状

数字工厂，是以产品全生命周期的相关数据为基础，在计算机虚拟环境中，对整个生产过程进行仿真、评估和优化，并进一步扩展到整个产品生命周期的新型生产组织方式。数字工厂需要具备高度的精益化和自动化水平，同时拥有强大和完整的信息系统，可连接工厂内外，并灵活调整生产的各个环节。更重要的是需要配备以价值创造为驱动力的敏捷型组织及人才，充分发挥数字化工厂硬件及软件的最大效能。

当前，以云计算、大数据、人工智能、区块链、数字孪生、工业互联网为代表的新一代信息技术发展空前活跃，新一轮科技革命和产业变革已拉开序幕，国际产业分工格局正在重塑。随着新一代信息技术从消费领域渗透扩散到生产领域，制造业生产方式也随之发生深刻的变革。我国为应对这一新挑战，抓住发展机遇，乘胜追击。宏观层面，为实现制造业供给侧结构性改革，我国发布一系列相关政策报告，如《中国制造 2025 战略》，报告指出坚定落实制造业转型升级、提质增效，应对新一轮科技革命和产业变革、抢占未来竞争制高点，围绕先进制造和高端装备制造，部署重点突破的战略领域，实现新中国成立一百年时制造业大国地位更加巩固，综合实力进入世界制造强国前列。微观层面，工业互联网是顺应新一轮工业革命和产业变革的重点发展领域，也是“互联网+”最早实现的行业之一。通过以数字工厂为链条进行全链式的互联与协同，构建数字化产业链、供应链与现代产业集群，做强产业供应链，并提高其韧性，构建我国工业数字经济的新发展格局。另外，基于工业大数据闭环的“价值赋能”体系与“智能技术+创新应用”融合赋能体系建设，形成智能技术簇群体系的融合赋能制造业发展的架构，推动了工业互联网的发展，打造了标杆数字工厂，助推了企业实现跨越式创新，实现了制造业效率价值提升和资源优化配置。数字孪生工厂平台多维展示如图 5－137 所示。

图 5－137　数字孪生工厂平台多维展示图

2. 需求分析

工业生产已经发展到高度自动化与信息化阶段，在生产过程中产生大量信息。但由于信息的多源异构、异地分散特征易形成信息孤岛，在工业生产中没有发挥出应有价值。而实景三维为工业产生的物理对象创建了虚拟空间，并将物理设备的各种属性映射到虚拟空间中。工业人员通过在虚拟空间中模拟、分析、生产预测，能够仿真复杂的制造工艺。

实现产品设计、制造和作业管理、工厂管理与运营等闭环优化，数字孪生与实景三维是未来数字化产业发展的关键技术，例如可应用于以下的常见工业领域。

（1）工业产品设计。工业产品设计过程中，在没有数字化帮助下，设计产品要经历很多次迭代，非常耗费资源并影响交付工期。在高度集成化的工业生产线设计中，需要基于精准的节拍对各设备、物料、质检、人工装配等环节进行优化协调，以提升整体效率。在传统规划过程只能依靠人工模拟或者在真实产线中进行验证。因此工业产品设计，以及工业产线设计过程中，可以在虚拟的三维空间中进行部件修改调整，产品尺寸装配等，以及在虚拟产线中进行设计优化、问题诊断内容，从而大幅降低产品验证工作和装配可行性，大幅减少迭代过程中设备的制造工作量、工期及成本。

（2）工业产品生产。在当前高度信息化和集成化的工业生产模式，生产线发生意外故障时，很容易致使全产线停机停产，例如高度精细化的汽车生产线，会造成每天数百万级的损失。对于一些特殊工艺生产线，比如高温高压下的化工生产线，可能面临严重的安全风险和衍生灾害。因此工业生产过程中需要基于大量数据，在虚拟数字空间中进行例如设备诊断、化学类生产过程的模拟，以及对当前设备状态和生产工艺下结果的仿真预测等，从而防止现场故障、生产异常产生严重后果。

（3）管理与运营。随着传统工业规模的扩大，设备类型的不断增加，传统的设备故障排查、处理与维护等服务，大多依靠企业员工到现场完成，人工管理的方式已经无法满足生产过程中人、机、料、法、环、测的有效管理，例如：

1）监控设备分散，管理难度较高，易产生数据断层。工厂内部的管控系统较多，每个系统独立运行，各种信息无法及时进行共享、联动，信息孤岛现象显著，极大地降低管理效率，管理人员对工厂中的生产情况和相关流程也难以掌控。在实景三维当中将分散的设备设施有效与空间相互结合，实现可视化精准管理。

2）设备运行状态不了解，人员培训复杂。厂区在生产过程中无法直观感受当前各种设备设施的运行情况，通过实景三维模拟技术，对整个生产过程进行仿真、评估和优化，并进一步扩展到整个产品生命周期的新型生产组织方式，在实景三维场景中模拟一个和现实一模一样的可以运作的工厂系统。

5.14.2 技术架构

数字工厂建设已被大多数制造企业认同，几乎所有的现代化企业都已经或正在把数字工厂建设作为企业发展的战略。数字工厂建设是一项艰巨而复杂的系统工程，是推动和实现企业体制创新、技术创新、管理创新，增强企业核心竞争力的重要手段和必由之路。在实施过程中，涉及各个复杂系统的建设及信息化集成。在数字工厂建设过程中，不同服务层于数字孪生工厂平台扮演了重要角色。数字工厂建设框架如图 5-138 所示。

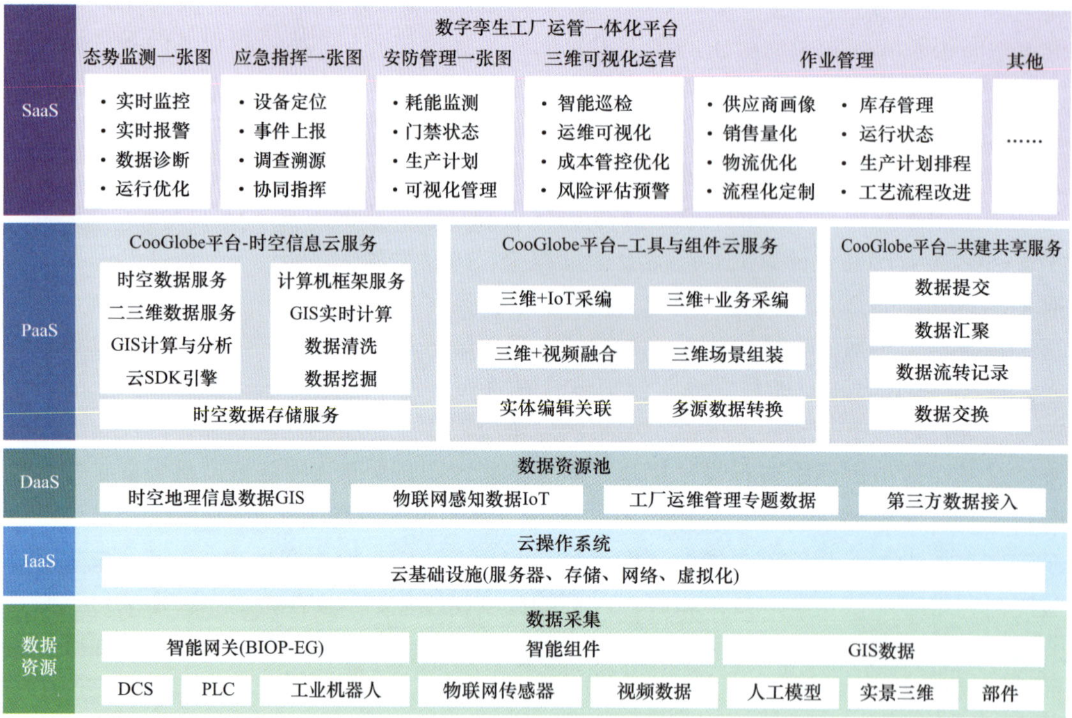

图 5-138 数字工厂建设框架

（1）数据资源：完成各类信息数据的采集，有数字化智能装备及工厂产线监控设备的数据采集，包含通过 PLC 控制系统、DSC 差示扫描量热仪、工业机器人等获取智能网关数据；利用视频监控、物联网传感器等智能组件获取工厂相关设备的数据；通过倾斜摄影绘制手工模型和实景三维模型等 GIS 数据。

（2）IaaS：通过虚拟化操作系统、工作负载软件、硬件、网络和存储服务的形式交付计算资源，对工厂中的海量设备进行连接和管理；以深度挖掘、数据建模处理技术为基础，开展知识图谱、深度学习和问题拆解等大数据分析，实现对工业数据的智能感知与深度分析；基于人工智能技术达到降本增效的作用。

（3）DaaS：将获取到的底层数据通过大数据技术、数字孪生技术对数据进行管理，包括 GIS、IoT、工厂运维管理专题数据。其中运维管理数据通过平台实现物理实体与虚拟模型的实时映射，对制造过程实施优化，制造执行系统（manufacturing execution system，MES），高级计划排程系统 APS，仓储物流系统（WMS）覆盖产品的设计、生产、销售，在生产出物理产品之前，建立产品的虚拟原型，对产品和制造过程进行仿真测试和验证。

（4）PaaS：在工厂的数据层上构建一个可扩展的数字孪生操作系统，为工业软件开发提供基础技术支撑平台，同时能将现有的服务进行整合，主要包括 CooGlobe－时空信息云服务、大数据工具与组件云服务和共建共享服务，在此基础上，可增加 C/S 端与 Web 应用开发的便捷性，为数字工厂应用提供更多可能。

（5）SaaS：在数字工厂中，软件服务层构建数字孪生工厂运管一体化平台，主要包括态势监测、应急指挥、安防管理、可视化运维、作业管理、数据分析和成果汇报于一体，实现对数字工厂正常运行的一站式管理。作业管理集物流仓储、资源控制、生产跟踪管理和质量管理于一体，通过数据集进行数据集成、数据分析、数据可视化、AR 视频全景融合，将厂区细分领域的专业分析算法结合实景三维厂区数据模型，把全域数据的变化规律、关联关系等要素以可视化形式进行呈现，助力用户挖掘数据价值，为管理者提供全面、科学的决策支持。

1. 技术优势

（1）技术优势。平台支持包括地形影像、三维模型、倾斜摄影、BIM 等数据的融合、轻量化处理、发布与管理，具备承载与驱动多源异构的全球空间大数据能力，支持大场景、高精度、强 GIS、游戏级画面云渲染与 WebGL 多引擎架构可轻松实现一屏多端（桌面端、Web 端、移动端、大屏端）的实景世界刻画与还原；通过数据与场景组装编辑工具为二次开发者提供，最开放、最先进的实时 3D GIS 编辑平台；聚焦空间服务与行业算法无缝集成、对接物联网平台赋能数字工厂各场景的快速应用构建。

（2）技术应用。基于三维虚拟现实的最佳形式，实现对物理世界的真实展现，把工厂的“实体空间”和“虚拟呈现”融合在一起，将物理世界运行过程中的所有实时数据，在虚拟环境中实现集成展示。基于平台，可以使虚拟环境中的空间环境与现实中的监控管理融合，利用数字孪生的灵活优势，提高管理信息透明化程度，提高经营分析与管理决策的工作效率，为数字工厂数据驱动的智能化管理奠定坚实的基础。

2. 平台特色

（1）数字孪生“可视化”能力。以空间地理信息和数字孪生技术为基础，打造高精度、强 GIS、大场景的数字孪生引擎，支撑高逼真场景、构建全数字化三维空间可视化数字孪生。

（2）应用开发“编辑组装”能力。支持基于孪生引擎组件化、微服务拆解单体结构的应用，方便分层次组件化集成组装，快速基于平台组装构建各类场景应用。

（3）开放、共享能力。提供开放的地理空间数据库数据引擎，通过数据引擎 SDK 与 API 支持对实体元数据的定义，实现对地理空间数据的属性编辑。提供完备的中文帮助文档及应用开发示例代码，为行业深度赋能。

（4）运行与维护能力。以中心化集约资源，提升信息化共享、应用、管理效率，构建一套具备云端软硬件服务资源管理及监控，强运维能力的孪生工厂云平台。

（5）时空数据“融合交互”能力。建立多源信息传递的孪生神经系统与现实物体环境获取的实时监测信息融合交互在一起，实现对现实世界所见即所得、全方位感知和监测监控。

（6）广泛的应用能力。充分融合空间数据、IoT 数据等基础数据，利用 BIM、GIS、AI、大数据等技术，实现数据共享的最大化，并不断升级迭代产品体系及服务能力，助力数字工厂的全面升级。

5.14.3 应用场景

依托三维数字孪生技术，整合厂区现有信息系统的数据资源，实现设备运维监测、智能管网监测、综合安防监测、智能巡检、通行监测、能效管理监测、车间产线监测、仓储物流监测，预案部署等多种功能，构建工厂的三维展示、监控、告警、定位、分析一体化的 3D 可视化决策平台。有效提高厂区综合监管能力、降低企业厂区运营成本，实现管理精细化、决策科学化和服务高效化，广泛应用于态势监测、应急指挥、数据分析、成果汇报等多种场景。

1. 作业管理

（1）仓储物流管理。依托数字孪生技术，围绕“人、车、货、仓”进行三维重构，搭建立体三维实景。工业互联网各应用系统数据接入，对接仓储控制系统（warehouse control system，WCS）、仓储管理系统（WMS）、运输管理系统（transportation management system，TMS）、园区车辆管理系统（yard management system，YMS）、订单管理系统（order management system，OMS）、IoT 中台、视频监控系统等，可实时显示出入库流程、仓储设备状态、动作等关键信息，对作业任务、设备等进行实时监控。基于物联网、数字孪生和人工智能等技术助力园区实现数字化感知、智能化运营、可视化决策，全面赋能园区产业升级，帮助实现物流、信息流、业务流的一体化管理。以物流车辆为例，工厂可对物流车辆的实时地理信息位置进行监测并保存，利用数字孪生技术实时监控，绑定车辆的运行状态，对车辆的超速、超时、偏航等异常情况进行实时告警，对于异常订单追溯到车辆的历史记录，实现对物流的全方位监控，有助于提高物流运作的精细化、可视化和高效管理。通过智慧物流管理过程，为物流企业提高人员效率、提升车辆的调度管理效率、保障货物安全、提高装卸效率、让物流企业降本增效、提升运营管理能力。

（2）制造资源控制。对制造过程中的人、机、料等相关生产资源的管理。涉及对

BOM（物料清单）的自动生成、原材料及辅料的领用、半成品与线边仓的管理、成品的投入产出情况等，需要对物料齐套率、物料损耗比率、半成品周转、投入产出比、回收率等指标进行监控与分析，确保制造资源及时到位、高效流转、降损再造。设备效率对制造资源的影响巨大，从设备巡检、故障管理、备件管理、技术档案等四个方面进行管控，利用电子扫码技术实现一物一码、一人一码的管理模式，打造企业设备全流程精准管理系统；自动化技术的发展促进了无人工厂的诞生，但是无人工厂的局限性很大，很多企业并不适合，当前，人员是制造资源的核心之一，结合工艺流程改进、生产计划排程、人员排班管理，可达到优化生产效率、维持生产节拍的目的。

（3）生产执行跟踪管理。运用数字孪生模拟仿真平台连接视频监控设备，对生产车间、机械设备进行监控，对各类设施的具体位置、类型、运行环境、运行状态进行记录，以便后续设备异常时能够实时告警。同时，通过查看历史记录、详细资料、修缮记录、监控画面等，辅助管理人员直观掌握场景运行状态，尽快对设备进行抢修，及时恢复生产线运行。在对生产计划执行过程的实时监控以及对执行结果的管理决策时，结合 MES 系统与三维可视化系统，让各层级管理人员能够随时了解生产动态，包括出勤情况、计划生产进度、计划完成率及效率等，实现生产异常在线分析和闭环跟进，优化数据提取及分析模式，减负赋能，提前管理，建立问题找人，分层管理机制。

（4）质量工作监督。制定质量方针、目标以及质量策划、质量控制、质量保证和质量改进等活动。根据企业特点选用若干体系要素加以组合，加强从设计研制、生产、检验、销售、使用全过程的质量管理活动，并予制度化、标准化，成为企业内部质量工作的要求和活动程序。涵盖来料品质管控、制程品质管控、出货品质管控三个环节，从质量策划、质量检验、质量保证、质量监督、质量改善、质量服务、体系和流程等七个方面重点建设，利用编码技术实现产品和物料的批次管控，减少因批量质量问题带来的成本损失，同时用统计过程控制（statistical process control，SPC）方法分析工序过程能力与质量管控水平，确保产品质量保持在合理的范围内。数字工厂作业管理效果图如图 5－139 所示。

图 5－139　数字工厂作业管理效果图

2. 态势监测

数字工厂态势监测实现全面透明可视化，协同效率提升 30%～50%，与任意 MES 数据实时对接时，生产进度更直观、质量控制可视化，完全取代传统电子看板。生产企业从接单到生产、采购到质量的全面数据化管理，打造新一代数字工厂。数字工厂运营指挥效果如图 5－140 所示。

图 5－140　数字工厂运营指挥效果图

（1）运行监测与故障诊断联动。实时采集和监控工厂关键工艺数据，进行数据预处理，并以文字、图形等方式对工艺事故、越线状况、工况变化、正常变位等以三维可视化方式展现设备的健康状态，将故障点、产生原因和处理方法结合数字仿真模型的位置进行表现，让故障更加透明，定位更加精准。

（2）综合安防监测。集成了视频监控系统、电子巡更系统、卡口系统等厂区安全防范管理系统数据，提供厂区的安全态势监测一张图，对厂区重点部位、人员、车辆、告警事件等要素进行实时监测，支持安防报警事件快速显示、定位，实时调取事件周边监控视频。

（3）能耗管理监测。整合厂区内能耗数据，对厂区供暖、供排水、供气、能源能耗、供电等各个子系统生产运行态势进行实时监控，对能源调度、设备运行、环境监测等要素指标进行多维可视分析，支持能耗趋势分析、能耗指标综合考评。

（4）智能巡检监测。有效结合视频智能分析、智能定位、智能研判技术，对厂区工作车间、库房、消防设施等进行可视化巡检监测，可对故障点位、安全隐患点位等异常情况进行实时告警和快速显示。

（5）厂区周界监测。对厂区以及厂区周界进行三维仿真显示，集成电网管理、周界报警管理、视频监控等系统数据，对厂区周界进行实时可视化监测管理，并对越界侦测、区域入侵、异常物体携带等情况进行及时告警。

（6）工序流转监测。实时反映产品生产流程、运行状态、生产进度等；并可对运行异常（设备故障、物料不足、车间停工等）进行实时告警以及故障信息查询。

（7）生产数据监测。对产品计划生产量、实际生产量、成品数量、残次品数量、产品库存量等要素指标进行可视化监测分析，并对交付延期、订单漏排、残次品数量超标、库存告急等各类情况进行可视化预警预告。

（8）环境监测。整合各类环境监控系统数据源，对厂区空气质量、温湿度、水源、水质、照明、环卫等环境数据进行综合监测，管理者可以宏观地看到场景内的整体态势，例如温度分布（温度云图），也可以点击某一设备模型进行查看对应的监控数据或实现反向控制，实现对厂区环境状态的有效管控。

3. 安防管理

（1）耗能管理。数字工厂管控平台对能耗计量系统进行数据采集与控制，主要实现以下基本功能：系统对水、电、气能耗实行自动、集中、定时远程存储；自动完成计量、存储、统计、分析、制表、入档，为计量收费。

（2）门禁管理。智慧工厂管控平台对门禁系统的集成主要监测各门锁的状态（包括门锁等设备状态、门锁各时间状态、报警异常状态）；是否有门磁且是否处于激活状态；监控门禁进出事件，刷卡信息等事件。系统通过 TCP/IP、RS485、ODBC 方式对出入口控制系统进行数据采集与控制。

（3）电子围栏系统。实现入侵报警与视频监控；实现当非法侵入发生时，能在入侵报警主机的电子地图上准确显示报警信息；显示入侵报警是否处于布控联动，如出现报警信息，立即弹出相关报警点位的视频监控画面；布防或撤防状态，可设定定时自动布防的功能；实现对该系统末端设备的运行状态、故障状态的监测功能；自动生成日常运行、故障的年、月、日报表。

（4）消防网格化。消防网格化根据智慧工厂运维管控平台设置消防联动，将人员定位、监控、门禁、电话协助消防可视化联动应急管理，当出现火情时后台通过视频监控的联动可迅速查询到起火点，短信通知管理员并提醒周围群众，根据消防物资的可视化管理迅速领用物资灭火。

（5）视频监控。智慧工厂管控平台在厂区 BIM 三维可视化系统中，可以直接查看各个区域视频，查看各区域视频录像，可以通过视频监控系统设定各种报警，报警人群聚集报警、车辆跨线报警、烟火报警、行人晕倒报警、黑名单人员报警等，通过与工单系统对接，当报警发生时，立刻通知相应安保人员进行现场处理，处理完成后拍照进行确认。

数字工厂数据可视化效果如图 5－141 所示。

4. 应急指挥

全面的数据感知、动态检测、智能预警、扁平快速精准的应急指挥快速处置、精准监管等助力于应急指挥。针对设备故障、突发火情等各类安全事件，基于时间、空间、指标等多个维度建立数据阈值告警触发规则，并支持集成视频巡检、流量监测、电子围

图 5-141　数字工厂数据可视化效果图

栏等系统数据，自动监控各类焦点事件的发展状态，进行可视化自动告警。

集成各类前端感知设备采集的实时数据，对厂区内各类突发事件的发生地、实时态势、处置情况等信息进行可视化监测，支持智能化筛选查看事件发生地周边监控视频、应急资源，同时智能化呈现最近安保人员及相关联系信息，方便指挥人员进行判定和分析，为突发事件处置提供决策支持，提高管理者对突发事件处理效率。

（1）发生应急事件前。发生应急事件前，数字工厂可以对厂区的危险源及应急储备设备进行定位，根据不同车间的运行特点设置不同的危险级别，划定不同危险情况下的安全区域。一旦厂区发生危险事件，应急指挥中心可以通过三维场景了解危险地区的房屋类别与结构，远程立体指挥应急抢险，进而减少企业损失。

（2）发生应急事件时。发生应急事件时，通过生产指挥调度系统，企业调度中心可以将事故情况第一时间内上报安全生产监督管理机构，同时迅速组织救援。基于音视频融合技术，打通公司领导层、调度室调度人员和事件现场调度员三方，协同指挥企业横向部门，对外连线安全生产应急救援队及应急处专家，共同完成生产应急事件的处置。对工厂设备故障、突发火情等安全事件，基于时空维度建立数据阈值告警触发规则，集成各类监测系统数据，自动监控各类突发事件的发展状态，进行自动告警，同时根据数据形成智慧化处置方案，提高处理效率。

（3）发生应急事件后。发生应急事件后，存档追溯环节不可或缺。生产指挥调度系统可以通过调取现场视频监控历史回放画面、查看应急事件处置过程中的录音录像、查询现场智能对讲机回传的现场图片及录像文件等方式，协助事故调查组进行应急追溯调查，提升事故调查的及时性和准确性。

5. 可视化运营

（1）工厂可视化总览。基于实景三维孪生平台，对厂区外部建筑分布、功能分区、建筑内部空间架构、车间、设备、环境等全要素进行 1:1 三维可视化建模，真实还原实际生产环境。并基于三维场景，实现实景视点操作、指定路线漫游、对象定位、平移和旋转等功能。用户可多视角进行观测和漫游，帮助全方位监管厂区实时状况。

（2）运维可视化。3D 数字化虚拟现实技术，对数字化智慧工厂进行更加直观、真实的展示，从智慧工厂的外部环境到工厂内部的构造和独立设备全方位进行三维可视化展示，并且可以进行任意角度的旋转缩放和场景的跳转。配合工厂的各种监控可视化模块，可以与仓库管理、集装箱管理、车位管理等系统集成，为系统提供可视化管理手段，实现工厂园区环境的跨系统集中管理，提高工厂园区掌控能力和管理效率。

（3）设备监测可视化。工厂内的设备及资产数量庞大，种类众多，传统的表格式管理方式效率低、实用性差，设备资产可视化管理功能采用创新的 3D 互动技术手段来实现对工厂的设备可视化管理，与各种设备管理系统集成实现对重点设备重点管理。让呆板的设备资产配置数据变得鲜活易用，大大提升了设备资产数据的可用性、实用性和使用效率。数字工厂设备展示图如图 5－142 所示。

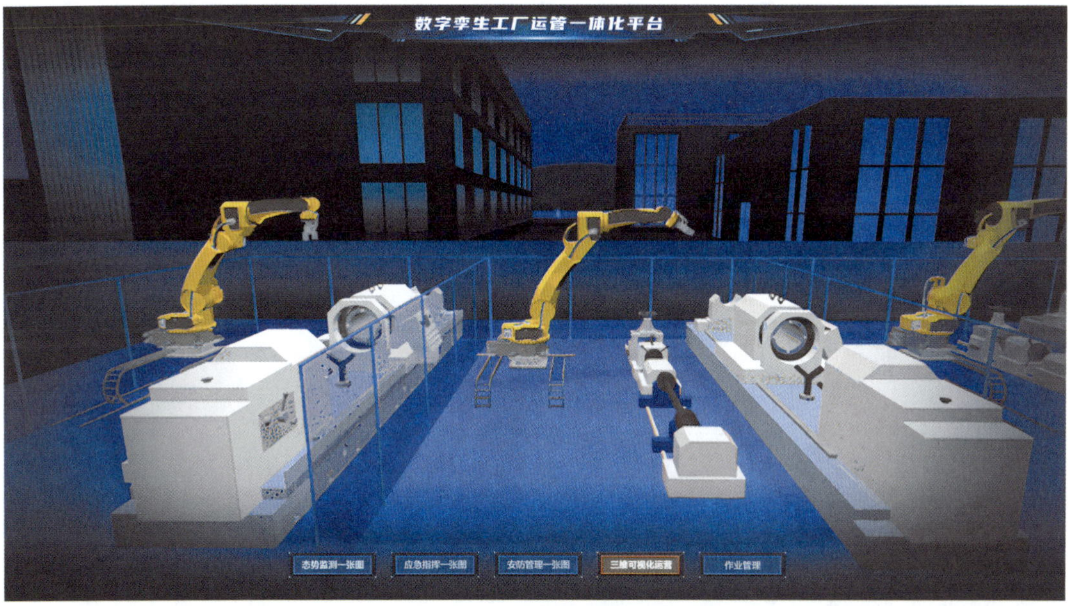

图 5－142　数字工厂设备展示图

（4）巡检可视化。模拟工作顺序和工作人员在巡检每个设备时所需要的工作内容和注意事项。使新员工能快速熟悉巡检的工作状态和工作流程。保证设施安全和系统稳定，达到设备长期高效运行的目的，为工厂专业人员提供良好的辅助。

（5）告警信息可视化。将分散在各管理系统的监控数据进行整合，形成统一的告警事件台，基于告警台查看园区所有告警，并支持基于 3D 化设备进行监控数据的实时呈现，包括设备工况信息、性能信息及告警信息。对不同来源的告警事件进行集中管理，根据园区管理需求制定合理的处理规则及通知策略，根据告警设备、告警位置、告警事件等进行告警智能化分析，辅助快速故障定位和排查。

5.14.4 应用成效

1. 应用成效

（1）真实还原工厂内设备及工艺流程。利用大数据和数字孪生技术，对工业产品的生产过程、产品结构图形图像、成本数据等以二元数码的形式在计算机及网络上进行各种存储、传递和处理，系统进行自由地存储、转换、传递、分析、综合和应用。建立虚拟模型，仿真并优化生产流程，当所有流程和绩效数据都能在系统中重建时，这种透明度将有助于制造商改进其工艺流程。

（2）实现物理空间的设备管理和实时监测。现代化工业制造生产线安装有数以千计的小型传感器，用来探测温度、压力、热能、振动和噪声。因为每隔几秒就收集一次数据，利用这些数据可以实现很多形式的分析，包括设备诊断、用电量分析、能耗分析、质量事故分析（包括违反生产规定、零部件故障）等。在生产工艺改进方面，通过生产过程使用这些大数据，分析整个生产流程，了解每个环节是如何执行的。一旦有某个流程偏离了标准工艺，就会产生一个报警信号，能更快速地发现错误或者瓶颈所在，实现设备的实时监测。

（3）空间视频融合确保工厂产线安全运行。基于可视化管理平台，通过 GIS、三维实景技术对工厂的环境、设备、管线、人物角色等进行三维建模和虚拟化呈现，集成设备资产、生产运行、安全监控等业务系统数据，围绕设备可进行资产全寿期的管理、状态和性能的监测，以及生产运营数据的可视化展示应用，进一步确保工厂产线安全运行。例如，在生产制造场景中，通过智能排班、设备预防性维护、物料智能预警管理、计划与生产可视化实时报告等，赋能工厂产线管理。在内外部协同场景中，通过视频应用，数字化显示产品需求预计划，建立网络化协同能力。

（4）为工厂的管理、分析、优化提供决策支持。利用大数据质量管理分析平台，不仅可以快速地分析得到一个传统单一指标的过程能力分析报表，更重要的是，还可以从同样的大数据集中得到很多崭新的分析结果。每台设备或机器的操作经验可以聚合为一个大数据，使得整个设备或机器能够自主学习。这种自主学习的方式是不可能在单个机器上实现的，当越来越多的机器连接在一个系统中，产生无数智能数据的结果将是网络系统的不断扩大并能自主学习，而且越来越智能化，进一步为管理者提供决策支持，也能通过订单、排产和产能可视化，预测销售、备货和生产情况。

2. 未来趋势

（1）进一步推动工厂的数字化转型。推动促进研发的有效整合三维设计系统、生产控制系统和企业管理系统一直是数字化工厂技术的发展趋势。集成数字化工厂系统可以实现产品全生命周期的集成信息资源共享，线上化、集成化程度加深，从研发设计、仿真、制造、运营、管理、营销、售后服务，使数据信息在模块间灵活、紧密的流动，最终打破各个环节的信息闭塞，实现各部门的协同工作。

（2）促进构建工业互联网平台落地。要真正建成一个概念上的数字化工厂，工厂内的所有设备都需要通过传感器，通过特定的网络协议连接到工业互联网上，设备之间可以相互通信和协作。在产品生命周期的过程中在各个阶段与产品数据以及工业设备进行实时交互，通过工业数据的全面深度感知、实时传输交换、快速计算处理和高级建模分析，对生产过程进行监督管理，并将数据进行采集分析后，优化迭代，实现人、机、物之间的网络互联，智能控制、运营优化和生产组织方式。

（3）实现工厂智能化分析及虚拟仿真。目前数字化工厂的智能管理模式还停留在辅助智能决策上，即采集数据，利用数据分析工具实现数据处理和可视化，决策者在已有可视化数据的基础上做进一步的人工决策判断。随着深度学习、云计算和物联网的发展，数据收集的场景、广度都有所增加，智能预测、智能检测、智能排产、智能运维正逐步实现，使得真正的智能数字工厂系统成为可能。数字工厂系统将能够按照人类思维和决策的方式，在数据采集和存储的基础上进行数据分析和资源调度，自动结合虚拟厂区进行仿真模拟，逐步实现空间布局优化，生产流程优化和自诊断维护。

（4）个性化定制到互联工厂。企业发展智能制造的重点在于充分满足消费者多元化需求的同时实现规模经济生产，侧重通过互联网平台开展大规模个性定制模式创新。因此其智能工厂建设模式为：一是推进个性化定制生产，引入柔性化生产线，搭建互联网平台，促进企业与用户深度交互、广泛征集需求；二是推进设计虚拟化，打通设计、生产、服务数据链，采用虚拟仿真技术优化生产工艺；三是推进制造网络协同化，变革传统垂直组织模式，以扁平化、虚拟化新型制造平台为纽带集聚产业链上下游资源，发展远程定制、异地设计、当地生产的网络协同制造新模式。

第6章 实景三维发展趋势

实景三维是对真实地球三维空间的数字化描述与表达，所构建的统一时空信息框架，为各行各业的数字化应用提供了时空基础，可以便捷地关联和整合各类社会、经济和行业专题信息，本章将从实景三维理论研究进步重塑测绘地理信息科学发展、实景三维相关技术成果提升人类探空探地探海能力，实景三维相关技术助力我国可持续发展相关问题解决方案展开描述，未来实景三维终将以可计算、可测量、可交互、可更新、可透视方式支撑各领域构筑中国新型基础设施，并促进大众应用普及深化。

6.1 重塑测绘地理信息学科发展

实景三维技术将促进三维 GIS 相关理论研究迈上新台阶。三维 GIS 发展最早可追溯到 1980 年左右。20 世纪 90 年代以后，三维 GIS 研究新思想、新技术不断涌现。李德仁院士早在 1997 年提出三维 GIS 数据结构，设计了一种混合式的数据结构来组织三维 GIS 的大量地理空间数据。随着三维 GIS 不断发展，其推广能力、解决问题能力和实际应用能力迅速提升，加速融入多个领域中。

三维 GIS 打破了二维 GIS 在空间信息表达中的缺陷，能够在现实的三维空间中对城市中的各个部分和细节进行精准刻画，促进城市数字化和智能化发展，但目前三维 GIS 相关研究比较侧重可视化渲染，在三维场景计算能力方面，还极度缺乏相关理论。近年来，立体测图能力获得极大提升，但已有三维研究进展大多集中在三维重建、场景点云理解、可视化分析等方面，虽已有三维分析方法提出，如通视分析、可视域分析、阴影分析、阴影分析、等高线分析等，但该类方法大多聚焦于建筑物表面几何模型与可视化。三维场景模型大多依赖三角面建模，如 TIN，优点是模型精度高，但运算能力弱，模型越精细，三角面的数据几何倍数增长，Unreal 与 Unity3D 等游戏引擎都具备亿级三角面渲染可视化能力，但三角面在时空计算方面还缺少有效技术手段。三维场景涉及的时空数据立体计算是促进实景三维赋能智慧城市建设的关键。

在三维数据模型方面，常用数据模型可分为对象模型、网络模型和场模型。对象模型是离散化空间要素，将三维空间中的点表示为带有属性值的（x，y，z）坐标，例如某个时刻的飞机航线上的速度值。三维线表示为有一定顺序的三维点坐标序列，例如飞机的全球航线轨迹。三维面表示为有一定顺序的三维点坐标序列，并且初始点和终止点的坐标必须完全相同，表示具有闭合空间的地理要素。场模型用于描述空间要素连续分布现象。二维连续空间中采用栅格模型、不规则三角网模型，三维空间中采用TIN、体元栅格模型。体元栅格可以通过带有属性的离散三维空间点集或者对 TIN 模型进行插值获得，是对三维连续空间的规则划分。体元栅格可用于表达连续、非均值的三维空间的通信信号、温度场、风场、污染场等三维场。体元栅格支持运算包括：提取三维点、线、面模型的属性值；栅格代数运算和统计查询；同时支持分层设色、等值线等的可视化表达。体元栅格表达空气污染场，能实现更精细化的表达，同时可以动态过滤污染较严重的区域，直观表达空气污染状况和空间分布情况。网络模型是表示空间要素之间的连接关系，三维网络模型是由边与节点构成的多向网络，不仅保留了二维网络的拓扑关系，还增加了垂直、斜角等多方向、多角度的拓扑关系，增加了空间要素的多维度特征。三维网络模型能实现对三维网状系统的精确表达，如地下管网、工厂运输管线、无人车运输三维路网，从而实现对网状系统的实时监控和空间结构分析。

现代数学理论如空间统计学、运筹学、图论、数学形态、分形几何、模糊数学、突变理论等的发展，为空间分析与决策支持提供了有利的工具，提高了 GIS 定量分析能力。综合运用现代数学理论与方法，强化三维空间分析的方法与功能，是增强实景三维深入发展的必由之路。空间分析技术方法包括：

（1）基于图结构的分析，主要有空间度量与查询、缓冲区分析、叠置分析、网络分析、地形分析、复合分析、拓扑关系分析，这些方法以图形操作为主，在现有的二维 GIS 软件中已比较成熟，需要针对三维空间场景应用的需求进行 3D 扩展。

（2）基于时空统计理论的分析，如各种回归分析、分类统计分析、层次分析、克里格内插方法、多变量空间统计和模糊空间统计、优化采样设计等，目前在三维时空统计方面相关理论还较为缺乏。

（3）地理过程分析，服务应用领域对空间数据处理的特殊要求，空间实体和关系通过专业模型进行抽象，通过专业模型进行分析操作。目前三维地理过程分析研究相对落后，此类空间分析的开展既需要专业领域的数学与物理模型支持，同时也需要综合利用上述两类空间分析，目前尚未形成统一的标准。

在高性能三维时空计算方面，三维空间数据集表示为多维矩阵，在实际计算过程中，为了减少计算量，去除数据集冗余特征，常会用到升维和降维计算。由于部分数据集在低维空间中特征不显著，将数据集映射到高维空间后，之前在二维空间中难以呈现的特征可能会有显著表现，因此升维计算近年来得到了广泛关注。降维是为了降低数据集的复杂程度。当数据集过大时候，会导致运算量剧增，增加运算成本，此时通过降维计算，提取数据集中具有代表性的特征进行计算，能有效提高运算效率。近年来，GPU 并行计算能力和可编程性的快速发展，可以极大提高三维复杂场景重建速度，传统基于 CPU 的体绘制技术在三维重建中存在速度慢、交互不流畅等问题，基于 GPU 的体绘制技术备受青睐。综合利用 CPU 与 GPU 两种计算架构实现海量影像的并行处理算法，在三维重建的多个阶段并行加速处理，有望大幅提升三维重建的效率。

6.2 提升人类探空探地探海能力

实景三维技术将显著提高人类探海能力。在海洋地形三维重建方面，目前常用的深海地形重建方法有多波束测深法、高分辨率测深侧扫声呐法、机器人水下立体摄影法等。深海环境复杂，传统的声学探测方法成像精度低且能耗大。近年来，基于视觉方法的单个物体的高精度三维重建算法已比较成熟，“蛟龙号”载人潜水器携带视觉传感器可以对地形地貌抵近测量，实现对热液口、结壳区等目标区域的精确重建。同时，实景三维技术能够对多源、多维、海量、动态的海洋环境数据进行存储、管理以及可视化展示及分析，解决不同海洋应用业务系统之间缺乏联系以及难以实现资源整合利用等问题，有效实现海洋的一体化管理，为用户提供观察处理和分析海洋复杂数据、进行知识挖掘探析、辅助海洋应用决策和综合管理的三维可视化应用空间，为智慧海洋管理提供深入的信息集成和分析服务，在海洋灾害应急管理、港口及海岸带管理、海洋环境监测管理等领域具有重要的应用潜力。

实景三维相关技术将极大提高人类深空探测能力。随着人类空间探测技术的不断发展，在多类型深空探测任务的驱动下，月球探测已成为测绘遥感科学与技术的前沿和新战场，月球南极永久阴影区内的水冰资源是目前国际上月球探测的热点区域。月球南极地形起伏大，阴影范围大且动态变化，光照条件极度不均，撞击坑内存在永久黑暗区，给着陆探测带来了巨大挑战，迫切需要构建高分辨率三维地形，为南极着陆探测提供关键空间信息支撑。目前具有月球探测能力的国家已成功发射了多个环月轨道器，获取了海量的不同分辨率的月球遥感影像，并基于行星摄影测量等技术手段，生成了覆盖月表局部或全月的不同精度的数字地形模型。月球南极探测着陆区选取、探测器着陆避障、月球车巡视路径规划等科学及工程任务的顺利开展都离不开高精度数字地形模型支撑。

地下商城、地铁站、车库等地下空间是人类活动的重要场所，实景三维相关技术是地下大空间开发利用、定位导航与应急救援的必备支撑技术，现有地下定位定向研究多为基于惯性导航、激光雷达、视觉、无线信号（Wi-Fi、蓝牙、ZigBee、RFID、超声波、UWB、LED 可见光）、地磁等技术方法，适用于小区域正常环境，当前缺少地下空间定位定向相关的国家/行业/地方标准，通导一体化程度较低、定位定向精度较差、初始化时间较长、单兵穿戴式装备偏重。谷歌推出了全新工具 TensorFlow Graphics，结合计算机图形学和计算机视觉技术，以无监督的方式快速实现复杂地下空间视觉理解与建模制图任务，全面反映地下空间自然灾害场景的实时状态和动态变化。目前亟须构建集地质条件、功能结构、几何形体、物联网、传感器数据等为一体化地下透明空间信息感控服务平台与数字孪生，为地下空间安全预警、灾害救援及环境修复提供核心支撑。

6.3 助力可持续发展问题解决

可持续发展战略受到全球关注。联合国提出的 17 个可持续发展目标（sustainable development goals，SDGs）对未来城市化发展、水资源、环境、气候变化等提出了新的要求。SDG 相关要素（如 CO_2、PM2.5、森林生态结构，城市三维结构，土壤水盐分布等）本质是三维分布的，但长期以来，GIS 分析与时空数据挖掘方法还停留在二维层面，难以支撑 SDG 相关要素的立体时空分析，实景三维技术可提供精细化空间管理、三维时空计算等能力，有助于可持续发展问题的解决。

在 SDGs 第 9 项工业创新目标方面，提出建设有风险抵御能力的基础设施、促进包容的可持续工业。实景三维技术将融合工业设备仿真模型库、人工智能、数据传感、MCMS 模块化、5G+VR/AR 等新技术，实现工厂的虚拟构建，建立工业互联网平台系统，融合行业应用，建立虚实混生的新型人机交互模式，对工厂的生产状态进行监视、分析推理，优化工艺参数和运行参数，实现对数字化工厂的智能升级。通过打造三维可视化工厂，有利于强化工厂核心功能，让工厂的管理模式逐渐统一化，信息化、专业化。实景三维技术把现实场景和线上虚拟巧妙融合起来，通过感应器收集工厂所有物体的实时数据，在线上虚拟中运用三维可视化技术进行展示和分析、模拟和演练，使线上虚拟显示的数据和操作与现实操作一致，利用线上虚拟工厂的灵活优势，提高工厂的生产效率，实现设备运转、人员定位、安全监控、设备检测系统等全方位管理。此外，实景三维有助于开展工业生产过程细粒度监控。现有工业体系中，冶金、石化、玻璃、水泥等行业的各种窑炉、工业炉、焚烧炉、冶炼炉等大型高温炉膛内也都以煤燃烧为基础。现有炉膛温度测量装置只能提供某一个位置或某一个方向的温度，难以提供温度三维空间中的分布。从高温炉膛内温度检测发展趋势来看，温度检测是从点到面，从一维、二维、再到三维，炉内三维燃烧温度场监测是燃煤电站锅炉及工业窑炉智能化升级改造的关键之一。未来需采用机器学习技术提升耦合重建问题的求解效率，与炉内工况及热力系统动态建模相结合，实现炉内三维工况分布参数实时监测及诊断和锅炉水冷壁内水动力、热力系统分布参数建模预测，构建多时间尺度大数据驱动的燃煤发电机组数字孪生系统，为开发智能锅炉/工业窑炉优化控制系统做出贡献。

在 SDGs 第 13 项气候行动目标方面，提出采取紧急行动应对气候变化及其影响。实景三维技术有助于构建更加精细尺度的城市热岛效应模型，高速城市化引发城市热岛效应，导致部分地区气候异常、大气污染、热死亡率递增等社会问题日益严峻。随着城市中心城区高层建筑密度不断提高，城市局地微气候的研究亟须从平面转向三维立体。需要进行城市三维热环境动态模拟与仿真实验，快速构建三维模型，将城市的建筑规划与微气候研究关联起来，结合风速、压力、比湿、温度、辐射量等气象参数，进行区域微气候模拟。实景三维有助于开展三维气候模式研究，更为全面地反映大气过程、海洋环流过程、冰冻圈过程、植被生态过程和大气化学过程等，从而构成能够完整描述大气、海洋、陆面和海冰等的气候系统模式，Syukuro Manabe（2021 年诺贝尔物理学奖得主之一）主导开发了全球首个考虑三维大气环流的气候模式，并利用它确定了人为 CO_2 排放对气候的影响。这些研究结果尤其适用于大气和海洋暖化模式的三维和季节性结构。

在 SDGs 第 14 项海洋环境目标方面，提出保护和可持续利用海洋及海洋资源以促进可持续发展。智慧海洋建设离不开实景三维相关技术。我国海洋环境数据来源多样，各种检测设备广泛分布于空中、海面、水下到海底的全方位、多层次、立体式的测量空间，在数据采集、数据质控、数据处理以及存储方式等方面具有明显的多源异构性。目前海洋大数据处理效率不高、信息资源利用不充分的情况较为突出。针对海洋及水下复杂环境，结合海洋环境要素特点和我国对海洋环境信息化建设的实际需求，设计开发海洋环境数据三维可视化系统，提供海洋实况观测数据以及各类数值预报产品的直观呈现和统计分析，实现复杂海洋环境条件下的要素特征提取和可视化表达，提高海洋环境数据的可用性和可读性，可广泛应用于海洋渔业、海上交通运输、近岸环境监测、海域管理等领域。同时，实景三维技术有助于南海岛礁监测。我国南海大量珊瑚礁发育，形成岛礁林立的独特海洋地貌景观。这些珊瑚岛礁在形成演化过程中，受当时气候、海平面变化及岛体沉降与抬升等因素的影响，地层中普遍发育松散砂砾层及不整合面，常出现溶蚀和孔洞，这既为岛礁的开发利用埋下了潜在的地质灾害隐患，也为研究南海构造演化和环境变迁提供了理想窗口。然而，受作业条件限制，传统海洋地球物理技术和钻井样品很难呈现珊瑚岛礁本体精细的三维浅表地质结构，且作业成本高、效率低，高效、低成本获取岛礁三维结构的需求迫切。

在 SDGs 第 15 项陆地生态目标方面，提出保护、恢复和促进可持续利用陆地生态系统、可持续森林管理、防治荒漠化、制止和扭转土地退化现象、遏制生物多样性的丧失。陆地生态系统三维观测对于评估当前森林碳储量及其过去和潜在的人为和气候因素引起的变化至关重要。地球森林垂直结构的准确测量是陆地生态学界长期追求的目标。全球生态系统动态调查（Global Ecosystem Dynamics Investigation，GEDI）激光雷达任务就是为了满足这一需求。GEDI 于 2018 年年底发射到国际空间站，为北纬 51.6° 和南纬 51.6° 之间的温带和热带森林提供高质量的测量，GEDI 激光雷达迄今为止已经收集了超过 100 亿个波形，足迹分辨率为 25m，这些测量结果已经形成了各种产品，包括树冠高度、植物面积指数、树冠叶片轮廓、树冠下的地形和地上生物量。全面描述陆地生态系统，除了估计植被面积的范围之外，还需要对垂直树冠结构的准确测量，实景三维有助于人类开展为应对可持续发展带来重大挑战。

6.4 构筑中国未来新型基础设施

实景三维平台为探究城市演化规律提供了仿真推演环境与分析模型，有效支撑城市数字化治理、重大基础设施安全运维、自然资源监管、综合定位导航授时（positioning navigation and timing，PNT）体系建设等。

6.4.1 城市数字化治理

实景三维平台将全面提升我国城市数字化治理水平。实景三维相关技术是构筑未来城市生命线监测的基石，有效辅助城市给排水、电力、燃气、热力、通信、广播电视、交通等市政管理与安全保障。

在城市供电、给排水、地下管网等方面，借助实景三维技术可视化优势，可通过城市信息模型，清晰展示城市公共基础设施管道走向并实时监测运行状况，预警可能出现的问题，快速自动得出最优解决方案，实现城市公共基础设施的长效治理。借助实景三维技术非接触式测量、安全快速、数据精度高等优点，可大幅度降低人为因素造成的基础设施测量误差，提高作业效率和安全性。此外，实景三维技术可辅助管理城市公共基础设施项目设计和施工过程，提高项目管理效率，结合 VR/AR 技术模拟突发场景，辅助安全教育培训。

实景三维技术将改变城市生命线设计原有的思维模式和操作方式，彻底摆脱设计人员进行现场探勘，再在地图上进行修改，最后选出最终路径方案的模式，而是将城市区域直观地在平台进行展示，为线路测量提供空间分析、坡度计算、坡向计算等辅助功能，为工程设计提供真实直观的基础三维实景模型，满足城市生命线测量中地表三维数据获取、管理及高效利用的全流程需求，是城市生命线选线技术方法革新的关键性一步，将对提升电力、通信、给排水等行业效率和改善工作方式产生革命性影响。

在城市道路交通设施管理方面，实景三维技术可通过快速建模、工程量计算、检查碰撞、施工模拟等，支撑各类道路交通设施建设工程项目，如建筑、道路、桥梁、隧道等，打通项目周期内的各方信息传递困境和协同难题，从而提高工程整体质量，加快建设速度，降低工程成本。

6.4.2 自然资源立体化监管

实景三维可有效提升自然资源调查、确权和国土空间用途管控等综合管理效能。通过整合二维地理信息向三维转变，生动、形象地再现地形地貌、重点自然资源分布情况，实现自然资源和人文社会资源的统筹分配，服务生态保护、生态治理和修复等领域需求，助力自然资源管理维度升级、城市宜居环境评价、绿色低碳发展规划、国土空间规划，更好地开展自然资源调查监测、规划管控、开发利用、保护监管、生态修复、灾害防治、执法监察等工作，为山水林田湖草自然资源精细化管理、科学化决策、现代化规划、立体化利用提供数据基底和技术支持。

实景三维可以有效提高国土城市规划设计工作效率和设计效果，实现二、三维联动、实景与虚拟联动，突破多维度、多方式的规划设计技术瓶颈。在土地整治规划方面，实景三维技术改变土地整治规划设计的技术体系及工作流程，逐步实现自动化动态规划和集多源数据管理、规划、查询、统计、量测、分析等功能于一体的实景三维土地整治监管平台。实景三维通过整合规划编制信息、管理审批信息和调查评价信息，及其人口、房屋、法人、部件、事件等专题信息，可提高土地规划审批效率。

在景观设计规划方面，实景三维技术可视化带来的增强沟通和浸入式设计方式，使得设计师可以在绿化景观上进行多次测试对比，研究比较各种可行造型。随着数据的积累和预测效果的不断修正，景观仿真趋向真实，并可介入视场分析、日照环境分析等，让园林绿化基础设施建设设计更加符合实际。

6.4.3 重大基础设施安全运维

实景三维可提供重大基础设施建设安全运维保障技术支撑，实现广域电网监测、困难地区高速铁路运维监测等关键应用。机场、港口、铁路、高速公路等重点工程建设涉及规划、拆迁、土地整理、建设等多个环节。通过基于实景三维的重大基础设施建设管理平台，开展质量安全管控、施工进度管理等应用，为建设辅助决策与调度指挥等提供必要的技术手段，提高建设综合管控能力。实景三维相关技术能够连通重大基础设施工程建设项目全生命周期的数据、过程和资源，实现数据深度集成融合和信息共享无损传递，解决重大工程建设各阶段信息断层问题，满足工程建设管理业务多变、数据融合、信息共享、业务协同的需求，为深化基础设施建设管理应用提供技术实现手段，提升实景三维及信息化技术在重大基础设施工程建设、运维中的应用价值。

在重大基础设施地质灾害预防领域，可通过实景三维信息化平台展示施工区域内近年典型滑坡泥石流灾害情况，进行滑坡体空间位置监测和覆盖范围预测，为地质灾害预警与防治提供基础支撑，保障大型基础设施建设安全。

6.4.4 PNT 体系建设

PNT 体系是国家战略基础设施，是保障国民经济和社会发展的核心要素，也是国防安全、金融系统、交通系统等稳定运行的“定海神针”。PNT 体系以 GNSS 为主，如我国的北斗卫星导航系统、美国的 GPS、俄罗斯的 GLONASS 及欧盟的伽利略系统等。由于 GNSS 信号微弱，易受干扰和欺骗，且自身可能发生故障，使得 PNT 服务难以惠及深空、深地、深海空间，且地面运控系统一旦失效，GNSS 服务无法保障。

实景三维技术能够为综合体系建设提供场景增强技术支持，综合利用多种信息源，经过多传感器高度集成和多源数据融合，生成时空基准统一的，且具有抗干扰、防欺骗、稳健、可用、连续、可靠的 PNT 服务。三维场景可以提供丰富的语义信息，如环境纹理、三维高度等，支持通过环境纹理来消除多径效应，支持基站的部署优化及自适应调控等策略实施。以实景三维技术为基础的综合 PNT 场景增强服务，涵盖了网络、信号、电磁场、地图等多个层面的一体化融合，直观展示覆盖盲区，定量化描述电磁波三维时空分异，支撑综合 PNT 在信道模型层面进行建模，如信道传播模型，无线环境图模型等。三维场景为提高综合定位导航授时的完好性、连续性、可用性提供了新机遇。基于实景三维的导航场景增强基于先验的二三维导航地图，利用三维场景感知理解手段，实时获取交通环境信息，实时感知运动体位置、速度、姿态等运动参数，辅以智能路径规划算法，满足不同导航主体如人、车、无人机等的导航需求，按照导引规律控制运动体到达目的地。三维场景是进行综合 PNT 增强服务的基础数据源，实景三维将有效支撑复杂空间综合 PNT 体系建设。

6.5 促进专业成果的普适应用延伸

实景三维技术起源于测绘地理信息专业领域，研究成果未来必将促进手机、汽车、无人机等 IoT 设备的普适化大众应用领域延伸。实景三维在各领域平台的快速发展，给公众生活带来诸多便利，并将使实景三维技术对支撑平台的要求越来越低，市场化、普适化实景三维应用是实景三维技术的重要发展趋势。

近年来 iPhone 和 iPad 在摄像头模块中集成了激光雷达，可以对物体进行快速三维实景测量，通过在表面反射光波并测量反应时间来确定该区域物体的形状和距离。利用手机搭载的激光雷达进行扫描只需要几分钟时间便可以完成过去在电脑端数百小时的工作，实景三维成果可以导入 Unity 和 Unreal 等 3D 引擎，进而用于游戏开发、电影和交互式媒体等应用中。配备激光点云的 iPhone 还可以辅助摄像机根据光波返回传感器所需的时间来判断距离，从而更好地服务黑暗场景中的自动对焦。

实景三维技术也有助于增强现实产品的落地。Google 开放的 ARCore 平台可以辅助用户为 App 快速增加增强现实功能。ARCore 的运动跟踪技术使用手机摄像头标识兴趣点，并跟踪这些点随着时间变化的移动。借助 ARCore 对现实世界的实景三维构建，用户能够以一种与现实世界无缝整合的方式添加物体、注释或其他信息。运动跟踪意味着用户可以移动和从任意角度查看实景三维物体。通过将渲染实景三维内容的虚拟摄像头的姿态与 ARCore 提供的设备摄像头的姿态对齐，开发者能够从透视角度渲染虚拟内容。ARCore 类的增强现实仅借助计算机算法与基础摄像头，在手机端算力较低的情况下实现实景三维，是实景三维落地的重要应用。

消费级无人机具有成本低廉、空域限制小等特点，能完成载人驾驶飞机不宜执行的多种航拍任务。目前大疆、飞马等无人机厂商均有产品和配套软件可以支持实景三维的数字摄影测量技术。由于无人机飞行高度低，携带的倾斜摄影传感器所拍摄出的相片分辨率高，颜色真实，能够提高所构建模型质量。市场常见的电动多旋翼无人机适用于 100～300m 高度层的航空摄影飞行任务，可准确还原近地面的建筑细节，尤其适合对局部重点目标的航摄与建模任务。

无人驾驶作为当下以及未来汽车发展的主要方向，也高度依赖实景三维相关技术发展。自动驾驶需要实时更新的高精度、高可靠性三维实景，完全基于计算机视觉的实景三维技术也在自动驾驶领域不断发展。Tesla 在 2022 年 AI Day 年会上公布的最新的车辆三维重建技术，将原先二维栅格变成三维栅格，基于 Tesla 强大的 3D 感知及时序感知能力，获得的局部轨迹重建的 3D 几何信息精度极高，远好于传统通过图像平面感知获得的 3D 信息，与基于三维激光扫描捕捉的信息相比所差无几，而相比三维激光，还有着更丰富的语义信息，可以极大避免误匹配，使得三维重建效果好于传统视觉众包方案或三维激光众包方案，最后重建结果可以视为带有语义 3D 几何地图，辅助自动驾驶决策。

参 考 文 献

[1] 陈军，刘建军，田海波. 实景三维中国建设的基本定位与技术路径 [J/OL]. 武汉大学学报（信息科学版），2022，47（10）：1568－1575.

[2] 朱庆，张利国，丁雨淋，等. 从实景三维建模到数字孪生建模 [J]. 测绘学报，2022，51（06）：1040－1049.

[3] 李德仁，张洪云，金文杰. 新基建时代地球空间信息学的使命 [J/OL]. 武汉大学学报（信息科学版），2022，47（10）：1515－1522.

[4] 张恒才，蔚保国，秘金钟，等. 综合 PNT 场景增强系统研究进展及发展趋势 [J/OL]. 武汉大学学报（信息科学版），2022：1－19.

[5] 姚宜斌，杨元喜，孙和平，等. 大地测量学科发展现状与趋势 [J]. 测绘学报，2020，49（10）：1243－1251.

[6] 李德仁，李清泉，杨必胜. 3S 技术与智能交通 [J]. 武汉大学学报（信息科学版），2008（04）：331－336.

[7] 杨元喜，杨诚，任夏. PNT 智能服务[J]. 测绘学报，2021，50（08）：1006－1012.

[8] 李清泉，邵成立，万剑华，等. 优视摄影测量与泛在实景三维数据采集：以实景三维青岛为例 [J]. 武汉大学学报（信息科学版）. 2022，50（11）：1－23.

[9] 陈锐志，郭光毅，叶锋，等. 智能手机音频信号与 MEMS 传感器的紧耦合室内定位方法 [J]. 测绘学报，2021，50（02）：143－152.

[10] 刘经南，陈冠旭，赵建虎，等. 海洋时空基准网的进展与趋势 [J]. 武汉大学学报（信息科学版），2019，44（01）：17－37.

[11] 周成虎，王华，王成善，等. 大数据时代的地学知识图谱研究 [J]. 中国科学：地球科学，2021，51（07）：1070－1079.

·智慧城市系列丛书·

SHIJING SANWEI YINGYONG YU FAZHAN

实景三维应用与发展

中国测绘学会智慧城市工作委员会　组编

下册

中国电力出版社
CHINA ELECTRIC POWER PRESS

图书在版编目（CIP）数据

实景三维应用与发展：全 3 册 / 中国测绘学会智慧城市工作委员会组编. —北京：中国电力出版社，2023.3（2024.3重印）
（智慧城市系列丛书）
ISBN 978-7-5198-7323-3

Ⅰ. ①实…　Ⅱ. ①中…　Ⅲ. ①现代化城市–城市建设–研究　Ⅳ. ①C912.81

中国版本图书馆 CIP 数据核字（2022）第 239657 号

出版发行：中国电力出版社
地　　址：北京市东城区北京站西街 19 号（邮政编码 100005）
网　　址：http://www.cepp.sgcc.com.cn
责任编辑：王晓蕾　杨云杉
责任校对：黄　蓓　郝军燕　马　宁　李　楠
装帧设计：张俊霞
责任印制：杨晓东

印　　刷：北京锦鸿盛世印刷科技有限公司
版　　次：2023 年 3 月第一版
印　　次：2024 年 3 月北京第二次印刷
开　　本：787 毫米×1092 毫米　16 开本
印　　张：57.75
字　　数：1221 千字
定　　价：298.00 元（全 3 册）

目　　录

序一
序二

上　　册

第 1 章　实景三维概述 …… 1
1.1　社会经济发展需求 …… 1
1.1.1　三维空间数据方面的需求 …… 1
1.1.2　统一空间基底方面的需求 …… 1
1.2　实景三维的概念与内涵 …… 2
1.2.1　实景三维的概念 …… 2
1.2.2　与实景三维相关的概念 …… 2
1.2.3　实景三维的主要特征 …… 4
1.3　实景三维中国建设 …… 4
1.3.1　建设内容 …… 4
1.3.2　建设原则 …… 5
1.3.3　建设进展 …… 6
1.3.4　建设意义 …… 8
1.4　实景三维相关政策与标准 …… 9
1.4.1　政策趋势 …… 9
1.4.2　技术大纲 …… 10
1.4.3　标准和指导性技术文件 …… 11
1.5　实景三维技术框架 …… 17
1.5.1　技术框架 …… 17
1.5.2　多源数据获取与预处理 …… 17
1.5.3　数据产品生产 …… 17

1.5.4 数据融合 …… 19
1.5.5 质量控制 …… 19
1.5.6 数据建库与服务 …… 19
1.6 实景三维建设与应用调研分析 …… 20
1.6.1 调研背景 …… 20
1.6.2 主要调研结论 …… 20
参考文献 …… 27

第 2 章 实景三维支撑技术 …… 29

2.1 概述 …… 29
2.2 实景三维数据获取 …… 29
2.2.1 数据采集装备 …… 29
2.2.2 影像采集技术 …… 33
2.2.3 激光点云采集技术 …… 40
2.3 实景三维数据处理 …… 47
2.3.1 遥感卫星影像处理技术 …… 47
2.3.2 航空摄影相片数据处理技术 …… 51
2.3.3 激光扫描数据处理技术 …… 54
2.3.4 BIM 模型处理 …… 57
2.3.5 多源数据融合与优化 …… 59
2.4 实景三维数据质检 …… 64
2.4.1 实景三维数据质检指标体系 …… 64
2.4.2 实景三维数据检核方法 …… 67
2.4.3 实景三维数据质量评定 …… 71
2.5 实景三维建模与管理 …… 74
2.5.1 三维目标模型表现形式 …… 74
2.5.2 三维建模方法 …… 81
2.5.3 实景三维数据更新与管理 …… 86
2.5.4 模型数据压缩 …… 89
2.6 实景三维可视化 …… 94
2.6.1 标准成果可视化 …… 94
2.6.2 行业应用可视化 …… 96
2.6.3 公众应用可视化 …… 100
2.6.4 实景三维数据可视化实现技术 …… 104
2.7 实景三维数据服务 …… 107
2.7.1 三维数据分析服务 …… 107

2.7.2 实景三维服务的组织与发布 ······ 114
2.7.3 实景三维服务的管理与维护 ······ 120
2.7.4 倾斜摄影模型轻量化技术 ······ 122
2.8 实景三维数据安全 ······ 125
2.8.1 实景三维数据数字水印技术 ······ 126
2.8.2 实景三维数据安全控制技术 ······ 130
2.8.3 实景三维数据保密处理技术 ······ 136
参考文献 ······ 141
第3章 实景三维平台 ······ 145
3.1 概述 ······ 145
3.2 系统模型 ······ 145
3.2.1 需求分析模型 ······ 146
3.2.2 架构体系 ······ 147
3.2.3 数据模型 ······ 148
3.2.4 业务模型 ······ 151
3.2.5 主要功能 ······ 152
3.2.6 应用模型框架 ······ 155
3.3 超图实景三维平台 ······ 155
3.3.1 平台需求分析 ······ 156
3.3.2 平台架构体系 ······ 156
3.3.3 平台数据资源 ······ 158
3.3.4 平台业务模型 ······ 159
3.3.5 平台主要功能 ······ 160
3.3.6 平台应用框架 ······ 167
3.3.7 平台亮点 ······ 169
3.4 易智瑞实景三维平台 ······ 171
3.4.1 平台需求分析 ······ 171
3.4.2 架构体系 ······ 172
3.4.3 平台数据资源 ······ 173
3.4.4 平台业务模型 ······ 174
3.4.5 平台主要功能 ······ 175
3.4.6 平台应用框架 ······ 186
3.4.7 平台亮点 ······ 186
3.5 奥格实景三维平台 ······ 187
3.5.1 平台需求分析 ······ 188

3.5.2 平台架构体系 …… 188
3.5.3 平台数据资源 …… 189
3.5.4 平台业务模型 …… 194
3.5.5 平台主要功能 …… 194
3.5.6 平台应用框架 …… 202
3.5.7 平台亮点 …… 205
3.6 国地科技实景三维平台 …… 205
3.6.1 平台需求分析 …… 206
3.6.2 平台架构体系 …… 206
3.6.3 平台数据资源 …… 207
3.6.4 平台业务模型 …… 209
3.6.5 平台主要功能 …… 211
3.6.6 平台应用框架 …… 221
3.6.7 平台亮点 …… 223
3.7 SmartEarth 实景三维平台 …… 223
3.7.1 平台需求分析 …… 223
3.7.2 平台架构体系 …… 224
3.7.3 平台数据资源 …… 225
3.7.4 平台业务模型 …… 229
3.7.5 平台主要功能 …… 230
3.7.6 平台应用框架 …… 238
3.7.7 平台亮点 …… 240
3.8 科澜 CooGlobe 实景三维平台 …… 241
3.8.1 平台需求分析 …… 242
3.8.2 平台架构体系 …… 242
3.8.3 平台数据资源 …… 243
3.8.4 平台业务模型 …… 246
3.8.5 平台主要功能 …… 251
3.8.6 平台应用框架 …… 259
3.8.7 平台亮点 …… 260
3.9 广联达实景三维平台 …… 262
3.9.1 平台需求分析 …… 262
3.9.2 平台架构体系 …… 262
3.9.3 平台数据资源 …… 263
3.9.4 平台业务模型 …… 264

3.9.5 平台主要功能 …… 264
3.9.6 平台应用框架 …… 271
3.9.7 平台亮点 …… 274
3.10 飞渡科技 DTS 实景三维平台 …… 275
3.10.1 平台需求分析 …… 275
3.10.2 平台架构体系 …… 276
3.10.3 平台数据资源 …… 277
3.10.4 平台业务模型 …… 279
3.10.5 平台主要功能 …… 279
3.10.6 平台应用框架 …… 284
3.10.7 平台亮点 …… 287
3.11 长沙市规划信息服务中心实景三维平台 …… 288
3.11.1 平台需求分析 …… 288
3.11.2 平台架构体系 …… 288
3.11.3 平台数据资源 …… 290
3.11.4 平台业务模型 …… 292
3.11.5 平台主要功能 …… 293
3.11.6 平台应用框架 …… 302
3.11.7 平台亮点 …… 304
3.12 CE 实景三维平台 …… 306
3.12.1 平台需求分析 …… 306
3.12.2 平台架构体系 …… 307
3.12.3 平台数据资源 …… 308
3.12.4 平台业务模型 …… 310
3.12.5 平台主要功能 …… 312
3.12.6 平台应用框架 …… 319
3.12.7 平台亮点 …… 321

中　册

第 4 章 实景三维赋能数字政府 …… 323

4.1 实景三维赋能数字政府概述 …… 323
4.2 自然资源管理 …… 323
4.2.1 应用概述 …… 323

4.2.2 需求分析 …… 324
4.2.3 技术路线 …… 326
4.2.4 应用场景 …… 329
4.2.5 应用成效 …… 334
4.3 国土空间规划 …… 334
4.3.1 应用概述 …… 334
4.3.2 需求分析 …… 335
4.3.3 技术路线 …… 335
4.3.4 应用场景 …… 337
4.3.5 应用成效 …… 344
4.4 国土空间用途管制 …… 345
4.4.1 应用概述 …… 345
4.4.2 需求分析 …… 347
4.4.3 技术路线 …… 347
4.4.4 应用场景 …… 352
4.4.5 应用成效 …… 355
4.5 土地全周期管理 …… 357
4.5.1 应用概述 …… 357
4.5.2 需求分析 …… 357
4.5.3 技术路线 …… 358
4.5.4 应用场景 …… 359
4.5.5 应用成效 …… 368
4.6 不动产登记 …… 368
4.6.1 应用概述 …… 368
4.6.2 需求分析 …… 369
4.6.3 技术路线 …… 369
4.6.4 应用场景 …… 373
4.6.5 应用成效 …… 381
4.7 智慧公安 …… 382
4.7.1 应用概述 …… 382
4.7.2 需求分析 …… 383
4.7.3 技术路线 …… 384
4.7.4 应用场景 …… 386
4.7.5 应用成效 …… 395
4.8 应急防控 …… 396
4.8.1 应用概述 …… 396

4.8.2 需求分析 ……397
4.8.3 技术路线 ……398
4.8.4 应用场景 ……402
4.8.5 应用成效 ……408
4.9 城市综合治理 ……409
4.9.1 应用概述 ……409
4.9.2 需求分析 ……410
4.9.3 技术路线 ……410
4.9.4 应用场景 ……412
4.9.5 应用成效 ……421
4.10 智慧住建 ……422
4.10.1 应用概述 ……422
4.10.2 需求分析 ……422
4.10.3 技术路线 ……423
4.10.4 应用场景 ……426
4.10.5 应用成效 ……434
4.11 历史文化保护 ……435
4.11.1 应用概述 ……435
4.11.2 需求分析 ……435
4.11.3 技术路线 ……436
4.11.4 应用场景 ……441
4.11.5 应用成效 ……448
4.12 总结和展望 ……449
参考文献 ……450

第 5 章 实景三维赋能行业部门 ……451

5.1 实景三维赋能行业部门概述 ……451
5.2 智能交通 ……451
5.2.1 行业现状及主要需求 ……451
5.2.2 技术架构 ……453
5.2.3 应用场景 ……460
5.2.4 主要成效 ……464
5.3 智能建筑 ……466
5.3.1 行业现状及主要需求 ……466
5.3.2 技术架构 ……467

5.3.3 应用场景······468
5.3.4 主要成效······477
5.4 未来社区······478
5.4.1 行业现状及主要需求······478
5.4.2 技术架构······479
5.4.3 应用场景······484
5.4.4 主要成效······486
5.5 智慧园区······487
5.5.1 行业现状及主要需求······487
5.5.2 技术架构······490
5.5.3 应用场景······491
5.5.4 应用成效······500
5.6 智慧港口······500
5.6.1 行业现状及主要需求······500
5.6.2 技术架构······502
5.6.3 应用场景······510
5.6.4 主要成效······512
5.7 地下管线······513
5.7.1 行业现状及主要需求······513
5.7.2 技术架构······515
5.7.3 应用场景······520
5.7.4 主要成效······523
5.8 工程建设······524
5.8.1 行业现状及主要需求······524
5.8.2 技术架构······526
5.8.3 应用场景······527
5.8.4 主要成效······534
5.9 电力设备······535
5.9.1 行业现状及主要需求······535
5.9.2 技术架构······537
5.9.3 应用场景······538
5.9.4 主要成效······549
5.10 水利水务······550
5.10.1 行业现状及主要需求······550
5.10.2 技术架构······552

5.10.3 应用场景 ……554
5.10.4 主要成效 ……563
5.11 乡村振兴 ……564
5.11.1 行业现状及主要需求 ……564
5.11.2 技术架构 ……565
5.11.3 应用场景 ……571
5.11.4 主要成效 ……573
5.12 人文旅游 ……575
5.12.1 行业现状及主要需求 ……575
5.12.2 技术框架 ……576
5.12.3 应用场景 ……577
5.12.4 主要成效 ……584
5.13 智慧矿山 ……586
5.13.1 行业现状及主要需求 ……586
5.13.2 技术架构 ……587
5.13.3 应用场景 ……589
5.13.4 主要成效 ……599
5.14 数字工厂 ……600
5.14.1 行业现状及主要需求 ……600
5.14.2 技术架构 ……602
5.14.3 应用场景 ……604
5.14.4 应用成效 ……610
第 6 章 实景三维发展趋势 ……612
6.1 重塑测绘地理信息学科发展 ……612
6.2 提升人类探空探地探海能力 ……614
6.3 助力可持续发展问题解决 ……615
6.4 构筑中国未来新型基础设施 ……616
6.4.1 城市数字化治理 ……617
6.4.2 自然资源立体化监管 ……617
6.4.3 重大基础设施安全运维 ……618
6.4.4 PNT 体系建设 ……618
6.5 促进专业成果的普适应用延伸 ……619
参考文献 ……620

下 册

实景三维山东平台建设及应用 …… 621
实景三维城市规划辅助决策系统 …… 628
花木街道数字孪生社区管理系统 …… 636
以三维地籍为核心的土地立体化管理关键技术研究及应用 …… 643
天安门地区三维立体实景信息管理系统 …… 651
基于数字孪生的高速公路智慧建造平台 …… 658
实景三维西安智慧社区信息管理平台 …… 668
基于实景三维的智慧机场建设与应用 …… 678
湖州市德清县体育中心智慧场馆 …… 690
福清市二三维一体化平台暨应用场景 …… 699
森林防火实景三维立体一张图平台 …… 707
实景三维在天津疫情防控中的应用 …… 714
国土空间规划实景三维智能可视化分析平台 …… 723
杭州市青山水库管理新模式——数字孪生 + 水利 …… 732
绍兴古城保护利用信息管理系统 …… 740
基于实景三维平台贵州省遥感影像统筹项目 …… 752
基于实景三维底座的智慧变电站全景管控平台建设 …… 759
山东省自然资源统一确权信息管理系统建设 …… 769
西部（重庆）科学城实景三维平台 …… 777
芜湖市湾沚区实景三维国土空间基础信息平台 …… 784
广州智慧排水信息系统 …… 792
基于实景三维的古建筑数据融合与信息提取 …… 801
基于实景三维的露天矿智慧监管系统构建与应用 …… 811
南京市实景三维平台建设及应用 …… 822
长沙市实景三维风貌管控系统建设与应用 …… 831
宁波市鄞州区实景三维平台 …… 840
红安智慧高新技术园区实景三维平台 …… 847
城市更新背景下基于实景三维的 BIM + IoT 关键技术应用示范 …… 853
全国重点文物保护单位古月桥保护修缮工程数字化测绘与监测控制 …… 863

实景三维山东平台建设及应用

山东省国土测绘院
北京超图软件股份有限公司

1 项目背景

山东省被自然资源部列为国家新型基础测绘体系建设试点省份之一。按照试点工作的要求，探索构建科学合理的地理实体分类体系，探索识别解译、数据转换和语义重构等关键技术，探索新型基础测绘产品内容、形式、生产工艺流程，探索面向政府各部门和自然资源业务的典型示范应用，探索基础测绘服务于自然资源调查监测、登记等方面的路径与方法，探索省、市、县协同的基础测绘生产组织模式，促进山东省基础测绘高质量发展。

2 项目内容

2.1 实景三维数据建设

通过建设，山东省目前已完成全省域 15.8 万 km^2 0.2m 正射影像、0.5m 正射影像（见图 1）、2m 格网 DEM 和省内多座大型水库及近海水深 10m 以浅水下地形级实景三维

图 1　全省域 0.5m 正射影像

建设；完成了济南、青岛、淄博、枣庄、东营、烟台、潍坊、济宁、泰安、威海、日照、滨州、德州、聊城、临沂、菏泽等 16 个地市实景三维数据融合与主要城市三维白模数据等城市级实景三维建设（见图 2）；部件级三维场景建设方面，基于 AI 遥感自动识别技术提取全省风车三维模型、集成全省 80 余座省属矿山三维模型、部分单体模型、地质体模型、地下管线等精细化数据。初步建成陆海一体、城乡统筹、水上水下、地上地下、室内室外的全域、全空间实景三维山东。

图 2　城市级实景三维

2.2　物联感知数据接入与融合能力建设

基于复杂、多样的物联网感知设备和数据传输接口，实景三维山东服务平台集成物联感知实时数据，包括行业部门对位置固定的监测对象或区域的感知数据、通过各类型定位技术由客户端对象获取的位置服务数据、采用网络爬虫等技术获取的互联网数据和行业部门提供的经济社会人口、经济、法人相关调查数据，并基于空间实体关联技术，实现动态数据、静态数据一体化服务，支持接入包括视频监控数据、场数据、全景数据等物联感知数据，并能够支持对其进行展示与分析。实现数字空间与现实空间的实时关联互通。

2.3　实景三维服务系统建设

实景三维服务系统提供通用性、标准化服务接口，实现系统间的互联互通与协同共享（见图 3）。兼容市场上主流软件数据格式，如三维模型以 3DTiles、S3M、I3S 等格式提供服务，地理实体以 WFS、WMS 等 OGC 标准提供服务，同时具备扩展能力。提供三维海量数据的管理、三维场景浏览、综合空间叠加、在线统计分析功能以及支持多源物联网感知数据实时接入、调用与立体展示。实现系统间的互联互通与协同共享。

图 3　实景三维山东服务系统

2.4　实景三维应用场景建设

基于实景三维平台，打造辅助土地资源调查、辅助自然资源动态监测、辅助自然资源分等定级、辅助国土空间规划、支撑不动产三维登记、辅助生态修复等自然资源应用场景。

（1）辅助土地资源调查

利用实景三维数据开展内外业一体化自然资源调查，将具有可测量、直观显示优势的三维数据作为底图，进行内业逐图斑逐一核实，大幅度提高内业判读准确率，无须大量的外业调查和举证，减少外业举证量。辅助土地资源调查如图 4 所示。

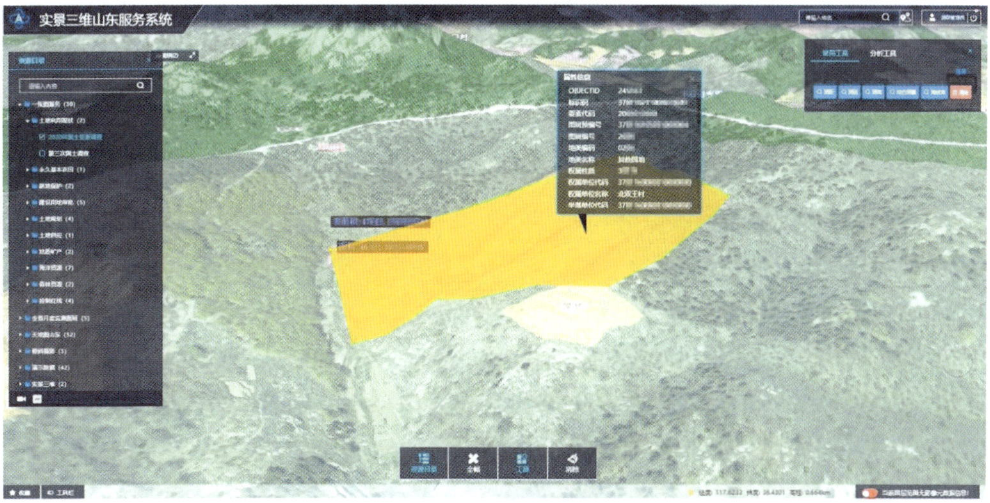

图 4　辅助土地资源调查

（2）辅助国土空间规划

通过结合三维地形数据，在调整过程中考虑坡度、坡向、地形起伏度等地形要素，为建设用地、农业、生态等建设布局的优化提供重要参考依据，辅助规划编制，保护优质资源。辅助国土空间规划如图 5 所示。

图 5　辅助国土空间规划

（3）支撑不动产三维登记

借助实景三维，将传统二维数据管理升级为可视化更强的三维数据管理模式，直观展示土地及地上建筑物、构建物的空间位置及当前属性状态，实现不动产权属信息立体化表达和精细化管理，构筑不动产登记三维新模式。支撑不动产三维登记如图 6 所示。

图 6　支撑不动产三维登记

3 关键技术

（1）三维轻量化技术

采用结构轻量化、纹理轻量化、对象实例化等三维模型轻量化技术，提升大场景三维服务高效发布和数据承载能力。海量数据轻量化处理前后对比如图 7 所示。

图 7 海量数据轻量化处理前后对比

（2）三维高效渲染技术

采用空间索引的调度方式，通过空间索引构建实现数据的时空特征，可以有效降低大规模动态时空数据的实时渲染时间消耗和硬件需求，实现 PB 级海量实景三维数据高效可视化的能力。

（3）多源服务聚合技术

通过 S3M 数据标准将多源二三维数据融合统一输出或者以服务的方式进行发布，封装为 S3M 服务标准的形式统一输出，最后通过各种终端调用服务接口实现了多端交互体验，实现二三维一体化无缝集成。

（4）时序化影像与三维场景融合技术

通过接入二维天地图山东时序化影像服务，开发研发时序化与三维场景融合技术，提升时序化立体表达能力应用服务支撑能力。

（5）空间实体关联技术

集成物联感知实时数据，包括行业部门对位置固定的监测对象或区域的感知数据、通过各类型定位技术由客户端对象获取的位置服务数据、采用网络爬虫等技术获取的互联网数据和行业部门提供的经济社会人口、经济、法人相关调查数据，并基于空间实体关联技术，实现动态数据、静态数据一体化服务，支持接入包括视频监控数据、场数据、全景数据等物联感知数据，并能够支持对其进行展示与分析，提供多源物联感知数据实时接入能力。

（6）动态避让三维注记技术

研发三维注记显示控制技术，使注记高度随地形与场景模型的高度动态调整，避免注记被遮挡等问题，提升三维场景注记显示效果。

（7）自主软硬件技术体系

平台基于 SuperMap GIS 国产化软件，基于 iServer 服务器、Mule 服务器、MongoDB 服务器、银河麒麟操作系统、PostgreSQL 开源数据库，形成了自主可控的软硬件体系，保障平台安全可靠。

4 创新点

（1）打造山东省全域全空间的实景三维数据底板

构建覆盖城乡、陆海一体、水上水下、地上地下，立体化展现“山水林田湖草”的实景三维山东，为经济社会发展和各部门信息化提供统一的三维空间基底。

（2）探索应用新技术解决海量多源多尺度承载难题

应用三维轻量化技术、三维高效渲染技术、多源服务聚合技术、时序化影像与三维场景融合技术、空间实体关联技术、动态避让三维注记技术等，为实现自然资源各场景应用提供技术保障。

（3）延伸出黄河流域（山东段）实景三维一张图

全面展示黄河流域的发展现状、规划和建设进展情况，为黄河流域生态保护和高质量发提供了统一的数字空间底座（见图 8）。

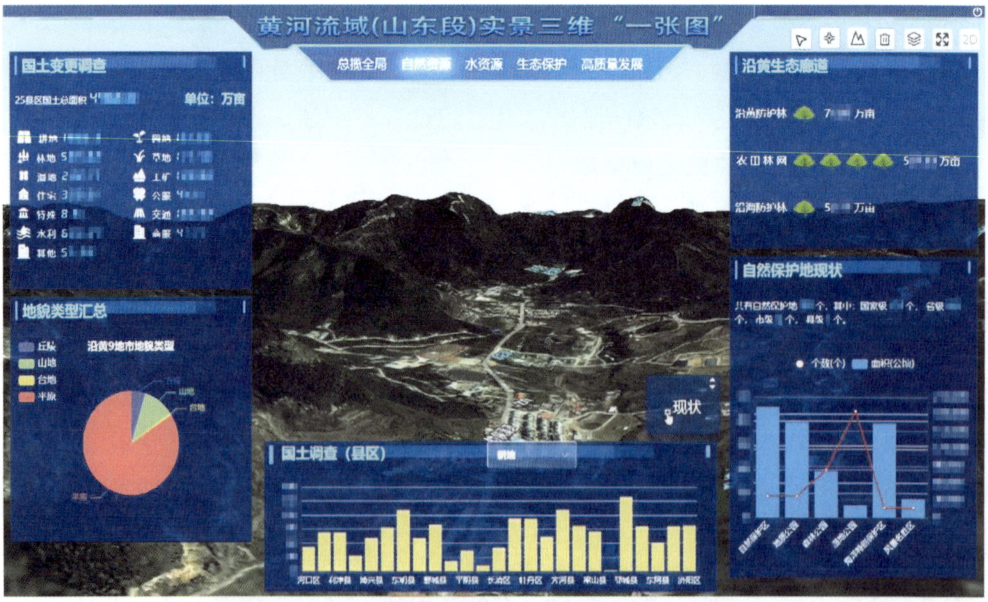

图 8　黄河流域（山东段）实景三维一张图

5　示范效应

（1）构建具有山东特色的“1234567”新型基础测绘体系

明确实体编码和采集精度、粒度；探索省市县协同、多业务协同的两种组织模式；开展整体推进、局部试验、难点探索三个层面的试点工作；打造具有山东特点的产品、技术、生产组织、政策标准四个体系；实施“全域全要素”的实体分类、“高效高精度”的数据资源、“多源多时态”的数据管理、“智能智慧化”的技术体系和“多级多路径”的生产组织体系等五个方面的创新；实现全域全空间数据的一体化融合；申报形成基础地理实体分类与空间身份编码、农业和生态空间基础地理实体生产技术规程、城镇空间基础地理实体生产技术规程、基础地理实体数据库建设、4E 标准化产品、实景三维点云数据、实景三维数据服务接口等 7 个地方标准，为实景三维山东建设构建了基础能力。

（2）攻克海量数据发布与渲染难关

解决了实景三维数据轻量化处理关键技术，在不损耗精度前提下压缩比达 74%，全省实景三维数据量由 70T 减少为 21T，访问效率提升 1.2 倍，有效提升实景三维山东海量数据承载能力，从而为全国新型基础测绘数据承载方面贡献山东经验。

（3）探索实景三维在自然资源方面的应用

基于新型基础测绘体系构建的实景三维山东数据库和时空大数据平台，探索实景三维在自然资源管理和服务方面的应用，有效支撑自然资源调查、国土空间规划、不动产三维确权登记等多元化工作的开展，实现城市级数据底座的“一查多用”。

实景三维城市规划辅助决策系统

辽宁省基础测绘院

1 项目背景

实景三维中国建设作为“十四五”期间的重要建设任务，推动着测绘地理信息系统向着实体化、智能化、服务化的方向发展。为了全面支撑传统测绘向数字测绘再向智能测绘的转变，自然资源部印发了一系列文件，阐述了实景三维中国的总体布局、技术大纲、实现路径和技术手段，其中《自然资源部办公厅关于全面推进实景三维中国建设的通知》中明确要求“到 2025 年，50%以上的政府决策、生产调度和生活规划可通过线上实景三维空间完成”，而实景三维城市应用系统的研发是实景三维由“好看”向“好用、管用、实用”的重要手段之一。

目前，实景三维建设在数据资源的获取、处理和存储方面，已经取得了丰硕的成果，仅 2016 年辽宁省已完成阜新市、营口市及抚顺市建成区共约 420km^2 的倾斜摄影及实景三维模型制作任务，但实景三维的发展仍长时间停留在获得单一视觉效果的阶段，对数据的有效管理、实用的定量分析、满足各行业发展应用需求方面，尚显得“力有未逮”，目前亟须在实景三维模型自动化制作的基础上，进一步拓展高效、智能的管理和辅助分析能力。实现实景三维模型的分析与应用，将是发展地理信息系统、提升地理信息服务效能的关键和核心命题。

根据国家“十三五”“十四五”期间实景三维中国建设的构想、自然资源部先后下发的一系列文件、辽宁省测绘地理信息局《关于下达 2017 年辽宁省地理国情监测项目生产任务的通知》（辽测发〔2017〕50 号）及石家庄市自然资源和规划信息中心的业务需求，辽宁省基础测绘院自 2017 年开始开展了“三维城市规划辅助决策系统研发”项目的研究。

2 项目内容

本项目对应用方的实际需求进行了归纳总结，按照软件研发规范流程组织开展。具体过程包含需求分析、实景三维模型单体化及空间分析技术专项研究、系统设计与软件实现。

2.1 需求分析

依据规划审批工作内容，拟定了系统的主要功能需求，包含优化设计方案、辅助规划布局、量化有关间距要求和坡耕地要退耕还林还牧。结合上述需求，同时考虑系统的易用性，将系统的功能归类为三维展示、查询功能、空间分析和规划审批四大模块。其中空间分析包含实景三维模型空间分析，规划审批模块包括方案管理、方案对比和景观分析功能。

2.2 实景三维模型单体化及空间分析技术

（1）问题产生的背景

实景三维模型的实质是在连续的三角网表面进行纹理贴图的成果，连续的三角网使建筑、树木和道路等城市组成要素连为一体，使其在三维 GIS 的管理和应用中只能进行浏览和量测，不能像矢量数据那样进行对象的选中和空间分析。

（2）相关技术

包含单体化技术和地理信息系统空间分析技术体系。

1）单体化技术。项目对基于原始倾斜影像的三维建模单体化、基于手持相机照片的三维建模单体化、切割单体化和动态单体化四种具有代表性的单体化技术的原理和技术路线展开了充分研究，并按照几种单体化技术路线分别对实景三维模型进行单体化处理。综合研究结论：

采用三维建模单体化（原始倾斜影像）方法，模型成果的纹理较好，与原始影像保持一致；几何精度一般，与建模人员的手法关系密切；人工建模较为耗时。

采用三维建模单体化（手持相机照片）方法，模型成果的纹理最为细腻，优于原始影像；几何精度一般，与建模人员的手法关系密切；人工建模较为耗时，外业补拍增加时间成本、经济成本。

采用切割单体化方法，从技术角度上说实现了真正的单体化，但建筑物底部几何精度较差，很难被用户所接受。

采用动态单体化方法，其模型成果的纹理和几何精度均较好，虽然并未实现真正的单体化，但能够满足用户的应用需求。

2）地理信息系统空间分析技术体系。地理信息系统空间分析是指从空间数据中获取有关地理对象的空间位置、分布、形态、形成和演变等信息并进行分析。

地理信息系统空间分析包括空间量算、空间查询、叠加分析、缓冲区分析等，具体如图 1 所示（加粗字体表示已被项目所采用）。其中：

空间量算包含距离量算、面积量算和高度量算，项目将该功能整合至基础功能模块。

空间查询包括空间定位查询、空间关系查询和属性 – 空间查询；项目采用了空间定位查询和属性 – 空间查询，其分别对应系统查询功能模块的“地块查询”和“名称及属性查询”。

叠加分析是指在统一空间参考系统下，通过对两个数据进行的一系列集合运算，产生新数据的过程。具体包括包含、被包含、交叉、叠加、邻接、相交、分离和重合八种空间分析基本算子。该八种空间分析基本算子算法不同，但使用方法相似，本项目研究并采用了包含和相交两种空间分析基本算子。

缓冲区分析是指以点、线、面实体为基础，自动建立其周围一定宽度范围内的缓冲区多边形图层，然后建立该图层与目标图层的叠加，通过进一步分析（如叠加分析、经验分析）得到所需结果。本项目采用了基于点构建缓冲区的方式计算服务半径。

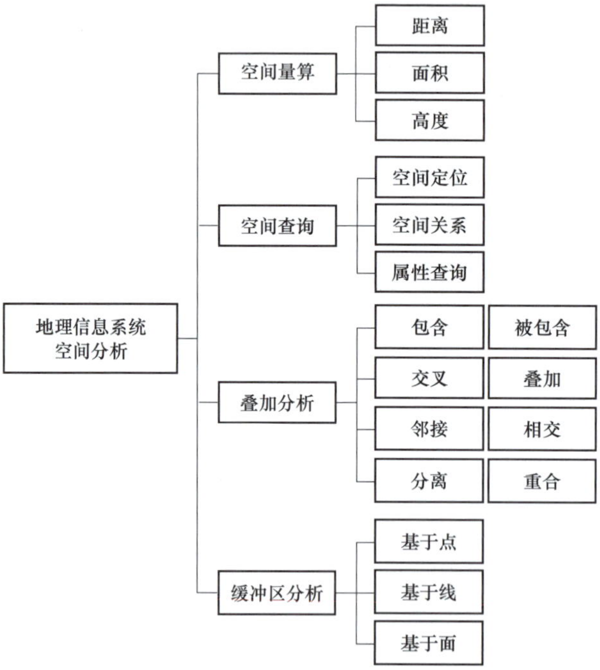

图 1　地理信息系统空间分析技术体系

（3）实景三维模型单体化及空间分析的实现

根据单体化技术研究结论，动态单体化较之其他技术具有作业周期短、纹理质量优、几何精度高等优点，因此本项目采用动态单体化技术实现实景三维模型的单体化。通过动态单体化技术与地理信息系统空间分析技术的融合，实现实景三维模型的空间分析，具体方法如图 2 所示。

首先，基于实景三维模型构建单体化矢量数据，并利用动态单体化技术实现实景三维模型的单体化；

其次，对单体化矢量数据和规划业务数据（或将规划业务数据经过缓冲区分析处理生成的缓冲区数据）利用叠加分析技术生成单体化矢量选择集；

最后，基于单体化的实景三维模型和单体化矢量选择集采用动态渲染技术实现实景三维模型的空间分析。

2.3　系统设计

三维城市规划辅助决策系统采用 C/S 多层体系架构模式，包括支撑环境、多源数据、三维城市规划辅助决策系统基础平台和规划审批模块四个部分。整个系统在统一的标准规范体系和安全保障体系下协同运行，整体架构设计如图 3 所示。

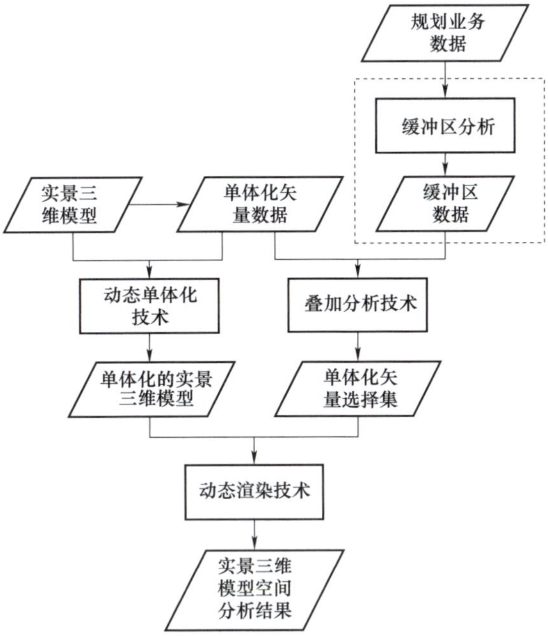

图 2　实景三维模型单体化及空间分析的实现

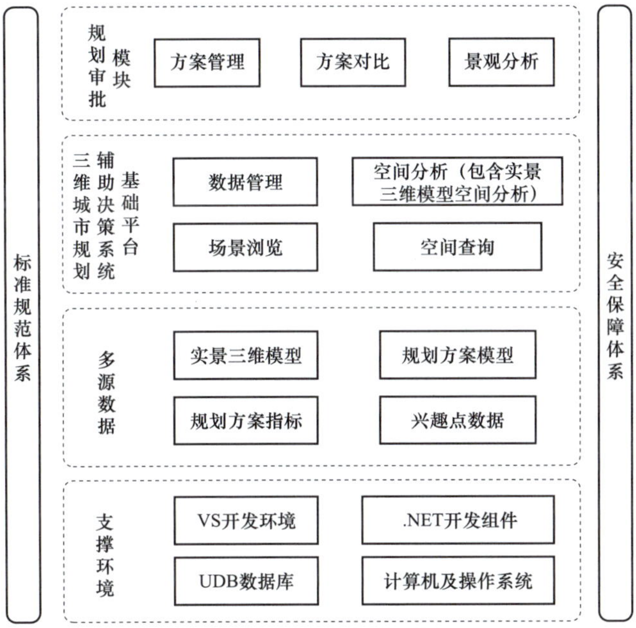

图 3　三维城市规划辅助决策系统整体架构设计

（1）支撑环境

包括具备输入输出和存储运算能力的计算机设施；具备海量空间地理信息数据管理能力的数据库；具备开发和部署功能的 VS 开发环境；具备高效集成特性的.NET 开发组件等。

（2）多源数据

包括基于倾斜摄影数据获取与处理技术建成的实景三维模型，展现三维城市的发展现状；基于 3dsMAX 手工建模技术建成的规划方案模型，表现三维城市的发展规划；根据规划业务内容确定的规划方案指标，用以表述规划方案的各项规划指标；根据规划方案的名称位置信息，由内业采集的 POI 数据，能够方便规划方案的管理和展示。

（3）三维城市规划辅助决策系统基础平台

包括数据管理、场景浏览、空间分析与查询等基础功能，其中空间分析包含实景三维模型空间分析。

（4）规划审批模块

根据规划业务的实际需求，在基础平台上开发规划审批模块，包括方案管理、方案对比和景观分析功能。

2.4 软件实现

避免篇幅冗长，选取几种典型功能进行展示，包括用地红线分析、半径分析、点选半径分析、方案管理、方案对比和景观分析。

（1）基于图层的用地红线分析

基于图层的用地红线分析如图 4 所示，高亮显示的建筑面表示未完全落在用地红线之内的建筑物（疑似违规建筑物），以表格的形式描述了这些建筑物的编号、名称、面积和位置等属性信息。此外，可通过对程序参数的微调来完成其他空间分析基本算子类型的空间分析工作。

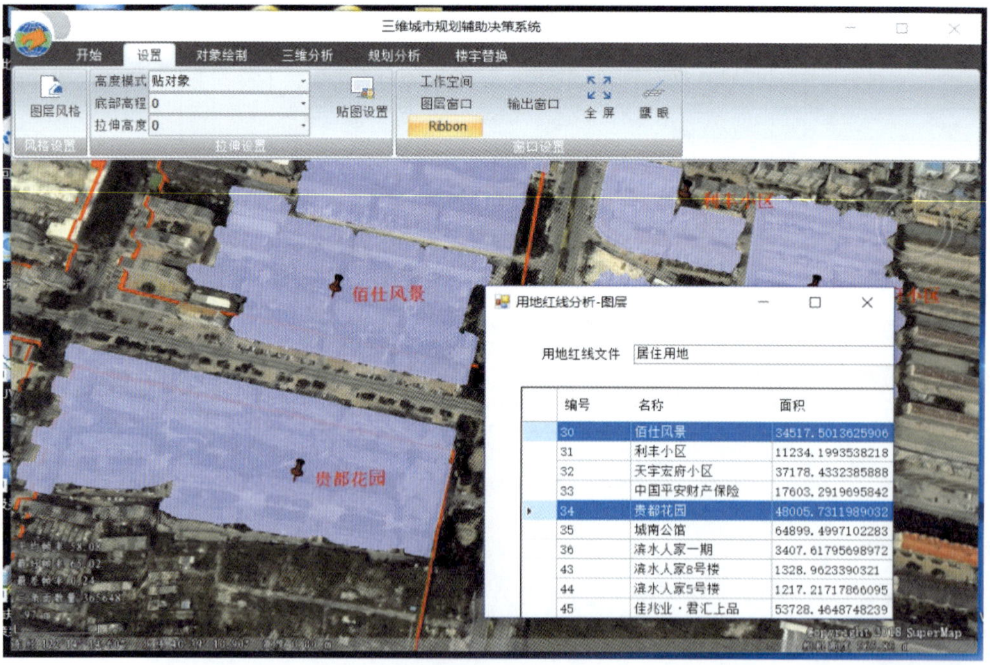

图 4　用地红线分析

（2）半径分析和点选半径分析

半径分析和点选半径分析如图 5 所示。首先通过半径分析功能自动分析出当前已有学校按照规定的服务范围所能服务到的居民区；然后通过点选建立以“文”为标签的点数据集，再通过构建缓冲区来自动分析出新增学校所能服务到的居民区；最后根据已有学校和新增学校结合实景三维模型综合分析学校选址的合理性。

图 5　半径分析和点选半径分析

（3）方案管理

方案是指基于 3dsMAX 手工建模技术建成的规划方案模型，挂接城市规划属性信息，用以表现三维城市的发展规划。按照规划设计技术流程，方案管理包含方案平整、方案引入、方案调整与单体删除（撤销删除）功能。方案引入与方案调整功能如图 6 所示。

图 6　方案引入与方案调整

（4）方案对比

方案对比支持将多个方案同时导入到三维场景的分屏下，同时查看其三维效果和对应方案指标。多屏对比与方案指标对比如图 7 所示。

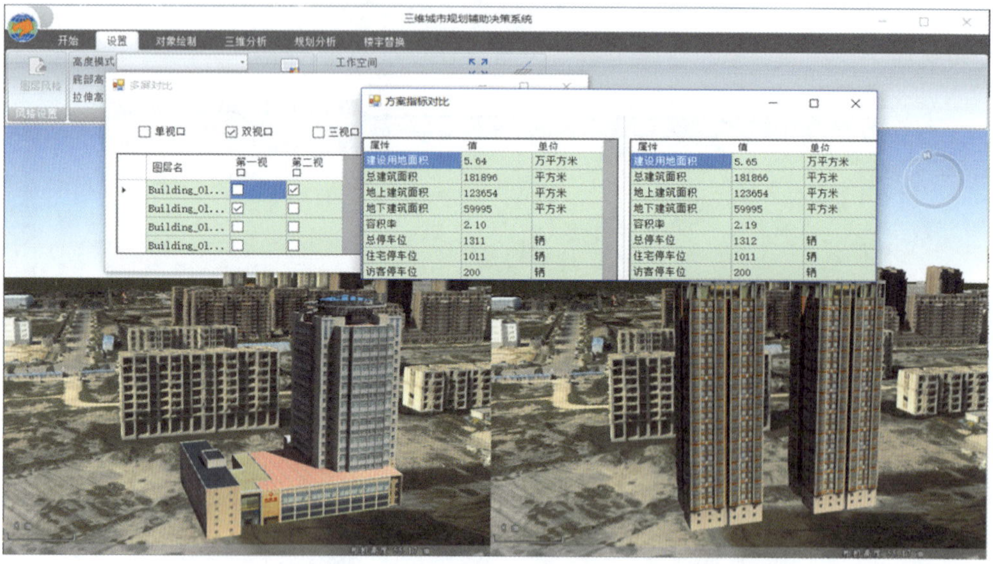

图 7　多屏对比与方案指标对比

（5）景观分析

景观分析支持在多种环境、不同角度下的模拟观景效果，包括三维环视、反向定位和对象环绕功能。

三维环视功能：是以规划方案模型为中心环视周边环境，模拟建筑建成后的观景效果［见图 8（a）］。

(a)　　(b)

图 8　三维环视与反向定位

反向定位功能：将根据选定的观察点和目标点，采用大地测量算法使场景视角对调（使场景转换为以目标点瞄向观察点的状态），如图 8（b）所示。

对象环绕功能：实现了对规划方案模型在整体环境中的融入效果进行动态阅览，即从全角度观察分析规划方案对周边环境的影响，动态效果无法截图展示。

3 关键技术

项目解决了制约实景三维模型有效应用的瓶颈问题，即不可参与空间定量分析的问题。促进了实景三维模型数据资源的成果转化。

通过动态单体化技术与地理信息系统空间分析技术的融合，实现实景三维模型的空间分析。首先，基于实景三维模型构建单体化矢量数据，并利用动态单体化技术实现实景三维模型的单体化；其次，对单体化矢量数据和规划业务数据利用叠加分析技术生成单体化矢量选择集；最后，基于单体化的实景三维模型和单体化矢量选择集采用动态渲染技术实现实景三维模型的空间分析。

4 创新点

构建了基于实景三维模型成果开展智慧化的城市规划业务模式，为建设方案的编制、审批和确定提供了一种三维环境下的管理手段。

通过对单体化技术和地理信息系统空间分析技术体系的深入研究，实现了实景三维模型单体化及空间分析，突破了实景三维模型无法进行空间分析的技术瓶颈。

通过采用三维可视化技术和三维模型编辑功能，建立了完整的实景三维模型数据编辑的技术方案，并通过研发系统的“规划审批”模块实现了该方案的应用。

5 示范效应

项目研究的技术成果转化为生产力，为石家庄市自然资源和规划信息中心开展工作提供了必要手段。

由等高线分析、淹没分析、坡度坡向分析构成的地形分析功能，为实现“25 度以上的坡耕地要退耕还林还牧”提供了重要的检测工具。

实景三维模型基于实体及其服务半径的分析，为规划布局和设计方案的合理性、可行性和科学性提供了重要的技术手段，也为推行的城市体检评估（自然资源部要求）提供了有力工具。

本研究项目，不仅使用户单位的工作模式得到了优化升级，同时也使地理信息技术从测绘系统跨越到其他行业中，未来也将继续服务于环境保护、灾害防治、应急响应、重大公共卫生事件防护中。

花木街道数字孪生社区管理系统

上海市测绘院

1 项目背景

运用科技手段提升城市治理水平，实现“智慧治理”，是上海市政府在数字化转型的背景要求下追求的总目标。2021 年 3 月，国务院公布的《中华人民共和国国民经济和社会发展第十四个五年规划和 2035 年远景目标纲要》中明确提出，要“完善城市信息模型平台和运行管理服务平台，构建城市数据资源体系，推进城市数据大脑建设。探索建设数字孪生城市。”2021 年 10 月，上海市在《上海市全面推进城市数字化转型“十四五”规划》中指出，“数字化重新定义了城市形态和能力，数字孪生城市从概念培育期加速走向建设实施期，随着物联感知、BIM 和 CIM（城市信息模型）建模、可视化呈现等技术加速应用，万物互联、虚实映射、实时交互的数字孪生城市将成为赋能城市实现精明增长、提升长期竞争力的核心抓手。”“全面推进城市数字化转型，是践行‘人民城市人民建，人民城市为人民’重要理念，巩固提升城市核心竞争力和软实力的关键之举。”

从社会治理者、城市管理者的角度来看，实现智慧治理的关键就是要掌握辖区内全量管理要素信息，数据量要足够“大”，数据种类要足够“全”，并将各个领域联系起来，打通跨部门数据共享路径，形成城市管理的“大数据”体系。以城市的眼光而非部门的眼光尽可能全面地收集数据，系统性考虑城市内各类要素之间的联系，形成数字化城市治理的“一张蓝图”。

基于数字化城市治理“一张蓝图”的需求，上海市测绘院与上海市浦东新区花木街道签署了《花木街道数字孪生 2025》战略合作备忘录。基于《花木街道数字孪生 2025》战略合作备忘录，上海市测绘院与花木街道共同打造了花木街道数字孪生城市系统，构建全要素地图，形成了容纳“人、房、业、物、事”的数字底座，落实了“人民城市人民建、人民城市为人民”重要理念，推进城市数字化在社区基层落地的服务创新。

2 项目内容

2.1 构建街道管理全要素“一张图”

全要素地图是整个数字孪生城市的核心基础，它可被视为一张街道的“数字沙盘”，将所有的楼宇、设施、构筑物、道路、感知设备等地理实体全量映射在数字沙盘中，复刻街道内每个角落的真实场景，为街道规划和管理提供精细的可视化分析基础。

在上海市“三级平台、五级应用”的整体框架内，以测绘地理信息数据为基础，集成了实景三维模型、标准建筑模型、全息测绘、多测合一、院落围墙、绿化地面模型等多源模型数据，构建了花木街道全要素地图（见图 1）。通过全息测绘的方式，对街道内的每条道路、每幢建筑物、每棵行道树、每个道路部件等进行测绘采集，并进行三维精细建模和多源模型数据融合处理，形成 8 大类，38 小类，共计 56405 个全息道路部件模型、9000 余个建筑分栋模型，成为与实体城市完整映射的数字空间载体。充分利用“多测合一”机制、新型基础测绘和航空遥感影像等成果，对全要素地图进行数据的更新，保证孪生城市数据的鲜活性。此外，也对世纪公园内部通过倾斜摄影的方式，形成与真实景观地形一致的三维实景公园模型。这样直观、仿真的三维空间地图具有易理解、易分工、可拼贴、可生长、可更新的特点，在城市发展变化的过程中，以精准映射的手段，为智慧治理提供与实体城市完整对应的空间依据。目前基于街道的全要素地图，已经形成了容纳“人、房、业、物、事”的数字孪生底座。

图 1　花木街道全要素地图

2.2　打造智慧花木数字孪生应用

按照街道实际管理工作的责任边界，将实体城市中的要素分门别类形成了多个“信息系统”。各个主责部门按照自己的管理需求，在对应的信息系统中收集维护管理某个类别的全量数据，如孪生城市中建设的市民信息系统，就是供自治条线收集维护街道内全量居民基础信息的平台，从而完成居民的日常管理工作；商办信息系统，为街道市场监管和招商稳商工作提供了真实全量的商企底图底数；视频信息系统中接入了街道内小区、市政道路、世纪公园、公共楼宇等数千个摄像头视频，实现了“一屏观实景”的安全监管方式。

以全要素底图为数据基础，结合管理工作的具体业务需求，形成针对街道多个条线部门具体工作场景的“应用”，为街道精细化治理提供了智能化数字化的解决方案，使基层工作增效提质。以实景三维、全息测绘、视频融合、大数据分析等技术为支撑，根据花木街道社区管理需要，开发了“管市民、管商办、管自己、管服务”等四大板块20多个应用场景，为社区精细化管理提供了实时信息，极大提高了社区管理效率。

依托市民信息系统中全量动态更新的居民基础数据信息，结合服务办、宣统办、党建办等不同部门条线的人群管理需求，设计市民标签体系，并为每一位市民赋予对应的标签，实现对各类特征人群深度了解和交叉分析，帮助街道各部门和各居委解决了数据打通、流程简化等问题，并且对于服务办关注的重点关怀对象，开发了关爱送达应用，利用智能化自动化的方式，完成补贴发放工作（见图2）。

图2　市民信息系统

依托商办信息系统中，全量的商办楼宇和企业数据，结合营商办的安商稳商和日常走访企业的工作需求，建设了政企互通应用和营商优化应用，有效提高政府和企业的联通能力，帮助街道营商办与企业之间形成顺畅的“点对点”沟通路径，实现了留住现有企业、吸引外来企业，优化街道营商环境的目标（见图3）。

依托电梯信息系统中汇总的全量楼宇中每台电梯的全生命周期数据，实现“数图联动、一屏总览”，实现“一梯一档，把握详情”，帮助街道管理者和市场所摸清管辖范围内存量电梯的底图底数，并延展开发出电梯管理应用，可自动提示电梯年检临期、超期、不合格等情况，并基于智能梯控设备，帮助市场所、城运中心等部门有效防范电梯运行过程中潜在的安全隐患。

依托视频信息系统中5000余个街道内监控摄像头资源的具体信息和空间落位，为街道的硬件规划提供一定依据，方便街道根据系统展示直观查看漏洞、填补空缺区域的摄像头，实现一网管理；同时可随时查看每个摄像头的实时视频并设定轮巡功能，帮助街道城运中心一屏总览街道整体情况，满足了街道智慧发现处置问题的日常监管和应急指挥需求。

图 3　商办信息系统

随着精细化管理要求的提高，全要素底图与实体空间要素之间的映射关系会越来越具体，孪生城市与实体城市之间的映射水平将逐步提升，孪生城市的全要素地图空间数字底座已成为城市智慧治理水平的重要指标。

3　关键技术

3.1　全息测绘技术，服务实景三维数据采集

根据上海超大型城市的特点和新型智慧城市建设的需求，全息测绘技术在原有基础测绘采集内容的基础上，新增采集要素，扩充要素属性；以需求为导向，突破传统比例尺概念，根据不同的要素类别规定了不同精度；建立融合多传感器空间信息获取技术时空的立体化、组合式、全空间的数据获取体系，综合使用多种采集技术，多平台、多视角获取不同类型的地上地下、水上水下、室内室外三维空间数据，解决上海特大型城市空间要素的全覆盖问题（见图 4）。建立统一的成果标准，规定不同采集手段的技术要求、采集数据的质量要求以及成果制作要求。基于一整套全息测绘成果的生产和质量检验，全息数据成果的更新、维护和应用、地理实体数据处理、加工及地理实体全息数据库建设的标准规范，结合上海市时空大数据平台的建设，满足上海精细化治理体系和治理能力建设。如图 4 所示。

3.2　多源数据融合，打造花木街道全要素地图

街道的各个业务应用场景，大多涉及空间地理信息的展现和处理，为全面客观反映

图 4　道路全息测绘模型

花木街道的基础空间，利用实景三维技术，实现政务地图、航空影像、行政区划、道路、铁路、水系、绿地、居民地、POI、建筑模型等矢量数据的无缝衔接，共同构建花木街道的全要素地图势在必行。以地图集成的方式汇聚业务、视频、物联等各种数据，探索城市管理“神经元”与时空大数据的深度结合，研究基于应用场景的地理实体深度应用，实现智能发现、自动派单、快速处置、实时反馈的全流程精细化管理。

3.3　虚拟现实技术，构建街道数字孪生场景

基于花木街道范围内的各类地理信息数据，为满足街道精细化治理的需求，汇集区域内现状模型、规划方案、倾斜模型等多源异构数据，将二维地图、三维模型属性数据相关联，实现模型与数据完美联动，帮助花木街道管理人员以更直观的方式去管理事务、管理数据，带动跨部门、跨领域数据资源应用和数字生态的形成，打造新时代数字孪生城市建设样板（见图 5）。

图 5　二三维一体化应用

4 创新点

4.1 树立“花开谢，木长存”的底层架构思维

花木街道数字孪生城市采用“花开谢，木长存”的底层架构思维。“花开谢”是指将各类功能板块的增减比喻成花的开谢，可以根据需要随时替换；而“木长存”指的是数字孪生城市的数据主干将不断充实成长，并且随之愈发智能、高效。构建多类场景应用，依托全要素底图的空间数据基础，结合城市管理工作中的具体业务需求，形成针对街道多个条线部门具体工作场景的“应用”，为街道精细化治理提供了智能化数字化的解决方案，使基层工作增效提质。

4.2 建立数字孪生数据标准，推动开放式数据共享与交换

面向数字孪生应用的需要，项目明确了数字孪生三维模型的坐标系统、分类、编码规则，规定上海市数字孪生三维模型的制作、加工和处理要求；规定数字孪生三维模型数据库在建库中对数据的逻辑一致性、完整性、表征质量等方面的基本要求，对数据成果格式、组织方式、属性及属性代码等进行明确规定。最终成果可以在不同数字孪生平台间进行共享交换，并融入全市一张图。基于可配置的权限管理机制，采用集中管理与分布管理互为补充的混合管理模式，使信息的更新维护更为灵活。一方面使各部门自行维护自己所管辖的数据，以提高数据更新效率，保障数据的现势性；另一方面采用开放的、方便交换的数据结构，让数据共享交换更通用便捷，为街道一体化数据信息平台的资源管理、服务调度、运行监控及信息资源更新维护提供有力保障。

4.3 集成多源数据与分析能力，助力街道精细化治理

项目集成了标准建筑模型、全息测绘、多测合一、围墙、地面手工模型等多源模型数据，构建了花木街道全要素地图。充分利用“多测合一”机制、新型基础测绘和航空遥感影像等成果，对全要素地图进行数据的更新，形成空间数字底座。除全要素地图的空间数据外，项目汇集了各类业务条线数据、社会经济数据、重点专项数据、城市运营数据、城市规划与政策信息数据等数据。构建多种分析能力，以大数据分析、空间分析、视频融合等技术为支撑，构建多种分析计算能力，针对各类场景，提供智能化数字化的解决方案，辅助基层工作人员进行分析和决策（见图 6）。

5 示范效应

超大城市治理的关键层级单元在街道，做好街道社区服务是“我为群众办实事”的最后一公里，街道治理体现城市治理精细化的“针”功夫，在做深做细上不忘为民服务的初心。数字化转型已成为经济社会发展变革的核心驱动力，测绘地理信息在赋能城市

图 6　楼宇分析赋能基层治理

数字化转型“最后一公里”，助力“一网通管”效能提升方面发挥着不可替代的基础性和技术性支撑作用。项目落实“人民城市人民建、人民城市为人民”重要理念，推进城市数字化在社区基层落地的服务创新，为街道社区治理服务，体现“一网统管”中“我为群众办实事”的最后一公里。

本项目的各类成果，在疫情防控相关工作中也起到了重要支持作用。街道管理人员基于数字孪生系统，将防控最小的单元定位到“户”和“人”，形成“一街道一图”“一小区一图”“一楼一图”“一房一图”，街道管理人员可以快速调取相关小区的范围、出入口、楼栋以及人的信息，基于小区的总户数和人数等底数信息，第一时间预判出首次核酸检测人员数量。同时，把每栋每户人口数据打印出来，作为核查底数，从而最大程度消除闭环管理风险点，在进行精准管控中发挥了重要作用。同时每个层级的数据管理和维护权限也开放给相应的工作人员，使用中可以对数据的准确性进行核实，保证数据的更新与维护。

通过本项目，上海测绘院进一步了解了街镇对空间地理信息的具体要求，不断完善空间地理信息数据以及系统间的融合机制，找准测绘地理信息服务社区治理的需求，形成街镇级平台的建设模板与标杆。央视《新闻联播》、东方财经浦东频道、《文汇报》《新民晚报》等媒体对花木街道数字孪生的应用成果进行了专题采访，并在各大官方媒体平台进行转发，得到了花木街道社区管理者和居民的认可，取得了较好的社会反响。

以三维地籍为核心的土地立体化管理关键技术研究及应用

宁波市测绘和遥感技术研究院

1 项目背景

土地是社会财富的重要组成部分，是市场经济活动的基本支撑。地籍作为管理国家土地资源与资产的工具，在促进社会经济发展方面起到了不容忽视的作用。过去的土地利用主要集中在地表，因此传统的地籍管理是以二维宗地作为基础管理单元。随着经济的飞速发展和城市化进程狂飙突进，人地矛盾日趋紧张，城市土地的立体化利用成为重要发展趋势，但土地的立体化开发不可避免地会带来权属空间复杂等布局管理问题，例如垂直方向上产权主体的多元化，即地表、地上、地下空间分层开发并分属不同权利人，极其容易引发土地空间权属纠纷。现行的基于二维地籍的土地管理办法、法规及相关数据标准已难以满足土地立体化开发的管理需求。

为深入贯彻落实自贸试验区国家工作要求和省、市两级政府相关战略部署要求，宁波市以数字化改革为引领，按照“整体智治、多跨协同、综合集成”的方法路径，紧密围绕国务院关于“在全国范围内复制推广以三维地籍为核心的土地立体化管理模式”的工作部署，积极引进先进三维地籍技术和改革经验，充分发挥宁波自贸试验区先行先试优势，立足宁波地方实际，开展具有宁波特色的三维地籍一体化应用管理模式实践探索，推动全市土地（海域）立体开发利用数字化管理，加快提升全市自然资源立体化管理工作效率，助力市域空间治理数字化。

2 项目内容

2.1 三维地籍立体化管理理论与机制研究

深入开展调研，夯实前期基础性工作，以宁波市级需求为向导，加强顶层设计，制定具有宁波特色的城市地籍空间立体化管理相关制度和政策。立足土地立体化管理的整体框架，开展三维地籍内涵与外延的研究，分析其所包含的土地空间对象种类，研究各类土地空间对象的权属空间特性描述，例如地下空间建筑实体的地基、地桩的权属空间归属及数学描述方法；以现有土地管理框架体系和流程为基础，剖析市资规局各业务部门与土地立体化管理技术相关的行政许可，梳理空间开发权利体系、规范空间权利表达、管理空间供应与权属管理，探索基于三维地籍立体化管理的业务流程与规则。

2.2 三维产权体数据标准研究

三维产权体作为三维地籍的基本单元，它是以土地权利为实体、房屋及其他不动产的权利空间或实体为基础，以权利空间为参考，确立的单一权属的地理空间单元。围绕土地立体化开发的管理需求，研究三维产权体数据标准，统一全市三维产权体数据定义、构建原则、数据内容、生产要求和绘制策略等内容，提高三维地籍中三维产权体管理的标准化、规范化和法制化。具体包括：一是研究三维产权体的相关定义、组织依据、几何特征、属性信息和三维产权体分类，并在此基础上实现由二维宗地到三维产权模型的快速生成制作方法；二是探索三维产权体的物理模型组织、三维拓扑关系描述与自动识别、拓扑物理模型计算表达等，突破空间平面束关系计算问题，从而支撑后续的土地管理工作。

2.3 二三维地籍数据库建设

收集并整理二维地籍数据、业务数据、土地利用规划用途、土地利用现状数据以及规划专题数据（规划审批信息、规划编制数据、控制性数据）等，检查数据坐标、规格以及完整性，基于统一的空间参考基准，构建二维数据库。同时，建设试点区域的实景三维模型，并根据三维产权体数据标准，参与其他城市先进的三维产权体数学模型理论、物理模型组织、三维实体拓扑关系建立维护以及数据质量控制等系列关键技术，设计并构建三维产权数据库。在此基础上，集成多源地理空间信息数据，如二维地籍数据、实景三维模型、各类规划专题信息和业务管理数据等，按照统一的数据结构，形成二三维一体化地籍数据库。

2.4 三维地籍管理系统建设

基于市资规局信息化顶层设计，依托“一云、一仓、一平台”信息化资源基础研发宁波市三维地籍管理系统，并与市资规局内部其他业务支撑系统互联互通，通过网调取数据库中相关地籍调查和土地管理业务信息，将传统二维地籍管理与新型三维地籍管理进行有机统一，开展面向非结构化的空间对象数据的存储管理、大场景三维地理信息的在线网络发布、实时动态更新和实时快速空间计算能力响应等关键技术研究，实现包括实景三维模型、二维地籍信息、三维产权体数据库、规划专题数据库等多源数据的无缝集成管理、可视化表达和空间分析，并最终形成以图管地、以图管楼、以图管房的“一码全息”管理模式，进一步提高土地管理的精细化与适应性效率。

（1）宗地空间可视化管理

实现包括三维实景模型、二维地籍信息、三维产权体数据库、规划专题数据库等多源数据的无缝集成管理、可视化表达和空间分析。能够直观反映宗地的权属、位置、界址信息，及本宗地和相邻宗地的权属位置关系；采用透明水晶宗地体形式立体展示宗地在三维空间的使用权范围，实现地上和地下空间使用权的有效管理；针对不同土地用途的宗地，采用不同颜色的水晶宗地体进行可视化表达，实现对宗地的分类管理。实现地上地下一体化、多角度、场景化、360°表达宗地及建筑物分布状况、用地审批信息、土地使用人登记信息等。

（2）综合查询与分析

通过系统的综合查询功能，能实时、准确地查询任意宗地土地等级及利用情况，具体包括宗地使用者名称、土地证号、土地坐落、土地用途、宗地面积等信息。同时，当政府要对某一区域实施综合改造时，通过系统内划定综合改造区域的用地范围，可直观地统计并反映该区域内各类用地和建筑物分布情况，具体包括建筑物数量、建筑物的高度与分布，各类用地范围、面积、土地权属等状况，并形成各类不同的统计信息。

（3）多元化综合服务

通过建设三维产权体、三维拓扑分析、三维空间查询、三维空间拓扑构建与动态维护、二三维图形操作联动、权限控制、用户操作审计、三维操作指引等三维图形基础功能建设，以及实景三维模型动态单体化，实现三维模型的分层分户化，并挂接相应的业务信息、地籍图、户型图等数据，形成一套完整的三维地籍业务管理解决方案。

通过建设三维地籍管理系统，以三维地理信息为核心载体，根据三维产权体权属界线组成的封闭空间，分层设立地上地下空间建设用地使用权，协调地表及地下空间的关系，开展界线划定、权属登记、强度控制等；针对涉及立体化开发的具体项目，在其规划选址、用地方案、土地核查、土地出让、登记管理等环节进行三维地籍管理，明晰空间权属界限。

（4）"一码全息"管理模式

对不动产单元地块进行统一编码，利用手机移动端扫描二维码，实现多角度、场景化、360°查看地块三维实景及其位置、权属、界址信息以及与相邻地块的权属位置关系，形成以图管地、以图管楼、以图管房的"一码全息"管理模式，提升城市土地立体化管理水平和服务能力。

3 关键技术

3.1 海量三维模型数据管理技术

研发三维数据管理系统，实现对倾斜摄影三维模型的承载、分层分户单体化、编辑、更新、入库管理等功能（见图 1），满足倾斜摄影三维模型在三维不动产权籍管理业务中的实际应用需求。

图 1　海量倾斜摄影三维模型数据管理

3.2　多尺度二三维一体化数据整合与处理技术

大尺度下不动产登记的数据整合与处理，主要研究二维权籍调查成果数据与倾斜摄影三维模型关联的技术流程（见图 2），开发二维权籍调查成果向三维权籍调查成果快速转换工具，赋予二维权籍调查成果三维 Z 方向的维度值，实现地理空间上的准确匹配；属性上建立有效的“主－外”键关联关系，实现二维权籍调查成果与倾斜摄影三维模型在空间上的无缝套合。小尺度下三维不动产登记的数据整合与处理，主要研究基于房屋分层分户图，建立数据处理标准流程和数据规范，形成符合自动化构建三维楼盘模型的基准数据，通过研发三维楼盘模型快速建模与渲染工具，实现基于房屋分层分户图自动化构建三维楼盘模型。

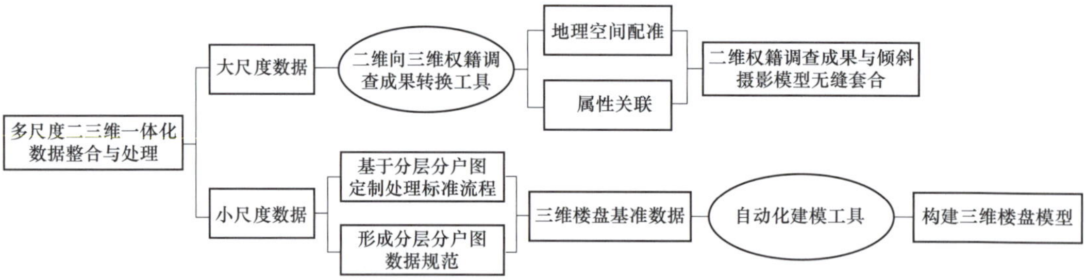

图 2　多尺度二三维一体化数据整合与处理

3.3　基于分层分户图的三维建模技术

通过倾斜摄影模型与三维楼盘模型进行空间叠加关联，实现房屋分层分户的单体化，满足不动产登记业务中的房屋分层分户查询、分析与精细化管理（见图 3～图 5）。

3.4　超大三维场景多分辨率表达技术

针对大场景三维建筑模型，通过优化数据组织结构、数据调度策略和模型渲染方法，实现三维建筑物模型的多分辨率表达，解决有限计算资源与模型真实渲染间的矛盾。

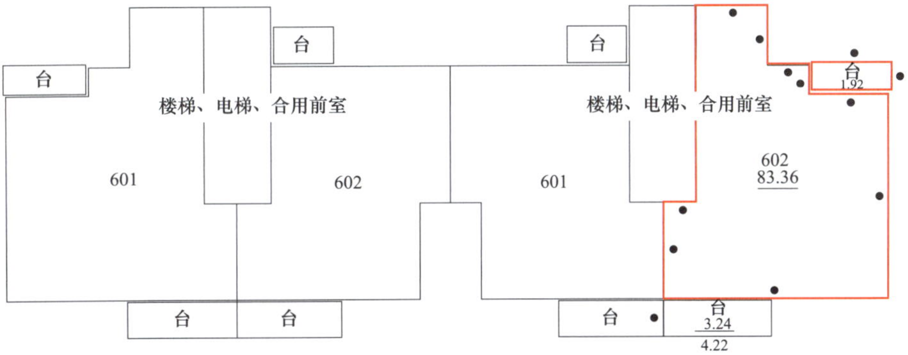

图 3　PNG、JPG 格式分层分户图数据

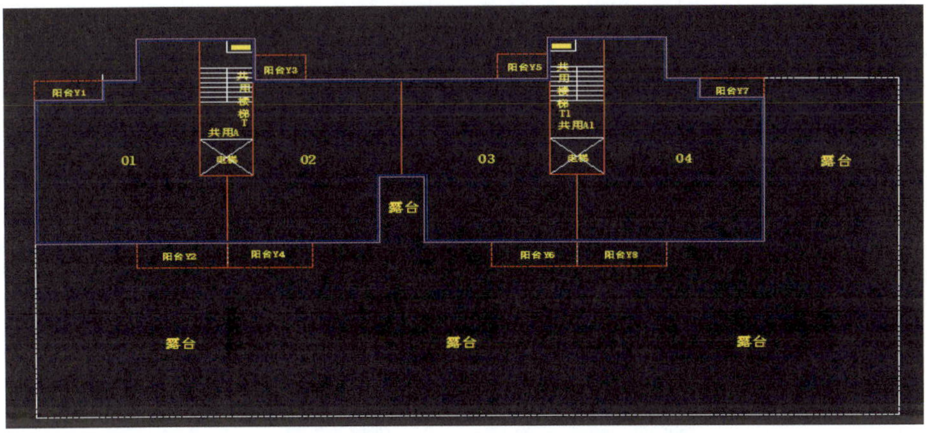

图 4　DWG 格式分层分户图数据

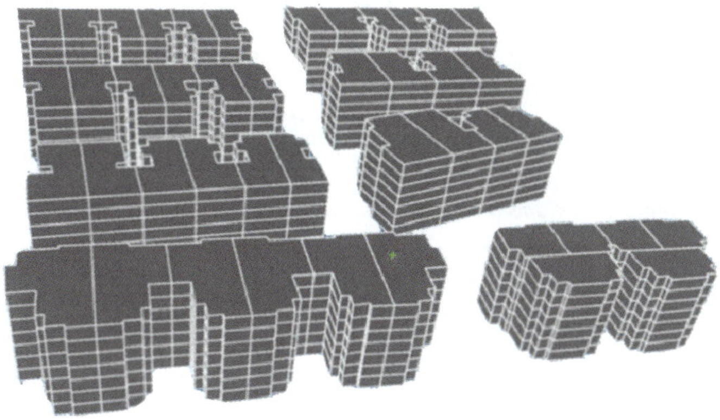

图 5　分层分户三维模型

基于线性八叉树索引在体元空间对三维建筑物模型多分辨率简化结果进行统一组织，构建模型数据的多层存储结构，通过在体元空间对模型数据进行灵活调度实现三维

建筑物模型的多分辨率表达；并采用体元编码算法将三维建筑物模型转化为适合网络渐进传输的压缩线性码流，通过全局表面重构实现三维建筑物模型多分辨率表达在网络环境下的应用。

3.5 密集三维不动产单元“立体化标签”技术

在三维登记过程中，需将不动产单元的门牌号（如 301、401 等）标注到每个不动产单元上（见图 6），便于精准快速地选择对应的不动产单元。使用三维平台的坐标法标注功能进行标注，当相机视角调整时，文字注记在屏幕上会出现偏移，301 的单元号偏移到 302 甚至 303 单元上；当相机顶视时，不动产单元文字注记容易出现压盖等问题，尤其是一幢的三维不动产单元密集分布时，容易出现文字标注无法准确标识不动产单元的问题。

为解决上述问题，采用将单元号等注记文字按照 Stripe Material（条纹式贴图）法处理，系统在 GPU（图形处理器）中自动将文字注记转换为纹理图片，在拉伸不动产单元的体块时，采用纹理映射将注记图片按照平铺方式贴到不动产单元的立面上，注记沿边长自适应贴附，并且自动过滤过短侧面，注记间距合理，形成三维不动产单元“立体化标签”，保障自然幢的三维不动产单元整体展示效果简洁清晰。通过该方法不仅可以解决注记偏移和压盖的问题，还保证能从各个方向都能看到不动产单元注记。

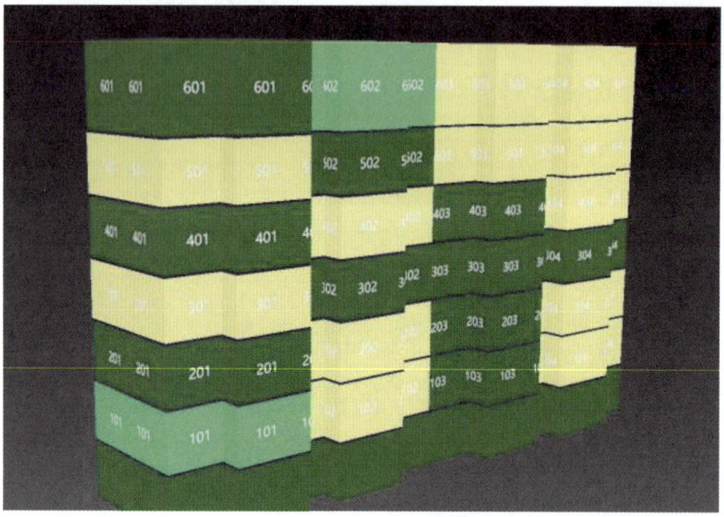

图 6　三维注记展示样例

4 创新点

4.1 建立了全类型全流程的三维地籍管理体系

针对地籍中的建设用地、林宗、构筑物、房产各个类型三维产权体，以及海籍中的水面、水体、海床、底土产权单元建立了三维产权体生成、可视化表达规范（见图 7）；

同时建立了三维产权体从外业权调入库、立体管理、到登记发证完整的业务体系。

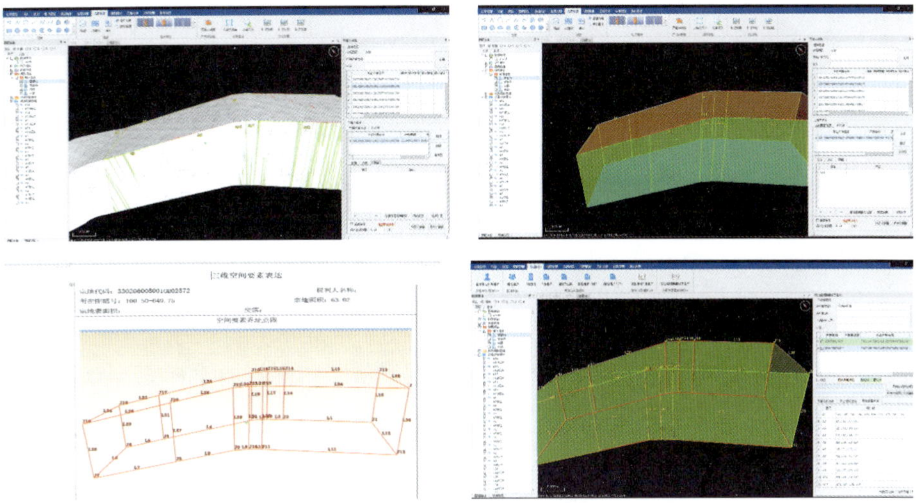

图 7　地下不规则综合管廊产权体可视化表达

4.2　研发了多源数据融合的不动产三维产权体建模解决方案

开展了基于分布式并行计算的大范围倾斜实景三维快速建模算法研究，并在此基础上，引入结合语义信息约束的产权体自动化建模算法，形成了一套真实精准、集实景三维与产权空间一体化的三维建模解决方案。

4.3　搭建了三维地籍立体化管理系统，形成跨平台土地立体化管理应用服务

基于三维地籍立体化管理系统，探索了土地立体化开发管理应用，实现了对用地方案、土地出让、地籍管理、地楼房一体化管理等关键规划国土业务的三维化管理（见图 8）。

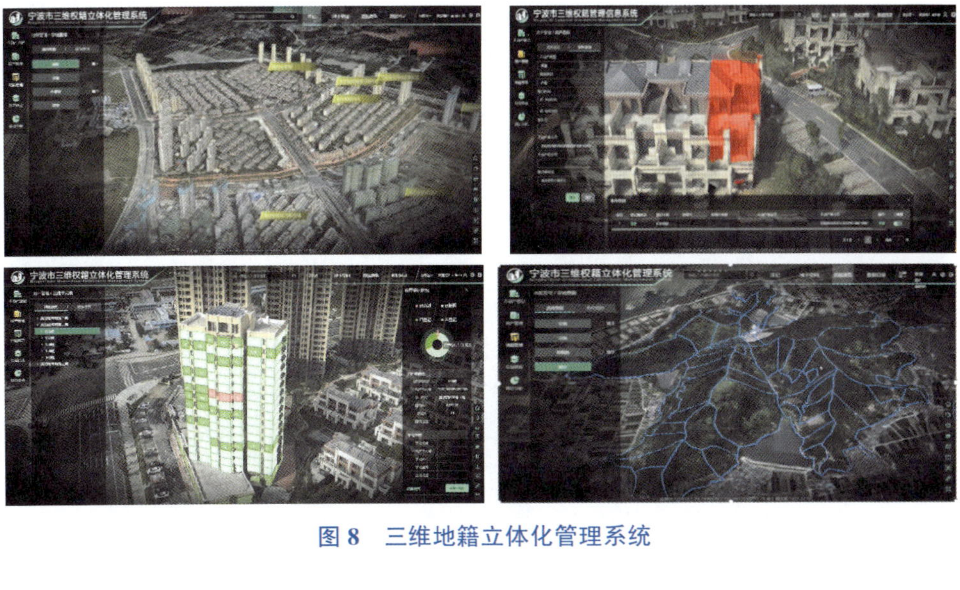

图 8　三维地籍立体化管理系统

5 示范效应

5.1 立足地方特色，构建宁波三维地籍标准体系

坚持以实际应用需求为导向，加强顶层设计，分析研究各类土地空间对象的权属空间特性描述，梳理三维地籍生产、应用的业务流程与规则，重点研究三维产权体的定义与分类、空间要素表达、管理与存储等，形成了适合宁波地方特点的三维地籍数据标准，推动宁波三维地籍数据管理的标准化、规范化和法制化。

5.2 聚焦核心技术，构建覆盖陆地海域、农林兼顾、地上地下的三维地籍数据库

以三维地籍立体产权管理为核心，聚焦不动产三维产权体，收集并整理试点区域的倾斜实景三维模型、二维宗地（海）数据、业务管理数据、土地海域利用现状数据以及规划专题数据等各类数据，引进三维产权体数学模型理论、物理模型组织、三维实体拓扑关系、数据维护以及质量控制等系列关键技术，重点突破二维宗地（海）到三维产权体模型的快速生成制作方法，建立了一套集实景三维与产权空间一体化的多源数据融合的三维建模解决方案，设计并构建了宁波三维地籍数据库。

5.3 创新应用服务，打造智能化三维地籍管理系统

基于自然资源和规划部门现有不动产登记管理平台，搭建宁波市三维地籍管理系统，通过“不动产单元码”关联不动产登记权籍调查管理系统，实现了包括实景三维模型、三维产权体、土地管理业务数据等多源数据的无缝集成、可视化表达、综合查询和空间分析；研发三维地籍移动应用，实现与现有的不动产“电子证照”业务联动，在移动端实现了一“码”全景。基于三维地籍管理系统，创新探索三维不动产登记发证、海域立体分层确权、林权确权登记等土地立体化管理应用，助力新时代土地精细化管理。

天安门地区三维立体实景信息管理系统

北京市测绘设计研究院

1 项目背景

天安门地区是首都政治中心地区的核心地区，同时也是世界城市窗口和京城旅游核心，“一草一木，一砖一瓦皆是政治”。《首都功能核心区控制性详细规划（街区层面）（2018—2035 年）》以及《首都功能核心区控制性详细规划三年行动计划（2020—2022年）》对天安门地区发展做出了部署：“推进天安门广场及周边地区整体提升”“构建天安门地区基础设施精细化管理三维立体实景信息库”。

2 项目内容

本项目面向首都功能核心区发展需要，满足天安门地区政务服务、重大国事活动保障、应急处突以及日常管理的需求，实现天安门地区基础设施可视化、精细化管理，制定了从空地一体数据采集处理、多源数据超精细实景三维建模、二三维数据建库到管理系统研发一体化服务的全过程体系。

2.1 全要素地面采集及多源点云联合三维建模技术研究

（1）问题产生的背景

由于天安门地处北京市核心区域，无法开展低空航飞工作，且每天客流、车流较大，迫切需要研究如何采用地面全类型扫描仪器，高精度、高效率地解决数据获取、处理、集成以及应用问题。

（2）相关技术研究

包含全要素采集与多源点云融合的方法研究、天安门广场地砖建模与编码研究以及海量部件存储展示研究。

1）全要素采集与多源点云融合的方法研究。探索了采用车载方式、背包方式、地面架站、推车方式和手持方式无死角采集的协同作业方法。从控制布设、拼接规则、工作流程改进提高了点云数据精准度，有效地解决了不同观测资源在空间语义和时间语义的相互约束和冲突关系，显著提高了大区域不同点云设备协同观测、任务分解与数据获取效率，弥补了无航飞核心区三维点云数据采集手段的空白。

研究了长安街等主要城市道路的高精度数据采集问题。在不影响城市主干路正常行驶秩序的前提下，通过研发车载超高分辨率影像采集系统，将工作状态下曝光速度提高至 0.3s/张，车速提高到 55km/h，解决了车速限制下地面超高精度数据采集的技术难点，极大地提高了工作效率。

研究了多源点云初值进行自动全局优化的整体融合算法。把项目涉及的不同设备所采集的点云数据进行融合处理，一方面形成各平台点云的优势互补，另一方面也实现了多平台、多尺度的点云数据的融合使用，从而形成地区统一、无缝的点云数据全覆盖（见图 1）。

2）天安门广场地砖建模与编码研究。天安门广场地砖作为地区部件管理中主要的一类，也需要开展精细化建模，同时为满足管理需要，要对其进行编码管理。因此，开展了地砖自动化建模研究以及基于 RNN 神经网络对地砖进行编码。

利用车载超高分辨率影像采集系统采集了天安门广场地砖点云及影像数据。研究了高密度点云生成高分辨率 DEM 模型方法，耦合了车载影像和点云超精细正射影像纹理自动生成算法，实现了超高分辨率影像与生成的 DEM 自动匹配，自动生产软件完成了大范围的正射影像生成，基于点云的地砖自动化建模工具对广场进行自动化建模，并实现纹理的自动生成与校核，从而完成了对天安门广场地砖的超精细建模工作。

为能将天安门 25 万余块规则与不规则的地砖进行编码管理，天安门广场地砖编码体系采用基于 RNN 神经网络的方案，对地砖的中心点、高、宽、偏转角度等进行不断编码、矫正，从而最终实现对规则和不规则地砖的全部编码，满足精细化管理需求（见图 2）。

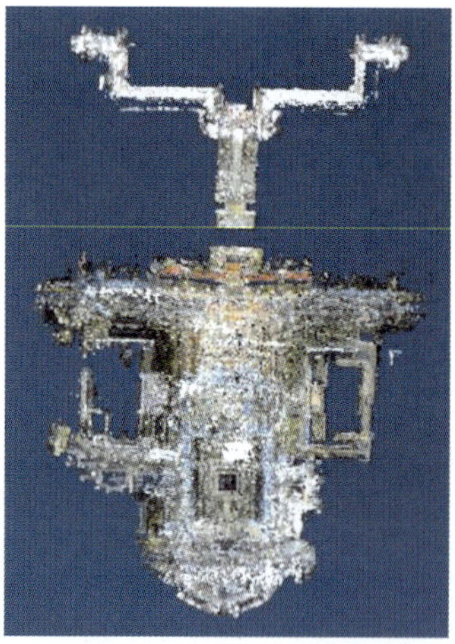

图 1　天安门地区点云全覆盖示意图

图 2　地砖的不同方向、规则、异形示意图

2.2　系统设计

系统建设以微服务思想为指导，以 Web Service 技术为手段，结合数据库技术，以

及 GIS 图形服务引擎，实现统一标准下的资源整合和应用系统集成，能有效整合分散异构的信息资源，消除“信息孤岛”，打通跨部门、跨平台不同应用系统不同数据库之间的互联互通，提高地区的信息化水平。整体架构设计如图 3 所示。

系统采用传统三分层架构，各层次之间功能独立且耦合度低，每个层中再划分独立模块，组件化封装，实现不同模块之间的分离，提高开发效率，增强系统的扩展性，提高系统的稳定性和可维护性。

数据层使用 PostgreSQL 作为数据库，维护系统中的各类规格化数据和关系数据，三维模型由于其非规格化的特点，故采用文件数据库进行存储。服务层是用 SpringMVC、Spring、Mybatis 作为系统整体的底层框架，承载系统的基础服务和各类业务逻辑；使用三维数据服务提供三维数据的访问；使用 Geoserver 发布二维数据。表现层通过集成三维引擎、Openlayer、HTML、CSS、JS、Vue 实现前端组件化的渲染。

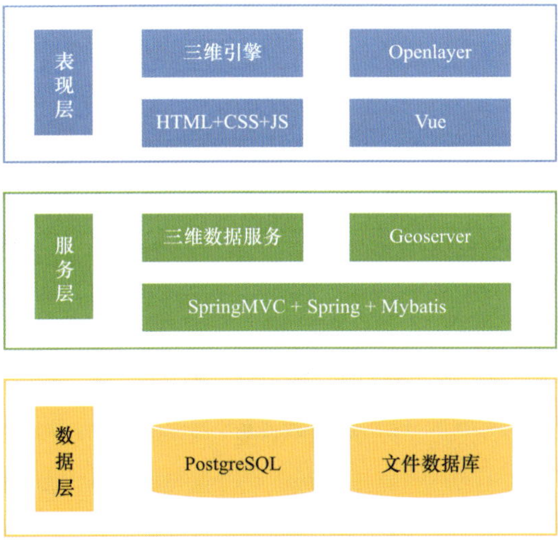

图 3　整体架构设计

2.3　功能设计与实现

系统承载天安门地区各类基础设施数据、管线数据，通过空间分析、基础设施查询、基础设施统计、基础设施分析等功能模块，实现基础设施的精细化管理，为天安门地区的管理、规划提供有力支撑。具体功能模块如图 4 所示。

（1）地图基本操作

基于系统实现对地区三维模型数据的基本操作功能，包括放大、缩小、平移、点选等功能，实现系统的可查、可用、可选。

（2）空间分析工具

包括垂直距离测量、三维距离测量、面积测量、通视分析、视域分析、面剖切等功能。通过工具，可以实现对任意距离、面积等的量测工作，也可以对天安门地区的任意位置实现视域分析与通视分析，可以帮助地区开展安全等方面的工作部署。面剖切如图 5 所示。

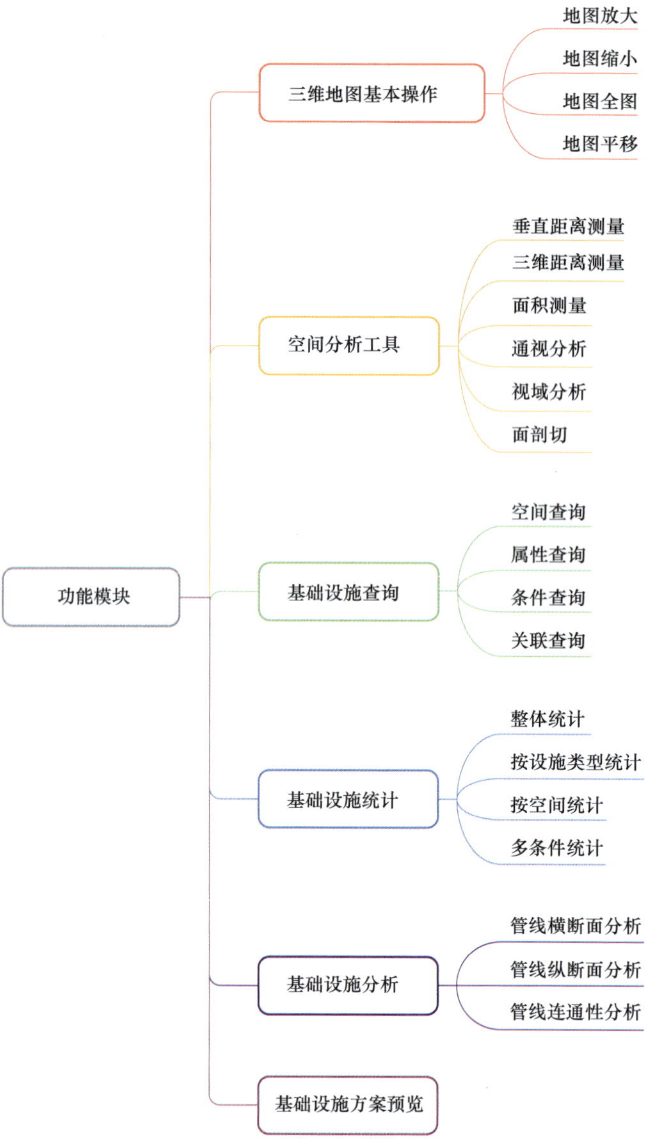

图 4　功能模块设计

（3）信息查询与统计分析

实现对任意部件的信息属性查询，同时可通过系统对部件的类型、种类、分布、数量等内容进行统计分析工作，为地区部件的精细化管理提供了系统支撑（见图 6）。

图 5　面剖切功能展示

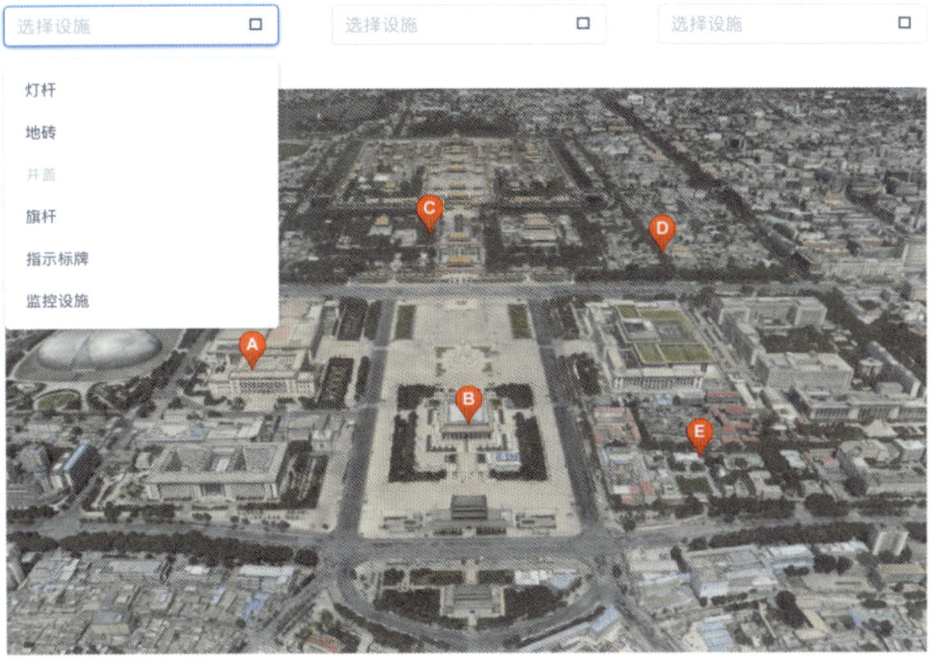

图 6　信息查询功能

（4）方案预览与对比

方案对比支持多方案分屏联动查看，实现在同一场景下不同方案的对比展示（见图 7）。

图 7　方案对比

3　关键技术

项目解决了天安门地区无法航飞、超 30 余万部件超精细建模以及海量部件管理展示的难题，为首都核心区域超精细三维建模提供了技术路线与实践经验。

项目面向天安门地区政务保障、应急管理、旅游服务和地区精细化管理需求，制定了从空地一体数据采集处理、多源数据超精细实景三维建模、二三维数据建库、管理系统研发一体化服务的全过程体系：研究了倾斜与地面近景影像的“空地一体”摄影测量处理技术；建立了全要素地面采集与多源点云联合三维建模工艺；创建并改造了国内首辆对地车载超高分辨率影像采集系统；创建并实现了地面正射纹理自动生成算法与地砖等部件的全自动提取算法工艺；建立了以 RNN 神经网络为基础的天安门地砖（25 万余块）编码方法体系；有效支撑了天安门地区政务服务、国事活动以及基础设施精细化管理，为中国共产党建党 100 周年大庆筹备活动提供了统一的实景三维数据基础。

4　创新点

研发了全要素地面采集及多源点云联合三维建模技术，解决了站式、推车式、背包式、车载、手持扫描仪等全类型地面扫描数据获取及多源点云数据融合、建模的技术难题。

研发了车载超高分辨率影像采集系统，将工作状态下曝光速度从 1s/张提高至 0.3s/张，车速从 20km/h 提高到 55km/h，极大地提高了工作效率，解决了长安街车速限制下高精度数据采集以及天安门广场地砖的高精度数据获取问题。优化了高分辨率鱼眼相机的精密时间同步和单机标定，解决了鱼眼相机畸变大的问题。

提出了超精细、复杂场景下的城市部（构）件智能提取与建模方法，解决了海量、复杂、多类型城市部（构）件的三维建模技术难题，实现了天安门地区 12 大类 53 小类约 30 余万个城市部（构）件的精细化建模与管理。

5 示范效应

项目成果是首都核心区控规三年行动计划落地的第一个成果项目，打造了一个“活的天安门”，是“精品工程、示范工程”，为地区智慧化管理起到了示范作用。

成果服务天安门地区政务保障、应急管理、旅游服务和地区精细化管理等多个方面。在中国共产党成立 100 周年大庆筹备活动中发挥了“数据管家、信息枢纽、决策助手”的作用，得到北京市领导的充分肯定。为庆祝活动筹备提供信息化支撑，节省了大量的现场调研时间，提高了工作效率；为施工设计提供了精准数据，压缩了设计工期，为施工赢得宝贵时间；为广场各类设施的搭建更加合理、科学提供了支持，节约了财政资金投入。成果得到了《中国自然资源报》、网易新闻、东方网、学习强国等多家媒体报道，取得了良好的社会效益。成果服务城市精细化管理、城市规划等多部门，促进城市治理体系和治理能力的现代化、智能化、精细化程度的提升；为智慧城市“时空一张图”数字底座探索了成果内容、精度要求、技术路线、应用场景，纳入了自然资源部批复的国家新型基础测绘北京试点。

成果模式已推广至天安门周边、中轴线乃至整个核心区，继续为天安门地区管理应用、中轴线申遗、核心区智慧城市建设等提供数据和应用服务支撑，社会经济效益显著，具有广阔的应用价值。

基于数字孪生的高速公路智慧建造平台

武汉天际航信息科技股份有限公司

1 项目背景

南通绕城高速公路作为江苏省构建“一环接苏南、二环连浦西、三环通浦东”高速公路网的关键一环，对增加南通国家级沿海运输通道保障能力、推动沪苏通融合发展具有十分重要的意义。但高速公路建造存在规模大、内容繁、周期长、组织难等问题。同时，南通绕城高速作为交通强国建设试点项目，需贯彻落实党的二十大报告关于建设交通强国的战略部署以及交通运输部发布的《关于开展交通强国建设试点工作的通知》要求，推动数据资源赋能交通发展，促进智慧建造技术研发及应用，完善建造科技创新机制，建立泛在先进的交通信息基础设施。当前，随着科学技术的发展，BIM、GIS、无人机、大数据、数字孪生、实景三维等新一代信息技术得到强劲发展，这对优化高速公路建造管理方式，保障建造工程按工时、按设计、保质量地完成具有重要的现实意义。

2 项目内容

项目立足于交通强国相关建设要求，充分考虑高速公路建造管理需求，基于 BIM、三维 GIS、物联网、无人机、大数据、AI、数字孪生等技术，融合智慧管理理念，以进度、质量、安全 “三位一体”的数字孪生管理为切入点，通过打造立体化数字底座、构建智慧化服务平台，提供智慧建造多场景应用，为高速公路建造管理提供创新思路，推动工程项目数字化、立体化、智慧化、精细化管理。

2.1 打造数字化基础底座

项目基于高速公路智慧建造平台配套装备及高精度摄影测量技术，以大范围、高精度、超清晰的方式全方位感知复杂的高速公路建造场景，通过高效的数据采集设备及无人机智能巡检方案（见图 1），以及数据采集、影像预处理、特征匹配、联合平差、密集匹配等专业的数据处理流程，快速获取建造现场的实景三维模型场景（见图 2），真实反映高速公路建造现场地物外貌、位置、高度、面积等属性（见图 3）。同时通过数据融合技术，平台将描述工程信息的视频监控、无人机巡检影像、现场拍摄照片等数据与实景三维模型进行有机融合，形成动态、立体、精细的三维模型，进而生成虚拟的场景模型，为建设基于数字孪生的高速公路智慧建造平台奠定坚实的数据基础。

图 1　无人机巡检视频与实景三维模型融合

图 2　地面照片与实景三维模型融合

图 3　现场监控视频与实景三维模型融合

2.2 构建智慧化服务平台

面向高速公路智慧建造管理过程中的数据可视浏览、进度实时跟踪、质量安全监管、项目整体管控等需求，平台通过构建首页领导驾驶舱、进度分析、质量安全、施工模拟、进度汇报、土方量算、拆迁分析等功能模块，有效提高高速公路建造管理的智能化水平及效率，实现真正意义上的“四控两管一协调”，促进高速公路建造管理更规范、更高效、更智能、更直观。

（1）首页

平台基于数据基础底座，构建首页领导驾驶舱功能模块（见图 4），提供 BIM、GIS、无人机影像等多源数据浏览功能，提供距离量算、高度量算、面积量算、角度量算等三维空间测量功能，提供数据点选、属性查看、桩号查询、方案展示等数据查询检索功能，提供重点区域动态场景、静态场景等专题场景浏览功能，为智慧建造平台综合应用提供基础的数据浏览、分析、查询、展示能力。

图 4　领导驾驶舱

（2）进度分析

平台构建进度分析功能模块，提供工程进度自动化计算及进度可视化呈现功能（见图 5），支持将建造现场的 BIM 模型与实景三维模型数据进行自动比对，快速计算 BIM 设计与实际施工的差异，获取高速公路建造进度信息，并以可视化的形式将建造进度信息进行分级展示，辅助工程管理人员快速掌握工程进度状况，及时发现进度问题，并进行进度计划调整，有效确保高速公路按时完成建造工作。

（3）质量安全

平台围绕高速公路建造过程中的质量及安全监管要求，以全方位智能监管、全周期自动预警为目标，构建质量安全功能（见图 6），基于高速公路建造现场的视频监控、无人机智能巡检、实景三维等数据，通过智能识别、AI 判断等技术，支持违规行为及时发现、施工现场病害监测、质量安全问题闭环处理、处理过程全程记录等功能，有效推动工程建造科学化、规范化、透明化，保障高速公路建造成果质量，提升高速公路建造管理效率。

图 5　进度分析

图 6　质量安全

（4）施工模拟

平台针对高速公路建造过程中的提前模拟计划需求，提供施工模拟功能（见图 7），通过调用 BIM、GIS、实景三维模型等数据，配置施工场景方案，模拟施工预期场景，促进施工模拟立体化、可视化、智能化，辅助工程项目管理者提前部署工程进度、做好施工计划。

（5）进度汇报

高速公路建造具有工期长、管理难等突出问题，在建造过程中，需要按时按需多次向上级管理部门汇报工程进度。平台针对工程进度汇报需求，提供进度汇报功能，以多屏对比的形式，展示不同时间段的现场照片、无人机巡检视频、实景三维模型、BIM 模型等数据（见图 8）。通过多时间段、多类型数据的对比展示，改善以往进度汇报形式单一、汇报成果利用率低、汇报成本高等问题，让进度汇报直观化、可视化、高效化。

图 7 施工模拟

图 8 进度汇报

（6）土方量算

平台针对施工过程精细化、智能化管理需求，提供土方量算功能，基于工程高精度实景三维模型数据，通过设置施工红线及里程桩线，以横断面法或者两曲面叠加法等多种方式，快速精准地计算土石方量，并以可视化图表对土方量算结果进行展示，让土方量算过程科学、结果可视，提升高速公路建造管理的科学性及可视性（见图 9）。

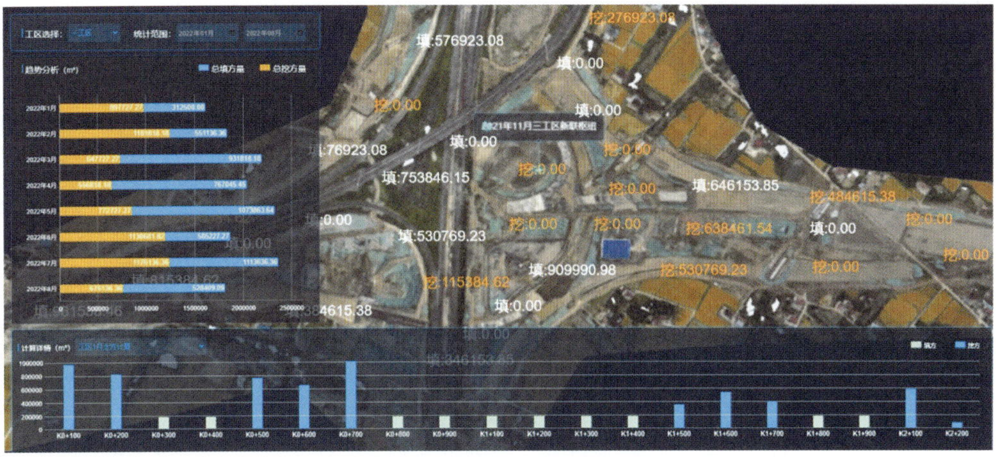

图 9　土方量算

（7）拆迁分析

平台针对高速公路建造前期的成本预算及建造设计等环节，提供拆迁分析功能，通过 AI 智能识别技术，自动快速地识别获取建造施工区域内需拆迁房屋，并自动计算房屋数量及面积，获取房屋位置信息、所属行政区域等信息，为拆迁工作提供技术支撑及数据基础（见图 10）。

图 10　拆迁分析示意图

（8）施工助手 App

平台采用多端协同管理的模式，提供施工助手 App，以移动端的形式，辅助工作人员开展外业工作（见图 11）。施工助手 App 通过轻量化技术处理数据模型，实现 BIM 及 GIS 数据在手机端一体化快速调度浏览；施工助手 App 同时提供现场质安巡检功能，工作人员在巡检过程中，一旦发现质安问题，可通过 App 及时上传现场相关信息，推动质安问题高效处理，形成建造质安管理闭环，实现施工过程留档可追溯。

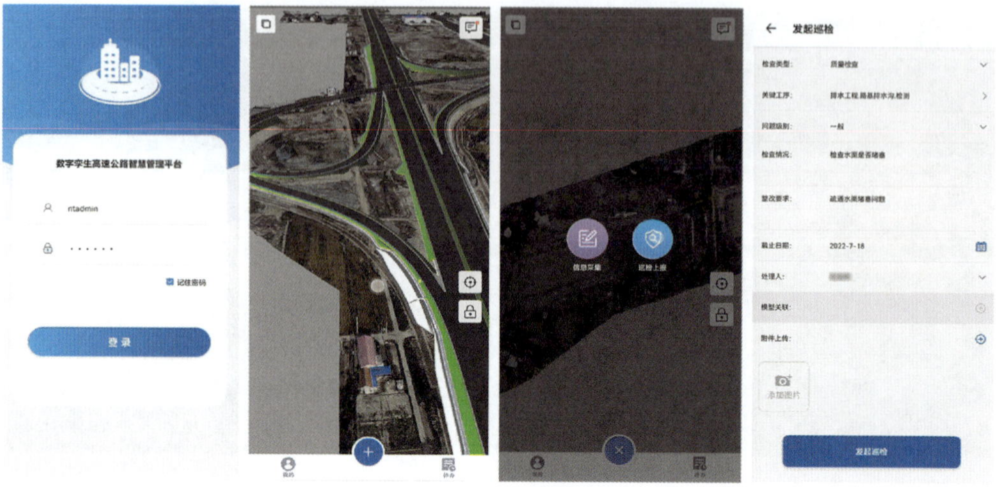

图 11　施工助手 App

3　关键技术

针对工程项目管理的痛点及难点，项目通过研究 BIM、GIS、物联网、无人机等信息化技术以及进度掌控、安全质量、风险源预测等项目管理相关的关键技术，并探索智慧建造平台的建设方法及应用场景，为工程项目智能化管理提供新的思路，形成具有自主知识产权的高速公路智慧建造技术与平台。

3.1　无人机智能巡检成套装备及高精度摄影测量技术

以人工智能技术为核心，以无人机机巢为载体，通过一体化作业管理平台，构建一套高速公路无人机智能测绘巡检方案，创新开发适应高速公路不同应用场景的无人机自主飞行软件，提供自主巡检、精准降落、多机协同、成像优化、同步通信等功能。同时融合高精度自主可控的空三解算和三维重建技术，实现数据采集、传输、计算、入库、发布环节全流程自动处理。通过智慧建造云平台，集成无人机高精度摄影测量模块，为无人机巡检数据的实时传输、实时计算、快速处理提供保障，实现自动构建高速公路数字孪生三维底图。高精度摄影测量技术如图 12 所示。

3.2　GIS+BIM+UAV 等多源数据的数字孪生集成技术

通过低空无人机摄影照片和地面采集的近景影像，实现联合定向和自动生成高分辨率真三维模型，全面提升工程现场实景三维模型质量和精度。通过 GIS+BIM+UAV 数据融合，形成高速公路数字孪生底图，通过检索可以定位和浏览各标段项目及其周边环境，可以查看风险源状态、人员定位、监测数据等多源数据。通过 BIM+无人机，实现地上地下数据的融合。对于地面及结构外部模型，也可采用无人机测绘技术快速建模，建立高精度三维真实景观模型。对于地下建筑（如桩基等）及建筑结构内部模型，采用

BIM 建模，二者实现互通、补充，实现高速公路建造管理的三维可视化。

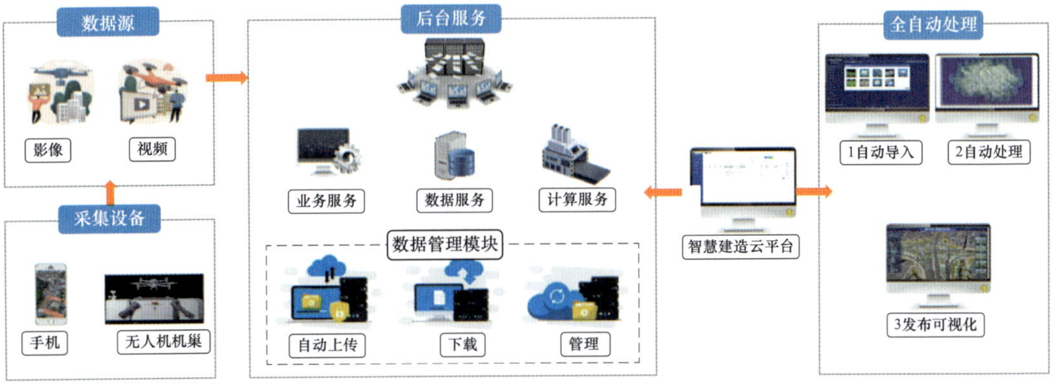

图 12 高精度摄影测量技术

3.3 厘米级精度 GIS 实景三维地理实体与构件级 BIM 的融合

平台通过创新厘米级精度实景三维地理实体与构件级 BIM 的融合机制，构建数据存储模型，并以无人机三维实景模型和 BIM 数据为验证数据源，通过空间特征与影像特征的交互印证，实现多源数据的无缝融合、数据交换、传输和高性能可视化。

3.4 大规模 GIS + BIM + UAV 海量数据的实时调度和动态更新

随着测绘技术、遥感技术的快速发展，数据分辨率越来越高，地形数据量也越来越大，海量数据的实时快速调度成为亟待解决的问题。针对高速公路建设涉及多源空间数据的特点，融合集成多源数据，构建准确、高效、全面的施工过程众源数据库，实现大规模 GIS + BIM + UAV 多源海量数据的分布式存储和高效率调度，以及多角度、多时相、多传感器数据地无缝配准和综合分析。

3.5 数字孪生底图引导的无人机智能巡检

基于无人机摄影照片、地面近景、BIM、二维矢量、卫星遥感影像以及监控视频等多源数据，构建高速公路建设项目的数字孪生底座，1:1 还原施工建设现场。在此基础上基于数字孪生底座，引导无人机智能巡检，实现无人机巡检航线规划和协同任务执行等功能，实时、高效获取现场无人机影像、视频巡查数据，实现施工成果的快速复核，提升工程现场项目建设的质量和精度。

3.6 集成分布式并行智能处理框架与 AI 识别预警技术

基于分布式并行智能处理框架，实现各种计算任务的高效处理。利用 AI 机器学习技术，辅助实现风险源、行为规范、病害信息、拆迁房屋的自动识别与风险预警，为文明安全高效施工提供技术保障。同时提供工程量核对、监控视频目标定位等一体化管控能力，使建造管理由“人管”转变为“技管”，实现项目的精细管控、实时洞察与清晰决策。

4 创新点

传统的高速公路建造数字化管理过程中，BIM、GIS、摄像头等感知数据都是独立运行，无法在同一数字化平台上做到智能感知、进度可视、智能管控、管理闭环。本项目以项目进度、质量、安全、成本智慧管理为切入点，在管理模式、管理流程、管理技术等多个方面具有创新建设亮点。

4.1 数字管理创新管理模式

传统的高速公路管理模式通常存在人为管理效率低、管理数据收集难、收集数据应用差等问题，本项目通过自主创新，高度集成各类先进传感器、大数据、BIM、GIS、无人机、实景三维、北斗高精度定位等新技术，汇聚融合多源异构数据，构建高速公路建造数字孪生底图，将建造所有信息进行数字化、可视化表达，实现在线查看现场质量、安全、进度等信息，让管理者未到现场也能身临其境、全面感知。同时，让建造数据得到充分挖掘，为高速公路智慧建造应用提供基础支撑，推动建造管理数字化、科学化。

4.2 “互联网+”创新管理流程

传统高速公路建造管理存在流程繁、速度慢、效果差等问题，而本项目基于智慧建造平台的管理流程，创新应用“互联网+”，实现建造管理网络化，建造管理的各类事项发起、经办闭环均可在互联网平台上完成；同时提供规范的制度、明确的流程，大幅度提升施工现场劳务、安全、环境、物料四大领域管理效率。创新管理流程如图13所示。

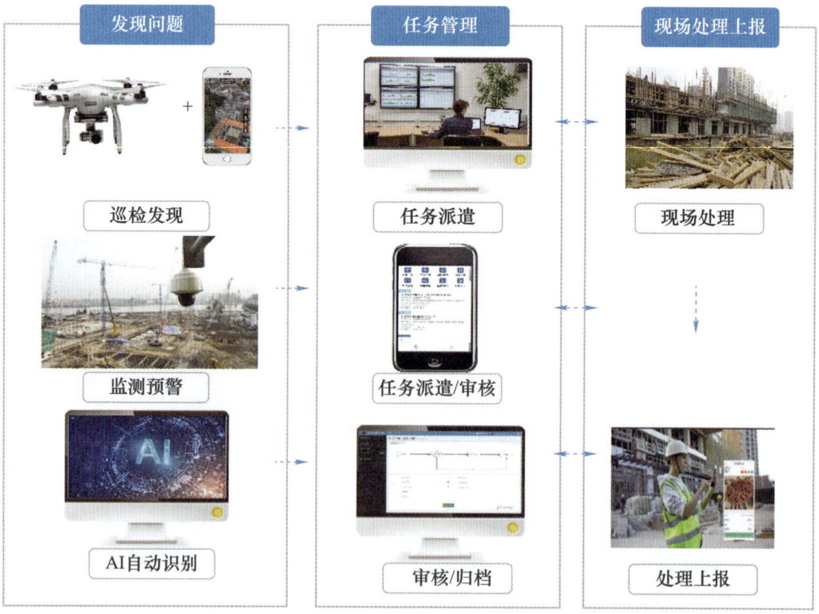

图13　创新管理流程

4.3 智慧建造创新管理技术

项目在智慧建造中采用数据获取、集成处理、管理应用等多个关键技术，在工程管理过程中的进度、质量、安全、成本等多方面及设计、建设、维护等多阶段进行了管理技术创新。通过项目进度自动比对计算、可视化监管，施工全过程中路基应力、变形、振动等多元信息的一体化自动监测，施工现场人员、物料、设备等内容全方位监控，实现自动巡检、智能管理，为高速公路全过程的智慧管理提供技术支持。

5 示范效应

本项目围绕智慧交通建造的关键环节，大胆创新、积极探索，紧抓试点工作，初步运用到南通绕城高速公路的建设过程中。

通过打造数字化基础底座，构建智慧化服务平台，有助于确保高速公路建造安全、保质、高效履约，有效节约管理成本，降低高速公路建造企业运营成本，对于推动高速公路项目智能化管理具有较好的示范效应。同时，本项目建设实现了高速公路建造全过程的数据资产交付，通过建立行业领先的交通智慧建造平台，有利于提升高速公路建造企业的业务水平，扩大建造企业市场份额，对于创新建造企业智能发展具有较好的示范效应。本项目的智能建造平台建设模式可复制、可推广，能延伸服务于建造行业多个领域，对于促进行业数字化、智慧化发展具有较好的示范效应。

实景三维西安智慧社区信息管理平台

泰瑞数创科技（北京）股份有限公司

1 项目背景

“十四五”时期地理信息管理明确了“支撑经济社会发展，支撑自然资源管理，不断提升测绘地理信息工作的能力和水平”的工作定位，要深入推进地理信息服务，促进地理信息产业结构调整和优化升级等高质量发展。这将进一步加速测绘地理信息行业在“十四五”期间的重大变革，地理信息产业将会迎来一波技术创新与应用服务升级。实景三维中国作为落实建设数字中国、智慧社会的技术支撑，作为新型基础测绘的标准化产品和各类行业应用的数字底座，催生了测绘地理信息产业新的广阔市场前景和机遇。实景三维中国建设，是由自然资源部主导的新型基础测绘改革任务。全国各地也纷纷将实景三维建设列为“十四五”时期基础测绘的重点任务之一。

实景三维西安智慧社区信息管理平台建设项目以西安市新型基础测绘试点建设为依托背景，根据国家新型基础测绘建设西安试点任务目标和要求，以“按需服务、灵活定制、开放共享”为导向，充分利用西安市现有数据基础，优化升级基础测绘产品服务体系。项目建设旨在充分发挥试点资源优势，依托地理实体“三维化、实体化、语义化”的特点，打通了实景三维和二维数据，以及业务基础数据的关联与融合。以实景三维西安服务平台为底座，利用 Web GIS、物联感知等技术，统筹整合社区实景三维数据、社区管理基础信息、15min 生活（核酸）圈等专题数据，实现社区对居民、车辆、事件和业务的统一管理，推动社区管理向精细化、实时化、重点化的创新，在便民服务、高效运营、政府监管等领域提供新型基础地理信息服务支撑。

2 项目内容

项目根据西安市试点社区日常对人员、事件、设施、业务信息管理等实际情况，开展需求分析与研究工作，并汇聚社区实景三维数据和社区基础信息、业务数据资源，进行数据关联匹配、空间挂接等，建设实景三维西安数据空间底座。

响应和实现社区需求的具体要求，提供社区实景地图服务、三维模型服务、建筑物数据要素服务、统一地址数据服务，构建社区二三维可视化底图并实现分类、分层、分户展示，建立人、事、物、管等社区要素与空间地理信息之间的关联融合。

实现对社区管理数据库的数据采集、维护、查询、分析、展现等功能，具备“最后一公里”路径规划、以房找人、快速查询等能力，依托实景三维数据的空间属性，结合社区管理信息，对人口信息进行深度挖掘和分析，使得人口管理工作更加精准化、智能化，协助社区精准防疫及应对其他紧急事件，同时对社区管理工作中人、车、房、消防、安防、卫生等多源信息进行整合分析，形成各种具有空间特点的分析图表和评价指标，辅助管理决策。平台架构如图 1 所示。

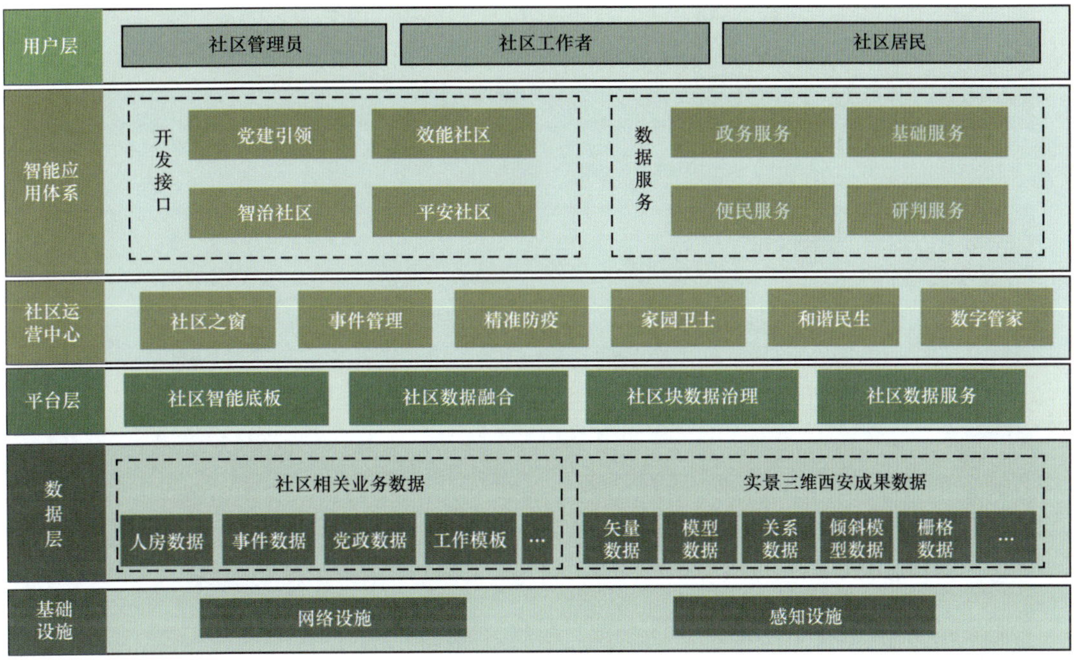

图 1　平台架构图

2.1　实景三维空间数据底座

（1）底层数据搭建

通过与社区的持续对接、收集、整理了人口（重点人、户籍人口、流动人口）、车辆（重点车辆）、事件、不动产等基础数据，统筹整合西安市实景三维数据成果，根据数据特点，梳理实景三维、多源信息与管理需求之间的逻辑关联，建立各领域多维度属性信息、空间数据与实景三维数据成果之间的关联关系，形成实景三维西安数据网络（见图 2）。

（2）可视化展示系统构建

基于数据空间底座，利用目标场景模拟进行功能设计与分析，打造可视化展示系统，系统支持加载实景三维地理实体数据、影像数据、三维模型数据等多源地理空间数据，支持政务、交通、工业、能源等各领域多维度 IoT 业务数据的接入，实现多源数据的融合叠加展示（见图 3）。

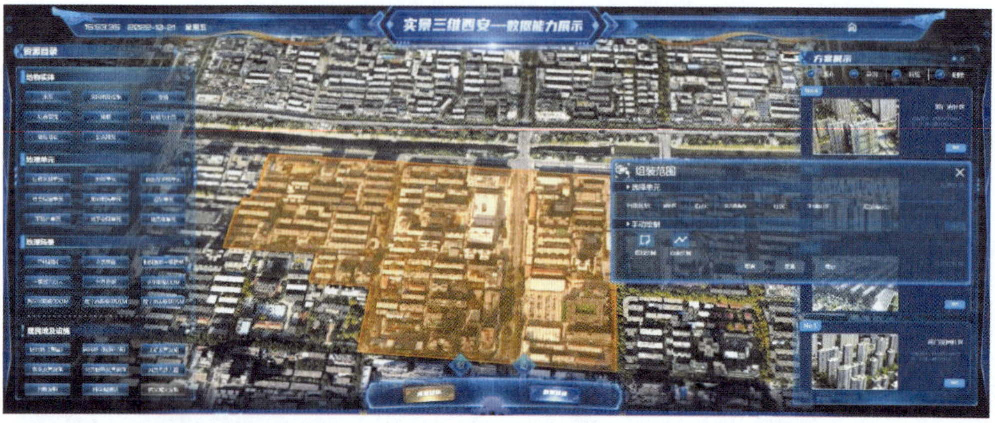

图 2　实景三维数据空间底座

图 3　实景三维场景

同时，平台基于三维场景与视频进行融合的技术，具备多种类型摄像头视频融合、摄像头可视域查询、多类型流媒体服务接入、基于点线面范围的正反向查询、室内外多路摄像头视频融合等功能，实现三维室内外场景与实时视频的融合显示，达到现实与虚拟场景无缝切换，让数据应用展示更加直观。

1）多源数据汇聚。平台支持影像数据、矢量数据、三维模型数据等多源地理空间数据的汇聚叠加。

a. 影像数据。系统支持加载符合标准 OGC 协议的各类影像数据服务。支持 WMS 服务、WMTS 服务、TMS 服务、百度地图、腾讯地图、高德地图、天地图、MapBOX 等常用影像数据服务加载，支持通过 SmartEarth Globe Server 和 ArcGIS Server 发布的影像数据产品技术服务的加载；同时支持加载 CTB 地形数据服务，在地球场景上显示真实的地形高程的起伏。

b. 矢量数据。支持加载 GeoJson、TopJson、SHP、KML 等通用数据格式；支持加载 SmartEarth GISServer、ArcGIS Server、GeoServer 发布的 WFS 矢量服务。

c. 模型数据加载。

（a）B3DM 模型。支持加载将倾斜模型、人工模型、BIM 模型、点云模型等三维模型转换成 B3DM 格式的三维模型。

（b）矢量白模。可以基于 WFS 服务（由 SHP 矢量数据发布）自动构建出白模，并能给模型添加贴图效果。

2）视频融合。平台支持加载视频文件（文件格式为 html5 标签支持的视频格式）、HLS、RTSP 和 RTMP 协议的视频流，以指定纹理投影或者全局投影的方式融合进三维场景中，实现室内场景视频融合、室外场景视频融合、摄像头可视域查询等功能，具有支持多种类型摄像头、多视频服务接入的特性（见图 4）。

a. 室内场景融合：支持将视频融合到室内场景中。支持室内多路摄像头视频融合，且可查看室内多路视频融合效果。

b. 室外场景融合：支持室外场景的视频融合到三维场景之中，同一屏幕可支持 4 路视频同步融合。

图 4　小区核酸采集点视频融合

3）特效展示。

a. 在三维场景中，支持雨、雪、雾天气特效展示，可进行效果调整。

b. 支持添加烟花、爆炸、火焰、烟雾等粒子特效（见图 5）。

c. 支持雷达扫描、圆形扩散、动态墙、动态线、动态水面、模型扫描线等模型特效。

图 5　火焰场景特效

2.2　实景三维西安智慧社区信息管理平台

智慧社区信息管理平台中需实现各种台账信息一键导入、更新、归纳、导出、直观的展示与便捷操作能力，实现社区中人房信息、车辆信息、公共服务资源信息、事件信息、社区概况新闻、党建等信息的数据、查询、编辑、定位与统计归纳（见图 6）。在自动留痕，智慧生成工作记录、能效考评记录，支持文本、图片、音频、视频等多种形式，减少文档制作的心力耗费，充实必要、重要文档表格材料的多样性。

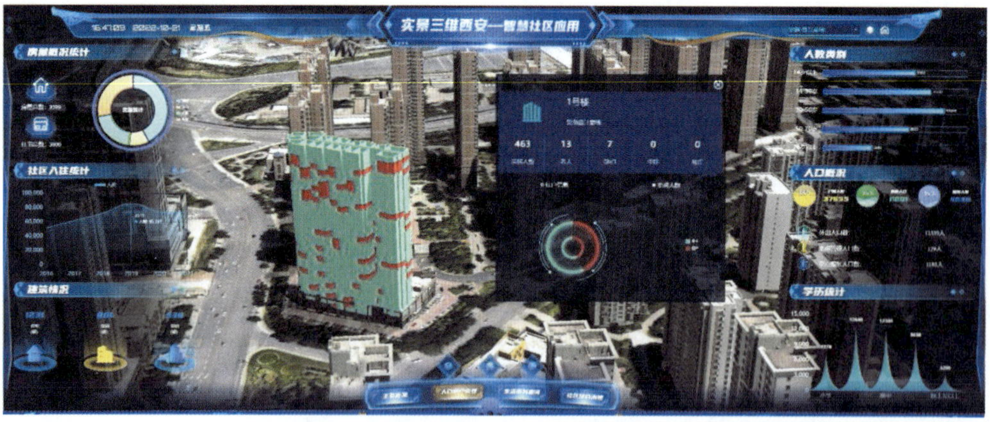

图 6　智慧社区应用

基于实景三维构建智慧社区全域场景，对社区供水、供电、供热、空调、新风、照明等各类设备设施的位置、分布、状态进行实时可视化监测，实现公共设施智能管理。

整合社区人口、民政、教育、卫生等信息资源，建立地理实体与社区资源的语义关系，进行社区级全生命周期管理，实现统一化、协同化、精细化、安全化和智能化的运营管理，解决社区管理中“人力所不能及、人力所无法及、人力所没有及”的实际问题，提高社区管理的精细度，破解城市治理难题。

将社区内的实时监控视频与空间数据联动、告警信息联动，位置与地图联动，警情与警力资源联动，指挥人员与警力联动，达到动静数据结合、实时人员管控，在三维场景中实现社区指挥调度。在社区实景三维场景下，集成安防系统能力，提供实时动态的社区安全态势监测一张图，实现社区内安防监控可视化和预警预报。支持集成视频监控、电子巡更、卡口系统等社区安防管理系统数据；支持对社区重点部位、人员、车辆、告警事件等要素进行实时监测；支持对社区区域范围内的所有消防资源、医疗资源等进行统一管控；支持安防报警事件快速显示、定位，实时调取事件周边的监控视频；支持对消防、燃气等基础设施隐患以及高空抛物、私搭乱建、侵占绿地等危害公共环境行为进行实时监控。

（1）社区概况展示

社区概况信息主要包含社区简介、实有人口统计、社区管理组织架构、社区党政信息、网格化管理人员等信息。通过实有人口信息进行楼幢数据钻取，且每一幢楼可进一步钻取每层每户信息（见图 7）。

图 7　通过楼栋信息进行每户信息钻取

（2）事件管理

事件管理主要对重点人对象、高频问题、事件预警、综合保障、网格化管理责任范围和重点车辆记录等信息进行汇总归纳，以表格统计图形式等可视化形式展示。并且重点人信息可以在三维场景中以精准到户的显示。

（3）社区疫情防控

精准防疫模块反映了当前发热、隔离、确诊等详情，以及社区全民核酸、隔离详情、社区工作组、疫情防控站点和流调轨迹人员等信息；支持搜索社区 15min 核酸圈范围内便民核酸采样点，展示站点名称、站点地址和营业时间情况，可方便居民快速采样（见图 8）。

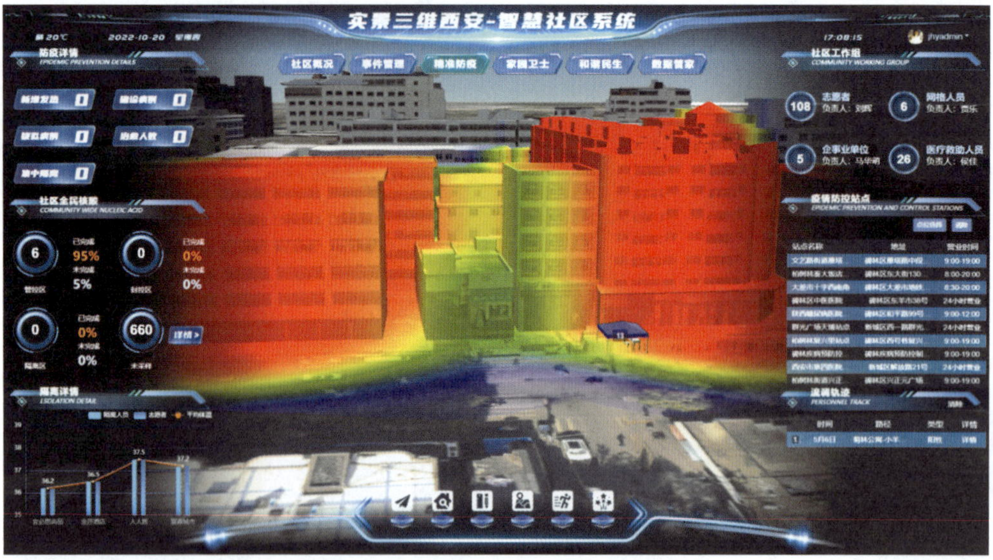

图 8　社区疫情防控站点实景三维图

（4）家园卫士

模块支持统计社区当日进出人数和车数、物联网感知设备情况。对接社区视频监控进行全景视频融合。支持容纳社区周边范围的重点室内场景，小区预警事件统计列表等情况。

（5）社区民生

社区民生功能模块由居民幸福小区、服务类型、服务列表、幸福指数、兴趣点分析、热点舆论等几个应用模块组成。该功能模块通过抓取互联网关键词搜索、论坛、地名地址服务数据对社区周边的配套服务、居民满意度调查、社会热点舆论进行相关统计分析等情况。通过服务类型模块，可对社区周边范围的金融保险、酒店住宿、居民小区、商场超市、文化教育、医疗卫生的数据进行分类统计、模糊搜索查询（见图 9）。

（6）数据管家

数据管家为平台的后台管理模块，包含了后台首页、智慧社区示范应用、系统管理、运维监管、系统工具、日志管理六个功能模块。在数据管家模块，平台会根据当前登录用户的权限，分配相应的模块。

在数据管家模块中可对应用社区板块数据，即系统实景三维界面所有展示信息的数据（如重点人员、人房、重点车辆、网格人员、小程序管理、工作模板上传等数据）进行管理。在系统管理子模块可设置用户的权限，进行系统配置。在运维监管子模块中，可对服务访问统计、系统安全监控、运行态势总览、软件运行监控、服务资源管理等系运维监管功能等详情情况进行监测查看（见图 10）。

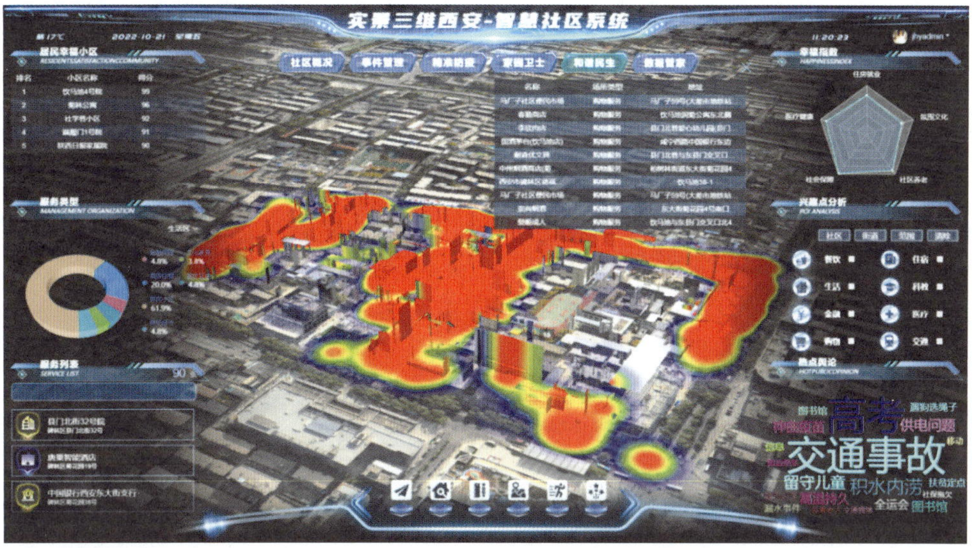

图 9　社区兴趣点分析图

图 10　社区运维监管图

3　关键技术

3.1　多源数据语义化融合技术

基于实景三维空间数据底座，融合汇聚公共服务数据或经济、人文、人口、法人、交通、民政等各类社会活动数据、物联网感知数据，通过结合大数据挖掘、知识挖掘等技术，提取各类数据蕴含的深层信息，形成具备语义化特征的综合数据网，为不同应用场景所需的服务管理平台提供数据支撑，助力西安市“智慧社区”建设，实现治理能力现代化。

3.2 顶级视觉效果可视化渲染技术

系统建设综合 GIS 引擎和游戏引擎特点，采用“双擎”驱动实时渲染，实现顶级视觉效果的全空间、全要素可视化渲染，从数据的解析、调度层面对数据的加载和渲染进行优化，高效流畅加载多源数据（见图 11）。可真实展现地形级、城市级、部件级实景三维数据可视化展示效果，还原城市样貌、自然环境、城市细节等各种可视化场景，满足不同应用场景对高精度、大场景的实景三维数据全域加载的需求。

图 11　场景可视化渲染效果

3.3 自定义服务场景搭建技术

积木式场景拼装服务：将各类接口调用合并成为各个组件，可进行隔离（分装），使之成为独立的模块独立运行，使定制化开发接入转换成本更低，满足不同业务需求。系统的可维护性更强，且场景搭建平台具备无插件、跨平台、跨浏览器的特性，用户无须下载任何插件，只需要打开一个网页链接就可以浏览三维场景，实现数据资源的高效共享。

4 创新点

（1）提供实景三维成果数据承载平台，满足实景三维数据可视化需求

利用时空信息云平台和平行世界孪生平台同时承载各类成果数据，还原各类应用的可视化场景。

（2）融合汇聚多源实景三维数据与专题业务数据，实现实景三维应用

在实景三维空间数据底座基础上，融合智慧社区应用的专题业务数据，实现专题可达性分析、专题实体查询、社区事件管理、社区服务、疫情防控管理等功能。

5 示范效应

5.1 打通数据壁垒，为服务应用赋能

实景三维成果作为数据基础，在智慧社区管理应用场景中发挥了重要作用。在项目建设当中，平台实现了可视化数据与实景三维场景充分融合、物联网设备的合理接入，并且有效地将实有人口、户籍人口、流动人口、房屋、疫情等相关信息与实景三维成果数据进行融合，综合性、实时性地扩充了数据网络，形成空间数据底座，为精细化管理、智能化建设体系提供了三维数字空间服务，真正做到了依托实景三维成果特点打破数据壁垒，提高了实景三维数据的应用性，为服务应用赋能。

5.2 面向行业需求，扩展平台服务应用

实景三维西安可视化应用平台可实现定制化、专业化的应用模块搭建，满足各类业务需求。在当期建设内容中，平台重点支持了智慧社区业务应用方向，功能建设切实体现了“足不出户，便知社区事”的智慧化、现代化的社区管理理念，解决社区管理痛点问题，达到生活圈便民服务、管理者高效运营以及政府监管的目的。后期可进一步收集相关应用场景的实际需求内容，持续为平台建设内容功能做进一步扩充、优化。

基于实景三维的智慧机场建设与应用

浙江科澜信息技术有限公司

1 项目背景

芜宣机场是4C级国内支线机场，位于中国安徽省芜湖市湾沚区湾沚镇和宣城市宣州区养贤乡，2021年4月开航。芜宣机场鸟瞰图如图1所示。

图1 芜宣机场鸟瞰图

芜宣机场结合地方及行业特点，从区位优势、产业定位、营运规模等视角，贯彻国家“十四五”规划、“解放思想、全面推进机场的智慧化管理”的战略，围绕“小机场、大智慧”行业形象的总体发展目标，通过智慧机场项目构建了芜宣机场智能运营中心（IOC）系统平台，将营运作业和管理人员的智慧养成作为核心，完善了芜宣机场营运管理体系，增强了芜宣机场营运能效，达到了优质保障航班运行、服务旅客出行的目的。

2 项目内容

2.1 总体架构

芜宣机场智慧机场项目，依托物联网、数字孪生，结合大数据、云计算等先进技术，主要围绕四型机场建设“智慧机场”，打造了 1 个数字孪生机场、1 个智能运营 IOC 平台、1 个地热泵系统、1 个无纸化通关，总体架构如图 2 所示。

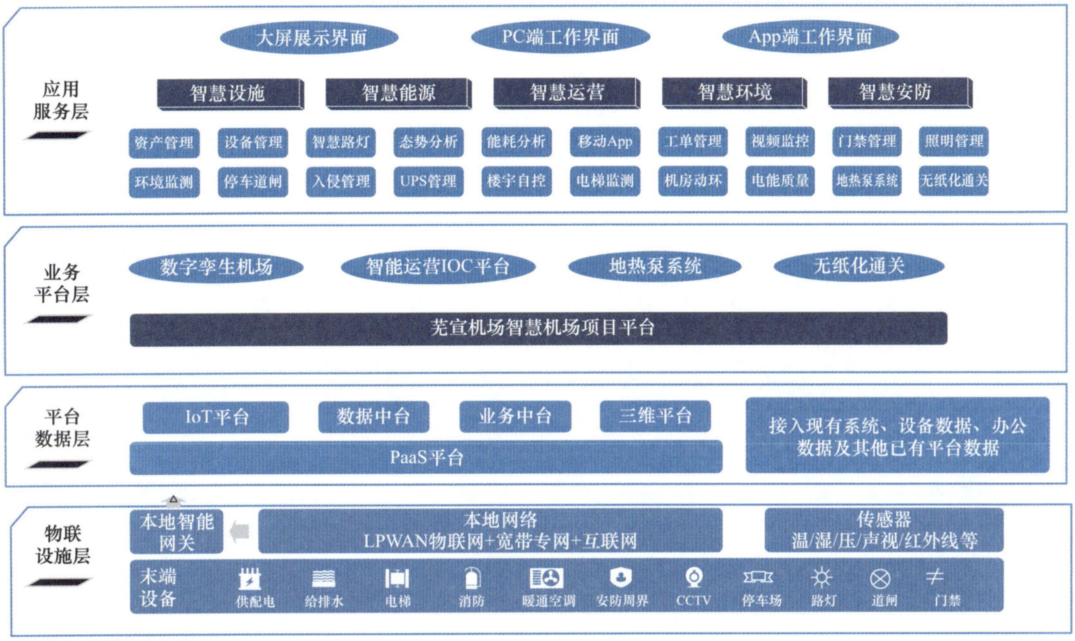

图 2　智慧机场总体架构

2.2　建设内容

（1）数字孪生机场

采用数字孪生技术，通过室内室外精细三维建模及态势数据相结合，构建了数字化孪生机场，主要包括总体态势、资产态势、设备态势、安防态势、环境态势、能效态势等模块，实现芜宣机场可视化、场景化、直观化、智能化的运营与管理，提升芜宣机场日常运营管理和旅客出行的智能化服务能力。

1）总体态势。对机场总体态势情况进行分析和展示，主要包括事件任务统计、人员情况、能耗情况统计、设备情况、环境情况等，向机场运维人员提供机场完整的运营态势感知，有利于更好地决策（见图 3）。

2）资产态势。对机场资产态势情况进行分析和展示，主要包括资产概况、各部门资产情况、资产动态、月度资产对比、各部门采购趋势等，帮助机场运维人员了解机场资产库存、采购等情况，有助于资产合理采购及分配。

3）设备态势。对机场设备态势情况进行分析和展示，主要包括设备运行、分类、状况、故障、报警趋势及排行等，并可进行实时状态查看，帮助机场运维人员感知机场设备实时情况，快速处理报警、故障等设备，提高工作效率（见图 4）。

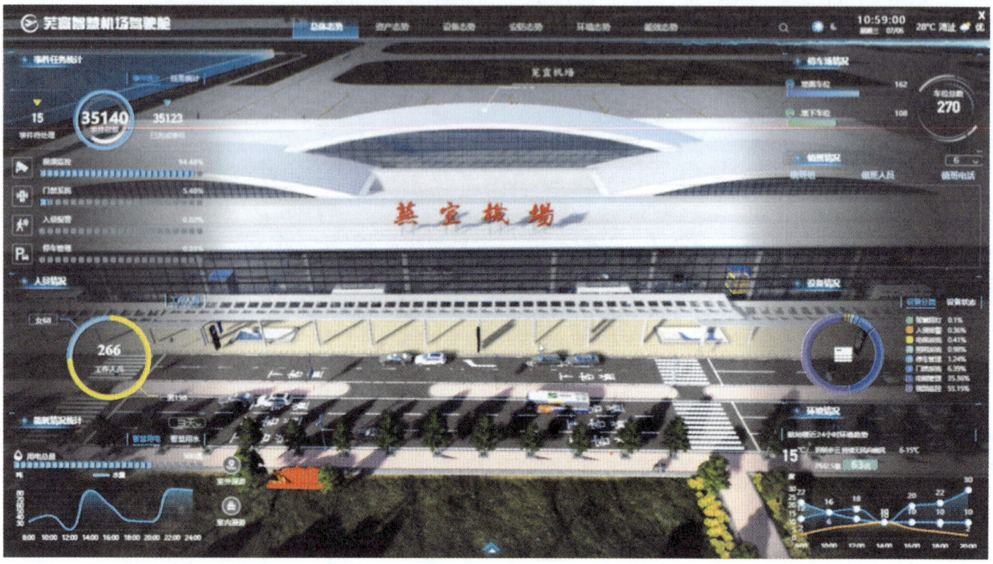

图 3　总体态势

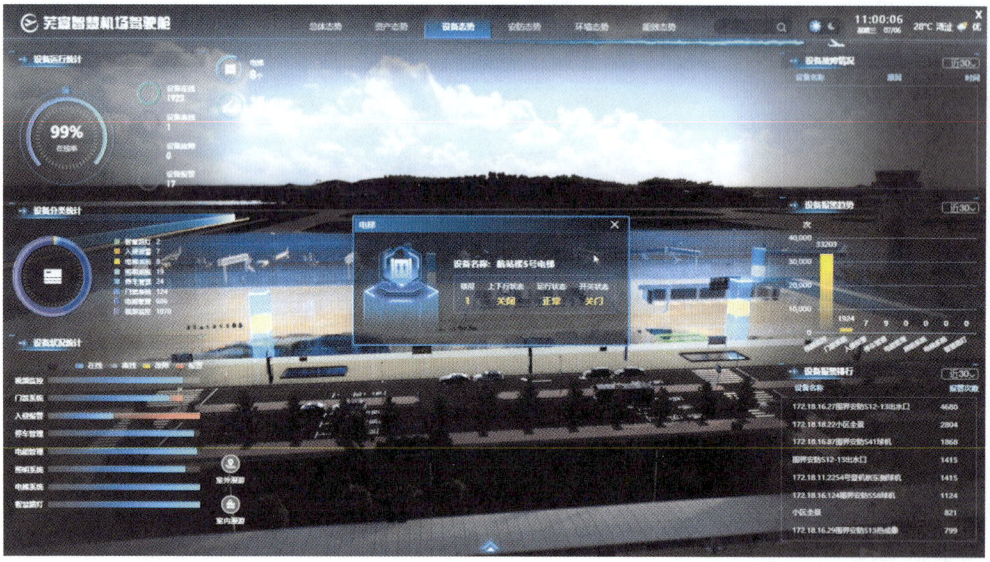

图 4　设备态势

4）安防态势。对机场安防态势情况进行分析和展示，主要包括事件总数和情况、任务总数和情况、监控状态及报警情况、门禁状态及报警情况、入侵状态及报警情况等，并可实时查看监控、门禁和入侵的设备状态，帮助机场运维人员把握机场安防情况，提高相关人员对突发安防事件的响应能力。

5）环境态势。对机场环境态势情况进行分析和展示，主要分为室外和室内环境统计，包括空气质量指数、PM2.5、温度、湿度、风速、气压、甲醛、CO、CO_2等，帮助机场运维人员感知室内外实时环境及变化趋势，从而及时做出调节，有利于提高旅客舒适度（见图 5）。

图 5　环境态势

6）能效态势。对机场能效态势情况进行分析和展示，主要分为用电情况和用水情况，包括总量、费用、趋势、分类、排名等，帮助机场运维人员对比分析能耗使用情况，从而达到节能减排的目的（见图 6）。

图 6　能效态势

（2）智能运营 IOC 平台

智能运营 IOC 平台为芜宣机场集控中心，提供一体化营运、监控和分控中心协同信息化平台，主要包括首页、数字驾驶舱、场景应用、物联网集成、设备运维等，通过多元数据融合、联系平台功能系统，对芜宜机场工作运行秩序等进行控制和管理。

1）首页。支持将系统运营过程中工单、事件、资产、设备以及能耗等有价值的数据进行统一汇总，并支持数据项更改展示，帮助机场运维人员筛选关注数据（见图 7）。

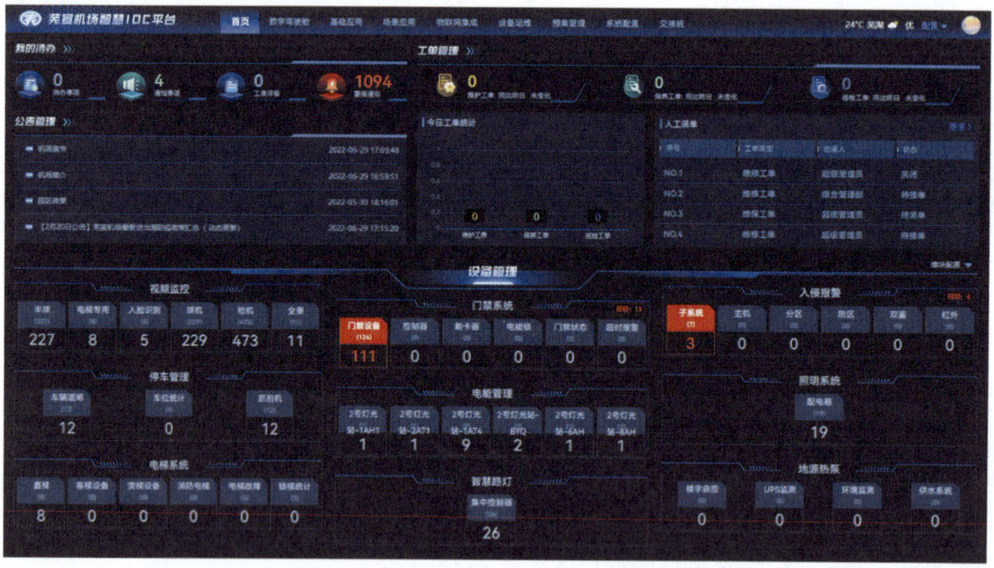

图 7　首页

2）数字驾驶舱。数字驾驶舱主要展示设备、环境、工单、安防、资产、报警、能耗等态势关键数据，帮助机场运维人员感知机场整体态势（见图 8）。

图 8　数字驾驶舱

3）场景应用。场景应用可以根据不同使用场景，定制相应的运行模式。机场运维人员可以通过操作改变系统的运行模式，实现对机场机电系统的智能化掌控。

4）物联网集成。物联网集成将机场各个孤立运行的系统进行统一集成整合，为芜宣机场提供了一个集运行监测、辅助决策、指挥调度和信息发布等多功能一体的智能运营管理平台，有利于提高机场运行及管理效率（见图 9）。

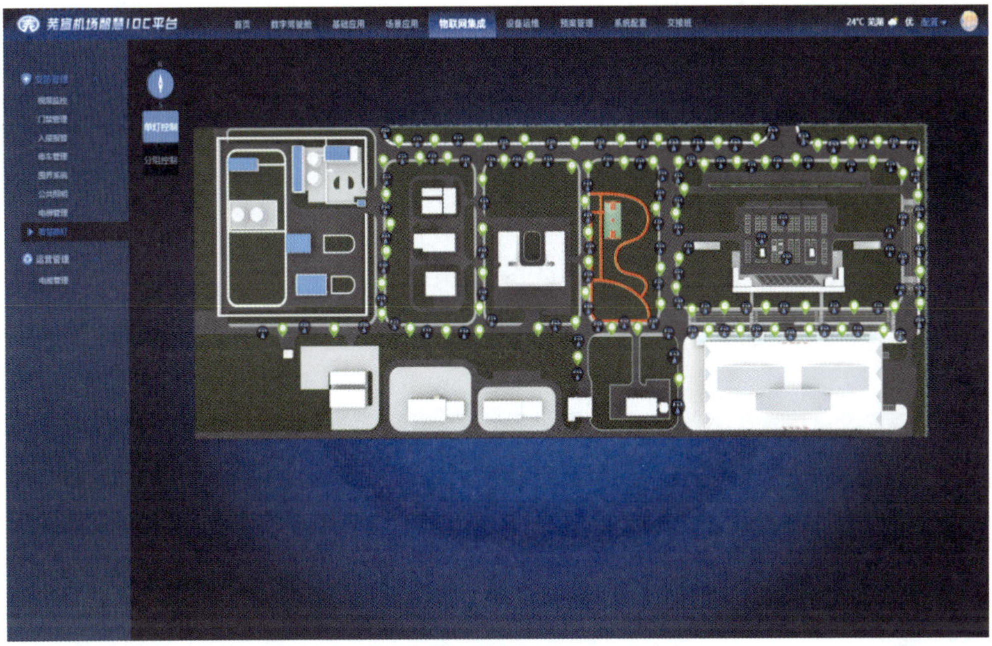

图 9　物联网集成

5）设备运维。设备运维主要包括运维管理、排班管理、库存管理和资产管理等，加强了机场管理的系统性、规范性和流程性，帮助机场运维人员提高工作效率及管理水平。

（3）地热泵系统

地热泵系统主要包括系统监控、微环境、温控系统、新风系统、能耗系统等功能，帮助机场运维人员实时掌握地热泵运行态势，提升地热泵运行效率，提升旅客出行环境的满意度，并实现节能减耗的目的。

1）系统监控。系统监控包括今日能耗、当前供冷供热能耗统计、7 日能耗统计、系统流程图、调控日志和故障报警信息等，帮助机场运维人员监控地热泵能耗情况（见图 10）。

2）微环境。微环境主要是对特定区域的环境参数进行监控和展示，包括温度、空气质量、湿度、CO_2 浓度、TVOC 浓度、PM2.5、甲醛等，帮助机场运维人员根据实时环境情况调节区域环境（见图 11）。

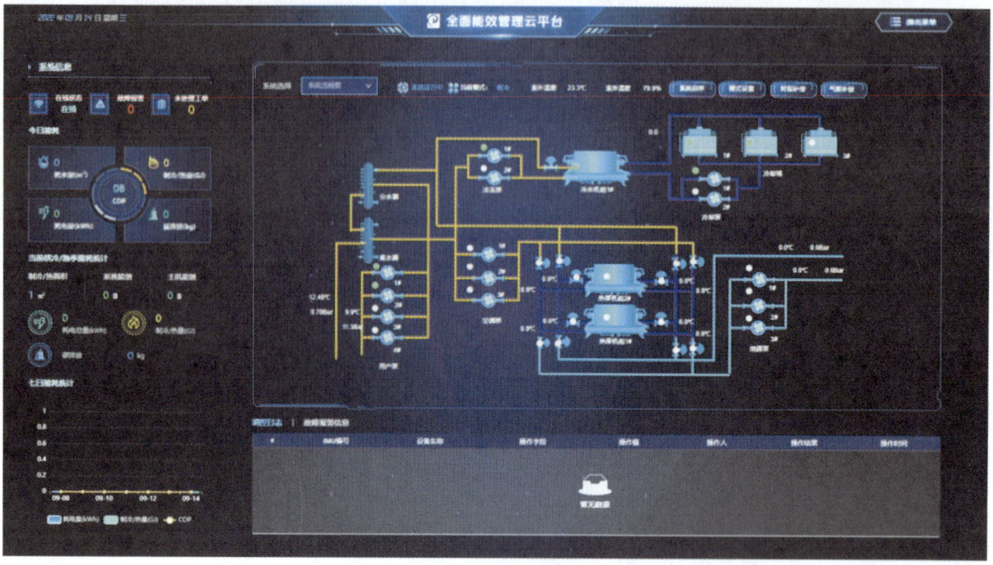

图 10　系统监控

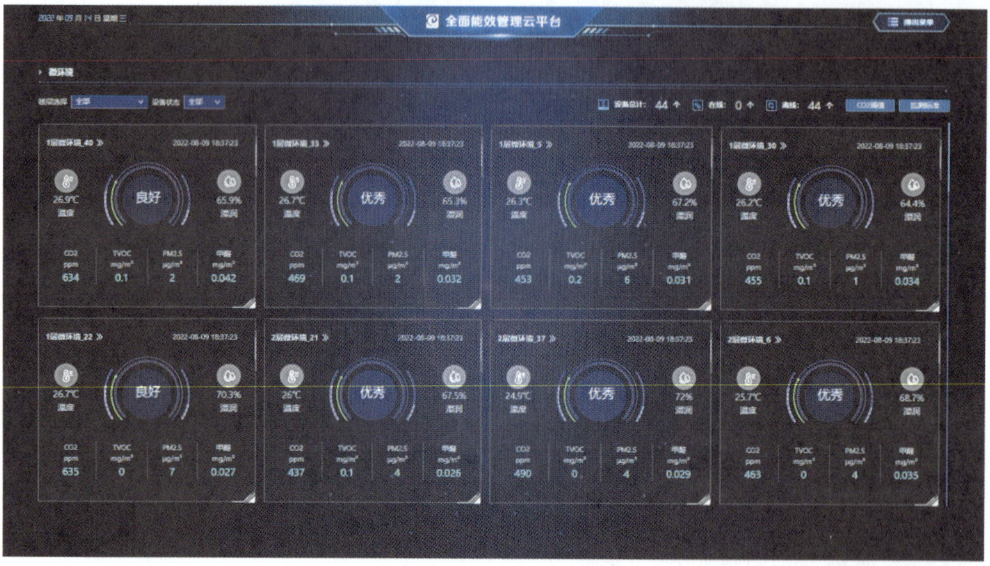

图 11　微环境

3）温控系统。详细展示了温控器所在房间室内温度、设定温度、开关机状态、模式、风速等，可帮助机场运维人员了解温控器所在房间状态，并实现远程控制，如图 12 所示。

4）新风系统。直观化展示了当前楼层新风机组设备数据、送风温度、新风温度、开关曲线等，并可进行频率设置、运行反馈，帮助机场运维人员了解并控制当前楼层新风机组设备，如图 13 所示。

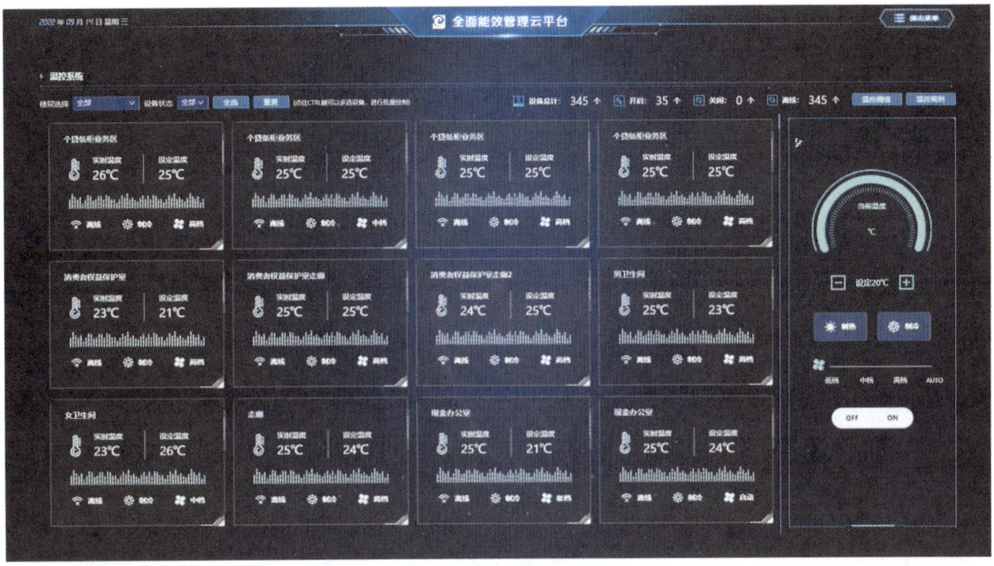

图 12　温控系统

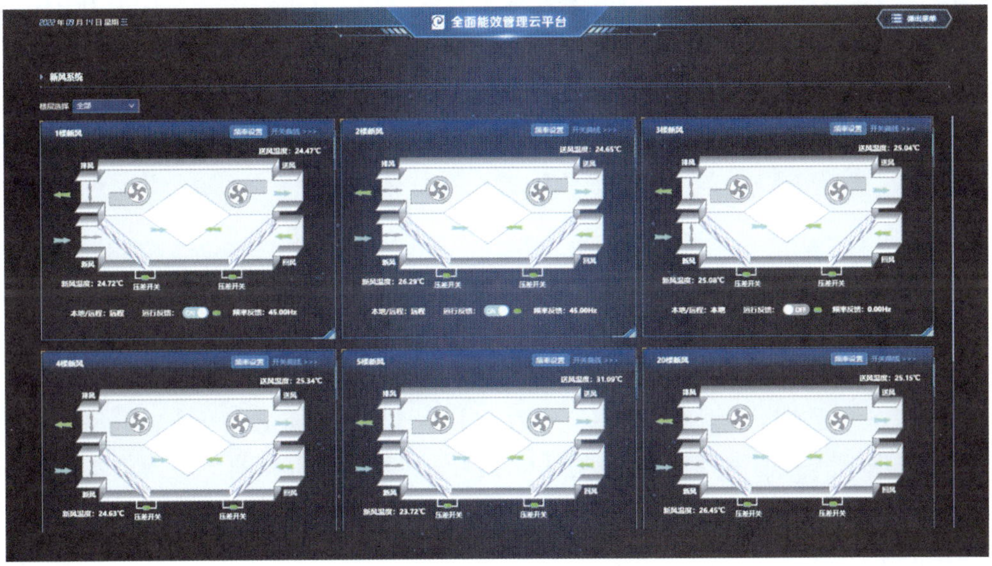

图 13　新风系统

5）能耗系统。能耗系统主要包括系统能耗、历史查询、同期对比、节能优化、风水联动、节能分析等，帮助机场运维人员了解冷热季能耗基本情况，分析更优节能优化方案，达到系统节能控制的目的，如图 14 所示。

（4）无纸化通关

无纸化通关着重在增加无纸化通关设备，并无缝衔接机场原有离港、安检信息系统。旅客出示纸质登机牌，可当普通扫描枪使用；旅客出示电子登机牌，可扫描电子登机牌；如果旅客绑定身份证信息，无须出示身份证，可直接读取旅客登机牌及身份证信息。无纸化通关有利于提高旅客通关效率。

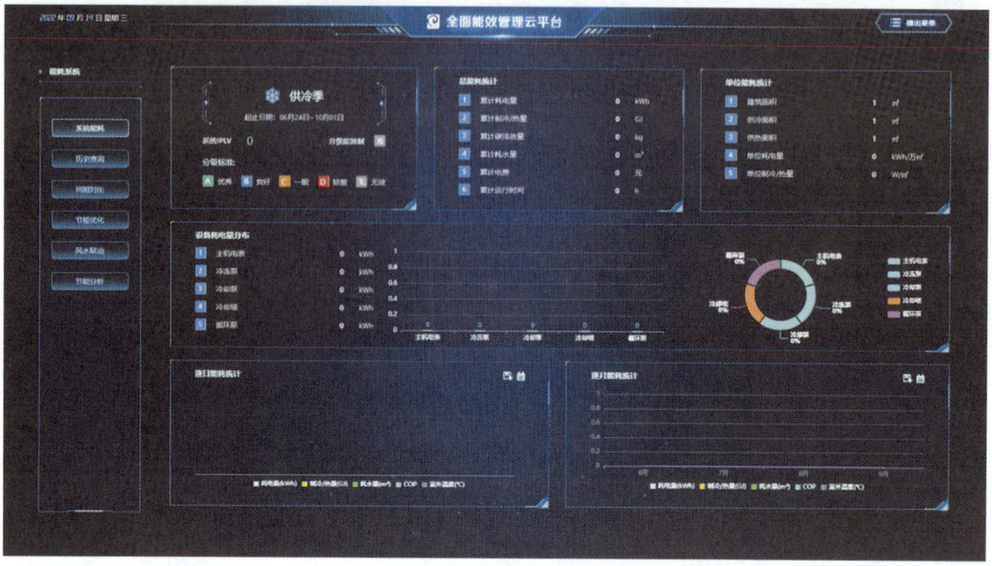

图 14　能耗系统

3　关键技术

3.1　数字孪生

数字孪生是一种以数字化方式创建物理实体的虚拟实体，充分利用物理模型、传感器更新、运行历史等数据，在虚拟空间中完成映射，从而反映相对应的实体装备的全生命周期过程。主要通过对物理世界的人、物、事件等所有要素数字化，在网络空间再造一个与之对应的“虚拟世界”，形成物理维度上的实体世界和信息维度上的数字世界同生共存、虚实交融的格局。

3.2　物联网

物联网（Internet of Things，简称 IoT）是指通过各种信息传感器、射频识别技术、全球定位系统等各种装置与技术，实时采集任何需要监控、连接、互动的物体或过程，采集其声、光、热、电、位置等各种需要的信息，通过各类可能的网络接入，实现物与物、物与人的泛在连接，实现对物品和过程的智能化感知、识别和管理。

3.3　基于 Sigma 核心算法的模型数据优化处理技术

（1）需求与问题

芜宣机场模型数据因前期指定的建设标准高，整体数据成果在处理之前，存在数据加载速度慢、占用显存内存资源高、渲染压力大等问题。

（2）关键技术实现

利用 Sigma 特有的模型优化算法、LOD（层次细节模型）等技术，对三维模型数据进行自适应的纹理缩放和几何精简。LOD 技术指根据物体模型的节点在显示环境中所处的位置和重要度，决定物体渲染的资源分配，降低非重要物体的面数和细节度，从而获得高效率的渲染运算。Sigma 产品通过采用 LOD 技术对数据进行处理，构建各个层级不同精度的数据，达到场景高效渲染数据的目的。

3.4 基于多线程的高效场景数据调度机制

（1）需求与问题

模型加载和渲染也面临着技术难点需要突破。

（2）关键技术实现

可利用多线程技术来保障数据加载和渲染效率来解决上述问题。多线程是指从软件或者硬件上实现多个线程并发执行的技术。首先，利用多线程技术独立数据 IO 与渲染的过程，使这两个过程可以同时执行，帧率因此可以相对提高并达到相对稳定的状态。其次，再次利用多线程技术，增加更多的数据 IO 线程并独立出数据处理线程，使多个数据请求可以同时执行，使数据刷新更迅速、帧率更稳定。

在增加数据线程的基础上，需要保证多线程之间的数据安全性，使用共享堆栈的方式进行数据交换，处理线程和绘制线程之间进行渲染数据的交互。

利用多线程技术，有效地利用网络带宽，使多个数据请求可以同时执行，加快了网络数据的加载效率，使数据刷新更迅速，并且最大化利用系统资源来保证渲染效率。

4 创新点

4.1 运用数字孪生、物联网、云计算、大数据等创新技术

通过数字孪生、物联网、云计算、大数据等创新技术，结合芜宣机场功能与业务场景，将芜宣机场的安全、运行、能效进行呈现，实现对芜宣机场营运态势的监管，整合机场二、三维形态、业态呈现安全及安防态势、环境及能耗态势、设备及项目态势、作业及工单态势建立平台功能。

4.2 可通过大屏端、PC 端、移动端等进行多端管控

该平台可通过大屏端、PC 端、移动端等进行多端管控，可视化三维大屏为机场运维人员提供更直观的态势感知，PC 端则为运维人员带来更全面、具体的数据分析，移动 App 便于运维人员快速处理工单及远程控制设备等，通过多样的管控方式来实现机场营运智能管控。

4.3 通过数字化实现机场统一运营服务

通过数字化实现机场运营的态势监管、智能服务、安全防范，打造牵一发动全身的敏态系统。以芜宣机场整体运营态势为基础，借助 IOC 平台的数据分析，并通过多元数据融合，在工单组织和流转过程中，增强了芜宣机场营运作业与工单的管理能力，建立了针对芜宣机场运营服务、航班保障、生产作业全流程的监控和管理，形成了芜宣机场数字化运营服务的闭环。

4.4 设计实现了空间数据融合的三维地理信息公共服务技术框架

基于 C3S 数据格式和 REST、SOAP 等协议，创新提出并设计了能够实现三维地理信息服务与传统二维地理信息服务融合共享的三维地理信息公共服务技术框架。传统二维图层要素数据无法直观地在立体空间“Z 轴”上展示，通常将二维的图层数据以聚合和以信息列表的方式进行表达，并不能满足于立体空间直观表达的需求，而芜宣机场智慧机场平台从技术框架设计上全面考虑地理空间数据一张图，并将二维多源异构数据进行融合发布，基于该平台的技术框架实现了二三维统一的地理空间数据发布平台，延伸和拓展了地理空间数据的应用。

4.5 提出了纹理合并、视觉调度等场景组织优化系列算法

通过纹理优化合并、纹理简化、兼顾纹理的几何简化建立几何体的层次细节模型，使场景图的各个层级都具备适应当前调度信息的数据精度，通过基于视觉的调度信息管理技术，计算场景数据的层级调度信息，通过控制场景中数据的层级和层级组织，有效管理场景数据。该技术通过自适应建立几何体的层次细节模型和科学自然过渡层级细节的数据预处理的方法，利用基于视觉的场景图组织管理技术，在保证视觉效果的前提下，有效降低场景的数据量，提高数据的调度效率，有效支撑大场景数据的高效应用，解决了大数据应用瓶颈的难题。

5 示范效应

5.1 体系化

结合芜宣机场本身的管理特色，形成一体化标准化的管理体系，完善优化整个服务管理流程，协同治理，提高机场的核心竞争力。

5.2 智能化

基于机场数字驾驶舱、地热泵系统、无纸化系统以及云计算、大数据等技术，打通运营管理区域化障壁，实现多部门、多系统、多设备的全面协同，有效降低能耗、促进环保、节省成本、提高效率。

5.3 集成化

通过智能运营 IoC 平台，形成相互关联的、统一和协调的系统，将业务、管理、日常等工作内容进行融合，提升工作效率、降低人员成本、优化事件处理过程，解决机场的运营中的问题，实现向地标性机场跨越的进程。

5.4 数字化

将机场现有的各个分离的设备软件和信息数据等要素集成整合至智能运营 IoC 平台，实现数据的共享与沉淀，提供智慧决策支撑，完成机场数字化转型的飞跃。

湖州市德清县体育中心智慧场馆

浙江中测新图地理信息技术有限公司

1 项目背景

湖州市德清县作为2022年杭州亚运会的办赛地之一，德清县体育中心体育馆将承担2022年杭州亚运会排球小组赛。德清县体育中心是浙江省县级城市中设施最齐全的体育场馆，总投资5亿元，占地176亩，建筑总面积5万余m^2，于2014年6月正式对外开放，主要由体育场、体育馆、游泳馆和综合馆四大场馆及附属设施组成，能承办篮球、足球、排球等各类国内国际体育赛事，同时能举办大型演唱会、商业展会等活动。中心以赛事带动、教体联动、全民互动、产业驱动为抓手，打造成全国一流、省内领先、管理规范、特色明显的县级综合体育示范中心。

为促进赛事筹备、体育中心智慧管理与优质服务，利用数字孪生、地理信息、AI及物联网等技术，建设德清县体育中心智慧场馆，将进一步提升体育中心综合管理运维、智慧化服务能力，并为亚运会举办提供高效、科学、智慧的赛事保障服务。

传统体育场馆主要有以下几个痛点：

1.1 场馆管理碎片化，无法优化组织结构

传统场馆历经多次改造，通常馆内拥有多套管理设备及系统平台，设备平台之间无法交叉提供对比数据，导致管理成一种单线管理、碎片管理的情况。如新风系统、空调系统、环境监测系统都是各自独立的个体，当监测系统进行预警时，管理人员当下是无法判断是何种原因造成，需要逐一排查后才能确定。长此以往，组织架构内必定配置了许多冗余的岗位及人员，既无法提高管理效率，也增加了人力、运营、管理成本。

1.2 数据利用率差，无法利用数据做好营销

经过调研，体育场馆日常最大的收入来自老会员的消费预存，相比之下新会员、散客的消费占比相当少，这也体现了体育场馆日常拓客、营销的困难。分析其主要原因，场馆对数据挖掘的能力不够，仅靠预订统计数据、门票售卖数据是无法发现用户的消费习惯，创造新的消费场景，还会造成建设重复、投资浪费、场地空置率高。

1.3 设备设施老化，智慧化程度低

近年来一些新建的场馆已经开始转型建设智慧化场馆，但是诸如德清县体育中心这样经营多年的场馆普遍面临设备设施老化、模块零散的尴尬。如果重新进行智慧化改造，那往往伴随着巨大的成本投入。如何在有限成本内，做到最大的投入产出比，如何对升级进行取舍是老旧场馆改造转型中遇到的最大阻碍。

2 应用内容

本项目针对当前体育场馆改造运营面临的困境，充分结合体育中心建设现状，应用数字孪生、GIS、BIM、云计算、物联网、5G 通信、大数据、人工智能等技术，融合多维数据信息，结合数字孪生三维场景与动态仿真推演能力，对综合态势、营销管理、智慧照明、智慧环境、智慧安防五大业务领域，依托三维可视化的方式向管理人员提供直观的管理方法，促进体育中心内各部门的良性互动，同时可针对不同业务提供个性化解决方案。

2.1 全要素三维还原

基于无人机高精度三维倾斜摄影、地理信息、次世代建模、物联网等技术，进行自动化建模生成场馆及周边环境的大尺度场景，作为数字孪生场景底板，保证了整个场景的空间位置的准确性，以及建模风格的真实性。植入车辆、行人、植物的动态特效，让整个场景更加真实；对阴天、雨天、雪天、晴天等气象现象进行动态渲染，实现与现实世界的 1:1 复刻还原；同时对场景 24h 内的光影变化进行细致描绘，展现了建筑场景在不同时间段的光影效果，这些次世代实时渲染技术在 GIS 环境中被跨界融合，一并满足 PC、平板以及手机等多终端流畅展示。全要素三维还原如图 1 所示。

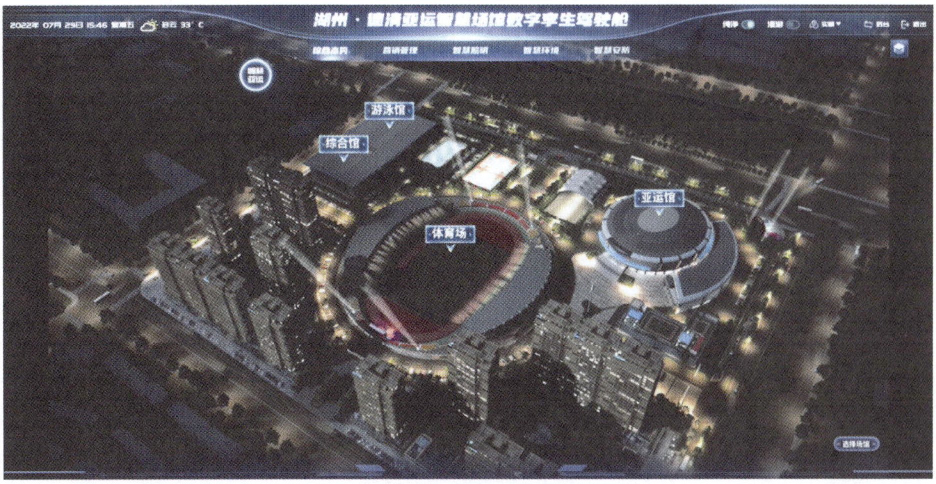

图 1　全要素三维还原

2.2 综合态势

综合态势主要综合体现体育中心的业务能力、业务模块和单元，即对体育中心概况、产业、车辆通行、物联网设备、客流、预定预约等领域进行系统化的重点展示（见图 2）。两边的数据看板能够帮助管理者从全局观看数据，实时监测数据，用可视化的方式精确展现体育中心的业务数据，并对业务数据进行关联分析，让管理者真正做到对体育中心的宏观统筹、科学经营、合理调配、一屏掌握。

图 2　综合态势

2.3 营销管理

营销管理模块主要体现体育中心在市场营销方面的数据，推动场馆精细化营销。除了展现基础数据成果以外，还通过业务场景沉淀，对比不同运动、不同场地与会员之间的数据关系，可以找出降低场馆的部分运营成本和人工成本的路径。同样，通过场地、运动与课程之间不同维度的交叉比较，可以对整体消费习惯进行剖析，从而找出场馆精准营销的方向，支持创造新的消费场景（见图 3）。

2.4 智慧照明

基于数字孪生可视化，对场馆中照明设备的位置、分布、状态、属性进行监测，实现设备数字化还原。在三维空间内，快速定位房间、开关、控制器，实现远程控制与可视化管理。在三维场景内，房间开灯情况还可以和场景进行效果联动，直接通过界面即可观察照明开启情况，实现数字孪生与现实场景的还原。通过场景面板可以远程调取预设的场景模式，比如预设接待模式、参观模式、比赛模式、娱乐模式等，为日常管控带来巨大的便利（见图 4）。

图 3　营销管理

系统也会对设备进行联防联动监控，快速定位设备的故障点，进行设备故障告警，实现场馆照明设备可视、可管、可控。

图 4　智慧照明

2.5 智慧环境

基于各种环境传感器，对场馆内生产生活环境进行可视化管理。对环境指标、空气质量、温湿度、用电能耗、水质监测等信息进行数据呈现及分析，管理者可实时掌握场馆内的环境质量情况、监测情况（见图 5）。当出现超标的情况时，三维平台将进行实时亮灯预警，通过移动端向管控人员发送预警消息。

图 5 智慧环境

2.6 智慧安防

融合监控设备、电子围栏、门禁系统等设备，以及各个停车场数据，配合安保信息，绘制场馆安防图，针对场馆安全做到智慧化赋能（见图 6）。智能监控设备能 24h 对场馆中人员、车辆进行流动管控，而叠加停车数据，则可以便于管理者从整体上了解场馆的运营负荷情况，从而提升交通运输监管能力，保障人流车流平稳有序，完善场馆内安防服务，加快场馆应急反应能力。

2.7 运维管理移动端

通过手机 App 的操作，实现运维管理远程工作。包括设备开关设置、设备实时监督、场馆数据实时监测、故障处理实时记录、设备故障及时告警、监测数据异常及时告警，为场馆日常经营管理提供保障和服务功能（见图 7）。

图 6　智慧安防

图 7　运维移动端

2.8　市民小程序服务端

市民服务移动端主要基于现有德清县体育中心小程序，在保留小程序原有功能的基础上增加场馆内地图导览、场馆实时信息查看、实时客流量及停车导航等功能（见图 8）。以市民核心需求为出发点，新增的功能将有助于市民规划个人出行时间，实现疫情期间错峰出行。

图 8 市民移动端

3 应用效果

3.1 管理便捷、管理有序

聚合照明、视频监控、水质监测、空气监测、小程序营销等多个平台的数据，进行智慧化集中管控，通过与三维平台的融合，仿佛置身于真实的场馆管理场景中。管理者还可以通过大屏驾驶舱及手机端实时查看园区内所有的数据，实现管理信息实时化、透明化。

3.2 节能减排、降本增效

依托智慧照明设备，可以做到 24h 监控场馆的能耗情况、用电情况、用电异常等，同时可以对设备的异常状态、闭馆时间非法用电等行为进行告警提示、数据收集，帮助管理者对馆内的能耗资源实现合理使用、调配、管理，控制非必要用电，提升能源效能，助力节能减排。

3.3 数据分析、辅助决策

各个场景中沉淀的数据，将在系统中产生更多的价值。基于各种方式获得的设备、营销、成本数据，可以做出更深层次的理解。通过算法，在营销层面上得到用户画像、场馆与用户之间的关系、运动偏好等数据，帮助场馆市场部门理解用户，满足用户个性化需求，为体育场馆的发展带来了新的跨界，从而定义全新的场馆消费场景；也帮助传统的体育场馆创造全新的服务品类，并为未来的投资、扩建提供数据支持。

3.4 预警告警、实时监管

对场馆发生的事件，或者设备监测到的异常情况进行实时告警，并在驾驶舱上展示预警标识。基于三维数字孪生场景技术，管理者可以迅速地在空间中定位事件发生的位置，并查看到预警事件的各种信息，即可对相关事件进行调度、处置。同时，预警信息也将会通过移动端推送到相关人员移动设备上，完成快速处置、协同作业的工作流程。

4 创新点

4.1 提出了基于倾斜摄影与次世代建模技术融合的三维场景快速构建方法

倾斜摄影技术可以全自动、高效率、高精度、高精细地构建地表全要素的倾斜三维模型，具有分辨率高、建模效率高等特点，但其数据量较大、碎片化等问题严重导致场景的加载效率较低。本平台创造性提出一种基于倾斜摄影与次世代建模技术融合的三维场景快速构建方法：首先通过倾斜摄影技术制作倾斜三维模型，将模型拓扑成低模数据；然后将数据进行高模型雕刻，把高模上的细节烘焙到低模数据上，让低模显示出高模的效果，并融合轻量化处理的 BIM 模型，构建室内外一体化三维模型。该方法处理后模型大小降低 50%，模型面数降低将近 90%，建模速度大幅度提升，同时提高了模型的加载效率，构建了高逼真度的实景三维场景。

4.2 三维模型与监控视频的无缝融合方法

传统视频监控系统使用时，监控视频通过大屏展示调取查看，监管人员无法直观获取监控与周围环境的位置关系。本平台提出三维模型与监控视频的融合方法，将监控视频与三维场景进行无缝融合，通过建立深度图的方式来确定目标微面片是否被遮挡，如果该微面片未被遮挡，就采用现有纹理对目标微面片进行渲染；如果该微面片被遮挡，且在视景体内，则使用三维模型原有纹理对目标微面片进行渲染，从而改善了三维模型与监控视频融合的显示效果。通过对获取的地理位置信息中的 IMU/GPS 数据进行实时插值处理，使得每一帧视频数据均有对应的地理位置信息，保证了视频帧影像的地理精度，且得到的带有地理编码的视频数据具有通用性。该方式改变了原有视频的呈现方式，使视频具有了位置信息，面对突发事件可以做出快速响应。

4.3 基于后端渲染的 Web 三维可视化技术

传统 Web 三维地理信息系统使用 WebGL 技术作为渲染技术，它的主要局限在于显示效果完全依赖于客户端浏览器的功能以及终端本身的硬件性能；图像质量则取决于浏览器的显示能力；数据必须下载到客户端中才能体验，并且暴露了原始素材数据。本平台提出一种后端渲染的 Web 三维展现形式，首先在主机服务器上对精细三维场景进行高质量渲染，并对主机服务器的图形流送信息进行编码，然后通过网络将其发送给位于接收端的浏览器和设备。通过在后端高性能主机上运行三维引擎，用户能在所有终端设备上享受到与主机相同的画质和体验到所有的三维引擎功能。该方式由于数据保存在主机上，并且只有像素被流送到查看设备上，比传统 Web 三维系统方案更快速、更安全。

5 示范效应

5.1 科技兴会提升亚运比赛服务能力

德清县体育中心是浙江省县级城市中设施最齐全的体育场馆，作为老旧场馆改造案例，德清县体育中心采用了最新的数字孪生平台技术，将亚运期间所涉及的人、事、物进行了全面的集成管理与控制，提升场馆管控效率、决策能力，为市民提供地图导览、停车导航等服务，拓宽服务项目，实现了科技惠民、科学兴会，全面提升了亚运比赛服务能力。

5.2 打造“安全、智慧、绿色”运维管理新模式

当前，大量体育场馆拔地而起，而场馆日常运营中电气失火、场馆盗窃、能耗成本等问题相当明显。针对当前体育场馆日常运营面临的困境，以体育中心为核心管控单元，用科技为传统体育场馆赋能，打造“安全、智慧、绿色”的新模式，提升场馆日常运营效率、降低运营成本、用数据打开经济发展新思路，为未来体育场馆从传统运营过渡到智慧运营阶段提供思路与基础。

福清市二三维一体化平台暨应用场景

洛阳鸿业迪普信息技术有限公司

1 项目背景

2021 年 8 月，自然资源部印发的《实景三维中国建设技术大纲（2021 版）》提出，根据新时期测绘工作“两服务、两支撑”根本定位，调动各级自然资源主管部门和社会力量，构建“分布存储、逻辑集中、时序更新、共享应用”的实景三维中国，为数字中国建设提供统一的空间基底。2021 年，全国自然资源工作电视电话会议要求“加快建设实景三维中国、自然资源一张底图”。

目前，福清市自然资源和规划局已建设完成了国土空间规划“一张图”实施监督信息系统、不见面审批系统、“多规合一”信息平台，现有的信息系统仅支持二维自然资源信息的展示与应用，不支持对自然资源三维立体时空数据信息的展示与应用。为贯彻落实实景三维建设决策部署，福清市自然资源和规划局紧扣新形势，开展福清市实景三维模型建设构建“地上地下、陆海相连”并相互关联的自然资源数据底板，并立足三维立体自然资源“一张图”，集成招商引资、规划审批、“多规合一”等已有业务系统，积极推进福清市实景三维建设，提升自然资源治理能力。

2 项目内容

2.1 建设目标

福清市二三维一体化平台应用场景建设项目以三维地形、三维白模、实景三维和普通三维等城市现状三维模型为基础，拓展推行福清市工程建设项目各阶段数字化不见面 BIM 报建、三维 BIM 审批、精准智慧审图、三维规划会商等相关应用，实现未来福清市信息资源的感知、跟踪、集成、共享、分析，形成福清市“数据—信息—知识—智慧”的应用服务体系，为城市规划、建设、管理和智慧城市提供支撑，推动城市全过程精细化管理，引领数字孪生城市、新型智慧城市建设，推进城市空间治理的现代化能力。

2.2 一套标准

基于国家、行业等现有标准，面向福清市自然资源和规划行业各类管理和服务对象，研究制定福清市三维数据的相关标准规范体系，加强与住建、生态环境等相关部门标准的对接，推进福清市自然资源和规划管理工作标准化、信息化发展，以统一的标准促进业务融合和数据融合，推动系统互联、业务协同、信息共享、集约建设。

该项目制定的标准规范主要有《福清市建设工程规划许可智慧审图技术规程》《福清市建设工程方案审查多审合一管理应用规定》《福清市城市信息模型交付通用标准》《城市设计法规可视化模型数据技术更新规范》。

2.3 一个中心

福清市二三维一体化平台应用场景建设项目实现全市政务数据和社会数据的高度汇聚，主要包括前期已建设完成的数据（基础地理、现状数据、规划成果、管理数据）、调查监测数据（国土调查、基础测绘等）、模型数据（城市现状三维模型、建设项目 BIM 模型、城市设计法规模型等）、其他数据（其他行业数据、网络信息数据等），搭建更加完善的自然资源和大数据资源中心（见图 1），实现数据资源的“管、聚、通、防、用”，为数字福清建设及城市精细化管理奠定坚实基础。

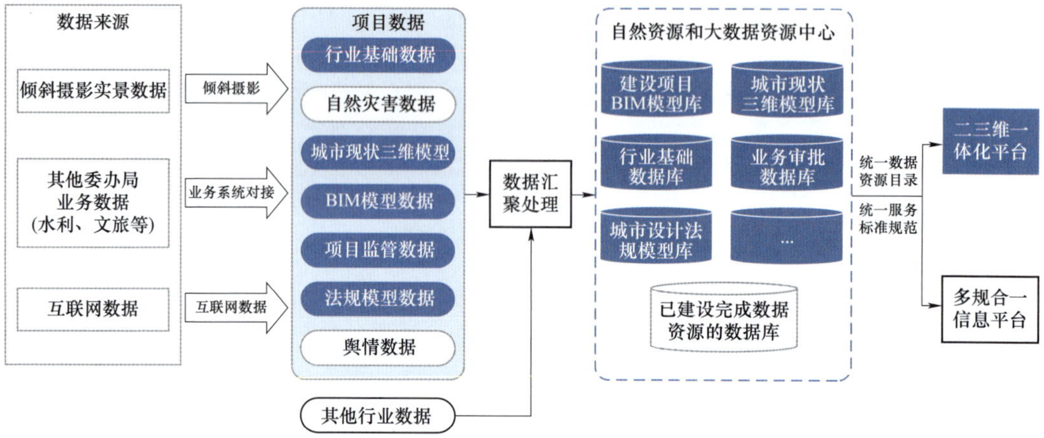

图 1　数据流程图

2.4 一个平台

在福清市现有“多规合一”一张图平台基础上，构建开发二三维一体化平台（见图 2），通过汇集项目报建 BIM 模型、三维 BIM 审批信息、项目竣工 BIM 模型、城市现状三维信息模型、各部门业务信息等数据资源，形成物理分散、逻辑一致、动态更新的二维立体时空数据库，构建统一的数据资源管理和服务中心，实现现状规划一体、二三维一体、地上地下一体的可视化展示，为规划建设全过程精细化管理和打造智慧城市基础平台奠定基础。

图 2　福清市二三维一体化平台

2.5　五大应用

（1）三维规划会商

将三维规划方案放置到二三维一体化平台中，决策者可从多个视角（360° 浏览、空中鸟瞰、步行漫游等）更直观地审查建成后的效果，同时对多个方案进行直观比对，选出最优方案。并通过三维规划会商，为决策者构建一个真实、直观的虚拟城市环境，让决策者可对城市现状、未来规划、审批项目有身临其境的现实感官，辅助与会者进行方案决策（见图 3）。

图 3　三维规划会商

（2）建设项目工程许可 BIM 报审

依托福清市二三维一体化平台，在建筑方案审查、市政方案审查、工规证发放、规划条件核实等阶段拓展推行三维数字化不见面审批（见图 4），并进行精准智慧审图，让福清市自然资源和规划局所有审批领域实现办事一次都不用跑，为企业、市民带来公平办事、高效服务和过程顺畅的办事体验，进一步优化福清市营商环境。

图 4　不见面审批系统

（3）数字规划馆

数字规划馆以三维可视化的方式全方位、多角度地展现福清市建设的沧桑巨变以及发展成果与总体趋向，让公众能够详细了解福清市过去、现在、规划及未来的城市信息，迅速掌握城市的发展趋势和转变，参与制定城市未来发展计划。并以实景三维为依托，打造出沉浸式虚拟互动体验，让城市信息立体丰富、直观展现，极大地调动起公众的兴趣、专注力、参与度，实现与用户的智能交互。

城市三维数字沙盘：通过加载福清市三维倾斜摄影、数字化白模、BIM 等模型数据，在浏览器中流畅地查看城市模型、体验城市漫游、浏览热力图等，同时支持二三维场景切换，多维立体化地向用户呈现福清市现有城市状况，彰显城市的整体实力（见图 5）。

城市今昔印象：将福清市城市用地的历史发展资料、城市现状三维模型、未来城市土地规划、城市建设规划、待建建筑的设计三维模型等集成到城市三维沙盘，可对过去、现在、规划及未来的城市信息进行查阅分析（见图 6、图 7）。

城市寄语：为公众提供满意度调研、事件上报等基于移动客户端的功能，并支持根据问卷调研和事件采集结果进行数据分析，逐步形成“采集 – 分析 – 总结 – 整治 – 反馈”的城市治理模式，推动公众满意度的不断提升，真正做到有的放矢地改善城市问题。

图 5　福清市城市三维数字沙盘

图 6　历史福清展示

图 7　未来福清展示

城市设计信息平台：支持三维空间信息直观地展示在设计界面，为城市设计编制单位、城市决策部门、规划管理部门提供规划管理全过程的数字化城市设计编制、决策、管理与实施评估应用的辅助决策。同时，二三维一体化平台与 BIM 规划成果的实践应用可以使公众在城市规划过程中积极参与，并对规划方案及时反馈。

（4）项目全生命周期监管

为全面深入贯彻福建省委“再学习、再调研、再落实”会议、福州市经济工作会议等相关会议精神，福清市立足实际，按照“高效、精准、优质”原则，围绕项目准入、用地报批、土地出让、建设监管、效益考核五个阶段，基于二三维一体化平台，积极构建项目全生命周期监管系统（见图 8），实现监管方式从“被动监管”到“主动监管”的转变，业务范畴从“单一阶段”到“全程管理”的转变，切实解决工业项目跟踪不紧、监管不够等实际问题，辅助管理者明晰全市项目运转、产值、税收等情况，促进项目管理系统化、数据化、实时化，达到优化土地资产、产业布局，科学发展福清优质产业，打造城市数字化经营模式，为福清经济发展注入新动能。

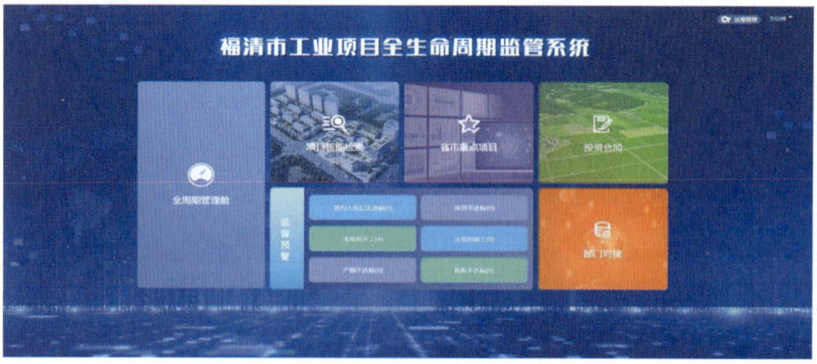

图 8　项目全生命周期监管系统

（5）城市设计法规可视化模型管理与应用

城市设计法规可视化模型促进管理城市每一寸土地的权属问题、实际用途、开发强度深化为土地的三维立体空间，将管控规则从平面化转为立体化，为项目报建、三维智能辅助决策、自然资源精细化管理等方面提供依据。

城市设计法规可视化模型在低碳福清、城市公共服务、城市宜居生态等方面进行管控分析，辅助决策管理人员及时掌握城市现状、把脉城市体征，实现空间开发利用精细化、全方位管理，提升城市治理效能，有效推动数字福清、智慧福清的建设进程。

3　关键技术

3.1　城市三维建模技术

城市三维漫游是三维建模技术发展到一定阶段的产物。采用三维建模技术实现城市三维漫游，为人们提供真正遨游在虚拟环境与现实中奠定基础。在城市招商引资或其他对外展示工作中，根据设定路线，自动在三维城市中漫游浏览，可以把国土空间规划、详细规划等辅助信息放置到三维场景中叠加查看，同时根据设定好的漫游路径生成影片离线播放。

3.2 二三维一体化技术

采用二三维一体化技术，从设计和具体实现上充分考虑到二维和三维 GIS 技术的无缝融合，可提供海量数据在二三维场景中直观显示，通过三维视觉效果显著提升三维场景的视觉效果和用户体验。

3.3 WebGL 技术

WebGL 技术能够让 2D 和 3D 图形在网页中实现，免去了开发网页专用渲染插件的不便之处。本项目基于 WebGL 技术构建无插件、跨操作系统和跨浏览器的三维应用场景，为用户在兼容性、简洁操作等方面带来了更加优质的体验。

3.4 三维场景渲染技术

三维场景渲染技术主要负责对图形的组织、管理与显示，是三维真实感图形的再现过程。本项目采用三维场景渲染技术能够基于 GIS 数据的空间和属性信息调整模型的外在形态，如颜色、贴图、引用的形状（几何模型）等，保证高精度数据在一定范围内的高保真还原，实现快速批量的三维模型构建。此外，由精细化建（构）筑模型、BIM、二维矢量数据、倾斜摄影等构成的复杂三维场景高性能渲染技术，实现了渲染效率与场景面积的无关性。

3.5 多源空间数据无缝集成技术

随着 GIS 在各行业领域中应用的不断深入，多源异构空间数据的共享成为一种必然要求，而要真正实现多源异构空间数据共享，必须解决空间数据多格式、多坐标系、多数据库集成等问题。多源空间数据无缝集成技术采用特殊的数据访问机制，不仅提供直接存取多种数据格式的能力，而且使 GIS 软件具有跨数据源复合分析功能，为实现多源异构空间数据共享奠定技术基础。采用多源空间数据无缝集成技术，实现二三维一体化平台中多源异构空间数据的共建共享共治。

4 创新点

4.1 打造面向公众使用的 CIM 应用场景

福清市二三维一体化平台暨 CIM 应用场景的建设使城市信息更直观地展现在公众

眼前，体现了城市的变动和发展趋势，可大力弘扬城市文化与建设成果。通过数字规划馆应用场景的建设，将专业管理与技术融合到城市设计公众参与过程中，达到公众在规划的各个阶段都能深度参与其中，并拓展了公众参与的途径，使公众可实时参与、乐于参与、便于参与。

4.2 依托城市设计法规模型辅助生成规划条件

城市设计法规可视化模型以计算机可识别管理的信息化方式对单元内建筑可利用空间、城市设计重要管控要素等进行转化，动态、实时计算各类城市指标，实现指标日常管理。在政府出让土地，出具规划条件时，可根据城市设计法规模型生成规划条件中的相关条款，辅助工作人员大幅度提升工作效率。

5 示范效应

5.1 全面提高三维数据管理水平，实现时空数字底座

构建可以融合海量多源异构数据的福清市三维立体时空数据库，完成城市现状三维数据管理；收集现有 BIM 单体模型并接入新建项目各阶段 BIM 模型；整合二维基础数据，实现审批数据清单化、项目化、空间化关联；整合二三维数据，达到城市数据动态更新，提升三维数据管理水平，实现时空数字底座。

5.2 创新应用模式，打造多部门联动审批，提升整体服务效率

以福清市二三维一体化平台为基础，通过跨机构协同管理，破解政府审批效能低的困境，实现建设项目“多部门联动审批”，即通过整合、搭建基于二三维一体化平台的部门多审合一，促进部门协同审批和信息共享；实现全生命周期监管，提升行政效能，更好地发挥政府职能部门在社会管理和服务人民群众中的积极作用。

5.3 三维辅助决策服务于建设项目审批全过程，提升决策效力

在城市规划许可阶段，通过系统自动提取详细规划中的管控条件并结合现状和人为管理要求生成项目管控条件；在建设许可阶段，应用 BIM 技术实现设计方案的三维可视化并通过系统实现多个设计方案的对比分析；在竣工验收阶段，通过竣工模型与实体建筑和其他管控条件的自动比对，进行项目的最终验收。同时，这一系列的规划、建设、管理过程产生的数据都会在系统上留痕，从而实现项目全生命周期的可视化管控，达到科学管理和有效追溯的目的，逐步实现精准决策、精细治理，助力数字福清建设。

森林防火实景三维立体一张图平台

青岛市勘察测绘研究院

1 项目背景

据相关统计，1950年以来，中国年均发生森林火灾13067起，受灾林地面积达653019公顷，因灾伤亡达580人。由此可见，森林火灾是我国长期面临的突发性强、破坏性大、处置救助较为困难的自然灾害。面对如此严峻的防火形势，在防火资源有限的情况下，森林火情的日常监测、监管及火情初发时应急处置尤为重要。

目前，森林防火应用存在以下痛点问题：防火资源家底不清、标准不统一、更新不及时，导致森林防火数据应用效能低、共享困难；防火压力大，工作模式传统、低效，防火责任落实及预防工作不到位；防火信息化应用目前以二维平面地图为主，有局限性，无法有效辅助防火设施选址规划、应急指挥部署等依赖高程信息的工作；火情监测手段较为单一，准确性以及时效性欠佳，未形成各类感知的融合应用。

针对以上痛点问题，依托青岛市实景三维数据及平台成果，围绕解决防火资源家底不清、共享应用难、监管工作模式落后、二维平面应用局限、火情监测手段单一等应用痛点问题，以实景三维技术为支撑，科学集成移动定位技术、卫星遥感火情监测技术、多源数据融合分析技术、网格化管理等多种信息化技术手段，研究了森林防火实景三维立体一张图数据标准及多源、异构防火设施资源空间化汇聚、采集及建库关键技术，研发了多源数据、多维空间、多终端协同、平战一体化应用的森林防火实景三维立体一张图平台，并构建了空天地人智慧森防感知系统，为森林防火资源汇聚、日常管理、应急处置、火情监测及辅助决策提供了有力的支撑。

2 项目内容

项目研究从“数据标准建设、信息平台开发、感知系统构建”三方面技术内容开展，编制完成森林防火实景三维立体一张图数据标准，研发了多源数据、多维空间、多终端协同、平战一体化应用的森林防火实景三维立体一张图平台，构建了空天地人智慧森防感知系统，为森林防火资源汇聚、日常管理、应急处置、火情监测及辅助决策提供了有力的支撑。

2.1 数据标准研究

设计森林防火实景三维立体一张图数据库标准，指导森林防火一张图数据库建设，规定满足森林防火的地形级实景三维数据的建设标准，规范森林防火专题数据采集更新原则，对森林防火专题数据的内容、格式、分类、符号进行规范，指导森林防火一张图数据库的建设、森林防火各类专题数据的采集、更新及维护工作，为森林防火工作提供准确的数据支撑，同时研究多源、异构防火设施资源空间化汇聚、治理及建库技术，解决森林防火资源家底不清、标准不一、共享困难、多源异构数据难以集成和有效表达的问题。

2.2 平台研发

基于实景三维实现森林防火各类资源在一个时空信息平台上的汇聚、可视化分析、业务应用及共享，打造形成多源数据、多维空间、多终端协同、平战一体化应用的森林防火一张图平台，解决森林防火工作监管难、责任落实不到位、数据应用效能低及二维应用受限等业务应用问题。

通过研发多终端应用构建了集网格化日常巡查监管、隐患问题一体化处置、防火资源动态更新管理、考核评价、火情监测、辅助决策、数据汇聚及可视化表达于一体的森林防火平战一体化应用，满足了不同用户角色的森林防火日常管理及应急处置业务需求。

在平台研发过程中，结合森林防火巡查上报及资源更新的需求，同时，为了解决森林定位信号弱的问题，基于 LBS 定位技术、北斗＋GPS 双模定位技术应用于手机、pad 及臂章的移动定位，显著提升了森林区域的定位效率及精度，结合多级责任网格实现了防火巡查管理与资源更新集成应用。同时，臂章的应用也解决了护林员年龄结构老年化无法使用智能终端 App 的难题，保障了森林防火日常巡查及应急处置过程中的人员监管。

2.3 空天地人智慧森防感知系统构建

基于遥感卫星、无人机、视频监控、物联网及互联网应用技术，研究构建空天地人一体化智慧森防感知系统，丰富完善火情监测手段，提高火情数据获取效率，提升火情监测准确性及时效性。项目研究实现了集遥感卫星、无人机、视频监控、网格巡查为信息来源的空天地一体化要素融合应用，辅助构建了较为完善的森林防火感知系统。

通过卫星遥感技术研究实现近实时火点监测、火灾燃烧动态监测、灾后评估及灾后植被恢复监测，基于自主研发的自动阈值火点提取算法实现多源卫星全自动、高精度火情监测；无人机实现重要时间节点重点林区动态巡护，同时服务于火灾应急现场指挥，获取火灾现场第一手资料；通过研究融合接入的可见光及远程红外热成像视频监控等物联网设备，实现对林区重点部位、重点区域精准监测巡护；依托护林员、防火队员等人工巡查力量，基于网格化巡查系统实现森林防火日常巡护及信息采集更新。通过多数据获取、分析、应用研究构建智慧森防感知系统，实现防火监测全域化、立体化、智能化、可视化的全天候覆盖。

3 关键技术

3.1 实景三维可视化技术

基于实景三维，直观、真实反映山体地形地貌、坡度走向、防火通道及各类防火设施资源分布，结合各类三维分析模型，实现对防火基础设施的规划建设进行评估，辅助森林防火指挥调度。

3.2 高精度移动定位技术

集成 GNSS、移动 GIS、LBS 技术，为智能终端软件开发提供技术支撑。

3.3 多源数据融合分析技术

整合卫星遥感、无人机、视频监控及地面移动采集等实时监测数据，实现“空、天、地、人”多源数据融合及分析。

3.4 卫星遥感火情监测技术

依托该技术实现森林火灾风险监测、火点监测、火灾燃烧动态监测及灾后评估，为火灾监测及评估提供科学数据参考。

3.5 网格化管理机制

基于科学的网格划分，建立网格化巡查、资源管理和应急处置机制，辅助森林防火责任层层落实及信息化监管，实现森林防火精细化管理。

4 创新点

本研究将测绘地理信息技术，尤其是实景三维技术，融入森林防火工作，充分发挥了测绘地理信息技术优势，辅助了森林防火工作开展。其建设及应用的创新性及先进性主要体现在以下几个方面：

4.1 创新提出远程红外热成像视频监控火情定位算法

根据 OpenGL 透视成像与摄影测量一致性原理，提出远程红外热成像视频监控火情定位算法，实现了远程红外热成像视频监控在高精度实景三维场景的集成应用及火情目标的精确定位（见图 1）。当监控探测到火情点后，基于摄像机内外方位元素及实景三维图像间对应关系快速解算火情目标点空间坐标，并基于高精度实景三维场景实现视频监控实时调取查看、火情目标点的精确定位及火情预警。该算法的应用极大提高了火情定位精度及效率，为火情研判提供更加科学精准的辅助决策。远程红外热成像视频监控的集成应用作为传统可见光视频监控的有效补充，解决了夜间及恶劣天气巡查工作难以实时保障的难题。

图 1　实景三维视频融合定位

4.2　融合实景三维技术实现森林防火数据辅助分析应用

项目深度融合应用实景三维技术及各类防火资源数据，开展了防火设施规划合理性评价分析，构建了火灾风险监测模型，有效地辅助了森林防火基础设施规划部署及火灾风险管控分级，优化了森林防火基础设施规划布局（见图 2）。

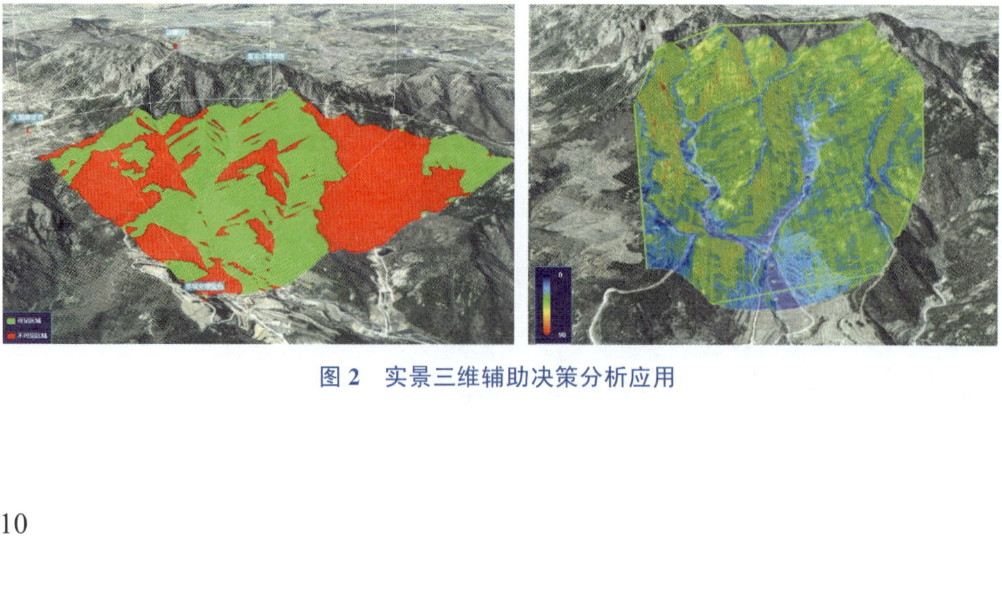

图 2　实景三维辅助决策分析应用

4.3 创新实现自动阈值火点遥感监测技术

项目提出了基于深度学习的森林火点识别方法，研发了自动阈值火点遥感检测技术，极大提高了小面积火点的识别能力和火情监测预警能力，在多地得到了实践应用，成功预警多次小面积火情，及时控制火势蔓延，避免了火灾形成。

4.4 构建了基于实景三维的森林防火平战结合一体化应用

项目打造形成了多源数据、多维空间、多终端协同、平战一体化应用的森林防火一张图平台。在二维层面，实现防火责任网格和防火设施资源的管理、查询、展示，基于 LBS 定位技术及北斗＋GPS 双模定位技术，结合多级责任网格实现防火巡查管理与资源更新集成应用。在三维层面依托一体化三维电子沙盘全面真实地反映山体的地形地貌、周边和进出山路线以及防火基础设施、防火资源设施分布等，搭建森林防火实景三维电子沙盘系统，辅助防灭火工作的防控部署、资源调配，为防灭火基础设施建设提供三维辅助决策分析。森林防火平战一体化多终端应用如图 3 所示。

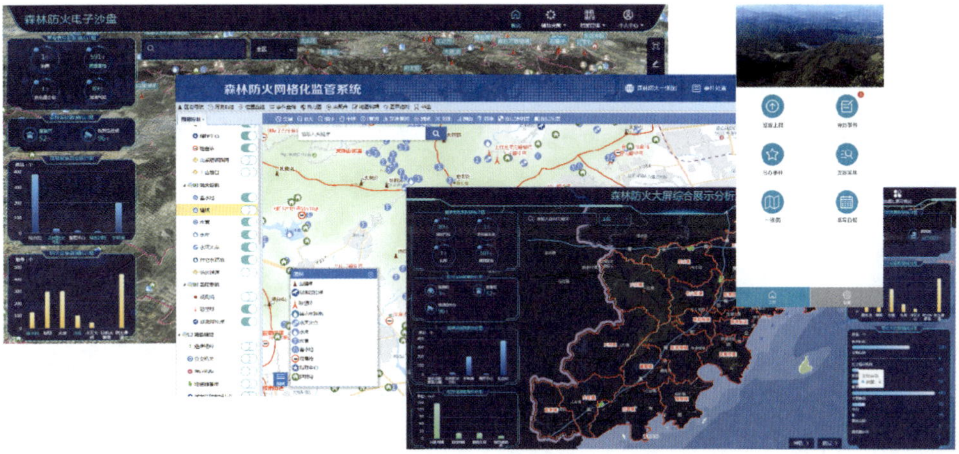

图 3　森林防火平战一体化多终端应用

5　示范效应

成果目前已在多地进行了推广和应用，获评中国测绘学会 2022 年测绘地理信息自主创新产品，为森林防火工作开展提供了有力的信息化支撑，具备较高的可复制可推广价值。在应用实践中，辅助政府部门摸清了防火资源家底，形成了全方位、立体化的应急指挥支撑服务，提升了防范化解重大风险能力；通过构建空天地人智慧森林防火感知系统，提升了城市安全风险预警能力，增强了人民群众的安全感、幸福感。

5.1 摸清防火资源家底，助力精细化管理，保障日常管理

统一防火数据标准，辅助政府部门高效摸清了防火资源家底，形成了准确可靠的防火资源数据库。

通过数字沙盘、网格监管和移动巡查实现了森林防火资源的统一管理、防火责任逐级落实、火情火灾扑救动态指挥，全面构建了智慧化森林防火指挥体系，在森林防火规划编制、基础设施建设、隐患排查和联防联控等方面发挥了积极的作用。

依托平台实现了防火巡查监管、隐患事件一体化闭环处置及防火设施资源采集更新管理，实现了火源及时管控、隐患及时排查、资源及时更新。平台应用以来，共巡查上报处置防火隐患 500 多起，采集更新防火资源设施 11 类 2600 余个，通过视频监控及无人机对重要山头实施空中动态巡护，实时传输林区画面，实现了森林防火日常精细化管理。

5.2 三维辅助决策支撑服务助力提升防范化解重大风险能力

进一步提升了各地防范化解重大风险能力。基于实景三维技术及三维可视化技术实现了各类森林防火资源三维立体化管理，能够在山系三维场景内清晰展示地形地貌、周边基础进出口路线及防火基础设施、防火资源分布等，基于此科学研判森林防火形势，形成全方位、立体化的应急指挥支撑服务。项目实施过程中，多次为各区市森林防火应急演练、设施规划提供了三维辅助决策服务，特别在森林防火“十四五”规划工作中，结合整合的各类防火资源，为摄像头、瞭望塔、蓄水池等基础设施的规划部署提供了三维分析服务，辅助了防火设施的科学规划部署（见图 4）。

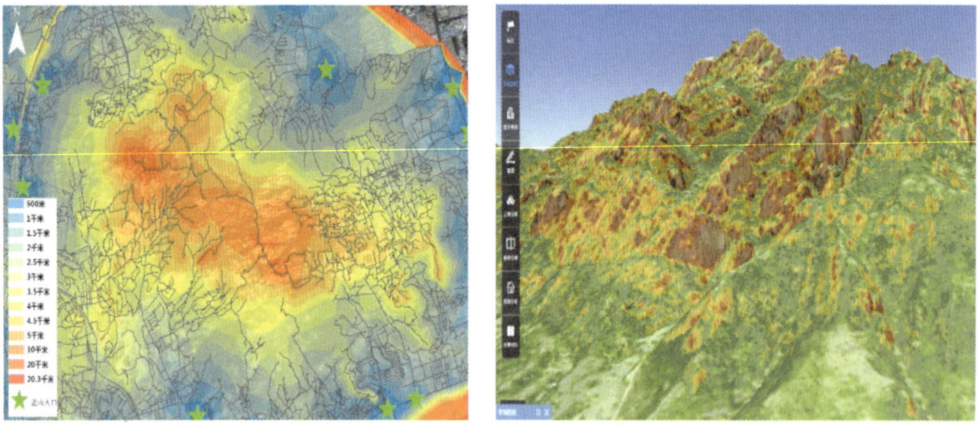

图 4　辅助防火设施科学规划部署

5.3 火情处置实战检验

依托平台为森林火灾提供从数据获取、处理到辅助决策应用的全过程保障服务（见图 5），以实战检验平台成效。在 2020 年 4 月小珠山森林火情、2022 年 2 月大珠山森林

火情以及 2022 年 4 月三标山森林火情应急中，利用无人机快速获取现场影像及视频资料，集成至平台实景三维场景中，辅助现场应急决策；夜间通过无人机搭载热红外相机进行巡查，实现了隐蔽火点的实时监测，通过热红外相机回传影像发现多处隐藏于灰烬下面的火点，及时将火点消灭于萌芽之中，避免了进一步的损失；在火灾调度过程中，基于平台快速输出近百幅现场指挥作战工作用图，为火灾救援指挥部署“挂图作战”提供了有力的技术支撑。此外，平台多终端展示应用为指挥人员现场调度、查看周边态势、复盘火灾蔓延路线提供了及时高效的信息化支撑。

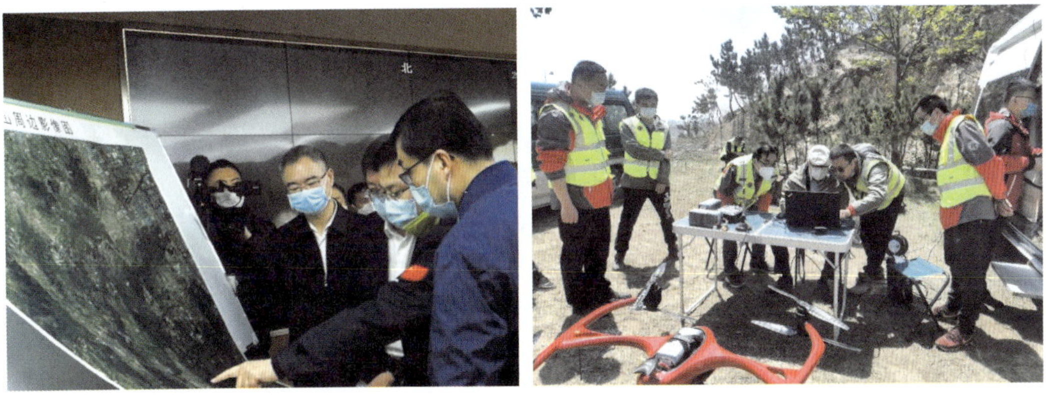

图 5　森林防火应急保障

实景三维在天津疫情防控中的应用

天津市测绘院有限公司

1 项目背景

2020—2022年，新冠肺炎病毒侵袭天津市部分区域，天津市测绘院有限公司坚决贯彻党中央关于疫情防控的重要指示精神，严格落实市委市政府、市疫情防控指挥部、市国资委、市规划资源局决策部署，组织多支测绘地理技术队伍，充分发挥测绘地理信息技术优势精准助力疫情防控。在本次疫情中，结合实景三维数据、高精度地图、病例数等疫情二三维数据，研发“天津市疫情防控指挥系统”“天津市集中隔离点平台管理系统”，在三维场景中绘制封控区、管控区、防范区范围，划定各个封、管、防三区边界，定位确诊人员、密接人员所在楼栋位置等，为疫情防控综合决策提供事件可表、时空可溯、客观可见的信息支撑。在重大会议保障、精准地图服务、疫情管控地图信息发布、隔离点信息管理、辅助流调溯源等方面做了大量工作。

2 项目内容

在这次疫情防控服务保障工作中，结合实景三维数据、高精度地图、地名地址数据等疫情二三维数据，天津市测绘院有限公司依托测绘地理信息技术优势提供四个方面的支持：

2.1 做好重大会议地理信息保障

在市指挥部、津南前指、津南区委党校、市委总值班室、西青区政府等多个场所为国家督导组、市（区）主要领导召开重要会议提供测绘地理信息服务保障，辅助市（区）领导运用二三维平台系统挂图作战，分析、研究、会商疫情防控工作。

2.2 实现疫情信息空间化

根据市疫情防控指挥部提供的病例信息，实现病例源、密接人员的空间落图；根据市疾控部门提供的流调报告、公安部门提供的视频监控图像，现场分析确诊人员的轨迹并上图精准标注；根据市区疫情防控指挥部提供的社区管控信息，在二三维场景中绘制封控区、管控区、防范区范围，划定各个封管控区域的边界；根据市文旅部门提供的隔离点信息，实现隔离点的空间落图。

2.3 提供精准地图服务

在本次疫情支援工作中大量采用二三维地图的形式对疫情数据的空间特征、时间特征和数量特征进行可视化呈现。疫情期间，制作了大量的电子地图、影像图、纸质地图、示意图等图件，从管控区域图到小区街道，细至楼栋，供决策指挥、社区管控、流调消杀、公安警力布控。

（1）绘制封管控“三区”图

随着疫情形势动态绘制封管控“三区”专题图，为津南区、河北区、西青区、河西区、东丽区、红桥区、河东区、滨海新区持续提供数十版管控用图。

（2）编制疫情防控每日工作用图

“战疫”期间，根据市领导、市区疫情防控指挥部工作需要定制工作用图。根据疫情变化动态更新确诊病例小区范围、楼栋、数量，供前线指挥部各工作小组使用；每日根据最新的疫情信息提供疫情防控区域图、确诊病例分布图、新增病例分布图、隔离点信息图，同期还绘制提供了公安警力分布图、津南区核酸采样点分布图。

（3）利用地理信息技术赋能流调溯源

通过第一手疫情防控数据，结合小区实景三维数据、高精度影像，发挥测绘地理信息专业优势，将新增病例分布信息快速空间化，并进行当日疫情分布图、病例分布热力图、病例分布轨迹图、社区疫情分布图、重点区域周边病例分析图等专题图的制作，配合现场的疫情流调分析组、溯源分析组进行疫情发生、传播的记录与分析，为新冠肺炎疫情的流调分析提供技术支持。

2.4 通过信息管理系统数字助力疫情防控

依托自主研发的二三维地理信息智能底板，通过模块化快速搭建“天津市新冠肺炎疫情防控指挥平台”“西青区新冠肺炎疫情防控信息系统”“津南区新冠疫情防控指挥系统”“天津市集中隔离点管理平台系统”，为各级领导指挥决策、隔离管控提供数字化支持。

3 关键技术

3.1 模块化组装、多模式应用，快速搭建技术

利用自主研发的地理信息二三维平台快速搭建“疫情防控一张图”，可以通过开发模块快速组装，数据可以在 PC 屏、手机屏、可视化指挥大屏同步调用与显示。通过打

造疫情防控实战地图，实现多端融合同步，快速实现“战役”科学部署、精准防控。“疫情防控一张图”在“后疫情时代”基层社会治理应用也能够深度获益。

3.2 基于时空关系进行疫情大数据分析挖掘技术

采用 GeoScene GA 大数据产品的 Run Python Script 构建大数据分析模型，对多源数据进行清洗、融合、分析。Run Python 模型先使用 Spark 读取数据存到 dataFrame 中，在内存中进行大数据分析运算，极大程度提升了运算处理速度。再运用 Spark Context 以及 GeoScene GA 对任务进行监控，把控整个运算流程，最终以服务或者文件的形式输出结果。

3.3 疫情处置智能化分类输出技术

AI 洞悉事件处置，快速点对点通达通传。“战役”唯快不破的核心是事件的通传通达，疫情变化循序，利用 AI 人工智能技术，充分分析事件来源和历史处置方式，能够实现精确通达。

基于自主研发的深度学习框架体系及多年基层社会治理项目的总结，实现疫情处置智能分类输出。通过深度学习体系，实现持续改进，实现疫情期间的所有样本继续助力常态化抗疫与基层社会治理之用。

4 创新点

利用实景三维数据、高清影像、电子地图以及掌握的兴趣点、房屋楼栋、小区、地名地址等各类综合专题数据，完成病例分布、重点场所、管控区域等疫情专题信息的落图；针对疫情防控工作制作各类应急指挥专项挂图，为疫情防控综合决策提供事件可表、时空可溯、客观可见的信息支撑，在重要会议中辅助市领导运用平台系统挂图作战，分析、研究、会商疫情防控工作。

4.1 开发建设多个疫情管理信息系统

此次抗疫期间，每天及时根据收集的各种疫情防控数据，制作大量的分布图、轨迹图、周边病例分析图等，并开发了津南区新冠疫情防控指挥系统、天津市集中隔离点管理平台系统、天津市新冠肺炎疫情防控指挥平台（如图 1 所示，可加载多种二三维数据），为各级领导指挥决策、隔离管控提供数字化支持。

（1）津南区新冠疫情防控指挥系统

系统实现了以 GIS 管理封控区域、病例住所、活动场所、交通卡口、核酸采集点等数据的“防疫一张图”维护管理，自动生成病例分布热力图、活动轨迹热力图、重点区域周边病例分布图以及各类统计分析成果，紧急部署在津南区政务云平台，供各级领导进行指挥研判与分析决策（见图 2）。

图 1　天津市疫情防控指挥平台

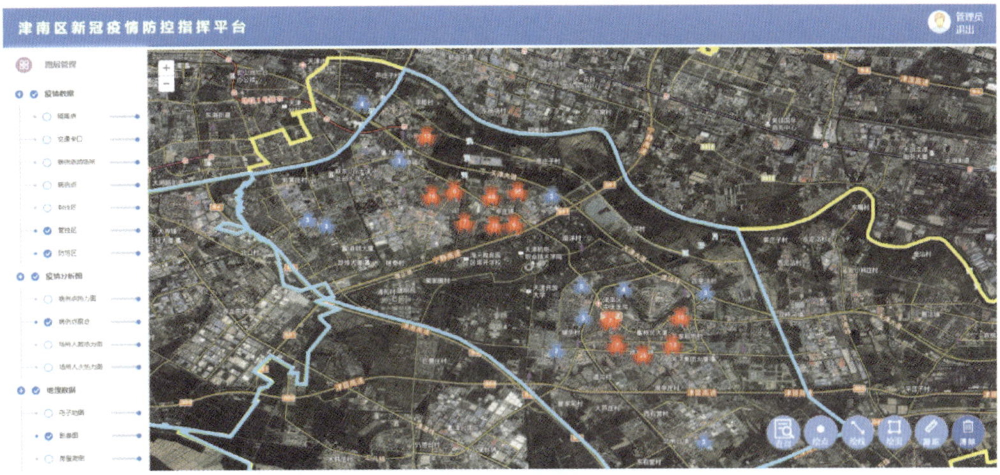

图 2　津南区新冠疫情防控指挥系统

（2）天津市集中隔离点管理平台系统

2022 年 1 月 15 日，按天津市疫情防控指挥部要求，在市文旅局指导下，经过 24 小时奋战，快速开发“天津市集中隔离点管理平台系统”。1 月 17 日实现了在全市范围内的试运行，经过数十次迭代更新，全方位满足市防控指挥集中隔离点管控、各区集中隔离点管理和全市各隔离点填报的需求，强化市集中隔离点位管理工作，提高统计数据的准确性、及时性和统一性，减轻基层负担，提高工作效率。

（3）天津市新冠肺炎疫情防控指挥平台

依托自主研发的实景二三维平台，将病例信息、封管控三区范围、疫情涉及人员在津活动轨迹在三维场景中进行展示、管理，给决策者一种仿真、身临其境的效果，如图 3 所示。

图 3　天津市新冠肺炎疫情防控指挥平台

4.2　编制各类专题地图辅助疫情防控

编制各类专题地图用于指挥研判、流调分析、统计分析、社区管控、工作进展演示等 500 余幅次。

（1）指挥研判类

通过绘制专题地图为疫情防控综合决策提供事件可表、时空可溯、客观可见的信息支撑（见图 4、图 5）。

图 4　津南区社区管控范围三维图

图5　河东区社区管控范围图

（2）流调分析类

以地理信息数据为基础，集成每日疫情变化数据，通过各类信息图表、热力图、空间分布图等形式，直观提供了疫情发展、控制情况，为各级疫情防控指挥部门辅助决策分析、实施分区分级管控提供了精准支撑。

（3）统计分析类

以地理信息数据为基础，将时空化后的疫情信息进行统计分析，通过专题图的方式进行可视化（见图6）。

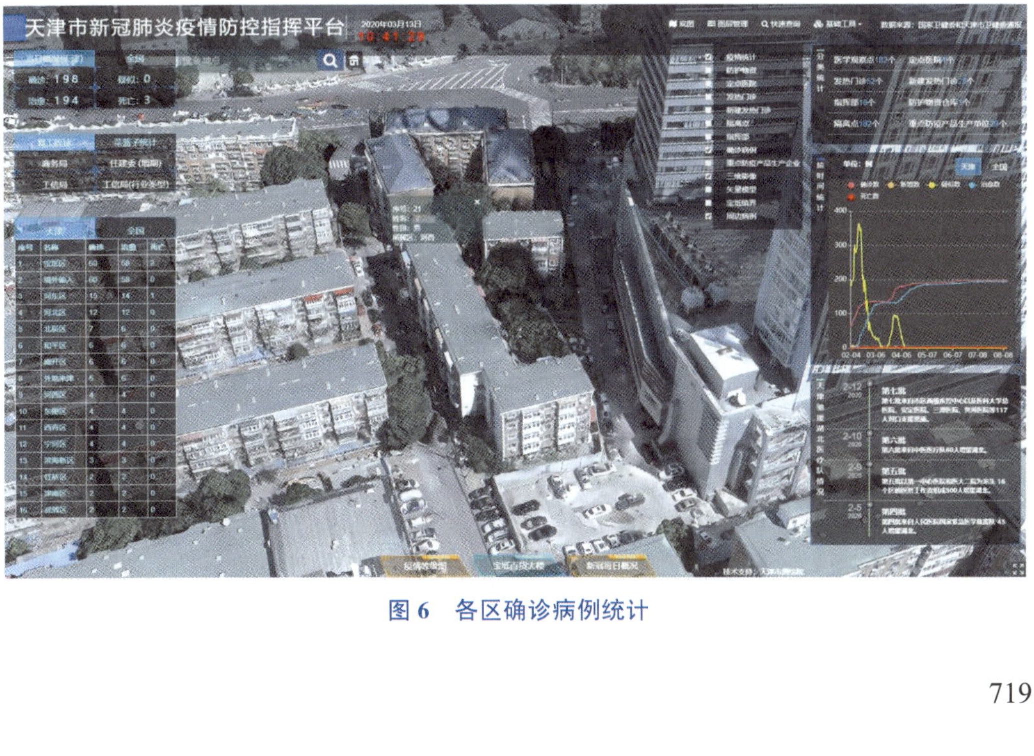

图6　各区确诊病例统计

（4）工作进展类

依托地理信息数据，通过专题图的方式反映疫情各项工作的进展情况（见图 7）。

图 7　津南区林锦花园消毒情况示意图

4.3　以时空动画技术实现信息的动态感知

疫情防控工作中，像疫情演变、消杀工作、个人活动轨迹等信息随着时间推移而发生变化。利用时间动画技术可以对随时间推移而生成的时态数据进行可视化，帮助决策者更好地观察数据随着时间推移而逐渐呈现出的模式或趋势。

4.4　实现疫情态势可视化

地理信息配合“网格化+大数据”方式，为新冠肺炎疫情防控工作提供可视化一张图。以专题图、时间动画、实景三维平台、二维地理信息管理系统等多种手段，为病例分布、疫情信息管理、网格化管理、人员轨迹分析、流调分析、社区管控范围动态调整、交通管制等疫情防控的各个环节提供可视化支撑。

1）将确诊病例和疑似病例信息结合地理位置展示在地图上，实现分区域、分专题等多维度地展示。

2）实现疫情数据空间可视化，加强疫情发展趋势的动态监测，为人员追踪、指挥决策提供依据与支持。

4.5　辅助疫情流调精准分析

在以往流调报告中，病例的活动轨迹以文字的方式进行表述，引入地理信息后，可以将病例的活动轨迹以地图的方式进行展示。流调报告中包含丰富的时空数据，通过地理信息技术，可以实现流调报告空间化，通过生动、形象、直观的方式表述病例轨迹。

利用地理信息技术，依托三公信息（公安、公共卫生、公共通信）可以实现人员轨迹碰撞，找出时空伴随者［指本人的电话号码与确诊号码在同一时空网格（范围是800M×800M）共同停留超过10min，且最近14天任一方号码累计停留时长超过30h以上，查出的号码为时空伴随号码］实现传播关系图谱化。

通过风险点热力图展示每个感染者在其可能的受感染期或传播期中停留地点的分布情况。

4.6 支撑疫情布控研判

通过地理信息辅助公安警力部署，开展布控研判，实现科学精准防控，使公安机关在疫情中的警力调度、定点盘查、应急处置的能力和水平大大提升。

通过地理信息辅助基层工作人员的管控研判，实现工作人员精准部署。

4.7 助力社区管控范围动态调整

依托地理信息技术，助力社区管控范围动态调整，根据病例分布位置、数量，精确划定封控区域。在实际应用中，需要综合考虑老百姓的出行影响、基层人员的管理负担、警力部署力量等多种因素。利用高清影像、倾斜摄影数据、地形图等数据，可以直观地确定有没有路口出行，发生疫情的楼栋在整个小区的位置，和周边小区在空间上的距离，与周边小区有没有物理上的隔离等情况，为社区管控范围动态调整提供了有力支持。

5 示范效应

1）自主研发“天津市疫情防控指挥平台”“天津市集中隔离点信息管理系统”，综合实景三维数据、电子地图、高清影像、疫情信息等多元数据，对疫情数据的空间特征、时间特征和数量特征进行可视化呈现。通过平台可查看封管控区域地理情况、人员情况、卡口分布、核酸检测点等，可自动生成病例分布热力图、活动轨迹热力图、重点区域周边病例分布图以及各类统计分析成果，为各级领导进行疫情防控指挥研判、综合决策提供事件可表、时空可溯、客观可见的信息支撑。本项目示范效应显著，结合各区疫情管控的自身特点，孵化出适合各区疫情防控指挥平台、隔离点管理系统，在天津市多个区如宝坻区、宁河区、西青区、河西区等均有应用。

2）以实景三维形式制作社区管控用图，在津南区首先得到应用，后逐步推广至天津市全部涉疫区；同时向津云等媒体驻市指专班记者及时提供疫情防控地图信息，以图文并茂的方式向社会公众提供权威、及时、精准的防控信息。

6 存在的不足与建议

6.1 基础地理信息现势性无法满足疫情指挥需要

在新冠肺炎疫情防控指挥中需要使用倾斜摄影数据、电子地图、影像图、作为作业底图，但在实际应用中倾斜摄影数据、电子地图的现势性比较差，跟实际地物出入较大，无法满足疫情指挥需要。在疫情指挥中，使用的是解密后的可以公开使用的影像图，存在精度不高、解密后的内容与实地不符、现势性相对滞后等问题。

6.2 地名地址匹配程度不高，无法满足流调分析需要

在流调分析中对确诊病例进行流调分析，基于病例的移动轨迹找到时空伴随者。鉴于疫情防控的需要，快速响应是流调分析的第一要务，但是在实际工作中，无法将人员的移动轨迹点通过地名地址匹配实现快速上图、结合三公（公共卫生、公安、公共通信）数据进行时空数据挖掘是当前工作中的一个痛点。

6.3 不同来源信息存在冲突，没有统一、确切的数据来源

在参考基础地理信息数据划定封控区、防控区、管控区三线的时候，往往会面临地形图、房屋普查、第三方（如百度）等不同来源的数据存在冲突，比如房屋的楼栋号、建筑物的轮廓等不一致，需要通过现场核查、街景数据才能确定真实的信息，给疫情防控工作带来不便，甚至造成不可估量的影响。

6.4 亟须建立一套应急响应机制

通过这次疫情防控实战，深切感受到测绘地理信息的重要性。为了实现“备战”目的，需要建立一套应急响应机制，不仅能够应对公共卫生领域的紧急事件，还能够在其他领域实现快速响应。需要在基础地理数据的更新和存储方面，POI、人口、房屋等公共专题数据的统一性、精确性方面，快速出图机制，各部门沟通协调，人才队伍建设等方面建立一整套的应急响应机制。

国土空间规划实景三维智能可视化分析平台

广西壮族自治区自然资源遥感院

1　项目背景

2019 年，中共中央、国务院发布《关于建立国土空间规划体系并监督实施的若干意见》，提出要从更深层次、更科学的角度解决空间问题，构建新时代的空间治理体系。2022 年国务院印发的《关于加强数字政府建设的指导意见》指出，要构建精准感知、智慧管控的协同治理体系，完善自然资源三维立体“一张图”和国土空间基础信息平台，持续提升自然资源开发利用、国土空间规划实施、海洋资源保护利用、水资源管理调配水平，实景三维技术将成为国土空间规划和治理的重要手段。

为顺应国土空间治理能力和治理水平现代化发展的趋势，满足新时代下国土空间规划的需求，提高国土空间规划可视化水平与智能决策能力，广西开展了国土空间规划实景三维智能可视化分析平台研发与搭建，将平台研发与应用作为亮点工程进行建设。通过实景三维可视化、人工智能监测等技术手段，构建具有立体化、智慧化、可视化能力的广西国土空间规划决策分析和监管体系，建设国土空间规划实景三维智能可视化分析平台，逐步夯实和完善国土空间基础信息平台，提升广西国土空间规划治理能力，促进治理模式的升级转型。

2　项目内容

2.1　建设目标

面向国土空间规划的业务需求和应用现状，基于广西实景三维平台，叠加各种基础地理信息数据，各类国土空间规划成果等多源异构数据，建设可在规划设施布局、指标统计、底线管控等方面提供多时序、多角度、多维度辅助国土空间规划编制分析和决策的国土空间规划实景三维智能可视化分析平台，开发辅助国土空间规划编制的空间分析功能，为国土空间规划编制、国土空间开发利用、自然资源保护、规划实施监管评估等工作提供服务，为全面辅助自然资源规划工作提供强有力的数据和技术支撑。

2.2　建设内容

本项目的主要建设内容包括国土空间规划海量多源异构实景三维数据可视化技术

研究、基于深度学习的国土空间规划遥感动态监测技术研究、国土空间规划实景三维智能可视化分析平台构建，并形成面向国土空间规划三条控制线监测与管控、高效获取产业园建设动态、辅助国土空间规划编制、辅助大型工程项目配套设计等方面的示范应用。建设主要内容关系如图 1 所示。

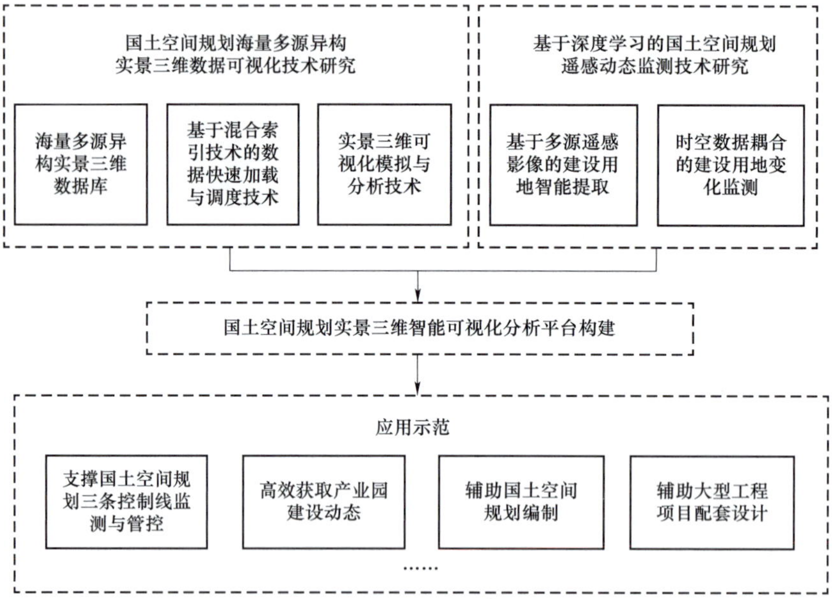

图 1　研究内容关系图

（1）国土空间规划海量多源异构实景三维数据可视化

构建海量多源异构实景三维数据库。围绕自然资源主管部门国土空间规划对三维基础服务能力的需求，针对自然资源基础地理信息数据、三维模型数据、国土空间规划应用数据等多样性、多源性、结构不一等特性，平台通过多种数据存储方式混合使用的数据存储模型，服务器与存储系统结合的服务模式，实现数据服务快速、高效、可靠的访问机制，形成多源异构实景三维数据库。

基于混合索引技术的数据快速加载与调度。采用多种索引算法混合使用技术，构建多源三维数据的混合空间索引，有效地把卫星影像、航空影像、数字高程模型、矢量、三维模型等多源的三维数据进行组织、管理、加载和显示，满足大量 DEM、DOM、矢量数据、三维模型构成的综合三维模型对智能三维可视化分析系统更高的索引和检索要求。

实景三维可视化模拟与分析。基于计算机图形学三维渲染与仿真技术、三维立体时空数据组织技术，构建实景三维可视化时空平台框架体系，实现大范围、大规模、多时相三维地理数据与国土空间规划业务专题数据的叠加显示和分析，支撑不同时间、不同天气以及各种自然环境特性的多尺度、细粒度现实模拟仿真，形成国土空间规划实景三维智能可视化技术体系，为实现日照分析、剖面分析、眺望分析、景观视廊分析、淹没分析、土方量计算等多项规划辅助分析功能打下坚实基础。

（2）基于深度学习的国土空间规划遥感动态监测

基于多源遥感影像的建设用地智能提取。基于深度学习的遥感地物识别技术，自动提取监测的建设区域，包括房屋建筑、硬化路面、堆填土等对象，提升建设开发用地存量的监测效率。同时，研究基于广西多源遥感跨模态建设用地样本构建，以及结合深度学习和地学知识图谱的自然资源要素智能提取模型，实现建设用地要素对象的高精度自动化提取。

数据耦合的建设用地变化监测。基于深度学习的遥感影像变化检测技术，自动识别不同时相遥感影像新增建设用地的区域，包括新增的房屋建筑、硬化路面、堆填土等对象，快速提取占用生态红线、耕地保护红线的建设区等变化图斑、矛盾图斑，实现高效开发用地监测。同时，研究适应遥感影像变化检测的卷积神经网络模型构建方法，提升变换检测模型的识别鲁棒性和检测准确率。

（3）国土空间规划实景三维智能可视化分析平台构建

以国土空间规划业务为核心，集成多源异构实景三维数据管理、实景三维可视化、遥感智能变化监测和建设识别体系、三维时空分析等模块，构建国土空间规划实景三维智能可视化分析系统。包括多源异构实景三维数据服务、实景三维智能可视化基础功能模块、国土空间规划辅助分析、基于生态宜居规划理念的科学评价指标体系、基于生活圈的公共服务设施配置等功能模块。

2.3 总体框架

国土空间规划实景三维智能可视化分析平台以广西实景三维平台为基础，整合叠加各类基础地理信息数据、国土空间规划成果，以标准、安全和运维体系为保障，遵循实用性、安全性、稳定性、易操作性为原则，基于分布式、云计算、大数据等技术进行建设。总体架构设计如图 2 所示。

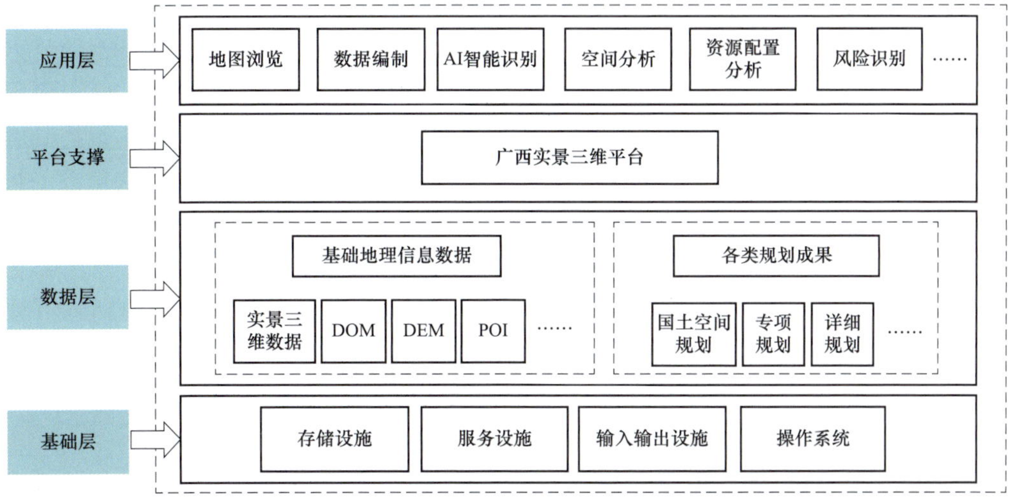

图 2　国土空间规划实景三维智能可视化分析平台总体框架图

基础层：包括存储设施、服务器设施、输入输出设施以及操作系统等，保障系统正常运行。

数据层：数据资源包括基础地理信息数据与规划成果数据。基础地理信息数据构成平台的三维时空数据底座；规划成果数据作为国土空间规划具体工作分析、应用基础。

平台支撑层：平台基于广西实景三维平台进行建设，底层自主可控。

应用层：以服务业务人员、匹配业务职能为出发点，搭建六大应用模块，具体包括地图浏览、数据编制、AI 智能识别、空间分析、资源配置分析和风险识别。

3 关键技术

围绕国土空间规划智能可视化分析应用需求，通过自然资源广西卫星应用技术中心、高分辨率对地观测系统广西数据与应用中心丰富的遥感数据源，构建包括基础地理信息数据、国土规划专题数据、实景三维数据等的国土空间规划实景三维智能可视化数据库，研究海量多源异构实景三维数据库管理技术，通过多源空间数据无缝集成、跨数据源复合分析，实现空间数据共享，形成国土空间规划业务化数据基础；研究国土空间规划海量多源异构实景三维数据可视化技术、基于卷积神经网络的建设用地遥感智能监测，为平台研发提供算法接口；研发国土空间规划实景三维智能可视化分析平台，支撑国土空间规划三条控制线监测与管控、高效获取产业园建设动态、辅助国土空间规划编制、辅助大型工程项目配套设计等方面业务应用。总体技术路线如图 3 所示。

3.1 大范围国土空间规划三维数据加载调度与可视化

针对海量多源三维数据的情况，平台基于海量多源异构实景三维数据库管理技术，实现三维数据集成存储与有效共享，其数据访问机制，不仅提供了直接存取多种数据格式的能力，而且具有跨数据源复合分析功能，为国土空间规划应用服务提供数据保障和支撑（三维数据组织与集成如图 4 所示）。同时，采用多种索引算法混合使用技术，构建多源三维数据的混合空间索引，有效地把卫星影像、航空影像、数据高程模型、矢量、三维模型等多源的三维数据进行组织、管理、加载和显示，解决资源的最佳配置，提高三维模型渲染的效率，满足网络发布和下载需求，解决单个及多个项目海量实景三维模型数据加载的效率及内存使用问题。此外，基于大范围实景三维投影坐标到球型坐标系统转换技术，实现海量实景三维模型数据的精准上球加载和高效可视化展示。

3.2 基于卷积神经网络的国土空间规划遥感智能变化监测与地物识别技术

围绕国土空间规划相关的房屋建筑、硬化路面、堆填土以及相应变化对象，构建符合规划监测目标的图像样本，并针对监测目标的几何、纹理特征，结合多尺度差异特征融合策略，增强语义分割网络的特征表示能力，运用动态损失加权方法，优化漏检目标

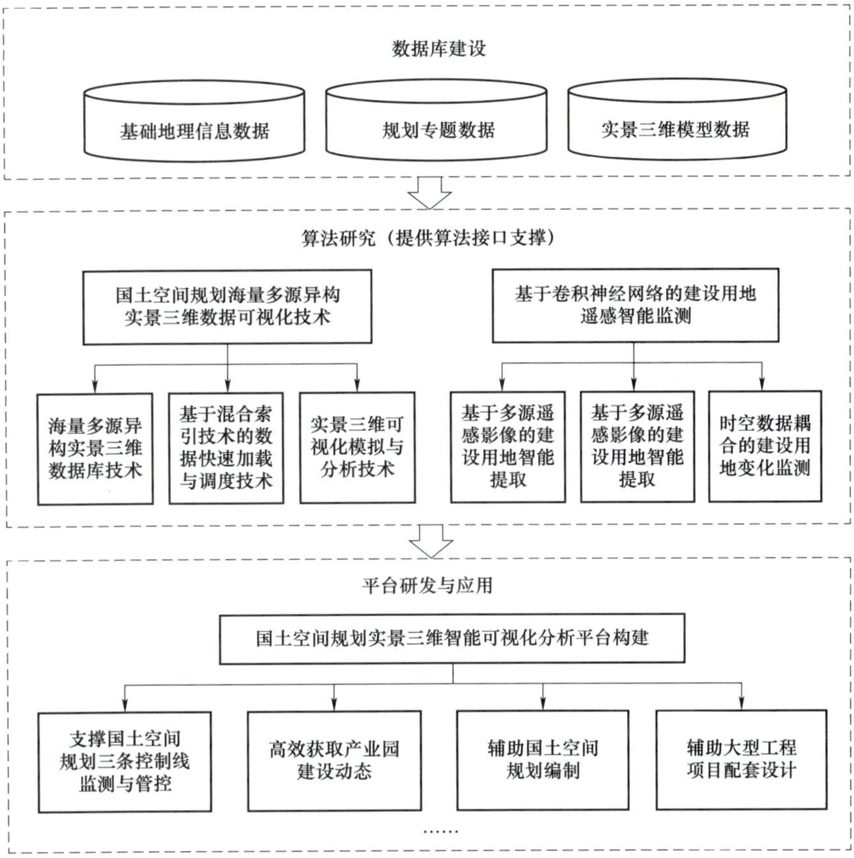

图 3　总体技术路线图

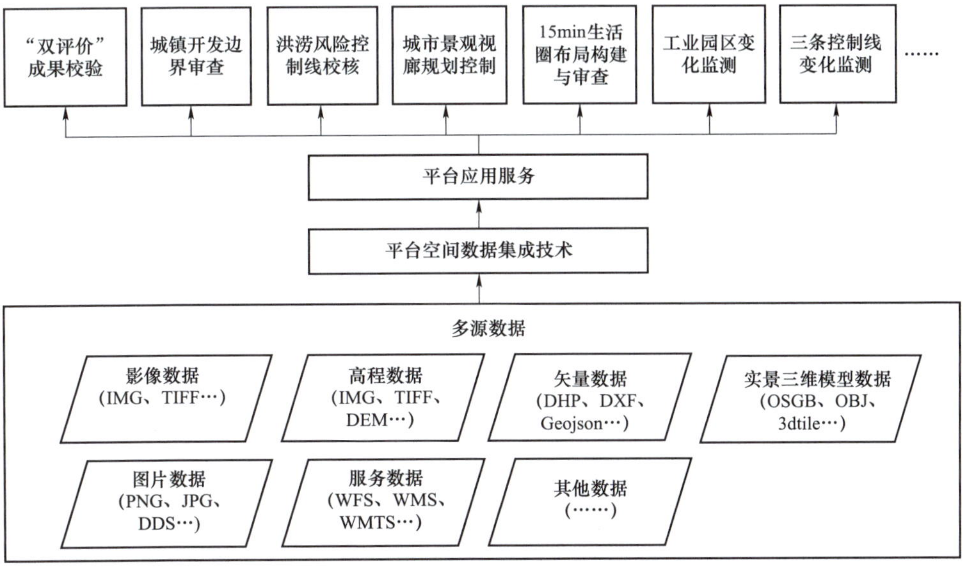

图 4　三维数据组织与集成

学习过程，进而提高检测模型的识别性能。实现基于多源遥感影像融合的建设用地自动提取与面向漏检问题的建设用地变化检测，提高建设用地变化检测模型检测目标的召回率，并维持较高的准确率。通过二三维一体化展示技术，实现变化监测和地物识别结果的三维时空呈现。

3.3 基于多源大数据的国土空间规划分析与评价技术

国土空间规划相关大数据包含基础地理信息、高分辨率遥感影像、互联网开放数据等众多类型数据，在数据挖潜过程中，基于实景三维时空数据底座，挖掘国土空间规划与不同类型大数据之间的内在联系，从源头上对大数据进行分类和整合，优化大数据分析与评价方法，实现国土空间规划相关研究专题的分析与评价，提升规划分析决策的科学性，带动理念、模式、技术及应用实践的创新。解决基于社会大数据的城市更新潜力评估，构建可视化的城市宜居性评价指标体系，以实际可达范围为导向的 15min 生活圈分析的关键分析与评价技术，如图 5 所示。

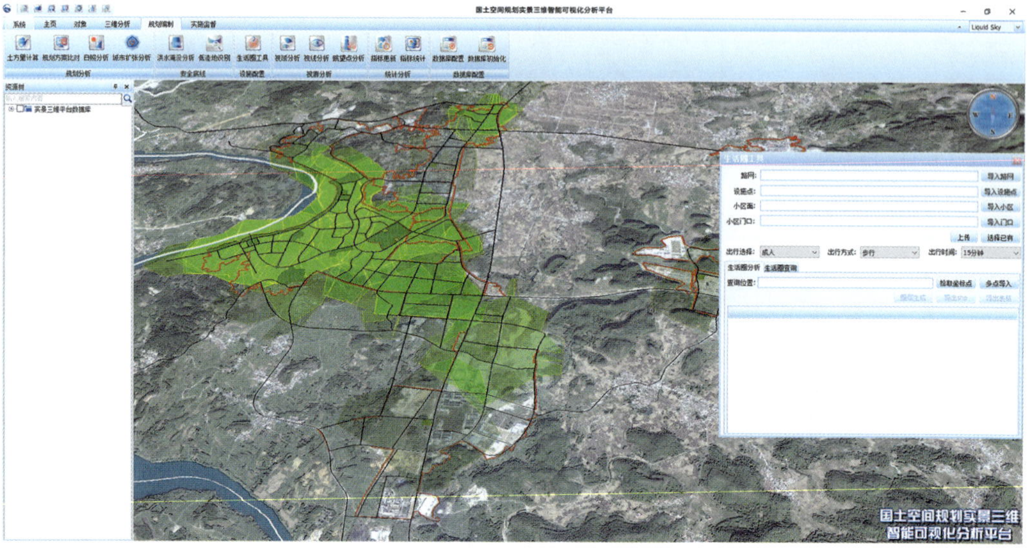

图 5　15min 生活圈绿地与开敞空间分析

4 创新点

4.1 国土空间规划大场景高效可视化

以往的三维系统中对大范围海量高分辨率遥感影像进行加载和调度会出现效率低下问题，浏览中大场景的转换卡顿和缓慢加载情况更为明显，影响国土空间规划工作开展。国土空间规划实景三维智能可视化分析平台通过建立混合索引形成多类型三维数据的组织，以可见视域优化计算加载方法，形成近似无缝的三维数据浏览加载，保证应用系统的效果。基于自主底层开发的数据组织和加载调度算法，提升了大场景三维遥感影像数据的可视化效率，突破了以往三维系统中为了保障效率而对显示范围以及角度的限制，实现了全方位的高效实景三维能力（见图 6)。创新地构建了基于混合索引的多源三维数据的组织模式、大范围三维空间数据高效可视化技术、实景三维平台基础框架，满足国土空间规划对实景三维数据的加载、显示、分析需求。

图 6　国土空间规划大场景高效可视化

4.2　国土空间规划变化检测自主智能化

通过融合多尺度差异特征与加权损失惩罚的卷积神经网络建设用地变化识别模型的创新，增强空间关系特征，提升语义特征信息判别性与对不同尺度空间潜在的变化区域的敏感性，减少光照、配准误差造成的伪变化。平台实现国土空间规划变化检测自主智能化，二三维一体化展示，发挥卫星遥感影像变化检测优势，实现规划建设审核监督（见图 7)。

4.3　城市空间问题诊断与品质提升立体化

国土空间规划实景三维智能可视化分析平台充分运用多源时空大数据，对城市进行多元化、立体化、深入化、普及化的研究，为规划分析技术提升提供新的思路、手段，并基于多源大数据融合应用分析，构建符合广西城市发展实际的城市更新潜力评估模型、城市宜居性评价指标体系，发掘城市更新潜力区域，提高对城市宜居性评价的合理性，从而辅助城市土地利用计划的制定，进一步推动土地集约节约利用。同时构建 15min 社区生活圈，智能构建以实际可达范围为导向的设施服务圈层，通过 15min 生活圈分析找准城市现状设施布局、规模配置问题短板，为规划公服精准配置提供决策支撑，引导社区生活圈设施合理布局，从而提升城市生活品质，满足国土空间规划要符合人民群众的意愿、体现“以人为本”的需求（见图8）。

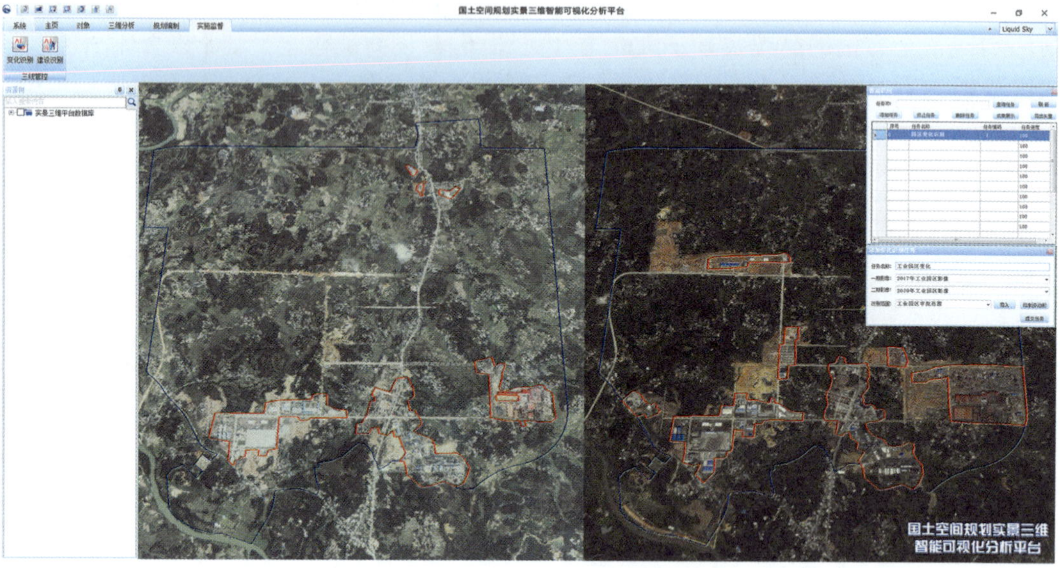

图7　二三维一体化变化检测

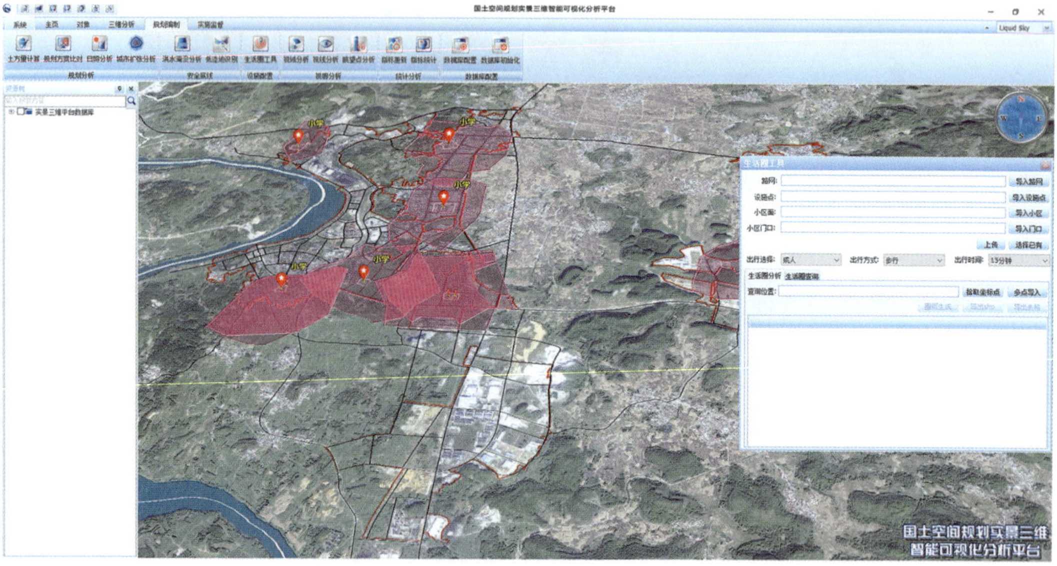

图8　生活圈分析

5　示范效应

本项目面向国土空间规划新时代治理能力现代化的需求，运用实景三维技术，建设国土空间规划实景三维智能可视化数据库，包括基础地理信息与国土空间规划专题底图，数据覆盖广西全域，为国土空间规划提供数据基础，实现数据多级信息复核展示、多源数据融合管理，实现数据秒级加载、TB 数量级并发访问。构建数据全域三维可视的国土空间规划实景三维智能可视化分析平台，集成公共服务设施精准配置、景观视廊控制、场地设计、变化识别等三维分析功能，辅助国土空间规划完成编制、审查、监管。建立基于多源遥感影像与知识图谱约束的广西自然国土空间规划智能识别模型，精度优于 80%以上；研究多光谱–高光谱数据融合的广西国土空间规划专题要素遥感监测方法，精度达到 85%以上。

目前，国土空间规划实景三维智能可视化分析平台已在重大工程弃土场设计、产业园区规划建设变化监测、广西多市县国土空间规划编制与设施配置审查、村庄规划等方面形成示范应用，实现构建完善程度、辅助国土空间规划应用程度达到国内领先水平。

杭州市青山水库管理新模式——数字孪生+水利

浙江中控信息产业股份有限公司

1　项目背景

国家始终把“除水害，兴水利”作为保障经济社会的高质量稳定发展的基础性、战略性工作。保护江河湖泊，事关人民群众福祉，事关中华民族长远发展。对此，党中央、国务院作出了明确部署：《中华人民共和国国民经济和社会发展第十四个五年规划和 2035 年远景目标纲要》（简称“十四五”规划纲要）明确要求，构建智慧水利体系，以流域为单元提升水情测报和智能调度能力；《“十四五”新型基础设施建设规划》明确提出，要推动大江大河大湖数字孪生、智慧化模拟和智能业务应用建设。

水库是我国防洪广泛采用的工程措施之一，主要由大坝、水闸、溢洪道、泄洪洞等组成。在防洪区上游河道适当位置兴建能调蓄洪水的综合利用水库，利用水库库容拦蓄洪水，削减进入下游河道的洪峰流量，减免洪水灾害。南方地区全面进入汛期将会迎来降水集中期，短时强降水、雷雨大风、冰雹、台风等强对流天气频繁发生，易引发洪涝、山洪、泥石流等地质灾害。因此，汛期也是气象防灾减灾的关键期。而水库作为汛期防洪的一张“王牌”发挥着不容小觑的作用。

杭州市某大（二）型水库控制流域面积 600km^2，总库容为 2 亿 m^3，以防洪为主，灌溉、发电等综合利用为辅。总体来看，由于管理范围广、工程复杂度高、防洪难度高，导致目前该水库运行管理存在诸多管理问题和风险。具体表现在以下方面：

1.1　监管空白，主动发现问题能力有待提高

目前发现问题的途径为人工日常巡查、部分设备的异常报警、附近居民问题上报等途径。由于水库管辖范围面积大，管理对象与管理事件多而杂，动态性强，例如机电设备是否正常运行、大坝内部安全性是否可靠、水库库容变化、库区是否有异常闯入等，单纯依靠人力资源很难做到问题的主动发现和预防，急需拓展数字孪生技术、物联网技术等新兴技术以及完善现有水库监测网络，主动发现、主动采集水库管理方面的运行现状和问题。

1.2　体系缺失，防洪指挥调度能力偏弱

该水库已有洪水预报调度模型，但仅能预报库区变化情况，预报范围有限，雨型等

参数需根据人工经验选择。另外，没有完整的防洪“四预”体系，不掌握未来雨量、周边来水、泄洪影响范围等数据，缺少下游的洪水淹没分析，难以判断泄洪对下游造成的影响。

1.3 点多面广，巡查维养效率有待提升

该水库管理范围广，管理类型多，人工的巡查工作任务量大，工作压力大，巡检效率低，往往忽略很多问题，不能全方位监管整个库区。

为认真落实“十四五”规划纲要的要求，积极实践“十六字”治水思路，紧跟浙江省水利数字化改革实施方案步伐，该水库管理单位以实际需求和工作痛点为导向，围绕工程核心业务，综合运用 BIM、AR、AI 算法、大数据、物联网等先进的前沿技术，强化新技术与水利业务的深度融合，构建“实用、管用、好用”的“智慧水库”，打造数字化改革创新示范工程。

2 项目内容

中控信息数字孪生水库融合多源数据，兼容卫星遥感数据、DEM 高程数据、倾斜摄影数据、GIS 数据、BIM 模型等多源异构数据格式，综合运用参数化建模手段，将多精度全要素场景作为孪生数据底座，打造了不同等级的场景数据基底。同时通过采集水库的水情、雨情、工情、监测、视频、图像等信息，构建相应的水库孪生体数据模型，综合分析水利工程历史过程和当前运行的状况，实时感知水库全域；通过相关水文分析模型推演未来发展趋势并预报，运用建立的水库调度和安全分析的分级指标体系，实现异常智能化识别和自动化预警，在数字孪生场景中过程模拟，与知识平台中的预案对比，为决策指令提供借鉴依据，提高水库安全运行管理水平，保护水库及周边的生命、财产安全。主要建设内容如下：

2.1 同步仿真，打造水库虚拟世界

建模涵盖流域以及水库的主体结构建筑物。

流域范围大场景采用三维 GIS 技术，对水库大坝及库区进行倾斜摄影测量，利用专业遥感影像处理软件对卫星影像进行正射精纠正、影像融合、影像裁切、影像调色等处理，基于三维地形建模软件叠加数字高程模型数据和处理后的卫星遥感影像，制作生成该区域范围三维地形模型。

水库的工程建设主体及各类感知监测设施设备包括拦河坝、泄洪闸、泄洪放空洞、副坝、电站、灌溉渠道、泄洪河道等，对这些设施设备进行 BIM 模型的建设。

2.2 可见可控，强化工程安全管理

以主坝、闸门、启闭机、水轮机组等设施设备的 BIM 模型为应用主体，全面挂接工程安全监测场景相关的所有工程数据，例如大坝的渗流、启闭机流激振动等。通过孪

生体的建设，监控设施设备内部运行状态，通过历史运行数据，结合设备关键零部件寿命衰减模型，预报设施设备健康状态。异常数据借助智能算法，将设施设备进行拆解，迅速判别并定位故障点，提取故障特征，模拟故障场景，根据系统内置的设备维养知识库，选择相应的维修养护方案。

2.3 模型驱动，赋能水库防洪调度

通过结合大数据、人工智能、物联网等新一代信息技术，研发水利行业大数据，耦合水文学模型/深度学习技术与新一代洪水预报模型，实现物理流域与数字流域之间的动态实时信息交互和深度融合，保持两者的同步性、孪生性。从预报、预警、预演、预案调度全链条式处理流程入手，对不同时空尺度气象预报信息和实时水、雨、工情信息进行动态预判，以流域调洪为立足点实现防洪调度。

以数字孪生水库为大场景，实时挂接流域内水雨情监测数据、气象预报数据、上下游主要工程调度数据等与防洪预报调度相关的所有数据，展示泄洪闸、泄洪洞、泄洪放空孔等工情，为防汛调度提供实时可视化数据支撑。

通过预测预报分析系统提供的网格化降雨数据，实现降雨历史变化分析、实时分析、预测分析。根据降雨预报、上游流域的来水预报，系统可超前精准预报流域的水量、水库库容变化情况等。随着水位上涨，超过预警阈值，系统自动进行洪水调度的预演，包括闸门启闭的数量和位置，同步显示模拟的泄洪量。开闸泄洪以后，对下游淹没范围进行动态演进分析，包括淹没范围和淹没时长进行模拟。根据预演结果，选择最优的洪水调度方案，尽可能保障流域以及下游安全。

2.4 多元融合，创新巡检模式

采用数字孪生技术后，可通过漫游的方式来对库区以及设备进行巡检。通过设置巡检路线，系统会以第一视角的方式，对巡检路线上周边环境、工程安全、设备状态、运行参数进行逐一展示，当发现有异常情况时，可实时联动周边视频监控、无人机等，对异常点位进行查看，以便及时发现及时应对，从而达到降低运维工作压力，提升管理及决策效率的目标。

3 关键技术

本项目大量运用了三维实景技术，综合利用遥感测绘、物联感知、大数据、云计算、移动互联网等新技术，真实构建水库地形地貌、大坝工程、机电设备等数字重建。三维实景模型作为实现数字孪生流域“四预”推进实施的一项重要新型空间信息基础设施，能够高精度还原水库场景，增强沉浸式体验感。具体技术亮点如下：

3.1 参数化构建三维模型技术

模型是三维场景构建的重要组成。本项目设计并实现了两种自动化参数建模方式：

基于 CAD 文件的模型生成及基于 GIS 矢量数据的模型。

基于 CAD 文件的模型生成是通过读取 CAD 数据，首先进行数据解析，识别数据并提取特征数据并对交叉线进行打断识别和断点围面，再利用椭圆坐标算法和圆弧坐标算法进行空间坐标生成，按照 CAD 高度字段和基础高度字段拉伸成立体模型。

基于 GIS 矢量数据的模型生成是结合数字孪生可视化引擎开发，通过解析矢量文件获取矢量坐标数据和高度属性数据，之后引擎利用挤出算法构建三维拉伸对象的坐标数据，再在场景中渲染和配置材质，以此生成城市基础信息骨架场景。

3.2 空间场景轻量化处理技术

随着互联网技术的飞速发展和计算机软硬件技术的提升，在浏览器端进行基于真实数据的虚拟仿真已成为普遍趋势，不同行业和领域在进行业务需求扩展的同时，对场景的多样化展示形式和模型数据的承载量提出了更高要求，为了解决大场景和海量数据加载速度慢、请求时间长、渲染帧率低等问题，模型轻量化技术应运而生。

设计实现了一种基于 WebGL 的模型数据轻量化的方法和系统，glb 模型在后台服务中经过文件解析、数据提取、预处理、数据重组等一系列操作后，最终生成自定义的模型数据格式 mc 的过程。具体实现为通过解析用户上传的 glb 模型，提取其中的二进制数据、节点数据、网格数据、材质数据、贴图数据和动画数据，对其进行一系列的预处理操作和数据重组，形成自定义的模型数据格式 mc。

轻量化的 mc 模型，使用在浏览器端发送请求获取 mc 格式的模型文件，文件请求完成之后从主线程开启新的 Worker 线程对 mc 文件进行解析，再将解析后的文件发送到主线程，使用自定义的加载器进行加载并构造模型对象，最后将创建的模型对象添加到数字孪生 WebGL 引擎的场景进行渲染。

在模型存储大小上，经过轻量化之后的 mc 格式文件，相对于不带贴图的原始 glb 格式文件，模型文件大小能减少 90%左右甚至更高；相对于带贴图的原始 glb 文件，模型文件大小能减少 70%左右；在网络传输上，轻量化之后的 mc 格式文件相较于 glb 格式文件，在相同的网络环境下网络传输速度提高了几倍到十几倍不等，大模型传输速度尤为突出。

3.3 一种模块化页面生成技术

一般来说，传统的代码开发模式以“需求提出 – 功能设计 – 开发 – 测试 – 发布 – 运维”为链条，输出软件产品。在这个过程中，很容易因为开发代码的复杂冗余导致难以快速响应市场需求的变化。同时，软件开发所需要的 IT 人力成本、技术选型、硬件资源等都是企业软件研发面临的问题，在这样的背景下，低代码技术应运而生，通过其简单易上手、灵活部署、开发成本低等优势帮助不同规模的公司提升研发效能。

为满足市场化及项目应用快速开发交付的需要，克服现有技术不能在线生成页面代码的问题，设计并实现了一种模块化页面生成的方法，根据用户需求设计表结构，自建表自动生成设定的接口，选用页面模板，根据页面模板预设的功能操作按键，由用户选取所需的接口；通过 QR 算法提取数据特征值；根据特征值生成在线代码；通过这种模式用户可以自由选择查询条件和编辑条件，便于操作；接口都有对应的代码，节约了在线生成速度；实现了页面内部功能的重复使用。

用户在使用系统时根据需要通过查询条件和编辑条件构建表结构，添加自己需要的数据，然后系统根据用户自建表自动生成新增接口、修改接口、删除接口、列表查询接口、分页查询接口、树形查询接口、导入信息接口和导出信息接口这些接口方式，再利用 QR 算法对数据矩阵进行提取特征值，系统根据特征值即可生成在线代码。

4　创新点

4.1　创新水利算法应用，赋能防洪防汛精准调度

本应用通过结合大数据、人工智能、物联网等新一代信息技术，研发水利行业大数据，耦合水文学模型/深度学习技术与新一代洪水预报模型，实现物理流域与数字流域之间的动态实时信息交互和深度融合，保持两者的同步性、孪生性。攻克核心算法在智慧水利行业复杂、海量、多维实时数据对接、汇聚、计算、分析融合等难关，解决流域洪水预报、防洪调度、水资源优化调度等迫切问题。面向水旱灾害防御场景，基于海量水利数据，依托大数据、人工智能相关技术，充分挖掘数据价值，研发流域防洪调度、水资源优化配置相关算法及仿真技术，建立数据通信、数据分析、数据建模、数据应用的全链路技术体系。从监测、预判、预警、调度、抢险全链条式处理流程入手，依托一体化水利大脑“一仓一图一中台”的建设成果，融合流域地理信息、水文信息、工程信息，以流域调洪为立足点实现防洪调度。完善精准短时预报功能和系统调度功能，能根据现有泄洪设施不同组合，进行灵活、快速的调度计算。以水旱灾害防御为出发点，突破多水库管理壁垒及多系统数据孤岛，基于水雨工情监测数据、气象数据、地理信息数据构建的大数据网，依托智能算法平台和大数据平台，实现流域水灾害防御和水资源优化调度。

4.2　创新数字水库可视场景，构建“四预”水利体系

基于基础时空数据、DEM、BIM 等数据构建多尺度的三维数字底板，以数学模型为核心、水利知识为驱动，实现对物理流域全要素和水利治理管理过程的数字化映射、智能化模拟，支撑“四预”功能（预报、预警、预演、预案）实现和智慧应用运行，提升水利决策与管理的科学化、精准化、高效化能力和水平，大幅提高多座水库安全高效稳定运行的水平，为新阶段水利高质量发展提供有力支撑和强力驱动。

4.3　创新监测技术，全景感知工程安全运行状态

土石坝的渗流会逐步演化为坝体破坏乃至溃坝的险情，严重威胁下游人员生命财产

安全。因此，掌握坝体内的渗流状态是土石坝安全运行管理的重要内容。本应用对感知维度进行全面升级，改变常规大坝渗流监测方式，通过三维电法勘测技术，形成三维全息大坝电阻率分布场，实现大坝渗漏情况的无死角监测与查看，极好地解决了潜在的渗漏隐患问题。此外，对国产核心软件进行突破，自研三维反演算法，进一步提高了计算速度及可计算规模。最后，运行多种监测手段相结合的方式，分析各监测指标劣化内在联系，智能动态分配各因素权重，计算大坝综合安全状态评分，实现大坝安全状态综合分析。同时，工程安全监测报警、预警信息能够通过三维模型进行报警提示，便于管理人员及时处理，进一步保障人民群众生命财产安全。

5　示范效应

本项目的数字孪生水库平台基于浙江省水平台的统一标准体系，开发多源监测分析、数字化运行管理、智能空间管控、AR 可视化交互、洪水预报调度、数字档案管理、综合大屏、移动应用等应用模块，并基于上述模块构建大坝安全监测、洪水预报调度支持、日常运行监管三大数字孪生应用场景。主要示范效应如下：

5.1　全面互联，微观感知，提升工程安全系数

系统通过三维电法勘测技术，形成三维全息大坝电阻率分布场，实现大坝渗漏情况的无死角监测与查看，解决了潜在的渗漏隐患问题。多种监测手段与多指标的综合评估，及时发布工程安全预警信息，极大提高问题发现效率和工程安全系数，保障人民群众生命财产安全（见图 1、图 2）。

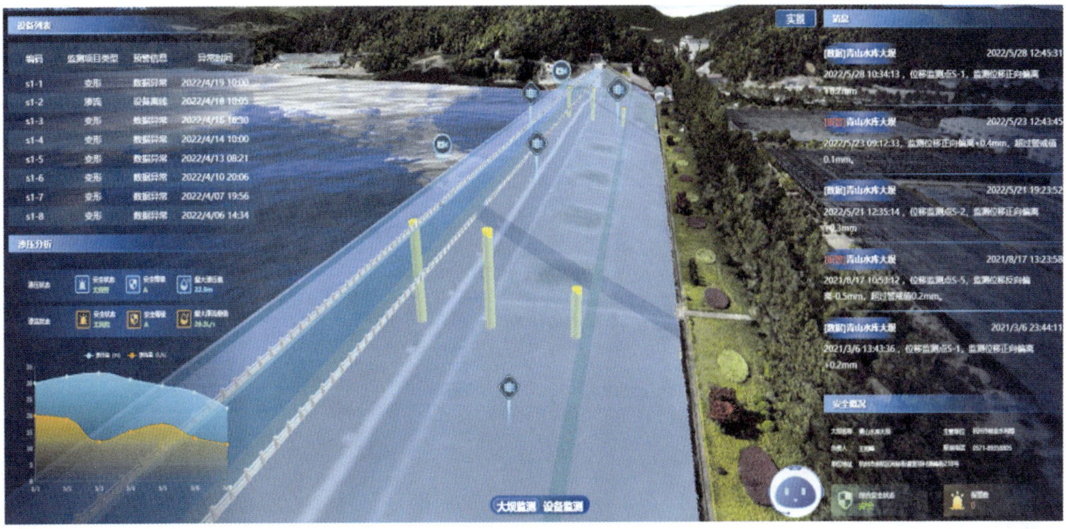

图 1　大坝监测

图 2　设备拆解

5.2　模型预报，洪水推演，水利风险应对由被动变主动

攻克核心算法在智慧水利行业复杂、海量、多维实时数据对接、汇聚、计算、分析融合等难关。完善精准短时预报功能和系统调度功能，能根据现有泄洪设施不同组合，进行灵活、快速的调度计算，解决流域洪水预报、防洪调度等迫切问题（见图 3、图 4）。

图 3　洪水调度

图 4　洪水淹没分析

5.3　漫游巡检，减轻压力，提升覆盖度与及时性

目前水库工作人员已通过数字孪生巡检模式，设置巡检路线，实现随巡随看（见图 5）。已主动发现问题事件两百余起，在一定程度上减轻了巡检人员的工作量；线下巡检频率从一天一巡更改为三天一巡，充分发挥了数字孪生以及视频监控在水库运行监管中的作用。

图 5　数字孪生巡检

绍兴古城保护利用信息管理系统

绍兴市勘察测绘院
宝略科技（浙江）有限公司

1 项目背景

绍兴是全国首批 24 座历史文化名城之一，迄今已有 2500 多年，拥有 133 个风貌保存完好的台门、14 个名人故居、9 处国家级文保单位、7 处省级文保单位、37 处市级文保单位以及 82 处历史建筑。整个古城是一座“没有围墙的博物馆”。绍兴市立足“千年古城、文化名城和东方水城”的定位和“文商旅”融合发展的目标，编制了《绍兴市城市总体规划纲要（2018—2035）》《绍兴古城保护利用“十四五”规划》和《绍兴古城保护利用总体城市设计》，明确了近期、中期、远期的保护目标，确立了“点、线、面”保护与古城格局、风貌保护相结合的总体框架。以利用推动保护，将古老变为时尚，大力实施千年古城改革振兴行动，绍兴古城开启全面活化的新时代。

2019 年 10 月，绍兴古城保护利用信息管理系统项目启动建设，建设内容包括基础地理、实景三维、房屋建筑、文保单位、公共设施、建设项目等内容的古城综合数据库，搭建部门数据协同共享操作平台，研发综合辅助决策系统和大屏可视化系统。系统自试运行以来效果良好，2021 年 2 月通过专家验收。

2022 年 4 月，绍兴古城保护利用信息管理系统二期建设项目正式启动，在一期建设成果的基础上，围绕古城数字化改革工作，以数字孪生为抓手，做好数据建设、场景应用建设和系统安全建设等方面工作，打造古城保护利用的“绍兴样板”。

2 项目内容

围绕“以世界遗产标准保护利用古城，认真执行古城保护利用条例、进一步疏解非古城功能”的工作目标，建设古城数字化“大脑”。绍兴古城保护利用信息管理系统基于绍兴市政务一朵云与政务网，依托无人机遥感技术和 SLAM 激光扫描技术，以达到厘米级的精度对整个古城进行 1:1 的三维全息扫描，构建出整个绍兴古城的“数字孪生”模型，实现对绍兴古城资源的统一汇总、展示、查询、管理，对古城历史和保护对象做到“心中有数”，既满足古城管理部门的日常业务需求，又可以更好地向社会公众宣传、展示绍兴历史名城的特色。同时，结合新一代信息技术，实现古城空间资源、行业资源、社会经济资源、人文资源的融合与管理，建立基于“一张图”的古城保护管理、运营、修缮机制，形成全面完善、可执行、具有前瞻性的保护措施。唱好“双城计”，既保护了绍兴古城，又提高了政府部门对古城的管理水平，实现绍兴古城的合理开发利用和可持续发展。

2.1 绍兴古城大脑

绍兴古城大脑的整体结构由资源普查、泛在感知、融合分析和信息赋能四个部分组成。

资源普查是绍兴古城大脑建设的第一步，通过全息复制等新型测绘地理信息技术，普查基础地理、全息扫描、文保专题等资源数据，为古城大脑建立完整的古城记忆。

泛在感知是一种手段，物联网设备如同人体的一个个神经元，物联网的广泛应用让城市成了一个有机体，作为绍兴古城大脑建设的一个关键环节，需要对古城的运行情况进行实时动态感知，比如古城实时人流量情况、交通情况等，通过这些信息可以对古城的健康状态进行诊脉。

融合分析是一个思维的过程，即基于全方位、全空间的数据资源采用大数据、人工智能等技术手段，挖掘更深层次的信息。

信息赋能是最终目的，这样才能为政府部门、公众提供服务，为现有的政府决策模式和公共服务模式赋予新的能量、带来新的认知，为绍兴古城保护、古城利用、风貌恢复、监督管理和传播教育提供智能化的信息服务。

2.2 全方位数据普查及建库

通过对古城范围内全方位数据资源进行普查，建立古城资源数据库，具体包括制定普查技术规程、开展基础地理数据普查、开展古城全息扫描建设、开展文保专题数据普查、开展可利用资源普查、开展专题数据普查等，通过对普查数据进行清洗、空间化、地理化等处理，建立古城保护综合数据库，全面摸清绍兴古城资源家底。

1）实现对古城基础数据资源建设。内容涵盖基础地理信息数据、行业专题数据、古城专题数据等。

2）实现对古城三维激光扫描及相关数据资源建设。内容涵盖古城范围内古建筑（含古桥、古塔、古井等）单体建模、重点历史建筑内部三维扫描及建库、历史街区地面街景扫描、建设项目设计方案模型建设（见图 1 和图 2）。

2.3 古城保护信息系统

围绕古城保护、展示、管理、活化利用、宣传、监督检查等核心诉求，研发绍兴古城保护信息管理系统。系统具体包括以下几个方面：

（1）3DGIS 引擎

采用宝略科技自主研发的 PopCity 作为 3DGIS 引擎，实现古城信息系统的基础 3D 支撑。PopCity 通过集成无人机遥感、地理信息、三维可视化展示、虚拟仿真、人工智能等前沿技术，融合多尺度、多分辨率、多源空间数据、城市时空大数据、城市物联感知数据，从宏观微观、地上地下、室内室外构筑一个高精度、多耦合的城市全息仿真平台。

图 1　古建筑（含古桥、古塔、古井等）

图 2　重点历史建筑室内扫描

（2）门户系统

绍兴古城门户是与公众互动的窗口，让社会公众及时掌握古城保护动态、建设项目情况、名城办工作动态和文化活动等信息。绍兴古城门户也是绍兴市名城办打开绍兴古城历史遗迹和人文内涵对外展示的窗口，让更多的人认识绍兴、走进绍兴、爱护绍兴（见图 3）。

图 3　绍兴古城门户系统

（3）资源一张图系统

以 GIS 技术为基础，以古城实景数据为底图，实现古城各类数据资源在“一张图”中的可视化展示，打通古城地理、历史文化、规划设计、保护名录、地名等信息的全业务、全要素管理（见图 4）。

图 4　资源展示实景一张图

（4）古城视频监管系统

整合古城原有监控系统，对接公安、城管相关视频数据，根据需要升级改造，构建基于 3DGIS 的视频监控系统，实现有线网络监控和无线网络监控的融合。通过系统建设可以显著降低古城规划建设和运行成本，保障系统稳定可靠，提高运维效率，为管理者提供便捷、科学的决策指挥依据，充分满足古城日常保护监测和管理的需要。

（5）数据资源中心

数据资源中心是古城数据的载体，能够通过资源中心快速了解数据资源情况，快捷查询数据资源，提供资源总览、资源展示、资源检索、分类过滤、资源注册、资源预览、资源统计等功能（见图 5）。

图 5　古城数据资源中心

（6）古城设计系统

提供对古城建设项目规划选址、方案比对、方案审核等规划设计辅助决策服务。古城规划设计建设方案模型与古城现状高精度实景三维模型无缝集成，所见即所得，结合视廊分析、日照分析、建筑高度分析、方案比选、设计指标分析、方案漫游等辅助决策功能服务，为绍兴古城保护利用和监督管理提供更加科学、更加精准的决策辅助信息服务（见图 6）。

图 6　古城设计系统

（7）运维中心

该中心包含各类数据库更新维护、管理用户权限、访问控制、数据目录等，用于对古城不同用户、角色、组织进行权限控制与管理，对系统展示功能进行定制化配置（见图 7）。

图 7　古城运维中心

（8）VR 展示系统

建立基于实景三维的虚拟现实系统，将数字化模型与 VR 技术结合，能够实现实景三维地图、室内实景地图的流畅浏览展示，从而实现对古城的虚拟游览。

（9）配套宣传视频

围绕古城的历史、规划和古城信息化系统的深入应用开发，制作古城保护利用信息管理系统宣传视频，对古城风貌格局和古城系统的特色及功能做全方位的宣传和展示。

（10）大屏可视化系统

以绍兴古城信息展示中心的建设为依托，基于古城数字化模型建设大屏可视化系统，实现绍兴古城资源、文化故事、发展规划等信息的大屏浏览服务（见图 8）。

2.4　古城智治综合应用

（1）古城地下管网管控应用

综合集成城市地下管线一张图，打造“城市智慧生命线”，能够直观呈现绍兴古城区域内主干道路地下管线分布，实现对管线的统一管理和优化控制，为管线监控运营指明了方向。结合浙江省自然资源厅要求建设省、市、区三级中市级地下管网数字孪生监管平台的指导思想，以绍兴市试点区域内各类管线的基础信息，构建管网仿真三维模型，建设管点模型，融合地下空间各类实景三维模型构建地下管网数字孪生基本盘。开发项目联审工具、耦合分析工具为地下管线日常审批进度、风险研判分析工作提供技术支撑（见图 9）。

图 8　绍兴古城信息展示中心大屏

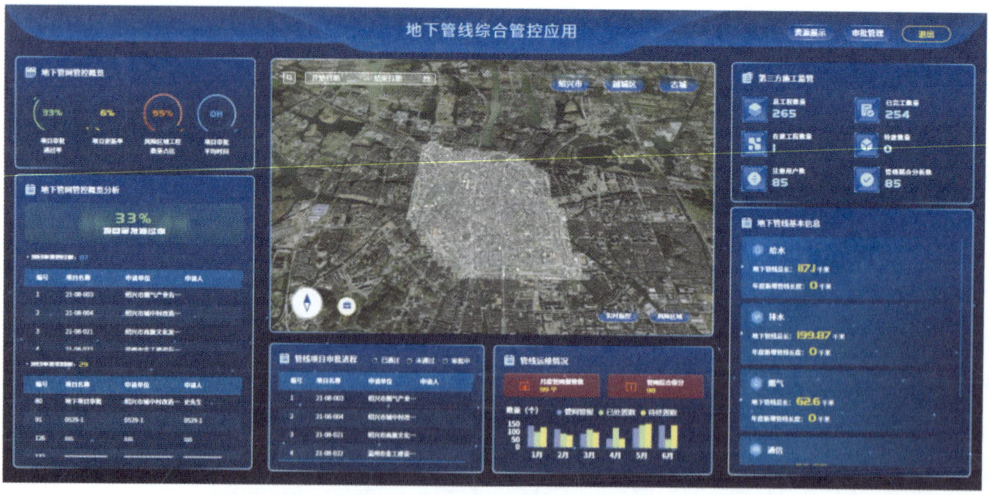

图 9　古城地下管网管控应用

（2）古城信息集成应用

构建数字古城页面，展示各应用场景古城数据，通过数据集成和业务流程重组，打通社会治理矩阵式智治应用等 14 个应用场景的快捷登录与数据提取功能。对于古城项目群、年度古城保护利用清单工作，在系统中进行上报进展、实景展示、预警研判、建立数字指标等，用数字化手段监督古城项目群按计划有序推进（见图 10）。

图 10　古城信息集成应用

（3）宗教活动场所标准化治理应用

为确保越城区宗教领域平安和谐稳定，不断夯实宗教工作基层基础，进一步深化宗教活动场所标准化管理工作，基于宗教活动场所标准化治理实际现状，建设越城区宗教活动场所标准化治理应用场景，推动宗教活动场所标准化管理工作扩面提质，谱写新时代宗教治理工作新篇章（见图 11）。

图 11　古城智治综合集成展示应用

（4）闲置房屋管理应用

建设闲置房屋管理应用，基于绍兴古城数字孪生底座，整合可盘活房屋资源、机关企事业单位腾退的公共房屋等资源，以数字化手段开展云招商服务，利用大数据与 AI 数字化手段，精准、快速服务投资者选定闲置资源，抢抓招商引资机遇，吸引更多投资者进驻，充分发挥资源的最大价值。

（5）未来社区 CIM 应用

基于数字孪生模型建设、CIM 平台建设技术、物联网技术应用以及社区信息数据处理，构建以未来邻里、教育、健康、创业、建筑、交通、低碳、服务和治理等九大场景创新为重点的集成系统，打造有归属感、舒适感和未来感的新型城市功能单元（见图 12）。

图 12　古城邻里中心

3　关键技术

3.1　PopCity 大数据可视化引擎技术

基于宝略科技 WebGL 专利技术，借助领先的时空数据优化能力，结合高效的神经网络渲染技术及先进的内存管理策略，融合多尺度、多分辨率、多源空间数据、城市时空大数据、城市物联感知数据，从宏观微观、地上地下、室内室外构筑一个高精度、多耦合的城市全息仿真平台。PopCity 实现的地理空间数据可视化渲染引擎，在无须了解 PopCity 的情况下，通过灵活的配置，可以快速制作出如散点、轨迹、区面、热力图、数值图、三维白模等地理位置相关的可视化作品（见图 13）。

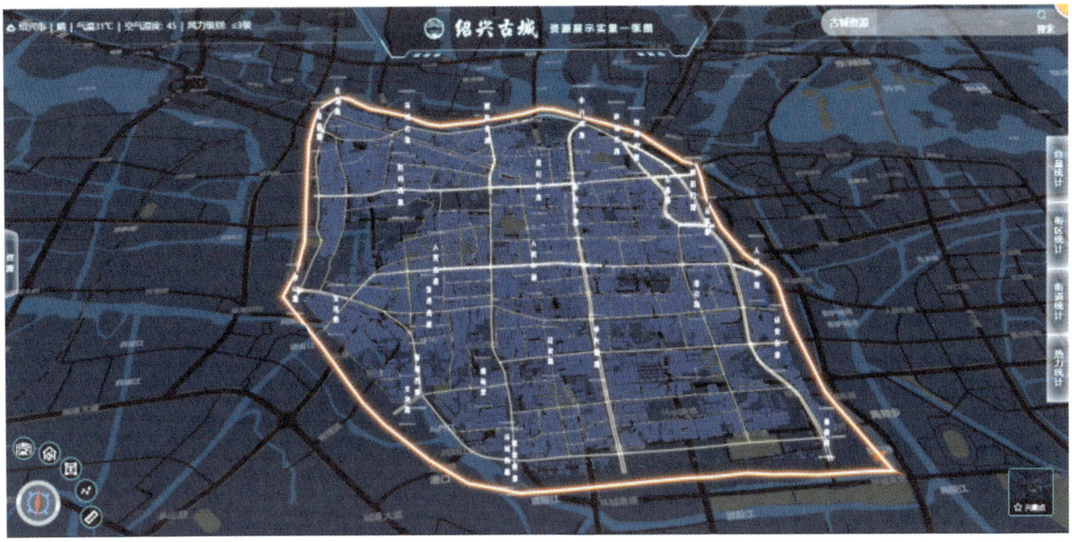

图 13　带亮度的道路网可视化效果

3.2　工业级无人机遥感平台

数字化模型建设采用飞马 D200 无人机遥感平台，D200 是飞马着力推出的一款基于高性能旋翼平台的一体化高精度航测无人机系统，主打“高精度成图”。D200 配备的“无人机管家”专业版软件，满足各种应用需求的航线模式，支持精准三维航线规划、三维实时飞行监控，具备 GPS 融合解算、控制点量测、空三解算、一键成图、一键导出立体测图，提供 DOM、DEM、DSM、TDOM、2.5D 模型、真三维模型、标准 LiDAR 点云等多种数据成果及浏览服务。

3.3　SLAM 激光扫描设备

采用德国 NavVis M6 移动 SLAM 扫描仪对室内空间进行场景空间化采集和点云扫描。SLAM 三维激光扫描传感器作为获取三维空间数据的重要手段，能快速、准确、大量地获得物体的空间几何信息，而高分辨率数码相机能得到高质量的二维纹理数据，二者对目标的描述具有互补性，相互结合可以生成精确、真实的三维世界，为虚拟三维环境的构建提供了很好的数据支撑。与根据强度渲染的灰度点云相比，配准后所生成的彩色点云明显更加直观、判读性更强。通过激光点云构建场景空间信息，采用点云与影像精确融合形成三维实景数据库。

3.4　数据可视化搜索引擎技术

基于搜索引擎技术构建多种专业的数据可视化引擎系统，提供强大的可视化平台和组件库，可用于构建多维的可视化表达，包括空间 GIS 地图、统计数据仪表板、时间序列、图文页面、关系可视化等。

4 创新点

绍兴古城保护利用信息管理系统以数据开放共融共享、古城服务全程全时、古城治理高效有序为主要目标，通过体系规划、信息主导、改革创新，推进新一代信息技术与城市现代化深度融合、迭代演进，助力古城保护与开发协调发展，项目创新点体现在以下几个方面：

1）建设过程中，攻克了多个技术难点，有效解决了古城风貌和资源留取、表达、共享、管理等问题，在高性能低空遥感平台的多尺度数据采集及预处理技术、多源数据融合的精细化建模与管理技术、面向古城保护与管控的智能感知技术等多种关键技术上进行攻关，对三维实景数据的采集、处理、建模、感知和应用等环节存在的疑难问题进行系统性研究，从而实现古城的高精度数字孪生复制和精准保护。

2）统筹整合市、区、街道三级各类数据资源与信息系统，通过数据共享、流程再造、融合分析，实现古城文保资源、公共配套资源、房屋资源、古城规划、项目研究、活动监控等数据资源“一图统览”。通过信息赋能，实现项目规划选址、房屋征迁、方案评审、古城微更新、风貌保护、监督检查等古城治理工作“一图统管”。

3）采用无人机倾斜摄影、SLAM 智能扫描机器人等新一代测绘地理信息装备，对绍兴古城内包括台门、历史建筑、名人故居、古桥等在内的共 17 类保护对象资源进行全方位数字化扫描，建设保护对象高精度数字化模型，打造绍兴古城“数字化博物馆”，实现绍兴古城数字存档，并通过 VR 等技术提供全新的古城虚拟游览体验，提升绍兴古城文化知名度。

5 示范效应

2021 年 8 月 29 日，浙江省人民政府新闻办公室举行数字化改革重大应用成果发布会，绍兴古城保护信息管理系统作为首批重大成果之一发布。绍兴古城保护信息管理系统的示范效应主要体现在政府端和社会端两个方面。

在政府端用于城市管理与决策辅助。通过定期对整个城区进行全息扫描，尤其是重点保护对象的高精度测绘建档，形成各个时间段的数据库，用于记录、对比和分析在城市演变进程中的风貌变化，满足风貌管控的需求；通过多个维度进行精准演示操作，对建筑高度控制、空间视廊分析、文保区域监控等方面做出分析，将建筑方案建模后植入到现状区块中，通过任意角度的效果对比做出判断，在虚拟世界仿真，物理世界执行，真正实现以“绣花”功夫织补古城，做到顶层决策科学化；通过既有数据在线，掌握拟征收区块建筑产权、面积、类型等情况，科学开展前期分析、风险评估；通过实时数据传送，对项目实施过程的进度与投资、质量与安全等进行有效管控；通过综合数据集成，对招商业态布点与未来预期收益进行模拟预测，有利于调整、完善设计至实施前端，做到项目管理系统化。

在社会端用于增值服务与共享服务。通过数据平台链接，融入门户网站、移动端、新媒体平台、VR 虚拟游览系统等，实现古城旅游场景化应用的线上宣传效果，以此吸引更多的游客来实地体验，发挥增值效应；通过数据资源输出，为公众在绍兴古城的吃、住、行、娱乐等方面提供需求，进行信息推介与业务订购，实现 "一屏智慧畅游"等一系列共享惠企惠民服务；通过数据系统拓展，自建特有的文礼（旅游商品）模式，联合有代表性的绍兴特产、非遗手工艺品、文创产品等，建立本地企业"在线商城"，推动发展数字经济。

基于实景三维平台贵州省遥感影像统筹项目

北京飞渡科技股份有限公司

1 项目背景

《中华人民共和国国民经济和社会发展第十四个五年规划和2035年远景目标纲要》强调“加快数字发展，建设数字中国”，明确提出要加快数字化发展，打造数字经济新优势，协同推进数字产业化和产业数字化转型，加快数字社会建设步伐，描绘了未来五年数字中国建设的新蓝图。以云计算、大数据、物联网、移动互联网为代表的新一代信息技术高速发展、交叉融合，应用创新空前活跃，5G、人工智能（AI）、区块链等新一代技术正持续向数字经济、数字社会渗透，新基建、新应用、新模式、新业态和新服务层出不穷，对政府的服务和治理能力提出了更高要求。

随着倾斜摄影、自动化建模等技术的发展，以及智慧城市建设的推进，国内一些省市相继开展了实景三维模型建设，并在规划审批、城市管理、自然资源确权登记等方面取得显著应用成效。

当前，贵州省自然资源工作主动服务经济社会发展大局，积累了一定的地理信息资源。1:1万框架要素数据全省覆盖，1:1万基础地理信息产品生产完成入库4395幅。创新实施全省遥感影像统筹，获取光学遥感卫星影像共8863景，高光谱影像680景，雷达影像526景，多光谱影像181景；获取0.2m分辨率航空影像57243km^2，优于1m分辨率机载SAR遥感影像数据5000km^2，高精度机载激光雷达数据1200km^2。共向900余家行业单位提供地理信息数据服务近3000批次。

同时，完成9个市（州）级和4个县级数字城市地理空间框架地理信息公共服务平台建设，完成智慧贵阳时空大数据平台的升级建设，开展4个县级智慧城市时空大数据平台建设试点。完成“天地图·贵州”一体化建设，注册用户1.4万余个，典型应用案例30余个，2020年“天地图·贵州”首次被评为五星级省级节点。

2 项目内容

为了满足全省经济社会发展的实际需要，本项目需要收集和整理全省卫星影像数据、航空影像、天地图、地理国情普查等成果，按需组装并生产包含地形级、城市级和部件级实景三维数据，建设实景三维数据库和实景三维管理系统，同时构建实景三维基础平台服务和实景三维数据服务。

2.1 实景三维基础平台服务

核心是按照贵州省地理信息中心要求并结合现有数据状况，融合全省卫星影像成果、航空影像成果、地理基础信息数据、城市级倾斜摄影数据、重点桥梁、建筑模型数据、部件级精细化模型以及物联感知数据，建成地理场景分库、地物实体分库、地理单元分库、物联感知数据分库和元数据分库，实现基础地理信息数据模型、建筑信息模型等空间数据、IoT 数据的融合展示。并实现实景三维数据的统一存储管理、数据编辑、查询统计、三维模型计算及发布实景三维数据标准服务接口等。贵州省地形级实景三维成果如图 1 所示。

图 1　贵州省地形级实景三维成果图

2.2 实景三维数据服务

核心是收集和整理现有的卫星影像数据、航空影像数据、数字高程数据制作全省地形级、坝区专题和行政区划实景三维专题；结合倾斜摄影数据制作城市级实景三维，并接入重点建筑及桥梁模型、其他精细化模型数据实现基于城市级实景三维的模型融合展示。系统架构如图 2 所示。

3 关键技术

3.1 新型基础测绘技术

新型基础测绘技术是新时期面向基础测绘的新任务和新需求，在保持基础测绘公益性要求前提下，以重新定义基础测绘成果模式作为核心和切入点，带动技术体系、生产组织体系和政策标准体系全面升级转型的基础测绘体系。

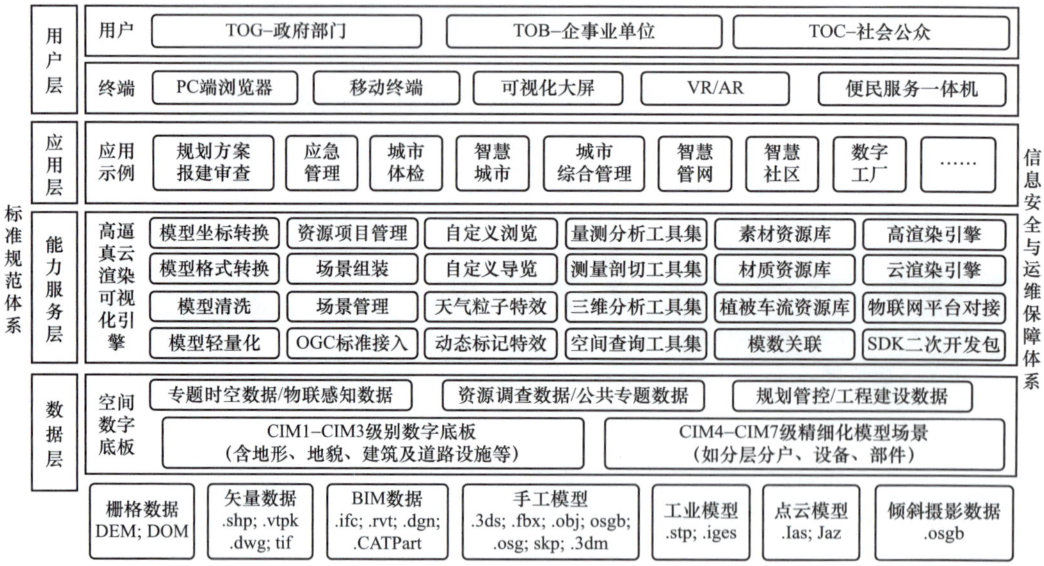

图 2　系统架构

新型基础测绘是对传统基础测绘的继承和发扬，与传统基础测绘相比，具备“全球覆盖、海陆兼顾、联动更新、按需服务、开放共享”等特征。主要体现在：

工作范围“新”：由原来的我国陆地国土，拓展延伸到海洋、周边乃至全球。

工作重点“新”：由大地测量、地形图测绘、基础地理数据采集等逐步转变为测绘基准运维与服务、基础地理信息动态更新、海洋和全球地理信息获取、基础地理信息应用服务等为主。

技术手段“新”：改变了传统的大地测量、航空摄影测量及地图制图技术，广泛采用卫星导航定位、遥感、地理信息、互联网或物联网、大数据等先进的技术手段。

组织模式“新”：由原来按照大地测量、航空摄影测量、地图制图等工序生产组织模式，转变为测绘技术一体化集成、国家和地方分工协同、测绘系统与专业部门信息共享协作等方式。

成果形式“新”：由提供传统的大地测量控制点成果，转变为可提供高精度的实时测绘基准定位、高精度大地水准面等；由原来提供不同比例尺地形图或“4D”数据产品，转变为可提供按需定制地形图、专题图、内容丰富的高精度基础地理信息数据；由原来只能提供国内陆地范围基础地理信息，转变为可提供海洋和全球范围的数据；由原来只能提供版本式基础地理数据，转变为可提供多时态的增量数据。

服务方式“新”：由原来只能提供模拟地形图或数据产品，转变为提供网络化的数据下载、地图服务、平台服务、卫星导航定位服务，以及多种形式的定制服务等。

3.2 基础空间数据融合技术

在基础空间数据部分，可根据基础地形图资料、DEM 和 DOM，对 DEM 进行加工优化，融合集成不同格网间距的数字高程模型数据，将不同等级的瓦片采用分层的方式存储在数据库中，建立三维大场景基础数据，更好地满足数据应用和浏览的需求。数据采集与治理技术路线如图 3 所示。

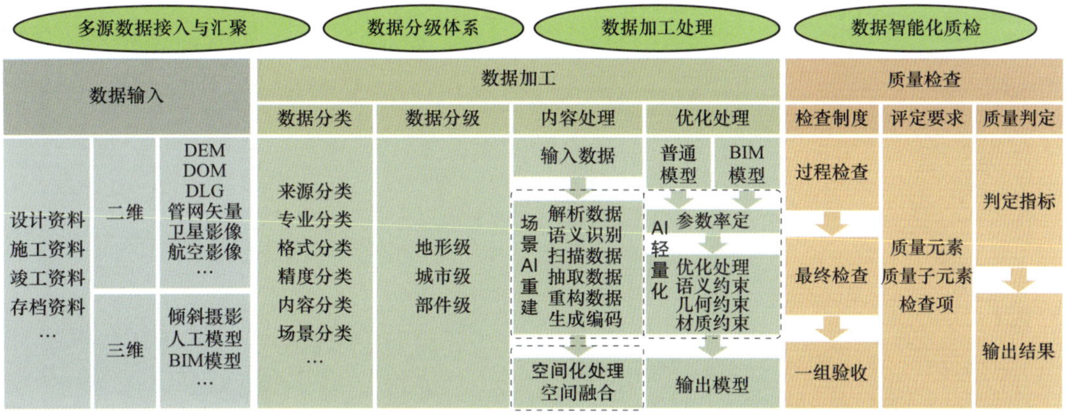

图 3 数据采集与治理技术路线

3.3 数据库金字塔技术

数据库金字塔构建对多源数据融合起着至关重要的支撑，其中数据应用端的 DOM、DEM、倾斜摄影、BIM 模型数据及 WMTS 的地图服务都应用瓦片地图金字塔构建模式，保障了在空间数据可视化与空间计算的高效流畅程度。

3.4 高效数据引擎技术

随着模型的规模和复杂性的增加，单机处理多专业空间信息模型的存储和分析变得越来越困难。对于独立的计算机来说，多个大型场景的渲染或者城市级数量的建筑信息模型渲染具有一定难度，建立实景三维模型要求则更高，对计算机性能要求也高，同时也需要非常长的渲染运行时间。因此考虑使用空间填充曲线，利用空间填充曲线算法对二三维数据重新进行索引，利用分布式存储数据库存储，减小物理 I/O 读写效率，并支持 Spark 并行计算，提高空间分析效率。

3.5 空间可视化技术

空间可视化作为实景三维基础平台空间治理的核心技术，基于空间结构的数据组织和可视化技术成为重要的技术组成。

（1）宏观微观无缝切换可视化

宏观大场景图形数据一般为 GIS+BIM 数据，包括但不仅限于地形影像、倾斜摄影、点云等不同类型的宏观空间数据，精细局部模型一般为 BIM 模型。GIS+BIM 从宏观的角度表现和管理数据，BIM 从微观精细化的角度表现和管理数据。

（2）数据轻量化与数据可视化

实景三维大场景数据包括多项目超大体量 BIM 模型与超大规模地理场景数据。实现超大范围地形级实景三维模型浏览、超多构件部件级实景三维模型浏览，均需要用到数据轻量化及可视化技术。通过对以上数据的轻量化处理，可实现 TB 级数据的流畅加载和调用，从而实现绚丽逼真三维场景的高效实时渲染（见图 4）。

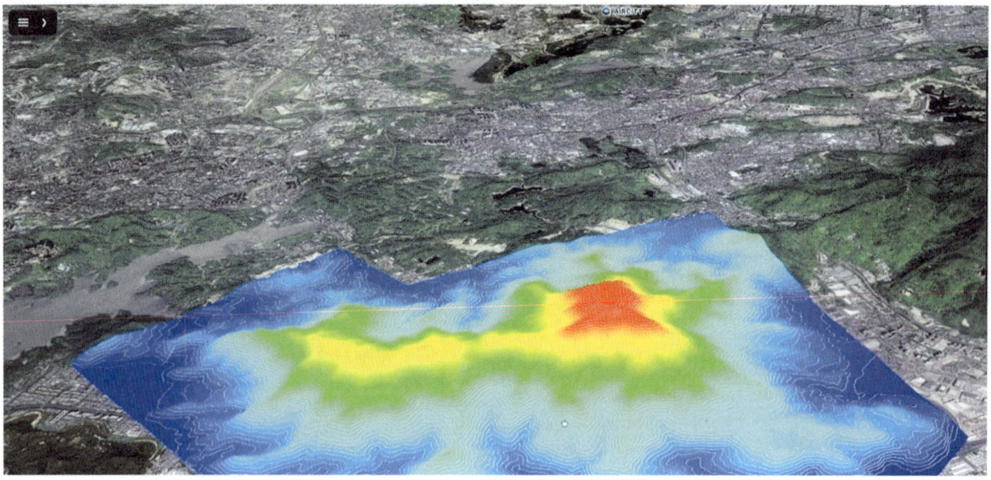

图 4　地形级实景三维渲染效果

（3）LOD 高效组织可视化

此次项目建设的三维模型原始数据具有几何精细、纹理精度高等特点，直接对数据应用存在数据加载缓慢、内存显存资源占用高、平台渲染压力大等问题。利用 LOD 技术及 LOD 层级数据生产技术，基于场景图的 LOD 组织管理技术，多任务、多机器、多进程、多线程并行的数据处理技术，解决了三维模型数据资源占用不可控和调度渲染效率低的问题。

4 创新点

4.1　多源异构数据接入

三维数据信息是实现城市数字化的基础，空间和地理信息技术已发展多年，涉及空间和 GIS 相关的数据标准、格式和应用软件多种多样，多源数据接入系统可以对各种空间数据以及需要和空间关联上的所有数据进行再组织、再关联，将城市数字化过程中会产生海量的多源异构三维数据、不同的设计软件产生的不同标准、不同格式的数据文件转换为统一的数据模型，为上层应用提供更好的支撑（见图 5）。

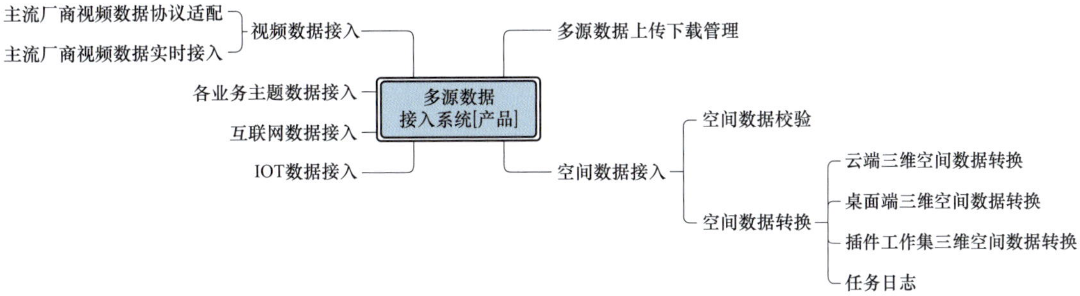

图 5　多源数据接入系统组成图

4.2　数据融合治理

提供数据转换融合工具，具备全省实景三维数据的融合及轻量化：解决海量、大体量空间数据跑不动的难题，实现城市海量、大体量三维模型的“秒级体验”。

多源数据融合实现对多源数据的统一管理，实现一键式导入导出多源数据，既满足可视化平台使用，又满足导出数据在其他平台的使用。

4.3　实景三维数据高渲染管理引擎

贵州省级需求的实景三维管理系统的建设，实现可以在不同网络环境（互联网、政务网和涉密网等）下进行快速的安装部署。实现多种实景三维数据的统一存储管理、数据编辑、融合展示和查询统计以及三维模型计算，并提供发布实景三维数据标准服务接口等。

4.4　交互操作功能

基本信息功能包含框选放大、放大/缩小、拖拽、隐藏/显示、卷帘效果、地表开挖（模型开挖）、BIM 模型剖切（任意方向）、模型批注（截屏功能）等三维场景交互功能，为用户直观地查看三维元素提供辅助工具。

4.5　可视化效果展示设计

支持 TB 级实景三维不同级别的倾斜摄影、BIM、3ds MAX、点云等模型，支持矢量、地下管线、地形、动态水面、三维栅格等多种数据接入和渲染表达，支持对天气、日夜景、动态光效，水体效果的模拟和调节；支持植被、车辆等动态景观小品的添加；支持玻璃、墙面等物理材质的模拟表达；支持后期光效的调节；支持工作模式和回报模式的多重展示方式；支持基于本地和网端的两种渲染方式。

5 示范效应

5.1 实现城市自然资源可视化管理

面向自然资源管理领域，构建以三维地理实体为基底的自然资源管理底图和国土空间管理底图，可有效实现城市自然资源在山水林田湖草方面的可视化、精细化管理。

5.2 保障城市公共服务精细化运行

面向智慧城市建设，建立以地理实体为核心的基础地理实体数据库，综合分析城市管理各个部门对地理信息数据的需求，可为时空大数据云平台、数字孪生城市等提供基本的地理信息数据，为城市公共服务管理提供基本保障。

5.3 满足实景三维建设需求

新型基础测绘成果能将传统二维的地理信息升级为三维数据，同时满足计算机自动识别，并自动进行空间分析和数据提取，能有效进行数据分发与共享；同时，产品形式多元，可以实现按需服务，满足党政机关、事业单位、社会公众等多样化的需求。

基于实景三维底座的智慧变电站全景管控平台建设

南京市测绘勘察研究院股份有限公司

1 项目背景

1.1 政策背景

2022 年 2 月，自然资源部发布《关于全面推进实景三维中国建设的通知》（以下简称《通知》），明确了实景三维是测绘地理信息服务的发展方向和基本模式，并从目标、任务、分工和要求四大方面做出具体安排。《通知》明确提出：“到 2025 年，50%以上的政府决策、生产调度和生活规划可通过线上实景三维空间完成；到 2035 年，80%以上的政府决策、生产调度和生活规划可通过线上实景三维空间完成。”2022 年 4 月，新型基础测绘与实景三维中国建设技术文件（5～7）发布，从技术规范层面推进新型基础测绘与实景三维中国建设。2022 年 5 月，实景三维中国建设专家组启动会召开，专家组由来自国内各大测绘科研机构、高校、企业的 30 位专家组成，中国工程院院士陈军担任组长。2022 年 7 月，自然资源部组织召开评审会，通过《实景三维中国建设总体实施方案（2022—2025 年）》。实景三维作为真实、立体、时序化反映人类生产、生活和生态空间的时空信息，是国家重要的新型基础设施，通过“人机兼容、物联感知、泛在服务”实现数字空间与现实空间的实时关联互通，为数字中国提供统一的空间定位框架和分析基础，是数字政府、数字经济重要的战略性数据资源和生产要素。

1.2 行业背景

电力是关系国民经济的命脉性基础行业，国家电网、南方电网等都明确提出建设电力数字孪生平台，提高电力设备精细化管理能力和应急响应能力。电力数字孪生是指以大数据为支撑，深度挖掘物理世界电网运行全过程数据信息，然后构建模型，以全覆盖、多纬度、无限近之方式投射至虚拟世界，使电网运行处于实体与虚拟交互映射状态。实体电网用以发挥其基本供电功能，虚拟电网用来智慧解析、智能决策、实时全角度监测电网运行的状态以及预测电网未来发展趋势，并发送状态报告以及预警报告至人工接收台，使实体电网能够在第一时间得到相应的维护，将故障阻断在萌芽状态，保证电网的经济高质、安全稳定运行。电力数字孪生技术可全面优化电网运行策略，助力电网运维向智能化、精益化、高效化转型升级。电力场站的管理主要面向构件类对象，数字孪生需求与实景三维中的功能模型、构件模型和零件模型三个层级相对应。

2 项目内容

2.1 电力场站扫描及建模

（1）技术手段

利用地面激光雷达扫描技术，获取变电站场景空间设施和设备的三维空间尺寸和位置关系，将变电站实际场景转化为点云数据模型，配合现场实景采集的彩色纹理照片，利用点云三维建模技术将点云数据模型化，得到颜色效果真实，浏览直观便捷的全站3D化模型。

采用FARO Focus3D S350三维激光扫描仪（大场景三维激光扫描仪），主要参数见表1。

表1 激光扫描设备参数表

	测距单元	可视范围：307m为976 000个（点/s） 扫描距离：0.6～307m 测量速度个（点/s）：122 000/244 000/488 000/976 000 测距误差：±1mm（10m和25m处的系统误差） 三维位置精度：10m：2mm/25m：3.5mm
	彩色单元	分辨率：高达1.65亿像素，彩色 动态彩色特性：自动亮度适应 视差：共轴设计
	折射单元	垂直视野：300° 水平视野：360° 垂直步长：0.009°（360°含40 960三维像素） 水平步长：0.009°（360°含40 960三维像素） 最大垂直扫描速度：5820r/min或97Hz

（2）采集内容

1）变电站内地理实体采集对象。包括变压器（主变压器、站用变压器）、接地变压器、组合互感器、断路器、隔离开关、母线、熔断器、电抗器、消弧装置、接地电阻、组合电器、开关柜、放电线圈、静态无功补偿器、串联补偿装置、交流滤波器、结合滤波器、电容器、电流互感器、电压互感器、阻波器、避雷器、避雷针、绝缘子、穿墙套管、故障指示器、站内电缆、调相机、配电装置、中性点电抗器、中性点设备、二次设备、站内电缆及其终端。

2）电站园区地理实体采集对象。包括地面、站内（外）道路、电站大门、电缆沟、缓冲带、停车区、围墙及电子围栏、油池（事故油池）、备品备件区域、桥梁、其他永久性设施、隔声屏障、站外截排水沟。

3）电站楼房地理实体采集对象。包括主控楼、电气设备机房、配电间、控制保护楼、水泵房、蓄电池室、消防小室、生活区楼、备品备件楼、消防泵房、门卫室、巡检机器人充电室等。

4）附属设备设施地理实体采集对象。包括龙门架、设备基础、支柱、导线、线缆（排线）支架、绝缘平台、绝缘防弧网门、检修楼梯、管道设施、巡检机器人、视频监控摄像机、阀塔挂架、照明灯、空调外机、照明设施、消防设施、电源控制箱、变压器本体端子箱等。

5）标识牌地理实体采集对象。包括楼房标识牌、楼层标识牌、房间标识牌、通道标识牌、电力标语、电气设备类标识牌、母线类标识牌、安全限高类标示牌等。

（3）采集和建模方法

1）扫描站的布设规定。

a. 扫描站应设置在视野开阔、地面稳定且通视条件好的安全区域；

b. 单站扫描作业的布设位置应使扫描区域最大程度地覆盖目标物；

c. 多站扫描作业应合理布设扫描站位置，在保证扫描成果满足任务要求的前提下减少设站数量；

d. 登高作业应保证有足够的设站数量及操作空间，保证设站区域或平台的稳定性；

e. 仪器与平面标靶的扫描角度应不小于 50°。

2）纹理照片采集规定。

a. 收集的基础图纸资料，应包括设备图纸、设备纹理照片、设备标牌等信息；

b. 根据图纸资料，进行实地数据采集，拍摄站内建筑、设备、景观的照片；选择晴朗天气拍摄；尽量在水平方向对侧面拍摄，获取正视影像；

c. 影像清晰，清晰度以能够达到看清设备或仪表上的文字和数字为宜，如果因拍摄时的抖动等因素造成影像模糊，需重新拍摄；

d. 为保证后续纹理处理时对地物整体结构的把握，对每一个设备或建筑物在不同方向上拍摄一定数量的全貌相片及细节照片。

3）点云处理流程（见图 1）。

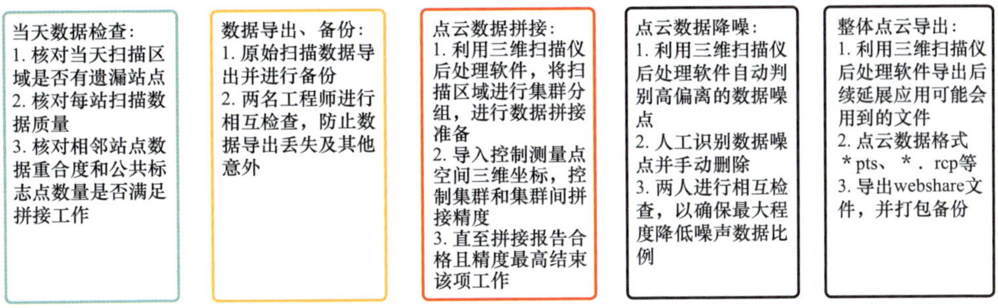

图 1　点云处理流程图

4）点云拼接。因为电力场站一般比较小，所以采用整体拼接配准，将采集到的原始点云数据导入点云处理软件中进行初始化处理。软件的初始化处理会有效降低采集过程中的随机误差噪点，设置参考站，采用逐站拼接注册，最邻近点 ICP 算法配准的整体拼接方式，利用实测的平面控制标靶点进行拼接偏差修正（见图2）。

(a) 架站设计　　(b) 点云去噪

图2　点云拼接

5）照片处理。

a. 照片纹理处理。纹理长、宽控制在1024×1024以内。为了减少数据量，能够进行U、V平铺的（如墙面等）纹理务必制作小纹理在MAX中平铺，严禁直接在图片处理软件中将重用纹理复制后制作成大纹理后贴图。确保设备铭牌贴图在任意比例尺下均能清晰显示。

b. 色彩处理。纹理色调统一采用上午10点钟有阳光的地物表面的色调（在外业采集纹理时，相机偏色调整成自然色），要求纹理清晰（提高对比度、锐化处理），色调均衡（特别是同一设备、建筑物各面的色调须严格统一），色彩美观、明亮、柔和（见图3）。

图3　照片色彩统一处理

6）模型制作。将按区域或者单体模型分割的点云，分别进行MAX建模工作，然后将各分段的模型链接成一个区域并进行贴图工作，各个区域完成后再进行拼合，链接各区域间的设备线路（见图 4）。

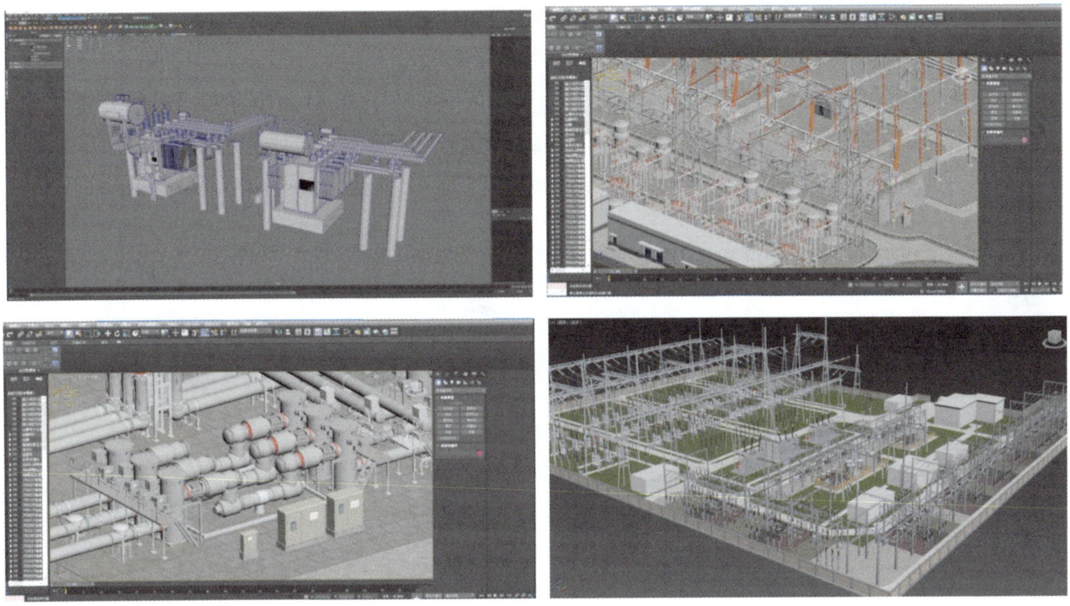

图 4　基于激光点云的设备、结构、场景建模

2.2　孪生全景管控平台建设

（1）平台需求

换流站内设备设施及环境巡视是换流站运维工作的重要内容。换流站内设备设施数据量很大，且有大量监测和监控数据，但当监测到异常时，用户无法直观、身临其境地感知异常设备设施等在换流站内的位置及分布情况、异常设备设施规模、周边可以辅助解决异常问题的设施情况等。站内消防安全保障方面，目前消防作业演练受时间和空间的限制，缺少对消防作业的虚拟模拟演练手段。站内检修作业也是换流站的重要工作，但目前缺少检修作业的虚拟模拟推演手段，影响检修作业的效率和安全。

因此需要通过三维可视化技术营造换流站超现实全景交互环境，实现全站设备设施及环境状态三维动态可视及智能化三维仿真，使换流站运维管理工作更加集约高效。通过三维数字孪生技术，实现换流站火情及消防设施智能化虚拟现实及模拟推演，对火情事故防患于未然，实现切实提升换流站消防保障能力；通过三维数字孪生技术，基于换流站精细化三维模型和空间分析等技术，对检修作业全过程进行模拟，提高现场实际检修作业的效率，避免检修作业过程中的安全问题。

（2）平台架构

全景管控平台设置了感知层、平台层、应用层，架构如图 5 所示。

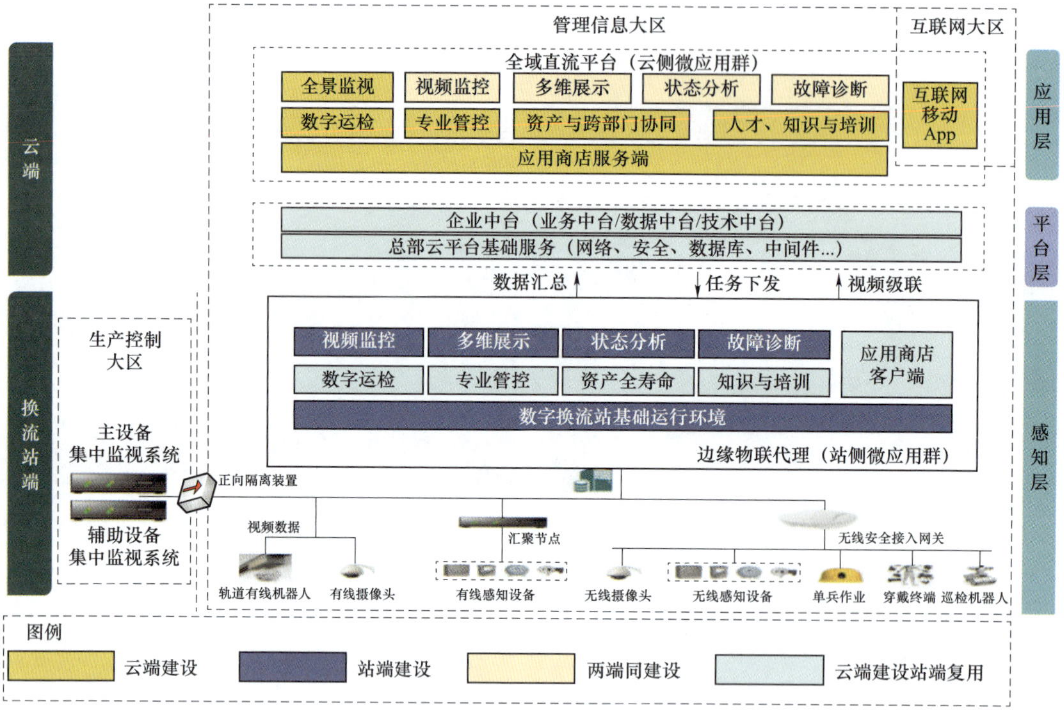

图 5　全景管控平台架构

（3）平台模块

1）基本操作。包括全景视图、设备视图、环境视图、消防视图和作业视图，可以快速切换浏览模式和定位到关注点（见图 6～图 8）。

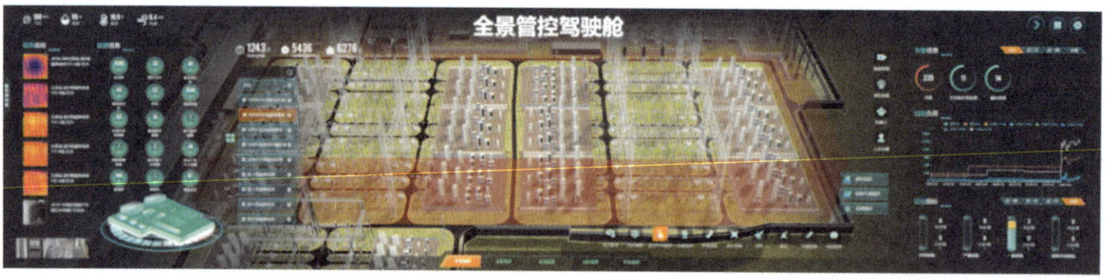

图 6　全景视图－区域视图

图 7　全景视图－视频视图

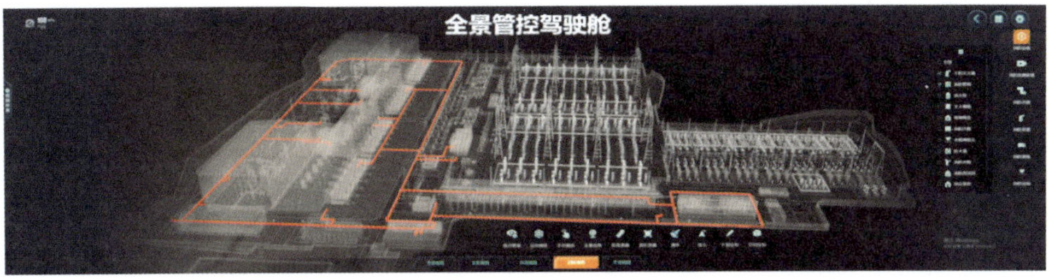

图 8　全景视图－消防视图

2）状态监测。依托物联监测设备、图像识别技术、热成像技术、巡检机器人技术等，实现对换流阀、变压器、直流套管、直流分压器、平波电抗器、组合电器、断路器、电抗器、电力电容器、隔离开关、电压互感器、电流互感器及其他类设备运转实时状态的监测，通过阈值报警、趋势分析、态势分析等方法，对实时警情和趋势警情告警和提醒（见图 9）。包括设备外观异常（悬挂物、锈蚀、损坏等）、表计读数、液位状态、开关刀闸变位、户外直流场温、交流滤波器场温等。统计并展示目前换流站总的负荷情况和设备带电情况：负荷情况包括当前负载率、日负荷、月负荷、年负荷；设备带电情况包括带电设备数量、不带电设备数量、过载设备数量，带电设备为电压值非零的设备，不带电设备为电压值为 0 的设备，过载设备为负载率大于 100%的设备。

图 9　设备实时状态监测和报警（窗口数据和场景关联数据）（一）

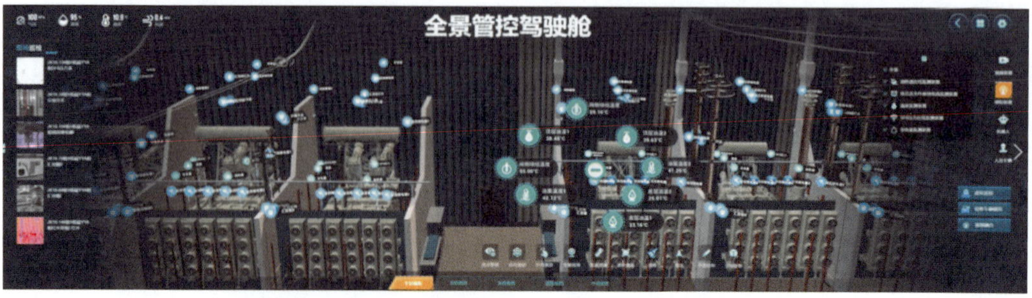

图 9　设备实时状态监测和报警（窗口数据和场景关联数据）（二）

3）视频融合。对换流站可见光、红外视频、机器人及无人机巡检视频等站内视频资源接入汇集、统一管控，直观呈现摄像机点位及视野覆盖率，实现全场域实时画面快速调取、重点目标捕捉追视、告警信息快速定位和历史数据查询回放。通过整合站内各类视频资源，将多路视频图像深度融合，达到对全站及关键区域的“一张图”全景监视，实现对全局实时画面的快速调阅。集成智能巡检、周界安全、人员管控等图像识别数据及告警信息，在相关视频画面的对应位置进行融合展示，实现电力场站虚实结合的数字孪生能力（见图 10、图 11）。

图 10　三维场景与实时视频融合

图 11　基于视觉焦点的设备监测数据自动呈现

4）模拟检修。目前高压电气设备的操作培训是基于实物进行的。由于高压导致一定的危险性存在，且无法记录操作者的每一步操作是否都符合规范，采用交互式虚拟操作技术与电路仿真技术相结合可以建立虚拟的电气设备和各种仪表，操作者可以交互地选择不同的仪表，通过动态连线来进行各类试验。前台的虚拟仿真将操作者的连接反馈给后台的电路计算仿真，计算结果数据实时传输到前台。前台根据计算结果显示操作者的操作应该引起的结果，包括指针仪表、数字式仪表等仪表显示数据、由于电流电压过大导致的过热、电火花等现象，从而实现高压试验的实时交互式操作仿真。同时操作者的每一步操作动作均可以以数据和视频的方式保存下来，供随后的考核和评估，也可以用于其他学员学习（见图 12～图 15）。

图 12　作业区域

图 13　带电检测车辆模型控制

图 14　安全间距自动检测告警

图 15　消防枪控制

3 关键技术

3.1 电力场站三维数字底座构建技术

以实景三维技术为依托，通过激光扫描和面向构件的建模方法，实现对电力场站的1:1三维数字还原，为电力场站设备设施的数字化管控提供了可视化基础。

3.2 提高三维浏览效率的实例化技术

电力场站拆解后有大量的重复构建，基于游戏引擎和实例化技术，可以极大提高在高渲染环境下的三维场景浏览效率，也便于实现同类构件的属性抽象，可以真正实现面向实体对象的行为和事件构建，为问题发现、同类延伸、事件触发提供了良好的实现机制。

3.3 视频融合配准技术

这是该类项目中三维表达难度最大的技术点，基于近景摄影测量的原理，实现了在没有摄像头位置、高度、俯仰角、旋转角、焦距等参数，针对小场景、密集构件条件下的枪机类视频与三维模型的精确配准，在增强视频数据临浸感的同时，也实现对活动对象的位置反演。

4 创新点

1）通过对网页渲染容器的改造，实现游戏引擎与网页渲染容器的深度整合。业务类的功能面板采用传统网页开发方式就可以与三维融合进行交互，极大地降低了基于游戏引擎中功能开发的难度，也极大提高了已有系统的复用度。

2）结合游戏引擎的物理检测能力，真正实现了模拟检修的参数化控制和安全间距检测，为检修预案提供了模拟和优化的利器。

5 示范效应

在国内较早实现了基于构件级的电站数字孪生全景管控，为电站推广危险区无人值守进一步夯实了基础。该建设成果已经在国家电网的大型变电站和换流站推广使用。

山东省自然资源统一确权信息管理系统建设

山东省国土空间数据和遥感技术研究院
浪潮软件科技有限公司

1 项目背景

为贯彻落实党中央、国务院关于生态文明建设决策部署，建立和实施自然资源统一确权登记制度，推进自然资源确权登记法治化，推动建立归属清晰、权责明确、保护严格、流转顺畅、监管有效的自然资源资产产权制度，实现山水林田湖草整体保护、系统修复、综合治理，自然资源部、财政部、生态环境部、水利部、国家林业和草原局联合下发《自然资源统一确权登记暂行办法》（自然资发〔2019〕116 号），部署开展全国自然资源统一确权登记工作。

按照国务院通知要求及自然资源部工作部署，2019 年 12 月，山东省印发《山东省自然资源统一确权登记总体工作方案》（鲁政字〔2019〕246 号），全面启动自然资源统一确权登记工作。方案明确了开展自然保护地确权登记、开展水流自然资源确权登记、开展海域自然资源确权登记、开展探明储量的矿产资源确权登记、建设自然资源确权登记信息数据库等 6 项自然资源统一确权登记工作主要任务，从 2019 年年底开始，利用 5 年左右时间基本完成全省重点区域自然资源统一确权登记，2023 年以后，通过补充完善的方式逐步实现全省全覆盖的工作目标，分阶段推进自然资源确权登记工作。其中对由中央委托省政府代理行使所有权的河流、湖泊等水流采取三维登记模式进行自然资源确权登记。

2 项目内容

在山东省国土空间基础信息管理平台和数据中心整体架构下，按照全国自然资源统一确权登记的相关规定和要求，开展自然资源统一确权登记信息阶段性成果数据汇交工作，完成省级重点区域数据集成建库。基于现有省级不动产登记信息管理平台，扩展建设确权信息管理系统，建成“一网统筹”“两簿管理”“三维展示”“四库应用”的全省自然资源统一确权和不动产登记一体化信息管理系统，为全省登记业务管理提供信息化技术支撑，实现确权业务数字化管理和信息化应用。

2.1 省级自然资源统一确权登记数据集成与建库

按照国家统一的标准规范，在山东省重点区域自然资源统一确权登记信息成果汇交的基础上，通过数据源梳理分析、数据质量检查、数据集成整合和入库工作，确定登记数据组织与存储方式，建立登记信息数据库框架，建设省级重点区域自然资源统一确权登记数据库，将数据标准化整合成果进行集成，完成县级行政辖区确权登记数据成果整合建库，为自然资源各业务系统提供数据支撑。

（1）数据质检

依据自然资源确权登记数据库质量要求，对各类自然资源登记单元数据质量检查，包括数据逻辑一致性检查、各类自然资源单元之间拓扑关系一致性、各类自然资源单元空间数据完整性检查、空间和属性数据准确性检查、自然资源登记单元完整性检查等。

（2）数据建库

市县汇交确权登记数据质检通过后首先通过入库软件导入解析至中间库并进行空间配图、图属关联、关联信息及逻辑验证。验证通过后再由入库程序导入省自然资源确权基础库中，并利用数据管理中心同时对应抽取至共享库与分析库。

（3）数据集成同步

利用数据抽取、转换、关联技术，通过数据同步功能实时或定时将基础和业务数据进行转换提取，进入共享库和分析库。

2.2 省级自然资源统一确权信息管理系统建设

建设省级自然资源统一确权信息管理平台，实现自然资源统一确权登记数据成果的综合管理和应用。

（1）数据概览

梳理自然资源确权登记重点指标，结合数据概览功能，直观展示自然资源确权登记重点关注内容，主要展示内容包括登记单元类型、数量、面积、登记单元区域分布等信息。

（2）数据展示

针对各类自然资源登记单元的数据进行二三维叠加展示和专题图分析，建设自然资源统一确权数据展示模块，叠加遥感影像、第三次国土调查、自然资源用途管制等图层，实现自然资源统一确权登记“一张图”专题展示，提供河流、湖泊和已探明储量的矿产资源等自然资源统一确权登记数据的三维展示与分析模块，实现自然资源二维与三维数据的叠加展示、面积与体积量算、交互查询和多维分析等，支撑自然资源统一确权登记数据二三维一体化管理。

（3）数据管理

实现对登记簿、登记单元、不动产关联信息等自然资源确权数据管理功能，实现自然资源确权登记单元图形和属性互查，实现地籍调查成果数据的统一管理，为全省自然资源统一确权登记数据管理提供信息化基础。

（4）数据分析

提供自然资源统一确权登记的数量、质量、分布、变化情况等服务，并与不动产登记、国土调查、专项调查等信息关联，建立分析模型，并通过数据挖掘、回归分析等方法，挖掘数据价值，满足深层次的应用需求，实现自然资源统一确权登记数据全生命周期流量、流向分析，展现自然资源统一确权登记数据的演变过程，为领导干部“生态账”离任审计等工作提供数据支撑。

2.3 制定省级自然资源统一确权登记标准规范体系

遵循国家、省市、行业相关规范和标准，结合山东省自然资源统一确权的实际情况，制定适用的、开放的、先进的标准化体系。建立数据库标准、数据汇交标准、数据库质量检查细则规定、数据共享及更新规范制定、共享信息服务接口规范。

2.4 信息安全系统建设

针对自然资源统一确权信息管理系统安全运行，在系统开发、数据库管理中遵循国家信息安全相关技术标准，采取相应的安全技术机制和措施，确保系统和数据安全。

3 关键技术

3.1 二三维一体化技术

基于自然资源统一确权空间数据，采用“矢量瓦片”技术发布地图服务，达到亿级矢量要素从广域视图到图斑级视觉无损高效浏览，提供二维与三维数据的叠加展示、面积与体积量算、图形属性交互查询和专题统计分析等功能模块，实现自然资源统一确权数据成果的三维空间展示与空间分析。提供多源异构海量 DEM、DSM、影像、矢量、地图和三维实体等三维空间数据的高效整合建库与动态集成，并支持海量数据的集群建库处理，全空间三维高性能可视化表达，实现二三维一体化浏览和互操作。支持发布符合 OGC 标准的 WMS/WMTS/WFS 服务。

3.2 大数据管理中心

集数据接入、处理、组织、治理、服务、开发能力于一体的数据平台。采用领先的数据治理理念和大数据处理技术，提供数据资源全生命周期管理、可复用的数据服务抽象及丰富的数据开发工具，帮助客户厘清数据资产、完善数据标准落地、规范数据处理流程、提升数据质量、保障数据的安全使用、促进数据流通与价值提炼，助力行业数字化转型和应用创新。

3.3 动态服务网关技术

利用云原生、模块化、分布式和插件式技术，开发统一动态服务管控网关，能够快速地实现数据、应用、服务间的灵活流转与敏捷集成，提供了负载均衡、日志记录、身份验证、速率限制、熔断、数据转换等各种功能，实现服务注册管理、服务授权管理和服务监控分析等。便于统筹各系统间接口的技术规范、管理规范，快速进行资源整合和标准化管理，消除技术发展造成的冗余和浪费，聚力发展业务。

3.4 云原生微服务技术

集合适配了主流的微服务实现，支持适配 Spring－Cloud、Istio、Dubbo 三种最为常见的微服务技术实现。微服务平台包括微服务网关和微服务管理中心两个核心组件。相关应用采用 SpringBoot 风格进行建设，服务注册和调用采用 REST 风格。支持对微服务进行负载均衡、自动发现、熔断、降级、动态限流等治理手段，保证了整个系统的稳定性，防止因一个服务的宕机导致整个业务架构的雪崩。微服务去中心化结构示意如图 1 所示。

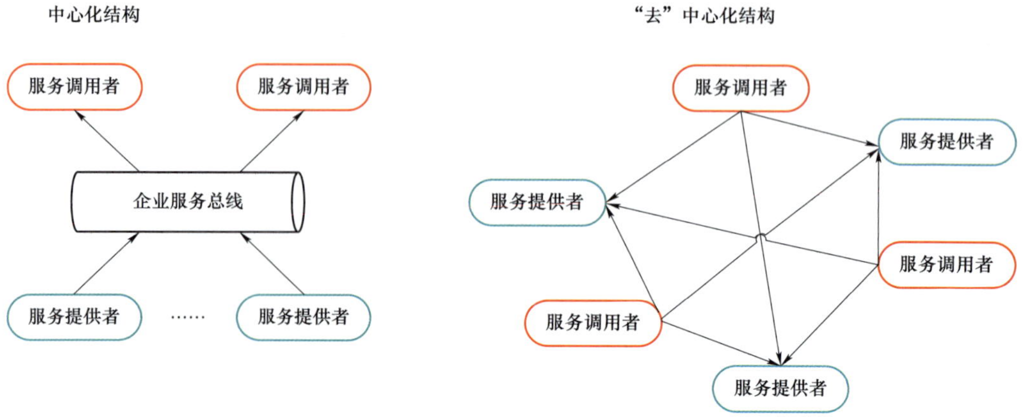

图 1　微服务去中心化结构示意

4 创新点

4.1 多要素三维登记信息管理模式

选取山东黄河三角洲国家级自然保护区（垦利区）、彭河、平邑县归来庄金矿区 3 个典型登记单元类型，探索三维可视化立体登记。采取无人机倾斜摄影等方式，辅助山东黄河三角洲国家级自然保护区（垦利区）登记单元边界划定、自然资源类型判读等，构建多要素三维登记信息管理模式；采用水上水下一体化测量方式，获取彭河河段地表三维实景模型与河流水体模型，直观展现自然资源立体空间分布特件；基于钻探、采矿工程控制矿体数据，通过布尔运算构建归来庄金矿赋矿地层、矿体三维地质模型，将权属信息和自然状况进行空间叠加管理应用，实现了自然资源信息在多元三维空间的有机融合，直观展示了矿体各资源类型矿石量、金属量、平均品位等主要属性信息。地表及地下实景三维模型如图 2、图 3 所示。

图 2　地表实景三维模型

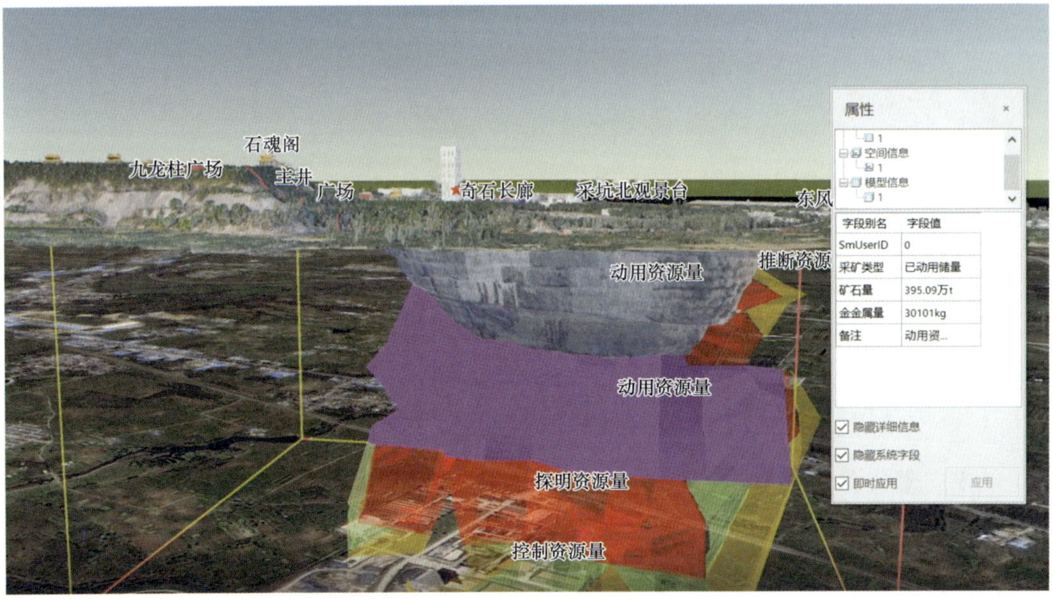

图 3　地下实景三维模型

4.2　确权登记三维空间数据表达与可视化

采用插件式架构和模型化方法，集成了处理空间数据、二三维叠加展示、图属互查等多种技术，提供了多源、多时相、多尺度的影像、地形、矢量、地图、地名、三维模型、倾斜模型等各类型地理空间数据的高效集成处理、服务共享发布和综合应用分析的二三维一体化解决方案。利用最新 WebGL 渲染技术，实现三维立体空间可视化与应用。基于 WebGL 技术形成统一的浏览器端三维模型渲染标准，不需要任何浏览器插件或者额外的系统组件，技术上从底层架构消除了三维 WebGIS 平台技术差异上的壁垒。平台实现了多源多尺度全空间数据融合三维可视化，将三维地形、要素图层、CAD 数据、物联网信息、导航信息、融合多源精细化 3D 模型（包括传统手工建模、矢量批量建模、点云模型、BIM 模型、倾斜摄影测量模型等）数据整合到三维可视化平台中，实现将各种传统纸质预案数字化可视化、科学化管理等。三维空间数据表达与可视化如图 4 所示。

图 4　三维空间数据表达与可视化

4.3　微服务环境应用配置中心搭建及应用

随着自然资源业务的发展，相关服务的数量、程序的配置日益增多，传统的配置文件、数据库参数存储方式已无法满足配置管理的要求，在自然资源统一确权登记信息管理系统设计开发时，建立配置中心统一管理配置，把业务开发者从复杂、烦琐的配置中解脱出来，显著提升管理以及运维效率。

通过配置中心，以集中和动态的方式管理服务配置信息，通过服务地址、命名空间、配置名称、配置分组获取保存的对应配置信息。前端搭建 Nginx 静态服务器，利用反向代理实现与后端服务交互；后端服务配置更新时无须重新部署应用程序和服务即可使相应的配置生效，从而降低各个服务之间的影响，增加系统的运维能力、降低开发成本。

微服务配置中心运行示意如图 5 所示。

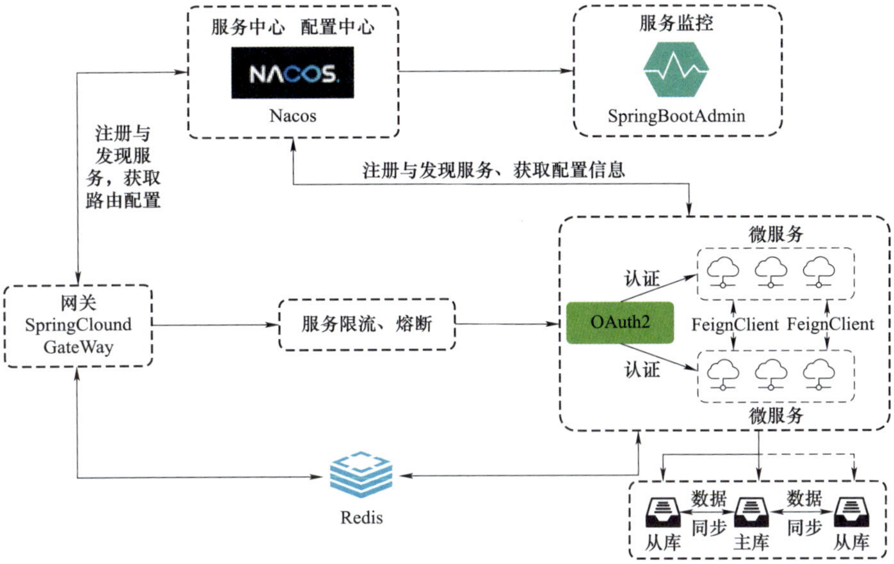

图 5 微服务配置中心运行示意图

4.4 低代码数据可视化分析应用

采用了 Formily + Craft.js 形成一套可通过流程的规范化和可视化拖拉拽生成定制页面模板的低代码数据可视化框架，内置柱状图、饼图、折线图、桑基图等 80 多张开箱即用图表，并实现聚合动态参数化的数据集绑定，形成涵盖“数据访问接入 + 数据分析处理 + 数据可视化 + 集成与管理”全流程的自然资源统一确权登记数据分析可视化技术，实现只需要通过简单拖拽、配置编排、少量代码即可设计发布专题数据分析页面设计开发。

5 示范效应

5.1 构建了多要素自然资源确权三维登记信息管理模式

设计并搭建了“一张图”（二三维叠加一张图）叠加展示、“两个簿”（不动产登记簿，自然资源确权登记簿）综合管理、“三张网”（互联网、电子政务外网、业务网）共享交换、“四库”（全省自然资源确权登记数据库，同步生成共享库、分析库、公开库）应用的山东省自然资源统一确权登记技术支撑架构，实现了全省各类型自然资源统一确权登记数据统一组织、存储和管理，有效支撑自然资源统一确权登记业务的开展和应用。支撑完成 132 个登记单元的阶段性地籍调查成果数据入库，涉及 23 个自然保护地、19 条河流和 90 个大型矿区，共生成数据表 2426 张，入库数据 55 万余条。

5.2 探索了自然资源确权登记三维空间数据表达与可视化技术

构建三维登记数据库，实现“二维+三维”“地上+地下”数据一体化展示，丰富登记方法和内容，直观展现自然资源立体空间分布特点，更好地服务自然资源资产管理。

5.3 形成了全省统一自然资源确权登记的工作流程、标准规范和技术方法

实现确权登记系统化、立体化、可视化、全流程的高效管理，进一步推动建立健全自然资源资产产权制度，为生态环境保护和自然资源高效利用提供基础支撑。

西部（重庆）科学城实景三维平台

重庆市勘测院

1 项目背景

西部（重庆）科学城是“科学”与“城市”的融合体，是产、学、研、商、居一体化发展的现代化新城，致力于打造城市创新发展的“智核”和人们向往的宜居家园。西部（重庆）科学城地处西部槽谷地带，中梁山、缙云山东西并行，长江、嘉陵江南北合抱，总占地面积 1198km^2，涉及北碚、沙坪坝、璧山、九龙坡、江津 5 个行政区部分区域。区域内地形地貌多样，有两侧纵贯南北的山脉，有起伏平缓的浅丘，也有中部凸起的山体。广阔的管辖面积、复杂多样的地形地貌增加了西部（重庆）科学城的规划、建设、管理、治理难度。

通过搭建西部（重庆）科学城实景三维平台，形成了统一的时空数据体系、在线服务体系和创新应用体系，在规划推演、建设跟踪、社会治理、产业创新、智慧应用等多环节开展全过程服务应用。

2 项目内容

2.1 汇聚了全空间、全要素、全周期的时空数据，构建了与现实世界同生共长的“虚拟科学城”

（1）全空间

基于新型空间测绘数据采集体系，完成了西部（重庆）科学城全域 1198km^2 实景三维全空间覆盖，形成了地上地下、室内室外、过去现在未来多时序融合的城市时空大数据，建立了完善的基础数据体系。多时序融合的实景三维数据底座如图 1 所示。

（2）全要素

依托 BIM 在规划、设计、施工、竣工等全流程的电子化报建审批应用，完成覆盖西部（重庆）科学城范围的实景三维平台搭建工作，汇聚依托基础测绘体系的现状数据、依托国土空间规划体系的未来数据、依托工程建设项目审批体系的过程数据、依托城市管理体系的运营数据，实现数据汇聚和动态更新，和实体城市建设同步构建虚拟科学城。

（3）全周期

在城市三维空间数据库中，依托 BIM 报建审查完成规划报建和施工图审查，依托竣工 BIM 动态汇聚完成竣工核实，实现了从规划编制到建设实施再到管理运行全生命周期的协同。

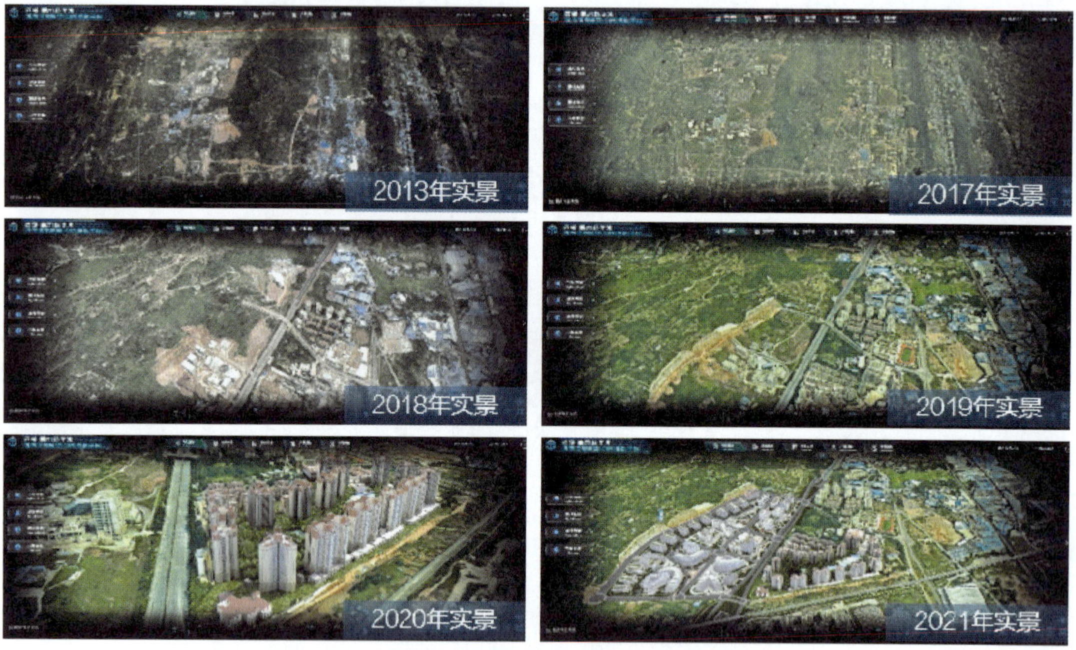

图 1　多时序融合的实景三维数据底座

2.2　研发了实景三维平台，构建了高效的在线服务体系

突破海量数据高效调度与动态渲染难题，建立了轻客户端访问体系，实现桌面端、网页端低延时浏览与交互（精准推送实景三维在线服务见图 2）；依托城市信息模型，形成基于要素语义规则的快速建模工具，突破了海量场景实体采样技术，形成了以实时分析与动态计算为核心的智能分析体系。

图 2　精准推送实景三维在线服务

2.3 构建了实景三维创新应用体系，在多行业形成了系列创新应用场景

（1）规划推演环节

基于实景三维平台，对大范围区域控规路网和场地的竖向，进行直观、量化地推演和迭代，不断优化规划成果（竖向计算推演优化见图 3）；对管控要素、用地性质、地形地貌、弃渣运距等进行多要素三维叠加，为渣场选址提供直观、科学、高效的工作平台；对科学城重要通道进行竖向推演，借助 GIS+BIM 融合计算，对通道的挖填深度、纵坡坡度、三维效果进行量化分析和可视化模拟；对重要规划方案开展规划指标自动核算、天际线分析、视域分析、控高分析等空间分析，以立体化审查论证规划方案的科学性。

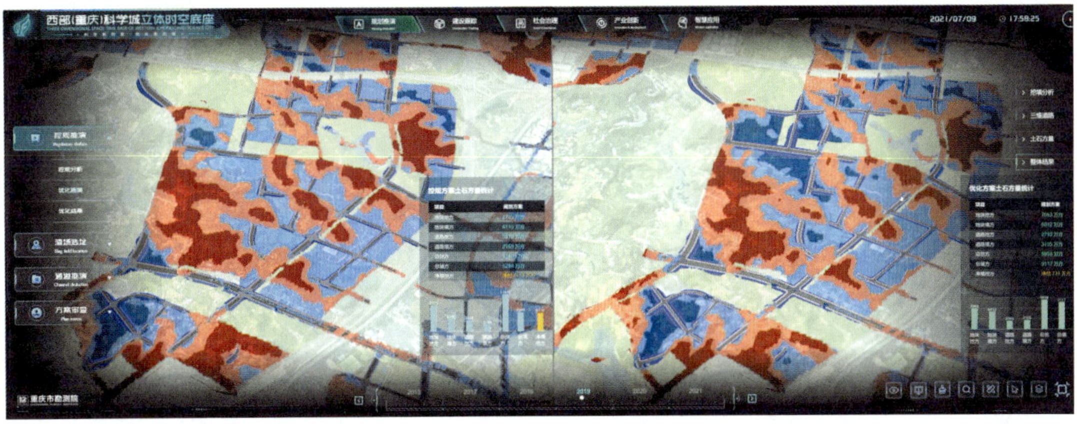

图 3 基于实景三维地理计算开展大范围控规竖向计算、推演与优化

（2）建设跟踪环节

开展市政道路、地下管线、轨道交通、建筑 BIM、隧道等的建设状态动态跟踪，形成了时间上“过去现在未来”三个不同维度的建设数据全融合。地下管线建设状态动态跟踪如图 4 所示。

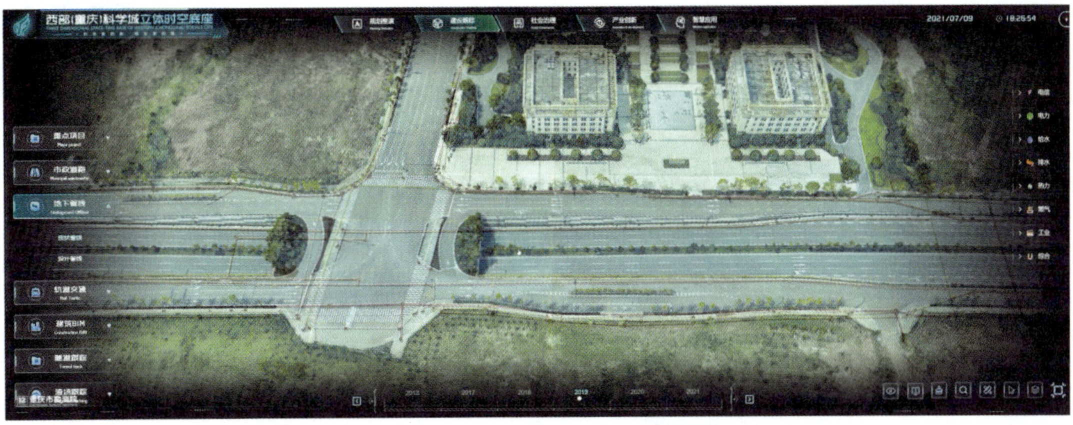

图 4 地下管线建设状态动态跟踪

（3）社会治理环节

整合科学城人、房、物、地、事、组织等社区信息资源，搭建“街道 – 社区 – 网络 – 小区 – 楼栋”五级治理体系，为推动数字化社会治理奠定了夯实的数据基础（见图 5)。

图 5　基于五级体系的基层治理

（4）产业创新环节

将产业规划和空间规划协同融合（产业热力分析见图 6)，推动产业、创新空间化落地，建立了数据驱动科学城产业、创新、空间布局协同发展的新模式，支撑科学城的智能选址规划。

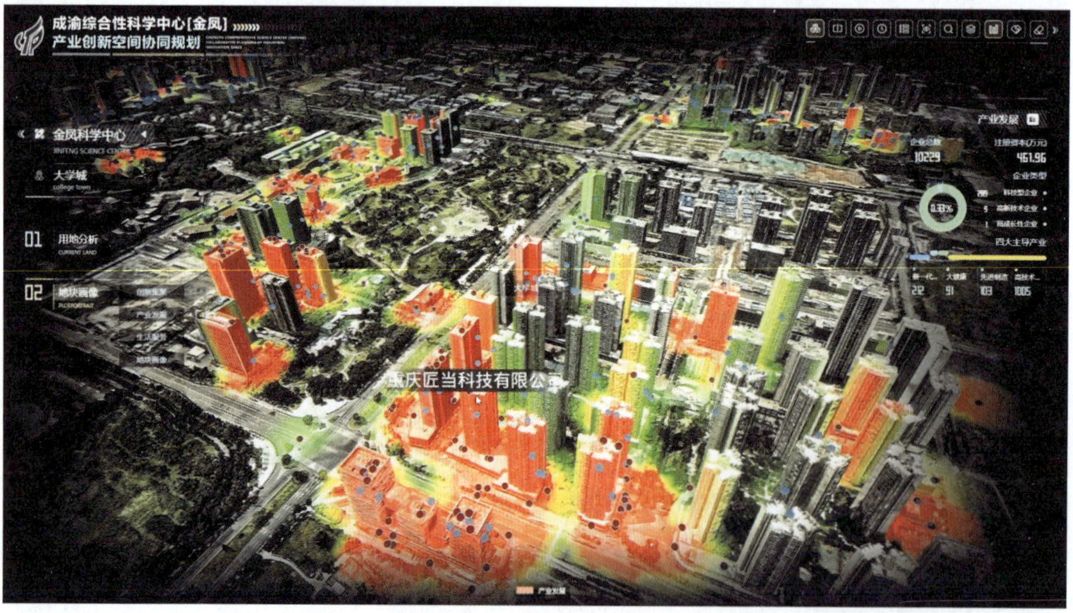

图 6　产业热力分析

（5）智慧应用环节

为企业进行二次开发，提供跨平台、多端口的开放接口，打造智慧城市、智慧警务、智慧园区、智慧管廊等丰富应用场景。科学城未来面貌如图 7 所示。

图 7　未来科学城

3 关键技术

3.1 解决多源异构空间数据融合问题及多领域的数据集成问题，打通了各行业数据壁垒

针对西部（重庆）科学城山地城市多源异构数据融合困难的问题，建立了以地理实体和地理场景为核心的实景三维底座数据框架，融合了 2D/3D GIS、BIM、倾斜摄影、激光点云、地理视频等多源异构空间数据，构建立体空间数字底座。基于统一空间单元编码开展政务、产业、民生等多领域数据集成，打通了各行业数据壁垒。

3.2 研究实景三维数据服务集群建立方法，解决了海量基础底座和数据访问效率低问题

为解决西部（重庆）科学城海量底座数据访问效率低问题，研发了基于内存映射、key_value、混合索引的 GKF 时空数据库，实现了 TB 级数据量、亿条空间对象、毫秒级响应。基于超高 IO 建立了弹性微服务架构的实景三维数据服务集群，实现了服务的动态授权、自动聚合、主动发现与自适应可伸缩，使得不同层级、不同范围、不同时态实景三维数据能快速定制化组织与提取，提升了数据服务的精准性、灵活性与便捷性。

3.3 针对传统三维渲染依赖终端算力等困难，解决数据场景的清晰度及交互的及时性

针对传统三维渲染引擎依赖终端算力、复杂山地场景网络传输数据量大、图形引擎

种类多导致场景应用接口不统一的技术瓶颈，建立了场景数据量无关、支持多图形引擎的像素流推送集群与统一服务接口，实现了远程、实时、高效、低成本的大型场景在线推送。

3.4 建立基于山地城市特点的城市计算模型，解决山地城市计算模拟不准确问题

面向西部（重庆）科学城山地城市独特的地形地貌导致城市计算模拟不准确等问题，建立了顾及山地城市特点的多尺度网格和动态实体对象的城市计算模型。融合海量感知数据、城市运行数据，开展山地城市规划推演、建设跟踪、规划实施评估、产业链布局监测等综合计算，为山地城市典型应用场景提供定量分析模拟与综合决策支撑。

4 创新点

4.1 多元协同，跨平台、多专业、多环节的协同，为各行各业提供一个统一的工作平台

（1）跨平台

在西部（重庆）科学城实景三维平台中建立科学城协同规划的设计工作云，通过整合集成多平台的设计资源，设计人员能够通过互联网访问个人工作台，利用已经预置好的设计工作软件，进行在线设计，设计完成后能够直接将设计成果上传至数据仓库，并能及时发布三维设计成果。

（2）多专业

城市规划、测绘、地理信息、建筑、景观、交通、市政等专业都能在西部（科学城）协同规划设计云平台上设计方案，直观模拟推演迭代方案建成后的效果，在三维空间研判，形成凭科学实施决策的规划服务模式。

（3）多环节

各家单位、业主人员，能在工作云上从规划、建设、竣工、管理、投资等多环节进行工作，打通各个环节的数据壁垒，改变传统模式下规划、建设、运营管理脱节的状况，将规建管全过程业务进行有机融合，提高城市规划建设管理水平。

4.2 全周期支撑，在规划编制、建设实施阶段以立体化手段支撑国土空间用途管制

在规划编制阶段，推演规划建成后的三维效果；在方案审查阶段，立体化审查论证方案的合理性；在建设实施阶段，开展建筑、道路、管线、轨道等持续更新，保障实景三维数据现势性。

4.3 多行业应用，在社会治理、产业创新、智慧应用等各行业开展创新应用实践

开展面向西部（重庆）科学城的实景三维数据运维与应用示范。研究建立西部（重庆）科学城特征的创新应用服务体系，在社会治理、产业创新、智慧应用等场景开展实践。

5 示范效应

西部（重庆）科学城是联动“一带一路”和长江经济带的枢纽节点，是主城都市圈承东启西战略支点，是成渝地区双城经济圈发展主阵地。规划建设西部（重庆）科学城，首要的是建设和实体科学城同步生长的虚拟科学城。本项目综合应用建筑信息模型（BIM）、地理信息系统（GIS）、物联网（IoT）等技术，构建了西部（重庆）科学城实景三维平台，在规划推演、建设跟踪、社会治理、产业创新、智慧应用等工作中推广应用，创造直接经济效益约 5600 万元，间接经济效益节约了 46.83 亿元。

项目社会效益主要体现在：

1）创新利用三维空间大数据智能化计算方式，在三维中开发空间分析功能，提升规划设计、分析、决策效率，有效发挥三维数据价值。

2）在三维场景中实现场景过程模拟、情景再现模拟、预案推演等，为事件回溯、城市规划、应急预案等方案评估与优化提供细化的、量化的分析与评估结论，防止城市建成后因前期判断不合理而造成的大量浪费，有效提升社会治理现代化水平。

芜湖市湾沚区实景三维国土空间基础信息平台

南京国图信息产业有限公司

1 项目背景

为适应“十四五”时期经济社会发展新形势，响应国家关于全面开展实景三维建设的要求，2022 年 8 月，芜湖市湾沚区开展了实景三维国土空间基础信息平台建设，依托平台实现了湾沚区二三维时空数据的汇聚管理，充分发挥了数据价值，服务于自规局内外的应用，为湾沚区智慧城市大脑建设提供了专业化的地理信息服务。同时，基于平台的服务引擎、可视化引擎、知识引擎等关键能力，打造了三维国土空间规划、三维不动产、自然资源多要素可视化监管、二三维地下空间管理四大专题应用，通过探索形成实景三维应用模式，赋能湾沚区城市建设、应急管理、生态环境等 N 个行业应用。项目以聚焦实景三维数据管理及应用需求为抓手，面向高质量信息供给、高层次分析能力、高水平赋能手段等方向融合创新，积极实践以实景三维赋能高质量发展，形成了具有湾沚特色的实景三维建设新机制和方法体系，持续推动了湾沚区治理体系和治理能力的现代化。

2 项目内容

2.1 一套数据：汇聚构建多元化实景三维基础信息数据库

以实景三维数据标准规范体系为指导，围绕数据“进得来、管得住、出得去、用得好”的应用需求，充分考虑了湾沚区存量基础地理信息数据、影像数据、Mesh 三维模型等的最大化复用，以“空间化—规范化—业务化—时序化—服务化”为主线开展数据的治理建库，形成“框架统一、逻辑一致、数据分级、互联互通”的湾沚区实景三维基础信息数据库（见图 1），并通过制定数据资源的标准体系，深化实景三维数据跨层级、跨地域、跨部门的有序共享，持续强化地形级、城市级、部件级实景三维数据高质量的供给。

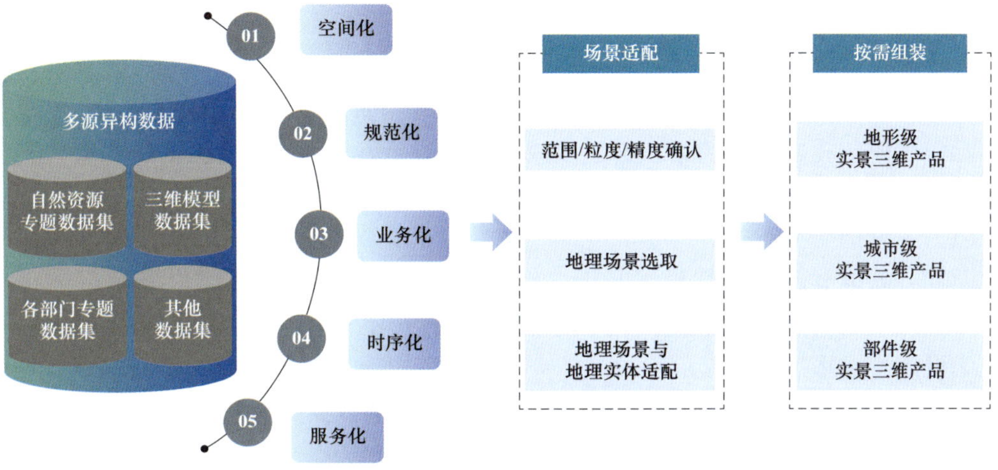

图 1　汇聚构建多元化实景三维基础信息数据库

2.2　一个平台：着力打造智能化实景三维国土空间基础信息平台

结合自然资源信息化顶层设计，聚焦湾沚区实景三维数据管理及应用需求，构建了涵盖二三维数据统一管理、智能化数据治理、多源融合集成可视化、协同联动更新、多维服务应用等全流程的实景三维数据基础平台（见图 2），依托平台提供的核心引擎能力，搭建提供地图服务、数据服务以及分析服务等，实现统数据、聚服务、慧应用的实景三维“建、管、用”建设模式，推动平台化、定制化、轻量化的管理服务创新，满足自然资源全生命周期的数字化应用需求，全面提升湾沚区自然资源管理部门履行职能的能力和效率。

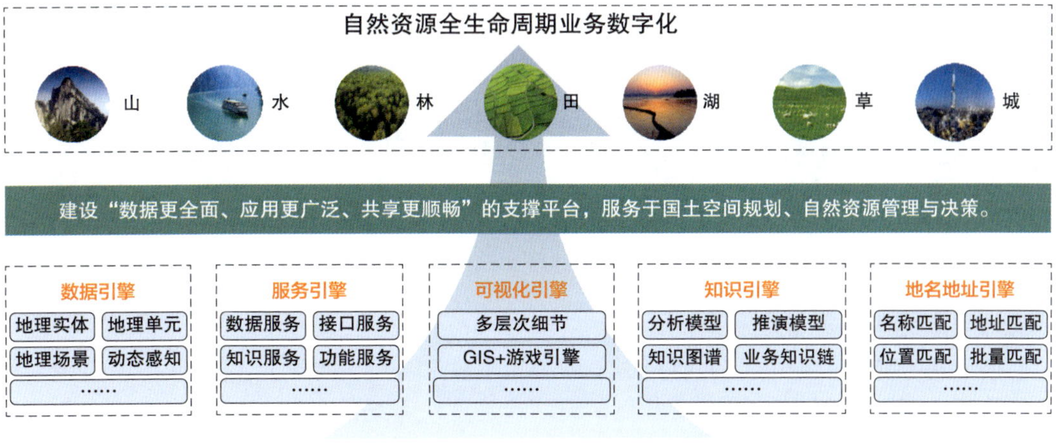

图 2　智能化实景三维国土空间基础信息平台

2.3　四大应用：探索建立数字化实景三维应用新模式

实景三维具有真实、立体、全空间、支持人机兼容理解等优势，能够有效驱动生产、生活和治理方式的全面深入变革。为充分发挥实景三维数据要素价值，项目坚持应用导向、边建边用，结合湾沚区数据基础及业务管理难点，开展了三维国土空间规划、三维不动产管理、自然资源多要素可视化监管、二三维一体化地下空间管理四大专题应用，以实际应用成效扎实推进实景三维建设成果既好看更好用，推动实景三维技术与应用的双驱动实践。

（1）三维国土空间规划

面向现实立体的城市建设，基于二维的国土空间规划和审查难以满足现代应用需求，不能直观反映真实立体的城市风貌，易造成景观不协调、千城一面等问题。三维技术作为展现空间形态最直接的手段，是实现国土空间规划业务转型的必然选择。结合国土空间规划分析工作的需要，湾沚区通过融合多类规划数据实现了二三维一体化规划成果展示，并通过规划方案构建、规划方案对比、三维立体化评审、规划辅助分析等功能，能够将设计方案置入三维场景中，进行方案对比、方案调整、指标计算等，为规划编制、审查等提供强有力的支撑（见图3）。

图3　三维国土空间规划

（2）三维不动产管理

随着持续城市化进程，土地利用呈现高密度、立体化趋势，产权管理日益复杂，现行的二维地籍管理模式弊端逐渐凸显，难以满足愈发精细的地籍管理要求，迫切需要探索秉承三维思维的地籍管理新思路及技术方法。项目选取了湾沚区 3km^2 区域范围内的建筑物为试点，研究实践了融合实景三维的三维不动产管理方法与体系，基于构建的房地一体数据模型，实现了“地－楼－层－户－间”多细节层次的集成可视化管理，能够满足地上地下一体化、室内室外一体化、宗地房屋一体化的应用需求，有效推动不动产管理的三维立体化升级（见图4）。

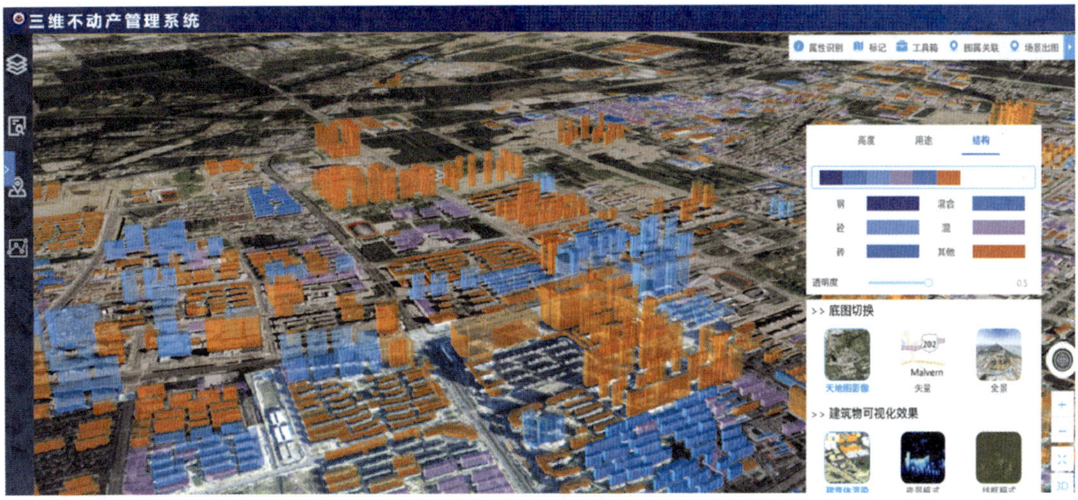

图 4　三维不动产管理

（3）二三维一体化地下空间管理

地下管线是城市重要的基础设施，具有规模大、种类繁多、分布复杂等特点，承担了信息传输、能源输送、污水排放等重要的民生作用。而现有的二维管理模式难以支撑错综复杂的地下管线表达与管理，基于其管理痛点，湾沚区开展了二三维一体化的地下空间管理应用，通过地下空间融合展示、切面分析、开挖分析、管理数据专题分析等功能，充分发挥地下空间在城市规划、建设和管理工作中的基础地位和作用，助力提升湾沚区城市管理水平（见图 5）。

图 5　二三维地下空间管理

（4）自然资源多要素可视化监管

由于自然资源在空间分布上位置不一，且形态各异，二维无法形象展示真实分布情况，它的立体存在形式，对实现大场景的三维动态可视化管理提出了客观需求。为加快建立以三维为基础的自然资源信息支撑体系，项目构建了自然资源多要素可视化监管模式，融合自然资源视频监管、地形地势坡度分析、耕地破碎度分析、自然资源综合驾驶舱等能力，充分发挥三维数据在自然资源业务上的应用，满足湾沚区对自然资源的精细化管理需求（见图 6）。

图 6　自然资源多要素可视化监管

3　关键技术

3.1　分布式混合多态多维时空数据存储与管理技术

实景三维数据存储面临多源数据格式统一难、多维度数据体量大、多来源数据协同更新情况复杂、多需求驱动下数据处理规模扩增、不同的业务数据应用模式不同等问题，项目针对该难点提出了分布式混合多态时空大数据存储与管理技术，结合实景三维数据特点和数据应用需求，设计分布式多源异构大数据库存储方案，分别用于存储空间数据、瓦片数据、三维数据、索引数据、文件数据等，实现结构化与非结构化、静态与动态、二维与三维等多种类的时空大数据统一存储。针对配图方案和地图服务发布在不同 GIS 平台上操作差异导致的重复问题，实现图形数据入库即发布技术能力，满足业务场景应用下无插件免安装的图形快速可视化需求，降低数据加工配图的专业程度和人工成本，快速将数据源或数据文件发布为多 GIS 平台图形服务。采用跨平台 PostgreSQL 空间数据存储方式，解决传统模式下不同图形平台（如 ArcGIS、SuperMap）对相同空间数据重复存储、不兼容的痛点，实现跨平台、分布式、混合多态、时空时序数据管理，最终将各类成果数据统一管理，为推动实景三维数据产品化、服务化提供有力支撑。

3.2 基于多策略协同优化的城市级三维动态可视化技术

倾斜摄影三维模型、激光点云等地理场景数据可视化主要面临模型数据体量大、高保真要求高、网络传输效率低等问题，是实现客观世界的大场景三维动态可视化管理亟须解决的关键问题之一。本项目发展了基于多策略协同优化的城市级三维动态可视化技术，通过几何压缩、WebP 格式存储、基于多细节层次（Level of Details，LOD）的渐进传输等多种策略，不仅改善了城市级实景三维可视化性能，又保障了实景三维模型渲染逼真性。几何压缩是对实景三维模型顶点位置及一些属性性质参数的压缩，包括颜色、纹理和法向等，能有效降低实景三维模型的大数据量与有限网络带宽之间的矛盾。WebP 是一种面向 Web 传输的压缩图片文件格式，比 JPEG 等格式的图片相比更小且质量相同，适用于实景三维模型服务的静态瓦片的高效传输和浏览，且不会降低实景三维模型的逼真度。基于 LOD 的渐进传输技术根据实景三维模型在可视化环境中所处的空间位置和重要度，自动判断实景三维模型渲染的资源分配，降低非重要模型的面片数量和细节度，获得高效率的实景三维模型渲染运算能力。

3.3 基于组件化的三维地图应用快速构建技术

为探索建立实景三维成果多样化的开发利用机制，促进数据、技术、场景深度融合，项目针对性地提出了基于组件化的三维地图应用快速构建技术。由于现阶段 Web 应用通常由后端服务+前端展示所构成，后端通过微服务拆解实现服务分离与重用，而前端仍以单页应用为主，存在技术路线多样、功能复用度低等痛点，导致业务调整与平台维护成本日益加大。目前在微件化、微应用方面的尝试大多局限于行业特定的应用场景，缺乏通用、灵活的根据组件装配微应用的模式。项目基于组件式开发，将业务功能模块组件化、应用构建可视化、应用部署高效化，实现一个微应用开发系统，为各类实景三维应用专题搭建、一张图建设等提供基础支撑。通过微应用构建低代码开发平台，采用 Web 组件化架构，支持积木式搭建应用，具有标准性、复用性、可维护性等优点，能够大幅提升开发效率，形成基于组件的个性化定制能力，可快速响应业务场景落地，实现实景三维各类业务专题的高效定制应用。

4 创新点

4.1 推动自主化信创赋能：探索实景三维信创建设，实践了基于新一代国产三维 GIS 技术的城市全要素实景三维

湾沚区实景三维建设中汇集了多维度、多类型的海量数据，为筑牢安全保障防线，项目构建了国产化信息技术硬件底层架构体系和全周期生态体系，通过在基础云环境、操作系统、数据库、GIS 引擎、中间件到客户端浏览器等方面探索研究自主可控国产化

技术，完成了多种国产环境的适配验证，能够有效支撑信创安全需求。同时，项目创新实践了基于新一代国产三维 GIS 技术的城市全要素实景三维，通过利用基于 WebP 的三维数据静态瓦片压缩及块存储机制、基于子域的高效访问技术等，高效存储管理了湾沚区高精度倾斜摄影实景三维数据，为持续推动实景三维建设奠定了的坚实数字基础。

4.2 强化高质量数据治理：激发实景三维数据潜力，发展了基于数据中台的数字化管理和开发利用体系

湾沚区在开展实景三维国土空间基础信息平台建设中，形成了多源丰富的实景三维数据成果，包含地理场景、地理实体以及智能感知数据等；为满足多源异构数据的统一管理和应用共享，激发实景三维数据蕴含的潜力，发展了基于数据中台的数字化管理和开发利用体系。通过数据中台的数据治理能力、数据资产管理能力、数据服务能力等，实现多模态实景三维时空数据的一体化管理，支撑标准化、自动化的实景三维数据质量治理，强化高质量数据要素供给，充分发挥实景三维数据要素在自然资源管理的关键基础作用，以数据驱动自然资源数字化转型，持续创新实景三维数据要素开发利用机制。

4.3 驱动多维度应用服务：推动实景三维应用共享，构建了基于微服务的强负载、高扩展灵活应用模式

实景三维作为支撑数字化建设的时空信息基底，带动了数据从抽象到真实、从平面到立体、从静态到动态的转变，其特有的空间信息以及丰富的属性信息，在与其他领域和技术的融合方面拥有巨大潜力。为提高湾沚区实景三维成果对管理决策的服务能力，项目充分利用云计算、大数据等技术，构建了基于微服务的实景三维国土空间基础信息平台、关键算法和应用，有效提升了实景三维数据建库、成果管理、统计分析、共享服务等工作的自动化、智能化水平，能够有效满足湾沚区生态文明建设、智慧城市大脑建设等的集中应用需求，实现数据的源于业务、用于业务。

5 示范效应

5.1 实景三维有效服务了湾沚区智慧城市建设：基于平台汇聚的各类数据，为湾沚区天地图、智慧城市大脑建设提供了专业化、个性化的时空数据服务

湾沚区在开展项目过程中，不断强化数据汇聚、治理、融合、共享，实现了以地理实体为载体的空间互联与管理机制，能够按照时空进行序化、关联和融合，按需定制生成地形级、城市级、部件级等标准化产品和通用产品，有效满足了湾沚区智慧城市大脑建设过程中对各类专题数据的个性化应用需求。基于湾沚区实景三维基础信息数据库，采用多源数据融合技术，支持了三维地形、建筑白模、产权体、倾斜摄影等全类型、全要素、多服务标准的数据融合，并提供矢量瓦片、WFS、WMS、S3M、I3S 等不同服务类型，面向多端、多平台的服务需求，实现无插件、跨平台的二三维一体化数据服务集

成发布能力，能够及时地为湾沚区天地图提供更新服务，有效提升了实景三维数据运营和开发利用水平。

5.2 三维不动产模式支撑了立体化产权管理：促进多尺度的三维地籍数据全方位服务场景应用，满足了不动产的立体化、智能化管理需求

基于项目构建的房地一体三维不动产管理模式，湾沚区以三维地籍业务需求为导向，通过将地形级、城市级、部件级不同层次的实景三维数据融合管理，为三维地籍实际应用提供了丰富的数据支撑，并结合视觉处理、视图变化、聚焦显示、纹理映射等多维度的可视化与交互手段，有效满足了三维不动产的可视化交互应用。同时，依托实景三维国土空间基础平台的智能化管理手段，将三维不动产数据共享服务于地籍调查、确权登记等管理环节，利用三维数据的优势，展示不动产的实际情况，支撑三维立体产权确权登记，有效提升企业群众对产权的获得感和满足感。

5.3 数智融合协同辅助科学城市规划管控：以三维技术实现规划成果立体化展示，结合智能知识引擎服务规划审查数智化

湾沚区是 2020 年 7 月经国务院批准设立的芜湖市新城区，如何通过三维手段辅助更科学的空间规划，对于城市建设和发展，具有重要意义。项目将规划地块进行了全方位、立体化的展示，实现一图清晰概览全区各类用地分布，为湾沚区项目引进提供了资源底图。基于设定的三维建筑模型，能够从三维空间上计算出建设项目方案的经济技术指标，从而判断项目设计方案与规划指标的符合度，辅助城市风貌管控。同时，通过三维规划辅助分析，能够实现智能选地，自动分析展示符合条件的地块，打造资源配置的最强大脑，并可通过指标分析，支撑精准安排用地计划，助力大美湾沚建设。

广州智慧排水信息系统

奥格科技股份有限公司

1 项目背景

城市内涝治理系统复杂，在内涝风险评估、成因调查、工程整治及灾中应急指挥等业务应用过程中，对城市自然资源空间、城市排水系统地上地下一体化认知是制约工作开展的主要瓶颈之一。利用新型测绘、遥感、物联网、BIM 等实景三维技术，建设连续空间范围内地表“一张皮”，构建河湖水系、排水设施、水利工程等水务实体及实体关联关系，真实反映城市排水空间物理水循环及社会管理特征数字二三维空间，为排水业务管理提供实体化、立体化、真实化时空基础信息框架成为必要。

2021 年 3 月发布的《中华人民共和国国民经济和社会发展第十四个五年规划和 2035 年远景目标纲要》明确要求，“建设源头减排、蓄排结合、排涝除险、超标应急的城市防洪排涝体系”“构建智慧水利体系，以流域为单元提升水情测报和智能调度能力”。2022 年 5 月，住房和城乡建设部等部门联合印发了《“十四五”城市排水防涝体系建设行动计划》，明确提出要全面排查城市防洪防涝薄弱环节，加强建设排水防涝工程体系、洪涝统筹体系和城市内涝应急处置体系建设。

广州市地处珠江三角洲，自古以来水患就比较严重，是全国洪涝风险最高的城市之一。由于水文气候特殊、建成区排水设施老旧等因素，一直以来，“水浸街”都是困扰广州城市发展的问题之一，特别近些年来，广州内涝出现得越来越频繁，范围不断扩大，内涝造成的损失不断地加重。

为落实国务院、住房和城乡建设部、水利部等单位防洪排涝的工作要求，有效提升排水防涝业务管理的质量和效率，广州市水务局“智慧排水”项目，基于实景三维、水动力模型等技术，通过建设城市区域地理场景库、排水专题地理实体库、“天地空”一体化感知库，对排水系统气象雨情态势、空间微地形、空间下垫面透水特性、排水管网拓扑关系、设施水工情、水循环单元等进行抽取、建模、关联、表达、分析，形成城市排水专题实景三维底板，围绕内涝风险点管理业务，在底板之上构建排水日常管理及应急管理业务应用系统，为排水防涝应急调度提供信息化支撑。

2 项目内容

2.1 排水时空数据底板建设

排水时空数据包括地理场景搭建、地理实体建设，按照统一时空基准进行数据获取处理、融合建库与服务发布。

地理场景搭建：基于统一时空基准，利用广州市数字高程模型（DEM）、数字正射影像（DOM）、倾斜摄影三维模型等数据，搭建广州智慧排水系统地理场景。建设成果如图 1 所示。

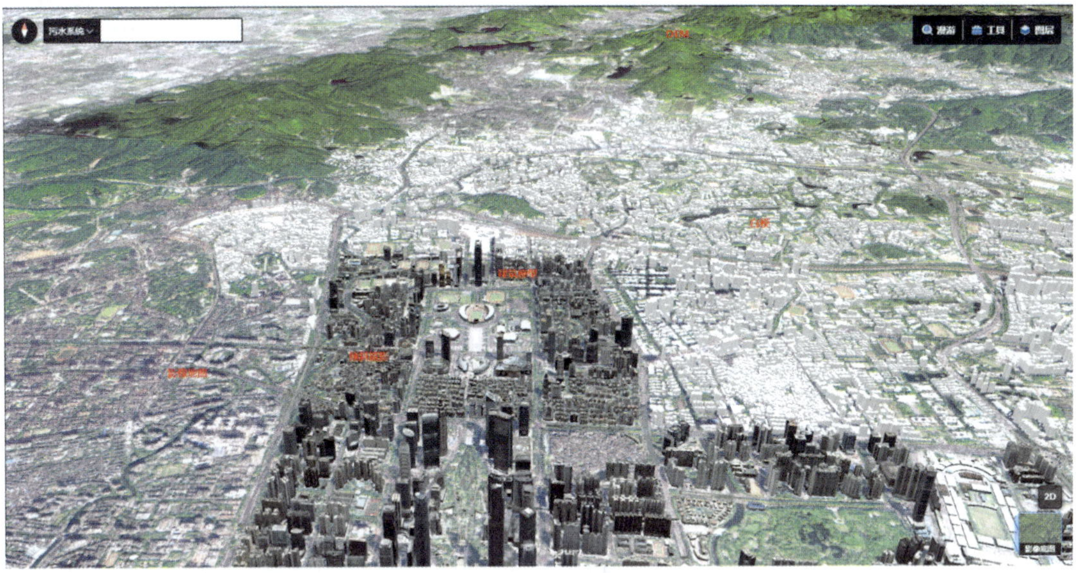

图 1　地理场景

地理实体构建：基于统一时空基准，利用水库河流矢量数据、三维白模模型、建筑模型、排水设施 BIM 模型（排水窨井、排水管道、排水闸门、排水泵站）、智能设备 BIM 模型（雨量计、水位计）等数据构建地理实体。建设成果如图 2 所示。

2.2 物联监测体系建设

在排水时空基础底板基础上，集成接入水务感知数据，建设高精度实景三维产品。

重点区域自建物联网设备，对城市历史内涝点、高风险积水路段、地势低洼地区、下穿立交、排水管网、调蓄池、泵闸等对象的雨量、地表积水、管井泵闸液位、河道水位、视频等要素监测。

建设排水物联网管理平台。通过制定广州市防洪、排水物联数据标准及接入技术规范、统一物联设备接入规约，满足本项目自建物联感知设备、自建系统，市气象局、市水文局、省水利厅、市公安局、市交通局、应急局等单位已有监测数据集成与接入。

图 2　地理实体

基于 BIM 及气象、雨、水、工情物联监测监控等水工建筑监测管理如图 3 所示。

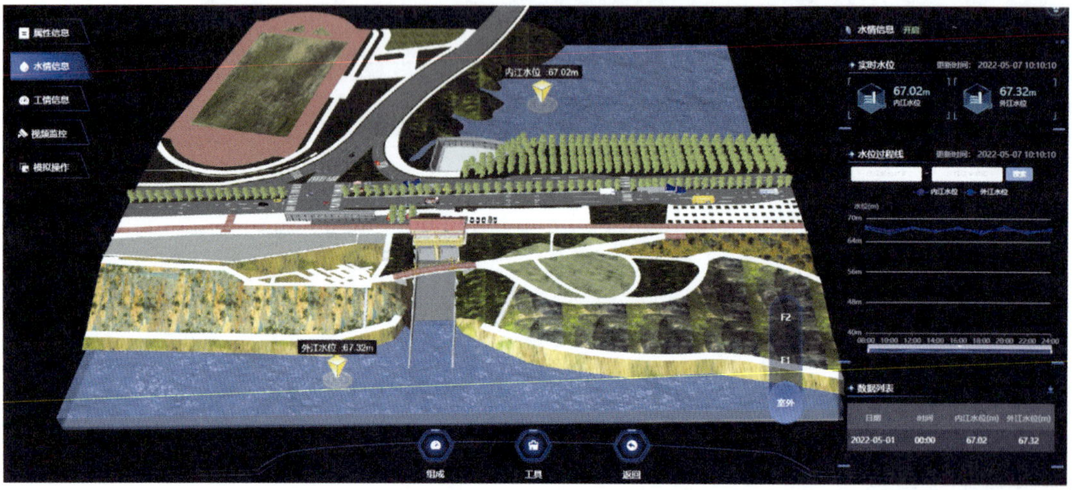

图 3　基于 BIM + IoT 的水利工程运行管理

2.3　业务应用体系建设

坚持“人民至上、生命至上”理念，树牢底线思维和极限思维，以“两个坚持、三个转变”为指引，采用“平战结合”的应用模式构建排水业务平时管养和防涝排涝应急相结合的业务应用体系，实现内涝灾害事前预警预报、事中指挥调度、事后总结分析的三段式管理，提升了广州市排涝应急调度管理的信息化、智慧化水平。

广州市“智慧排水”应用系统主要包括围绕设施管理的排水设施全覆盖应用系统、围绕内涝风险点管理的日常管理系统、围绕积水事件管理的应急管理系统，功能架构如图 4 所示。

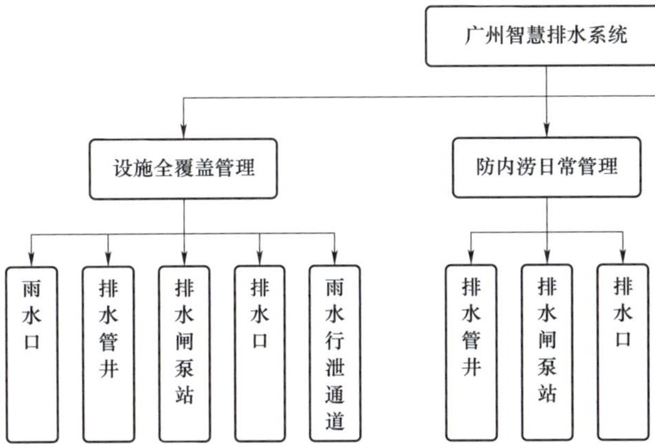

图 4　功能架构图

（1）排水设施全覆盖管理系统

对排水系统“源（户）–网–站–厂”进行二三维一体化展示，直观展示排水户、排水管道、排水窨井、排水闸泵站、污水处理厂等排水设施的空间位置、拓扑关系、监测信息，在广州市“绘”出了一张实景智慧排水管网系统，为排水设施精细化管理、智慧化决策提供支撑。提供排水设施基本信息台账、排水监测信息、设施巡查、设施隐患、设施维修养护等业务管理功能，实现排水设施的问题发现、交办、解决和验收的全流程及闭环管理。对排水设施信息的可视化和上屏展示，基本实现“家底清、情况明”，能为内涝成因调查、设施规划设计、设施改造建设、前期决策分析等提供基础依据。排水设施一张图信息展示如图 5 所示。

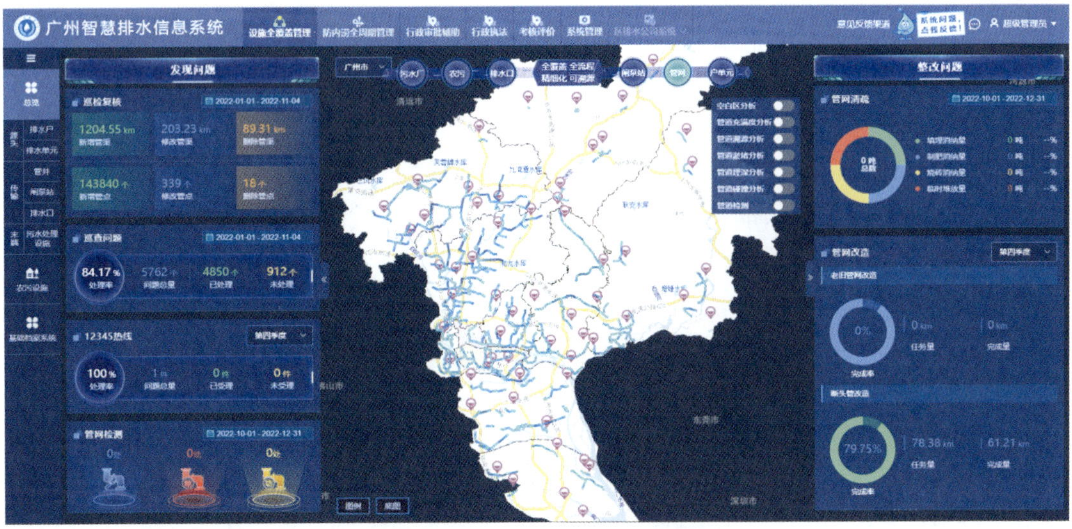

图 5　排水设施管理

（2）排水防涝日常管理应用系统

提供内涝风险点台账、抢险队伍物资、布防点、预案、重点防护区域等基础防御保障信息管理，支持内涝点认定、内涝点台账、内涝点整治管理等业务管理，实现内涝整治从成因分析、问题整改、效果评估的全流程及闭环管理。

内涝点认定及台账建设：市排水中心对系统一雨一报积水点信息进行成因分析及信息完善，线下开展内涝点评估认定工作，并将认定结果录入系统形成最终的内涝风险点基础台账，如图 6 所示。

图 6　基于倾斜摄影单体化模型的重点防护单位管理

内涝点整治：各区水务局对需要进行工程整治的内涝风险点制定整治措施、整治计划，并在系统每月上报工程整治进展、工程档案信息。市水务局接收各区每月的上报整治进展信息，了解每月整治进展，达到监督考核、综合评估的目的。

防御保障：通过线下收集梳理抢险队伍物资、布防点、预案、责任人、重点防护区域等信息，录入系统，并建立维护各对象之间关联关系，为应急提供防御基础信息保障。

（3）排水防涝应急管理应用系统

提供值班值守、预警预报、应急响应、事件处置、一雨一报、评估分析等功能，实现防内涝抢险事前预警预报、事中指挥调度、事后总结分析的三段式管理。

值班值守：汛期，相关科室利用系统进行值班排班、交接班管理，根据职能不同，可进行日常排班、应急排班。

预警预报：集成接入气象预报预警、实时水雨情、风暴潮、设施工况、视频等监测监控信息及模型预测结果，并在一张图展示，便于对全市内涝风险全面掌控。

应急响应：根据气象台风、防内涝预警级别，选择系统预制预案模板，一键启动防内涝及预腾空应急响应，下发短信通知相关责任人对内涝风险点、重点防护区域进行清疏、布防工作，对内河、中大型涵箱开展预腾空调度，有效防范内涝风险。

事件处置：市防御中心基于系统线上视频巡查、电子水尺告警以及线下“110”民众上报等途径发现积水隐患。对隐患进行确认后，通知并指派相关责任人员处置形成事件台账。事件处置过程中，相关责任人通过 App 定期更新积水状态、处置情况，直到事件处置完毕。可直观查看事件位置周边排水实景三维数据，辅助事件处置决策，如图 7 所示。

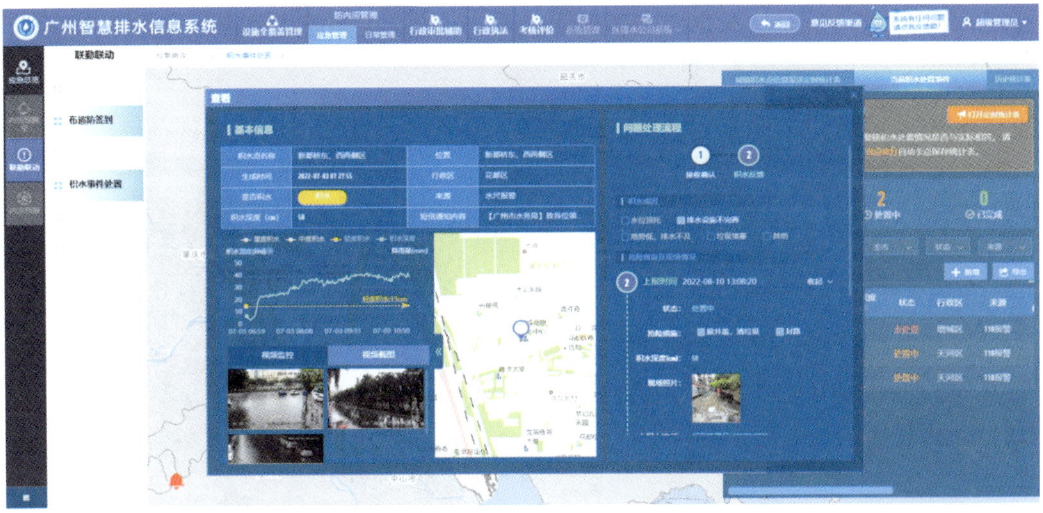

图 7　积水事件处置

一雨一报：通过系统将场次响应降雨积水事件转化为一雨一报基础台账，并下发给各个区水务局进行补充完善，形成最终的一雨一报数据台账，作为内涝点台账建设的基础资料。

评估分析：防内涝结束后，对积水点积水深度、管网排水能力、抢险队伍布防效率、指挥调度效果等进行评估，辅助规划、设计、改造。基于模型的积水模拟分析评估如图 8 所示。

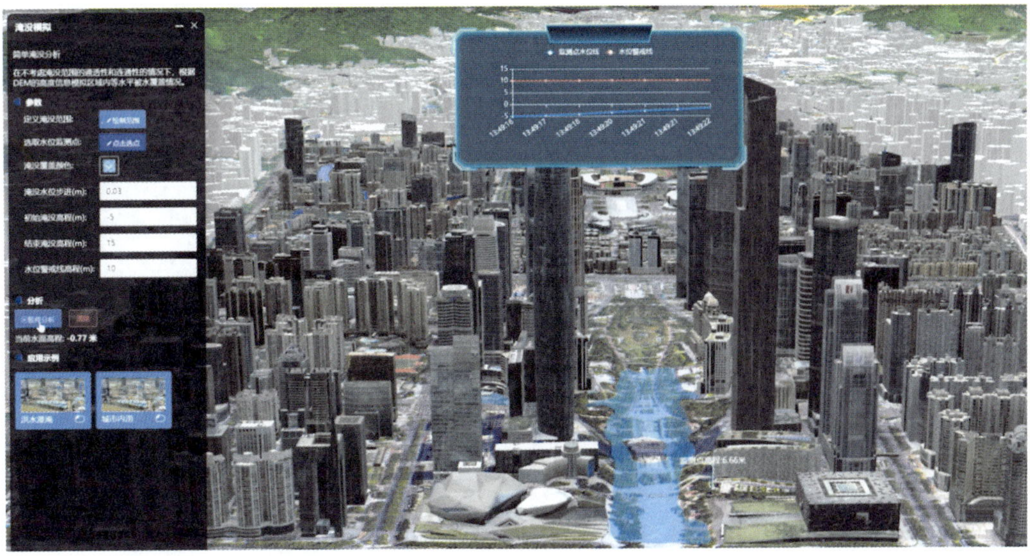

图 8　积水模拟分析评估

（4）排水移动应用 App

基于 GIS、BIM、CIM、移动互联网技术，建设排水防涝移动 App，支撑应急响应、监测告警、巡防布防、事件上报等工作。根据 App 上显示的周边实景三维信息与现实中周边环境的对比，布防人员可快速抵达布防点、巡查人员可快速上报事件位置，处置人员可快速定位到事件位置。能够有效提升排水应急响应效率，实现排水精细化、扁平化管理。基于移动端 BIM 的机电设备运维管理如图 9 所示。

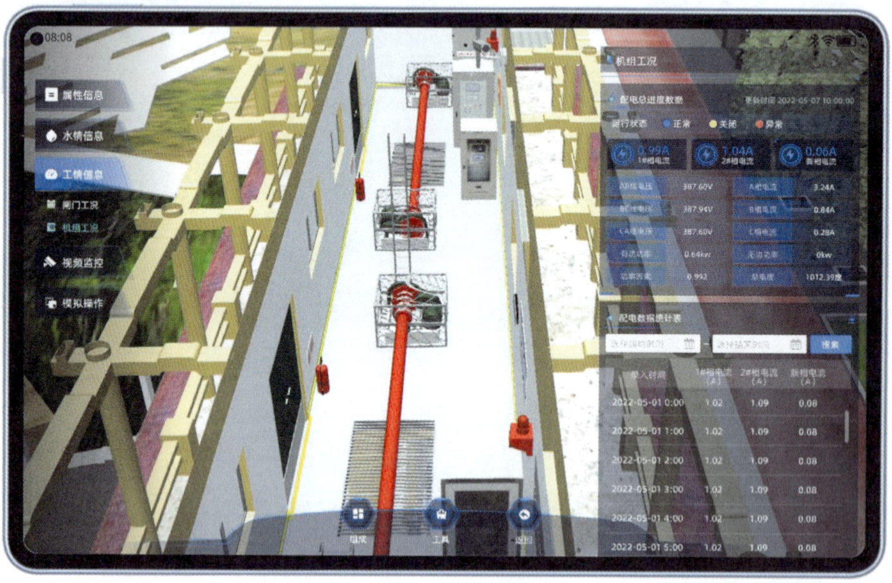

图 9　基于 BIM 的机电设备运维管理

2.4　模型建设

（1）城市内涝预报预警业务模型

构建排水子流域水动力及阈值经验等模型，模拟及预测分析易涝风险点积水态势，为内涝应急抢险提供参考建议，如图 10 所示。

图 10　基于水动力模型的城区内涝模拟分析

（2）管网健康度评价模型

针对城市管网病害问题，构建管网健康度评价指标体系，基于管网健康评价模型，建立病害管网分级地图，对管网健康作出诊断，为管网修复养护提供参考。

（3）“厂－网－河（湖）”一体化调度

基于排水管网模型，综合考虑流域内全部的河、湖、库、池、口、闸、站、雨污管网及污水处理厂等设施，以关键设施水位不漫溢、易涝点个数最少作为优化目标，进行优化模拟，分析结果应用于泵站调度方案优化。

3 关键技术

3.1 GIS 和 BIM 融合技术

基于自主定义三维实体模型数据格式，对接主流 BIM 建模软件，实现 BIM 数据无缝转换、轻量化、精准匹配、模型统一编码、高效率渲染、大小场景一体化计算分析，为排水应用提供基础技术支撑。

3.2 物联网技术

基于统一物联网平台获取城市排水管网液位、水质、泵闸站工况、流速流量、视频等信息。支持固定宽带、2G/3G/4G、NB－IoT、北斗卫星等多种网络方式接入，以及支持 HTTP/HTTPS、MQTT/MQTTS、LWM2M/CoAP、Modbus 等多种协议方式接入。

3.3 移动互联网技术

对关键数据进行脱密，采用安全的网络连接方式进行数据在线访问；借助移动 App 实现设施摸查、日常巡查、问题处理、日常养护等业务功能，提升排水设施日常运行维护及应急响应效率。

3.4 水专业模型技术

建设 AI 模型，基于广州市城管云平台的视频资源，利用语义分割算法进行积水区域识别，提高防内涝抢险的响应速度。

建设机理模型，基于广州城市管网、河流水系等基础数据，利用水动力及优化模型技术，对城市排水子系统进行模拟、优化，结果用于内涝预报预警、运行调度。

建设管网健康度评价模型，基于广州城市排水管网等基础设施数据，建立指标体系，评估管网健康度，结果用于管网养护。

4 创新点

4.1 基于实景三维的排水数据底板

收集采集数字高程模型、数字正射影像、排水设施、城市水务工程、内涝隐患点、重点防护区域等地理场景和地理实体数据，进行整编、融合、建模、轻量化、制图、共享等标准化治理，建设地上、地下、室内、室外三维数据底板，以更贴近现实的方式展示排水系统。

4.2 天地空一体化的排水物联监测网

接入气象雷达、卫星云图、台风路径、天气预报、视频等监测监控信息，在城市排水流域易涝风险点及其关联雨水管井、雨水闸泵站、排放河涌上布置水情智能监测设备，构建天地空一体化排水物联监测网络，实时掌握天气态势、排水设施、易涝风险点、受纳水体等雨水工情，支撑内涝预警及积水事件应急处置业务应用。

4.3 基于“双层网格”的防内涝指挥

建设流域片区和行政体系相结合的智慧排水防涝应急调度双层网格化智慧系统，强化流域片区排水防涝责任与市区镇（街）属地责任落实，构建“监管到位、协同联动”的“网格 + 水务”防涝应急精细化管理新模式。

4.4 “三段式”的防内涝应急管理

通过管控雨前管网清疏、布防，雨中监测预警、应急响应、事件处置，雨后生成“一雨一报”台账、成因分析、内涝整治等内涝全生命周期关键业务，达到积水事件早预防、快处置的目的。

5 示范效应

5.1 多源数据融合，筑牢数据底座

实现排水、水利、水文、气象、交通、公安等行业基础管理对象、业务管理主体、过程业务、物联监测、地理信息等数据集成、融合、共享，使气象预警、水情告警、应急响应、抢险处置等防涝业务协同、高效运转成为可能。

5.2 “预”字当先，关口前移，绷紧防汛之弦

围绕易涝风险点，开展雨前清疏、抢险布防，雨中积水预警、积水处理，雨后认定、成因分析、工程整治、销账等业务应用建设，实现城市内涝全周期管控。

基于实景三维的古建筑数据融合与信息提取

厦门理工学院数字福建自然灾害监测大数据研究所

1 项目背景

中国的古建筑被人们喻为“矗立在中华大地上的史书”，见证了中国历史社会的变革以及国家和民族经济、政治和文化的发展，是中华民族建筑文明的结晶，具有极高的文化价值。随着我国经济社会以及现代化建设的快速发展，古建筑及其周边环境景观保护面临着前所未有的挑战，尤其是城镇化、新农村、旅游业的快速发展，大量古建筑遭受着破坏甚至拆除的惨况。根据第三次全国文物普查成果显示：全国已登记的古建筑类共计 263 885 处，占文物数量的 34.42%；近现代历史建筑类共计 141 449 处，占文物数量的 18.45%。虽然我国古建筑的保护受到了越来越多的关注，国家层面不断出台古建筑保护法律法规，然而仅于文物普查期间，就有超过 4 万处国家登记文物消失或损毁，平均每年有约 2000 处不可移动文物消失。古建筑作为不可移动文物，是不可再生的文化资源，而保留至今的古建筑都有不同程度损毁，因此针对古建筑保护和修缮工作刻不容缓，对古建筑进行数字化建档保护任务迫在眉睫。

2019 年住房和城乡建设部建科保函〔2019〕202 号对全国历史建筑数字化建档的相关技术提出要求和工作部署；2020 年 3 月福建省住房和城乡建设厅办公室发布《关于做好 2020 年为民办实事项目历史建筑保护利用工作通知》，要求全省开展 1000 栋历史建筑数字建档保护工作，自此我国古建筑数字建档保护工作正式在全国范围内陆续开展。

2021 年 8 月自然资源部发布《实景三维中国技术大纲》，并强调实景三维中国建设是服务生态文明建设和经济社会发展的基础支撑。2022 年 2 月通过印发《关于全面推进实景三维中国建设的通知》要求各部门协同开展实景三维中国建设和实施，鼓励拓展更多实景三维应用领域，促进成果应用。古建筑作为中华文化的宝贵遗产，既有古朴文化承载的重要性，又有着古典建筑结构的复杂性，是实景三维中国庞大系统工程的重要组成部分，完整、精细开展古建筑实景三维数字化建档以及信息资源开发利用是当前实景三维中国建设的技术创新热潮中必不可少的热点和难点内容。自动和快速地挖掘出点云中的蕴含的特征信息，为古建筑建档保护提供更全面可靠的空间、文化、残损等建档数据，成为赋能古建筑保护的核心技术环节。

2 项目内容

本案例结合地面三维激光、机载 LiDAR 扫描及无人机倾斜摄影测量三种实景三维技术，进行全方位古建筑实景三维数据采集与处理、古建筑三维模型数据融合以及古建筑文化信息和残损信息提取方法研究，实现了基于改进特征点匹配算法的古建筑三维模型数据融合、基于 K－Means 和 IsoData 聚类算法的古建筑文化信息提取、基于数字图像处理技术的古建筑墙裂缝残损信息提取以及基于 GIS 分析技术的古建筑地面积水分析与积水区体积量算等方法。最终获得了古建筑多源实景三维模型、工程线画图、3D 实体微缩模型、文化信息专题图、裂缝残损专题图以及地面积水分布专题图等古建筑建档数据，极大地丰富了古建筑建档数据成果，且实现了改进特征点匹配算法的古建筑三维模型数据融合，还拓展了古建筑点云数据隐含信息提取的理论方法。研究成果已实践并应用于古建筑实景三维、工程施工、文创展品、虚拟展示、文化传承及灾损检测等领域，助力实景三维中国建设在古建筑领域的实施与应用，可为我国古建筑数字建档保护以及古建筑灾害预防性保护工作提供成果数据和技术方法支持。

研究的技术路线主要分为以下六个部分：数据集成、方法研究、信息提取、残损检测、数字建档和成果应用，技术路线如图 1 所示。

2.1 古建筑多源实景三维模型数据采集

本案例根据地面三维激光、机载 LiDAR 扫描及无人机倾斜摄影测量三种遥感技术特点，采用优势互补的古建筑数据采集方式，完成古建筑室内室外全覆盖数据采集（见图 2～图 5）：通过地面三维激光扫描获得古建筑室内及室外外立面三维点云模型；采用无人机倾斜摄影技术获得古建筑多视角高清影像并生成古建筑倾斜模型；运用机载 LiDAR 获取古建筑屋顶及建筑周围地表 LiDAR 点云模型数据，解决了单一技术存在测量盲区的问题。

2.2 古建筑三维模型数据融合

运用点云匹配法将地面三维激光与机载 LiDAR 点云模型进行匹配融合，获得古建筑室内外点云模型。提出改进特征点匹配算法，实现地面三维激光点云模型与倾斜模型进行数据融合，从而获得古建筑室内外全方位融合模型。多源数据融合前后对比如图 6 所示。

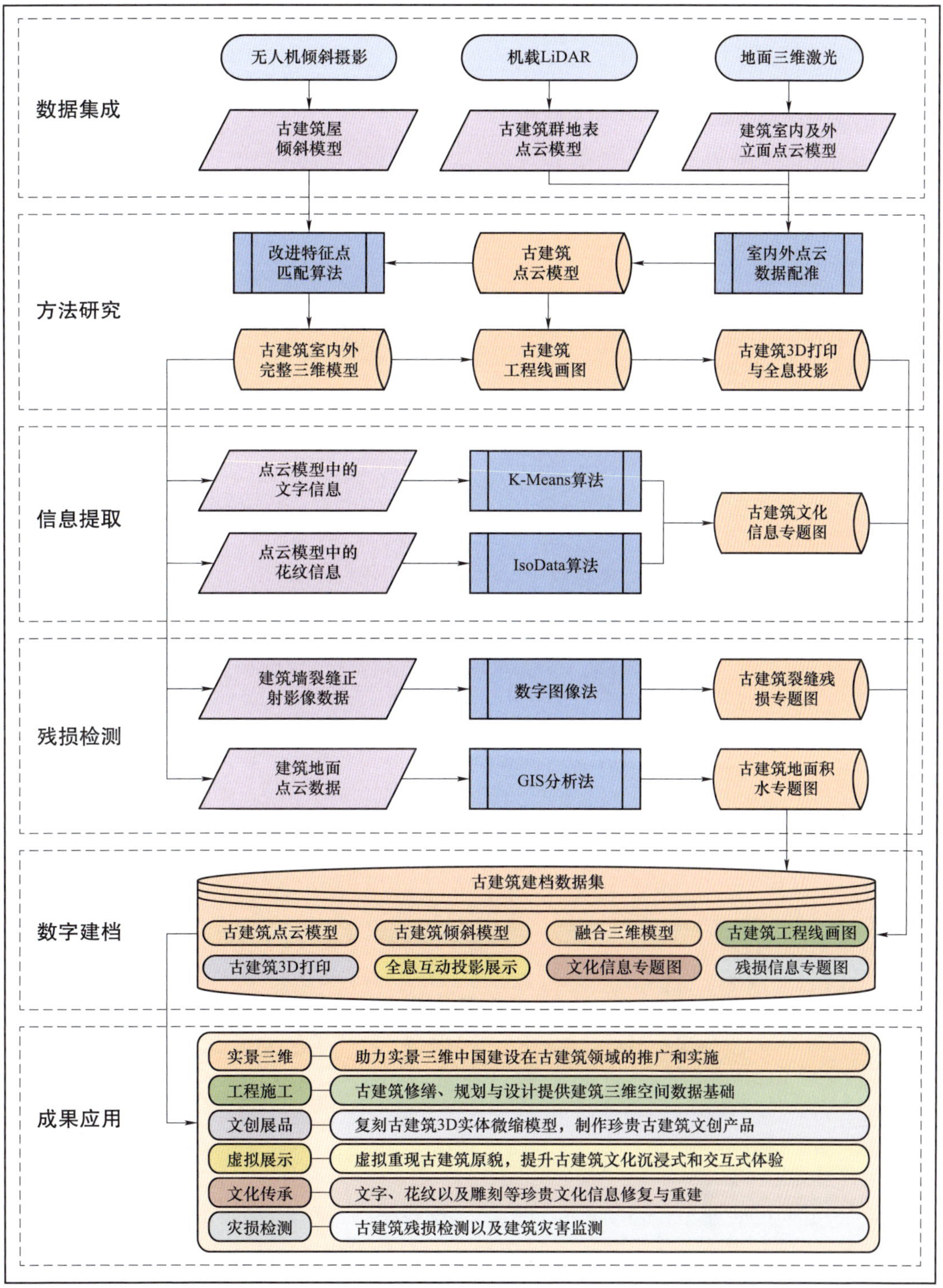
数据集成
无人机倾斜摄影
机载LiDAR
地面三维激光
古建筑屋倾斜模型
古建筑群地表点云模型
建筑室内及外立面点云模型
方法研究
改进特征点匹配算法
古建筑点云模型
室内外点云数据配准
古建筑室内外完整三维模型
古建筑工程线画图
古建筑3D打印与全息投影
信息提取
点云模型中的文字信息
K-Means算法
点云模型中的花纹信息
IsoData算法
古建筑文化信息专题图
残损检测
建筑墙裂缝正射影像数据
数字图像法
古建筑裂缝残损专题图
建筑地面点云数据
GIS分析法
古建筑地面积水专题图
数字建档
古建筑建档数据集
古建筑点云模型
古建筑倾斜模型
融合三维模型
古建筑工程线画图
古建筑3D打印
全息互动投影展示
文化信息专题图
残损信息专题图
成果应用
实景三维
助力实景三维中国建设在古建筑领域的推广和实施
工程施工
古建筑修缮、规划与设计提供建筑三维空间数据基础
文创展品
复刻古建筑3D实体微缩模型，制作珍贵古建筑文创产品
虚拟展示
虚拟重现古建筑原貌，提升古建筑文化沉浸式和交互式体验
文化传承
文字、花纹以及雕刻等珍贵文化信息修复与重建
灾损检测
古建筑残损检测以及建筑灾害监测

图 1　技术路线

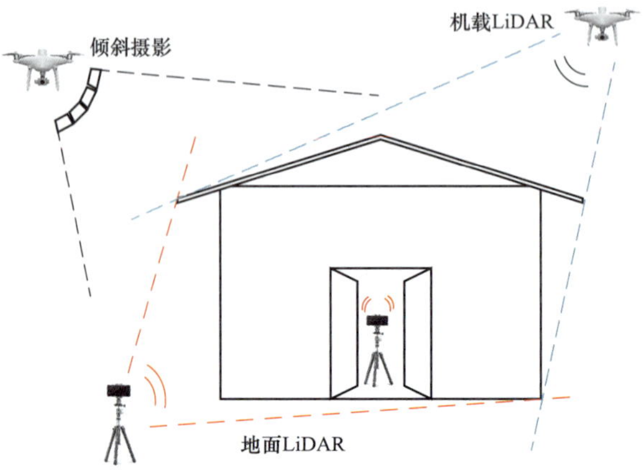

图 2 古建筑数据采集示意图

图 3 地面三维激光点云模型

图 4 无人机倾斜模型

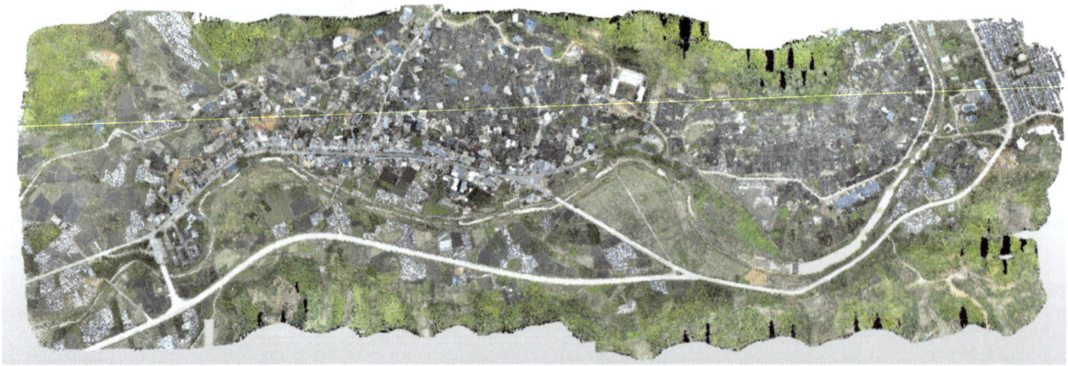

图 5 机载 LiDAR 点云模型

基于古建筑融合模型，绘制古建筑建档工程线画图，为古建筑修缮、规划与设计提供建筑三维空间数据基础（见图 7）；运用建模与打印技术，复刻古建筑 3D 实体微缩模型，制作珍贵古建筑文创产品（见图 8）；借助全息交互投影系统，虚拟重现古建筑原貌，给予公众更多有关古建筑文化的沉浸式和交互式体验（见图 9）。

(a) (b) (c)

图 6 多源数据融合前后对比

（a）融合前点云模型；（b）融合前倾斜模型；（c）融合后模型数据

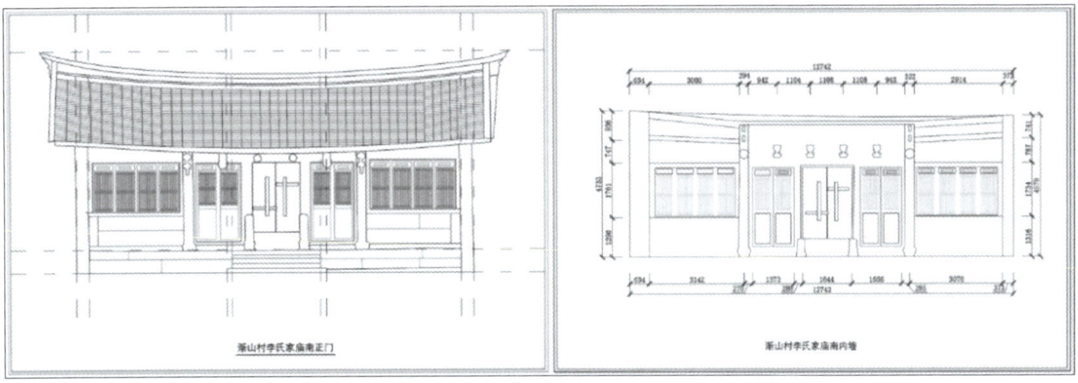

图 7 古建筑工程线画图

(a) (b) (c)

图 8 古建筑 3D 打印模型

（a）模型比例（1:30）；（b）模型比例（1:130）；（c）模型内部展示

(a) (b)

图 9 古建筑三维模型全息投影

（a）全息投影系统；（b）古建筑三维模型全息投影

2.3 古建筑文化信息提取

基于点云模型数据，运用 K－Means 和 IsoData 两种聚类算法实现古建筑文化信息分类，并对两种算法分类结果进行比较分析（见图 10），最后运用矢量化数据进行古建筑文化信息专题图制作（见图 11），创新了古建筑中残存文字、花纹以及雕刻等珍贵文化信息保存方法，有助于文字、花纹以及雕刻等珍贵文化信息的传承、修复与重建。

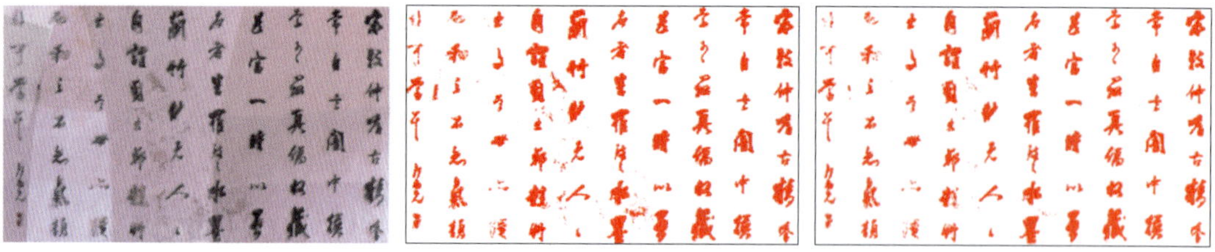

(a)　　(b)　　(c)

图 10　点云文字信息提取

（a）文字墙面点云数据；（b）K–Means 聚类结果；（c）IsoData 聚类结果

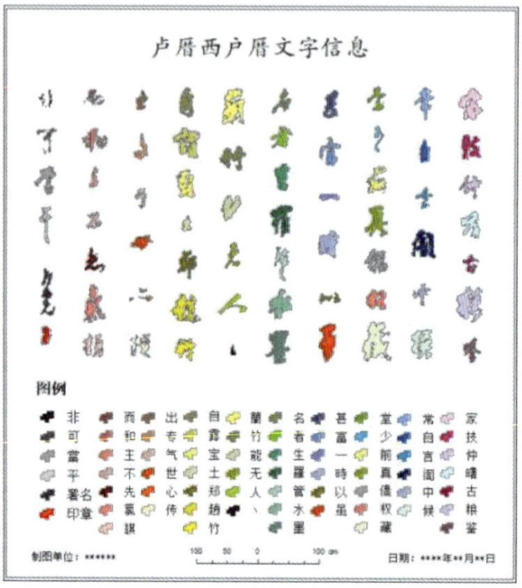

图 11　文字矢量信息专题图

2.4 古建筑残损信息提取

基于古建筑墙裂缝点云正射影像，采用数字影像处理技术进行墙裂缝信息提取与检测，实现对古建筑墙面裂缝的无损测量，并制作古建筑裂缝残损专题图（见图 12）。

通过点云数据转换，生成古建筑地面数字高程模型数据（DEM），并对 DEM 数据进行填洼，积水流向和流量分析提取地面积水分布信息，制作古建筑裂缝残损专题图（见图 13～图 16）。

(a) (b)

图 12 古建筑裂缝信息提取

（a）点云正射影像；（b）古建筑裂缝信息专题图

图 13 建筑地面点云模型

图 14 点云模型高程渲染图

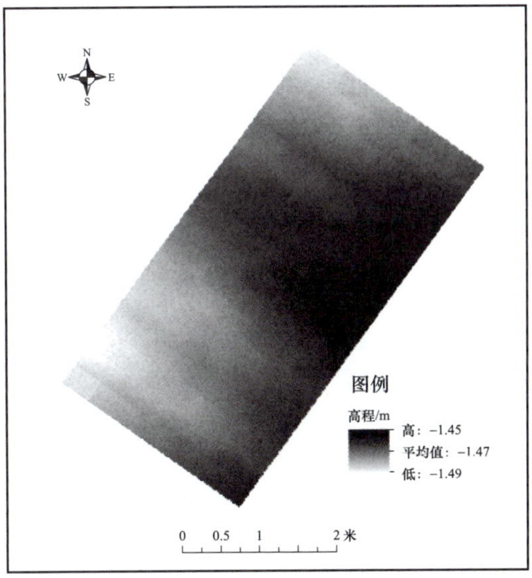

图 15 点云转 DEM

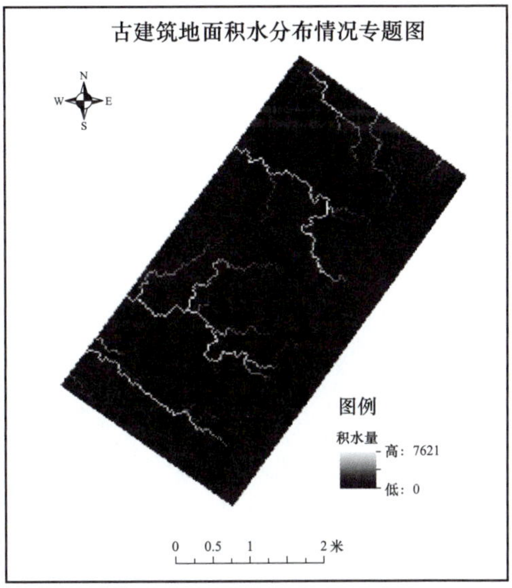

图 16 地面积水分布专题图

通过点云横纵断面分析地面高程变化趋势，最后通过创建点云拟合平面计算积水区域体积，为古建筑的被动式抢险检修保护向预防性保护转变提供技术方法支持（见图 17～图 20）。

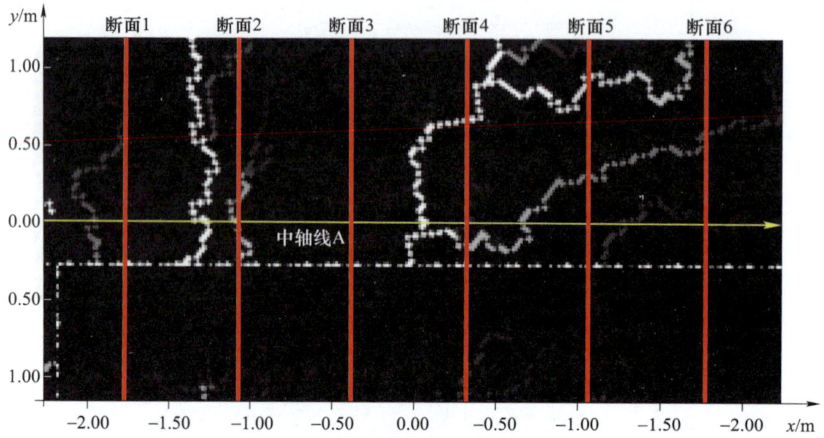

图 17　中轴线 A 和横断面示意图

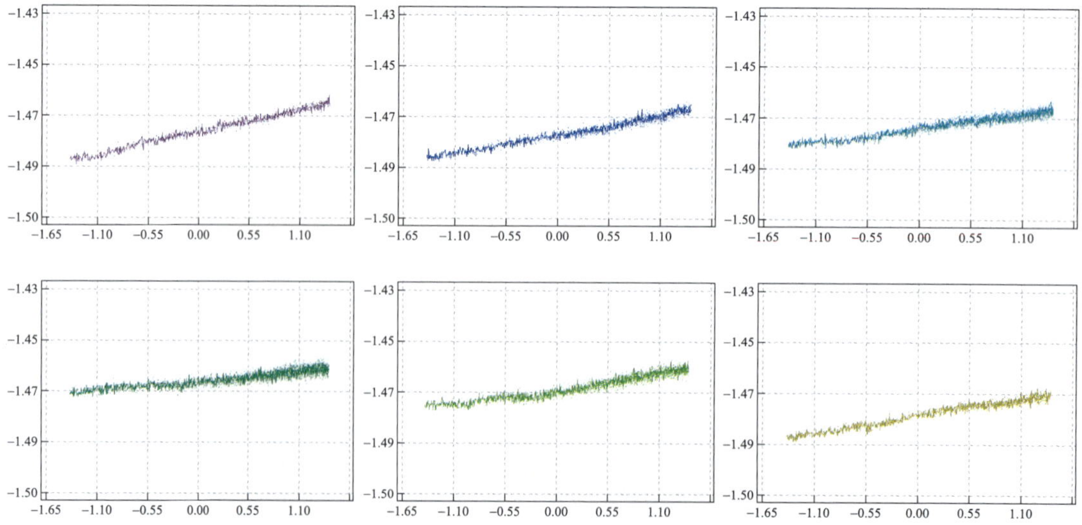

图 18　沿 x 轴各横断面高程分布

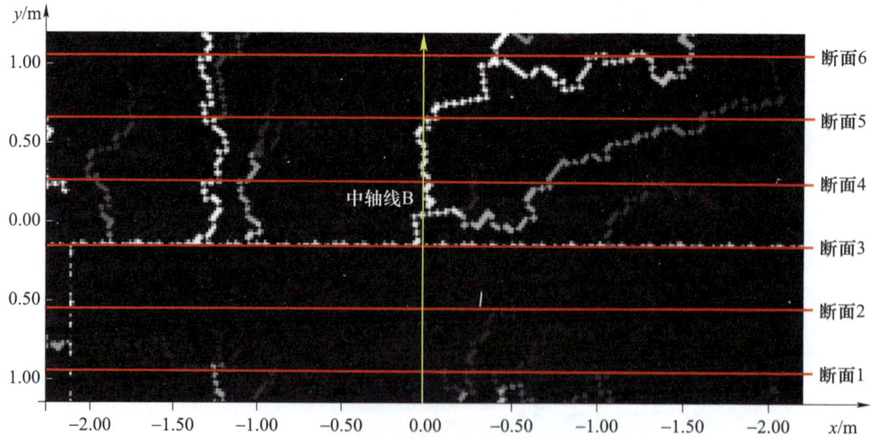

图 19　中轴线 B 和断面示意图

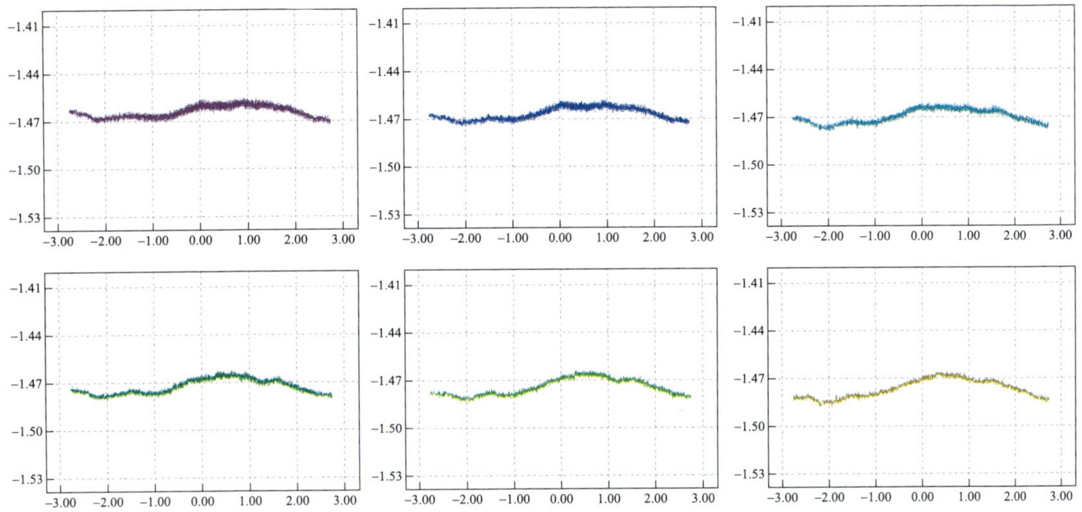

图 20　沿 y 轴各横断面高程分布

3　关键技术

3.1　古建筑多源三维模型数据融合

基于地面三维激光、机载 LiDAR 扫描及无人机倾斜摄影测量三种遥感技术特点，完成对古建筑室内外实景三维模型数据采集。运用点云数据配准方法，获得古建筑室内外点云模型，并且提出基于改进特征点匹配算法，实现了古建筑地面三维激光点云模型与倾斜模型数据的融合，获得古建筑室内外完整模型。

3.2　古建筑文化与残损信息提取

基于古建筑点云数据，实现 K－Means 和 IsoData 聚类算法的古建筑文化信息提取；基于数字图像处理技术提取古建筑墙裂缝残损信息；基于 GIS 分析技术的古建筑地面积水分析与积水区体积量算等方法。

4　创新点

提出基于改进特征点配准算法，实现了古建筑地面三维激光点云模型与倾斜模型数据的融合，获得古建筑完整模型。

采用 K－Means 和 IsoData 聚类算法对古建筑点云模型数据中的文字、花纹等珍贵文化信息进行聚类和提取，可以更高效、更完整地保存古建筑文化信息，有助于文字、花纹以及雕刻等珍贵文化信息的传承、保护、修复和鉴别。

基于古建筑墙裂缝点云正射影像采用数字影像处理技术，实现了墙裂缝信息提取与检测，并制作古建筑裂缝残损专题图。

通过点云数据转换，生成古建筑地面数字高程模型数据（DEM）并运用 GIS 分析方法进行古建筑地面积水分析。

5 社会效益

5.1 打造基于实景三维与全息技术的整村拆迁村庄“乡愁馆”

城市化的快速发展与扩张也推动着老旧村庄的拆迁与重建。虽然村庄的拆迁可以给城市更新与发展提供宝贵的国土空间，但每个乡村都有它独特的历史渊源，为更好地留住“乡愁”，本研究以厦门市一待拆迁村庄为例，提出基于实景三维技术的“乡愁馆”打造方案：应用无人机对研究区域进行航拍，得到整村正射影像；将三维扫描仪获取的点云数据与航拍倾斜点云数据融合，对村庄建筑文化和灾损信息提取，利用计算机技术，将数字数据加以转换以三维方式呈现。该方法突破了空间局限性，对于指导整村建筑保护、修缮等工作具有重要意义。基于 3D 打印技术和全息技术，将融合后的三维模型进行交互式展示，打造了一个基于全息技术的数字“乡愁馆”，相关成果入选了第十五届全国大学生创新创业年会。

5.2 基于实景三维的历史建筑数字化建档技术应用

基于实景三维技术的历史建筑数字化建档方法已在福建省内推广应用，如渐山村李氏家庙、宗兴堂、天一总局、曾氏番仔楼等古建筑数字化保护和异形建筑竣工测量等。项目团队完成了龙岩市连城县历史建筑测绘建档项目，通过实景三维技术、多源三维模型数据融合等方法，编制各图件和建筑档案表，完成 163 栋历史建筑的测绘建档，摸清了连城县历史建筑的现状和结构，为下一步研究数字孪生的历史建筑复合灾害预防性保护提供重要基础数据。

5.3 承担科研项目及项目成果推广宣传应用

已承担完成福建省社科基金项目“闽南历史建筑数字建档资料的综合性应用研究”、福建省建设科技研究开发项目“基于实景三维与多源传感器的古建筑复合灾害监测预警系统”“古建筑建档数据的三维可视化应用”、龙岩市科技计划校企合作项目“基于数字孪生的历史建筑复合灾害监测与预防性保护应用”等省级科研项目。同时，项目团队也为福建经纬测绘信息有限公司、福建省地质测绘院厦门分院、福建省国土测绘院等生产单位以及福建省三维前沿航空科技有限公司等技术培训单位提供重要技术支持与培训案例资料。

基于实景三维的露天矿智慧监管系统构建与应用

厦门理工学院数字福建自然灾害监测大数据研究所
宁夏国土资源调查监测院

1 项目背景

矿产资源是不可再生的自然资源，是国民经济与社会发展的重要物质基础，对我国经济的快速发展有着不可替代的推动作用。我国95%以上的一次能源和80%以上的工业原材料均取自矿业，矿业支撑了占我国GDP 70%的国民经济的运转。离开了矿产资源，就无从谈及发展问题，所以，拥有矿产资源量的多少是衡量一个国家综合实力的重要指标之一，特别是人均矿产资源消费量，更能反映一个国家或地区的经济和社会发展水平。随着国家和社会对环境保护重视程度的不断提升，矿山开采中存在的问题也同样受到高度关注。不同的采矿方式在矿山开采中都存在不同的问题。露天开采具有资源利用充分、回采率高、成本低、生产安全等优势，但该种方式需要剥离表层岩土，排弃大量的岩石，矿藏深度较深的露天矿往往会占用较多土地农田，对耕地面积有较大影响。然而近些年来，受利益驱使，一些矿山企业肆无忌惮地违法开采、乱采滥挖，导致新增资源速度降低，而消耗速度却不断加快。这不仅加大了矿产资源管理部门对矿区管理的难度，还造成了严重的生态环境破坏与安全生产隐患。目前，部分矿山监管部门管理混乱、经营粗放、技术装备落后、劳动生产率低等问题较为突出，对矿山超层越界开采等违法违规行为缺乏有效手段整治，开展一次违法开采巡查，需耗费大量的人力物力，且精度不高，时效性差。因此，在这个科技迅猛发展的信息时代，如何利用测绘新技术对矿山开采情况进行全面监测、预警，成为各国的科研工作人员和行业相关部门共同关注的话题。

自2020年启动“十四五”基础测绘规划编制工作后，国家明确“实景三维中国”的建设目标，自然资源部2021年6月发布的《实景三维中国建设技术大纲》提出“建设全国覆盖、重点区域高精度的实景三维中国数据体，为数字中国统一的底板与数字基底，选择开展典型领域应用验证，促进自然资源管理和治理能力现代化、服务经济社会各领域高质量发展”。实景三维中国建设是自然资源部党组对测绘提出的“两服务两支撑”新要求新部署新形势下势在必行的转型和创新。由于矿区开采是三维空间形态下的经济活动，高精度实景三维是目前实现全面解决监管的最优也是最急需的数据载体，在无人机实景三维模型建设上，实现对自然资源的智慧监管应用。拥有重要的技术支撑后，也需培养后备技术应用与自然资源管理人才。但是目前国内高校的实验课程缺乏相关的应用教学，且系统以无人机作为矿山智慧监管依托工具，线下教学容易产生由于学生不熟练直接实操引起“炸机”带来的人身安全和教学设备损坏的风险，连接无人机飞行与采集的操作软件的手机或平板电脑屏幕尺寸很小也带来多数学生观摩体验的不便。因此，通过新技术引入，建立一套良好的教学系统，提升学生的专业兴趣和技能学习，促进学生的优质就业以及学科交叉融合，也对新时代矿山智慧监管应用具有重要意义。

2 项目内容

本案例以实景三维技术为核心，集成卫星遥感、无人机、视频监控、GNSS定位设备等传感设备数据，综合利用云计算、大数据、物联网等关键技术，将采矿权数据、探矿权数据、多时相高分卫星影像、多时相矿山实景三维模型数据、矿山实时视频、采矿设施实时定位数据、实地调查数据及其他监测数据进行深度融合，自主研发一套“天上看、地上查、云传感、视频探、网上管”的露天矿山智慧监管系统。监管体系如图1所示，该系统面向省级规模矿产资源开采—矿山地质灾害监测—矿山环境生态修复全链条管理事务，实现对露天矿山的全天候、全区域、全要素的立体化监管，并可推广应用到其他自然资源要素管理及社会治理体系现代化的多个领域，推动自然资源监管从“靠人监管的1.0”到“技术监管的2.0”到“智慧监管的3.0”。

系统架构图如图2所示，主要包括应用资源管理层、数据资源层、关键支撑层、业务管理层和用户层，为自然资源执行信息化建设提供基础框架支撑。

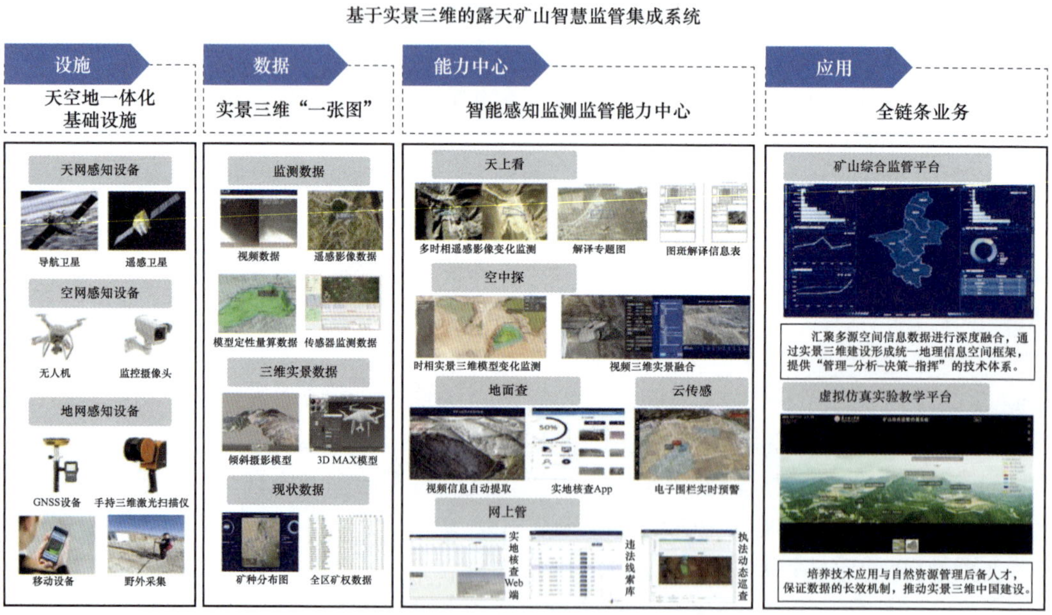

图1 监管体系图

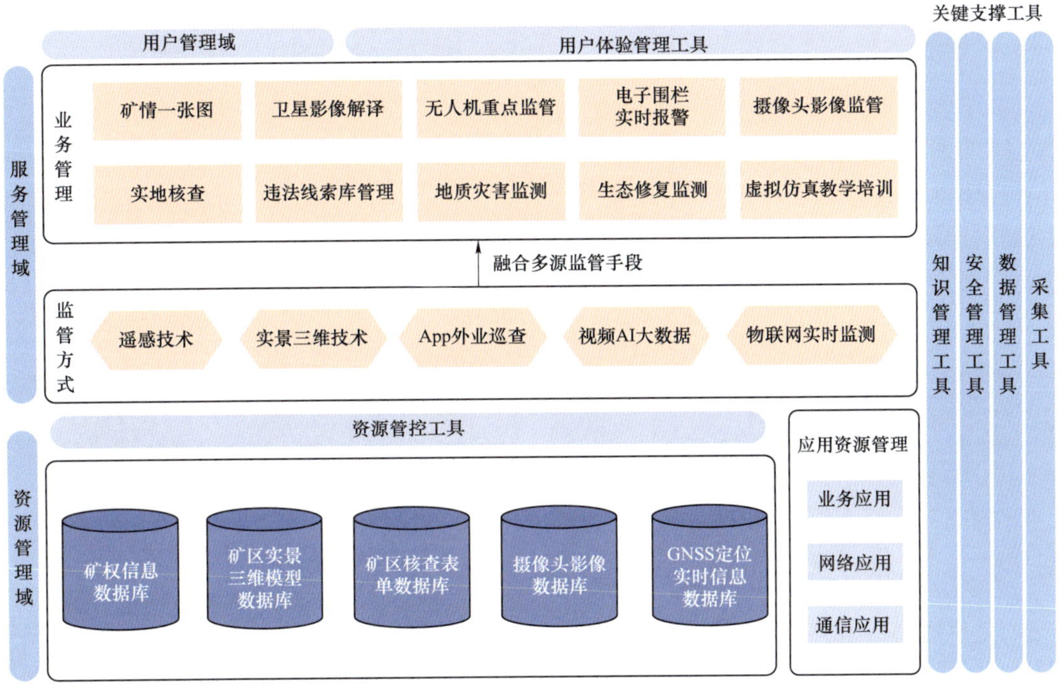

图 2　系统架构图

2.1　矿情一张图模块

首先以矿产资源数据中心为依托，将矿产分布、采矿权、探矿权、储量库、规划库等数据进行分层、叠加构建不同专题信息，通过构建图层管理器、在线浏览控制、属性查询等基础功能工具，实现实景三维矿山的地理信息可视化与一体化整合（见图 3）。

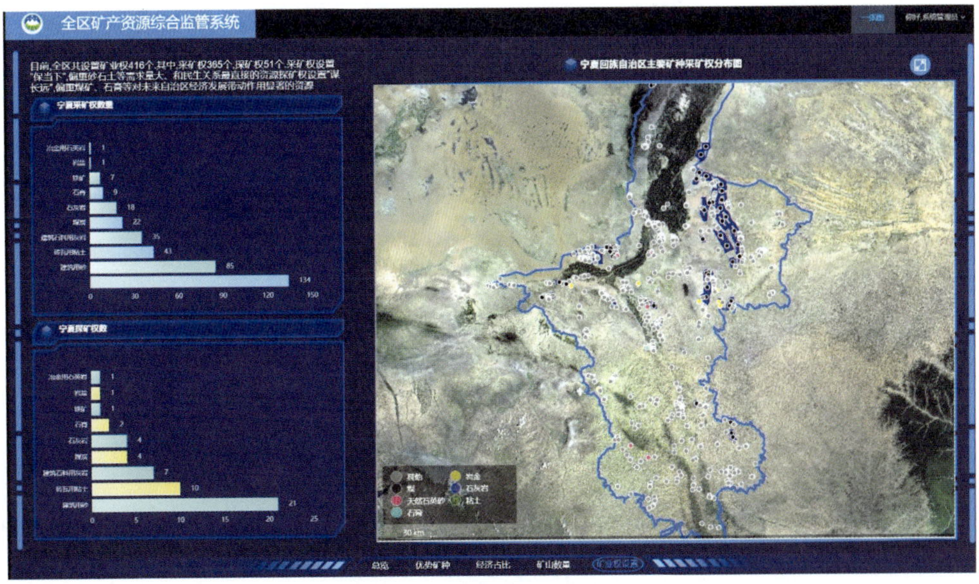

图 3　矿权信息一张图展示

2.2 卫星影像全面监管模块

基于实景三维空间数据体，通过 Python 脚本预处理卫星影像，裁剪成矿区 9 倍大小范围的图像作为基础解译数据，结合 WebGL 技术渲染页面，实现矿区卫星影像的网页可视化，综合利用深度学习算法，对同一矿区的多时相高分卫星影像解译对比实现疑似越界开采区域图斑的自动解译、解译信息表的自动生成等操作（见图 4），促进内、外业协同工作，并快速汇交解译成果。

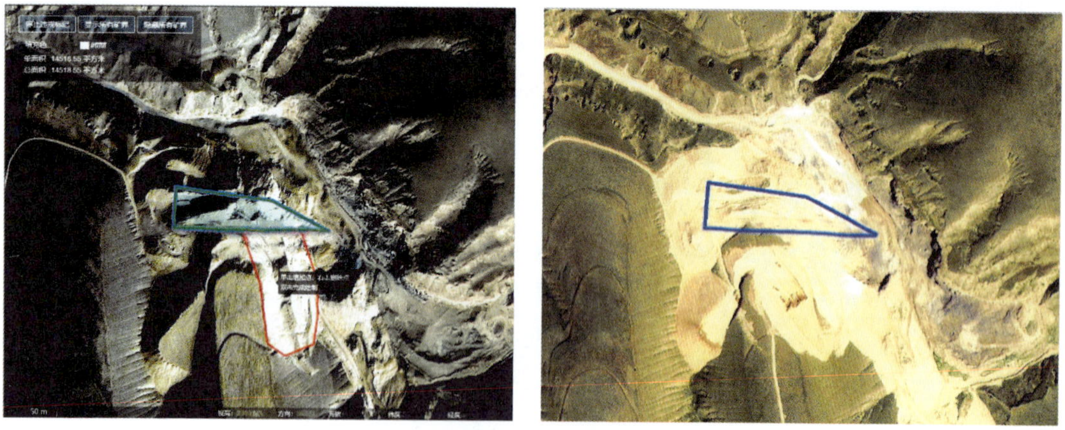

图 4　疑似越界开采区域图斑解译

2.3 无人机重点监管模块

模块借助倾斜摄影技术拍摄矿区遥感影像，再通过 Context Capture 软件将影像数据制作成三维模型，接着利用 Cesium 框架，叠加矿权数据图层，全面展示出矿山实景三维模型。运用图上量算、方量计算的功能对多时相实景三维模型分屏对比，直观分析矿区环境潜在风险，精准计算矿区超层开采、越界开采的深度、面积及方量等信息（见图 5），实现对矿区环境问题的及时发现，违法开采等自然资源事件的快速定位、准确定性，为依法查处矿区违法案件提供高效的现代化手段与数据支撑。

2.4 电子围栏实时报警模块

基于矿区坐标将矿区实景三维模型与天地图结合，对各个矿山采矿设备安装 GNSS 定位系统，并将矿车实时定位信息传入系统后，利用第三方 API 与 JavaScript 在矿区实景三维模型上生成采矿车三维模型，并动态监测其工作路线（见图 6）。系统根据矿车位置是否在电子围栏内分析是否存在越界开采情况，并及时记录越界开采次数、时间，实现采矿设备的实时预警、预报，形成立体化、可视化、动态化的矿产资源监管体系。

图 5　多时相矿区实景三维模型对比

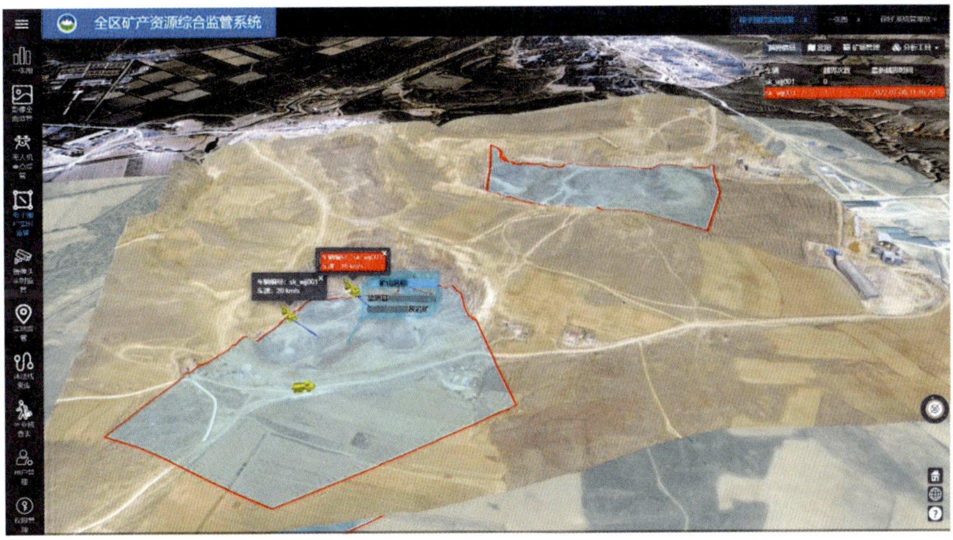

图 6　实景三维与物联网结合构建电子围栏监管

2.5　摄像头实时监管模块

监管人员在指定位置配置摄像头后，再借助萤石云平台将所有露天矿摄像头位置信息、实时视频监控数据对接至系统，随时查询任何一个矿山动态情况。系统需要实现分级拓扑树监控、全屏监控、六宫格多屏监控、矿车投影监控四种实时视频监管方法，辅助监管人员监测矿区违法开采行为。借助第三方 API 实现对摄像头的远程控制，实时调整监控区域（见图 7），且支持批量截取截图，以此快速提取视频中违法开采现象的图片。该模块通过自然资源实时感知数据对矿山作业区进行了全方位、无死角的实时视频监管，为矿区违法案件提供重要的视频数据支撑。

图 7　采矿区实时视频监控

2.6　实地核查模块

模块有矿山核查直接抽样或随机抽样的功能，可抽选出自定义数量的矿山，向外业人员派遣实地核查任务。外业人员使用系统自主研发所有的实地巡查 App，基于互联网在线抓取数据自动定位巡查人员所在的矿区地理位置，拍摄实地照片并填写巡查表单后快速提交系统云端存储，为人工巡查提供科学、高效的现代化手段（见图 8）。

图 8　实地巡查 App 页面

2.7 违法线索库及违查任务模块

依托多源实景三维数据，系统按照地区、违法时间等关键索引存放有违法开采情况的数据，各个监管手段形成的线索都可以统一整理至线索库进行归档，实现以矿山为单位，将与该矿山所有违法线索汇总与管理的系统性违法线索库。在对某一矿山执法管理时，调用相关的线索，同时可以多线索进行组合，对该矿山启动核查任务（见图 9），从问题发现、案件上报、异常受理、动态巡查、结果审核、执法办案到结案归档一系列闭环流程由系统自动对接管理，支撑领导全局高位监督、辅助智能决策和指挥调度，实现监管部门的办公智能化、快速化。

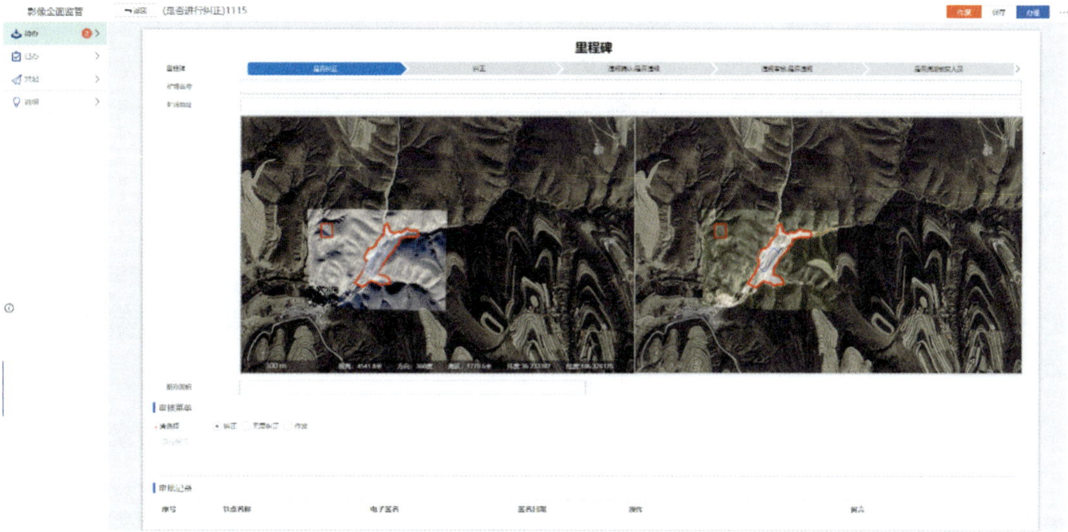

图 9　启动违查任务界面

2.8 矿山地质灾害监测模块

基于实景三维技术，利用 GNSS 融合 InSAR、倾斜摄影、点云三维激光扫描及多源传感器进行多源数据获取，构建矿山实景三维模型，实时定位解算；将 GNSS 位移监测数据、PS 点形变量、外业 App 核查数据等信息导入数据库；再通过可视化技术将信息与实景三维模型进行结合展示，实现大范围动态监测、局部区域重点监测以及点实时监测（见图 10）。

2.9 矿山生态修复遥感监测模块

以宁夏贺兰山为例，根据贺兰山的生态修复方案对贺兰山生态历史、现状及影响因素进行分析，然后基于多源遥感数据，进行数据集成与融合，构建基于实景三维的多源数据观测分析平台（见图 11）。通过遥感智能解译算法研究提取贺兰山土地损毁、植被指数时空变化特征，再通过对模型算法进行研究，实现地灾对植被影响分析、气候因子对植被指数时空变化影响分析、生态修复区植被参数反演以及重点区域林木成活率统计等，从而实现贺兰山生态定量评估，为贺兰山生态恢复治理情况提供一套评价指标。

图 10　地质灾害情况监测界面

图 11　气体浓度变化实时监测

2.10 虚拟仿真实验教学平台

在推广省级规模矿山开发智慧监管系统的同时，双管齐下，同步建设虚拟仿真实验教学平台。如图 12 所示，将多年项目持续积累典型矿山亿级像素无人机超清全景、重点矿山高精度无人机实景三维以及全省亚米级高分辨率遥感及采矿权数据极尽精细化对矿山进行数字化呈现。基于开源 WebGIS，将涵盖无人机实景三维技术基本操作、数据采集与处理、智慧监管应用、规模化应用项目规划等生产过程中细碎软硬件操作系列功能与实景三维矿区数据体按矿区智慧监管的数据采集、处理、分析及项目管理等任务进行全链条有序整合，如图 13 所示，较好解决了矿山分布零散且地方偏远，加上往返不便、场景复杂、安全隐患多给真实实验带来的教学难题。通过本实验让学生在短时间内完成热点技术、新型业务的大型综合训练，为面向《实景三维中国建设技术大纲》中建设任务对新型测绘技术应用与自然资源现代化管理的迫切需求人才培养提供综合实训实验配套。

图 12　矿山开采与恢复治理全景概览

图 13　矿区开采状况监管

3 关键技术

以无人机实景三维为底座，搭建完整的数字化矿山三维空间框架，融合矿权基础数据、高分卫星影像、GNSS 系统实时定位信息、物联感知设备采集数据、摄像头实时视频数据等多源异构数据，实现露天矿全方位动态监管。

以虚拟仿真技术为核心，同步构建实验教学培训系统，采用亿级像素超清矩阵全景整合空地 720°/360° 局部全景构建课程知识背包。采用三维建模、WebGL 技术实现无人机组装、飞行以及实景三维数据内业外操作的虚拟仿真，基于开源 WebGIS 组件开发将细碎软硬件操作系列功能与实景三维矿区数据体按生产流程有序整合。

4 创新点

基于无人机实景三维技术构建高精度的矿山空间数据载体，提高露天矿违法开采监管、地质灾害监测以及生态环境修复效率，以矿区实景三维模型为数据载体，实现对矿产资源的智慧监管应用；

将多源监测手段进行融合与轻量化处理，形成违法线索库，实现露天矿山监管全链条管理事务，为矿山监管提供简洁快速的管理方式，对后疫情时代具有重要的现实意义；

构建与监管平台配套的虚拟仿真培训的软件支撑平台，保证监测数据采集模式的长效机制，将政府资源与社会资源整合利用起来，全面提高自然资源管理能力和服务水平。

5 社会效益

5.1 为严厉打击露天矿山越界与超层开采等违法违规行为提供快速精准的信息技术平台

团队以闽宁合作为背景，于 2019 年在全国率先启动宁夏全区矿产资源智慧监管系统研发，开展露天矿山实景三维模型构建工作，研发了“天上看、地上查、视频探、云传感、网上管”的矿产资源智慧监管系统，并于 2020 年投入使用。在 2020 年新冠肺炎疫情期间，项目组试运行该系统，针对大范围的矿山企业进行在线解译，内、外业人员协同工作，在足不出户、无须聚集的情况下快速解译了 500 多个疑似越界开采矿区，并快速汇交成果。

5.2 建设前瞻性无人机实景三维装备与教学培训体系，实现与现代新技术信息的有效融合

通过本案例开展了无人机测绘新技术、新业务及创新创业教育讲座 10 余场，建设了一批相关技术以及应用开发的展板、手册，录制了 30 余个高质量的教学视频和成果案例，并集成到触摸式的自主学习系统与相关网络课程中，建设省级一流虚拟仿真课程 1 门，校级一流虚拟仿真课程 1 门，虚实结合，并引入课程思政，提升学生生态理念。构建与应用了无人机遥感高融合立体化教材，实现教学资源利用最大化、学生培养成果产出最大化的目标。开设校开放性实验课程，使得研发成果得以更好惠及多数学生对新技术、新业务的学习。《基于无人机实景三维的露天矿开采智慧监管虚拟仿真实验》和《基于物联网与 GNSS 的高层建筑形变监测虚拟仿真实验教学课程》两门虚拟仿真课程已为省内外企事业单位、高校学生开展无人机遥感相关的新业态新技术培训 200 多人次，实验次数 1000 多人次。

5.3 打造无人机实景三维技术培训示范基地，为学生提供自主创新研发作品展示平台

在本案例的实施过程中，项目团队建设创新创业苗圃以及无人机实景三维创新实验班，为学生自觉、持久学习提供空间和条件，营造创业实践的良好氛围，起到实验示范带头的载体作用。依托测绘协会学生社团建设天空教室，在校外实训基地开展多期实景三维数据获取和处理实训。基于自主开发的培训教材组织开展理论的学习，带领学生参观实验室现有的数据采集、集群处理软件开发的软硬件设备以及学生作品，举办无人机实景三维超清长卷图航拍展、学院 IT 文化节展，参加集美研学展。组织创新创业班学生开展实景三维生产项目实践，投身实景三维理工创新实践并服务学校各个部门的实际用图和地理信息需要，激励学生把创新实践成果写在大地上，培养学生爱测爱校情怀。

南京市实景三维平台建设及应用

南京市城市地下管线数字化管理中心
泰瑞数创科技（北京）股份有限公司

1 项目背景

2019年自然资源部在全国国土测绘工作座谈会上明确提出了“启动实景三维中国建设”；2020年在《自然资源部国土测绘司关于印发2020国土测绘工作要点的通知》（自然资测绘函〔2020〕17号）中，进一步明确了“大力实施实景三维中国建设”，形成基于三维空间的自然资源数据一体化展示和分析能力。根据上述部署，按照《实景三维中国建设技术大纲（2021版）》的要求，南京市规划和自然资源局组织开展了南京市三维数据建设项目，为智能化、精细化城市管理提供服务。

本项目由南京市城市地下管线数字化管理中心统筹、泰瑞数创科技（北京）股份有限公司承建，覆盖了南京市了建邺区、栖霞区、鼓楼区、雨花区、秦淮区、江宁区等六个主城区，于2019年12月启动，2022年4月建设完成。项目以实景三维倾斜模型数据为基座，衍生实景单体要素、语义模型要素，搭建具有规划管理、日照分析、淹没分析等功能的实景三维城市管理及应用平台，面向自然资源、规划设计、地下管线等领域探索相关场景应用。

2 项目内容

2.1 项目范围及精度要求

南京市三维数据建设分两期。一期项目计划范围为建邺区、栖霞区部分地区，实际采集了南京建邺区、栖霞区共计60km^{2}分辨率3cm倾斜航摄影像。二期项目计划范围为南京市主城区约218km^{2}范围，实际采集南京市鼓楼区、雨花区、秦淮区、江宁区等六个主城区共计95.5km^{2}分辨率5cm倾斜航摄影像，禁飞区内未实采。两期项目均采用2008南京地方坐标系和1985 国家高程基准。

2.2 数据生产流程

本项目主要采用倾斜航空摄影技术获取测区原始影像数据，利用航测外业控制点测量的手段进行控制点数据的获取，依托倾斜摄影三维建模技术，使用PhotoMesh三维自动建模软件快速完成 DSM、TDOM 和高精度三维模型数据成果。辅助利用已有的 1:500 DLG 数据和 TDOM 成果数据进行建筑物轮廓几何形状以及属性信息的提取，利用自研软件进行语义三维模型和体块白模三维模型的制作。

基于自主研发的单体模型生产软件 SmartEarth CIM Generator（CG），依托于 TDOM、DSM、DTM 等数据，进行建筑物轮廓结构的提取，制作建筑物白模。结合已有的全要素人工三维模型成果和已完成的倾斜三维模型、单体化三维模型进行三维场景的全要素融合展示，基于倾斜影像的空三成果，实现对建筑物白模的纹理映射，将航片与模型自动匹配，获取单体建筑模型。总体技术路线图如图 1 所示。

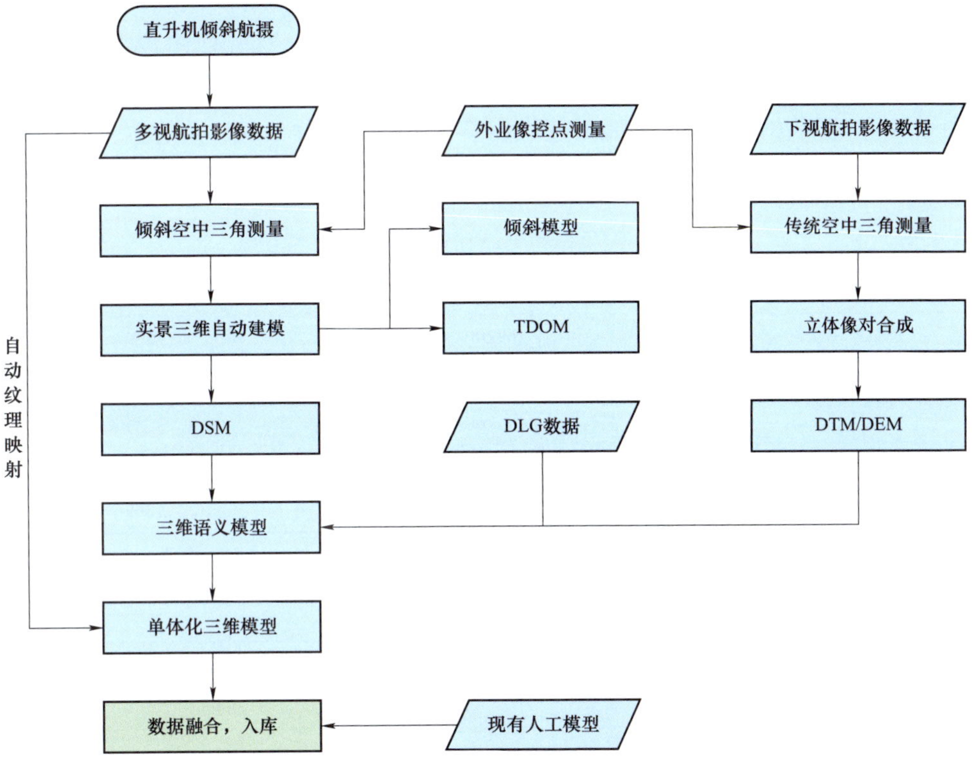

图 1　总体技术路线图

2.3　项目主要成果

南京市三维数据建设主要生产了倾斜 Mesh 模型、单体高精度模型及语义白模等高精度高价值地理信息数据，见表 1。

航空摄影：一期获取测区 60km^2 倾斜影像数据，影像分辨率 0.03m。二期获取测区 95.5km^2 范围内的倾斜影像数据，影像分辨率 0.05m。

倾斜模型：建邺区、栖霞区 60km^2 实景三维倾斜模型，精度达到 0.1m，鼓楼、秦淮、栖霞、雨花和江宁行政区 99.5km^2 实景三维倾斜模型，精度达到 0.15m。并且对倾斜模型存在的水面破洞、悬浮、破损汽车、道路起伏进行了修饰处理，使倾斜模型效果更加贴近现实。

单体模型：对倾斜航摄影像采集区域均建设了高精度单体模型，共计 155.5km²。一期 60km² 进行全要素单体化建模，分为建筑单体、植被单体、构筑物单体、小品单体、桥梁高架单体模型，其中 11km² 的主干道两侧重点区域按照南京地方标准的 LOD2 精细化要求予以了单体建模，LOD2 建筑模型平面精度优于±0.5m、高程精度优于±0.8m，其余范围按照南京地方标准的 LOD3 精细化要求予以了单体建模，LOD3 建筑模型平面精度优于±0.8m、高程精度优于±1.0m。二期对 95.5km² 进行建筑单体化，在继续按照南京地方标准的 LOD3 级的要求建模同时为优化实景三维展示效果，对凹陷大于 1.0m 的结构也进行了主体建模。

语义化模型及白模：对一期 60km² 建筑制作语义化模型数据，使建筑带有语义信息。另外南京市敏感区域多、空域复杂，航飞批文审批难度大，为保证三维成果的完整性针对禁飞区采用建筑体块白模成果完成建设内容，累计生产了 166km² 的禁飞区语义白模数据（见表 2）。

表 1　南京市三维建设内容

建设内容	一期	二期
倾斜航飞摄影	60km²	95.5km²
倾斜模型	60km²	95.5km²
地面像控采集	60km²	95.5km²
三维单体模型	60km²（全要素建模）	95.5（建筑模型）
语义化模型	60km²	166km²

表 2　语义化白模几何结构信息

描述	类型	描述对象
建筑最高房顶高度	double	建筑
建筑最低房顶高度	double	建筑
所有根据点云获取的房顶面的误差	double	建筑
建筑位置的地面高度（DEM 高度）	double	建筑
以米为单位的建筑高	double	建筑
参考 NHN 的建筑高	double	建筑
建模方法，代码：自动=2000，半自动=2000，标准高度=3000	string	建筑
房顶类型，根据设置每个建筑有 6 种类型，每种类型用分隔符分开	string	
房顶名称，根据设置每个建筑有 6 种类型，每种类型用分隔符分开	string	
参考点房顶高度标准值（屋脊=2000，中间值=2200，标准高度=4000）	Integer	
模型创建日期	Integer	参考
……	……	……

派生测绘数据：利用两期的倾斜航摄影像采集成果，基于一次采集，多种成果的生产方式，该案例还派生生产了一期 60km^2 的 1:1000 比例尺 DEM（数字高程模型）、1:2000 比例尺 TDOM（真正摄影像）和 DSM（数字表面模型）及二期 99.5km^2 的 1:2000 比例尺 TDOM、DSM、DTM（数字地表模型），见表 3。

表 3　南京市三维建设派生测绘数据内容

建设内容	一期	二期
DEM（数字高程模型）	60km^2	—
DOM（数字正射影像）	60km^2	95.5km^2
DTM（数字地表模型）	—	95.5km^2
DSM（数字表面模型）	60km^2	95.5km^2

3　关键技术

基于倾斜摄影的半自动化数字孪生技术如图 2 所示，是近年来兴起的基于计算机图形视觉算法并融合了摄影测量学平差理论的全新技术，结合全流程的空三建模一体化处理软件系统、自动化的数据处理工作模式，自动构建出能逼真还原现实世界的实景真三维模型，并在每一个点位具有准确的三维坐标。结合单体化、语义化等技术实现从物理世界向数字世界的跨越，彻底打破了传统 4D 产品互相割裂、可视化无法矢量化、有平面无高程、有高程无平面的局限性，为数据管理、发布、应用提供多种服务形式。

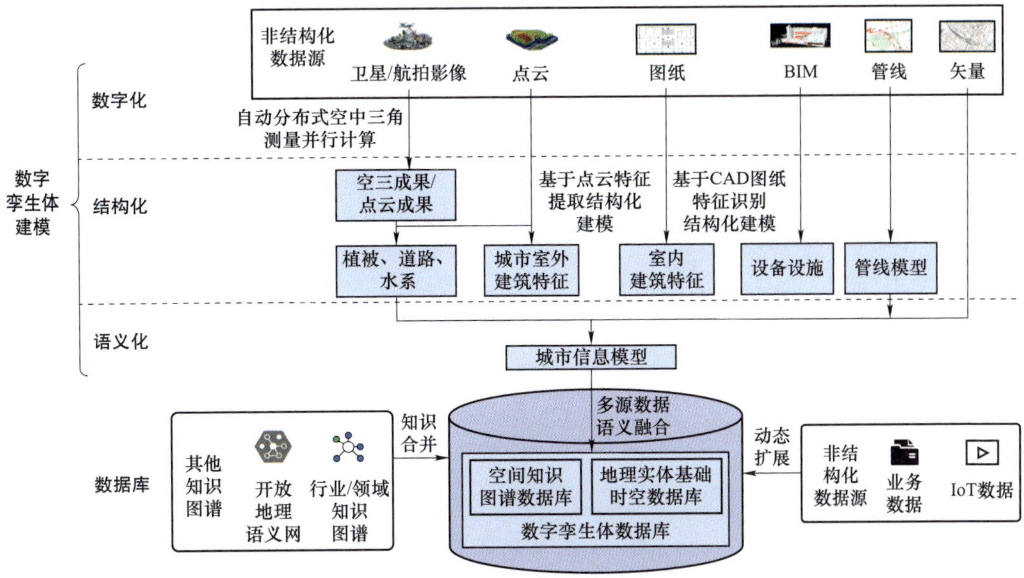

图 2　数字孪生建模路线图

3.1 行业顶尖的倾斜航摄系统

国内一线城市倾斜航空摄影困难点在于无人机作业安全无法保障，固定翼载人飞机作业无法降低高度及飞行速度以获取更高分辨率的影像数据。此难点可借助自主研发的AMC5100倾斜航摄仪（见图3）解决。该航摄仪总像幅高达5亿像素，是一款由5台1亿像素的大幅面航空相机、Applanix POS系统、陀螺稳定平台和飞行管理系统高度集成的倾斜航空摄影系统，并配备固定翼和直升机的双重挂装配件，针对直升机的姿态不稳定性特点配备了国际先进的稳定平台，可以获取高分辨率、高清晰度、高稳定性的倾斜航空影像。除此之外该设备还提供多种焦距镜头组合供选择，可根据任务需要自行更换；≤0.8s的照相间隔更是国内首次在载人飞行平台搭载大幅面倾斜航摄仪获取到优于3cm地面分辨率的影像。

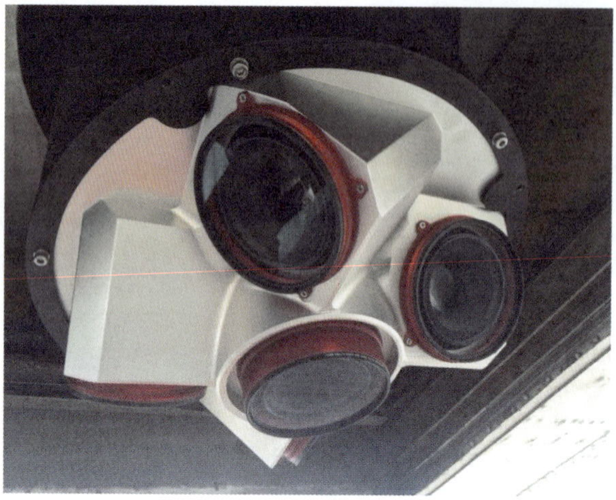

图3 航摄仪实拍图

3.2 先进灵活的航摄方案

依托于近十年丰富的倾斜航空摄影经验，并打通了从设备研发至建模处理的完整链条，形成研发为项目服务、项目为研发持续改进的良性模式。因此在项目航飞设计时，基于南京市地貌、空域等情况确定设备选型，并考虑到南京市超高建筑分布情况，若按照常规航飞方式，超高建筑获取到的影像重叠度难以达到建模要求的情况，因此最终确定的航摄方案完整、全面、简洁，既能保障自动建模的完整性又兼顾到航飞的效率。

3.3 独特高效的建模工艺

该案例中实景三维建模的工艺路线摆脱了传统建模对 Context Capture（以下简称CC）软件的依赖，与SVS的联合研发解决了泰瑞数创PhotoMesh（以下简称PM）软件的修模痛点，通过使用PM生产实景三维模型，达到城市级十万张以上数据量的一次性空三平差，提高效率高达50%。在单体建模依托于自主研发的CIM Generator 软件首创全新建模工艺，可充分利用已有4D数据有效提升30%建模效率。产生模型产品除单体模型外，还提供了每个模型、每个面具有唯一ID的供机器识别的语义模型。

4 创新点

4.1 一次测绘、多态成果

2022年2月24日，自然资源部办公厅印发《关于全面推进实景三维中国建设的通知》，明确了实景三维中国建设的目标、任务及分工等。本案例制作生产的高精度实景三维模型，精度要求达到LOD3级别，重点区域精细度更高，倾斜实景（Mesh）模型、建筑单体化模型完全响应国家建设方针，将主城区部分区域三维数据现势性更新至2021年，实现由传统的二维地形数据到三维可视化、单体管理模式的转换，生产的实景三维数据可以在市政交通、地下管线、公安消防、城市规划等领域提供基础服务，搭建一体化平台，实现智能化管理。

依托该案例采集的倾斜影像数据，主要建设了实景三维模型数据、单体化模型数据（建筑物、小品、构筑物、植被等）、语义模型数据，还对传统4D产品DEM、DSM、TDOM进行了更新。对于南京市域内涉密区域无法采集影像数据，更是创新性的利用DLG、DEM、DSM数据信息快速高效制作160km^{2}的建筑白模，来表现核心区建筑单体的三维效果。响应了自然资源部号召的一体化数据采集构建模式，采用“一次测绘”的方式，获取同一时间段内多种形态的数据成果，通过内业数据处理得到地理实体的“多态”数据成果。相较于传统基础测绘按照测绘任务的方式获取4D产品，一体化数据采集的方式能保证各类产品的空间精度、时间精度一致性，更方便数据应用服务。

4.2 攻坚克难、全力保障

该案例执行航空摄影任务有“三大难”：

一是空域难，市内多处军事敏感区域，空域协调难度大；

二是天气难，南京秋冬季节雾霾天气较多，倾斜航摄对影像效果要求高，务必在天气晴朗、能见度良好条件下进行采集，才可保障影像质量；

三是疫情难，项目执行期间新冠疫情仍然得不到有效控制，航飞采集过程中会受到当地疫情防控影响。

项目组充分做好应对突发事件的措施，全力组织航飞团队人员结构，尤其是飞机驾驶员和航摄员保障不离项目地，提前了解部队活动情况，检查好飞机状况和航摄仪工作情况，随时做好航飞的准备。同时准备好备用方案，包括备用机组和航摄人员，防止因疫情影响人员无法工作的事件发生，并且建议集中生活、减少外出，降低疫情政策影响；准备备用相机，以备仪器偶发性故障造成的损失，把人为因素造成问题的概率降到最低。

4.3 “新”“旧”交融、突出特色

南京市既是我国高度现代化的东部地区重要中心城市，又是我国历史文化名城，十三朝古都，是中华文明的重要发源地。在项目测区内既存在结构复杂的历史古建筑，也包含了现代化的异形建筑（见图 4），在项目实施过程中即对此类重点区域建筑制定特有的生产工艺，使其模型成果具有更高精细度，使这些精细化单体建筑不仅满足管理需求，也势必为南京市数字化建设增添一道靓丽的风景线。

图 4　新旧建筑数字化示意图

4.4 保守秘密、闭环管理

航空摄影资料内容丰富，可以从影像中获取多种信息，如果项目保密措施不完善，可能会导致涉密信息外流，严重时危及国家安全。

项目在执行阶段，全程严格按照流程操作，数据采集、转移、解算处理、生产环节涉及人员签署保密责任书，在安全的内网环境下开展生产工作，数据使用完成后进行核销处理。

南京市地处军事要地，市内有许多关乎国家安全的设施，所以本次数据采集完成后，完全遵照航摄批文要求，第一时间把所有航飞原始数据递交相关部门进行脱密审查，涉及国家安全的信息进行脱密处理，待数据全部符合保密要求后，方可公开使用。

5 示范效应

实景三维建设，采用倾斜摄影实现一次采集，获取多种测绘产品，并且产品信息量大，利用价值高，应用方向也越来越多样化，在行业内掀起一股浪潮。南京市实景三维建设作为试点项目，正在以实景三维数据作为底座，探索更多方向的应用，在实景三维大纲方针的指导下，实现更多的市场价值。

实景三维数据的可视化、单体管理模式，可作为基础数据为城市规划、住房管理、公安消防、市政等系统提供服务，也可以接入视频流、模型库、WMTS 网络服务等第三方数据，做融合展示。三维平台同样能实现地上地下一体化的应用，后期可将地下管

线、地上地下交通路网、地上三维进行融合使用，实现一种平台，多方使用的目的。

5.1 自然资源应用设想

通过建立地理实体与自然资源数据之间的语义关系，构建一体化自然资源实体数据，为自然资源管理、监管和决策及城市发展建设提供数据支撑（见图 5）。

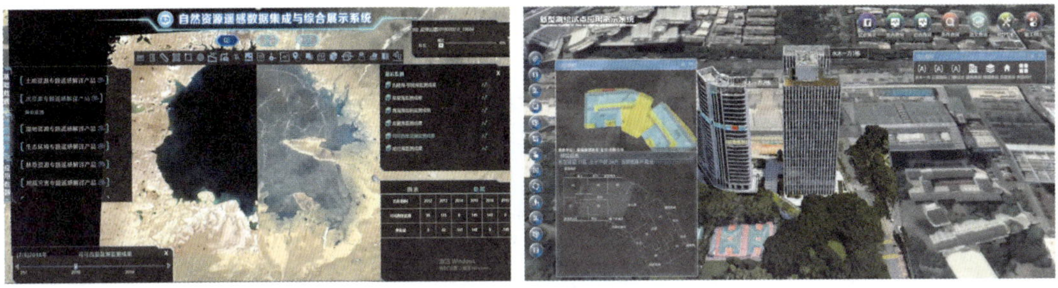

图 5　自然资源应用示意图

5.2 CIM 应用设想

基于实景三维数据，融合 BIM、视频摄像探头、传感器（环保类、水利类、安防类……）地上地下、室内外二三维数据、地下管网数据，构建 CIM 数据底板（见图 6）。

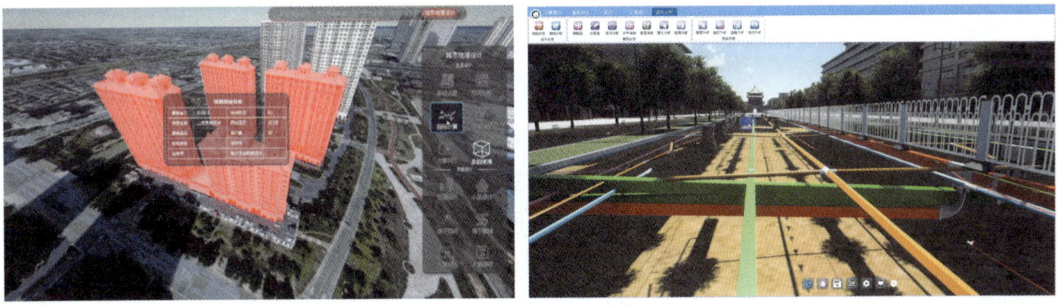

图 6　CIM 应用示意图

5.3 城市大数据应用设想

建立地理实体与公共服务资源数据之间的语义关系。搭建城市公共服务资源实体，实现城市公共设施资源分析评价、公共安全等应用优化（见图 7）。

三维数据的生产最终是为了服务于各行各业，根据以往三维数据应用案例，下一步可基于 pro 平台或者将三维数据移植其他可视化平台，附加其他三维数据，进行数据融合，基于融合后的数据做数据分析。例如进一步融合地上地下管线数据、地面交通路网数据、城市消防、天眼摄像头等，落实实景三维可视化场景在智慧城市中的应用，这是未来城市高质量发展和管理的重要依托。

图 7　城市大数据应用示意图

长沙市实景三维风貌管控系统建设与应用

长沙市规划信息服务中心

1 项目背景

2016年2月6日，《中共中央国务院关于进一步加强城市规划建设管理工作的若干意见》中提出“贯彻‘适用、经济、绿色、美观’的建筑方针，着力转变城市发展方式，着力塑造城市特色风貌，着力提升城市环境质量，着力创新城市管理服务”。2020年4月7日，《住房和城乡建设部、国家发展改革委关于进一步加强城市与建筑风貌管理的通知》（建科〔2020〕38号）出台，明确完善城市、街区、建筑等相关设计规范和管理制度，加强对重点地段、重要类型建筑风貌管控，强化城市设计对建筑的指导约束，建筑方案设计必须在形体、色彩、体量、高度和空间环境等方面符合城市设计要求。

在国家政策的推动下，全国多个省市在城市和建筑景观风貌做了研究和创新。2020年6月，湖南省人民政府发布《关于建立建筑风貌管控制度的指导意见（征求意见稿）》，提出以建设美丽城市为目标，注重发挥城市设计的指导作用，改革工程设计审查制度，加强建筑风貌要素管控。为了解决特色缺失、千城一面等建筑风貌问题，进一步强化城市和建筑景观风貌品质管控，提升城市建筑品质，长沙市出台了《长沙市城市和建筑景观风貌品质管控的有关规定（试行）》（以下简称《规定》），重点对城市空间形态与建筑高度、建筑风格与建筑立面、建筑色彩与材质、公共空间、户外广告等八大方面，提出更为细致的引导与控制要求。《规定》的出台为长沙市城市建设以及建筑的风貌管理提出了比较明确的发展方向。

2 项目内容

长沙市围绕数字中国、国家新型基础设施建设的重要举措，统筹推进实景三维长沙建设，并取得积极成效。长沙市实景三维风貌管控系统提出三个“一”的建设思路，即“一张图”“一平台”“一机制”。

2.1 一张图

是实景三维风貌管控数据的资源池，以多源数据融合技术为支撑，囊括了风貌管控所需的基础地信数据、三维模型数据、管控要素数据三大类（见图 1）。其中基础地信数据包括高程影像、控制性详细规划成果、地名地址、行政区划等，三维模型数据包括现状模型、城市设计模型、规划方案模型等，管控要素数据包括机场限高、色彩要求、广告规划要求、历史文化名城管控要求、视廊通道等三维空间管控要素。如图 1 所示。

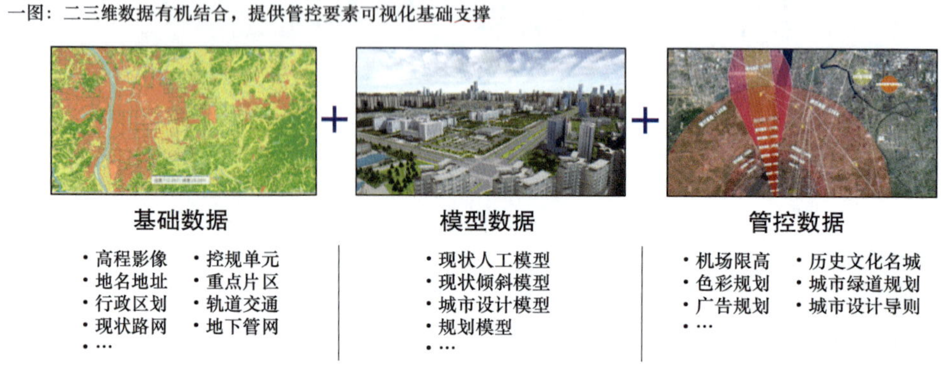

图 1　实景三维风貌管控系统数据体系

2.2　一平台

基于三维仿真基础平台的渲染引擎、二次开发组件等支撑，将已分析梳理形成的规划管控要素进一步提炼成管控要求，研发成定制化的风貌评审功能，提供建设项目会前预审、会中评审和会后管理支持（见图 2）。

图 2　实景三维风貌管控系统应用体系

系统纳入长沙市风貌管控 9 类要素图层矢量数据，有效落实二、三维一体化的实景三维建设要求，呈现长沙市的“山、水、洲、城”特色风貌。长沙市在原有三维仿真评审基础上，于 2020 年创新开展了“城市景观风貌管控三维评审”，通过实景三维风貌管控系统，对城市景观风貌重点管控区域内的重点建设项目，从空间形态与建筑高度、建筑色彩与材质等维度开展三维专题审查。

在上会评审时，可在系统中加载出项目周边现状模型数据，并且通过 720° 实景融合的方式，对项目区位现状进行直观展示（见图 3）。

图 3　项目区位现状

通过将长沙市控制性详细规划成果模型化后加载到平台中，以二三维一体化的方式直观展示长沙市控制性详细规划成果，以便专家和领导快速了解项目及项目周边地块的规划指标情况，如用地面积、容积率、建筑密度、建筑限高、绿地率等重要经济指标（见图 4）。

图 4　项目规划情况

系统打破传统的规划审查上会模式，根据长沙市“建筑景观风貌管控八条”的要求，通过三维仿真上会新模式，逐一对项目的空间形态与建筑高度、建筑风格与建筑立面、建筑色彩与材质、户外广告招牌与夜景等方面进行要素审查。

通过将管控要素量化，明确了建设项目需要审查的内容及标准，对建设项目的管控指标进行量化审查，做到景观风貌说得清（见图 5）。

图 5　空间形态和建筑高度审查

通过超仿真的建筑三维建模，高度模拟出项目建成后的效果，辅助专家和领导快速对项目外立面、材质等方面进行主观审查，清晰预见项目不同方案建成后的效果差异，最终通过比选后确定最优方案，做到评审过程看得见（见图 6）。

图 6　建筑风貌与立面审查

通过平台内置的色彩分析、退让分析、日照分析、天气模拟等三维智能化分析工具，将项目设计方案与规划要求进行智能比对，辅助专家进行决策，做到城市形象管得住（见图 7）。

图 7　建筑色彩与材质审查

最后，通过实景融合的方式，将项目设计方案加载到实景 720° 现状中，模拟出项目方案建成后效果，以便辅助专家和领导直观感受到项目建成后与周边环境是否协调（见图 8）。

图 8　720° 实景融合

2.3 一机制

为规范上会管理，需推出“一机制”，明确上会所需相关材料及上会流程。“一机制”涵盖两大类运行制度：一是平台数据更新、运行维护和数据入库机制，二是风貌管控专题审查工作机制。其中平台运行机制保障了风貌系统从数据基础到管控应用的通顺；风貌管控专题审查工作机制是结合建设项目审批流程的应用创新手段，专题审查机制通过设置城市重点风貌区，以政府发文形式要求，重点区域的重点项目应通过风貌管控系统辅助进行专家、自然资源和规划部门和市规委会三级审查，确保项目对城市风貌品质起到相应的积极作用。

通过数据、平台、机制的有机结合，针对建设项目规划报批，长沙市形成了一套完整、成熟的应用机制，涵盖了建设项目从土地出让、规划调整到方案审批的规划全流程评审应用。下一步，计划根据国家、省市要求进一步深化实景三维的建设和应用，坚持统筹谋划，对上衔接实景三维湖南，对下服务重点片区建设，有序推进实景三维长沙建设。

3 关键技术

3.1 城市风貌管控要素库设计

管控要素是衔接城市景观风貌政策及规划设计与城市管理的关键环节，在塑造环境、提升品质的城市规划建设过程中有着重要的指导意义。提炼城市风貌管控要素并将其转换为“落地式”的管控成果，以此为依据，将设计、管理、实施三个方面的运作流程有效组织起来，树立三方的目标共识和践行方向，最终完成从“规划图”向“施工图”“实景图”的转变。

3.2 超视角下虚拟现实全景展示技术

展示项目周边现状的方法一般是实际现场调研、拍照等，往往展现面不全，操作不便。本工程虚拟现实技术是基于无人机航摄照片，经过 PTGUI、Pano2vr 等软件处理成的空中 720° 全景，附上各类影像要素信息，能以高位视角俯瞰项目全区位，帮助审批决策者详尽地了解项目的区位现状情况。

720° 全景技术是利用实景照片建立虚拟环境，按照航摄照片拍摄、拼接数字化图像生成场景的模式来完成虚拟现实的创建，是真实场景的三维展现，具有一定的交互性。

3.3 全景图像内业制作

系统采用 PTGUI 进行全景图像内业制作。PTGUI 是一款功能强大的全景图片拼接软件，它能自动读取底片的镜头参数，识别图片重叠区域的像素特征，然后以“控制点”（control point）的形式进行自动缝合，并进行优化融合。软件的全景图片编辑器功能丰富，支持多种视图的映射方式，用户也可以手工添加或删除控制点，从而提高拼接的精度。软件支持多种格式的图像文件输入，输出可以选择为高动态范围的图像，拼接后的图像明暗度均一，基本上没有明显的拼接痕迹（见图 9）。

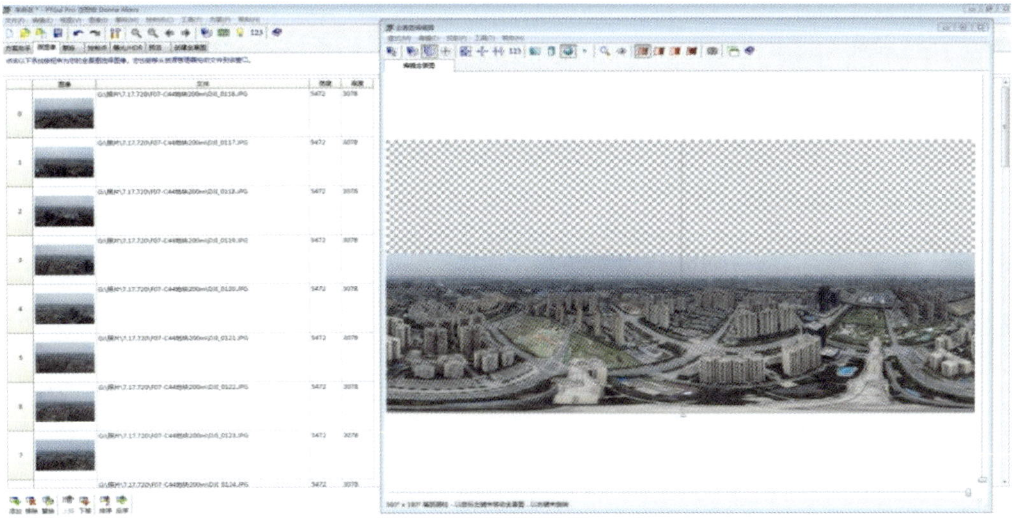

图 9　全景图编辑软件

3.4　虚拟现实融合技术设计

系统使用 Pano2VR 软件进行虚拟三维场景和信息植入的制作。Pano2VR 是一个全景图像转换应用软件，支持全景图像转换成的 QuickTime 或者 Macromedia Flash 格式，支持图像、文字、声音等信息通过高动态 HDR 或 QuickTime 编码进入虚拟现实场景。本项目系统设计基于 HTML5 的接口对接虚拟全景数据，也可通过 Pano2VR 生成（见图 10）。

图 10　虚拟现实制作界面示意

3.5 三维可视化分析手段应用于城市空间管控技术

基于三维仿真技术和 WebGIS 技术建设景观风貌管控系统，形成城市设计管控要求的二三维仿真评估体系，打通城市设计二维用地规划与三维空间管控的壁垒，有效支撑三维仿真技术在新区风貌管控工作中的有序开展。同时基于风貌管控要素库，整合城市设计和三维仿真数据成果，为风貌管控建立从宏观、中观到微观多层次的城市空间可量化评估模型，有效提升对城市空间形态和建设项目管控的工作效率。

4 创新点

4.1 多主流图形引擎融合的大规模三维场景高效渲染

平台基于自研 Web 可视化引擎与游戏引擎的“双引擎”。利用自研 Web 可视化引擎的强大的空间分析能力、二三维一体化、地理空间信息支持较好等优点，同时结合游戏引擎擅长于三维数据可视化表达及特效渲染，特别是城市夜景渲染方面，实现双引擎优势互补。再通过 L1－L4 多尺度、多层次实时渲染复杂三维场景，从宏观的城市场景到微观细节结合实景三维各类应用场景，支持地形级和城市级大规模海量数据高效渲染。

4.2 基于微服务架构的数据服务资源统筹管理与分发

平台基于微服务架构，利用其复杂度可控、可独立部署、技术选型灵活、易于扩展和易于容错等特点，同时结合分布式存储技术，实现数据服务发布、接入、监控与监管全流程作业。数据发布支持智能识别地理实体关系，进行实体关联关系构建，并支持实体关系可视化展示。数据监控支持数据服务实时访问量、心跳和攻击等维度，保障数据服务可以安全、健康地运行。服务监管负责服务调用权限，服务调用必须已接入的实景三维应用为基点，脱离应用则无法调用服务。

4.3 面向城市规建管全周期管控治理的业务应用模型

平台面向城市规划设计、建设管理和运营管理三大核心阶段，打造全周期集成化应用：在规划设计阶段平台为城市宣传设计、城市设计、城市风貌管控及方案审查等方面提供数据和业务服务；在建设管理阶段平台为智慧工地、不动产管理、施工图审查和竣工验收等方面赋能；在运营管理阶段平台为城市管理、城市更新和“两违”整治等方面提供数据支撑。

5 示范效应

该系统为长沙市各类建设项目的规划设计和审批管理提供应用支撑和辅助决策支持：一方面提升了审批效率，借力推动行政改革建立分级审查模式，有效推进各类建设项目的规划设计和管理，实现城市外部空间管控精细化，提高了办理效率和准确性；另一方面树立了新形象，助力营商环境改善：完善审查机制、明确审查流程、建立了城市和建筑景观风貌管控机制，一定程度上减轻了企业经营压力，降低了运营成本。

长沙市通过该系统陆续服务市风貌专题审查会、专家审查会、局内审查会、规委会等各类会议数百余次，有效助力了长沙市自然资源和规划管理工作开展，建设项目报建一次通过率提高，同时有助于深化“放管服”改革。

宁波市鄞州区实景三维平台

宝略科技（浙江）有限公司

1 项目背景

2021 年 3 月，《中华人民共和国国民经济和社会发展第十四个五年规划和 2035 年远景目标纲要》(以下简称“纲要”) 发布。纲要提出要分级分类推进新型智慧城市建设，完善城市信息模型平台和运行管理服务平台，构建城市数据资源体系，推进城市数据大脑建设以及探索建设数字孪生城市，以数字化转型整体驱动生产方式、生活方式和治理方式变革。

为深入贯彻落实党中央、国务院建设“网络强国、数字中国、智慧社会”等战略部署，推动“新城建”“新基建”有序发展以及城市建设管理转型升级，浙江省出台相关文件，全面启动数字化改革工作，明确启动实景三维基础平台建设，并加快实景三维基础平台与智能建造、智慧物业和城市运行管理等领域的融合应用。宁波市积极响应，率先提出努力成为全国实景三维平台领域的科创策源地、人才集聚地和成果转化先行地。为了打造城市综合管理服务平台，推动城市运行“一网统管”，宁波市开展鄞州区实景三维平台项目建设。

2 项目内容

宁波市鄞州区实景三维平台项目融合云计算、大数据、地理信息和人工智能等技术，构建从静态到动态、二维到三维的时空信息大数据及服务，搭建创新智慧示范应用，形成鄞州区二三维一体化的时空资源底座，驱动全区地理信息资源互联互通和共享利用。

2.1 整体架构

通过统一的标准规范和业务规范，结合实景三维数据，加强区级平台的顶层规划和设计，构建和打造区级城市的统一的核心底层平台（见图 1)，实现城市有机更新业务的协同发展。

整个平台主要包括基础设施层（IaaS)、时空大数据层（DaaS)、时空信息云服务层（PaaS）和应用服务层（SaaS)。

基础设施层（IaaS 层）处于整个城市信息模型（实景三维）平台的最底层，直接建立在硬件资源之上，通过系统虚拟化技术构建云主机平台、管理虚拟机模板，为数据层提供操作系统级别的支撑。

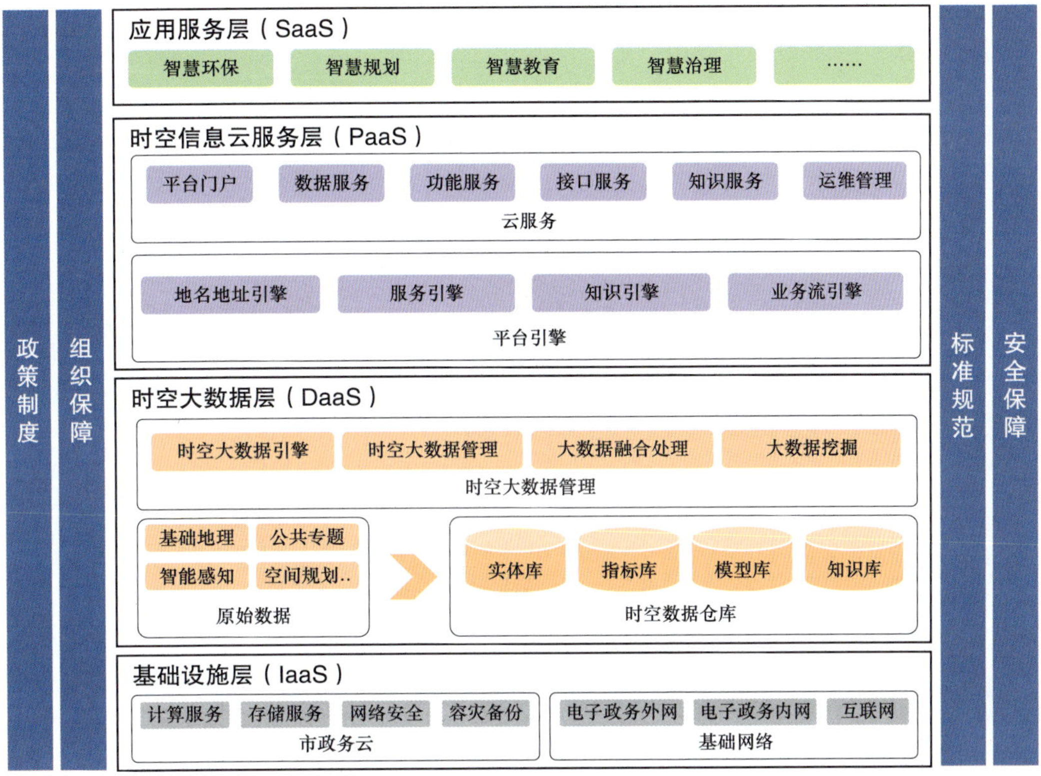

图 1　鄞州区实景三维平台整体架构

时空大数据层（DaaS 层）处于基础设施层之上，通过数据资源的整合管理，为平台层、应用层等提供数据及综合信息服务。通过离线复制方式或数据接入中间件方式汇聚和更新数据资源，经过统一、标准化的数据处理，形成实景大数据库。实景大数据库的数据内容包括基于现有的基础地理框架数据进行扩充的数据，主要有历史地理信息数据、远景规划地理信息数据、实时位置数据、物联网智能感知设备位置数据、实时感知的流式数据及摘要数据。

时空信息云服务层（PaaS 层）基于基础硬件资源和数据资源，结合云服务平台的特点，对外提供数据和功能服务，为云应用者提供在线应用及软件研发的平台。

应用服务层（SaaS 层）面向不同的应用需求，按需组合基础硬件资源、数据资源及平台服务资源，形成满足特定应用的云应用节点。每个应用均基于同样的基础平台和应用框架进行设计和构建，采用功能分区的模式进行部署，实现业务系统之间的独立性，方便各块业务的独立管理与升级维护等。

2.2　实景三维基础平台

鄞州区实景三维平台目前已汇集了 800km^2 的实景三维数据，并将“一表通”管理平台、全域治理数字化平台、土地审批平台等多个来源格式的数据进行整合。整体实景三维基础平台通过构建城市时空信息模型，能够对城市土地、建筑、设施等各类要素进行全面描述，能够在不同尺度、不同级别下为各类要素提供适合计算与表达的信息形式，从而形成城市全要素数字化基础。通过对城市“规、建、管”各类业务数据与分析模型建设，能够融合全空间、全要素数据基础，为各类城市业务提供信息展现、计算、业务管理等全方位的支撑。平台具备三维模型与信息全集成、模拟仿真等功能，包括数据交换共享子系统、数据引擎模块、数据集成子系统、运维管理子系统和应用模块共 5 个子系统。基础平台全域展示如图 2 所示。

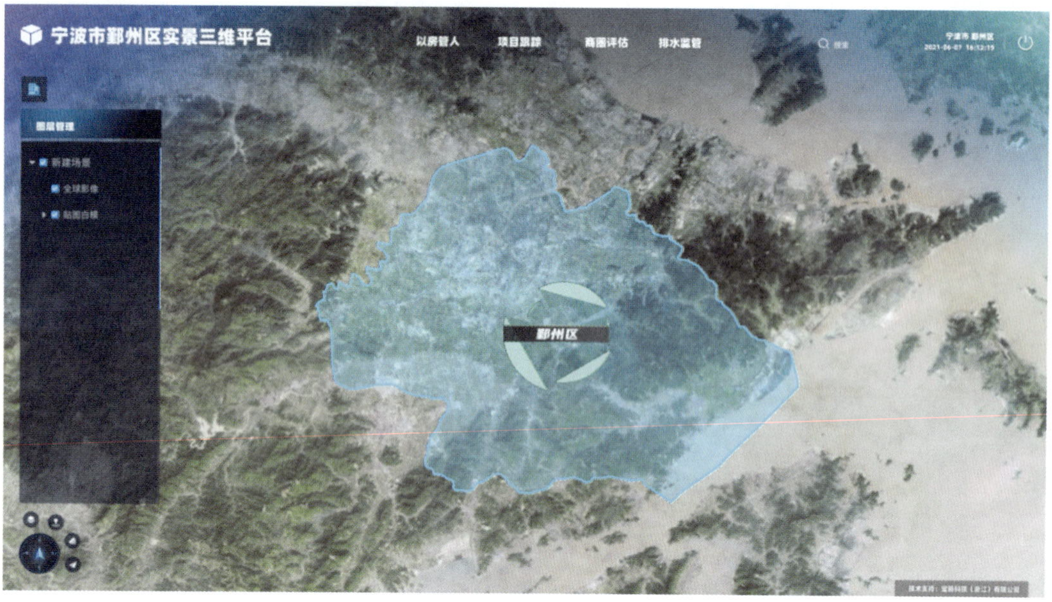

图 2　基础平台全域展示

2.3　综合应用

（1）以房管人信息联动应用

人口管理一直是城市管理工作的重点和难点。随着城市的不断发展进步，城市化进程不断加快，人口频繁流动，传统以户口管理人口的模式正面临严峻的挑战。通过实景三维平台整合街道内各类资源、设施设备、房屋、人员信息等内容，丰富街道各类信息的大数据储备，通过对大数据进行分析，衔接标准地名地址库、门楼牌等数据，将房屋有效地址数据和人的户籍地址、居住地址位置进行相应关联，达到“以图管房”“以房管人”“以人知房”“人房互查”的效果。楼宇分层分户信息关联如图 3 所示。

（2）重大项目进度分析应用

基于平台底座，实现对区内重大项目更新进度情况的直观掌握。重大项目主要指重点工程建设项目，包含（但不仅限于）轨道交通、快速路工程、交通枢纽及配套工程、产业园区项目、未来社区试点项目等。结合实景三维平台基础能力，针对更新项目建筑进行数字化管理，综合反映所有项目的综合信息数据，清晰反映项目前期准备、开工、施工、竣工等不同阶段的进度、费用等各方面信息。基于三维场景直观反映项目基本信息、项目月度进展信息，通过月度织布式更新数据，真实反映项目形象进度变化，监管项目有机更新，实现对重大项目建设风貌进行管理，做到随时随地数字化管理（见图 4）。

图 3　楼宇分层分户信息关联

图 4　重大项目进度分析应用

（3）商圈评估分析应用

结合接区内人员移动数据分析平台、视频共享综合应用平台等，集成移动信令数据、监控摄像头数据、智能水表、智能电表等物联感知信息。以指定周边商圈或现代商场商圈为试点范围，基于实景三维平台构建商圈评估分析应用，辅助用户从人流、车流、能耗等数据上评判商圈，帮助管理单位直观掌握商圈现状及潜力，实现系统、快速、科学地进行管理规划决策（见图 5）。

图 5　商圈评估分析应用

（4）智慧排水监管应用

通过建立管道三维模型与泵房 BIM 模型，结合物联感知数据，实现对管道内水位、流向的可视化表达与动态感知，实时掌握排水是否正常、管道是否堵塞等情况，对城市排水管网的管理起到积极的作用（见图 6）。在一定程度上，减少了险情的发生，避免了人民生命财产损失。

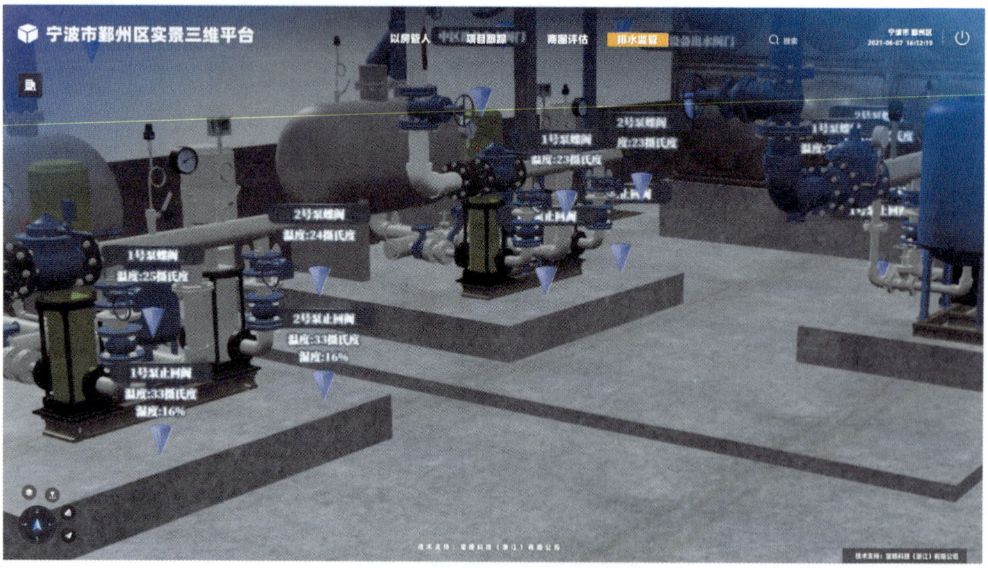

图 6　智慧排水监管应用

3 关键技术

3.1 高性能矢量数据索引技术

矢量瓦片索引技术结合矢量要素在按级别展示到显示屏幕时最小展示单元为像素的特点，通过按照级别将要素坐标转化为整数瓦片坐标，并采用指定算法进行要素的化简，按级别缩减小比例尺下要素的显示点阵数，再将化简后的图形和原要素的属性信息同时按级别存储至索引中。此方式按需保存了各瓦片中所有的要素的图形和属性，一方面通过本级无损的抽稀与切割，达到屏幕显示图形无损；另一方面也可为矢量数据在浏览过程中的查询、过滤提供属性信息。

3.2 基于搜索引擎技术的地址搜索和匹配算法

通过构建标准的地理编码库，提供地名地址 POI、建筑数据、院落数据、行政区划数据等综合地理位置编码和逆编码能力，将人口、法人、经济等基础数据以及其他行业的非空间数据进行空间化处理，实现人、财、物等专题信息的快速落地上图，成为不动产登记、经济、人口、法人等各类国民经济有关信息承载的基础。用户可通过地理编码服务在地图上查找地名地址，并查看该地址与周围要素的关系，在地图上直观展示空间关联关系。地名地址匹配流程及检索如图 7 所示。

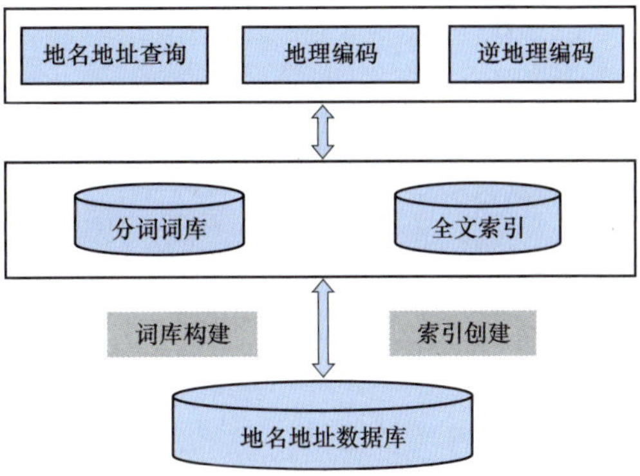

图 7 地名地址匹配流程及检索

3.3 分布式服务数据存储技术

以栅格瓦片、矢量瓦片技术为基础的地图服务（在线形式、接口形式以及基于地图服务的定制应用）在电子政务、大众生活等方面得到了广泛应用，并且应用广度与深度不断提升。为了保证地图服务的稳定可靠以及流畅的用户体验，数据 – 处理 – 响应各个环节需要有效衔接，其中关键一环是服务数据库能否具有高效的数据存取访问能力，为处理服务器和外部用户提供数据支撑，特别是高并发服务访问场景下能否做到 IO 负载均衡以及任何的性能瓶颈都可以通过简单地增加节点加以解决，加快了对于平台的存储能力的提升要求。

4 创新点

4.1 构建实景三维平台底座，夯实城市信息基础设施建设

基于目前已构建的全区 800km^2 实景三维数据，利用卫星、无人机低空遥感、室内扫描、BIM/实景三维等智能化技术，构建地形级、城市级基础实景三维、地下空间（管线）、城市基础设施（桥梁、隧道、路网）、城市部件级等基础孪生数据底座。通过实景三维数据与其他数据融合应用，包括无人机遥感、移动感知、社会感知、众包感知和监控感知等城市动态感知手段，为感知数据叠加空间属性，形成城市感知数据仓，支撑社会、经济、人口等在内的城市业务数据空间化、动态化、行为化，基于地理信息语义识别及平台数据挖掘的基础，建立城市实景三维平台运行大数据。

4.2 打造实景三维平台场景，深化具体实用场景建设

利用自主研发的城市实景三维平台，跨行业跨领域为政府、企业提供低成本、低门槛、高效率、高可靠的实景三维平台构建服务；支持连接海量物联网设备，建设“感、传、知、用”于一体的城市物联网感知平台；基于区块链技术搭建数据安全体系，有效解决数据共享使用中存在的数据确权、数据追溯等痛点问题；基于实景三维平台开展政府基层治理、数字基础设施建设、楼宇经济、城市更新、文化地图、应急指挥、智慧水务等实景三维平台应用场景建设与落地，让城乡管理更聪明、更安全、更有序。

4.3 共谋实景三维平台应用，推动产业生态建设

扶持区内实景三维平台头部企业发展，汇聚产业效应，通过谋划一批实景三维平台应用，吸引设备供应商、运营商、人工智能、信息建模、地理信息、模拟仿真等服务商加入。联合行业骨干企业、科研院所和产业投资机构等，组建区级实景三维平台产学研平台，推进产业链上下游合作。

5 示范效应

在浙江数字化改革的推动下，宁波市鄞州区率先突破制度，构建了鄞州区“一张三维底座”，是鄞州区建设重要信息基础设施。后续将持续构建城市全空间、全要素的统一数据模型，形成城市数字化资产，并形成数字资产可视化呈现、数据更新、数据分析挖掘能力，提升实景三维基础平台模型分析的专业性与准确性，真正将数字治理变成城市治理现代化的核心。

红安智慧高新技术园区实景三维平台

湖北省规划设计研究总院有限责任公司

1 项目背景

近年来，随着我国城市化进程加快以及“互联网 +”发展战略和政策的深入推进，以云计算、物联网、大数据、人工智能、5G 等为代表的新技术不断创新，各类园区迅速发展，高新企业纷纷入驻，同时企业对园区的服务和管理水平也提出了更高的要求，使得智慧化成为各大园区发展的新需求。同时，新测绘及实景三维中国建设的推进，为智慧园区发展提供了数字孪生城市三维空间底座，助力智慧园区由二维平面向三维立体可视化发展。

根据《国务院关于推进国家级经济技术开发区创新提升打造改革开放新高地的意见》及《国家发展改革委关于实施 2018 年推进新型城镇化建设重点任务的通知》等相关政策，深入实施数字经济战略，加快数字产业化和产业数字化，培育新经济发展，扎实推进国家数字经济创新发展试验区建设，是建设红安智慧高新技术园区实景三维平台的重要依据。

2 项目内容

2.1 梳理国家和行业的各类标准规范，建立智慧园区实景三维平台标准规范体系

参考国家、省、市平台建设规范，结合红安智慧高新技术园区数据资源情况，建立标准规范，主要包括实景三维平台数据标准、平台建设技术规范及平台应用服务规范等，指导平台及业务应用的开发建设和运行管理。

2.2 补充采集园区数据，构建红安智慧高新技术园区全域实景三维底板

在红安高新技术园区全域 65km^2 范围内，开展实景三维数据采集生产，同时集成时空基础数据、资源调查、规划管控、工程建设项目、公共专题、物联感知六大类二三维数据，其中包括基础地理信息、地下管线、地下空间、现状建筑、城市地质、城市设计、多规合一、城市部件、BIM 模型及房产分层分户信息，开展数据资源的整理建库工作，并基于模型要素编码，形成二三维联动、全空间要素汇聚的立体空间数据底板，支撑平台高效运行。

2.3 面向园区管理需要，搭建园区实景三维平台

围绕园区的基础信息和运营管理服务建设红安智慧高新技术园区实景三维平台，实现园区数据的高速加载、实时渲染（见图 1）。平台通过数据可视化的方式对园区基础信息和产业、能效、环境、资产、招商等运营管理状态实现全局实时监测，并结合园区业务属性完成数据与业务的关联分析，做到园区业务宏观统筹、科学经营、合理调配，园区综合运营态势“一屏掌握”，达成园区的可视、可管、可控，最终实现园区的数字化运营，形成可推广、可复制的智慧园区基础平台建设范式。

图 1　智慧园区三维全景展示

2.4 建设智慧园区应用体系，提升园区运行效益和管理效率

以新型信息化技术为支撑，解决园区管理业务需求，持续提升园区品牌创造能力、管理服务能力、产业集聚能力和可持续发展能力，为产业园区招商引资创造良好条件，提升园区运行效益和管理效率。

（1）领导驾驶舱

建设领导驾驶舱应用。以促进园区产业数字化转型升级为目的，全方位展示园区产业发展、招商引资、经济指标、人才引进、配套设施等情况。以服务于园区全要素、全流程精细管理为出发点，重点展示园区规划、用地、建设项目（见图 2）等情况。以提升公共服务便捷化、均等化为目标，向社会公众开放了解园区各项信息的窗口，包括园区浏览、基础设施分布、便民服务网点等。

图 2　园区建设项目展示

（2）园区规划

立足规划管理需求，建设园区规划应用（见图 3），满足园区全周期建设管理需求。进行三维立体一张图可视化建设，进行方案模拟对比和规划建设模拟，确保规划管理高效。

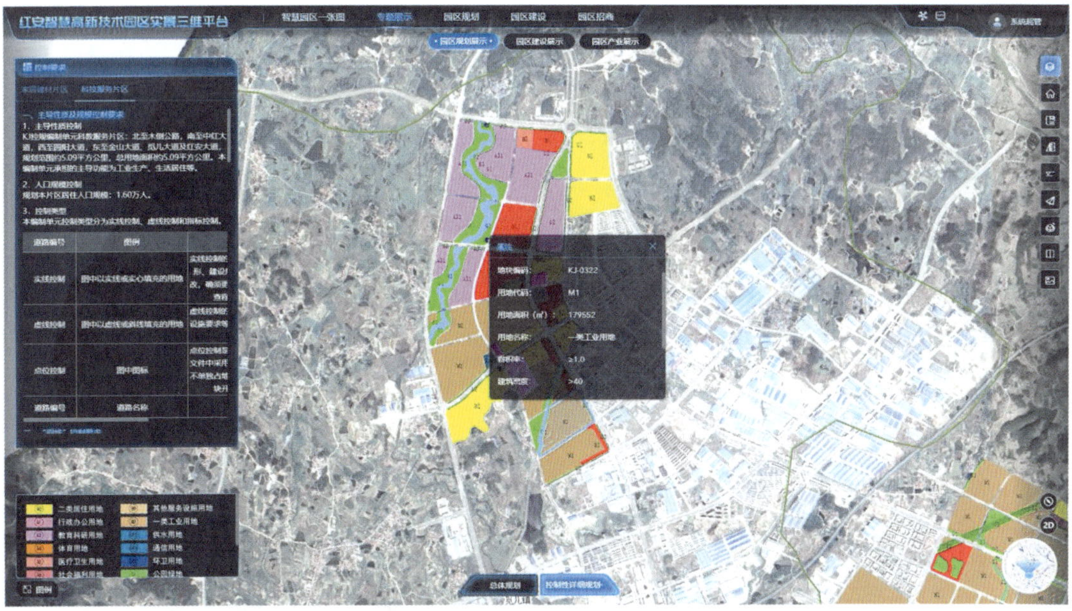

图 3　园区规划一张图

（3）三维辅助规划审批决策系统

基于 BIM 模型数据可实现地上、地表、地下全域全空间要素集成的特点，结合项目规划审批管理需求，实现多视图、多剖面描述的复杂空间设计审查（见图 4），在建筑布局、城市天际线、建筑形体、色彩、交通组织等方面对项目有更全面的认识。改善传统二维规划审批不够直观、遗漏和差错较多的问题，便于全方位展示方案设计内容和效果。

图 4　剖面分析

（4）智慧招商示范应用

打造智慧招商示范应用，面向潜在投资人和新区管委会建设新区招商门户。基于新区规划建设应用的相关数据及三维实景数据，实现招商项目在线策划、可视化展示（见图 5）、辅助项目快速选址对园区相关招商引资的政策信息管理，并研发用于前台展示的“云上招商”移动端，辅助领导决策。

图 5　招商展示

3 关键技术

3.1 采用云端一体化 GIS 技术，实现地理信息集约化和多样化应用

云计算是一种基于网络、面向服务的计算模式或计算的使用模式，它融合与发展了虚拟化、网络、面向服务、高效计算和智能科学等新兴信息技术，将服务器、存储、数据、平台、应用等各类计算资源虚拟化、服务化，构成虚拟化计算资源的服务云池，并进行统一的、集中的高效管理和经营，使用户通过云端就能随时按需获取计算资源服务，完成高效、低耗、低成本的计算活动。

平台系统建设时，在应用层面，将平台系统相关的数据、服务、应用等资源进行集中管理与按需分发，灵活适应网页端、移动端等在内的多种应用终端，形成一云多端的服务模式，为园区各类应用提供随需应变、动态伸缩、高性能比的资源服务。

3.2 基于 WebGL 的三维实景渲染技术

传统的三维解决方案，要么只能在 C/S 客户端运行，要么需要在浏览器上安装特定的插件，通过插件运行三维数据。在数据加载及运算性能方面，传统三维有较大的局限性，常常会因为数据量大导致浏览器崩溃或计算机假死。

而基于 WebGL 技术的新型三维技术，突破了三维数据的浏览和运算瓶颈，通过三维数据切片，用户可以在免插件的现代浏览器上流畅运行三维数据。同时，该项技术支持细粒度的三维模型，对于工业级别的 BIM 模型也能流畅运行。基于实景三维的自然资源管理与服务，提供跨平台、免插件实景三维和强大的三维空间分析能力，支持遵循 OGC 标准的三维切片服务发布。运用该技术，对园区的三维数据（包括三维建模数据、倾斜三维数据、点云等）进行高性能展示与处理，实现园区数字化实体的仿真展示，并为园区精细化治理提供数据基础。

3.3 高性能矢量实时调度与动态渲染技术

实景三维平台需要汇集海量的多源数据以及大量的结构化和非结构化数据，包括建设工程 BIM 报批模型数据、企业注册信息数据、企业营收数据、产值、水电暖通设备感知数据等。在平台的大数据分析和应用中，为了满足各类数据高效的读取效率，需要在应用服务中提供数据的动态化实时渲染，以满足基于 BIM 模型智慧园区运营管理的需求。

高性能动态渲染技术主要是在渲染过程中减少了 CPU 和 GPU 通信时间和渲染操作调用的次数，使得渲染操作对 GPU 显存的访问尽可能高效，面对大规模数据，在渲染过程中需要分成大小合适的块处理，在可视化部分，也需要进行层次细节表示和基于视图体的裁剪操作进一步减少冗余处理规模，提高效率，有效地解决了矢量地图服务渲染低下的问题。

4 创新点

（1）多尺度精细化展示

通过三维地理空间实体及建筑模型构建，实现宏微观全尺度空间信息的一体呈现，物理空间和数字空间的双向互动。

（2）三维化定量分析

将二维量化分析技术应用到三维场景，大大提高空间分析直观性、真实性，提升对国土空间理解能力。

（3）信息一体化集成

一体化存储和管理二三维空间数据，保持数据模型和数据结构的一体化，使数据更新和维护更容易；融合多源异构数据，实现城市空间的实时感知、监测和分析。

（4）发展趋势仿真模拟

基于三维模型，对空间要素精细化模拟的同时，可实现对空间发展以及人类活动的仿真模拟与推演。

5 示范效应

（1）提升规划决策精准化水平

通过汇聚园区规划发展建设相关数据，建设规划分析智能化应用，支撑园区规划向智慧规划转型，辅助提升规划决策的科学水平，提高规划与园区发展建设实际情况的匹配度，为园区可持续发展奠定规划基础。

（2）促进土地资源集约化利用

实现园区用地资源管理，进一步优化园区土地资源，更好利用闲置土地。可有效推动园区土地资源的集约、节约化利用，进而促进产业园区的可持续发展。

（3）实现园区产业可持续发展

通过园区产业服务，实时掌握园区产业发展动态，科学分析产业发展问题，为园区产业管理提供科学的决策支持，促进现有产业的可持续发展；科学研判未来产业发展趋势，促使园区产业发展更适应未来园区发展需求。

（4）提高园区招商核心竞争力

红安智慧高新技术园区实景三维平台建设实践可提高产业园区招商核心竞争力，扩大园区品牌影响力，获取增值服务运营收益，开辟新的可持续的运营模式和盈利空间，提高园区企业办公效率，降低运营成本，提升竞争力。

城市更新背景下基于实景三维的 BIM+IoT 关键技术应用示范

中国电建集团昆明勘测设计研究院有限公司

1 项目背景

城市更新是当前城市化进程面临的热点和焦点问题，对目前我国测绘地理信息技术的发展及应用带来了巨大的挑战和契机。城市更新改造普遍存在边界条件复杂的问题，周边构筑物众多，路网、管网等各类型基础设施密布，在最小扰动的基础上完成城市更新改造，是此类工程项目的核心技术难点。

2 项目内容

本项目基于城市更新过程中的典型应用场景，通过利用 BIM、IoT、倾斜实景三维结合云计算、大数据、移动互联网、5G 等新一代信息技术对城市更新背景下的规划、设计、施工、运维进行支撑和辅助，实现信息化背景下城市更新全生命周期的精细化管控。主要研发了实景三维建模关键技术和算法，基于实景三维的城市更新规划设计技术，并利用实景三维、BIM、IoT 关键技术研发城市更新全生命周期数字化管控平台，成功应用于南方美谷项目勘察设计施工总承包项目，金平县、镇康县“美丽县城”创建等城市更新项目。

2.1 研发实景三维建模关键技术和算法

首先，针对实景三维建模过程中的无人机影像像控分布网构建不规范、效率低、自动化程度低等问题，研发创新性的像控布设算法，快速生成规范的像控分布网和已匹配范围的像控刺点像片；其次，针对海拔起伏较大测区无人机影像局部重叠度过高问题，根据 DEM 数据、POS 数据计算影像重叠度，研发新算法删除冗余影像，实现了冗余影像的自动判别和剔除，降低了影像数据冗余度；最后，针对 OSGB 实景三维模型悬浮物手动剔除费时费力的问题，研发自动批量删除算法，减少人力和时间的消耗，提高了自动化程度、效率、准确性，且减低了成本。

2.2 基于实景三维的城市更新规划设计

城市更新改造受制于复杂的边界条件及规划管控，财务平衡是项目落地的核心焦点。在规划中，利用自主研发的三维 GIS 平台集成倾斜摄影现实模型、市政工程 BIM 模型和景观 3DMAX 模型，开展限高分析、可视域分析、通视分析等（见图 1），研究了地下空间的数据采集和评价指标体系建设，可以辅助政府、社会资本快速高效地研判某个地块改造的可行性，解决了城市更新改造当前面临的财务平衡分析难点。

图 1　基于实景三维的限高分析示例

在设计中，提出基于 Autodesk 平台的实景三维模型重建与动态调度方法，通过双缓冲、多线程后台实时加载和前台实时渲染解决了实景三维模型的加载与展示的难点。研发的插件中还配套研发了地形滤波、建筑物轮廓自动提取、填挖方等实用工具（见图 2），以高精度倾斜三维模型辅助进行城市更新改造规划设计，可最大程度摸清工程建设对周边各类型条件的影响作用，进一步达到精细化设计目标，对解决占地、管线迁移、支挡结构稳定性、工程量统计等设计环节的重难点提供有力支持，提升了城市更新设计效率。

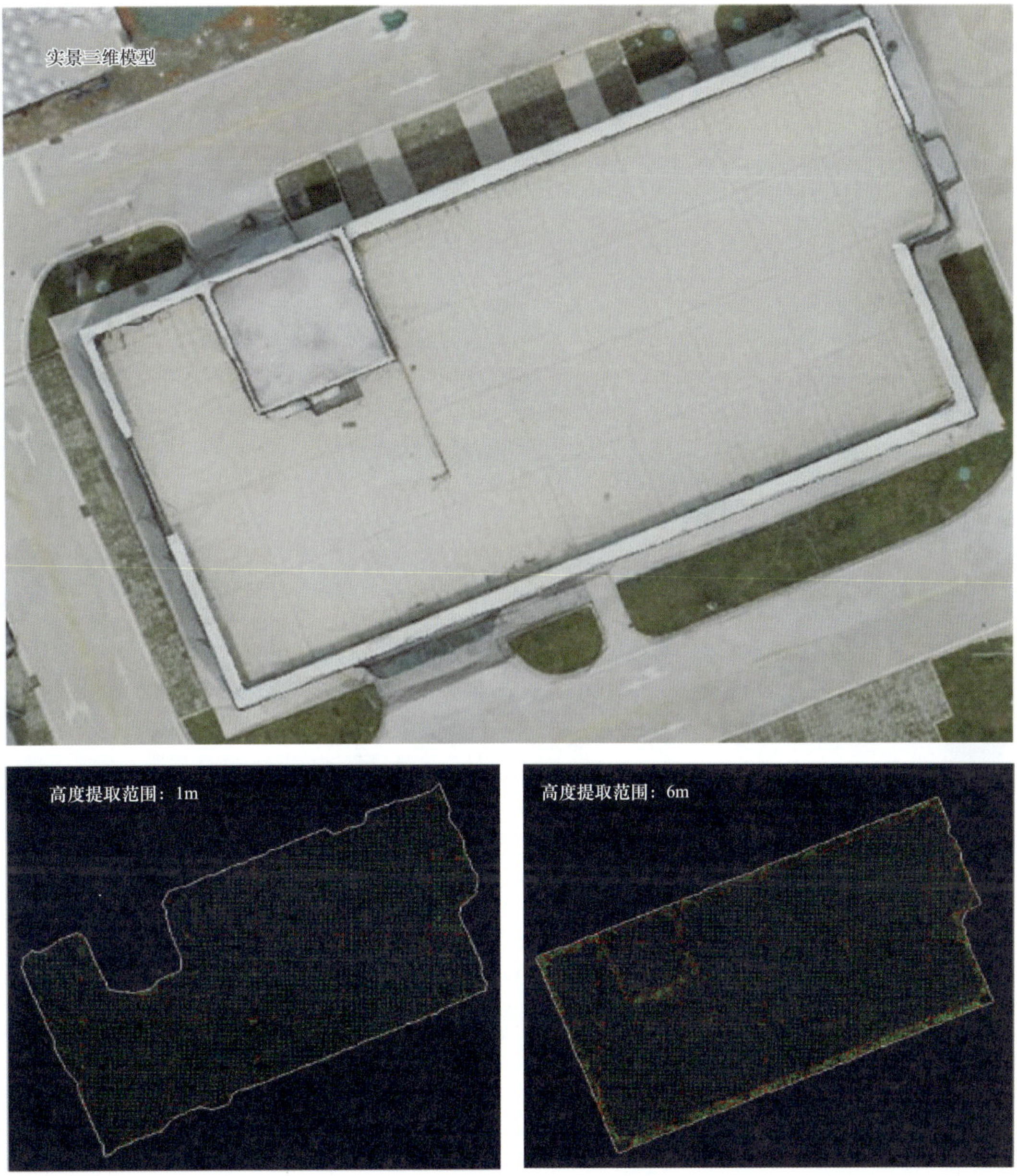

图 2　建筑物轮廓自动提取

2.3　城市更新全生命周期数字化智慧平台研发

融合实景三维和 BIM，集成视频监控、施工设备（塔吊、特种车辆等）、环境监测（PM2.5、温度、湿度等）、全景、现场巡检等信息，研发“BIM/IoT 集成+城市更新业务”的城市更新数字化智慧平台（见图 3），包含基础工程信息管理、工程数字孪生、施工安全/质量/进度/成本监管、大屏智慧展示平台等功能模块，可对城市更新工程从质量、安全、进度、成本等信息进行综合的展示和管控，对现场存在的质量和安全隐患、非法操作场景进行预警，形成问题处理的完整闭环，实现全生命周期中规划阶段数字化表达分析与评价、设计建造阶段多专业协同及数字化交互、运维阶段基于工程大数据的智慧化管理。

图 3　城市更新数字化智慧平台

3　关键技术

以倾斜实景三维场景作为底图，反映“过往状态”；以物联网 IoT 实时反馈施工、运维过程的现场情境，反映“实时状态”；以 BIM 开展正向设计，开展一系列设计、施工、运维阶段 BIM 深化应用，反映“未来状态”；以三维 GIS 为所有空间要素的基础承载平台，则可以实现过去、实时、未来的三维可视化展示和业务应用。

通过对倾斜三维模型后处理、基于实景三维的城市更新规划设计、BIM 与三维 GIS 实景模型无缝融合、适用于城市更新工程的动态可扩展的 IoT 设备弹性协议适配层等关键技术的深入研究，以 GIS+BIM+IoT+倾斜三维等新技术的集成应用为核心，构建了城市更新数字孪生工程，结合城市更新工程业务，开发了南方美谷一期项目信息化建设管理平台作为示范项目，解决了边界条件复杂、拆迁工作量大、现场施工环境复杂等一系列问题，有利于最小扰动的基础上完成城市更新改造。

3.1　无人机影像预处理和倾斜模型后处理技术

高海拔地区无人机影像冗余自动识别与剔除。根据测区高程模型及无人机飞行姿态 POS 数据，自动计算出测区所有像片重叠度。根据指定的重叠度阈值，对影像进行智能分析，在尽可能多的剔除冗余影像的同时，保证剔除像片后相邻像片间重叠度大于规范要求。

无人机影像像控点自动布设。针对人工布设像控存在的不规范、效率低、易出错等问题，研究了像控自动布设算法。只需用户输入像控密度和旁向间隔等参数，即可自动构建出像控分布网。刺点影像的自动匹配算法以摄影测量共线方程为基础，自动计算地物点和像点之间的匹配关系，并依据筛选算法挑选出最合适的刺点照片和匹配位置，并自动标注可选测量范围；OSGB 倾斜模型的悬浮物自动批量删除。利用 OSG 库解析并获得几何信息、纹理信息以及两者之间的对应关系，通过三角面片的连通性判断实现对悬浮物的自动识别，从而实现 OSGB 模型中悬浮物的自动批量删除功能，识别出的悬浮物准确且不存在遗漏，避免人工剔除时误删和漏删的缺点。如图 4 所示。

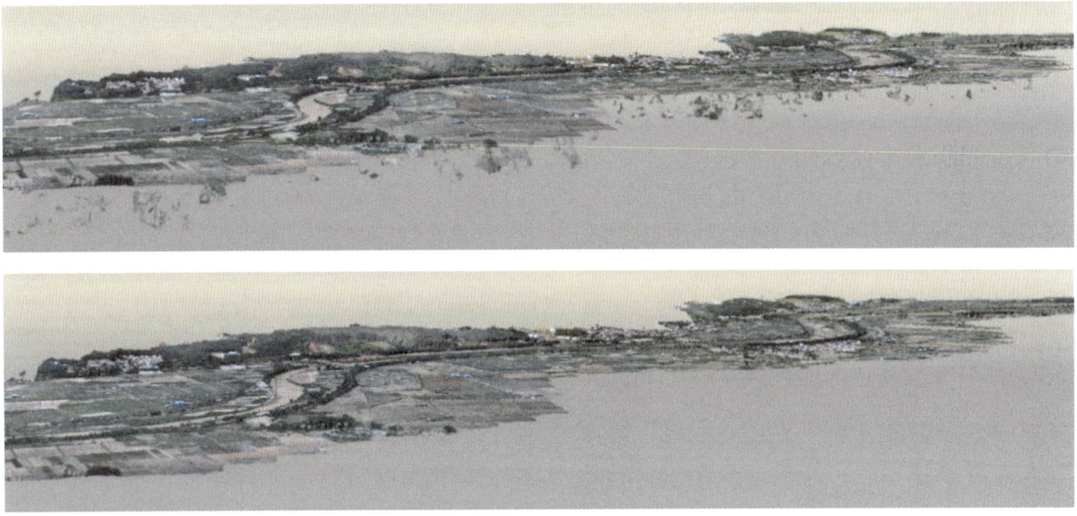

图 4　倾斜模型悬浮物自动删除前后对比图

3.2　基于财务平衡视角的城市更新改造规划应用

利用自主研发的三维 GIS 平台集成倾斜摄影现实模型、市政工程 BIM 模型和景观 3DMAX 模型，综合应用分区控制法、眺望控制法、天际线定量分析法、基准模型+修正模型方法开展区域限高分析。根据区位选址理论分析影响城市高度分布的主要因素，以交通条件、服务条件、生态环境条件和人文景观条件作为一般叠合的影响因子，建立以效率为原则的基准模型。并研究了地下空间的数据采集和评价指标体系建设，可以辅助政府、社会资本快速高效地研判某个地块改造的可行性，解决了城市更新改造当前面临的财务平衡分析难点。此外，通过漫游实景三维模型，找出城市中“不和谐”“不美观”的因素，可以选择需要改造的老旧小区、需要立面改造的临街房屋、需要拆临拆违的建筑、需要整改的广告牌和标识牌等。先对现有建设条件进行评估，再将规划模型和实景三维模型融合，比较各种方案和周围实际场景的契合度，保证项目建成后的美观、和谐（见图 5）。

图 5　规划模型和实景三维模型融合展示

3.3　基于 Autodesk 的实景三维重构及动态调度关键技术

针对 Autodesk 平台无法满足实景三维模型应用需求，开发一套交互及动态调度的插件工具。将实景三维数据导入到 AutoCAD、Civil 3D 软件中进行数据重构、交互，优化动态调度算法，实现对倾斜三维模型的载体变更、轻量化显示、动态调绘等操作（见图 6）。同时研发了地形滤波、建筑物轮廓自动提取、二三维联动、透明度设置等实用工具，使用实景三维代替数字线划图作为设计的数据基座，为设计人员提供高精度实景三维模型设计场景，有效避免了设计模型后期与实地地物出现冲突的隐患，优化设计体验，提高设计精度和效率。

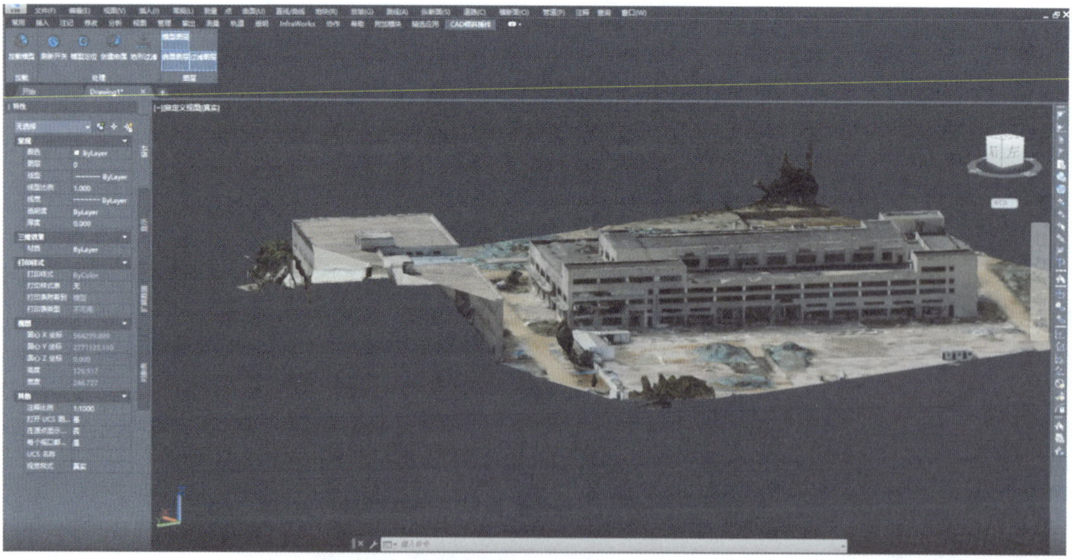

图 6　实景三维数据导入 AutoCAD

3.4 基于 Autodesk 的实景三维自动构建高复杂性高还原度地形曲面关键技术

基于 Autodesk Civil 3D 研发出实景三维构建地形曲面算法，在对实景三维模型提取的特征点云数据进行顶点集合提取，利用 CSF 滤波算法拆分地面点与非地面点，研发了顾及地形特征的格网化抽稀地面点算法，得到最贴近地形特征点云，构建了轻量化地形曲面。构建的地形曲面具有干扰因素小、地势地形还原度高、计算复杂度低等优点。该系列算法能够过滤掉房屋、树木、车辆、路灯等影响地形曲面构建的复杂因素，同时保留沟壑、田坎、道路、山丘、河沟等真实地形要素，实现自动构建高复杂性高还原度地形曲面（见图 7）。

图 7　地形曲面自动生成

3.5 基于实景三维的 BIM + IoT 多源异构数据集成关键技术研究与应用

以开源的网络三维地图引擎 Cesium 为基础，研发了实景三维模型、BIM 模型到 GIS 模型的转换算法；针对 IoT 设备研发了弹性协议适配层，具备动态可扩展性、热拔插的特征，完成对多源 IoT 数据的治理和自动编解码；结合城市更新业务实现了城市更新数字化智慧平台，融合了实景三维和 BIM，集成了视频监控、施工设备（塔吊、特种车辆等）、环境监测（PM2.5、温度、湿度等）、全景、现场巡检等信息，实现了三维限高分析、模型碰撞分析、危险源管控、施工安全和质量追踪等应用。

（1）Cesuim 三维可视化

平台使用了 Cesium 进行三维 GIS 开发。将地形数据、影像数据、点云数据、倾斜摄影测量数据、三维模型、精细化模型及 BIM 模型、矢量数据，通过数据集成转换为 Cesium 支持的数据格式，运用 WebGL 技术 + 三维球开源框架 + 大数据渲染的技术模式，使得多源异构数据能统一的集成到 Cesium 框架下，实现多源数据的三维可视化。为加快海量数据的访问效率，本项目还研究了分布式存储等技术对数据库访问效率进行优化，采用服务器集群和负载均衡技术提高地形模型的访问效率。

（2）BIM 模型与 GIS 三维模型转换和集成

研究了 RVT 模型、FBX、DWG、IPT 等常见 BIM 格式的数据格式，实现 BIM 数据的解析和导出，并提出了 BIM 模型的简化载入方式。为了解决 DEM 局部反应的地形情况和三维设计后的地形不一致，出现模型高于地形或者被地形覆盖或者地形未被开挖的情况，本项目中采用了地形整平和地形开挖方式来处理模型与地形的融合。

（3）IoT 的集成和应用

城市更新项目工程中，不同厂家、不同用途的采集协议都会不一样，每一种协议都有各自的指令集，要对物联网设备进行很好的管理，就得对每种协议进行解析和管理。为此，项目平台单独开发了 IoT 设备弹性协议适配层，该适配层可具备动态可扩展性，采集的数据经过协议适配层之后，能对数据进行协议自动适配，并支持设备的自动编码和解码，同时完成数据的初步清理。弹性扩展和热拔插，使得整个项目具备了长久的生命力和稳健性，上层应用真正实现了无门槛，插入即用。目前项目已经实现了多家厂商的视频设备适配，并且通过了环境检测、塔吊检测等。

（4）三维 GIS 在城市更新应用关键技术

在实施城市规划与更新改造项目中，为了规划设计的美观性、科学性，对需要改造的老旧小区、需要立面改造的临街房屋、需要拆临拆违的建筑、需要整改的广告牌和标识牌等，进行统一规划和方案设计。借助控高分析、日照分析、视域分析、改造前后卷帘分析等宏观 GIS 空间分析能力，更好的辅助城市更新改造。

（5）基于数字孪生工程实现项目安全、质量、进度管理

通过工程数字孪生构建现场施工情况，以物联网、业务系统的数据源，实时的在以 GIS 为底图的 BIM 模型上对工程的进度、成本、风险能够极清晰形象的进行可视化展示与智慧管理，对现场存在的质量安全隐患、非法操作场景进行预警，形成问题处理的完整闭环（见图 8）。

图 8　工程数字孪生平台

4 创新点

4.1 面向城市更新的 BIM+IoT 的多源数据集成应用方法

通过研发实景三维模型、FBX、DWG 模型到 X 模型的转换算法以及 IoT 设备协议弹性适配算法，实现了多源数据集成、三维限高分析、模型碰撞分析、危险源管控、施工安全和质量追踪等城市更新工程技术应用。

自主研发的三维 GIS 平台集成倾斜摄影现实模型、市政工程 BIM 模型和景观 3DMAX 模型，开展限高分析、可视域分析、通视分析、地理适宜性的聚类分析、宗地四至分析等，深入研究了地下空间的数据采集和评价指标体系建设，可以辅助政府、社会资本快速高效地研判某个地块改造的可行性。

实现了 GIS、BIM、物联网、城市更新业务的深度结合应用，该方法包括城市更新工程在基于 cesium 的三维可视化场景中实现 BIM、实景三维等多源数据的治理、集成和分析，IoT 和 BIM/GIS 模型集成方法，以及一套在三维场景下进行工程全生命周期可视化管理、业务信息整合与可视化的 GIS 数字孪生平台。

4.2 提出了基于 Autodesk 平台的倾斜三维模型重建与动态调度方法和基于实景三维自动构建高复杂性高还原度地形曲面的算法

基于 Autodesk 平台的实景三维模型重建与动态调度方法，该方法将倾斜三维模型根据其切片属性在设计平台进行模型的节点、组织方式、纹理映射重建，并根据其瓦片特性与设计平台当前状态进行精确匹配，实现了在内存块多线程后台实时加载、前台实时渲染的双缓冲式三维模型加载功能。

基于实景三维自动构建高复杂性高还原度地形曲面的算法，通过研发拆分高复杂度实景三维模型的地面点与非地面点算法，以及顾及地形特征的格网化抽稀地面点算法，构建了轻量化高还原度地形曲面。

4.3 基于空间连通性的悬浮物自动批量化删除和无人机影像预处理算法

基于数据集空间连通性的待定数据集判别和场景连通性的悬浮物自动识别技术，实现三维场景模型中悬浮物的自动化批量删除。实现了无人机影像像控分布网构建与刺点影像匹配，海拔起伏较大测区无人机影像冗余自动处理。

5 示范效应

成果直接应用于南方美谷项目勘察设计施工总承包项目、泸西县农村“房地一体”等工程项目，直接经济效益和间接经济效益可观。

基于实景三维的 BIM+IoT 关键技术应用于城市更新方面，改善和提高了城市功能空间，有利于提高人民生活质量、提升城乡品位，为城乡居民创造一个健康、安全、殷实的生活环境，构建一个城乡居民安居乐业的环境场所。通过本项目的实施，实现智慧社区中随时、随地、随需、随意的智慧应用进行支撑，同时也为公共应急事件处理提供智能化决策和依据。

实现了城市更新业务和 BIM、IoT 技术的有机融合，可以对其他新基建、城市更新项目起到良好的示范作用。

全国重点文物保护单位古月桥保护修缮工程数字化测绘与监测控制

北京国文琰文化遗产保护中心有限公司
清华大学建筑设计研究院有限公司

1 项目概述

古月桥位于浙江省义乌市赤岸镇龙溪之上（见图 1），始建于南宋嘉定六年（公元 1213 年），为我国迄今可考最早出现的折边拱桥，具有极高的文物价值。1982 年文物普查时首次发现该桥，2001 年古月桥被列为全国重点文物保护单位。

图 1 全国重点文物保护单位古月桥

历经 800 多年的自然侵蚀，古月桥出现了较严重的残损问题。2014 年，受当地文物部门委托，清华大学建筑设计研究院与北京国文琰文化遗产保护中心对古月桥开展现状勘察与修缮方案编制工作。勘察工作组以保护古月桥重要的文物价值研究为出发点，通过数字化测绘，对古月桥整体尺寸比例、原营造工艺、尺度进行深入分析研究，并进行结构稳定性计算分析。在此基础上提出古月桥保护修缮方案，获得国家文物局与浙江省文物局的批准。工程实施中在古月桥周边设置精密控制网，对整个施工过程进行监测和数据对比，确保施工过程中桥体结构的稳定。数据证明，在整个施工过程中以及工程结束至今，桥体结构始终保持稳定，历史结构体系被完整保留没有任何改变，重要的文物价值得到了深入的挖掘与全面的保护，很好地达到了设计要求。本项目中所采用的数字化测绘、监测控制、材料研发等技术在文化遗产保护领域具有重大的创新引领作用，为目前行业提出的“预防性”保护起到了重要的探索作用。

本文重点就该保护工程中采用的数字化测绘和监测控制技术进行阐述。

2 基于数字化测绘成果的研究分析

古月桥为五折边拱桥，该类拱桥是梁桥到弧形拱桥的典型演进例证，是我国现存最重要的折边拱桥文化遗存。古月桥现存时代早，建造技术复杂、难度高、保存完整。具有极高的历史与科学价值。古月桥不仅佐证了南宋桥梁史、中国桥梁史，也为研究中国桥梁的类型和演变提供了重要实例。

古月桥采用单拱纵联分节并列砌置，桥身分四层。作为主要承重结构的桥身，底层由六列肋梁组成五边形折拱形制，每列石梁分 5 段，拱段之间以横锁石相连，横锁石上凿出凹槽，使拱条石与横锁石紧密相接；同时，为了使桥整体有一定的灵活性，横锁石并非贯穿整体六列石梁，而是以每排两根、错开排列的方式，连接六列石梁。修缮前古月桥底部和桥面如图 2 和图 3 所示。

图 2 修缮前古月桥底部

图 3 修缮前古月桥桥面

桥身第二层为铺设于承重层上的底板层，该层由石板在石梁之间垂直桥身方向平铺而成。

桥身第三层为底板层之上的填充层，该层由大小不一的碎石、黄土填充而成。

桥身第四层为填充层上的桥面层，该层中央铺有长条石，折拱横锁石的位置垂直于桥身方向铺有条石，其余桥面部分平行于桥面方向错落铺设石板。

这样形制的折边形拱桥作为我国拱桥发展史上的一种特殊形制，目前仅在浙江及周边地区有实例留存，具有鲜明的地方特色。古月桥文物价值体现在古月桥整体的长度、宽度、跨径、拱高尺寸的科学比例上，体现在拱条石与横锁石巧妙排布等重要的营造工艺中，体现在经历 800 多年还在龙溪上屹立的稳定的桥体结构上。因此在对桥体进行保护修缮设计前，首先要对古月桥进行精细测量，详细记录桥体各部分构件的三维信息，在此基础上分析古月桥尺寸，构造、营造特点，结构稳定性等，为制定恰当的修缮措施提供依据。

2.1 数字化测绘记录

项目开展于 2014 年，采用了当时国际上技术领先的 FARO Focus3D X 330 三维扫描设备对桥体和周边环境进行了扫描。三维点云数据的最小点间距可达 1mm，单点测量误差不超过 2mm。设备双轴补偿精度 0.015°，可以对坐标系的水平和垂直方向进行精准控制。由于桥体表面石质风化，桥底层的条石、横锁石中出现了缺失、裂隙等残损病害，采用 Focus3D X 330 还能够准确表现桥体表面的残损现状。工作现场共设扫描站 26 站，桥上 7 站，桥下 19 站，经过数据拼接、去冗去噪和模型生成，最后获得了古月桥完整的三维模型（见图 4、图 5）。

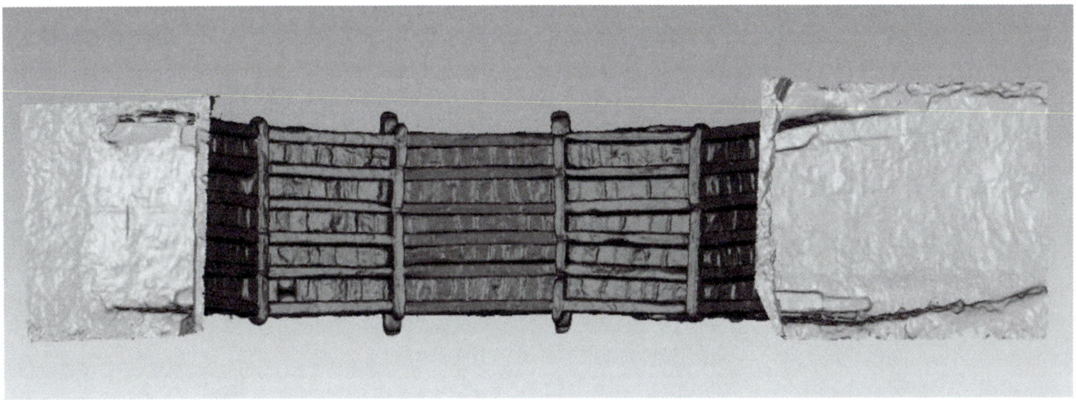

图 4　古月桥三维模型仰视平面图

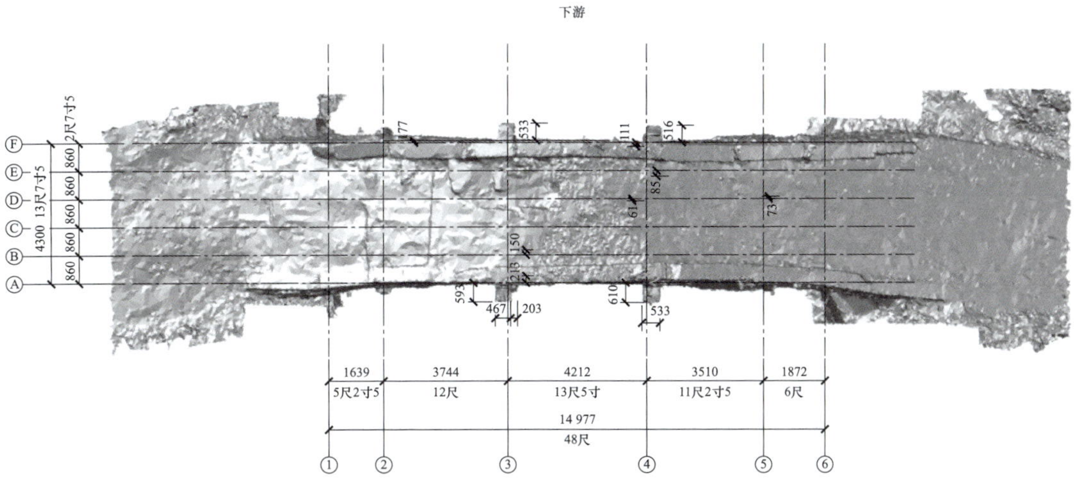

图 5　古月桥三维模型平面实测图

2.2 基于三维模型的构造与形制分析

通过对三维模型的测量，发现古月桥全长 31.20m，底拱长 14.67m，拱矢高 4.99m，桥面两侧宽约 4.91m，中部宽 4.45m，东西两侧引桥各为 7.65m，坡度约为 25°；从桥的起拱处至桥拱最高处为 3.745m，按照宋代 1 尺（宋尺与今尺寸的计算有多种方式，本文中采用《尺录》及巩县出土宋代铁尺实物的计算方式，即 1 尺=31.186cm）约合 31.2cm 计算，整桥为 10 丈，引桥部分约 50 尺，桥体部分约 50 尺。古月桥三维模型仰视平面营造尺分析如图 6 所示。

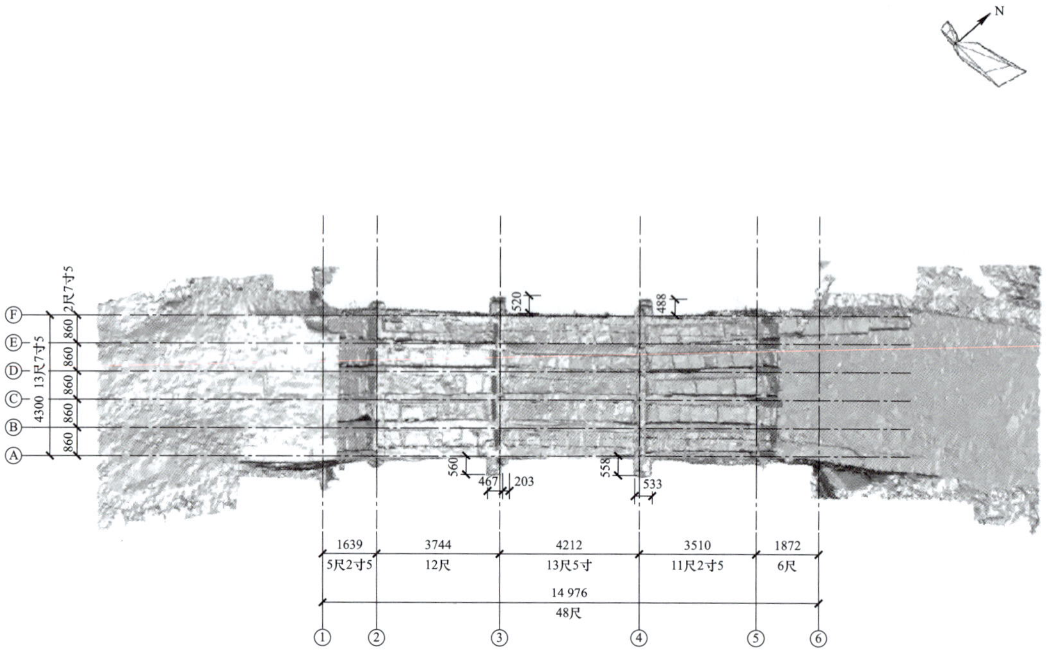

图 6　古月桥三维模型仰视平面营造尺分析图

桥身轴线跨度 48 尺，与桥起拱处至桥拱最高处的 12 尺，底与高之比恰为 4:1 的三角形（见图 7）。结合宋代造桥技术特点，该三角形应与古月桥建造之初的放样关系相合。

由于六列石梁都发生了一定程度的歪闪偏移，通常的手工测绘手段无法判断桥体是否存在收分，以及难于确定桥体的变形程度。本次勘察基于桥体精确的三维模型，以六列石梁梁底为基准绘制轴线，桥体所有的尺寸及其收分情况被计算出来（见图 8）。其收分遵循如下规律：桥两端最宽处轴线间距应为 860mm，合宋代 2 尺 7 寸 5；桥身最窄处轴线间距应为 780mm，约合宋代 2 尺 5 寸；整体轴线间距由 13 尺 7 寸 5 向内逐渐收分至 12 尺 5 寸，桥面宽度由两侧最宽处的 4836mm（约合 13 尺 7 寸 5）收至桥中最窄处的 4446mm（约合 14 尺 2 寸 5）。

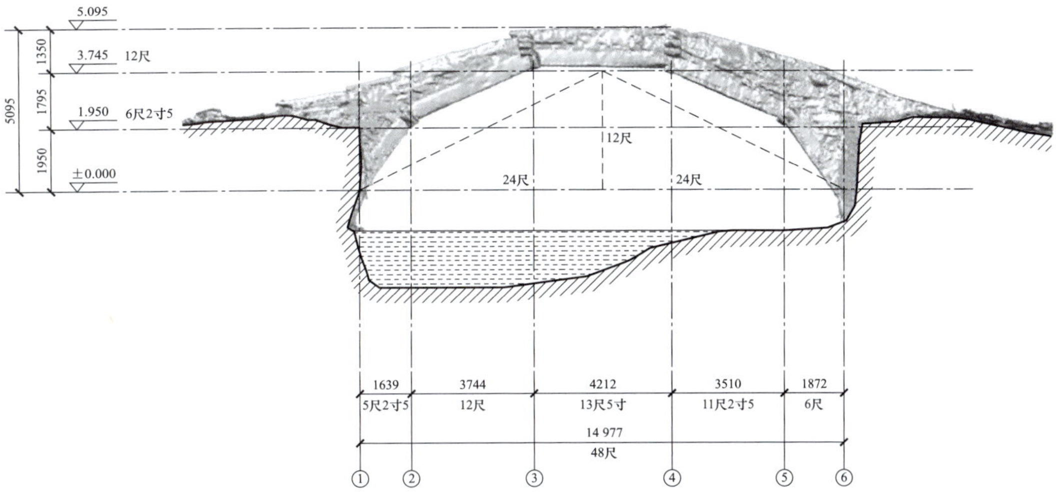

图 7　古月桥三维模型立面跨度拱高比例分析图

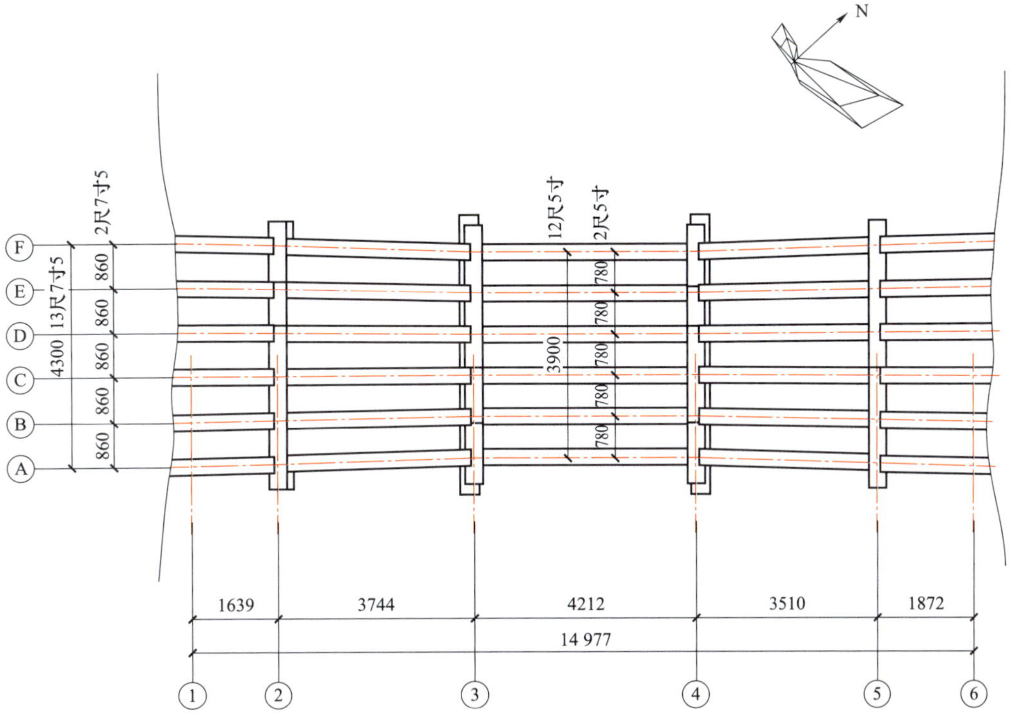

图 8　古月桥桥体收分尺寸分析图

古月桥桥体收分的设计，使桥梁更加轻巧美观，无论从侧面还是正面看，古月桥都具有优美的曲线。更加重要的是，古月桥的收分设计，使桥体依靠自身重力产生了向内的压力，形成了结构的预应力。这种科学的力学设计理念，在 800 年前的古月桥设计上就巧妙地体现出来，这种设计保证了古月桥经历 800 年的风雨侵袭、洪水冲击仍屹立不倒。

借助数字化测绘手段，工作组更进一步深入挖掘出古月桥的构造做法、结构体系，对古月桥的历史、科学价值有了更加清晰的认识，为古月桥在中国科技史、桥梁建筑史上的价值定位提供了明确的研究结论。古月桥的桥体结构做法、构造体系和原始的设计尺度就是这座古桥最重要的价值所在，也是我们在保护修缮工程中最要保护和延续下去的。

2.3 基于三维模型的结构稳定性分析

通过勘察发现古月桥纵肋梁大部分呈现弯剪状态，梁头两端分布有张拉裂纹。同时桥身整体向上游倾斜，出现扭闪错位，石梁处于偏心受压或偏移状态。通过测量三维模型，以六列石梁梁底为基准绘制轴线，能够发现：

1）古月桥两侧基础基本稳定，两侧梁底位置基本处于同一水平线上；

2）六列石梁都发生了一定程度的偏移，其中以 E、F 轴线较为严重；

3）除 F2 结点以 Z 轴向外偏移较大外，其余部分仍较好地保持着从两侧拱脚向中间顶部逐渐收分的形制。纵向肋梁偏移及宋尺推算示意图如图 9 所示。

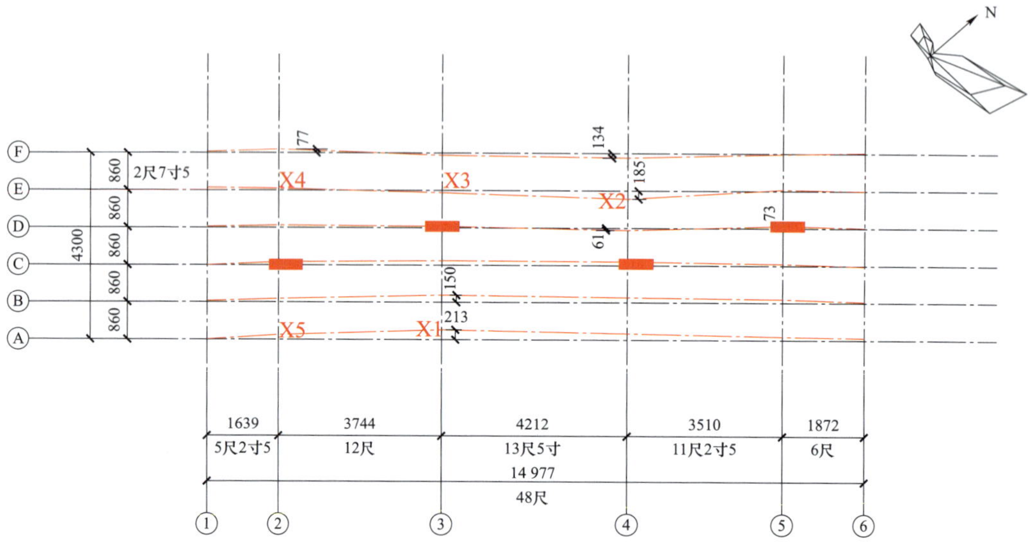

注：图中“一”为两块横锁石交接位置，“X”为横锁石断裂位置。

图 9　纵向肋梁偏移及宋尺推算示意图

现状的扭闪错位和偏移倾斜是否影响到了桥体稳定性对于制定保护措施至关重要。工作组基于三维模型建立了结构简化模型，采用三维有限元软件 ANSYS 进行结构计算，测算了动态荷载和洪峰荷载对桥体的影响。由于模型所有节点的空间坐标依据本次获得的三维模型点位所确定，具有准确的三维空间信息，因此模型本身完全反映了桥体现状（见图 10）。

根据模拟计算，可以看出目前古月桥处于暂时稳定状态，但在外力作用下，如严重的洪水、通过桥面的较大荷载都可能影响桥体稳定性。

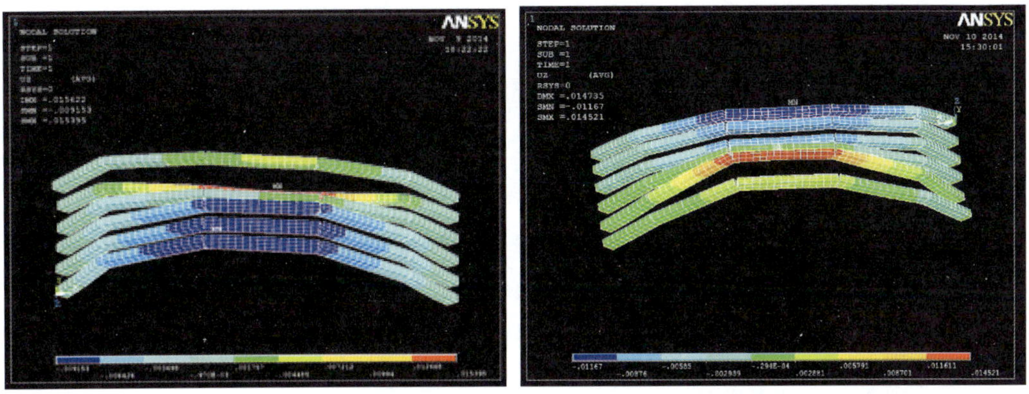

图 10 古月桥动态荷载模拟和洪峰模拟有限元计算图

2.4 基于数字化成果制定的保护策略

基于数字化测绘成果和现场病害调查的分析结论，工作组给出了古月桥预防性保护的策略：延缓古月桥的风化破坏，改善目前结构构件应力集中部位的受力状态，是古月桥保护策略的核心所在。并通过监测和管理的方式，减少洪水、人为破坏等外因对古月桥的影响。

秉承“预防性保护”的理念，在最小干预原则的指导下，工作组制定了古月桥的保护策略：

从下部支撑，预防施工过程中桥体失稳，并从上部逐层卸荷。

- 根据测量推算出的轴线收分情况，对经洪水等灾害和风化等威胁影响偏移、歪闪构件进行局部归安。
- 对缺失梁头和横锁石断裂部位以强度低于原石材的牺牲性材料——改性水硬性石灰进行补强（该研发材料后获得国家发明专利），恢复桥体受损的节点强度和整体刚性。
- 在以上步骤完成后，再进行表面清理、填充层补充及对桥面的修补及补配。
- 工程同时进行桥体裂隙、沉降等稳定性监测和洪水监测，观察桥体及龙溪河道的状况。通过实时监测技术和应急反应，保障施工全过程及完工后桥体的安全。

3 施工监测控制

3.1 监测周期和频率

2016 年，根据保护修缮方案，古月桥修缮工程开始实施。为了保证施工过程桥体的稳定安全，在施工全过程进行桥体变形监测。

监测频率为施工开工前完成初次监测，连续施工期间每月 1 次；施工结束后前 6 个月期间，设定为每 2 个月 1 次；施工结束后 6 个月期间，设定为每 6 个月 1 次，总次数为 9 次。当变形观测过程中变形量或变形速率出现异常变化、变形量达到或超出预警值、建筑本身或周边建筑及地表出现异常、或由于自然灾害（地震、山洪暴雨、强降雪、台风）引起的其他异常情况之一时，应立即报告业主方并及时增加观测次数。

3.2 建立变形监测控制网与布设桥体监测点

（1）建立变形监测控制网

变形监测基准网采用相对坐标系，分为平面监测网和高程监测网。

在古月桥上下游的两岸布设由 3 个平面监测基准点组成的平面监测网，在 3 个平面基准点的墩基础上布设 3 个高程基准点，组成高程监测网（见图 11）。

图 11　现场布设的观测墩

（2）安装桥体监测点

在古月桥的 4 个牛头石的两端设置 8 个水平位移监测点（见图 12）。水平位移监测标志采用正方形的红外反射片，规格为 30mm × 30mm（见图 13）。

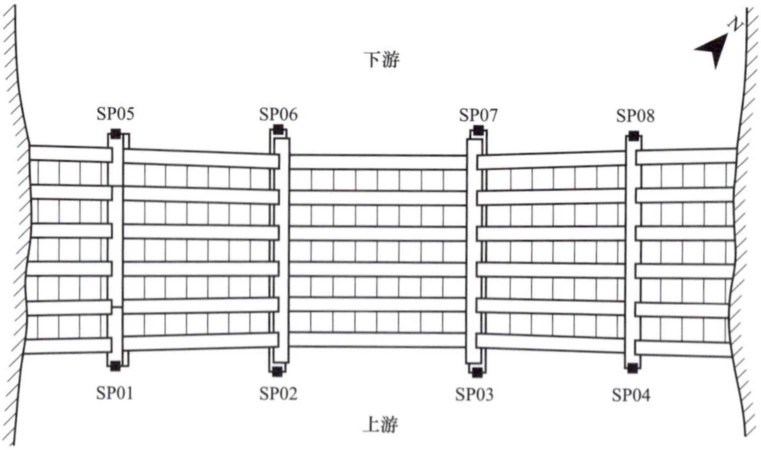

图 12　水平位移监测点分布图

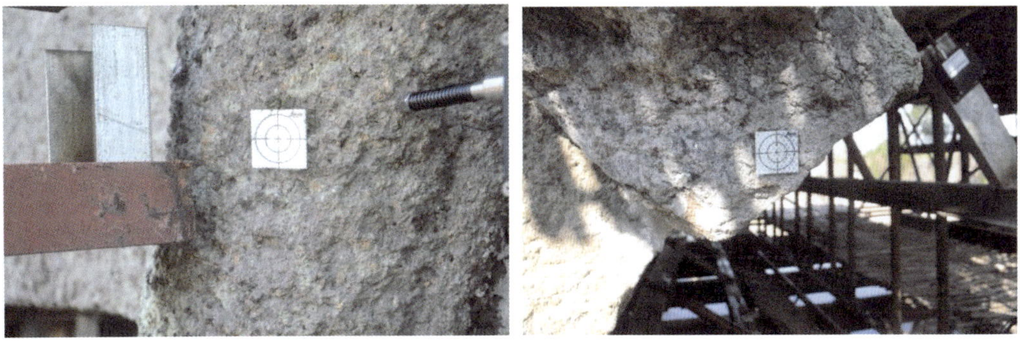

图 13　水平位移监测点

在桥的 4 个牛头石和条石基础的两端设置沉降位移监测点，布设 12 个桥面沉降位移监测点（见图 14 和图 15 所示）。

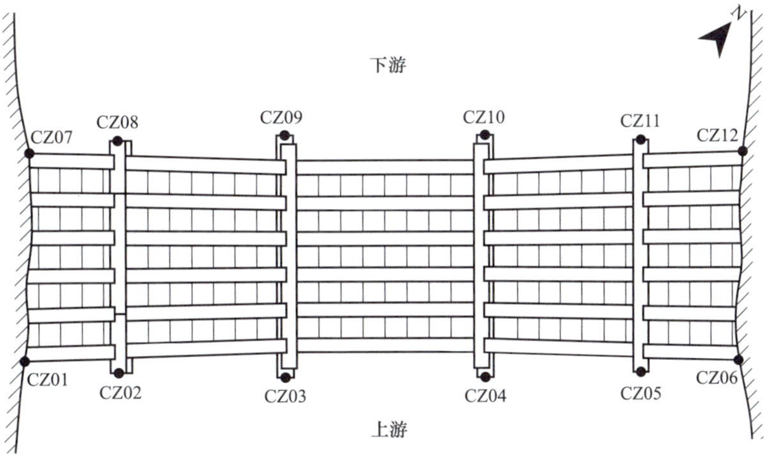

图 14　沉降位移监测点分布图

图 15　沉降位移监测点

3.3　位移与沉降监测数据分析

根据模型分析计算结果，在自然状态下，古月桥构件承受的最大竖向位移值为

39.22mm，承受的最大水平位移值为 9.3mm。而此次监测精度设计值为水平位移监测点坐标中误差不大于 3mm，沉降位移监测点高差中误差不大于 0.5mm。将每次测量后沉降位移值和水平位移值与上述数据进行对比，均未超过以上阈值，满足设计要求。

同时工作组在结构关键部位还设置了高精度实时位移传感器实时监测位移变化。采用红外热成像仪对结构关键部位和材料修补部位进行红外拍摄，用来发现由于结构荷载变化引起的形变开裂。并在部分开裂构件上粘贴石膏条，用传统方式监测裂隙的变化。

结合传感器在线监测数据、传统方法监测裂隙变化和现场安全巡查结果，可判断古月桥在施工期间以及工程结束至今，桥体结构始终保持稳定，施工过程未对桥体造成稳定性影响，达到了设计要求。

4 数字化测绘及监测控制在预防性保护中的作用

2015 年版《中国文物古迹保护准则》提出了“预防性保护”概念。预防性保护是指通过防护和加固的技术措施和相应的管理措施减少灾害发生的可能、灾害对文物古迹造成损害、以及灾后需要采取的修复措施的强度。其目的是为减少保护工程对文物古迹的干预。

从预防性保护的目标与定义上来看，预防性保护有三个要点内容：一是要满足最低限度干预原则；二是要通过技术措施和管理措施共同实施；三是要减少或避免文物古迹遭受威胁与灾害。

在古月桥保护工程中，如何确定保护的具体内容，如何在对文物本体干预最小的要求下确定保护工程干预的程度，缓解和减少不稳定威胁，数字化测绘与监测为工作组提供了精确的数据支持。古月桥预防性保护程序图如图 16 所示。

4.1 数字化测绘有助于深入发掘价值确定干预程度

古月桥保护工程是以一次以价值为本的工程实践。文物保护人员十分重视对文物本体的真实性和完整性的保护，就是要通过文献资料和保存现状，对文物的历史价值、艺术价值、科学价值和社会文化价值进行全面系统的研究和挖掘。但很多文物由于历史资料保存较少，以及受到现状残损和病害的影响，我们很难仅仅通过常规方法就能准确获得文物的历史信息。采用数字化测绘技术，不仅能够精确、真实地保留文物现状信息，作为文物档案资料长久保存，而且基于数字化成果进行测量和计算，还能获得文物中蕴含的大量信息，工作人员通过专项研究分析能够从众多信息中找到了文物的价值所在，而体现这些价值的载体便是我们应该保护的对象，这为工作组确定保护的具体内容提供了重要依据。

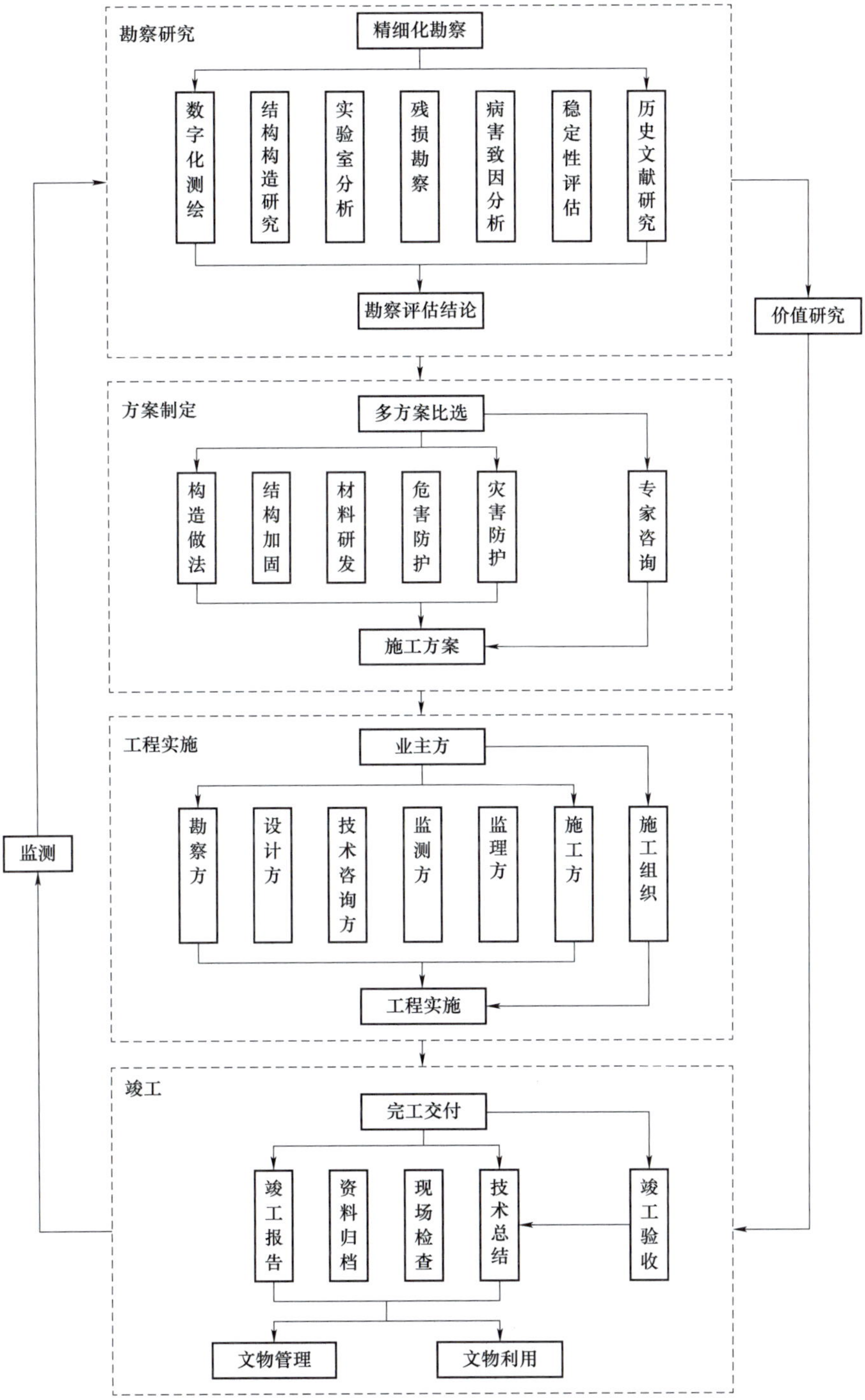

图 16　古月桥预防性保护程序图

古月桥留存的历史资料很少，修缮前表面病害严重，初步勘察和传统方法能获取的历史信息非常有限。通过数字化测绘和基于数字成果的宏观研究分析，能够推算出古月桥营造时的设计模型和构造特点。工作组推算出这座桥的宋代设计模型——整桥为 10 丈，引桥部分约 50 尺，桥体部分约 50 尺；桥身轴线跨度 48 尺，拱高 12 尺，底与高之比恰为 4:1 的三角形。同时发现桥体从两端向内收分，不仅使桥体形态优美，更使桥体依靠自重产生了向内的预应力。正是由于桥体在建造设计时采用了科学的模型，才能使桥体在漫长的风雨侵袭、洪水袭击中屹立不倒，充分体现了古代工匠杰出的建造智慧和宋代高超的建筑技术水平。

桥体构造体系和设计模型是这座古桥价值所在，也是保护工程中要保护和延续下去的价值特征。只有在保持桥身整体不受干预的情况下才能最大程度的完整保留，同时对桥体结构和构造原状的完整保存，也是对于凝聚在这座石桥中的古老智慧最大的尊重。

4.2　数字化测绘有助于评价现状稳定状态

保护修缮前，古月桥桥身多处构件断裂、桥身倾斜，已成为危桥，但不能通过常规方法准确判断桥整体结构的稳定性。工作组基于数字化测绘成果建立了古月桥结构简化模型并进行有限元分析，模拟测算了动态荷载和洪峰荷载对桥体的影响。

根据模拟计算，得出目前古月桥处于暂时稳定状态，但结构存在稳定性隐患，以及在现状残损条件下桥体结构最薄弱的区域。在外力作用下，如严重的洪水、通过桥面的较大荷载都可能影响桥体稳定性，并导致结构薄弱区域被压溃断裂、倒塌。工作组依据分析结果提出了对洪水进行治理的要求，对修缮后桥梁的荷载要求，以及预防未来自然与人为破坏对古月桥影响的措施要求。这是通过数字化测绘成果对古月桥进行不落架施工、采取预防性保护策略的最重要依据，也为实施具体的、有针对性的预防性保护措施提供了数据支持。

4.3　数字化监测控制有助于保持施工中和施工后的结构稳定

监测工作主要分为两个阶段：第一阶段为施工期间的安全稳定性监测；第二阶段为施工后的保护效果监测。

在第一阶段监测中，工作组在桥体周围布设平面监测网和沉降监测网，结构关键部位安装监测点进行定时监测。从而对桥体结构变形进行控制，预防施工过程中对文物产生的破坏。

监测结果显示，桥体在侧墙条石归安、桥面石板回填等施工干扰期间以及汛期的水流冲击等主要的外界因素干扰下，水平位移无明显变化，垂直位移仅有阈值范围内的轻微变化。表明施工期间古月桥主要受力石构件有受到外力的影响，但未对本体产生安全影响。

在第二阶段监测中，监测结果显示桥体水平位移和垂直位移均无明显变化，现场安全巡查结果显示桥底石构件节点材料表面未出现裂缝，桥体处于稳定状态。

通过对古月桥的结构安全监测，可以实时掌握古月桥结构变化情况，及时发现问题，及时保护。并通过对大量监测数据的统计分析，科学地对古月桥修缮效果进行评价，为古月桥的预防性保护工作持续提供精确高效的数据支撑。

5 示范效应

古月桥保护修缮工程秉持可逆性、少干预等保护原则，多专业协同科学研究，实地实操。在工程中完好地保护了古月桥的价值，解决了古月桥的残损问题，解除了古月桥面临的洪水威胁。工程于 2017 年 11 月通过竣工初验，修缮后经过一年多的在线监测，于 2019 年 1 月顺利通过终验，获得各界好评。本项目曾荣获 2019 年度亚太地区文化遗产保护优异项目奖、2019 年全国优秀古迹遗址保护特别推荐项目、2019—2020 年中国建筑学会科技进步奖、2021 年度教育部优秀工程设计奖、2021 年度浙江省优秀古迹遗址保护工程项目等多个奖项。工程入选了中国古迹遗址协会主编的《2018—2019 年度优秀古迹遗址保护项目案例详解》，出版《古月桥保护修缮工程报告》，同时根据项目中的多处创新发表多篇论文。

古代桥梁是我国重要的一类文物建筑，桥梁的保护修缮工程是我国文物防汛防灾最直接的保护实践项目。古月桥保护修缮工程从设计到施工体现了数字化精细测绘技术、监测技术、材料技术与传统工艺的完美结合，是我国文化遗产保护工作从抢救性保护向预防性保护发展的一项重要成功实践，对我国古代石桥类文物的保护修缮具有可借鉴、可指导的意义。